J. von Staudingers
Kommentar zum Bürgerlichen Gesetzbuch mit Einführungsgesetz und Nebengesetzen
Zweites Buch. Recht der Schuldverhältnisse
§§ 677–704
(Geschäftsführung ohne Auftrag)

Kommentatorinnen und Kommentatoren

Dr. Karl-Dieter Albrecht
Vorsitzender Richter am Bayerischen Verwaltungsgerichtshof a. D., München

Dr. Christoph Althammer
Professor an der Universität Regensburg

Dr. Georg Annuß
Rechtsanwalt in München, Außerplanmäßiger Professor an der Universität Regensburg

Dr. Christian Armbrüster
Professor an der Freien Universität Berlin, Richter am Kammergericht a. D.

Dr. Arnd Arnold
Professor an der Universität Trier

Dr. Martin Avenarius
Professor an der Universität zu Köln

Dr. Christian Baldus
Professor an der Universität Heidelberg

Dr. Wolfgang Baumann
Notar in Wuppertal, Professor an der Bergischen Universität Wuppertal

Dr. Winfried Bausback
Professor a. D. an der Bergischen Universität Wuppertal, bayerischer Staatsminister der Justiz, Mitglied des Bayerischen Landtags

Dr. Roland Michael Beckmann
Professor an der Universität des Saarlandes, Saarbrücken

Dr. Dr. h. c. Detlev W. Belling, M.C.L.
Professor an der Universität Potsdam

Dr. Andreas Bergmann
Professor an der Fernuniversität Hagen

Dr. Falk Bernau
Richter am OLG Celle

Dr. Werner Bienwald
Professor an der Evangelischen Fachhochschule Hannover, Rechtsanwalt in Oldenburg

Dr. Claudia Bittner, LL.M.
Außerplanmäßige Professorin an der Universität Freiburg i. Br., Richterin am Hessischen Landessozialgericht

Dr. Reinhard Bork
Professor an der Universität Hamburg

Dr. Jan Busche
Professor an der Universität Düsseldorf

Dr. Georg Caspers
Professor an der Universität Erlangen-Nürnberg

Dr. Tiziana Chiusi
Professorin an der Universität des Saarlandes, Saarbrücken

Dr. Michael Coester, LL.M.
Professor an der Universität München

Dr. Dagmar Coester-Waltjen, LL.M.
Professorin an der Universität Göttingen

Dr. Thomas Diehn
Notar a. D. in Hamburg

Dr. Katrin Dobler
Referentin am Justizministerium Baden-Württemberg

Dr. Heinrich Dörner
Professor an der Universität Münster

Dr. Anatol Dutta
Professor an der Universität Regensburg

Dr. Christina Eberl-Borges
Professorin an der Universität Mainz

Dr. Dres. h. c. Werner F. Ebke, LL.M.
Professor an der Universität Heidelberg

Dr. Jan Eickelberg, LL.M.
Professor an der Hochschule für Wirtschaft und Recht, Berlin

Dr. Volker Emmerich
Professor an der Universität Bayreuth, Richter am Oberlandesgericht Nürnberg a. D.

Dipl.-Kfm. Dr. Norbert Engel
Ministerialdirigent a. D., Rechtsanwalt in Erfurt

Dr. Helmut Engler
Professor an der Universität Freiburg i. Br., Minister in Baden-Württemberg a. D.

Dr. Cornelia Feldmann
Rechtsanwältin in Freiburg i. Br.

Dr. Karl-Heinz Fezer
Professor an der Universität Konstanz, Honorarprofessor an der Universität Leipzig, Richter am Oberlandesgericht Stuttgart

Dr. Philipp S. Fischinger, LL.M.
Professor an der Universität Mannheim

Dr. Johann Frank
Notar in Amberg

Dr. Rainer Frank
Professor an der Universität Freiburg i. Br.

Dr. Robert Freitag, Maître en droit
Professor an der Universität Erlangen-Nürnberg

Dr. Jörg Fritzsche
Professor an der Universität Regensburg

Dr. Bernhard Großfeld, LL.M.
Professor an der Universität Münster

Dr. Beate Gsell, Maître en droit
Richterin am Oberlandesgericht München, Professorin an der Universität München

Dr. Karl-Heinz Gursky
Professor an der Universität Osnabrück

Dr. Thomas Gutmann, M. A.
Professor an der Universität Münster

Dr. Martin Gutzeit
Professor an der Universität Gießen

Dr. Stefan Habermeier
Professor an der Universität Greifswald

Dr. Martin Häublein
Professor an der Universität Innsbruck

Dr. Johannes Hager
Professor an der Universität München

Dr. Wolfgang Hau
Professor an der Universität Passau

Dr. Rainer Hausmann
Professor an der Universität Konstanz

Dr. Stefan Heilmann
Richter am OLG Frankfurt, Honorarprofessor an der Fachhochschule Frankfurt a. M.

Dr. Jan von Hein
Professor an der Universität Freiburg i. Br.

Dr. Christian Heinze
Professor an der Universität Hannover

Dr. Tobias Helms
Professor an der Universität Marburg

Dr. Dr. h. c. mult. Dieter Henrich
Professor an der Universität Regensburg

Dr. Reinhard Hepting †
Professor an der Universität Mainz

Dr. Carsten Herresthal, LL.M.
Professor an der Universität Regensburg

Christian Hertel, LL.M.
Notar in Weilheim i. OB.

Dr. Stephanie Herzog
Rechtsanwältin in Würselen

Dr. Katharina Hilbig-Lugani
Professorin an der Universität Düsseldorf

Joseph Hönle
Notar in München

Dr. Ulrich Hönle
Notarassessor in Amberg

Dr. Bernd von Hoffmann †
Professor an der Universität Trier

Dr. Heinrich Honsell
Professor an der Universität Zürich, Honorarprofessor an der Universität Salzburg

Dr. Norbert Horn
Professor an der Universität zu Köln, Vorstand des Arbitration Documentation and Information Center e.V., Köln

Dr. Peter Huber, LL.M.
Professor an der Universität Mainz

Dr. Rainer Hüttemann
Professor an der Universität Bonn

Dr. Florian Jacoby
Professor an der Universität Bielefeld

Dr. Rainer Jagmann
Vorsitzender Richter am Oberlandesgericht Karlsruhe

Dr. Ulrich von Jeinsen
Rechtsanwalt und Notar in Hannover, Honorarprofessor an der Universität Hannover

Dr. Joachim Jickeli
Professor an der Universität zu Kiel

Dr. Dagmar Kaiser
Professorin an der Universität Mainz

Dr. Bernd Kannowski
Professor an der Universität Bayreuth

Dr. Rainer Kanzleiter
Notar a. D. in Ulm, Honorarprofessor an der Universität Augsburg

Dr. Sibylle Kessal-Wulf
Richterin des Bundesverfassungsgerichts, Karlsruhe

Dr. Fabian Klinck
Professor an der Universität Bochum

Dr. Frank Klinkhammer
Richter am Bundesgerichtshof, Karlsruhe

Dr. Steffen Klumpp
Professor an der Universität Erlangen-Nürnberg

Dr. Hans-Georg Knothe
Professor an der Universität Greifswald

Dr. Jürgen Kohler
Professor an der Universität Greifswald

Dr. Stefan Koos
Professor an der Universität der Bundeswehr München

Dr. Rüdiger Krause
Professor an der Universität Göttingen

Dr. Heinrich Kreuzer
Notar in München

Dr. Hans-Dieter Kutter
Notar in Nürnberg

Dr. Gerd-Hinrich Langhein
Notar in Hamburg

Dr. Arnold Lehmann-Richter
Professor an der Hochschule für Wirtschaft und Recht Berlin

Stefan Leupertz
Richter a. D. am Bundesgerichtshof, Honorarprofessor an der TU Dortmund

Dr. Martin Löhnig
Professor an der Universität Regensburg

Dr. Dr. h. c. Manfred Löwisch
Professor an der Universität Freiburg i. Br., Rechtsanwalt in Lahr (Schw.), vorm. Richter am Oberlandesgericht Karlsruhe

Dr. Dirk Looschelders
Professor an der Universität Düsseldorf

Dr. Stephan Lorenz
Professor an der Universität München

Dr. Ulrich Magnus
Professor an der Universität Hamburg, Richter am Hanseatischen Oberlandesgericht zu Hamburg a. D.

Dr. Peter Mankowski
Professor an der Universität Hamburg

Dr. Heinz-Peter Mansel
Professor an der Universität zu Köln

Dr. Peter Marburger
Professor an der Universität Trier

Dr. Wolfgang Marotzke
Professor an der Universität Tübingen

Dr. Sebastian A. E. Martens
Professor am Max-Planck-Institut, Hamburg

Dr. Dr. Dr. h. c. mult. Michael Martinek, M.C.J.
Professor an der Universität des Saarlandes, Saarbrücken, Honorarprofessor an der Universität Johannesburg, Südafrika

Dr. Annemarie Matusche-Beckmann
Professorin an der Universität des Saarlandes, Saarbrücken

Dr. Jörg Mayer
Notar in Simbach am Inn

Dr. Dr. Detlef Merten
Professor an der Deutschen Universität für Verwaltungswissenschaften Speyer

Dr. Tanja Mešina
Richterin, Baden-Baden

Dr. Rudolf Meyer-Pritzl
Professor an der Universität zu Kiel, Richter am Schleswig-Holsteinischen Oberlandesgericht in Schleswig

Dr. Peter O. Mülbert
Professor an der Universität Mainz

Dr. Dirk Neumann
Vizepräsident des Bundesarbeitsgerichts a. D., Kassel, Präsident des Landesarbeitsgerichts Chemnitz a. D.

Dr. Hans-Heinrich Nöll
Rechtsanwalt in Hamburg

Dr. Jürgen Oechsler
Professor an der Universität Mainz

Dr. Hartmut Oetker
Professor an der Universität zu Kiel, Richter am Thüringer Oberlandesgericht in Jena

Wolfgang Olshausen
Notar in Rain am Lech

Dr. Dirk Olzen
Professor an der Universität Düsseldorf

Dr. Sebastian Omlor, LL.M., LL.M.
Privatdozent an der Universität des Saarlandes

Dr. Gerhard Otte
Professor an der Universität Bielefeld

Dr. Hansjörg Otto
Professor an der Universität Göttingen

Dr. Lore Maria Peschel-Gutzeit
Rechtsanwältin in Berlin, Senatorin für Justiz a. D. in Hamburg und Berlin, Vorsitzende Richterin am Hanseatischen Oberlandesgericht zu Hamburg i. R.

Dr. Frank Peters
Professor an der Universität Hamburg, Richter am Hanseatischen Oberlandesgericht zu Hamburg a. D.

Dr. Axel Pfeifer
Notar in Hamburg

Dr. Jörg Pirrung
Richter am Gericht erster Instanz der Europäischen Gemeinschaften i. R., Professor an der Universität Trier

Dr. Ulrich Preis
Professor an der Universität zu Köln

Dr. Maximilian von Proff
Notar in Köln

Dr. Manfred Rapp
Notar in Landsberg am Lech a. D.

Dr. Thomas Rauscher
Professor an der Universität Leipzig, Dipl. Math.

Dr. Peter Rawert, LL.M.
Notar in Hamburg, Honorarprofessor an der Universität Kiel

Eckhard Rehme
Vorsitzender Richter am Oberlandesgericht Oldenburg i. R.

Dr. Wolfgang Reimann
Notar a. D., Honorarprofessor an der Universität Regensburg

Dr. Tilman Repgen
Professor an der Universität Hamburg

Dr. Dieter Reuter
Professor an der Universität zu Kiel, Richter am Schleswig-Holsteinischen Oberlandesgericht in Schleswig a. D.

Dr. Reinhard Richardi
Professor an der Universität Regensburg, Präsident des Kirchlichen Arbeitsgerichtshofs der Deutschen Bischofskonferenz, Bonn

Dr. Volker Rieble
Professor an der Universität München, Direktor des Zentrums für Arbeitsbeziehungen und Arbeitsrecht

Dr. Anne Röthel
Professorin an der Bucerius Law School, Hamburg

Dr. Christian Rolfs
Professor an der Universität zu Köln

Dr. Herbert Roth
Professor an der Universität Regensburg

Dr. Ludwig Salgo
Apl. Professor an der Universität Frankfurt a. M.

Dr. Renate Schaub, LL.M.
Professorin an der Universität Bochum

Dr. Martin Josef Schermaier
Professor an der Universität Bonn

Dr. Gottfried Schiemann
Professor an der Universität Tübingen

Dr. Eberhard Schilken
Professor an der Universität Bonn

Dr. Peter Schlosser
Professor an der Universität München

Dr. Martin Schmidt-Kessel
Professor an der Universität Bayreuth

Dr. Günther Schotten
Notar in Köln, Professor an der Universität Bielefeld

Dr. Robert Schumacher, LL.M.
Notar in Köln

Dr. Roland Schwarze
Professor an der Universität Hannover

Dr. Andreas Schwennicke
Notar und Rechtsanwalt in Berlin

Dr. Maximilian Seibl
Akad. Rat a. Z. an der Universität München

Dr. Hans Hermann Seiler
Professor an der Universität Hamburg, Richter am Hanseatischen Oberlandesgericht a. D.

Dr. Stephan Serr
Notarassessor in Würzburg

Dr. Reinhard Singer
Professor an der Humboldt-Universität Berlin, vorm. Richter am Oberlandesgericht Rostock

Dr. Dr. h. c. Ulrich Spellenberg
Professor an der Universität Bayreuth

Dr. Sebastian Spiegelberger
Notar in Rosenheim

Dr. Ansgar Staudinger
Professor an der Universität Bielefeld

Dr. Malte Stieper
Professor an der Universität Halle-Wittenberg

Dr. Markus Stoffels
Professor an der Universität Heidelberg

Dr. Dr. h. c. Fritz Sturm †
Professor an der Universität Lausanne

Dr. Gudrun Sturm
Assessorin, Wiss. Mitarbeiterin

Burkhard Thiele
Präsident des Oberlandesgerichts Rostock

Dr. Karsten Thorn
Professor an der Bucerius Law School, Hamburg

Dr. Gregor Thüsing, LL.M.
Professor an der Universität Bonn

Dr. Barbara Veit
Professorin an der Universität Göttingen

Dr. Bea Verschraegen, LL.M., M.E.M.
Professorin an der Universität Wien, adjunct professor an der Universität Macao

Dr. Klaus Vieweg
Professor an der Universität Erlangen-Nürnberg

Dr. Markus Voltz
Notar in Offenburg

Dr. Reinhard Voppel
Rechtsanwalt in Köln

Dr. Günter Weick
Professor an der Universität Gießen

Gerd Weinreich
Vorsitzender Richter am Oberlandesgericht Oldenburg

Dr. Birgit Weitemeyer
Professorin an der Bucerius Law School, Hamburg

Dr. Olaf Werner
Professor an der Universität Jena, Richter am Thüringer Oberlandesgericht Jena a. D.

Dr. Daniel Wiegand, LL.M.
Rechtsanwalt in München

Dr. Wolfgang Wiegand
Professor an der Universität Bern

Dr. Peter Winkler von Mohrenfels
Professor an der Universität Rostock, Richter am Oberlandesgericht Rostock a. D., Rechtsanwalt in Rostock

Dr. Hans Wolfsteiner
Notar a. D., Rechtsanwalt in München

Heinz Wöstmann
Richter am Bundesgerichtshof, Karlsruhe

Redaktorinnen und Redaktoren

Dr. Christian Baldus
Dr. Dr. h. c. mult. Christian von Bar, FBA
Dr. Michael Coester, LL.M.
Dr. Heinrich Dörner
Dr. Hans Christoph Grigoleit
Dr. Karl-Heinz Gursky
Dr. Johannes Hager
Dr. Dr. h. c. mult. Dieter Henrich
Sebastian Herrler
Dr. Dagmar Kaiser
Dr. Dr. h. c. Manfred Löwisch
Dr. Ulrich Magnus
Dr. Peter Mankowski
Dr. Heinz-Peter Mansel
Dr. Peter Marburger
Dr. Jörg Mayer
Dr. Gerhard Otte
Dr. Lore Maria Peschel-Gutzeit
Dr. Manfred Rapp
Dr. Peter Rawert, LL.M.
Dr. Volker Rieble
Dr. Herbert Roth
Dr. Markus Stoffels
Dr. Wolfgang Wiegand

J. von Staudingers
Kommentar zum Bürgerlichen Gesetzbuch mit Einführungsgesetz und Nebengesetzen

Buch 2
Recht der Schuldverhältnisse
§§ 677–704
(Geschäftsführung ohne Auftrag)

Neubearbeitung 2015
von
Andreas Bergmann
Dieter Reuter
Olaf Werner

Sellier – de Gruyter · Berlin

Die Kommentatorinnen und Kommentatoren

Neubearbeitung 2015
§§ 677–687: ANDREAS BERGMANN
§§ 688–700: DIETER REUTER
§§ 701–704: OLAF WERNER

Neubearbeitung 2006
§§ 657–661a; 677–687: ANDREAS BERGMANN
§§ 662–676h: MICHAEL MARTINEK
§§ 688–700: DIETER REUTER
§§ 701–704: OLAF WERNER

Dreizehnte Bearbeitung 1995
§§ 652–656: DIETER REUTER
§§ 657–674: ROLAND WITTMANN
§§ 675: MICHAEL MARTINEK
§§ 676–687: ROLAND WITTMANN
§§ 688–700: DIETER REUTER
§§ 701–704: OLAF WERNER

Sachregister

Rechtsanwältin Dr. MARTINA SCHULZ, Pohlheim

Zitierweise

STAUDINGER/BERGMANN (2015) Vorbem 1 zu §§ 677 ff
STAUDINGER/REUTER (2015) § 688 Rn 1

Zitiert wird nach Paragraph bzw Artikel und Randnummer.

Hinweise

Das Abkürzungsverzeichnis befindet sich auf www.staudingerbgb.de.

Der Stand der Bearbeitung ist jeweils mit Monat und Jahr auf den linken Seiten unten angegeben.

Am Ende eines jeden Bandes befindet sich eine Übersicht über den aktuellen Stand des „Gesamtwerk STAUDINGER".

MIX
Papier aus verantwortungsvollen Quellen
FSC® C016439
FSC www.fsc.org

Die Deutsche Nationalbibliothek verzeichnet diese Publikation in der Deutschen Nationalbibliografie; detaillierte bibliografische Daten sind im Internet über http://dnb.dnb.de abrufbar.

ISBN 978-3-8059-1161-0

Satz: fidus Publikations-Service, Nördlingen.

Druck und Bindearbeiten: Hubert & Co., Göttingen.

Umschlaggestaltung: Bib Wies, München.

♾ Gedruckt auf säurefreiem Papier, das die DIN ISO 9706 über Haltbarkeit erfüllt.

Inhaltsübersicht

* Zitiert wird nicht nach Seiten, sondern nach Paragraph bzw Artikel und Randnummer; siehe dazu auch „Zitierweise“.

Titel 13
Geschäftsführung ohne Auftrag

Vorbemerkungen zu §§ 677 ff

Schrifttum

1. BGB (Auswahl)

Bamberger, Grundfälle zum Recht der Geschäftsführung ohne Auftrag im öffentlichen Recht, JuS 1998, 706

Batsch, Aufwendungsersatzanspruch und Schadensersatzpflicht des Geschäftsführers im Falle berechtigter und unberechtigter Geschäftsführung ohne Auftrag, AcP 171 (1971) 218

Baur, Zur „dinglichen Seite" der Geschäftsführung ohne Auftrag, JZ 1952, 328

ders, Ersatzvornahme und Geschäftsführung ohne Auftrag, DVBl 1965, 893

Berg, Hauptprobleme der Geschäftsführung ohne Auftrag, JuS 1975, 681

ders, Notgeschäftsführung und Vertretungsmacht bei ärztlicher Behandlung eines Kindes, NJW 1972, 1117

Bergmann, Die Geschäftsführung ohne Auftrag als Subordinationsverhältnis (2010)

Bertzel, Der Notgeschäftsführer als Repräsentant des Geschäftsherrn, AcP 158 (1959/60) 107

Beuthien, Die unberechtigte Geschäftsführung ohne Auftrag im bürgerlich-rechtlichen Anspruchssystem, in: FS Söllner (2000) 125

Beuthien/Wasmann, Zur Herausgabe des Verletzergewinns bei Verstößen gegen das Markengesetz – zugleich Kritik an der sogenannten dreifachen Schadensberechnung, GRUR 1997, 295

Blas, Der Aufwendungsersatzanspruch aus öffentlich-rechtlicher GoA, JA 1989, 51

Blaschczok, Der bei Tätigkeit im fremden Interesse Verunglückte und sein Lebensrisiko, in: FS Gitter (1995) 105

Bönschen, Geschäftsführung ohne Auftrag und Geschäftsanmaßung im Mehrpersonenverhältnis (2006)

Brennecke, Ärztliche Geschäftsführung ohne Auftrag (2010)

Brückmann, Die Rechte des Geschäftsführers ohne Auftrag, zugleich ein Beitrag zur Lehre vom Begriff der auftraglosen Geschäftsführung (1903)

vCaemmerer, Bereicherung und unerlaubte Handlung, in: FS Rabel I (1954) 333

ders, Irrtümliche Zahlung fremder Schulden, in: FS Dölle I (1963) 135

Canaris, Notstand und „Selbstaufopferung" im Straßenverkehr, JZ 1963, 655

ders, Risikohaftung bei schadensgeneigter Tätigkeit in fremdem Interesse, RdA 1966, 41

Cirsovius, Geschäftsführung ohne Auftrag zur Sicherstellung des Tierschutzes – ein praktikabler Weg zur Entlastung der Exekutive, AUR 2005, 152

Coester-Waltjen, Das Verhältnis von Ansprüchen aus Geschäftsführung ohne Auftrag zu anderen Ansprüchen, Jura 1990, 608

Deutsch, Die Selbstopferung im Straßenverkehr, AcP 165 (1965) 193

Diederichsen, Auftraglose Geschäftsführung des Minderjährigen als Problem der juristischen Methode, MDR 1964, 889

ders, Die Verantwortlichkeit für Altlasten im Zivilrecht, BB 1986, 1723

ders, Verantwortlichkeit für Altlasten – Industrie als Störer?, BB 1988, 917

Dietrich, Auftraglose Hilfeleistung in gefährlichen Situationen, JZ 1974, 535

Dorn, Die Übernahme der Geschäftsführung ohne Auftrag (1960)

ders, Strukturgleichheit zwischen faktischen

Vertragsverhältnissen und Geschäftsführung ohne Auftrag, NJW 1964, 799
Dornwald, Ersatzansprüche des Helfers bei Verkehrsunfällen und Pannen, DAR 1992, 54
Ebert, Die Geschäftsanmaßung (2000)
Ehmann, Die Gesamtschuld (1972)
Eichenhofer, Bewußte und irrtümliche Tilgung fremder Verbindlichkeiten im Bürgerlichen Recht und im Sozialrecht, JuS 1991, 553
Erman, Faktische Vertragsverhältnisse oder Geschäftsführung ohne Auftrag, NJW 1965, 421
Ernst, Das Interesse und der Wille des Geschäftsherrn im § 683 BGB, AcP 96 (1996) 440
Eser, Probleme der Kostentragung bei der vorprozessualen Abmahnung und beim Abschlußschreiben in Wettbewerbsstreitigkeiten, GRUR 1986, 35
Esser, Gedanken zur Dogmatik der „faktischen Schuldverhältnisse“, AcP 157, 86
Falk, Von Titelhändlern und Erbensuchern, JuS 2003, 833
Fleck, Eigengeschäfte eines Aufsichtsratsmitglieds, in: FS Heinsius (1991) 89
ders, Vertrag, unerlaubte Eigengeschäftsführung und Anspruchsverjährung, ZIP 1991, 1269
Frank, Die Selbstaufopferung des Kraftfahrers im Straßenverkehr, JZ 1982, 737
Freund, Zur Rechtsproblematik einer Geschäftsführung ohne Auftrag im öffentlichen Recht, JZ 1975, 513
Friedrich, Die Selbstaufopferung für Minderjährige im Straßenverkehr und die Haftung nach dem Zweiten Gesetz zur Änderung schadensersatzrechtlicher Vorschriften, NZV 2004, 227
Gaede/Meister, Geschäftsführung ohne Auftrag – Kostenerstattung ohne Grenzen?, WRP 1984, 246
Gebauer, Zur Haftung des Mieters bei unbefugter Untervermietung, Jura 1998, 128
Gehrlein, Ansprüche eines Nothelfers in Rettungsfällen, VersR 1998, 1330
Genius, Risikohaftung des Geschäftsherrn, AcP 173 (1973) 481
Giesen, Das Recht der fremdnützigen Geschäftsführung Jura 1996, 225, 288, 344
Goetzke, Subjektiver Wertbegriff im Bereicherungsrecht?, AcP 173 (1973) 289
Gold, „GoA“ bei nichtigen Werkverträgen?, JA 1994, 205
Griebe, Der Aufwendungsersatzanspruch des Geschäftsführers ohne Auftrag (1996)
Grohs, Wie weit ist die Geschäftsführung ohne Auftrag ein Unrechtsausschlußgrund? (1935)
Gursky, Die Ausweitung des Anwendungsbereichs der Geschäftsführung ohne Auftrag in der neueren Rechtsprechung, Jura 1969, 103
ders, Die Haftung des Notgeschäftsführers, JuS 1972, 637
ders, Der Tatbestand der Geschäftsführung ohne Auftrag, AcP 185 (1985), 13
Habermehl, Die Geschäftsführung ohne Auftrag im Öffentlichen Recht, Jura 1987, 199
Hadding, Die Verweisungen auf die Vorschriften über die Herausgabe einer ungerechtfertigten Bereicherung im BGB, in: FS Mühl (1981) 225
Hagen, Fremdnützige Selbstgefährdung im Straßenverkehr, NJW 1966, 1893
Hamacher, Geschäftsführung ohne Auftrag als Ausschlussgrund der Rechtswidrigkeit (1933)
Harke, Geschäftsführung und Bereicherung (2007)
Hassold, Die Verweisungen in § 682 BGB – Rechtsfolgeverweisung oder Rechtsgrundverweisung?, JR 1989, 358
Hau, Geschäftsführung ohne Verbraucherauftrag, NJW 2001, 2863
Hauder, Die Geschäftsführung ohne Auftrag als Anspruchsgrundlage bei gescheiterten Verträgen (2006)
Hauss, Ein strapaziertes Rechtsinstitut – Zur Eingrenzung der Geschäftsführung ohne Auftrag, in: FG Weitnauer (1980) 333
Helm, Geschäftsführung ohne Auftrag: Gutachten und Vorschläge zur Überarbeitung des Schuldrechts III (1983) 335
ders, Haftung und Versicherung bei der Selbstaufopferung des Kraftfahrers im Straßenverkehr, VersR 1968, 209
Helms, Gewinnherausgabe als haftungsrechtliches Problem (2007)
Henssler, Grundfälle zu den Anspruchsgrundlagen im Recht der Geschäftsführung ohne Auftrag, JuS 1991, 924
Hey, Die Geschäftsführung ohne Auftrag, JuS 2009, 400
vHippel, Die Entschädigung des Nothelfers, in: FS Sieg (1969) 171

Hoepffner, Die Geschäftsführung ohne Auftrag in der Verwaltung (1972)
Honsell, Die Risikohaftung des Geschäftsherrn, in: FG vLübtow (1980) 485
Huber, Die Haftung des Geschäftsherrn für schuldlos erlittene Schäden des Geschäftsführers beim Auftrag und bei der berechtigten Geschäftsführung ohne Auftrag (1965)
Ikinger, Unfallhelfer: Zivilrechtliche Lösung des Konflikts, VersR 1977, 400
Imhof, Hilfsbereitschaft und Haftung, DAR 1974, 253
Imlau, Selbstaufopferung des Kraftfahrzeughalters und Betriebsgefahr, NJW 1963, 1039
Isay, Die Geschäftsführung nach dem Bürgerlichen Gesetzbuche für das Deutsche Reich (1900)
Isele, Geschäftsbesorgung, Umrisse eines Systems (1935)
ders, Die Reichweite des Anspruchs auf Herausgabe des Eingriffserwerbs nach BGB § 687 Abs 2, in: FS Cohn (1975) 75
Jakobs, Eingriffserwerb und Vermögensverschiebung in der Lehre von der ungerechtfertigten Bereicherung (1964)
Katzenstein, Kostenersatz bei eigenmächtiger Selbstvornahme der Mängelbeseitigung – ein Plädoyer für die Abkehr von einer verfestigten Rechtspraxis, ZGS 2004, 300
Klein, „Auftrag" und „Geschäftsführung ohne Auftrag" im öffentlichen Recht, DVBl 1968, 129, 166
Kloepfer-Thull, Der Lastenausgleich unter mehreren polizei- und ordnungsrechtlich Verantwortlichen, DVBl 1989, 1121
Knoche, Minderjährige als Geschäftsführer ohne Auftrag, MDR 1964, 193
Koch, Unaufgeforderte Hilfeleistung in Notsituationen (2011)
Köhler, Arbeitsleistungen als „Aufwendungen"?, JZ 1985, 359
Köndgen, Die Geschäftsführung ohne Auftrag im Wandel der Zeiten – Versuch einer Ehrenrettung, in: Zimmermann (Hrsg), Rechtsgeschichte und Privatrechtsdogmatik (1999) 371
Kötz, Geschäftsführung ohne Auftrag aus rechtsökonomischer Sicht, in: FS Großfeld (1999) 583
Krautwig, Ansprüche aus Eingriffskondiktion und unerlaubter Eigengeschäftsführung bei Verletzung des Persönlichkeitsrechts (1969)
Lange, Die Anwendbarkeit der Geschäftsführung ohne Auftrag im Mietrecht, ZGS 2009, 442
Laufs, Mehrere Geschäftsherrn bei der negotiorum gestio, NJW 1967, 2294
Lent, Der Begriff der auftragslosen Geschäftsführung (1909)
ders, Wille und Interesse bei der Geschäftsbesorgung (1938)
Lorenz, Gescheiterte Vertragsbeziehungen zwischen Geschäftsführung ohne Auftrag und Bereicherungsrecht: späte Einsicht des BGH?, NJW 1996, 883
Loyal, Die „entgeltliche" Geschäftsführung ohne Auftrag (2011)
ders, Die Pflichten des unberechtigten Geschäftsführers ohne Auftrag, AcP 211 (2011), 364
ders, Der fremdnützige Leistungszweck, JZ 2012, 1102
Lützenkirchen, Unterlassene Schönheitsreparaturen durch den Mieter – Anwendbarkeit der Vorschriften über die Geschäftsführung ohne Auftrag, MDR 2001, 9
Martinek/Theobald, Grundfälle zum Recht der Geschäftsführung ohne Auftrag, JuS 1997, 612, 805, JuS 1998, 27
Maurer, Polizei und Geschäftsführung ohne Auftrag, JuS 1970, 561
Melullis, Das Verhältnis von Geschäftsführung ohne Auftrag und ungerechtfertigter Bereicherung (1972)
Mittelmeier, Ersatz von Aufwendungen für Arbeiten zur Vermeidung eines Gewässerschadens – ordnungsbehördliche Maßnahmen und Geschäftsführung ohne Auftrag, VersR 1974, 727
Müller, Der Anspruch des Bewerbers auf Erstattung seiner Vorstellungskosten, ZTR 1990, 237
Mueser, Die praktische Bedeutung des § 687 Abs 2 BGB bei Verletzung vertraglicher Unterlassungsansprüche? (1934)
Nedden, Die Geschäftsführung ohne Auftrag im öffentlichen Recht (1994)
Neuffer, Der pflichtgebundene Geschäftsführer ohne Auftrag (1970)
Nipperdey, Der Eingriff in schuldrechtlich

festgelegte Interessensphären und § 687 Abs 2, in: FS Böhm (1965) 163
Oppermann, Konstruktion und Rechtspraxis der Geschäftsführung ohne Auftrag, AcP 193 (1993) 497
Otto, Ausgleichsansprüche des Geschäftsführers bei berechtigter Geschäftsführung ohne Auftrag, JuS 1984, 684
Pastor, Kostenerstattung bei erfolgreicher Verwarnung, WRP 1979, 423
Pesch, Probleme der Geschäftsführung ohne Auftrag im Lichte der gesetzlichen Regelung, Jura 1995, 361
Rabel, Ausbau oder Verwischung des Systems, RheinZ 10 (1919/20) 89
Reichard, Negotium alienum und ungerechtfertigte Bereicherung, AcP 193 (1993) 567
Rödder, Grundzüge der Geschäftsführung ohne Auftrag, JuS 1983, 930
Rogalski, Der Selbstaufopferungsanspruch des Kraftfahrers (1965)
Rother, Vom Sinn und Anwendungsbereich der Regeln über die Geschäftsführung ohne Auftrag (1941)
Schmidt, Die berechtigte Geschäftsführung ohne Auftrag (2008)
Schoch, Geschäftsführung ohne Auftrag im Öffentlichen Recht, Jura 1994, 241
Schrage, Geschäftsführung ohne Auftrag und der gute Samariter, in: FS Krampe (2013) 309
Schreiber, Die Anwendbarkeit der Regeln der Geschäftsführung ohne Auftrag bei zugleich eigenem und fremden Geschäft, BB 1979, 1397
Schroth, Die berechtigte Geschäftsführung ohne Auftrag als Rechtfertigungsgrund im Strafrecht, JuS 1992, 476
Schubert, Der Tatbestand der Geschäftsführung ohne Auftrag, AcP 178 (1978) 425
ders, Grenzen der Geschäftsführung ohne Auftrag, NJW 1978, 688
Schulz, System der Rechte auf den Eingriffserwerb, AcP 105, 1
Schwark, Der Fremdgeschäftsführungswille bei der Geschäftsführung ohne Auftrag, JuS 1984, 321
Schwerdtner, Geschäftsführung ohne Auftrag, Jura 1982, 593, 642
Seiler, Über die Vergütung von Dienstleistungen des Geschäftsführers ohne Auftrag, in: FS Hübner (1984) 259
ders, Grundfälle zum Recht der Geschäftsführung ohne Auftrag, JuS 1987, 368
Selb, Schadensbegriff und Regreßmethoden (1963)
Sippel, Geschäftsführung ohne Auftrag und die Abwicklung fehlgeschlagener Vertragsbeziehungen mit Geschäftsbesorgungscharakter (2005)
Stamm, Regreßfiguren im Zivilrecht, Eine Rückbesinnung auf die Gesamtschuld unter Neubewertung des Zessionsregresses gemäß § 255 BGB und der Drittschadensliquidation (2000)
ders, Die Rückführung der sog ‚auch fremden Geschäfte' von der Geschäftsführung ohne Auftrag auf die Gesamtschuld, Jura 2002, 730
Stein, § 677 BGB und das objektiv fremde Geschäft (1973)
Stoll, Rechtsfragen bei Hilfeleistung in vermeintlicher Not, in: FS Weitnauer (1980) 411
Tachau, Berechtigte Geschäftsführung ohne Auftrag als unbestellte Leistung?, Jura 2006, 889
Thiele, Gedanken zur Vorteilsausgleichung, AcP 167 (1967) 193
ders, Die Aufwendungen des Verletzten zur Schadensabwehr und das Schadensersatzrecht, in: FS Felgentraeger (1969) 393
Thole, Die Geschäftsführung ohne Auftrag auf dem Rückzug – Das Ende des „auch fremden" Geschäfts, NJW 2010, 1242
Weishaupt, Zur Geschäftsführung ohne Auftrag bei vertraglicher Pflichtenbindung des Geschäftsführers, NJW 2000, 1002
Wendlandt, „Ein bißchen über den Rubikon" – Der BGH und die GoA des vertraglich pflichtengebundenen Geschäftsführers, NJW 2004, 985
Wenckstern, Die Geschäftsanmaßung als Delikt, AcP 200 (2000) 240
Wilbrug, Die Lehre von der ungerechtfertigten Bereicherung nach österreichischem und deutschem Recht (1934)
Wilke, Gedanken zu einer normativen Bestimmung des Fremdgeschäftsführungswillens, Jura 2013, 547
Willoweit, Voraussetzungen der Aufwendungskondiktion, in: FS Wahl (1973) 285

WITTMANN, Begriff und Funktionen der Geschäftsführung ohne Auftrag (1981)
WOLLSCHLÄGER, Die Geschäftsführung ohne Auftrag (1976)
ders, Geschäftsführung ohne Auftrag und Erstattungsanspruch (1977)
ders, Grundzüge der Geschäftsführung ohne Auftrag, JA 1979, 57, 126, 182
ZITELMANN, Ausschluß der Widerrechtlichkeit, AcP 99 (1906) 1, insb 102 ff.

2. Gemeines Recht, Römisches Recht (Auswahl)

AARONS, Beiträge zur Lehre von der negotiorum gestio (1860)
CHAMBON, Die Negotiorum Gestio (1848)
CHIUSI, Der Ersatz von Aufwendungen des Geschäftsführers ohne Auftrag, in: FS Ress (2005) 1425
DANKWARDT, Die negotiorum gestio (1855)
FINAZZI, Ricerche in tema di negotiorum gestio, Bd 1: Azione pretoria ed azione civile (1999), Bd 2,1: Requisiti delle actiones negotiorum gestorum (2003)
KOHLER, Die Menschenhülfe im Privatrecht, JherJb 25 (1887) 1
KÖLLNER, Die Grundzüge der Obligatio Negotiorum Gestorum (1856)
LUIG, Historische Beobachtungen zur Frage der Unbeachtlichkeit des entgegenstehenden Willens des Geschäftsherrn nach § 679 BGB bei der Geschäftsführung ohne Auftrag, in: FS Wiegand (2005) 1015
MAYER-MALY, Probleme der negotiorum gestio, SZRA 86 (1969) 416
MONROY, Die vollmachtlose Ausübung fremder Vermögensrechte (1878)
OGONOWSKI, Die Geschäftsführung ohne Auftrag (1877)
PARTSCH, Studien zur Negotiorum Gestio (1913)
ders, Studien zur Negotiorum Gestio II, in: Aus nachgelassenen und kleineren verstreuten Schriften (1931) 96
RABEL, Negotium alienum und animus, in: Gesammelte Aufsätze IV (1971) 441
RICCOBONO, L'animus aliena negotia gerendi, in: Scritti di diritto Romano (1964) 73
RUHSTRAT, Über negotiorum gestio (1858)
SCHMID, Dissertatio sistens leges quaedam potiores tituli digestorum de negotiis gestis expositas (1787)
SEILER, Der Tatbestand der Negotiorum Gestio im römischen Recht (1968)
ders, Zur Haftung des auftraglosen Geschäftsführers im römischen Recht, in: MEDICUS/SEILER (Hrsg), Studien im römischen Recht (1973) 195
ders, Bereicherung und negotiorum gestio, in: FG Kaser (1986) 245
STURM, Das negotium utiliter gestum (1878)
ZIMMERMANN, Aechte und unächte negotiorum gestio (1872).

3. Internationales Privatrecht; Rechtsvergleichung (Auswahl)

vBAR, Die Äquivalente des Common Law für das kontinentaleuropäische Konzept der berechtigten Geschäftsführung ohne Auftrag, in: FS Lorenz (2001) 441
BODENHEIM, Die Geschäftsführung ohne Auftrag im internationalen Privatrecht (1918)
BOLLENBERGER, Gewinnabschöpfung bei Vertragsbruch, ZEuP 2000, 892
BOUT, La gestion d'affaires en droit francais contemporain (1972)
DAWSON, The altruistic intermeddler, Harvard Law Review 1961, 817 ff, 1073 ff
DEPPENKEMPER, Negotiorum Gestio (2014)
FISCHER, Ungerechtfertigte Bereicherung und Geschäftsführung ohne Auftrag im europäischen Internationalen Privatrecht, in: FS Spellenberg (2010) 151
vGERLACH, Gewinnherausgabe bei Persönlichkeitsverletzungen nach schweizerischem Vorbild? – Das Anspruchssystem der Schweiz und Deutschland im Vergleich –, VersR 2002, 917
HARTMANN, Von der negotiorum gestio zur Benevolent Intervention in Another's Affairs, in: FS Picker (2010) 341
HOPPE, Gewinnorientierte Persönlichkeitsverletzungen in der europäischen Regenbogenpresse, ZEuP 2000, 29
JAKOB, Geschäftsführung ohne Auftrag im deutschen und spanischen Recht (2004)
JANSEN, Negotiorum gestio und Benevolent Intervention in Another's Affairs, ZEuP 2007, 958
JOST, Geschäftsführung ohne Auftrag und Er-

füllung einer Nichtschuld als Quasikontrakte im französischen Zivilrecht (1970)
MEISSEL, Die Geschäftsführung ohne Auftrag (1993)
ders, Erbensuchen als gewerbliche Geschäftsführung ohne Auftrag, in: FS Koziol (2010) 283
RADEMACHER, Die Geschäftsführung ohne Auftrag im europäischen Privatrecht, Jura 2008, 87
RUDOLF, Die negotiorum gestio im Entwurf des Gemeinsamen Refenzrahmens (DCFR) im Vergleich zum ABGB, in: FS 200 Jahre ABGB (2011) 1727
SCHMID, Die Geschäftsführung ohne Auftrag (1992)
SHEEHAN, Negotiorum Gestio, ICLQ 55 (2006), 253
SUDEROW, Die Geschäftsführung ohne Auftrag, Ein Rechtsvergleich zwischen Deutschland, Frankreich und den Niederlanden (2005)
SWOBODA, Bereicherung, Geschäftsführung ohne Auftrag, versio in rem (1919)
ders, Bevollmächtigungsvertrag und Auftrag, Geschäftsführung ohne Auftrag, versio in rem (1931)
WAGNER, Geldersatz für Persönlichkeitsverletzungen, ZEuP 2000, 200
WANDT, Die Geschäftsführung ohne Auftrag im internationalen Privatrecht (1989)
WELLMANN, Der Aufwendungsersatz des Geschäftsführers ohne Auftrag in der Rechtsprechung der angloamerikanischen Gerichte (1959)
WENDELSTEIN, Das Statut der Geschäftsführung ohne Auftrag in Nothilfefällen, GPR 2014, 46
WESTERMANN, Die negotiorum gestio als Gegenstand europäischer Gesetzgebung, in: FS Medicus (2009) 611.

Systematische Übersicht

Alphabetische Übersicht

I. Begriff der echten Geschäftsführung ohne Auftrag

1. Die in den §§ 677 ff geregelten Rechtsinstitute

a) Echte Geschäftsführung ohne Auftrag und Geschäftsanmaßung

1 Der Regelungskomplex des 13. Titels ist überschrieben mit „Geschäftsführung ohne Auftrag“. Das Gesetz ordnet unter dieser einheitlichen Überschrift zwei Rechtsinstitute, die von ihrer immanenten, das Rechtsinstitut jeweils tragenden Interessenstruktur, unterschiedlicher nicht gedacht werden können: einerseits in den §§ 677

bis 686 die echte **Geschäftsführung ohne Auftrag** als die *fremdnützige,* von Geschäftsführungsabsicht getragene Tätigkeit für und im Interesse eines anderen; andererseits in § 687 Abs 2 als quasi-kontradiktorischer Gegensatz hierzu die **Geschäftsanmaßung** als die *eigennützige* Führung eines fremden Geschäfts trotz Wissens um die fehlende Berechtigung im eigenen Interesse des Geschäftsanmaßers. Dieses gesetzestechnische Vorgehen wird teilweise als fragwürdig empfunden, ist aber in den gemeinsamen römischrechtlichen und gemeinrechtlichen Wurzeln beider Rechtsinstitute angelegt. Zwischen diesen Rechtsinstituten stehend spricht § 687 Abs 1 aus, dass die §§ 677 bis 686 keine Anwendung finden, wenn jemand ein fremdes Geschäft in der irrtümlichen Annahme besorgt, es sei sein eigenes. Bei dieser auch als **irrtümliche Eigengeschäftsführung** bezeichneten Konstellation handelt es sich um kein Rechtsinstitut im eigentlichen Sinne, sondern um eine – aufgrund der abschließenden Tatbestandsumschreibung der echten Geschäftsführung in § 677 und der Geschäftsanmaßung in § 687 Abs 2 – letztlich überflüssige gesetzliche Klarstellung: Die Unanwendbarkeit der Geschäftsführungs- und Geschäftsanmaßungsregeln folgt bereits daraus, dass sich die irrtümliche Eigengeschäftsführung mangels Geschäftsführungsabsicht nicht unter den Tatbestand der echten Geschäftsführung ohne Auftrag, trotz Eigengeschäftsführung mangels positiven Wissens um die fehlende Berechtigung auch nicht unter den Tatbestand der Geschäftsanmaßung subsumieren lässt. Die Tatsache, dass § 687 Abs 1 dennoch existiert, erklärt sich aus der jahrhundertelangen und bis heute nicht endgültig überwundenen Kontroverse um den Begriff der Geschäftsführung ohne Auftrag (s Rn 116 ff, 119). Der Gesetzgeber will mit dieser Vorschrift klarstellen, dass das BGB die sog objektive Theorie verworfen hat, bei der allein die objektive, dann aber auch die unwissentliche, Führung eines fremden Geschäfts geschäftsführungsrechtliche Folgen auslöst. Nur die fremdnützige Geschäftsführung für einen anderen im Bereich der echten Geschäftsführung ohne Auftrag oder die Behandlung eines fremden Geschäfts als eigenes im positiven Wissen um die fehlende Berechtigung im Bereich der Geschäftsanmaßung lösen geschäftsführungsrechtliche Ansprüche aus.

b) Der privilegierte Rückgriffsanspruch

Neben dem Rechtsinstitut der echten Geschäftsführung ohne Auftrag und der Ge- 2
schäftsanmaßung des § 687 Abs 2 ist im Regelungskomplex der §§ 677 ff noch ein weiteres Rechtsinstitut normiert, dessen eigenständige Bedeutung bisher nicht zur Kenntnis genommen wurde: der **privilegierte Rückgriffsanspruch** bei der im öffentlichen Interesse liegenden **Erfüllung einer fremden Pflicht**. Auch hier ist die gesetzliche Behandlung durch die §§ 683 S 2, 679 im Bereich Geschäftsführungsregeln historisch gewachsen und durch manches Missverständnis begünstigt worden, letztlich aber systemwidrig (s § 679 Rn 2). Der Geschäftsführer wird hier nicht im Sinne einer Interessensubordination für den Schuldner tätig, sondern das Interesse des Gläubigers bildet den Maßstab der Geschäftsführung. Von der prägenden Interessenstruktur ist der privilegierte Rückgriffsanspruch mit der Rückgriffskondiktion des § 812 Abs 1 S 1 Alt 2 wegen der Erfüllung einer fremden Verbindlichkeit verwandt.

2. Die echte Geschäftsführung ohne Auftrag

Die Vorschriften der §§ 677 bis 686 regeln die echte Geschäftsführung ohne Auftrag. 3
Nach der Eingangsvorschrift des § 677 liegt eine Geschäftsführung ohne Auftrag vor,

wenn jemand – der **Geschäftsführer** (auch Gestor genannt) – ein Geschäft für einen anderen – den **Geschäftsherrn** (auch Dominus genannt) – besorgt, ohne von ihm beauftragt oder ihm gegenüber sonst dazu berechtigt zu sein. Damit ist der Tatbestand der Geschäftsführung ohne Auftrag abschließend umschrieben. Das zentrale und das Rechtsinstitut tragende Tatbestandsmerkmal verbirgt sich hinter den Worten *„für* einen anderen". Damit bezeichnet das Gesetz die sog Geschäftsführungsabsicht. Hinter dem normativ zu verstehenden Merkmal der Geschäftsführungsabsicht steht das das gesamte Rechtsinstitut der echten Geschäftsführung konstituierende Strukturprinzip der fremdnützigen Interessenwahrnehmung (Subordination). Kein Element des Tatbestandes der echten Geschäftsführung ohne Auftrag ist dagegen, dass das übernommene Geschäft ein „fremdes Geschäft" ist (s Rn 116). Aus § 687 Abs 1 folgt nichts anderes (s Rn 1).

4 Handelt der Geschäftsführer ohne Geschäftsführungsabsicht, ist der Tatbestand der echten Geschäftsführung ohne Auftrag nicht eröffnet. Die Rechtsfolgen bestimmen sich für diesen Fall, sofern in fremde Rechts- und Interessenssphären eingegriffen wurde, nach den allgemeinen Vorschriften der §§ 985 ff, 812 ff, 823 ff. Maßt sich der Geschäftsführer um seine Nichtberechtigung wissend ein fremdes Geschäft an – und nur an dieser Stelle ist die Fremdheit ein zu prüfendes Tatbestandsmerkmal –, kann der Geschäftsführer überdies gem § 687 Abs 2 Ansprüche aus Geschäftsanmaßung geltend machen. Die Geschäftsanmaßung des § 687 Abs 2 ist kein Unterfall der echten Geschäftsführung ohne Auftrag, sondern ihr kontradiktorisches Gegenteil (s Rn 1).

3. Terminologie

5 Mit Einführung des BGB hat sich in Deutschland die Bezeichnung „Geschäftsführung ohne Auftrag" eingebürgert; vgl auch § 89 ZPO. Vor Erlass des BGB war die Terminologie nicht einheitlich. Allerdings wurde schon damals, wenn man nicht bei der Terminologie des römischen Rechts geblieben ist, überwiegend von „Geschäftsführung" oder „Geschäftsbesorgung ohne Auftrag" gesprochen (zB Arndts, Lehrbuch der Pandekten[5] §§ 297 ff S 480 ff: Geschäftsführung ohne Auftrag; Puchta, Pandekten[7] §§ 327 ff S 478 ff: negotiorum gestio). Noch heute ist gerade im rechtsvergleichenden Schrifttum die Verwendung des dem römischen Recht entstammenden Ausdrucks *„negotiorum gestio"* weit verbreitet (vgl Stoljar, Negotiorum Gestio [International Encyclopedia of Comparative Law Vol X Ch 17]). Auch in der anglo-amerikanischen Rechtswissenschaft (s Rn 78 ff) bezieht man sich auf die *negotiorum gestio,* wenn man sich Phänomenen der Geschäftsführung ohne Auftrag nähert (zB Sheehan, Negotiorum Gestio: A Civilian Concept in the Common Law?, 55 ICLQ [2006] 253; Aitken Negotiorum Gestio and the Common Law: A Jurisdictional Approach 11 Syd LR [1988] 566]). Nichtsdestotrotz behandelt der in englisch gehaltene DCFR die Geschäftsführung ohne Auftrag unter der Überschrift *„Benevolent Intervention in Another's Affairs"* (zu den Schwierigkeiten, eine selbständige englische Nomenklatur zu finden: PEL/vBar, Ben Int, Introduction, A, 2 ff).

4. Herkunft der Geschäftsführungsregeln

6 Zu den Schöpfungen, die das **römische Recht** der Nachwelt hinterlassen hat, gehört die *negotiorum gestio* (Geschäftsführung ohne Auftrag). Das BGB regelt die Geschäftsführung ohne Auftrag in engster Anlehnung an die römische Quellenlage (*de*

negotiis gestis: Dig 3, 5; C 2, 18 [19]; s Rn 63 ff) und entscheidet hauptsächlich nur eine Reihe von Kontroversen der gemeinrechtlichen Doktrin. Allerdings hat schon vGIERKE unter Hinweis auf vAMIRA klargestellt, dass im älteren **germanischen Recht** vergleichbare Grundsätze galten. Von Bedeutung für das heutige Recht sind namentlich die Ausbildung des Finderlohns, des Bergelohns und ähnlicher Rettungslöhne; vgl §§ 965 ff BGB, §§ 574 ff HGB (vGIERKE, Deutsches Privatrecht III § 216 I S 979 Fn 1; vAMIRA, Nordgermanisches Obligationenrecht I § 95 S 746 ff; ders, Nordgermanisches Obligationenrecht II § 90 S 901 ff).

5. Normenbestand, Gesetzesänderungen und Einschränkung des Anwendungsbereichs

Der Normenbestand der §§ 677 ff ist seit Erlass des BGB unberührt geblieben. Im **7** Rahmen der Schuldrechtsreform wurde lediglich die Titelzählung angepasst und die Vorschriften der §§ 677 ff mit gesetzlichen Überschriften versehen (Art 1 Abs 2 mitsamt Anlage des Gesetzes zur Modernisierung des Schuldrechts v 26. 11. 2001, BGBl I 2001, 3138). Dabei unterlief dem Gesetzgeber ein orthographischer Fehler, als dem § 686 die Überschrift „Irrtum über Person des Geschäftsherrn" vorangestellt wurde. In der Neubekanntmachung des BGB vom 2. 1. 2002 (BGBl I 42) durch das Bundesministerium der Justiz (Art 8 des Gesetzes zur Modernisierung des Schuldrechts) heißt es aber berichtigt: „Irrtum über *die* Person des Geschäftsherrn". Mittelbar betroffen – jedoch ohne große Änderungen in der Sache – wurde das Geschäftsführungsrecht mit der Einfügung des **§ 241a Abs 1**. Nach dieser Vorschrift werden durch die Erbringung unbestellter Leistungen durch einen Unternehmer an einen Verbraucher Ansprüche gegen diesen – und damit auch geschäftsführungsrechtliche Ansprüche aus §§ 683, 684 – nicht begründet (s Rn 205 ff).

6. Regelungsstandort

Der E I ordnete die Geschäftsführung ohne Auftrag noch unmittelbar im Anschluss **8** an das Bereicherungsrecht als zweiten Titel des vierten Abschnitts „Schuldverhältnisse aus anderen Gründen" ein. Diese Systematik findet sich noch heute im französischen Code civil, wo Geschäftsführung ohne Auftrag und Bereicherungsrecht gemeinschaftlich unter der Überschrift *„Des quasi-contrats"* geregelt sind (Art 1371 ff CC). Eine Einteilung mit römisch-rechtlicher Tradition, denn schon JUSTINIAN fasste in seinen Institutionen die Schuldverhältnisse aus Geschäftsführung ohne Auftrag und Bereicherungsrecht zu einer Gruppe zusammen, den sog Quasikontrakten (Inst 3, 27; s Rn 18 ff). Erst im Verlaufe der Zweiten Kommission wurde die Geschäftsführung ohne Auftrag – gerade auch, weil das Geschäftsführungsrecht an mancher Stelle auf das Auftragsrecht verweist – im Anschluss an das Auftragsrecht geregelt (dies entsprach im Ergebnis insbesondere naturrechtlichen Bemühungen, die Gruppe der Quasikontrakte aufzulösen, und die einzelnen Obligationen den Vertragstypen zuzuordnen, zu denen sie die größte Affinität aufwiesen; vgl grundlegend: SEILER, Die Systematik der einzelnen Schuldverhältnisse). Hieran entzündet sich Kritik (zB ESSER/WEYERS, Schuldrecht II/2[8] § 46 I 1 d S 3 f). Zu Unrecht. Zwar fehlt der Geschäftsführung ohne Auftrag ein rechtsgeschäftliches Element. Aber Auftrag und Geschäftsführung ohne Auftrag gehören demselben grundlegenden Interessenstrukturtypus der Subordinationsverhältnisse an. Der Auftrag ist das Grundverhältnis der auf Rechtsgeschäft beruhenden, die Geschäftsführung ohne

Auftrag das Grundverhältnis der auf tatsächlicher Übernahme beruhenden fremdnützigen Geschäftsbesorgung (s Rn 28 ff). Der Charakter der fremdnützigen Geschäftsbesorgung erklärt die weitgehende Parallelität der gesetzlichen Regelung von Auftrag und Geschäftsführung ohne Auftrag, die die gemeinsame systematische Erfassung durchaus rechtfertigt.

II. Theoretische Deutung der echten Geschäftsführung ohne Auftrag

9 Die Versuche einer theoretischen Fundierung der echten Geschäftsführung ohne Auftrag und Systematisierung der vom Fallrecht geprägten Quellen des römischen Rechts (*de negotiis gestis:* Dig 3, 5; C 2, 18 [19]), die über die Jahrhunderte hinweg von den Glossatoren über die Pandektistik bis hinein in unsere Tage andauern, sind in ihrer Anzahl kaum mehr zu überblicken und haben bisher zu keinem tragfähigen Konsens geführt (dazu: Brennecke, Ärztliche Geschäftsführung ohne Auftrag 3 ff; Köndgen, in: Zimmermann [Hrsg], Rechtsgeschichte und Privatrechtsdogmatik 371; Wittmann, Begriff und Funktion der Geschäftsführung ohne Auftrag 39 ff; Wollschläger, Die Geschäftsführung ohne Auftrag 24 ff, 41 ff, 52 ff). Den letztlich Schuldigen für die Misere glaubt man mit dem römischen Recht gefunden zu haben: In den iustinianischen Quellen lasse sich weder ein bestimmtes Leitbild noch ein klar abgegrenzter Anwendungsbereich der *negotiorum gestio* finden. Stattdessen herrsche weitgehend Beliebigkeit. Und in der Tat: Das überlieferte prätorische Edikt umschreibt den Tatbestand der *negotiorum gestio* in ungewohnt abstrakter Form und verzichtet darauf, einen bestimmten Typ der Geschäftsführung ohne Auftrag zu fixieren (s Rn 64): „Si quis negotia alterius, sive quis negotia, quae cuiusque cum is moritur fuerint, gesserit: iudicium eo nomine dabo". Wesentliches Tatbestandsmerkmal ist das *negotium alterius,* das fremde Geschäft. Das Fallmaterial der Quellen ist reichhaltig und höchst unterschiedlich strukturiert. Nichtsdestotrotz gelangten die Glossatoren zu einer bemerkenswert ausdifferenzierten Lehre des *negotium alterius.* Auf ihr lässt sich aufbauen, erkennen wir doch die unterschiedlichen Interessenstrukturtypen wieder (Rn 1 f). Die Glossatoren unterschieden vier Gruppen: „aliena autem dicuntur negotia quatuor modis: cura & sollicitudine, re ipsa, ratihabitione, ipso gesti" (gl ipso gestu ad l. Si pupilli § Quid ergo [Dig 3, 5, 6, 11 (3, 5, 5, 13)]). Die Fallgruppe *cura & sollicitudine* beschreibt Fälle, in denen der Geschäftsherr als Vormund, Pfleger oder Vermögensverwalter für einen Dritten tätig ist. Wird der Geschäftsführer im Aufgabenkreis des dem Dritten verpflichteten Geschäftsherrn tätig, erledigt er ein Geschäft des Geschäftsherrn. In die gleiche Richtung zielt das *negotium ipso gestu alienum.* Nur der Tatbestand ist allgemeiner. Der Geschäftsführer erfüllt eine Pflicht des Geschäftsherrn, er zahlt zB auf eine Geldschuld des Geschäftsherrn. Von der Interessenstruktur gehören beide Fallgruppen in den Bereich des in Rn 2 besonders gekennzeichneten privilegierten Rückgriffsanspruch der §§ 679, 683 S 2 (Rn 1) bzw der Rückgriffskondiktion (§ 812 Abs 1 S 1 Alt 1). Denn Maßstab der Geschäftsführung ist nicht das Interesse des Geschäftsherrn (Schuldners), sondern das Interesse des Gläubigers. Anders dagegen die beiden verbleibenden Fallgruppen. Beim *negotium ipsa re alienum* macht der Geschäftsführer Verwendungen auf Sachen des Geschäftsherrn. Hier wird er im subordinationsrechtlichen Sinne in der Tat *für* den Geschäftsherrn tätig (Rn 1). Wieder die allgemeinere Variante ist das *negotia ratihabitione aliena* zu nennen. Hier will der Geschäftsführer offenkundig *für* den Geschäftsherrn tätig werden, aber objektiv weist das Geschäft keine Verbindung zum Geschäftsherrn auf. Ein klassisches Beispiel (Ulpian/Pedius Dig 3, 5, 5, 11): Der Geschäftsführer mahnt

einen vermeintlichen Schuldner des Geschäftsherrn zur Zahlung. Besteht der Anspruch in Wirklichkeit nicht, liegt objektiv *(negotium ipsa re alienum)* kein fremdes Geschäft. Aber der Geschäftsherr kann das Geschäft durch Genehmigung zu seinem machen. Hier ist alleine das Interesse des Geschäftsherrn Maßstab des Tuns. Von ihrer Interessenstruktur können *negotium ipsa re alienum* und *negotium ipso gestu alienum* kaum unterschiedlicher gedacht werden. Um so verhängnisvoller war die (Fehl-)Entwicklung zu jenem allgemeinen, die bestimmenden Interessenstrukturen verdeckenden Begriff des *negotium alterius,* von der sich das Geschäftsführungsrecht bis heute nicht erholt hat. Unter der Anleitung von Cujas und Donellus wurden die doch so unterschiedlichen (Über-)Kategorien des *negotium ipsa re alienum* und des *negotium ipso gestu alienum* zur einheitlichen Gruppe des *negotium re ipsa alienum* zusammengefasst, der man das *negotium ratihabitione alienum* gegenübergestellte (Cujas, Ad Africanum, Tractatus VIII [ad Dig 3, 5, 48]; Donellus, Commentarium de jure civili Lib XV Cap XVII § II). Aus dem *negotium re ipsa alienum* wurde das schillernde, das geschäftsführungsrechtliche Denken seitdem bestimmende objektiv fremde Geschäft. Aus dem *negotium ratihabitione alienum* wurde das heute nur ein Schattendasein fristende subjektiv fremde Geschäft (ausführlich: Bergmann, Die Geschäftsführung ohne Auftrag 2 ff). Das Geschäftsführungsrecht steht seit seiner Fixierung auf den alle Differenzierungen einebnenden Begriff des (objektiven) fremden Geschäfts unter keinem guten Stern. Die mehr oder weniger bewusste Gegenbewegung gegen die Konturenlosigkeit des neuen Begriffs des fremden Geschäfts ist die Ende des 19. Jahrhunderts aufgekommene Theorie der Menschenhilfe (s Rn 13 ff). Aber die Orientierung am Leitbild des freundlichen und nicht minder selbstlosen Nachbarn, der in meiner Urlaubsabwesenheit das vom Sturm abgedeckte Dach meines Häuschen repariert, hat sich auf das Verständnis der Geschäftsführungsregeln kaum weniger negativ ausgewirkt. Die unzähligen Schwierigkeiten bei Handhabung der Geschäftsführungsregeln rühren gerade auch daher, dass das Leitbild der Menschenhilfe das (Nach-)Denken der modernen Juristen über die Geschäftsführung ohne Auftrag terminiert. Doch damit nicht genug. Letztlich hat auch die Quasikontraktstheorie, die man in der Regelung des § 683 S 1 oder neuerdings auch des Art V – 1:101 (1)(a) und (b) DCFR wiedererkennen kann, trotz der notwendigen Betonung einer individualistischen Grundtendenz, mehr Unklarheiten gebracht, als sie dem Verständnis genutzt hat. Die gesamte Theorienvielfalt wird heute als wenig hilfreich empfunden (vgl etwa: Wandt, Gesetzliche Schuldverhältnisse[6] § 2 Rn 4). Es wird sogar für unmöglich erachtet, einen aussagekräftigen, die Existenz und Ausgestaltung der §§ 677 ff tragenden Grundgedanken zu benennen (MünchKomm/Seiler[6] Vor § 677 Rn 1). Windscheid selbst hielt recht pragmatisch eine Zurückführung der *negotiorum gestio* auf ein höheres Prinzip für überflüssig (Windscheid/Kipp, Lehrbuch der Pandekten II[9] § 430 Fn 17 S 920). In einem Wort: Es herrscht Ernüchterung. Manche sprechen gar von einer existentiellen **Krise der geschäftsführungsrechtlichen Doktrin** und ziehen die Existenzberechtigung der Geschäftsführung ohne Auftrag überhaupt in Zweifel (Jansen ZEuP 2007, 958, 980 ff, 990 f; auch MünchKomm/Seiler[4] Vor § 677 Rn 34; **aA**: Bergmann, Die Geschäftsführung ohne Auftrag 8 f; Hartmann, in: FS Picker 341, 356 ff). Das geht zu weit. Aus den Fehlern der Vergangenheit gilt es zu lernen. Den Weg aus der Krise weist ein neues Geschäftsführungsverständnis, das die zugrundeliegenden, auseinanderdriftenden Interessenstrukturen der verschiedenen unter dem gesetzlichen Oberbegriff „Geschäftsführung ohne Auftrag" (§§ 677 ff) versammelten Rechtsinstitute ernst nimmt.

1. Der Vorwurf der denaturierenden Anwendung der Geschäftsführungsregeln und gegenläufige Tendenzen in der modernen Rechtsprechung

10 Der heutige Begriff des (objektiv) fremden Geschäfts ist weitgehend konturenlos. Da ohne innere Struktur, lässt sich fast jeder Sachverhalt, der des vermögensrechtlichen Ausgleichs bedarf, darunter subsumieren (Bergmann, Die Geschäftsführung ohne Auftrag 3 ff, 7; s Rn 9). Die Rechtsprechung, der es mehr um billige Ergebnisse als um dogmatischen Glanz geht, wusste sich dies seit jeher zunutze zu machen. Mit ihrer offenherzigen Anwendung der §§ 677 ff hat sie heftige, teils wütende Kritik in Wissenschaft und Lehre provoziert. Hinter großen Teilen dieser Kritik steht meist – ausgesprochen oder unausgesprochen – die Theorie der Menschenhilfe. Diese offene oder verdeckte Orientierung am Leitbild des selbstlos handelnden Geschäftsführers kann etwa erklären, warum kein geringerer als Rabel dem Reichsgericht, das dem Vater eines verletzten Kindes wegen der von ihm getragenen Heilungskosten einen geschäftsführungsrechtlichen Aufwendungsersatzanspruch (§§ 683, 684) gegen den Schädiger gewährte (und dem Kind zugleich den deliktischen Anspruch gegen den Schädiger erhielt), Denaturierung des Geschäftsführungs- und Bereicherungsrechts vorwarf (Rabel RheinZ 10 [1919/20] 89, 91 ff), warum Larenz und Wittmann davor warnten, die Geschäftsführung ohne Auftrag durch die Figur der Auch-Gestion in einen konturenlosen Auffangtatbestand umzuformen (Wittmann, Geschäftsführung ohne Auftrag 37; Larenz, Schuldrecht II/1[13] § 57 S 436; vgl auch Falk JuS 2003, 833, 835; MünchKomm/Seiler[6] § 677 Rn 13 ff) oder von Lorenz der „instrumentelle Einsatz" der Geschäftsführungsregeln als gezielt ergebnisorientierte Billigkeitsrechtsprechung gescholten wird (Lorenz NJW 1996, 883, 887; Thole NJW 2010, 1243, 1245). In der Tat haben die §§ 677 ff seit jeher auf die Rechtsprechung eine „geradezu magische Anziehungskraft" ausgeübt (Gursky AcP 185 [1985] 13), die in jahrhundertelanger Tradition – unbeeindruckt aller schriftstellerischen Anwürfe – die Geschäftsführungsregeln als „handliches Instrument der objektiven Zurechnung" von Kosten, Risiken und Schäden für sich entdeckt hat (Esser/Weyers, Schuldrecht II/2[8], § 46 I 1 c S 3; Köndgen, in: Zimmermann [Hrsg], Rechtsgeschichte und Privatrechtsdogmatik 371, 377: „die Mobilisierung der GoA als Anspruchsgrundlage [bedeutet] die Umfunktionierung dieses Rechtsinstituts in *politisches* Umverteilungsrecht mit dem Ziel der Verlagerung von Verantwortlichkeiten, Kosten und Risiken"; vgl zur Handhabung der Geschäftsführung in der Rechtsprechung: Wollschläger, Die Geschäftsführung ohne Auftrag, passim, insbesondere S 75 ff). Der BGH verwendet die Geschäftsführungsregeln, um den in erster Linie für die Tragung der Kosten Verantwortlichen in die Pflicht zu nehmen (deutlich: BGHZ 65, 354, 358, Urt v 4. 12. 1975, Az: VII ZR 218/73; Wollschläger, Die Geschäftsführung ohne Auftrag 65 ff:), was in der Lehre als ein rechtsdogmatisch substanzloses „Näher-Dran-Prinzip" bezeichnet wird (Köndgen, in: Zimmermann [Hrsg], Rechtsgeschichte und Privatrechtsdogmatik 371, 376; Falk JuS 2003, 833, 835; Esser/Weyers, Schuldrecht II/2[8] § 46 I 1 c S 3). Die Herangehensweise der Rechtsprechung ist aber nicht durchweg auf Ablehnung gestoßen. Gerade Wollschläger hat sich bemüht, die Funktion der Geschäftsführung ohne Auftrag als Ausgleichsinstrument zur Korrektur unrechtmäßiger Vermögenslagen und der richtigen Zuweisung von Gütern, Lasten und Risiken theoretisch zu fundieren (Wollschläger, Die Geschäftsführung ohne Auftrag 52 ff: sog Zuständigkeitstheorie). Dies gelingt ihm dadurch, dass er unter Verwerfung der Theorie der Menschenhilfe den Begriff des objektiven Geschäfts und dessen Funktion als Folgenzurechnung auf den letztlich Zuständigen in den Mittelpunkt seines Begriffs der Geschäftsführung ohne Auftrag stellt. Das „Nä-

her-Dran-Prinzip" wird für ihn tragender Bestandteil seines „relativen" Begriffs der Fremdheit des besorgten Geschäfts.

An vielen Stellen ist die Kritik an der Rechtsprechung überzogen. In ihrer Begründung kommt sie häufig nicht weniger begriffsjuristisch daher als die von ihr angefeindete Argumentation der Rechtsprechung selbst. Der Kardinalfehler der Kritik liegt darin, dass sie nicht deutlich artikuliert, dass die falsche Weichenstellung nicht bei der inhaltlichen Präzisierung des – notwendig ausfüllungsbedürftigen – normativen Begriffs des fremden Geschäfts ansetzt, sondern schon eine Stufe vorher (vgl GURSKY AcP 185 [1985] 13, 26). Stellt man den Begriff des fremden Geschäfts in den Mittelpunkt der geschäftsführungsrechtlichen Betrachtung, lässt sich WOLLSCHLÄGERS Lehre der Lasten- und Nutzenzuweisung als materielles Kriterium der Fremdheit kaum widerlegen. Eine überzeugende Neubewertung des Geschäftsführungsrechts kann nur gelingen, wenn man die dem Rechtsinstitut zugrunde liegenden Interessenverhältnisse in den Blick nimmt und auf Grundlage der dadurch gewonnenen Erkenntnisse versteht, dass der Begriff des fremden Geschäfts gar nicht Tatbestandsmerkmal der echten Geschäftsführung ohne Auftrag ist (s Rn 28 ff). **11**

Weiß die gängige Kritik auch nicht zu überzeugen, so zeigt sie doch erste Wirkungen. **12**
Handhabt die Rechtsprechung die Geschäftsführungsregeln nominell nach wie vor in großzügiger Weise, so sind mittlerweile doch verstärkt **gegenläufige Tendenzen** zu beobachten (vgl dazu etwa: FALK JuS 2003, 833, 837 ff; THOLE NJW 2010, 1243, 1245 ff; so auch die Bewertung von ESSER/WEYERS, Schuldrecht II/2[8] § 46 I 1 c S 3). Den Anfang machte unter dem Eindruck der Kritik der Lehre die Instanzgerichtsbarkeit, vor allem bei den strittigen Fragen der Anwendung der §§ 677 ff auf nichtige Verträge (OLG Koblenz NJW 1999, 2904, Urt v 16. 12. 1998; s Rn 329, 334 ff) und dem großen Problemkomplex des pflichtengebundenen Geschäftsführers (OLG Stuttgart Rp 2002, 26, Urt v 9. 5. 2001, Az: 3 U 22/01; OLG Oldenburg Rp 2000, 263, Urt v 5. 7. 2000, Az: 2 U 104/00; OLG Hamm MDR 1999, 1230, Urt v 22. 1. 1999, Az: 29 U 42/98; OLG Saarbrücken NJW 1998, 828, Urt v 7. 5. 1997, Az: 1 U 771/96–127; s Rn 309 ff). Aber auch der BGH, der in seinen Entscheidungen auf die Kritik der Lehre an seinen Entscheidungen grundsätzlich mit keinem Wort einzugehen pflegt (Ausnahme zB BGH NJW 2004, 513, Urt v 13. 11. 2003, Az: III ZR 70/03), scheint nunmehr – zumindest partiell – eine zurückhaltendere Tendenz zu verfolgen (s aber auch: BGHZ 140, 102, 109, Urt v 26. 11. 1998, Az: III ZR 223/97). Hervorgehoben seien nur die Umkehr in der Rechtsprechung zum pflichtengebundenen Geschäftsführer (BGH NZBau 2004, 34, Urt v 21. 10. 2003, Az: X ZR 66/01; BGH NJW-RR 2004, 956, Urt v 15. 4. 2004, Az: VII ZR 212/03; s Rn 317), die sich verstärkenden restriktiven Tendenzen bei der geschäftsführungsrechtlichen Beurteilung des in Erfüllung öffentlich-rechtlicher Pflichten tätig werdenden Hoheitsträgers (BGH NJW 2004, 513, Urt v 13. 11. 2003, Az: III ZR 70/03; s Rn 281) und die Rechtsprechung zur Geschäftsanbahnung (BGH LM BGB § 677 Nr 40, Urt v 23. 9. 1999, Az: III ZR 322/98; BGH NJW-RR 2006, 656, Beschl v 23. 2. 2006, Az: III ZR 209/05; s Rn 205 ff). Zunehmend findet sich auch der Hinweis, dass ein Rückgriff auf die Grundsätze der Geschäftsführung ausgeschlossen ist, wenn eine Rückgriffs- oder Ausgleichlage bereits im Gesetz geordnet ist (BGHZ 145, 342, 350, Urt v 8. 7. 2003, Az: VI ZR 274/02; BGH JZ 2005, 949, 951, Urt v 28. 4. 2005, Az: III ZR 351/04 für § 1357). Allerdings hat der BGH jüngst allgemein klargestellt, dass angesichts der Vielzahl der vorstellbaren Konstellationen kein Anlass bestehe, von der grundsätzlichen Anwendbarkeit der §§ 677 ff in Fällen des auch fremden Geschäfts abzugehen (BGHZ 140, 102, 109, Urt v 26. 11. 1998, Az: III ZR 223/97).

2. Theorie der Menschenhilfe

a) Das Leitbild der Menschenhilfe

13 In der Lehre dominiert das Leitbild der Menschenhilfe. Als grundlegend gilt der berühmte Beitrag von Kohler „Die Menschenhülfe im Privatrecht" in JherJb 25 [1887] 1, 42. Freilich lassen sich erste Ansätze bis zurück in das Natur- und Vernunftrecht zurückverfolgen (Glafey, Recht der Vernuft[3] [1746] Buch III Kap V § 99 S 1072 f). In den Lehrbüchern findet sich seitdem ein nie versiegendes Reservoir von Fällen tätiger Menschenhilfe. Das Rechtsinstitut der Geschäftsführung ohne Auftrag wird insgesamt altruistisch angelegt und auf den sozialen Verhaltenstypus der freiwilligen, uneigennützigen und nicht aufdringlichen Hilfeleistung zugunsten eines Dritten reduziert (Lent, Wille und Interesse bei der Geschäftsbesorgung 12; Melullis, Das Verhältnis von Geschäftsführung ohne Auftrag und ungerechtfertigter Bereicherung 3 ff; Wittmann, Begriff und Funktion der Geschäftsführung ohne Auftrag 66 spricht von der Hilfeleistung als dem *„normadäquatesten Bereich"* der Geschäftsführung ohne Auftrag; Rabel RheinZ 10 [1919/20] 89, 97; Larenz, Schuldrecht II/1[13] § 57 S 436 f; Enneccerus/Lehmann, Schuldrecht § 165 S 696; Fikentscher/Heinemann, Schuldrecht[10] Rn 1259; vGierke, Deutsches Privatrecht III § 216 III 1 S 984; Planck/Lobe[4] Anm II vor § 677; Staudinger/Nipperdey[11] § 677 Rn 4; de lege ferenda: Helm, in: Gutachten und Vorschläge zur Überarbeitung des Schuldrechts III 335, 385 f; wesentlich reservierter: Dernburg, Die Schuldverhältnisse nach dem Recht des Deutsches Reichs und Preußens[3] § 300 I S 432; vgl auch: Esser/Weyers, Schuldrecht II/2[8] § 46 I 1 S 1 ff; Schubert AcP 178 [1978] 425, 428 ff). Das Ziel der Rechtsordnung wird darin gesehen, das freiwillige uneigennützige Eingreifen zugunsten eines Dritten aus Nächstenliebe zu begünstigen und im Gegenzug vor der ungebetenen – und aus eigensüchtigen Beweggründen erfolgenden – Einmischung ausreichend Schutz zu gewähren (Giesen Jura 1996, 225; Larenz, Schuldrecht II/1[13] § 57 S 436 f; Erman/Dornis[14] Vor § 677 Rn 2; Palandt/Sprau[73] Einf 3 v § 677; Planck/Lobe[4] Anm II vor § 677; Soergel/Beuthien[13] Vor § 677 Rn 4; Wittmann, Begriff und Funktion der Geschäftsführung ohne Auftrag 1 ff spricht von einer Legitimations- und Schadloshaltungsfunktion einerseits und einer Abwehrfunktion andererseits). Neben Anleihen bei der römischen *amicitia* ist die christlich-jüdische Verwurzelung der Menschenhilfe unverkennbar (Domat, Les los civiles dans leur ordre naturel, Part I Liv II Tit IV). In Deut 22,1 f heißt es etwa: „Wenn du deines Bruders Ochsen oder Schaf siehst irregehen, so sollst du dich nicht entziehen von ihnen, sondern sollst sie wieder zu deinem Bruder führen. Wenn aber dein Bruder dir nicht nahe ist und du kennst ihn nicht, so sollst du sie in dein Haus nehmen, daß sie bei dir seien, bis sie dein Bruder suche, und sollst sie ihm dann wiedergeben." (so die Übersetzung Martin Luthers; vgl auch Ex 23,4). Hieraus hat die jüdische Jurisprudenz den Satz entwickelt, dass es die Rechtspflicht eines jeden sei, den anderen vor drohendem Schaden möglichst zu bewahren (Kohler JherJb 25 [1887] 1 f; vgl auch zur Geschäftsführung ohne Auftrag im jüdischen Recht: Elon, The Principles of Jewish Law 335 ff; zur sittlichen Pflicht zur Hilfeleistung in Religion und Philosophie: Koch, Unaufgeforderte Hilfeleistung in Notsituationen 2 ff). Dies geht deutlich über den Regelungsgehalt der Geschäftsführung ohne Auftrag hinaus, da sogar eine Rechtspflicht zum Tätigwerden statuiert wird. Der letztendlich sozialistische Gemeinschaftsgedanke, der hinter der Theorie der Menschenhilfe steht, ist nicht ohne faden Beigeschmack, wie die Wiederentdeckung und Rezeption des „Eintretens des einen für den anderen" durch eine national-sozialistische Rechtsanschauung zeigt (zB Lent, Wille und Interesse bei der Geschäftsbesorgung 12: „Gerade die nationalsozialistische Auffassung, die ja das Schwergewicht auf die Gesinnung des Menschen und Volksgenossen legt, wird diese freiwillige Hilfe als Ausdruck von Kameradschaftlichkeit und Gemeinschaftsgeist nicht missen

wollen und von der Rechtsordnung verlangen, daß sie durch ihre Regeln solches Handeln nicht erschwert, sondern fördert. Auch im Recht muß es heißen: ‚Hoch klingt das Lied vom braven Mann'"; vgl dazu auch: Wollschläger, Die Geschäftsführung ohne Auftrag 39). Auch das Zivilgesetzbuch der DDR führte den Gedanken der gegenseitigen Hilfe weiter (§§ 274 ff ZGB-DDR). Dort war die Geschäftsführung ohne Auftrag (§ 276 ZGB-DDR) mit dem Auftrag und anderen unentgeltlichen Geschäften zusammengefasst, die auf den Grundsätzen kameradschaftlicher Hilfe und Zusammenarbeit sozialistische Verhaltensweisen fördern sollten (§ 274 S 2 ZGB-DDR). Als kontradiktorisches Gegenteil dieses kollektivistischen Verständnisses lässt sich der ablehnend individualistische Standpunkt des *common law* zur Geschäftsführung ohne Auftrag umschreiben (s Rn 78 ff; vgl auch die naturrechtlichen Kodifikationen des PrALR I 13 § 228 und des österreichischen öABGB § 1035: Rn 74 ff).

Die Theorie der Menschenhilfe wird häufig aktiviert zur Kritisierung der Recht- **14**
sprechung und ihrer weitreichenden Heranziehung der Geschäftsführungsregeln. Vor dem Hintergrund der Theorie der Menschenhilfe muss die Handhabung der Rechtsprechung in der Tat als denaturiert und ausgeufert, ja geradezu als freizügig erscheinen (Rabel RheinZ 10 [1919/20] 89, 93 ff: „Damit scheinen mir noch heute grundlegende Merkmale der ‚Menschenhülfe' gegeben zu sein, und alle Erstreckung über die gezogenen Grenzen des mitleidigen und aufopfernden Handelns ist von Uebel und nur zeitweise als juristische Verlegenheitsauskunft entschuldbar"; vgl auch Esser/Weyers, Schuldrecht II/2[8] § 46 I 1 b S 1 f; Schubert AcP 178 [1978] 425, 431 weist der Theorie der Menschenhilfe noch heute eine gewisse Leitbildfunktion zu, um dem Anwendungsbereich der Geschäftsführung ohne Auftrag Konturen zu geben und die Auflösung zu einer allgemeinen Ausgleichsklage zu verhindern). In den kritisierten Entscheidungen geht es nicht um den lehrbuchmäßigen Helfer, der das Haus seines Nachbarn vor den Flammen bewahrt. Hier dominieren Gestaltungen, in denen die Interessen der Beteiligten auf das engste miteinander verflochten sind. Im Mittelpunkt stehen vermögensrechtliche Ausgleichsprobleme: Regressfragen, Haftpflicht, Unterhaltsrecht, Privat- und Sozialversicherungsrecht, Gefahrenabwehr, Verwendungsersatz, Prozesskostenerstattung. Wenn Bedarf besteht, bemüht aber auch die Rechtsprechung den Gedanken der Menschenhilfe, um das richtige Ergebnis angemessen zu begründen (BGHZ 38, 270, 275, Urt v 27. 11. 1962, Az: VI ZR 217/61: Selbstaufopferung im Straßenverkehr als Akt der Menschenhilfe, auf den die §§ 677 ff ihrem Zweck nach anzuwenden sind). Die Deutung der Geschäftsführung ohne Auftrag als Menschenhilfe wurde von Wollschläger eingehender empirischer und normativer **Kritik** unterzogen (Wollschläger, Die Geschäftsführung ohne Auftrag 24 ff; ebenfalls krit MünchKomm/Seiler[6] Vor § 677 Rn 2, 12, § 677 Rn 17; vgl auch Schubert AcP 178 [1978] 425, 426 ff). In Auswertung von über 1100 Entscheidungen aus nahezu 150 Jahren Rechtsanwendung hat Wollschläger nachgewiesen, dass höchstens ein Zehntel der veröffentlichten Judikatur Fälle altruistischen Handelns bietet (zB uneigennützige Hilfe: RGZ 167, 85, Urt v 7. 5. 1941, Az: VI 72/40; ähnlich: OLG Tübingen MDR 1950, 160, Urt v 13. 10. 1949, Az: U 130/49; Selbstaufopferung: BGHZ 38, 270, Urt v 25. 10. 1962, Az: II ZR 39/61; insgesamt relativierend: Wollschläger, Die Geschäftsführung ohne Auftrag 28 ff). Uneigennütziges und freiwilliges Handeln bildet einen lediglich untergeordneten Anwendungsfall. Der statistische Normalfall der Geschäftsführung ohne Auftrag in der Rechtswirklichkeit wird vom Handeln aufgrund eigener Interessen und eigener Pflichten geprägt, also gerade dem Anwendungsbereich, den die Theorie der Menschenhilfe als Denaturierung bekämpft (Wollschläger, Die Geschäftsführung ohne Auftrag 31). In der Rechtsprechung dominiert seit jeher die Geschäftsführung ohne Auftrag als Regressfor-

mel. Statt um selbstlose Menschenhilfe geht es um die Kostenzurechnung. Vor diesem Hintergrund hält Wollschläger die Verabsolutierung der Theorie der Menschenhilfe für verfehlt, da sie die vermögenszuordnende und vermögenstransferierende Funktion der Geschäftsführung ohne Auftrag in der Praxis vernachlässige; sie könne die gerichtliche Praxis nicht erklären, sondern allenfalls als verfälschte Gesetzesanwendung hinstellen (Wollschläger, Die Geschäftsführung ohne Auftrag 40 f).

b) Stellungnahme

15 Ist auch der normativen Dimension der Kritik Wollschlägers mit Vorsicht gegenüber zu treten, so zeigt doch der empirische Befund eines ganz eindeutig: Die Theorie der Menschenhilfe geht an der Rechtswirklichkeit der Geschäftsführung ohne Auftrag vorbei. Die Menschenhilfe ist sicherlich ein recht einfach unter die §§ 677 ff zu subsumierender Anwendungsfall der Geschäftsführung ohne Auftrag; aber dem Tatbestand der *negotiorum gestio* ist, wie er historisch gewachsen ist, jede Beschränkung auf Fälle der selbstlosen Menschenhilfe fremd. Dem römischen Recht war eine Beschränkung der *negotiorum gestio* auf Fälle der *amicitia* unbekannt (Bergmann, Die Geschäftsführung ohne Auftrag 21 f; s Rn 65). In den Quellen finden sich zahlreiche Fragmente, in denen der Tatbestand der *negotiorum gestio* bejaht wird, obwohl nicht *sponte* gehandelt wurde (Ulpian Dig 3, 5, 3, 10 [de neg gest]). Besonders eindrücklich ist die Gewährung der Geschäftsführungsklagen zwischen Scheinsklave *(homo liber bona fides serviens)* und Scheindominus. Noch heute bedeutsam ist der Rückgriff der römischen Juristen auf die Geschäftsführungsregeln für den Fall, dass der Geschäftsführer in der unzutreffenden Annahme eines wirksamen Auftrags tätig wurde (Ulpian Dig 3, 5, 5 pr [de neg gest]). Der Grundfehler der Theorie der Menschenhilfe besteht darin, dass sie Interessenwahrnehmung für einen anderen (Subordination) und zugrundeliegende Motivation nicht auseinander hält und so eine im Einzelfall vielleicht vorhandene Motivationslage der selbstlosen und freiwilligen Hilfe zum essentiellen Tatbestandsmerkmal der Geschäftsführung ohne Auftrag erhebt. Denn die fremdnützige Geschäftsführung für einen anderen (Subordination) und selbstsüchtige Motivation passen ohne Weiteres zusammen. Man denke nur an den bestellten Rechtsanwalt, der alleine des Honorars wegen (Motivation) für seinen Mandanten (Subordination) tätig wird. Trotz einer zu konstatierenden terminologischen Unschärfe liegt Kohler in seinem Beitrag „Die Menschenhülfe im Privatrecht“ in JherJb 25 [1887] 1, 42 auf der hier vertretenen subordinationsrechtlichen Linie (Rn 28 ff). Kohler definiert die Geschäftsführung ohne Auftrag als altruistisches Verhalten, der er egoistisches Handeln als kontradiktorisches Gegenteil gegenüberstellt (Kohler JherJb 25 [1887] 1, 42 ff, 95: „Darum ist es ein Grundprincip der Lehre, daß die Negot. Gestio ausgeschlossen ist, wenn ein Handeln im eigenen Interesse vorliegt“). Man ersetze im Sinne der hier verwandten Begrifflichkeit „altruistisch“ durch „fremdnützig“ und „egoistisch“ durch „eigennützig“, und schon finden wir den Gesetz gewordenen Gegensatz von fremdnütziger Geschäftsführung für einen anderen (§ 677) einerseits und eigennütziger Geschäftsanmaßung (§ 687) andererseits (Rn 1). Aber damit ist die fortwirkende Bedeutung der Lehre Kohlers noch nicht erschöpft. Denn wie kaum ein anderer arbeitete Kolhler die Bedeutungslosigkeit der Motivation für den Tatbestand der Geschäftsführung ohne Auftrag heraus. Eine Tätigkeit zur Förderung fremden Interesses bleibt im Kohlerschen Sinne auch dann altruistisch, wenn das beförderte fremde Interesse auf das Eigeninteresse zurückwirkt: Altruistisches Handeln muss kein karitatives oder selbstloses Handeln sein (Kohler JherJb 25 [1887] 1, 115 Fn 2). Machen wir die Probe. Nach der Lehre Kohlers wird die „Hülfe-

leistung" nicht dadurch ausgeschlossen, dass der Gestor aufgrund eines Zwanges, eines Gebotes oder einer Pflicht handelt. Auch wer kraft Verpflichtung handelt, kann in fremden Interesse handeln. Daher steht auch demjenigen die *actio contraria* gegen den Geschäftsherrn zu, der aufgrund eines nichtigen oder sonst unwirksamen Auftrags für den Geschäftsherrn tätig wird (Kohler JherJb 25 [1887] 1, 75 ff). Die Theorie der Menschenhilfe sieht dies naturgemäß anders: Fehlende Spontanität schließt eine Geschäftsführung ohne Auftrag aus (zB Rabel RheinZ 10 [1919/20] 89, 93 ff; s Rn 140, 179).

c) Die Theorie der Menschenhilfe und das BGB

Die Regelung der §§ 677 ff kennt kein – ungeschriebenes – Tatbestandsmerkmal der 16
uneigennützigen Hilfeleistungen aus Nächstenliebe. Schon die in §§ 677, 280, 276 festgelegte strenge Haftung für jede Fahrlässigkeit wird freiwillige Hilfe eher hemmen als fördern. Zwar findet sich in den Gesetzesmaterialien an zahlreichen Stellen der Hinweis, dass das Institut der Geschäftsführung ohne Auftrag der Menschenhilfe diene, und gerade die Herabsetzung der Diligenzpflicht durch § 680 bei dringender Gefahr wurde in das Gesetzeswerk aufgenommen, um Dritte zum Eingreifen im Interesse des Gefährdeten zu ermutigen (zB vKübel, in: Schubert [Hrsg], Die Vorlagen der Redaktoren, Schuldverhältnisse II 929, 933, 934; Mugdan II 479; vgl zu den Gesetzesmaterialien und der Theorie der Menschenhilfe: Wollschläger, Die Geschäftsführung ohne Auftrag 34 ff; auch: Schubert AcP 178 [1978] 425, 429 ff). Insgesamt aber war den Vätern des BGB, was eine rechtsethische Absicherung des Instituts der Geschäftsführung ohne Auftrag angeht, eine Fokussierung auf den selbstlosen Menschenfreund fremd. In der Ersten Kommission wurde etwa der Gedanke verworfen, der Geschäftsanmaßung (heute § 687 Abs 2) den Fall gleichzustellen und damit aus dem Bereich der (echten) Geschäftsführung ohne Auftrag auszuscheiden, in dem der Geschäftsführer zwar für einen Dritten tätig wird, dabei aber aus eigennütziger Motivationslage heraus handelt (Jakobs/Schubert, Die Beratung des Bürgerlichen Gesetzbuchs, Schuldverhältnisse III 160 f; s Mugdan II 485. Terminologisch sind die Ausführungen in den Gesetzesmaterialien missglückt, weil sie begrifflich nicht deutlich zwischen der Interessenwahrnehmung im Sinne einer Interessensubordination und der zugrunde liegenden Motivationslage unterscheiden). Die Erste Kommission hielt ihre Entscheidung in § 759 E I fest (§ 759 E I: „Die Anwendung der Vorschriften der §§ 749–758 wird dadurch nicht ausgeschlossen, dass der Geschäftsführer durch ein eigenes Interesse oder durch das Interesse eines Dritten bestimmt worden ist"). Im Verlaufe der Verhandlungen der Zweiten Kommission wurde § 759 E I mit der zutreffenden Begründung gestrichen, dass das „Interesse", das der Geschäftsführer an der Ausführung des Geschäfts habe, nur einen Beweggrund seines Handelns darstelle, der schon aus allgemeinen Gründen keine Beachtung zu finden habe (Mugdan II 1202; dazu: Windscheid/Kipp, Lehrbuch der Pandekten II^{9} § 431 (2) S 926 f; krit: Schubert AcP 178 [1978] 425, 431). Auch das subjektive Prinzip des § 683 S 1, das dem Aufwendungsersatz vorgeschaltet ist, steht mit dem Leitbild der selbstlosen Menschenhilfe im Widerspruch. Nach dem subjektiven Prinzip ist der individuelle Wille des Geschäftsherrn – selbst Eigensinn und Schrulligkeit – und nicht sein wohlverstandenes Interesse oberstes Prinzip der auftraglosen Geschäftsführung. Trifft der Geschäftsführer die Intentionen des Geschäftsherrn nicht, geht er seines Aufwendungsersatzanspruchs gem § 683 S 1 verlustig. Ob er den abweichenden Willen des Geschäftsherrn überhaupt erkennen konnte, spielt keine Rolle (vgl Mugdan II 1195; s § 683 Rn 12 ff). Das subjektive Prinzip macht die unberufene Geschäftsführung für den Helfenden zu einem gefährlichen Geschäft, als es das Risiko

unerkennbarer subjektiver Sonderlichkeiten des Geschäftsherrn dem freiwilligen Helfer zuweist und ihn auf den Kosten der Hilfeleistung sitzen lässt (zwar wird das subjektive Prinzip durch § 684 S 1 gemildert, der Gestor bleibt aber gem § 818 Abs 3 mit dem Be- und Entreicherungsrisiko belastet). § 683 S 1 provoziert Widerspruch, wenn man in der Geschäftsführung ohne Auftrag das kollektivistische Leitbild der Menschenhilfe sucht. Von daher verwundert es nicht, dass sich unter der Federführung vGIERKES Widerstand gegen die strenge Durchführung des subjektiven Prinzips formierte (vGIERKE, Der Entwurf eines bürgerlichen Gesetzbuchs und das deutsche Recht 274 f; ebenso die Gutachten aus dem Anwaltsstande über die erste Lesung des Entwurfs eines Bürgerlichen Gesetzbuchs 339; bezeichnend stand der vermeintliche Schöpfer der Lehre von der Menschenhilfe KOHLER JherJb 25 [1887] 1, 48, 50, 52 ff der subjektiven Lehre nahe). Die Zweite Kommission beschäftigte sich mit diesen Einwänden. Es wurde darüber debattiert, ob das Institut der *negotiorum gestio* in den Dienst gemeinnütziger Zwecke zu stellen und damit das subjektive Prinzip aufzuweichen sei, oder ob man sich weiterhin von dem Gedanken leiten lasse solle, dass die Einmischung in fremde Angelegenheiten nicht noch weiter begünstigt werden dürfe (so der Antragsteller zu 3: MUGDAN II 1196; JAKOBS/SCHUBERT, Die Beratung des Bürgerlichen Gesetzbuchs, Schuldverhältnisse III 147). Der gemeinschaftsfreundliche Gedanke konnte sich gegen die individualistische Tendenz des subjektiven Prinzips nicht durchsetzen. Aus Praktikabilitätserwägungen wurde allerdings ein Abstrich vom strengen subjektiven Prinzip vorgenommen: Dem Geschäftsführer wurde für die *Durchführung* der Geschäftsführung ein gewisser Ermessensspielraum zugestanden. Für die *Übernahme* der Geschäftsführung und damit für den Aufwendungsersatz gilt aber nach wie vor das subjektive Prinzip. Dieser Unterschied ist Grund der unterschiedlichen Formeln des § 677 einerseits und des § 683 S 1 andererseits zur Ordnungsmäßigkeit und Nützlichkeit der Geschäftsführung (s § 677 Rn 17).

d) Frankreich; DCFR

17 Der Bedeutungszuwachs der Theorie der Menschenhilfe ist kein deutsches Phänomen. Während sich aber in Deutschland Gesetzgeber und Rechtspraxis (Rn 10 ff, 16) dagegen weitgehend resistent zeigen, zeitigt die Lehre im Ausland und auf Europäischer Ebene größere Erfolge. So gewinnt in **Frankreich** die Ansicht zunehmend an Boden, dass der *gérant* keinen Gewinn aus der Geschäftsführung ziehen darf. Die Entkommerzialisierung der Geschäftsführung ohne Auftrag ist eine zentrale Forderung des Gedankens der selbstlosen Menschenhilfe. Cass com, 15. 12. 1992, Bull civ. IV n° 415 hat recht allgemein ausgesprochen, dass Art 1375 Code civil dem *gérant* nur Aufwendungsersatz verspricht, aber keinen Lohn für die aufgewandten Mühen (auch Cass civ 1re, 18. 4. 2000, Bull civ I n° 113). Allerdings lässt sich innerhalb der französischen Rechtsprechung kaum von einer einheitlichen Linie sprechen: Denn die *Cour de cassation* spricht dem gewerblichen Erbensucher gestützt auf die *gestion d'affaires* durchaus einen Vergütungsanspruch zu (Cass civ 1re, 31. 1. 1995, Bull civ I n° 59: „[...] le généalogiste qui est parvenu par son activité professionnelle à découvrir les héritiers d'une succession ne peut prétendre, en l'absence de tout contrat, à une rémunération de ses travaux, sur le fondement de la gestion d'affaires, que s'il a rendu service à l'héritier"). Und in der Lehre findet sich nach wie vor die dem praktizierten deutschen Recht ähnliche Position, dass dem *gérant* ein Anspruch auf Vergütung immerhin dann zusteht, wenn die ausgeführte Tätigkeit in seine berufliche Tätigkeit fällt (MALAURIE/AYNÈS/STOFFEL-MUNCK, Les Obligations[5] n° 1033). Nichtsdestotrotz hat das *Avant-projet de réforme du droit des obligations* die restriktive Tendenz von Cass com, 15. 12. 1992, Bull civ IV n° 415 auf-

gegriffen. Nach dem vorgeschlagenen Art 1328-3 steht dem Geschäftsführer nur noch ein Aufwendungsersatz unter „l'exclusion de toute rémunération" zu. Eine nicht minder große Rolle spielt der Gedanke der Menschenhilfe auf der Stufe der Europäischen Rechtsvereinheitlichung. Er dient hier zur Rechtfertigung der Aufnahme der Geschäftsführung ohne Auftrag – unter der etwas sperrigen Bezeichnung „Benevolent Intervention in another's affairs" – in den **DCFR (Book V)** (vgl PEL/vBAR, Ben Int, Introduction, L, 83, 94; Art 1:101 Comments D 36; krit: SIRENA 4 ERCL [2008] 445, 453). Und es bleibt keinesfalls bei einem Lippenbekenntnis. Im Anschluss an Art 6:198 Burgerlijk Wetboek verwerfen die *Model Rules* ganz vom Geiste der Förderung mitmenschlicher Solidarität beseelt das etwa in Deutschland (§ 683 S 1) geltende streng subjektive Prinzip (PEL/vBAR, Ben Int Art 1:101 Comments D, 34, 37, E, 53; s Rn 16). Der Gestor kann schon dann Ersatz seiner Aufwendungen fordern, wenn es einen objektiven „reasonable ground for acting" gab. Ein entgegenstehender Wille des Geschäftsherrn kann, sofern er nicht ohne Weiteres erkennbar ist, das Entstehen der *actio contraria* nicht verhindern (Art V. – 1:101 (1)(a)(2) DCFR).

3. Quasivertragstheorie

a) Die negotiorum gestio als Quasikontrakt

Der augenfällige Unterschied zwischen Auftrag *(mandatum)* und Geschäftsführung 18
ohne Auftrag *(negotiorum gestio)* ist, dass der Auftrag auf einem Vertrag beruht, die *negotiorum gestio* dagegen ein gesetzliches Schuldverhältnis ist. Das Rechtsverhältnis zwischen Geschäftsführer und Geschäftsherr basiert nicht auf irgendeinem vertraglichen oder zumindest vertragsähnlichen Konsens der Parteien, sondern erwächst schlicht aus der Tatsache der fremdnützigen Interessenwahrnehmung. Ebenso wie das Bereicherungsrecht lässt sich auch die Geschäftsführung ohne Auftrag weder in die Gruppe der Schuldverhältnisse aus Vertrag *(ex contractu)* noch der Schuldverhältnisse aus Delikt *(ex delicto)* einordnen. Man hat es hier mit einer Gruppe von Obligationen zu tun, die irgendwo zwischen diesen beiden Kategorien anzusiedeln ist (vgl ZIMMERMANN, The Law of Obligations 434; ARNDTS, Lehrbuch der Pandekten[8] § 242 S 411; WOLLSCHLÄGER, Die Geschäftsführung ohne Auftrag 41 f; vgl auch aus der Sicht des Schweizer Rechts: SCHMID, Die Geschäftsführung ohne Auftrag Rn 31 ff; aus der Sicht des französischen Rechts: JOST, Geschäftsführung ohne Auftrag 21 ff). IUSTINIAN fasste in seinen Institutionen die Schuldverhältnisse der Geschäftsführung ohne Auftrag und der ungerechtfertigten Bereicherung zu einer besonderen Gruppe zusammen: den sog **Quasikontrakten** (Inst 3, 27); deshalb Quasikontrakte, weil sie – obwohl sie (ersichtlich) nicht auf einer Einigung beruhen – sich nicht aus unerlaubter Handlung herleiten, ja (teilweise) sogar aus einem rechtmäßigen Tun erwachsen, und Ansprüche hervorbringen, die dem Vertragsrecht näher stehen als dem Deliktsrecht. Vor diesem Hintergrund muss man die Legaldefinition des Art 1371 Code civil sehen. Im Anschluss an die Lehre DOMATS wird das vertragsähnliche Willensmoment auf Seiten des Handelnden betont: „Les quasi-contrats sont les faits purement volontaires de l'homme, dont il résulte un engagement quelconque envers un tiers, et quelquefois un engagement réciproque des deux parties" (DOMAT, Les los civiles dans leur ordre naturel, Part I Liv II supra Tit I).

Eine um systematische Klarheit bemühte Rechtslehre tut sich mit der Kategorie der 19
Quasiverträge schwer (BERGMANN, Die Geschäftsführung ohne Auftrag 27 ff). So versuchte man seit jeher diese Gruppe aufzulösen und die Geschäftsführung ohne Auftrag –

bevorzugt – den *obligationes ex contractu* zuzuweisen. Ausgehend vom tatsächlichen Willensmoment auf Seiten des Handelnden versuchte man einen fiktiven oder unterstellten Konsens zwischen Geschäftsführer und Geschäftsherr zu konstruieren. Dem Geschäftsführungswillen des Gestors wurde ein subjektives Korrelat auf Seiten des Geschäftsherrn gegenübergestellt. Anknüpfungspunkt waren die erweiterten Tatbestandsvoraussetzung der *actio negotiorum gestio contraria* (§ 683 S 1). Denn Aufwendungsersatz kann der Geschäftsführer nur verlangen, wenn ein *utiliter gestum* vorgelegen hat. In der Lehre wurde der Begriff des *utiliter gestum* immer mehr versubjektiviert, bis am Ende nur noch – wie in § 683 S 1 Gesetz geworden – der (präsumtive) Wille des Geschäftsherrn über die *utilitas* entscheidet. Auf dieser Zentrierung auf den (präsumtiven) Willen des Geschäftsherrn ließe sich aufbauen. In der pandektistischen Literatur des 19. Jahrhunderts überschlug man sich förmlich im Bemühen, den Geschäftsherrnwillen zur Konstruktion des Rechtsverhältnisses zu verwenden. Gemäßigte Stimmen gaben sich mit der Annahme eines fingierten Mandats oder einer fingierten Genehmigung zufrieden, innovative Vertreter kombinierten den Geschäftsführungswillen (Geschäftsführerwille) mit dm Geschäftsherrnwillen. Manche sprachen von einer „Willensgemeinschaft", RUHSTRAT spürte bereits das Substrat eines Vertrages (RUHSTRAT AcP 32 [1849] 173, 187, 188), OGONOWSKI endlich nahm einen **echten Vertrag** an (OGONOWSKI, Die Geschäftsführung ohne Auftrag [1877] 16 ff). Allerdings fanden diese Versuche nicht nur Freunde. Deutlich die Ablehnung WINDSCHEIDS: „Meiner Ansicht nach sind alle diese Konstruktionen verfehlt" (WINDSCHEID/KIPP, Lehrbuch der Pandekten II[9] § 430 Fn 17 S 920 mwNw).

20 Vor dem Hintergrund dieser Auswüchse wundert es nicht, dass die Lehre der Quasiverträge in Frankreich zu Anfang des 20. Jahrhunderts eine tiefe Krise durchmachte. Doch erscheint sie überwunden. Viele Schriftsteller sprechen gar von einer **„renaissance de quasi-contrat"** (MALAURIE/AYNÈS/STOFFEL-MUNCK, Les Obligations[5] n° 1018). Die jüngsten Vorschläge des *Avant-projet de réforme du droit des obligations* halten jedenfalls an der Kategorie der Quasiverträge fest (CATALA, Avant-projet de réforme du droit des obligations 152). Und auch in Deutschland versuchte KÖNDGEN zuletzt mit einer rechtsökonomischen Theorie des hypothetischen Vertrages zur Korrektur von Marktversagen eine (Neu-)Belebung der Quasikontrakttheorie (KÖNDGEN, in: ZIMMERMANN (Hrsg), Rechtsgeschichte und Privatrechtsdogmatik 371, 382 ff; vgl LANDES/POSER 7 J Leg stud [1978] 83). So kritisch man all diesen (quasi-)vertraglichen Konstruktionen auch gegenüberstehen muss, eine bedeutsame Rolle kommt der Quasivertragstheorie in der rechtspolitischen Diskussion doch zu: Wegen der großen Bedeutung, die sie dem Willen des Geschäftsherrn zuweist, ist sie der individualistische Gegensatz zur kollektivistischen Theorie der Menschenhilfe (BERGMANN, Die Geschäftsführung ohne Auftrag 29).

b) Einfluss der Quasikontraktstheorie auf das BGB

21 Die Quasikontraktstheorie hat das Geschäftsführungsrecht des BGB an mehreren Stellen beeinflusst (WOLLSCHLÄGER, Die Geschäftsführung ohne Auftrag 45). Einmal insoweit, als nur die von Geschäftsführungsabsicht getragene echte Geschäftsführung ohne Auftrag (zur Ablehnung der objektiven Theorie: s Rn 24) anerkannt ist und die Geschäftsanmaßung (§ 687 Abs 2) ursprünglich von der Ersten Kommission ganz verworfen und später lediglich als Sondertatbestand akzeptiert wurde. Zum anderen wirkt sie in Gestalt des subjektiven Prinzips in § 683 S 1 fort, wenn sie den Aufwendungsersatzanspruch des Geschäftsführers *(actio negotiorum gestorum contra-*

ria) unter die zusätzliche Voraussetzung vollständiger Willensübereinstimmung stellt und so einen vollständigen Schutz des Geschäftsherrn vor aufgedrängter Bereicherung zu bieten versucht.

Dagegen ist das BGB der Quasikontraktstheorie nicht in der Konsequenz gefolgt, das Rechtsverhältnis der Geschäftsführung ohne Auftrag überhaupt von der (fiktiven) Willensübereinstimmung von Geschäftsherr und Geschäftsführer abhängig zu machen. Obligationsbegründend ist ausschließlich das Handeln des Gestors in Geschäftsführungsabsicht. Die Entstehungsvoraussetzungen der Geschäftsführung ohne Auftrag sind in § 677 abschließend umschrieben. Entgegen der weit verbreiteten Lehre von der berechtigten Geschäftsführung ist es für die Entstehung des gesetzlichen Schuldverhältnisses der Geschäftsführung ohne Auftrag nicht notwendig, dass die Übernahme der Geschäftsführung dem Willen des Geschäftsherrn entspricht, § 683 S 1 (so aber: ENNECCERUS/LEHMANN, Schuldrecht[15] § 165 II 2 S 698; LARENZ, Schuldrecht II/1[13] § 57 S 437; s Rn95 ff). Der *animus negotia aliena gerendi* des Geschäftsführers ist notwendige, aber auch ausreichende Voraussetzung für die Entstehung der Obligation (iwS). Einzelne Ansprüche (Schuldverhältnis ieS) hieraus können dagegen an weitere Voraussetzungen gebunden sein. Die *actio negotiorum gestorum directa,* also die Ansprüche des Geschäftsherrn gegen den Geschäftsführer (§§ 677–682), entsteht allein aufgrund des Handelns des Geschäftsführers in Geschäftsführungsabsicht. Nur die *actio contraria,* also der Aufwendungsersatzanspruch des Geschäftsführers (§ 683 S 1), verlangt als zusätzliches Tatbestandsmerkmal die für die Quasikontraktstheorie unerlässliche Übereinstimmung mit dem Willen des Geschäftsherrn. Die §§ 677 ff folgen in ihrer Systematik dieser Konzeption. Die Erste Kommission hat ausdrücklich hervorgehoben, dass Herausgabe- und Aufwendungsersatzansprüche verschiedenen Anwendungsvoraussetzungen unterliegen (Motive, bei MUGDAN II 481). Sofern seitens der Lehre von der berechtigten Geschäftsführung ohne Auftrag geltend gemacht wird, dass der Aufbau der §§ 677 ff gesetzestechnisch misslungen sei und von daher gerade dem studentischen Betrachter unübersichtlich und dem Verständnis hinderlich erscheine, weil die gesetzliche Regelung die Unterscheidung von berechtigter und nicht berechtigter Geschäftsführung ohne Auftrag nicht erkennen lässt (so etwa: LARENZ, Schuldrecht II/1[13] § 57 S 437; ISELE, Geschäftsbesorgung 171), so liegt dies daran, dass diese Lehre versucht, auf die §§ 677 ff eine Konzeption der Geschäftsführung ohne Auftrag zu projizieren, die das deutsche Recht gerade nicht mehr kennt (vgl WOLLSCHLÄGER, Die Geschäftsführung ohne Auftrag 46 f). Nicht die §§ 677 ff sind falsch aufgebaut, die Konzeption der Lehre von der berechtigten Geschäftsführung kann das geltende deutsche Recht nicht korrekt erfassen. **22**

4. Objektive Theorie

a) Das objektiv fremde Geschäft als Anknüpfungspunkt

Nach der objektiven Theorie löst allein die **Führung eines fremden Geschäfts** – auch ohne das Bewusstsein seiner Fremdheit – und nicht das Handeln des Gestors in Geschäftsführungsabsicht – geschäftsführungsrechtliche Ansprüche aus. Maßgeblich vorangetrieben wurde diese Lehre von DONELLUS (DONELLUS, Commentarium de jure civil Lib XV Cap XVII §§ II seqq). Ihr Fundament findet sie in dem berühmten, aus dem Rahmen fallenden, in seiner Klassizität freilich auch bestrittenen Fragment AFRICAN Dig 3, 5, 48. Genannt werden können auch noch die Exzerpte ULPIAN Dig 11, 7, 14, **23**

11 und PAULUS Dig 11, 7, 32 pr. Die beiden letztgenannten Stellen betreffen allerdings den Sonderfall der *actio funeria*. Bei der *actio funeria* steht ganz das besondere öffentliche Interesse daran im Vordergrund, dass Leichen nicht unbeerdigt bleiben. Sie können daher nicht ohne Weiteres auf sonstige Fälle übertragen werden: „[…] nam propter publicam utilitatem, ne insepulta cadavera iacerent, strictam rationem insuper habemus, quae nonnumquam in ambiguis religionum quaestionibus omitti solent: nam summam esse rationem, quae pro religione facit" (PAPINIAN Dig 11, 7, 43; KÄMMERER Zeitschrift für Civilrecht und Prozeß 8 [1835] 162, 166 ff). Das Fragment AFRICAN Dig 3, 5, 48 zerfällt in zwei Teile. Der erste Teil handelt vom gutgläubigen Verkauf einer fremden Sache. AFRICAN gewährt dem Eigentümer (Geschäftsherr) gegen den Verkäufer (Geschäftsführer) die *actio directa* (§§ 681 S 2, 667) auf Herausgabe des Kaufpreises. Der zweite Teil betrifft dagegen die Tilgung einer Nachlassverbindlichkeit durch den gutgläubigen Erbschaftsbesitzer (Geschäftsführer). AFRICAN gesteht dem Erbschaftsbesitzer gegen den wahren Erben (Geschäftsherr) die *actio contraria* (§ 683 S 1) auf Ersatz seiner Aufwendungen zu. Gerade der zweite Teils des Fragments ist schwierig und es erscheint mir mehr als nur fraglich, ob er wirklich als Beleg für die objektive Lehre dienen kann. Denn seit AZO wurde die Stelle dahin ergänzt, dass der vermeintliche Erbe *hereditario nomine* und nicht im eigenen Namen gehandelt habe (CUJAS, Ad Africanum Tractatus VIII ad l. si rem ff de neg gest [Dig 3, 5, 48] unter Hinweis auf AZO). Dahinter steht einmal das Harmonisierungsstreben der Glossatoren, scheinbar widersprechende Stellen der römischen Quellen in Einklang zu bringen. Das Fragment LABEO Dig 3, 5, 42 stellt klar, dass die *bewusste* Zahlung auf eine fremde Schuld den geschäftsführungsrechtlichen Rückgriffsanspruch begründet. Denn und vor allem galt schon im römischen Recht die Regel: Nur die bewusste Leistung auf die fremde Schuld befreite den Schuldner. Hier konnte der Zahlende mittels der *actio contraria* beim Schuldner (Geschäftsherr) Rückgriff genommen werden. Dagegen führte die Leistung des Geschäftsführers im eigenen Namen *(suo nomine)* gerade nicht zur Befreiung des Schuldners; insofern kann man auch nicht von der Führung eines fremden Geschäfts sprechen. Es blieb hier vielmehr am Leistenden, der ja auf eine Nichtschuld geleistet hatte, seine Leistung vermittels der *condictio indebiti* (§ 812 Abs 1 S 1 Alt 1) zurückzufordern. Bei der Zahlung auf fremde Schuld ist mithin das Bewusstsein der Fremdheit des Geschäfts essentielle Voraussetzung einer Geschäftsführungsklage. Oder anders herum formuliert: Bei der Zahlung auf fremde Schuld ist eine Geschäftsführungsklage ohne das Bewusstsein der Fremdheit gar nicht denkbar. Nichtsdestotrotz lässt sich natürlich der erste Teil des Fragments AFRICAN Dig 3, 5, 48 (Verkauf einer fremden Sache) zu einer der Quasikontraktslehre entgegensetzten objektiven Theorie fortentwickeln. Mit deutlichem **quasideliktischen Einschlag** (vgl BERGMANN, Die Geschäftsführung ohne Auftrag 34 ff): Die Haftung des Geschäftsführers *(actio directa)* wird ausschließlich dadurch begründet, dass der Gestor ein fremdes Geschäft ohne Auftrag besorgt hat, gleichviel, ob er wusste, dass es sich dabei um ein fremdes Geschäft handelt oder nicht (KÄMMERER Zeitschrift für Civilrecht und Prozeß 8 [1835] 161, 183 f; weitere Nachweise bei: vKÜBEL, in: SCHUBERT [Hrsg], Die Vorlagen der Redaktoren, Schuldverhältnisse II 929, 942, 945; dazu WOLLSCHLÄGER, Die Geschäftsführung ohne Auftrag 43 f). Dahinter steht der Gedanke, dass jeder in seinem ihm von der Rechtsordnung zugewiesenen Bereich zu verbleiben und dessen Grenzen zu kennen hat. Gleichzeitig soll der andere durch Übergriffe in seine Interessensphäre keinen Nachteil erleiden, der Eingreifende keinen Vorteil ziehen. In ihrer Konsequenz führt die Theorie in den Fällen der irrtümlichen Eigengeschäftsführung (vgl § 687 Abs 1) zu Härten für den gutgläubigen, an ein

eigenes Geschäft glaubenden Geschäftsführer. Der Gerechtigkeitsgehalt der objektiven Lehre erscheint nicht über jeden Zweifel erhaben, wenn der schuldlos irrende Geschäftsführer im gleichen Maße der *actio directa* ausgesetzt wird, wie derjenige, der sich mit Wissen in ein fremdes Geschäft eingemischt hat. Die isolierte Begründung der *actio directa* allein aus der Führung eines objektiven Geschäfts heraus läuft gerade beim schuldlosen Eigengeschäftsführer auf eine deliktische Haftung – entgegen der Wertung des § 823 Abs 1 auch für primäre Vermögensschäden – ohne Verschulden hinaus. Die objektive Lehre hat in der deutschen Kodifikationsgeschichte durchaus Spuren hinterlassen. Art 759 des **Dresdner Entwurf** von 1866 adaptierte sie (s auch Art 761 des Dresdner Entwurfs). In der heutigen Dogmatik bereiten die beiden Sachverhaltskonstellationen des Fragments AFRICAN Dig 3, 5, 48 kaum mehr Schwierigkeiten. Recht ungezwungen lassen sie sich mit dem bereicherungsrechtlichen Instrumentarium der **Nichtleistungskondiktion** erfassen. Des (deformierenden) Rückgriffs auf das Geschäftsführungsrecht bedarf es nicht. Die (gutgläubige) Veräußerung ist ein Fall der (quasideliktischen) Eingriffskondiktion, überdies besonders in § 816 Abs 1 geregelt. Die Tilgung einer Nachlassschuld durch den gutgläubigen Erbschaftsbesitzer ist – sofern man mit der hM die nachträgliche Änderung der Tilgungsbestimmung anerkennt – ein Fall der Rückgriffskondiktion, ebenfalls in § 2022 Abs 2 speziell geregelt (vgl STAUDINGER/GURSKY [2010] § 2022 Rn 6).

b) Die objektive Theorie und das BGB

Eingang in das BGB fand die objektive Theorie nicht. Wie bereits der Vorentwurf **24**
vKÜBELS (nach § 236 des Vorentwurfs hätte derjenige, der ein fremdes Geschäft irrtümlich als eigenes besorgt hätte, zwar auf Herausgabe, jedoch beschränkt auf die Bereicherung gehaftet; gleichzeitig hätten dem Geschäftsführer, soweit der Geschäftsherr bereichert gewesen wäre, ein Aufwendungsersatzanspruch zugestanden [§§ 243, 242 Vorentwurf]; vKÜBEL, in: SCHUBERT [Hrsg], Die Vorlagen der Redaktoren, Schuldverhältnisse II 929, 945, 960 f, 987) **verwarf** die Erste Kommission die **objektive Theorie** und löste die Fälle des fehlenden *animus negotia aliena gerendi* nach bereicherungsrechtlichen Grundsätzen (im Sinne der Lehre WINDSCHEIDS: vgl JAKOBS/SCHUBERT, Die Beratung des Bürgerlichen Gesetzbuchs, Schuldverhältnisse III 155 ff, insb der Antrag WINDSCHEIDS [Nr 268]; Motive, bei MUGDAN II 486; WINDSCHEID/KIPP, Lehrbuch der Pandekten II^9 § 431 [4] d und Fn 18 S 930). **§ 761 Abs 1 Nr 1, Abs 2 E I** ordnete ausdrücklich an, dass im Falle der irrtümlichen Eigengeschäftsführung die geschäftsführungsrechtlichen Vorschriften keine Anwendung fänden, sondern vielmehr Geschäftsführer und Geschäftsherr – unbeschadet einer deliktischen Haftung des Gestors bei schuldhafter Rechtsverletzung – einander zur Herausgabe der jeweils aus der Geschäftsführung Erlangten nach bereicherungsrechtlichen Grundsätzen verpflichtet seien. Dies entspricht der heutigen Rechtslage im Rahmen des **§ 687 Abs 1** (s Rn 119, § 687 Rn 4 ff).

Die Nichtrezeption der objektiven Theorie erfährt allerdings im Recht der **Immaterialgüter** eine Einschränkung. Hier kann bereits eine fahrlässige Rechtsverletzung in Abweichung vom Grundsatz des § 687 Abs 2, der einen vorsätzlichen Übergriff verlangt, einen Anspruch auf Herausgabe des Verletzergewinns auslösen. Insoweit hat sich in einem Ausschnitt der Rechtsordnung eine abgeschwächte objektive Theorie erhalten (s § 687 Rn 65 ff). **25**

c) Die objektive Theorie in der modernen Wissenschaft und Rechtsprechung

Auch heute noch wird die objektive Theorie in mehr oder weniger reiner Form in **26** der deutschen Lehre vertreten. Großen Einfluss hat WOLLSCHLÄGER genommen, der in seiner Habilitationsschrift auf der Basis einer eingehenden Untersuchung der Handhabung der Geschäftsführungsregeln durch die Rechtsprechung den Begriff des objektiv fremden Geschäfts als das Kernelement der Geschäftsführung ohne Auftrag herausgearbeitet und der Geschäftsführungsabsicht eine lediglich untergeordnete, allein rechtstechnische Funktion der Abgrenzung zum Bereicherungsrecht zugewiesen hat (WOLLSCHLÄGER, Die Geschäftsführung ohne Auftrag 52 ff, 72 ff; s zum Begriff des fremden Geschäfts bei WOLLSCHLÄGER: s Rn 130, 141). Auch die tägliche praktische Handhabe der Geschäftsführungsregeln durch die Gerichte ist faktisch von der objektiven Theorie nicht weit entfernt, als sie bei Vorliegen eines fremden oder eines sog „auch fremden" Geschäfts den Fremdgeschäftsführungswillen vermutet. Damit wird der Prüfungsschwerpunkt auf das Vorliegen eines fremden Geschäfts gelegt. Die Geschäftsführungsabsicht spielt keine selbständige Rolle. Sie wird lediglich zur Eigenständigkeit reanimiert, um in seltenen Einzelfällen unbillig erscheinende Ergebnisse, die sich nicht bereits auf der Ebene des fremden Geschäfts korrigieren lassen, zu vermeiden. In den Zusammenhang der objektiven Theorie gehört auch das Prinzip der höherrangigen Zuständigkeit (s Rn 27).

d) Die Zuständigkeitstheorie

27 Eine eigenständige Spielart der objektiven Lehre ist WOLLSCHLÄGERS Theorie der höherrangigen Zuständigkeit. Der Sache nach handelt es sich um den theoretischen Überbau über die recht pragmatische Linie der Rechtsprechung, die aus den §§ 677 ff ein schlagkräftiges Instrument zur objektiven Zurechnung von Kosten und Lasten gemacht hat (s Rn 10 ff). WOLLSCHLÄGER extrahiert aus dem „Näher-Dran-Prinzip" der Rechtsprechung einen **relativen Begriff des Fremdheit**: Die Fremdheit eines Geschäfts bestimme sich im Verhältnis zweier Personen danach, wer von ihnen näher daran ist, einen Erwerb zu behalten oder eine Aufwendung zu bezahlen (WOLLSCHLÄGER, Die Geschäftsführung ohne Auftrag 65 ff; vgl auch BGHZ 65, 354, 358, Urt v 4. 12. 1975, Az: VII ZR 218/73; krit: KÖNDGEN, in: ZIMMERMANN [Hrsg], Rechtsgeschichte und Privatrechtsdogmatik 371, 376; FALK JuS 2003, 833, 835; ESSER/WEYERS, Schuldrecht II/2[8] § 46 I 1 c S 3: Billigkeitsjurisprudenz; s Rn 130, 141). So wertvoll der Gedanke der **„Zuständigkeitstheorie"** auch ist, er kann das Rechtsinstitut der echten Geschäftsführung ohne Auftrag nicht erklären. Denn diese knüpft nicht am Begriff des „fremden Geschäfts" an (s Rn 28 ff). Tragendes Element der Geschäftsführung ohne Auftrag ist der im Tatbestandsmerkmal der Geschäftsführungsabsicht zum Ausdruck kommende Gedanke der fremdnützigen Interessenwahrnehmung (Subordination) für einen anderen. Ihren rechtmäßigen Platz findet die „Zuständigkeitstheorie" im Bereicherungsrecht im Rahmen von Aufwendungs- und Rückgriffskondiktion (s Rn 116 ff, 129 f). – Einen letzten geschäftsführungsrechtlichen Anwendungsbereich hat die objektive Theorie und WOLLSCHLÄGERS Gedanke der höherrangigen Zuständigkeit freilich im Rahmen des – systemwidrig innerhalb der §§ 677 ff geregelten – privilegierten Rückgriffsanspruchs der §§ 683 S 2, 679 (s Rn 2, § 679 Rn 6).

5. Die Geschäftsführung ohne Auftrag als Subordinationsverhältnis

28 Die bisherigen Deutungsversuche der Geschäftsführung ohne Auftrag sind ernüchternd verlaufen. Eine Rückführung der Geschäftsführung ohne Auftrag auf höhere ethisch-moralische Prinzipien durch die Theorie der Menschenhilfe kann das Rechtsinstitut in seiner Faktizität nicht erklären. Die Quasivertragstheorie interpre-

tiert rechtsgeschäftliche Elemente in die Geschäftsführung ohne Auftrag hinein, die diese gerade nicht kennt. Die objektive Theorie ist in Wahrheit eine Theorie der ungerechtfertigten Bereicherung. Ich schlage daher einen anderen Weg vor: Die Geschäftsführung ohne Auftrag ist das Rechtsinstitut der realgeschäftlichen Interessenwahrnehmung für einen anderen; sie ist das spezielle gesetzliche Schuldverhältnis der nicht durch wirksamen Vertrag oder Gesetz – anderweitig und abschließend – geregelten Interessensubordination. Insoweit repräsentiert die Geschäftsführung einen eigenständigen Rechtssatz, dessen besonderer Gerechtigkeitsgehalt aus der faktischen Interessenunterordnung (Subordination) folgt (Bergmann, Die Geschäftsführung ohne Auftrag 47 ff; ähnlich der Gedanke der Geschäftsbesorgung als „wirtschaftliche Vertretung" des Geschäftsherrn bei Loyal, Die „entgeltliche" Geschäftsführung ohne Auftrag 39 ff; ablehnend: MünchKomm/Seiler[6] § 677 Rn 23a f: subordinationsrechtliche Deutung sei „schwerlich brauchbar und nicht zu befürworten").

a) Die Interessenwahrnehmung für einen anderen (Subordination)

Der Geschäftsführung ohne Auftrag und ihrer Stellung im System der gesetzlichen **29**
Schuldverhältnisse kann man sich nur über eine Analyse der dem Rechtsinstitut zugrundeliegenden **Interessenstruktur** annähern (vgl zur Interessenstruktur im Vertragsrecht Staudinger/Martinek Vorbem 23 ff zu §§ 662 ff mwNw). Aus dem Vertragsrecht sind drei grundlegende Interessensstrukturtypen bekannt: Interessengegensatz (Koordinationsverträge), Interessengleichrichtung (Koalitions- oder Konföderationsverträge) und Interessenwahrung (Subordinationsverträge). Beim Interessengegensatz verfolgt jede Partei ausschließlich ihre eigenen, den Interessen des Vertragspartners gegenläufige Interessen. Die gegensätzlichen Interessen werden lediglich im Rahmen des Leistungsaustauschgeschäfts (Kauf, Tausch, Miete) koordiniert. Um einen solchen Interessengegensatz geht es bei der *negotiorum gestio* erkennbar nicht. Den Austauschverhältnissen steht der Fall der Interessensgleichrichtung gegenüber. Die Vertragsparteien verfolgen einen gemeinsamen Zweck. Hierher gehört die Gesellschaft (§ 705). Auch darum geht es der Geschäftsführung ohne Auftrag nicht. Als eigenständige dritte Grundstrukturform steht zwischen Interessengegensatz und Interessengleichrichtung die **Interessenwahrung**. Der Typus der Interessenwahrung ist durch die Unterordnung **(Subordination)** der Interessen der einen Partei (Geschäftsführer) unter die der anderen Seite (Geschäftsherr) gekennzeichnet. Hierhin gehören Auftrag und Geschäftsbesorgung. Die Geschäftsführung ohne Auftrag ist die Entsprechung der rechtsgeschäftlichen Interessenwahrnehmungs- oder Subordinationsverhältnisse im Bereich der gesetzlichen Schuldverhältnisse (vgl Gursky AcP 185 [1985] 13, 26 f; bereits in diese Richtung zielte Isay, Die Geschäftsführung nach dem Bürgerlichen Gesetzbuche 7 ff; dazu: Wollschläger, Die Geschäftsführung ohne Auftrag 48 ff; s Wittmann, Begriff und Funktion der Geschäftsführung ohne Auftrag 42, der betont, dass Auftrag und Geschäftsführung auf dem gleichen sozialen Phänomen der fremdnützigen Tätigkeit beruht).

Die *negotiorum gestio* in der Gestalt, die sie in den §§ 677 ff gefunden hat, ist das **30**
gesetzliche Schuldverhältnis der nicht auf Rechtsgeschäft beruhenden Interessenswahrnehmung. Die aus dem Bereich der vertraglichen Subordination bekannten Elemente finden sich auch bei der Geschäftsführung ohne Auftrag. Der Geschäftsführer wird im Bereich der übernommenen Geschäftsführung in einer Art und Weise tätig, in der es der Geschäftsherr im Falle des Selbsthandelns sein müsste. Wille und Interessen des Geschäftsherrn sind Richtschnur für das Handeln des Geschäftsführers (§ 677); seine eigenen Belange hat er dahinter zurückzustellen

und den Weisungen des Geschäftsherrn als Aktualisierungen dessen Willens zu gehorchen. Zwischen Geschäftsführer und Geschäftsherr besteht eine Treuhandbeziehung. Die §§ 677 ff positivieren: § 677 bestimmt den Maßstab der ordnungsgemäßen Geschäftsführung dahin, dass der Geschäftsführer das Geschäft so zu führen hat, „wie das Interesse des Geschäftsherrn mit Rücksicht auf dessen wirklichen oder mutmaßlichen Willen es erfordert"; § 681 S 1 regelt die Anzeige- und Wartepflicht des Gestors gleich einem rechtsgeschäftlich Beauftragten, der von den Weisungen des Auftraggebers abweichen will (vgl § 665) und setzt damit ein Weisungsrecht des Geschäftsherrn voraus. Der Subordination entspricht, dass der Geschäftsführer – anders als bei Austauschverhältnissen, wo jede Partei das Gewinn- und Verlustrisiko ihrer Aufwendungen trägt – am wirtschaftlichen Erfolg seines Handelns nicht unmittelbar beteiligt ist. Ein etwaiger Gewinn ist nicht sein Gewinn, sondern der Gewinn des Geschäftsherrn (§§ 681 S 2, 667); entsprechend ist ein Verlust nicht sein Verlust, sondern er fällt letztlich dem Geschäftsherrn zur Last: Der Gestor kann gem § 683 Ersatz seiner notwendigen Aufwendungen verlangen, unabhängig davon, ob sie vom Erfolg gekrönt waren oder nicht (vgl Loyal, Die „entgeltliche" Geschäftsführung ohne Auftrag 39 f; auch die Schadloshaltungsfunktion der berechtigten Geschäftsführung ohne Auftrag bei Wittmann, Begriff und Funktion der Geschäftsführung ohne Auftrag 1). – Ist der Maßstab der Geschäftsführung auch das Interesse des Geschäftsherrn, so bestehen doch verschiedene Möglichkeiten, wie das rechtlich relevante Interesse zu definieren ist: möglich ist ein objektiver oder ein subjektiver Maßstab. Während etwa der DCFR in Art V. – 1:101 (1)(a) mehr einem objektiven Prinzip folgt (PEL Ben Int/vBar, Ben Int, Art 1:101 Comments D, 34), hat sich das BGB – wenn dies auch in den gesetzlichen Formulierungen nicht immer deutlich wird – für das **strenge subjektive Prinzip** entschieden; entscheidend ist der wirkliche oder der mutmaßliche Wille des Geschäftsherrn. Aus dem streng subjektiven Prinzip folgt eine Einschränkung der geschäftsführungsrechtlichen Verlustzuweisung an den Geschäftsherrn: Hat die Übernahme der Geschäftsführung nicht dem Willen des Geschäftsherrn entsprochen, kommt eine Verlustweiterleitung nur in Betracht, soweit der Geschäftsherr durch die Geschäftsführung überhaupt bereichert ist (§§ 683, 684 S 1). Doch besteht das Prinzip der Verlustzuweisung an den Geschäftsherrn auch hier; es wird nur durch die vorhandene Bereicherung des Geschäftsherrn begrenzt (s § 684 Rn 3).

b) Die normative Geschäftsführungsabsicht als tragendes Element der realgeschäftlichen Interessenwahrnehmung

31 Die Geschäftsführung ohne Auftrag ist die Interessenwahrnehmung für einen anderen. Tragendes und **obligationsbegründendes Element** der Geschäftsführung ohne Auftrag ist damit die – normativ zu verstehende – **Geschäftsführungsabsicht**, also die Absicht, ein Geschäft für einen anderen, nämlich den Geschäftsherrn, zu führen (s schon Wittmann, Begriff und Funktion der Geschäftsführung ohne Auftrag 26; s Rn 171 ff). Entgegen verbreiteten Missverständnissen beschreibt die Geschäftsführungsabsicht kein empirisch ermittelbares Internum der Psyche des Geschäftsführers. Über das Vorhandensein der Geschäftsführungsabsicht gibt keine psychologisch-empirische Willenserforschung Auskunft, sondern darüber ist – wie schon Wittmann herausgearbeitet hat – anhand des sozialen Sinns der Tätigkeit des Geschäftsführers zu befinden (Wittmann, Begriff und Funktion der Geschäftsführung ohne Auftrag 75 f; krit Gursky AcP 185 [1985] 13, 27 f; vgl auch Helm, in: Gutachten und Vorschläge zur Überarbeitung des Schuldrechts III 335, 397). Es entscheidet die durch materiell-wertende Betrachtung gewonnene Erkenntnis über die Zweckrichtung seines Handelns. Die Geschäfts-

führungsabsicht ist in erster Linie ein **normatives**, Wertungen bedürftiges und Wertungen zugängliches, und weniger ein subjektives Tatbestandsmerkmal. Stellt sich das Tun des Geschäftsführers seinem **sozialen Sinn nach** als fremdnützige Interessenwahrnehmung für einen anderen dar, ist der Anwendungsbereich der Geschäftsführung ohne Auftrag eröffnet. Nur – und dies ist mit Blick auf abweichende tradierte Vorstellungen noch einmal besonders zu betonen – entscheidet über das Vorliegen der Geschäftsführungsabsicht und damit über die Eröffnung des Anwendungsbereichs der §§ 677 ff nicht eine naturalistische Betrachtung des subjektiven Bewusstseins des Geschäftsführers, sondern eine normative Betrachtung, die nach dem sozialen Sinn fragt. Erscheint dagegen der tatsächliche Vorgang nicht als fremdnützige Geschäftsbesorgung, ist der Anwendungsbereich der §§ 677 ff nicht eröffnet (vgl § 687 Abs 1). Ein echtes subjektives Tatbestandsmerkmal gibt es im Tatbestand der Geschäftsführung ohne Auftrag nicht. Die Normativierung der Geschäftsführungsabsicht ist im Gesetz selbst angelegt und findet ihren sinnfälligen Ausdruck in der Irrtumsregel des § 686: Entscheidend ist nicht die reale Willensrichtung des Geschäftsführers, sondern die objektive Zweckrichtung der Geschäftsführung. Erst diese Normativierung der Geschäftsführungsabsicht macht die Geschäftsführungsregeln zu einem für die Praxis handhabbaren Tatbestand. Der Nachweis eines subjektiv existenten natürlichen Fremdgeschäftsführungswillens würde – sofern man nicht auf materiell sinnentleerte Vermutungen ausweichen möchte – stets auf eine *probatio diabolica* hinauslaufen.

Die Geschäftsführungsabsicht ist ein durch und durch normatives Tatbestandsmerkmal. Der Tatbestand der echten Geschäftsführung ohne Auftrag kennt kein subjektiv-empirisches Tatbestandsmerkmal. Insbesondere ist ein **Fremdgeschäftsführungsbewusstsein** oder ein **Geschäftsführungsbewusstsein** nicht erforderlich (**aA**: Wittmann, Begriff und Funktion der Geschäftsführung ohne Auftrag 23). Auf ein Fremdgeschäftsführungsbewusstsein, also das Bewusstsein, im fremden Rechtskreis tätig zu werden, kommt es schon deswegen nicht an, weil der objektive Tatbestand der Geschäftsführung ohne Auftrag den Begriff des fremden Geschäfts nicht kennt; für ein korrespondierendes subjektives Tatbestandselement ist daher von vorneherein kein Raum (vgl Gursky AcP 185 [1985] 13, 29; s Rn 34, 116 ff). Aber auch für ein Geschäftsführungsbewusstsein im Sinne eines empirisch nachzuweisenden Bewusstseins des Geschäftsführers, bei seinem Handeln das Interesse des Geschäftsherrn zu wahren, ist kein Raum (so aber: Wittmann, Begriff und Funktion der Geschäftsführung ohne Auftrag 23; Gursky AcP 185 [1985] 13, 29). Die Obligation wird einzig dadurch ausgelöst, dass sich das Tun des Geschäftsführers seinem sozialen Sinn entsprechend als fremdnützige Interessenwahrnehmung darstellt. Anderes folgt auch nicht aus § 687 Abs 1. Diese Vorschrift besagt nur, dass im Falle der (ebenfalls normativ zu beurteilenden) eigennützigen Geschäftsführung – mangels Geschäftsführungsabsicht fehlt es bereits am Vorliegen des Tatbestandes der Geschäftsführung – die Geschäftsführungsregeln auch dann nicht eingreifen, wenn das besorgte Geschäft ein objektiv fremdes war. Damit wird nicht ein (Fremd-)Geschäftsführungsbewusstsein zum Tatbestandsmerkmal der Geschäftsführung erhoben, sondern der objektiven Theorie eine klare Absage erteilt (s Rn 24, 119). § 687 Abs 1 will den Geschäftsführer bei der eigennützigen, am eigenen Interesse orientierten Geschäftsführung vor den unangemessenen Rechtsfolgen der §§ 677 ff schützen, solange nicht umgekehrt der Geschäftsherr nachweist, dass der eigennützig handelnde Geschäftsführer die Fremdheit des Geschäfts kannte und er Rechte aus Geschäftsanmaßung geltend machen kann (§ 687 **32**

Abs 2). Nur im Rahmen des Tatbestandes der „vorsätzlichen" Geschäftsanmaßung des § 687 Abs 2 gibt es – neben der auch hier normativ festzustellenden *eigennützigen* Geschäftsführung – ein echtes subjektives Tatbestandsmerkmal.

33 Der ungeheure Innovationsschritt einer normativen (fremdnützigen) Geschäftsführungsabsicht als dem tragendem Tatbestandsmerkmal eines *gesetzlichen* Schuldverhältnisses der (echten) Geschäftsführung ohne Auftrag wird deutlich, wenn man sie den überkommenen Hilfskonstruktionen gegenüberstellt, die versuchen, die Geschäftsführung ohne Auftrag rechtsgeschäftlich zu fundieren (ausführlich: Bergmann, Die Geschäftsführung ohne Auftrag 51 ff). Ausgangspunkt ist die im *ius commune* tief verankerte, aber verfehlte Gleichsetzung von ausdrücklicher und stillschweigender (konkludenter) Willenserklärung. Denn beide trennt Welten. Bei der ausdrücklichen Willenserklärung ist der empirische Wille des Erklärenden auf die unmittelbare Äußerung seines Willens durch Erklärungszeichen gerichtet. Anders bei der stillschweigenden Willenserklärung. Hier zielt der Wille nicht auf die Verlautbarung des Willens, sondern auf die Vornahme irgendeiner anderen Handlung, etwa das Besteigen einer Straßenbahn, das Fällen eines Baumes oder das Anstreichen eines Zaunes. Die subjektiven Merkmale der ausdrücklichen Willenserklärung wie Rechtsbindungswille und Rechtsfolgenwille gehen der konkludenten Willenserklärung per se ab. Wer einen Baum fällt oder in die Straßenbahn steigt, hat kein Erklärungsbewusstsein und keinen Geschäftswillen. Die Idee eines Mitbewusstseins ist reine Fiktion. Das Institut der stillschweigenden Willenserklärung arbeitet nicht mit einem empirischen vorhandenen, auf bestimmte Rechtsfolgen gerichteten Willen, sondern schließt aus der tatsächlichen Handlung auf den (rechtsgeschäftlichen) Willen, den der Erklärende bei Anlegung eines Maßstabs von Treu und Glauben hätte haben müssen. Auf der Basis dieses (konkludenten) Willen lassen sich dann recht einfach auf den Einzelfall passende vertragliche (Ausgleichs-)Konstruktionen begründen. Hiergegen ist im Prinzip nichts zu sagen, nur muss man sich klar machen, dass man sich zwar rechtsdogmatisch der Vehikel der Rechtsgeschäftslehre bedient, sich aber tatsächlich außerhalb der Rechtsgeschäftslehre bewegt. Gar nicht so viel anders arbeitet die hier vertretene Theorie der Geschäftsführung ohne Auftrag, wenn es darum geht, aus einem tatsächlichen Handeln des Geschäftsführers auf die Geschäftsführungsabsicht zu schließen. Nur löst sie sich offen von der (quasi-)rechtsgeschäftlichen Deutung der *negotiorum gestio*. Das Rechtsinstitut der Geschäftsführung ohne Auftrag ist – in Abgrenzung zu den vertraglichen Schuldverhältnissen – ein gesetzliches Schuldverhältnis, das alleine an der realen, der normativen Zweckrichtung des Handelns zu entnehmenden Interessenwahrung für einen anderen anknüpft. Der Entstehungstatbestand kennt kein rechtsgeschäftliches Moment. Daher spricht man am besten von der Geschäftsführung ohne Auftrag als faktische oder **realgeschäftliche Interessenwahrnehmung**. Im Ansatz geht die hM kaum anders vor. Auch sie verzichtet letztlich auf ein echtes empirisches subjektives Element, wenn sie die Geschäftsführungsabsicht bei Vorliegen eines fremden Geschäfts vermutet. Allerdings wählt sie mit dem bereicherungsrechtlichen und quasideliktischen Begriff des fremden Geschäfts den falschen Anknüpfungspunkt: Das fremde Geschäft gibt Auskunft über die Kosten- und Lastenzuordnung eines Geschäfts, aber nicht darüber, ob der Geschäftsführer im Sinne einer fremdnützigen Geschäftsführung für einen anderen tätig wird.

c) Bedeutungslosigkeit des „fremden Geschäfts“

34 Nicht zum Tatbestand der Geschäftsführung ohne Auftrag gehört, dass ein fremdes Geschäft vorliegt. Der Begriff des fremden Geschäfts und der dahinter stehende Gedanke der richtigen Zuordnung von Nutzen und Lasten gehören in das Bereicherungsrecht, insoweit der Geschäftsherr oder der Geschäftsführer durch die Führung des fremden Geschäfts ungerechtfertigt bereichert ist (s Rn 116 ff, 129 f). Ein Ausgleich erfolgt sodann nach den Grundsätzen der Rückgriffs-, Aufwands- oder Eingriffskondiktion (s Rn 58). Für das Eingreifen der Geschäftsführungsregeln ist dagegen der Begriff des fremden Geschäfts oder das Vorliegen einer Bereicherung ohne Bedeutung (vgl Wittmann, Begriff und Funktion der Geschäftsführung ohne Auftrag 72 ff). Nur im Bereich des – systemwidrig im Rahmen der §§ 677 ff geregelten – privilegierten Rückgriffsanspruchs der §§ 683 S 2, 679 spielen der Begriff des fremden Geschäfts und die richtige Zuordnung von Kosten und Lasten eine Rolle (s Rn 2, § 679 Rn 6).

d) Der präsumtive Wille des Geschäftsherrn

35 Für das Entstehen des gesetzlichen Schuldverhältnisses der Geschäftsführung ohne Auftrag ist es nach deutschem Recht keine Voraussetzung, dass die Übernahme der Geschäftsführung durch den Geschäftsführer dem präsumtiven Willen des Geschäftsherrn entspricht, also eine nützliche Geschäftsführung vorliegt (**aA**: Wittmann, Begriff und Funktion der Geschäftsführung ohne Auftrag 123 ff: Erst die Nützlichkeit schafft die für die Entstehung des gesetzlichen Schuldverhältnisses nicht deliktischer Art notwendige besondere Beziehung zum Geschäftsherrn; vgl zur Lehre von der berechtigten Geschäftsführung ohne Auftrag: Rn 95 ff). Entstehungsvoraussetzung ist allein, dass sich das Tun des Geschäftsführers seinem sozialen Sinn nach als fremdnützige Interessenwahrnehmung darstellt, also dem **abstrakten Interesse** des Geschäftsherrn überhaupt zugute kommt (für Wittmann, Begriff und Funktion der Geschäftsführung ohne Auftrag [126] ist die Nützlichkeit als Voraussetzung der Geschäftsführung notwendige Konsequenz des subjektiven Geschäftsführungsbegriffs). Die Frage der Willensentsprechung, also die Frage danach, ob die Geschäftsführung auch im **konkreten Interesse** des Geschäftsherrn liegt, hat nur Bedeutung für die Frage, ob der Geschäftsführer seine Aufwendungen in voller Höhe an den Geschäftsherrn weiterreichen kann oder ob sein Anspruch durch die Bereichung des Geschäftsherrn begrenzt wird (§§ 683, 684 S 1, subjektives Prinzip: s Rn 30). Darin liegt kein innerer Widerspruch. Ein Handeln des Geschäftsführers kann sich sehr wohl als Interessenwahrnehmung darstellen, obwohl die Geschäftsführung nicht dem Willen und „Interesse“ des Geschäftsherrn entspricht: Der Gestor löscht den Brand eines Hauses, das der Eigentümer am folgenden Tag abreißen will. Zwar fördert das Handeln des Geschäftsführers das abstrakte Interesse des Geschäftsherrn, weil er sein Eigentum vor Schaden bewahrt. Dem sozialen Sinn nach liegt eine fremdnützige Geschäftsführung vor; der Anwendungsbereich der §§ 677 ff ist eröffnet. Die Übernahme der Geschäftsführung widerspricht aber dem konkreten Interesse (präsumtiver Wille); dem Geschäftsführer steht lediglich ein begrenzter Aufwendungsersatzanspruch (§ 684 S 1) zu. Das abstrakte Interesse des Geschäftsherrn entscheidet mithin über das Vorliegen einer fremdnützigen Geschäftsführung als solcher und begründet die Ansprüche des Geschäftsherrn gegen den Geschäftsführer (actio directa: §§ 677–682); das konkrete Interesse des Geschäftsherrn bestimmt die actio contraria (§§ 683, 684). Bereits die fremdnützige Interessenwahrnehmung begründet für den Geschäftsführer die Pflicht zur ordentlichen Geschäftsführung oder zur Herausgabe des aus der Geschäftsführung Erlangten.

Dass die Geschäftsführung dem konkreten Interesse des Geschäftsherrn entsprochen hat, ist nicht erforderlich (s Rn 90 ff).

e) Geschäftsführer und Geschäftsherr

36 Durch die Geschäftsführung ohne Auftrag entsteht zwischen Geschäftsführer und Geschäftsherr ein gesetzliches Schuldverhältnis. **Geschäftsführer** ist, wer nach dem sozialen Sinn seines Handelns fremdnützig tätig wird. Ausgehend von der Person des Geschäftsführers ist die Person des Geschäftsherrn zu bestimmen. Die Person des **Geschäftsherrn** folgt aus der normativ zu bestimmenden Zielrichtung der Interessenwahrnehmung des Geschäftsführers: Geschäftsherr ist, ansetzend am Geschäftsführer, diejenige Person, deren Interessen das Handeln des Geschäftsführers seinem sozialen Sinn nach dient. Die Person des Geschäftsherrn bestimmt sich nach der Finalität des Handelns des Geschäftsführers (Geschäftsführungsabsicht), wobei es nicht auf den Willen in naturalistischer Anschauung ankommt, sondern auf den sozialen Sinn der Handlung in normativer Betrachtung (so ausdrücklich § 686; vgl Wittmann, Begriff und Funktion der Geschäftsführung ohne Auftrag 72 ff; krit Soergel/Beuthien[13] § 677 Rn 12; s Rn 31, 171 ff). Geschäftsherr ist, wessen Interesse der Geschäftsführer wahrnimmt. Keine Rolle spielt auch hier der Begriff des (objektiv) fremden Geschäfts. Neben semantisch-begrifflichen Unterschieden – hier die Betonung der Geschäftsführungsabsicht als obligationsbegründendes Element, dort die Hervorhebung des objektiv fremden Geschäfts – ist es gerade der materielle Inhalt des Begriffs der Geschäftsführungsabsicht (fremdnützige Interessenwahrnehmung und Interessensubordination), der den hier vertretenen Ansatz von der objektiven Lehre Wollschlägers unterscheidet, der sich ausschließlich von der Zuordnung eines Geschäfts nach dem Kriterium der Letztzuständigkeit leiten lässt (s Rn 27).

37 Die Bestimmung der Person des Geschäftsführers kann mit praktischen Schwierigkeiten verbunden sein und im Einzelfall Wertungsfragen diffiziler Art aufwerfen (kritisch wegen mangelnder Bestimmbarkeit etwa Helm, in: Gutachten und Vorschläge zur Überarbeitung des Schuldrechts III 335, 397). Insoweit ist die Geschäftsführung ohne Auftrag ein offenes Rechtsinstitut, das im Einzelfall auf Wertungen zurückgreifen muss, die außerhalb der §§ 677 ff liegen. Haben mehrere Personen gleichgerichtete Interessen, kommen auch mehrere Geschäftsherren in Betracht, wenn die Geschäftsführung ihrer objektiven Finalität nach den Interessen aller Betroffenen dient (zB Löschen eines im Miteigentum stehenden Hauses ist Geschäftsführung für alle Geschäftsherren). Haben Geschäftsführer und Geschäftsherr gleichgerichtete Interessen und dient die Geschäftsführung ihrem sozialen Sinn nach den Interessen beider, liegt mit Blick auf den Geschäftsherrn eine Geschäftsführung ohne Auftrag vor (zB ein Miteigentümer macht Aufwendungen, die der Gesamtsache zugute kommen, sofern die §§ 740 ff, 20 ff WEG nicht vorrangig eingreifen; s Rn 142 f). Der Geschäftsherr schuldet aber dann entsprechend § 426 Abs 1 nur anteiligen Aufwendungsersatz. Zur Klarstellung: Die gleichzeitige Zuordnung des Geschäfts zur Rechtssphäre von Geschäftsherr und Geschäftsführer genügt alleine nicht, den Tatbestand des § 677 auszulösen. Hinzukommen muss, dass die Geschäftsführung ihrem sozialen Sinn nach den unmittelbaren Interessen sowohl des Geschäftsherrn als auch des Geschäftsführers dient. Das ist in den typischen Fällen des „auch-fremden-Geschäfts", wie sie in der Rechtsprechung gehandhabt werden, eben nicht gegeben (s Rn 139 ff); hier schließen die regelmäßig widerstreitenden Interessen der Parteien einander aus. Ein Beispiel: Schleppe ich das Auto eines dreisten Verkehrsteilnehmers ab, der

meine Ausfahrt zuparkt, so nehme ich sowohl mein als auch dessen Geschäft wahr. Die Rechtsprechung würde diesen Fall unter Zuhilfenahme der Geschäftsführungsregeln (Auch-Gestion) lösen (s Rn 288). Zu Unrecht: Da meine Handlung ihrem sozialen Sinn nach nur meinen eigenen Interessen dienen soll, werde ich nicht – wie es § 677 verlangt – „für" den Falschparker tätig.

f) Widerläufige Interessen

Schwierigkeiten können die Fälle bereiten, in denen der Geschäftsführer aufgrund einer eigenen Rechtspflicht handelt (es geht – in der Terminologie und Dogmatik der tradierten Lehre, die am Begriff des objektiv fremden Geschäfts festhält – um Fälle des „auch fremden" Geschäfts; dazu eingehend: Schubert AcP 178 [1978] 425, 434 ff; s Rn 139 ff). Schubert will die Anwendung der Geschäftsführungsregeln überhaupt ausschließen, wenn der Geschäftsführer mit der Geschäftsführung zugleich eigene Pflichten wahrnehme (Schubert AcP 178 [1978] 425, 435 ff). Er begründet dies mit dem Interessenwiderstreit, in dem sich der Geschäftsführer befinde, wenn er mit der Erfüllung eigener Pflichten zugleich ein fremdes Geschäft wahrnehme (Schubert AcP 178 [1978] 425, 438: „Wer eigene oder gesetzliche oder vertragliche Pflichten erfüllt und dabei die Interessen eines Dritten wahrnehmen wollte, befindet sich in einer grundsätzlichen Pflichtenkollision, die dazu führen kann, daß er entweder gegenüber seinem Auftraggeber oder gegenüber dem Geschäftsherrn pflichtwidrig handelt"). Schuberts Bedenken haben angesichts der Interessenstruktur der Geschäftsführung ohne Auftrag als realgeschäftliche Interessenwahrnehmung und Subordination Gewicht. Es ist aber zu **differenzieren**. Gem § 677 hat der Geschäftsführer die Geschäftsführung am Interesse des Geschäftsherrn auszurichten, dieses also zum Maßstab seines Tuns zu erheben. In der Tat kommt zwischen zwei Personen kein Rechtsverhältnis der Geschäftsführung ohne Auftrag zustande, wenn der Geschäftsführer ihm obliegenden Pflichten nachzukommen hat, die nicht dem Interesse des „vermeintlichen" Geschäftsherrn dienen. Der Tatbestand der echten Geschäftsführung ohne Auftrag ist nicht erfüllt, da der Geschäftsführer nicht im Interesse des Geschäftsherrn tätig wird, sondern sich anderen Interessen unterzuordnen hat; dass er zugleich auch ein Geschäft des vermeintlichen Geschäftsherrn „mitbesorgt" hat, vermag ein Geschäftsführungsverhältnis nicht zu begründen. Allerdings kann ein echtes Geschäftsführungsverhältnis zu der Person entstehen, in deren Interessen die Pflicht besteht. Plakativ formuliert: Die Geschäftsführung für den einen schließt eine Geschäftsführung für einen anderen aus. Oder in den Worten der Bergpredigt: „Niemand kann zwei Herren dienen" (Matth 6, 24). Fehl geht daher der Ansatz des Art V. – 1:101 DCFR, der auf die „predominant intention to benefit another" abstellt. Das Gleiche gilt für die französische Jurisprudenz, wenn sie ausführt: „Il n'est pas nécessaire que l'intention altruiste soit exclusive" (Malaurie/Aynès/Stoffel-Munck, Les Obligations[5] n° 1028 mwNw). Eine Interessenwahrung kann immer nur in eine Richtung gehen. Der Geschäftsführer würde seine Pflicht zur ordentlichen Geschäftsführung verletzen (§ 677), wenn er – und sei es noch so untergeordnet – fremde Interessen berücksichtigen würde. Aber ein „Interessenkonflikt" bei Tätigwerden in Erfüllung eigener Pflichten muss nicht bestehen. Entscheidend ist, welche Richtung die vom Geschäftsführer wahrgenommene Pflicht hat. Ist diese auf Wahrnehmung der Interessen des Geschäftsherrn angelegt, besteht der von Schubert herausgestellte Interessenkonflikt nicht. Das Vorliegen einer Pflicht des Geschäftsführers muss die Geschäftsführung ohne Auftrag nicht ausschließen. So fällt insbesondere die Fallgruppe der Tätigkeit aufgrund unwirk- 38 samen Auftrags oder Geschäftsbesorgungsvertrages in den Anwendungsbereich der Geschäftsführung ohne Auftrag (s Rn 329 ff).

g) Motivation und Reflexvorteile

39 Geschäftsführung ohne Auftrag ist die fremdnützige Wahrnehmung fremder Interessen. Damit ist die Geschäftsführung abschließend umschrieben. Keinesfalls verlangt der Tatbestand der Geschäftsführung ohne Auftrag, dass der Gestor – wie es der Theorie der Menschenhilfe entsprechen würde (s Rn 13 ff) – selbstlos oder ohne Zwang gehandelt haben muss (Loyal, Die „entgeltliche" Geschäftsführung ohne Auftrag 47 f); anders als die Theorie der Menschenhilfe erhebt die hier vertretene Theorie der realgeschäftlichen Geschäftsbesorgung Motive nicht zu Tatbestandselementen des Geschäftsführungstatbestandes. Insbesondere ist die **Freiwilligkeit** der Geschäftsbesorgung keine Voraussetzung der Geschäftsführung ohne Auftrag (**aA**: Wittmann, Begriff und Funktion der Geschäftsführung ohne Auftrag 77 ff; Gursky AcP 185 [1985] 13, 31 ff). Selbst **eigensüchtige Motive** schließen die Geschäftsführung ohne Auftrag nicht aus, solange sich das Verhalten des Gestors weiterhin als Interessensubordination darstellt (vgl § 759 E I und Protokolle, bei Mugdan II 1202; vgl auch schon Kohler JherJb 25 [1887] 1, 115 Fn 2; Lent, Begriff der auftraglosen Geschäftsführung 121; Wollschläger, Die Geschäftsführung ohne Auftrag 74). Beides passt ohne Weiteres zusammen, wie etwa der Bereich der entgeltlichen rechtsgeschäftlichen Geschäftsbesorgung zeigt, wo der Geschäftsbesorger nur der Vergütung wegen, also aus Selbstnutz, tätig wird. Es ist daher zu unterscheiden zwischen dem inneren Antrieb, der Motivationslage, die den Geschäftsführer zur Tätigkeit bestimmt, und der Tätigkeit der fremdnützigen Geschäftsführung als solcher. Ebenfalls geschäftsführungsrechtlich neutral verhalten sich Reflexvorteile, also mittelbare Vorteile, die dem Geschäftsführer aus der Geschäftsführung im Interesse eines anderen zugute kommen. Sie berühren lediglich die Motivationslage des Gestors. **Terminologisch** ist es mithin schwierig, diesen Sachverhalt mit klaren Begriffen zu bezeichnen. So legen die Worte „fremdnützig" oder „uneigennützig" eine selbstlose Gesinnung und ein Handeln aus freiem Antrieb nahe; umgekehrt scheint der Begriff des „Interesses" die Motivationslage mit zu umschreiben. Wird hier der Terminus der fremdnützigen (uneigennützigen) Geschäftsbesorgung verwandt, so ist damit nur die Interessensubordination im Rahmen des Geschäftsführungstatbestandes gemeint. Die Motivationslage wird dagegen mit den Begriffen eigensüchtig oder selbstlos umschrieben.

h) Die Geschäftsführung ohne Auftrag als Instrument der Lückenfüllung, insbesondere in Fällen gesetzlicher Subordinationsverhältnisse

40 Die Geschäftsführung ohne Auftrag ist der spezielle gesetzliche Tatbestand der nicht durch Vertrag oder Gesetz abschließend geregelten Interessenwahrnehmung. Sie ist zugleich Auffangtatbestand, dessen Regelungen dann eingreifen, wenn die Geschäftsführung nicht durch Vertrag oder Gesetz abschließend oder vom Regelungsmuster der §§ 677 ff abweichend geregelt ist (vgl BGB-RGRK/Steffen[12] Vor § 677 Rn 51). Damit unterliegen in dieser Kommentierung die Geschäftsführungsregeln einem von der hM abweichenden Verständnis insoweit, als nicht bereits das isolierte Vorliegen einer vertraglichen oder gesetzlichen Pflicht gegenüber dem Geschäftsherrn den Tatbestand ausschließt (s Rn 187 ff). Vielmehr kann auch und gerade in Fällen nicht abschließend geregelter gesetzlicher Subordinationsverhältnisse zur Lückenfüllung auf die §§ 677 ff zurückgegriffen werden. Dass dieser Weg notwendig ist, mag folgendes Beispiel illustrieren. Wer einen anderen rettet, wird als Geschäftsführer

ohne Auftrag tätig. Nach hM steht dem der § 323c StGB nicht entgegen, da diese Vorschrift im Interesse der Allgemeinheit stehe und keine unmittelbare Rechtspflicht im Verhältnis Retter und Gerettetem eröffnet (siehe aber BGH NJW 2014, 64 Rn 6 ff, Urt v 14. 5. 2013, Az: VI ZR 255/11: § 323c StGB dient auch den Individualrechtsgütern des in Not Geratenen). Was aber nun, wenn der Retter zugleich gem § 13 StGB als Beschützergarant verpflichtet ist, Unheil von der Person des Geretteten abzuwenden? Diese Rechtspflicht besteht gerade gegenüber dem Geretteten. Hier den Ausgleich gem § 683 S 1 zu versagen, mit der Begründung, der Geschäftsführer sei dem Geschäftsherrn gegenüber zum Eingreifen verpflichtet gewesen, handele also nicht „ohne Auftrag oder sonstige Berechtigung", ist erkennbar sinnwidrig. Vielmehr greifen die §§ 677 ff in ihrer Funktion als Auffangtatbestand. Da das Gesetz zwar eine Rechtspflicht zum Handeln im Interesse des Geretteten aufstellt, aber die Frage des Ausgleichs nicht – auch nicht negativ (insbesondere liegt in Fällen einer echten Beschützergarantenpflicht keine den Aufwendungsersatz abschließende Regelung in §§ 2 Abs 2 Nr 13, 13 SGB VII vor; dagegen wird sich in Fällen der Überwachungsgaranten ein Rückgriff auf § 683 S 1 verbieten: Bzgl des Überwachten fehlt es an der Interessenwahrnehmung, bzgl des Dritten muss die vorrangige Wertung greifen, dass der Überwachungsgarant die Kosten zu tragen hat) – ordnet, kann auf § 683 S 1 zurückgegriffen werden. Der Beschützergarant kann Ersatz seiner Aufwendungen fordern. In den meisten Fällen gesetzlicher Subordinationsverhältnisse wird allerdings ein Rückgriff auf die §§ 677 ff nicht in Betracht kommen, da das Gesetz abschließende Regelungen enthält. So können etwa die Eltern für ihre im Rahmen ihrer Personen- und Vermögenssorge im Interesse des Kindes getätigten Aufwendungen keinen Ersatz nach § 683 S 1 verlangen; die Frage ist in § 1640 vorrangig entschieden. Greifen die §§ 677 ff als Auffangtatbestand in Fällen gesetzlicher Geschäftsbesorgung, können unter Umständen Modifizierungen der §§ 677 ff vorzunehmen sein. Besteht eine gesetzliche Pflicht gem § 13 StGB und handelt der Retter entsprechend, so kann sich der Gerettete nicht gegen den Anspruch aus § 683 S 1 mit der Behauptung wehren, er habe gar nicht gerettet werden wollen. Das subjektive Prinzip wird insoweit kraft gesetzlicher Anordnung durch einen objektiven Maßstab ersetzt.

i) Absentia vel ignorantia

Keine Voraussetzung der Geschäftsführung ohne Auftrag ist die *absentia* oder *ignorantia* des Geschäftsherrn. Gleiches gilt für eine *incapacité* des Geschäftsherrn (so aber Malaurie/Aynès/Stoffel-Munck, Les Obligations[5] n° 1027). Der Tatbestand der Geschäftsführung setzt alleine die faktische Interessenwahrnehmung ohne vertragliche Grundlage voraus (ausführlich: Bergmann, Die Geschäftsführung ohne Auftrag 64 f). Soweit ältere Schriftsteller eine Abwesenheit des Geschäftsherrn forderten (Lauterbach, Collegium pandectarum theoretico-practicum, L III Tit V § VIII; Vinnius, In quator libros institutionum commentaris, Lib III Tit XXVIII, de negotiorum gestione, not § 1), steht dahinter meistens der Gedanke, dass ein *mandatum expressum vel saltem tacitum* vorliege, wenn der Geschäftsherr anwesend sei. Dies mag, muss aber nicht der Fall sein. Zutreffend ist sicherlich auch der Hinweis, dass die Fähigkeit des Geschäftsherrn zur Selbstvornahme typischerweise seinen (präsumtiven) Willen an der Übernahme der Geschäftsführung entfallen lässt. Doch der richtige Ort für die Berücksichtigung der Möglichkeit eines vorausgehenden Vertragsschlusses ist der Umfang des Aufwendungsersatzes *(actio contraria)*. Es ist daher verfehlt, wenn Art V. – 1:101 (1)(a) und (2)(b) DCFR den Tatbestand der Geschäftsführung entfallen lassen, wenn der Ge- **41** schäftsführer nicht die Gelegenheit genutzt hat, den Willen des Geschäftsherrn zu ermitteln.

III. Die Rechtsnatur der Geschäftsführung ohne Auftrag

1. Die Geschäftsführung ohne Auftrag als juristische Handlung

a) Tradierte Einordnungsversuche

42 Korrespondierend zu den Ungewissheiten der theoretischen Fundierung der Geschäftsführung ohne Auftrag (s Rn 9 ff) bereitete der Lehre die Einordnung des Rechtsinstituts in den Kanon der juristischen Handlungen seit jeher erhebliche Schwierigkeiten (auch: Bergmann, Die Geschäftsführung ohne Auftrag 66 ff; Loyal, Die „entgeltliche" Geschäftsführung ohne Auftrag 293 ff). Immerhin ist man sich zuletzt einig gewesen, dass es sich bei der Geschäftsführung ohne Auftrag in Ausformung der §§ 677 ff um **kein Rechtsgeschäft** handelt (heute allgM: Lent, Der Begriff der auftragslosen Geschäftsführung 51 ff; Planck/Lobbe Anm IV vor § 677; Oertmann Vorbem 1 zu § 677; Mugdan II 480; **aA**: Endemann, Lehrbuch des Bürgerlichen Rechts[9] § 178 Fn 3); dies begründet man freilich mit dem wenig hilfreichen Hinweis darauf, dass die Rechtsfolgen der §§ 677 ff *ex lege* und nicht *ex voluntate* eintreten. Denn letztlich beruhen auch die Rechtsfolgen des Rechtsgeschäfts auf Normbefehl *(nullum negotium sine lege).* Weiter reicht die Einträchtigkeit nicht. Eine noch heute weit verbreitete Auffassung sieht in der Geschäftsführung ohne Auftrag eine **geschäftsähnliche Handlung** des Gestors (Dorn, Die Übernahme der Geschäftsführung ohne Auftrag 42 ff, insb 52 ff; Loyal, Die „entgeltliche" Geschäftsführung ohne Auftrag 293 ff; ders JZ 2012, 1104, 1107 f; Fikentscher/Heinemann, Schuldrecht[10] Rn 1269; LG Aachen NJW 1963, 1252, Urt v 25. 4. 1963, Az: 6 S 17/63; unklar Palandt/Sprau[73] Einf v § 677 Rn 2; **aA**: Soergel/Beuthien[13] § 682 Rn 2; MünchKomm/Seiler[6] Vor § 677 Rn 5; vgl zum Ganzen: Lent, Begriff der auftraglosen Geschäftsführung 51 ff). – Hinter der Einordnung der Geschäftsführung ohne Auftrag als Rechtsgeschäft oder doch zumindest als rechtsgeschäftsähnliche Handlung steht die bis heute nicht überwundene tradierte Zuordnung der *negotiorum gestio* zur Gruppe der **Quasikontrakte**, also den Schuldverhältnissen, die irgendwo zwischen Rechtsgeschäft und Delikt liegen – aber doch eben näher am Rechtsgeschäft (vgl Inst 3, 27; s Rn 18 ff). Als Entstehungsgrund der Obligation wird ganz die kognitive und volutive Handlung, also der Wille des Geschäftsführers, in den Mittelpunkt gestellt. Programmatisch heißt es in Art 1371 CC: „Les quasi-contrats sont les faits purement volontaires de l'homme, dont il résulte un engagement quelconque envers un tiers, et quelquefois un engagement réciproque des deux parties"; das italienische Recht verlangt in Art 2029 CC vom Geschäftsführer sogar ausdrücklich *capacità del gestore.* Die **Erste Kommission** ging in die gleiche Richtung: Sei die *negotiorum gestio* auch kein Rechtsgeschäft, so gehöre sie doch „zu den sog Rechtshandlungen im weiteren Sinne oder zu den unmittelbar eine Rechtsänderung nach sich ziehenden vorsätzlichen Handlungen, die kein Delikt sind", auf die, „anlangend ihre(r) verbindliche(n) Kraft für den Handelnden in Rücksicht auf Handlungsfähigkeit, die für Rechtsgeschäfte im engeren Sinne maßgebenden Regeln Anwendung" fänden (Mugdan II 480; die Frage war in der Ersten Kommission umstritten: vgl Jakobs/Schubert, Die Beratung des Bürgerlichen Gesetzbuchs, Schuldverhältnisse III 138 ff). Mit Blick auf diese Einordnung wurde die Vorschrift des **§ 682** in das Gesetz aufgenommen, der geschäftsführungsrechtliche Ansprüche des Geschäftsherrn *(actio negotiorum gestorum directa)* gegen den nicht voll geschäftsfähigen Geschäfts-

führer ausschließt und den Prinzipal auf das Recht der unerlaubten Handlung und der ungerechtfertigten Bereicherung verweist.

Die rechtsgeschäftliche oder geschäftsähnliche Einordnung der Gestion wäre nicht ohne Folgen. Da das Recht der geschäftsähnlichen Handlungen weitgehend dem Recht der Willenserklärungen folgt, müssten auf den Entstehungstatbestand der Geschäftsführung ohne Auftrag die Vorschriften der §§ 104 ff über die Geschäftsfähigkeit (entsprechend) angewandt werden (so ENDEMANN, Lehrbuch des Bürgerlichen Rechts[9] § 178 Fn 3; ausführlich zum Ganzen: WITTMANN, Begriff und Funktion der Geschäftsführung ohne Auftrag 68 ff; KNOCHE MDR 1964, 193; DIEDERICHSEN MDR 1964, 889). Der nicht voll geschäftsfähige Gestor würde nicht geschäftsführungsrechtlich haften, wie es § 682 sogar ausdrücklich bestimmt; im Gegenzug bliebe ihm aber auch der Aufwendungsersatzanspruch nach § 683 verwehrt (so in der Tat das LG Aachen NJW 1963, 1252, Urt v 25. 4. 1963, Az: 6 S 17/63), was aber ganz überwiegend als grob unbillig empfunden wird (SCHULIEN NJW 1963, 1878, 1379; FIKENTSCHER/HEINEMANN, Schuldrecht[10] Rn 1269). Als abschreckendes Beispiel dient der geisteskranke Heimbewohner, der unter schwersten Verletzungen vor dem Eintreffen der Feuerwehr in letzter Sekunde einen Mitbewohner aus dem brennenden Sanatorium befreit. Bestünde beim beschränkt Geschäftsfähigen noch die Möglichkeit, dass sein gesetzlicher Vertreter die Geschäftsführung genehmigt und damit Schuldverhältnis und Aufwendungsersatzanspruch zur Entstehung bringt (vgl § 108), bliebe einem Geschäftsunfähigen diese Möglichkeit mangels Zustimmungsfähigkeit versperrt. – Die objektive Theorie (s Rn 23 ff) hat diese Probleme nicht. Nicht ein „quasivertraglicher" Geschäftsführungswille, sondern das tatsächliche Führen eines fremden Geschäfts löst die Obligation aus. **43**

b) Realakt ohne echtes subjektives Element

Das Verständnis der Geschäftsführung ohne Auftrag als rechtsgeschäftsähnlicher Quasikontrakt hat sich überlebt. Schon die **Zweite Kommission** ist von diesem Ansatz abgerückt (vgl MUGDAN II 1201; § 756 E I, der klarstellen sollte, dass die fehlende Geschäftsfähigkeit des Geschäftsherrn der Begründung des Schuldverhältnisses nicht entgegensteht, wurde als überflüssig gestrichen; Begründung: „Der Entw. kenne keine Quasikontrakte, die als Rechtsgeschäfte anzusehen wären …"; vgl auch § 237 des Vorentwurfs; gestützt auf die Begründung, dass es sich bei der Geschäftsführung ohne Auftrag um kein Rechtsgeschäft handele: vKÜBEL, in: SCHUBERT [Hrsg], Die Vorlagen der Redaktoren, Schuldverhältnisse II 929, 961 f). Nach hier vertretener Ansicht handelt es sich bei der Geschäftsführung ohne Auftrag um den gesetzlichen Tatbestand der „realgeschäftlichen" Interessenwahrnehmung für einen anderen (s Rn 28 ff). Das gesetzliche Schuldverhältnis der Geschäftsführung kommt allein aufgrund der tatsächlichen Geschäftsführung „für einen anderen" zustande; ein rechtsgeschäftliches oder ein geschäftsähnliches Element kennt der Tatbestand der Geschäftsführung ohne Auftrag nicht. Ob eine Geschäftsführung für einen anderen vorliegt, ist allein der Zweckrichtung des Handelns zu entnehmen. Die Geschäftsführungsabsicht als die tatbestandliche Verankerung des das gesamte Rechtsinstitut tragenden Strukturtypus der Interessenwahrnehmung (Subordination) ist ein normatives Tatbestandsmerkmal, das sich – unabhängig von einem natürlichen oder rechtsgeschäftlichen Willen des Geschäftsführers – nach dem sozialen Sinn seiner Handlung bestimmt (s Rn 31 ff; **aA**: LOYAL, Die „entgeltliche" Geschäftsführung ohne Auftrag 293 ff). Die Geschäftsführung ohne Auftrag ist so betrachet ein Realakt ohne echtes subjektives Element (vgl ERMAN/DORNIS[14] Vor § 677 Rn 14). Dies bleibt sie auch dann, wenn die Geschäftsführung im Einzelfall in der Vornahme rechtsge- **44** schäftlicher Handlungen besteht: Das gesetzliche Schuldverhältnis der Geschäftsführung ohne Auftrag kommt auch dann zustande, wenn der geisteskranke Nachbar (Geschäftsführer) den Schreinermeister im eigenen Namen bestellt, um das vom Sturm abgedeckte Dach des Nachbarn (Geschäftsherr) zu reparieren (s Rn 46 ff; **aA**: Erman/Ehmann[11] § 682 Rn 2, der es bei Geschäftsbesorgungen rechtsgeschäftlicher Art für sachgerecht erachtet, die §§ 105 ff entsprechend anzuwenden).

45 Die Vorschrift des § 682 steht diesem Verständnis der Geschäftsführung nicht entgegen (vgl Wittmann, Begriff und Funktion der Geschäftsführung ohne Auftrag 68 ff; Esser/Weyers, Schuldrecht II/2[8] § 46 II 1 b S 7 f). § 682 dient ausschließlich dem Schutz des nicht voll geschäftsfähigen Geschäftsführers. Die Vorschrift bezieht sich nach ihrer Systematik ausschließlich auf die gegen den Gestor gerichteten geschäftsführungsrechtlichen Ansprüche des Geschäftsherrn auf Herausgabe und Schadensersatz *(actio directa)* und lässt die Ansprüche des Geschäftsführers auf Aufwendungsersatz *(actio contraria)* unberührt. § 682 entscheidet die im *ius commune* ungeklärte Frage der Haftung *(actio contraria)* des nicht voll geschäftsfähigen Gestors (Bergmann, Die Geschäftsführung ohne Auftrag 269 ff mwNw). Überwiegend wurde ein von Ulpian mitgeteiltes Reskript des Kaisers Antonius Pius rezipiert: „Pupillus sane si negotia gesserit, post rescriptum divi Pii etiam conveniri potest in id quod factus est locupletior […]“ (Ulpian Dig 3, 5, 3, 4 [de neg gest]). Danach konnte ein Mündel, das fremde Geschäfte geführt hatte, auf das verklagt werden, um was es bereichert ist. Allerdings geriet diese Auslegung in die Kritik, als Cujas in textkritischer Manier statt „pupillus“ (Nominativ) vielmehr „pupilli“ (Genitiv) lesen wollte (Cujas, Observationes et Emendationes, Lib XIII Cap VII [F]). Denn dann handelt das Reskript nicht mehr vom unmündigen Geschäftsführer, sondern vom unmündigen Geschäftsherrn. Unstreitig war dagegen, dass einem nicht voll geschäftsfähigen Geschäftsführer, der für einen anderen tätig geworden ist, ein Aufwendungsersatzanspruch (actio contraria) zustand (Ulpian Dig 3, 5, 3, 4 [de neg gest]).

2. Persönliche Entstehungsvoraussetzungen

46 Die Geschäftsführung ohne Auftrag ist Realakt ohne echtes subjektives Element (s Rn 44 f). Das gesetzliche Schuldverhältnis entsteht allein aufgrund der nach normativen Maßstäben zu beurteilenden Geschäftsbesorgung „für einen anderen“. Für das Vorliegen des Grundtatbestands spielt weder auf Seiten des Geschäftsführers noch auf Seiten des Geschäftsherrn ein rechtsgeschäftlicher oder auch nur natürlicher Wille eine Rolle. Allerdings können die fehlende Geschäftsfähigkeit oder sonstige intellektuelle Defizite auf Seiten des Geschäftsführers Auswirkungen auf die Frage der Nützlichkeit der Geschäftsführung (§ 683) oder der Haftung des Gestors (§ 682) haben.

a) Voraussetzungen in der Person des Geschäftsführers

aa) Geschäftsfähigkeit

47 Anders als etwa im italienischen Recht (Art 2029 CC; allerdings ist die italienische Lehre um eine Einschränkung der Vorschrift bemüht, etwa in dem Sinne, dass sich die Vorschrift nur auf Geschäftsführungen beziehe, die in der Vornahme von Rechtshandlungen bestehe, oder einige Autoren wollen gleich dem deutschen § 682 BGB den Art 2029 CC nur auf die *actio directa* anwenden; vgl dazu aus dem deutschsprachigen Schrifttum: Kindler, Einführung in das italienische Recht § 16 Rn 8; zur Frage der Geschäftsfähigkeit des gérant im französischen Recht: JOST, Geschäftsführung ohne Auftrag 89 ff) ist im deutschen Recht die Geschäftsfähigkeit des Geschäftsführers **keine Voraussetzung** der Geschäftsführung ohne Auftrag (WITTMANN, Begriff und Funktion der Geschäftsführung ohne Auftrag 68 ff; KNOCHE MDR 1964, 193; DIEDERICHSEN MDR 1964, 889; ESSER/WEYERS, Schuldrecht II/2[8] § 46 II 1 b S 7 f; LARENZ, Schuldrecht II/1[13] § 57 I a S 446; **aA**: LG Aachen NJW 1963, 1252, Urt v 25. 4. 1963, Az: 6 S 17/63 mAnm SCHULIEN NJW 1963, 1878; ENDEMANN, Lehrbuch des Bürgerlichen Rechts[9] § 178 Fn 3; differenzierend: ERMAN/EHMANN § 682 Rn 2, der es bei Geschäftsbesorgungen rechtsgeschäftlicher Art für sachgerecht hält, die §§ 105 ff entsprechend anzuwenden; s Rn 42 ff). Beschränkte oder fehlende Geschäftsfähigkeit des Gestors steht dem Entstehen des gesetzlichen Schuldverhältnisses nicht entgegen. Bei der Geschäftsführung ohne Auftrag handelt es sich um einen Realakt und um kein Rechtsgeschäft oder rechtsgeschäftsähnliches Rechtsverhältnis (s Rn 42 ff). Abweichendes folgt auch nicht aus der Haftungsprivilegierung des nicht voll geschäftsfähigen Geschäftsführers gem § 682 (s Rn 45). Schon im römischen Recht konnten dem Mündel geschäftsführungsrechtliche Ansprüche *(actio contraria)* zustehen, wie es im Gegenzug immerhin auf das verklagt werden konnte, um was es bereichert war (ULPIAN Dig 3, 5, 3, 4: „Pupillus sane si negotia gesserit, post rescriptum divi pii etiam conveniri potest in id quod factus est locupletior: agendo autem compensationem eius quod gessit patitur"; auf dieser Linie befanden sich vor Erlass des BGB zahlreiche Kodifikationen: zB PrALR I 13 § 274; vgl auch § 237 des Vorentwurfs vKÜBELS, wonach fehlende Geschäftsfähigkeit keinen Einfluss auf die geschäftsführungsrechtliche Haftung des Gestors hatte: vKÜBEL, in: SCHUBERT [Hrsg], Die Vorlagen der Redaktoren, Schuldverhältnisse II 929, 961 f). Unzutreffend ist auch die differenzierende Auffassung EHMANNS, der es bei Geschäftsbesorgungen rechtsgeschäftlicher Art für sachgerecht hält, die §§ 105 ff entsprechend auf den Entstehungstatbestand der Geschäftsführung ohne Auftrag anzuwenden (ERMAN/EHMANN[11] § 682 Rn 2). Die Entstehung des gesetzlichen Schuldverhältnisses der Geschäftsführung ohne Auftrag ist zu trennen von ihrer konkreten Durchführung durch den Gestor (SOERGEL/BEUTHIEN[13] § 682 Rn 2; s Rn 44). Aber Achtung: Ist die Frage der Geschäftsfähigkeit des Gestors auch für das Entstehen der Geschäftsführung ohne Auftrag ohne Bedeutung, so hat sie doch Auswirkungen auf die konkrete Ausgestaltung des Schuldverhältnisses (s Rn 50 ff).

bb) Gestionsfähigkeit

Besteht auch heute weitgehend Einigkeit darüber, dass beschränkte oder fehlende **48** Geschäftsfähigkeit des Geschäftsführers der Entstehung des gesetzlichen Schuldverhältnisses der Geschäftsführung ohne Auftrag nicht entgegensteht, so fordert man vom Geschäftsführer aber doch **Gestionsfähigkeit**. Gestionsfähigkeit meint die natürliche, von einer gewissen Einsichtsfähigkeit getragene Fähigkeit des Geschäftsführers, in Geschäftsführungsabsicht für einen anderen zu handeln (WANDT, Gesetzliche Schuldverhältnisse[6] § 4 Rn 4; FIKENTSCHER/HEINEMANN, Schuldrecht[10] Rn 1269; PALANDT/SPRAU[73] Einf 2 v § 677; vgl auch WITTMANN, Begriff und Funktion der Geschäftsführung ohne Auftrag 69). Die Voraussetzung der Gestionsfähigkeit ist missverständlich. Der Tatbestand der Geschäftsführung kennt kein echtes subjektives Element (s Rn 31 f). Es kommt weder auf einen rechtsgeschäftlichen noch auf einen natürlichen Willen des Geschäftsführers an, für einen anderen handeln zu wollen. Die Geschäftsführungsabsicht ist ein rein normatives Tatbestandselement. Ob der Geschäftsführer für einen anderen handelt, bestimmt sich nicht nach seinem natürlichen Willen, sondern danach, ob sein Verhalten seinem sozialen Sinn nach einen fremdnützigen Zweck setzt. Auf einen tatsächlichen, von einer natürlichen Einsichtsfähigkeit getragenen

Willen kommt es mangels subjektiven Merkmals gar nicht an. Der Gestionsfähigkeit verbliebe damit nur die Funktion, nach der abstrakten Fähigkeit des Geschäftsführers zu fragen, den sozialen Sinn seines Tuns überhaupt intellektuell erfassen zu können. Nicht ganz klar ist, nach welchem Maßstab die geforderte Einsichtsfähigkeit zu beurteilen ist. Wittmann plädiert dafür, die Frage der Gestionsfähigkeit entsprechend der Deliktsfähigkeit zu entscheiden (Wittmann, Begriff und Funktion der Geschäftsführung ohne Auftrag 71; die intellektuelle Einsichtsfähigkeit bei § 828 Abs 3 ist zu bejahen, wenn der Jugendliche diejenige geistige Entwicklung erreicht hat, die ihn befähigt, das Unrechtmäßige seiner Handlung und zugleich die Verpflichtung zu erkennen, in irgendeiner Weise für die Folgen seines Tuns einzustehen; vgl BGH LM BGB § 828 Nr 3, Urt v 17. 5. 1957, Az: VI ZR 93/56). Der Hinweis auf die Vorschriften über die haftungsrechtliche Verantwortlichkeit ist aber wenig hilfreich, weil er den komplexen Vorgang der fremdnützigen Geschäftsbesorgung ausschließlich unter dem Aspekt der unerlaubten Handlung und der Geschäftsführerhaftung *(actio directa)* beurteilt. Die Haftung des Gestors ist aber nur eine Seite der Geschäftsführung ohne Auftrag; der Aufwendungsersatzanspruch des § 683 *(actio contraria)* die andere. Daher kann dieser Ansatz in den Fällen etwa der Rettung eines Spielkameraden durch seinen sechsjährigen Freund (§ 828 Abs 1) oder im oben angeführten Sanatoriumsfall (§ 827 BGB, s Rn 43) wegen Versagung des Anspruchs aus § 683 nicht zu angemessenen Ergebnissen führen.

49 Man muss sich überhaupt fragen, ob ein besonders zu prüfendes Merkmal der Gestionsfähigkeit als Anspruchsvoraussetzung der Geschäftsführung ohne Auftrag nicht entbehrlich ist. Das Recht der §§ 677 ff kennt hinreichende Selbstregulierungsmechanismen, um unangemessene Ergebnisse zu vermeiden. Eine haftungsrechtliche Schlechterstellung des Geschäftsführers wird dadurch vermieden, dass sich die Haftung gem § 682 nach den allgemeinen Vorschriften der §§ 812 ff, 823 ff richtet. Über §§ 827 f wird ein hinreichender Schutz des Gestors erreicht. Eine dem fremdnützigen Charakter geschuldete Besserstellung des Gestors gegenüber den allgemeinen Vorschriften erfolgt durch den privilegierten Aufwendungsersatzanspruch, sofern die Voraussetzungen des § 683 vorliegen. Das Nützlichkeitsprinzip eben dieses § 683 S 1 garantiert zugleich den Schutz des Geschäftsherrn (s Rn 51); er ist zum bereicherungs- und erfolgsunabhängigen Aufwendungsersatz nur dann verpflichtet, wenn die Übernahme der Geschäftsführung durch den konkreten Gestor seinem (präsumtiven) Willen entsprochen hat; ist dies aber der Fall, so ist kein Grund zu sehen, dem Geschäftsführer mit Hinweis auf seine fehlende Gestionsfähigkeit den Anspruch zu versagen.

cc) Geschäftsführungsrechtliche Auswirkung

α) Actio directa

50 Hat es auf das Entstehen des gesetzlichen Schuldverhältnisses der Geschäftsführung ohne Auftrag keine Auswirkung, dass der Geschäftsführer nicht oder nur beschränkt geschäftsfähig ist, so können persönliche Defizite durchaus geschäftsführungsrechtliche Folgen haben. Für die *actio directa* bestimmt § 682 ausdrücklich, dass der nicht voll geschäftsfähige Gestor nur nach den Vorschriften über den Schadensersatz wegen unerlaubter Handlungen und über die Herausgabe einer ungerechtfertigten Bereicherung verantwortlich ist. Allerdings kann man im Anschluss an das römische Recht darüber nachdenken, abweichend von der Vorschrift des § 682 dem Geschäftsherrn gegen den Aufwendungsersatzanspruch des Gestors aus § 683 die Verrechnung mit seinem vollen Gegenanspruch zu gestatten (Ulpian Dig 3, 5, 3, 4).

β) Actio contraria

51 Durch die Möglichkeit einer Gestion auch durch den geschäftsunfähigen oder in der Geschäftsfähigkeit beschränkten Geschäftsführer wird der Geschäftsherr nicht übermäßig belastet, da er zum Aufwendungsersatz gem § 683 S 1 *(actio contraria)* nur dann verpflichtet ist, wenn die Geschäftsführung seinem präsumtiven Willen entsprochen hat (vgl SCHULIEN NJW 1963, 1878, 1879). Gerade die Nützlichkeit der Geschäftsführung wird aber bei der Geschäftsführung durch einen nicht voll Geschäftsfähigen regelmäßig zweifelhaft sein (§ 683 S 1). Ist die Geschäftsbesorgung auf ein **rechtsgeschäftliches Handeln** gerichtet, entspricht die Geschäftsführung durch einen Geschäftsunfähigen grundsätzlich nicht dem präsumtiven Willen des Geschäftsherrn. Dies wird auch bei der Geschäftsführung durch einen beschränkt Geschäftsfähigen gelten. Zwar können Rechtsgeschäfte, die der Gestor im Namen des Geschäftsherrn abschließt, gem § 165 wirksam sein oder bei einem Handeln im eigenen Namen durch Zustimmung des gesetzlichen Vertreters des Gestors wirksam werden (§§ 107, 108); das Handeln gerade des jungen Minderjährigen dürfte wegen seiner typischerweise herabgesetzten intellektuellen Fähigkeiten in der Regel nicht dem präsumtiven Willen des Geschäftsherrn entsprechen; letztlich sind stets die Umstände des Einzelfalles maßgebend. Ist die Geschäftsbesorgung auf ein **tatsächliches Handeln** gerichtet, ist anhand der geistigen und körperlichen Fähigkeiten zu beurteilen, ob die Übernahme der Geschäftsführung durch den nicht voll Geschäftsfähigen dem präsumtiven Willen des Geschäftsherrn entspricht. Aber auch hier wird die Faustregel gelten, dass dies grundsätzlich nicht der Fall ist. So entspricht die Rettung aus Bergnot durch einen im Bergsteigen nicht versierten Elfjährigen nicht dem Willen des Geschäftsherrn (BGH VersR 1981, 233, Urt v 20. 11. 1980, Az: III ZR 31/78).

b) Voraussetzungen in der Person des Geschäftsherrn

52 Für die Entstehung des gesetzlichen Schuldverhältnisses ist die Geschäftsfähigkeit des Geschäftsherrn unerheblich (so noch ausdrücklich § 756 E I; die Vorschrift wurde von der Zweiten Kommission als überflüssige Klarstellung gestrichen: MUGDAN II 1201; zum französischen Recht: JOST, Geschäftsführung ohne Auftrag 93 f). Geschäftsherr kann jede auch geschäftsunfähige oder beschränkt geschäftsfähige Person sein. Liegen die Voraussetzungen des § 683 S 1 vor, schuldet auch der nicht voll geschäftsfähige Geschäftsherr bereicherungsunabhängigen Aufwendungsersatz. Das ist vor dem geschichtlichen Hintergrund keine Selbstverständlichkeit; so haftete etwa im römischen Recht der geschäftsunfähige Geschäftsherr nur für eine noch bestehende Bereicherung (SEVERUS/ANTONINUS C 2, 18, 2; PAULUS Dig 3, 5, 36 pr). Doch die Entscheidung des deutschen Gesetzgebers ist zutreffend, wenn man sich klar macht, dass die Obligation des Geschäftsherrn Folge der (nützlichen) fremdnützigen Geschäftsführung ist und nicht in seinem Willen begründet ist (BERGMANN, Die Geschäftsführung ohne Auftrag 75 f). Soweit es bei der Nützlichkeitsprüfung (§ 683) auf den (präsumtiven) Willen des nicht voll geschäftsfähigen Geschäftsherrn ankommt, ist bei dauernder oder lang andauernder Geschäftsunfähigkeit der Wille des gesetzlichen Vertreters ausschlaggebend (BGH NJW 1971, 609, 612, Urt v 7. 1. 1971, Az: VII ZR 9/70 [Minderjähriger]; ZITELMANN AcP 99 [1906], 1,109; ESSER/WEYERS, Schuldrecht II/2[8] § 46 II 1 b S 8; BGB-RGRK/STEFFEN[12] § 682 Rn 8; OERTMANN § 682 Anm 2; PALANDT/SPRAU[73] § 682 Rn 3); fehlt ein gesetzlicher Vertreter, ist das mit Rücksicht auf die konkreten Verhältnisse zu ermittelnde objektive Interesse des nicht voll geschäftsfähigen Geschäftsherrn maßgebend. Sind höchstpersönliche Angelegenheiten des Geschäftsunfähigen betroffen, so kommt es

unter den Voraussetzungen des § 828 Abs 3 unmittelbar auf seinen Willen selbst an (BGB-RGRK/Steffen[12] § 682 Rn 8 unter Hinweis auf BGHZ 29, 33, Urt v 5. 12. 1958, Az: VI ZR 266/57 [Einwilligung eines Minderjährigen in einen ärztlichen Heileingriff]). Ist die Geschäftsunfähigkeit des Geschäftsherrn nur von vorübergehender Dauer, bleibt sein präsumtiver Wille – ebenso wie im Falle des § 105 Abs 2 – maßgebend (Erman/Dornis[14] § 683 Rn 7; Palandt/Sprau[73] § 682 Rn 3). – § 679 ist auch zu Lasten geschäftsunfähiger oder in der Geschäftsfähigkeit beschränkter Geschäftsherrn anwendbar (BGB-RGRK/Steffen[12] § 682 Rn 8).

53 Für die **Genehmigung** einer nicht nützlichen Geschäftsführung gem § 684 S 2 oder die Genehmigung einer unsachgemäß ausgeführten Geschäftsführung (§ 677) ist Geschäftsfähigkeit notwendig; Gleiches gilt für die Genehmigung vollmachtlosen Vertreterhandelns (§ 177) oder die Genehmigung einer unwirksamen Verfügung (§ 185). Geht es um den Zugang von Erklärungen an den Geschäftsherrn (zB Anzeige gem § 681 S 1), kommt es auf den Zugang beim gesetzlichen Vertreter an (vgl § 131).

IV. Das Verhältnis zu rechtsgeschäftlichem Mandat (Auftrag) und Realvertrag

1. Auftrag und Geschäftsbesorgungsvertrag

a) Die Unterscheidung

54 Dem gesetzlichen Schuldverhältnis der Geschäftsführung ohne Auftrag und den vertraglichen Schuldverhältnissen von Auftrag (§ 662) und Geschäftsbesorgung (§ 675) liegt allesamt der Interessenstrukturtypus der fremdnützigen Interessenwahrnehmung zugrunde (s Rn 29 f). Anders als Auftrag und Geschäftsbesorgung ist die Geschäftsführung ohne Auftrag aber kein **Rechtsgeschäft**; sie ist auch keine (rechts)-geschäftsähnliche Handlung (s Rn 42 ff). Erst recht ist sie kein Vertrag und sie wird auch nicht durch die nachträgliche **Genehmigung** (§ 684 S 2) zu einem Vertrag (vGierke, Deutsches Privatrecht III § 216 III 1 S 983 f; s § 684 Rn 19). Dem weitergehenden, freilich sehr umstrittenen gemeinrechtlichen Satz, dass durch die Genehmigung die *negotiorum gestio* sich in ein *mandatum* verwandle, ist das BGB nicht gefolgt (zum Streitstand im *ius commune:* Cocceji, Jus civile controversum Lib III Tit V Qu VI; zum Verhältnis der *ratihabitio* zum Mandat im römischen Recht: Seiler, Der Tatbestand der negotiorum gestio im Römischen Recht 69 ff). Die Genehmigung des Geschäftsherrn macht eine Geschäftsführung, deren Übernahme zunächst im Widerspruch zum Interesse und Willen des Geschäftsherrn stand, rückwirkend zu einer nützlichen Geschäftsführung (§§ 684 S 2, 683), begründet aber kein Vertragsverhältnis zwischen den Parteien (zum Ganzen: Bergmann, Die Geschäftsführung ohne Auftrag 77 ff). Das ist auch die hinter dem Book V des DCFR *(Benevolent intervention in anothers's affairs)* stehende Auffassung (PEL/vBar, Ben Int, Art 1:191 Comments F, 56 seq). In anderen Rechtsordnungen ist die Lage nicht ganz so eindeutig. In der französischen Rechtswissenschaft wird etwa die Meinung vertreten, dass sich als Folge einer wirksamen Genehmigung die *gestion d'affaires* rückwirkend in ein Auftragsverhältnis umwandelt (Malaurie/Aynès/Stoffel-Munck, Les Obligations[5] n° 1022, 1026). In der Schweiz ordnet Art 424 schwOR an, dass die Vorschriften über den Auftrag zur Anwendung kommen, wenn der Geschäftsherr die Geschäftsführung genehmigt; Entsprechendes gilt in Italien für die *ratifica dell'interessato* gem Art 2032 CC („La ratifica [1399, 1711] dell'interessato produce, relativamente alla gestione, gli effetti che sarebbero derivati da un mandato [1703]"). Allerdings

ist für das deutsche Recht der Satz, dass die Geschäftsführung ohne Auftrag kein Rechtsgeschäft ist, genauer zu fassen: So wie es möglich ist, dass im Einzelfall mit der tatsächlichen Übernahme einer fremdnützigen Geschäftsbesorgung ein Angebot auf Abschluss eines Geschäftsbesorgungsvertrages verbunden wird (Realofferte), kann im Gegenzug eine Genehmigung der bisherigen auftragslosen Geschäftsführung mit einem rechtsgeschäftlichen Auftrag für den noch folgenden Teil des Geschäfts verbunden werden. Beides ist *quaestio facti*. Grundsätzlich liegt freilich in der tatsächlichen Übernahme einer Geschäftsbesorgung oder einer Genehmigung aber kein Vertragsangebot. Denn durch die Begründung einer vertraglichen Verbindung verschlechtert sich die rechtliche Situation beider Parteien. Der Geschäftsherr gerät in die Gefahr, für die Mühewaltung des Geschäftsführers ein Entgelt zahlen zu müssen (§§ 612, 632). Selbst wenn man zu Recht aus § 683 S 1 auch einen Anspruch des Geschäftsführers auf Vergütung herleiten kann, so sind die Voraussetzungen hierfür doch recht streng. Der Geschäftsführer seinerseits riskiert, die Fortsetzung der einmal übernommenen Tätigkeit zu schulden. Das deutsche Recht ist gegenüber dem auftragslosen Geschäftsführer großzügiger: Dieser kann grundsätzlich jederzeit die Geschäftsführung abbrechen.

Da der Geschäftsführung ohne Auftrag und den rechtsgeschäftlichen Geschäftsbesorgungsverhältnissen der gleiche Interessenstrukturtypus zugrunde liegt, weisen beide Institute weitgehende Parallelen auf (Chambon, Die Negotiorum Gestio 5 f; Malaurie/Aynès/Stoffel-Munck, Les Obligations[5] n° 1022). Und doch gibt es über die Erkenntnis hinaus, dass es sich bei dem einen um ein gesetzliches, bei dem anderen um ein vertragliches Schuldverhältnis handelt, weitere bemerkenswerte Unterschiede. Ungenau ist der Hinweis als solcher, dass beim rechtsgeschäftlichen Mandat das „Ob" der Übernahme und die Fortsetzung der Geschäftsführung eine Rechtspflicht ist (so zB Wittmann, Begriff und Funktion der Geschäftsführung ohne Auftrag 42). Die Freiwilligkeit der Geschäftsführung ist keine Voraussetzung der Geschäftsführung ohne Auftrag (s Rn 38, 179). Der Gestor kann im Einzelfall aufgrund außerhalb des Geschäftsführungsrechts stehender Normen dem Geschäftsherrn gegenüber zur Übernahme der Geschäftsführung verpflichtet sein. So trifft die Feuerwehr, die zum Schutze des Eigentums tätig wird, eine Rechtspflicht zum Eingreifen und damit zur Übernahme der Geschäftsführung. Genauer muss der Hinweis dahin gehen, dass das *„negotium"* (aus)geführt sein muss *(gerere)*. Die rechtliche Relevanz der Geschäftsführung ohne Auftrag *(negotiorum gestio)* wird anders als beim rechtsgeschäftlichen Mandat nicht schon im Vorfeld durch den Konsens der Parteien begründet, sondern erst durch den **Beginn der tatsächlichen Ausführung** (Ulpian Dig 17, 1, 6, 1; dazu: Seiler, Der Tatbestand der negotiorum gestio im Römischen Recht 13; eingehend: Lent, Der Begriff der auftragslosen Geschäftsführung 111 ff). Hier hat der heute allgemein gebrauchte Satz seinen Ursprung, dass Dulden oder Unterlassen den Tatbestand der *negotiorum gestio* nicht erfüllen können (s Rn 109). Zwiespältig kann man über die Frage nachdenken, ob der Geschäftsführer, der einmal die Ausführung des Geschäfts übernommen hat, zur Fortsetzung verpflichtet ist (Bergmann, Die Geschäftsführung ohne Auftrag 81). Die älteren Juristen optierten für eine solche Fortsetzungspflicht (Lauterbach, Collegium pandectarum theoretico-practicum Lib III Tit V § XI). Dem folgen noch heute zahlreiche Kodifikationen (Italien: Art 2028 CC; Frankreich: Art 1372 CC). Auch Art V. – 2:101 (1) DCFR macht dem Geschäftsführer die Fortführung der Geschäfte zur grundsätzlichen Pflicht. Es brauche schon eines guten Grundes, um die weitere Besorgung 55 der Geschäfte abzubrechen. Anders freilich das deutsche Recht. Der Gesetzgeber des BGB hat sich bewusst gegen eine Fortsetzungspflicht ausgesprochen.

b) Abgrenzungsschwierigkeiten

56 Erfolgt die fremdnützige Interessenwahrnehmung aufgrund eines Vertrages, so bestimmen sich die Rechtsfolgen nach Vertragsrecht (Auftrag, §§ 662 ff; Geschäftsbesorgungsvertrag, § 675). Im Einzelfall kann die Feststellung des Zustandekommens einer vertraglichen Bindung zwischen Geschäftsführer und Geschäftsherr Schwierigkeiten bereiten; insbesondere dann, wenn die Möglichkeit eines konkludenten Vertragsschlusses in Frage steht: Da der Tatbestand der Geschäftsführung ohne Auftrag nicht dadurch ausgeschlossen ist, dass der Geschäftsherr vom Tun des Geschäftsführers Kenntnis hat (Rn 41), kann sowohl Auftrag als auch eine Geschäftsführung ohne Auftrag vorliegen. Zwar schließt das Vorliegen eines Auftrags oder Geschäftsbesorgungsvertrages das Entstehen einer Geschäftsführung ohne Auftrag aus, da die Rechtsbeziehungen der Parteien abschließend durch den Vertrag geordnet werden; aber solange und soweit die Rechtsfolgen beider Rechtsinstitute parallel laufen, kann ein Klagebegehren alternativ auf Auftragsrecht oder Geschäftsführung ohne Auftrag gestützt werden, ohne dass über die Frage des Vertragsschlusses weiter Beweis erhoben werden müsste (zB BGHZ 67, 368, 369, Urt v 25. 11. 1976, Az: II ZR 201/74; BGH NJW 2014, 1583 Rn 29, Urt v 13. 11. 2013, Az: VIII ZR 257/12). Es handelt sich auch um denselben Streitgegenstand. Stützt der Kläger seinen Anspruch zunächst auf einen vertraglichen Anspruch, beruft er sich aber dann (hilfsweise) auf Geschäftsführung ohne Auftrag, liegt keine Klageänderung vor (BGH MDR 2015, 174 Rn 8, Versäumnisurt v 13. 11. 2014, Az: IX ZR 267/13; BGH NVwZ 2002, 1535, 1536, Urt v 18. 7. 2002, Az: III ZR 287/01).

2. Realvertrag

57 Das gesetzliche Schuldverhältnis der Geschäftsführung entsteht erst dann, wenn der Geschäftsführer mit der Ausführung begonnen hat (Ulpian Dig 17, 1, 6, 1; dazu: Seiler, Der Tatbestand der negotiorum gestio im Römischen Recht 13; s Rn 226). Daher liegt es nicht fern, die Geschäftsführung ohne Auftrag in die Nähe der Realkontrakte zu rücken (etwa: Schmid, Die Geschäftsführung ohne Auftrag Rn 37 f). Das Trennende ist offenkundig: Es ist das fehlende Element der rechtsgeschäftlichen Einigung im gesetzlichen Tatbestand der Geschäftsführung ohne Auftrag (Inst 3, 27, 1). Deutet man die *negotiorum gestio* im Sinne der Quasikontraktstheorie (s Rn 18 ff), nähert sich das Rechtsverhältnis der Geschäftsführung ohne Auftrag dem Realvertrag an, je mehr man mit der „Willensübereinstimmung" zwischen Gestor und Geschäftsherrn ernst macht.

V. Geschäftsführung ohne Auftrag und das Recht der ungerechtfertigten Bereicherung

58 Weitgehend ungeklärt ist die Frage, ob sich das Rechtsinstitut der Geschäftsführung ohne Auftrag auf das Prinzip der unberechtigten Bereicherung zurückführen lässt (vgl dazu Bergmann, Die Geschäftsführung ohne Auftrag 83 ff; Esser/Weyers, Schuldrecht II/2[8] § 46 I 1 d S 4; Meissel, Geschäftsführung ohne Auftrag 10 ff [Österreich]; Schmid, Geschäftsführung ohne Auftrag Rn 1292 ff [Schweiz]; Windscheid/Kipp, Lehrbuch der Pandekten II[9] § 430 Fn 17 S 920 f; zum römischen Recht Seiler, in: FG Kaser 245). Das römische Recht tat dies nicht (Windscheid/Kipp, Lehrbuch der Pandekten II[9] § 430 Fn 17 S 920 f). Andererseits löst etwa

der angloamerikanische Rechtskreis, dem das Institut einer Geschäftsführung ohne Auftrag im Grundsatz unbekannt ist (s Rn 78 ff), Fallgestaltungen, die im deutschen Recht typischerweise nach Geschäftsführungsregeln beurteilt werden, mit den Instrumenten des *law of restitution* (s Rn 80 ff; vgl dazu aus dem jüngeren deutschen Schrifttum: vBAR, in: FS Lorenz 441, 458 ff mwNw). In zahlreichen Entscheidungen stützt die deutsche Rechtsprechung ihre Entscheidungen alternativ auf Geschäftsführung ohne Auftrag oder Bereicherungsrecht (zB BGHZ 198, 381 Rn 20, Urt v 20. 11. 20134, Az: XII ZR 19/11; BGH NJW 2012, 1080 Rn 6, Urt v 13. 1. 2012, Az: V ZR 136/11; BGH NJW 2005, 1366, 1367, Urt v 4. 2. 2005, Az: V ZR 142/04; RGZ 82, 206, 214 f, Urt v 26. 4. 1913, Az: VI 572/12 – Dombrandfall) oder verweigert im Gegenzug Klagen aus ungerechtfertigter Bereicherung und Geschäftsführung ohne Auftrag gestützt auf denselben materiellen Grund den Erfolg (zB BGHZ 54, 157, 160 f, Urt v 22. 5. 1970, Az: IV ZR 1008/68). WOLLSCHLÄGER hat für die objektive Lehre (s Rn 23 ff) – Anknüpfungspunkt: das objektiv fremde Geschäft – gezeigt, dass die Handhabung der Geschäftsführungsregeln hinsichtlich des Herausgabe- und Aufwendungsersatzanspruchs regelmäßig zu gleichen Ergebnissen gelangt, wie die Eingriffs-, Rückgriffs- und Verwendungskondiktion (zusammenfassend: WOLLSCHLÄGER, Die Geschäftsführung ohne Auftrag 324): Gäbe es § 683 S 1 nicht, wäre der Aufwendungsersatzanspruch aus § 812 begründet, weil der Geschäftsherr etwas erlangt hat und durch Ersparnis bereichert ist (WOLLSCHLÄGER, Die Geschäftsführung ohne Auftrag 225 f); Entsprechendes gilt für den Herausgabeanspruch gem §§ 681, 667 (WOLLSCHLÄGER, Die Geschäftsführung ohne Auftrag 253 f); selbst die Haftung des redlichen Geschäftsführers entspreche weitgehend der Haftung des bösgläubigen Eingreifers in fremde Rechtspositionen. Diese Beobachtung bestätigt sich sogar für den Fall der erfolglosen Verwendung; Lehrbuchcharakter hat insoweit der in Fragment Dig 3, 5, 9, 1 wiedergegebene Fall, dass der Geschäftsführer ein Mietshaus abstützt oder einen kranken Sklaven pflegt, das Mietshaus aber später abbrennt oder der Sklave verstirbt. Entspricht die Übernahme der Geschäftsführung dem Willen und Interesse des Geschäftsherrn, verlagert § 683 S 1 das Verwendungsrisiko auf den Geschäftsherrn. Dieser muss für nützliche Verwendungen auch dann zahlen, wenn der beabsichtigte Erfolg nicht eingetreten ist (so schon ULPIAN Dig 3, 5, 9, 1). WOLLSCHLÄGER hat nachgewiesen, dass das Ergebnis nicht anders ausfallen würde, wenn es die Vorschrift des § 683 nicht gäbe und der Anspruch auf § 812 gestützt werden müsste (WOLLSCHLÄGER, Die Geschäftsführung ohne Auftrag 215 ff). Dies folgt aus der Interessens- und Willensübereinstimmung der Übernahme und Durchführung der Geschäftsführung: Der Geschäftsherr hätte die Maßnahmen letztlich selbst vorgenommen, so dass er die entsprechenden Aufwendungen erspart hat, selbst wenn sie letztlich nicht erfolgreich waren. Insoweit erscheint die Geschäftsführung ohne Auftrag als Bereicherungsrecht auf der Basis eines weitgehend subjektivierten Bereicherungsbegriffs.

Die **Kondiktionsnähe** der geschäftsführungsrechtlichen Dogmatik der hL folgt aus 59
ihrer Anknüpfung am Begriff des (objektiv) fremden Geschäfts. Denn es ist die Besorgung eines objektiv fremden Geschäfts, die zu rechtsgrundlosen Vermögenszuwächsen auf Seiten des Geschäftsherrn oder des Gestors führt (Schuldbefreiung oder Ersparnis von Aufwendungen auf Seiten des Geschäftsherrn einerseits, Nutzziehung entgegen dem Zuweisungsgehalt auf Seiten des Geschäftsführers andererseits), die mittels des Bereicherungsrechts (Rückgriffskondiktion und Aufwendungskondiktion einerseits, Eingriffskondiktion andererseits) auszugleichen sind. Stellt man den Ausgleich von rechtsgrundlosen Vermögensverschiebungen in den Vordergrund der Überlegung, so lassen sich die geschäftsführungsrechtlichen Ausgleichs-

vorschriften der §§ 681 S 2, 667 und §§ 683, 684 und das Bereicherungsrecht auf einen gemeinsamen dahinterstehenden Grundgedanken zurückführen (vgl Esser/Weyers, Schuldrecht II/2[8] § 46 I 1 d S 4). Folge dieser bereicherungsrechtlichen Deutung ist der Bedeutungsverlust der Geschäftsführungsabsicht, die wegen der Fixierung auf das objektiv fremde Geschäft und den Gleichlauf von Bereicherungsrecht und Geschäftsführung ohne Auftrag nicht mehr gebraucht wird.

60 Dagegen ist die hier entwickelte Theorie der realgeschäftlichen Interessenwahrnehmung (s Rn 28 ff) **kondiktionsfern**. Auslöser der geschäftsführungsrechtlichen Ausgleichsvorschriften ist nicht die vermögensrechtliche Abschöpfung eines dem anderen nicht so zustehenden Vorteils, sondern die Interessenstruktur der Subordinationsverhältnisse (vgl schon Endemann, Lehrbuch des Bürgerlichen Rechts I[9] § 178 1 b S 1120). Der Geschäftsführer ist am Erfolg seines Handelns weder im Positiven noch im Negativen unmittelbar beteiligt. Ein Gewinn ist nicht sein Gewinn, sondern stets der Gewinn des Geschäftsherrn; ein Verlust ist nicht sein Verlust, sondern der Verlust des Geschäftsherrn. Auslöser der Ausgleichsansprüche ist nicht die Abschöpfung unrechtmäßiger Vermögensvorteile, sondern die Zuweisung von Gewinn und Verlusten an die Person des Geschäftsherrn (vgl auch die Schadloshaltungsfunktion der berechtigten Geschäftsführung ohne Auftrag bei Wittmann, Begriff und Funktion der Geschäftsführung ohne Auftrag 1). Die Theorie der realgeschäftlichen Interessenwahrnehmung löst sich aus dem faktischen, ergebnisorientierten Haftungsgleichlauf mit den bereicherungsrechtlichen Vorschriften. Denn nicht mehr der Begriff des fremden Geschäfts bestimmt den Ausgleich, sondern die Zweckrichtung des Handelns. Löscht die Feuerwehr einen Brand, führt sie sowohl ein Geschäft des Brandstifters als auch des Wohnungseigentümers. Bei bereicherungsrechtlicher Deutung kann sie sowohl vom Brandstifter wie vom Eigentümer Ersatz ihrer Aufwendungen verlangen. Anders die Theorie der realgeschäftlichen Geschäftsbesorgung. Nach dem sozialen Sinn ihres Handelns führt die Feuerwehr ausschließlich ein Geschäft für den Eigentümer. Dessen Interesse bestimmt ihr Tun, und nicht das Interesse des Brandstifters.

61 § 684 S 1 ist nach der Theorie der realgeschäftlichen Geschäftsbesorgung keine Ausnahme vom Grundsatz der Kondiktionsferne. Denn tragender Grund des Ausgleichs ist auch für den Fall der unwillkommenen Geschäftsführung, einen Verlust des Geschäftsführers an den Geschäftsherrn weiterzugeben. Der Anspruch wird durch die vorhandene Bereicherung des Geschäftsherrn lediglich gedeckelt (s Rn 30, s § 684 Rn 3).

VI. Die Geschäftsführung ohne Auftrag aus rechtsökonomischer Sicht

62 Nunmehr liegen auch erste Studien vor, die sich dem Phänomen der Geschäftsführung ohne Auftrag auch aus rechtsökonomischer Sicht nähern (Kötz, in: FS Großfeld 583; Köndgen, in: Zimmermann [Hrsg], Rechtsgeschichte und Privatrechtsdogmatik 371, 380 ff). Nutzbar machen lässt sich die Rechtsökonomik vor allem im Bereich der *actio negotiorum gestorum contraria,* wenn es um die Abgrenzung von nützlicher und unerwünschter Geschäftsführung geht (vgl § 683 S 1). Im Grundsatz ist eine Geschäftsführung nur dann erwünscht und verpflichtet den Geschäftsherrn zum umfassenden Aufwendungsersatz *(actio contraria),* wenn sie für den Geschäftsherrn mehr Nutzen abwirft als sie ihm auf der anderen Seite Kosten verursacht. Maßge-

bend ist ein **Kosten-Nutzen-Kalkül** (Kötz, in: FS Großfeld 583, 585 ff). Für den Bereich der *actio contraria* entfaltet auch der von Köndgen aus seinem ökonomischen Verständnis der Geschäftsführung ohne Auftrag als Instrument (hypothetischer Vertrag) zur Korrektur eines Marktversagens entwickelte **Gedanke der Subsidiarität** besondere Überzeugungskraft. Subsidiarität fordert eine Verknüpfung der *actio contraria* mit der Frage, ob den Parteien der Abschluss eines Vertrages unmöglich war. Beschränkt man die Kompensation des Gestors auf den Ersatz seiner getätigten Auslagen, so wird der Geschäftsführer im eigenen Interesse versuchen, mit dem Geschäftsherrn einen entgeltlichen Vertrag zu schließen. Der Marktmechanismus wird (wieder) hergestellt. Gewährt die *actio contraria* dagegen auch Vergütung für die Mühewaltung, so ist es geboten, den Anspruch in diesem Umfange nur entstehen zu lassen, wenn ein Vertragsschluss vorher nicht möglich war (Köndgen, in: Zimmermann [Hrsg], Rechtsgeschichte und Privatrechtsdogmatik 371, 385 f).

VII. Geschäftsführung ohne Auftrag im römischen Recht

63 Die Geschäftsführung ohne Auftrag *(negotiorum gestio)* ist eine Schöpfung des römischen Rechts (zum Einfluss der Quellen auf das BGB: s Rn 6). Nach römischer Auffassung konnte ein Rechtsverhältnis eigener Art entstehen, wenn jemand außerhalb der gesondert geregelten Fälle des *mandatum* (Auftrag) oder der *tutela* (Vormundschaft) für einen anderen tätig wurde (de negotiis gestis: Dig, 3, 5; C 2, 18 (19); vgl zur *negotiorum gestio* im römischen Recht: Finazzi, Ricerche in tema di negotiorum gestio; Seiler, Der Tatbestand der negotiorum gestio im Römischen Recht; Koch, Unaufgeforderte Hilfeleistung in Notsituationen 21 ff; Wittmann, Begriff und Funktion der Geschäftsführung ohne Auftrag 39 ff; Zimmermann, The Law of Obligations 433 ff; Kaser/Knütel, Römisches Privatrecht[17] § 44 Rn 12 ff).

1. Typen und Hintergrund der negotiorum gestio

64 Das römische Recht ist gekennzeichnet vom Fehlen eines einheitlichen Leitbildes der *negotiorum gestio.* Das von Ulpian in Dig 3, 5, 3 pr mitgeteilte prätorische Edikt („Si quis negotia alterius, sive quis negotia, quae cuiusque cum is moritur fuerint, gesserit: iudicum eo nomine dab") beschreibt den Anwendungsbereich der *negotiorum gestio* in abstrakten Begriffen, ohne einen bestimmten Typus der Geschäftsführung zu fixieren. In der römischen Rechtspraxis haben sich verschiedene Typen der *negotiorum gestio* herausgebildet. In den Quellen besonders hervorgehoben wird die (freiwillige) **Hilfe im Notfall** für einen abwesenden Freund, um eine unmittelbare Gefahr für sein Vermögen abzuwenden (Ulpian Dig 3, 5, 1; auch Inst 3, 27, 1; vgl dazu Koch, Unaufgeforderte Hilfeleistung in Notsituationen 23 ff; Köndgen, in: Zimmermann [Hrsg], Rechtsgeschichte und Privatrechtsdogmatik 371, 374 f, 378 f, der auf die Verbindung des *officium amici* zur römischen Kriegswirtschaft hinweist). Hierher gehört etwa die Vertretung des abwesenden (verklagten) Geschäftsherrn im Prozess, das Begleichen von Schulden oder das Stellen einer Bürgschaft. Ulpian begründet das Rechtsinstitut mit der *utilitas absentium:* Ohne den Aufwendungsersatzanspruch des Geschäftsführers *(actio contraria)* bestünde die Gefahr, dass sich niemand um die Belange des Abwesenden kümmere (Ulpian Dig 3, 5, 1: „Hoc edictum necessarium est, quoniam magna utilitas absentium versatur, ne indefensi rerum possessionem aut venditionem patiantur vel pignoris distractionem vel poena committendae actionem, vel iniuria rem suam amittant"; auch Inst 3, 27, 1; vgl Wittmann, Begriff und Funktion der Geschäftsführung ohne Auftrag 5). – Aber dann gibt es auch die Fälle, in

denen der Gestor Forderungen des Geschäftsherrn einzieht, Grundstücke oder Sklaven für einen anderen kauft. In diesen Fällen kann von einer notwendigen Geschäftsführung nicht gesprochen werden; es geht nicht mehr um bloße Substanzerhaltung, sondern um eine wirtschaftlich sinnvolle **Vermögensverwaltung**. Diese Fälle erklären sich aus dem dogmengeschichtlichen Hintergrund. Die *negotiorum gestio* hat ältere Wurzeln als die wohl erst in der jüngeren Republik stärker hervortretenden Fälle der freiwilligen Hilfe für einen anderen: die *cura furiosi* und die *procuratio omnium rerum* (Seiler, Der Tatbestand der negotiorum gestio im Römischen Recht 314 mwNw; Koch, Unaufgeforderte Hilfeleistung in Notsituationen 28 ff; Zimmermann, The Law of Obligations 437; Kaser, Das Römische Privatrecht I² § 137 II 587; Kaser/Knütel, Römisches Privatrecht¹⁷ § 44 Rn 13 f). Die Geschäftsführung des *curator* für seinen Pflegling ließ sich nicht unter das private Mandat fassen, weil der *curator* vom Gesetz berufen oder vom Magistrat bestellt wurde. Für die Ansprüche zwischen Kurator und Pflegling galt daher die *actio negotiorum gestorum.* Ähnlich waren die Verhältnisse beim *procurator,* den wohlhabende Römer für ihre Vermögensverwaltung bestellten. Auch der *procurator* übernahm zu Anfang nicht die Geschäftsführung aufgrund eines Mandats. Vielmehr wählte man sich einen eigenen Freigelassenen aus, der zunächst der unmittelbaren Befehlsgewalt seines Patrons unterstand. Später wurde die Abhängigkeit gelockert und der *procurator* verselbständigt. Die wechselseitigen Ansprüche ordnete man zunächst der *negotiorum gestio* zu, weil der *procurator* einseitig eingesetzt und nicht aufgrund eines Mandats tätig wurde.

2. Freiwilligkeit, amicitia, pietas

65 Noch heute beherrscht die Theorie der Menschenhilfe das Erscheinungsbild der Geschäftsführung ohne Auftrag (s Rn 13 ff). Die freiwillige Freundeshilfe ist eine der Wurzeln der *negotiorum gestio* (s Rn 64; Seiler, Der Tatbestand der negotiorum gestio im Römischen Recht 42 ff; Mayer-Maly SZRA 86 [1969] 416, 428 f). Entsprechend erwähnen die Quellen gelegentlich die Freiwilligkeit der Geschäftsführung und nennen die *amicitia* als deren Motiv (Seiler, Der Tatbestand der negotiorum gestio im Römischen Recht 39). Doch setzte der Tatbestand der *negotiorum gestio* die Freiwilligkeit nicht voraus. Bei Ulpian Dig 3, 5, 3, 10 heißt es: „Hac actione tenetur non solum is qui sponte et nulla necessitate cogente immiscuit se ne negotiis alienis et ea gessit, verum et is qui aliqua necessitate urguente vel necessitatis suspicione gessit." In den Quellen finden sich zahlreiche Fragmente, in denen die *negotiorum gestio* bejaht wird, obwohl nicht *sponte* gehandelt wurde (zB Ulpian Dig 3, 5, 5 pr: „Item si, cum putavi a te mihi mandatum, negotia gessi, et hic nascitur negotiorum gestorum actio cessante mandati actione, idem est etiam, si pro te fideiussero, dum puto mihi a te mandatum esse": Geschäftsführung bei nicht bestehendem Auftrag; Seiler, Der Tatbestand der negotiorum gestio im Römischen Recht 42 mwNw). Eindrucksvollstes Beispiel ist die Gewährung von *actiones negotiorum gestorum* zwischen *homo liber bona fides serviens* (Scheinsklave) und Scheindominus (vgl insgesamt: Seiler, Der Tatbestand der negotiorum gestio im Römischen Recht 38 ff, 94 ff; zur Problematik des Scheinsklaven: Wittmann, Begriff und Funktion der Geschäftsführung ohne Auftrag 43 ff). – Die *amicitia* war nicht nur kein Tatbestandsmerkmal der *negotiorum gestio,* in bestimmten Fällen konnte die *amicitia paterna,* die *affectio* oder *pietas* die *actio negotiorum gestorum contraria* auf Ersatz von Aufwendungen ausschließen (zB Paul Dig 3, 5, 33; SevAnt, C 2, 18, 1); vgl § 685.

3. Der Tatbestand der negotiorum gestio im römischen Recht

Wenn jemand die Geschäfte eines anderen führte, entstanden zwischen den Parteien 66
gegenseitige Klagen, die Geschäftsführungsklagen. Dem Geschäftsherrn stand gegen den Geschäftsführer die *actio negotiorum gestorum directa* zu, dem Geschäftsführer die *actio negotiorum gestorum contraria* (Inst 3, 27, 1: „Igitur cum quis absentis negotia gesserit, ultro citroque inter eos nascuntur actiones, quae appellantur negotiorum gestorum"; grundlegend: Seiler, Der Tatbestand der negotiorum gestio im Römischen Recht; zur Haftung des Gestors; ders, in: Medicus/Seiler [Hrsg], Studien im römischen Recht 195; Koch, Unaufgeforderte Hilfeleistung in Notsituationen 35 ff; Zimmermann, The Law of Obligations 445 ff). Die Klage des Geschäftsherrn geht auf Herausgabe dessen, was der Gestor durch die Geschäftsführung erlangt hat, und bei pflichtwidriger Geschäftsführung auf Schadensersatz. Die Klage des Geschäftsführers geht auf Aufwendungsersatz.

a) Die actio negotiorum gestorum directa

Der Grundtatbestand der *actio negotiorum gestorum* ergibt sich aus dem von Ul- 67
pian in Dig 3, 5, 3 pr mitgeteilten prätorischen Edikt: „Si quis negotia alterius … gesserit".

aa) Negotia gerere

Der in den Quellen nicht näher definierte Begriff der *negotia* wurde ähnlich wie 68
heute in einem umfassenden Sinne verstanden; er erfasste sowohl tatsächliche wie rechtliche Handlungen (Seiler, Der Tatbestand der negotiorum gestio im Römischen Recht 10 ff; Mayer-Maly SZRA 86 [1969] 416, 425 f). Ein Unterschied zum modernen Gestionsrecht besteht freilich. Der römischen *negotiorum gestio* ging es um Vermögenssorge; Hilfeleistungen zur Erhaltung von Leben und Gesundheit des Geschäftsherrn kennen die Quellen nicht (vgl Wittmann, Begriff und Funktion der Geschäftsführung ohne Auftrag 6, 20 f). – Das *negotium* musste ausgeführt sein *(gerere),* um das Schuldverhältnis zu begründen (s Rn 55, 57); gerade darin liegt der Unterschied zum Mandatsverhältnis, das allein durch den Konsens der Parteien begründet wird.

bb) Negotia alterius

Das überlieferte Edikt verlangt weiter, dass die geführten Geschäfte *negotia alterius* 69
sind, also dem Geschäftskreis einer anderen Person als dem Gestor zugehören (Seiler, Der Tatbestand der negotiorum gestio im Römischen Recht 16 ff; Rabel, Gesammelte Aufsätze IV 441, 443 ff = St Bonfante IV 279, 283 ff; vgl auch Lent, Der Begriff der auftragslosen Geschäftsführung 87 ff; Reichard AcP 193 [1993] 567, 572 ff). Ein *negotium suum* ist von der *negotiorum gestio* ausgeschlossen (vgl Ulpian Dig 3, 5, 5, 6: „Si quis ita simpliciter versatus est, ut suum negotium in suis bonis quasi meum gesserit, nulla ex utroque latere nascitur actio, quia nec fides bona hoc patitur."). Das entspricht dem römischen Auftragsrecht, nach dem bei ausschließlichem Interesse des Beauftragten an dem Gegenstand der Geschäftsführung der Vertrag unwirksam ist (Gaius 3, 156), folgt aber schon unmittelbar aus der fremdnützigen Natur der *negotiorum gestio.* Dagegen kann die teilweise Fremdheit, also die Führung eines *negotium suum et meum,* genügen, um eine anteilige Haftung des Gestors zu begründen (vgl Ulpian Dig 3, 5, 5, 6: „quod si et suum et meum quasi meum gesserit, in meum tenebitur"; vgl dazu und zu dem Problem des Vorrangs der Teilungsklagen bei Bestehen einer Gemeinschaft: Seiler, Der Tatbestand der negotiorum gestio im Römischen Recht 19 f, 73 ff, 80 ff).

cc) Animus negotia aliena gerendi

70 Die Frage, ob der Tatbestand der *negotiorum gestio* im klassischen römischen Recht voraussetzte, dass der Geschäftsführer subjektiv mit dem Willen handelte, die Geschäfte eines anderen zu führen, wird seit jeher kontrovers diskutiert (Kämmerer Zeitschrift für Civilrecht und Prozeß 8 [1835], 137, 161, 341; Partsch, Aus nachgelassenen und kleineren verstreuten Schriften 88; Riccobono, Scritti di diritto Romano II 73; vgl Mayer-Maly SZRA 86 [1969] 416, 426 ff; Rabel, Gesammelte Aufsätze IV 441, 448 ff = St Bonfante IV 279, 288 ff; Seiler, Der Tatbestand der negotiorum gestio im Römischen Recht 21 ff; Wittmann, Begriff und Funktion der Geschäftsführung ohne Auftrag 39 ff; Zimmermann, The Law of Obligations 440 ff). Je nach Standpunkt werden objektive oder subjektive Theorie in die römischen Quellen hineingelesen (s Rn 23 ff, 116 ff), um die Autorität der römischen Juristen für die eigene Sache zu aktivieren. Noch heute viel benutzt sind die Untersuchungen von Josef Partsch und Salvatore Riccobono. Partsch war der Auffassung, dass das klassische römische Recht einem objektiven Konzept folgte und erst die byzantinischen Juristen die Notwendigkeit des *animus negotia aliena gerendi* implementierten; Riccobono dagegen versuchte aufzuzeigen, dass es genau umgekehrt war: Der Wille des Geschäftsführers sei die Basis des klassischen Geschäftsführungsrechts und erst Justinian habe ihn entfernt. Doch wird man der Eigenart des klassischen Rechts kaum gerecht, wenn man einen zugespitzten Gegensatz zwischen objektiver und subjektiver Konzeption sucht, so wie er sich in der geschäftsführungsrechtlichen Diskussion der letzten Jahrhunderte darstellt. Der Wille, für einen anderen ein Geschäft zu besorgen, erscheint in den klassischen Quellen nicht als selbständiges, gesondert zu prüfendes Tatbestandsmerkmal; in der Mehrzahl der Quellen werden objektive und subjektive Elemente nicht getrennt (Zimmermann, The Law of Obligations 441; vgl auch: Rabel, Gesammelte Aufsätze IV S 441, 448 f, 453 = St Bonfante IV, 279, 288, 292; anders: Mayer-Maly SZRA 86 [1969] 416, 426: die Geschäftsführungsabsicht war eine typische Anwendungsvoraussetzung; wo sie fehlte, bediente man sich der *negotiorum gestio,* um für atypische Situationen befriedigende Lösungen zu finden). Dies versteht sich aber weitestgehend von selbst. In den überlieferten Fragmenten ist – bei normativer Betrachtung, die auf den sozialen Sinn der Handlung abstellt – der fremdnützige Charakter der Geschäftsführung meistens derart evident, dass es sich nicht lohnt, darüber weitere Worte zu verlieren (vgl zur Lehre von der realgeschäftlichen Geschäftsbesorgung, die den *animus negotia aliena gerendi* als normatives Tatbestandsmerkmal begreift: s Rn 28 ff); typischerweise wird dem Geschäftsführer die Fremdnützigkeit seines Handelns „irgendwie" präsent gewesen sein. Besondere Anforderungen an die Fremdnützigkeit stellte der Tatbestand der *negotiorum gestio* nicht (vgl schon Rn 65: Freiwilligkeit keine Voraussetzung). Daher konnten etwa Fälle, in denen sich der Gestor im Irrtum über den Rechtsgrund seiner fremdnützigen Tätigkeit befand, nach Geschäftsführungsrecht behandelt werden (zB Geschäftsführer wird in der irrtümlichen Annahme eines Mandats tätig: Ulpian Dig 3, 5, 5 pr; Geschäftsführer wird in der irrtümlichen Annahme, Sklave zu sein, für seinen vermeintlichen Dominus tätig: Labeo bei Paulus Dig 3, 5, 18, 2; Paulus Dig 3, 5, 35; Ulpian Dig 3, 5, 5, 7). – Es findet sich allerdings auch das berühmte, in seiner Authentizität aber umstrittene Fragment des African Dig 3, 5, 48 („Si rem, quam servus venditus subripuisset a me venditore, emptor vendiderit eaque in rerum natura esse desierit, de pretio negotiorum gestorum actio mihi danda sit, ut dari deberet, si negotium, quod tuum esse existimares, cum esset meum gessisses: sicut ex contrario in me tibi daretur, si, cum hereditatem quae ad me pertinet tuam putares, res tuas proprias legatas solvisses, quandoquo de ea solutione liberarer."). Hier löst bei fehlendem Bewusstsein der Fremdheit – sowohl in Richtung *actio directa* als auch in Richtung *actio contraria* – alleine das Führen eines fremden

Geschäft geschäftsführungsrechtliche Ansprüche aus (für interpoliert hält diese Stelle: SEILER, Der Tatbestand der negotiorum gestio im Römischen Recht 26 f; **aA**: MAYER-MALY SZRA 86 [1969] 416, 427). Im ersten Teil des Fragments verkauft der A im guten Glauben – eigennützig für sich und nicht fremdnützig „für einen anderen" – eine Sache des B. Die Sache ist untergegangen. Da die Vindikationsklage des B ins Leere geht, gewährt ihm AFRICANUS gegen A die Geschäftsführungsklage *(actio directa)* auf Herausgabe des Erlöses. Auf dem Boden der objektiven Konzeption ist das Ergebnis zwingend. Der Verkauf einer fremden Sache ist ein objektiv fremdes Geschäft (ob hier wirklich ein fremdes Geschäft vorliegt, wurde im gemeinen Recht in Frage gestellt, da durch die Verfügung des gutgläubigen Besitzers das Eigentum an der abhanden gekommenen Sache nicht tangiert werde; dazu: WITTMANN, Begriff und Funktion der Geschäftsführung ohne Auftrag 57), das dem jeweiligen Eigentümer obliegt; der Kaufpreis ist objektiv dem Eigentümer zugewiesen, nicht dem Geschäftsführer. Der zweite Teil betrifft dagegen die Tilgung einer Nachlassverbindlichkeit durch den gutgläubigen Erbschaftsbesitzer (Geschäftsführer). AFRICAN gesteht dem Erbschaftsbesitzer gegen den wahren Erben (Geschäftsherr) die *actio contraria* auf Ersatz seiner Aufwendungen zu. Allerdings ist der zweite Teils des Fragments schwierig und mehr als nur fraglich, ob hier wirklich eine „Abweichung" von der Notwendigkeit eines Fremdgeschäftsführungsbewusstseins liegt. Denn seit AZO wurde die Stelle dahin gelesen, dass der vermeintliche Erbe *hereditario nomine* und nicht im eigenen Namen *(suo nomine)* gehandelt habe (CUJAS Ad Africanum Tractatus VIII ad l si rem ff de neg gest [Dig 3, 5, 48] unter Hinweis auf AZO). Dahinter steht nicht nur das Harmonisierungsstreben der Glossatoren, scheinbar widersprechende Stellen der römischen Quellen in Einklang zu bringen. Das Fragment LABEO Dig 3, 5, 42 stellt klar, dass die *bewusste* Zahlung auf eine fremde Schuld den geschäftsführungsrechtlichen Rückgriffsanspruch begründet. Dahinter steht die schon im römischen Recht geltende Regel: Nur die bewusste Leistung auf die fremde Schuld befreite den Schuldner. Hier konnte der Zahlende (Geschäftsführer) mittels der *actio contraria* beim Schuldner (Geschäftsherr) Rückgriff genommen werden. Dagegen führte die Leistung des Geschäftsführers im eigenen Namen *(suo nomine)* gerade nicht zur Befreiung des Schuldners; insofern kann man auch nicht von der Führung des Geschäfts des Schuldners sprechen. Hier blieb es vielmehr am Leistenden, der ja auf eine Nichtschuld geleistet hatte, seine Leistung vermittels der *condictio indebiti* (§ 812 Abs 1 S 1 Alt 1) vom Gläubiger zurückzufordern. Bei der Zahlung auf fremde Schuld ist mithin das Bewusstsein der Fremdheit des Geschäfts essentielle Voraussetzung einer Geschäftsführungsklage; oder anders herum formuliert: Bei der Zahlung auf fremde Schuld ist eine Geschäftsführungsklage ohne das Bewusstsein der Fremdheit gar nicht denkbar. Genannt werden können in diesem Zusammenhang noch die Fragmente ULPIAN Dig 11, 7, 14, 11 und PAULUS Dig 11, 7, 32 pr. Die beiden letztgenannten Stellen betreffen allerdings den Sonderfall der *actio funeria.* Hier besorgt der Geschäftsführer, der sich irrtümlich für den Erben hielt, das Begräbnis des Erblassers. Streng genommen müsste eine Klage des Geschäftsführers ausscheiden, weil er glaubte, ein eigenes Geschäft zu führen („non hoc animo fecit, quasi alienum negotium gerens"). Doch diese dogmatischen Bedenken wurde von den römischen Juristen für die *actio funeria* beiseite geschoben mit Hinweis auf das besondere öffentliche Interesse, dass Leichen nicht unbeerdigt bleiben: „[…] nam propter publicam utilitatem, ne insepulta cadavera iacerent, strictam rationem insuper habemus, quae nonnumquam in ambiguis religionum quaestionibus omitti solent: nam summam esse rationem, quae pro religione facit"

(Papinian Dig 11, 7, 43). Diese Stellen beweisen – als wohlbegründete Ausnahmen von der Regel – eher, dass das Bewusstsein für einen anderen tätig zu werden, zum Tatbestand *der negotiorum gestio* gehörte, als das Gegenteil (Kämmerer Zeitschrift für Civilrecht und Prozeß 8 [1835], 162, 166 ff). – Überhaupt kein fremdnütziges Element kennt schließlich der von Ulpian in Dig 3, 5, 5, 5 mitgeteilte Fall einer vorsätzlichen Geschäftsanmaßung, in dem der Geschäftsführer wissentlich ein fremdes Geschäft als eigenes führt (heute § 687 Abs 2).

b) Die actio negotiorum gestorum contraria: utilitas actionis

71 Der Gegenanspruch des Gestors gegen den Geschäftsherrn, die *actio contraria negotiorum gestio,* stand unter einer weiteren Voraussetzung, nämlich der *utilitas gestionis* (vgl Ulpian Dig 3, 5, 9, 1: „is enim negotiorum gestorum, inquit [*Anm:* Celsus], habet actionem, qui utiliter negotia gessit."). Dieses Merkmal diente dazu, den mit der Zulassung der *negotiorum gestio* verbundenen Eingriff in die Privatautonomie des Einzelnen wieder etwas einzufangen und zu begrenzen. Das Erfordernis eines *utiliter gestum* ist die Sicherung, die das römische Recht eingebaut hat, um eine unangemessene Belastung des Geschäftsherrn zu verhindern. Allerdings gingen die Meinungen der römischen Juristen weit darüber auseinander, was unter dem Begriff der *utilitas* zu verstehen war (Mayer-Maly SZRA 86 [1969] 416, 429 ff; Seiler, Der Tatbestand der negotiorum gestio im Römischen Recht 51 ff; Zimmermann, The Law of Obligations 442 f). Neben einer restriktiven Tendenz, nur die notwendige Geschäftsführung als *utiliter* anzuerkennen, gab es auch das weitherzigere Bestreben, auch die lediglich nützliche Geschäftsführung in den Bereich der *negotiorum gestio* einzubeziehen. Eindeutig nicht mehr *utiliter* war eine Geschäftsführung, bei der überflüssiger Aufwand betrieben wurde. Dabei genügte es, dass die Geschäftsführungsmaßnahmen *utiliter* angelegt waren; Erfolg brauchten sie nicht zu haben. Auch bei Erfolglosigkeit sollte der Gestor seine Aufwendungen ersetzt bekommen. Das Verlustrisiko trug insoweit der *dominus.* Ob dieser Grundsatz des erfolgsunabhängigen Aufwendungsersatzes nur für den Fall der Notgeschäftsführung galt oder darüber hinaus auch bei der lediglich wirtschaftlich zweckmäßigen Geschäftsführung, scheint von den römischen Juristen nicht einheitlich beantwortet zu sein (dazu: Seiler, Der Tatbestand der negotiorum gestio im Römischen Recht 56 f; **aA** Mayer-Maly SZRA 86 [1969] 416, 430 f). Insgesamt zeigen die Quellen zur Frage des *utiliter gestum* ein kasuistisches Bild. Die römischen Juristen haben darauf verzichtet, abstrakte Merkmale herauszuarbeiten und sich so die Freiheit bewahrt, nach den Umständen des einzelnen Falles zu entscheiden. Der Wille des Geschäftsherrn scheint für die klassischen römischen Juristen kein wesentliches Kriterium bei der Bewertung *utilitas* gewesen zu sein (Seiler, Der Tatbestand der negotiorum gestio im Römischen Recht 59 ff, 86 ff).

72 Inhaltlich war die *actio contraria* auf Auslagen- und Schadensersatz gerichtet (Kaser, Römisches Privatrecht I § 137 II 5 S 599; Wollschläger, Die Geschäftsführung ohne Auftrag 312). Die Führung fremder Geschäfte war im alten Rom, gleichgültig ob beauftragt oder nicht, unentgeltlich, weil die Angehörigen der Oberschicht auf Lohn für eigene Arbeit nicht angewiesen waren und solchen aus Standesgründen auch nicht fordern durften. Der Anspruch war damit beschränkt auf das, was der Geschäftsführer zweckmäßig aufgewandt hatte, bzw genauer auf die konkrete Vermögensminderung (Gaius Dig 3, 5, 2). Der Gestor konnte daher nur die Erstattung von Geld, mit dem er fremde Dienste beschafft, Material gekauft oder Schulden getilgt hatte bzw die Bezahlung eigener verwendeter Sachen verlangen. Er wurde von wirklichen Vermögenseinbußen freigestellt, konnte aber keinen Erwerb aus der fremdnützigen Tätigkeit erzielen.

VIII. Die negotiorum gestio im Wertesystem der Rechtsordnungen

Trotz seiner bis zum römischen Recht zurückreichenden Wurzeln gehört das Rechtsinstitut der Geschäftsführung ohne Auftrag nicht zu den Rechtsinstituten, die sich in jeder entwickelten Rechtsordnung finden (vgl dazu insgesamt die umfassende rechtsvergleichende Studie von Stoljar, Negotiorum Gestio [International Encyclopedia of Comparative Law Vol X Ch 17]). Neben einer naturrechtlichen „Opposition" ist es gerade das angloamerikanische Recht, dem das Rechtsinstitut der Geschäftsführung ohne Auftrag als solches unbekannt ist. Ich habe für diese ablehnende bis abwehrende Haltung an anderer Stelle – in bewusster Gegenüberstellungen zu den gängigen Erklärungsmustern der *negotiorum gestio* – von einer aus einer individualistischen Haltung heraus geborenen **quasideliktischen Deutung** der Geschäftsführung ohne Auftrag gesprochen (Bergmann Die Geschäftsführung ohne Auftrag 34 f). Doch sollte dieser Befund nicht überbewertet werden. In diesen Rechtsordnungen werden Ausgleichsproblematiken, die in der deutschen und anderen kontinentaleuropäischen Rechtsordnungen typischerweise dem Geschäftsführungsrecht unterfallen, mit Hilfe anderer Rechtsinstitute gelöst. **73**

1. Das Naturrecht und die Naturrechtskodifikationen

a) Naturrechtslehre

Recht hartnäckig hält sich die Auffassung, dass das Naturrecht gegenüber der *negotiorum gestio* eine abwehrende bis **feindliche Haltung** einnehme (Harke, Geschäftsführung und Bereicherung 66 ff; Jansen ZEuP 2007, 958, 967; Mayer-Maly SZRA 86 [1969] 416, 421 Fn 21; Zimmermann, The Law of Obligations 435; auch Koch, Unaufgeforderte Hilfeleistung in Notsituationen 114 ff). Viel zitiert ist Grotius: „Nam negotiorum gestorum actio ex lege civili nascitur: nullum enim habet eorum fundamentorum ex quibus natura obligationem inducit" (Grotius, De iure belli ac pacis, Lib II Ca X § IX [1]). Richtig ist das in dieser Allgemeinheit nicht. Bei genauerem Hingucken zeigt sich ein erstaunlich differenziertes Bild (eingehend: Bergmann, Die Geschäftsführung ohne Auftrag 35 ff). Glafey stimmt Grotius insoweit zu, als eine allgemeine Verankerung der Quasikontrakte im Naturrecht nicht anzuerkennen sei. Doch gelte dies nicht mehr für die *negotiorum gestio,* wobei sich Glafey einmal auf das Bereicherungsverbot, zum anderen auf die praktische Erwägung beruft, dass sich ohne Kostenerstattung niemand um die Belange seines Nächsten kümmern würde (Glafey, Recht der Vernunft, Buch III § 99 S 1072 f). Andere naturrechtliche Schriftsteller schließlich gehen noch weiter und betonen gleichermaßen die naturrechtliche Verankerung von Quasikontrakt im Allgemeinen und der Geschäftsführung ohne Auftrag im Besonderen. Gerade Christian Wolff kann als naturrechtlicher Auslegeger der „Quasikontraktstheorie" gelten, als er versucht, die klassischen Quasikontrakte auf konsensuale Grundlage zu stellen (Wolff, Institutiones juris naturae et gentium, §§ 686 seqq, 689; ders, Jus naturae methodo scientifica pertractum V § 511). **74**

b) Naturrechtskodifikationen

Innerhalb der naturrechtlich geprägten Kodifikationen lässt sich keine einheitliche Linie im Umgang mit dem Rechtsinstitut der Geschäftsführung ohne Auftrag nach- **75** weisen (Bergmann, Die Geschäftsführung ohne Auftrag 36 ff; Koch, Unaufgeforderte Hilfeleistung in Notsituationen 123 ff). Es sind das ehemalige preußische Allgemeine Landrecht und das **österreichische ABGB** (zur Entstehungsgeschichte: Meissel, Geschäftsführung ohne Auftrag 16 ff; auch: Harke, Geschäftsführung und Bereicherung 72 ff; Rademacher Jura 2008, 87, 90), die der Geschäftsführung ohne Auftrag dem Grundsatz nach misstrauisch und ablehnend gegenüberstehen. In den Spitzenparagraphen der jeweiligen Gesetzeskapitel wird in einem quasideliktischen Duktus die grundsätzliche Unzulässigkeit der Einmischung in fremde Angelegenheiten betont (PrALR I 13 § 228; § 1035 ABGB). Anders dagegen der **französische Code civil**. Die *gestion d'affaires* wird im weiten Umfang zugelassen. Art 1372 CC hebt nicht die Rechtswidrigkeit der Gestion hervor, sondern stellt, ähnlich § 677 BGB, die Pflicht zur ordentlichen Geschäftsführung in den Vordergrund.

aa) Österreich

76 Entgegen dem ersten Eindruck darf für das österreichische Recht nicht von einer Fundamentalopposition gesprochen werden (Bergmann, Die Geschäftsführung ohne Auftrag 38). Die Regelungen des österreichischen Zivilrechts differenzieren zwischen der auftragslosen **Geschäftsführung im Notfalle** (§ 1036 öABGB) und der lediglich nützlichen Geschäftsführung (§§ 1036 f öABGB). Bei der als willkommen anerkannten Geschäftsführung „zur Abwendung eines bevorstehenden Schadens" ist die Rechtsposition des Geschäftsführers ähnlich dem Auftragsrecht ausgestaltet; insbesondere steht dem Gestor ein erfolgsunabhängiger Aufwendungsersatzanspruch zu (PrALR I 13 §§ 234, 235; § 1036 öABGB); wegen der Anlehnung an das Auftragsrecht wird in der österreichischen Rechtswissenschaft hier von einer „quasivertraglichen Ausgestaltung" des Geschäftsführungsrechts gesprochen. Dem wird ein mehr „bereicherungsrechtliches Prinzip" bei der Abwicklung der **bloß vorteilhaften Geschäftsführung** gegenüber gestellt (vgl Meissel, Geschäftsführung ohne Auftrag 14). Zwar kann der Geschäftsführer für die nützliche Geschäftsführung Aufwendungsersatz verlangen, aber nur bis zur Grenze der eingetretenen Bereicherung auf Seiten des Geschäftsherrn; dh nützliche Aufwendungen werden nur soweit ersetzt, wie sie erfolgreich waren. Der „nützliche" Geschäftsführer ist mithin schlechter gestellt als der notwendige Geschäftsführer; er wird auf eigene Gefahr tätig (Koziol/Welser, Grundriß des bürgerlichen Rechts I^{10} 506; Apathy, in: Praxiskommentar zum $öABGB^{2}$ § 1040 Rn 12). Handelt der Geschäftsführer nicht zum klaren, überwiegenden Vorteil des Geschäftsherrn **(unnütze Geschäftsführung)** oder sogar gegen dessen ausdrücklichen Willen (**verbotene Geschäftsführung**, § 1040 öABGB) besteht kein Anspruch auf Aufwendungsersatz in Geld, selbst wenn ein objektiver Vorteil eingetreten ist. Der Geschäftsführer kann lediglich seinen Aufwand in Natur zurücknehmen, wenn dies ohne Schaden der Substanz möglich ist; zudem hat er jeden Nachteil zu ersetzen, der ohne seine Einmischung nicht entstanden wäre, § 1311 öABGB.

bb) Frankreich

77 Der Code civil bekennt sich in einem positiven Sinne zur *negotiorum gestio*. In enger Verknüpfung von römischen Recht und naturrechtlichen Einflüssen ist die Geschäftsführung ohne Auftrag zusammen mit der *condictio indebiti* unter der Überschrift „Des quasi-contrats" geregelt. Domat, einer der geistigen Väter des Code civil, fundierte die *negotiorum gestio* in den gelebten Gefühlen von Humanität und Religiosität (Domat, Les lois civiles dans leur ordre naturel, Part I Liv II Tit IV). Das Rechtsinstitut der *gestion d'affaires* der Art 1372 bis 1375 CC korrespondiert – natürlich mit

mehr oder weniger starken Nuancen im Einzelfall – weitgehend der deutschen Regelung (Ferid/Sonnenberger, Das Französische Zivilrecht II² Rn 2 K 302). Die Reformüberlegungen des *Avant-projet de réforme du droit des obligations* (Art 1328 bis 1329-1) ändern an diesem grundsätzliche Befund nichts. Art 1329-1 nähert das französische Recht im Bereich der *inutilitas* sogar noch weiter an das deutsche Recht an (vgl Bergmann, Die Geschäftsführung ohne Auftrag 39 f).

2. Die negotiorum gestio und das angloamerikanische Recht

a) Der Grundsatz

Dem angloamerikanischen Recht ist ein selbständiges Schuldverhältnis der *negotiorum gestio* **im Grundsatz fremd** (Aitken [1988] 11 Sydney LR 566; vBar, in: FS Lorenz 441; Köndgen, in: Zimmermann [Hrsg], Rechtsgeschichte und Privatrechtsdogmatik 371, 375; Schrage, in: FS Krampe 309; Schmid, Die Geschäftsführung ohne Auftrag Rn 24 ff; Zimmermann, The Law of Obligations 435, 448 ff; Restatement of the Law of Restitution §§ 2, 112–117). Die Besorgung fremder Angelegenheiten wird zuvorderst als eine weitgehende Beschneidung fremder Autonomie betrachtet und der auftragslose Geschäftsführer oft abfällig als „*officious meddler*" bezeichnet. Hierin spiegelt sich der traditionelle **angelsächsische Individualismus** wider (s aber auch Köndgen, in: Zimmermann [Hrsg], Rechtsgeschichte und Privatrechtsdogmatik 371, 375 unter Hinweis auf neuere Bestrebungen in der angloamerikanischen Lehre). Dem Selbstbestimmungsrecht des Einzelnen kommt nach den allgemeinen Prinzipien des *common law* überragende Bedeutung zu. Niemand soll sich durch sein Handeln zum Gläubiger eines anderen machen können und niemandem soll eine Wohltat gegen seinen Willen aufgedrängt werden können. Es ist an jedem selbst, darüber zu entscheiden, was in seiner Rechtssphäre zu geschehen und was nicht zu geschehen hat; Eingriffe von außen brauchen grundsätzlich nicht hingenommen zu werden. Dem entspricht die im Grundsatz ablehnende Haltung der Gerichte, ein auch noch so gut gemeintes, aber doch unbestelltes Handeln im fremden Rechtskreis durch Schadloshaltung des *interloper* zu honorieren. Grundlegend sind die Entscheidungen *Falcke v Scottish Imperial Insurance Co* (34 ChD 234 [1887] [CA]) und *in re Cleadon Trust, Limited* ([1938] 4 All ER 518 [CA]; bestätigt in: *Crantrave Ltd v Lloyds Bank plc* [2000] 3 WLR 877 [CA]). In *Falcke* ging es um eine verpfändete Versicherungspolice. In der irrigen Annahme, seine Versicherung ausgelöst zu haben, zahlte der Verpfänder weiterhin seine Prämien. Nachdem der Gläubiger auf die Versicherung zugegriffen hatte, verlangte der Kläger Erstattung der geleisteten Zahlungen, denn ohne diese Zahlungen hätte der Gläubiger seine Sicherheit verloren (vereinfachter Sachverhalt nach vBar, in: FS Lorenz 441, 442). Der *Court of Appeal* wies die Klage ab: „The general principle is, beyond all question, that work and labour done or money expended by one man to preserve or benefit the property of another do not according to English law ... create any obligation to repay the expenditure. Liabilities are not to be forced upon people behind their backs any more than you can confer a benefit upon a man against his will" (34 ChD [1887] 234, 248; zur Lage im deutschen Recht bei Verwendungen auf Sicherungsgut: s Rn 300). Ein eigenständiges Recht der *negotiorum gestio* hat sich einstweilen nicht etablieren können. Anstrengungen der Rechtswissenschaft, diese Hindernisse zu überwinden, war bisher kein durchgreifender Erfolg beschert (vgl Sheehan 55 ICLQ [2006] 253). **78**

Eine rechtliche Sonderbehandlung hat seit jeher lediglich die **Hilfe in Seenot** erfahren (Schrage, in: FS Krampe 309, 311; Koch, Unaufgeforderte Hilfeleistung in Notsituatio- **79** nen 135 ff). In Abweichung zu den allgemeinen Grundsätzen gewährt das angloamerikanische Seerecht bei der Rettung fremden Eigentums aus Seenot dem Helfer grundsätzlich Ersatzansprüche für seine Aufwendungen und eine angemessene Belohnung. Die seerechtlichen Ausnahmen scheinen neben ökonomischen Erwägungen daher zu rühren, dass sie dem *Court of Admiralty* zugewiesen waren, deren Richter im Wesentlichen im kontinental-europäischen Recht ausgebildet waren. In *Falcke v Scottish Insurance Co* wurde es gerade abgelehnt, die Besonderheiten des Seerechts auf dem Land anzuwenden (34 ChD [1887] 234, 248 f).

b) Instrumente des common law

80 Auch wenn das *common law* kein besonderes Rechtsinstitut der *negotiorum gestio* kennt, so haben sich doch für verschiedene Situationen andere Lösungswege herausgebildet, um zu befriedigenden Ergebnissen zu gelangen. Der kontinentaleuropäischen Vorstellung der Geschäftsführung ohne Auftrag am nächsten kommt die Lehre der **„agency of necessity“** (vgl Aitken [1988] 11 Sydney LR 566, 591 ff; vBar, in: FS Lorenz 441, 446 ff; Zimmermann, The Law of Obligations 449), der zufolge in bestimmten Notsituationen eine Person unbeauftragt einem anderen notwendige Leistungen erbringen kann und hierfür Aufwendungsersatz erwarten darf. Diese Lehre findet ihre Ursprünge in den maritimen Bräuchen, denen zufolge der Kapitän in Notsituationen über seine normale Berechtigung hinaus die Befugnis hatte, Schiff und Fracht zu verkaufen. Von hier aus wurden die Grundsätze auf andere Fälle ausgedehnt, in denen jemand, um in einem Notfall zugunsten eines anderen einzuschreiten, den Bereich einer bestehenden Berechtigung überschreitet. Man spricht von einer *„implied authority“*. Als weiteres Rechtsinstitut des common law ist **bailment** zu nennen (vBar, in: FS Lorenz 441, 455 ff), das dem Besitzmittlungsverhältnis des deutschen Rechts ähnelt. Neben dem Deliktsrecht (vgl *Wagner v International Railway Co* 232 NY 176 = 133 NE 437: Rettung eines Selbstmörders; Koch, Unaufgeforderte Hilfeleistung in Notsituationen 183 ff) kommt schließlich dem *law of restitution* (im weitesten Sinne Bereicherungsrecht) besondere Bedeutung zu; zwei Klagegründe sind hervorzuheben: *quantum meruit* und *money paid to the defandant's use* (vBar, in: FS Lorenz 441, 458 ff).

81 **Quantum meruit**. Nach *common law* wird ein Anspruch auf Vergütung von Leistungen gewährt, die nicht in Erfüllung einer Vertragspflicht erbracht wurden, wenn der Geschäftsherr sie freiwillig akzeptiert hat und er wusste oder wissen musste, dass der Geschäftsführer für seine Leistung eine Vergütung erwartet. Eine Dienstleistung, die der Geschäftsherr zu seinen Gunsten geschehen lässt, obwohl ein vernünftiger Mensch ihr widersprochen hätte, wenn er sie nicht hat haben wollen, wird als Bereicherung des Geschäftsherrn betrachtet. Die Nähe zum Recht der Geschäftsführung ohne Auftrag ist deutlich. Neben leichten Affinitäten zur Genehmigung des § 684 S 2 BGB oder der *ratification* im französischen Recht (Art 1998 Abs 2 CC) kommt diese Lehre PrALR I 13 § 241 sehr nahe, wonach auch die Entgegennahme des Vorteils in Kenntnis der auftraglosen Geschäftsbesorgung einen (auf die Bereicherung beschränkten) Aufwendungsersatz zur Entstehung brachte. Auch der rechtstatsächliche Anwendungsbereich zeigt Verwandtschaft zur heutigen Handhabung der Geschäftsführung ohne Auftrag im deutschen Recht: Viele Klagen stehen im Zusammenhang mit unwirksamen, nichtigen oder nicht bis zum Abschluss gelangten Werkverträgen. Im deutschen Recht bestimmen sich in solchen Fällen die Rechtsfolgen nach den §§ 677 ff (s Rn 329 ff). – Zunehmend wird in der Wissenschaft die

Frage diskutiert, ob der Anspruch aus *quantum meruit* auf Fälle ausgedehnt werden soll, in denen der Kläger in einer Notfallsituation tätig geworden ist. Auch hier könne der Geschäftsherr als bereichert angesehen werden, obwohl er die Leistung des Geschäftsführers gerade nicht frei akzeptiert habe, und das sogar dann, wenn die Leistung des Geschäftsführers am Ende erfolglos blieb, solange sie nur vernünftig war. Zwar solle ein Anspruch grundsätzlich nur auf Aufwendungsersatz gehen; für Helfer aber, die im Rahmen ihrer beruflichen Tätigkeit eingriffen, soll aber auch ein Vergütungsanspruch möglich sein.

Money paid to the defendant's use. Hier geht es um Fälle, in denen der Geschäfts- 82
führer Aufwendungen tätigt, die letztlich der Geschäftsherr zu tragen hat. In der Entscheidung *Waters v Weigall* aus dem Jahre 1795 (2 Anst 575; als Reprint im 145. Band der English Reports 971) war einem Mieter gestattet worden, seine aus Anlass von Sturmschäden am Mietobjekt, zur Vermeidung von Schlimmerem, verauslagten Reparaturkosten gegen den Mietzinsanspruch des – zur Reparatur verpflichteten – Vermieters aufzurechnen. Macdonald CB führte aus: „If the landlord is bound in law or equity to repair in consequence of the accident that has happened, and you were right in expending this sum in repairs for him, it is money paid to his use; and may be set off against the demand for tent." Auf derselben Linie liegt die Entscheidung *Gebhardt v Saunders* aus dem Jahre 1892 ([1892] 2 QB 452). Dem Kläger war behördlich aufgegeben worden, einen defekten Abwasserkanal in Ordnung zu bringen, wofür aber nicht der Kläger sondern letztlich der Beklagte zuständig war. Der Kläger konnte Ersatz der verauslagten Reparaturkosten verlangen, da es sich um „money paid at the request of the person who was primarily liable" gehandelt hatte (s Rn 285 ff).

Schaut man also genauer hin, relativieren sich die Unterschiede zwischen kontinen- 83
tal-europäischen Recht und dem Standpunkt des common law doch erheblich. Scarman LJ fasst die Rechtslage so zusammen (*Owen v Tate and another* [1975] 2 All ER 129, 135: der Kläger hatte eine Bürgschaft übernommen, weil diese – wie er vortrug – die einzige Möglichkeit gewesen war, den Beklagten vor großem Schaden zu bewahren. Der Kläger wurde in Anspruch genommen und klagte nun auf Ersatz. Der Kläger drang aus tatsächlichen Gründen mit seinem Anspruch nicht durch): „If without an antecedent request a person assumes an obligation or makes a payment for the benefit of another, the law will, as general rule, refuse him a right of indemnity. But if he can show that in the particular circumstances of the case there was some necessity for the obligation to be assumed, then the law will grant him a right of reimbursement if in all the circumstances it is just and reasonable to do so." Hiervon ausgehend lässt sich schon bald eine Brücke schlagen zu Art V. – 1:101 (1)(a) DCFR, der für die Begründung des Rechtsverhältnisses der Geschäftsführung einen *reasonable ground* verlangt (vgl Bergmann, Die Geschäftsführung ohne Auftrag 44 f). Und damit zeigt sich letztlich der zentrale Unterschied zum deutschen Recht: Das angloamerikanischen Recht versucht die grundsätzliche Verteidigung individueller Freiheit, anerkennt Durchbrechungen der grundsätzlichen Unbeachtlichkeit der unbeauftragten Geschäftsführung aber dann, wenn sie *objektiv* geboten sind. Das BGB gewährt in § 683 S 1 trotz freundlicher Adaption der römischen Geschäftsführungsregeln letztlich einen größeren Individualschutz, als über die *utilitas gestionis* nicht objektive Kriterien, sondern allein der (präsumtive) Geschäftsherrnwille entscheidet.

c) Das amerikanische Restatement of the Law of Restitution

84 Ähnlich ist das *Restatement of the law of restitution* (dazu SCHMID, Die Geschäftsführung ohne Auftrag Rn 34 ff). Das Restatement ist kein (Muster-)Gesetz sondern eine zur Sekundärliteratur des *Case Law* zählende private Darstellung mit dem Ziel, die Normen des gemein-amerikanischen *common law* in systematischer Form darzustellen, und zwar so, wie amerikanische Gerichte im Allgemeinen bestimmte Streitigkeiten entscheiden würden. § 2 des *Restatement of the Law of Restitution* stellt den bekannten Grundsatz auf: „A person who officiously confers a benefit upon another is not entitled to restitution therefor." Der dahinter stehende Grund ist bekannt (s Rn 78): „A person is not required to deal with another unless he so desires and, ordinarily, a person should not to be required to become an obligor unless he so desires." Aber bereits im *comment* dazu heißt es erläuternd: „Officiousness means interference in the affairs of others not justified by the circumstances under which the interference takes place."

85 Dementsprechend hält das *Restatement* Ausnahmen vor. In § 112 des *Restatement* heißt es: „A person who without mistake, coercion or request has unconditionally conferred a benefit upon another is not entitled to restitution, except where the benefit was conferred under circumstances making such action necessary for the protection of the interest of the other or third persons." Dem Geschäftsführer wird also dann ein Anspruch zugestanden, wenn die Handlung notwendig war und er mit – regelmäßig vermuteter – Wiedererlangungsabsicht gehandelt hat (vgl „acted ... with the intent to charge therefor" in den §§ 113 bis 117 des Restatement). Die Grundregel des § 112 wird in den folgenden §§ 113 bis 117 konkretisiert, wobei allerdings die dringende Notwendigkeit und Subsidiarität der Geschäftsführung im Vordergrund steht. Selbst ein ungerechtfertigtes Eingreifen kann ausnahmsweise Ersatzansprüche für geleistete Dienste hervorrufen, wenn der Geschäftsherr die Geschäftsbesorgung genehmigt. Gestützt auf diesen Grundgedanken wird die Frage aufgeworfen, ob ein Verhalten des Begünstigten, der den zugewandten Vorteil behält, nicht als Ratifikation zu behandeln sei.

3. Die Geschäftsführung ohne Auftrag im Schweizer Recht

86 Das Schweizer Recht enthält in den Art 419 bis 424 schwOR eine Regelung der Geschäftsführung ohne Auftrag, die trotz Unterschied im Detail nach Systematik und Ausgestaltung dem deutschen Recht ähnlich ist (vgl SCHMID, Die Geschäftsführung ohne Auftrag passim). Durch die Übernahme der fremdnützigen Geschäftsführung (echte Geschäftsführung) wird der Geschäftsführer verpflichtet, das Geschäft so zu führen, wie es Vorteil und mutmaßlicher Absicht des Geschäftsherrn entspricht (Art 419 schwOR; vgl § 677 BGB). Im Gegenzug hat er Anspruch auf Aufwendungsersatz, wenn die Geschäftsführung durch das Interesse des Geschäftsherrn geboten war (Art 422 Abs 1 schwOR; vgl § 683 S 1 BGB). War die Geschäftsführung nicht geboten, bestimmt sich der Ausgleich nach Bereicherungsrecht (Art 422 Abs 3 schwOR; vgl § 684 S 1 BGB). Im Fall der Geschäftsführung im Interesse des Geschäftsführers (in Deutschland: Geschäftsanmaßung) hat der Geschäftsherr einen Anspruch auf Gewinnabschöpfung (Art 423 Abs 1 schwOR; vgl § 687 Abs 2 BGB).

4. Andere Rechtsordnungen

Zum Geschäftsführungsrecht anderer europäischer Rechtsordnungen wurden in **87** jüngerer Zeit mehrere rechtsvergleichende Darstellungen vorgelegt: zum **niederländischen** Recht der *zaakwaarneming:* Suderow, Die Geschäftsführung ohne Auftrag, 2005; zum **spanischen** Recht; Jakob: Geschäftsführung ohne Auftrag im deutschen und spanischen Recht. Insgesamt ist auf die **umfassende rechtsvergleichende** Studie von Samuel Stoljar, Negotiorum Gestio (International Encyclopedia of Comparative Law Vol X Ch 17) hinzuweisen.

5. Vorschläge de lege ferenda; Rechtsvereinheitlichung

a) Deutschland

Es existieren im Wesentlichen zwei Gutachten, die sich de lege ferenda mit der **88** Geschäftsführung ohne Auftrag auseinandersetzen. Im Jahre 1938 veröffentlichte Friedrich Lent im Rahmen der Akademie für Deutsches Recht ein Gutachten (Lent, Wille und Interesse bei der Geschäftsbesorgung), das allerdings an mancher Stelle von nationalsozialistisch anmutender Terminologie durchtränkt ist. In der Tat ist ja das oft beschworene Bild der Geschäftsführung ohne Auftrag als Menschenhilfe für (national-)sozialistische Ideologie besonders anfällig (Lent, Wille und Interesse bei der Geschäftsbesorgung 12: „diese freiwillige Hilfe als Ausdruck von Kameradschaftlichkeit und Gemeinschaftsgeist"; s Rn 13). Aber wie so oft für diese Zeit verbergen sich hinter einem dem Zeitgeist geschuldetem Duktus wichtige, zukunftsweisende Gedanken, die noch die heutige geschäftsführungsrechtliche Diskussion bestimmen. Man denke nur an die grundlegenden Überlegungen zur Tragung und Verteilung von Schäden, die der Geschäftsführer bei Durchführung der Geschäftsführung erlitten hat (Lent, Wille und Interesse bei der Geschäftsbesorgung 59 ff, 105). Und nicht nur das: An manchen Stellen versucht Lent, sich drohenden tiefgreifenden Übergriffe in die Privatautonomie entgegenzustellen. So kämpfte er erbittert – auch de *lege ferenda* – gegen die Ausdehnung des § 679 auf sittliche Pflichten (Lent, Wille und Interesse bei der Geschäftsbesorgung 34 ff: „Ich glaube, daß auch heute noch daran festzuhalten ist: § 679 ist nicht auf sittliche Pflichten und deren Erfüllung zu erstrecken. Dies gilt nach meiner Auffassung nicht nur Auslegung des positiven geltenden Rechts, sondern auch als Richtschnur für zukünftige Regelungen."). Aus neuerer Zeit ist das Gutachten von Helm zu nennen, das 1983 vom Bundesministerium der Justiz im Rahmen der Gutachten und Vorschläge zur Überarbeitung des Schuldrechts veröffentlich wurde (Helm, in: Gutachten und Vorschläge zur Überarbeitung des Schuldrechts III 335). Der abschließende Vorschlag Helms geht dahin, das gesetzliche Schuldverhältnis der Geschäftsführung ohne Auftrag als Rechtsinstitut in seinem bisher bekannten Kern, wenn auch neu systematisiert, zu erhalten. Trotz aller Schwierigkeiten und mangels besserer Alternativen bleibt weiterhin das den Tatbestand grundsätzlich eröffnende Merkmal „Wer ein Geschäft für einen anderen besorgt", allerdings insoweit mit der Präzisierung, dass Maßnahmen zur Durchsetzung eigener Rechte gegen eine andere Person keine Geschäftsführung für diese darstellt (s Rn 287 ff). Eine Einengung des Tatbestandes will er durch eine engere Handhabung (Auslegung) des Interessenbegriffs und Restriktionen beim mutmaßlichen Willen (Erkundigungsobliegenheit) erreichen. Im Weiteren werden Entwicklungen der Rechtsprechung, aber auch den Anwendungsbereich der Norm restriktiver fassende Überlegungen aus der Wissenschaft aufgegriffen (Helm, in: Gutachten und Vorschläge zur Überarbeitung des Schuldrechts III 335, 385 ff, 407 ff). So wird in § 686 des

Vorschlags in modifizierter Weise die Rechtsprechung zur Entschädigung des Geschäftsführers bei Rettungsschäden aufgenommen oder in § 683 Abs 2 des Vorschlags der von der Rechtsprechung entwickelte Vergütungsanspruch für berufliche Leistungen übernommen; ausgenommen sollen aber solche Leistungen bleiben, die aufgrund eines unwirksamen Vertrages erbracht werden. HELMS Vorschlag unterscheidet zwischen berechtigter und unberechtigter Geschäftsführung insoweit, als das Rechtsfolgenprogramm jeweils unterschiedlich ausgebildet ist; dennoch kommt bei ihm das gesetzliche Schuldverhältnis auch bei unberechtigter Geschäftsführung zustande, insbesondere ist auch der unberechtigte Geschäftsführer zur ordentlichen Geschäftsführung verpflichtet und schuldet Rechenschaft (s Rn 95 ff). – Die schließlich vom BMJ eingesetzte Kommission zur Überarbeitung des Schuldrechts hat sich mit der Geschäftsführung ohne Auftrag nicht mehr befasst (vgl Abschlussbericht der Kommission zur Überarbeitung des Schuldrechts).

b) Europäische Rechtsvereinheitlichung

89 Die Study Group on a European Civil Code (STAUDINGER/STURM/STURM [2012] Einl 420 zum IPR) hat 2006 *Principles of European Law of Benevolent Intervention in Another's Affairs* ausgearbeitet. Das Regelungsprogramm ähnelt – trotz vieler nicht unerheblicher Unterschiede – weitgehend dem deutschen Recht der §§ 677 ff (RUDOLF, in: FS 200 Jahre ABGB 1727, 1730 ff; HP WESTERMANN, in: FS Medicus 611, 614 ff; ERMAN/DORNIS[14] Vor § 677 Rn 1). Als Book V haben sie Aufnahme in den **Draft Common Frame of Reference** gefunden. In der rechtswissenschaftlichen Diskussion sind sie durchgefallen. Einer grundlegenden Kritik unterzieht sie JANSEN in seinem wichtigen Aufsatz „Negotiorum gestio und Benevolent Intervention in Another's Affairs" (JANSEN ZEuP 2007, 958; HARTMANN, in: FS Picker 341; KOCH, Unaufgeforderte Hilfeleistung in Notsituationen 368 ff [für Nothilfefälle]; zustimmend: MünchKomm/SEILER[6] Vor § 677 Rn 34). Freilich ist die Schärfe der Kritik an den Vorschriften über die *Benevolent Intervention in Another's Affairs* überzogen.

IX. Systematik der echten Geschäftsführung ohne Auftrag

1. Der actionenrechtliche Aufbau der §§ 677 bis 686

90 Die echte Geschäftsführung ohne Auftrag ist in den §§ 677 bis 686 geregelt (s Rn 3). Der Entstehungstatbestand der echten Geschäftsführung ohne Auftrag ist abschließend in der Spitzenvorschrift des § 677 festgelegt (ebenso die Motive: MUGDAN II 477). Das gesetzliche Schuldverhältnis der Geschäftsführung ohne Auftrag entsteht allein aufgrund der fremdnützigen Geschäftsbesorgung für einen anderen; darauf, ob die Übernahme der Geschäftsführung im konkreten Interesse des Geschäftsherrn liegt (§ 683 S 1), kommt es nicht an. Die abweichende Lehre von der berechtigten Geschäftsführung bietet ohne Zweifel einen möglichen rechtsdogmatischen Ansatz einer Ordnung des Rechtsinstituts der Geschäftsführung ohne Auftrag (s Rn 95 ff). Er liegt etwa der geschäftsführungsrechtlichen Regelung des holländischen Rechts (Art 6:198 BW) und des Book V (Art V.–1:101) des DCFR *(Benevolent Intervention in another's affairs)* zugrunde (BERGMANN, Die Geschäftsführung ohne Auftrag 95 ff). De lege lata ist für das nationale deutsche Recht aber festzuhalten: Eine Unterscheidung zwischen berechtigter und unberechtigter Geschäftsführung ohne Auftrag ist dem Gesetz unbekannt. Die §§ 677 bis 686 folgen dem römischrechtlich orientierten **actionenrechtlichen Aufbau** (BERGMANN, Die Geschäftsführung ohne Auftrag 89 f, 98 ff; Wollschläger, Die Geschäftsführung ohne Auftrag 45 f; Beuthien, in: FS Söllner 125, 126 ff; MünchKomm/Seiler[6] Vor § 677 Rn 7 ff; Soergel/Beuthien[13] Vor § 677 Rn 5; dies müssen sogar Esser/Weyers, Schuldrecht II/2[8] § 46 I 2 S 5 f einräumen; einen differenzierenden Ansatz verfolgt Loyal AcP 212 [2012] 364, 388 ff). Die §§ 677 bis 682 regeln die Herausgabe- und Schadensersatzansprüche des Geschäftsherrn gegen den Geschäftsführer *(actio negotiorum gestorum directa),* die §§ 683 bis 685 regeln den Aufwendungsersatzanspruch des Geschäftsführers gegen den Geschäftsherrn *(actio negotiorum gestorum contraria)* (so ausdrücklich die Motive: Mugdan II 477; vgl Inst 3, 27, 1). Nur und ausschließlich für den bereicherungs- und erfolgsunabhängigen Aufwendungsersatzanspruch des Geschäftsführers aus § 683 S 1 im Rahmen der *actio contraria* ist es erforderlich, dass die Übernahme der Geschäftsführung dem konkreten Interesse des Geschäftsherrn entspricht, also eine sog nützliche Geschäftsführung *(utiliter gestum)* vorliegt (Crome, System des Deutschen Bürgerlichen Rechts II § 255 III 1 b S 638; Oertmann Vorbem 3 d vor §§ 677 ff; Planck/Lobe[4] Anm IV vor § 677; vgl auch: Lent, Begriff der auftraglosen Geschäftsführung 21 ff); umgekehrt kann die mangelnde Nützlichkeit den Geschäftsführer nicht von der bei jeder fremdnützigen Geschäftsführung zu beachtenden Pflicht zur ordentlichen Geschäftsführung (§ 677) entbinden (vgl Wandt, Gesetzliche Schuldverhältnisse[6] § 5 Rn 5). Die gegensätzliche Lehre von der berechtigten Geschäftsführung ohne Auftrag fußt auf einer Verallgemeinerung des Utilitätsprinzips, wenn sie die konkrete Nützlichkeit der Übernahme der Geschäftsführung zum obligationsbegründenden Element des gesetzlichen Schuldverhältnisses überhaupt erhebt und auch die geschäftsführungsrechtlichen Ansprüche des Geschäftsführers *(actio directa)* unter die Bedingung der Nützlichkeit der Geschäftsführung stellt. Schon die Erste Kommission hat ausdrücklich hervorgehoben, dass die geschäftsführungsrechtlichen Ansprüche des Geschäftsherrn auf Herausgabe und Schadensersatz *(actio directa)* einerseits und der Aufwendungsersatzanspruch des Geschäftsführers gem § 683 *(actio contraria)* andererseits unterschiedlichen Tatbestandsvoraussetzungen unterliegen (Motive, bei Mugdan II 481; schon der Vorentwurf vKübels, in: Schubert [Hrsg], Die Vorlagen der Redaktoren, Schuldverhältnisse II 929, 936, 942, 943 hat bereits damals vertretene gegenteilige Auffassungen – beide Ansprüche folgten den gleichen Voraussetzungen – verworfen; zur Gesetzgebungsgeschichte: Loyal AcP 212 [2012] 364, 368 ff). Der Gesetzgeber sah den Grundtatbestand des gesetzlichen Schuldverhältnisses der Geschäftsführung ohne Auftrag als abschließend in § 677 formuliert an (ebenso die Motive: Mugdan II 477); die Nützlichkeit der fremdnützigen Geschäftsführung sollte nur zusätzliche Voraussetzung des in § 683 S 1 geregelten erfolgs- und bereicherungsunabhängigen Aufwendungsersatzanspruchs des Geschäftsführers sein. Die Besinnung auf den actionenrechtlichen Aufbau des Gesetzes ist keinesfalls ein rechtsdogmatischer Rückschritt (so aber Esser/Weyers, Schuldrecht II/2[8] § 46 I 2 a S 5). Das Erkennen der gesetzlichen Grundstrukturen verhindert nicht nur unsinnige Ergebnisse (s Rn 98), sondern ermöglicht es erst, das Rechtsinstitut der Geschäftsführung ohne Auftrag als umfassenden Regelungskomplex der realgeschäftlichen fremdnützigen Interessenwahrnehmung zu begreifen (s Rn 28 ff).

a) Die geschäftsführungsrechtlichen Ansprüche des Geschäftsherrn (actio directa)

Entsprechend dem actionenrechtlichen Schema orientiert sich der gesetzestechni- 91
sche Aufbau der §§ 677 ff nach den gegenseitigen Ansprüchen (ebenso: Beuthien, in: FS Söllner 125, 126 ff). Die §§ 677–682 regeln die Ansprüche des Geschäftsherrn gegen den Geschäftsführer, die sog **actio directa** (so ausdrücklich die Motive: Mugdan II

477). Der Grundtatbestand des gesetzlichen Schuldverhältnisses der Geschäftsführung ohne Auftrag ist abschließend in § 677 formuliert (ebenso die Motive: MUGDAN II 477). Er setzt lediglich voraus, dass der Geschäftsführer für einen anderen, dh in Geschäftsführungsabsicht, ein Geschäft besorgt, ohne von ihm beauftragt oder ihm gegenüber sonst dazu berechtigt zu sein. Ist diese Voraussetzung erfüllt, so entsteht das gesetzliche Schuldverhältnis. Die §§ 677 bis 682 kommen zur Anwendung. Weitere Entstehungsvoraussetzungen kennt das Gesetz nicht. Insbesondere spielt es keine Rolle, ob die fremdnützige Übernahme der Geschäftsführung dem Interesse und dem Willen des Geschäftsführers entspricht (s Rn 90).

92 Die Spitzenvorschrift des **§ 677** regelt die gesetzliche Hauptpflicht des Gestors zur ordentlichen Geschäftsführung. Der Geschäftsführer ist auch dann zur ordentlichen Geschäftsführung verpflichtet, wenn die Übernahme der Geschäftsführung nicht dem Willen des Geschäftsherrn entsprach. **§ 681** regelt ergänzend bestimmte Neben- und Abwicklungspflichten, hierunter insbesondere die Pflicht, alles aus der Geschäftsführung Erlangte herauszugeben. Verletzt der Geschäftsführer die ihn nach §§ 677, 681 treffende Pflicht, kann er gem § 280 auf Schadensersatz haften (sog Ausführungsverschulden). **§ 678** stellt überdies klar, dass der Geschäftsführer dem Geschäftsherrn zum Ersatz des aus der Geschäftsführung entstehenden Schadens verpflichtet ist, wenn bereits die Übernahme der Geschäftsführung im Widerspruch zum Willen des Geschäftsherrn stand und der Geschäftsführer dies erkennen musste (sog Übernahmeverschulden), auch wenn ihm ein weiteres Verschulden bei Ausführung der Geschäftsführung nicht zur Last fällt. Der Verschuldensmaßstab bestimmt sich im Grundsatz nach § 276. **§ 680** enthält für Geschäftsführungen zur Gefahrenabwehr eine Herabsetzung der Diligenzpflicht auf Vorsatz und grobe Fahrlässigkeit. **§ 682** beinhaltet eine Haftungsbegrenzung bei fehlender Geschäftsfähigkeit des Geschäftsführers. **§ 686** schließlich, der sowohl für die *actio directa* wie die *actio contraria* gilt, stellt klar, dass bei einem Irrtum des Geschäftsführers über die Person des Geschäftsherrn der wirkliche Geschäftsherr berechtigt wird. Obwohl vom Gesetzgeber im Rahmen der §§ 677 bis 682 geregelt, gehört **§ 679** hier nicht hin (s Rn 2). Die Vorschrift ist lediglich der gesetzestechnische Anknüpfungspunkt des – systemwidrig im Rahmen der §§ 677 ff mitgeregelten – privilegierten Rückgriffsanspruchs.

b) Die geschäftsführungsrechtlichen Ansprüche des Geschäftsführers (actio contraria)

93 Die §§ 683–685 regeln den Anspruch des Geschäftsführers gegen den Geschäftsherrn auf Aufwendungsersatz, die sog **actio contraria** (so ausdrücklich die Motive: MUGDAN II 477). Grundvoraussetzung des geschäftsführungsrechtlichen Aufwendungsersatzanspruchs ist zunächst, dass der in § 677 formulierte Grundtatbestand der Geschäftsführung vorliegt. Als zusätzliches Tatbestandsmerkmal verlangt der bereichungs- und erfolgsunabhängige Aufwendungsersatzanspruch des Geschäftsführers gem § 683 S 1, dass die Übernahme der Geschäftsführung dem Interesse und dem Willen des Geschäftsherrn entsprochen hat; die Geschäftsführung muss **utiliter gestum** sein (nützliche Geschäftsführung). Die Voraussetzungen der *actio directa* und der *actio contraria* sind nicht identisch (Motive, bei MUGDAN II 481). Die Nützlichkeit der Geschäftsführung ist ausschließliche Voraussetzung des Aufwendungsersatzanspruchs des Gestors. Die geschäftsführungsrechtlichen Ansprüche des Geschäftsherrn und die korrespondierenden Pflichten des Geschäftsführers entstehen unabhängig von der Frage, ob die Geschäftsführung *utiliter gestum* ist.

§ 683 regelt den bereicherungs- und erfolgsunabhängigen Aufwendungsersatzanspruch des Geschäftsführers; dh der Gestor kann auch dann Aufwendungsersatz verlangen, wenn die Aufwendungen letztlich keinen Erfolg gehabt haben (als Beispiel sei auf den in Fragment Dig 3, 5, 9, 1 wiedergegebenen Fall hingewiesen, dass der Geschäftsführer ein Mietshaus abstützt oder einen kranken Sklaven pflegt, das Mietshaus aber später abbrennt oder der Sklave verstirbt). Dieser Anspruch steht dem Geschäftsführer gem **§ 683 S 1** zu, wenn die Übernahme der Geschäftsführung dem Interesse und dem Willen des Geschäftsherrn entsprochen hat. Liegen die Voraussetzungen des § 683 S 1 nicht vor, so steht dem Gestor der in § 683 bestimmte Anspruch nur zu, wenn der Geschäftsherr die Übernahme der Geschäftsführung genehmigt **(§ 684 S 2)**. Liegt auch keine Genehmigung vor, so steht dem Geschäftsführer nur ein auf die noch vorhandene Bereicherung des Geschäftsherrn begrenzter Aufwendungsersatzanspruch gem **§ 684 S 1** zu. Gem **§ 685** ist der geschäftsführungsrechtliche Aufwendungsersatzanspruch ausgeschlossen, wenn der Geschäftsführer in Schenkungsabsicht gehandelt hat. **§ 686** schließlich stellt klar, dass bei einem Irrtum des Gestors über die Person des Geschäftsherrn der wahre Geschäftsherr verpflichtet wird. Obwohl vom Gesetzgeber im Rahmen der §§ 683 bis 685 geregelt, gehört **§ 683 S 2** iVm § 679 nicht hierher (s Rn 2). Hierbei handelt es sich lediglich um den gesetzestechnischen Anknüpfungspunkt des – systemwidrig im Rahmen der §§ 677 ff geregelten – privilegierten Rückgriffsanspruchs bei im öffentlichen Interesse liegender Erfüllung einer fremden Schuld. **94**

2. Die tradierte Lehre von der berechtigten Geschäftsführung ohne Auftrag

Die vorgestellte actionenrechtliche Systematik (s Rn 90 ff) ist umstritten. Das heutige Verständnis der §§ 677 ff wird weitgehend von der tradierten Unterscheidung zwischen der **berechtigten** und **unberechtigten** Geschäftsführung ohne Auftrag bestimmt (zB SCHLECHTRIEM, Schuldrecht, Besonderer Teil[6] Rn 691). Allerdings hat sich diese Systematisierung des 13. Titels *contra legem* für das Verständnis des Rechtsinstitutes der echten Geschäftsführung ohne Auftrag als wenig förderlich erwiesen. Die klare und eindeutige gesetzliche Regelung der echten Geschäftsführung ohne Auftrag in den §§ 677 ff wird heute als unübersichtlich und unverständlich gescholten (zB ISELE, Geschäftsbesorgung 171; LENT, Wille und Interesse bei der Geschäftsbesorgung 7 f; FIKENTSCHER/HEINEMANN, Schuldrecht[10] Rn 1260; LARENZ, Schuldrecht II/1[13] § 57 S 437; ESSER/WEYERS, Schuldrecht II/2[8] § 46 I 2 a S 5; ERMAN/EHMANN[11] Vor § 677 Rn 4; STAUDINGER/NIPPERDEY[11] Vorbem 13 ff vor §§ 677 ff; **aA**:BERGMANN, Die Geschäftsführung ohne Auftrag 91 ff; HADER, Die Geschäftsführung ohne Auftrag als Anspruchsgrundlage bei gescheiterten Verträgen 51 ff, insb 54 ff; BEUTHIEN, in: FS Söllner 125, 127; MünchKomm/SEILER[6] Vor § 677 Rn 12; dazu: HELM, in: Gutachten und Vorschläge zur Überarbeitung des Schuldrechts III 335, 365 f). Doch zu Unrecht. Nicht die gesetzliche Regelung der §§ 677 bis 686 ist misslungen. Trotz kleinerer Ungereimtheiten ist die Positivierung der gemeinrechtlichen *negotiorum gestio* einer der gelungenen Akte deutscher Gesetzgebungskunst. Verfehlt ist der Ansatz der Lehre von der berechtigten Geschäftsführung ohne Auftrag, in die §§ 677 ff hineinzulesen, was dort nicht enthalten ist (WOLLSCHLÄGER, Die Geschäftsführung ohne Auftrag 46 f; differenzierend: LOYAL AcP 212 [2012] 364, 388 ff, der §§ 681, 667 auf die eingreifende Geschäftsführung nicht anwenden will). **95**

a) Berechtigte und unberechtigte Geschäftsführung ohne Auftrag

96 Eine früher weit verbreitete, heute aber auf dem Rückzug befindliche Auffassung unterscheidet im Bereich der echten Geschäftsführung ohne Auftrag im Anschluss an Nipperdey zwischen der berechtigten und der unberechtigten Geschäftsführung ohne Auftrag (Staudinger/Nipperdey[11], Vorbem 13 ff vor §§ 677 ff; Larenz, Schuldrecht II/1[13] § 57 S 437; Lent, Wille und Interesse bei der Geschäftsbesorgung 7 f; dazu: Beuthien, in: FS Söllner 125 ff). Als Abgrenzungskriterium wird das in **§ 683 S 1** für den bereicherungsunabhängigen Aufwendungsersatz des Geschäftsführers positivierte Erfordernis des **utiliter gestum** herangezogen. Eine berechtigte Geschäftsführung ohne Auftrag – auch eigentliche Geschäftsführung ohne Auftrag genannt (BGB-RGRK/Steffen[12] Vor § 677 Rn 3) – liege nur dann vor, wenn die Übernahme der Geschäftsführung durch den Geschäftsführer dem Interesse und dem wirklichen oder dem mutmaßlichen Willen des Geschäftsherrn entspricht bzw der wirkliche Wille des Geschäftsherrn unbeachtlich ist (§§ 683 S 2, 679) oder der Geschäftsherr die Geschäftsführung nachträglich gem § 684 S 1 genehmigt (BGB-RGRK/Steffen[12] Vor § 677 Rn 4). Fehle es an diesen Voraussetzungen, liegt also eine sog unberechtigte Geschäftsführung ohne Auftrag vor, so soll das gesetzliche Rechtsverhältnis der Geschäftsführung ohne Auftrag gar nicht entstehen. Das Verhältnis der Beteiligten bestimme sich für diesen Fall nicht nach Geschäftsführungsrecht; nur in §§ 678 und 684 S 1 halte das Gesetz besondere Vorschriften für die unberechtigte Geschäftsführung ohne Auftrag bereit. Da die in der unberufenen auftraglosen Geschäftsführung ggf liegende Einwirkung auf den Rechtskreis eines anderen objektiv rechtswidrig sei, ergäben sich die weiteren Rechtsbeziehungen der Parteien aus den allgemeinen Vorschriften für widerrechtliches Handeln (vgl §§ 812 ff, 823 ff; Wittmann, Begriff und Funktion der Geschäftsführung ohne Auftrag 2 spricht von einer Abwehrfunktion der unberechtigten Geschäftsführung ohne Auftrag; vgl zu den Rechtsfolgen der unberechtigten Geschäftsführung ohne Auftrag aus der Sicht der Lehre von der berechtigten Geschäftsführung ohne Auftrag: BGB-RGRK/Steffen[12] § 684, Rn 2 ff). Für die Lehre von der berechtigten Geschäftsführung ohne Auftrag schafft erst die Nützlichkeit der Geschäftsführung die für die Entstehung des gesetzlichen Schuldverhältnisses nicht deliktischer Art mit Legitimationsfunktion notwendige besondere Beziehung zum Geschäftsherrn (Lent, Wille und Interesse bei der Geschäftsbesorgung 7 f; Wittmann, Begriff und Funktion der Geschäftsführung ohne Auftrag 123 ff; Batsch AcP 171 [1971] 218; Gursky AcP 185 [1985] 13, 42 f; Martinek/Theobald JuS 1997, 612, 617; Enneccerus/Lehmann, Schuldrecht[15] § 165 II 698; Esser/Weyers, Schuldrecht II/2[8] § 46 I 2 b S 5; vGierke, Deutsches Privatrecht III § 216 III S 982; Fikentscher/Heinemann, Schuldrecht[10] Rn 1260; Larenz, Schuldrecht II/1[13] § 57 II a S 451; BGB-RGRK/Steffen[12] Vor § 677 Rn 1, 3 und § 684 Rn 1; Erman/Ehmann[11] Vor § 677 Rn 6 ff; Staudinger/Nipperdey[11] Vorbem 13 zu §§ 677 so auch noch: Staudinger/Wittmann [1995] Vorbem 1 zu §§ 677 ff; **aA**: Wollschläger, Die Geschäftsführung ohne Auftrag 43; MünchKomm/Seiler[6] Vor § 677 Rn 12; zur Legitimationsfunktion s Rn 99). Für die Systematisierung der §§ 677 bis 686 hat dieser Ansatz zur Folge, dass sich der Entstehungstatbestand des gesetzlichen Schuldverhältnisses abweichend von der gesetzlichen Konzeption der echten Geschäftsführung ohne Auftrag (ausdrücklich: Motive, Mugdan II 477) nicht mehr auf einen einzigen Grundbegriff – die Führung eines Geschäfts „für einen anderen" (§ 677) – zurückführen lässt, sondern als zusätzliches Erfordernis die Nützlichkeit der Geschäftsführung verlangt (BGB-RGRK/Steffen[12] Vor § 677 Rn 6). Für diese Lehre ist damit der gesamte gesetzliche Aufbau der §§ 677 ff misslungen (BGB-RGRK/Steffen[12] Vor § 677 Rn 3 spricht von einer systemwidrigen Systematik; s aber Rn 90 ff). Das Gesetz hätte zwar mit den Sorgfaltspflichten des berechtigten Geschäftsführers ohne

Auftrag beginnen können, dabei aber die Entstehungsvoraussetzungen für das besondere gesetzliche Schuldverhältnis sogleich vollständig angeben müssen. Auch wären mit § 678 (Schadensersatz bei Geschäftsführung gegen den Willen des Geschäftsherrn) und § 684 S 1 (Herausgabe der unberechtigten Bereicherung) Tatbestände der unberechtigten Geschäftsführung – für diese Auffassung – systemwidrig im Rahmen der §§ 677 ff mitgeregelt (auch die Haftungsmilderung des § 680 und die Schutzvorschrift des § 682 sollen bei unberechtigter Geschäftsführung ohne Auftrag anwendbar sein; vgl dazu auch Giesen Jura 1996, 344, 345 f).

Die Lehre von der berechtigten Geschäftsführung ohne Auftrag stützt sich im We- **97**
sentlichen auf zwei Gesichtspunkte (vgl nur: Gursky AcP 185 [1985] 13, 43; Larenz, Schuldrecht II/1[13] § 57 S 437). Materiell macht man geltend, dass die Pflicht des § 677 zur ordentlichen Geschäftsführung bei der unberechtigten Geschäftsführung ohne Auftrag nicht passe: Der Gestor habe das Geschäft nicht so zu führen, wie es das Interesse des Geschäftsherrn mit Rücksicht auf dessen präsumtiven Willen erfordere; vielmehr habe er die dem Geschäftsherrn unerwünschte Geschäftsführung ganz zu unterlassen (Wittmann, Begriff und Funktion der Geschäftsführung ohne Auftrag 123 ff; Esser/Weyers, Schuldrecht II/2[8] § 46 I 2 b S 5 f). Auf gesetzessystematischer Ebene wird hervorgehoben, dass die Genehmigungsmöglichkeit des § 684 S 2 überflüssig wäre, wenn der Geschäftsherr das vom Geschäftsführer Erlangte auch ohne Genehmigung gem §§ 681 S 2, 667 an sich ziehen könne (Fikentscher/Heinemann, Schuldrecht[10] Rn 1260; Esser/Weyers, Schuldrecht II/2[8] § 46 I 2 b S 5 f; dem hält Soergel/Beuthien[13] Vor § 677 Rn 5 Fn 12 entgegen, das Recht der Geschäftsführung ohne Auftrag lasse sich nicht vom Sonderfall des § 684 S 2 aus systematisieren; Lent, Die Gesetzeskonkurrenz im bürgerlichen Recht und im Zivilprozeß, Band 1, 1912, 307 f – und ders, Wille und Interesse bei der Geschäftsbesorgung 7 f – folgert die Unanwendbarkeit des § 681 S 2 daraus, dass es unsinnig sei, wenn erst der Geschäftsführer nach §§ 681, 667 dem Geschäftsherrn, dann der Geschäftsherr dem Geschäftsführer dasselbe nach § 684 S 1 herausgeben müsse; dagegen: Wollschläger, Die Geschäftsführung ohne Auftrag 46).

b) Unvereinbarkeit mit der gesetzlichen Regelung

Die Ergebnisse, zu denen die Lehre von der berechtigten Geschäftsführung gelangt, **98**
sind mit der gesetzlichen Regelung nicht vereinbar und teilweise auch wenig gereimt. Die Grundannahme, dass die für den Geschäftsführer spezifischen Pflichten des § 677 zur ordnungsgemäßen Geschäftsführung und des § 681 (iVm §§ 666, 667) zur Herausgabe des aus der Geschäftsführung Erlangten und Auskunftserteilung *(actio directa)* im Falle der unberechtigten Geschäftsführung nicht zur Anwendung gelangen können, steht im deutlichen Widerspruch zur klaren gesetzlichen Systematik der §§ 677 ff und der dahinter stehenden Absicht des Gesetzgebers (s Rn 90 ff). Es wurde im Gesetzgebungsverfahren bewusst davon abgesehen, die Ansprüche des Geschäftsherrn (§§ 677 bis 682) an dieselben Voraussetzungen zu binden wie die des Geschäftsführers (Motive, bei Mugdan II 481; schon der Vorentwurf vKübels, in: Schubert [Hrsg], Die Vorlagen der Redaktoren, Schuldverhältnisse II 929, 936, 942, 943 hat bereits damals vertretende gegenteilige Auffassungen – beide Ansprüche folgen den gleichen Voraussetzungen – verworfen). Die Pflicht zur ordentlichen Geschäftsführung und zur Herausgabe des aus der Geschäftsführung Erlangten folgt allein aus dem Tätigwerden im fremden Interesse, unabhängig von der Frage, ob die Übernahme der Geschäftsführung dem Interesse und Willen des Geschäftsherrn entsprach. Die zusätzliche Voraussetzung des § 683 S 1 hat nur Bedeutung für den Aufwendungsersatzanspruch des

Geschäftsführers (Crome, System des Deutschen Bürgerlichen Rechts II § 255 III 1 b S 638; Oertmann Vorbem vor §§ 677 ff, Anm 3d; Planck/Lobe[4] Vor § 677 Anm IV; vgl auch: Lent, Begriff der auftragslosen Geschäftsführung 21 ff). Es leuchtet auch wenig ein, den „berechtigten" Geschäftsführer strenger zu behandeln als den unberechtigten, als diesen die Pflicht zur ordentlichen Geschäftsführung nicht trifft. Bei einigen Vertretern der Lehre der berechtigten Geschäftsführung (zB Erman/Ehmann[11] § 684, Rn 3; Palandt/Sprau[73] Einf v § 677 Rn 5; vgl Wandt, Gesetzliche Schuldverhältnisse[6] § 5 Rn 5) versucht man sich pragmatisch aus der selbstgelegten Schlinge zu befreien: Man wendet auch auf den unberechtigten Geschäftsführer die §§ 677 und 681 entsprechend an und gewährt dem Geschäftsherrn, dem man im ersten Schritt den Auskunfts- und Rechenschaftsanspruch nach §§ 681 S 2, 666 versagt hat, in einem zweiten Schritt einen allgemeinen Auskunftsanspruch nach Treu und Glauben (zB BGB-RGRK/Steffen[12] § 684 Rn 7). Auch ansonsten kann man durch Rückgriff auf die allgemeinen Grundsätze die Versagung geschäftsführungsrechtlicher Ansprüche teilweise ausgleichen; allerdings bleiben diese Ersatzansprüche hinter den geschäftsführungsrechtlichen Ansprüchen, was inhaltliche Qualität und prozessuale Durchsetzbarkeit (Darlegungs- und Beweislast) angeht, zurück (vgl hierzu: Beuthien, in: FS Söllner 125 f). Seinen Herausgabeanspruch wird der Geschäftsherr im Regelfall auf Eingriffskondiktion gem § 812 oder § 816 stützen können. Fordert der Geschäftsherr einen Gewinn, der über das, was ihm nach der materiellen Güterzuordnung zusteht, hinausgeht, liegt darin sowieso regelmäßig eine Genehmigung iSd § 684 S 2 (§ 681 Rn 12; § 684 Rn 23).

Freilich bietet der Anspruch aus § 667 Vorteile, steht dem Geschäftsführer doch unter keinen Umständen die Einrede der Entreicherung zu (§ 684 Rn 10). Im Falle schlechter Geschäftsführung (Ausführungsverschulden) wird ihm regelmäßig ein Schadensersatzanspruch gem § 678 wegen Übernahmeverschulden (§ 678 ist neben § 684 S 1 die einzige Vorschrift des 13. Titels, die nach der Lehre von der berechtigten Geschäftsführung Anwendung auf die unberechtigte Geschäftsführung ohne Auftrag findet) – flankiert von der allgemeinen deliktischen Haftung gem § 823 Abs 1 des unberechtigten Geschäftsführers – zustehen. Doch liegt auch hierin kein gleichwertiges Äquivalent. Denn nach der Fassung des § 678 trägt der Geschäftsherr wie bei § 823 die Beweislast für das Verschulden des Geschäftsführers; anders wäre dies bei Anwendbarkeit der geschäftsführungsrechtlichen Regeln gem § 677 iVm § 280 Abs 1 (dagegen vertritt diese Kommentierung die Auffassung, dass auch im Falle des § 678 den Geschäftsführer die Last trifft, sich zu exkulpieren, wenn der Geschäftsherr bewiesen hat, dass die Übernahme der Geschäftsführung seinem Willen widerspricht; dies lässt sich mit Blick auf § 280 Abs 1 allerdings nur vertreten, wenn man auch im Falle unberechtigter Geschäftsführung das gesetzliche Schuldverhältnis der Geschäftsführung ohne Auftrag als begründet annimmt; dagegen muss die Lehre von der berechtigten Geschäftsführung ohne Auftrag § 678 deliktisch deuten). Gar nicht mehr helfen kann man dem Geschäftsherrn durch Rückgriff auf die allgemeinen Vorschriften für den Fall, dass der Geschäftsführer nicht erkennen konnte, dass die Übernahme der Geschäftsführung mit dem Willen des Geschäftsherrn in Widerspruch steht (kein § 678), er aber schuldhaft durch die schlechte Geschäftsführung einen primären Vermögensschaden (kein § 823 Abs 1) des Geschäftsherrn verursacht. Der Gerechtigkeitsgehalt dieser Lösung erscheint mehr als zweifelhaft, steht doch der unberechtigte Geschäftsführer bei unwillkommener Einmischung in fremde Angelegenheiten auf einmal besser dar als der berechtigte Geschäftsführer. Überwinden lässt sich dieser Widerspruch, wenn man sich auf die gesetzliche Ordnung der §§ 677 ff zurückbesinnt. Die mangelnde Nützlichkeit der Geschäftsführung kann den Geschäftsführer nicht von der bei jeder Geschäftsführung zu beachtenden Pflicht zur ordentlichen Geschäftsführung befreien; der Geschäftsführer haftet unmittelbar gem §§ 677, 280 (Wandt, Gesetzliche Schuldverhältnisse[6] § 5 Rn 5).

c) Legitimationsfunktion

Die sog **Legitimationsfunktion** der berechtigten Geschäftsführung ohne Auftrag belastet heute weitgehend das Konkurrenzverständnis der Geschäftsführung ohne Auftrag zu anderen Rechtsinstituten (s Rn 240 ff). Die berechtigte, nicht aber die unberechtigte, Geschäftsführung ohne Auftrag soll Rechtsgrund für die mit ihr verbundenen Vermögensverschiebungen (§ 812) sein und als Recht zum Besitz (§ 986) das Eigentümer-Besitzer-Verhältnis der §§ 987 ff ausschließen; darüber hinaus soll sie im Deliktsrecht die Widerrechtlichkeit ausschließen und einen strafrechtlichen Rechtfertigungsgrund bilden (Wittmann, Begriff und Funktion der Geschäftsführung ohne Auftrag 3; vgl dagegen die breite österreichische Diskussion zur Widerrechtlichkeit der Geschäftsführung: Meissel, Geschäftsführung ohne Auftrag 110 ff; diese Betonung der „Negativseite" der Geschäftsführung hängt mit der Einstellung der öABGB-Redaktoren gegenüber der *negotiorum gestio* zusammen). Das ist nur die halbe Wahrheit. Das gesetzliche Schuldverhältnis der Geschäftsführung ohne Auftrag ist das spezielle gesetzliche Ausgleichsverhältnis der nicht durch wirksamen Vertrag oder Gesetz anderweitig und abschließend geregelten Subordinationsverhältnisse (s Rn 40 f). Liegt eine fremdnützige Interessenwahrnehmung für einen anderen vor, sind Ansprüche aus §§ 812 ff, 987 ff ausgeschlossen; der Ausgleich zwischen den Parteien bestimmt sich nunmehr ausschließlich nach den §§ 677–686, unabhängig davon, ob eine „berechtigte oder unberechtigte" Geschäftsführung vorliegt. Nur für den Aufwendungsersatzanspruch des § 683 S 1 spielt es eine Rolle, ob die fremdnützige Geschäftsbesorgung dem Interesse und dem Willen des Geschäftsherrn entspricht. Eine Besonderheit gilt im deliktischen Bereich (§§ 823 ff) und im Strafrecht. Ein Vorrang der §§ 677 ff vor dem Deliktsrecht besteht nicht. Der Grund, warum bei Vorliegen der Voraussetzung des § 683 S 1 bei ansonsten ordentlicher Geschäftsführung die Widerrechtlichkeit ausgeschlossen ist, liegt nicht in einer nebulösen, letztlich dem Gedanken der Förderung der Menschenhilfe verbundenen Legitimationsfunktion der berechtigten Geschäftsführung ohne Auftrag (zur Theorie der Menschenhilfe: s Rn 13 ff). Sie ist vielmehr darin begründet, dass § 683 S 1 eine Positivierung des Gedankens der mutmaßlichen Einwilligung darstellt, der als Rechtfertigungsgrund anerkannt ist. Im Gegenzug ist es unzutreffend, im Falle „unberechtigter Geschäftsführung", wie es die Lehre von der berechtigten Geschäftsführung nahe legt, die Widerrechtlichkeit als feststehend zu betrachten. Vielmehr wird man, wenn § 683 S 1 tatbestandlich nicht vorliegt, einen Gedanken Wollschlägers aufgreifend, die Rechtswidrigkeit entsprechend den allgemeinen Notstandsprinzipien der **Güter- und Pflichtenabwägung** zu bestimmen haben (Wollschläger, Die Geschäftsführung ohne Auftrag 274 ff; MünchKomm/Seiler[6] Vor § 677 Rn 17; s Rn 245). Der für die *actio contraria* mit Recht und Bedacht gewählte Maßstab des § 683 S 1 kann im deliktischen und strafrechtlichen Rahmen zu eng sein. 99

d) Die Lehre von der berechtigten Geschäftsführung ohne Auftrag als Modell de lege ferenda

aa) Die Theorie der berechtigten Geschäftsführung ohne Auftrag als Quasikontraktstheorie

100 Die im gemeinen Recht weit verbreitete Quasikontraktstheorie versuchte zur Auflösung der Gruppe der *obligationes ex contractu* und zur Eingliederung der *negotiorum gestio* in das Vertragsrecht das Rechtsverhältnis der Geschäftsführung ohne Auftrag aus einem – fiktiven oder unterstellten – Konsens heraus zu erklären (s Rn 19 f). Das Element für die erforderliche Willensübereinstimmung auf Seiten des Geschäftsführers wurde in der Geschäftsführungsabsicht *(animus negotia aliena gerendi)* gefunden; auf Seiten des Geschäftsherrn wurde die zusätzliche Voraussetzung der *actio contraria,* das Vorliegen eines *utiliter gestum,* versubjektiviert und zum obligationsbegründenden Element verallgemeinert: Erst der Gleichlauf von Geschäftsführungsabsicht und präsumtivem Willen des Geschäftsherrn (als subjektivierter Maßstab des *utiliter gerere)* konnte das Rechtsverhältnis der Geschäftsführung ohne Auftrag zur Entstehung bringen. Ebenso die Lehre von der berechtigten Geschäftsführung: Erst die Willensübereinstimmung im Gleichlauf von subjektiver Geschäftsführungsabsicht auf Seiten des Geschäftsführers (§ 677) und präsumtivem Willen des Geschäftsherrn auf der anderen Seite (§ 683 S 1) kann das gesetzliche Schuldverhältnis der Geschäftsführung ohne Auftrag begründen (deutlich Wittmann, Begriff und Funktion der Geschäftsführung ohne Auftrag 123 f: die Tätigkeit in Geschäftsführungsabsicht schaffe die in der Person des Geschäftsführers liegende Voraussetzung dafür, dass er in die Rechtsstellung eines Beauftragten einrücken kann; als Beauftragter behandelt werden könne er jedoch nur, wenn die Nützlichkeit der Übernahme der Geschäftsführung gleichsam als dasjenige Erfordernis hinzutritt, das die Willenserklärung des Auftragebers ersetzt. Wittmann will darin allerdings keine Rückkehr zur Lehre vom Quasikontrakt erkennen können.). Quasikontraktstheorie und Lehre von der berechtigten Geschäftsführung bedienen sich seit Jahrhunderten desselben dogmatischen Mittels: Sie stützen ihre Konstruktion auf eine **Verallgemeinerung des Utilitätsprinzips** der *actio contraria.* Der entscheidende Einwand ist auch über die Jahrhunderte gleich geblieben. Wie die Quasikontraktstheorie der Quellenlage widersprach, widerspricht die Lehre von der berechtigten Geschäftsführung ohne Auftrag der gesetzlichen Regelung der §§ 677 ff, die konsequent und mit dem Willen des Gesetzgebers dem klassischen römischen Recht folgt. Die Nützlichkeit der Geschäftsführung ist ausschließlich Voraussetzung des Aufwendungsersatzanspruchs des Geschäftsführers (Motive, bei Mugdan II 481).

bb) Europäische Rechtsvereinheitlichung und andere nationale Rechtsordnungen

101 Folgt auch die deutsche Regelung der §§ 677 ff dem römisch-rechtlich orientierten actionenrechtlichen Aufbau und entspricht schon die Verallgemeinerung des Utilitätsprinzips nicht dem klassischen römischen Recht, so kann doch im Gegenzug nicht behauptet werden, dass dieser Ansatz trotz mancher Ungereimtheit von vorneherein illegitim ist und nicht Grundlage eines gesetzgeberischen Konzepts sein kann. Der Reformvorschlag Lents wollte die Lehre von berechtigten Geschäftsführung ohne Auftrag bei einer Neukodifizierung des Gestionsrechts explizit zur Grundlage der gesetzlichen Regelung erheben (Lent, Wille und Interesse bei der Geschäftsbesorgung 7 f, 12, 105). Das *Nieuw Burgerlijk Wetboek* der Niederlande hat die Lehre adaptiert (Art 6:198 BW); auch dem Book V des DCFR *(Benovelent intervention in another's affairs)* liegt sie zugrunde (Art V. – 1:101 DCFR). Aber auch dort, wo der Gesetzgeber die Lehre von berechtigten Lehre Geschäftsführung ohne Auftrag nicht aufgegriffen hat und das Gesetz einen der Regelung des BGB vergleichbaren actionenrechtlichen Aufbau pflegt (Frankreich: Artt 1372 ff Code civil, Schweiz: Art 419 ff OR), schickt sich die Lehre an, den bestehenden Normentatbestand umzuinterpretieren (SCHMID, Die Geschäftsführung ohne Auftrag Rn 163 ff, 616 ff [Schweiz]; MALAURIE/AYNÈS/STOFFEL-MUNCK, Les Obligations[5] n° 1026, 1030 [Frankreich]; vgl dazu die rechtsvergleichende Umschau von BEUTHIEN, in: FS Söllner 125, 133 ff)

3. Geschäftsführungsrechtliche Terminologie

Um Verwechslungen mit der Lehre von der berechtigten Geschäftsführung zu vermeiden, sind die Begriffe „berechtigte" und „unberechtigte" Geschäftsführung ohne Auftrag zu vermeiden. Es empfiehlt sich folgende Terminologie: **102**

a) Geschäftsführung ohne Auftrag (negotiorum gestio)

Das gesetzliche Schuldverhältnis der Geschäftsführung ohne Auftrag entsteht durch **103** die Besorgung eines Geschäfts für einen anderen (§ 677). Nicht erforderlich ist, dass eine nützliche Geschäftsführung vorliegt (§ 683 S 1). Das gesetzliche Schuldverhältnis der *negotiorum gestio* entsteht auch dann, wenn die Übernahme der Geschäftsführung nicht dem Interesse oder dem Willen des Geschäftsherrn entspricht.

b) Nützliche Geschäftsführung (utiliter gestum)

Die Bezeichnung „nützliche Geschäftsführung" *(negotium utiliter gestum)* bezeich- **104** net den Fall, dass die **Übernahme** der Geschäftsführung dem Interesse und dem Willen des Geschäftsherrn entspricht (§ 683 S 1). In diesem Fall steht dem Geschäftsherrn der bereicherungs- und erfolgsunabhängige Aufwendungsersatzanspruch des § 683 S 1 zu. Widerspricht bereits die Übernahme der Geschäftsführung dem Willen des Geschäftsherrn, dh liegt eine unerwünschte Geschäftsführung vor, kommt unter den Voraussetzungen des § 678 eine Haftung wegen **Übernahmeverschuldens** in Betracht.

c) Ordentliche Geschäftsführung

Der Begriff ordentliche Geschäftsführung bezeichnet die Pflicht des Geschäftsfüh- **105** rers, die einmal übernommene Geschäftsführung so **auszuführen**, wie das Interesse des Geschäftsherrn mit Rücksicht auf dessen Willen es erfordert (§ 677). Verstößt der Geschäftsführer gegen die Pflicht zur ordentlichen Geschäftsführung, haftet er dem Geschäftsherrn gem §§ 677, 280 Abs 1 wegen **Ausführungsverschuldens** auf Schadensersatz. Die Pflicht zur ordentlichen Geschäftsführung trifft den Geschäftsführer auch, wenn die Geschäftsführung kein *utiliter gestum* ist.

X. Der Grundtatbestand der Geschäftsführung ohne Auftrag

Der Grundtatbestand der Geschäftsführung ohne Auftrag ergibt sich aus § 677. **106** Danach setzt die Entstehung des gesetzlichen Schuldverhältnisses dreierlei voraus, nämlich (1) die Besorgung eines Geschäfts (2) für einen anderen (3) ohne Auftrag oder sonstige Berechtigung. Die Nützlichkeit der Geschäftsführung (§ 683 S 1) gehört nicht zum Grundtatbestand der Geschäftsführung ohne Auftrag; die Frage, ob die Übernahme der Geschäftsführung dem (präsumtiven) Willen des Geschäftsherrn entsprochen hat, ist nur für die Frage des Aufwendungsersatzanspruchs des Geschäftsführers von Bedeutung (s Rn 90 ff).

1. Geschäftsbesorgung

a) Der Begriff des Geschäfts

107 Der Gestor muss ein Geschäft besorgen. Der Begriff des Geschäfts iSd § 677 wird im weitestmöglichen Sinne verstanden. „Geschäft" kann jede Tätigkeit sein, gleichgültig ob sie rechtsgeschäftlicher oder tatsächlicher Art ist (zum Folgenden: BERGMANN, Die Geschäftsführung ohne Auftrag 111 ff; schon im römischen Recht wurde „negotium" weit verstanden: s Rn 68). Unerheblich ist, ob der Geschäftsführer Vermögensangelegenheiten oder persönliche Interessen des Geschäftsherrn wahrnimmt (BGHZ 38, 270, 275, Urt v 27. 11. 1962, Az: VI ZR 217/61; BGH LM BGB § 677 Nr 2, Urt v 24. 10. 1951, Az: II ZR 48/50; vgl WITTMANN, Begriff und Funktion der Geschäftsführung ohne Auftrag 18; ESSER/WEYERS, Schuldrecht II/2[8] § 46 II 1 b S 7; LARENZ, Schuldrecht II/1[13] § 57 I a S 438; OERTMANN Vorbem 2 vor §§ 677 ff; PALANDT/SPRAU[73] § 677 Rn 2; WOLLSCHLÄGER, Die Geschäftsführung ohne Auftrag 231 f will die Förderung ideeller Interessen ausnehmen; s besonders: Rn 108, 110 ff). Der Begriff der Geschäftsbesorgung umfasst von daher alle Handlungen rechtlicher oder tatsächlicher Art, wirtschaftlicher oder nichtwirtschaftlicher Art. Es kann sich dabei um eine einzelne Angelegenheit oder um eine Reihe von Tätigkeiten über einen gewissen Zeitraum handeln (DERNBURG, Die Schuldverhältnisse nach dem Recht des Deutsches Reichs und Preußens[3] § 299 I S 430; PLANCK/LOBE[4] § 677 Anm 2a; ebenso die Motive, bei MUGDAN II 478; Protokolle, bei MUGDAN II 1193; vgl zum Begriff der „affaire" im französischen Zivilrecht: JOST, Geschäftsführung ohne Auftrag 46 ff). Selbst bloßes „Geben" kann Geschäftsbesorgung sein (MünchKomm/SEILER[6] § 677 Rn 2). Der Geschäftsführungsbegriff des § 677 stimmt daher mit dem des Auftrags (§ 662) überein und unterscheidet sich von demjenigen des Geschäftsbesorgungsvertrages nach § 675, für den eine selbständige Tätigkeit wirtschaftlicher Art verlangt wird (vgl WITTMANN, Begriff und Funktion der Geschäftsführung ohne Auftrag 19; SOERGEL/BEUTHIEN[13] § 677 Rn 2). Plakativ formuliert gilt für die §§ 677 ff die Einheitstheorie. Die Geschäftsführung ohne Auftrag ist nicht auf solche Geschäfte beschränkt, die der Geschäftsherr selbst vornehmen könnte (OLG Celle SeuffA 61 [1906] Nr 31).

b) Handlungen tatsächlicher Art; nicht vermögensbezogene Handlungen

108 Die heute allgemein anerkannte Anwendbarkeit der Geschäftsführungsregeln auf **Handlungen tatsächlicher Art** (Pflege des verlassenen Haustieres) folgt letztlich aus der Erwägung, dass schon die Wahrnehmung fremder Vermögensinteressen, die im Vordergrund der gesetzlichen Regelung steht (vgl WITTMANN, Begriff und Funktion der Geschäftsführung ohne Auftrag 65 f), nicht in rechtsgeschäftlicher Form zu erfolgen braucht (LENT, Der Begriff der auftragslosen Geschäftsführung 78 ff; ders, Wille und Interesse bei der Geschäftsbesorgung 1 f). Bereits das Haftungsprivileg des § 680 setzt die Einbeziehung von Handlungen tatsächlicher Art in den Anwendungsbereich der Geschäftsführung ohne Auftrag voraus (zur Diskussion in Frankreich, ob nur *actes juridiques* oder auch *actes matériels* Gegenstand der gestion d'affaires sein können: JOST, Geschäftsführung ohne Auftrag 46 ff). – Heute ist ebenfalls allgemein anerkannt, dass die §§ 677 ff *unmittelbare* Anwendung finden, wenn eine **Geschäftsführung nicht zugunsten des Vermögens**, sondern zugunsten höchstpersönlicher Rechtsgüter eines anderen vorliegt (LENT, Der Begriff der auftragslosen Geschäftsführung 81 ff; ders, Wille und Interesse bei der Geschäftsbesorgung 2 f schlug daher im Rahmen seiner Reformüberlegungen vor, den Begriff „Ge-

schäft" durch „Angelegenheit" zu ersetzen). Teilweise wollte man früher den Begriff der auftraglosen Geschäftsführung überhaupt auf vermögensrechtliche Einwirkungen beschränken. Nach einer anderen Auffassung sollten etwa bei ärztlichen Hilfeleistungen an einem Bewusstlosen und in ähnlichen Fällen ohne geschäftlichen Charakter die Geschäftsführungsregeln nur *entsprechend* anwendbar sein (s dazu etwa CROME, System des Deutschen Bürgerlichen Rechts II § 254 1 S 629 f; OERTMANN, Vorbem 2 vor §§ 677 ff). Heute wird die Auffassung, dass eine Tätigkeit an der Person eines anderen nicht als Besorgung eines Geschäfts angesehen werden könne, allgemein abgelehnt (WITTMANN, Begriff und Funktion der Geschäftsführung ohne Auftrag 19, 65 f; MünchKomm/SEILER[6] § 677 Rn 2; STAUDINGER/NIPPERDEY[11] § 677 Rn 4; anders aber zB ISAY, Die Geschäftsführung nach den Bürgerlichen Gesetzbuche 43 ff; vgl zur Frage der Beschränkung der gestion d'affaires auf den vermögensrechtlichen Bereich in Frankreich: JOST, Geschäftsführung ohne Auftrag 55 ff). Angesichts der gesetzlichen Ausformung, die das Rechtsinstitut der Geschäftsführung ohne Auftrag in den §§ 677 ff gefunden hat, zu Recht (aus Wesen und Natur der *negotiorum gestio* folgt die Ausdehnung des Anwendungsbereichs der negotiorum gestio wohl nicht, wenn man sich die tatsächliche Beschränkung des Anwendungsbereichs der Geschäftsführung ohne Auftrag im römischen Recht auf Vermögensangelegenheiten vor Augen führt: s Rn 68). Aus § 680 lässt sich ableiten, dass die Geschäftsführung nicht auf die Wahrnehmung fremder Vermögensinteressen beschränkt ist. Die Haftungserleichterung zugunsten des Geschäftsführers, der zur Abwehr einer dem Geschäftsherrn drohenden dringenden Gefahr tätig wird, bezieht sich gerade auch auf Gefahrenlagen, in denen es um die Person des Geschäftsführers geht. Entsprechend hat der BGH keinen Zweifel daran gelassen, dass Hilfeleistungen im Falle einer Gefahr für Leben oder Gesundheit eines anderen hierher gehören (BGHZ 38, 270, 275, Urt v 27. 11. 1962, Az: VI ZR 217/61).

c) Dulden oder Unterlassen

Nach nahezu einhelliger Ansicht setzt das Entstehen des gesetzlichen Schuldverhält- **109**
nisses der Geschäftsführung ohne Auftrag voraus, dass der Geschäftsführer in irgendeiner Weise aktiv geworden ist. Ein bloßes Dulden oder Unterlassen soll nicht genügen (WOLLSCHLÄGER, Die Geschäftsführung ohne Auftrag 54; ENNECCERUS/LEHMANN, Schuldrecht[15] § 165 III 1 S 698; PALANDT/SPRAU[73] § 677 Rn 2; SOERGEL/BEUTHIEN[13] § 677 Rn 2). Anderer Auffassung sind, soweit ersichtlich, nur SCHMID und SCHMIDT (SCHMID, Die Geschäftsführung ohne Auftrag Rn 173; SCHMIDT, Die berechtigte Geschäftsführung ohne Auftrag 26; ERMAN/DORNIS[14] § 677 Rn 2; dazu: BERGMANN, Die Geschäftsführung ohne Auftrag 115 f). Auch die Comments zu Art V. – 1:101 DCFR (PEL/vBAR, Ben Int, Art. 1:101 Comments B, 11) wollen ein Unterlassen nicht per se aus dem Anwendungsbereich der Geschäftsführung ohne Auftrag verdrängen. Für die hM spricht sicherlich die geschäftsführungsrechtliche Besonderheit, dass die rechtliche Relevanz der Geschäftsführung ohne Auftrag nicht – wie etwa beim Auftrag – durch einen im Vorfeld liegenden Konsens der Parteien, sondern überhaupt erst durch ihre tatsächliche Ausführung begründet wird (s Rn 55, 57). Zudem kann man auf die weitgehende Parallele zum Auftragsrecht verweisen, wo als Gegenstand der Geschäftsbesorgung von der hM ebenfalls nur aktives Verhalten in Betracht gezogen wird (RGZ 65, 17, 18, Urt v 13. 12. 1906, Az: VI 130/06; ISELE, Geschäftsbesorgung S 120 f; STAUDINGER/WITTMANN [1995] Vorbem 10 zu §§ 662 ff). Begründet wird dies dort unter Hinweis darauf, dass die Rechtsfolgen der §§ 662 ff auf reines Unterlassen nicht passten; im Einzelfall behilft man sich damit, jede auch noch so geringe Aktivität ausreichen zu lassen. Fallmaterial zu der Frage, ob ein Unterlassen eine Geschäftsführung ohne Auftrag darstellen kann, ist –

soweit ersichtlich – nicht vorhanden. Und doch glaube ich, dass man die Frage, ob ein Dulden oder Unterlassen dem Geschäftsführungsbegriff des § 677 genügen kann, nicht pauschal negativ beantwortet werden. Es erscheint mir nicht per se ausgeschlossen, dass aufgrund der Umstände des Einzelfalles ein Dulden oder Unterlassen seinem sozialen Sinngehalt nach einer aktiv ausgeführten fremdnützigen Geschäftsführung gleichkommen kann. Dies kann ich mir insbesondere in Fällen vorstellen, in denen der Geschäftsführer eine ihm einen Dritten gegenüber bestehende Rechtspflicht zugunsten des Geschäftsherrn verletzt. Ein Beispiel: Ein Grenzsoldat lässt unter Verstoß seiner gegenüber dem Staat bestehenden Rechtspflicht, die Grenzen nach Innen und Außen zu schützen, einen Flüchtling passieren.

d) Geschäftsführung aus Gefälligkeit

110 Wenig geklärt ist die Frage, ob es eine außerrechtliche – den Gefälligkeitsverhältnissen vergleichbare – „Gefälligkeitsgeschäftsführung" gibt. Gemeint ist damit nicht der Fall des § 685, in dem der Geschäftsführer lediglich ohne die Absicht handelt, vom Geschäftsherrn Ersatz seiner Aufwendungen zu verlangen, aber das gesetzliche Schuldverhältnis der Geschäftsführung ohne Auftrag als solches mit der in den §§ 677 bis 682 umschriebenen Pflichtenstellung des Geschäftsführers entsteht. Bezeichnet werden soll der „radikalere" Fall, dass das gesetzliche Schuldverhältnis wegen des Gefälligkeitscharakters der Geschäftsführung, im Sinne einer Handlung außerhalb des Rechts, von vorneherein gar nicht erst begründet wird, die Geschäftsführung vielmehr im Bereich der „Nicht-Rechtsverhältnisse" bleibt (allgemein zum Gefälligkeitsverhältnis: Staudinger/J Schmidt [1995] Einl 214 ff zu §§ 241 ff). Die Stellungnahmen in der Literatur sind wenig einheitlich. Während einige – unter Hinweis darauf, dass die §§ 677 ff ein gesetzliches Schuldverhältnis statuierten, das eben nicht auf einer Willenserklärung beruhe – auch bei Gefälligkeiten den Tatbestand der Geschäftsführung ohne Auftrag als erfüllt ansehen und den Gefälligkeitscharakter allenfalls im Rahmen des § 685 berücksichtigen (BGB-RGRK/Steffen[12] Vor § 677 Rn 8), verneinen andere den Tatbestand der Geschäftsführung, wenn es um Handlungen der Sitte und des gesellschaftlichen Lebens geht (Planck/Lobe[4] Anm IV vor § 677 für Handlungen der Sitte und des gesellschaftlichen Lebens, da diese nicht vom Gesetz geregelt werden; Staudinger/Nipperdey[11] Vorbem 22 zu §§ 677 ff; § 662 Rn 6 aE). Ganz allgemein versucht Schmid, die von der Rechtsprechung entwickelten Kriterien der Abgrenzung von Rechtsgeschäft und Gefälligkeit auf das Geschäftsführungsrecht zu übertragen und die Grenzziehung zwischen Gefälligkeit und Geschäftsführung letztlich nach der Interessenlage vorzunehmen (Schmid, Die Geschäftsführung ohne Auftrag Rn 1144 ff; Erman/Dornis[14] § 677 Rn 3).

111 Die Problematik der „Geschäftsführung aus Gefälligkeit" ist vor dem Hintergrund der zivilrechtlichen Grundlagendiskussion um die Abgrenzung zwischen (rechtsgeschäftlichem) Schuldverhältnis und Gefälligkeitsverhältnis im Sinne eines Nicht-Schuldverhältnisses zu sehen (dazu eingehend: Staudinger/J Schmidt [1995] Einl 226 ff zu §§ 241 ff). Im Grundsatz bestehen zwei Herangehensweisen. Nach der **objektiven Theorie** erfolgt die Abgrenzung objektiv nach Art und Inhalt der entsprechenden Sozialverhältnisse: Es gibt bestimmte Sozialverhältnisse, die von vorneherein nicht für die Regelung durch ein Rechtsverhältnis in Frage kommen. Dogmatischer Ansatzpunkt im Geschäftsführungsrecht wäre ein normatives Verständnis des Begriff des „Geschäfts" iSd § 677, in dem Sinne, dass er von vorneherein bestimmte Sozialbeziehungen (zB der gesellschaftlich-sittliche Bereich) nicht erfasst (so etwa: Planck/

Lobe[4] Vor § 677 Anm IV). Die heute herrschende **subjektive Lehre** zieht die Grenze zwischen Rechtsgeschäft und Gefälligkeit anhand des Vorliegens oder Nichtvorliegens eines Verpflichtungs- oder Rechtsbindungswillens (Willenserklärung). Die Übertragung auf das Geschäftsführungsrecht ist auf den ersten Blick kaum möglich, da es sich bei der Geschäftsführung ohne Auftrag weder um ein Rechtsgeschäft noch eine Willenserklärung, sondern um einen Realakt handelt (s Rn 42 ff). Nach heutigem Erkenntnisstand haben sich die Unterschiede zwischen objektiver und subjektiver Lehre weitgehend verflüchtigt, insbesondere da der Rechtsbindungswille kein empirisches, sondern ein normatives Merkmal ist (der Rechtsbindungswille wird normativ vom Empfängerhorizont aus bestimmt). Letztlich entscheidet ein normatives Verständnis über die Einordnung eines konkreten Lebenssachverhaltes. Möglicher geschäftsführungsrechtlicher Anknüpfungspunkt für eine Transformation der subjektiven Lehre wäre das Merkmal der Geschäftsführungsabsicht (vgl insbesondere Schmid, Die Geschäftsführung ohne Auftrag Rn 1144 ff). Es ist eine Frage des individuellen Geschmacks des Rechtsanwenders, ob er die Wertungen, die über das Vorliegen des gesetzlichen Schuldverhältnisses der Geschäftsführung ohne Auftrag oder des Nichtschuldverhältnisses der Geschäftsführung aus Gefälligkeit bestimmen, im Rahmen eines normativen Verständnisses des Begriffs des „Geschäfts" iSd § 677 oder der Geschäftsführungsabsicht berücksichtigt (im Rahmen der Geschäftsführungsabsicht: Palandt/Sprau[73] Einf 2 v § 677). Für die hier vertretende Lehre, die ein normatives Verständnis der Geschäftsführungsabsicht hat, ist letzteres kein Problem. Anders ist dies für die hL, die ein empirisch naturalistisches Verständnis der Geschäftsführungsabsicht hat (s Rn 167). – Die maßgebenden Kriterien, die über die Einordnung entscheiden, lassen sich weitgehend in Anlehnung an die Grundsatzentscheidung des BGH zur Abgrenzung von Rechtsgeschäft und Gefälligkeit entnehmen (BGHZ 21, 102, 106 f, Urt v 22. 6. 1956, Az: I ZR 198/54; Staudinger/J Schmidt [1995] Einl 230 ff zu §§ 241 ff): die Art der Gefälligkeit, ihr Grund und Zweck, ihre wirtschaftliche und rechtliche Bedeutung für den Geschäftsherrn, die Umstände, unter denen sie erwiesen wird, und die dabei entstehende Interessenlage der Parteien. Gefälligkeiten des täglichen Lebens werden daher in der Regel ebenso wenig den Tatbestand der §§ 677 ff begründen können, wie Gefälligkeiten, die im rein Gesellschaftlichen wurzeln.

Ist bei der Geschäftsführung aus Gefälligkeit der Tatbestand der Geschäftsführung **112** ohne Auftrag auch nicht erfüllt, so mag man im Einzelfall versucht sein, eine über die deliktische Haftung der §§ 823 ff hinausgehende Einstandspflicht des Geschäftsführers aus einer Anwendung der §§ 311 Abs 2 Nr 3, 241 Abs 2 iVm § 280 heraus zu begründen. Allerdings wird es im Falle der Geschäftsführung aus Gefälligkeit häufig an dem von § 311 Abs 2 Nr 2 vorausgesetzen „geschäftlichen Kontakt" fehlen, soll doch mithilfe dieses Merkmals klargestellt werden, dass ein einfacher sozialer Kontakt für die Begründung des „rechtsgeschäftsähnlichen" Schuldverhältnisses des § 311 Abs 2 nicht ausreicht (Canaris JZ 2001, 499, 520). Inwieweit in Ausnahmefällen aber „nichtgeschäftliche" Näheverhältnisse bei einem gesteigerten sozialen Kontakt, den eine fremdnützige Interessenwahrung mit sich bringen kann, ebenfalls besondere Schutzpflichten begründen und damit eine entsprechende Anwendung des § 311 Abs 2 Nr 3 rechtfertigen können, ist noch nicht abschließend geklärt (Hk-BGB/Schulze[4] Vor §§ 241–853 Rn 24, § 311 Rn 17; vgl etwa Enneccerus/Lehmann, Schuldrecht[15] § 27 6 S 120). Sollte sich im Ausnahmefall einmal eine Haftung entsprechend §§ 311 Abs 2 Nr 3, 241 Abs 2, 280 begründen lassen, so darf daraus nicht geschlossen werden, dass damit über einen Umweg die Unterscheidung zwischen dem gesetzlichen Schuldverhältnis der Geschäftsführung ohne Auftrag und dem Nicht-Schuldverhältnisses der Geschäftsführung aus Gefälligkeit eingeebnet würde. Im Rahmen des § 241 Abs 2 treffen den Geschäftsführer nur Schutz- und Obhutspflichten hinsichtlich (bereits bestehender) Rechts- und Interessenspositionen des Geschäftsherrn; nicht dagegen ist der Geschäftsführer zur ordentlichen Geschäftsführung gem § 677 verpflichtet; auch wird er nicht von der Haftung des § 678 bedroht.

e) Verbotene und sittenwidrige Geschäfte; anfängliche Unmöglichkeit

113 Für den Begriff der Geschäftsbesorgung ist die Bewertung als verboten (§ 134) oder sittenwidrig (§ 138) gleichgültig. Auch **verbotene oder sittenwidrige Geschäfte** können Gegenstand einer Geschäftsbesorgung sein (BGB-RGRK/Steffen[12] Vor § 677 Rn 9; anders wird dies im französischen Recht gesehen, wo vertreten wird, dass sich die Geschäftsführung auf erlaubte Geschäfte beziehen muss: die Besorgung eines Geschäfts, das ein Delikt oder ein Quasidelikt ist, könne nicht wirksam im Rahmen einer Geschäftsführung ohne Auftrag für den Geschäftsherrn durchgeführt werden: Jost, Geschäftsführung ohne Auftrag 58 ff); allerdings reagiert auch das Recht der §§ 677 ff differenziert auf verbotene oder sittenwidrige Geschäftsbesorgungen (s § 683 Rn 48). Dem Tatbestand der Geschäftsführung steht es auch nicht entgegen, dass die Geschäftsführung auf eine von Anfang an unmögliche Leistung gerichtet ist (vgl § 311a Abs 1). Leiste ich einem Passanten, der einen Herzinfarkt erlitten hat, Hilfe, so werde ich auch dann als Geschäftsführer ohne Auftrag für ihn tätig, wenn ihm tatsächlich niemand mehr helfen kann (Bergmann, Die Geschäftsführung ohne Auftrag 120).

f) Geschäftsfähigkeit als Voraussetzung der Geschäftsbesorgung

114 Geschäftsfähigkeit ist weder auf Seiten des Geschäftsführers noch des Geschäftsherrn Voraussetzung der Geschäftsführung ohne Auftrag (s Rn 46 ff).

g) Beispiele

115 Ein Geschäft wurde etwa besorgt in folgenden Fällen: Führung technischer **Aufsicht** und Erteilung technischer Ratschläge bei Bauarbeiten (BGH LM BGB § 677 Nr 2, Urt v 24. 10. 1951, Az: II ZR 48/50); Aufspüren eines Verletzten, um (ärztliche) Hilfe zu veranlassen (BGHZ 33, 251, 256, Urt v 7. 11. 1960, Az: VII ZR 82/59); **Ausweichmanöver im Straßenverkehr** (BGHZ 38, 270, Urt v 27. 11. 1962, Az: VI ZR 217/61); Begleichung fremder Forderungen (BGHZ 47, 370, 371, Urt v 20. 4. 1967, Az: VII ZR 326/64); Herbeiholen von medizinischer Hilfe (BGHZ 55, 207, Urt 21. 1. 1971, Az: VII ZR 97/69); **Heimfahrt eines Betrunkenen** (BGH JZ 1972, 163, Urt v 30. 11. 1971, Az: VI ZR 100/70); Hilfeleistung im Falle einer Gefahr für Leib und Leben eines anderen (BayObLGZ 1968, 200, Urt v 29. 7. 1968, Az: RReg 1a Z 229/67: **Rettung eines Selbstmörders**); Niederreißen einer den Straßenverkehr gefährdenden einsturzgefährdeten Giebelmauer (BGHZ 16, 12, Urt v 15. 12. 1954, Az: II ZR 277/53); **Rettung** aus Seenot (BGHZ 67, 368, Urt v 25. 11. 1976, Az: II ZR 201/74); Rettung vor dem Ertrinken (RGZ 167, 85, 88, Urt v 7. 5. 1941, Az: VI 72/40); **Schutz** des Geschäftsherrn vor einem tätlichen Angriff (BGHZ 38, 302, Urt v 6. 12. 1962, Az: VII ZR 164/61); Schutzmaßnahmen zum Schutz des Eisenbahnverkehrs vor Steinschlag (RGZ 149, 205, 207, 208, Urt v 13. 11. 1935, Az: V 99/35); Errichtung eines Schutzwalls (BGH NJW 1978, 1258, Urt v 15. 12. 1977, Az: III ZR 159/75); Feuerlöscharbeiten (BGHZ 40, 28, Urt v 20. 6. 1963, Az: VII ZR 263/61); **Straßenreinigung** (BGHZ 65, 354, Urt v 4. 12. 1975, Az: VII ZR 218/73); **Suchen und Bergen** eines verlorenen Ankers (BGH NJW 1969, 1205, Urt v 10. 4. 1969, Az: II ZR 239/67); **Warnung** vor Gefahren (BGHZ 43, 188, Urt v 16. 3. 1965, Az: VI ZR 210/64).

2. Für einen anderen

a) Geschäftsführungsbegriff

Der Gestor muss das Geschäft „für einen anderen" besorgen. Was das Gesetz mit dieser Formulierung meint, wird zu Unrecht als wenig klar empfunden (vgl dazu aus der Sicht de lege ferenda: Helm, in: Gutachten und Vorschläge zur Überarbeitung des Schuldrechts III 335, 397 ff). Die Schwierigkeiten weiter Teile der Jurisprudenz mit dieser Vorschrift rühren daher, dass der bewusste Schritt des Gesetzgebers, auf den Begriff des fremden Geschäfts zu verzichten und an Stelle seiner die fremdnützige Geschäftsführungsabsicht in den Mittelpunkt des Geschäftsführungsrecht zu stellen, von weiten Teilen der Lehre nicht mitvollzogen wurde (vgl nur Lent, Der Begriff der auftragslosen Geschäftsführung 7; Isay, Die Geschäftsführung nach dem Bürgerlichen Gesetzbuch für das Deutsche Reich 52: die Annahme, auf den Begriff des objektiv fremden Geschäfts verzichten zu können, sei irrig; vgl dazu Wittmann, Begriff und Funktion der Geschäftsführung ohne Auftrag 35). Stattdessen ist man weiterhin in der tradierten Denkkategorie des fremden Geschäfts gefangen, was den Zugang zu dem Rechtsinstitut hindert, versperrt doch der schillernde und falsch akzentuierte (s Rn 27, 34) Begriff des fremden Geschäfts den Blick auf den obligationsbegründenden fremdnützigen Charakter der Geschäftsführung ohne Auftrag (vgl Gursky AcP 185 [1985] 13, 26 f). Besinnt man sich auf die theoretische Fundierung der Geschäftsführung ohne Auftrag als gesetzlicher Tatbestand der nicht durch Vertrag oder Gesetz abweichend und abschließend geregelten Interessenwahrnehmung (Subordination), erschließt sich die Bedeutung der Formulierung, dass die Geschäftsbesorgung „für einen anderen" erfolgen muss, von selbst. Dahinter verbirgt sich die Geschäftsführungsabsicht, also die Absicht des Geschäftsführers – gleich dem vertraglich oder gesetzlich bestellten Geschäftsbesorger (Vormund, Auftragnehmer, Treuhänder) – im Interesse eines anderen, also „für einen anderen" zu handeln. Auf die Frage, ob das besorgte Geschäft ein fremdes oder ein eigenes ist, kommt es nicht an. Maßgebend ist allein die Fremdnützigkeit der Geschäftsführung, also das Tätigwerden im Interesse des Geschäftsherrn (s Rn 28 ff). Insoweit folgt der hier vertretende Ansatz der subjektiven Lehre (vgl auch Art 1:101 Abs 1 des Vorschlag der Study Group on a European Civil Code einer *„Benevolent Intervention in Another's Affairs"*: „... acts with the predominant intention of benefiting another"). 116

Das Meinungsspektrum über das richtige Verständnis des Tatbestandsmerkmals „für einen anderen" geht weit auseinander. Grob lassen sich drei verschiedene Auffassungen unterscheiden, wobei teilweise innerhalb der einzelnen Auffassungen weitere Meinungsverschiedenheiten und Differenzierungen bestehen. Noch heute weit verbreitet ist (1) die sog **objektive Theorie** (s Rn 23 ff). Entscheidender Grundbegriff dieser Lehre ist das objektiv fremde Geschäfts (Wollschläger, Die Geschäftsführung ohne Auftrag 52 ff). Der objektiven Theorie entgegengesetzt ist (2) der sog **subjektive Ansatz**: Nicht die gegenständliche Fremdheit des besorgten Geschäfts, sondern die Geschäftsführungsabsicht löst den gesetzlichen Tatbestand der §§ 677 ff aus (Wittmann, Begriff und Funktion der Geschäftsführung ohne Auftrag 21 f; Gursky AcP 185 [1985] 13, 16 ff; Lange ZGS 2009, 442, 446; Reichard AcP 193 [1993] 567, 568 f; Soergel/Beuthien[13] § 677 Rn 3). Ein Geschäft „für einen anderen" besorgt daher, wer ein Geschäft in Geschäftsführungsabsicht für einen anderen führt. Die Fremdheit des Geschäfts ist damit kein Tatbestandsmerkmal im Rahmen des § 677. Innerhalb der subjektiven Lehre ist umstritten, ob (a) die Geschäftsführungsabsicht ein normatives Tatbestandsmerkmal ist, deren fremdnützige Richtung sich nach dem sozialen Sinn der 117

Tätigkeit des Geschäftsführers bestimmt (WITTMANN, Begriff und Funktion der Geschäftsführung ohne Auftrag 75 f; s Rn 31 f, 172 ff), oder ob sich (b) die Geschäftsführungsabsicht als empirisches Merkmal nach dem natürlichen realen Willen des Geschäftsführers bestimmt (GURSKY AcP 185 [1985] 13, 27 f, 28 ff; s Rn 167). Die heute herrschende Lehre in Deutschland und zahlreichen anderen europäischen Ländern vertritt (3) ein **Kombinationsmodell** (zB GIESEN Jura 1996, 225, 227; DERNBURG, Die Schuldverhältnisse nach dem Recht des Deutsches Reichs und Preußens[3] § 299 I 2 S 430; ENDEMANN, Lehrbuch des Bürgerlichen Rechts I[9] § 178 1 a S 1119; ESSER/WEYERS, Schuldrecht II/2[8] § 46 II 2 S 8; LARENZ, Schuldrecht II/1[13] § 57 I a S 438; WANDT, Gesetzliche Schuldverhältnisse[6] § 4 Rn 6 aE; BGB-RGRK/STEFFEN[12] Vor § 677 Rn 10; zur Lehre in anderen europäischen Ländern: s Rn 127). Der Tatbestand des § 677 wird gelesen als „Wer das Geschäft eines anderen für diesen besorgt ..." Der Tatbestand der Geschäftsführung ohne Auftrag setzt demnach voraus, dass (a) das vom Geschäftsführer besorgte Geschäft ein objektiv oder subjektiv fremdes ist und (b) der Geschäftsführer mit Fremdgeschäftsführungswillen (Geschäftsführungsabsicht) handelt. Soweit die Geschäftsführungsabsicht oder der Fremdgeschäftsführungswille als Teil des obligationsbegründenden Tatbestandes anerkannt wird, ist schließlich umstritten, ob die Geschäftsführung freiwillig erfolgen muss, also das Bestehen einer Rechtspflicht den Tatbestand der Geschäftsführung ausschließt (so WITTMANN, Begriff und Funktion der Geschäftsführung ohne Auftrag 77 ff; GURSKY AcP 185 [1985] 13, 31 ff; s Rn 38, 179). Das Tatbestandsverständnis der Geschäftsführung ohne Auftrag durch die **Rechtsprechung** ist nicht eindeutig. In zahlreichen Entscheidungen scheint sie den Grundtatbestand der Geschäftsführung ohne Auftrag in der Führung eines (objektiv oder subjektiv) fremden Geschäfts in Geschäftsführungsabsicht zu verstehen (zB BGHZ 40, 28, 30, Urt v 20. 6. 1963, Az: VII ZR 263/61; BGHZ 28, 359, 361, Urt v 20. 11. 1958, Az: VII ZR 47/58; RG JW 1926, 2920, 2921, Urt v 17. 6. 1926, Az: IV 150/26; RGZ 97, 61, 65 f, Urt v 29. 10. 1919, Az: I 125/19), während in zahlreichen anderen, gerade neueren Entscheidungen, die Anwendung der Regeln über die Geschäftsführung ohne Auftrag nur (noch) voraussetzt, dass der Geschäftsführer ein Geschäft für einen anderen besorgt, wobei es ausreicht, dass der Geschäftsführer das Geschäft nicht nur als eigenes, sondern auch als fremdes führen will, also in dem Bewusstsein, zumindest auch im Interesse eines anderen zu handeln (zB BGH NZBau 2004, 34, 35, Urt v 21. 10. 2003, Az: X ZR 66/01; BGH LM BGB § 677 Nr 40, Urt v 23. 9. 1999, Az: III ZR 322/98). Der Unterscheidung zwischen objektiv und subjektiv fremdem Geschäft käme dann – rechtsdogmatisch – wegen der daran geknüpften Vermutungswirkung nur mittelbar Bedeutung für die Frage des Vorliegens des Fremdgeschäftsführungswillens zu. Da aber letztlich der vermutete Fremdgeschäftsführungswille (s Rn 168) über das Eingreifen des Rechtsinstituts entscheidet, verbleibt als faktisch tragendes Element der Geschäftsführung ohne Auftrag auch für die Rechtsprechung der Begriff des fremden Geschäfts.

118 Rechtsdogmatisch hat die hM den klaren Wortlaut des Gesetzes und den Willen des Gesetzgebers gegen sich. Es heißt eben in § 677, wer ein Geschäft „für" einen anderen besorgt, und nicht, wer das Geschäfts „eines anderen" besorgt. WOLLSCHLÄGERS Zuständigkeitstheorie, die die Fremdheit eines Geschäfts nach der höherrangigen Zuständigkeit am Gegenstand der Tätigkeit – wer ist im Verhältnis zweier Personen näher dran, die Kosten oder Nutzen zu übernehmen – bestimmt, ist von nicht zu unterschätzender Bedeutung (WOLLSCHLÄGER, Die Geschäftsführung ohne Auftrag 52 ff). Doch ist der richtige Platz für WOLLSCHLÄGERS Theorie der Zuständigkeits- und Folgenzurechnung das Bereicherungsrecht (nach WOLLSCHLÄGER, Die Geschäftsführung ohne Auftrag 324 führen die geschäftsführungsrechtlichen Aufwendungsersatz- und Herausgabeansprüche immer zum gleichen Ergebnisse wie bereicherungsrechtliche Ansprüche aus Eingriffs-, Rückgriffs- und Aufwendungskondiktion; s Rn 27). Der Blick auf das fremde Geschäft verdeckt das tragende Element der Geschäftsführung für einen anderen, nämlich den Subordinationscharakter des Schuldverhältnisses, die fremdnützige Interessenwahrnehmung für einen anderen (vgl GURSKY AcP 185 [1985] 13, 26 f; s Rn 28 ff). Der Gestor handelt gleich einem beauftragter Treuhänder (§§ 662 ff), einzig mit dem Unterschied, dass er ohne Auftrag handelt. Tragendes Element ist die Geschäftsführungsabsicht und zwar verstanden als normatives, nicht als empirisches Merkmal (s Rn 31 f, 171 ff).

Der Versuch aus § 687 Abs 1 die Notwendigkeit des fremden Geschäfts herzuleiten, **119**
trägt nicht. § 687 Abs 1 enthält nur eine überflüssige Klarstellung, nämlich die Ablehnung der objektiven Theorie: Allein durch die eigennützige Führung eines objektiv fremden Geschäfts werden geschäftsführungsrechtliche Ansprüche nicht begründet (s Rn 1, 24, 32). Daraus zu schließen, dass § 677 am Begriff des fremden Geschäfts anknüpft, ist nicht möglich; zumal selbst nach hM der Begriff des fremden Geschäfts in § 677 und § 687 nicht übereinstimmt (s § 687 Rn 15). Bliebe einzig der Gedanke, die Besorgung eigener Angelegenheiten – als eben eigenes und nicht fremdes Geschäft – von vorneherein aus dem Bereich der §§ 677 ff auszusondern. Doch muss dazu der Begriff des fremden bzw eigenen Geschäfts nicht reaktiviert werden. Der Tatbestand der Geschäftsführung ohne Auftrag kennt hinreichende Restriktionen, Kostenlasten auf den Geschäftsherrn abzuwälzen. (a) Als Rechtsinstitut der Interessensubordination verlangt die Geschäftsführung ohne Auftrag ein fremdnütziges Handeln für einen anderen; eigennütziges Handeln scheidet von vorneherein aus dem Anwendungsbereich der Geschäftsführung ohne Auftrag aus. Der eigennützige Charakter eines Handelns geht nicht dadurch verloren, dass ein Dritter mittelbare Vorteile (Reflexvorteile) erlangt (BGHZ 61, 359, 362, Urt v 8. 11. 1973, Az: VII ZR 246/72; s Rn 39, 176), wie aber umgekehrt auch der fremdnützige Charakter nicht dadurch beseitigt wird, dass der Geschäftsführer seinerseits einen mittelbaren Reflexvorteil erlangt (s Rn 177; vgl GURSKY AcP 185 [1985] 13, 19 f; auch REICHARD AcP 193 [1993] 567, 570 f). (b) Selbst wenn eine Tätigkeit fremdnützig im Interesse eines anderen liegt, heißt das nicht, dass der Tatbestand der Geschäftsführung ohne Auftrag vorliegt. Als Tatbestand der nicht durch Vertrag oder Gesetz abschließend und anderweitig geregelten Subordination scheidet eine Anwendung der §§ 677 ff von vorneherein aus, wenn das Gesetz dem Geschäftsführer die Kosten abschließend zuweist. So ist etwa die Pflicht des Gebäudebesitzers gem § 908, einen nachbarbeeinträchtigenden Gebäudeeinsturz zu verhindern, ohne Weiteres fremdnützig, doch weist das Gesetz die Kosten für die zur Abwendung der Gefahr notwendigen Maßnahmen ausschließlich dem Gebäudebesitzer zu (s Rn 199). Auf die Frage, ob in der Geschäftsführung zugleich ein eigenes Geschäft liegt, kommt es nicht an.

b) Die Entwicklung des Geschäftsführungsbegriffs; Rechtsvergleichung

Der Geschäftsführer muss das Geschäft „für einen anderen" führen. Diese Formu- **120**
lierung steht am Ende eines langen Entwicklungsprozesses (zum Folgenden: BERGMANN, Die Geschäftsführung ohne Auftrag 3 ff, 122 ff).

aa) Glosse und Humanismus

Das überlieferte Edikt verlangte, dass die geführten Geschäfte *negotia alterius* waren **121** (s Rn 69). Diesem „Begriff" ordneten die römischen Juristen zahlreiche höchst verschieden strukturierte Fallgestaltungen zu. Es war an den *Glossatoren,* Struktur in das reiche Fallmaterial zu bringen (gl ipso gestu ad l Si pupilli § Quid ergo [Dig 3, 5, 6, 11 (3, 5, 5, 13)]). Sie unterschieden vier Arten des fremden Geschäfts: „Aliena autem dicuntur negotia quatuor modis: cura & sollicitudine, re ipsa, ratihabitione, ipso gestu". Die Fallgruppe *cura & sollicitudine* beschreibt Fälle, in denen der Geschäftsherr als Vormund, Pfleger oder Vermögensverwalter für einen Dritten tätig ist. Wird der Geschäftsführer im Aufgabenkreis des dem Dritten verpflichteten Geschäftsherrn tätig, erledigt er ein Geschäft des Geschäftsherrn. In die gleiche Richtung zielt das *negotium ipso gestu alienum.* Nur der Tatbestand ist allgemeiner. Der Geschäftsführer erfüllt eine Pflicht des Geschäftsherrn, er zahlt zB auf eine Geldschuld des Geschäftsherrn. Von der Interessenstruktur gehören beide Fallgruppen in den Bereich des in Rn 2 besonders gekennzeichneten privilegierten Rückgriffsanspruch der §§ 679, 683 S 2 (Rn 1) bzw der Rückgriffskondiktion (§ 812 Abs 1 S 1 Alt 1). Denn Maßstab der Geschäftsführung ist im Interesse der Interessensubordination nicht das Interesse des Geschäftsherrn (Schuldners), sondern das Interesse des Gläubigers. Anders dagegen die beiden verbleibenden Fallgruppen. Beim *negotium ipsa re alienum* macht der Geschäftsführer Verwendungen auf Sachen des Geschäftsherrn. Hier wird er im subordinationsrechtlichen Sinne in der Tat *für* den Geschäftsherrn tätig (Rn 1). Wieder die allgemeinere Variante ist das *negotia ratihabitione aliena* zu nennen. Hier will der Geschäftsführer offenkundig *für* den Geschäftsherrn tätig werden, aber objektiv weist das Geschäft keine Verbindung zum Geschäftsherrn auf. Ein klassisches Beispiel (Ulpian/Pedius Dig 3, 5, 5, 11): Der Geschäftsführer mahnt einen vermeintlichen Schuldner des Geschäftsherrn zu Zahlung. Besteht der Anspruch in Wirklichkeit nicht, liegt objektiv *(negotium ipsa re alienum)* kein fremdes Geschäft. Aber der Geschäftsherr kann das Geschäft durch Genehmigung zu seinem machen. Hier ist alleine das Interesse des Geschäftsherrn Maßstab des Tuns. Von ihrer Interessenstruktur können *negotium ipsa re alienum* und *negotium ipso gestu alienum* kaum unterschiedlicher gedacht werden. Die Systematisierung der Glossatoren verdient Anerkennung, als es ihnen gelungen ist, die verschiedenen Interessenstrukturtypen deutlich zu trennen. Um so verhängnisvoller war die zentrale (Fehl-)Entwicklung (zurück) zu jenem, die bestimmenden Interessenstrukturen verdeckenden Begriff des *negotium alterius,* die im Zeitalter des Humanismus, die unter der Federführung ihrer vorzüglichsten Vertreter Cujas und Donellus stattgefunden hat. Die sich fundamental unterscheidenden (Über-)Kategorien des *negotium ipsa re alienum* und des *negotium ipso gestu alienum* wurden zur einheitlichen Gruppe des *negotium re ipsa alienum* zusammengefasst, der man das *negotium ratihabitione alienum* gegenüberstellt (Cujas, Ad Africanum, Tractatus VIII [ad Dig 3, 5, 48]; Donellus, Commentarium de jure civili Lib XV Cap XVII § II). Aus dem *negotium re ipsa alienum* wurde das schillernde, das geschäftsführungsrechtliche Denken seitdem bestimmende objektiv fremde Geschäft. Aus dem *negotium ratihabitione alienum* wurde das heute nur ein Schattendasein fristende subjektiv fremde Geschäft. Gerade die Lehre von Donellus hat größten Einfluss auf die deutsche Rechtswissenschaft gehabt. Er wurde umfangreich von deutschen Schriftstellern rezipiert (Aarons, Beiträge zur Lehre der negotiorum gestio I, 144 ff).

bb) Pandektistik

122 Nicht nur die egalisierende Zweiteilung des fremden Geschäfts in das *negotium re ipsa alienum* und das *negotium ratihabitione alienum* wurde von den Nachfolgenden

dankbar aufgegriffen. Im Anschluss an CUJAS und DONELLUS versuchte man auch den – wie auch immer gearteten – Geschäftsführungswillen aus dem Tatbestand der *actio directa* zu entfernen (CUJAS, Ad Africanum, Tractatus VIII [ad Dig 3, 5, 48]; DONELLUS, Commentarium de jure civili Lib XV Cap XVII § II seqq). Wer ein an sich fremdes Geschäft führe, brauche, um als Gestor in Anspruch genommen zu werden *(actio directa),* nicht in der Absicht gehandelt haben, das Geschäft für den zu führen, den es angeht. Nur für die Klage auf Aufwendungsersatz *(actio contraria)* wurde eine „Geschäftsführungsabsicht" für notwendig gehalten, die man unterschiedlich als *animus obligandi* bzw *animus negotia aliena gerendi* akzentuierte (CHAMBON, Die negotiorum gestio 42; v COCCEJI, Jus civili controversum Lib III Tit V Qu I; HÖPFNER, Theoretisch-practischer Commentar über die heineccischen Institutionen[6] § 937; KÄMMERER Zeitschrift für Civilrecht und Prozeß 8 [1835], 162, 183 f; PUCHTA, Pandekten[7] § 327 S 478 f; SCHMID, Dissertatio sistens leges quaedam potiores tituli digestorum de negotiis gestis expositas 65 seqq; THIBAUT, System des Pandekten-Rechts[9] §§ 567 f S 467 ff; zum Ganzen: HARKE, Geschäftsführung und Bereicherung 75 ff; WITTMANN, Begriff und Funktion der Geschäftsführung ohne Auftrag 49 ff). Allerdings gewann zunehmend die gegenläufige Auffassung an Anhängern, dass auch auf der Ebene der *actio directa* auf ein subjektives Element seitens des Geschäftsführers nicht verzichtet werden könne. Die Idee eines einheitlichen Geschäftsführungsbegriffs, der gleichermaßen die *actio directa* wie die *actio contraria* betrifft, war geboren (DERNBURG, Pandekten[3], § 122 1 c S 326; KÖLLNER, Die Grundzüge der Obligatio Negotiorum Gestio 29). Nur an einer Stelle blieb die neue Lehre unvollkommen: Entsprechend der Kategorie des *negotium ratihabitione alienum* konnte alleine die (fremdnützige) Geschäftsführungsabsicht ein *an sich nicht* fremdes Geschäft nicht zu einem Geschäft des anderen machen. Hinzukommen musste die Genehmigung des Geschäftsherrn. Dahinter stand der Gedanke, dass bei Geschäften, die nicht schon an sich fremd sind, es nicht allein dem Willen des Gestors überlassen werden könne, das Geschäft zu einem fremden Geschäft zu machen. Zum Schutze des Geschäftsherrn müsse vielmehr dessen Genehmigung hinzukommen. Je mehr sich allerdings die Erkenntnis durchsetzte, dass der Geschäftsherr durch das Erfordernis des *utiliter gestum* hinreichend geschützt ist, wurde von dem Genehmigungserfordernis abgelassen.

cc) Die Gesetzgebung zum BGB

α) Der Vorentwurf

Der Teilentwurf für das Recht der Geschäftsführung ohne Auftrag vKÜBELS (§ 233 des Vorentwurfs; dazu: vKÜBEL, in: SCHUBERT [Hrsg], Die Vorlagen der Redaktoren, Schuldverhältnisse II 929, 938) folgte der älteren gemeinrechtlichen Lehre. Grundbegriff der Geschäftsführung ohne Auftrag war damit die Besorgung eines objektiv oder subjektiv fremden Geschäfts. Der Entwurf betrat aber insoweit Neuland, als in Abweichung von der überwiegenden pandektistischen Lehre das Vorliegen des subjektiv fremden Geschäfts ausschließlich an den Willen des Geschäftsführers angebunden wurde (s Rn 122; vKÜBEL, in: SCHUBERT [Hrsg], Die Vorlagen der Redaktoren, Schuldverhältnisse II 929, 981 f). **123**

Die Geschäftsführungsabsicht als das tragende Element der echten fremdnützigen Geschäftsführung ohne Auftrag war dem Vorentwurf unbekannt. Der Vorentwurf kannte im Grundsatz keine Unterscheidung zwischen echter und unechter Geschäftsführung ohne Auftrag (s Rn 1). Obligationsbegründend war für den Vorentwurf ausschließlich das Bewusstsein, dass das geführte Geschäft ein fremdes ist. **124**

Daher konnte die Geschäftsanmaßung (§ 687 Abs 2) als echte Geschäftsführung betrachtet werden (vKÜBEL, in: SCHUBERT [Hrsg], Die Vorlagen der Redaktoren, Schuldverhältnisse II 929, 943, 956 f; der Wille, für den Geschäftsherrn tätig werden zu wollen, war nur im Falle des subjektiv fremden Geschäfts notwendig). Die Geschäftsführungsabsicht war aber Voraussetzung der auf vollen Ausgleich gehenden *actio contraria* (§ 238 Vorentwurf; vKÜBEL, in: SCHUBERT [Hrsg], Die Vorlagen der Redaktoren, Schuldverhältnisse II 929, 966).

β) Die Beratungen der Ersten Kommission

125 Die entscheidende Weichenstellung hin zum modernen Geschäftsführungsbegriff erfolgte in der Ersten Kommission. Man entschied sich in bewusster Abkehr von der tradierten Formel („das Geschäft eines anderen") für die noch heutige gültige Fassung des § 677 („*für* einen anderen"). Nicht mehr der Begriff des fremden Geschäfts stand im Mittelpunkt des Geschäftsführungsrechts. Er wurde aus dem Tatbestand der Geschäftsführung ohne Auftrag getilgt (krit gegenüber der Annahme, auf den Begriff des fremden Geschäfts verzichten zu können: ISAY, Die Geschäftsführung nach dem Bürgerlichen Gesetzbuch für das Deutsche Reich 52; LENT, Der Begriff der auftragslosen Geschäftsführung 7). Die Geschäftsführungsabsicht wurde zum tragenden Element des Rechtsinstituts. Ausschlaggebend für diesen Schritt war dabei allerdings weniger ein Erkenntnisgewinn über das Wesen der Geschäftsführung als Tatbestand der nicht anderweitig durch Gesetz oder Vertrag geregelten Subordinationsverhältnisse (s Rn 28 ff). Die Erste Kommission wurde von einer sehr praktischen Überlegung angetrieben. Man wollte die Notwendigkeit einer Unterscheidung zwischen objektiv und subjektiv fremdem Geschäft, die erhebliche Schwierigkeiten bereitete und ein nicht mehr überschaubares gemeinrechtliches Schrifttum hervorgebracht hatte, überwinden (MUGDAN II 478: „Die Feststellung des Begriffs des objektiv fremden Geschäfts würde ohnehin auf große und kaum zu besiegende Schwierigkeiten stoßen"; vgl dazu: WITTMANN, Begriff und Funktion der Geschäftsführung ohne Auftrag 60 ff; die Auffassung, [bestimmte] subjektiv fremde Geschäfte an die Genehmigung des Geschäftsherrn zu binden, was eine Abgrenzung zwischen objektiv und subjektiv fremdem Geschäft notwendig machen würde, wurde in der Ersten Kommission endgültig verworfen: JAKOBS/SCHUBERT, Die Beratung des Bürgerlichen Gesetzbuchs, Schuldverhältnisse III 123 f; eingehende Nachweise zu den Bemühungen der gemeinrechtlichen Wissenschaft zur Bestimmung des objektiv fremden Geschäfts: vKÜBEL, in: SCHUBERT [Hrsg], Die Vorlagen der Redaktoren, Schuldverhältnisse II 929, 939 ff; WINDSCHEID/KIPP, Lehrbuch der Pandekten II[9] § 430 Fn 1 S 913; bezeichnend etwa: CHAMBON, Die Negotiorum Gestio 7 ff, insb 22 ff). Da die Anwendbarkeit der Geschäftsführungsregeln nunmehr an das Bestehen einer Geschäftsführungsabsicht, also das Vorliegen einer fremdnützigen Geschäftsbesorgung für einen anderen gebunden wurde, fiel die Geschäftsanmaßung als die eigennützige Geschäftsbesorgung aus dem Bereich der Geschäftsführung ohne Auftrag heraus (MUGDAN II 478; anders noch der Vorentwurf vKÜBELS: s Rn 124).

γ) Die Beratungen der Zweiten Kommission

126 Im Rahmen der Zweiten Kommission wurde der Redaktionskommission der Auftrag erteilt, ob durch die Worte „für einen anderen" die Unterscheidung zwischen echter und unechter Geschäftsführung zum Ausdruck gebracht werden solle oder ob einer aus der Kommission geäußerten Anregung gefolgt werden solle, zu formulieren „Wer das Geschäft eines anderen besorge" (MUGDAN II 1193, 1202). Letztlich hielt die Redaktionskommission an der Fassung „für einen anderen" fest. Dennoch ist die Fassung des § 687 Abs 1, dessen Streichung erwogen war, diesen Überlegungen geschuldet. Die Notwendigkeit der Geschäftsführungsabsicht lässt sich ohne weiteres aus der Fassung „für einen anderen" herleiten; dagegen wäre dies bei „Geschäft eines anderen" nicht mehr der Fall gewesen.

dd) Rechtsvergleichung; Europäische Rechtsvereinheitlichung

Die zunehmende Betonung der Geschäftsführungsabsicht ist kein deutsches Phänomen. Sie lässt sich – trotz unterschiedlicher Sprachfassungen – auch in anderen Rechtsordnungen nachweisen. Das österreichische ABGB knüpft in den **§§ 1036 ff öABGB** am Begriff des fremden Geschäfts an. Aber allein das fremde Geschäft begründet das Rechtsverhältnis der Geschäftsführung ohne Auftrag nicht; hinzutreten muss der Fremdgeschäftsführungswille (MEISSEL, Geschäftsführung ohne Auftrag 79). So auch im französischen Recht. **Art 1372 al 1 Code civil** nennt *l'affaire d'autrui* als den primären Anknüpfungspunkt der Geschäftsführung ohne Auftrag, doch moderne Autoren stellen zunehmend die *intention d'accomplir un acte pour autrui* als obligationsbegründendes Element in den Vordergrund (MALAURIE/AYNÈS/STOFFEL-MUNCK, Les Obligations[5] n°1025). Vorläufiger Höhepunkt ist sicherlich **Art V – 1:101 (1) DCFR**, der in bewusster Abweichung zu den tradierten Gestionsvorstellungen die *Benevolent Intervention in another's affairs* an die *(predominant) intention to benefit another* knüpft (BERGMANN Die Geschäftsführung ohne Auftrag 132). Vor dem Hintergrund des erbitterten Streits um die Deutungshoheit über das rechte Wesen der Geschäftsführung ohne Auftrag bietet das **Schweizer Recht** eine „juristische Kuriosität" ersten Ranges. Der in Art 419 OR fixierte Grundtatbestand der *negotiorum gestio* (Art 419 schwOR: „Wer für einen anderen ein Geschäft besorgt, ohne von ihm beauftragt zu sein, ist verpflichtet, das unternommene Geschäft so zu führen, wie es dem Vorteile und der mutmasslichen Absicht des anderen entspricht") knüpft in der deutschsprachigen Textfassung gleich dem § 677 daran an, dass der Gestor das Geschäft „für einen anderen" besorgt. Die italienische und die französische Sprachfassungen reden dagegen von der Führung des „Geschäfts eines anderen" („celui qui, sans mandat, gère l'affaire d'autrui"; „chi, senza averne mandato, assume l'affare d'un altro"). Die Schweizer Rechtswissenschaft hält am Tatbestandsmerkmal der Fremdheit fest (SCHMID, Die Geschäftsführung ohne Auftrag Rn 205). Damit das Rechtsverhältnis der echten Geschäftsführung ohne Auftrag aber entsteht, muss nach überwiegender Auffassung ein korrespondierender Fremdgeschäftsführungswille hinzukommen. Teilweise wird freilich im Sinne der objektiven Theorie das subjektive Element der Geschäftsführungsabsicht überhaupt für entbehrlich gehalten, teilweise wird auch im Sinne einer abgeschwächten objektiven Theorie der Fremdgeschäftsführungswille nur als Voraussetzung des Ersatzanspruchs des Geschäftsführers, nicht aber als Bedingung des Herausgabeanspruchs des Geschäftsherrn betrachtet (dazu SCHMID, Die Geschäftsführung ohne Auftrag Rn 206 f). **127**

c) Das fremde Geschäft

Die wohl noch hM verlangt in intellektuell kaum vergegenwärtigter Tradition (s Rn 121), dass das vom auftragslosen Geschäftsführer besorgte Geschäft ein fremdes sein muss (zB GIESEN Jura 1996, 225, 227; DERNBURG, Die Schuldverhältnisse nach dem Recht des Deutsches Reichs und Preußens[3] § 299 I 2 S 430; ENDEMANN, Lehrbuch des Bürgerlichen Rechts I[9] § 178 1 a S 1119; ESSER/WEYERS, Schuldrecht II/2[8] § 46 II 2 S 8; LARENZ, Schuldrecht II/1[13] § 57 I a S 438; WANDT, Gesetzliche Schuldverhältnisse[6] § 4 Rn 6 aE; BGB-RGRK/STEFFEN[12] Vor § 677 Rn 10; im österreichischen Recht: MEISSEL, Geschäftsführung ohne Auftrag 59 ff; in Frankreich: JOST, Geschäftsführung ohne Auftrag 64 ff). Die Wendung „für einen anderen" (§ 677) wolle nichts anderes sagen, als das jemand mit (Fremd-)Geschäftsführungsabsicht ein „fremdes" Geschäft führe (LENT, Der Begriff der auftragslosen Geschäftsführung 7). Die **128** hM kennt zwei Arten des fremden Geschäfts: (a) das **objektive fremde Geschäft** und (b) das **subjektiv fremde Geschäft** (BGB-RGRK/Steffen[12] Vor § 677 Rn 10). Einen Sonderfall stellt (c) das sog **„auch fremde“ Geschäft** dar. Nach hM spielt es für den Tatbestand der Geschäftsführung ohne Auftrag keine Rolle, ob das zu führende Geschäft bereits seiner Art nach ein fremdes Geschäft ist (objektiv fremdes Geschäft) oder erst durch die Willensrichtung des Gestors zu einem fremden Geschäft gemacht wird (subjektiv fremdes Geschäft). Beide Arten sind grundsätzlich **gleich gestellt** (Oertmann Vorbem 3 b vor §§ 677 ff; vgl aber auch: Lent, Begriff der auftraglosen Geschäftsführung 34 ff; auch Ulpian, Dig 3, 5, 5, 11 und Dig 3, 5, 5, 13; **aA**: Wollschläger, Die Geschäftsführung ohne Auftrag 73: das subjektiv fremde Geschäft sei totes Recht, das zudem im Widerspruch zu den §§ 177 ff stehe). Bedeutungslos ist die Unterscheidung aber nicht, da sich die Anforderungen an die Darlegung und ggf den Beweis des Geschäftsführungswillens, der nach hM neben dem Vorliegen eines fremden Geschäfts erforderlich ist, danach bestimmen sollen, ob ein objektiv oder ein subjektiv fremdes Geschäft vorliegt. Neueren Datums ist auch die Differenzierung zwischen objektiv und subjektiv fremden Geschäft nicht. Sie geht zurück auf Donellus (Donellus, Commentarium de jure civili Lib XV Cap XVII §§ II seqq; Bergmann, Die Geschäftsführung ohne Auftrag 7 f).

aa) Das objektiv fremde Geschäft (negotium re ipsa alienum)

α) Begriff des objektiv fremden Geschäfts

129 In der gemeinrechtlichen Wissenschaft aber auch in der Anfangszeit des noch jungen BGB bestand eine verwirrende Vielzahl von Ansätzen und Theorien zur Bestimmung des objektiv fremden Geschäfts (mit eingehenden Nachweisen: Lent, Der Begriff der auftragslosen Geschäftsführung 9 ff, insb 15 ff, 59 ff; vKübel, in: Schubert [Hrsg], Die Vorlagen der Redaktoren, Schuldverhältnisse II 929, 939 ff). Lent, einer der bedeutendsten Autoren zu auftragslosen Geschäftsführung des BGB, sah etwa das entscheidende Merkmal des fremden Geschäfts in der (Ein-)Wirkung auf fremde Rechte (Lent, Der Begriff der auftragslosen Geschäftsführung 59 ff). Der praktische Ertrag der Diskussion war gering (Windscheid/Kipp, Lehrbuch der Pandekten II[9] § 430 Fn 1 S 913: „Ich zweifele, ob diese oder ähnliche Formeln dem Richter für die Entscheidung des einzelnen Falles Hilfe gewähren wird.“). Abschließende Klarheit über den Begriff ist immer noch nicht erreicht; es wird sogar konstatiert, dass die theoretische Bewältigung des objektiv fremden Geschäfts seit Inkrafttreten des BGB kaum Fortschritte gemacht hat (Gursky AcP 185 [1985] 13, 16; Schubert AcP 178 [1978] 425, 431; s aber auch die Lehre Wollschlägers Rn 26 f, 130, 141 f). Diese **Kritik** ist berechtigt und verfehlt zugleich. Sie ist **verfehlt**, weil sie die wegweisenden Untersuchungen Wollschlägers unbeachtet lässt. Wie kaum einem anderen Schriftsteller ist es Wollschläger gelungen, die Wertungen, die hinter dem Begriff des fremden Geschäft stehen, herauszuarbeiten (zur „Zuständigkeitstheorie“ Wollschlägers: Helm, in: Gutachten und Vorschläge zur Überarbeitung des Schuldrechts III 335, 364 f; Köndgen, in: Zimmermann [Hrsg], Rechtsgeschichte und Privatrechtsdogmatik 371, 376 f; Schubert AcP 178 [1978] 425, 431 ff). Für ihn ist der Begriff des fremden Geschäfts Mittel zur Korrektur unrechtmäßiger Vermögenslagen mit dem Ziel der richtigen Zuweisung von Gütern, Lasten und Risiken. Der Begriff des fremden Geschäfts bekommt damit die Funktion einer Folgenzurechnung auf den letztlich Zuständigen (Wollschläger, Die Geschäftsführung ohne Auftrag 52 ff; auf dem Boden des österreichischen Rechts: Meissel, Geschäftsführung ohne Auftrag 62 ff; zur sog „Zuständigkeitstheorie“ Helm, in: Gutachten und Vorschläge zur Überarbeitung des Schuldrechts III 335, 364 f; Köndgen, in: Zimmermann [Hrsg], Rechtsgeschichte und Privatrechtsdogmatik 371, 376 f; Schubert AcP 178

[1978] 425, 431 ff). Die Fremdheit des Geschäfts drückt eine **höherrangige Zuständigkeit** am Gegenstand der Tätigkeit aus: Ein anderer ist näher daran, die Kosten, ggf aber auch den Nutzen zu übernehmen (**aA** WITTMANN, Begriff und Funktion der Geschäftsführung ohne Auftrag 37). Vermittels des Begriffs des fremden Geschäfts werden Kosten als vermögensmindernde Handlungsfolgen auf denjenigen übergewälzt, der dafür endgültig zuständig ist, und ein Vermögenszuwachs demjenigen ausgekehrt, dem er letztendlich zusteht (KÖNDGEN, in: ZIMMERMANN [Hrsg], Rechtsgeschichte und Privatrechtsdogmatik 371, 376 f spricht abfällig von einem allgemeinen und konturenlosen „Näher-dran-Prinzip"). Die Frage der Zuständigkeit am Geschäft bestimmt sich nach der Gesamtrechtsordnung, insbesondere aus dem Gesamtzusammenhang aller Normen, welche Güter und Lasten mit den zugehörigen Risiken und Gütern zuweisen (WOLLSCHLÄGER, Die Geschäftsführung ohne Auftrag 57 ff; vgl auch GIESEN Jura 1996, 225, 228; WANDT, Gesetzliche Schuldverhältnisse[6] § 4 Rn 8). Die **berechtigte** Kritik muss an anderer Stelle ansetzen: So beeindruckend WOLLSCHLÄGERS Überlegungen sind, so wenig gehören sie aber doch in das Recht der echten Geschäftsführung ohne Auftrag. Die echte Geschäftsführung ohne Auftrag wird getragen vom Gedanken der fremdnützigen Interessenwahrnehmung (Subordination) für einen anderen; dieser Zusammenhang kommt im Tatbestandsmerkmal der normativ zu verstehenden Geschäftsführungsabsicht zum Ausdruck (s Rn 28 ff). Das fremde Geschäft ist kein Begriff des Geschäftsführungsrechts (**aA**: WOLLSCHLÄGER, Die Geschäftsführung ohne Auftrag 52 ff). Der Begriff des fremden Geschäfts ist von der Frage, ob der Geschäftsführer im fremden Interesse handelt, vollkommen unabhängig (LENT, Begriff der auftragslosen Geschäftsführung 23). Sein richtiger Standort ist das Bereicherungsrecht (Rn 27, 58 ff); einen letzten – im weitesten Sinne – geschäftsführungsrechtlichen Anwendungsbereich hat die Lehre WOLLSCHLÄGERS im Rahmen des – systemwidrig im Rahmen der §§ 677 ff geregelten – privilegierten Rückgriffsanspruchs der §§ 683 S 2, 679 (Rn 27, 28 ff, 58 ff, 116 ff).

Nach der gängigen Formel der Rechtsprechung und der ihr folgenden hM ist ein Geschäft objektiv fremd, wenn es schon nach seinem Inhalt in einen **fremden Rechts- und Interessenkreis** eingreift (zB BGHZ 181, 188, Rn 18, Urt v 27. 5. 2009, Az: III ZR 302/07; BGH NZBau 2004, 34, 35, Urt v 21. 10. 2003, Az: X ZR 66/01; BGH LM BGB § 677 Nr 40, Urt v 23. 9. 1999, Az: III ZR 322/98; BSG NJW-RR 2001, 1282, 1284, Urt v 2. 3. 2000, Az: B 7 AL 36/99; bzgl § 687: RGZ 138, 45, 48, Urt v 11. 10. 1932, Az: II 58/32; das Schweizer Bundesgericht spricht von einer „Zuordnung" oder „Beziehung" zum Geschäftskreis des Geschäftsherrn; dazu SCHMID, Die Geschäftsführung ohne Auftrag Rn 177; vgl auch PEDIUS bei ULPIAN Dig 3, 5, 5, 13; kritisch: HELM, in: Gutachten und Vorschläge zur Überarbeitung des Schuldrechts III 335, 368 f), oder nach einer anderen Formulierung, wenn es an und für sich **der Sorge des anderen obliegt** (RGZ 97, 61, 65 f, Urt v 29. 10. 1919, Az: I 125/19; GIESEN Jura 1996, 225, 228; SOERGEL/BEUTHIEN[13] § 677 Rn 6). Auch die weitere Begriffsbestimmung, dass ein Geschäft objektiv fremd ist, für das schon die Rechtsordnung die Zuständigkeit eines anderen begründet (MEDICUS/PETERSEN, Bürgerliches Recht[24] Rn 408; BGB-RGRK/STEFFEN[12] Vor § 677 Rn 10), bringt kaum ein Mehr an tatbestandlicher Präzision. Die angebotenen Definitionen beschränken sich weitgehend auf Leerformeln; das tatbestandliche Vorliegen der Fremdheit ist damit größtenteils argumentationsoffen. Im Einzelfall ist schwer vorhersagbar, welche Argumente und Wertungen der zur Entscheidung berufenen Instanz letztlich als gewichtiger erscheinen und darüber entscheiden, wem das Geschäft mit seinen Vorteilen, gerade aber auch seinen Kostenlasten zuzuordnen ist. Die Rechtsprechung ist von daher dem Vorwurf ausgesetzt, die objektive Zuweisung eines besorgten Ge- 130 schäfts ohne erkennbare Abgrenzungskriterien und damit letztlich **willkürlich** vorzunehmen (Gursky AcP 185 [1985] 13, 16; Helm, in: Gutachten und Vorschläge zur Überarbeitung des Schuldrechts III 335, 368 f; Esser/Weyers, Schuldrecht II/2[8] § 46 II 1 b S 10 f). Rechtsdogmatisch ist die Kritik überzogen: Man kann es der Rechtsprechung kaum zum Vorwurf machen, dass sie einen unbestimmten und wertungsoffenen Rechtsbegriff ausfüllt. Das Problem ist nicht die Handhabung des Begriffs des fremden Geschäfts, sondern der Begriff des fremden Geschäfts selbst. Denn damit werden die falschen Wertungen in das Geschäftsführungsrecht hineingetragen (Rn 27, 28 ff, 58 ff, 130).

131 Die Rechtsprechung hat eine **Vermutung** bzgl des inneren Tatbestandes der Geschäftsführung ohne Auftrag entwickelt. Handelt es sich ganz oder wenigstens auch um ein objektiv fremdes Geschäft, spricht bereits eine Vermutung für das Vorliegen des Geschäftsführungswillens (BGH NZM 2005, 536, 538, Urt v 26. 2. 2005, Az: VIII ZR 66/04; BGH NZBau 2004, 34, 35, Urt v 21. 10. 2003, Az: X ZR 66/01; BGH NJW-RR 2003, 1192, 1195 f, Urt v 4. 6. 2003, Az: VIII ZR 91/02; BGHZ 143, 9, 14 f, Urt v 21. 10. 1999, Az: III ZR 319/98; BGHZ 140, 102, 109, Urt v 26. 11. 1998, Az: III ZR 223/97; BGH LM BGB § 677 Nr 40, Urt v 23. 9. 1999, Az: III ZR 322/98; BGHZ 98, 235, 240, Urt v 18. 9. 1986, Az: III ZR 227/84; BGHZ 70, 389, 396, Urt v 23. 2. 1978, Az: VII ZR 11/76; BGHZ 65, 354, 357, Urt v 4. 12. 1975, Az: VII ZR 218/73; BGHZ 40, 28, 31, Urt v 20. 6. 1963, Az: VII ZR 263/61; BGHZ 38, 270, 276, Urt v 27. 11. 1962, Az: VI ZR 217/61; Palandt/Sprau[73] § 677 Rn 4; Soergel/Beuthien[13] § 677 Rn 6; vgl auch schon die Motive, Mugdan II 478: „Dieser Wille [Anm: Fremdgeschäftsführungswille ieS] wird in der Regel sich schon durch das bewusste Eingreifen in fremde Angelegenheiten manifestieren.“); es ist gerade die Vermutung des Fremdgeschäftsführungswillens, die das objektiv fremde Geschäft zum Schlüsselbegriff des Geschäftsführungsrechts macht. Führt jemand ein objektiv fremdes Geschäft, so kann die Anwendung der §§ 677 ff nur noch am Fehlen des Fremdgeschäftsführungswillens scheitern, für dessen Bestehen aber eine kaum zu widerlegende tatsächliche Vermutung besteht. Damit wird die Frage, ob der Geschäftsführer für einen anderen gehandelt hat, im Ergebnis weitgehend auf die objektive Zurechnung verschoben (Helm, in: Gutachten und Vorschläge zur Überarbeitung des Schuldrechts III 335, 368; Gursky AcP 185 [1985] 13, 15 f). – Die Vermutung des Fremdgeschäftsführungswillens bei objektiv fremdem Geschäft ist in der Lehre weitgehend akzeptiert (**aA**: Esser/Weyers, Schuldrecht II/2[8] § 46 II 2 c S 12). Die Vermutungswirkung bei fremden Geschäften wird damit gerechtfertigt, dass der Bürger, der grundsätzlich nur eigene Geschäfte auf eigene Rechnung tätigt, bei Tätigwerden im fremden Rechtskreis auch auf fremde Rechnung handeln will und sich das Geschäft nicht anmaßt (Giesen Jura 1996, 225, 229; Schwark JuS 1984, 321, 324; Soergel/Beuthien[13] § 677 Rn 6; Motive, bei Mugdan II 478). Anders soll die Sache bei objektiv eigenen oder neutralen Geschäften liegen. Diese Geschäfte bekommen ihren Fremdcharakter erst durch den Willen des Geschäftsführers auch zu einer Fremdgeschäftsführung. Hierfür soll nach tradierter Lehre aber grundsätzlich keine tatsächliche Vermutung bestehen; der Wille, ein solches Geschäft zugleich auch für einen anderen zu führen, muss vielmehr hinreichend nach außen in Erscheinung getreten sein (BGH NZBau 2004, 34, 35, Urt v 21. 10. 2003, Az: X ZR 66/01; BGH LM BGB § 677 Nr 40, Urt v 23. 9. 1999, Az: III ZR 322/98). Nach der hier entwickelten Sicht auf das Geschäftsführungsrecht liegt die Vermutungswirkung des objektiven Geschäfts insgesamt neben der Sache. Die Geschäftsführungsabsicht ist tatbestandlicher Ausfluss der fremdnützigen Interessenwahrnehmung für einen anderen; doch darum geht es dem Begriff des fremden Geschäfts, der auf die Zuweisung von Kosten, Gütern und Risiken ausgelegt ist, gerade nicht. Eine Vermutungswirkung lässt sich daher schon von der zugrunde liegenden Interessenstruktur her nicht rechtfertigen, zumal nach der hier vertretenen Ansicht die Geschäftsführungsabsicht ein normatives Tatbestandsmerkmal ist, über dessen Vorliegen anhand materiell-wertender Betrachtung des sozialen Sinns der Handlung des Geschäftsführers zu entscheiden ist (s Rn 28 ff, 171 ff).

β) Das objektiv eigene Geschäft

Dem objektiv fremden Geschäft steht das objektiv eigene Geschäft gegenüber (s auch Rn 119). Die Führung eines eigenen Geschäfts löst weder geschäftsführungsrechtliche noch bereicherungsrechtliche Ansprüche aus. Schon im römischen Recht war das *negotium suum* von der *negotiorum gestio* ausgeschlossen: „Si quis ita simpliciter versatus est, ut suum negotium in suis bonis quasi meum gesserit, nulla ex utroque latere nascitur actio, quia nec fides bona hoc patitur" (Ulpian Dig 3, 5, 5, 6; dazu: Seiler, Der Tatbestand der negotiorum gestio im Römischen Recht 16 ff). Heute glauben allerdings einige, dass eine Geschäftsführung mit Fremdgeschäftsführungswillen ein objektiv eigenes Geschäft zu einem (subjektiv) fremden Geschäft wandeln könnten (RG JW 1926, 2920, 2921, Urt v 17. 6. 1926, Az: IV 150/26; Giesen Jura 1996, 225, 227). Überwiegend aber geht man davon aus, dass bei ausschließlich eigenen Geschäften eine Fremdgeschäftsführung überhaupt nicht in Betracht kommt (BSG NJW-RR 2001, 1282, 1284, Urt v 2. 3. 2000, Az: B 7 AL 36/99; Lent, Der Begriff der auftragslosen Geschäftsführung 7; Enneccerus/Lehmann, Schuldrecht[15] § 165 III 2 c S 699; Esser/Weyers, Schuldrecht II/2[8] § 46 II 2 a S 8: Fremdgeschäftsführung bei ausschließlich eigenen Geschäft schwer vorstellbar; Palandt/Sprau[73] § 677 Rn 3). Sei der Geschäftsführer irrtümlich der Auffassung, ein fremdes Geschäft zu führen, greife § 686 in entsprechender Anwendung; wegen der fehlenden Verschiedenheit von Geschäftsherr und Geschäftsführer sei der Anwendungsbereich der §§ 677 ff überhaupt nicht eröffnet (Gursky AcP 185 [1985] 13, 19; Oertmann Vorbem 3 a vor §§ 677 ff; dazu auch Lent, Begriff der auftraglosen Geschäftsführung 58 f; vgl auch schon: vKübel, in: Schubert [Hrsg], Die Vorlagen der Redaktoren, Schuldverhältnisse II 929 [960]; vgl schon Ulpian Dig 3, 5, 5, 6: „Si quis ita simpliciter versatus est, ut suum negotium in suis bonis quasi meum gesserit, nulla ex utroque latere nascitur actio, quia nec fides bona hoc patitur."). Wisse der Handelnde dagegen, dass er eine objektiv ausschließlich eigene Angelegenheit wahrnehme, fehle ihm notwendigerweise die Absicht, für einen Dritten tätig zu werden (Fremdgeschäftsführungswille); die eventuell vorhandene Intention, einem Dritten zu nützen, sei lediglich unbeachtliches Motiv seines Handelns, begründe aber keinen Fremdgeschäftsführungswillen (Gursky AcP 185 [1985] 13, 19 f). Auch gilt die Abgrenzung zum unbeachtlichen Reflexvorteil: Ein an sich eigenes Geschäft wird auch nicht dadurch zu einem fremden, dass damit mittelbar fremder Nutzen gefördert wird (RG JW 1926, 2920, Urt v 17. 6. 1926, Az: IV 150/26; Endemann, Lehrbuch des Bürgerlichen Rechts I[9] § 178 1 a S 1119 f Fn 6; Oertmann Vorbem 3 a, e vor §§ 677 ff; vgl zum Reflexvorteil: Rn 134 ff). 132

In welchen Fällen ein objektiv eigenes und in welchen Fällen ein objektiv fremdes Geschäft vorliegt, wird von der tradierten Lehre anhand der oben vorgestellten wertenden Kriterien zu entscheiden sein (s Rn 129 f). So muss zB selbst bei Einwirkung auf eine eigene Sache ein fremdes Geschäft nicht von vorneherein ausgeschlossen sein: Geht von einem Grundstück eine Gefahr aus, ohne dass der Eigentümer dafür gem § 1004 verantwortlich ist, nimmt er unter Umständen ein fremdes Geschäft vor, wenn er dennoch Sicherungsmaßnahmen zugunsten eines anliegenden Grundstücks ergreift (vgl Gursky AcP 185 [1985] 13, 20 Fn 33). Ein ansonsten objektiv 133 fremdes Geschäft wird auch nicht etwa dadurch zu einem eigenen Geschäft, dass der Geschäftsführer im eigenen Namen handelt (PALANDT/SPRAU[73] § 677 Rn 9). Umgekehrt wird ein an sich eigenes Geschäft nicht dadurch zu einem fremden, dass man sich dem Dritten gegenüber zur Nichtvornahme verpflichtet hat.

γ) Reflexvorteile

134 Ein Reflexvorteil auf Seiten eines Dritten macht ein eigenes Geschäft nicht zu einem fremden, wie umgekehrt ein Reflexvorteil auf Seiten des Geschäftsführers ein fremdes Geschäfts nicht zu einem eigenen des Geschäftsführers macht (WANDT, Gesetzliche Schuldverhältnisse[6] § 4 Rn 17; BGHZ 72, 151, 153, Urt v 4. 7. 1978, Az: VI ZR 95/77; BGHZ 54, 157, 160 f, Urt v 22. 5. 1970, Az: IV ZR 1008/68; BGH NJW 2009, 1879, Rn 24, Urt v 3. 3. 2009, Az: XI ZR 41/08; vgl dazu auch: JHERING JherJb 10 [1871] 245, 331 ff). Das (haftungsbegründende) fremde oder das (bereicherungsrechtliche und geschäftsführungsrechtliche Ansprüche ausschließende) eigene Geschäft ist daher abzugrenzen von einer Interessenförderung, die als Reflexvorteil auf Seiten des Geschäftsherrn unbezahlt empfangen werden darf, bzw auf Seiten des Geschäftsführers einen Erstattungsanspruch nicht hindert (hierzu Beispiele aus der österreichischen Rechtsprechung: MEISSEL, Geschäftsführung ohne Auftrag 61 f). Die Notwendigkeit der Abgrenzung zwischen objektiv fremdem Geschäft und Reflexvorteil stellt sich auch, wenn mehrere Dritte als Geschäftsherrn in Betracht kommen, so zB wenn der Geschäftsführer auf eine versicherte Sache eine Aufwendung macht, und sich nunmehr fragt, ob auch der Versicherer Geschäftsherr ist (vgl dazu auch: LAUFS NJW 1967, 2294; zu den Versicherungsfällen: s Rn 304 ff) oder ob bei Hilfeleistung bei einem Verkehrsunfall neben einer Geschäftsführung ohne Auftrag für das Unfallopfer zugleich eine solche für den haftungsrechtlich Verantwortlichen vorliegt. In der Terminologie der Rechtsprechung liegt nur dann ein objektives Geschäft des Dritten vor, wenn die besorgte Angelegenheit unmittelbar in seinen Rechts- und Interessenbereich hineinfällt. Eine nur **mittelbare Beziehung** des Dritten zum besorgten Geschäft ist dagegen nicht ausreichend (BGHZ 72, 151, 153, 155, Urt v 4. 7. 1978, Az: VI ZR 95/77; BGH NJW 2009, 1879 Rn 24, Urt v 3. 3. 2009, Az: XI ZR 41/08; OLGReport Celle 2008, 538, Urt v 9. 1. 2008, Az: 3 U 192/07; OLG Naumburg OLG-NL 1998, 246, Urt v 19. 5. 1998, Az: 9 U 249/97–46; ausführlich: WOLLSCHLÄGER, Die Geschäftsführung ohne Auftrag 189 ff; vgl schon: KOHLER JherJb 25 [1887] 1, 113 f; krit zur Abgrenzung: SOERGEL/BEUTHIEN[13] § 677 Rn 11: „mehr oder weniger willkürlich"). So ist zB die Erschließung von Baugelände das Geschäft der Gemeinde, nicht dagegen das der anliegenden Grundstückseigentümer, die lediglich ein mittelbares Interesse haben (BGHZ 61, 359, 362, Urt v 8. 11. 1973, Az: VII ZR 246/72; aber auch: BGH WM 2002, 97, Urt v 8. 11. 2001, Az: III ZR 293/00: Eine andere Beurteilung kommt in Betracht, wenn bestimmte Grundstückseigentümer als zukünftige Nutznießer der Erschließung konkret auf das Erschließungsvorhaben Einfluss nehmen und einzelne es lediglich aus Zweckmäßigkeitserwägungen übernehmen, den maßgeblichen Erschließungsvertrag mit der Gemeinde abzuschließen; insoweit kann ein subjektiv fremdes Geschäft der Anlieger vorliegen; vgl zur Befreiung von Erschließungslasten: WOLLSCHLÄGER, Die Geschäftsführung ohne Auftrag 162 f). Der Gläubiger, der sich gegen eine Anfechtungsklage des Insolvenzverwalters verteidigt, führt ausschließlich ein eigenes Geschäft, auch wenn der Prozess wegen § 144 Abs 1 InsO mittelbar dem Bürgen oder anderen Sicherungsgebern zugute kommt (BGH NJW 2009, 1879 Rn 24, Urt v 3. 3. 2009, Az: XI ZR 41/08 zu § 39 KO). Die Abgrenzung kann im Einzelfall sehr schwierig sein. Wer einen Sumpf austrocknet, nützt nicht nur dem Eigentümer, sondern auch den Umwohnern; wer ein hässliches Mauerwerk abreißt, verschafft vielleicht einem Nachbarn eine längst erwünschte Aussicht (vgl auch OLGReport Düs-

seldorf 2007, 204, Urt v 29. 01. 2007, Az: 3 U 23/06: Wahl eines behutsameren Eingriffs in den Grundwasserhaushalt, der auch den Nachbargrundstücken zugute kommt). Oder ältere Entscheidungen aus der französischen Rechtsprechung: Der Müller, der um seiner Mühle willen einen geschlossenen Mühlgraben wieder öffnet, nützt dadurch auch den unterhalb liegenden Mühlen; der Strandbewohner, der einen Deich errichtet, um sich vor Überschwemmungen zu schützen, sichert damit auch die Nachbarn (Kohler JherJb 25 [1887] 1, 113 f). Und doch führt in all diesen Fällen der Geschäftsführer ausschließlich ein eigenes Geschäft. Nur aus der Konsequenz seines eigenen Vorteils kommt dem Nachbarn ein eigener Vorteil zugute. Aus der neueren Rechtsprechung sei nur auf den Fall des Löscheinsatzes der Feuerwehr hingewiesen. Als Geschäftsherrn sah hier der BGH – neben dem Brandstifter – alle Personen an, die durch die ungehinderte Fortdauer des Feuers und seine Ausbreitung Schaden erleiden konnten (BGHZ 40, 28, 31, Urt v 20. 6. 1963, Az: VII ZR 263/61; einschränkend: Rietschel LM BGB § 683 Nr 15). Viel gewonnen ist mit dem Begriff der Unmittelbarkeit nicht. Letztlich muss die Unmittelbarkeit mit Wertungen außerhalb des Geschäftsführungsrechts aus dem Zusammenhang der Gesamtrechtsordnung heraus ausgefüllt werden.

In der neueren Praxis wird die Abgrenzung des fremden Geschäfts vom lediglich mittelbaren Interesse insbesondere in den sog Versicherungsfällen (Rn 304 ff) relevant. Der Geschäftsführer tätigt Verwendungen oder Aufwendungen auf eine versicherte Sache oder Person zur Schadensminderung oder Schadensbeseitigung und verlangt anschließend vom Versicherer Ersatz seiner Aufwendungen oder Verwendungen. Rechtsprechung und Lehre differenzieren: Trifft den Versicherer im Verhältnis zum Versicherungsnehmer nur eine interne Kostentragungspflicht, so kommt ihm eine schadensmindernde Maßnahme eines Dritten nur mittelbar zugute. Das mittelbare Interesse des Versicherers an der Geringhaltung des Schadens macht die Maßnahmen nicht zu seinem Geschäft. Wer eine Unfallstelle absperrt, führt ein Geschäft des Halters des Kfz, aber keines des Haftpflichtversicherers (BGHZ 72, 151, 153 ff, Urt v 4. 7. 1978, Az: VI ZR 95/77; BGHZ 54, 157, 160 f, Urt v 22. 5. 1970, Az: IV ZR 1008/68; BGH, NJW-RR 2012, 163 Rn 6, Urt v 28. 9. 2011, Az: IV ZR 294/10; s aber auch: Enneccerus/Lehmann, Schuldrecht[15] § 165 III 2 a S 699); allerdings kann sich natürlich außerhalb des Geschäftsführungsrechts ein Direktanspruch gegen den Versicherer ergeben (BGH, NJW-RR 2012, 163 Rn 9 ff, Urt v 28. 9. 2011, Az: IV ZR 294/10: etwa aus § 115 Abs 1 VVG, sofern man „unfreiwillige“ Aufwendungen einem Schaden gleichstellt). Anders soll die Sache von Anfang an liegen, wenn insbesondere der gesetzliche Krankenversicherer nicht Kostenersatz, sondern die Heilbehandlung als solche schuldet. Hier führe der Geschäftsführer ein unmittelbares Geschäft des Krankenversicherers (BGHZ 33, 251, 254 f, Urt v 7. 11. 1960, Az: VII ZR 82/59; freilich handelt es sich bei der Involvierung gesetzlicher Krankenkassen um sozialrechtliche Streitigkeiten: Brennecke, Ärztliche Geschäftsführung ohne Auftrag 216 f). Weitere Beispiele: Es soll keine Geschäftsführung für den schlecht planenden Architekten vorliegen, wenn in Ausführung der Planung durch den Bauherren ein Nachbargrundstück bedroht und der Träger der öffentlichen Verwaltung zur Abwehr weiterer Gefahren Sicherungsmaßnahmen durchführt. Dem Architekten kommen diese den Umfang seiner Haftung gegenüber dem Bauherrn beschränkenden Maßnahmen nur mittelbar zugute (OLG Frankfurt VersR 1997, 360, Urt v 20. 12. 1995, Az: 17 U 49/95). Ebenfalls nur ein mittelbarerer Vorteil liegt im folgenden Fall vor: Wird eine Verordnung oder Satzung erlassen, die mehrere Personen mit Nachteilen belegt und klagt einer der Betroffenen erfolgreich dagegen (§ 47 VwGO), so 135 führt er doch kein Geschäft der Mitbegünstigten (Endemann, Lehrbuch des Bürgerlichen Rechts I[9] § 178 1 a S 1119 f Fn 6: anders, wenn gemeinsames Vorgehen verabredet war). Vgl zu anderen Fällen, insbesondere der Verwendung auf Sicherungsgut Rn 300.

136 Nach der hier vertretenen Lehre der realgeschäftlichen Geschäftsbesorgung gehört das Vorliegen eines fremden Geschäfts nicht zum Tatbestand der Geschäftsführung ohne Auftrag (Rn 28 ff). Allerdings treten vergleichbare Abgrenzungsprobleme auf, wenn anhand normativer Betrachtung darüber zu entscheiden ist, ob sich das Tun des Geschäftsführers nach seinem sozialen Sinn als fremdnütziges Tätigwerden im fremden Interesse (Geschäftsführungsabsicht), oder als eigennützige Handlung im eigenen Interesse darstellt. Insoweit gilt es die fremdnützige Geschäftsführung „für einen anderen" von unbeachtlichen eigensüchtigen Motiven bzw die eigennützige Wahrnehmung eigener Interessen von unbeachtlichen Reflexvorteilen auf dritter Seite abzugrenzen. Geht diese Abgrenzung auch faktisch ähnliche Wege wie die tradierte Lehre vom fremden Geschäft, so darf doch nicht verkannt werden, dass die Ausgangspunkte verschiedene sind. Für die tradierte Anschauung entscheidet der Gedanke der Letztzuständigkeit von Kosten und Lasten über die Zuweisung eines Geschäfts zur Person des Geschäftsführers oder des Geschäftsherrn (s Rn 129 ff); nach der Theorie der realgeschäftlichen Geschäftsbesorgung, die an der Interessenstruktur des Geschäftsführungsrechts anknüpft, entscheidet die materiell zu bestimmende Richtung der Interessenwahrnehmung.

bb) Das subjektiv fremde Geschäft (negotium gerentis voluntate alienum)

137 Die Wurzeln des subjektiv liegen in der Kategorie des *negotium ratihabitatione aliena* der Glosse (gl ipso gestu ad l si pupilli § quid ergo [Dig 3, 5, 6, 11 (3, 5, 6, 13)]) bzw des *negotium gerentis volunatae alienum* des Donellus (Donellus, Commentarium de jure civili Lib XV Cap XVII § X; vgl Bergmann, Die Geschäftsführung ohne Auftrag 5 ff). Objektiv eigene (Rn 132 f) oder neutrale Geschäfte bekommen ihren Fremdcharakter überhaupt erst durch den Willen des Geschäftsführers zur Fremdgeschäftsführung (BGHZ 181, 188, Rn 18, Urt v 27. 5. 2009, Az: III ZR 302/07; BGH NZBau 2004, 34, 35, Urt v 21. 10. 2003, Az: X ZR 66/01; OLGReport Rostock 2009, 41, Beschl v 10. 7. 2008, Az: 1 U 90/08; Giesen Jura 1996, 225, 227; BGB-RGRK/Steffen[12] Vor § 677 Rn 10; Soergel/Beuthien[13] § 677 Rn 7; ablehnend gegen die Kategorie des subjektiv fremden Geschäfts: Schmid, Die Geschäftsführung ohne Auftrag Rn 187 ff; krit: Wollschläger, Die Geschäftsführung ohne Auftrag 73); man spricht insoweit vom **subjektiv fremden Geschäft**. Ob bei objektiv ausschließlich eigenen Geschäften eine Fremdgeschäftsführung überhaupt möglich ist, ist allerdings umstritten (Rn 132 f). – Anders als beim objektiv fremden Geschäft besteht für das Vorliegen einer Fremdgeschäftsführung in den Fällen des subjektiv fremden Geschäfts grundsätzlich keine tatsächliche Vermutung; der Wille ein solches Geschäft (auch) für einen anderen zu führen, muss vielmehr hinreichend nach außen in Erscheinung getreten sein (BGH NZBau 2004, 34, 35, Urt v 21. 10. 2003, Az: X ZR 66/01; BGH LM BGB § 677 Nr 40, Urt v 23. 9. 1999, Az: III ZR 322/98; BGHZ 82, 323, 330 f, Urt v 25. 11. 1981, Az: VIII ZR 299/80: Umbau einer Mietsache durch den Vermieter zum Zwecke der Weitervermietung; BGHZ 62, 186, 189, Urt v 1. 3. 1974, Az: V ZR 82/72: Änderung der Straßenbeschichtung; BGHZ 40, 28, 31, Urt v 20. 6. 1963, Az: VII ZR 263/61; BSG NJW-RR 2001, 1282, 1284, Urt v 2. 3. 2000, Az: B 7 AL 36/99). Nach hM ist für das Vorliegen eines subjektiv fremden Geschäfts daher erforderlich, dass der Geschäftsführer mit Fremdgeschäftsführungswille handelt und er diesen Willen **erkennbar nach außen verlautbart**; der bloß innere Wille ist unbeachtlich (BGHZ 138, 281, 286, Urt v 2. 4. 1998, Az: III ZR 251/96; OLGReport

Rostock 2009, 41, Beschl v 10. 7. 2008, Az: 1 U 90/08). Das ist etwa der Fall, beim Abschluss eines Geschäfts im Namen des Geschäftsherrn oder bei Anzeige der Geschäftsführung an den Geschäftsherrn (zB PALANDT/SPRAU[73] § 677 Rn 5; s im Einzelnen: Rn 167 ff).

Die Kategorie des subjektiv fremden Geschäfts ist **nicht unumstritten**. Überhaupt ablehnend äußern sich LENT und heute SCHMID (SCHMID, Die Geschäftsführung ohne Auftrag Rn 191; LENT, Der Begriff der auftragslosen Geschäftsführung 34 ff: „[...] die Begründung der Fremdheit ausschließlich mit subjektiven Momenten erweist sich als unmöglich"). In der Tat erscheint die Möglichkeit eines subjektiv fremden Geschäfts inkonsistent, wenn man den – freilich nicht immer offen artikulierten – tragenden Gedanke der tradierten Lehre vom (objektiv) fremden Geschäfts in der richtigen Zuweisung von Nutzen und Kosten erblickt (s Rn 116 ff, 129 ff). Nach WOLLSCHLÄGER ist das subjektiv fremde Geschäft zwar vom Gesetz gedeckt, doch handele es sich hierbei um totes Recht, das zudem im Widerspruch zu den Wertungen des § 177 stehe (WOLLSCHLÄGER, Die Geschäftsführung ohne Auftrag 73; vgl zum österreichischen Recht: MEISSEL, Geschäftsführung ohne Auftrag 66.). Es entsprach langer Tradition im Recht der *negotiorum gestio,* dass das subjektiv fremde Geschäft neben der subjektiven Willensrichtung des Gestors weiterhin – vergleichbar dem § 177 – die Genehmigung des Geschäftsherrn voraussetzte (vgl etwa noch Art 768 Dresdener Entwurf). Dahinter stand der Gedanke, dass es nicht allein der Willkür des Geschäftsführers überlassen bleiben könne, ein Geschäft, das nicht schon an sich Geschäft des Geschäftsherrn war, zu dessen Geschäft zu machen. Erst der Vorentwurf und die Erste Kommission verwarfen den Gedanken eines Genehmigungserfordernisses beim subjektiven fremden Geschäft (s Rn 120 ff). Je mehr sich die Erkenntnis durchsetzte, dass die Notwendigkeit eines *utiliter gestum* (vgl § 683 S 1) einen hinreichenden Schutz vor Ersatzansprüchen des Gestors gewährleistet, desto mehr konnte man von der Erforderlichkeit der Genehmigung der Geschäftsführung ablassen. 138

cc) Das auch-fremde Geschäft (Auch-Gestion)

α) Die Rechtsprechung des BGH

Die kritische Fallgruppe der Geschäftsführung ohne Auftrag ist das sog „auch-fremde" Geschäft (vgl SCHUBERT AcP 178 [1978] 425, 434 ff; aus rechtsökonomischer Sicht: KÖTZ, in: FS Großfeld 583, 593 ff). Ein (objektiv) auch fremdes Geschäft – auch als **Auch-Gestion** bezeichnet – liegt vor, wenn sich der Gegenstand der Geschäftsbesorgung nicht ausschließlich dem Rechts- und Interessenkreis des Geschäftsherrn zuordnen lässt, sondern ebenso in den Rechtskreis des Geschäftsführers hinübergreift (GIESEN Jura 1996, 225, 229; SOERGEL/BEUTHIEN[13] § 677 Rn 8). Der Geschäftsführer nimmt mithin gleichzeitig ein eigenes als auch ein fremdes Geschäft wahr. Nach ständiger Rechtsprechung des BGH genügt für die Anwendung der §§ 677 ff ein solches auch-fremdes Geschäft (BGHZ 140, 102, 109, Urt v 26. 11. 1998, Az: III ZR 223/97; BGHZ 110, 313, 314 f, Urt v 8. 3. 1990, Az: III ZR 81/88; BGHZ 63, 167, 169 f, Urt v 24. 10. 1974, Az: VII ZR 223/72; BGHZ 54, 157, 160, Urt v 22. 5. 1970; Az: IV ZR 1008/68; BGHZ 16, 12, 16, Urt v 15. 12. 1954, Az: II ZR 277/53; auch: BGH NJW-RR 2008, 683 Rn 14, Urt v 16. 11. 2007, Az: V ZR 208/06; BGH NZBau 2004, 34, 35, Urt v 21. 10. 2003, Az: X ZR 66/01; BGH LM BGB § 677 Nr 40, Urt v 23. 9. 1999, Az: III ZR 322/98; ENNECCERUS/LEHMANN, Schuldrecht[15] § 165 III 2 a S 698 f; WANDT, Gesetzliche Schuldverhältnisse[6] § 4 Rn 13; BGB-RGRK/STEFFEN[12] Vor § 677 Rn 10; dazu: LARENZ, Schuldrecht II/1[13] § 57 I a S 439 ff, 442 f; kritisch: HELM, in: Gutachten und Vorschläge zur Überarbeitung des Schuldrechts III 335, 369 ff; zur pragmatischen Herangehensweise der Schweizer Praxis: SCHMID, Die Geschäftsführung ohne Auftrag Rn 217 ff; zum österreichischen Recht: MEISSEL, Geschäftsführung ohne Auftrag 139

66 ff). Wie beim objektiv fremden Geschäft, so wird auch beim objektiv auch-fremden Geschäft der Fremdgeschäftsführungswille (der Wille, ein fremdes Geschäft mitzubesorgen) von der Rechtsprechung und der herrschenden Lehre vermutet (zB BGH NZM 2005, 536, 538, Urt v 26. 2. 2005, Az: VIII ZR 66/04; BGH NZBau 2004, 34, 35, Urt v 21. 10. 2003, Az: X ZR 66/01; BGHZ 140, 102, 109, Urt v 26. 11. 1998, Az: III ZR 223/97; BGHZ 98, 235, 240, Urt v 18. 9. 1986, Az: III ZR 227/84; BGH NJW 1979, 598, Urt v 21. 12. 1978, Az: VII ZR 91/77; Palandt/Sprau[73] § 677 Rn 6; **aA**: LG Frankfurt NJW 1977, 1924, 1925, Urt v 12. 7. 1977, Az: 2/24 S 47/77; Schubert NJW 1978, 687, 688; s Rn 168).

β) Kritik der Lehre und der Instanzgerichtsbarkeit

140 Die Rechtsprechung hat dadurch, dass sie den Begriff des fremden Geschäfts sehr weit auslegt und den Fremdgeschäftsführungswillen selbst beim „auch-fremden" Geschäft vermutet, den Anwendungsbereich der §§ 677 ff sehr weit ausgedehnt und das Geschäftsbesorgungsrecht so in ein Institut des Billigkeitsausgleichs und der Lastenzuweisung umfunktioniert (s Rn 10 ff, 129 ff). Unter dem ungebrochenen Einfluss der Theorie von der Menschenhilfe, die am Typus des selbstlos und freiwillig handelnden Geschäftsführers ansetzt, wird die Rechtsprechung des BGH von weiten Teilen der Lehre als mehr oder minder notmäßige oder gar unzulässige, jedenfalls bedenkliche Anwendung von Normen verstanden, die eigentlich ganz anderen Zwecken dienten, und dem BGH insgesamt **Denaturierung** des Rechtsinstituts der Geschäftsführung ohne Auftrag vorgeworfen (zB Rabel RheinZ 10 [1919/20] 89 [97]; Larenz, Schuldrecht II/1[13] § 57 I a S 439; dagegen: Wollschläger, Die Geschäftsführung ohne Auftrag 65 ff; s Rn 10 ff). In der Lehre und zunehmend in der Instanzgerichtsbarkeit besteht daher **Widerstand** gegen den Grundsatz den Fremdgeschäftsführungswillen beim „auch-fremden Geschäft" selbst dann zu vermuten, wenn der Geschäftsführer dadurch eine eigene gesetzliche oder vertragliche Verpflichtung gegenüber einem Dritten erfüllt (vgl Esser/Weyers, Schuldrecht II/2[8] § 46 II 2 c S 12; ebenfalls kritisch, aber mit Verständnis: Giesen Jura 1996, 225, 230). In diesen Fällen sei der Fremdgeschäftsführungswille nicht zu vermuten, vielmehr müssten besondere Anhaltspunkte vorliegen, aus denen heraus dann erst auf das Vorliegen des Fremdgeschäftsführungswillens geschlossen werden könne (OLG Stuttgart Rp 2002, 26, 27, Urt v 9. 5. 2001, Az: 3 U 22/01; OLG Oldenburg Rp 2000, 263, Urt v 5. 7. 2000, Az: 2 U 104/00; OLG Hamm MDR 1999, 1230, Urt v 22. 1. 1999, Az: 29 U 42/98; OLG Saarbrücken NJW 1998, 828, Urt v 7. 5. 1997, Az: 1 U 771/96-127; OLG Koblenz NJW 1992, 2367 f, Urt v 20. 6. 1991, Az: 5 U 75/91; LG München I NJW 1978, 48, Urt v 28. 9. 1977, Az: 15 S 2733/77; Schwark JuS 1984, 321, 325 ff; MünchKomm/Seiler[6] § 677 Rn 21). Am weitesten geht Schubert, der für die Fälle der Wahrnehmung eigener Pflichten durch den Geschäftsführer eine Anwendung der Regeln über die Geschäftsführung ohne Auftrag überhaupt ablehnt: Die gesetzliche Regelung der §§ 677 ff setzten ein für den Geschäftsführer ausschließlich objektives fremdes Geschäft voraus; auf den Fall der Auch-Gestion seien sie nicht zugeschnitten. Schubert begründet dies mit dem Interessenkonflikt, in dem sich der Geschäftsführer befinde, wenn er neben der Erfüllung der eigenen Pflicht zugleich die Interessen des Geschäftsherrn wahrzunehmen habe (Schubert AcP 178 [1978] 425, 435 ff). Der BGH zeigt sich im Allgemeinen unbeeindruckt von der Kritik. Erst jüngst hat er seine Linie bekräftigt und klargestellt, dass angesichts der Vielzahl der vorstellbaren Konstellationen kein Anlass bestehe, von der grundsätzlichen Anwendbarkeit der §§ 677 ff in Fällen des auch fremden Geschäfts abzugehen (BGHZ 140, 102, 109, Urt v 26. 11. 1998, Az: III ZR 223/97). Im Besonderen hat der BGH aber gerade in den umstrittenen Fällen der geschäftsführungsrechtlichen Beurteilung des pflichtengebundenen Geschäftsführers (BGH

NZBau 2004, 34, Urt v 21. 10. 2003, Az: X ZR 66/01; BGH NJW-RR 2004, 956, Urt v 15. 4. 2004, Az: VII ZR 212/03; im Einzelnen: s Rn 309 ff) und des in Erfüllung öffentlich-rechtlicher Pflichten tätig werdenden Hoheitsträgers (BGH NJW 2004, 513, Urt v 13. 11. 2003, Az: III ZR 70/03; im Einzelnen: s Rn 281 ff) eine restriktivere Linie eingeschlagen (vgl dazu etwa: Falk JuS 2003, 833, 837 ff, Esser/Weyers, Schuldrecht II/2[8] § 46 I 1 c S 3). Ob damit die Einleitung einer Abkehr von der großzügigen Heranziehung der Geschäftsführungsregeln im Ganzen verbunden ist, ist kaum vorhersagbar (vgl zB BGH NZM 2005, 536, Urt v 26. 2. 2005, Az: VIII ZR 66/04: Anwendung der §§ 677 ff auf einen nicht zustande gekommenen Stromlieferungsvertrag). Denn gerade die Zurückhaltung in Fällen des in Erfüllung hoheitlicher Pflichten tätig werdenden Hoheitsträgers ist dem vom BGH anerkannten Grundsatz geschuldet, dass ein Rückgriff auf die Grundsätze der Geschäftsführung ausgeschlossen ist, wenn die Rückgriffslage bereits im Gesetz (abschließend) geordnet ist (BGHZ 145, 342, 350, Urt v 8. 7. 2003, Az: VI ZR 274/02; BGHZ 33, 243, 245 f, Urt v 7. 11. 1960, Az: VII ZR 168/59; BGHZ 30, 162, 169 ff, Urt v 4. 6. 1959, Az: VII ZR 217/58; BGH FamRZ 1963, 352, Urt v 19. 3. 1963, Az: VI ZR 66/62; BGH LM BGB § 683 Nr 11, Urt v 13. 6. 1960, Az: VII ZR 114/59).

γ) Das fremde Geschäft als relativer Begriff (Wollschläger)

Der Begriff des auch-fremden Geschäfts ist nicht glücklich. Denn Rechtsfolge der 141
Wahrnehmung eines auch-fremden Geschäfts wäre typischerweise Kostenteilung nach Verantwortungsteilen (vgl zum gemeinsamen Geschäft: Rn 142). Doch darum geht es im typischen Fall des auch-fremden Geschäfts gerade nicht. Vielmehr soll einer Partei die gesamte Kostenlast zugewiesen werden. Als wegweisend hat sich die Untersuchung von Wollschläger erwiesen. Er versteht – vor dem Hintergrund seiner Sicht auf die Geschäftsführung ohne Auftrag als eines Rechtsinstituts der richtigen Zuweisung von Gütern, Lasten und Risiken an denjenigen, dem die Kosten oder Nutzen letztlich zugewiesenen sind (Rn 27, 129 ff) – den Begriff der Fremdheit als einen **relativen Begriff**. Der Begriff der Fremdheit besage im Verhältnis zweier Personen, dass der eine näher daran ist als der andere, eine Aufwendung zu bezahlen oder einen Erwerb zu behalten. Wer eine eigene Pflicht erfülle, führe demnach ein fremdes Geschäft, wenn ein anderer Verpflichteter nach dem **Rang- oder Stufenverhältnis** beider Verpflichtungen die Last endgültig zu tragen habe (Wollschläger, Die Geschäftsführung ohne Auftrag 65 ff). Letztlich kann der unglückliche Begriff der Auch-Gestion in einem relativen Begriffsverständnis von „Fremdheit“ aufgehen. Nur im Falle der gleichrangigen Güter- und Lastenzuständigkeit kann ein Geschäft vorliegen, das für den Geschäftsführer gleichzeitig ein eigenes und ein fremdes Geschäft ist. Um Verwechslungen mit dem tradierten Begriff des auch-fremden Geschäfts zu vermeiden, sollte hier von einem gemeinschaftlichen Geschäft gesprochen werden (Rn 142).

δ) Das gemeinschaftliche Geschäft

Neben der typischen Konstellation der Auch-Gestion, die dadurch gekennzeichnet 142
ist, dass eine Partei nach dem Stufen- und Rangverhältnis die Verbindlichkeit endgültig zu tragen hat, gibt es auch den Fall der **gleichrangigen** – und nur quotenmäßig geteilten – **Güter- und Lastenzuständigkeit**. Wollschläger spricht hier von einem gemeinschaftlichen Geschäft (Wollschläger, Die Geschäftsführung ohne Auftrag 67 f). Eine gleichrangige Güter- und Lastenzuständigkeit kommt insbesondere bei Gemeinschaften, echten Gesamtschuldnern und Gesamtgläubigern in Betracht. Da diese Rechtsverhältnisse bereits weitgehend durch die §§ 420 ff, 744 ff, 2038 BGB,

20 ff WEG eine abschließende Sonderregelung erfahren haben, kommt der Geschäftsführung ohne Auftrag hier nur eine Ergänzungsfunktion zu (s Rn 197, 247). Trifft etwa die Miteigentümer einer Giebelmauer die gleichrangige (ordnungsrechtliche) Pflicht, eine einsturzgefährdete Giebelmauer zu beseitigen, und beseitigt der eine Miteigentümer die Giebelmauer, so führt er ein die Miteigentümer gemeinschaftlich treffendes Geschäft. Da zugleich ein Geschäft des Geschäftsführers als auch des Geschäftsherrn vorliegt, findet eine Kostenverteilung nach dem Umfang des jeweiligen Miteigentums statt (BGHZ 16, 12, 16 f, Urt v 15. 12. 1954, Az: II ZR 277/53; vgl auch RGZ 149, 205, 209, Urt v 13. 11. 1935, Az: V 99/35; Wollschläger, Die Geschäftsführung ohne Auftrag 190; auf dem Boden des subjektiven Geschäftsführungsbegriffs: Wittmann, Begriff und Funktion der Geschäftsführung ohne Auftrag 98). Sind die aufgrund einer Ordnungsverfügung vom Geschäftsführer beseitigten Brandfolgen Geschäftsführer und Geschäftsherrn in der Weise zuzurechnen, dass keiner von beiden als Letztzuständiger die Kosten alleine zu tragen hat, so nimmt der Geschäftsführer ein gemeinschaftliches Geschäft wahr, deren Kosten nach Verantwortungsteilen aufgeteilt werden (BGHZ 110, 313, 317, Urt v 8. 3. 1990, Az: III ZR 81/88: Milchpulver-Fall). Sind zwei Unternehmen dem Bauherrn gegenüber gleichrangig zur Nachbesserung verpflichtet, so führt das die Mangelbeseitigung ausführende Unternehmen ein gemeinschaftliches Geschäft (OLG Hamm NJW-RR 1992, 849, Urt v 10. 1. 1992, Az: 26 U 82/91; OLG Hamm NJW-RR 1991, 730, Urt v 9. 11. 1990, Az: 26 U 23/90). Beseitigt der Geschäftsführer durch eine Maßnahme zwei verschiedene Gefahren, deren Beseitigung einmal seine, einmal Angelegenheit des Geschäftsherrn ist, nimmt er sowohl ein eigenes als auch ein fremdes Geschäft wahr. In einem solchen Fall sind die Kosten nach dem Verhältnis beider Gefahren zu verteilen (RGZ 149, 205, 209, Urt v 13. 11. 1935, Az: V 99/35). Ein gemeinsames Geschäft kommt nicht nur bei der Erfüllung eigener und gleichrangiger fremder Pflichten vor, sondern kann auch bei Verwendungen vorliegen, die beiden Teilen **gleichrangige Nutzungsvorteile** bringen (Wollschläger, Die Geschäftsführung ohne Auftrag 191 f).

ε) Subordinationsrechtliche Betrachtungsweise

143 Nach der hier vertretenen Lehre von der Geschäftsführung ohne Auftrag als Subordunationsverhältnis bestimmt sich die Person des Geschäftsherrn nach der normativ zu verstehenden Geschäftsführungsabsicht. Maßgebend ist, ob sich das Handeln des Geschäftsführers seinem sozialen Sinn nach als fremdnützige Geschäftsbesorgung für einen anderen, nämlich den Geschäftsherrn, darstellt. Die Frage, ob der Geschäftsführer ein fremdes Geschäft erledigt, ist für die Beurteilung im Grundsatz ebenso irrelevant wie die Frage, ob der Geschäftsführer durch die Geschäftsführung zugleich ein eigenes Geschäft wahrnimmt. Entscheidend ist nicht die Güter- und Lastenzuständigkeit, sondern die Fremdnützigkeit der Geschäftsführung im Sinne der Interessenwahrnehmung (Subordination) für einen anderen (Rn 28 ff). Schwierigkeiten können allerdings die Fälle bereiten, in denen der Geschäftsführer aufgrund einer eigenen Rechtspflicht handelt. Schubert will in diesen Fällen die Anwendung der Geschäftsführungsregeln überhaupt ausschließen (Schubert AcP 178 [1978] 425, 435 ff; s Rn 38, 179). Er begründet dies mit dem Interessenwiderstreit, in dem sich der Geschäftsführer befinde, wenn er mit der Erfüllung eigener Pflichten zugleich ein fremdes Geschäft wahrnehme (Schubert AcP 178 [1978] 425, 438: „Wer eigene oder gesetzliche oder vertragliche Pflichten erfüllt und dabei die Interessen eines Dritten wahrnehmen wollte, befindet sich in einer grundsätzlichen Pflichtenkollision, die dazu führen kann, daß er entweder gegenüber seinem Auftraggeber oder gegenüber dem Geschäftsherrn pflichtwidrig handelt."). SCHUBERTS Bedenken haben angesichts der Interessenstruktur der Geschäftsführung ohne Auftrag als realgeschäftliche Interessenwahrnehmung und Subordination Gewicht. Es ist aber zu differenzieren. Gem § 677 hat der Geschäftsführer die Geschäftsführung am Interesse des Geschäftsherrn auszurichten, dieses also zum Maßstab seines Tuns zu erheben. In der Tat kommt kein Rechtsverhältnis der echten Geschäftsführung ohne Auftrag zustande, wenn der Geschäftsführer ihm obliegenden Pflichten nachzukommen hat, die nicht dem Interesse des „vermeintlichen" Geschäftsherrn dienen. Der Tatbestand der Geschäftsführung ohne Auftrag ist nicht erfüllt, da der Geschäftsführer nicht im Interesse des Geschäftsherrn tätig wird, sondern sich anderen Interessen unterzuordnen hat; dass er zugleich auch ein Geschäft des vermeintlichen Geschäftsherrn „mitbesorgt" hat, vermag ein Geschäftsführungsverhältnis nicht zu begründen (allerdings kann ein Geschäftsführungsverhältnis zu der Person entstehen, in deren Interesse die Pflicht besteht; auch können zu demjenigen, dessen Geschäft besorgt wurde, Bereicherungsansprüche entstehen). Aber ein „Interessenkonflikt" bei Tätigwerden in Erfüllung eigener Pflichten muss nicht bestehen. Entscheidend ist, welche Richtung die vom Geschäftsführer wahrgenommene Pflicht hat. Ist diese auf Wahrnehmung der Interessen des Geschäftsherrn angelegt, besteht der von SCHUBERT herausgestellte Interessenkonflikt nicht. Das Vorliegen einer Pflicht des Geschäftsführers muss eine Interessenwahrnehmung und Subordination nicht ausschließen; wäre dies anders, wäre kein Auftrag, keine entgeltliche Geschäftsbesorgung als Subordinationsvertrag denkbar, denn in all diesen Fällen ist der Geschäftsbesorger zur Interessenwahrnehmung verpflichtet; ebenso in Fällen der gesetzlichen Geschäftsführung wie elterliche Sorge, Vormundschaft, Pflegschaft. Besteht also die Pflicht des Geschäftsführers gerade in der Wahrnehmung der Interessen des Geschäftsherrn, so kommen geschäftsführungsrechtliche Ausgleichansprüche in Betracht, wenn nicht spezielle Vorschriften vorgehen (s Rn 187 ff). Das soll an einem umstrittenen Beispiel erläutert werden: Die Feuerwehr, die einen Brand löscht, wird im Interesse des Geschäftsherrn (Hauseigentümers) tätig, sofern man nicht sagt, dass die Löschpflicht dem Interesse der Allgemeinheit dient. Ihr steht ein geschäftsführungsrechtlicher Ausgleichsanspruch zu, falls keine abschließende gesetzliche Regelung besteht. Vielleicht besorgt die Feuerwehr auch ein Geschäft des Brandstifters, aber sie besorgt es doch nicht – wie es § 677 verlangt – „für" ihn. Nach dem sozialen Sinn nimmt sie die Interessen des Eigentümers, aber nicht des Brandstifters wahr. Dies muss nicht bedeuten, dass die Feuerwehr keinen Anspruch gegen den Brandstifter hat: Regelmäßig wird ihr der – systemwidrig im Rahmen der §§ 677 ff geregelte – privilegierte Rückgriffsanspruch der §§ 683 S 1, 679 zustehen wegen des öffentlichen Interesses an der Brandbekämpfung; allerdings sei an dieser Stelle betont, dass es sich hierbei um keinen echten geschäftsführungsrechtlichen Anspruch handelt (s § 679 Rn 2).

dd) Verhältnis zu § 687

Zum Begriff des fremden Geschäfts im Geschäftsanmaßungsrecht: S § 687 Rn 14 f. **144**

ee) Maßgeblicher Zeitpunkt

Maßgebender Zeitpunkt für die Beurteilung der Fremdheit des Geschäfts soll der **145**
Zeitpunkt der Übernahme der Geschäftsbesorgung sein (BGB-RGRK/STEFFEN[12] Vor § 677 Rn 12; zur Übernahme der Geschäftsführung s Rn 226).

ff) Einzelfälle des objektiven fremden Geschäfts

α) Tilgung fremder Schulden

146 Die Tilgung einer fremden Schuld gem **§ 267** durch einen mit Fremdtilgungswillen handelnden Dritten ist ein **Geschäft des Schuldners** (BGH NJW-RR 2003, 1192, 1195, Urt v 4. 6. 2003, Az: VIII ZR 91/02; BGHZ 47, 370, 371, Urt v 20. 4. 1967, Az: VII ZR 326/64; RG JW 1927, 1364, Urt v 17. 1. 1927, Az: IV 448/26: auch dann, wenn der Zahlende Geschäftsanteile der verpflichteten GmbH hält; anders wenn der Dritte unter Vorbehalt der Rückforderung zahlt: BGHZ 28, 359, 361 f, 364 f, Urt v 20. 11. 1958, Az: VII ZR 47/58). Die Art der Schuld ist dabei grundsätzlich irrelevant (zB BGH NJW-RR 2008, 683, Rn 15 ff, Urt v 16. 11. 2007, Az: V ZR 208/06: Erfüllung einer bauordnungsrechtlichen Stellplatzpflicht). So ist die Erfüllung fremder Unterhaltspflichten ebenso das Geschäft des Unterhaltspflichtigen (BGHZ 28, 359, 361 f, Urt v 20. 11. 1958, Az: VII ZR 47/58) wie die Mängelbeseitigung durch einen Dritten das Geschäft des zur Mängelbeseitigung verpflichteten Unternehmers ist (BGHZ 70, 389, 396, Urt v 23. 2. 1978, Az: VII ZR 11/76: doppelte Tilgungsbestimmung). Führt die Leistung des Dritten nicht zu einem Erlöschen der Forderung, sondern bewirkt sie, dass die Forderung gegen den Schuldner auf ihn übergeht (zB § 268 Abs 3), so führt der Dritte grundsätzlich ein ausschließlich eigenes Geschäft. Ausführlich zur Erfüllung fremder Schulden: Rn 258 ff.

β) Tilgung fremder Schulden im Zusammenhang mit Unterhaltsansprüchen und öffentlich-rechtlichen Versorgungsansprüchen

147 Die Gestaltungen im Zusammenhang mit Unterhaltsansprüchen und öffentlich-rechtlichen Versorgungsansprüchen sind vielgestaltig. Unproblematisch ist der Fall, dass ein gänzlich Unbeteiligter mit Fremdtilgungswillen (§ 267) fremde Unterhaltsschulden erfüllt. Hier liegt ein Geschäft des Unterhaltspflichtigen vor (BGHZ 28, 359, 361 f, Urt v 20. 11. 1958, Az: VII ZR 47/58; vgl auch § 679 Alt 2; ausführlich: 258 ff). Kompliziert werden die Verhältnisse, wenn ein Dritter in rechtsgeschäftliche, deliktische oder geschäftsführungsrechtliche Rechtsbeziehungen zum Unterhaltsberechtigten tritt. Für die tradierte Lehre bewährt sich hier der Begriff des relativen fremden Geschäfts von Wollschläger (Rn 27, 141). Wurde der **Unterhaltsberechtigte von einem Dritten deliktisch verletzt**, so besorgt der Unterhaltspflichtige das Geschäft des Schädigers; denn im Verhältnis zu dem lediglich sekundärpflichtigen Unterhaltspflichtigen ist es primär Sache und damit Geschäft des Schädigers, für die Wiederherstellung der Gesundheit des Verletzten zu sorgen und letztlich die notwendigen Kosten zu tragen, zu denen etwa auch die Besuchskosten der unterhaltspflichtigen Angehörigen zählen (BGH NJW 1979, 598, Urt v 21. 12. 1978, Az: VII RZ 91/77; **aA** zB Esser/Weyers, Schuldrecht II/2[8] § 46 II 2 d [5] S 18). S im Einzelnen zur der sehr umstrittenen Gruppe der **„unechten Gesamtschuld“** Rn 275.

148 In den Einzelheiten sehr umstritten sind die Fälle der ärztlichen **Heilbehandlung Unterhaltsberechtigter** (Brennecke, Ärztliche Geschäftsführung ohne Auftrag 151 ff). Soweit mit dem Patienten – zB aufgrund Bewusstlosigkeit infolge eines Unfalls – ein Behandlungsvertrag nicht zustande gekommen ist, besorgt der Arzt oder das Krankenhaus zunächst ein **Geschäft des Patienten**; die eigene Heilung ist auch das eigene Geschäft des Patienten (heute allgemeine Meinung, zB Beitzke MDR 1951, 262; BGB-RGRK/Steffen[12] Vor § 677 Rn 28; zur früher umstrittenen Frage, ob eine ärztliche Heilbehandlung überhaupt ein Geschäft iSd § 677 ist: s Rn 108). Nach verbreiteter Auffassung führt der behandelnde Arzt bei der Heilbehandlung Unterhaltsberechtigter auch ein Geschäft für den für die Heilbehandlung verantwortlichen **Unterhaltspflichtigen** (OLG Köln

NJW 1965, 350, Urt v 17. 9. 1964, Az: 10 U 105/64: Anspruch des Krankenhauses bei Behandlung eines Kindes gegen den Sorgepflichtigen; LG Stuttgart NJW 1961, 972, 973, Urt v 8. 2. 1961, Az: 5 S 341/60; vgl auch: LG Berlin NJW 1960, 1390, Urt v 28. 3. 1960, Az: 7 S 2/60; OLG Hamburg HRR 1932, 112, Urt v 31. 3. 1931, Az: Bf VI 171/30; BGB-RGRK/Steffen[12] Vor § 677 Rn 28; allgemein zur Haftung bei ärztlicher Behandlung kranker Angehöriger: Strutz NJW 1972, 1110; ist der Unterhaltspflichtige dem Unterhaltsberechtigten dagegen nur zur Zahlung von Geld verpflichtet, ist die Heilbehandlung wohl nach keiner Auffassung sein Geschäft: LG Hamburg MDR 1966, 234, Urt v 8. 4. 1965, Az: 18 T 27/65; vgl auch LG Berlin NJW 1960, 1390, Urt v 28. 3. 1960, Az: 7 S 2/60; BGB-RGRK/Steffen[12] Vor § 677 Rn 28; s Rn 277 ff). Nach sehr umstrittener Auffassung soll dies auch dann gelten, wenn der Behandelnde aufgrund eines Vertrages mit dem verletzten Unterhaltsberechtigten tätig wird (LG Bonn FamRZ 1970, 321, Urt v 28. 1. 1970, Az: 7 O 3312/69; LG Bielefeld MDR 1966, 234; Urt v 6. 10. 1965, Az: 1 S 219/65; LG Stuttgart NJW 1961, 972, 973, Urt v 8. 2. 1961, Az: 5 S 341/60; BGB-RGRK/Steffen[12] Vor § 677 Rn 28; **aA**: OLG Saarbrücken NJW 1998, 828, 829, Urt v 7. 5. 1997, Az: 1 U 771/96-127; OLG Koblenz NJW 1992, 2367 f, Urt v 20. 6. 1991, Az: 5 U 75/91; Strutz NJW 1972, 1110, 1111). Das sich hier stellende Problem des sog **pflichtengebundenen Geschäftsführers** wird unten eingehend behandelt (s Rn 309 ff). Daneben wird der Arzt bei Unfallschädigungen auch für den **Schädiger** tätig (BGB-RGRK/Steffen[12] Vor § 677 Rn 28).

Die Rechtsprechung war (früher) häufig mit Fällen befasst, in denen der Zahlende aufgrund eigener Rechtspflicht (Rentenzahlung des Staates aufgrund **öffentlich-rechtlicher Versorgungspflicht)** an den Unterhaltsberechtigten zahlte. Die Rechtsprechung des BGH geht unter dem Blickwinkel der Auch-Gestion von der grundsätzlichen Möglichkeit eines **Erstattungsanspruchs** des – kraft öffentlichen Rechts verpflichteten – Staates gegen den **primär Unterhaltspflichtigen** aus Geschäftsführung ohne Auftrag gem § 683 aus (BGHZ 33, 243, 244, Urt v 7. 11. 1960, Az: VII ZR 168/59; BGHZ 30, 162, 167, Urt v 4. 6. 1959, Az: VII ZR 217/58), verneinte aber in Einzelfällen unter Berufung auf die Besonderheiten der jeweiligen Fallkonstellation das Bestehen von Geschäftsführungsansprüchen. In BGHZ 28, 359 hatte die zahlende Versorgungsbehörde unter dem Vorbehalt der Rückforderung an ein uneheliches Kind gezahlt. Gestützt auf den Widerrufsvorbehalt verneinte des BGH eine Drittleistung iSd § 267 und damit die Erfüllungswirkung der geleisteten Zahlung zugunsten des Erzeugers (BGHZ 28, 359, 364 f, Urt v 20. 11. 1958, Az: VII ZR 47/58). In BGHZ 30, 162 (für das BVersG) und BGHZ 33, 243 (für die FürsPflVO) kam der BGH zum Ausschluss der Inanspruchnahme des Unterhaltspflichtigen aus dem Gesichtspunkt der Geschäftsführung ohne Auftrag wegen des abschließenden Charakters des einschlägigen Spezialgesetzes (BGHZ 33, 243, 245 f, Urt v 7. 11. 1960, Az: VII ZR 168/59, wo zusätzlich auch der Fremdtilgungswille mit Blick auf einen möglichen Forderungsübergang verneint wurde; BGHZ 30, 162, 169 ff, Urt v 4. 6. 1959, Az: VII ZR 217/58; BGH FamRZ 1963, 352, Urt v 19. 3. 1963, Az: VI ZR 66/62; BGH LM BGB § 683 Nr 11, Urt v 13. 6. 1960, Az: VII ZR 114/59, s Rn 196, 277 ff). Das BVerfG dagegen stellte – im Anschluss an BGHZ 30, 162 – in einer Entscheidung, die denselben Themenkomplex betraf, darauf ab, dass ein Rückgriff wegen fehlenden Geschäftsführungswillens nicht in Betracht komme: Das Versorgungsamt, das eine Rente bewillige und gewähre, führe eine ihm gesetzlich obliegende Aufgabe aus; es besorge daher ein eigenes, kein fremdes Geschäft. Wille und Absicht gingen bei Bewilligung und Auszahlung objektiv auf Erfüllung dieser eigenen Leistungspflicht (BVerfG JZ 1965, 568, 569, Beschluss v 31. 3. 1965, Az: 2 BvL 17/63; Wittmann, Begriff und Funktion der Geschäftsführung ohne Auftrag 114). 149

γ) **Rettungsfälle**

150 Wer tätig wird, um einem verletzten oder in Gefahr befindlichen Menschen zu helfen (erste Hilfe, Unfallbergung; Herbeirufen von Hilfe; Krankentransport), besorgt damit jedenfalls ein Geschäft des **Verletzten** oder **Gefährdeten** (vgl: BGHZ 67, 368, 372, Urt v 25. 11. 1976, Az: II ZR 201/74; RGZ 167, 85, 88, Urt v 7. 5. 1941, Az: VI 72/40; RG DR 1944, 287, Urt v 12. 11. 1943, Az: V 65/43; Brennecke, Ärztliche Geschäftsführung ohne Auftrag 97 ff; Roth NJW 2006, 2814, 2815; Loyal VersR 2013, 966, 968 f; krit Koch, Unaufgeforderte Hilfeleistung in Notsituationen 192 ff; 363 ff, der für einen Abschied von der Geschäftsführung ohne Auftrag als Regelungsrundlage des zivilrechtlichen Ausgleichs in Nothilfesituationen plädiert; zur früher umstrittenen Frage, ob nicht vermögensbezogene Handlungen überhaupt dem Geschäftsführungsbegriff genügen: Rn 108). Eine Laboruntersuchung ist Geschäft des Patienten. Dem Laborarzt steht also ein Anspruch aus § 683 zu, wenn ein Vertragsverhältnis zwischen ihm und den Patienten, vertreten durch den behandelnden Arzt, nicht zustande gekommen ist (LG Dortmund NJW-RR 2007, 269, Urt v 19. 10. 2006, Az: 4 S 62/06; Brennecke, Ärztliche Geschäftsführung ohne Auftrag 118 ff). Auch die Rettung eines Selbstmörders ist dessen Geschäft (BayObLGZ 1968, 200, Urt v 29. 7. 1968, Az: RReg 1a Z 229/67). Aber auch hier kann es zu einer Ausweitung des Kreises möglicher Geschäftsherren kommen. Wurde der Unglücksfall von jemand (durch Tun oder Unterlassen) verursacht, der hierfür aufzukommen hat, besorgt der Geschäftsführer auch ein Geschäft des **Schädigers**; im Rahmen der Brandbekämpfung führt die Feuerwehr zB ein Geschäft sowohl der betroffenen Eigentümer als auch des (schuldlosen) Brandverursachers (zB BGHZ 40, 28, 31, Urt v 20. 6. 1963, Az: VII ZR 263/61; BGB-RGRK/Steffen[12] Vor § 677 Rn 21). Der Retter der bedrohten Person führt auch ein Geschäft desjenigen, der **zur Rettung** dieser Person **verpflichtet** ist: Die Rettung in Seenot befindlicher Matrosen ist Geschäft des Reeders des havarierten Schiffes (BGHZ 67, 368, 372, Urt v 25. 11. 1976, Az: II ZR 201/74), der Schutz des Arbeitnehmers vor Betriebsgefahren das Geschäft des Arbeitgebers (RG DR 1944, 287, 288, Urt v 12. 11. 1943, Az: V 65/43; BGHZ 55, 207, 210, Urt 21. 1. 1971, Az: VII ZR 97/69 mAnm Rietschel LM BGB § 677 Nr 15 und Anm Gitter JZ 1971, 784); allgemein lässt sich sagen, dass denjenigen, der einen anderen (den später Geretteten) mit einer gefährlichen Tätigkeit beauftragt, die Verpflichtung trifft, den Beauftragten vor der Realisierung der Gefahr zu schützen (**aA**: Wittmann, Begriff und Funktion der Geschäftsführung ohne Auftrag 72 ff, der allerdings über die Konstruktion eines Vertrages mit Drittwirkung zwischen Auftragnehmer und Auftraggeber mit Schutzwirkung zugunsten des Lebensretters zum selben Ergebnis kommt). Ist die gerettete Person verheiratet, so ist die Rettung zugleich ein Geschäft des **Ehepartners** (RGZ 167, 85, 88, Urt v 7. 5. 1941, Az: VI 72/40: Rettung der ertrinkenden Ehefrau als Geschäftsführung für den Ehemann; Wollschläger, Die Geschäftsführung ohne Auftrag 299 ff); dies wird aus der ehelichen Lebensgemeinschaft abgeleitet (§ 1353). Ob auch ein Geschäft des **Krankenversicherers** besorgt wird, ist nicht ohne Weiteres zu beantworten. Abzugrenzen ist danach, ob der Retter ein unmittelbares Geschäft der Krankenversicherung erledigt oder ob der Versicherung nur ein mittelbarer Reflexvorteil zukommt, der die Geschäftsbesorgung nicht zu ihrem Geschäft macht (s Rn 134 ff, 304 ff). Von Bedeutung ist insoweit, ob der Gerettete über privaten oder gesetzlichen Versicherungsschutz verfügt. Hat der Verletzte gegen seine **private Krankenversicherung** nur einen Geldersatzanspruch, liegt in der Rettung nur ein mittelbarer Vorteil für die lediglich kostenersatzpflichtige Versicherung; ein ihr obliegendes Geschäft wird durch die Rettungstat nicht geführt (vgl Rietschel LM BGB § 683 Nr 8). Dagegen trifft die **gesetzlichen Krankenversicherungen** das Sachleistungsprinzip, § 2 SGB V (vgl dazu BGHZ 140, 102, Urt v 26. 11. 1998, Az: III ZR 223/97). Die tatsächliche Krankenpflege iwS, inklusive Herbeirufen und Veranlassen ärztlicher Hilfe, und nicht nur die Übernahme der finanziellen Kosten ärztlicher Behandlung, ist das Geschäft der gesetzlichen Krankenkassen (BGHZ 33, 251, 254 f, Urt v 7. 11. 1960, Az: VII ZR 82/59; OLG München NJW-RR 1988, 1013, 1015, Urt v 10. 12. 1987, Az: 19 U 6312/86: Krankentransport als Geschäft der gesetzlichen Krankenversicherung; vgl auch: BGHZ 140, 102, Urt v 26. 11. 1998, Az: III ZR 223/97), so dass derjenige, der dem Hilferuf eines gesetzlich Versicherten nachgeht, ein Geschäft der gesetzlichen Krankenkasse besorgt (**aA**: Wittmann, Begriff und Funktion der Geschäftsführung ohne Auftrag 74 f; Wollschläger, Die Geschäftsführung ohne Auftrag 302 f). Problematisch sind die Fälle, in denen die Hilfeleistung gerade verhindert, dass ein Krankenhilfefall eintritt, der Retter also den Gefährdeten unversehrt aus der Gefahrensituation befreit, oder aber der Krankenhilfefall erst später eintritt. Während im letzteren Fall in der Lehre aus Billigkeit noch eine die Ersatzpflicht der gesetzlichen Krankenkasse begründende Geschäftsbesorgung für diese angenommen wird, wird sie im ersten Falle verneint: Präventivmaßnahmen seien nicht Geschäft der gesetzlichen Krankenkasse (Rietschel LM BGB § 683 Nr 8; BGB-RGRK/Steffen[12] Vor § 677 Rn 21). Dies wird man angesichts der sich ausdehnenden Präventionskampagnen der gesetzlichen Kassen heutzutage bezweifeln können.

δ) Warnung vor und Beseitigung von Gefahren; Schadensminderung und Vorsorgeaufwendungen

Wer vor Gefahren **warnt** oder eine Gefahr **beseitigt**, kann ein Geschäft sowohl desjenigen führen, der durch die Gefahr bedroht ist als auch desjenigen, der die Gefahr verursacht hat. Wer ein Fahrzeug auf dunkler Straße anhält, um den Fahrer auf das Fehlen der Rückbeleuchtung und die Gefahr des Auffahrunfalls aufmerksam zu machen, führt ein Geschäft des Fahrers und der unfallbedrohten nachfolgenden Verkehrsteilnehmer, selbst wenn diese auf die vom Warner zum Stehen gebrachten Fahrzeuge auffahren und sich dadurch verletzen (BGHZ 43, 188, Urt v 16. 3. 1965, Az: VI ZR 210/64; BGB-RGRK/Steffen[12] Vor § 677 Rn 19; vgl auch OLG Nürnberg VersR 1973, Urt v 30. 6. 1972, Az: 1 U 33/72: Sicherungspflicht des Geschäftsführers bei Anhalten für den nachfolgenden Verkehr; ebenfalls OLG Koblenz NJW 1962, 1515, Urt v 27. 3. 1962, Az: 6 U 582/61: Warnung vor vereister Strecke). In einer späteren Entscheidung hat der BGH die Frage offen gelassen, ob in der Beseitigung eines Verkehrshindernisses (Anhalten auf der Autobahn, um ein von einem vorausfahrenden Fahrzeug verlorenes Reserverad aus der Fahrbahn zu räumen) auch eine Geschäftsführung für den nachfolgenden Verkehr liegt; jedenfalls liegt darin eine Geschäftsführung für den Vorausfahrenden (BGH VersR 1970, 620, Urt v 7. 4. 1970, Az: VI ZR 217/68). Im Falle des Ankerverlustes ist es Geschäft des Eigners oder Ausrüsters des Schiffes, die verlorenen Anker zu suchen und zu bergen, um andere Fahrzeuge oder Anlagen vor den von den Ankern ausgehenden Gefahren zu schützen; auf ein Verschulden kommt es nicht an (BGHZ 65, 384, 386 f, Urt v 15. 12. 1975, Az: II ZR 54/74; BGH NJW 1969, 1205, 1206, Urt v 10. 4. 1969, Az: II ZR 239/67). Entsprechendes gilt für die Wahrschau und Kennzeichnung eines den Schiffsverkehr gefährdenden gesunkenen Schiffes (BGH NJW 1964, 1365, Urt v 12. 3. 1964, Az: II ZR 243/62; **aA**: OLG Hamburg SeuffA 75, Nr 190, Urt v 16. 2. 1920, Az: Bf I 276/19). **151**

Wird der Geschäftsführer **schadensmindernd** oder **schadensverhütend** tätig, so besorgt er sowohl ein Geschäft des Geschädigten als auch ein dem haftenden Schädiger obliegendes Geschäft (BGHZ 40, 28, 31, Urt v 20. 6. 1963, Az: VII ZR 263/61; BGH VersR 1970, 620, Urt v 7. 4. 1970, Az: VI ZR 217/68). Dagegen wird eine Geschäftsführung für die **152**

Haftpflichtversicherung des Schädigers ausscheiden, da diese aus der Geschäftsführung nur einen mittelbaren Reflexvorteil zieht, der aber kein fremdes Geschäft begründet (s Rn 134 ff). Eine Behörde oder ein Ölschadensdienst, die nach einem Kfz-Unfall schadensmindernd tätig werden und ausgelaufenes Öl absaugen, führen demnach kein Geschäft des Haftpflichtversicherers (BGHZ 54, 157, 160 f, Urt v 22. 5. 1970; Az: IV ZR 1008/68; BGHZ 72, 151, 153, 155, Urt v 4. 7. 1978, Az: VI ZR 95/77; BGH, NJW-RR 2012, 163, Rn 6, Urt v 28. 9. 2011, Az: IV ZR 294/10; vgl Wittmann, Begriff und Funktion der Geschäftsführung ohne Auftrag 76); unter Umständen kann sich aber aus anderen Rechtsgründen ein Direktanspruch gegen die Haftpflichtversicherung ergeben, etwa aus § 115 Abs 1 VVG, sofern man mit dem BGH „unfreiwillige" Aufwendungen dem Schaden gleichstellt (BGH NJW-RR 2012, 163, Rn 10 ff, Urt v 28. 9. 2011, Az: IV ZR 294/10). In der österreichischen Judikatur werden Ansprüche des Geschädigten auf Ersatz von **Vorsorgeaufwendungen** (präventiven Aufwendungen des Geschädigten zur Geringhaltung eines möglichen Schadens), wozu insbesondere das Vorhalten von Ersatzfahrzeugen zählt, nach den Grundsätzen der Geschäftsführung ohne Auftrag behandelt (Meissel, Geschäftsführung ohne Auftrag 87 ff; zur schadensersatzrechtlichen Lösung im deutschen Recht und der Kritik daran: Staudinger/Schiemann [1998] § 249, Rn 109 ff; zum Ersatz von Regulierungskosten im österreichischen Recht: Meissel, Geschäftsführung ohne Auftrag 97 ff; vgl auch Schäfer/Ott, Lehrbuch der ökonomischen Analyse des Zivilrechts[4] 248 ff; BGH NJW 1992, 1043, Urt v 14. 1. 1992, Az: VI ZR 120/91).

ε) Selbstaufopferung

153 Opfert jemand zB im Straßenverkehr oder auf der Skipiste eigene Rechtsgüter auf, indem er etwa im Rahmen eines Ausweichmanövers seinen Wagen in den Graben oder sein Snowboard in eine Gletscherspalte lenkt, um von einem Dritten Schaden abzuwenden, so führt er ein Geschäft des Geretteten, sofern und soweit er für den Fall, dass es doch zum Unfall gekommen wäre, nicht für den Schaden einzustehen hätte (zur Selbstaufopferung: Konzen, Aufopferung im Zivilrecht; Canaris JZ 1963, 655; Deutsch AcP 165 [1965] 193; Hubmann JZ 1958, 489). Hätte er dagegen im fiktiven Falle der Kollision für den Schaden gehaftet, so mutet ihm die Rechtsordnung erst recht zu, die Kosten des Ausweichens und der Schadensvermeidung zu tragen; bei wertender Betrachtung (s Rn 129 ff) liegt allein ein Geschäft des sich selbst Aufopfernden vor. Insbesondere die Selbstaufopferung im Straßenverkehr hat Rechtsprechung und Lehre wiederholt beschäftigt (Wollschläger, Die Geschäftsführung ohne Auftrag 305 ff; Canaris JZ 1963, 655; Frank JZ 1982, 737; Giesen Jura 1996, 225, 232 ff; Hagen NJW 1966, 1893; Martinek/Theobald JuS 1997, 805, 807 f; Esser/Weyers, Schuldrecht II/2[8] § 46 II 2 d [4] S 15 ff; Larenz, Schuldrecht II/1[13] § 57 I b S 450 f). Insoweit gilt: Gelingt (a) der Entlastungsbeweis des § 7 Abs 2 StVG (höhere Gewalt) bzw des § 17 Abs 3 StVG (unabwendbares Ereignis), so handelt es sich um ein Geschäft des ohne das Ausweichmanöver verletzten oder geschädigten Verkehrsteilnehmers; (b) misslingt der Entlastungsbeweis, so liegt ein Geschäft des Halters vor (BGHZ 38, 270, 275, Urt v 27. 11. 1962, Az: VI ZR 217/61; OLG Oldenburg ZGS 2005, 33, 35 f, Urt v 4. 11. 2004, Az: 1 U 73/04; Rebler MDR 2013, 254, 256 f; BGB-RGRK/Steffen[12] Vor § 677 Rn 16 f). Ist (c) der Fahrer nicht zugleich der Halter, führt er (1) auch ein eigenes Geschäft, wenn er sich nicht gem § 18 Abs 1 S 2 StVG exkulpieren kann; gelingt (2) die Exkulpation des Fahrers, scheitert aber der Entlastungsbeweis des § 7 Abs 2 StVG oder des § 17 Abs 3 StVG, so führt der Fahrer ausschließlich ein Geschäft des Halters (BGB-RGRK/Steffen[12] Vor § 677 Rn 17). Liegen die Voraussetzungen einer Geschäftsführung für den ansonsten verletzten Verkehrsteilnehmer vor, so kann der Geschäftsführer von ihm nach § 683

Ersatz seiner Aufwendungen inklusive seiner Sach- und Körperschäden verlangen, selbst wenn ein deliktischer Anspruch mangels Verschuldens oder nach Entlastung des Anspruchsgegners entfallen würde (OLG Oldenburg VersR 1972, 1178, Urt v 22. 6. 1972, Az: 3 U 1/72; BGB-RGRK/Steffen[12] Vor § 677 Rn 18); allerdings wird der Anspruch von der Rechtsprechung entsprechend dem Gedanken der §§ 740 ff HGB (vgl auch § 1043 öABGB) gekürzt (s § 683 Rn 67).

Weicht der Geschäftsführer einem Kind aus, stellt sich die Frage, ob auch eine **154**
Geschäftsführung für die **Eltern des Kindes** vorliegt (dazu Frank JZ 1982, 737, 742 f; Friedrich VersR 2005, 1660; ders VersR 2000, 697). Dies wird von der Instanzgerichtsbarkeit im Grundsatz angenommen, weil es Aufgabe der personensorgeberechtigten und -verpflichteten Eltern sei, Gefahren jedenfalls von kleinen Kindern fernzuhalten (OLG Oldenburg VersR 1972, 1178, Urt v 22. 6. 1972, Az: 3 U 1/72; OLG Celle VersR 1976, 448, Urt v 7. 4. 1975, Az: 5 U 126/74; OLG Jena OLG-NL 1998, 101, Urt v 21. 10. 1997, Az: 8 U 865/97; OLG Hamm VersR 2002, 1254, Urt v 25. 9. 2000, Az: 13 U 45/00; BGB-RGRK/Steffen[12] Vor § 677 Rn 18). Demgegenüber weist Canaris darauf hin, dass das Rechtsinstitut der Geschäftsführung ohne Auftrag nicht dazu missbraucht werden dürfe, eine über § 832 hinausgehende, vom Gesetz eben nicht gewollte Haftung der Eltern für das Verhalten ihrer Kinder herzuleiten (Canaris JZ 1963, 655, 660; s auch: LG Berlin NJW 1999, 2906, Urt v 29. 10. 1998, Az: 58 S 445/97: Der sich aufopfernde Geschäftsführer soll keinen Anspruch gegen die Eltern haben, wenn diese nicht ihre Aufsichtspflicht verletzten, da er dann kein Geschäft der Eltern führe). In einer älteren Entscheidung sprach der BGH aus, ohne ein irgendwie erkennbares äußeres Anzeichen oder eines sonstigen eindeutigen Nachweises könne nicht angenommen werden, dass ein Kraftfahrer, der einem Jugendlichen, der der dauernden Obhut seiner Eltern im Straßenverkehr entwachsen ist, ausweicht, damit auch für denjenigen handele, der wegen seiner Verbundenheit mit dem Jugendlichen seinerseits zu Rettung verpflichtet wäre oder an seiner Rettung ein unmittelbares Interesse gehabt hätte (BGH VersR 1958, 168, 169, Urt v 17. 12. 1957, Az: VI ZR 288/56). – Allerdings hat die Frage der geschäftsführungsrechtlichen Inanspruchnahme der Eltern nach **Verschärfung des § 7 Abs 2 StVG** an praktischer Bedeutung verloren (vgl OLG Oldenburg ZGS 2005, 33, 35 f, Urt v 4. 11. 2004, Az: 1 U 73/04 zu § 7 Abs 2 StVG nF; dazu Friedrich VersR 2005, 1660).

ζ) Selbsthilfe des gestörten Eigentümers oder des Besitzers

Die Beseitigung einer rechtswidrigen Eigentumsstörung ist gem § 1004 Sache des **155**
Störers. Beseitigt ein Eigentümer die Beeinträchtigungen selbst, so führt er ein Geschäft des gem § 1004 verantwortlichen Störers, und zwar selbst dann, wenn er seinerseits einer polizeilichen Verfügung nachkommt (BGH NJW 2012, 1080 Rn 6, Urt v 13. 1. 2012, Az: V ZR 136/11; BGH NJW 2005, 1366, 1367, Urt v 4. 2. 2005, Az: V ZR 142/04: Beseitigung von Bodenkontamination; BGHZ 110, 313, 315, Urt v 8. 3. 1990, Az: III ZR 81/88; RGZ 167, 55, 58 f, Urt v 29. 4. 1941, Az: VI 129/40). Vorkehrungen gegen Steinschlag, der von einem verwitterten Felsen ausgeht, sind Geschäft des Eigentümers des Grundstücks, auf dem der Felsen gelegen ist, wenn dieser als Störer nach § 1004 verpflichtet ist (RGZ 149, 205, 208, 210 ff, Urt v 13. 11. 1935, Az: V 99/35). Wer Schutzmaßnahmen gegen den von einem Nachbargebäude ausgehenden Steinschlag ergreift (RGZ 149, 205, 208, Urt v 13. 11. 1935, Az: V 99/35) oder die zur Abwehr der Gefahr notwendigen Vorkehrungen selbst trifft, besorgt ein Geschäft des aus § 908 verpflichteten Störers (BGH NJW 1968, 1327, 1328, Urt v 3. 5. 1968, Az: V ZR 229/64; bzw umgekehrt, wer nach § 909 verpflichtet ist, führt ein eigenes Geschäft und nicht ein Geschäft seines Nachbarn: OLG Düsseldorf MDR 1972,

948, Urt v 28. 3. 1972, Az: 4 U 261/71). Dagegen liegt darin kein Geschäft für den Architekten vor, der durch seine schlechte Planung die Gefahr für das Nachbargebäude verursacht hat; dem Architekten kommt eine Geschäftsführung nur mittelbar als Reflexvorteil zugute, wie sie den Umfang seiner Haftung gegenüber dem störenden Grundstückseigentümer eingrenzt (OLG Frankfurt VersR 1997, 360, Urt v 20. 12. 1995, Az: 17 U 49/95; zum Reflexvorteil: Rn 134 ff). Ausführlich zu den sog Selbsthilfeaufwendungen vgl Rn 287 ff.

η) Abschleppfälle (pflichtengebundener Geschäftsführer, Selbsthilfe)

156 Es lassen sich zwei Arten von Abschleppfällen unterscheiden. Einmal geht es um solche Fälle, in denen die öffentliche Hand einen (polizei-)rechtswidrig geparkten Pkw durch einen privaten Abschleppdienst entfernen lässt und dieser private Unternehmer anschließend Ersatz seiner Aufwendungen vom Halter des abgeschleppten Fahrzeugs verlangt. Bei der anderen Gruppe geht es um Fälle, in denen eine Privatperson einen Pkw abschleppen lässt, etwa weil ein Privatparkplatz unberechtigt belegt (BGHZ 181, 233 Rn 12 ff, Urt v 5. 6. 2009, Az: V ZR 144/08; BGH NJW 2012, 528 Rn 6 ff, Urt v 2. 12. 2011, Az: V ZR 30/11; BGH NJW 2012, 3781 Rn 3 ff, Urt v 21. 9. 2012, Az: V ZR 230/11; BGH NJW 2014, 3727 Rn 13, Urt v 4. 7. 2014, Az: V ZR 229/13; Koch NZV 2010, 336) oder eine Grundstücksausfahrt (BGH NJW-RR 2011, 1476 Rn 9 ff, Urt v 1. 7. 2011, Az: V ZR 154/10) blockiert wird.

157 In Rechtsprechung und Lehre ist es heillos umstritten, ob der **Abschleppunternehmer**, der aufgrund eines Auftrags der Polizei ein verbotswidrig geparktes Fahrzeug abschleppt, damit zugleich ein Geschäft des Halters oder Eigentümers des Fahrzeuges wahrnimmt (so: LG Stuttgart VersR 1973, 517, Urt v 7. 1. 1972, Az: 6 S 263/71; LG Braunschweig NJW 1966, 1820, Urt v 9. 11. 1965, Az: 6 S 40/65; LG Limburg MDR 1965, 742, Urt v 14. 4. 1965, Az: 3 S 7/65; anders: LG München I NJW 1978, 48, Urt v 28. 9. 1977, Az: 15 S 2733/77: kein Fremdgeschäftsführungswille; dazu: Schubert NJW 1978, 687, 688 f; OLG Karlsruhe DAR 1966, 20, Urt v 25. 6. 1965, Az: 10 U 103/65: Ein Abschleppunternehmer, der ein von der StA beschlagnahmtes Fahrzeug abschleppt, hat keinen Anspruch gegen den Eigentümer auf Zahlung der Abschleppkosten). Zur hier einschlägigen Problematik des pflichtengebundenen Geschäftsführers: Rn 309 ff. Der **Polizei** selber steht in der Regel kein Anspruch gegen den Eigentümer oder Halter des Kfz aus privatrechtlicher oder öffentlich-rechtlicher Geschäftsführung zu, weil diese Vorschriften meist durch einen Vorrang der Kostenersatzregeln des Polizeirechts ausgeschlossen werden (s dazu Rn 196). Das Veranlassen des Abschleppens eines die Grundstückszufahrt oder den Privatparkplatz blockierenden Pkw durch den **Grundstückseigentümer oder -besitzer** ist objektiv Geschäft des Fahrers und des Halters: Da die Besitz- oder Eigentumsstörung rechtswidrig ist, ist der Störer (Fahrer, Halter) gem §§ 862, 1004 zur Beseitigung der Störung verpflichtet (BGH NJW 2012, 3781 Rn 6 ff, Urt v 21. 9. 2012, Az: V ZR 230/11; BGH NJW-RR 2011, 1476 Rn 9 ff, Urt v 1. 7. 2011, Az: V ZR 154/10; Koch NZV 2010, 336); für die tradierte Lehre ist damit der Anwendungsbereich der §§ 677 ff eröffnet. Nicht Störer ist dagegen ein anliegendes Unternehmen, dessen **Anlieferer** Verkehrsverstöße begehen, durch die eine Grundstücksausfahrt blockiert wird: Denn es ist nicht Aufgabe eines Unternehmens, die Einhaltung der Verkehrsregeln durch seine Lieferanten zu überwachen (OLG Karlsruhe NJW 2007, 3443, 3445, Urt v 30. 3. 2007, Az: 14 U 43/06). Ausführlich zu den sog Selbsthilfeaufwendungen vgl Rn 287 ff.

υ) Vorprozessuale Abmahnung des Störers in Wettbewerbssachen

Die vorprozessuale Abmahnung eines sich wettbewerbswidrig verhaltenden Unternehmens oder Verbandes durch einen Konkurrenten oder einen sonst gem § 8 Abs 3 UWG Klagebefugten (§ 13 Abs 2 UWG aF) wurde nach ständiger Rechtsprechung als Angelegenheit des sich wettbewerbswidrig verhaltenen Störers angesehen: Die Abmahnung diene der Beseitigung der Störung, zu der der Störer verpflichtet sei (grundlegend: BGHZ 52, 393, 399 f – Fotowettbewerb, Urt v 15. 10. 1969, Az: I ZR 3/68; BGH LM UWG § 1 Nr 403, Urt v 22. 9. 1983, Az: I ZR 166/81 – Shop in the shop I; BGH ZIP 1991, 55, 57 f, Urt v 4. 10. 1990, Az: I ZR 39/89 – Zaunlasur; BGHZ 115, 210, 212, Urt v 26. 9. 1991, Az: I ZR 149/89 – Abmahnkostenverjährung; BFHE 201, 339, Urt v 16. 1. 2003, Az: V R 92/01; LG Düsseldorf NJW 1982, 239, Urt v 4. 9. 1981, Az: 22 S 107/81). Unangefochten war diese Position der Rechtsprechung allerdings nie. Mittlerweile haben sich die Probleme durch die Regelung der Abmahnung in § 12 Abs 1 UWG weitgehend erledigt. **§ 12 Abs 1 S 2 UWG** anerkennt ausdrücklich die Kostentragungspflicht des Zuwiderhandelnden bei berechtigter Abmahnung. Ausführlich s Rn 294 ff. 158

ι) Objektive Geschäfte des Eigentümers einer Sache

Wer **Aufwendungen** auf eine fremde Sache macht, führt ein Geschäft des Eigentümers, dagegen kein Geschäft des Pfandgläubigers, des späteren Ersteigerers (RGZ 97, 61, 65 f, Urt v 29. 10. 1919, Az: I 125/19) oder des Vormerkungsberechtigten (OLG Hamburg NJW 1961, 2350, Urt v 2. 10. 1961, Az: 8 U 56/61); bzgl dieser Personen liegt grundsätzlich lediglich ein Reflexvorteil vor (zum Reflexvorteil: s Rn 134 ff; zur Verwendung auf Sicherungsgut s Rn 300). Der Ausbau einer Wohnung (durch einen Dritten) ist Geschäft des Eigentümers und Vermieters, aber nicht des Mieters und erst recht nicht des Bürgen des zahlungsunfähigen Mieters, denen der Vorteil mittelbar als Reflexvorteil zugute kommt (BGHZ 82, 323, 329, Urt v 25. 11. 1981, Az: VIII ZR 299/80; OGHZ 1, 87, 104, Urt v 1. 7. 1948, Az: ZS 9/48; vgl § 539). Die **Benutzung** und **Verwaltung** eines Grundstücks ist Geschäft des Eigentümers (BGHZ 143, 9, 14, Urt v 21. 10. 1999, Az: III ZR 319/98; BGHZ 39, 186, 188, Urt v 25. 3. 1963, Az: VII ZR 270/61). Wer nach **§ 909** verpflichtet ist, führt kein Geschäft des Eigentümers des Nachbargrundstücks, sondern sein eigenes (OLG Düsseldorf MDR 1972, 948, Urt v 28. 3. 1972, Az: 4 U 261/71). Die **Verfügung** über eine Sache ist in erster Linie ein Geschäft des Eigentümers (BGHZ 75, 203, 205, Urt v 11. 10. 1979, Az: VII ZR 285/78). Ein Geschäft eines Dritten kann sie nur sein, wenn diesem aus irgendeinem Grund ein Veräußerungsrecht zusteht (RGZ 138, 45, 48 f, Urt v 11. 10. 1932, Az: II 58/32). Die **Gebrauchsüberlassung** (Vermietung) einer Sache ist grundsätzlich das Geschäft des Eigentümers (RGZ 105, 408, 409 f, Urt v 1. 12. 1922, Az: VII 64/22), die Untervermietung hingegen das Geschäft des Mieters (BGHZ 131, 297, 306 f, Urt v 13. 12. 1995, Az: XII ZR 194/93; s dazu: § 687 Rn 20). Allerdings ist zu beachten, dass der auf Übereignung oder Gebrauchsüberlassung einer fremden Sache gerichtete **schuldrechtliche Verpflichtungsvertrag** (Kaufvertrag, Mietvertrag) noch kein objektiv fremdes Geschäft darstellt, weil hier lediglich eine eigene Verpflichtung des Geschäftsanmaßers begründet wird; objektiv fremd wird das Geschäft erst mit dem sachbezogenen Vollzug, also der Übereignung oder Überlassung (Lent, Der Begriff der auftragslosen Geschäftsführung 10 ff; s § 687 Rn 20). Der **Vorbehaltseigentümer** führt mit einer Drittwiderspruchsklage ausschließlich ein eigenes Geschäft und nicht das Geschäft desjenigen, der das Anwartschaftsrecht vom Vorbehaltskäufer erworben hat (zur Schweizer Rechtsprechung: Schmid, Die Geschäftsführung ohne Auftrag Rn 229; vgl zur Verwendung auf Sicherungsgut Rn 300). 159

κ) Sonstige Einzelfälle

160 Die **Erschließung von Baugelände** (Erstellung von Straßen) ist das Geschäft der Gemeinde, nicht dagegen der anliegenden Grundstückseigentümer, die lediglich ein mittelbares Interesse haben (BGHZ 61, 359, 362, Urt v 8. 11. 1973, Az: VII ZR 246/72; eine andere Beurteilung kommt nach BGH WM 2002, 97, Urt v 8. 11. 2001, Az: III ZR 294/00 in Betracht, wenn bestimmte Grundstückseigentümer als zukünftige Nutznießer der Erschließung konkret auf das Erschließungsvorhaben Einfluss nehmen und einzelne es lediglich aus Zweckmäßigkeitserwägungen übernehmen, den maßgeblichen Erschließungsvertrag mit der Gemeinde abzuschließen; insoweit kann ein subjektiv fremdes Geschäft für die übrigen Anlieger vorliegen). Ist einem Anwalt die Beibringung eines Gesundheitsgutachtens aufgegeben worden (§ 15 Abs 1 BRAO), so führt die Rechtsanwaltskammer ein Geschäft des Anwalts, wenn sie den Gutachter selbst beauftragt (BGH NJW-RR 2014, 439 Rn 11, Beschl v 2. 11. 2013, Az: AnwZ (Brfg) 10/13). Die Durchführung der **Beerdigung** ist nicht das Geschäft desjenigen, der letztlich die Beerdigungskosten zu tragen hat (§§ 1968, 1615 Abs 2; s aber AG Büdingen NJW 2014, 3168, 3169, Beschl v 15. 5. 2014, Az: 53 F 65/14 RG), sondern des *Bestattungspflichtigen.* Nach einer in der amtlichen Sammlung veröffentlichen Entscheidung des III. Senats bestimmt sich dieser, wenn sich kein Totenfürsorgeberechtigter (nach gewohnheitsrechtlichen Grundsätzen: Sofern der Verstorbene keinen Dritten mit der Wahrnehmung seiner letzten Belange betraut hat, die nächsten Angehörigen) dazu bereit findet, nach den öffentlich-rechtlichen Bestattungsgesetzen der Länder (BGHZ 191, 325 Rn 9 ff, Urt v 17. 11. 2011, Az: III ZR 53/11; dazu: Widmann MDR 2012, 617). Etwas anders hat der IV. Senat in anderer Sache die Verantwortlichkeiten akzentuiert: Da die privatrechtliche Totenfürsorge nicht nur ein Recht, sondern eben auch eine Pflicht sei, werde unabhängig von der öffentlich-rechtlichen Bestattungspflicht ein Geschäft des Totenfürsorgeberechtigen und eben auch -pflichtigen geführt (BGH NJW 2012, 1651 Rn 9 ff, Beschl v 14. 12. 2011, Az: IV ZR 132/11; **aA**: Gutzeit/Vrban NJW 2012, 1630, 1631, 1633; zur römischrechtlichen *actio funeraria:* § 679 Rn 1). Gleichgültig, wie man die Person des Bestattungspflichtigen bestimmt: Dieser kann endlich gem § 1968 beim Erben Regress nehmen (BGH NJW 2012, 1651 Rn 11, Beschl v 14. 12. 2011, Az: IV ZR 132/11; OLGReport Saarbrücken 2002, 228, Urt v 27. 3. 2002, Az: 1 U 796/01; zu weiteren Rückgriffsmöglichkeiten: Staudinger/Marotzke [2010] § 1968 Rn 20 ff). Die **Beseitigung des Kadavers eines überfahrenen Tieres** durch den Jagdpächter ist kein Geschäft des Kraftfahrers, der das Tier getötet hat, sondern eines des Jagdpächters und der Öffentlichkeit (AG Siegburg NJW-RR 2000, 1598, Urt v 17. 6. 1999, Az: 3 C 115/99). Der **Drittschuldner** führt bei der Bearbeitung von Pfändungs- und Überweisungsbeschlüssen sowie bei der Erteilung von Auskünften (§ 840 ZPO) ein ausschließlich eigenes Geschäft (BAGE 119, 122, Urt v 18. 7. 2006, Az: 1 AZR 578/05). Die Zahlung der **Einfuhrumsatzsteuer** ist zunächst ein eigenes Geschäft des vom Hersteller beauftragten Speditionsunternehmens; allerdings besteht die Möglichkeit, dass er zugleich für den inländischen Besteller der Waren handelt, sofern ein solcher Fremdgeschäftsführungswille erkennbar geworden ist (BGHZ 114, 248, 250, Urt v 25. 4. 1991, Az: III ZR 74/90). Die Entgegennahme von Leistungen, die auf eine fremde Forderung erbracht werden (OLG Saarbrücken NJW-RR 2008, 696, 698 f, Urt v 6. 6. 2007, Az: 5 U 482/06) oder die Prozessführung zur **Geltendmachung fremder Forderungen** (im eigenen Namen) sind das Geschäft des Forderungsinhabers (LG Köln VersR 1974, 376, Urt v 9. 11. 1972, Az: 1 S 169/72). Der **Leasingnehmer**, der aufgrund einer unwirksamen Haftungsfreizeichnung im Leasingvertrag den Rückabwicklungsprozess gegen den Lieferanten führt, hat gegen den Leasinggeber Anspruch auf Erstattung der Prozesskosten aus Geschäftsführung

ohne Auftrag, denn die Führung des Rückabwicklung des Kaufvertrages ist objektives Geschäft des **Leasinggebers** (BGH NJW 2014, 1583 Rn 27 ff, Urt v 13. 11. 2013, Az: VIII ZR 257/12; BGH NJW 1994, 576, 578, Urt v 10. 11. 1993, Az: VIII 119/92). Dagegen liegt regelmäßig kein Geschäft des Leasinggebers vor, wenn der Geschäftsführer die geleaste Sache vor Zerstörung rettet, da Sach- und Preisgefahr auf den Leasingnehmer übergegangen sind (OLG Nürnberg NJW-RR 2013, 1325 f, Urt v 19. 3. 2013, Az: 14 U 613/12; Martinek/Theobald JuS 1997, 612, 615 selbst für den Fall, dass der Leasingnehmer mit den Ratenzahlungen in Verzug gerät; vgl zu Verwendungen auf Sicherungsgut Rn 300). In der Schweizer Rechtsprechung wurde als Fremdgeschäftsführung auch der Gläubiger angesehen, der zur Sicherung einer Forderung eine **Lebensversicherungspolice** seines Schuldners erhalten hatte und nun an dessen Stelle die **Prämien bezahlte**: Das Geschäft war insoweit fremd, als der Gläubiger den Schuldner von einer Schuld befreite und der Schuldner am Werterhalt der hingegebenen Sicherung interessiert war (vgl Schmid, Die Geschäftsführung ohne Auftrag Rn 223; anders dagegen, wenn der Schuldner selbst auf die Versicherung bezahlt: vgl *Falcke v Scottish Imperial Insurance Co* (34 ChD 234 [1887] [CA], s Rn 78). Übernimmt ein Energieversorger beim Scheitern eines Versorgerwechsels die **Notversorgung des Abnehmers mit Strom**, so kann in der Stromlieferung ein Geschäft des Abnehmers liegen (BGH NJW 2014, 1951 Rn 23, Urt v 22. 1. 2014, Az: VIII ZR 391/12; BGH NJW-RR 2005, 1426, 1428, Urt v 27. 4. 2005, Az: VIII ZR 140/04; BGH NZM 2005, 356, 358, Urt v 26. 2. 2005, Az: VIII ZR 66/04). Das Bemühen eines aufgestellten Wahlkreiskandidaten um ein **politisches Mandat** soll primär sein eigenes Geschäft und nicht das Geschäft der Partei sein (RG JW 1908, 37, Urt v 25. 11. 1907, Az: VI 109/07; Oertmann Vorbem 3 e vor §§ 677 ff). Der Rücktransport einer reparierten Sache vom Sitz des beauftragten Werkunternehmers (§ 269 BGB) ist in erster Linie Sache des Auftraggebers, auch wenn der Gegenstand einem Dritten gehört (BAG NJW 2012, 797 Rn 21 f, Urt v 20. 9. 2011, Az: 9 AZR 344/10). In der Durchführung der vom Mieter unterlassenen **Schönheitsreparaturen** durch den Vermieter wird teilweise eine Geschäftsführung für diesen gesehen (OLG Koblenz MDR 1999, 1496, Urt v 29. 7. 1999, Az: 5 U 1787/98; Lützenkirchen MDR 2001, 9; **aA**: OLG Hamburg NJW 1973, 2211, Urt v 8. 2. 1973, Az: 4 U 93/72; Ricker MDR 2000, 446; das vorrangige [vertragliche] Leistungsstörungsrecht schließt den Rückgriff auf §§ 677 oder § 812 aus; vgl zu Selbsthilfeaufwendungen: s Rn 287 ff). Für die Vornahme nicht geschuldeter Schönheitsreparaturen kann der Mieter nach hM keinen Ersatz verlangen. Zwar verweist § 539 Abs 1 (§ 547 Abs 2 aF) weiter auf das Recht der Geschäftsführung ohne Auftrag, aber nach der nicht zweifelsfreien Auffassung des BGH führt der Mieter kein Geschäft des Vermieters, sondern wird nur im eigenen Rechts- und Interessenkredit tätig (BGHZ 181, 188, Rn 19 ff, Urt v 27. 5. 2009, Az: III ZR 302/07; Thole NJW 2010, 1243, 1246 f; Lange ZGS 2009, 442, 446 f: kein Fremdgeschäftsführungswille). Die Bestellung von **Sicherheiten** ist das Geschäft des Kreditnehmers, auch wenn der Sicherungsgeber ein mittelbares Interesse an der Kreditgewährung hat (BGH NJW 2007, 63, Rn 12, Urt v 2. 11. 2006, Az: III ZR 274/05: Absicherung der Fremdfinanzierung des Kaufpreises durch den Verkäufer). Das Ergreifen von Schutzmaßnahmen zur Abwehr von Nachteilen, die sich aus einer **Straße und ihrer Nutzung** für Grundstücksnachbarn ergeben, ist Geschäft des Straßenbaulastträgers (BGH NJW 1978, 1258, Urt v 15. 12. 1977, Az: III ZR 159/75). Die **Straßenreinigung** ist in erster Linie das Geschäft des Verunreinigers (BGHZ 65, 354, 358, Urt v 4. 12. 1975, Az: VII ZR 218/73; anders, wenn der Geschäftsherr neuen Straßenbelag aufträgt: BGHZ 62, 186, 189, Urt v 1. 3. 1974, Az: V ZR 82/72). Mit Blick auf das Verfügungsrecht des Versicherungsnehmers gem §§ 179 Abs 1 S 2, 45 Abs 1 VVG ist der Abschluss einer **Insassen-Unfallversicherung** trotz materieller Berechtigung des Versicherten (§§ 179 Abs 1 S 2, 44 Abs 1 VVG) kein fremdes Geschäft des Versicherten (BGHZ 64, 260, 262 ff, Urt v 7. 5. 1975, Az: IV ZR 209/73 unter ausdrücklicher Aufgabe der früheren abweichenden Rechtsprechung; vgl auch WITTMANN, Begriff und Funktion der Geschäftsführung ohne Auftrag 120 ff; **aA** noch BGHZ 32, 44, 51 ff, Urt v 8. 2. 1960, Az: II ZR 136/58; s Rn 304 ff). Dem Träger einer Justizvollzugsanstalt steht kein Anspruch auf Ersatz seiner Aufwendungen zur Wiederherstellung der **Gesundheit eines Untersuchungsgefangenen** zu, der einen Selbstmordversuch begangen hat (BGHZ 109, 354, 358 f, Urt v 12. 12. 1989, Az: XI ZR 117/89: Es fehle bereits am Grundtatbestand der Geschäftsführung ohne Auftrag, weil der Staat aufgrund seiner öffentlich-rechtlichen Fürsorgepflicht, also aufgrund eigener Berechtigung handele; LG Frankfurt NJW 1977, 1924, 1925, Urt v 12. 7. 1977, Az: 2/24 S 47/77: Zwangsernähung eines Untersuchungsgefangenen; vgl auch SCHUBERT NJW 1978, 687). Nach der Wertung des Gesetzes hat der Staat die Kosten für die Wiederherstellung der Gesundheit zu tragen: § 93 Abs 1 StVollzG findet keine Anwendung auf Untersuchungsgefangene; ein entsprechendes Gesetzesvorhaben des Bundesrates wurde nicht umgesetzt (vgl Art 1 Nr 30 des Gesetzentwurfs zur Änderung des Strafvollzuggesetzes, BT-Drucks 11/3694 mit Begründung auf S 13; zur Geschäftsführung ohne Auftrag als Instrument der Lückenfüllung in Fällen gesetzlicher Subordinationsverhältnisse s Rn 196 ff). Sehr umstritten ist, ob bei der **unberechtigten Untervermietung** der Vermieter vom Mieter gem §§ 687 Abs 2 S 1, 681 S 2, 667 Herausgabe des gezogenen Untermietzinses verlangen kann. Dies wird von der hM abgelehnt, da die Untervermietung kein Geschäft des Vermieters ist. Die Untervermietung sei auch dann, wenn sie unberechtigt erfolgt, ein dem Mieter zugewiesenes Geschäft (BGHZ 131, 297, 306 f, Urt v 13. 12. 1995, Az: XII ZR 194/93 mit Anm SUSTMANN LM BGB § 549 Nr 18; BGH NJW 2002, 60, 61, Urt v 21. 9. 2001, Az: V ZR 228/00; BGH NJW 1964, 1853, Urt v 20. 5. 1964, Az: VIII ZR 235/63 mit Anm DIEDERICHSEN NJW 1965, 2296; BGH LM BGB § 535 Nr 42, Urt v 8. 1. 1969, Az: VIII ZR 184/66; WITTMANN, Begriff und Funktion der Geschäftsführung ohne Auftrag 153 f; SÖLLNER JuS 1967, 449; **aA**: LARENZ/CANARIS, Schuldrecht II/2[13] § 69 I 2 a S 173; THEUFFL JuS 1997, 886; HERSCHEL JuS 1968, 562; BERG JuS 1975, 681, 688 f: Gebrauch der Sache stehe dem Eigentümer zu und sei dem Mieter nur in den Grenzen der vertraglichen Vereinbarung gestattet; so auch: STAUDINGER/EMMERICH [2014] § 540 Rn 31 in entsprechender Anwendung des § 816 Abs 1; ebenfalls für das schweizerische Recht: SCHMID, Geschäftsführung ohne Auftrag Rn 1247). Weiteres dazu unter § 687 Rn 20. In früheren Zeiten wurde die **Züchtigung des Kindes** als Geschäft des Erziehungsberechtigten angesehen. Die Erfüllung dieser elterlichen Pflicht oblag uU sogar im öffentlichen Interesse, so dass sich von Fall zu Fall auch ein Dritter auf § 679 berufen konnte (LENT, Wille und Interesse bei der Geschäftsbesorgung 49 f; ZITELMANN AcP 99 [1906], 1, 110 f; zurückhaltend HAMACHER, Geschäftsführung ohne Auftrag als Ausschlußgrund der Rechtswidrigkeit 59 ff, der einen Rückgriff auf § 679 für ausgeschlossen hielt). Heute gilt dies angesichts des § 1631 Abs 2 nicht mehr, da die Züchtigung kein zulässiges Erziehungsmittel mehr ist (STAUDINGER/SALGO [2015] § 1631 Rn 92; s § 679 Rn 24).

d) Die Geschäftsführungsabsicht

161 Der Geschäftsführer muss *für* einen anderen, also in Geschäftsführungsabsicht handeln. Die Geschäftsführungsabsicht ist die tatbestandliche Verkörperung des das gesamte Rechtsverhältnis tragenden Interessenstrukturtyps der fremdnützigen Interessenwahrnehmung (Subordinationsverhältnis); sie – und nicht etwa der Begriff des fremden Geschäfts – ist das obligationsbegründende Element der Geschäftsführung ohne Auftrag (s Rn 28 ff; GURSKY AcP 185 [1985] 13, 28; vgl BGHZ 65, 354, 357, Urt v 4. 12. 1975, Az: VII ZR 218/73: die Geschäftsführungsabsicht gehört „zum Wesen der Geschäftsführung ohne Auftrag"; **aA**: WOLLSCHLÄGER, Die Geschäftsführung ohne Auftrag 72). Fehlt es an der Fremd-

nützigkeit der Geschäftsbesorgung, bleibt der Anwendungsbereich der echten Geschäftsführung ohne Auftrag verschlossen. Ein Rückgriff auf die §§ 677 bis 686 ist nicht möglich. Das Rechtsverhältnis bestimmt sich vielmehr und ausschließlich nach den allgemeinen Vorschriften der §§ 985 ff, 812 ff, 823 ff. Die objektive Theorie, nach der allein die Führung eines fremden Geschäfts geschäftsführungsrechtliche Rechtsfolgen hervorruft, hat sich in Deutschland nicht durchgesetzt (s Rn 23 ff). § 687 Abs 1 stellt ausdrücklich klar, dass die eigennützige Führung eines fremden Geschäfts dem Tatbestand der Geschäftsführung ohne Auftrag nicht genügt. Nur für den Fall, dass sich der Geschäftsführer vorsätzlich und rechtswidrig ein fremdes Geschäft in eigennütziger Weise anmaßt, stellt es der Gesetzgeber gem § 687 Abs 2 in das Ermessen des Geschäftsherrn, geschäftsführungsrechtliche Ansprüche geltend zu machen; eine (grob) fahrlässige und gar schuldlose Geschäftsanmaßung kennt das Gesetz aber nicht (s § 687 Rn 37).

Obwohl die Geschäftsführungsabsicht das tragende Element des Geschäftsführungs- **162**
begriffs ist und von daher im Mittelpunkt des Interesses stehen müsste (vgl Schwark JuS 1984, 321), wird ihrem Inhalt und Wesen doch wenig Beachtung geschenkt. Der schillernde Begriff des fremden Geschäfts – obwohl als Überbleibsel der kondiktionsnahen objektiven Theorie dem deutschen Recht der echten Geschäftsführung ohne Auftrag unbekannt (s Rn 116 ff, 120 ff) – versperrt den Blick. Faktisch ist an die Stelle der Geschäftsführungsabsicht eine am Begriff des objektiven fremden Geschäfts – und den dahinter stehenden Wertungen (s Rn 129 ff) – anknüpfende formelle Vermutungspraxis (s Rn 128 ff, 168) getreten, die den materiellen Gehalt der Subordination aus dem Begriff der Geschäftsführungsabsicht allmählich ausgewaschen hat (Rn 170; vgl Esser/Weyers, Schuldrecht II/2[8] § 46 II 2 c S 12 f). Der Vermutungspraxis korrespondiert die Beziehung der Geschäftsführungsabsicht auf den Begriff des fremden Geschäfts, die sinnfällig in der herrschenden Terminologie vom Fremdgeschäftsführungswillen zum Ausdruck kommt (zB BGH NZM 2005, 536, 538, Urt v 26. 2. 2005, Az: VIII ZR 66/04). Einfallstor der objektiven Theorie in den Kernbereich des Geschäftsführungsrechts ist die Missdeutung der Geschäftsführungsabsicht als ein empirisches Tatbestandsmerkmal (so Gursky AcP 185 [1985] 13, 27 f, 28 ff; zu Recht anders: Wittmann, Begriff und Funktion der Geschäftsführung ohne Auftrag 75 f; s Rn 31 f, 171 ff). – Diese Kommentierung löst die Geschäftsführungsabsicht aus dem Klammergriff des fremden Geschäfts heraus. Dem tradierten Begriff eines empirisch verstandenen, aber faktisch materiell entleerten Begriffs des Fremdgeschäftsführungswillens der hM hält die Kommentierung einen normativen, materiell am Subordinationscharakter der Geschäftsführung ohne Auftrag orientierten Begriff der Geschäftsführungsabsicht entgegen (auch Rn 28 ff).

aa) Der Fremdgeschäftsführungswille (hM)

α) Begriff und Inhalt des Fremdgeschäftsführungswillens

Die hM spricht nicht von der Geschäftsführungsabsicht, sondern vom Fremdge- **163**
schäftsführungswillen *(animus aliena negotia gerendi)*. Der Fremdgeschäftsführungswille sei der Wille, zumindest auch ein fremdes Geschäft zu führen (BGH NZM 2005, 536, 538, Urt v 26. 2. 2005, Az: VIII ZR 66/04; BGH LM BGB § 677 Nr 40, Urt v 23. 9. 1999, Az: III ZR 322/98; BGHZ 47, 370, 371, Urt v 20. 4. 1967, Az: VII ZR 326/64; BGHZ 40, 28, 30, Urt v 20. 6. 1963, Az: VII ZR 263/61); der Geschäftsführer müsse mit dem Bewusstsein *und* dem Willen handeln, zumindest auch im Interesse eines anderen tätig zu werden (BGHZ 114, 248, 249 f, Urt v 25. 4. 1991, Az: III ZR 74/90; BGH NZBau 2004, 34, 35, Urt v 21. 10. 2003, Az:

X ZR 66/01; BGH LM BGB § 677 Nr 2, Urt v 24. 10. 1951, Az: II ZR 48/50; RGZ 84, 390, Urt v 20. 4. 1914, Az: VI ZR 42/14; LARENZ, Schuldrecht II/1[13] § 57 I a S 438; MARTINEK/THEOBALD JuS 1997, 612, 613; ERMAN/DORNIS[14] § 677 Rn 7; PALANDT/SPRAU[73] § 677 Rn 4; WOLF AcP 166 [1966] 188, 217 hält die Fixierung auf das Interesse des Geschäftsherrn für unzureichend. Der Geschäftsführerwille verlange mehr. Der Geschäftsführer müsse nicht nur dem Interesse, sondern auch dem Willen des Geschäftsherrn genügen wollen; dagegen: GURSKY AcP 185 [1985] 13, 30 f), wobei es als völlig ausreichend angesehen wird, dass er eine Angelegenheit, die auch seine eigene sein mag, zugleich, und sei es auch nur nebenbei, für den anderen mitbesorgen will (BGB-RGRK/STEFFEN[12] Vor § 677 Rn 38). Will der Geschäftsführer dagegen eine (fremde) Angelegenheit ausschließlich als eigene wahrnehmen, geht ihm der Fremdgeschäftsführungswille ab (RGZ 130, 310, 311, Urt v 13. 10. 1930, Az: IV 688/29, BGB-RGRK/STEFFEN[12] Vor § 677 Rn 38).

164 Der Fremdgeschäftsführungswille, verstanden als das Bewusstsein und der Wille, zumindest auch ein fremdes Geschäft zu führen, setzt sich aus einem kognitiven und einem volitiven Element zusammen (OLGReport Rostock 2009, 41, Beschl v 10. 7. 2008, Az: 1 U 90/08; vgl dazu: GURSKY AcP 185 [1985] 13 [29 ff]). Das *kognitive* Element, das sog **Fremdgeschäftsführungsbewusstsein**, wird im Gegenschluss zu § 687 Abs 1 hergeleitet (vgl LENT, Der Begriff der auftragslosen Geschäftsführung 115 ff; ablehnend: GURSKY AcP 185 [1985] 13, 29; s Rn 161 f). Der Geschäftsführer muss wissen, dass das besorgte Geschäft ein fremdes ist. Besorgt jemand ein fremdes Geschäft in der Meinung, es sei sein eigenes, so fehlt ihm das Fremdgeschäftsführungsbewusstsein. Die §§ 677 bis 686 sind für diesen Fall der irrtümlichen Eigengeschäftsführung nicht anwendbar (§ 687 Abs 1). Die Rechtsfolgen bestimmen sich nach den allgemeinen Vorschriften der §§ 985 ff, 812 ff 823 ff (vgl ausdrücklich: § 761 Abs 1 Nr 1, Abs 2 E I). Mangels positiver Kenntnis der Fremdheit des besorgten Geschäfts kommt auch eine Geschäftsanmaßung, dh die wissentliche Führung eines fremden Geschäfts als eigenes (§ 687 Abs 2), nicht in Betracht. Eine (grob) fahrlässige und gar eine schuldlose Geschäftsanmaßung kennt das deutsche Recht grundsätzlich nicht (s § 687 Rn 37).

165 Als *volitives* oder *finales* Element tritt der **Fremdgeschäftsführungswille ieS** hinzu. Darunter versteht man den Willen des Geschäftsführers, das Geschäft zumindest auch als fremdes führen zu wollen, dh auch im Interesse eines anderen tätig zu werden, wobei es auch möglich sein soll, dass der Geschäftsführer eine Angelegenheit gleichzeitig für mehrere Dritte besorgt, wie umgekehrt, wenn es sich objektiv um ein Geschäft mehrerer Dritter handelt, dass der Geschäftsführer nur für einen von diesen handelt (BGB-RGRK/STEFFEN[12] Vor § 677 Rn 40). Letztlich entscheidet die reale Willensrichtung des Geschäftsführers. Dogmatisch hergeleitet wird der Fremdgeschäftsführungswille ieS alternativ oder kumulativ aus § 677 („für einen anderen") oder als argumentum e contrario aus § 687 Abs 2 (vgl LENT, Der Begriff der auftragslosen Geschäftsführung 117 ff).

166 Ob der Geschäftsführer den Geschäftsherrn kennt, ist nach hM beim objektiv fremden Geschäft gleichgültig. Erforderlich und ausreichend ist, wie aus § 686 hergeleitet wird, der abstrakte Geschäftsführungswille, für irgendeinen anderen zu handeln. Möglich ist daher eine **Geschäftsführung für den, den es angeht**, sofern der Geschäftsführer überhaupt nur ein fremdes Geschäft führen will (zB BGHZ 43, 188, 191 f, Urt v 16. 3. 1965, Az: VI ZR 210/64; BGHZ 1, 57, 62, Urt v 12. 1. 1951, Az: V ZR 14/50; RG DR 1944, 287, 288, Urt v 12. 11. 1943, Az: V 65/43; Motive, bei MUGDAN II 478; MARTINEK/THEOBALD

JuS 1997, 612, 613; vGIERKE, Deutsches Privatrecht III § 216 II 1 = 980; BGB-RGRK/STEFFEN[12] Vor § 677 Rn 39; OERTMANN Vorbem 3 c vor §§ 677 ff; PLANCK/LOBE[4] § 677 Anm 2b; SOERGEL/BEUTHIEN[13] § 677 Rn 4; aber auch WITTMANN, Begriff und Funktion der Geschäftsführung ohne Auftrag 73).

β) Empirisches Verständnis und Nachweis des Fremdgeschäftsführungswillens

Die hM versteht den Fremdgeschäftsführungswillen als empirisches Tatbestands- **167**
merkmal. Letztlich entscheidet der reale Wille des Geschäftsführers darüber, ob der Tatbestand der Geschäftsführung ohne Auftrag eröffnet ist (vgl GURSKY AcP 185 [1985] 13, 27 f; 28 ff). Der gerichtliche Nachweis des inneren Willens bringt erhebliche Schwierigkeiten mit sich. Deswegen wird – so die typische Formulierung – der Wille, ein fremdes Geschäft zu führen, nur dann als beachtlich angesehen, wenn er in irgendeiner Form **nach außen in Erscheinung tritt** (BGHZ 138, 281, 286, Urt v 2. 4. 1998, Az: III ZR 251/96; BGHZ 114, 248, 249 f, Urt v 25. 4. 1991, Az: III ZR 74/90; BGHZ 40, 28, 30, Urt v 20. 6. 1963, Az: VII ZR 263/61; RGZ 167, 55, 59, Urt v 29. 4. 1941, Az: VI ZR 129/40; CROME, System des Deutschen Bürgerlichen Rechts II § 254 2 b S 631; BGB-RGRK/STEFFEN[12] Vor § 677 Rn 45; anders: LENT, Begriff der auftraglosen Geschäftsführung 135 f; OERTMANN Vorbem 3 c vor §§ 677 ff; dazu: GURSKY AcP 185 [1985] 13, 33 ff). Unproblematisch ist dies nicht. Indem auf die Erkennbarkeit des Fremdgeschäftsführungswillens abgestellt wird, werden prozess- und beweisrechtliche Erfordernisse mit materiellrechtlichen Fragen vermischt (ESSER/WEYERS, Schuldrecht II/2[8] § 46 II 2 c S 12; GURSKY AcP 185 [1985] 13, 34 f). Unter materiellrechtlichen Gesichtspunkten wäre die Erkennbarkeit des Geschäftsführungswillens nicht erforderlich (OERTMANN Vorbem 3 c vor §§ 677 ff). Prozessrechtlich ist es anders: Ist der Fremdgeschäftsführungswille nicht in irgendeiner Weise nach außen erkennbar geworden, so kann er nicht bewiesen werden. Die Unterscheidung zwischen materiellrechtlicher und beweisrechtlicher Ebene kann Bedeutung erlangen: Ist das Vorliegen des Fremdgeschäftsführungswillen unstreitig, kommt es auf einen Beweis nicht an. Im Rahmen der rechtlichen Würdigung ist von seinem Vorliegen auszugehen, unabhängig davon, ob er nach außen sichtbar geworden ist oder nicht. Nur wenn die Parteien darüber streiten, ob der Geschäftsführer mit Fremdgeschäftsführungswillen gehandelt hat, kommt es auf Beweis und Erkennbarkeit an. Fehlt es daran, so bleibt die Fremdgeschäftsführung außer Betracht.

Zur Überwindung der darlegungs- und beweisrechtlichen Schwierigkeiten hat sich in **168**
der Praxis ein ungeschriebenes System gesetzlicher Vermutungen herausgebildet, das an der Natur des besorgten Geschäfts anknüpft (dagegen SCHMID, Die Geschäftsführung ohne Auftrag Rn 202, der auf unterschiedliche natürliche Vermutungen zurückgreifen will). Beim **objektiv fremden** und beim **auch-fremden Geschäft** wird der Fremdgeschäftsführungswille vermutet oder es werden an seinen Nachweis nur minimale Anforderungen gestellt (zB BGHZ 191, 325 Rn 16, Urt v 17. 11. 2011, Az: III ZR 53/11; BGHZ 181, 188, Rn 18, Urt v 27. 5. 2009, Az: III ZR 302/07; BGH NJW-RR 2008, 683 Rn 18, Urt v 16. 11. 2007, Az: V ZR 208/06; BGH NJW 2007, 63 Rn 15, Urt v 2. 11. 2006, Az: III ZR 274/05; BGH NJW-RR 2005, 1426, 1428, Urt v 27. 4. 2005, Az: VIII ZR 140/04; BGH NZM 2005, 536, 538, Urt v 26. 2. 2005, Az: VIII ZR 66/04; BGH NJW 1979, 598, Urt v 21. 12. 1978, Az: VII RZ 91/77; BSG NJW-RR 2001, 1282, 1284, Urt v 2. 3. 2000, Az: B 7 AL 36/99; vgl auch schon die Motive, MUGDAN II 478: „Dieser Wille [Anm: Fremdgeschäftsführungswille ieS] wird in der Regel sich schon durch das bewusste Eingreifen in fremde Angelegenheiten manifestieren"; LARENZ, Schuldrecht II/1[13] § 57 I a S 439; BGB-RGRK/STEFFEN[12] Vor § 677 Rn 46; PALANDT/SPRAU[73] § 677 Rn 4, 6; **aA**: LG Frankfurt NJW 1977, 1924, 1925, Urt v 12. 7. 1977, Az: 2/24 S 47/77; SCHUBERT NJW

1978, 687, 688; THOLE NJW 2010, 1243, 1247; ESSER/WEYERS, Schuldrecht II/2[8] § 46 II 2 c S 12; s Rn 131, 139 f). Die Vermutung greift selbst dann, wenn der Geschäftsführer überhaupt nicht intellektuell agiert, sondern reflexartig reagiert, so etwa, wenn der Fahrer eines Kfz zur Vermeidung eines Unfalls das Steuer herumreißt (BGHZ 38, 270, 276, Urt v 27. 11. 1962, Az: VI ZR 217/61; vgl auch LANGE JZ 1963, 550 f). Spontanität steht der Geschäftsführungsabsicht nicht entgegen (WITTMANN, Begriff und Funktion der Geschäftsführung ohne Auftrag 67 f). Da es sich nur um eine Vermutung handelt, hat der Prozessgegner die Möglichkeit, die Vermutung der Fremdgeschäftsführungsabsicht durch vollen Beweis des Gegenteils zu widerlegen (§ 292 S 1 ZPO), was ihm aber in aller Regel nicht gelingen kann. Anders liegt es bei äußerlich neutralen Handlungen, die für sich keinen Schluss darauf zulassen, ob sie der Ausführende nur für sich oder für einen anderen vornehmen will **(subjektiv fremdes Geschäft)**. Bei ihnen ist der Geschäftsführungswille und seine Erkennbarkeit von demjenigen darzutun und voll zu beweisen, der sie behauptet (BGHZ 65, 354, 357, Urt v 4. 12. 1975, Az: VII ZR 218/73; BGHZ 40, 28, 31, Urt v 20. 6. 1963, Az: VII ZR 263/61; WANDT, Gesetzliche Schuldverhältnisse[6] § 4 Rn 30 ff). Zugunsten einer Fremdgeschäftsführung streitet hier keine Vermutung. Der Fremdgeschäftsführungswille muss daher, soll er im Bestreitensfalle im Prozess Bedeutung erlangen, nach außen erkennbar geworden sein; der bloß intern gebliebene Wille reicht nicht aus (BGHZ 181, 188 Rn 18, Urt v 27. 5. 2009, Az: III ZR 302/07; BGHZ 114, 248, 249 f, Urt v 25. 4. 1991, Az: III ZR 74/90; BGHZ 82, 323, 330 f, Urt v 25. 11. 1981, Az: VIII ZR 299/80); allerdings wird gefordert, die Anforderungen an den Nachweis des Fremdgeschäftsführungswillens nicht zu überspannen, da ansonsten eine *probatio diabolica* drohe (vgl GURSKY AcP 185 [1985] 13, 35). Anhaltspunkte für das Vorliegen eines Fremdgeschäftsführungswillens können sich insbesondere daraus ergeben, dass der Geschäftsführer im Namen des Geschäftsherrn handelt. Handeln im eigenen Namen schließt nicht per se aus, dass das Geschäft für einen anderen (mittelbare Stellvertretung) geführt werden sollte, ist aber immerhin doch Beweiszeichen für eine Eigengeschäftsführung (BGH MDR 1958, 93, Urt v 18. 6. 1957, Az: VIII ZR 218/56; PALANDT/SPRAU[73] § 677 Rn 9; BGB-RGRK/STEFFEN[12] Vor § 677 Rn 50).

169 **Anhaltspunkt** für das Vorliegen des Fremdgeschäftsführungswillens ist zB ein **Streit** der Parteien **im Vorfeld** über Verantwortlichkeiten und die Kostenlast (BGH NJW 1979, 598, Urt v 21. 12. 1978, Az: VII RZ 91/77; RGZ 167, 55, 59, Urt v 29. 4. 1941, Az: VI 129/40; RGZ 149, 205, 208, Urt v 13. 11. 1935, Az: V 99/35; OLG Hamm NJW-RR 1991, 730, Urt v 9. 11. 1990, Az: 26 U 23/90; s auch BGH NJW-RR 2003, 1192, 1195 f, Urt v 4. 6. 2003, Az: VIII ZR 91/02). Spannungen oder Feindseligkeiten schließen in diesem Zusammenhang den Fremdgeschäftsführungswillen nicht aus; dagegen kann das **Zeitmoment** eine Rolle spielen: Langes Zuwarten mit der Geltendmachung von Ersatzansprüchen kann gegen einen Fremdgeschäftsführungswillen sprechen (OLGReport Rostock 2009, 41, Beschl v 10. 7. 2008, Az: 1 U 90/08; SCHMID, Die Geschäftsführung ohne Auftrag Rn 199 f). Die Erfüllung der **Anzeigepflicht des § 681 S 1** erlaubt in der Regel einen zuverlässigen Schluss auf die Geschäftsführungsabsicht des Geschäftsführers bei Übernahme der Geschäftsführung (BGHZ 65, 354, 356, Urt v 4. 12. 1975, Az: VII ZR 218/73). Dagegen braucht umgekehrt das Unterlassen der Anzeige keineswegs darauf hinzudeuten, dass der Geschäftsführer nicht für einen anderen tätig werden wollte (BGHZ 65, 354, 356, Urt v 4. 12. 1975, Az: VII ZR 218/73; vgl aber auch: WITTMANN, Begriff und Funktion der Geschäftsführung ohne Auftrag 132 f; LG Frankfurt NJW 1977, 1924, 1925, Urt v 12. 7. 1977, Az: 2/24 S 47/77). **Sonstige Beispiele** aus der Rechtsprechung: Bietet ein einführendes Speditionsunternehmen, das die Einfuhrumsatzsteuer auch als eigenes Geschäft entrichtet hat, den

Zollbeleg dem inländischen Besteller, der als Zollbeteiligter auf einem Zollbeleg geführt wird, zur Geltendmachung des Vorsteuerabzugs an, kann dies auf einen vorhandenen Fremdgeschäftsführungswillen hindeuten (BGHZ 114, 248, 250, Urt v 25. 4. 1991, Az: III ZR 74/90); die Übersendung einer Aufstellung über Weiterverkäufe, die der Verkäufer zum Zeitpunkt des Annahmeverzuges des Käufers getätigt hat, kann Indiz für das Vorliegen des Fremdgeschäftsführungswillens sein (BGH MDR 1958, 93, Urt v 18. 6. 1957, Az: VIII ZR 218/56); verhandeln mehrere Grundstückseigentümer als zukünftige Nutznießer einer Erschließung mit der Gemeinde, übernehmen es später aber lediglich einzelne aus Zweckmäßigkeitserwägungen, den maßgeblichen Erschließungsvertrag mit der Gemeinde abzuschließen, so liegt das Vorhandensein einer Geschäftsführungsabsicht für die übrigen Anlieger bei Durchführung der Erschließung nahe (BGH WM 2002, 97, Urt v 8. 11. 2001, Az: III ZR 294/00).

γ) Kritik an der Lehre vom Fremdgeschäftsführungswillen

Zur Kritik gibt die Lehre vom Fremdgeschäftsführungswillen mannigfachen Anlass. **170** Die formale Vermutungspraxis, bei Vorliegen eines fremden Geschäfts die Geschäftsführungsabsicht zu vermuten, hat der Geschäftsführung ohne Auftrag als dem Rechtsinstitut der fremdnützigen Interessenwahrnehmung (Subordination) weitestgehend ihren materiellen Gehalt genommen (vgl Esser/Weyers, Schuldrecht II/2[8], § 46 II 2 c S 12 f). Hinter dem tradierten Begriff des fremden Geschäfts stehen materielle Kriterien, die nicht solche des Geschäftsführungsrechts sind: Beim fremden Geschäft geht es um die richtige Zuweisung von Nutzen und Kosten an denjenigen, der sie letztlich zu tragen hat. Über das Vorliegen einer fremdnützigen Wahrnehmung fremder Interessen (Interessensubordination) gibt das Vorliegen eines fremden Geschäfts weder Auskunft noch ist es Indiz hierfür. Richtiger systematischer Platz des fremden Geschäfts ist das Recht der ungerechtfertigten Bereicherung, hier namentlich die Aufwendungs- und Rückgriffskondiktion, in seltenen Fällen auch die Eingriffskondiktion (s Rn 58). Von daher verwundert es nicht, dass eine Analyse des Geschäftsführungsbegriffs ergeben hat, dass das deutsche Recht der echten Geschäftsführung ohne Autrag der §§ 677 bis 686 den Begriff des fremden Geschäfts nicht kennt (s Rn 116 ff). Die Krux der tradierten Lehre liegt darin, dass sie die Geschäftsführungsabsicht als empirisches Tatbestandsmerkmal begreift und sich von daher gesetzlicher Vermutungen, die an formalen Umständen ansetzen, bedienen muss. Folge ist eine falsche, an den Wertungen des fremden Geschäfts ausgerichtete Materialisierung des gesamten Rechtsinstituts. Der Gedanke der Subordination geht verloren. Subordination meint die Unterordnung der Interessen des Geschäftsführers unter die Interessen des Geschäftsherrn (28 ff). Der Gestor hat ausschließlich dem Interesse des Geschäftsherrn zu dienen; konfligierende Interessen schließen eine Geschäftsführung aus (s Rn 179). Von daher ist die Formel der hM, dass der Geschäftsführer *zumindest auch* im fremden Interesse gehandelt haben muss, so nicht zu akzeptieren. Nur für den Fall des Interessengleichlaufs kann der Geschäftsführer im eigenen und fremden Interesse tätig werden. Es ist auch unmöglich, den Fremdgeschäftsführungswillen mit der Absicht zu begründen, bei demjenigen Rückgriff zu nehmen, der als Primärschuldner die Kostenlast letztlich zu tragen hat (sog *animus recipiendi;* zB RGZ 167, 55, 59, Urt v 29. 4. 1941, Az: VI 129/40; RGZ 82, 206, 214, Urt v 26. 4. 1913, Az: VI 572/12; RGZ 75, 276, 283, Urt v 30. 1. 1911, Az: VI 591/09; RG JW 1915, 325, 326, Urt v 4. 1. 1915, Az: IV 376/14; RG SeuffA 65 [1910] Nr 188, Urt v 24. 2. 1910, Az: VI 122/09; vgl dazu: Wittmann, Begriff und Funktion der Geschäftsführung ohne Auftrag 108; Larenz, Schuldrecht II/1[13], § 57 I a S 441). Um das Gestionsrecht zu eröffnen, bedarf es nicht des Willens zum Regress, sondern der Interessensubordination. Um dem Wesen der Geschäftsführung ohne Auftrag als dem gesetzlichen Schuldverhältnis der nicht durch Vertrag oder Gesetz abweichend oder abschließend geregelten Subordination zu genügen, versteht diese Kommentierung die Geschäftsführungsabsicht als ein normatives Tatbestandsmerkmal der fremdnützigen Tätigkeit für einen anderen.

bb) Die Geschäftsführungsabsicht als normatives Tatbestandsmerkmal der Subordination

α) Interessenwahrnehmung (Subordination)

171 Die Geschäftsführung ohne Auftrag ist das gesetzliche Schuldverhältnis der nicht durch Vertrag oder Gesetz geordneten fremdnützigen Interessenwahrnehmung (Rn 28 ff). Das Schuldverhältnis wird durch die Unterordnung der Interessen des Geschäftsführers unter die Interessen des Geschäftsherrn (Subordination) ausgelöst. Ob der Geschäftsführer in Geschäftsführungsabsicht handelt, bestimmt sich danach, ob er den Interessen des Geschäftsherrn dienen will (vgl LENT, Begriff der auftragslosen Geschäftsführung 121 ff, insb 124 f; GURSKY AcP 185 [1985] 13, 29). Im Gegensatz zur fremdnützigen Geschäftsführung, die den Tatbestand der echten Geschäftsführung ohne Auftrag der §§ 677 bis 686 auslöst, steht die eigennützige Geschäftsführung. Eine Geschäftsführung zum Eigennutz liegt vor, wenn der Geschäftsführer ausschließlich seine eigenen Interessen wahrnimmt (vgl LENT, Begriff der auftragslosen Geschäftsführung 121 ff). Nicht zu Verwechseln mit der Frage nach Interessensubordination und eigennütziger Geschäftsführung ist die Motivationslage des Geschäftsführers. Ob der Geschäftsführer aus bloßer Menschenliebe (Selbstlosigkeit) oder umgekehrt aus purem Egoismus (Eigensucht) oder (vermeintlicher) Verpflichtung handelt, ist für das Vorliegen der Geschäftsführung gleichgültig (LENT, Begriff der auftraglosen Geschäftsführung 121; vgl Rn 38 f, 177 ff). – Ausnahmsweise kann auch bei eigennützigem Handeln, also einer Wahrnehmung eigener Interessen, eine Geschäftsführung ohne Auftrag in Betracht kommen; nämlich dann, wenn eine gleiche Ausrichtung des eigenen Interesses des Geschäftsführers und des Interesses des Geschäftsherrn vorliegt und die Geschäftsführung ihrem sozialen Sinn nach beiden zugute kommt: so etwa, wenn ein Miteigentümer auf eine gemeinsame Sache Aufwendungen macht (zB ULPIAN Dig 3, 5 30, 7; Rn 36 ff, 179).

β) Die Geschäftsführungsabsicht als normatives Tatbestandsmerkmal

172 Bei der Geschäftsführungsabsicht handelt es sich um ein ausschließlich normatives Tatbestandsmerkmal (s Rn 31 f). Über das Vorliegen der Geschäftsführungsabsicht gibt nicht die reale (nachweisbare) Willensrichtung des Geschäftsführers (so aber GURSKY AcP 185 [1985] 13, 27 f; 28 ff), sondern der soziale Sinn der Handlung des Geschäftsführers Antwort (WITTMANN, Begriff und Funktion der Geschäftsführung ohne Auftrag 75 f). Es entscheidet die durch materielle Betrachtung zu gewinnende Erkenntnis über die Zweckrichtung des Handelns. Die Geschäftsführungsabsicht ist damit ein ausschließlich normatives, Wertungen bedürftiges und Wertungen zugängliches Tatbestandsmerkmal. Stellt sich die Handlung des Geschäftsführers ihrem sozialen Sinn nach als fremdnützige Interessenwahrnehmung dar, ist der Anwendungsbereich der Geschäftsführung ohne Auftrag eröffnet. Stellt sie sich ihrem sozialen Sinn nach als die eigennützige Interessenverfolgung des Geschäftsführers dar, bleibt die Anwendung der §§ 677 ff auf den Sachverhalt ausgeschlossen.

Die Geschäftsführungsabsicht ist ein durch und durch normatives Kriterium. Von daher bedarf es auch nicht der positiven Feststellung eines Geschäftsführungs*bewusstseins* im Sinne eines kognitiv-empirischen Tatbestandselements (Rn 32; **aA**: WITTMANN, Begriff und Funktion der Geschäftsführung ohne Auftrag 23; GURSKY AcP 185 [1985] 13, 29); erst recht kennt der Tatbestand der Geschäftsführung ohne Auftrag kein Fremdgeschäftsführungsbewusstsein (GURSKY AcP 185 [1985] 13, 29: da die Besorgung eines fremden Geschäfts keine objektive Tatbestandsvoraussetzung der Geschäftsführung sei, komme auch ein entsprechendes subjektives Element nicht in Betracht). Im Prozess wird daher keine Partei damit gehört, der Geschäftsführer habe tatsächlich nicht erkannt, dass er fremde Interessen wahre. Da die Zweckrichtung der Geschäftsführung angesichts der Gesamtumstände wertend zu bestimmen ist, bedarf es keiner Vermutungsregeln. Dies schließt allerdings nicht aus, dass bei der materiellen Betrachtung auch subjektive Elemente eine Rolle spielen können; so kann etwa die Tatsache eines Eigenbesitzes der Annahme einer fremdnützigen Geschäftsführung entgegenstehen. **173**

Keine Rolle bei der normativen Beurteilung der Geschäftsführungsabsicht spielt die Frage, ob das besorgte Geschäft ein fremdes war (Rn 170). Der Nachbar, der einen Brand löscht, wird nach dem sozialen Sinn der Handlung ausschließlich für den Hauseigentümer tätig. Sicherlich besorgt er auch ein Geschäft des Brandstifters. Aber er wird nicht im geschäftsführungsrechtlichen Sinne *für* ihn tätig. Auch eine entsprechende Vermutung besteht nicht. **174**

γ) Verhältnis Geschäftsführungsabsicht – Nützlichkeit

Kein Element der Geschäftsführungsabsicht ist, dass die Geschäftsführung dem präsumtiven Willen des Geschäftsherrn entspricht, oder dass der Geschäftsführungsabsicht ein auf den präsumtiven Willen des Geschäftsherrn gerichtetes finales Moment innewohnt (Rn 35; GURSKY AcP 185 [1985] 13, 30 f; **aA**: WOLF AcP 166 [1966] 188, 217). Die Frage, ob eine nützliche Geschäftsführung iSd § 683 S 1 vorliegt, ist einzig für die *actio contraria,* also den Aufwendungsersatzanspruch des Geschäftsführers, bedeutsam. Das Verhältnis von Geschäftsführungsabsicht und Nützlichkeit der Geschäftsführung (§ 683 S 1) lässt sich dahin umschreiben: Stellt sich die Geschäftsführung bei abstrakter Betrachtung als fremdnützige Interessenwahrnehmung für den Geschäftsherrn dar, handelt der Geschäftsführer mit Geschäftsführungsabsicht. Der Anwendungsbereich der §§ 677 bis 686 ist eröffnet. Und dies ist auch dann so, wenn im zu beurteilenden Einzelfall dem Geschäftsherrn die Übernahme der Geschäftsführung lästig und unvorteilhaft ist. Der Entsprechung der Geschäftsführung mit dem präsumtiven Willen (als dem subjektiv bestimmten konkreten Interesse) des Geschäftsherrn entscheidet darüber, ob dem Geschäftsführer der Aufwendungsersatzanspruch des § 683 S 1 zusteht. Alleine mit Blick auf § 683 S 1 lässt sich sagen, dass es eine interessenwidrige Wahrnehmung fremder Interessen gibt. **175**

δ) Geschäftsführungsabsicht und Reflexvorteil

Der Geschäftsführer handelt in Geschäftsführungsabsicht, wenn sich die Geschäftsführung als die Wahrnehmung fremder Interessen darstellt. Aber nicht jede irgendwie geartete Interessenförderung löst den Tatbestand der Geschäftsführung aus. Reflexvorteile aus der Geschäftsbesorgung begründen weder mit Blick auf den mittelbar Begünstigten eine fremdnützige Geschäftsbesorgung noch führen mittelbare Vorteile auf Seiten des Geschäftsführers dazu, dass die fremdnützige Interessenwahrnehmung in eine eigennützige Interessenwahrung „kippt". Reflexvorteile **176** der Geschäftsführung – sowohl auf Seiten des Geschäftsführers als auch des Geschäftsherrn – tangieren den Tatbestand der Geschäftsführung ohne Auftrag nicht (vgl zur Abgrenzung des objektiven fremden Geschäfts vom Reflexvorteil s Rn 134 ff). Bereits KOHLER sah in seinem grundlegenden Beitrag „Die Menschenhülfe im Privatrecht" das Problem, dass durch eine Geschäftsbesorgung die Sphäre mehrerer Personen tangiert wird, „wo aber das eine Interesse das prävalirende ist, indem das zweite Interesse nur per consequentiam aus der Erhaltung des ersten hervorgeht". Wer einen Sumpf austrocknet, nützt nicht nur dem Eigentümer, sondern auch den Umwohnern; wer ein hässliches Mauerwerk abreißt, verschafft auch seinem Nachbarn die längst erwünschte Aussicht. Oder ältere Entscheidungen aus der französischen Rechtsprechung: Der Müller, der um seiner Mühle willen einen geschlossenen Mühlgraben wieder öffnet, nützt dadurch auch den unterhalb liegenden Mühlen; der Strandbewohner, der einen Deich errichtet, um sich vor Überschwemmungen zu schützen, sichert damit auch die Nachbarn. In all diesen Fällen kommt aber nur das prävalierende Interesse zum Tragen. Nur aus der Konsequenz dieses ersten Vorteils kommt dem anderen ein eigener Vorteil zugute (KOHLER JherJb 25 [1887] 1, 113 f). In den genannten Beispielsfällen nimmt der Geschäftsführer lediglich eigene Interessen wahr, an denen er sein Handeln ausrichtet. Eine fremdnützige Geschäftsführung für den Nachbarn liegt darin nicht. Die mittelbaren Vorteile des Nachbarn sind lediglich Reflex des eigennützigen Verhaltens, die er – sofern auch kein Bereicherungsrecht greift (vgl nur BGHZ 72, 151, 153, 155, Urt v 4. 7. 1978, Az: VI ZR 95/77) – kostenlos behalten darf. Sähe man dies anders, käme man zu den irrwitzigsten Konsequenzen: „Wer wäre dann einen Augenblick von Bereicherungsansprüchen frei?" Umgekehrt nimmt ein Reflexvorteil auf Seiten des Geschäftsführers einer fremdnützigen Interessenwahrnehmung nicht den Charakter ihrer Fremdnützigkeit. Reißt der Geschäftsführer eine das Nachbarhaus bedrohende Giebelmauer ein, wird er fremdnützig tätig, auch wenn wegen der schönen Aussicht nunmehr der Wert des eigenen Grundstücks steigt. Die Beurteilung, ob geschäftsführungsrechtlich irrelevante Reflexvorteile vorliegen, kann im Einzelfall sehr schwierig sein. Letztlich handelt es sich um eine offene Wertungsfrage, die auf Grundlage der Gesamtrechtsordnung zu beantworten ist. Da das Geschäftsführungsrecht den Begriff des fremden Geschäfts nicht kennt, verläuft die Abgrenzung einer fremdnützigen Geschäftsführung von geschäftsführungsrechtlich unbeachtlichen Reflexvorteilen nicht zwischen objektiv fremdem Geschäft und Reflexvorteil. Dies wird deutlich in der problematischen Fallgruppe der Versicherungsfälle (s Rn 135, 304 ff). Die Rettung eines gesetzlich Versicherten kann ein Geschäft der Krankenkasse sein. Doch liegt darin keinesfalls eine fremdnützige Geschäftsführung für die Krankenkassen. Nach dem sozialen Sinn der Rettungshandlung wird der Geschäftsführer ausschließlich für den Verletzten tätig; das Interesse des Versicherten, nicht das Interesse der Versicherung ist Leitschnur seines Handelns. Geschäftsführungsrechtlich kommt die schadensmindernde Handlung der Versicherung als Reflexvorteil zugute.

ε) Geschäftsführungsabsicht und Motivation

177 Reflexvorteile auf Seiten des Geschäftsführers aus der Geschäftsführung schließen die fremdnützige Interessenwahrnehmung für einen anderen nicht aus (Rn 176). Die fremdnützige Geschäftsführung wird selbst dadurch nicht ausgeschlossen, dass der Geschäftsführer letztlich um eines Reflexvorteils willen zur Geschäftsführung angetrieben wird. Die Frage, ob Geschäftsführungsabsicht vorliegt, ist von der Frage nach der Motivation zur und der Gesinnung bei der Geschäftsführung scharf zu trennen. Dass der Geschäftsführer aus eigensüchtigen Motiven oder einer (vermeintlichen) Verpflichtung heraus zur Tat schreitet, schließt die Geschäftsführungsabsicht nicht aus, solange doch nur die Tätigkeit ihrem sozialen Sinn nach eine fremdnützige bleibt (noch ausdrücklich § 759 E I und Motive, Mugdan II 485; Wittmann, Begriff und Funktion der Geschäftsführung ohne Auftrag 26; Gursky AcP 185 [1985] 13, 29 f; Crome, System des Deutschen Bürgerlichen Rechts II § 255 I S 632; Larenz, Schuldrecht II/1[13] § 57 I a S 438; Oertmann Vorbem 4 vor §§ 677 ff; Planck/Lobe[4] § 677 Anm 2b). Das war schon im gemeinen und römischen Recht so (Windscheid/Kipp, Lehrbuch der Pandekten II[9] § 431 [4] Fn 17 S 927 f; Servius bei Paulus Dig 3, 5, 20, pr: jemand zahlt den auf einen Mitgefangenen entfallenden Teil des Lösegeldes, weil er sonst selbst nicht frei kommen kann). Der Leasingnehmer etwa, der nach leasingtypischer Abtretung der Gewährleistungsansprüche den Rückabwicklungsprozess mit dem Lieferanten betreibt, wird auch dann ausschließlich für den Leasinggeber tätig, wenn der Leasingnehmer den Prozess vornehmlich zu dem Zwecke führt, den Wegfall der Geschäftsgrundlage des Leasingvertrages zu erreichen (BGH NJW 2014, 1583 Rn 27 ff, Urt v 13. 11. 2013, Az: VIII ZR 257/12; s Vorbem 160 zu §§ 677 ff). Erst recht kommt es auf die Gesinnung des Geschäftsführers nicht an (Lent, Begriff der auftraglosen Geschäftsführung 121; vGierke, Deutsches Privatrecht III, § 216 III 1 S 984). Der xenophobe Gestor, der in Nothilfe den angreifenden Ausländer zurückschlägt, wird auch dann für den Angegriffenen tätig, wenn er primär aus seiner Abneigung gegen Ausländer angetrieben wird. Aus der Unbeachtlichkeit von Motiven und Gesinnung entstehen keine Nachteile für den Geschäftsherrn: Er ist durch § 683 hinreichend geschützt.

ζ) Spontanität

Spontanität steht der Geschäftsführungsabsicht nicht entgegen (BGHZ 38, 270, 276, Urt **178**
v 27. 11. 1962, Az: VI ZR 217/61; Wittmann, Begriff und Funktion der Geschäftsführung ohne Auftrag 67 f); in einem gewissen Maße ist jede Geschäftsführung, die nicht aufgrund von Vertrag oder gesetzlicher Verpflichtung erfolgt, spontan (Larenz, Schuldrecht II/1[13] § 57 S 436). Die Geschäftsführungsabsicht ist ein normatives Tatbestandselement. Entscheidend ist, dass sich das Verhalten des Geschäftsführers nach seinem sozialen Sinn als fremdnützige Tätigkeit für einen anderen darstellt. Eine besondere Reflexion des Geschäftsführers, ein *animus obligandi* ist nicht erforderlich. Von daher kann ein Kraftfahrer, der, um einen Zusammenstoß zu vermeiden, das Lenkrad herumreißt, in Geschäftsführungsabsicht für den anderen handeln (BGHZ 38, 270, 276, Urt v 27. 11. 1962, Az: VI ZR 217/61; **aA**: Esser/Weyers, Schuldrecht II/2[8] § 46 II 2 d [4] S 15 f). Entgegen der Ansicht des französischen *Cour de Cassation* handelt auch mit Geschäftsführungsabsicht, wer aufgrund eines spontanen Entschlusses einen verfolgten Straftäter stellt (Cass Civ 1ère JClP 1971 II Nr 16670, Urt v 7. 1. 1971; aber auch: Cass Civ 1ère Bull civ 1988 U Nr 25 S 16, Urt v 26. 2. 1988).

η) Freiwilligkeit und konfligierende Interessen

Nach weit verbreiteter Auffassung soll Geschäftsführung in fremdnütziger Absicht **179**
nur möglich sein, wenn der Geschäftsführer freiwillig, dh nicht in Erfüllung einer bestehenden oder vermeintlichen, privatrechtlichen wie öffentlichrechtlichen Rechtspflicht handelt: Das Bestehen oder die irrtümliche Annahme des Bestehens einer Rechtspflicht zur Handlung schließe eine auftraglose Geschäftsführung grundsätzlich aus (Wittmann, Begriff und Funktion der Geschäftsführung ohne Auftrag 77 ff, 119; Gursky AcP 185 [1985] 13, 31 ff; vgl zur Erfordernis der Freiwilligkeit im Schweizer Recht: Schmid, Geschäftsführung ohne Auftrag Rn 249 ff). Der Geschäftsführer wolle – so wird

argumentiert – in diesen Fällen seinen eigenen Pflichten nachkommen und nicht für einen anderen handeln (zB OLG Koblenz NJW 1999, 2904, 2905, Urt v 16. 12. 1998, Az: 7 U 124/98; Einsele JuS 1998, 401, 403 f; Falk JuS 2003, 833, 834; Giesen Jura 1996, 225, 230 f; Martinek/Theobald JuS 1997, 992, 992). Durchsetzen konnte sich diese Auffassung bisher nicht. Zu Recht geht der BGH davon aus, dass die Geschäftsführungsabsicht nicht dadurch ausgeschlossen wird, dass sich der Geschäftsführer – zB aufgrund eines nichtigen Vertrages – dem Geschäftsherrn gegenüber zur Geschäftsführung verpflichtet hielt (BGHZ 143, 9, 15 f Urt v 21. 10. 1999, Az: III ZR 319/98; BGHZ 37, 258, 262 f, Urt v 25. 6. 1962, Az: VII ZR 120/61; BGH NZM 2005, 536, 538, Urt v 26. 2. 2005, Az: VIII ZR 66/04; BGH ZIP 2004, 2324, 2326, Urt v 4. 11. 2004, Az: III ZR 172/02; BGH WM 2004, 182, 184, Urt v 4. 12. 2003, Az: III ZR 30/02; BGH ZIP 1996, 2113, 2114, Urt v 10. 10. 1996, Az: III ZR 205/95; BGH NJW 1993, 3196, Urt v 30. 9. 1993, Az: VII ZR 178/91; BGH NJW-RR 1989, 970, Urt v 7. 3. 1989, Az: XI ZR 25/88; BGHZ 101, 393, 399, Urt v 24. 9. 1987, Az: VII ZR 306/86; Enneccerus/Lehmann, Schuldrecht[15] § 165 III 3 S 699 f; vgl schon § 235 Abs 1 des Vorentwurfs; differenzierend: Oertmann Vorbem 5 e vor §§ 677 ff; s Rn 329 ff) oder in Erfüllung tatsächlich bestehender eigener öffentlich-rechtlicher oder privatrechtlicher Pflichten tätig wird (BGHZ 110, 313, 314 f, Urt v 8. 3. 1990, Az: III ZR 81/88; BGHZ 65, 384, 387, Urt v 15. 12. 1975, Az: II ZR 54/74; BGHZ 54, 157, 160, Urt v 22. 5. 1970; Az: IV ZR 1008/68; BGHZ 40, 28, 30, Urt v 20. 6. 1963, Az: VII ZR 263/61; BGHZ 30, 162, 167, Urt v 4. 6. 1959, Az: VII ZR 217/58; RGZ 167, 55, 59, Urt v 29. 4. 1941, Az: VI 129/40; BGB-RGRK/Steffen[12] Vor § 677 Rn 41; 267 ff, 281 ff); auch der Umstand, dass der Geschäftsführer glaubt, durch sein Verhalten einen Vertrag zustande zu bringen (zB Realofferte, Vertragsschluss durch sozialtypisches Verhalten) steht der Geschäftsführungsabsicht nicht entgegen (BGH NJW-RR 2005, 1426, 1428, Urt v 27. 4. 2005, Az: VIII ZR 140/04). Das Bewusstsein, ohne Auftrag oder sonstige Rechtspflicht zu handeln, ist keine Voraussetzung der Geschäftsführung ohne Auftrag (BGHZ 1, 57, 62, Urt v 12. 1. 1951, Az: V ZR 14/50; BGHZ 143, 9, 15 f Urt v 21. 10. 1999, Az: III ZR 319/98; BGH NZM 2005, 536 [538] Urt v 26. 2. 2005, Az: VIII ZR 66/04). Schon im römischen Recht wurde die Geschäftsführung nicht dadurch ausgeschlossen, dass der Gestor unter dem Rechtszwang irgendeiner Rechtspflicht oder im Glauben an eine solche handelte (Ulpian Dig 3, 5, 3, 10). Die Fremdnützigkeit einer Geschäftsführung geht nicht durch das Bestehen einer gesetzlichen oder vertraglichen Verpflichtung zur Subordination verloren. Ansonsten wäre kein Geschäftsbesorgungsvertrag, kein gesetzliches Interessenwahrnehmungsverhältnis – wie etwa Pflegschaft oder Vormundschaft – denkbar. Das Problem bei der Tätigkeit aufgrund (vermeintlich) bestehender Rechtspflicht liegt nicht in der fehlenden Freiwilligkeit, sondern in der Gefahr **konfligierender Interessen** (s Rn 38, 143). Die Lösung ergibt sich aus dem Wesen der Geschäftsführung ohne Auftrag als Subordinationsverhältnis. Kommt der Geschäftsführer einer ihm obliegenden Pflicht nach, die nicht den Interessen des Geschäftsherrn dient, ist der Tatbestand der Geschäftsführung ohne Auftrag nicht erfüllt. Der Geschäftsführer wird nicht „für" den Geschäftsherrn tätig, sondern richtet seine Tätigkeit an anderen Interessen aus. Dass er vielleicht ein Geschäft des „Geschäftsherrn" mitbesorgt, vermag das gesetzliche Schuldverhältnis der Geschäftsführung ohne Auftrag nicht zu begründen. Die Feuerwehr, die aufgrund gesetzlicher Verpflichtung einen Brand löscht, hat ihr Tun am Interesse der bedrohten Eigentümer (oder der Allgemeinheit) auszurichten; keinesfalls ist Maßstab ihres Handelns das Interesse des Brandstifters an einer möglichen Schadensminimierung. Die Feuerwehr wird damit nicht als Geschäftsführer ohne Auftrag für den Brandstifter tätig (**aA**: BGHZ 40, 28, 31, Urt v 20. 6. 1963, Az: VII ZR 263/61; allerdings greift hier der – systemwidrig im Rahmen der §§ 677 ff geregelte – privilegierte

Rückgriffsanspruch gem §§ 683 S 2, 679: s Rn 2). Aber der Interessenkonflikt muss nicht bestehen. Entscheidend ist die Richtung der vom Geschäftsführer wahrgenommenen Pflicht. Besteht die Pflicht gerade im Interesse des Geschäftsherrn, so schließt das Tätigwerden aufgrund dieser Pflicht eine Geschäftsführung ohne Auftrag nicht aus. So kann – um beim Beispiel der Brandbekämpfung zu bleiben – die Feuerwehr durchaus als Geschäftsführer ohne Auftrag für den Eigentümer tätig werden, wenn die Brandbekämpfungspflicht im Interesse der Eigentümer und nicht im Interesse der Allgemeinheit besteht. Ebenso wird der Geschäftsführer, der aufgrund eines nichtigen Geschäftsbesorgungsvertrages für seinen Auftraggeber tätig wird, als Geschäftsführer ohne Auftrag tätig, da die vermeintliche Pflicht ja gerade die Wahrnehmung der Interessen des Auftraggebers zum Inhalt hatte. Ausführlich zur Tätigkeit aufgrund eines nichtigen Vertrages oder eigener gesetzlicher oder vertraglicher Pflichten: Rn 329 ff.

υ) Bestimmung des Geschäftsherrn nach der Zuweisungsrichtung der Geschäftsführungsabsicht

Die Person des Geschäftsherrn bestimmt sich nach der normativen Finalität des Handelns des Geschäftsführers (Geschäftsführungsabsicht), wobei es nicht auf den Willen in naturalistischer Anschauung ankommt, sondern auf den sozialen Sinn der Handlung in normativer Betrachtung (so ausdrücklich § 686; vgl Wittmann, Begriff und Funktion der Geschäftsführung ohne Auftrag 72 ff; s Rn 36 f). Geschäftsherr ist, für wen der Geschäftsführer nach der objektiven Zweckrichtung seines Handelns fremdnützig tätig wird; ob der Geschäftsführer ein fremdes Geschäft besorgt, ist für die Begründung der Geschäftsherrneigenschaft irrelevant. Allerdings begründet nicht jede irgendwie geartete, mittelbare Interessenförderung die Geschäftsherrneigenschaft. Reflexvorteile bleiben bei der Beurteilung außen vor (s Rn 176 f). Entscheidend ist der soziale Sinn der Geschäftsführung, wobei auf materiellrechtliche Wertungen außerhalb des Geschäftsführungsrechts zurückzugreifen ist. Die §§ 677 ff beantworten nicht die Frage, wer Geschäftsherr ist, sondern bestimmen nur das Rechtsverhältnis zwischen Geschäftsführer und wahrem Geschäftsherrn. Der Helfer, der einem gesetzlich versicherten Verletzten zur Hilfe eilt, wird in Geschäftsführungsabsicht für den Versicherten, aber nicht für die Versicherung tätig; ob die Hilfeleistung auch ein Geschäft der Versicherung ist, bleibt für die geschäftsführungsrechtliche Betrachtung außen vor (Wittmann, Begriff und Funktion der Geschäftsführung ohne Auftrag 74 f; **aA**: Geschäftsführung [auch] für die Krankenkasse BGHZ 33, 251, 254 f, Urt v 7. 11. 1960, Az: VII ZR 82/59). Saugt jemand nach einem Verkehrsunfall auslaufendes Öl ab, handelt er in Geschäftsführungsabsicht ausschließlich zugunsten des betroffenen Fahrzeughalters, aber nicht zugunsten dessen Haftpflichtversicherers; diesem kommt die Geschäftsführung lediglich mittelbar als (kostenloser) Reflexvorteil zugute (BGHZ 54, 157, 160 f, Urt v 22. 5. 1970; Az: IV ZR 1008/68; BGH NJW-RR 2012, 163 Rn 6, Urt v 28. 9. 2011, Az: IV ZR 294/10; Wittmann, Begriff und Funktion der Geschäftsführung ohne Auftrag 76 f). Eine Ausdehnung des Kreises der Geschäftsherren kommt auch dann nicht in Betracht, wenn jemand einer verheirateten Person oder einem Kind zur Hilfe kommt: Auch in diesen Fällen liegt ausschließlich eine Geschäftsführung für den unmittelbar Betroffenen, nicht aber für dessen Angehörigen vor (**aA**: Wittmann, Begriff und Funktion der Geschäftsführung ohne Auftrag 77; für das Schweizer Recht: Schmid, Die Geschäftsführung ohne Auftrag Rn 231 ff). Auf eine solche verengende Sicht zielen wohl auch Äußerungen der Zweiten Kommission (Protokolle, bei Mugdan II 1194 zu § 679). **180**

ι) Geschäftsführer und Geschäftsführungsgehilfe

181 Die normativ verstandene Geschäftsführungsabsicht gibt nicht nur Auskunft über die Person des Geschäftsherrn, sondern auch über die Person des Geschäftsführers. Geschäftsführer muss nicht derjenige sein, der die konkreten Geschäftsbesorgungshandlungen tatsächlich in Person ausgeführt hat. Wie sich der vertragliche Geschäftsbesorger eines Erfüllungsgehilfen bedienen kann, so kann sich auch der Geschäftsführer zur Durchführung der Geschäftsführung eines sog **Geschäftsführungsgehilfen** bedienen (BGHZ 67, 368, 371, Urt v 25. 11. 1976, Az: II ZR 201/74; grundlegend: LENT, Der Begriff der auftragslosen Geschäftsführung 147 ff). Das gesetzliche Schuldverhältnis der *negotiorum gestio* kommt in diesem Falle ausschließlich zwischen dem Geschäftsführer und dem Geschäftsherrn zustande; daneben entsteht kein zweites Geschäftsführungsverhältnis zwischen dem Geschäftsführungsgehilfen und dem Geschäftsherrn. Der Geschäftsführungsgehilfe steht nur in einem Schuldverhältnis zum Geschäftsführer, der sich das Verhalten seines Geschäftsführungsgehilfen im Verhältnis zum Geschäftsherrn nach den allgemeinen Vorschriften (§ 278) zurechnen lassen muss (für Polizeibeamte: BGH NJW 2004, 513, 515, Urt v 13. 11. 2003, Az: III ZR 70/03; LENT, Begriff der auftraglosen Geschäftsführung 149 ff; BÖNSCHEN, Geschäftsführung ohne Auftrag und Geschäftsanmaßung im Mehrpersonenverhältnis 67 ff; BGB-RGRK/STEFFEN[12] § 677 Rn 9). So ist zB nicht der angestellte (Rettungs-)Arzt, der einem Bewusstlosen hilft, sondern der den Arzt beschäftigende Krankenhausträger Geschäftsführer ohne Auftrag; der angestellte Arzt ist lediglich Geschäftsführungsgehilfe (BGH NJW 2004, 513, 515, Urt v 13. 11. 2003, Az: III ZR 70/03: Ein Polizeibeamter, der in dienstlicher Eigenschaft hoheitlich tätig wird, kann nicht zugleich in seiner Person [privatrechtlicher] Geschäftsführer ohne Auftrag für den Geschäftsherrn sein). Nach dem sozialen Sinn wird nur der Krankenhausträger fremdnützig für den Verletzten tätig; er bedient sich lediglich zur Durchführung der Geschäftsführung seiner angestellten Ärzte, die ihrerseits – aufgrund Vertrages – für den Krankenhausträger tätig werden. Auf den natürlichen Willen der Handelnden kommt es nicht an; die Geschäftsführungsabsicht ist ein normatives Tatbestandsmerkmal (s Rn 31 f, 171 ff). Bei der Brandbekämpfung als fremdnütziger Tätigkeit wird die Gemeinde durch die von ihr unterhaltene und eingegliederte Feuerwehr als Geschäftsführerin tätig; der einzelne Feuerwehrmann ist nur Geschäftsführungsgehilfe (BGHZ 40, 28, Urt v 20. 6. 1963; Az: VII ZR 263/61).

182 Unter Umständen kann die Frage, ob der unmittelbar Handelnde als Geschäftsführungsgehilfe eines anderen (des eigentlichen Geschäftsführers) oder als selbständiger Geschäftsführer agiert, Probleme bereiten. Die Abgrenzungsschwierigkeiten bestehen in zwei Richtungen hin. (a) Im Gegensatz zum Auftrag ist eine **Substitution** (§ 664 Abs 1) im Geschäftsführungsrecht grundsätzlich unbeschränkt möglich (LENT, Der Begriff der auftragslosen Geschäftsführung 147 f; zur Zulässigkeit der Substitution: § 677 Rn 37). Im Einzelfall kann die Beantwortung der Frage schwierig sein, ob der Handelnde als unselbständiger Geschäftsführungsgehilfe oder als selbständiger Geschäftsführer (Substitut) agiert. Maßgebend sind die zur Abgrenzung des Erfüllungsgehilfen vom Substituten im Rahmen des § 664 Abs 1 entwickelten Kriterien. Entscheidend wird sein, inwieweit der Handelnde Weisungen seines Dienstherren unterworfen ist und welche Einwirkungsmöglichkeiten der Dienstherr auf seinen Gehilfen hat. So wird der angestellte Rettungsarzt als Geschäftsführungsgehilfe des Krankenhauses tätig. Anders wenn ein Passant, der einen Bewusstlosen entdeckt, das Krankenhaus benachrichtigt und im eigenen Namen einen Behandlungsvertrag abschließt (regelmäßig will der Passant aber keine Willenserklärung abgeben: LENT, Begriff der

auftraglosen Geschäftsführung, 154 f; LOYAL VersR 2013, 966, 968; NEUFFER, Der pflichtengebundene Geschäftsführer ohne Auftrag 80; vgl zur sog gestuften Nothilfe: MARTINEK/THEOBALD JuS 1997, 992, 993 ff). In diesem Fall wird das Krankenhaus nicht als Geschäftsführungsgehilfe des Passanten, sondern als selbständiger Geschäftsführer für den Bewusstlosen tätig; es gelten die Besonderheiten des sog pflichtengebundenen Geschäftsführers (s Rn 309 ff). (b) Selbst wenn der Handelnde grundsätzlich von einem Dienstherrn als Gehilfe eingeschaltet wird, kann der Fall eintreten, dass die konkrete Geschäftsführungstätigkeit nicht mehr dem Dienstherrn zugerechnet werden kann, sondern ihrem sozialen Sinn nach als selbständige Geschäftsführung des Handelnden erscheint. Das ist der Fall, wenn die Geschäftsführung in keinem Zusammenhang mehr zum Gewerbe des Dienstherrn steht (vgl BÖNSCHEN, Geschäftsführung ohne Auftrag und Geschäftsanmaßung im Mehrpersonenverhältnis 72 ff, der die Zurechnung daran knüpft, dass der unmittelbar Handelnde auf „Veranlassung" seines Dienstherrn tätig wird). Grenzfälle ergeben sich insbesondere, wenn fremdnützige Tätigkeiten nicht den Schwerpunkt des Gewerbes des Dienstherrn bilden, sondern allenfalls am Rande vorkommen. Fällt die konkrete Handlung noch in das Gewerbe hinein, so wird der Handelnde als Gehilfe, der Dienstherr als Geschäftsführer tätig. So ist bei einer Rettungsaktion auf hoher See der Kapitän des Schiffes Geschäftsführungsgehilfe und der Reeder Geschäftsführer (BGHZ 67, 368, 371, Urt v 25. 11. 1976, Az: II ZR 201/74); ebenso ist das Frachtunternehmen Geschäftsführer und der Lastwagenfahrer Geschäftsführungsgehilfe, wenn dieser im Rahmen eines Unfalls Erste-Hilfe-Maßnahmen ergreift. Dagegen besteht der notwendige Zusammenhang nicht mehr, wenn der Ladenangestellte eines Schreibwarengeschäfts bei einem Verkehrsunfall, der sich auf der Straße vor dem Ladenlokal ereignet hat, den Verletzten zu Hilfe eilt. Hier wird der Ladenangestellte als Geschäftsführer tätig; der Ladeninhaber steht in keiner geschäftsführungsrechtlichen Beziehung zum Geschäftsherrn.

κ) Die Geschäftsführungsabsicht von rechtsfähigen Verbänden

Auch bei rechtsfähigen Verbänden richtet sich die Beantwortung der Frage nach **183**
dem Vorliegen der Geschäftsführungsabsicht nach dem sozialen Sinn des Handelns der Gesellschaft. Da dem Verband das Handeln seiner Organe zugerechnet wird (§ 31), ist deren Handeln maßgebend (BGB-RGRK/STEFFEN[12] Vor § 677 Rn 44; SOERGEL/BEUTHIEN[13] § 677 Rn 4). Geschäftsführer ist ausschließlich der Verband; das Organ tritt in keine besondere geschäftsführungsrechtliche Beziehung zum Geschäftsherrn (Rn 181 f).

λ) Zeitpunkt

Die Geschäftsführungsabsicht muss zum Zeitpunkt der Übernahme der Geschäfts- **184**
führung vorgelegen haben (zur Übernahme der Geschäftsführung: Rn 226). Maßgebend ist die normative Beurteilung zum Zeitpunkt der Übernahme. Eine spätere fremdnützige Tendenz kann einer früheren Eigengeschäftsführung nicht den Charakter der Eigennützigkeit nehmen und rückwirkend die gesetzliche Obligation der Geschäftsführung ohne Auftrag begründen (JOST, Geschäftsführung ohne Auftrag 87).

μ) Bedingter Geschäftsführungswille

In der Lehre wird unter Hinweis auf BGHZ 28, 359, 363, Urt v 20. 11. 1958, Az: VII **185**
ZR 47/58 die Ansicht vertreten, dass der Wille, für einen anderen zu handeln, bedingt sein könne (BGB-RGRK/STEFFEN[12] Vor § 677 Rn 43; SOERGEL/BEUTHIEN[13] § 677 Rn 4; **aA**: WANDT, Gesetzliche Schuldverhältnisse[6] § 4 Rn 27). Der Eintritt der Bedingung würde

dann darüber entscheiden, ob eine Geschäftsführung für einen anderen vorliegt. Wollschläger gibt als Beispielsfall den Fall der Unsicherheit über die Schuldnerstellung. Streiten zwei Personen, wer von ihnen Schuldner ist, so handele der Zahlende mit bedingtem Geschäftsführungswillen, da er auf jeden Fall die Absicht habe, Ersatz zu verlangen (Wollschläger, Die Geschäftsführung ohne Auftrag 100). Zu folgen ist dieser Lehre freilich nicht. Die Geschäftsführungsabsicht ist ein normatives Tatbestandselement ohne empirische Komponente. Von daher ist eine bedingte Geschäftsführungsabsicht schwer vorstellbar. Aus dem Beispiel, das Wollschläger gibt, folgt nichts anderes. Die Person des Geschäftsherrn bestimmt sich nach der materiell zu beuteilenden Zweckrichtung der Handlung. Dann liegt von vorneherein eine Geschäftsführung ohne Auftrag für den wahren Schuldner vor. Die Person des wahren Schuldners steht rechtlich von vorneherein fest, auch wenn die rechtliche bzw tatsächliche Beurteilung vielleicht Schwierigkeiten bereiten mag; eine subjektive Ungewissheit seitens des Geschäftsführers ist für die Beurteilung der Geschäftsführungsabsicht unbedeutend, § 686. Sollte einmal eine tatsächliche Bedingung iSd § 158 vorliegen und die Person des Schuldners erst im Nachhinein feststehen, so liegt eine Geschäftsführung für alle zum Zeitpunkt der Geschäftsführung in Betracht kommenden Personen vor. Ausschlaggebend ist die Geschäftsführungsabsicht zum Zeitpunkt der Vornahme der Handlung; eine nachträgliche Änderung der Umstände hat keine rückwirkende Änderung der Geschäftsführungsrichtung zur Folge (s Rn 184), zumal der Bedingungseintritt keine Rückwirkung hat (Staudinger/Bork [2010] § 158 Rn 3). Ebenso wenig trägt der Hinweis auf BGHZ 28, 359, 363, Urt v 20. 11. 1958, Az: VII ZR 47/58. In dieser Entscheidung sprach der BGH lediglich aus, dass eine Zahlung unter Vorbehalt der Rückforderung nicht als Besorgung eines fremden Geschäfts angesehen werden könne (s Rn 146).

v) Der privilegierte Rückgriffsanspruch (§§ 683 S 2, 679)

186 Kein Fall der echten Geschäftsführung ohne Auftrag liegt unmittelbar dem – systemwidrig im Rahmen der §§ 677 ff geregelten – privilegierten Rückgriffsanspruch der §§ 683 S 2, 679 zugrunde. Erfüllt der Geschäftsführer die einem anderen obliegende Pflicht (Unterhaltspflicht), so handelt er nach dem sozialen Sinn und der Zweckrichtung seines Tuns fremdnützig. Geschäftsherr ist in der Regel der durch die Pflicht Begünstigte, insbesondere der Unterhaltsberechtigte, nicht aber der Verpflichtete: Der Geschäftsführer wird für und im Interesse des Begünstigten tätig und nicht – im vielleicht gegenläufigen – Interesse des Verpflichteten. Das echte Geschäftsführungsverhältnis entsteht grundsätzlich nur zwischen Begünstigtem und dem Geschäftsführer (s § 679 Rn 2). Geschäftsführungsrechtliche Ansprüche gegen den Verpflichteten hat der Geschäftsführer nicht. Für bestimmte Fälle eröffnet § 679 iVm § 683 S 2 einen unmittelbaren Rückgriff gegen den Verpflichteten. Stand die Erfüllung der Verpflichtung im öffentlichen Interesse oder handelt es sich um eine gesetzliche Unterhaltspflicht, so kann der Geschäftsführer ausnahmsweise Rückgriff beim Letztverantwortlichen nehmen, der schließlich die Kosten zu tragen hat (vgl § 679 Rn 6).

3. Ohne Auftrag oder sonstige Berechtigung

187 Der Geschäftsführer muss ohne Auftrag oder sonstige Berechtigung gehandelt haben (Lent, Begriff der auftraglosen Geschäftsführung 160 ff; Österreich: Meissel, Geschäftsführung ohne Auftrag 72 ff; Frankreich: Jost, Geschäftsführung ohne Auftrag 72 ff; Art V – 1:103

(a) DCFR). § 677 spricht zwar nur vom Fehlen einer Berechtigung zur Geschäftsbesorgung, erfasst wird selbstverständlich aber auch das Fehlen einer Verpflichtung zur Geschäftsbesorgung (LARENZ, Schuldrecht II/1[13] § 57 I a S 443; Motive, bei MUGDAN II 478; OERTMANN Vorbem vor §§ 677 ff, Anm 5); in einer Verpflichtung zur Geschäftsführung liegt immer auch das Recht hierzu. Insgesamt ist die gesetzliche Formulierung „ohne Auftrag oder sonstige Berechtigung" missverständlich. Die Geschäftsführung ohne Auftrag ist das gesetzliche Schuldverhältnis der **nicht durch Vertrag** oder **Gesetz abweichend** und **abschließend geregelten** Interessensubordination (s Rn 40 f). Die §§ 677 ff greifen damit nicht nur dann ein, wenn jemand vollständig ohne vertragliche oder gesetzliche Grundlage für einen anderen tätig wird, sondern auch schon dann, wenn die Interessenwahrnehmung für einen anderen nicht durch Vertrag oder Gesetz abschließend oder abweichend vom Regelungsmuster der §§ 677 ff geregelt ist (vgl MünchKomm/SEILER[6] § 677 Rn 43: BGB-RGRK/STEFFEN[12] Vor § 677 Rn 51). Insoweit ist die Geschäftsführung ohne Auftrag ein Auffangtatbestand, dessen Regelung subsidiär zur Anwendung kommt, solange und soweit Vertrag oder Gesetz als speziellere Regelung nicht anderes bestimmen. Allein das Bestehen einer gesetzlichen oder vertraglichen Regelung schließt von daher den Tatbestand der Geschäftsführung nicht aus, soweit das Gesetz oder der Vertrag keine abschließende Regelung enthält. Das heißt negativ formuliert: Auf Geschäftsführungsrecht kann nicht zurückgegriffen werden, sofern eine privatautonome vertragliche Ordnung oder besondere Bestimmungen des bürgerlichen oder öffentlichen Rechts eine abweichende oder abschließende Regelung vorsehen (BGH WM 2007, 2123 Rn 9, Urt v 19. 7. 2007, Az: III ZR 20/07; BGH NZBau 2004, 34, 35, Urt v 21. 10. 2003, Az: X ZR 66/01; BGHZ 140, 102, 109 f, Urt v 26. 11. 1998, Az: III ZR 223/97; BGHZ 98, 235, 242 f, Urt v 18. 9. 1986, Az: III ZR 227/84; BGHZ 40, 28, 32, Urt v 20. 6. 1963, Az: VII ZR 263/61; BGHZ 30, 162, 169 f, Urt v 4. 6. 1959, VII ZR 217/58). Verpflichtet das Gesetz zB den Handelnden zum unentgeltlichen Tätigwerden, scheidet ein geschäftsführungsrechtlicher Aufwendungsersatzanspruch gem §§ 683, 684 aus: der Geschäftsführer hat kraft besonderen Normbefehls seine Aufwendungen selbst zu tragen. Ob eine solche Norm besteht, ist Frage des Einzelfalles. In **§ 548 nF** (= § 558 aF) hat der BGH zB eine solche Vorschrift ausgemacht. Dies kann insbesondere bei der Veräußerung kontaminierter Grundstücke eine Rolle spielen. Leitbild ist BGHZ 98, 235: Der Pächter des Veräußerers hatte ein Grundstück kontaminiert. Der Erwerber wurde ordnungsbehördlich auf Beseitigung der Verunreinigung in Anspruch genommen. Entsprechend § 548 waren nicht nur die vertraglichen, deliktischen und dinglichen Ansprüche sowie Ansprüche aus Gefährdungshaftung (§ 22 WHG aF = § 89 WHG nF) des Veräußerers (als Rechtsvorgänger des Erwerbers) gegen den Pächter verjährt, sondern die Einrede stand auch den Ansprüchen des Erwerbers gegen den Pächter entgegen. Habe das Gesetz damit bestimmt, dass der Erwerber vom Pächter die Beseitigung der Kontaminierung nicht mehr verlangen könne, so könne er auch nicht gem §§ 683, 684 die Beseitigungskosten verlangen (BGHZ 98, 235, 240 ff, Urt v 18. 9. 1986, Az: III ZR 227/84; PETERS JZ 1987, 198). Vor dem Hintergrund der damaligen Rechtslage war das Ergebnis stimmig. Der Vollständigkeit halber sei darauf verwiesen, dass das Ergebnis nunmehr anders ausfällt. Dem in Anspruch genommenen Erwerber als Zustandsstörer steht ein unmittelbarer Ausgleichsanspruch gegen den Pächter als Verhaltensstörer gem § 24 Abs 2 S 1 BBodSchG zu. Entsprach es zwar zunächst der hM, auch diesen Anspruch unter das Regime des § 548 zu stellen (LG Hamburg NZM 2001, 339, 340, Urt v 7. 11. 2000, Az: 316 O 154/00; LANDMANN/ROHMER/DOMBERT, Umweltrecht [68. Ergänzungslieferung 2013], BBodSchG § 24 Rn 46]), hat sich Rechtslage mit

Einfügung des § 24 Abs 2 S 3 HS 3 BBodSchG durch das Gesetz vom 9. 12. 2004 zur Anpassung von Verjährungsvorschriften an das Gesetz zur Modernisierung des Schuldrechts (BGBl I 3214) geändert. Die kurze Verjährungsfrist des § 548 findet auf den Ausgleichsanspruch gem § 24 BBodSchG keine Anwendung mehr. – Eine solche ist auch **§ 767 Abs 2**. Diese Norm legt die Haftung des Bürgen für die Verfahrenskosten des Gläubigers abschließend fest. Die Verfahrenskosten aus Rechtsstreitigkeiten mit Dritten fallen nicht darunter. Diese Regelung ist abschließend. Auch wenn im Einzelfall die Prozessführung gegen einen Dritten dem Bürgen unmittelbar zugute kommen sollte, kann der Gläubiger keinen Aufwendungsersatz gem § 683 geltend machen (BGH NJW 2009, 1879 Rn 26 ff, Urt v 3. 3. 2009, Az: XI ZR 41/08).

a) Vertragliche Regelung der Geschäftsführung

aa) Abschließende Regelung der Geschäftsbesorgung

188 Eine Anwendung der §§ 677 ff scheidet aus, wenn zwischen Geschäftsführer und Geschäftsherr ein vertragliches Rechtsverhältnis besteht, das die Geschäftsbesorgung abschließend regelt. § 677 nennt beispielhaft den **Auftrag iSd § 662**. Der Vertrag schließt die Geschäftsführung ohne Auftrag aber nur insoweit aus, als der Vertrag überhaupt reicht und Regelungen enthält (Meissel, Geschäftsführung ohne Auftrag 76; Schmid, Geschäftsführung ohne Auftrag Rn 1191). Damit sind für die Rechtsanwendung folgende Arbeitschritte vorgegeben. Zunächst ist (a) zu prüfen, ob der Vertrag eine abschließende Regelung enthält. Ist das der Fall, ist ein Rückgriff auf die §§ 677 ff ausgeschlossen. Ist das nicht der Fall, so sind in einem zweiten Schritt (b) die Bereiche zu ermitteln, die der Vertrag vorrangig ordnet, und von den Bereichen abzugrenzen, für die der Vertrag – auch mittels ergänzender Vertragsauslegung – keine Handhabe mehr bietet. Nur wenn eine Handlung in den ungeregelten Raum hineinfällt, ist ein Rückgriff auf die §§ 677 ff statthaft. Die Abgrenzung vertraglicher abschließender Reglungen zu lückenhaften Vertragsordnungen wird in der Praxis zB dann relevant, wenn der Gläubiger einer vertraglichen Leistung sich diese – ohne dem Schuldner eine Nachfrist gem § 281 Abs 1 zur Erfüllung bzw Nacherfüllung zu setzen – selbst beschafft und nunmehr Ersatz seiner **Selbstvornahmekosten** gem §§ 683, 684 verlangt (s Rn 287 ff). Im Grundsatz ist davon auszugehen, dass die besonderen vertraglichen Gewährleistungsrechte des Kauf-, Miet- und Werkvertragsrechts wie auch die Vorschriften des allgemeinen Leistungsstörungsrechts eine abschließende Regelung enthalten, die einen Rückgriff auf die §§ 677 ff überhaupt ausschließen (BGH NJW 2005, 1448, 1449 ff, Urt v 23. 2. 2005, Az: VIII ZR 100/04; BGHZ 92, 123, 125, Urt v 12. 7. 1984, Az: VII ZR 268/83; BGH NJW 1968, 43, Urt v 28. 9. 1967, Az: VII ZR 81/65; OLG Düsseldorf NJW 2014, 115, 118, Urt v 11. 10. 2013, Az: I-22 U 81/13; s dazu Gsell ZIP 2005, 922, Lorenz NJW 2005, 1321; Katzenstein ZGS 2005, 184; Tonner/Wiese BB 2005, 903). Daher kann weder der Käufer oder Mieter, die ohne Nachfristsetzung bzw Wahrung der Voraussetzung des § 536a Abs 2 den Mangel selbst beseitigen (BGH NJW 2005, 1448, 1449 ff, Urt v 23. 2. 2005, Az: VIII ZR 100/04; BGH NJW 2008, 1216, Rn 18 ff, Urt v 16. 1. 2008, Az: VIII ZR 222/06; OLG Düsseldorf MDR 2009, 801, Urt v 5. 2. 2009, Az: I-10 U 128/08), noch der Vermieter, der ohne Nachfristsetzung die geschuldeten Schönheitsreparaturen selbst vornimmt (OLG Hamburg NJW 1973, 2211, Urt v 8. 2. 1973, Az: 4 U 93/72; Ricker MDR 2000, 446; **aA**: OLG Koblenz MDR 1999, 1496, Urt v 29. 7. 1999, Az: 5 U 1787/98; Lützenkirchen MDR 2001, 9, 11 ff), Ersatz ihrer Selbstvornahmekosten auf §§ 683, 684 (iVm § 539 Abs 1) stützen. Andererseits schließen die **Bestimmungen über den Selbsthilfeverkauf** des Verkäufers bei Annahmeverzug des Käufers (§ 373) nicht aus, dass der Verkäufer, der die Ware ohne Beachtung dieser Bestimmungen verkauft, im Rahmen einer nützlichen Geschäftsführung ohne Auftrag für den Geschäftsherrn handelt (BGH MDR 1958, 93, Urt v 18. 6. 1957, Az: VIII ZR 218/56; vgl MEISSEL, Geschäftsführung ohne Auftrag 94 f), wie umgekehrt der Notverkauf durch den rücktrittsberechtigten Käufer auch dann eine nützliche Geschäftsführung für den Verkäufer sein kann, wenn die Bestimmungen des § 379 HGB nicht beachtet werden (RGZ 66, 186, 197 f, Urt v 7. 6. 1907, Az: II 39/07; RGZ 101, 18, 19, Urt v 23. 11. 1920, Az: III 239/20). Das Bestehen eines gesetzlichen **Kontrahierungszwanges** begründet für sich genommen noch keine vorrangige Regelung, die einen Rückgriff auf die §§ 677 ff ausschließt (BGH NZM 2005, 356, 358, Urt v 26. 1. 2005, Az: VIII ZR 66/04 für § 10 EnWG). Der Kontrahierungszwang begründet lediglich die Pflicht, einen Vertrag, wenn auch zu bestimmten Bedingungen, abzuschließen. Soweit ein solcher Vertrag aber noch nicht geschlossen ist, fehlt es an einer vorrangigen und abweichenden Regelung, so dass die §§ 677 ff grundsätzlich anwendbar sind.

Die Vorrangwirkung einer (abschließenden) vertraglichen Regelung ist sachlich **189** nicht nur auf den Vertragsgegenstand sondern auch **zeitlich begrenzt**. Mit Auslaufen des Vertrages endet der Vorrang der vertraglichen Regelung, so dass wieder auf die §§ 677 ff zurückgegriffen werden kann. Bleibt ein vertraglich beauftragter Geschäftsbesorger über die Zeit seiner Bestellung hinaus tätig, so agiert er mit Auslaufen des Vertrages als Geschäftsführer ohne Auftrag (BayObLG NJW-RR 2000, 155, Urt v 26. 8. 1999, Az: 2 Z BR 53/99). Dies gilt natürlich nicht, wenn und soweit der Vertrag besondere Abwicklungsvorschriften bereithält oder eventuell die Grundsätze eines faktischen Vertragsverhältnisses eingreifen.

bb) Überschreitung vertraglicher und organschaftlicher Befugnisse

Ordnet das Vertrags- oder Gesellschaftsrecht, was regelmäßig der Fall ist, die Befug- **190** nisse des Geschäftsführers abschließend, so liegt in einer Überschreitung dieser Befugnisse eine Verletzung der vertraglichen oder organschaftlichen Pflichten zur ordentlichen Geschäftsführung, die gem § 280 zum Schadensersatz verpflichtet. Auf die Grundsätze über die Geschäftsführung ohne Auftrag kann wegen der abschließenden Natur der Regelung nicht zurückgegriffen werden; sog **Lehre vom Vertragsverstoß** (BGH NJW 1997, 314, Urt v 4. 11. 1996, Az: II ZR 48/95; BGH WM 1988, 968, Urt v 11. 1. 1988, Az: II ZR 192/97; BGB-RGRK/STEFFEN[12] Vor § 677 Rn 56; OERTMANN Vorbem vor §§ 677 ff, Anm 5a; **aA** noch: RGZ 158, 302, 311 ff, Urt v 22. 10. 1938, II 58/38; s auch BGH NJW 2013, 1958, Rn 27, Urt v 15. 1. 2013, Az: II ZR 90/11: „Das Organ, das pflichtwidrig Geschäfte außerhalb des Unternehmensgegenstands abschließt, ähnelt insoweit einem unberechtigt ohne Auftrag handelnden Geschäftsführer."). Dies gilt natürlich nicht für solche Handlungen, die zwar für jemanden, mit dem der Geschäftsführer in vertraglichen Beziehungen steht, vorgenommen werden, die jedoch nicht unter den Vertragsgegenstand fallen (SCHMID, Geschäftsführung ohne Auftrag Rn 1191). Andere Rechtsordnungen gehen in der Behandlung von Überschreitungen der Geschäftsführungsbefugnissen teilweise andere Wege. Das Schweizer Obligationenrecht ordnet zB im Recht der einfachen Gesellschaft bei Überschreitung der Geschäftsführungsbefugnisse den Rückgriff auf das Recht der auftraglosen Geschäftsführung an (Art 540 Abs 2 schwOR: „Wenn ein Gesellschafter, der nicht zur Geschäftsführung befugt ist, Gesellschaftsangelegenheiten besorgt, oder wenn ein zur Geschäftsführung befugter Gesellschafter seine Befugnisse überschreitet, so finden die Vorschriften über die Geschäftsführung ohne Auftrag Anwendung"; vgl SCHMID, Geschäftsführung ohne Auftrag Rn 1183 ff).

191 Entwickelt haben sich diese Grundsätze vor allem im Gesellschaftsrecht (HÄUSER, in: FS Kraft 147; MÜLLER-GRAFF AcP 191 [1991] 475, 486 ff). Anfangs ging die Rechtsprechung den Weg einer verschuldensunabhängigen Risikohaftung bei Kompetenzverstößen (RG LZ 1914, 580, Urt v 12. 6. 1913, Az: II 130/13; auch: RGZ 109, 56, 60 f, Urt v 10. 10. 1924, Az: II 456/23; RG JW 1930, 705, 706, Urt v 22. 11. 1929, Az: II 129/29). Später griff man auf die Geschäftsführung ohne Auftrag zurück (RGZ 158, 302, 311 ff, Urt v 22. 10. 1938, II 58/38). Der Geschäftsführer, der objektiv außerhalb seiner Geschäftsführungsbefugnisse handelte, wurde – unabhängig von einem Verschulden – als auftragloser Geschäftsführer angesehen (erste Ebene). Erst auf der zweiten Ebene der Anwendung der §§ 677 ff wurde die Verschuldensfrage relevant: einmal bei der Frage, ob wegen unnützer Geschäftsführung eine Haftung nach § 678 wegen Übernahmeverschuldens oder nach § 677 wegen Ausführungsverschuldens in Betracht kam. In der Lehre wurde alsbald die Zwei-Ebenen-Rechtsprechung des Reichsgerichts auf der ersten Ebene um ein Verschuldenselement angereichert (HUECK, oHG[4] 10 VI 5 S 141 ff). Durchsetzen sollte sich schließlich die von ROBERT FISCHER begründete Lehre vom Vertragsverstoß (HGB-Großkomm/FISCHER[3] § 116 Anm 29), der in der Überschreitung der Geschäftsführungsbefugnisse einer Verletzung der gesellschaftsvertraglichen Pflichten – nämlich der gesellschaftsvertraglichen Verpflichtung, unbefugte Geschäftsführungshandlungen zu unterlassen – sah, für die der Geschäftsführer nach allgemeinen Grundsätzen (pFV, heute § 280) auf Schadensersatz hafte (daneben existierten Kombinationsansätze, die die von HUECK und FISCHER entwickelten Ansätze im Wege der Anspruchskonkurrenz kombinierten: KRAFT/KREUZ, Gesellschaftsrecht[10] C II 2 c ee S 101 f; HOPT/HEHL, Gesellschaftsrecht[3] Rn 361 ff; dazu: HÄUSER, in: FS Kraft 147, 162 f). Der Bundesgerichtshof, der erst 1988 Gelegenheit hatte, sich zu dieser Problematik zu äußern, schloss sich unter Aufgabe der reichsgerichtlichen Rechtsprechung der Lehre von ROBERT FISCHER an und entschied, dass der Geschäftsführer, der seine Geschäftsführungsbefugnisse (schuldhaft) überschreitet, gegen seine gesellschaftsvertraglichen Pflichten verstößt und deswegen aus positiver Vertragsverletzung (heute § 280) haftet (BGH WM 1988, 968, Urt v 11. 1. 1988, Az: II ZR 192/97; OLG Köln NJW-RR 1995, 547, 548 f, Urt v 16. 2. 1994, Az: 2 U 186/92). Auf ein weiteres Ausführungsverschulden bei der Durchführung der kompetenzwidrigen Geschäftsführungsmaßnahme kommt es daher nicht an (BGH NJW 1997, 314, Urt v 4. 11. 1996, Az: II ZR 48/95). Das (schuldhaft) jenseits seiner Kompetenzen handelnde Organ kann also nicht einwenden, dass ihn kein weiteres Verschulden trifft.

192 Handelt der Geschäftsführer bei Überschreitung seiner Geschäftsführungsbefugnisse eigennützig im eigenen Interesse, sind die §§ 677 bis 686 von vorneherein nicht anwendbar. Es fehlt an der fremdnützigen Geschäftsführung „für einen anderen“. Allenfalls kann **§ 687 Abs 2** eingreifen. Der BGH lehnt allerdings einen Rückgriff auf das Recht der Geschäftsanmaßung ab (BGH NJW-RR 1989, 1255, 1256 f, Urt v 12. 6. 1989, Az: II ZR 334/87; **aA**: FLECK ZIP 1991, 1269, 1272; SOERGEL/BEUTHIEN[13] § 687 Rn 14). Durch die Geschäftsanmaßung verletzt der Geschäftsführer – ebenso wie bei der Überschreitung seiner Geschäftsführungsbefugnis in fremdnütziger Absicht – seine organschaftlichen und vertraglichen Pflichten zur ordentlichen Geschäftsführung und haftet dementsprechend (zB § 43 GmbHG, 280 BGB). Für eine Haftung aus § 687 Abs 2 sieht der BGH neben der vertraglichen oder organschaftlichen Haftung keinen Raum; das Bestehen eines vertraglichen oder organschaftlichen Verhältnisses schließe den Rückgriff auf § 687 Abs 2 aus (**aA**: FLECK ZIP 1991, 2169, 1272; SOERGEL/BEUTHIEN[13] § 687 Rn 14). S dazu § 687 Rn 39.

cc) Wirksamkeit des Vertragsverhältnisses

Die vertraglichen Regelungen gehen nur vor, soweit sie wirksam sind; ist der Vertrag unwirksam, so sind, ein Subordinationsverhältnis vorausgesetzt, die §§ 677 ff anwendbar (zur Anwendung der §§ 677 ff auf unwirksame Subordinationsverhältnisse s Rn 329 ff). Soweit die Grundsätze eines **fehlerhaften aber wirksamen Vertragsverhältnisses** eingreifen, ist die Anwendung der Geschäftsführungsregeln der §§ 677 ff ausgeschlossen. Das fehlerhafte aber wirksame Vertragsverhältnis stellt dann eine gegenüber den §§ 677 ff vorrangige rechtliche Ordnung der gegenseitigen Verhältnisse dar (vgl Erman NJW 1965, 421; Dorn NJW 1964, 799; BGB-RGRK/Steffen[12] Vor § 677 Rn 52; Palandt/Sprau[73] § 677 Rn 11). Hierhin gehören etwa das faktische Arbeitsverhältnis oder der fehlerhafte Anstellungsvertrag. Ist das Vertragsverhältnis dagegen nicht nur fehlerhaft, sondern überhaupt nichtig oder sonst unwirksam, kann nach der grundsätzlich zutreffenden Auffassung des BGH uneingeschränkt auf die Grundsätze der §§ 677 ff zurückgegriffen werden (BGHZ 101, 393, 399, Urt v 24. 9. 1987, Az: VII ZR 306/86; BGH LM BGB § 677 Nr 40, Urt v 23. 9. 1999, Az: III ZR 322/98; BGH ZIP 1996, 2113, 2114, Urt v 10. 10. 1996, Az: III ZR 205/95; BGH NJW 1993, 3196, Urt v 30. 9. 1993, Az: VII ZR 178/91; s dazu im Einzelnen: Rn 329 ff). Der **Grund für das Fehlen der Berechtigung** ist – auf der Ebene des Grundtatbestandes der Geschäftsführung ohne Auftrag – grundsätzlich ohne Bedeutung (s Rn 113, 329). Es macht keinen Unterschied, ob der Geschäftsführer tätig geworden ist, ohne eine Berechtigung einzuholen, oder ob eine erteilte Berechtigung keinen Bestand hat, sei es unmittelbar kraft Gesetzes, sei es kraft rechtsgestaltender Handlung (vgl BGHZ 37, 258, 263, Urt v 25. 6. 1962, Az: VII ZR 120/61; BGH ZIP 1996, 2113, 2114, Urt v 10. 10. 1996, Az: III ZR 205/95; BGH NJW 1993, 3196, Urt v 30. 9. 1993, Az: VII ZR 178/91; BGHZ 101, 393, 399, Urt v 24. 9. 1987, Az: VII ZR 306/86; BGH LM BGB § 677 Nr 40, Urt v 23. 9. 1999, Az: III ZR 322/98). Auf anderer Ebene kann der Unwirksamkeitsgrund durchaus geschäftsführungsrechtliche Bedeutung erlangen. Ist etwa der zugrunde liegende Vertrag gem § 134 oder § 138 nichtig, so wird der Geschäftsführer häufig keinen Ersatz seiner Aufwendungen gem § 683 S 1 verlangen können, da er Aufwendungen, die gerade in der von der Rechtsordnung missbilligten Tätigkeit liegen, im Rahmen der §§ 683 S 1, 670 nicht für erforderlich halten durfte (BGHZ 37, 258, 263 f, Urt v 25. 6. 1962, Az: VII ZR 120/61; BGH VersR 1970, 422, Urt v 12. 2. 1970, Az: VII ZR 103/68). Unterlässt es der Geschäftsführer trotz bestehender Möglichkeit, einen Vertragsschluss mit dem Geschäftsherrn herbeizuführen, so ist es ihm verwehrt, gem § 683 S 1 die normale Vergütung zu verlangen (s § 683 Rn 60); scheitert ein anvisierter Vertragsschluss, so kann der Geschäftsführer keinesfalls Ersatz seiner Aufwendungen nach Geschäftsführungsrecht verlangen (s Rn 205 ff). 193

Es kann vorkommen, dass von der Nichtigkeit oder sonstigen Unwirksamkeit nicht das gesamte der Geschäftsführung zugrunde liegende Rechtsverhältnis erfasst wird **(Teilnichtigkeit)**, § 139. Soweit Vertragsrecht fortbesteht, richtet sich das Rechtsverhältnis danach. Für den unwirksamen Teil bestimmen sich die gegenseitigen Rechte und Pflichten entweder nach den §§ 677 ff, sofern darin eine selbständige Geschäftsbesorgung zu erblicken ist, andernfalls nach den §§ 812 ff (vgl BGHZ 37, 258, 263, Urt v 25. 6. 1962, Az: VII ZR 120/61; BGB-RGRK/Steffen[12] Vor § 677 Rn 57). 194

dd) Vertragliche Verpflichtung zur Geschäftsführung gegenüber einem Dritten (pflichtengebundener Geschäftsführer)

Hat sich der Geschäftsführer dem Geschäftsherrn gegenüber vertraglich verpflichtet, so ist in diesem Verhältnis ein Rückgriff auf die Geschäftsführungsregeln aus- 195 geschlossen, sofern und soweit die vertragliche Regelung abschließend ist. Verwickelt stellen sich die Verhältnisse dar, wenn sich der Geschäftsführer in einem Vertrag mit einem Dritten zur Geschäftsführung zugunsten des Geschäftsherrn verpflichtet ist (sog pflichtengebundener Geschäftsführer): S Rn 309 ff. Art V 1:103 (c) DCFR will in diesen Fällen im Verhältnis Geschäftsführer-Geschäftsherr den Rückgriff auf das Geschäftsführungsrecht überhaupt ausschließen: „This book does not apply where the intervener is under an obligation to a third party to act."

b) Gesetzliche Regelung der Geschäftsführung

aa) Abschließende gesetzliche Regelung

196 Es gibt zahlreiche **gesetzlich besonders ausgestaltete Geschäftsbesorgungsverhältnisse**, die wegen ihres abschließenden Regelungscharakters einen Rückgriff auf die §§ 677 ff ausschließen. Hierher gehören etwa die Insolvenz- und Nachlassverwaltung, die Testamentsvollstreckung sowie familienrechtliche Rechtsinstitute wie Pflegschaft, Vormundschaft oder elterliche Sorge. Auch besondere öffentlich-rechtliche Gewaltverhältnisse können einem Rückgriff auf die §§ 677 ff entgegenstehen. So steht dem Träger einer Justizvollzugsanstalt kein geschäftsführungsrechtlicher Anspruch gem § 683 auf Ersatz seiner Aufwendungen zur Wiederherstellung der Gesundheit eines Untersuchungsgefangenen zu, der einen Selbstmordversuch begangen hat (BGHZ 109, 354, 358 f, Urt v 12. 12. 1989, Az: XI ZR 117/89; LG Frankfurt NJW 1977, 1924, 1925, Urt v 12. 7. 1977, Az: 2/24 S 47/77: Zwangsernähung eines Untersuchungsgefangenen; vgl Schubert NJW 1978, 687): Dem Staat obliegt zwar eine öffentlich-rechtliche Fürsorgepflicht für die Gesundheit seiner Untersuchungsgefangenen; nach der Wertung des Gesetzes hat er aber alleine die Kosten für die Wiederherstellung der Gesundheit von Untersuchungshäftlingen zu tragen, da § 93 Abs 1 StVollzG auf Untersuchungsgefangene keine Anwendung findet (ein entsprechendes Gesetzesvorhaben des Bundesrates wurde nicht umgesetzt: vgl Art 1 Nr 30 des Gesetzentwurfs zur Änderung des Strafvollzuggesetzes, BT-Drucks 11/3694 mit Begründung auf S 13). Auch sonst gibt es zahlreiche Vorschriften, die einen Rückgriff auf die Grundsätze über die Geschäftsführung ohne Auftrag ausschließen (BGH NZBau 2004, 34, 35, Urt v 21. 10. 2003, Az: X ZR 66/01; BGHZ 140, 102, 110, Urt v 26. 11. 1998, Az: III ZR 223/97 mAnm Ruland JuS 1999, 617: Gewährt die Krankenkasse ihrem Mitglied mit Hilfe eines Leistungserbringers Leistungen nach dem Sachleistungsprinzip [hier: Krankentransportleistung], ist der Leistungserbringer auf Vergütungsansprüche gegen die Krankenkasse beschränkt; eine Vergütungspflicht des Versicherten besteht auch nach den Vorschriften über die Geschäftsführung ohne Auftrag nicht; BGHZ 30, 162, 169 f, Urt v 4. 6. 1959, VII ZR 217/58; BGH LM BGB § 683 Nr 11, Urt v 13. 6. 1960, Az: VII ZR 114/59). Ist eine **Rückgriffslage** bereits durch Gesetz, insbesondere **abschließend geordnet**, ist ein Rückgriff auf die Grundsätze der Geschäftsführung ohne Auftrag ausgeschlossen (BGHZ 155, 342, 350, Urt v 8. 7. 2003, Az: VI ZR 274/02: Leistungen, die ein unzuständiger Leistungsträger erbracht hat, sind ihr vom zuständigen Leistungsträger gem § 105 SGB X zu ersetzen, gem § 116 SGB X geht der Anspruch des Geschädigten gegen den Schädiger auf den zuständigen Leistungsträger über. Diese Regelung ist abschließend: Ein Anspruch des unzuständigen Leistungsträgers gegen den Schädiger ist daher auch nicht aus Geschäftsführung ohne Auftrag zu begründen); insbesondere soweit Vorschriften über eine *cessio legis* tatbestandlich eingreifen, ist stets genau zu prüfen, ob die Ausgleichung durch diese Vorschriften abschließend geregelt und eine Anwendung der §§ 677 ff ausgeschlossen ist (BGHZ 30, 162, 169 ff, Urt v 4. 6. 1959, Az: VII ZR 217/58; BGH LM BGB § 683 Nr 11, Urt v 13. 6. 1960, Az: VII ZR 114/59). Auch **§ 1357 Abs 1** gehört hierhin. Soweit sich eine Inanspruchnahme des Ehegatten nicht nach § 1357 begründen lässt, darf diese nicht nach den Grundsätzen der Geschäftsführung ohne Auftrag begründet werden (BGH JZ 2005, 949, 951, Urt v 28. 4. 2005, Az: III ZR 351/04). Der Ausschluss der §§ 677 ff gilt aber nur, wenn und soweit eine abschließende Regelung vorhanden ist. Macht die Bundesrepublik Deutschland Aufwendungen zur Rettung von im Ausland entführten deutschen Touristen, so kann sie Ersatz ihrer Aufwendungen – die Anwendbarkeit deutschen Rechts gem Art 11 Abs 4 Rom II bzw Art 41 EGBGB unterstellt – nach § 683 verlangen; die Vorschriften des **Konsulargesetzes** und des **Auslandskostengesetzes** sind insoweit nicht abschließend (DAHM NVwZ 2005, 172; GÖRES NJW 2005, 1909).

Für die Bergung und Hilfeleistung in **Seenot** enthalten die §§ 740 ff HGB besondere **197** gesetzliche Regelungen; für die Bergung und Hilfeleistung bei der Binnenschifffahrt gelten die §§ 93 ff BinSchG (zuletzt geändert durch Art 3 des Dritten Seerechtsänderungsgesetz v 16. 5. 2001, BGBl I 2001, 898). Soweit diese Vorschriften einengende oder weiterreichende Regelungen aufstellen, sind die Vorschriften der §§ 677 ff ausgeschlossen, um die gesetzgeberische Entscheidung nicht zu konterkarieren. Über diesen Bereich hinaus sind die Vorschriften über die Geschäftsführung ohne Auftrag aber anwendbar (BGHZ 67, 368, 369 f, Urt v 25. 11. 1976, Az: II ZR 201/74; MünchKomm/SEILER[6] Vor § 677 Rn 20). – Nach den §§ 744 ff **(Bruchteilsgemeinschaft)**, 20 ff WEG **(Wohnungseigentümergemeinschaft)**, 2038 BGB **(Erbengemeinschaft)** steht die Verwaltung des gemeinschaftlichen Gegenstandes bzw Nachlasses den Teilhabern nach näherer Maßgabe der gesetzlichen oder eventuell bestehenden vertraglichen Regelungen gemeinschaftlich zu. Der einzelne Teilhaber ist lediglich berechtigt, zur Erhaltung notwendige Maßnahmen zu treffen und von den anderen Teilhabern anteiligen Aufwendungsersatz zu fordern (Bruchteilsgemeinschaft: §§ 744 Abs 2, 748; Wohnungseigentümergemeinschaft: §§ 21 Abs 2, 16 Abs 2 WEG; Erbengemeinschaft: §§ 2038 Abs 1 HS 2 Abs 2, 748). Fällt eine Maßnahme in diesen Bereich, sind die §§ 677 ff wegen des Vorrangs der Spezialregelung ausgeschlossen. Bei Maßnahmen eines Teilhabers außerhalb des Rahmens der notwendigen Erhaltungsmaßnahmen wird der Rückgriff auf die §§ 677 ff für zulässig gehalten (MünchKomm/SEILER[6] Vor § 677 Rn 19; PLANCK/LOBE[4] § 677 Anm 2a; Bruchteilsgemeinschaft: BGHZ 16, 12, 17, Urt v 15. 12. 1954, Az: II ZR 277/53 mAnm DELBRÜCK LM PrPVG § 20 Nr 3; SCHNORR, Gemeinschaft nach Bruchteilen 228 ff; zur Wohnungseigentümergemeinschaft: OLG Frankfurt, Beschluss vom 26. 2. 2004, 20 W 416/02; OLG Celle Rp 2002, 94, Beschluss v 20. 12. 2001, Az: 4 W 286/01; BayObLG NZM 2000, 299, Beschluss v 4. 11. 1999, Az: 2 Z BR 106/99; BayObLGZ 1986, 322, Beschluss v 8. 8. 1986, Az: BReg 2 Z 95/85; zur Erbengemeinschaft: BGH NJW 1987, 3001, Urt v 20. 5. 1987, Az: IVa ZR 42/86). – Bzgl der Geschäftsführung ohne Auftrag im **Prozess** s § 89 ZPO.

Der Vorrang gesetzlich geordneter Geschäftsführungsverhältnisse kann nicht nur **198** gegenständlich, sondern auch **zeitlich begrenzt** sein. Setzt ein Amtswalter (Insolvenzverwalter, Nachlassverwalter, Testamentsvollstrecker) ungeachtet der Beendigung seines Amtes seine Amtstätigkeit fort, so finden – sofern besondere Abreden nicht getroffen wurden – die Vorschriften über die Geschäftsführung ohne Auftrag Anwendung (BGH VIZ 2002, 408, Urt v 21. 2. 2002, Az: III ZR 107/01).

bb) Nicht abschließende gesetzliche Regelungen

Es gibt aber auch zahlreiche gesetzliche Vorschriften, in denen das Gesetz zwar eine **199** gesetzliche Pflicht zur Geschäftsführung für einen anderen „als solche" fixiert, aber von einer weiteren Ausgestaltung des Rechtsverhältnisses zwischen Geschäftsherrn und Geschäftsführer absieht. Hier kann grundsätzlich auf die Vorschriften über die Geschäftsführung ohne Auftrag zurückgegriffen werden, soweit sich aus dem Gesetz keine abweichenden Wertungen oder Entscheidungen wie insbesondere eine Kostentragungspflicht des Geschäftsführers ergeben. Wird die gemeindliche Feuerwehr aufgrund einer bestehenden gesetzlichen Verpflichtung zur Brandbekämpfung zugunsten des Eigentümers tätig, kann sie gem § 683 S 1 Ersatz ihrer Aufwendungen verlangen, soweit die Frage nach Kostenersatz nicht abschließend oder abweichend in den einschlägigen Vorschriften geregelt ist (BGHZ 40, 28, Urt v 20. 6. 1963, Az: VII ZR 263/71; OLG Hamm NJW 2012, 1088, Urt v 20. 10. 2011, Az: 6 U 116/11; Franssen/Blatt NJW 2012, 1031; Günther/Borbe VersR 2012, 1197, 1203 f; Rn 187). Dies wird teilweise etwa bei Art 28 BayFwG oder § 41 FSHG NW angenommen (BayObLGZ 2002, 35, Urt v 25. 2. 2002, Az: 1 Z RR 331/99; OLG Köln VersR 2010, 76, 77, Urt v 5. 6. 2009, Az:3 U 201/08; vgl BVerfGK 8, 515, Beschl v 30. 6. 2011, Az: 1 BvR 367/11; **aA**: Franssen/Blatt NJW 2012, 1031, 1032 für § 41 FSHG NW unter Berufung auf BGH NVwZ-RR 2011, 962, Urt v 28. 6. 2011, Az: VI ZR 184/10). Die prominenteste Vorschrift obligatorischer, aber nicht gesetzlich abschließend geregelter Geschäftsführung ist § **323c StGB**. Nach zutreffender Auffassung dient die Norm nicht nur dem Interesse der Allgemeinheit an solidarischer Schadensabwehr in Notlagen (so aber: OLG Frankfurt NJW-RR 1989, 794, 795, Urt v 27. 10. 1998, Az: 1 U 171/87; Loyal JZ 2014, 306; Rebler MDR 2013, 254), sondern verpflichtet den Helfer gerade auch gegenüber dem Gefährdeten zur Hilfeleistung (BGH NJW 2014, 64, Rn 6 ff, Urt v 14. 5. 2013, Az: VI ZR 255/11; OLG Düsseldorf NJW 2004, 3640 f, Urt v 27. 7. 2004, Az: I-14 U 24/04). Ebenso ist der **Beschützergarant** iSd **§ 13 StGB** gerade gegenüber der begünstigten Person zur Schadensabwehr verpflichtet. Das Bestehen der gesetzlichen Verpflichtung zum Tätigwerden schließt den Tatbestand der Geschäftsführung ohne Auftrag in diesen Fällen nicht aus, da das Gesetz keine abschließende oder abweichende Regelung der Interessenwahrnehmung trifft (insbesondere in den §§ 2 Abs 2 Nr 13, 13 SGB VII liegt keine abweichende Regelung). Der Retter kann demnach gem § 683 S 1 Ersatz seiner Aufwendungen verlangen. Anders ist im Fall des **Überwachungsgaranten** iSd § 13 StGB zu entscheiden: Bzgl der überwachten Person fehlt es an der Subordination (Rn 171 ff), bzgl des Dritten greift die vorrangige Wertung, dass der Überwachungsgarant die Kosten zu tragen hat. Wegen der gesetzlichen Wertung der §§ 823 ff kann der Verkehrssicherungspflichtige seine Aufwendungen nicht auf den Geschützten abwälzen. Aus dem gleichen Grund kann der Sicherungspflichtige des § 908 seine Kosten nicht auf den Nachbarn schieben. – Soweit die gesetzliche Regelung der Geschäftsführungspflicht reicht, werden die Vorschriften der §§ 677 ff verdrängt. Ist der Retter gem § 323c StGB verpflichtet, einen **Suizidenten** zu retten, so kann sich dieser nicht darauf berufen, dass die Geschäftsführung nicht seinem Willen entsprochen hat. Soweit die gesetzliche Pflicht zur Übernahme der Geschäftsführung reicht, kommt es auf den entgegenstehenden Willen des Geschäftsherrn nicht an. Wenn man so will, modifiziert § 323c StGB das subjektive Utilitätsprinzip der §§ 677, 683 S 1, weil Maßstab der Geschäftsführung nunmehr ausschließlich das – gesetzlich definierte – Interesse des Geschäftsherrn, nicht aber gegenläufiger Wille ist (s § 683 Rn 15 ff). Mit einer entsprechenden Anwendung des § 679 hat dies nichts zu tun.

200 Nach verbreiteter Ansicht berechtigen **Notwehr-, Notstands- und Selbsthilferechte** (§§ 227, 228, 229, 858, 904 BGB, 32, 34, 35 StGB) zwar zum Handeln, sollen aber keine sonstige Berechtigung zur Geschäftsführung iSd § 677 darstellen (Erman/Dornis[14] § 677 Rn 41a; MünchKomm/Seiler[6] § 677 Rn 43; Soergel/Beuthien[13] § 677 Rn 21; **aA**: van

VENROOY JuS 1979, 102, 104); dahinter steht der Gedanke, dem Handelnden einen Erstattungsanspruch gem §§ 683, 684 gegen den Störer zu geben. Dem ist so nicht zuzustimmen. Zum einen wird es in Fällen der Notwehr, des Notstandes oder der Selbsthilfe überhaupt an einer fremdnützigen Geschäftsführung für den Störer fehlen. Der Geschäftsführer wird in diesem Fall ausschließlich zur Durchsetzung oder zum Schutze seiner eigenen Interessen tätig. Zum anderen folgt im Einzelfall als ungeschriebener Annex aus den Selbsthilferechten eine Kostentragungspflicht des Störers, die auch insoweit einen Rückgriff auf §§ 683, 684 ausschließt (s Rn 287 ff.). Etwas anderes gilt sogar in den Fällen des §§ 904 BGB, 35 StGB. Hier steht dem Geschäftsherrn ein Aufopferungsanspruch unmittelbar oder analog § 904 S 2 zu (LARENZ/CANARIS, Schuldrecht II/2[13] § 85 I 1 S 655 f und IV 1 S 668).

cc) Öffentlich-rechtliche Geschäftsführungspflichten im Interesse der Allgemeinheit

Bestehen öffentlich-rechtliche Pflichten nur der Allgemeinheit nicht aber einer **201**
konkreten Person (Geschäftsherren) gegenüber, wird es am Tatbestand der Geschäftsführung grundsätzlich fehlen, da der Geschäftsführer nach dem sozialen Sinn seines Tuns nicht für den Geschäftsherrn tätig wird, sondern dem Interesse der Allgemeinheit dient. Etwaige Vorteile des Geschäftsherrn sind Reflexvorteile, die weder nach Geschäftsführungsrecht noch nach Bereicherungsrecht herausverlangt werden können.

c) Kenntnis des Geschäftsführers vom Fehlen des Rechtsgrundes

Der Umstand, dass sich der Geschäftsführer irrtümlich – sei es aufgrund eines **202**
vermeintlichen, aber in Wirklichkeit nicht bestehenden Vertrages, sei es aufgrund falscher rechtsirriger Subsumtion unter eine gesetzliche Vorschrift – zur Geschäftsführung verpflichtet hält, steht der Anwendung der Vorschriften der §§ 677 ff nicht entgegen (BGH NJW-RR 2005, 1426, 1428, Urt v 27. 4. 2005, Az: VIII ZR 140/04; BGH NZM 2005, 356, 358, Urt v 26. 1. 2005, Az: VIII ZR 66/04; s Rn 179, 329 ff). Alleine die tatsächliche Subordination bei gleichzeitigem Fehlen einer vorrangigen gesetzlichen oder vertraglichen Regelung begründet das Gestionsverhältnis. Ob der Geschäftsführer ihr Fehlen kannte oder sich im Gegenteil aufgrund einer Fehleinschätzung zum Tätigwerden für berechtigt oder gar verpflichtet gehalten hat, ist ohne Bedeutung (BGHZ 1, 57, 62, Urt v 12. 1. 1951, Az: V ZR 14/50; BGHZ 37, 258, 262 f, Urt v 25. 6. 1962, Az: VII ZR 120/61; **aA**: WITTMANN, Begriff und Funktion der Geschäftsführung ohne Auftrag 25, 119). So entschieden schon die römischen Juristen (ULPIAN Dig 3, 5, 5 pr; PAULUS Dig 3, 5, 18, 2; BERGMANN, Die Geschäftsführung ohne Auftrag 179 f). Die abweichende bundesgerichtliche Praxis in der **Schweiz**, die fordert, dass dem Geschäftsführer das Fehlen eines Auftrags oder eines sonstigen Rechtsverhältnisses bewusst war, wird dem nicht gerecht. Zu Recht wird daher das Erfordernis des Bewusstseins der Auftragslosigkeit in der Schweizer Lehre kritisiert (SCHMID, Geschäftsführung ohne Auftrag Rn 250 ff).

d) Zeitpunkt

Entscheidender Zeitpunkt für das Fehlen einer vorrangigen Regelung des Ge- **203**
schäftsführungsverhältnisses ist die Übernahme der Geschäftsführung. Eine Anfechtung lässt eine vertragliche Regelung rückwirkend entfallen (§ 142 Abs 1), so dass die §§ 677 ff zur Anwendung kommen; umgekehrt schafft die Genehmigung eines Rechtsgeschäfts rückwirkend eine vorrangige Regelung (§ 184 Abs 1), so dass auf die §§ 677 ff nicht zugegriffen werden kann. Ansonsten steht es Geschäftsherrn und

Geschäftsführer frei, mit ex-nunc-Wirkung eine auftraglose Geschäftsführung in ein Rechtsgeschäft überzuführen. Hinsichtlich der bis dahin entstandenen geschäftsführungsrechtlichen Ansprüche können sie vertragliche Abreden treffen.

e) Geschäftsführung für mehrere Personen

204 In bestimmten Situationen kann der Geschäftsführer gleichzeitig fremdnützig für mehrere Geschäftsherrn tätig werden, so zB, wenn er den Brand eines im Miteigentum stehenden Hauses löscht. Fehlt es an einer vertraglichen oder gesetzlichen Bindung jedem der Eigentümer gegenüber, so entsteht gegenüber jedem von ihnen das gesetzliche Schuldverhältnis der Geschäftsführung ohne Auftrag. Liegt der Fall so, dass nur bzgl eines der Eigentümer eine vertragliche Berechtigung zur Geschäftsführung vorliegt, wird der Geschäftsführer aufgrund des Vertrages nur für diesen tätig; insoweit ist ein Rückgriff auf die §§ 677 ff ausgeschlossen. Bzgl der anderen Eigentümer besteht ein vorrangiges vertragliches Verhältnis nicht. Ob ihnen gegenüber auf die §§ 677 ff zurückgegriffen werden kann, bestimmt sich nach den Grundsätzen über die pflichtengebundenen Geschäftsführer (s Rn 309 ff): Wollte der vertragsschließende Eigentümer nur für seinen (ideellen) Teil eine vertragliche Regelung begründen, so kann auf die §§ 677 ff bzgl der anderen zurückgegriffen werden; sollte der Vertrag hingegen eine Regelung enthalten, dass den beauftragenden Eigentümer die volle Vergütungspflicht für die gesamte Arbeit treffen soll, ist insoweit ein geschäftsführungsrechtlicher Rückgriff gegen die anderen Eigentümer ausgeschlossen (vgl Gursky AcP 185 [1985] 13, 41 f).

f) Gescheiterte Vertragsanbahnung und unbestellte Leistungen (§ 241a)

aa) Gescheiterte Vertragsanbahnung

205 Aus dem Gedanken der Privatautonomie leitet der BGH den Grundsatz ab, dass Aufwendungen einer Partei im **Vorfeld eines Vertragsschlusses**, sofern es nicht zum Abschluss des Vertrages kommt, unvergütet bleiben. Jede Partei trage das Risiko eines Scheiterns der Vertragsverhandlungen und damit des Ausfalls der anvisierten Gegenleistung. Diese Risikoverteilung dürfe nicht durch Zulassung von Aufwendungsersatzansprüchen (§ 683 S 1) aus Geschäftsführung ohne Auftrag unterlaufen werden (BGH LM BGB § 677 Nr 40, Urt v 23. 9. 1999, Az: III ZR 322/98; BGH NJW-RR 2008, 683 Rn 20, Urt v 16. 11. 2007, Az: V ZR 208/06; vgl auch BGHZ 95, 393, 400, Urt v 25. 9. 1985, Az: IVa 22/84; Wandt, Gesetzliche Schuldverhältnisse[6] § 3 Rn 5; MünchKomm/Seiler[6] § 677 Rn 12; **aA**: Kossek, Honoraransprüche des gewerblichen Erbensuchers in Deutschland und Österreich 158 ff; Loyal, Die „entgeltliche" Geschäftsführung ohne Auftrag 280 ff; zur Geschäftsführung ohne Auftrag aus rechtsökonomischer Sicht: Rn 62). Man wird diesen Satz sicherlich auch in die umgekehrte Richtung erweitern dürfen: Der potenzielle Vertragspartner, der zwar an der Leistung des Geschäftsführers interessiert ist, aber dessen Preisvorstellungen ablehnt, wird das Ergebnis der Geschäftsführung nicht gem §§ 681 S 2, 667 an sich ziehen dürfen. Gegenseitige (Ersatz-)Ansprüche können sich allenfalls aus Verschulden bei Vertragsschluss gem §§ 311 Abs 2, 241 Abs 2 iVm 280 ergeben. Das Ergebnis ist einsichtig. Erwirbt ein Händler eine Briefmarke, die ein Kunde schon lange sucht, werden aber beide später nicht handelseinig, so kann weder der Händler Ersatz seiner Aufwendungen (inklusive einer angemessenen Vergütung) noch der Kunde Herausgabe der Briefmarke verlangen. Entscheidend ist, dass die Aufwendungen in Blick auf ein anvisiertes Rechtsgeschäft erfolgen. Das wird klar, wenn man den Fall leicht abwandelt und in den nichtkommerziellen Bereich verlegt: Sieht ein Bekannter auf einer dem Publikum offenstehenden Messe die Briefmarke und kauft er sie

für den Sammler, wird man weder dem Bekannten – sofern die Voraussetzungen des § 683 S 1 im Übrigen vorliegen – einen Aufwendungsersatzanspruch versagen dürfen, noch umgekehrt dem Sammler seinen Herausgabeanspruch absprechen können. Die Abgrenzung zwischen beiden Bereichen kann im Einzelfall sicherlich heikel sein. Dogmatisch kommt die höchstrichterliche Versagung geschäftsführungsrechtlicher Ansprüche als **institutionelle Beschränkung** der Geschäftsführung ohne Auftrag für den Bereich vorvertraglicher Aufwendungen daher. Ich bin mir nicht sicher, ob dieser Lehrsatz in atypischen Einzelfällen nicht zu starr ist. Freilich bedarf es einer solchen institutionellen Beschränkung auch gar nicht. Die gewünschten Ergebnisse lassen sich überzeugender – bei notwendiger Flexibilität im Einzelfall – durch eine einfache Anwendung des Gestionsrechts erreichen. Die Geschäftsführungsabsicht ist ein normatives, kein empirisches Merkmal (Rn 171 ff). Tätige ich im Vorfeld eines anvisierten Vertragsschlusses Aufwendungen, handele ich ohne Geschäftsführungsabsicht. Denn ich werde nicht für einen anderen, sondern für mich tätig. So kauft der Händler die Briefmarke (möglichst günstig) auf, um sie im Wege des Eigengeschäfts an den Kunden (möglichst teuer) zu verkaufen. Entspricht der Kunde nicht den (vielleicht überzogenen) Preisvorstellungen, will er die Briefmarke behalten und keinesfalls zum Einkaufspreis herausgeben müssen. Auch möchte er sich vor Vertragsschluss sicherlich nicht wegen schlechter Geschäftsführung gem §§ 280, 677 verhaften, etwa weil er die Briefmarke nicht ordnungsgemäß verwahrt hat und diese dadurch beschädigt wurde. Mit anderen Worten: Der Händler will sich nicht gegenüber dem Kunden verpflichten (BGHR BGB § 677 Erbensucher 1, Beschl v 26. 4. 1990, Az: III ZR 294/88; Loyal, Die „entgeltliche" Geschäftsführung ohne Auftrag 282 ff). Es muss daher richtig heißen: In Fällen, in denen der Geschäftsführer mit Blick auf einen anvisierten Vertragsschluss tätig wird, wird ihm typischerweise die **Geschäftsführungsabsicht fehlen**. Sollte dies im Einzelfall anders sein, ist dies besonders (normativ) zu begründen. Was für Aufwendungen im Vorfeld eines anvisierten Vertragsschlusses gilt, gilt entsprechend für (Teil-)Leistungen, die der Geschäftsführer ungefragt ins Blaue hinein erbringt. Benennt etwa ein Makler ohne vorherige Vereinbarung mit dem Interessenten (§ 652) das Objekt, so handelt er, wenn er sich von der Erwartung einer Provisionszusage leiten lässt, auf eigenes Risiko. Er nimmt die Gefahr in Kauf, dass es zum Abschluss des Hauptvertrages kommt, ohne dass er an seine Provision gelangt. Umgekehrt wäre eine gestionsrechtliche Verpflichtung (§§ 677, 681) des Maklers fehl am Platze. Bei gebotener normativer Betrachtung handelt er eben ohne Geschäftsführungsabsicht (BGHZ 95, 393, 400, Urt v 25. 9. 1985, Az: IVa 22/84; BGHZ 163, 332, 335 ff, Urt v 7. 7. 2005, Az: III ZR 397/04; vgl AG Schöneberg NJW-RR 1998, 412, Urt v 4. 2. 1997, Az: 105 C 458/96). Dieses Ergebnis folgt im Verhältnis Unternehmer – Verbraucher nunmehr unmittelbar aus § 241a Abs 1 (vgl Hau NJW 2001, 2863, 2864; s Rn 206 f). Gestützt auf diese Grundsätze hat der BGH im berühmten **Erbensucherfall** dem Geschäftsführer, der seinem potenziellen Vertragspartner ungefragt Informationen zukommen ließ, nach Scheitern einer Honorarvereinbarung weder einen Vergütungsanspruch aus Geschäftsführung ohne Auftrag noch aus ungerechtfertigter Bereicherung zugestanden (BGH LM BGB § 677 Nr 40, Urt v 23. 9. 1999, Az: III ZR 322/98; iE auch Kossek, Honoraransprüche des gewerblichen Erbensuchers in Deutschland und Österreich 165 ff; Loyal, Die „entgeltliche" Geschäftsführung ohne Auftrag 282 ff; **aA**: Dornis JZ 2013, 592, 594 ff; vgl auch: BGH ErbR 2014, 503, Beschl v 18. 6. 2014, Az: III ZR 537/13; BGH NJW-RR 2006, 656, Beschl v 23. 2. 2006, Az: III ZR 209/05; BGHR BGB § 677 Erbensucher 1, Beschl v 26. 4. 1990, Az: III ZR 294/88; OLG Frankfurt Rp 1998, 375, 376, Beschl v 11. 9. 1998, Az: 13 W 38/98; OLG Celle ZEV 1998, 449, Urt v 11. 2. 1998, Az: 21 U 49/97). Manche halten dieses

Ergebnis – bei grundsätzlicher Anerkennung des dahinter stehenden Grundsatzes – für unbefriedigend. Und in der Tat erscheint die Situation des Erbensuchers auf den ersten Blick recht undankbar. Bevor der Erbensucher mit seinen Nachforschungen beginnt, kommt ein Vertragsschluss nicht in Betracht. Denn er kennt den potenziellen Erben noch nicht. Hat der Erbensucher den Erben aber letztlich ausfindig gemacht, kann er seinen teuer erarbeiteten „Informationsvorsprung" rechtsgeschäftlich kaum verwerten. Denn bietet er dem Erben nunmehr sein Wissen an, hat dieser damit meist schon genügend Anhaltspunkte gewonnen, um die Erbschaft nunmehr im Alleingang aufzuspüren. Er wird nicht mehr gewillt sein, eine Honorarvereinbarung zugunsten des Erbensuchers einzugehen (Dornis JZ 2013, 592, 494 f; Erman/Dornis[14] Vor § 677 Rn 25a, § 683 Rn 24a). Auf diesen Befund kann man unterschiedlich reagieren. Man kann wegen einer Störung des typischen Vertragsmechanismus den Gedanken der (negativen) Privatautonomie zur Seite schieben und unmittelbar auf die §§ 677 ff zurückgreifen. Ich bin mir freilich nicht sicher, ob dieser Gedanke an dieser Stelle greift: Denn der (gewerbliche) Erbensucher kann sich im Vorfeld sehr wohl um eine Bestellung zum Nachlasspfleger durch das Nachlassgericht bemühen (§ 1960 Abs 1 S 2 Alt 1, Abs 2) oder sich seinerseits von einem Nachlasspfleger, der als gesetzlicher Vertreter des endgültigen Erben tätig wird (Lange/Kuchinke, Erbrecht[5], § 38 IV 5 d, S 994), beauftragen lassen und sich insoweit eine Vergütung (§§ 1915, 1836 Abs 1 S 2) sichern (eingehend zu den Vergütungsansprüchen des Erbensuchers bei Beauftragung durch das Nachlassgericht oder den Nachlasspfleger: Kossek, Honoraransprüche des gewerblichen Erbensuchers in Deutschland und Österreich 66 ff). Will er eine höhere Vergütung (bis zu 30 % der Erbschaft), muss er eben auch das Ausfallrisiko tragen. In anderen Rechtsordnungen wird die Erbensucherproblematik übrigens abweichend von den deutschen Rechtsprechungsgrundsätzen beurteilt. In **Frankreich** sprach die *Cour de cassation* dem gewerblichen Erbensucher gestützt auf die *gestion d'affaires* einen Vergütungsanspruch zu (Cass civ 1re, 31. 1. 1995, Bull civ I n° 59: „[…] le généalogiste qui est parvenu par son activité professionnelle à découvrir les héritiers d'une succession ne peut prétendre, en l'absence de tout contrat, à une rémunération de ses travaux, sur le fondement de la gestion d'affaires, que s'il a rendu service à l'héritier"). Und auch die **österreichische** Rechtsprechung gewährt dem Erbensucher aus nützlicher Geschäftsführung (§ 1037 öABGB) einen Anspruch auf den üblichen Lohn (österOGH RdW 1997, 275, Beschl v 3. 10. 1996, Az: 1 Ob 2168/96x; bestätigt: österOGH, Beschl v 12. 7. 2000, Az: 7 Ob 155/00w; dazu: Meissel, in: FS Koziol 283).

Nach den vorangestellten Grundsätzen fehlt es typischerweise an der Geschäftsführungsabsicht, wenn die Parteien im Vorfeld eines anvisierten Vertragsschlusses Aufwendungen tätigen. Diese Regelmäßigkeit gilt aber nicht mehr ohne Weiteres, wenn die an den Vertragsverhandlungen Beteiligten **zum Abschluss** eines Vertrages über die Geschäftsführung **verpflichtet** sind. Denn hier erfolgen Geschäftsführung und Vertragsverhandlung nicht mehr aus freien Stücken und auf eigenes Risiko (BGH NJW-RR 2008, 683 Rn 20, Urt v 16. 11. 2007, Az: V ZR 208/06; vgl mit Blick auf ärztliche Hilfeleistungen: Brennecke, Ärztliche Geschäftsführung ohne Auftrag 135 ff). Sie gelten auch nicht für den – systemwidrig – im Rahmen der §§ 677 ff mitgeregelten privilegierten Rückgriffsanspruch der §§ **683 S 2, 679** bei der im öffentlichen Interesse liegenden Erfüllung fremder Pflichten (vgl BGHZ 191, 325 Rn 7 ff, Urt v 17. 11. 2011, Az: III ZR 53/11). Hier ist es zwar regelmäßig so, dass das dem privilegierten Erstattungsanspruch inhärente Prinzip der Verhältnismäßigkeit dem Geschäftsführer gebietet, vor Übernahme der Pflichterfüllung eine einvernehmliche Regelung mit dem Schuldner zu erreichen. Führt aber ein Bestattungsunternehmen nach gescheiterten Verhandlungen mit dem Bestattungspflichtigen die im öffentlichen Interesse liegende Beerdigung des Verstorbenen aus, kann er seine Aufwendungen gem §§ 679, 683 S 2 geltend machen. – Selbst wenn im Einzelfall Aufwendungen nicht im Vorfeld eines möglichen Vertragsschlusses getätigt werden, kann der Aufwendungsersatzanspruch des Geschäftsführers weiteren Limitierungen unterworfen sein: Nämlich dann, wenn er davon **abgesehen** hat, einen **möglichen Vertragsschluss zu versuchen** (§ 683 Rn 61).

bb) Unbestellte Leistungen (§ 241a)

In überschießender Umsetzung des Art 9 der Fernabsatzrichtlinie (Richtlinie 97/7/EG des Europäischen Parlaments und des Rates v 20. 5. 1997 über den Verbraucherschutz bei Vertragsschlüssen im Fernabsatz, ABl EG Nr L 144/19) ist § 241a in das BGB gekommen. Die Fernabsatzrichtlinie wurde abgelöst durch die Verbraucherrechterichtlinie (Richtlinie 2011/83/EU des Europäischen Parlaments und des Rates v 25. 10. 2011 über die Rechte der Verbraucher […], ABl EG Nr L 304/64). Im Gefolge der Umsetzung wurde § 241a neu gefasst. Die Vorschrift dient nunmehr der Umsetzung des Art 27 der Verbraucherrechterichtlinie. § 241a Abs 1 bestimmt (nach wie vor), dass durch die Erbringung unbestellter Leistungen durch einen Unternehmer an einen Verbraucher ein Anspruch nicht begründet wird. Die Vorschrift wird umfassend verstanden und soll – wie sich gerade im Gegenschluss zu Abs 2 erhellt – sowohl vertragliche wie gesetzliche Ansprüche des Unternehmers gegen den Verbraucher erfassen (Begr zum RegE eines Gesetzes über Fernabsatzverträge […], BT-Drucks. 14/2658, 23 f, 46; dazu: Geist, Die Rechtslage bei Zusendung unbestellter Waren nach Umsetzung der Fernabsatzrichtlinie; s Rn 207). Der Gesetzgeber beabsichtigte mit der europarechtlich indizierten Neufassung des § 241a Abs 1 keine inhaltliche Änderung (Begr zum RegE eines Gesetzes zur Umsetzung der Verbraucherrechterichtlinie […], BT-Drucks. 17/12637, 37); s dazu Rn 207. Da der Geschäftsführer ohne Auftrag per definitionem ohne Auftrag agiert, wären im Anwendungsbereich des § 241a (Unternehmer – Verbraucher) nunmehr alle *gesetzlichen* Aufwendungsersatzansprüche des professionellen Geschäftsführers gem §§ 683, 684 *(actio contraria)* ausgeschlossen (vgl Hau NJW 2001, 2863; Wandt, Gesetzliche Schuldverhältnisse[6] § 3 Rn 10 ff); eine Konsequenz, die der Gesetzgeber bei Einführung des § 241a ersichtlich nicht bedacht hat und die auch im Rahmen der Neufassung keine Rolle spielte. Die Folgen wären einschneidend. Im berühmten Flugreisefall (BGH NJW 1971, 609, 612, Urt v 7. 1. 1971, Az: VII ZR 9/70) verfrachtete eine Fluggesellschaft (Unternehmer) einen aufgegriffenen minderjährigen blinden Passagier (Verbraucher), dem die Einreise in *New York* verweigert wurde, kurzerhand zurück nach Deutschland und ersparte ihm auf diese Weise weitere Scherereien mit den amerikanischen Behörden. Der BGH sprach der Fluggesellschaft einen Aufwendungsersatzanspruch gegen den Minderjährungen gem § 683 zu. Das Ergebnis scheint vor § 241a Abs 1 keinen Bestand haben zu können, handelte doch die Fluggesellschaft ohne Bestellung der (sorgeberechtigten) Eltern. Es lassen sich weitere Beispiele bilden. Dem Arzt (Unternehmer), der einen bewusstlosen Verletzten (Verbraucher) nach einem Unfall behandelt und so das Leben rettet, oder dem Tierarzt, der das angefahrene Haustier versorgt und aufnimmt, bis der Halter ausfindig gemacht wird, stünde ein Anspruch gem § 683 nicht mehr zu (eingehende Darstellung: Brennecke, Ärztliche Geschäftsführung ohne Auftrag 135 ff). Manche halten sogar dafür, dass im Fall des § 679, in dem der Geschäftsführer eine Pflicht des Geschäftsherrn, deren Erfüllung im öffentlichen Interesse liegt, erfüllt, ein Aufwen- 206 dungsersatzanspruch ausgeschlossen sei (vgl Hau NJW 2001, 2863, 2864; **aA**: Bergmann, Die Geschäftsführung ohne Auftrag 183; s Rn 205 aE).

Das sind Ergebnisse, die nicht überzeugen. Die Lehre bemüht sich daher, zu einer **teleologischen Reduktion des § 241a** zu gelangen (Tachau Jura 2006, 889, 890 f). Mehrere Wege scheinen gangbar. Einige wollen § 241a in den Fällen des § 680 (Geschäftsführung zur Gefahrenabwehr) oder des § 679 (öffentliches Interesse an der Erfüllung einer fremden Pflicht) überhaupt nicht anwenden (in diese Richtung: Wandt, Gesetzliche Schuldverhältnisse[6] § 3 Rn 11 f). Andere reanimieren den Gedanken der Menschenhilfe und schließen den Rückgriff auf § 241a bei karikativer Motivation des Geschäftsherrn aus (Casper ZIP 2000, 1602, 1605 Fn 26; vgl zur Theorie der Menschenhilfe 13 ff; zur Motivation der Geschäftsführung Rn 177). Loyal will neuerdings zur Nichtanwendung des § 241a gelangen, wenn eine der Leistung vorausgehende Bestellung unmöglich gewesen ist (Loyal, Die „entgeltliche" Geschäftsführung ohne Auftrag 269 ff, insb 274 ff). Ob sich mit diesem Instrumentarium die bisherige Lösung des BGH im Flugreise-Fall – wie überwiegend gefordert – aufrecht erhalten lässt, erscheint mir allerdings zweifelhaft. Dem mitgeteilten Sachverhalt lässt sich nicht entnehmen, ob die Herbeiführung einer Bestellung durch die Eltern als gesetzlicher Vertreter des Minderjährigen tatsächlich unmöglich oder auch nur beschwerlich war. Ein gesteigertes öffentliches Interesse, wie es § 679 verlangt, muss an der sofortigen Rückführung des Kindes auch nicht bestanden haben. Eine dringende Gefahr wird eher nicht vorgelegen haben. Überhaupt lassen sich viele Beispiele unter der Schwelle insbesondere des § 680 bilden lassen, in denen die Verweigerung eines Aufwendungsersatzanspruchs aber grob unbillig ist. Man denke nur an den Taxifahrer, der an einem warmen Sommertag einen bis zum Verlust der Muttersprache volltrunkenen, aber nicht ernsthaft gefährdeten Fußballfan nach dem Stadionbesuch nach Hause fährt. Eine unangemessene Anwendung des § 241a lässt sich vermeiden, wenn man an den in Rn 205 vorgestellten Überlegungen zur (Nicht-)Anwendung des Geschäftsführungsrechts in der Phase der **Vertragsanbahnung** anknüpft. Die dort niedergelegten Grundsätze sollen von § 241a Abs 1 kodifiziert werden. Keinesfalls geht es der Vorschrift darum, die *actio negotiorum gestorum contraria* im Verhältnis von Unternehmern und Verbrauchern überhaupt zu eliminieren. Erreichen lässt sich dieses Ergebnis, wenn man sich daran erinnert, dass § 241a in seiner ursprünglichen Entwurfsfassung noch das zusätzliche Tatbestandsmerkmal „zum Zwecke der Anbahnung eines Vertrages" hatte (BT-Drucks. 14/2658, 6) und das Art 27 der Verbraucherrechterichtlinie, deren Umsetzung § 241a dient, mit Verweis auf Art 5 Abs 5, Anh I Nr 29 der Richtlinie über unlautere Geschäftspraktiken (Richtlinie 2005/29/EG des Europäischen Parlaments und des Rates v 11. 5. 2005 über unlautere Geschäftspraktiken [...], ABl EG Nr L 149/22) tatbestandlich eine (aggressive) *Geschäftspraxis* voraussetzt. Unter einer Geschäftspraxis versteht Art 2 lit d der Richtlinie über unlautere Geschäftspraktiken jede Handlung, die unmittelbar der Absatzförderung, dem Verkauf oder der Lieferung eines Produkts an Verbraucher zusammenhängt (Hau NJW 2001, 2863, 2865; Köhler JuS 2014, 865, 869). Zwar wurde innerhalb der Beratungen des Rechtsausschusses seinerzeit das Tatbestandsmerkmal „zur Anbahnung eines Vertrages" eliminiert (BT-Drucks. 14/3195, 32), um dem Unternehmer die Möglichkeit zu nehmen, sich darauf zu berufen, er habe die Ware nicht zur Anbahnung eines Vertrages versandt. Doch liegt das erkennbar neben der Sache, da es dem Gesetzgeber nicht darum gegangen sein kann, ein bewährtes und traditionsreiches Rechtsinstitut weitgehend abzuschaffen. Zum anderen wurde mit der Umstellung von der Mindestharmonisierung durch die Fernabsatzrichtlinie auf die **Vollharmonisierung** durch die Verbraucherrechterichtlinie (Art 4) dem Gesetzgeber ein diesbezüglicher Spielraum bei der Umsetzung genommen. § 241a Abs 1 ist daher um das (ungeschriebene) Tatbestandsmerkmal zu erweitern, dass es sich bei der unbestellten Leistung um eine unzulässige geschäftliche Handlung iSd § 3 Abs 1, Abs 3 UWG, Anhang 29 zu § 3 Abs 3 UWG handeln muss (vgl BGH GRUR 2012, 82 Rn 12 ff, Urt v 17. 8. 2011; Az: I ZR 134/10 – Auftragsbestätigung). Letztlich kommt diese Beschränkung sogar in der gesetzlichen Definition des Unternehmers (§ 14) zum Ausdruck, soweit der Unternehmer als eine Person definiert wird, die bei Abschluss eines Rechtsgeschäfts handelt. Das bedeutet letztlich, dass die Vorschrift nur für das Stadium der Vertragsanbahnung gilt. Liegt in der unbestellten Leistung ein Angebot auf Abschluss eines Vertrages **(Realofferte)**, so schließt § 241a Abs 1 alle Ansprüche des Unternehmers, auch *die actio negotiorum gestorum contraria* (§§ 683, 684) aus (s auch Vorbem 208 zu §§ 677 ff). Erbringt der Arzt einem Ohnmächtigen Hilfeleistungen, wird er sicherlich nicht zur Vertragsanbahnung tätig. Denn ein Vertragsangebot macht hier mangels „Annahmefähigkeit" wenig Sinn. Stellt sich die Geschäftsführungshandlung dagegen nicht als Realofferte dar, ist § 241a nicht anwendbar. Es kann uneingeschränkt auf die §§ 677 ff zurückgegriffen werden. Dieser Ansicht entsprechen die Model Rules des DCFR. Art II – 3:401 (1) DCFR bestimmt gleich § 241a BGB, dass dem Verbraucher aus der Erbringung unbestellter Leistungen weder vertragliche noch gesetzliche Verbindlichkeiten erwachsen. Art II – 3:401 (2)(a) DCFR nimmt diesen Grundsatz für den Fall zurück, dass die Leistungen als Geschäftsführung ohne Auftrag erfolgten. Da auch der Tatbestand der *benevolent intervention in another's affairs* im Falle der nicht angenommen Realofferte verschlossen bleibt, besteht insoweit Gleichlauf zwischen den Regeln des deutschen Rechts und dem DCFR (Bergmann, Die Geschäftsführung ohne Auftrag 185 f). – Selbst wenn im Einzelfall in der Leistung keine Vertragsofferte liegt, kann der Aufwendungsersatzanspruch des Geschäftsführers weiteren Limitierungen unterworfen sein: nämlich dann, wenn er davon **abgesehen** hat, einen **möglichen Vertragsschluss zu versuchen** (§ 683 Rn 61).

Mittlerweile wird die Erstreckung des § 241a Abs 1 auf **gesetzliche Ansprüche überhaupt** in Zweifel gezogen. Ansatzpunkt ist der Wechsel im Harmonisierungskonzept. Bezweckte die Fernabsatzrichtlinie ausschließlich eine Mindestharmonisierung und ließ damit den nationalen Gesetzgebern Raum für eine überschießende Umsetzung, geht es der Verbraucherrechterichtlinie um eine **Vollharmonisierung** (Art 4). Art 27 der Verbraucherrechtlinie ordnet nunmehr an, dass der Verbraucher „von der Pflicht zur Erbringung der Gegenleistung befreit" ist. Erwägungsgrund 60 der Richtlinie spricht erläuternd mit Blick auf Art 27 von einem vertraglichen Rechtsbehelf. Hieraus wird gefolgert, dass § 241a Abs 1 dahin richtlinienkonform zu reduzieren sei, dass die Vorschrift zwar rechtsgeschäftlichen Zahlungsansprüchen, aber nicht mehr gesetzlichen Ansprüchen entgegensteht (Köhler JuS 2014, 865, 867 ff; **aA**: Jäckel/Tonikidis JuS 2014, 1064; Palandt/Grüneberg BGB[74] § 241a Rn 7). Für den Bereich der Geschäftsführung ohne Auftrag stellt sich das Problem kaum. Denn in den Fällen, in denen wegen einer geschäftlichen Handlung (Realofferte) der Anwendungsbereich des § 241a Abs 1 eröffnet wird, wird regelmäßig mangels Geschäftsführungsabsicht keine echte Geschäftsführung ohne Auftrag vorliegen (Rn 205). Die Frage kann sich also allenfalls dann eine Rolle, wenn doch einmal mit Geschäftsführungsabsicht gehandelt wurde. Hier wäre freilich in der Tat festzuhalten, dass sich bei gebotener 207 richtlinienkonformer Auslegung ein unbedingter Ausschluss gesetzlicher Ansprüche aus § 241a nicht mehr begründen lässt. Doch dies bedeutet nicht, dass ein Geschäftsführer entgegen den Wertungen der allgemeinen Grundsätze über den Weg des Aufwendungsersatzes Vergütung für seine Dienstleistungen fordern darf. An dieser Stelle ist nämlich daran zu erinnern, dass es sich bei den Ansprüchen auf Aufwendungsersatz gem §§ 683, 684 – trotz aller Kritik an den geschäftsführungsrechtlichen Quasikontraktstheorien (Rn 17 ff) – um **vertragsähnliche** Ansprüche handelt, die ohne weiteres unter Art 27 der Verbraucherrechterichtlinie und § 241a Abs 1 subsumiert werden können. Und doch ist die Beschränkung des Art 27 auf vertragliche oder vertragsähnliche Vergütungs- oder Aufwendungsersatzansprüche nicht bedeutungslos. Denn hat der Geschäftsführer einen Gegenstand des Geschäftsherrn mit einer eigenen Sache verbunden hat, steht ihm – abweichend vom bisherigen Verständnis (Rn 206) – insoweit ein *ius tollendi* zu (s § 684 Rn 17).

4. Absentia vel ignorantia

208 Keine Entstehungsvoraussetzung des gesetzlichen Schuldverhältnisses der Geschäftsführung ohne Auftrag ist im deutschen Recht, dass der Geschäftsherr überhaupt – etwa aufgrund körperlicher oder intellektueller Defizite – oder doch zumindest im konkreten Fall – etwa aufgrund urlaubsbedingter Abwesenheit – außerstande ist, das vom Geschäftsführer übernommene Geschäft selbst zu besorgen (Bergmann, Die Geschäftsführung ohne Auftrag 64 f). Damit hebt sich das BGB bewusst von den – im französischen Recht durchaus noch lebendigen (Malaurie/Aynès/Stoffel-Munck, Les Obligations[2] n°1027) – Vorstellungen gerade der älteren Juristen ab, die eine *absentia* oder *ignorantia* des Geschäftsherrn zur Voraussetzung der Geschäftsführung ohne Auftrag erhoben haben (Lauterbach, Collegium pandectarum theoretico-practicum Lib III Tit V § VIII; zur *absentia* im römischen Recht: Seiler, Der Tatbestand der negotiorum gestio im Römischen Recht 47 ff). Dahinter steht der Gedanke, dass ein *mandatum expressum vel saltem tacitum* vorliegt, wenn der Geschäftsführer anwesend ist. Das ist richtig und falsch zugleich. Zunächst ist festzuhalten, dass die Entstehung des gesetzlichen Schuldverhältnisses der Geschäftsführung ohne Auftrag alleine die fremdnützige Geschäftsführung ohne Auftrag voraussetzt. Insoweit spielt es im ersten Zugriff keine Rolle, ob der Geschäftsherr neben dem Geschäftsführer steht oder nicht. Der richtige Kern der tradierten Lehre besteht darin, dass für den Fall, dass sich die Geschäftsführungsmaßnahme als eine auf den Abschluss eines Vertrages gerichtete Vertragsofferte **(Realofferte)** darstellt, ein Rückgriff auf die Geschäftsführungsregeln ausgeschlossen ist (Rn 205 ff). Nur muss sich nicht – und insoweit geht die abweichende Auffassung zu weit – in allen Fällen fehlender *absentia vel ignorantia* die Handlung des Geschäftsführers als Realofferte darstellen. Schließt damit die Fähigkeit des Geschäftsherrn zur Selbstvornahme ebenso wenig wie seine Kenntnis oder sogar Anwesenheit bei der Geschäftsführung die Entstehung des gesetzlichen Schuldverhältnisses aus, so bedeutet das freilich nicht, dass diese Punkte für den Inhalt des Schuldverhältnisses, namentlich die *actio contraria,* ohne Einfluss wären. So kann die konkrete Fähigkeit zur Selbstvornahme dazu führen, dass die Übernahme durch den Geschäftsführer nicht dem (präsumtiven) Willen des Geschäftsherrn entspricht (§ 683 S 1). Versäumt der Geschäftsführer die bestehende Möglichkeit, vor Übernahme der Geschäftsführer einen entgeltlichen Vertrag über die Durchführung der Geschäftsführung zu schließen, ist ihm eine besondere Vergütung für seine Mühewaltung nicht zu gewähren (s § 683 Rn 42, 60).

XI. Das gesetzliche Schuldverhältnis der Geschäftsführung ohne Auftrag

1. Der Inhalt des gesetzlichen Schuldverhältnisses

Besorgt der Geschäftsführer für einen anderen ein Geschäft, ohne von ihm beauftragt oder ihm gegenüber sonst dazu berechtigt zu sein, gelangt zwischen den Parteien ein **auftragsähnliches Schuldverhältnis** zur Entstehung, das für beide Seiten Rechte und Pflichten begründet. **209**

a) Unvollkommenes zweiseitiges Rechtsverhältnis; kein Gegenseitigkeitsverhältnis

Die Geschäftsführung ohne Auftrag ist ein **unvollkommenes zweiseitiges Rechtsverhältnis**. Es besteht **kein synallagmatisches Gegenseitigkeitsverhältnis**. Der Anspruch des Geschäftsführers auf Ersatz seiner Aufwendungen ist nicht das Entgelt für seine Verpflichtung, das Geschäft ordnungsgemäß zu erledigen und das durch seine Geschäftsführung Erlangte an den Auftraggeber oder den Geschäftsherrn herauszugeben (BGHZ 15, 102, 105, Urt v 21. 10. 1954, Az: IV ZR 128/54; Planck/Lobe[4] Vor § 677 Anm IV). Die Durchführungs- und Abwicklungspflichten der Parteien sind dem Subordinationscharakter der Geschäftsführung geschuldet (Rn 29 f). **210**

b) Das Rechts- und Pflichtengefüge der Geschäftsführung ohne Auftrag

Das Gesetz ordnet im Wesentlichen in den §§ 677 ff die Rechte und Pflichten der Parteien (zur actionrechtlichen Systematik der §§ 677 ff: s Rn 90 ff). Soweit die §§ 677 ff keine Regelung bereithalten, kann teilweise ergänzend auf die Auftragsregeln zurückgegriffen werden. **211**

aa) Rechte und Pflichten des Geschäftsführers

α) Die Pflichten des Geschäftsführers

Die Hauptpflicht des Geschäftsführers normiert **§ 677**. Der Geschäftsführer hat das übernommene Geschäft so zu führen, wie das Interesse des Geschäftsherrn mit Rücksicht auf dessen wirklichen oder mutmaßlichen Willen es erfordert. Die Übernahme der Geschäftsführung hat der Geschäftsführer, sobald es tunlich ist, dem Geschäftsherrn anzuzeigen und dessen Entschließung abzuwarten, **§ 681 S 1**. Auch wenn dies nicht ausdrücklich normiert ist, so folgt doch aus dem Subordinationscharakter der Geschäftsführung ohne Auftrag, dass der Geschäftsführer den Weisungen des Geschäftsherrn zu gehorchen hat (vgl schon § 681 S 1 aE: „dessen Entschließung abzuwarten"; s § 681 Rn 3). Auf Verlangen hat der Geschäftsführer während der Geschäftsführung Auskunft über den Stand des Geschäfts zu geben und nach der Ausführung Rechenschaft abzulegen gem § 681 S 2 iVm **§ 666**. Das aus der Geschäftsführung Erlangte hat er an den Geschäftsherrn herauszugeben (§ 681 S 2 iVm **§ 667)** und unter den weiteren Voraussetzungen der §§ 681 S 2, 668 zu verzinsen. **212**

β) Ansprüche des Geschäftsführers

Die Ansprüche des Geschäftsführers sind auf Aufwendungsersatz gerichtet. Entspricht die Übernahme dem wirklichen oder mutmaßlichen Willen des Geschäftsherrn (sog **nützliche Geschäftsführung)**, so kann der Geschäftsführer Ersatz seiner Aufwendungen verlangen, soweit er sie nach den Umständen für erforderlich halten durfte **(§§ 683 S 1, 670)**. Liegen die Voraussetzungen einer nützlichen Geschäftsfüh- **213** rung dagegen nicht vor, so ist der Aufwendungsersatzanspruch auf die vorhandene Bereicherung des Geschäftsherrn beschränkt (**§ 684 S 1**).

bb) Rechte und Pflichten des Geschäftsherrn

α) Herausgabeanspruch und Verpflichtung zum Aufwendungsersatz

214 Der Geschäftsherr kann gem § 681 S 2 iVm **§ 667** Herausgabe des aus der Geschäftsführung Erlangten verlangen; andererseits schuldet er dem Geschäftsführer Ersatz für dessen Aufwendungen (**§§ 683, 684 S 1**).

β) Haftung wegen Verletzung von Aufklärungs- und Hinweispflichten

215 Nicht ganz eindeutig ist, ob den Geschäftsherrn unter Umständen Nebenpflichten treffen können. So wird es in der Lehre in Ausnahmefällen für möglich gehalten, dass den Geschäftsherrn entsprechend dem Grundgedanken der culpa in contrahendo gem **§§ 280, 311 Abs 2 Nr 3, 241 Abs 2** eine Haftung trifft, wenn er den Geschäftsführer nicht von der Übernahme oder Fortführung einer unerwünschten Geschäftsführung abhält (BGB-RGRK/Steffen[12] Vor § 677 Rn 81, 86). Doch eine solche Pflicht ist grundsätzlich nicht anzuerkennen (vglBGH NJW-RR 2011, 1093 Rn 22, Urt v 18. 2. 2011, Az: V ZR 197/10; Lent, Wille und Interesse bei der Geschäftsbesorgung 72). Denn es darf nicht verkannt werden, dass der Geschäftsführer seine Geschäftsbesorgung dem Geschäftsherrn aufdrängt. Dem Geschäftsherrn dürfen nicht ohne sein Zutun durch das Handeln des letztlich ungerufenen Geschäftsführers besondere Sorgfaltspflichten erwachsen. Es kann auch nicht angehen, durch die Hintertür der Konstruktion von Hinweispflichten das subjektive Prinzip der §§ 683, 677 auszuhebeln (§ 683 Rn 3 ff). Das Unterlassen eines Hinweises auf die Interessenwidrigkeit der Geschäftsführung kann allenfalls gem § 254 als Verschulden gegen sich selbst einen etwaigen Ersatzanspruch gem §§ 677, 280 oder § 678 kürzen. Allenfalls dann, wenn der Geschäftsherr durch positives Tun einen Vertrauenstatbestand erweckt hat, kann eine Haftung seinerseits entsprechend §§ 280, 311 Abs 2 Nr 3, 241 Abs 2 in Betracht kommen. Über den deliktischen Bereich der Verkehrssicherungspflichten hinaus trifft den Geschäftsherrn sicherlich auch keine besondere Pflicht, den Geschäftsführer auf eine besondere Gefährlichkeit des übernommenen Geschäfts hinzuweisen.

cc) Das neben den §§ 677 ff anwendbare Normenprogramm

216 Neben den besonderen Vorschriften der §§ 677 ff sind auf das gesetzliche Schuldverhältnis der echten Geschäftsführung ohne Auftrag ergänzend die allgemeinen (schuldrechtlichen) Vorschriften, insbesondere die **§§ 275 ff, 280 ff**, anwendbar (BGB-RGRK/Steffen[12] Vor § 677 Rn 81; Soergel/Beuthien[13] Vor § 677 Rn 9). **Keine Anwendung** finden hingegen die **§§ 320 ff**, da es sich bei dem gesetzlichen Schuldverhältnis der Geschäftsführung ohne Auftrag zwar um ein unvollkommenes zweiseitiges Schuldverhältnis, aber doch um kein gegenseitiges, synallagmatisches Schuldverhältnis handelt (Planck/Lobe[4] Vor § 677 Anm IV; BGHZ 15, 102, 105, Urt v 21. 10. 1954, Az: IV ZR 128/54). Da das Recht der ungerechtfertigten Bereicherung auf anderen Prinzipien gründet als das Recht der Geschäftsführung ohne Auftrag (s zum Verhältnis Geschäftsführungsrecht – Bereicherungsrecht: Rn 58 ff), kommt eine entsprechende Anwendung der **§§ 812 ff nicht** in Betracht. Insbesondere findet **§ 817 S 2** als Ausnahmevorschrift mit Strafcharakter keine Anwendung (BGHZ 39, 87, 91, Urt v 31. 1. 1963, Az: VII ZR 284/61; BGB-RGRK/Steffen[12] Vor § 677 Rn 81).

c) Beschränkung auf das Innenverhältnis

Das gesetzliche Schuldverhältnis der Geschäftsführung ohne Auftrag betrifft nur das Innenverhältnis von Geschäftsführer und Geschäftsherr. Eine darüber hinausgehende Außenwirkung (Vertretungsmacht, Verfügungsbefugnis) ist damit nicht verbunden (Endemann, Lehrbuch des Bürgerlichen Rechts I[9] § 178 2 S 1121; MünchKomm/Seiler[6] Vor § 677 Rn 6; Planck/Lobe[4] Vor § 677 Anm II; BGB-RGRK/Steffen[12] Vor § 677 Rn 83; Erman/Dornis[14] Vor § 677 Rn 15; vgl auch: Isay, Die Geschäftsführung nach den Bürgerlichen Gesetzbuche 164 ff; für die gleiche Lage im schweizerischen Recht: Schmid, Geschäftsführung ohne Auftrag Rn 406 ff). Die Frage nach einer Außenwirkung der Geschäftsführung ohne Auftrag kann sich in drei Fällen stellen: (aa) Der Geschäftsführer handelt **im Namen des Geschäftsherrn** oder (bb) er **verfügt im eigenen Namen** über einen dem Geschäftsherrn gehörenden Gegenstand. Schließlich bleibt noch (cc) der Fall zu nennen, dass der **Geschäftsführer im eigenen Namen** aber im Interesse des Geschäftsherrn ein Geschäft abschließt. Hier kann sich insbesondere bei Insolvenz des Geschäftsführers die Frage stellen, ob sich der Dritte auch an den Geschäftsherrn halten kann **(Versionsklage)**. 217

aa) Keine Vertretungsmacht

Nach heutiger allgemeiner Meinung gibt die Geschäftsführung ohne Auftrag – selbst wenn ihre Übernahme dem präsumtiven Willen des Geschäftsherrn entspricht – dem Geschäftsführer keine Vertretungsmacht zum Handeln unmittelbar im Namen des Geschäftsherrn (BGHZ 17, 181, 187 f, Urt v 4. 5. 1955, Az: IV ZR 185/54; BGH LM BGB § 683 Nr 2, Urt v 8. 7. 1953, Az: VI ZR 241/52; Wittmann, Begriff und Funktion der Geschäftsführung ohne Auftrag 3, 145 ff; Larenz, Schuldrecht II/1[13] § 57 I b S 448; BGB-RGRK/Steffen[12] Vor § 677 Rn 83; **aA**: Baur JZ 1952, 328 ff: in Ausnahmefällen kann es richtig sein, dem Geschäftsführer auch eine Vollmacht zuzubilligen). Dies folgt für das deutsche Recht aus der systematischen Trennung zwischen der Vertretungsmacht und dem zugrunde liegenden Rechtsverhältnis (Wittmann, Begriff und Funktion der Geschäftsführung ohne Auftrag 145; auf S 147 folgert er zudem das Fehlen von Vertretungsmacht aus dem Verzicht des Gesetzgebers auf eine allgemeine Versionsklage). Nimmt der Geschäftsführer für den Geschäftsherrn ein Rechtsgeschäft vor und handelt er dabei im Namen des Geschäftsherrn, so liegt eine Vertretung ohne Vertretungsmacht iSd §§ 177 ff vor. Die Wirksamkeit des Vertrages hängt von der Genehmigung des Geschäftsherrn ab. Ob dieser die Genehmigung erteilt, steht in seinem Belieben. Einen Anspruch auf Erteilung der Genehmigung hat der Geschäftsführer nicht. Der Geschäftsführer bleibt vielmehr darauf angewiesen, von dem Geschäftsherrn Ersatz seiner Verwendungen (§ 683 S 1) und damit ggf die Freistellung (§ 257) von den Folgen des von ihm geschlossenen Vertrages zu verlangen (BGH LM BGB § 683 Nr 2, Urt v 8. 7. 1953, Az: VI ZR 241/52; BGH NJW 1951, 398, Urt v 9. 2. 1951, Az: V ZR 1/59; Enneccerus/Lehmann, Schuldrecht § 167 1 S 705; BGB-RGRK/Steffen[12] § 683 Rn 5; s § 683 Rn 49). Dem korrespondierend hat der Geschäftsherr nur die Möglichkeit der Genehmigung, um in die in seinem Namen begründeten Rechte und Pflichten einzutreten. Eine unentziehbare Anwartschaft erwirbt der Geschäftsherr durch die Möglichkeit der Genehmigung nicht. Dem Geschäftsführer verbleibt die Möglichkeit, das Vertragsverhältnis durch Einigung mit dem Dritten wieder aufzuheben; doch kann dies eine Haftung nach §§ 677, 681, 280 nach sich ziehen (Endemann, Lehrbuch des Bürgerlichen Rechts I[9] § 178 2 S 1121). Mit der überwiegenden Meinung ist auch für den Fall der **Notgeschäftsführung** – entgegen einigen anderen Stimmen in Wissenschaft und Praxis (so der BGH obiter dicta in der vereinzelt gebliebenen Entscheidung: BGH NJW 1951, 398, Urt v 9. 2. 1951, Az: V ZR 1/59; LG Saarbrücken 218

NJW 1971, 1894, Urt v 16. 4. 1971, Az: 11 S 252/70; PALANDT/ELLENBERGER[73] § 177 Rn 4; grundlegend: BERTZEL NJW 1962, 2280; ders, Der Notgeschäftsführer als Repräsentant des Geschäftsherrn) – eine Vertretungsmacht des auftraglosen Geschäftsführers oder selbst ein Anspruch auf Genehmigung des Vertrages gem § 177 nicht anzuerkennen (RGZ 106, 350, 354, Urt v 6. 3. 1923, Az: III 308/22; WITTMANN, Begriff und Funktion der Geschäftsführung ohne Auftrag 147 f, 149; BERG NJW 1972, 1117; BGB-RGRK/STEFFEN[12] § 683 Rn 5; MünchKomm/SEILER[6] Vor § 677 Rn 6; OERTMANN § 679 Anm 5). Die von BERTZEL herangezogenen Vorschriften über das Recht des Finders und der Behörde zu Versteigerung der gefundenen Sache (§§ 966 Abs 2, 979, 983), die Wirksamkeit unaufschiebbarer Verfügungen des vorläufigen Erben nach § 1959 Abs 2, die Vorschriften der §§ 744 Abs 2, 2038 Abs 1 sowie das Notverkaufsrecht des § 388 Abs 2 HGB und das Selbsthilfeverkaufsrecht des § 373 HGB tragen, wie WITTMANN gezeigt hat, eine Rechtsanalogie nicht.

219 Wird auch mit allerhand dogmatischem Aufwand begründet, dass sich aus dem Rechtsinstitut der Geschäftsführung ohne Auftrag keine Vertretungsmacht des Geschäftsführers ableiten lässt, so ist doch zu beachten, dass der tatsächliche Ertrag dieser Lehre unter Umständen sehr gering ist (SCHMID, Geschäftsführung ohne Auftrag Rn 424). Schließt der Geschäftsführer als Vertreter ohne Vertretungsmacht im Namen des Geschäftsherrn mit einem Dritten einen Geschäftsbesorgungsvertrag, verweigert der Geschäftsherr aber anschließend die Genehmigung, scheiden wegen § 177 vertragliche Ansprüche zwischen Drittem und Geschäftsherrn aus. Kommt es nun aber zur tatsächlichen Durchführung der Geschäftsführung, bestimmen sich die Verhältnisse zwischen Geschäftsherrn und Drittem nach den §§ 677 ff, denn nach zutreffender (herrschender) Auffassung finden auf nichtige Verträge die §§ 677 ff Anwendung. Dem steht § 179 nicht entgegen (BGH NZBau 2004, 34, 36, Urt v 21. 10. 2003, Az: X ZR 66/01; BGH NJW-RR 1989, 970, Urt v 7. 3. 1989, Az: XI ZR 25/88; s ausführlich: Rn 329 ff).

220 Die Regelung des BGB ist kein „Naturrecht“. Sie ist vernünftig und von einem individualistischen Standpunkt geboten, aber die Begründung einer an die *utilitas gestionis* gebundenen gesetzlichen Vertretungsmacht zugunsten des Geschäftsführers würde kaum gegen Art 2 Abs 1 GG verstoßen (BERGMANN, Die Geschäftsführung ohne Auftrag 194; FLUME, Das Rechtsgeschäft[4] § 1 10 a S 18 Fn 20). So anerkennt etwa das französische Recht der *gestion d'affaires* die Möglichkeit einer *représentation parfaite,* die unmittelbare den Geschäftsherrn verpflichtet (MALAURIE/AYNÈS/STOFFEL-MUNCK, Les Obligations[2] n°1032) und auch Art V – 3:106 (1) DCFR gewährt dem Geschäftsführer „in so far as this may reasonably be expected to benefit the principal“ eine gesetzliche Vertretungsmacht (vgl JANSEN ZEuP 2007, 958, 979).

bb) Keine Verfügungsmacht

221 Ebenso hat der Geschäftsführer – selbst im Falle des *utiliter gestum* (§ 683) – keine Verfügungsbefugnis. Verfügt der Geschäftsführer im Rahmen seiner Tätigkeit über einen dem Geschäftsherrn gehörenden Gegenstand, so hängt die Wirksamkeit der Verfügung, sofern der Dritte nicht gutgläubig erwirbt, von der Genehmigung des Geschäftsherrn ab, die durch das Vorliegen einer nützlichen Geschäftsführung nicht ersetzt wird (WITTMANN, Begriff und Funktion der Geschäftsführung ohne Auftrag 148; LARENZ, Schuldrecht II/1[13] § 57 I b S 448).

cc) Keine Allgemeine Versionsklage

Schon das römische (Vertrags-)Recht war vom Grundsatz der Relativität der Schuldverhältnisse beherrscht: Durch Verträge entstandene Rechte und Pflichten wirkten nur zwischen den paktierenden Parteien. Eine der schillerndsten Ausnahmen von diesem Prinzip war die **actio de in rem verso (utilis)**. Die Versionsklage war zunächst für die Geschäfte gewaltunterworfener Personen aufgestellt worden: Demjenigen, der mit einem Gewaltunterworfenen (Sklaven oder Hauskind) ein Geschäft geschlossen hatte, stand gegen dessen Gewalthaber die Versionsklage insoweit zu, als durch das Geschäft in dessen Vermögen etwas verwendet worden war. Der Gerechtigkeitsgedanke ist einleuchtend: Hatte der Dritte schon keine wirksame Klage gegen seinen Vertragspartner, so sollte ihm wenigstens ein Klagerecht gegen den Herrn oder Hausvater, in dessen Vermögen sich der Vorteil ja nun befand, zugestanden werden (vgl dazu: Chiusi, Die actio de in rem verso im römischen Recht; Wittmann, Begriff und Funktion der Geschäftsführung ohne Auftrag 144; Kämmerer Zeitschrift für Civilrecht und Prozeß 8 [1835], 341, 349 ff; Windscheid/Kipp, Lehrbuch der Pandekten II[9] § 483 S 1116 ff; vKübel, in: Schubert [Hrsg], Die Vorlagen der Redaktoren, Schuldverhältnisse II 929, 988 ff; Oertmann Vorbem 11a vor §§ 677 ff). Später wurde durch eine Konstitution Diocletians und Maximians die Versionsklage auf die Rechtsgeschäfte des (gewaltunabhängigen) Geschäftsführers ohne Auftrag ausgedehnt und damit auch demjenigen, der mit dem auftragslosen Geschäftsführers kontrahiert hatte, die Klage gegen dessen Geschäftsherrn gegeben, soweit dieser irgendwie aus dem Geschäft bereichert war (Diocletian/Maximian C 4, 26, 7, 1). Das Lehrbuchbeispiel: In meiner Abwesenheit beauftragt mein Freund (Geschäftsführer) einen Handwerker, eilige Reparaturen an meinem Haus vornehmen zu lassen. Der beauftragte Handwerker kann mich mit der *actio de in verso utilis* belangen (Höpfner, Theoretisch-practischer Commentar über die Heineccischen Instiutionen[6], 1798, §§ 1156, 1157). Dabei ist die Versionsklage eine sog *actio qualitatis adiectitiae.* Sie ist keine selbständige Klage, sondern setzt eine Hauptklage voraus (Kämmerer Zeitschrift für Civilrecht und Prozeß 8 [1835] 341, 360 f). Die ältere **gemeinrechtliche Praxis** ging teilweise aufgrund des allgemeinen Prinzips, dass niemand aus dem Schaden eines anderen einen Gewinn erzielen dürfe, noch weiter und gewährte die Klage überhaupt bei allen Geschäften, aus denen ein Dritter einen Vorteil gezogen hatte. Als Beispiel mag eine Entscheidung der Helmstädter Juristenfakultät aus dem Jahre 1715 dienen (Leyser, Meditationes ad pandectas II, Spec CXXX § VIII). A gewährte dem B ein Darlehen über 50 Rthlr., der damit auf seinem Hause ruhende Schulden ablöste; später wurde das Haus von C übernommen. Dem A wurde eine Klage gegen den C gegeben, da diesem die Schuldentilgung zugute gekommen war. Diese Ausdehnung fand Kritiker. Seuffert verglich in harschen Worten diese *actio de in rem verso utilis* mit den „von Quacksalbern ausgebotenen Universalmedicinen“. Sie sei eine aus einem unbestimmten Billigkeitsgefühl („ne quis locupletior fiat cum alterius damno“) herrührende „Mißgeburt des Schlendrians“, die das ganze Rechtssystem über den Haufen werfe (Seuffert, Beiträge zur Gesetzgebung [1823] S 118 ff). Die spätere gemeinrechtliche Praxis zog der Versionsklage wieder engere Grenzen und beschränkte die Versionsklage auf die Fälle, in denen jemand als Geschäftsführer ohne Auftrag für den späteren Versionsbeklagten tätig geworden ist (zB OAppG Dresden SeuffA 16 [1863] Nr 44, Erk v 27. 2. 1862 mwNw). Man mag zur Versionsklage stehen, wie man will, von der Geschäftsführungsklage *(actio negotiorum gestorum contraria)* ist sie dogmatisch abzugrenzen: Die *actio de in rem verso (utilis)* steht nämlich nicht dem Geschäftsführer ohne Auftrag zu, sondern dem Dritten, aus dessen Vermögen durch die Handlung des 222

Geschäftsführers etwas in das Vermögen des Geschäftsherrn gelangt ist. In den Worten HÖPFNERS: „Man verwirre also diese Klage *(actio de in rem verso)* nicht mit der *actione negotiorum gestorum contraria.* Diese stellt der Geschäftsführer selbst gegen den Herrn des Geschäfts an; die *actionem de in rem verso* aber der, welcher mit dem Geschäftsführer contrahirt hat" (HÖPFNER, Theoretisch-practischer Commentar über die Heineccischen Instiutionen⁶ [1798] §§ 1156, 1157).

223 Aufnahme in das **BGB** hat die Versionsklage nicht mehr gefunden. Bereits der Vorentwurf vKÜBELS hat den Anwendungsbereich der Versionsklage stark eingeengt (§ 245 Vorentwurf). Im Anschluss an Art 767 des Dresdener Entwurfs und die spätere gemeinrechtliche Theorie sollte die Versionsklage auf Fälle beschränkt werden, in welchen die Bereicherung des Versionsbeklagten (C) aus dem Vermögen des Versionsklägers (A) durch ein Rechtsgeschäft vermittelt wurde, welches ein Dritter (B) als auftragloser Geschäftsführer des Beklagten in dessen Namen (direkte Stellvertretung) aber ohne Vollmacht und Genehmigung mit dem Kläger geschlossen hat. Da der Kläger in diesem Falle aufgrund des vollmachtslosen Handelns des Geschäftsführers keinen vertraglichen Anspruch gegen den Beklagten hatte, sollte ihm die Versionsklage gewährt werden. Handelte der Geschäftsführer dagegen im eigenen Namen (mittelbare Stellvertretung), gewährte der Vorentwurf keine Versionsklage; denn in diesem Falle konnte der Versionskläger mit der Verpflichtung eines Dritten nicht rechnen. Im E I taucht die Versionsklage gar nicht mehr auf (vgl Motive, bei MUGDAN II 487 f). Die Erste Kommission verzichtete darauf, dem Dritten gegen den Geschäftsherrn eine von den Voraussetzungen des (allgemeinen) Kondiktionsrechts unabhängigen besonderen Bereicherungsanspruch einzuräumen. Die *actio de in rem verso* war in ihren Ursprüngen Folge des Umstandes, dass dem römischen Recht eine direkte Stellvertretung unbekannt war. Die mittelbare Stellvertretung durch den Gewaltunterworfenen bedurfte, um im Rechtsverkehr überhaupt funktionsfähig zu sein, der Ergänzung durch die *actio de in rem verso.* Mit der Zulassung direkter Stellvertretung fiel das Bedürfnis für eine allgemeine Versionsklage weg (WITTMANN, Begriff und Funktion der Geschäftsführung ohne Auftrag 144). Von daher gilt heute: Schließt der Geschäftsführer im eigenen Namen mit einem Dritten ein im Interesse des Geschäftsherrn liegendes Verpflichtungsgeschäft ab, so kann sich der Dritte – entsprechend dem Grundsatz, dass der Gläubiger das Insolvenzrisiko seines Vertragspartners trägt – hinsichtlich seiner Ansprüche aus seinem Vertrag mit dem Geschäftsführer nur an diesen halten; eine *actio de in rem verso* gegen den Geschäftsherrn steht dem Dritten nicht zu.

d) Geschäftsführung ohne Auftrag als feststellungsfähiges Rechtsverhältnis (§ 256 ZPO)

224 Das gesetzliche Schuldverhältnis der Geschäftsführung ohne Auftrag ist ein der Feststellung fähiges Rechtsverhältnis iSd § 256 ZPO bzgl in der **Vergangenheit** liegender Geschäftsbesorgungshandlungen. Dagegen ist ein **zukünftiges Geschäftsführungsverhältnis** nicht feststellungsfähig. Denn ob in der Zukunft weiterhin eine Geschäftsführung vorliegt, bestimmt sich danach, ob der Geschäftsführer weiterhin in Geschäftsführungsabsicht für den Geschäftsherrn tätig wird (zur Beendigung der Geschäftsführung mit Aufgabe der Geschäftsführungsabsicht s Rn 227). Ehe diese Voraussetzung nicht erfüllt ist, was sich aber erst bei tatsächlicher Ausführung des Geschäfts zeigt, besteht zwischen den Parteien kein Rechtsverhältnis, auch kein bedingtes. Das gilt selbst dann, wenn der Geschäftsführer seinerseits zur der Tätigkeit verpflichtet

ist (RGZ 84, 390, Urt v 20. 4. 1914, Az: VI ZR 42/14: Aufwendungsersatzanspruch des unterhaltspflichtigen Vaters gegen den Schädiger; PLANCK/LOBE[4] § 677 Anm 2a).

2. Gegenständliche Reichweite des übernommenen Geschäfts

Im Einzelfall kann die Entscheidung schwer fallen, ob das Verhalten des Geschäftsführers als eine einheitliche Geschäftsbesorgung zu werten ist oder als mehrere aufeinander folgende Geschäftsführungen für einen oder auch für mehrere Geschäftsführer. Man denke an die Errichtung eines Bauwerk: Man kann auf den einzelnen Bauabschnitt (Legung des Fundaments, Eindeckung des Dachs) oder auf die Errichtung des Bauwerks in seiner Gesamtheit schauen. Relevanz kann die Frage erhalten, wenn ich zwar einen Teil der Geschäfte ordentlich führe, den anderen Teil aber nicht anpacke und dadurch einen Schaden des Geschäftsherrn verursache. Nach LENT bestimmt und begrenzt der Geschäftsführungswille den Umfang der Geschäftsführung; geäußert muss der Wille nicht sein (LENT, Begriff der auftragslosen Geschäftsführung 130 ff; OERTMANN Vorbem 7 vor §§ 677 ff: Einheit des mit den Handlungen verbundenen Zwecks). Nach SCHMID soll eine objektiv-subjektive Betrachtung maßgebend sein (SCHMID, Die Geschäftsführung ohne Auftrag Rn 213; vgl ERMAN/DORNIS[14] § 677 Rn 3): einerseits danach, was bei objektiver Betrachtung noch als einzelnes Geschäft anzusehen ist, andererseits danach, was nach dem Willen des Geschäftsführers noch Bestandteil des zu besorgenden Geschäfts sein soll. Die hier aufgeworfene Problematik wurde von den älteren Juristen unter der Frage diskutiert, ob es eine Pflicht des Geschäftsführers zur Ausdehnung der einmal übernommenen Geschäftsführung gibt (BERGMANN, Die Geschäftsführung ohne Auftrag 190 ff). Im Anschluss an das Fragment ULPIAN Dig 3, 5, 5, 14 stand man auf dem Standpunkt, dass der Gestor nichts unterlassen dürfe, was mit der Geschäftsführung im Zusammenhang stehe (LAUTERBACH, Collegium pandectarum theoretico-practicum Lib III Tit V § XVI): Wer die Bewirtschaftung eines Landgutes übernommen hatte, durfte nicht einige Äcker grundlos brach liegen lassen. Entscheidendes (haftungsbegründendes) Kriterium wurde damit die Konnexität. Freilich verzichteten die älteren Juristen auf eine weitere Konkretisierung, wann solch ein Zusammenhang besteht. Im ersten Zugriff gibt uns LENT die passende Antwort: Die sachliche Reichweite des übernommenen Geschäfts bestimmt sich nach der Geschäftsführungsabsicht. Das überzeugt: Bei gesetzlichen Subordinationsverhältnissen (Pflegschaft) bestimmt das Gesetz Inhalt und Reichweite der Pflicht zur Geschäftsführung, bei rechtsgeschäftlich begründeten Subordinationsverhältnissen (Auftrag) ist der durch Auslegung zu ermittelnde Inhalt des Vertrages maßgebend, bei der Geschäftsführung ohne Auftrag – mangels anderer die Kriterien – die **Geschäftsführungsabsicht** (DIOCLETIAN/MAXIMIANUS C 2, 28, 20 pr). Aber auch SCHMID hat (teilweise) Recht: Denn die Geschäftsführungsabsicht ist ein normatives Merkmal (Vorbem 171 ff zu §§ 677 ff). Entscheidend ist der soziale Sinn der Handlung, wobei zur Bestimmung der Reichweite der übernommenen Geschäftsführung regelmäßig auch auf Wertungen außerhalb des eigentlichen Geschäftsführungsrechts zurückgegriffen werden muss. Lösche ich einen vor einem Einfamilienhaus abgestellten Golf, lasse aber ohne Not den daneben parkenden Porsche verbrennen, so verletzte ich – abstrahiert von einer vielleicht abweichenden Wertung aus § 323c StGB – keine Geschäftsführungspflichten aus § 677. Denn die einzelnen Familienautos bilden auch dann, wenn sie der selben Familie zuzuordnen sind, keine Sachgesamtheit. Anders mag dies bei einem Wohnungsbrand sein, wenn ich nur die Küche lösche, aber den Rest des Hauses ohne triftigen Grund 225 zu Grunde gehen lasse. Und auch der Fall des unbestellten Ackers ist richtig gelöst: Der Bauernhof ist ein einheitlicher Betrieb. Gehört die Bestellung des kompletten als Ackerfläche zur Verfügung stehenden Landes zur ordnungsgemäßen Landwirtschaft, dann muss ein ordentlicher Geschäftsführer sich entsprechend verhalten (§ 677). Freilich bedarf das bis hierhin gewonnene Ergebnis einer Korrektur. Das deutsche Recht kennt keine unbedingte Pflicht zur **Fortsetzung** der einmal übernommenen Geschäftsführung (§ 677 Rn 22 ff). Nur im Einzelfall besteht eine Verpflichtung zur Vollendung des Geschäfts. Droht aus der Aufgabe der Geschäftsführung ein Schaden, der ohne die Einmischung nicht entstanden wäre, so ist der Geschäftsführer zur Fortsetzung verpflichtet (RGZ 63, 280, 283 f, Urt v 10. 5. 1908, Az: VI 344/05; RG WarnRspr 15 [1922] Nr 12, Urt v 21. 11. 1921, Az: VI 279/21). Dies bedeutet auf den Fall des unbestellten Ackers gewendet: (1) Übernehme ich die Bewirtschaftung des Bauernhofes, so ist die Reichweite des übernommenen Geschäfts zunächst umfassend. (2) Allerdings steht es mir frei, jederzeit von der Geschäftsführung abzulassen. Ich kann also den Bauernhof halbbestellt zurücklassen. (3) Dies gilt freilich nicht mehr für den Fall, dass ich durch die Übernahme der Wirtschaft einen Dritten (potenziellen Geschäftsführer) davon abgehalten habe, die Geschäftsführung seinerseits zu übernehmen (Ulpian Dig 3, 5, 5, 14).

3. Beginn und Ende des gesetzlichen Schuldverhältnisses der Geschäftsführung ohne Auftrag

a) Beginn des gesetzlichen Schuldverhältnisses

226 Die rechtliche Relevanz der Geschäftsführung ohne Auftrag wird anders als beim Auftrag oder Geschäftsbesorgungsvertrag nicht schon im Vorfeld durch einen Konsens der Parteien oder sonst etwa durch eine einseitige Willenserklärung oder einen Willensentschluss des Geschäftsführers, sondern erst durch den Beginn der tatsächlichen Ausführungshandlung begründet (Lent, Der Begriff der auftragslosen Geschäftsführung 111 ff; s Rn 55, 57, 109). Das gesetzliche Schuldverhältnis beginnt mit der ersten von Geschäftsführungsabsicht getragenen Ausführungshandlung. Nicht ausreichend ist ein im Vorfeld liegender, wenn vielleicht auch äußerlich erkennbar gewordenen Entschluss des Geschäftsführers, die Geschäftsführung übernehmen zu wollen (**aA**: BGB-RGRK/Steffen[12] vor § 677 Rn 35; Erman/Dornis[14] Vor § 677 Rn 14; Soergel/Beuthien[13] § 678 Rn 2; s Vorbem 226 zu §§ 677 ff mwNw). Auch Vorbereitungshandlungen reichen nicht (LG Hamburg NJW 2006, 1601, Beschl v 6. 2. 2006, Az: 318 S 111/05). Die tatsächliche Übernahme der Geschäftsführung ohne Geschäftsführungsabsicht bringt die Geschäftsführung ohne Auftrag nicht zur Entstehung (ist das gesetzliche Schuldverhältnis aber entstanden, können auch vorbereitende Aufwendungen zu ersetzen sein: § 683 Rn 46). Tritt erst später die Geschäftsführungsabsicht hinzu, beginnt das gesetzliche Schuldverhältnis in diesem Moment (Lent, Begriff der auftraglosen Geschäftsführung 128 f). – Korrespondierend endet die Geschäftsführung ohne Auftrag, wenn der Geschäftsführer während der Ausführung die Geschäftsführungsabsicht aufgibt (**aA**: Lent, Begriff der auftraglosen Geschäftsführung 129 f). Allerdings kann darin eine die Haftung gem § 280 auslösende Verletzung der Pflicht zur ordentlichen Geschäftsführung (§ 677) liegen (s § 677 Rn 22 ff).

b) Beendigung des gesetzlichen Schuldverhältnisses

aa) Beendigungstatbestände

α) Erledigung, Abstandnahme, Unmöglichkeit, Einigung

Das gesetzliche Schuldverhältnis der Geschäftsführung ohne Auftrag endet idealtypisch mit der **Erledigung** der Geschäftsbesorgung. Überhaupt endet die Geschäftsführung ohne Auftrag mit dem Moment, in dem eine ihrer gesetzlichen Tatbestandsvoraussetzungen entfällt. Dies liegt darin begründet, dass die Verbindlichkeit der *negotiorum gestio* nicht auf vertraglichem Konsens, sondern auf der tatsächlichen Durchführung in Geschäftsführungsabsicht beruht. So findet das gesetzliche Schuldverhältnis sein Ende, wenn der Geschäftsführer von der weiteren Geschäftsbesorgung für den Geschäftsherrn Abstand nimmt (vgl **§ 671 Abs 1 Alt 2)**, sei es, weil er die Geschäftsbesorgung tatsächlich einstellt, sei es, dass er nicht mehr fremdnützig für den bisherigen Geschäftsherrn in Geschäftsführungsabsicht tätig wird (insoweit **aA**: Lent, Begriff der auftraglosen Geschäftsführung 129 f). Selbst wenn den Geschäftsführer gem § 677 ausnahmsweise eine Pflicht zur Fortsetzung der Geschäftsführung trifft (s § 677 Rn 22 ff), hindert die **Abstandnahme** nicht die Beendigung des gesetzlichen Schuldverhältnisses. Die Pflichtverletzung mag allenfalls eine Verpflichtung zum Schadensersatz gem §§ 280, 677 begründen; zudem kann § 687 Abs 2 eingreifen. Ebenso endet das gesetzliche Schuldverhältnis ex nunc, wenn die Parteien die weitere Fortführung der Geschäftsbesorgung auf eine **vertragliche Grundlage** stellen (s Rn 188 ff). Dagegen führt die **Unmöglichkeit** der Fortführung der Geschäftsbesorgung für sich genommen ebenso wenig zur Beendigung der Geschäftsführung ohne Auftrag wie die anfängliche Unmöglichkeit ihre Entstehung hindert (Rn 113; vgl aber auch Crome, System des Deutschen Bürgerlichen Rechts II § 255 IV S 639; BGB-RGRK/Steffen[12] Vor § 677 Rn 85). Das gesetzliche Schuldverhältnis wird allein durch die Geschäftsführung in Geschäftsführungsabsicht begründet (vgl § 311a Abs 1). Allerdings wird die Übernahme einer Geschäftsbesorgung, die von Anfang an keine Aussicht auf Erfolg hat, kaum dem präsumtiven Willen des Geschäftsherrn entsprechen (§ 683); ebenso wird die weitere Durchführung einer (nachträglich) unmöglich gewordenen Geschäftsführung kaum mit dem Interesse und dem Willen des Geschäftsherrn zu vereinen sein (§ 677). **227**

β) Beendigung durch den Geschäftsherrn

In der Lehre wird die Auffassung vertreten, der Geschäftsherr könne durch Verbot der weiteren Durchführung der Geschäftsbesorgung das gesetzliche Schuldverhältnis der Geschäftsführung ohne Auftrag beenden (Crome, System des Deutschen Bürgerlichen Rechts II § 255 IV S 639; BGB-RGRK/Steffen[12] Vor § 677 Rn 86; vgl **§ 671 Abs 1 Alt 1**). Dem wird man sich nicht anschließen können. Zwar ist der Geschäftsherr auch bei der Geschäftsführung ohne Auftrag der Herr der Geschäftsbesorgung. Sein Interesse ist Maßstab der Geschäftsbesorgung, der Geschäftsführer hat seinen Weisungen zu gehorchen und bei entsprechender Weisung die Geschäftsführung ohne Auftrag (vgl nur § 681 S 1) zu beenden. Setzt der Gestor gegen das Verbot des Geschäftsherrn die Geschäftsführung ohne Auftrag fort, haftet er **entsprechend § 678** auf Schadensersatz (s § 678 Rn 16). Aber zur Beendigung des gesetzlichen Schuldverhältnisses führt die weisungswidrige Fortsetzung der Geschäftsführung nicht. Dies folgt daraus: Der Geschäftsführer könnte unmittelbar wieder zur Gestion ansetzen; dass die Übernahme der Geschäftsführung dem Willen des Geschäftsherrn widerspricht, hindert das Entstehen des gesetzlichen Schuldverhältnisses nicht. Das gesetzliche Schuldverhältnis gründet sich allein aus der fremdnützigen Geschäftsbesorgung (s Rn 90 ff). **228**

Nachteile erfährt der Geschäftsherr dadurch nicht; verbotswidrige Aufwendungen darf der Geschäftsführer nicht für erforderlich halten (§§ 683 S 1, 670).

γ) Tod und Geschäftsunfähigkeit (§§ 672, 673 analog)

229 Weitgehend werden die auftragsrechtlichen Vorschriften der §§ 672, 673 für entsprechend anwendbar gehalten (Enneccerus/Lehmann, Schuldrecht[15] § 166 I 5 S 702; vGierke, Deutsches Privatrecht III, § 216 IV 1 S 987 Fn 39). Die **Erste Kommission** ging – insoweit übereinstimmend zu § 672 S 1 – davon aus, dass der Tod des Geschäftsherrn nichts an der Verpflichtung des Geschäftsführers ändere; für den Fall des Todes des Geschäftsführers war man allerdings – in Abweichung zu § 673 S 1 – der Auffassung, dass die Verbindlichkeit zur Geschäftsführung, soweit eine solche bestehe, auf den Erben übergehe. Eine besondere Vorschrift wurde für entbehrlich gehalten (Mugdan II 480; vgl auch schon den Vorentwurf: vKübel, in: Schubert [Hrsg], Die Vorlagen der Redaktoren, Schuldverhältnisse II 929, 951). Diese Ansätze sind allesamt wenig hilfreich. Die Diskussion muss vom Kopf auf die Füße gestellt werden. Das gesetzliche Schuldverhältnis der Geschäftsführung ohne Auftrag entsteht alleine aufgrund der Übernahme der Geschäftsführung, wie es umgekehrt alleine durch die *faktische* Aufgabe der Geschäftsführung endet (Rn 226 f). Stirbt der Geschäftsherr, setzt der Geschäftsführer aber unverdrossen seine Tätigkeit fort, so wird er nach dem sozialen Sinn seines Tuns selbstverständlich für den Erben tätig (vgl Paulus Dig 3, 5, 20, 2.). Wenn man so will: Die Geschäftsführung wird für den Erben fortgesetzt. Insoweit kann man sagen: **§ 672 S 1** findet entsprechende Anwendung. Aber der Geschäftsführer kann den Tod des Geschäftsherrn auch zum Anlass nehmen, von der weiteren Geschäftsführung (für den Erben) abzusehen. Dies bleibt grundsätzlich folgenlos, denn das deutsche Recht kennt keine *unbedingte* Pflicht zur Fortsetzung einer einmal begonnenen Gestion (s § 677 Rn 22 ff). Insoweit hat die entsprechende Anwendung des § 672 S 1 einen ganz anderen Inhalt, als die in Art 1373 Code civil positivierte gemeinrechtliche Doktrin, die den Geschäftsführer unterschiedslos verpflichtet, die Geschäftsführung für den Erben fortzusetzen (Domat, Les lois civiles dans leur ordre naturel Part I Liv II Tit IV Sect. I § 7; Lauterbach, Collegium pandectarum theoretico-practicum Lib III Tit V § XI). Nur im Ausnahmefall, wenn ein Schaden droht, ist auch für das deutsche Recht eine Pflicht zur Fortsetzung der Geschäftsführung (für den Erben) anzuerkennen(s § 677 Rn 22 f): Da die Fortsetzungspflicht aber grundsätzlich nicht auf Vollendung der Geschäftsführung gerichtet ist, sondern nur soweit andauert, bis der Geschäftsherr die Angelegenheit selbst in die Hand nehmen kann, gerät damit **§ 672 S 2** (analog) in dem Blick: Ist mit der Aufgabe der Geschäftsführung Gefahr verbunden, so hat der Geschäftsführer die Geschäftsführung solange fortzusetzen, bis der Erbe anderweit Fürsorge treffen kann. Diese Grundgedanken gelten auch für den umgekehrten Fall des Todes des Geschäftsführers. Führt der Erbe die Geschäftsführung nicht fort, ist sie eben beendet. Wenn man so will: **§ 673 S 1**. Für den Erben des Geschäftsführers können sich allerdings im Einzelfall – gleich dem Geschäftsführer – eigene Verpflichtungen zur Fortführung und Information des Geschäftsherrn ergeben (s § 677 Rn 22 f). Positiv kann man sie an **§ 673 S 2** festmachen (Dernburg, Die Schuldverhältnisse nach dem Recht des Deutsches Reichs und Preußens[3] § 301 VI S 436; Enneccerus/Lehmann, Schuldrecht[15] § 166 I 5 S 702; vGierke, Deutsches Privatrecht III § 216 IV 1 Fn 39 S 987; MünchKomm/Seiler[6] § 677 Rn 54; Erman/Dornis[14] Vor § 677 Rn 18; Planck/Lobe[4] § 677 Anm 3a; BGB-RGRK/Steffen[12] Vor § 677 Rn 87; **aA**: Soergel/Beuthien[13] Vor § 677 Rn 13). Verstoßen die Erben gegen ihre Pflicht aus § 673 S 2, haften sie gem § 280. Freilich sollte man die Lehre manches älteren Juristen aufgreifen und die Haftung des Erben auf *culpa*

lata begrenzen (Schmid, Dissertatio sistens leges quaedam potiores tituli digestorum de negotiis gestis expositas 27). Doch damit ist die Bedeutung des § 673 S 1 noch nicht erschöpft. Führen die Erben die Geschäftsführung fort, entsteht ein neues Geschäftsführungsverhältnis (BGB-RGRK/Steffen[12] Vor § 677 Rn 87). Keinesfalls setzen sie das alte Schuldverhältnis fort. Hinter § 673 S 1 steht der Gedanke des besonderen persönlichen Vertrauens zur Person des Geschäftsführers. Das lässt sich auf die *negotiorum gestio* übertragen, denn sowohl die Haftung des Geschäftsführers gem § 678 als auch sein Aufwendungsersatzanspruch gem § 683 S 1 (s § 683 Rn 20) knüpft daran an, wie sich der (präsumtive) Wille des Geschäftsherrn zur Übernahme durch den konkreten Geschäftsführer verhält. Aus der Rechtstatsache, dass die Übernahme der Geschäftsführung durch den (ersten) Geschäftsführer dem Willen des Geschäftsherrn entsprach, folgt nicht ohne Weiteres, dass dies auch für die „Fortführung" der Geschäftsführung durch den Erben gilt (**aA**: Erman/Dornis[14] Vor § 677 Rn 18).

bb) Rechtsfolgen der Beendigung

Das Ende der Geschäftsführung ohne Auftrag lässt die aus ihr entstandenen Rechte **230**
und Verpflichtungen nicht etwa rückwirkend entfallen (RGZ 63, 280, 284, Urt v 10. 5. 1908, Az: 344/05). Vielmehr entstehen auf beiden Seiten Abwicklungspflichten. Der Geschäftsführer kann gem §§ 683, 684 Ersatz seiner Aufwendungen verlangen, umgekehrt schuldet er dem Geschäftsherrn gem §§ 681 S 2, 666, 667 Rechenschaft und Herausgabe des Erlangten. Unter Umständen können den Geschäftsführer auch nach Beendigung der Geschäftsführung weitere Nebenpflichten, insbesondere Informations- und Hinweispflichten treffen (vgl RGZ 63, 280, 284 f, Urt v 10. 5. 1908, Az: 344/05). So kann der Geschäftsführer verpflichtet sein, den Geschäftsherrn auf die Beendigung der Geschäftsführung hinzuweisen (s § 677 Rn 23, § 681 Rn 5).

4. Geschäftsherr und Geschäftsführer

a) Geschäftsführer und Geschäftsführungsgehilfe

Geschäftsführer ist derjenige, der nach dem sozialen Sinn seines Tuns fremdnützig **231**
für einen anderen tätig wird. Wie ein vertraglicher Geschäftsbesorger kann sich auch der Geschäftsführer zur Durchführung der Geschäftsführung eines **Geschäftsführungsgehilfen** bedienen. Das gesetzliche Schuldverhältnis der Geschäftsführung ohne Auftrag kommt in diesem Fall ausschließlich zwischen Geschäftsherrn und Geschäftsführer zustande, der sich das Verhalten seines Geschäftsführungsgehilfen nach den allgemeinen Vorschriften zurechnen lassen muss (s Rn 181 f). Zur Frage, ob der Geschäftsführer **geschäftsfähig** sein muss, sog Gestionsfähigkeit, s Rn 48 f.

b) Der Geschäftsherr

Die Person des Geschäftsherrn bestimmt sich nach der normativen Finalität des **232**
Handelns des Geschäftsführers (Geschäftsführungsabsicht), wobei es – wie § 686 ausdrücklich klarstellt – nicht auf den Willen in naturalistischer Anschauung, sondern auf den sozialen Sinn der Handlung in normativer Betrachtung ankommt. Geschäftsherr ist, für wen der Geschäftsführer nach der objektiven Zielrichtung seines Handelns tätig wird. Ob der Geschäftsführer ein objektiv fremdes Geschäft erledigt, ist für das Geschäftsführungsrecht bedeutungslos (s Rn 180). Allerdings begründet nicht jede irgendwie geartete, mittelbare Interessenförderung die Geschäftsherrneigenschaft. **Reflexvorteile** bleiben bei der Beurteilung außen vor (BGHZ 72, 151, 153, Urt v 4. 7. 1978, Az: VI ZR 95/77; BGHZ 54, 157, 160 f, Urt v 22. 5. 1970,

Az: IV ZR 1008/68; zu Reflexvorteile im Einzelnen: s Rn 134 ff, 176 f). In bestimmten Fällen kann eine fremdnützige Geschäftsbesorgung mehreren zugute kommen (Löschen eines im Miteigentum stehenden Hauses). Eine Geschäftsführung für mehrere Geschäftherren kommt aber nur dann in Betracht, wenn alle Geschäftsherrn **gleichlaufende Interessen** haben, mithin ein Interessenkonflikt ausgeschlossen ist (vgl Schmid, Geschäftsführung ohne Auftrag Rn 557). In diesem Falle sind alle Interessensträger, sofern nicht bzgl einiger ein lediglich unbeachtlicher Reflexvorteil vorliegt, Geschäftsherren. Zur Frage, ob der Geschäftsherr **geschäftsfähig** sein muss, s Rn 52 f.

c) Mehrere Geschäftsherren und mehrere Geschäftsführer

233 Das Recht der Mehrheit von Schuldnern und Gläubigern (§ 420 ff) wird berührt, wenn bei einer **einheitlichen Geschäftsführung** (Rn 225) auf Seiten des Geschäftsführers oder des Geschäftsherrn mehrere rechtlich selbständige Personen stehen (Bergmann, Die Geschäftsführung ohne Auftrag 202 ff). Eine Mehrheit von Geschäftsführern liegt etwa vor, wenn mehrere Personen (gemeinsam) einen Brand löschen, eine Mehrheit von Geschäftsherren besteht, wenn das brennende Haus im Miteigentum steht. Da die selbständigen Geschäftsführer im Regelfall keine rechtsfähige Gelegenheitsgesellschaft (§ 705) nach außen bilden, steht der Geschäftsherr mit jedem einzelnen Geschäftsführer in einem **individuellen Geschäftsführungsverhältnis**. Gleiches gilt für den umgekehrten Fall, soweit auch hier die Geschäftsherrn dem Geschäftsführer als Einzelpersonen und nicht als rechtsfähige Gesamthandsgesellschaft bzw als rechtsfähige Gemeinschaft der Wohnungseigentümer gegenüber stehen. Grundsätzlich sind damit für jedes Geschäftsführungsverhältnis selbständig die Voraussetzung der *actio directa* (§§ 677 ff) und der *actio contraria* (§§ 683 ff) zu prüfen. In einem zweiten Schritt ist dann nach Vorliegen einer Teil- oder Gesamtschuld einerseits oder einer Teil-, Gesamt- oder Mitgläubigerschaft andererseits zu untersuchen. Eine gesetzliche Regelung fehlt. Auch Book V des DCFR *(benevolent intervention in another's affaires)* hält keine Model Rules bereit.

aa) Mehrere Geschäftsführer

234 Der Gesetzgeber hat – anders als dies noch Art 758 des Dresdener Entwurfs tat – bewusst davon abgesehen, die Geschäftsbesorgung durch mehrere Geschäftsführer gesetzlich zu regeln; maßgebend sollen die allgemeinen Vorschriften der §§ 420 ff sein (Motive, bei Mugdan II 479 f; BGH, Urt v 13. 7. 1955, Az: IV ZR 39/55 S 11 – nicht veröffentlicht; BGH GRUR 1959, 379, 383, Urt v 30. 1. 1959, Az: I ZR 82/57 – Gasparone).

α) Actio directa (Herausgabeanspruch, Schadensersatz)

235 Im Mittelpunkt des Interesses steht im Kern die Pflicht zur **Herausgabe** des Erlangten (§§ 681 S 2, 667). Rechtsprechung ist rar. Genannt wird hin und wieder RGZ 154, 65. Die Entscheidung betrifft freilich keinen gestionsrechtlichen, sondern einen gesellschaftsrechtlichen Sachverhalt. Es ging um die Sukzessivgründung einer Aktiengesellschaft nach § 189 HGB aF. Ausgegeben wurden Zeichnungsscheine (§ 189 Abs 3 HGB aF), die Aktienzeichner leisteten aufforderungsgemäß Einzahlungen. Die Gründung schlug fehl, die aktienrechtliche Grundlage der geleisteten Zahlungen war damit entfallen (§ 189 Abs 3 Nr 4 HGB aF). Die hinzugekommenen Aktienzeichner nahmen die originären Gründer nunmehr auf Rückzahlung der Einnahmen in Anspruch. Das Reichsgericht bejahte eine gesamtschuldnerische Haftung der Gründungsgesellschafter als Treuhänder gem § 427 (RGZ 145, 65, 70 f,

Urt v 8. 12. 1936, Az: II 147/36). Der BGH fasste die Begründung später so zusammen: „Bei **mehreren Beauftragten** hat schon das RG entschieden, daß diese für die auf § 667 BGB beruhende Verpflichtung zur Herausgabe des Erlangten gem § 427 BGB gesamtschuldnerisch haften" (BGH GRUR 1959, 379, 383, Urt v 30. 1. 1959, Az: I ZR 82/57 – Gasparone). Das ist freilich in der Akzentuierung schief. Denn das Reichsgericht betont in seiner Begründung der gesamtschuldnerischen Haftung, dass die Gründer unter einander eine Gründergesellschaft bürgerlichen Rechts bildeten. Vor diesem Hintergrund ist auf dem Boden der tradierten Begründung der gesamtschuldnerischen Haftung der Gesellschafter der Rekurs auf § 427 selbstverständlich. Den interessierenden Fall, dass zwei Beauftragte selbständig nebeneinander stehen, ggf „gemeinschaftlich" handeln, aber eben keine Gesellschaft bilden, betraf die Entscheidung des RG gar nicht. Übrigens: Lässt man außer Acht, dass das heutige Aktienrecht keine Stufengründung mehr kennt (§ 29 AktG), würde die Entscheidung nach heutigem Verständnis nicht anders ausfallen. Da die Errichtung der Aktiengesellschaft die Zeichnung aller Aktien voraussetzte, (§ 189 Abs 1 HGB aF) lag noch keine Vor-AG vor. Die Gründer konstituierten eine Vorgründungsgesellschaft. Dabei handelt es sich, wie schon das Reichsgericht betonte, um eine Gesellschaft bürgerlichen Rechts iSd § 705. Für deren Verbindlichkeit gem § 667 BGB haften die Gesellschafter nach neuer Lehre entsprechend § 128 HGB gesamtschuldnerisch. Die verbleibende Rechtsprechung bezieht sich nun nicht mehr auf die echte Geschäftsführung ohne Auftrag, sondern auf die Herausgabepflicht bei **Geschäftsanmaßung** gem §§ 687 Abs 2 S 1, 681 S 2, 677 (BGH, Urt v 13. 7. 1955, Az: IV ZR 39/55 – nicht veröffentlicht; BGH GRUR 1959, 379, 383, Urt v 30. 1. 1959, Az: I ZR 82/57 – Gaspatrone). Die unveröffentlichte Entscheidung BGH Urt v 13. 7. 1955 hat wieder eine fehlgeschlagene Gesellschaftsgründung zum Gegenstand (BGH, Urt v 13. 7. 1955, Az: IV ZR 39/55 – nicht veröffentlicht [Sachverhalt stark vereinfacht]). Drei Personen hatten die (künftige) Gründung einer Handelsgesellschaft ins Auge gefasst. Zu diesem Zweck sandte der A (Geschäftsherr) Waren an B und C (Geschäftsanmaßer). Nachdem es im Folgenden nicht zur Gründung der Gesellschaft kam, veräußerten B und C abredewidrig die Waren im eigenen Namen und strichen die Geldbeträge ein. A nahm den B auf Herausgabe der gesamten erzielten Verkaufserlöse in Anspruch. Feststellungen darüber, in welchem Verhältnis zueinander das vereinnahmte Geld in die Taschen des B und C geflossen war, waren von den Vorinstanzen nicht getroffen. Mangels Vorliegen eines (gesellschafts-)vertraglichen Verhältnisses konnte der BGH den Anspruch dem Grunde nach auf §§ 687 Abs 2 S 1, 681 S 2, 667 stützen. Unabhängig von seiner eigenen Bereicherung hatte B auf den vollen Erlös aber nur dann einzustehen, wenn er mit C als Gesamtschuldner für die Herausgabe aller Gelder einzustehen hatte. Eine Gesamtschuld wollte der BGH annehmen, wenn „die beiderseitige Geschäftsführung so eng gestaltet" und der aus dem gemeinsamen Verkauf der Waren erzielte Erlös von ihnen zusammen derart eingenommen worden sei, dass die Herausgabepflicht eine unteilbare Leistung iSd 431 zum Gegenstand gehabt habe. In der Gasparone-Entscheidung (BGH GRUR 1959, 379, 383, Urt v 30. 1. 1959, Az: I ZR 82/57 – Gasparone; Sachverhalt vereinfacht) schließlich ging es um die Problematik der Gewinnherausgabe wegen Urheberrechtsverletzung in der Absatzkette (dazu: Bergmann GRUR 2010, 874) entsprechend §§ 687, 681, 667 (im Wege der dreifachen Schadensberechnung). In einer mittlerweile in der Sache überholten Entscheidung addierte der BGH die auf den einzelnen Absatzstufen gezogenen Einzelgewinne und ließ die (beiden) Verletzer gesamtschuldnerisch für den so ermittelten Gesamtgewinn haften. Der BGH argumentierte zweigleisig. Einmal stellte er auf die allgemeinen Voraussetzung der Gesamtschuld ab: Identität der Leistung und innerer Zusammenhang der Haftungsgründe. Diese seien bei Plagiator und Verleger gegeben, da beide dem Urheber nun einmal hafteten. Zum anderen verwies er auf die in § 840 für unerlaubte Handlungen ausdrücklich bestimmte gesamtschuldnerische Haftung: denn letztlich gehe es bei der urheberrechtlichen Gewinnherausgabe um keine unmittelbare Anwendung der Grundsätze der Geschäftsanmaßung, sondern um einen im Wege der Analogie zur Geschäftsanmaßung gewonnene besondere Art der Schadensberechnung wegen Urherbrechtsverletzung (§ 97 Abs 2 UrhG). Beide Gedanken liegen neben der Sache: Für § 840 ist schon kein Raum, weil die Verletzer nicht kumulativ einen einheitlichen Schaden, sondern jeder für sich einen selbständigen Schaden verursacht hatte. Und die allgemeinen Voraussetzungen der Gesamtschuld liegen bei mehreren Einzeltäterschaften in der Absatzkette eben nicht vor (Bergmann GRUR 2010, 874, 879 f; BGHZ 181, 98 Rn 66 ff, Urt v 14. 5. 2009, Az: I ZR 98/06 – Tripp-Trapp-Stuhl). Die Judikatur erscheint damit insgesamt als wenig hilfreich. In der Literatur will Steffen die Herausgabepflicht der Geschäftsführer in Anwendung des § 420 grundsätzlich nur auf das erstrecken, was jeder von ihnen tatsächlich erlangt hat (BGB-RGRK/Steffen[12] Vor § 677 Rn 104). Dem ist im Grundsatz sicherlich zuzustimmen. Doch bedarf es dazu nicht des Rückgriffs auf § 420, sondern dies folgt schon aus der Natur der Sache: Jeder Geschäftsführer kann und muss nur herausgeben, was er auch tatsächlich erlangt hat. Eine Zurechnung aus der Sphäre des jeweils anderen Geschäftsführers kommt per se nicht in Betracht. Für eine Korrektur dieses Ergebnisses ist auch in Fällen wissentlicher und willentlicher gemeinschaftlicher Geschäftsführung – nach dem Vorbild des Art 758 des Dresdner Entwurfs (Protocolle der Commission zur Ausarbeitung eines Allgemeinen Deutschen Obligationenrechts CLXII-CCXXXII, 1865 S 2700) – entsprechend **§ 427 kein Raum** (vgl RG JW 1909, 274, 275, Urt v 5. 4. 1909, Az: IV 393/08; RG WarnRspr 7 [1914] Nr 114, Urt v 2. 2. 1914, Az: IV 521/13; RG LZ 1922, 685, Urt v 24. 5. 1921, Az: IV 679/21; BGH LM BGB § 138 (Bc) Nr 32, Urt v 8. 7. 1982, Az: III ZR 60/81; allesamt für § 812; abweichend noch: RGZ 67, 260, 261, Urt v 19. 12. 1907, Az: VI 178/07). Denn es fehlt jegliche Analogiebasis: Anders als rechtsgeschäftlich Beauftragte sind die Geschäftsführer weder zur Übernahme verpflichtet, noch trifft sie im Regelfall eine Pflicht zur Fortsetzung der einmal begonnenen Geschäftsführung. Daran ändert auch die gemeinschaftliche Übernahme und Durchführung der Geschäftsführung nichts (vgl jurisPK-BGB/Rüssmann § 427 Rn 4). Eine anerkennenswerte Erwartung der gemeinsamen Durchführung und Gesamtwirkung bestimmter Umstände kann sich auf Seiten des Geschäftsherrn per se nicht bilden. Gleiches gilt im Grundsatz für **Ansprüche auf Schadensersatz** wegen Übernahme- (§ 678) oder Durchführungsverschulden (§§ 280, 677). Weder muss sich ein Geschäftsführer das Verschulden des anderen zurechnen lassen, noch haftet er gesamtschuldnerisch für dessen Verschulden.

β) Actio contraria (Aufwendungsersatzanspruch)

236 Grundsätzlich bestehen die einzelnen Aufwendungsersatzansprüche der Geschäftsführer selbständig nebeneinander. Jeder Geschäftsführer kann seinen Aufwendungsersatzanspruch isoliert und unabhängig vom Aufwendungsersatzanspruch weiterer Geschäftsführer geltend machen. Es besteht grundsätzlich keine Gesamtgläubigerschaft (vgl BGB-RGRK/Steffen[12] Vor § 677 Rn 105). Dies gilt auch für den Fall, dass gem § 683 S 1 im Rahmen ihrer beruflichen Tätigkeit agierenden Geschäftsführern eine Vergütung für ihre Mühewaltung zu leisten ist (Rn 683 Rn 54 ff). Eine Orientierung an den seehandelsrechtlichen Bestimmungen zur Verteilung des Rettungslohns unter mehreren Rettern (§ 582 Abs 1 HGB) erscheint mir sinnvoll. Grundsätzlich ist es damit an jedem Geschäftsführer, seinen Anteil an der Gesamtvergütung geltend zu machen. Natürlich bleibt es den Geschäftsführern unbenommen, den Gesamtlohn geltend zu machen und gleichzeitig billige Aufteilung nach der Wertigkeit ihrer Beiträge zu fordern.

bb) Mehrere Geschäftsherren

Die Konstellation, dass eine einheitliche Geschäftsführung mehreren Geschäftsher- **237**
ren zugute kommt, ist in der veröffentlichten Gerichtspraxis häufiger anzutreffen (Geschäftsführung für Miteigentümer: BGH LM BGB § 426 Nr 26, Urt v 10. 10. 1966, Az: II ZR 196/63; Geschäftsführung für eine Wohnungseigentümergemeinschaft: BayObLG NJW-RR 1987, 1038, Beschluss v 16. 4. 1987, Az: BReg 2 Z 133/86; Geschäftsführung für eine Erbengemeinschaft: vgl RG WarnRspr 27 Nr 57).

***α*) Actio contraria (Aufwendungsersatzanspruch)**

Schwierigkeiten bereitet der Aufwendungsersatzanspruch bei einheitlicher Ge- **238**
schäftsführung (zB Löschen eines im Miteigentum stehenden Hauses). Möglich ist einmal, (a) die einzelnen Geschäftsherren gem § 420 als Teilschuldner anzusehen: Jeder Geschäftsherr schuldet nur insoweit Aufwendungsersatz, als ihm die Geschäftsführung tatsächlich zugute kommt. Möglich ist aber auch (b), die Geschäftsherren, denen ja die einheitliche Geschäftsführung als solche zugute kam, gem § 421 als Gesamtschuldner haften zu lassen. Der BGH lässt bei Aufwendungen auf eine gemeinschaftliche Sache die Miteigentümer, bei denen die Voraussetzungen des § 683 vorliegen, in entsprechender Anwendung des § 427 als Gesamtschuldner haften (BGH LM BGB § 426 Nr 26, Urt v 10. 10. 1966, Az: II ZR 196/63; BayObLG NJW-RR 1987, 1038, 1039, Beschluss v 16. 4. 1987, Az: BReg 2 Z 133/86; vgl RGZ 167, 85, 87, Urt v 7. 5. 1941, Az: VI 72/40; Erman/Dornis[14] § 677 Rn 38; BGB-RGRK/Steffen[12] Vor § 677 Rn 99). Das Reichsgericht sah dies noch anders: „[…] sind die Geschäfte mehrerer besorgt worden, so haften sie nicht als Gesamtschuldner, sondern nur anteilig; jeder haftet nur in Höhe […] der gerade ihm gemachten Aufwendungen“ (RG Recht 23 [1919] Beil Nr 249, Urt v 6. 12. 1918, Az: VII 211/18). Auch Rüssmann kritisiert die Rechtsprechung des BGH: Der Grund für die Vermutungsregelung des § 427 liege in dem gemeinsamen rechtsgeschäftlichen Willen und dieser fehle nun einmal bei der Geschäftsführung ohne Auftrag (jurisPK-BGB/Rüssmann § 427 Rn 4). Diese Argumentation ist stark. Die Geschäftsführung ist eben kein Quasikontrakt, die *utilitas gestionis* (§ 683 S 1) keine abgeschwächte Willenserklärung (Vorbem 18 ff zu §§ 677 ff). Auch ich glaube nunmehr, dass sich nur eine anteilige Haftung begründen lässt. Wieder will ich im Seerecht, dass für die Fälle der Geschäftsführung durch mehrere Geschäftsführer oder für mehrere Geschäftsherrn eingehende Regelungen bereit hält, Anleihe nehmen. In Umsetzung des Art 13 IÜB heißt es in § 576 Abs 2 HGB: „Zur Zahlung des Bergelohns und der Bergungskosten sind der Schiffseigentümer sowie die Eigentümer der sonstigen geborgenen Vermögensgegenstände im Verhältnis des Wertes des Schiffes und der Vermögensgegenstände zueinander anteilig verpflichtet“ (noch teilweise abweichend § 750 HGB aF). Dies bedeutet verallgemeinert: Die Geschäftsherrn haften nur *pro rata* in dem Verhältnis, wie ihnen die fraglichen Aufwendungen zugute gekommen sind. Will der Geschäftsführer eine gesamtschuldnerische Haftung der Eigentümer erreichen, muss er sich eben um einen entsprechenden Vertragsschluss bemühen.

β) **Herausgabeanspruch**

239 Weitgehend ungeklärt ist die Behandlung des Herausgabeanspruchs mehrerer Geschäftsherren. Meiner Meinung nach ist danach zu differenzieren, ob die einheitliche Geschäftsführung zugunsten einer (Bruchteils-)Gemeinschaft oder „unverbundenen" Einzelpersonen stattgefunden hat. Stehen die Geschäftsherren unverbunden nebeneinander, so kann jeder den ihm zuordnenbaren Anspruch geltend machen. Nehme ich dem flüchtenden Dieb die Beute weg, so kann der Alleineigentümer A sein Gemälde, der Alleineigentümer B seine Geldbörse herausverlangen. Steht die gestohlene Figur im Miteigentum von C und D, so kann jeder (Mit-)Eigentümer gem § 432 – wie schon der Blick auf § 1011 bestätigt – dagegen nur Leistung an alle Miteigentümer fordern. Entsprechendes gilt für den Fall, dass ich durch eine einheitliche Geschäftsführung Gewinne erwirtschafte. Vermiete ich durch eine einheitliche Geschäftsführung die Häuser des A und des B, so schulde ich jedem anteilig Herausgabe des auf sein Haus entfallenden Mietzinses (**§ 420**). Anders als manche glauben, ist die Annahme einer Gesamtgläubigerschaft iSd § 428 nicht gerechtfertigt (**aA** BGB-RGRK/Steffen[12] Vor § 677 Rn 100). Steht das vermietete Haus dagegen im Miteigentum von B und C, so gilt wiederum, da die Leistung rechtlich unteilbar ist, **§ 432**.

XII. Konkurrenz zu anderen Rechtsinstituten; Sondervorschriften

1. Konkurrenz zu anderen Rechtsinstituten

240 Häufig stellt sich die Frage des Verhältnisses der Geschäftsführung ohne Auftrag zu anderen Rechtsinstituten (dazu: Helm, in: Gutachten und Vorschläge zur Überarbeitung des Schuldrechts III 335, 379 ff). Das Verständnis des Konkurrenzverhältnisses zu anderen Rechtsinstituten ist weithin durch die tradierte Lehre von der berechtigten Geschäftsführung ohne Auftrag belastet. Entgegen weitläufiger Auffassung ist die tradierte Unterscheidung zwischen sog berechtigter und sog unberechtigter Geschäftsführung ohne Bedeutung. Eine besondere Legitimationswirkung kommt der berechtigten Geschäftsführung ohne Auftrag nicht zu (s Rn 99). Als oberstes Prinzip einer geschäftsführungsrechtlichen Konkurrenzlehre gilt vielmehr der **Grundsatz der Spezialität**; eine Legitimationswirkung kommt dem Rechtsinstitut der Geschäftsführung ohne Auftrag aber nicht zu. Das gesetzliche Schuldverhältnis der *negotiorum gestio* entsteht allein aufgrund der fremdnützigen Geschäftsführung. Die Frage, ob die Übernahme der Geschäftsführung durch den Geschäftsführer dem präsumtiven Willen des Geschäftsherrn entsprochen hat, ist nur für die Frage des Aufwendungsersatzes bedeutend (s Rn 90 ff). Konkurrenzrechtlich enthalten die §§ 677 ff eine spezielle gesetzliche Ordnung der nicht durch Vertrag oder Gesetz abschließend oder abweichend geregelten Interessensubordination, die anderen Rechtsinstituten grundsätzlich vorgeht. Dagegen entfalten die §§ 677 ff keine Legitimationswirkung: Deliktsrechtliche Tatbestände sind neben dem Geschäftsführungsrecht grundsätzlich anwendbar.

a) **Eigentümer-Besitzer-Verhältnis**

241 Das Verhältnis der Geschäftsführungsregeln der §§ 677 ff zum sog Eigentümer-Besitzer-Verhältnis der §§ 985 ff wird in der Lehre als noch **nicht abschließend geklärt** bezeichnet (MünchKomm/Seiler[6] Vor § 677 Rn 18; Soergel/Beuthien[13] Vor § 677 Rn 12; vgl dazu Köbl, Das Eigentümer-Besitzer-Verhältnis im Anspruchsystem des BGB 181 ff; Wolf AcP 166

[1966] 188, 214 ff). Unmittelbare höchstrichterliche Stellungnahmen fehlen fast vollständig. Einschlägig ist nur eine ältere Entscheidung aus dem Jahre 1959 (BGHZ 31, 129, 132, Urt v 29. 10. 1959, Az: VII ZR 197/58; offen gelassen in: BGHZ 39, 186, 188, Urt v 25. 3. 1963, Az: VII ZR 270/61). Der BGH entschied seinerzeit, dass der berechtigte Geschäftsführer ohne Auftrag berechtigter Fremdbesitzer sei, mithin die §§ 987 ff schon tatbestandlich nicht einschlägig seien; verwandele der zunächst berechtigte Fremdbesitzer später seinen Fremdbesitz in Eigenbesitz, werde er zum unrechtmäßigen Eigenbesitzer, so dass nunmehr auf die §§ 987 ff zurückgegriffen werden könne (BGHZ 31, 129, 132 ff, Urt v 29. 10. 1959, Az: VII ZR 197/58: Besitzerwerb iSd § 990 durch Umwandlung des berechtigten Fremdbesitz in unberechtigten Eigenbesitz). Dem folgt die hM im Grundsatz, wenn sie anknüpfend an die Legitimationswirkung der berechtigten Geschäftsführung in der berechtigten Geschäftsführung ohne Auftrag ein Recht zum Besitz iSd § 986 sieht (Wittmann, Begriff und Funktion der Geschäftsführung ohne Auftrag 141; Giesen Jura 1996, 288, 292; Palandt/Sprau[73] Einf 12 v § 677; Soergel/Beuthien[13] Vor § 677 Rn 12; s zur Lehre von der berechtigten Geschäftsführung ohne Auftrag und ihre Legitimationswirkung Rn 95 ff, 99); in Konsequenz dieses Ansatzes soll die unberechtigte Geschäftsführung kein Recht zum Besitz begründen. Das dann entstehende Konkurrenzverhältnis zwischen den §§ 987 ff und geschäftsführungsrechtlichen Ansprüchen (insbesondere § 678 und § 684 S 1) wird im Anschluss an die allgemeine Rechtsprechung des BGH, dass die §§ 987 ff das Rechtsverhältnis des nichtberechtigten Besitzers zum Eigentümer abschließend regeln, dahin gelöst, dass die Vorschriften über das Eigentümer-Besitzer-Verhältnis eine die Vorschriften über Geschäftsführung ohne Auftrag verdrängende Sonderregelung darstellen (Soergel/Beuthien[13] Vor § 677 Rn 12; wohl auch: Esser/Weyers, Schuldrecht II/2[8] § 46 V S 26; differenzierend Wittmann, Begriff und Funktion der Geschäftsführung ohne Auftrag 141). Zu folgen ist dieser weit verbreiteten, an der tradierten Lehre von der berechtigten Geschäftsführung ohne Auftrag anknüpfenden Auffassung nicht (s Rn 240). Liegen die Voraussetzungen der Geschäftsführung ohne Auftrag vor, für die die Unterscheidung zwischen berechtigter und unberechtigter Geschäftsführung keine Bedeutung hat, so gehen die §§ 677 ff als das *spezielle* gesetzliche Schuldverhältnis der nicht durch Vertrag oder Gesetz abschließend oder abweichend geregelten fremdnützigen Interessenwahrnehmung den Vorschriften der §§ 987 ff vor, unabhängig davon, ob die Übernahme der Geschäftsführung dem Willen und Interesse des Geschäftsherrn entsprach (Wolf AcP 166 [1966] 188, 214 ff; Wandt, Gesetzliche Schuldverhältnisse[6] § 7 Rn 5; MünchKomm/Seiler[6] Vor § 677 Rn 18). Fallen die Voraussetzungen und damit das gesetzliche Schuldverhältnis der Geschäftsführung ohne Auftrag weg, weil der Geschäftsführer nicht mehr in fremdnütziger Geschäftsführungsabsicht für einen anderen (Eigentümer), sondern eigennützig für sich selber tätig wird (Eigenbesitz), greifen die §§ 987 ff ein (BGHZ 31, 129, 132 ff, Urt v 29. 10. 1959, Az: VII ZR 197/58; zur Beendigung der Geschäftsführung ohne Auftrag durch Wegfall der Geschäftsführungsabsicht s Rn 227). Liegen dagegen die Voraussetzungen einer Geschäftsführung ohne Auftrag vor, weil der ehemals gutgläubige Eigenbesitzer, über die wahren Verhältnisse aufgeklärt, nunmehr für den Eigentümer die Sache in Geschäftsführungsabsicht (Fremdbesitz) verwahrt (Wollschläger, Die Geschäftsführung ohne Auftrag 206), sind die §§ 677 ff das speziellere Rechtsverhältnis; ein Rückgriff auf die §§ 987 ff scheidet aus.

b) Bereicherungsrecht

Auch das Konkurrenzverhältnis zum Bereicherungsrecht wird von der Lehre von der 242
berechtigten Geschäftsführung ohne Auftrag überschattet. Nach der gängigen For-

mulierung der hM stellt die berechtigte Geschäftsführung einen Rechtsgrund im Sinne des Bereicherungsrechts dar, so dass die §§ 812 ff bereits tatbestandlich ausgeschlossen seien (BGH LM DDR-ZGB § 68 Nr 8, Urt v 11. 7. 1996, Az: III ZR 7/95; BGH NJW 1993, 3196, Urt v 30. 9. 1993, Az: VII ZR 178/91; BGH NJW 1969, 1205, 1207, Urt v 10. 4. 1969, Az: II ZR 239/67; eingehend: Wittmann, Begriff und Funktion der Geschäftsführung ohne Auftrag 139 f; Giesen Jura 1996, 288, 292; Wandt, Gesetzliche Schuldverhältnisse[6] § 7 Rn 6; BGB-RGRK/Steffen[12] Vor § 677 Rn 82; Palandt/Sprau[73] Einf 10 v § 677, 10; Soergel/Beuthien[13] Vor § 677 Rn 10). Die unberechtigte Geschäftsführung soll dagegen nach hL kein Rechtsgrund im bereicherungsrechtlichen Sinne sein (Palandt/Sprau[73] Einf 10 v § 677; Erman/Dornis[14] Vor § 677 Rn 27); Ansprüche aus §§ 812 ff seien daher gerade nicht ausgeschlossen, wie der Verweis des § 684 S 1 zeige. – Dem ist aber nicht zu folgen. Liegen die Voraussetzungen der Geschäftsführung ohne Auftrag vor, für die die Unterscheidung zwischen berechtigter und unberechtigten Geschäftsführung keine Bedeutung hat, so gehen die §§ 677 ff als das *spezielle* gesetzliche Schuldverhältnis der nicht durch Vertrag oder Gesetz abschließend oder abweichend geregelten fremdnützigen Interessenwahrnehmung den Vorschriften der §§ 812 ff vor, unabhängig davon, ob die Übernahme der Geschäftsführung dem Willen und Interesse des Geschäftsherrn entsprach (ebenso: Wandt, Gesetzliche Schuldverhältnisse[6] § 7 Rn 7; MünchKomm/Seiler[6] Vor § 677 Rn 15; s Rn 240). Abweichendes folgt auch nicht aus § 684 S 1. Hierbei handelt es sich um eine Rechtsfolgenverweisung auf das Bereicherungsrecht: Der aus dem Rechtsverhältnis der auftraglosen Geschäftsführung erwachsende Aufwendungsersatz wird nur inhaltlich beschränkt (s § 684 Rn 3).

c) Recht der unerlaubten Handlung

aa) Die berechtigte Geschäftsführung ohne Auftrag als Rechtfertigungsgrund

243 Eine unerlaubte Handlung kann sich unter Umständen als auftragslose fremdnützige Geschäftsführung zugunsten des „geschädigten" Geschäftsherrn darstellen (Lent, Der Begriff der auftragslosen Geschäftsführung 174 ff). Man denke nur an den Arzt, der an einem bewusstlosen Patienten eine Notoperation durchführt (Brennecke, Ärztliche Geschäftsführung ohne Auftrag 225 ff; Zitelmann AcP 99 [1906] 1, 111 ff; Hamacher, Geschäftsführung ohne Auftrag als Ausschlußgrund der Rechtswidrigkeit 52 ff) oder an den nachbarlichen Helfer, der zur Reparatur einer gesprungenen Wasserleitung die Tür des wegen Urlaubsabwesenheit verwaisten Nachbarhauses aufbrechen muss (Zitelmann AcP 99 [1906] 1, 106). Beide verwirklichen unter dem Gesichtspunkt der Körper- bzw der Eigentumsverletzung den *Tatbestand* des § 823 Abs 1. Doch kann man sich fragen, ob es aufgrund der Fremdnützigkeit (und Nützlichkeit) der Geschäftsführung an der Rechtswidrigkeit der Handlungen fehlt. Die damit berührte Frage nach dem Verhältnis von Geschäftsführungsrecht und dem Recht der unerlaubten Handlung ist sehr umstritten. Hier liegt der Hauptanwendungsfall der tradierten Lehre von der Legitimationswirkung (Rn 99) der berechtigten Geschäftsführung ohne Auftrag. Die überwiegende Auffassung geht heute im Anschluss an Zitelmanns berühmten Beitrag „Ausschluß der Widerrechtlichkeit" (Zitelmann AcP 99 [1906] 1, insb 102 ff) davon aus, dass die berechtigte Geschäftsführung ohne Auftrag Rechtfertigungsgrund iSd des Delikts- und Strafrechts ist (BGH LM BGB § 683 Nr 2, Urt v 8. 7. 1953, Az: VI ZR 241/52 [obiter dicta]; Hamacher, Geschäftsführung ohne Auftrag als Ausschlußgrund der Rechtswidrigkeit 16 ff; Lent, Der Begriff der auftragslosen Geschäftsführung 181 ff; ders, Wille und Interesse bei der Geschäftsbesorgung 24 ff; ders, Gesetzeskonkurrenz I 293 ff; Wittmann, Begriff und Funktion der Geschäftsführung ohne Auftrag 141 ff; Giesen Jura 1996, 288, 292; vGierke, Deutsches Privatrecht III § 216 III 1 S 983; Larenz, Schuldrecht II/1[13] § 57 I b S 448;

Erman/Dornis[14] Vor § 677 Rn 28; Palandt/Sprau[73] Einf 11 v § 677; BGB-RGRK/Steffen[12] Vor § 677 Rn 82; Soergel/Beuthien[13] Vor § 677 Rn 11; für das Schweizer Recht: Schmid, Geschäftsführung ohne Auftrag Rn 1262 ff; vgl dazu: Isay, Die Geschäftsführung nach den Bürgerlichen Gesetzbuche 366 ff; Wollschläger, Die Geschäftsführung ohne Auftrag 271 ff). Zitelmann hatte seinerzeit hervorgehoben, dass die nützliche Geschäftsführung ohne Auftrag vom Gesetz nicht verboten, sondern vom Gesetz sogar begünstigt sei; sie könne daher nicht ohne Widerspruch als rechtswidrig angesehen werden. Liegen die Voraussetzungen einer berechtigen Geschäftsführung ohne Auftrag vor, so handelt nach hM der Geschäftsführer, der sich im Rahmen des gesetzlichen Schuldverhältnisses tätig wird, rechtmäßig. Dagegen soll die unberechtigte Geschäftsführung keinen Rechtfertigungsgrund darstellen (Lent, Wille und Interesse bei der Geschäftsbesorgung 24; Palandt/Sprau[73] Einf 11 v § 677; Soergel/Beuthien[13] Vor § 677 Rn 11). Zwischen den Ansprüchen aus §§ 823 ff und § 678 bestehe dann Anspruchskonkurrenz. Dies soll selbst dann gelten, wenn sich der Geschäftsführer schuldlos in einem Irrtum über den Willen des Geschäftsherrn befindet; allerdings wird es in diesem letzten Fall des schuldlosen Irrtums am Verschulden fehlen, so dass weder eine Haftung nach § 678 noch nach den §§ 823 ff in Betracht kommt; dabei ist zu beachten, dass die Herabsetzung der Diligenzpflicht des § 680 auch für deliktische Ansprüche gilt.

Selbst bei Vorliegen der Voraussetzungen einer berechtigten Geschäftsführung **244** kommen Ansprüche aus §§ 823 ff in Betracht, wenn der Geschäftsführer seine **Pflichten zur ordentlichen Geschäftsführung** (§ 677) verletzt. Entspricht zwar der Abriss einer einsturzgefährdeten Mauer dem Willen des Geschäftsherrn (§ 683), so haftet der Geschäftsführer dennoch, wenn er aus Unachtsamkeit einen angrenzenden Zaun niederwalzt (Batsch AcP 171 [1971] 218, 224; Giesen Jura 1996, 288, 292, Wandt, Gesetzliche Schuldverhältnisse[6] § 7 Rn 8). – Auch ist zu beachten, dass die berechtigte Geschäftsführung **nur zugunsten** des **Geschäftsführers** deliktsrechtliche Ansprüche ausschließen (Giesen Jura 1996, 288, 292; Palandt/Sprau[73] Einf 11 v § 677). Keinesfalls ausgeschlossen werden insbesondere durch die §§ 683, 684 weitergehende Schadensersatzansprüche des Geschäftsführers aus unerlaubter Handlung oder Gefährdungshaftung. So hat der BGH dem Eigentümer eines über das Grundwasser mit Öl verschmutzten Grundstücks (Geschäftsführer) gegen den Verunreiniger (Geschäftsherr) neben geschäftsführungsrechtlichen Aufwendungsersatzansprüchen gem §§ 683, 684 Ansprüche aus § 823 und § 22 WHG zugesprochen (BGHZ 142, 227, 237, Urt v 22. 7. 1999, Az: III ZR 198/98 mAnm Wolf LM Wasserhaushaltsgesetz § 22 Nr 30/31; zur Frage, ob im Falle der Selbsthilfe ein Rückgriff auf die §§ 677 ff möglich ist: Rn 287 ff). – Im **Verhältnis zu Dritten** lässt sich den §§ 677, 683 kein Rechtfertigungsgrund entnehmen; hier kommt nur eine Rechtfertigung nach den Notstandsregeln der §§ 228, 904 BGB, 34 StGB in Betracht (Erman/Dornis[14] Vor § 677 Rn 28).

bb) Abweichende Auffassungen

Auf ungeteilte Zustimmung ist die herrschende Lehre nicht gestoßen (so vor allem: **245** Wollschläger, Die Geschäftsführung ohne Auftrag 274 ff; Planck/Lobe[4] Anm V vor § 677; MünchKomm/Seiler[6] Vor § 677 Rn 17; ebenfalls kritisch: Batsch AcP 171 [1971] 218, 223 ff). Zu Recht, stellt sich doch ihr Ansatz als gefährliche Übersteigerung der tradierten Lehre von der berechtigten Geschäftsführung ohne Auftrag dar, die dem gesetzlichen Konzept der §§ 677 ff aber gerade nicht zugrunde liegt. Dem Recht der Geschäftsführung ohne Auftrag ist die Unterscheidung zwischen berechtigter und unberechtigter Geschäftsführung unbekannt. Eine besondere Legitimationswirkung aber kommt dem Rechtsinstitut der Geschäftsführung ohne Auftrag nicht zu (Rn 99). Zwischen den §§ 823 ff und den §§ 677 ff besteht Anspruchskonkurrenz (MünchKomm/SEILER[6] Vor § 677 Rn 16). Schon in den Gesetzesmaterialien lassen sich keine Anhaltspunkte für ein allgemeines Prinzip nachweisen, wonach eine nützliche (berechtigte) Geschäftsführung den Eingriff in eine fremde Rechtssphäre rechtfertigen könne. Die Gesetzessystematik zu § 682, wonach der Geschäftsführer bei fehlender oder beschränkter Geschäftsfähigkeit nur nach den Vorschriften über die unerlaubte Handlung haftet, scheint vielmehr sogar in die andere Richtung zu deuten. Auch aus dem Gesamtzusammenhang der §§ 677 ff lässt sich der behauptete Grundsatz nicht entnehmen. § 677 verpflichtet jeden Geschäftsführer, das übernommene Geschäft so zu führen, wie es dem präsumtiven Willen des Geschäftsherrn entspricht. Die Frage, ob der Eingriff in fremdes Eigentum damit objektiv rechtswidrig ist oder nicht, wird damit noch nicht entscheiden. Aber auch die negative Seite der hM – Rechtswidrigkeit der unberechtigten Geschäftsführung – wird gerade im Bereich des Arztrechts als zu weitgehend empfunden. Das subjektive Prinzip des § 683 S 1 stellt strenge Anforderungen. Der Arzt, der einem bewusstlosen Patienten hilft, wäre nur allzu leicht dem Vorwurf rechtswidrigen Handelns ausgesetzt, falls der Patient aus nicht nachvollziehbarer und erkennbarer Motivation heraus den Heileingriff untersagt hätte. Ein Nothilfeeingriff müsse vielmehr – so wird gefordert – bereits dann als rechtmäßig gebilligt werden, wenn er nach allgemeinen Bewertungsmaßstäben geeignet und notwendig ist. WOLLSCHLÄGER will darum das Verhältnis von Geschäftsführung und deliktischer Haftung überhaupt dahin auflösen, dass er die Rechtswidrigkeit entsprechend den allgemeinen Notstandsprinzipien der **Güter- und Pflichtenabwägung** (in Analogie zu § 34 StGB) bestimmt (WOLLSCHLÄGER, Die Geschäftsführung ohne Auftrag 274 ff; MünchKomm/SEILER[6] Vor § 677 Rn 17. Nach hM würde der Arzt, wenn auch rechtswidrig, so doch schuldlos handeln, wenn er den entgegenstehenden Willen nicht erkennen konnte: vgl WITTMANN, Begriff und Funktion der Geschäftsführung ohne Auftrag 142 f).

cc) Der privilegierte Rückgriffsanspruch (§ 679)

246 Rechtmäßig ist dagegen ein Eingriff in die Rechtsgüter des Geschäftsherrn im Falle des – systemwidrig im Rahmen der §§ 677 ff geregelten – privilegierten Rückgriffsanspruchs (s § 679 Rn 7). Sofern der Geschäftsführer sich im Rahmen der Verhältnismäßigkeit und der weiteren Rechtmäßigkeitsvoraussetzungen des privilegierten Rückgriffsanspruchs bewegt, hat der Geschäftsherr einen Eingriff in seine Rechtssphäre zu dulden.

2. Sondervorschriften

a) Bruchteils- und Wohnungseigentümergemeinschaft; Erbengemeinschaft

247 Nach den §§ 744 ff BGB (Bruchteilsgemeinschaft), 20 ff WEG (Wohnungseigentümergemeinschaft), 2038 BGB (Erbengemeinschaft) steht die Verwaltung des gemeinschaftlichen Gegenstandes bzw Nachlasses den Teilhabern nach näherer Maßgabe der gesetzlichen oder einer eventuell bestehenden vertraglichen Regelung gemeinschaftlich zu. Der einzelne Teilhaber ist lediglich berechtigt, die zur Erhaltung notwendigen Maßnahmen zu treffen und von den anderen Teilhabern anteiligen Aufwendungsersatz zu fordern (Bruchteilsgemeinschaft: §§ 744 Abs 2, 748; Wohnungseigentümergemeinschaft: §§ 21 Abs 2, 16 Abs 2 WEG; Erbengemeinschaft: §§ 2038 Abs 1 HS 2, Abs 2, 748). Fällt eine Maßnahme in diesen Bereich,

sind die §§ 677 ff wegen des Vorrangs der Spezialregelung ausgeschlossen. Bei Maßnahmen eines Teilhabers außerhalb des Rahmens der notwendigen Erhaltungsmaßnahmen wird dagegen der Rückgriff auf die §§ 677 ff für zulässig gehalten (MünchKomm/Seiler[6] Vor § 677 Rn 19; Planck/Lobe[4] § 677 Anm 2a; Bruchteilsgemeinschaft: BGHZ 16, 12, 17, Urt v 15. 12. 1954, Az: II ZR 277/53 mAnm Delbrück LM PrPVG § 20 Nr 3; Schnorr, Gemeinschaft nach Bruchteilen 228 ff; zur Wohnungseigentümergemeinschaft: OLG Frankfurt, Beschluss v 26. 2. 2004, 20 W 416/02; OLG Celle Rp 2002, 94, Beschluss v 20. 12. 2001, Az: 4 W 286/01; BayObLG NZM 2000, 299, Beschluss v 4. 11. 1999, Az: 2 Z BR 106/99; BayObLGZ 1986, 322, Beschluss v 8. 8. 1986, Az: BReg 2 Z 95/85; zur Erbengemeinschaft: BGH NJW 1987, 3001, Urt v 20. 5. 1987, Az: IVa ZR 42/86; s Rn 197).

b) Notverkauf

Die **Bestimmungen über den Selbsthilfeverkauf** des Verkäufers bei Annahmeverzug 248
des Käufers **(§ 373 HGB)** schließen nicht aus, dass der Verkäufer, der die Ware ohne Beachtung dieser Bestimmungen verkauft, im Rahmen einer nützlichen Geschäftsführung ohne Auftrag für den Geschäftsherrn handelt (BGH MDR 1958, 93, Urt v 18. 6. 1957, Az: VIII ZR 218/56; vgl Meissel, Geschäftsführung ohne Auftrag 94 f). Spiegelbildlich kann der **Notverkauf** durch den rücktrittsberechtigten Käufer auch dann eine nützliche Geschäftsführung für den Verkäufer sein, wenn die Bestimmungen des **§ 379 HGB** nicht beachtet werden (RGZ 66, 186, 197 f, Urt v 7. 6. 1907, Az: II 39/07; RGZ 101, 18, 19, Urt v 23. 11. 1920, Az: III 239/20). Freilich ist für jeden Fall genau zu untersuchen, ob der Selbsthilfe- bzw der Notverkäufer im subordinationsrechtlichen Sinne *für* den anderen Vertragsteil tätig wird. Dies wird beim Selbsthilfe kaum, beim Notverkauf häufig anzunehmen sei (vgl Oetker/Bergmann § 389 Rn 1 für das Kommissionsgeschäft).

c) Hilfeleistungen

Gem **§ 2 Abs 1 Nr 13 SGB VII** genießt derjenige, der bei Unglücksfällen oder ge- 249
meiner Gefahr Hilfe leistet oder einen anderen aus erheblicher gegenwärtiger Gefahr für seine Gesundheit rettet, bzgl dadurch erlittener Körper- (§§ 26 ff SGB VII) oder Sachschäden sowie seiner Aufwendungen (§ 13 S 1 SGB VII) Unfallversicherungsschutz (vgl zu den Ansprüchen des Nothelfers in Rettungsfällen: Gehrlein VersR 1998, 1330). Durch § 2 Abs 1 Nr 13 SGB VII wird der Rückgriff auf die §§ 677 ff grundsätzlich nicht ausgeschlossen. Zur Frage, inwieweit Leistungen des Sozialversicherungsverträgers auf den Anspruch des Geschäftsführers aus § 683 anzurechen sind oder entsprechend § 116 SGB X auf den Träger der Sozialversicherung übergehen, s § 683 Rn 72.

d) See- und Binnenschifffahrtsrecht

Für die Bergung und Hilfeleistung in **Seenot** enthalten die §§ 574 ff HGB besondere 250
gesetzliche Regelungen. Die **Strandungsordnung** wurde durch Art 35 des Dritten Rechtsbereinigungsgesetz vom 28. 6. 1990 **aufgehoben** (BGBl I 1221). Für die Bergung und Hilfeleistung bei der **Binnenschifffahrt** gilt § 93 BinSchG, der seinerseits weitgehend auf die §§ 574 HGB ff verweist. Soweit diese Vorschriften einengende oder weiterreichende Regelungen aufstellen, sind die Vorschriften der §§ 677 ff ausgeschlossen, um die gesetzgeberische Entscheidung nicht zu konterkarieren. Über diesen Bereich hinaus sind die Vorschriften über die Geschäftsführung ohne Auftrag anwendbar (BGHZ 67, 368, 369 f, Urt v 25. 11. 1976, Az: II ZR 201/74; MünchKomm/Seiler[6] Vor § 677 Rn 20).

e) Fund; Prozess

251 Für das **Finden verlorener Sachen** enthalten die §§ 965 ff Sondervorschriften; sofern Lücken in der gesetzlichen Regelung bestehen, hält man den Rückgriff auf die §§ 677 ff für möglich (Staudinger/Gursky [2011] Vorbem 3 zu §§ 965–984). Bzgl der Geschäftsführung ohne Auftrag im **Prozess** gilt § 89 ZPO.

XIII. Angewandte Geschäftsführung ohne Auftrag

252 Das übrige BGB verweist an verschiedenen Stellen auf die Vorschriften über die Geschäftsführung ohne Auftrag (sog angewandte Geschäftsführung ohne Auftrag). Der Umfang der Verweisung ist unterschiedlich. Überhaupt auf die Rechte und Pflichten des Geschäftsführers ohne Auftrag verweisen die §§ 1959 Abs 1, 1978 Abs 1 S 2, Abs 3, 1991. Meist wird nur angeordnet, dass eine Person (zB Mieter) von einer anderen Person (zB Vermieter) Ersatz bestimmter Aufwendungen bzw Verwendungen nach den Vorschriften über die Geschäftsführung ohne Auftrag verlangen kann: §§ 539 Abs 1, 581 Abs 2, 601 Abs 2 S 1, 994 Abs 2, 1049 Abs 1, 1216, 2125. Sehr streitig ist im Einzelfall, ob es sich bei diesen Verweisungen um vollständige Rechtsgrundverweisungen handelt, der Aufwendende also auch in Geschäftsführungsabsicht gehandelt haben muss. Grundsätzlich immer sind aber die weiteren Voraussetzungen der §§ 683, 684 (Nützlichkeit) zu prüfen. Im Einzelnen ist auf die jeweilige Kommentierung zu verweisen. Zu den dogmatischen Grundlagen der Abgrenzung der allgemeinen Geschäftsführung ohne Auftrag von der rechtstechnischen Verwendung von Geschäftsführungsregeln: Wittmann, Begriff und Funktion der Geschäftsführung ohne Auftrag 91 ff.

XIV. Verjährung

1. Regelverjährung

253 Für Ansprüche aus Geschäftsführung ohne Auftrag gilt grundsätzlich die Regelverjährung von drei Jahren gem §§ 195, 199 (OLG Rostock NJW-RR 2010, 160, Beschl v 7. 4. 2009, Az: 3 W 31/08; vgl BGHZ 47, 370, 376, Urt v 20. 4. 1967, Az: VII ZR 326/64; Motive, bei Mugdan II 483; Palandt/Sprau[73] § 677 Rn 15; Erman/Dornis[14] Vor § 677 Rn 36). Dies soll nach hM auch dann gelten, wenn der Geschäftsführer den Geschäftsherrn von einer Verbindlichkeit befreit, die ihrerseits einer kürzeren Verjährungsfrist unterliegt (Motive, bei Mugdan II 483; BGHZ 115, 210, 211, Urt v 26. 9. 1991, Az: I ZR 149/89; BGHZ 47, 370, 374 ff, Urt v 20. 4. 1967, Az: VII ZR 326/64; RGZ 86, 96, Urt v 4. 1. 1915; Az: VI ZR 376/14; bereits: RGZ 69, 422, 429, Urt v 16. 11. 1908, Az: VI 607/07; Planck/Lobe[4] § 683 Anm 3c; Soergel/Beuthien[13] § 677 Rn 31; **aA**: Wollschläger, Die Geschäftsführung ohne Auftrag 82 ff: Zwischen § 683 als Rückgriffsnorm und dem Verjährungsrecht gebe es einen Wertungswiderspruch, der zugunsten eines Vorrangs des Verjährungsrechts zu lösen sei; MünchKomm/Seiler[6] § 683 Rn 28; s dazu: Rn 258 ff, 263). In diesem Fall wird aber stets – sofern überhaupt eine Geschäftsführung ohne Auftrag angenommen werden kann (s Rn 258 ff) – besonders sorgsam zu prüfen sein, ob die Übernahme der Geschäftsführung dem präsumtiven Willen des Geschäftsherrn entspricht (Motive, bei Mugdan II 483); denn die Annahme der eigenständigen Verjährung des Aufwendungsersatzanspruchs ist nur im Falle des § 683 S 1 *(utiliter gestum)* gerechtfertigt. Wegen der bereicherungsrechtlichen Begrenzung des Aufwendungsersatzanspruchs im Falle der unwillkommenen Geschäftsführung durch § 684 S 1 kann sich der Geschäftsherr gegenüber dem Ge-

schäftsführer ab dem Zeitpunkt auf Verjährung berufen, in dem ihm die Verjährungseinrede gegen die ursprüngliche Schuld zugestanden hätte (vgl BGHZ 47, 370, 375 f, Urt v 20. 4. 1967, Az: VII ZR 326/64; MünchKomm/SEILER[6] § 684 Rn 11; vgl aber auch BGHZ 32, 13, 15 f, Urt v 14. 1. 1960, Az: II ZR 146/58; RGZ 86, 96, Urt v 4. 1. 1915, Az: VI 376/14).

2. Ausnahmen

Gilt auch im Grundsatz, dass sich die Verjährung der Ansprüche aus Geschäftsführung ohne Auftrag nach den allgemeinen Vorschriften bestimmt, so hat die Rechtsprechung doch zahlreiche Durchbrechungen dieses Prinzips zugelassen (BGHZ 115, 210, 211, Urt v 26. 9. 1991, Az: I ZR 149/89 mwNw). Insbesondere **sondergesetzliche Regelungen** können im Einzelfall die allgemeinen Verjährungsvorschriften überlagern (BGH NJW 1969, 1205, 1206, Urt v 10. 4. 1969, Az: II ZR 239/67; BGH MDR 1980, 123, 124, Urt v 9. 7. 1979, Az: II ZR 192/78 MDR 1980, 123, 124 jeweils zu § **117 BinnSchG** [einjährige Verjährungsfrist]; BGH NJW 1974, 743, 744, Urt v 13. 2. 1974, Az: VIII ZR 233/72; BGH NJW 2011, 1866 Rn 9 ff, Urt v 4. 5. 2011, Az: VIII ZR 195/10; BGH WuM 2011, 418, Beschl v 4. 5. 2011, Az: VIII ZR 265/10; BGH NJW 2012, 3031 Rn 12 ff, Urt v 20. 6. 2012, Az: VIII ZR 12/12 zu § **548** [sechsmonatige Verjährungsfrist]). So ging die Rechtsprechung etwa davon aus, dass die Ansprüche auf Erstattung von Kosten einer wettbewerbsrechtlichen **Abmahnung**, die dem Abmahnenden bis zur Einführung des § 12 Abs 1 S 1 UWG unter dem Gesichtspunkt der Geschäftsführung ohne Auftrag zugesprochen wurden (s Rn 294 ff), nach § 21 UWG aF (= § 11 UWG nF) in sechs Monaten verjährten (BGHZ 115, 210, Urt v 26. 9. 1991, Az: I ZR 149/89). 254

Als weitere Beispiele **vor der Reform des Verjährungsrecht** seien genannt: Die kurze Verjährungsfrist des § 197 aF galt für Rückstände regelmäßig wiederkehrender Leistungen allgemein, also auch dann, wenn der Anspruch aus dem Rechtsgrund der Geschäftsführung ohne Auftrag gegen den von der Unterhaltslast Befreiten geltend gemacht wurde. Ebenso unterlag der Anspruch auf Gehalt, Lohn und andere Dienstbezüge der kurzen Verjährungsfrist des § 196 Nr 8 und 9 aF unabhängig davon, ob der Anspruch aus Vertrag, ungerechtfertigter Bereicherung oder Geschäftsführung ohne Auftrag hergeleitet wird (zusammenfassend: BGHZ 115, 210, 211, Urt v 26. 9. 1991, Az: I ZR 149/89). 255

XV. Darlegungs- und Beweislast

Es gelten die allgemeinen Grundsätze der Darlegungs- und Beweislast. Die Geschäftsbesorgung in Geschäftsführungsabsicht hat derjenige darzulegen und ggf zu beweisen, der aus der Geschäftsführung ohne Auftrag Rechte und Pflichten herleiten will. Das Vorliegen einer vorrangigen oder abweichenden rechtsgeschäftlichen Regelung hat derjenige darzulegen und ggf zu beweisen, der sich beruft, dass aus diesem Grund keine geschäftsführungsrechtlichen Regelungen eingreifen. Zur Darlegungs- und Beweislast bzgl weiterer Anspruchsvoraussetzungen geschäftsführungsrechtlicher Ansprüche (zB Verletzung der Pflicht zur ordentlichen Geschäftsführung: § 677; Utilität: § 683 S 1) siehe die jeweilige Einzelkommentierung. 256

XVI. Internationales Privatrecht

Im Anwendungsbereich der Rom II-VO (Art 1 Rom II-VO) bestimmt sich das 257 anzuwendende Sachrecht nach **Art 11 Rom II-VO** (Fischer, in: FS Spellenberg 151, 161 ff; Nehne IPRax 2012, 136; Wendelstein GPR 2014, 46, 49 ff). Ansonsten bleibt es bei **Art 39 EGBGB** (s Wandt, Die Geschäftsführung ohne Auftrag im internationalen Privatrecht). Zum kollisionsrechtlichen Begriff der Geschäftsführung ohne Auftrag: Wendelstein GPR 2014, 46, 47 f.

XVII. Besondere Fallgruppen

1. Erfüllung fremder Verbindlichkeiten

a) Die Erfüllung fremder Verbindlichkeiten (§ 267)

aa) Der tradierte Ansatz

258 Die Erfüllung fremder Verbindlichkeiten (§ 267) gilt heute als typischer Fall der Geschäftsführung ohne Auftrag (s nur Soergel/Beuthien[13] § 677 Rn 17; krit: Wittmann, Begriff und Funktion der Geschäftsführung ohne Auftrag 99 ff). Im gemeinen Recht war sie in Anknüpfung an das römische Recht (Labeo Dig 3, 5, 42) geradezu der Modellfall der *negotiorum gestio* (gl ipso gestu ad l Si pupilli § Quid ergo nro. 4 [Dig 3, 5, 6, 11 (3, 5, 5, 13)]: negotium ipso gestu alienum). Zahlte der Geschäftsführer auf eine fremde Schuld, konnte er das Geleistete nicht mehr vermittels der *condictio indebiti* (§ 812 Abs 1 S 1 Alt 1) vom Leistungsempfänger zurückfordern, sondern hatte sich mittels der *actio contraria negotiorum gestorum* (§ 683 S 1) an den Schuldner zu halten (Kämmerer Zeitschrift für Civilrecht und Prozeß 8 [1835] 137, 141 ff; mit umfassenden Nachweisen zur gemeinrechtlichen Rechtsprechung: Wollschläger, Die Geschäftsführung ohne Auftrag 76 ff). Für die objektive Theorie, die am Begriff des objektiven fremden Geschäfts anknüpft, liegt der Zusammenhang auf der Hand: Die Bezahlung fremder Schulden gem § 267 ist objektiv das Geschäft des Schuldners, dessen Sache schließlich die Erfüllung seiner Schuld ist (BGHZ 198, 381, Rn 19 f, Urt v 20. 11. 20134, Az: XII ZR 19/11; BGH NJW-RR 2003, 1192, 1195, Urt v 4. 6. 2003, Az: VIII ZR 91/02; Wollschläger, Die Geschäftsführung ohne Auftrag 89 ff, 92 ff; Wandt, Gesetzliche Schuldverhältnisse[6] § 8 Rn 22, s Rn 128 ff). Die Bestimmung des Fremdgeschäftsführungswillens macht der hM keine Mühen, setzt doch schon die Vorschrift des § 267 die Äußerung des Fremdtilgungswillens voraus und wird zudem die Fremdgeschäftsführungsabsicht bei Vorliegen eines fremden Geschäfts vermutet (BGH NJW-RR 2003, 1192, 1195 f, Urt v 4. 6. 2003, Az: VIII ZR 91/02; Wollschläger, Die Geschäftsführung ohne Auftrag 99). Auch die Prüfung des Aufwendungsersatzanspruchs des § 683 S 1 *(actio contraria)* bereitet der hM keine Schwierigkeiten, weil sie im Grundsatz davon ausgeht, dass die Zahlung auf fremde Schuld dem Interesse des Schuldners entspricht (vgl Rn 261 f).

259 Allerdings spielen in der Gerichtspraxis weder die Prüfung der besonderen Voraussetzungen der Geschäftsführung ohne Auftrag (§ 677) noch die Frage der Willens- und Interessensentsprechung des § 683 eine große Rolle, da sich der Erstattungsanspruch auch aus § 684 S 1, jedenfalls aber aus Rückgriffskondiktion (§ 812 Abs 1 S 1 Alt 2) ergibt. Der Geschäftsherr hat durch die Zahlung gem §§ 362, 267 Abs 1 ohne rechtlichen Grund die Befreiung von seiner Verbindlichkeit erlangt und ist insoweit bereichert (BGH NJW-RR 2003, 1192, 1196, Urt v 4. 6. 2003, Az: VIII ZR 91/02; Wollschläger, Die Geschäftsführung ohne Auftrag 86 ff).

bb) Geschäftsführung für einen anderen bei Zahlung auf eine fremde Schuld nach dem normativen Geschäftsführungsbegriff

Der undifferenzierten geschäftsführungsrechtlichen Lösung der hM stehen erhebliche Bedenken entgegen. Nach der hier vertretenen Auffassung knüpft das Geschäftsführungsrecht nicht am Begriff des fremden Geschäfts an. Es heißt eben in § 677 – vom Gesetzgeber wohl bedacht – wer ein Geschäft „für einen anderen" besorgt und gerade nicht, wer das Geschäft eines anderen besorgt (s Rn 116 ff). Der Begriff des fremden Geschäfts mitsamt den dahinter stehenden Wertungen gehört nicht in die Lehre von der echten Geschäftsführung ohne Auftrag; sein richtiger systematischer Standort ist das Bereicherungsrecht (s Rn 58 ff). Tragendes Element der Geschäftsführung ohne Auftrag ist die Geschäftsführungsabsicht, die nach der hier vertretenen Auffassung normativ zu verstehen ist (s Rn 171 ff). Entscheidend ist danach, ob sich die Geschäftsführung nach ihrem sozialen Sinn als fremdnützige Interessenwahrnehmung (Subordination) für den Geschäftsherrn darstellt. Es kann nun aber nicht ohne Weiteres gesagt werden, dass die Erfüllung einer Verbindlichkeit nach ihrer Zweckrichtung eine Geschäftsführung für den Schuldner ist. Bei materieller Betrachtung kommt eine Drittleistung gem § 267 auf eine Forderung weitgehend einer Forderungsabtretung (§ 398) durch den Gläubiger gleich; wegen des Regressanspruchs des Leistenden kommt es faktisch lediglich zu einem Gläubigerwechsel (vgl Wollschläger, Die Geschäftsführung ohne Auftrag 80 ff, der aus der Vorschrift des § 398 gerade die fehlende Schutzwürdigkeit des Geschäftsherrn herleitet). Man fühlt sich unwillkürlich an den Grundsatz des angloamerikanischen Rechtskreises erinnert: Niemand soll sich durch die Erfüllung einer fremden Schuld zum Gläubiger eines anderen machen können (s Rn 78). Sogar die Vorschrift des § 404 findet ihre wirtschaftliche Entsprechung. Denn der Schuldner kann weitgehend seine Einreden und Einwendungen dem Dritten entgegenhalten, sei es, weil er insoweit nicht bereichert ist (bereicherungsrechtliche Lösung), sei es, weil die Übernahme der Geschäftsführung deswegen nicht seinem Willen entsprochen hat (§ 683). Von daher lässt sich sagen, dass der bloße Akt der Zahlung auf eine fremde Verbindlichkeit für sich genommen interessenneutral und von daher isoliert betrachtet nicht geeignet ist, den Tatbestand der Geschäftsführung ohne Auftrag zu eröffnen. Allerdings kann sich aus den Umständen des Einzelfalles heraus der besondere obligationsbegründende fremdnützige Charakter der Zahlung auf fremde Schuld ergeben. Das setzt voraus, dass die Zahlung auf die Schuld objektiv über das Erlöschen der ursprünglichen Forderung hinaus eine irgendwie geartete Verbesserung des Schuldners bezweckt (grundlegend Wittmann, Begriff und Funktion der Geschäftsführung ohne Auftrag 99 ff; in diese Richtung auch: Martinek/Theobald JuS 1997, 805, 809 f; für das Schweizer Recht: Schmid, Die Geschäftsführung ohne Auftrag Rn 196 ff; **aA**: Wollschläger, Die Geschäftsführung ohne Auftrag 92 ff); die vielleicht eigensüchtigen Motive des Geschäftsführers für seine fremdnützige Geschäftsführung spielen bei der materiellen Betrachtung keine Rolle (s Rn 177). Das ist etwa der Fall, wenn der Zahlende dem in Zahlungsschwierigkeiten Geratenen eine Zahlungsfrist verschaffen will. Lässt sich dagegen eine Fremdnützigkeit nicht feststellen, kommt als Mittel des Ausgleichs nur die Rückgriffskondiktion gem § 812 Abs 1 S 1 Alt 2 in Betracht (sofern nicht in Ausnahmefällen der – systemwidrig im Rahmen der §§ 677 ff geregelte – privilegierte Rückgriffsanspruch der §§ 683 S 2, 679 bei im öffentlichen Interesse liegender Erfüllung einer fremden Schuld greift, s Rn 2, 266). Anhaltspunkte für die fremdnützige Absicht sind im Verhältnis des Zahlenden zum Schuldner zu suchen, während andererseits die Gründe für die Ablehnung der Fremdnützigkeit im Verhältnis des Zahlenden zum Gläu- 260 biger liegen. Daher ist ein Geschäftsführungsanspruch zu verneinen, wenn die Zahlung nicht dem Schuldner, sondern dem Gläubiger zugute kommen sollte (WITTMANN, Begriff und Funktion der Geschäftsführung ohne Auftrag 101). Mangels Fremdnützigkeit kommt ein geschäftsführungsrechtlicher Rückgriff gegen den wahren Schuldner nicht in Betracht, wenn der Zahlende zunächst irrig meint, eine eigene Verpflichtung zu erfüllen. Gewährt man dem Zahlenden allerdings die Möglichkeit der nachträglichen Tilgungsbestimmung iSd § 267, so kann er auf den wahren Schuldner im Wege der Rückgriffskondiktion zurückgreifen (WITTMANN, Begriff und Funktion der Geschäftsführung ohne Auftrag 103 f). – Man könnte sogar noch weiter gehen und erwägen, Fälle der Zahlung auf fremde Schuld überhaupt aus dem Anwendungsbereich der Geschäftsführung ohne Auftrag herauszunehmen. Selbst wenn die Erfüllung fremder Verbindlichkeiten in der kontinentaleuropäischen Rechtstradition zum Kernbestand der Geschäftsführung ohne Auftrag gehört, lässt sich doch immerhin auf die Regelung des österreichischen öABGB verweisen. Hier wird der Ersatzanspruch bei Erfüllung fremder gesetzlicher Verpflichtungen (§ 1042 öABGB) im Anschluss an den Verwendungsersatzanspruch und damit außerhalb des Rechts der Geschäftsführung ohne Auftrag geregelt (dazu: MEISSEL, Geschäftsführung ohne Auftrag 49 ff). Damit wird der Sachverhalt einer am subjektiven Interesse des Geschäftsherrn orientierten Prüfung entzogen.

cc) Utiliter gestum (§ 683 S 1)

261 Die hM bejaht bei der Zahlung auf fremde Schuld (§ 267) sehr schnell, nach der hier vertretenen Lehre auch häufig voreilig, den Grundtatbestand der Geschäftsführung ohne Auftrag (s Rn 258). Allerdings hängt die Frage, ob der Geschäftsführer gleich einem Beauftragten Ersatz seiner Aufwendungen verlangen darf, weiter davon ab, ob die Übernahme der Geschäftsführung, dh die Zahlung auf fremde Schuld, dem Willen des Schuldners (Geschäftsherrn) entspricht, sog *utiliter gestum*. Lässt sich ein wirklicher Wille nicht feststellen, entscheidet der mutmaßliche Wille. Dabei gilt die Vermutung, dass der mutmaßliche Wille des Geschäftsherrn grundsätzlich seinem objektiven Interesse entspricht (s § 683 Rn 30 f). Die Rechtsprechung ging in Nachfolge des römischen Rechts (LABEO Dig 3, 5, 42) schon vor Inkrafttreten des BGB im Grundsatz davon aus, dass die Zahlung auf eine fremde Schuld im Interesse des Schuldners liegt; ein Widerspruch zum Interesse bildet die Ausnahme (mit umfassenden Nachweisen WOLLSCHLÄGER, Die Geschäftsführung ohne Auftrag 77 ff). Das begründet man damit, dass die Zahlung auf eine fremde Schuld trotz des sicher nachfolgenden Rückgriffs des Zahlenden faktisch einer Stundung gleichkomme (BGHZ 47, 370, 373 f, Urt v 20. 4. 1967, Az: VII ZR 326/64: hat der Schuldner [Geschäftsherr] eigene Ansprüche gegen den zahlenden Geschäftsführer, so liegt die Zahlung erst recht im Interesse des Geschäftsherrn, da er nunmehr gegen den Regressanspruch des Geschäftsführers mit seinen eigenen Forderungen aufrechnen kann; BGH BB 1969, 194, Urt v 20. 6. 1968, Az: VII ZR 170/66; SOERGEL/BEUTHIEN[13] § 683 Rn 14; **aA**: WITTMANN, Begriff und Funktion der Geschäftsführung ohne Auftrag 128). Als interessenwidrig wird die Erfüllung einer nicht (mehr) bestehenden, einer durch Anfechtung oder Rücktritt vernichtbaren oder überhaupt einredebehafteten Verbindlichkeit angesehen; ebenso, wenn sich der Schuldner gegenüber dem Gläubiger bequem durch Aufrechnung hätte befreien können oder für die Erfüllung vorgesehene Modalitäten nicht eingehalten werden (BGB-RGRK/STEFFEN[12] Vor § 677 Rn 65). Allerdings ist die Interessenlage nicht so eindeutig, wie die hM glauben machen will. Nimmt man genauer in den Blick, dass die Zahlung auf eine fremde Schuld im wirtschaftlichen Erfolg einer Forderungsabtretung und damit aus der Sicht des Schuldners lediglich einem Gläubigerwechsel gleichkommt (s Rn 260), erscheint die Interessenlage als höchst ambivalent. Stellt man eine kaufmännische Betrachtungsweise in der Vordergrund, so überwiegt das Interesse des Schuldners, über seine liquiden Mittel selbst und frei von Einmischungen von dritter Seite disponieren zu können. Die Möglichkeit des Schuldners, den Gläubiger hinzuhalten, kann ein Wert an sich sein, ebenso die Tatsache, wen der Schuldner zum Gläubiger hat. Die relative Geringachtung des Interesses des Schuldners durch die Rechtsprechung rechtfertigt WOLLSCHLÄGER mit der Wertung der §§ 267, 398: Das Gesetz anerkenne ebenso wenig ein Interesse des Schuldners, in eigener Person zu leisten, wie ein Interesse des Schuldners, an einen bestimmten Gläubiger zu zahlen (WOLLSCHLÄGER, Die Geschäftsführung ohne Auftrag 86). Dem Wesen der Geschäftsführung ohne Auftrag als fremdnützige Geschäftsbesorgung für einen anderen (Rn 28 ff) wird dies nicht gerecht. Maßstab der Geschäftsführung ist das subjektive, individuell zu bestimmende Interesse. Auch besondere kaufmännische Interessen sind dabei einzustellen. Allerdings hat der Ansatz WOLLSCHLÄGERS seine mittelbare Berechtigung, was die Darlegungslast betrifft. Es ist am Geschäftsherrn darzulegen und ggf zu beweisen, dass die Tilgung seiner Schuld ausnahmsweise seinem Interesse nicht entspricht (WOLLSCHLÄGER, Die Geschäftsführung ohne Auftrag 80, 99). Dabei muss sein Vortrag hinreichend konkret sein. Das Reichsgericht betrachtete in einem Fall die Tilgung einer **Steuerschuld** als interessenwidrig, weil diese dem Schuldner wegen dessen schlechter wirtschaftlicher Lage hätte erlassen oder gestundet werden können (RGZ 147, 228, 231, Urt v 1. 4. 1935, Az: VI 541/34). Diese Entscheidung ist nicht dahin zu verallgemeinern, dass allein die abstrakte Möglichkeit von Stundung oder Erlass durch einen privaten Gläubiger das Interesse an der Schuldentilgung durch einen Dritten entfallen lässt. Denn anders als der private Gläubiger entscheidet die Steuerbehörde aufgrund eines gesetzlichen Tatbestandes nach pflichtgemäßem Ermessen. Erst wenn der Schuldner konkret darlegen kann, dass er vom privaten Gläubiger (noch) nicht in Anspruch genommen worden wäre, entspricht die Zahlung des Dritten nicht mehr seinem Interesse (WOLLSCHLÄGER, Die Geschäftsführung ohne Auftrag 82).

Kann die Frage, ob die Zahlung auf fremde Schuld dem (mutmaßlichen) Willen des **262**
Schuldners entspricht, im Einzelfall auch erhebliche Schwierigkeiten tatsächlicher wie rechtlicher Art bereiten, so ist sie doch für die Rechtspraxis nur von rechtstechnischer Bedeutung. Widerspricht die Zahlung dem Schuldnerwillen, so haftet der Schuldner dennoch gem § 684 S 1, selbst wenn er ausdrücklich der Zahlung widersprochen hat, sofern er und soweit er durch die Ersparung des getilgten Betrages bereichert ist (BGH NJW-RR 2003, 1192, 1196, Urt v 4. 6. 2003, Az: VIII ZR 91/02; WOLLSCHLÄGER, Die Geschäftsführung ohne Auftrag 86 ff). Anders war an dieser Stelle das römische Recht nach einer Konstitution JUSTINIANS (JUSTINIAN C 2, 18 [19] 24). Danach war der Aufwendungsersatzanspruch selbst bei objektiv nützlicher Geschäftsführung ausgeschlossen, wenn jemand wider den Willen und das ausdrückliche Verbot des Geschäftsherrn handelte. Da das Geld auch vom Gläubiger nicht mehr zu erlangen war, musste der Zahlende den Verlust seines Geldes tragen.

dd) Die Verjährung des geschäftsführungsrechtlichen und des bereicherungsrechtlichen Ausgleichsanspruchs bei Zahlung fremder Schulden

Für den bereicherungsrechtlichen Regressanspruch aus Rückgriffskondiktion gem **263**

§ 812 Abs 1 S 1 Alt 1 ist davon auszugehen, dass er in derselben Frist verjährt wie die getilgte Forderung. Der Bereicherungsanspruch knüpft ja gerade an dem Vorteil an, den der Schuldner durch die Zahlung erlangt hat. Der Schuldner darf daher nicht durch eine längere oder neu beginnende Verjährungsfrist des Regressanspruchs benachteiligt werden (Wittmann, Begriff und Funktion der Geschäftsführung ohne Auftrag 102; wohlwollend offen gelassen: BGHZ 47, 370, 375 f, Urt v 20. 4. 1967, Az: VII ZR 326/64; s Rn 253). Anders fällt die Beurteilung des geschäftsführungsrechtlichen Aufwendungsersatzanspruchs aus. Schuldgrund ist hier nicht eine erlangte Bereicherung, sondern der Gedanke der Interessenwahrnehmung (s Rn 28 ff). Für den Aufwendungsersatzanspruch des § 683 S 1 beginnt eine neue und eigene, sich nach den allgemeinen Vorschriften bestimmende Verjährung (BGHZ 47, 370, 375 f, Urt v 20. 4. 1967, Az: VII ZR 326/64; Wittmann, Begriff und Funktion der Geschäftsführung ohne Auftrag 102; **aA**: Wollschläger, Die Geschäftsführung ohne Auftrag 82 ff). Anders wieder, wenn die Voraussetzungen des § 683 S 1 nicht vorliegen und der Geschäftsführer nur Aufwendungsersatz verlangt, soweit der Geschäftsherr bereichert ist (§ 684 S 1). Hier verjährt der Ersatzanspruch in der gleichen Frist wie die getilgte Forderung (s Rn 253).

ee) Schuldentilgung durch ablöseberechtigten Dritten

264 Eine Sonderkonstellation ist die Schuldentilgung durch den ablöseberechtigten Dritten. Teilweise wird hier eine Geschäftsführung ohne Auftrag schon deswegen abgelehnt, weil der ablöseberechtigte Dritte letztlich im eigenen Interesse handele, etwa zur Rettung seines Eigentums. Man verweist den Dritten dann auf den etwa in § 268 Abs 3 oder §§ 1142, 1143 niedergelegten gesetzlichen Forderungsübergang (Larenz, Schuldrecht II[12] § 68 III c S 540; **aA**: Wollschläger, Die Geschäftsführung ohne Auftrag 96 f). Zutreffend ist das Ergebnis, wenn auch nicht die Begründung. Eine fremdnützige Geschäftsführung wird nicht durch eigensüchtige Motive des Geschäftsführers ausgeschlossen (s Rn 177). Erkennt man die Zahlung auf eine fremde Schuld überhaupt als fremdnützige Geschäftsbesorgung an, so entfällt der fremdnützige Charakter nicht dadurch, dass der Geschäftsführer aus der Motivation heraus handelt, sein Eigentum zu retten (vgl Wollschläger, Die Geschäftsführung ohne Auftrag 97). Der Grund für das Nichteingreifen der §§ 677 ff ist vielmehr darin zu sehen, dass die Vorschriften über den Zessionsregress (zB § 268 Abs 3) die Rückgriffssituation abschließend regeln (s Rn 187 ff); ein Rückgriff auf Geschäftsführungsrecht ist insoweit ausgeschlossen (**aA** Wollschläger, Die Geschäftsführung ohne Auftrag 93).

ff) Leistung auf fremde Schuld im Auftrag eines Dritten

265 Zu den komplizierten Verhältnissen, wenn der Geschäftsführer sich gegenüber einem anderen verpflichtet hat, die Schulden des Geschäftsherrn zu tilgen, s Rn 309 ff.

gg) Der privilegierte Rückgriff des § 679

266 Das Gesetz positiviert in §§ 683 S 2, 679 einen privilegierten Fall der Rückgriffshaftung. Liegt die Erfüllung einer fremden Schuld im **öffentlichen Interesse**, so kann der Geschäftsführer gem §§ 683 S 2, 679 Ersatz seiner Aufwendungen verlangen. Der Regelungsstandort des § 679 ist historisch bedingt, aber im Geschäftsführungsrecht deplaziert. Denn wird der Geschäftsführer, gerade wenn es um Unterhaltspflichten geht, tätig, so handelt er fremdnützig zugunsten dessen, dem sein Handeln zugute kommt, nämlich des Unterhaltsberechtigten (vgl § 685 Abs 2). Eine echte Geschäftsführung ohne Auftrag für den Schuldner liegt gerade nicht vor (s Rn 2, 186, § 679 Rn 2).

b) Tätigwerden aufgrund eigener Rechtspflicht (sog Auch-Gestion)

Es kann die Konstellation auftreten, dass nicht allein der Geschäftsherr einem **267**
Dritten gegenüber zur Leistung verpflichtet ist, sondern ebenfalls den Geschäftsführer eine Rechtspflicht zum Tätigwerden trifft.

aa) Die unterschiedlichen Theorieansätze

α) Die Lösung der objektiven Theorie

Nach dem Ansatz der Rechtsprechung steht es der Anwendung der §§ 677 ff nicht **268**
entgegen, dass der Geschäftsführer gleichzeitig in Erfüllung eigener Pflichten oder überhaupt zur Wahrung eigener Belange tätig wird (BGHZ 110, 313, 314 f, Urt v 8. 3. 1990, Az: III ZR 81/88; BGHZ 65, 384, 387, Urt v 15. 12. 1975, Az: II ZR 54/74; BGHZ 63, 167, 170, Urt v 24. 10. 1974, Az: VII ZR 223/72; BGHZ 54, 157, 160, Urt v 22. 5. 1970; Az: IV ZR 1008/68; BGHZ 40, 28, 30, Urt v 20. 6. 1963, Az: VII ZR 263/61; BGHZ 30, 162, 167, Urt v 4. 6. 1959, Az: VII ZR 217/58; BGH NJW 1969, 1205, 1206, Urt v 10. 4. 1969, Az: II ZR 239/67; BGH LM BGB § 683 Nr 3, Urt v 12. 1. 1955, Az: VI ZR 273/55; RGZ 167, 55, 59, Urt v 29. 4. 1941, Az: VI 129/40; RGZ 82, 206, 214 f, Urt v 26. 4. 1913, Az: VI 572/12; Enneccerus/Lehmann, Schuldrecht[15] § 165 III 3 S 700; Palandt/Sprau[73] § 677 Rn 6). Insbesondere wird der Fremdgeschäftsführungswille nach Auffassung der Rechtsprechung nicht dadurch ausgeschlossen, dass der Geschäftsführer gleichzeitig in Erfüllung eigener Pflichten handelt (BGH NJW 1978, 1258, Urt v 15. 12. 1977, Az: III ZR 159/75). Konstruktives Mittel des Rückgriffs auf das Geschäftsführungsrecht ist die Rechtsfigur des sog „auch-fremden-Geschäfts" (Auch-Gestion); deshalb auch fremdes Geschäft, weil der Geschäftsführer mit seiner Handlung sowohl ein eigenes Geschäft als auch ein fremdes Geschäft erledigt. Die dogmatischen Einzelheiten werden unter den Rn 139 ff dargestellt. Dabei versperrt der Begriff des auch-fremden-Geschäfts den Blick auf dahinter liegende Wertungen mehr, als er das Verständnis fördert. Denn die zu erwartende Rechtsfolge der Erledigung eines auch-fremden Geschäfts wäre typischerweise Kostenteilung nach Verantwortungsanteilen (vgl zum gemeinsamen Geschäft Rn 142). Doch darum geht es in den Fällen des auch-fremden Geschäfts regelmäßig nicht. Letztlich soll eine Partei, nämlich der Geschäftsherr, die gesamte Kostenlast tragen. Wollschläger hat versucht, den Ansatz der Rechtsprechung vom Kopf auf die Füße zu stellen. Er deutet die Geschäftsführung ohne Auftrag als ein Rechtsinstitut der richtigen Zuweisung von Gütern, Lasten und Risiken an denjenigen, dem die Kosten oder Nutzen letztlich zugeordnet sind. Tragender Begriff des Geschäftsführungsrechts ist für ihn der Begriff der Fremdheit, den er als relativen Begriff versteht. Er besage, wer im Verhältnis zweier Personen näher daran ist, die Kosten des Geschäfts letztlich zu tragen. Die wesentliche Wertung der objektiven Theorie ist daher: Auch wer eine eigene Pflicht erfüllt, führt letztlich ein fremdes Geschäft, wenn ein anderer Verpflichteter nach dem **Rang- oder Stufenverhältnis** beider Verpflichtungen die Last endgültig zu tragen hat (Wollschläger, Die Geschäftsführung ohne Auftrag 65 ff; s Rn 141). Damit kann der unglückliche Begriff der Auch-Gestion in einem relativen Begriffsverständnis von „Fremdheit" aufgehen. Nur im Falle der gleichrangigen Güter- und Lastenzuständigkeit kann ein Geschäft vorliegen, das für den Geschäftsführer gleichzeitig ein eigenes und ein fremdes Geschäft ist. Um Verwechslungen mit dem tradierten Begriff des auch-fremden Geschäfts zu vermeiden, sollte hier von einem gemeinschaftlichen Geschäft gesprochen werden (Rn 142).

β) Lösung nach der Theorie der realgeschäftlichen Geschäftsbesorgung

Zutreffend ist der Ansatz der objektiven Theorie nicht. Er geht von einem falschen **269**

Geschäftsführungsbegriff aus (s Rn 116 ff). Die Frage, ob der Geschäftsführer zugleich ein fremdes Geschäft erledigt, ist für das Geschäftsführungsrecht nicht von Bedeutung. Die Geschäftsführung ohne Auftrag ist das gesetzliche Schuldverhältnis der nicht durch Vertrag oder Gesetz abschließend oder abweichend geregelten Interessenwahrnehmung für einen anderen (Subordination). Tragendes Element der Geschäftsführung ohne Auftrag ist die normativ zu verstehende Geschäftsführungsabsicht (Rn 28 ff, 172 ff). Diese bestimmt sich danach, ob sich das Handeln des Geschäftsführers nach seinem sozialen Sinn als fremdnützige Geschäftsführung für einen anderen darstellt. Freiwilligkeit ist dagegen kein Element des Geschäftsführungsbegriffs (s Rn 179), ebenso wenig wie eine selbstlose Gesinnung (s Rn 39, 177). Daher schließt die Erfüllung eigener Pflichten den Rückgriff auf das Geschäftsführungsrecht nicht aus (s Rn 179). Allerdings bestimmt das Schutzgut der Rechtspflicht die objektive Zweckrichtung des Handelns des Geschäftsführers und damit den sozialen Sinn seines Tuns. Wer einer ihm obliegenden Pflicht folgt, handelt als Geschäftsführer im Interesse des Gläubigers oder des Schutzobjekts der ihn treffenden Pflicht, nicht aber als Geschäftsführer für einen – im Sinne Wollschlägers – vorrangigen Schuldner.

270 Zur Erläuterung der berühmte Funkenflug-Fall aus BGHZ 40, 28. Durch Funkenflug war es zu einem Brand gekommen, der von der Feuerwehr gelöscht wurde. Im Ausgangspunkt stimmen objektive Theorie und die Theorie der realgeschäftlichen Geschäftsbesorgung überein. Die gesetzliche Verpflichtung, die die Feuerwehr zum Löschen des Brandes verpflichtet, schließt die Anwendung der §§ 677 ff nicht aus. Nach der objektiven Theorie, anknüpfend am Begriff des (relativ) fremden Geschäfts, liegt ein Geschäft auch des Brandstifters als Primärverantwortlichem vor. Die Feuerwehr kann daher aus Geschäftsführung ohne Auftrag Ersatz ihrer Aufwendungen vom Brandstifter verlangen. Zu einem anderen Ergebnis muss die Theorie der realgeschäftlichen Geschäftsbesorgung kommen. Zwar liegt ein Geschäftsführungsverhältnis vor, doch ist Geschäftsherr der Eigentümer des brennenden Grundstücks. Denn die Feuerwehr nimmt nach der objektiven Zweckrichtung ihres Handelns seine Interessen wahr. Maßstab ihres Tuns ist ausschließlich das Interesse des Eigentümers am Erhalt seines Grundstücks und nicht das gegenläufige auf Kostenminimierung gerichtete Interesse des Brandstifters. Dass sich der Umfang der deliktischen Haftung des Brandstifters gegenüber dem Eigentümer reduziert, kommt ihm als geschäftsführungsrechtlich irrelevanter Reflexvorteil zugute (s Rn 176). Objektive Theorie und Theorie der realgeschäftlichen Geschäftsbesorgung müssen aber nicht stets zu unterschiedlichen Ergebnissen gelangen, wie der Tankwagen-Fall aus BGHZ 63, 167 zeigt. Die Feuerwehr barg ein verunglücktes Fahrzeug. Für die Theorie der realgeschäftlichen Geschäftsbesorgung liegt das richtige Ergebnis auf der Hand. Nach der objektiven Zweckrichtung wird die Feuerwehr ausschließlich im Interesse des Halters tätig; dagegen scheidet eine Geschäftsführung für den Versicherer aus. Ihm kommt die Geschäftsführung allenfalls als Reflexvorteil zugute. Ebenso die objektive Theorie, die ein Geschäft des Versicherers verneint.

271 Kommt auch etwa im Funkenflug-Fall ein Anspruch aus echter Geschäftsführung ohne Auftrag gegen den Brandstifter als denjenigen, der letztlich nach materiellen Kriterien der Lastenzuordnung die Kosten zu tragen hat (denn beim Geschäftsführungsrecht geht es um den Gedanken der Interessensubordination und nicht um die Zuweisung von Kosten an den – nach materiellen Kriterien zu ermittelnden – Letztverantwortlichen, s Rn 28 ff, 58 ff, 116 ff, 129 ff, 170, 171 ff), nicht in Betracht, so ist doch für jeden Einzelfall zu prüfen, ob dem Geschäftsführer nicht vielleicht der – systemwidrig im Rahmen der §§ 677 ff geregelte – privilegierte Rückgriffsanspruch der §§ **683 S 2, 679** zusteht. Dies ist dann der Fall, wenn die Erfüllung der Verbindlichkeit des Schuldners (Brandstifter) im öffentlichen Interesse lag und er im Verhältnis zum Geschäftsführer (Feuerwehr) letztlich die Kosten zu tragen hat. Der privilegierte Rückgriffsanspruch ist der legitime Anwendungsbereich der Lehre Wollschlägers von der richtigen Zuweisung von Kosten an den Letztverantwortlichen (s § 679 Rn 6). Nur muss man sich immer vor Augen halten, dass es sich bei dem Anspruch aus §§ 683 S 2, 679 trotz seiner Regelung im Geschäftsführungsrecht um keinen echten geschäftsführungsrechtlichen Anspruch handelt. Wegen der Einzelheiten vgl die Kommentierung zu § 679.

bb) Einzelfälle

α) Interzessionsfälle

Zahlt der Bürge auf die Bürgschaft, so kann sich die Frage stellen, ob ihm neben dem Zessionsregress gem § 774 bei Fehlen einer vertraglichen Verbindung zum Hauptschuldner ein Anspruch aus Geschäftsführung ohne Auftrag zusteht (§ 683 S 1). Der Bürgenrückgriff gehört seit jeher zum eisernen Bestand des Geschäftsführungsrechts (OLG Koblenz WM 2008, 2293, Beschl v 1. 8. 2008, Az: 5 U 551/08: Rückgriff des nicht mit dem Hauptschuldner identischen Grundschuldbestellers). Mangels spezieller Klagen oder wegen Fehlens einer rechtsgeschäftlichen Abtretung wurde der Rückgriff des Bürgen in früheren Zeiten regelmäßig aus Mandat oder *negotiorum gestio* begründet (Wollschläger, Die Geschäftsführung ohne Auftrag 92 f). Für die objektive Theorie und Wollschläger bereitet die Begründung des geschäftsführungsrechtlichen Ausgleichs keine Probleme. Der Bürge erledigt mit seiner Zahlung zugleich ein fremdes Geschäft. Der Hauptschuldner ist näher an den Kosten dran, weil es sich materiell um seine Schuld handelt. Auf diese Art lässt sich auch zwanglos begründen, dass der Hauptschuldner keinen Rückgriff beim Bürgen nehmen kann, wenn er die Schuld selbst zum Erlöschen bringt (MünchKomm/Seiler[6] § 677 Rn 26). Nach der Theorie der realgeschäftlichen Geschäftsbesorgung fällt das Ergebnis nicht anders aus, unabhängig davon, ob der Bürge auf die Hauptschuld (§ 267) oder auf die Bürgschaft zahlt. Denn der eigentliche Akt der fremdnützigen Geschäftsbesorgung liegt bereits in der Eingehung der Verbindlichkeit gegenüber dem Gläubiger. Die Befriedigung des Gläubigers ist daher letztlich nur Durchführungshandlung der übernommenen Geschäftsführung (Wittmann, Begriff und Funktion der Geschäftsführung ohne Auftrag 105; BFHE 200, 451, Urt v 4. 3. 2008, Az: IX R 80/06). Im Innenverhältnis zwischen Schuldner und Bürgen bestimmt sich nach § 677, ob der Bürge den Gläubiger befriedigen darf. Insbesondere wird der Bürge verpflichtet sein, Einreden und Einwendungen gem §§ 768, 770 geltend zu machen. Verstößt der Bürge hiergegen, so darf er seine Aufwendungen nicht gem §§ 683, 670 für erforderlich halten. Diese Grundsätze gelten entsprechend, wenn der Geschäftsführer keine Bürgschaft zugunsten des Geschäftsherrn übernimmt, sondern seiner Schuld beitritt. Dass der Beitretende beim Schuldbeitritt ein eigenes wirtschaftliches Interesse hat, schließt Geschäftsführungsrecht nicht aus. Eine fremdnützige Geschäftsführung scheidet nicht allein deshalb aus, weil der Geschäftsführer damit eigensüchtige Motive verfolgt (vgl BGH NJW 2007, 63 Rn 9 ff, Urt v 2. 11. 2006, Az: III ZR 274/05: Bestellung einer Sicherheit [Grundschuld] durch den Verkäufer zur Sicherung eines Darlehens, aus dem heraus der Kaufpreis gezahlt werden 272 soll; **aA**: Wittmann, Begriff und Funktion der Geschäftsführung ohne Auftrag 106; im Ergebnis wie hier: Wollschläger, Die Geschäftsführung ohne Auftrag 99 f, s Rn 177). Ebenso finden diese Grundsätze Anwendung, wenn sich der Geschäftsführer aufgrund eines unwirksamen Vertrages mit dem Geschäftsherrn verbürgt (s Rn 329 ff; differenzierend: Wittmann, Begriff und Funktion der Geschäftsführung ohne Auftrag 106).

β) Ausgleich unter mehreren Sicherungsgebern

273 Ist eine Forderung mehrfach gesichert (zB Bürgschaft, Schuldbeitritt, Hypothek), so stellt sich die Frage, ob der Zahlende neben dem selbstverständlichen Rückgriff gegen den Schuldner auch Ausgleich von seinen mithaftenden Sicherungsgebern verlangen kann (dazu: Ehmann, Die Gesamtschuld 322 ff; Wollschläger, Die Geschäftsführung ohne Auftrag 104 ff; vgl auch MünchKomm/Seiler[6] § 677 Rn 27). In älteren Entscheidungen vor Inkrafttreten des BGB wurde der Rückgriff aus *negotiorum gestio* gegen einen anderen Sicherungsschuldner für möglich gehalten (Wollschläger, Die Geschäftsführung ohne Auftrag 105 ff). Wollschläger hält ausgehend von seiner objektiven Theorie auch für das heutige Recht einen Regress unter mehreren Sicherungsgebern gem § 683 S 1 für möglich. Die Befriedigung des Gläubigers sei teilweise Geschäft des Mithaftenden, soweit dieser in Höhe der auf ihn entfallenden Quote von der Inanspruchnahme durch den Gläubiger freigestellt werde (Wollschläger, Die Geschäftsführung ohne Auftrag 110). Unabhängig von der Frage, ob Wollschlägers Ansatz geeignet ist, einen bereicherungsrechtlichen Ausgleich unter den Sicherungsgebern zu begründen – erlangt hat der Mithaftende die Befreiung von seiner Verbindlichkeit, bereichert ist er um die Ersparnis einer eigenen Zahlung – oder ob eine entsprechende Anwendung des § 426 vorzuziehen ist (so: OLGReport Rostock 2009, 41, Beschl v 10. 7. 2008, Az: 1 U 90/08), kommt nach der Theorie der realgeschäftlichen Geschäftsbesorgung eine Anwendung geschäftsführungsrechtlicher Ausgleichsansprüche grundsätzlich nicht in Betracht. Der Sicherungsgeber wird zugunsten des Hauptschuldners tätig, nicht aber zugunsten der übrigen Sicherungsgeber. Diesen kommt ein zusätzlicher Sicherungsgeber allenfalls als mittelbarer geschäftsführungsrechtlicher Reflexvorteil zugute. Anders ist die Situation selbst dann nicht zu beurteilen, wenn die zusätzliche Sicherheit gegeben wird, um einen anderen Sicherungsgeber zu entlasten. Hier wird der Reflexvorteil eines anderen nur zum Motiv.

γ) Die echte Gesamtschuld

274 Die Frage, ob unter Gesamtschuldnern geschäftsführungsrechtliche Beziehungen bestehen, wird seit Bestehen des BGB kaum thematisiert; nach gemeinem Recht gehörte die *negotiorum gestio* zu den einschlägigen Regressmitteln unter Korrealschuldnern. Wegen der durch eine *cessio legis* verstärkten Ausgleichsregel des § 426 besteht hierfür heute kaum ein praktisches Bedürfnis mehr (Fikentscher/Heinemann, Schuldrecht[10] Rn 1266). Der objektiven Theorie fällt es aber im Grundsatz nicht schwer, hier einen geschäftsführungsrechtlichen Ausgleich zu konstruieren, besorgt der Zahlende doch immer auch ein Geschäft der anderen Gesamtschuldner. Wollschläger geht dementsprechend im Verhältnis zwischen echter Gesamtschuld und Geschäftsführung ohne Auftrag von einer Anspruchskonkurrenz aus. Die Frage könne durchaus Bedeutung gewinnen, da im Rahmen des Anspruchs aus § 683 auch Kosten umgelegt werden könnten, die dem Gläubiger nicht in Gestalt der Leistung zugute kämen (Wollschläger, Die Geschäftsführung ohne Auftrag 126 f; **aA**: OLGReport Rostock 2009, 41, Beschl v 10. 7. 2008, Az: 1 U 90/08: die Regelung des § 426 sei wegen der damit verbundenen Risikozuweisung vorrangig; Erman/Dornis[14] § 677 Rn 22; Oertmann Vorbem 5 d α vor

§ 677). Anders fällt die Beurteilung auf Grundlage der Theorie der realgeschäftlichen Geschäftsbesorgung aus. Der leistende Schuldner führt nach dem sozialen Sinn seines Handelns regelmäßig kein Geschäft *für* die übrigen Gesamtschuldner.

δ) Der Regressanspruch des Unterhaltspflichtigen gegen den Schädiger (unechte Gesamtschuld)

Seit Inkrafttreten des BGB erhitzt die dogmatische Begründung des Regresses des Unterhaltspflichtigen gegen den Schädiger die Gemüter. Der Sachverhalt ist mit wenigen Worten zu umschreiben: Der Unterhaltspflichtige erbringt dem Geschädigten (Unterhaltsberechtigter) Leistungen zur Beseitigung des Schadens und verlangt nunmehr Ersatz vom Schadensersatzpflichtigen (dazu: Wittmann, Begriff und Funktion der Geschäftsführung ohne Auftrag 107 ff; Wollschläger, Die Geschäftsführung ohne Auftrag 113 ff; Schubert AcP 178 [1978] 425, 447 ff). Ob der Unterhaltspflichtige seinen Rückgriffsanspruch auf echte Geschäftsführung ohne Auftrag stützen kann, ist eine der umstrittensten Fragen des Geschäftsführungsrechts. Wenig Zweifel besteht im Ergebnis: Der Schädiger ist der primär Verantwortliche und hat deswegen die Lasten endgültig zu tragen (Esser/Weyers, Schuldrecht II/2[8] § 46 II 2 d [3] S 15). Dieses Rangverhältnis ist schon in § 843 Abs 4 angelegt: Der Schädiger soll durch die Unterhaltszahlung eines Dritten nicht profitieren (Wollschläger, Die Geschäftsführung ohne Auftrag 115; RG SeuffA 65 [1910] Nr 188, Urt v 24. 2. 1910, Az: VI 122/09). Auf § 843 Abs 4 wird zurückzukommen sein. Die Rechtsprechung löst seit jeher diese Fälle unter wahlweisem Rückgriff auf die Vorschriften über die ungerechtfertigte Bereicherung oder die Geschäftsführung ohne Auftrag. Im Mittelpunkt der Diskussion steht immer noch der berühmte Dombrandfall des Reichsgerichts (RGZ 82, 206, 212 ff, Urt v 26. 4. 1913, Az: VI 572/12; dazu aus jüngerer Zeit: Wendlandt Jura 2004, 325; RGZ 130, 1, 2 f, Urt v 4. 7. 1932, Az: VI 137/32; LG Köln MDR 1963, 677, Urt v 28. 6. 1962, Az: 8 O 299/60). Ausgangspunkt war die reichsgerichtliche Rechtsprechung zum Regress des familienrechtlich Unterhaltspflichtigen (RG SeuffA 65 [1910] Nr 188, Urt v 24. 2. 1910, Az: VI 122/09). Wie der unterhaltspflichtige Vater, der Aufwendungen zur körperlichen Wiederherstellung seines durch unerlaubte Handlung eines Dritten verletzten Kindes gemacht hatte, gegen den Schädiger aus Geschäftsführung ohne Auftrag oder Bereicherung vorgehen konnte, weil er mit seiner Leistung eine in erster Linie dem Schädiger obliegende Verpflichtung erfüllt hatte, so konnte im Dombrandfall der baulastpflichtige Fiskus, der seiner Verpflichtung gemäß das von Dritten fahrlässig in Brand gesetzte Kirchengebäude wiederhergestellt hatte, gegen die Brandstifter auf Ersatz der ihm entstandenen Kosten klagen. 275

Die Rechtsprechung hat neben vereinzelter Zustimmung (Wollschläger, Die Geschäftsführung ohne Auftrag 120 f; Enneccerus/Lehmann, Schuldrecht § 165 III 3 S 700 f) scharfe Kritik erfahren. Es war kein geringerer als Rabel, der dem Reichsgericht im Duktus der Theorie der Menschenhilfe (s Rn 10 ff) Denaturierung der Geschäftsführung ohne Auftrag (und des Bereicherungsrechts) vorwarf (Rabel RheinZ 10 [1919/20] 89, 91 ff). Zugleich legte er den Finger in die offene Wunde: der fortbestehende Deliktsanspruch des Geschädigten. Man wird einen geschäftsführungsrechtlichen oder bereicherungsrechtlichen Ausgleich wohl nur dann überhaupt annehmen dürfen, wenn der Schaden des Verletzten und damit die Verpflichtung des Schädigers durch die Unterhaltsleistung entfällt. Dem steht jedoch **§ 843 Abs 4** mit seiner Wertung entgegen, dass dem Schädiger der Rechtszufall der Unterhaltsverpflichtung eines Dritten nicht zugute kommen soll. Daher geht man davon aus, dass der Schaden 276 trotz der Leistung des Unterhaltsverpflichteten fortbesteht (Wittmann, Begriff und Funktion der Geschäftsführung ohne Auftrag 107; OLG Frankfurt MDR 1998, 1228 f, Urt v 22. 1. 1998, Az: 1 U 115/96; **aA**: Wollschläger, Die Geschäftsführung ohne Auftrag 124 ff). Für die objektive Theorie ist es daher in der Tat schwierig, einen geschäftsführungsrechtlichen oder bereicherungsrechtlichen Ausgleich zu finden, da bei Fortbestehen der Verpflichtung des Schädigers kaum davon gesprochen werden kann, dass der Leistende ein Geschäft des Schädigers führt. Nach der hier vertretenen Theorie der realgeschäftlichen Geschäftsbesorgung kommt ein echter geschäftsführungsrechtlicher Ausgleich per se nicht in Betracht. Bei normativer Betrachtung des sozialen Sinns handelt der Unterhaltsberechtigte nicht für den Schädiger. Maßstab und Ziel seines Handelns ist das Interesse des Geschädigten, an dem er seine Leistung auszurichten hat, und gerade nicht das Interesse des Verletzers (Wittmann, Begriff und Funktion der Geschäftsführung ohne Auftrag 108 f; Martinek/Theobald JuS 1997, 805, 810 f; vgl Schubert AcP 178 [1978] 425, 449; s auch die Wertung des § 685 Abs 2: Unterhaltsleistung ist Geschäftsführung für den Unterhaltsberechtigten). Dem Schädiger kommt allenfalls ein geschäftsführungsrechtlich nicht relevanter Reflexvorteil zugute insoweit, als er faktisch vom Geschädigten nicht in Anspruch genommen wird. Allein die Absicht, Regress zu nehmen, kann eine Geschäftsführung für den Schädiger nicht begründen (so aber: RGZ 82, 206, 214, Urt v 26. 4. 1913, Az: VI 572/12; s Rn 170). Mangels Erfüllung einer fremden Schuld (Versagung der Vorteilsausgleichung gem § 843 Abs 4!) kann im Einzelfall auch der – systemwidrig im Zusammenhang der §§ 677 ff geregelte – privilegierte Rückgriffsanspruch der §§ 683 S 2, 679 nicht eingreifen (s § 679 Rn 2 ff). – In der Lehre werden zwei andere Wege aufgezeigt, um dem Unterhaltspflichtigen dennoch zu seinem Recht zu verhelfen: Während einige dem Unterhaltspflichtigen einen Anspruch aus eigenem Recht in entsprechender Anwendung des § 426 unter Verzicht auf das Merkmal der Gleichstufigkeit gewähren wollen, halten andere nur einen Anspruch aus abgetretenem Recht – teilweise unter entsprechender Anwendung des § 255 – für möglich (Giesen Jura 1996, 225, 232; Esser/Weyers, Schuldrecht II/2[8] § 46 II 2 d [3] S 15; Fikentscher/Heinemann, Schuldrecht[10] Rn 1266; Wandt, Gesetzliche Schuldverhältnisse[6] § 8 Rn 13; Soergel/Beuthien[13] § 677 Rn 17). Doch auch hier determiniert die Versagung der schadensrechtlichen Vorteilsausgleichung durch § 843 Abs 4 die Lösung. Denn wegen Versagung der Vorteilsausgleichung – die Leistung des Unterhaltspflichtigen lässt die Schadensersatzpflicht des Schädigers unberührt – passen, wie § 422 zeigt, die Gesamtschuldregeln nicht (Wittmann, Begriff und Funktion der Geschäftsführung ohne Auftrag 111 ff). Bleibt daher nur – quasi als Kehrseite der Versagung der Vorteilsausgleichung – die Möglichkeit, dem Unterhaltsverpflichteten einen Anspruch aus abgetretenem Recht zu gewähren. Soweit man einen gesetzlichen Forderungsübergang etwa entsprechend § 67 VGG nicht in Betracht zieht, muss man den Unterhaltsverpflichteten gegenüber dem Unterhaltsberechtigten einen Anspruch auf Abtretung der Schadensersatzforderung geben, der sich entweder unmittelbar aus dem Rechtsverhältnis zwischen Unterhaltsverpflichteten und Unterhaltsberechtigten begründen lässt oder aus einer entsprechenden Anwendung des § 255.

ε) Die Erfüllung fremder Unterhaltspflichten; familienrechtlicher Ausgleichsanspruch

277 Nach der objektiven Theorie kann die Erfüllung fremder Unterhaltspflichten ein Fall der Geschäftsführung ohne Auftrag sein; es handele sich hierbei lediglich um einen besonderen Anwendungsfall der Leistung auf fremde Schuld: § 679 Alt 2 erkenne ausdrücklich die Möglichkeit einer Geschäftsführung für den Unterhaltspflichtigen an (Wollschläger, Die Geschäftsführung ohne Auftrag 128 ff; auch: MünchKomm/Seiler[6] § 677 Rn 31). Entsprechend den Grundsätzen der Auch-Gestion soll selbst eine eigene, aber lediglich subsidiäre Unterhaltspflicht des Leistenden nicht schaden (Wollschläger, Die Geschäftsführung ohne Auftrag 133; aber auch BVerfG JZ 1965, 568, 569 = BVerfGE 18, 429, Beschluss v 31. 3. 1965, Az: 2 BvL 17/63; s Rn 139 ff). Dementsprechend erkennt die Rechtsprechung in Fällen, in denen der Staat aufgrund eigener subsidiärer öffentlich-rechtlicher Versorgungspflichten auf eine primäre fremde Unterhaltspflicht zahlt, im Grundsatz einen geschäftsführungsrechtlichen Aufwendungsersatzanspruch gem § 683 an (Ausnahmen: BVerfG JZ 1965, 568, 569 = BVerfGE 18, 429, Beschluss v 31. 3. 1965, Az: 2 BvL 17/63: Verneinung des Geschäftsführungswillens wegen Zahlung aufgrund eigener Verpflichtung; BGHZ 28, 359, 364 f, Urt v 20. 11. 1958, Az: VII ZR 47/58: Zahlung unter Vorbehalt der Rückforderung ist keine Leistung iSd § 267). Doch ist auch hier immer zu prüfen, ob die Rückgriffslage nicht im entsprechenden Gesetz abschließend geordnet ist und von daher ein Rückgriff auf die §§ 677 ff ausscheidet (BGHZ 30, 162, 169 ff, Urt v 4. 6. 1959, Az: VII ZR 217/58; BGH LM BGB § 683 Nr 11, Urt v 13. 6. 1960, Az: VII ZR 114/59; s Rn 196).

278 Nach dem hier vertretenen Ansatz lässt sich eine echte Geschäftsführung ohne Auftrag für den Unterhaltspflichtigen nicht begründen. Dies scheitert nicht schon allein daran, dass den Geschäftsführer teilweise eine eigene (subsidiäre) Rechtspflicht zur Unterhaltsgewährung trifft (so aber Wittmann, Begriff und Funktion der Geschäftsführung ohne Auftrag 114 ff). Der Grund liegt vielmehr darin, dass nach der normativen Zweckrichtung, dh dem sozialen Sinn der (subsidiären) Unterhaltsgewährung keine Geschäftsführung für den Unterhaltspflichtigen vorliegt. Maßstab der Unterhaltsgewährung ist ausschließlich das Interesse des Unterhaltsberechtigten: Es liegt eine Geschäftsführung vor, aber eine für den Unterhaltsberechtigten (vgl die Wertung des § 685 Abs 2: Zahlung von Unterhalt als Geschäftsführung für den Unterhaltsberechtigten; differenzierend: Wittmann, Begriff und Funktion der Geschäftsführung ohne Auftrag 114 ff). Allerdings wird sich ein Erstattungsanspruch des Leistenden regelmäßig, selbst bei bestehender subsidiärer Verpflichtung, aufgrund des – systemwidrig innerhalb der §§ 677 geregelten – privilegierten Rückgriffsanspruch bei Zahlung auf fremde Unterhaltspflicht gem §§ 679, 683 S 2 ergeben (dazu: Rn 2, § 679 Rn 2), sofern die Rückgriffslage nicht durch Spezialgesetz abschließend geregelt ist. Ein Sonderfall, dem privilegierten Rückgriffsanspruch der §§ 679 Alt 2, 683 S 2 nahe verwandt, ist der von der Rechtsprechung entwickelte **familienrechtliche Ausgleichsanspruch**. Seit BGHZ 31, 329 ist anerkannt, dass dem Elternteil, der allein für den Unterhalt eines gemeinsamen ehelichen Kindes aufgekommen ist, ein Ersatzanspruch gegenüber dem anderen Elternteil zusteht. Diesen Anspruch folgert der BGH aus der gemeinsamen Unterhaltspflicht der Eltern gegenüber ihren Kindern und aus der Notwendigkeit, die Unterhaltslast im Innenverhältnis zwischen den Eltern entsprechend ihrem Leistungsvermögen gerecht zu verteilen (krit Wollschläger, Die Geschäftsführung ohne Auftrag 129, der für eine Rückbesinnung auf §§ 683 S 2, 679 plädiert; MünchKomm/Seiler[6] Vor § 677 Rn 21 hält die Konstruktion für entbehrlich). Tatbestandlich setzt der familienrechtliche Ausgleichsanspruch voraus, dass der den Unterhalt leistende Elternteil mit seiner Leistung eine im Innenverhältnis der Eheleute zueinander an sich dem anderen Elternteil obliegende Verpflichtung gegenüber dem Kind erfüllt hat (BGH NJW 1984, 2158, Urt v 9. 5. 1984, Az: IVb 84/82; BGH NJW 1981, 2348, 2349, Urt v 20. 6. 1981, Az: IVa ZR 558/80). Verdrängende Wirkung kommt dem familienrechtlichen Ausgleichanspruch nicht zu. Ein Rückgriff kann zusätzlich auf §§ 679 Alt 2, 683 S 2 oder § 812 gestützt werden. Unabhängig davon, worauf der Rückgriff des überobligationsmäßig leistenden Ehegatten gestützt wird, unterliegt er den Schranken des § 1613 (BGH NJW 1984, 2158, Urt v 9. 5. 1984, Az: IVb 84/82).

279 Sehr häufig war und ist die Praxis mit Fällen beschäftigt, in denen **Ärzte oder Krankenhäuser** Leistungen an einen Unterhaltsberechtigten erbringen, aber nunmehr Ersatz ihrer Leistung vom Unterhaltspflichtigen wollen. Wird der behandelnde Arzt nicht aufgrund eines Vertrages mit dem Unterhaltsberechtigten tätig, so lässt sich ein Anspruch gegen den Unterhaltsverpflichteten – auch wenn nach der hier vertretenen Ansicht keine echte Geschäftsführung ohne Auftrag für den Unterhaltspflichtigen vorliegt – doch unproblematisch auf den privilegierten Rückgriffsanspruch bei Erfüllung fremder Unterhaltspflichten gem §§ 679 Alt 2, 683 stützen (s Rn 2). Höchst problematisch und umstritten ist dagegen der Fall, dass der leistende Geschäftsführer aufgrund eines Vertrages tätig wird: s Rn 309 ff.

ζ) Gleichstufige Verpflichtungen

280 Siehe zum sog gemeinsamen Geschäft Rn 142 f.

c) Private Geschäftsführung durch einen öffentlich-rechtlich verpflichteten Hoheitsträger

281 Besondere Probleme werfen Konstellationen auf, in denen die öffentliche Hand aufgrund öffentlichen Rechts tätig wird und nunmehr vom primärpflichtigen Störer Kostenerstattung für ihr Einschreiten aufgrund bürgerlich-rechtlicher Geschäftsführung ohne Auftrag verlangt (vgl dazu: Giesen Jura 1996, 225, 234 f; Martinek/Theobald JuS 1997, 992, 997 f; Schubert AcP 178 [1978] 425, 444 ff; Ehlers, Verwaltung in Privatrechtsform 468 ff; Erichsen, in Erichsen/Ehlers AllgVwR[12] § 29 Rn 8 ff; Esser/Weyers, Schuldrecht II/2[8] § 46 II 2 d [1] S 13 f; MünchKomm/Seiler[6] Vor § 677 Rn 31; zum österreichischen Recht: Meissel, Geschäftsführung ohne Auftrag 76 ff). Den dogmatischen Ansatz liefert die Auch-Gestion (s Rn 139 ff, 267 ff). Besorgt die öffentliche Hand aufgrund ihrer Tätigkeit zugleich ein Geschäft des Störers auf der Ebene des Privatrechts mit (BGH NJW 1975, 47, 49, Urt v 15. 10. 1974, Az: VI ZR 181/73; BGHZ 40, 28, 30, Urt v 20. 6. 1963, Az: VII ZR 263/71. Die Durchführung der **Abgrenzung** von privatrechtlicher zur öffentlich-rechtlichen Geschäftsführung ist umstritten. Die hM stellt darauf ab, welchen Charakter das Geschäft gehabt hätte, wenn es vom Geschäftsherrn ausgeführt worden wäre. Die Gegenansicht stellt auf die Rechtsnatur der vom Geschäftsführer ergriffenen Maßnahme ab; vgl dazu Erichsen, in: Erichsen/Ehlers, AllgVwR[12] § 29 Rn 16; Ehlers, Verwaltung in Privatrechtsform 479 f), so steht allein der Umstand, dass die öffentliche Hand einer eigenen öffentlich-rechtlichen Pflicht nachkommt, der Annahme einer privatrechtlichen Geschäftsführung ohne Auftrag für den Verursacher nicht entgegen (BGHZ 40, 28, 30, Urt v 20. 6. 1963, Az: VII ZR 263/71; BGHZ 54, 157, 160, Urt v 22. 5. 1970, Az: IV ZR 1008/68; BGHZ 63, 167, 170, Urt v 24. 10. 1974, Az: VII ZR 223/72; BGHZ 65, 384, 387, Urt v 15. 12. 1975, AZ: II ZR 54/74; BGH NJW 1969, 1205, 1206, Urt v 10. 4. 1969, Az: II ZR 239/67; BGH WM 2007, 2123 Rn 8, Urt v 19. 7. 2007, Az: III ZR 20/07; BayObLGZ 2002, 35, Urt v 25. 2. 2002, Az: 1 Z RR 331/99; OLG Hamm NJW 2012, 1088, Urt v 20. 10. 2011, Az: 6 U 116/11; BGB-RGRK/Steffen[12] Vor § 677 Rn 110; dazu ablehnend: Ehlers, Verwaltung in Privatrechtsform 470 ff). Vielmehr kommt die Vermutung, dass bei einem objektiven auch-fremden Geschäft der Fremdgeschäftsführungswille vermutet wird, auch im Bereich der Geschäftsführung durch einen öffentlich-rechtlich verpflichteten Hoheitsträger zur

Anwendung (BGHZ 40, 28, 30 f, Urt v 20. 6. 1963, Az: VII ZR 263/71; BGHZ 65, 354, 357 f, Urt v 4. 12. 1975; Az: VII ZR 217/73; **aA**: Ehlers, Verwaltung in Privatrechtsform 471 f). Geschäftsführer ist stets und ausschließlich die öffentliche Hand. Der einzelne Beamte, der in Ausübung seines Dienstes handelt, ist nur Geschäftsführungsgehilfe, dessen Verhalten dem Verwaltungsträger zuzurechnen ist (BGH NJW 2004, 513, 515, Urt v 13. 11. 2003, Az: III ZR 70/03; anders noch: BayObLGZ 1968, 200, Urt v 29. 7. 1968, Az: RReg 1a Z 229/67; dazu kritisch: kritisch: Maurer JuS 1970, 561, 566; zum Geschäftsführungsgehilfen s Rn 181 f). – Ist das besorgte Geschäft dagegen ausschließlich eines des öffentlichen Rechts, kommt ein unmittelbarer Rückgriff auf die §§ 677 ff nicht in Betracht. Allerdings kann in einem solchen Fall eine öffentlich-rechtliche Geschäftsführung ohne Auftrag vorliegen (Erichsen, in: Erichsen/Ehlers, AllgVwR[12] § 29 Rn 16; zB BGH NJW 1975, 47, 49, Urt v 15. 10. 1974, Az: VI ZR 181/73).

Beispiele: Die gemeindliche Feuerwehr, die in Erfüllung ihrer öffentlich-rechtlichen **282**
Pflichten ein Feuer löscht oder einen Unfallwagen birgt, besorgt zugleich ein privatrechtliches Geschäft des Brandstifters oder Fahrzeughalters (BGHZ 40, 28, Urt v 20. 6. 1963, Az: VII ZR 263/71; BGHZ 63, 167, Urt v 24. 10. 1974, Az: VII ZR 223/72; beachte BayObLGZ 2002, 35, Urt v 25. 2. 2002, Az: 1 Z RR 331/99); die Polizei, die während des Feuerwehreinsatzes ein Gebäude absichert, führt ein Geschäft des Eigentümers (OLG Hamm NJW 2012, 1088, Urt v 20. 10. 2011, Az: 6 U 116/11); die Straßenbaubehörde, die eine Straßenverschmutzung beseitigt, erledigt zugleich ein privatrechtliches Geschäft des Verschmutzers (BGHZ 65, 354, Urt v 4. 12. 1975; Az: VII ZR 217/73); die Polizei, die ein auf der Autobahn herumlaufendes Rind einfängt, besorgt auch ein privatrechtliches Geschäft des Eigentümers (BGH NJW 2004, 513, Urt v 13. 11. 2003, Az: III ZR 70/03); der Eigentümer der öffentlichen Wasserstraße, der von einem Schiff verlorengegangene, für die Schifffahrt gefährliche Gegenstände birgt, besorgt auch ein privatrechtliches Geschäft des Schiffers (BGHZ 65, 384, Urt v 15. 12. 1975, AZ: II ZR 54/74; BGH NJW 1969, 1205, Urt v 10. 4. 1969, Az: II ZR 239/67); die Polizei, die einen Selbstmörder rettet, besorgt zugleich ein privates Geschäft des Suizidenten (BayObLGZ 1968, 200, Urt v 29. 7. 1968, Az: RReg 1a Z 229/67).

Mit dieser Rechtsprechung hat sich der BGH deutlich vom Verständnis der Ersten **283**
Kommission abgesetzt. Diese wollte die Anwendung der §§ 677 ff auf die Tätigkeit der öffentlichen Hand gerade ausgeschlossen wissen (Mugdan II 478). Entsprechend wird die Rechtsprechung aus dem Lager der Wissenschaft scharf kritisiert. Schon die Grundannahme eines möglichen Nebeneinanders von der Wahrnehmung eigener öffentlich-rechtlicher Pflichten und privatrechtlicher Geschäftsführung ohne Auftrag wird in Zweifel gezogen: Ein und dieselbe Maßnahme könne nicht zugleich öffentlich-rechtlicher und privatrechtlicher Natur sein (Ehlers, Verwaltung in Privatrechtsform 474; Scherer NJW 1989, 2724, 2728 f). Zudem liege der Grundtatbestand der Geschäftsführung ohne Auftrag schon gar nicht vor: Fehle es wegen der Handlungspflicht der Behörde nicht schon am fremden Geschäft, so doch jedenfalls am Fremdgeschäftsführungswillen (Ehlers, Verwaltung in Privatrechtsform 471 f; Martinek/Theobald JuS 1997, 992, 997; Scherer NJW 1989, 2724, 2728; Erichsen, in: Erichsen/Ehlers, AllgVwR[12] § 29 Rn 17; auch Planck/Lobe[4] § 677 Anm 2b). Sind diese Argumente allenfalls begrenzt tragfähig (vgl zur Geschäftsführungsabsicht: Rn 179), so hat doch der Hinweis Gewicht, dass durch eine Anwendung der §§ 677 ff nicht die geltenden Verwaltungsvollstreckungsgesetze und Kostennormen unterlaufen werden dürfen; denn die §§ 677 ff könnten – so ist die Befürchtung – selbst dann zum Zuge kommen, wenn die Recht-

mäßigkeitsvoraussetzungen der polizeilichen Maßnahme nicht vorgelegen haben, das öffentliche Recht keinen Kostenersatz vorsieht oder der Umfang des Aufwendungsersatzanspruchs für die öffentliche Hand vorteilhafter ist (Erichsen, in: Erichsen/Ehlers, AllgVwR[12] § 29, Rn 14; Ehlers, Verwaltung in Privatrechtsform 472 f; Martinek/Theobald JuS 1997, 992, 997 f; vgl insoweit den Fall BGH NJW 2004, 513, Urt v 13. 11. 2003, Az: III ZR 70/03). Ob der BGH – im Anschluss an erkennbare restriktive Tendenzen in seiner jüngeren Rechtsprechung (s Rn 11) – die an seinem Vorgehen geäußerte Kritik zu einem grundlegenden Umdenken aufgreifen wird, ist noch nicht entschieden. In einem Urteil aus dem Jahre 2003 hat er die Frage dahinstehen lassen (BGH NJW 2004, 513, 514, Urt v 13. 11. 2003, Az: III ZR 70/03; vgl auch BGHZ 63, 167, 170, Urt v 24. 10. 1974, Az: VII ZR 223/72). Die Obergerichte halten jedenfalls teilweise an den tradierten Grundsätzen fest (OLG Hamm NJW 2012, 1088, Urt v 20. 10. 2011, Az: 6 U 116/11). Jedenfalls ist aber auch nach der Rechtsprechung ein Rückgriff auf die §§ 677 ff ausgeschlossen, wenn die einschlägigen öffentlich-rechtlichen Normen, die die Verwaltung zum Handeln berechtigen oder verpflichten, eine abschließende Kostenregelung beinhalten (BGH NVwZ-RR 2012, 707 Rn 22, Urt v 21. 6. 2012, Az: III ZR 275/11; BGH WM 2007, 2123 Rn 9, Urt v 19. 7. 2007, Az: III ZR 20/07; BGH NJW 2004, 513, 514, Urt v 13. 11. 2003, Az: III ZR 70/03; vglBVerfGK 8, 515, Beschl v 30. 6. 2011, Az: 1 BvR 367/11). Eine derartige erschöpfende Sonderregelung findet sich insbesondere in den **Polizei- und Feuerwehrgesetzen** der einzelnen Länder (BGH WM 2007, 2123 Rn 9 ff, Urt v 19. 7. 2007, Az: III ZR 20/07; BGH NJW 2004, 513, 514, Urt v 13. 11. 2003, Az: III ZR 70/03; OLG Köln VersR 2010, 76, 77, Urt v 5. 6. 2009, Az: 3 U 201/08; BayObLGZ 2002, 35, Urt v 25. 2. 2002, Az: 1 Z RR 331/99; BayObLGZ 1968, 200, Urt v 29. 7. 1968, Az: RReg 1a Z 229/67; vgl auch: BGHZ 40, 28, 32, Urt v 20. 6. 1963, Az: VII ZR 263/71); dies gilt allerdings nicht für alle Länder: So sollen die Regelungen des nordrhein-westfälischen Polizei- und Ordnungsrechts nicht abschließend sein (OLG Hamm NJW 2012, 1088 f, Urt v 20. 10. 2011, Az: 6 U 116/11). Manche dieser Normen können auch mit einem **Umgehungsschutz** ausgestattet sein: Die Behörde darf die öffentlich-rechtlichen Bindungen nicht dadurch umgehen, dass sie einem anderen den Auftrag erteilt, für einen anderen als Geschäftsführer ohne Auftrag tätig zu werden (BGH NVwZ-RR 2012, 707 Rn 23, Urt v 21. 6. 2012, Az: III ZR 275/11; s Rn 309 ff).

284 Nach der hier vertretenen Theorie der realgeschäftlichen Geschäftsbesorgung stellen sich die Dinge differenziert dar (Rn 269 ff). Probleme bereiten die Geschäftsführungsabsicht und die Subsidiarität des Geschäftsführungsrechts. Über Vorliegen und Richtung der Geschäftsführungsabsicht entscheidet ein normatives Verständnis, nämlich ob sich das Tun des Geschäftsführers seinem sozialen Sinn nach als fremdnützige Geschäftsbesorgung am Maßstab des Interesses des Geschäftsherrn darstellt, wobei das Vorliegen einer gesetzlichen Pflicht eine Geschäftsführung nicht ausschließt. Legt man diesen Maßstab an, so scheidet eine Geschäftsführung zugunsten des Störers oder Verursachers regelmäßig aus. Dies sei am Beispiel eines Feuerwehreinsatzes zur Bekämpfung eines von einem Dritten zurechenbar verursachten Brandes erläutert (BGHZ 40, 28, Urt v 20. 6. 1963, Az: VII ZR 263/71). Nicht das Interesse des Brandstifters, sondern das Interesse des Eigentümers an der Beseitigung der Störung ist Maßstab der Geschäftsführung. Eine Geschäftsführung zugunsten des Störers kommt nur dann in Betracht, wenn er mit der Person des Begünstigten zusammenfällt, etwa weil der Eigentümer selbst aus Versehen sein Anwesen in Brand gesetzt hat (ebenso, wenn die Polizei einen Selbstmörder rettet: BayObLGZ 1968, 200, Urt v 29. 7. 1968, Az: RReg 1a Z 229/67). Im Einzelfall kann man sich nur fragen, ob, etwa beim Einsatz der Feuerwehr, eine – gesetzlich weitgehend terminierte – Geschäftsführung für den bedrohten Eigentümer oder nur eine Handlung im Interesse der Allgemeinheit vorliegt. Dies bestimmt sich nach dem Schutzzweck der zugrunde liegenden öffentlich-rechtlichen Normen. Bei einem Einsatz der Feuerwehr wird vieles dafür sprechen, dass sie regelmäßig im privaten Interesse des bedrohten Eigentümers tätig wird. Beim Einsatz der Polizei ist die Frage schwieriger zu beurteilen. Hier dominiert die Aufgabe, Gefahren für die öffentliche Sicherheit und Ordnung abzuwehren; der Schutz privater Rechte obliegt der Polizei nur in Ausnahmefällen (vgl nur § 1 saarl PolG). Von daher wird die Polizei häufig im Interesse der Allgemeinheit und nur selten zugunsten einer individualisierbaren Privatperson tätig (BGHZ 63, 167, 170, Urt v 24. 10. 1974, Az: VII ZR 223/72 hat die Frage offen gelassen, ob bei unmittelbarem Eingreifen der Polizei oder einer anderen Ordnungsbehörde der für die bürgerlich-rechtliche Geschäftsführung ausschlaggebende Wille, ein fremdes Geschäft zumindest mitzubesorgen, angenommen werden könne; jedenfalls beim Einsatz der Feuerwehr sei dieser Wille in aller Regel vorhanden; auch BGH NJW 2004, 513, 514, Urt v 13. 11. 2003, Az: III ZR 70/03). Möglich ist daher, dass die Behörde, etwa weil sie den primärpflichtigen Verursacher nicht greifen kann, sich gem §§ 683, 677 an den Geschäftsherrn hält. Allerdings wird ein solcher Anspruch regelmäßig durch abschließende sondergesetzliche Regelungen ausgeschlossen sein (Subsidiarität des Geschäftsführungsrechts). – Aus echter Geschäftsführung ohne Auftrag lässt sich also meist ein Rückgriff gegen den Störer daher nicht begründen. Regelmäßig wird aber der – systemwidrig im Rahmen der §§ 677 ff geregelte – privilegierte Rückgriffsanspruch der **§§ 679 Alt 1, 683 S 2** vorliegen (s Rn 2). Aber auch hier gilt der auch von der Rechtsprechung herausgestellte Gedanke der Subsidiarität: Der Anspruch kommt nur insoweit in Betracht, als das Gesetz keine abschließende Regelung trifft (Erichsen, in: Erichsen/Ehlers, AllgVwR[12] § 29 Rn 14).

d) Rückgriff wegen Erfüllung öffentlich-rechtlicher Pflichten unter Privaten

aa) Rückgriff wegen der Erfüllung einer fremden öffentlich-rechtlichen Pflicht gem §§ 679 Alt 1, 683 S 2

Erfüllt der Geschäftsführer die einem anderen obliegenden öffentlich-rechtlichen **285**
Pflichten, wird nach der hier vertretenen Theorie der realgeschäftlichen Geschäftsbesorgung ein Anspruch aus echter Geschäftsführung ohne Auftrag grundsätzlich nicht in Betracht kommen (anders die hM – s Rn 267 ff – mittels der dogmatischen Konstruktion der Auch-Gestion, für die sich allerdings die hier im Rahmen des Rückgriffsanspruchs der §§ 683, 679 diskutierten Probleme auch stellen). Nach dem sozialen Sinn seines Tuns handelt er nicht in Geschäftsführungsabsicht für den Schuldner. Scheidet auch eine unmittelbare Anwendung des § 683 S 1 im Wege der echten Geschäftsführung aus, so kann dem Geschäftsführer doch der – systemwidrig im Bereich der Geschäftsführung ohne Auftrag mitgeregelte – privilegierte Rückgriffsanspruch der §§ 679 Alt 1, 683 S 2 zustehen (s Rn 2, 271; vgl zum Rückgriff wegen Erfüllung öffentlich-rechtlicher Pflichten: Wollschläger, Die Geschäftsführung ohne Auftrag 150 ff; s auch Lent, Wille und Interesse bei der Geschäftsbesorgung 31); denn Pflichten, „deren Erfüllung im öffentlichen Interesse liegt", sind insbesondere solche, die auf öffentlichem Recht beruhen. Allerdings ist gerade hier genau zu prüfen, ob die Vorschriften des öffentlichen Rechts eine abschließende Regelung vorhalten oder die Aufgabenerfüllung ausschließlich in die Zuständigkeit und das Ermessen einer Behörde gelegt ist (BGHZ 191, 325 Rn 15, Urt v 17. 11. 2011, Az: III ZR 53/11). Wenig geschäftsführungsrechtliche Besonderheiten weist der Fall auf, dass die öffentlich-rechtlichen Vorschriften der Behörde nur eine subsidiäre Kompetenz für den Fall einräumt, dass weder der Pflichtige noch irgendein Dritter tätig wird. Hier eröffnet das Gesetz Dritten selbst

die Möglichkeit – aus welchen Beweggründen auch immer – die liegengebliebene Aufgabe zu übernehmen und so die Behörde zu entlasten. Sieht etwa eine landesgesetzliche Regelung vor, dass eine Gemeinde für die Bestattung zu sorgen hat, wenn weder die Bestattungspflichtigen noch ein Dritter die Bestattung übernimmt, so kann derjenige, der den Verstorbenen beerdigt, ohne Weiteres gem §§ 683 S 2, 679 beim Bestattungspflichtigen Regress nehmen. Eine Anmaßung behördlicher Kompetenz liegt hier nicht vor; er sorgt vielmehr dafür, dass sich ein behördliches Einschreiten erübrigt (BGHZ 191, 325 Rn 15, Urt v 17. 11. 2011, Az: III ZR 53/11). Von diesem Fall abgesehen strahlen die Eigenheiten der Verwaltungsvollstreckung auf den Rückgriff gem §§ 683 S 2, 679 wegen Erfüllung öffentlich-rechtlicher Pflichten aus. Die Stellung des Schuldners darf sich nicht dadurch verschlechtern, dass ein anderer als die zuständige Behörde die geschuldete Handlung durchsetzt. Die Verwaltungsvollstreckung knüpft an das Vorliegen eines bestandskräftigen Verwaltungsaktes an (zB § 6 Abs 1 VwVG). Ohne das Vorliegen eines bestandskräftigen Verwaltungsaktes kann der zuständige Hoheitsträger eine öffentlich-rechtliche Pflicht – vom Sonderfall abgesehen, dass ein Rechtsbehelf gegen den noch nicht bestandskräftigen Verwaltungsakt keine aufschiebende Wirkung hat (§§ 6 Abs 1 VwVG, 80 VwGO) – nur unter den besonderen Voraussetzungen des sofortigen Vollzugs (zB § 6 Abs 2 VwVG) auf Kosten des Pflichtigen durchsetzen. Liegen die Voraussetzungen des sofortigen Vollzugs nicht vor, kommt eine Inanspruchnahme des Pflichtigen wegen der Kosten der durchgeführten Maßnahme nicht in Betracht. Es ist daher zu differenzieren: (a) **Fehlt** es an einem **bestandskräftigen Verwaltungsakt**, so kommt ein Rückgriff des Geschäftsführers gegen den Pflichtigen gem §§ 679, 683 überhaupt nur in Betracht, wenn die Behörde ihrerseits berechtigt gewesen wäre, im Wege des Sofortvollzuges ohne bestandskräftigen Verwaltungsakt gegen den Pflichtigen vorzugehen (vgl Wollschläger, Die Geschäftsführung ohne Auftrag 155 ff). Liegen die Voraussetzungen des Sofortvollzuges nicht vor, scheidet der privilegierte Rückgriffsanspruch der §§ 679, 683 S 2 wegen Verletzung des inhärenten Prinzips der Erforderlichkeit aus (§ 679 Rn 4). Anders ist die Situation aber zu beurteilen, wenn ein bestandskräftiger Verwaltungsakt **vorliegt** oder ein Rechtsbehelf gegen den noch nicht bestandskräftigen Verwaltungsakt keine aufschiebende Wirkung hat. Hier kann ein Dritter bei Erfüllung der fremden öffentlich-rechtlichen Verpflichtung gem §§ 679, 683 S 2 Rückgriff nehmen (vgl Brückmann, Die Rechte des Geschäftsführers ohne Auftrag 156; Oertmann § 679 Anm 2a). Allerdings ist selbst in Fällen, in denen die Behörde im Wege des Sofortvollzugs vorgehen oder einen bestandskräftigen bzw nicht mit aufschiebender Wirkung angreifbaren Verwaltungsakt vollstrecken könnte, ein Rückgriff ausgeschlossen, wenn die Behörde **Ermessen** hat (§ 40 VwVfG), ob sie im Wege des Sofortvollzugs vorgehen oder den Verwaltungsakt tatsächlich durchsetzen will; mit anderen Worten: Wenn die Behörde zwar auf Kosten des Pflichtigen vorgehen kann, es aber nicht muss. Das behördliche Ermessen kann nicht durch einen Privatmann ausgeübt werden, Art 20 GG (vgl Lent, Wille und Interesse bei der Geschäftsbesorgung 31; Wollschläger, Die Geschäftsführung ohne Auftrag 157.). Nur dann, wenn das Ermessen der Behörde auf Null reduziert ist oder sie ihr Ermessen schon konkretisiert hat, kann der Geschäftsführer gem §§ 679, 683 S 2 Rückgriff nehmen. Liegen diese Voraussetzungen nicht vor, ist auch ein Anspruch aus Rückgriffskondiktion nicht begründet (Wollschläger, Die Geschäftsführung ohne Auftrag 157 f). – Zur Tilgung fremder Steuerschulden s Rn 261, § 679 Rn 24; zur Befreiung von Erschließungslasten s Rn 134, 160; zur Problematik des Rückgriffs des behördlich mit der Vornahme der Handlung betrauten Unternehmers s Rn 309 ff.

bb) Der Ausgleich unter mehreren Polizeipflichtigen

Ein besonderes, die Praxis immer wieder beschäftigendes Ausgleichsproblem ergibt sich, wenn von mehreren polizeipflichtigen Personen eine durch ordnungsbehördliche Verfügung in Anspruch genommen wird und diese nunmehr Rückgriff bei einer anderen ordnungspflichtigen Person sucht (vgl aus dem angloamerikanischen Rechtskreis: Gebhardt vSaunders [1892] 2 QB 452). Dem Gesetzgeber des BGB schwebte die Möglichkeit eines geschäftsführungsrechtlichen Rückgriffs des in Anspruch genommenen Ordnungspflichtigen durchaus vor. § 679 Alt 1 wurde gerade der Fall zugedacht, dass eine Person aufgrund hoheitlicher Verfügung nach einer „nur vorläufigen Prüfung oder Anordnung" zur Erfüllung einer öffentlich-rechtlichen Verpflichtung in Anspruch genommen wird, „während sie in der That einem Anderen oblegen hat" (Mugdan II 483). Paradebeispiel ist die Veräußerung eines kontaminierten Grundstücks (BGHZ 98, 235, 242 f, Urt v 18. 9. 1986, Az: III ZR 227/84; Harms NJW 1999, 3668; s Rn 187). Typisch ist folgender Sachverhalt: Der Pächter eines Grundstücks betrieb eine Tankstelle. Über Jahre hinweg verschmutzt er das Erdreich mit Öl. Nachdem das Pachtverhältnis endet, wird das Grundstück veräußert. Später erlässt die Polizei eine Ordnungsverfügung gegen den Erwerber als Zustandsstörer, der auch die Kontaminierung beseitigt. Nunmehr verlangt er Ersatz vom Pächter als letztverantwortlichem Verhaltensstörer. Die Ausgleichsproblematik entzieht sich einer einfachen juristischen Würdigung; öffentlich-rechtliche Primärebene und zivilrechtliche Ausgleichsebene sind zu trennen. Auf der Stufe des Polizeirechts haftet der Pächter als Verhaltensstörer, der Erwerber als Zustandsstörer. Wen die Polizei ordnungsrechtlich in Anspruch nimmt, steht in ihrem pflichtgemäßen Ermessen. Zwar neigt man heute im Grundsatz dazu, den Verhaltensstörer – als Verursacher der Kontaminierung – in Anspruch zu nehmen, allerdings kann die Effektivität der Gefahrenabwehr die Inanspruchnahme des Zustandsstörers gebieten (Schoch, in: Schmidt-Assmann, BesVerwR 2. Kap Rn 169 ff). Hiervon zu trennen ist die umstrittene Frage, ob und ggf auf welcher Rechtsgrundlage unter den Störern ein zivilrechtlicher Ausgleich stattfindet. Spezielle gesetzliche Regelungen gab es in diesem Bereich nur in Ausnahmefällen. Für den besonders häufigen Fall der Bodenkontaminierung wurde mittlerweile eine besondere gesetzliche Ausgleichsvorschrift in **§ 24 Abs 2 BBodSchG** geschaffen. Nach dieser Vorschrift haben mehrere Polizeipflichtige unabhängig von ihrer Heranziehung untereinander einen Ausgleichanspruch, der sich danach richtet, ob die Gefahr vorwiegend von dem einen oder dem anderen Teil verursacht wurde (Beckhaus ZUR 2010, 418, 419 f). Zunehmend enthalten auch die Polizei- und Ordnungsgesetze der Länder Vorschriften über den Ausgleich unter Störern. Freilich sind diese Normen als Sonderregelungen grundsätzlich nicht verallgemeinerbar (BGH NJW 2014, 2730 Rn 14, 15 ff, Urt v 10. 7. 2014, Az: III ZR 441/13). In den Bereichen, in denen eine solche Regelung fehlt, bestimmt sich der Ausgleich unter Polizeipflichtigen weiterhin nach dem Bürgerlichen Recht. Während in der Verwaltungsrechtswissenschaft eine analoge Anwendung des § 426 Abs 2 favorisiert wird (Schoch, in: Schmidt-Assmann, BesVerwR 2. Kap Rn 176), lehnt es der BGH „wegen fehlender Vergleichbarkeit der Sachverhalte" ab, einen Ausgleich zwischen mehreren Störern nach § 426 vorzunehmen (BGH NJW 2014 2730 Rn 14, Urt v 10. 7. 2014, Az: III ZR 441/13; BGH NJW 2006, 3628 Rn 24, Urt v 26. 9. 2006, Az: VI ZR 166/05 mwNw; BGH NJW 1981, 2457, 2458, Urt v 11. 6. 1981, Az: III ZR 39/80). Lediglich ein Aufwendungsersatz aus Geschäftsführung ohne Auftrag (§ 683) wird für möglich gehalten (BGHZ 110, 313, 315, Urt v 8. 3. 1990, Az: III ZR 81/88; BGHZ 98, 235, 239 f, Urt v 18. 9. 1986, Az: III ZR 227/84; BGH NJW 2006, 3628 Rn 26 ff, Urt v 26. 9. 2006, Az: VI ZR 166/05; **aA**: BGH NJW 2014, 2730 Rn 11, Urt v 10. 7. 286

2014, Az: III ZR 441/13). Tatsächlich gibt es für die hM im Grundsatz wenig Schwierigkeiten, mittels der dogmatischen Konstruktion der Auch-Gestion einen Ausgleichsanspruch gem §§ 683, 677 zu begründen (s Rn 139 ff, 267 ff; **aA**: ERMAN/EHMANN[11] § 677 Rn 5). Die Hürde, dass der Geschäftsführer auch ein Geschäft der übrigen Störer führen muss, lässt sich mit Hinweis auf die Polizeipflicht leicht nehmen, zumal wenn man – entsprechend der Wertung des § 24 Abs 2 S 1 BBodSchG – darauf verzichtet, dass die Ordnungspflicht der übrigen Störer durch Verfügung konkretisiert wird (BGH NJW 2006, 3628 Rn 24, Urt v 26. 9. 2006, Az: VI ZR 166/05; BGHZ 110, 313, 315, 318, Urt v 8. 3. 1990, Az: III ZR 81/88; BGHZ 98, 235, 242 f, Urt v 18. 9. 1986, Az: III ZR 227/84; BGHZ 16, 12, 16, Urt v 15. 12. 1954, Az: II ZR 277/53; HARMS NJW 1999, 3668, 3670); der Fremdgeschäftsführungswille bereitet wenig Mühe, wird er doch auch beim auch-fremden Geschäft vermutet. Auch das Hindernis des § 683 wäre zu nehmen: Nach hM liegt die Erfüllung fremder Verbindlichkeiten grundsätzlich im Interesse des Geschäftsherrn (s Rn 258, 261; § 683 Rn 37); ein eventuell entgegenstehender Willen ist gem §§ 683 S 2, 679 aus dem Weg zu räumen (HARMS NJW 1999, 3668, 3671). Auf der Rechtsfolgenseite wären dann – sofern keiner der Störer die Kosten alleine zu tragen hat und eine gegenständliche Teilung nicht möglich ist – entsprechend dem Rechtsgedanken des § 254 die Kosten nach Verantwortungsteilen unter den Störern aufzuteilen (BGHZ 110, 313, 316 f, Urt v 8. 3. 1990, Az: III ZR 81/88; zum relativ fremden und zum gemeinschaftlichen Geschäft: Rn 141 f). – Nach der hier vertretenen Lehre der realgeschäftlichen Geschäftsführung ist der Lösungsweg ein anderer. Um eine echte fremdnützige Geschäftsführung ohne Auftrag für die übrigen Störer wird es sich bei der Störungsbeseitigung durch den behördlich in Anspruch genommenen Polizeipflichtigen regelmäßig nicht handeln. Das Wesen der Geschäftsführung ohne Auftrag ist die fremdnützige Tätigkeit im Interesse eines anderen, ihr tragendes Merkmal die Geschäftsführungsabsicht (Interessensubordination, s Rn 28 ff). Die Geschäftsführungsabsicht ist normativ zu bestimmen nach dem sozialen Sinn des Tuns. Bei Erfüllung eigener Pflichten kann die Richtung der Pflicht Auskunft geben über die Richtung der Geschäftsführung. Kommt der Störer seiner konkretisierten Polizeipflicht nach, handelt er im Interesse der Allgemeinheit und nicht im gegenläufigen Interesse der übrigen Störer. Dass er mit der Geschäftsführung zugleich ein Geschäft auch der übrigen Störer erledigt, ist geschäftsführungsrechtlich irrelevant. Allerdings wird sich regelmäßig der – systemwidrig im Bereich der Geschäftsführung ohne Auftrag mitgeregelte – privilegierte Rückgriffsanspruch der §§ **679 Alt 1, 683 S** 2 begründen lassen (Rn 2, 271). Dass der Geschäftsführer zugleich einer eigenen Pflicht nachkommt, steht dem auf Herstellung der gerechten Kosten- und Lastenzuordnung gerichteten Anspruch nicht entgegen, ebenso wenig wie ein gegenläufiges Interesse des Geschäftsherrn (s § 679 Rn 6). Bei gleichstufigen Verpflichtungen kommt es entsprechend § 254 zu einer Kostenteilung nach Verantwortungsteilen. Sowohl die Anspruchskonstruktion der hM als auch der hier angenommene privilegierte Rückgriffsanspruch stehen unter einer weiteren negativen Voraussetzung: Im Einzelfall bleibt zu prüfen, ob aufgrund **besonderer gesetzlicher Bestimmungen oder Wertungen** außerhalb des Geschäftsführungsrechts der Anspruch im Einzelfall ausgeschlossen oder beschränkt ist (BGH NJW 2006, 3628 Rn 29, Urt v 26. 9. 2006, Az: VI ZR 166/05; s Rn 187 ff, 196). Dies hat der BGH für § 548 angenommen (BGHZ 98, 235, Urt v 18. 9. 1986, Az: III ZR 227/84; **aA**: HARMS NJW 1999, 3668, 3670, s dazu Rn 187). Auch der in Anspruch genommene Zustandsstörer (Grundstückseigentümer) kann nicht ohne Weiteres auf andere Störer (Abfallverursacher) zurückgreifen, wenn er durch die Vermietung des Grundstücks an ein mittlerweile insolventes Abfallentsorgungsunternehmen, das die Abfälle vertragsgemäß dort ablagerte, die Störung selbst ermöglicht und im Verhältnis zu den anderen Störern die entscheidende Ursache selbst gesetzt hat (BGH NJW 2006, 3628 Rn 29, 21 f, Urt v 26. 9. 2006, Az: VI ZR 166/05).

e) Selbsthilfeaufwendungen

aa) Begriff der Selbstvornahme

Von Selbstvornahme wird gemeinhin gesprochen, wenn der Gläubiger (Geschäftsführer) sich eine vom Schuldner (Geschäftsherr) geschuldete Leistung selbst beschafft bzw die geschuldete Handlung selbst vornimmt (dazu: SCHÜNEMANN, Selbsthilfe im Rechtssystem 127 ff; WOLLSCHLÄGER, Die Geschäftsführung ohne Auftrag 163 ff; MARTINEK/THEOBALD JuS 1997, 805, 808 f; MünchKomm/SEILER[6] § 677 Rn 34; SOERGEL/BEUTHIEN[13] § 677 Rn 18). Vom „Normalfall“ der Erfüllung fremder Pflichten, also der Bewirkung einer vom Geschäftsherrn (Schuldner) einem Dritten (Gläubiger) geschuldeten Leistung durch den Geschäftsführer (Rn 258 ff), unterscheidet sich die Selbstvornahme dadurch, dass der Geschäftsführer selbst der Gläubiger der vom Geschäftsherrn geschuldeten Leistung ist. Die geschäftsführungsrechtliche Dimension der Selbsthilfeproblematik wird offenkundig, wenn der Gläubiger gem §§ 683, 684 nunmehr Ersatz seiner Selbsthilfeaufwendungen vom Schuldner verlangt. Neben oder an die Stelle des geschäftsführungsrechtlichen Aufwendungsersatzanspruchs können im Einzelfall auch bereicherungsrechtliche oder deliktsrechtliche Ansprüche, im vertraglichen Bereich auch vertragliche Ausgleichsansprüche treten. Die letztlich tragende Anspruchsgrundlage ist für den Gläubiger wegen des grundsätzlich unterschiedlichen Anspruchsinhalts von Bedeutung: Während § 683 und § 823 – bzw ein vertraglicher Schadensersatzanspruch – dem Gläubiger vollen Ersatz seiner Aufwendungen versprechen, sind die Ansprüche der §§ 684 S 1, 812 durch die ersparten Aufwendungen des Schuldners beschränkt; gerade im außervertraglichen Bereich werden sich aber häufig Aufwendungen des Gläubigers und ersparte Aufwendungen des Schuldners decken. 287

bb) Fallgruppen

α) Selbsthilfe des gestörten Eigentümers oder Besitzers

Prominentester Anwendungsfall sind die Selbsthilfeaufwendungen des gestörten Eigentümers oder Besitzers zur **Beseitigung** von **Beeinträchtigungen des Eigentums oder Besitzes** (Geschäftsführer), die von einem zur Beseitigung verpflichteten Störer iSd §§ 858, 862, 1004 (Geschäftsherr) ausgehen (zB BGHZ 142, 227, 237, Urt v 22. 7. 1999, Az: III ZR 198/98: Beseitigung einer vom Nachbargrundstück ausgehenden Ölverschmutzung; BGHZ 110, 313, Urt v 8. 3. 1990, Az: III ZR 81/88: Beseitigung einer Verunreinigung; BGH NJW 2012, 1080, Rn 6, Urt v 13. 1. 2012, Az: V ZR 136/11; BGH NJW 2005, 1366, Urt v 4. 2. 2005, Az: V ZR 142/04; BGH NJW 2004, 603, Urt v 28. 11. 2003, Az: V ZR 99/03: Beseitigung von Wurzelüberwuchs; BGH NJW-RR 2003, 953, 954, Urt v 24. 1. 2003, Az: V ZR 175/02: Beseitigung einer funktionslos gewordenen Fernwärmeleitung; BGH LM BGB § 677 Nr 10, Urt v 22. 3. 1966, Az: V ZR 126/33: Schutzmaßnahme für eine Brücke gegen aggressive Stoffe im Wasser; RGZ 149, 205, Urt v 13. 11. 1935, Az: V 99/35: Schutzmaßnahmen gegen die vom Nachbargrundstück ausgehende Gefahr des Steinschlags; vgl auch RGZ 167, 55, 58 f, Urt v 29. 4. 1941, Az: VI 129/40: Gefahren von einem Steinbruch für Bahnanlage; vgl dazu: WOLLSCHLÄGER, Die Geschäftsführung ohne Auftrag 170 ff; BEZZENBERGER JZ 2005, 373). Im Grundsatz erkennt die Rechtsprechung in diesen Fällen – trotz Kritik aus der Lehre (GURSKY JZ 1992, 312; ders NJW 1971, 782; PICKER JuS 1974, 357 [361 f]; s auch BEZZENBERGER JZ 2005, 373, 374 f) – dem gestörten Eigentümer oder Besitzer Ansprüche aus Geschäftsführung ohne Auftrag (§§ 683, 684 S 1) oder 288 ungerechtfertigter Bereicherung (§ 812) zu. In diese Fallgruppe gehören auch die **Abschleppfälle**, in denen ein Grundstückseigentümer oder -besitzer ein die Zufahrt blockierendes (BGH NJW-RR 2011, 1476 Rn 9 ff, Urt v 1. 7. 2011, Az: V ZR 154/10) oder einen Privatparkplatz zustellendes Fahrzeug (BGHZ 181, 233, Rn 12 ff, Urt v 5. 6. 2009, Az: V ZR 144/08, BGH NJW 2012, 528, Rn 6 ff, Urt v 2. 12. 2011, Az: V ZR 30/11; BGH NJW 2012, 3781 Rn 3 ff, Urt v 21. 9. 2012, Az: V ZR 230/11; BGH NJW 2014, 3727 Rn 13, Urt v 4. 7. 2014, Az: III ZR 229/13) abschleppen lässt und nunmehr Ersatz der verauslagten Kosten verlangt. Das unbefugte Abstellen eines Kfz auf dem fremden Grundstück stellt verbotene Eigenmacht dar (BGHZ 181, 233, Rn 13, Urt v 5. 6. 2009, Az: V ZR 144/08), deren Beseitigung der Fahrer als Handlungs- und der Halter als Zustandsstörer (BGH NJW 2012, 3781 Rn 6 ff, Urt v 21. 9. 2012, Az: V ZR 230/11) gem § 862 schulden. Auch das Blockieren der Zufahrt kann eine relevante Störung darstellen (BGH NJW-RR 2011, 1476 Rn 9 ff, Urt v 1. 7. 2011, Az: V ZR 154/10 für § 1004). Für die hM, die den Begriff des fremden Geschäfts als das tragende Element der Geschäftsführung ohne Auftrag ansieht, sind geschäftsführungsrechtliche Ansprüche damit naheliegend: Der gestörte Eigentümer oder Besitzer erfüllt eine Rechtspflicht des Störers und erledigt damit ein fremdes Geschäft (Koch NZV 2010, 336, 339; Rn 116 ff). Sofern sich im Einzelfall die Voraussetzungen der Geschäftsführung ohne Auftrag nicht feststellen lassen, kann auf die Vorschriften über die ungerechtfertigte Bereicherung zurückgegriffen werden, weil der Störer unter Ersparung eigener Aufwendungen von seiner Beseitigungspflicht frei geworden und deshalb ungerechtfertigt bereichert ist. Im Verschuldensfalle ist auch ein Rückgriff auf die §§ 823 Abs 1 oder 823 Abs 2 iVm einem Schutzgesetz (zB § 858) möglich (zB BGHZ 181, 233, Rn 12 ff, Urt v 5. 6. 2009, Az: V ZR 144/08, BGH NJW 2012, 528 Rn 6 ff, Urt v 2. 12. 2011, Az: V ZR 30/11; BGH NJW 2014, 3727 Rn 13, Urt v 4. 7. 2014, Az: III ZR 229/13: Abschleppkosten als Schadensersatz wegen verbotener Eigenmacht gem §§ 823 Abs 2, 858; Koch NZV 2010, 336 ff). Sofern der Beseitigungsanspruch gem § 1004 im Einzelfall durch ein Mitverschulden entsprechend § 254 oder einen **Abzug „neu für alt"** beschränkt ist, so gilt dies auch für auf § 683 bzw § 812 gestützte Ansprüche auf Ersatz der zur Störungsbeseitigung erforderliche Aufwendungen (BGH NJW 2012, 1080 Rn 12, Urt v 13. 1. 2012, Az: V ZR 136/11). Macht der Beeinträchtigte einen **Unterlassungsanspruch** (§§ 862 Abs 1 S 2, 1004 Abs 1 S 2) geltend, so sind – soweit erforderlich – auch die Kosten der Vorbereitung und Durchsetzung (Aufforderung zur Abgabe einer strafbewehrten Unterlassungserklärung) erstattungsfähig (BGH NJW 2012, 3781 Rn 13, 14 ff, Urt v 21. 9. 2012, Az: V ZR 230/11).

β) Selbstvornahme im vertraglichen Bereich

289 Sehr umstritten ist, ob im vertraglichen Bereich außerhalb der bestehenden gesetzlichen Sondervorschriften für den Mieter (§ 536a Abs 2) und den Besteller beim Werkvertrag (§§ 634 Nr 2, 637) der Gläubiger bei **Selbstvornahme der Mangelbeseitigung** Ersatz seiner Aufwendungen verlangen kann, so insbesondere, wenn der Käufer ohne vorherige Fristsetzung zur Nacherfüllung den Mangel selbst beseitigt (dazu: Arnold ZIP 2004, 2412; Gsell ZIP 2005, 922, Lorenz NJW 2005, 1321; ders NJW 2003, 1417; Katzenstein ZGS 2005, 184; Oechsler NJW 2004, 1825, 1826 f; Schmid, Geschäftsführung ohne Auftrag Rn 1193 ff; Wollschläger, Die Geschäftsführung ohne Auftrag 167 ff; nunmehr aber: BGH NJW 2005, 1348, 1350, Urt v 23. 2. 2005, Az: VIII ZR 100/04; zum österreichischen Recht: Meissel, Geschäftsführung ohne Auftrag 96 f; für das **Werkvertragsrecht**: BGHZ 92, 123 125; Urt v 12. 7. 1984, Az: VII ZR 268/83; OLG Düsseldorf NJW 2014, 1115, 1118, Urt v 11. 10. 2013, Az: I-22 U 81/13; für das **Mietrecht**: BGH NJW 2008, 1216, Urt v 16. 1. 2008, Az: VIII ZR 222/06; OLG Düsseldorf MDR 2009, 801, Urt v 5. 2. 2009, Az: I-10 U 128/08). Hierher gehört auch die

Frage, ob der Vermieter, der die vom Mieter geschuldeten, aber nicht vorgenommenen Schönheitsreparaturen selbst ausführt, Ersatz seiner Auslagen verlangen kann (für Anwendung der §§ 677 ff: OLG Koblenz MDR 1999, 1496, Urt v 29. 7. 1999, Az: 5 U 1787/98; Lützenkirchen MDR 2001, 9, 11 ff; dagegen: OLG Hamburg NJW 1973, 2211, Urt v 8. 2. 1973, Az: 4 U 93/72; Ricker MDR 2000, 446). Manche Autoren wollen dem Gläubiger auch bei der Selbstvornahme im vertraglichen Bereich den Rückgriff gegen den Schuldner über die Vorschriften der Geschäftsführung ohne Auftrag eröffnen und ihm – da die Geschäftsführung die (Nach-)Erfüllung durch den Schuldner selbst vereitelt und von daher kaum seinem Willen oder Interesse entspricht – immerhin den limitierten Aufwendungsersatzanspruch des § 684 S 1 in Höhe der Ersparnisse des Schuldners zusprechen (Wollschläger, Die Geschäftsführung ohne Auftrag 168 f; Oechsler NJW 2004, 1825, 1826 f; LG Bielefeld ZGS 2005, 79, Urt v 14. 12. 2004, Az: 20 S 99/04); andere suchen eine Lösung im Rahmen des Leistungsstörungsrechts und greifen zu einer (analogen) Anwendung des § 326 Abs 2 S 2, um dem Gläubiger einen Anspruch auf die vom Schuldner ersparten Aufwendungen zu gewähren (Lorenz NJW 2003, 1417, 1418 f). Letztlich geht es in beiden Ansätzen weniger um den Ersatz der eigenen (Nach-)Erfüllungskosten des Gläubigers als um Herausgabe der ersparten Aufwendungen des Schuldners. Dahinter steht die Wertung, dass der Schuldner die Aufwendungen, die er dadurch erspart, dass der Gläubiger sich die Leistung selbst anderweitig beschafft, letztlich zu tragen habe; daran ändere die unterlassene Nachfristsetzung gem § 281 Abs 1 nichts. Der BGH hat diese Versuche für das Kaufrecht zurückgewiesen. Die §§ 437 ff enthielten eine abschließende Regelung; ein Selbstvornahmerecht des Käufers sei gerade nicht vorgesehen. Die gesetzliche Regelung dürfe weder durch eine (analoge) Anwendung des § 326 Abs 2 S 2 noch durch die Vorschriften über die Geschäftsführung ohne Auftrag oder die ungerechtfertigte Bereicherung umgangen werden (BGH NJW 2005, 1448, 1449 ff, Urt v 23. 2. 2005, Az: VIII ZR 100/04; dazu: Gsell ZIP 2005, 922; Lorenz NJW 2005, 1321; Katzenstein ZGS 2005, 184; Tonner/Wiese BB 2005, 903). Entsprechendes gilt für das Mietrecht: Liegen die Voraussetzungen des § 536a Abs 2 nicht vor, so kann der Mieter die (ersparten) Aufwendungen zur Mangelbeseitigung nicht nach § 539 Abs 1 iVm §§ 683 S 1, 684 S 1 ersetzt verlangen (BGH NJW 2008, 1216 Rn 18 ff, Urt v 16. 1. 2008, Az: VIII ZR 222/06; OLG Düsseldorf MDR 2009, 801, Urt v 5. 2. 2009, Az: I-10 U 128/08; Lange ZGS 2009, 442 ff).

Zur Selbsthilfe können auch die Selbsthilfeaufwendungen eines Schuldners bei **290**
Annahmeverzug des Gläubigers gezählt werden. **Mehraufwendungen zur Erhaltung** des Leistungsgegenstandes sind im deutschen Recht bereits nach § 304 zu ersetzen; im österreichischen Recht wird eine (sinngemäße) Anwendung der Regeln über die Geschäftsführung ohne Auftrag erwogen (Meissel, Geschäftsführung ohne Auftrag 92 ff). Zudem kann der Verkäufer bei Annahmeverzug des Käufers etwa bei Verderblichkeit der Ware einen **Selbsthilfeverkauf** vornehmen. Die Bestimmungen über den Selbsthilfeverkauf des Verkäufers bei Annahmeverzug des Käufers bei Vorliegen eines Handelsgeschäfts (§ 373 HGB) schließen nicht aus, dass der Verkäufer, der die Ware ohne Beachtung dieser Bestimmungen verkauft, dadurch im Rahmen einer nützlichen Geschäftsführung ohne Auftrag für den Geschäftsherrn handelt (BGH MDR 1958, 93, Urt v 18. 6. 1957, Az: VIII ZR 218/56 mAnm Reinicke; vgl zum spiegelbildlichen **Notverkauf durch den rücktrittsberechtigten Käufer** als nützliche Geschäftsführung für den Verkäufer, wenn die Bestimmungen des § 379 HGB nicht beachtet werden: RGZ 66, 186, 197 f, Urt v 7. 6. 1907, Az: II 39/07; RGZ 101, 18, 19, Urt v 23. 11. 1920, Az: III 239/20). Dies gilt insbesondere beim rein bürgerlich-rechtlich zu beurteilenden Vertrag. So hat etwa der östOGH im

Selbsthilfeverkauf von leicht verderblichem Obst eine Geschäftsführung ohne Auftrag für den Warengläubiger gesehen (MEISSEL, Geschäftsführung ohne Auftrag 94).

cc) Geschäftsführungsrechtliche Beurteilung

α) Echte Geschäftsführung „für einen anderen"

291 Im Regelfall wird sich die Selbstvornahme nicht als eine Geschäftsführung ohne Auftrag iSd § 677 darstellen. Es fehlt schon an der Geschäftsführung „für einen anderen". Die Geschäftsführung ohne Auftrag ist das gesetzliche Schuldverhältnis der fremdnützigen Interessenwahrnehmung (Rn 28 ff, 116 ff, 170 ff). Das Schuldverhältnis wird durch die Unterordnung der Interessen des Geschäftsführers unter die Interessen des Geschäftsherrn (Subordination) ausgelöst. Ob der Geschäftsführer für einen anderen handelt, bestimmt sich danach, ob er nach dem sozialen Sinn seines Handelns den Interessen des Geschäftsherrn dienen will. Vertritt der Geschäftsführer ausschließlich seine eigenen Interessen, fehlt es gerade an der Geschäftsführung „für" einen anderen. Nach der objektiven Zweckrichtung seines Handelns wird der Gläubiger bei der Selbstvornahme (Geschäftsführer) nicht im Rahmen eines Subordinationsverhältnisses zur Interessenwahrnehmung für den Schuldner (Geschäftsherr) tätig, sondern es geht ihm darum, seine eigenen Interessen durchzusetzen (vgl auch: ESSER/WEYERS, Schuldrecht II/2[8] § 46 II 2 d [5] S 17; MARTINEK/THEOBALD JuS 1997, 805, 809). Die Annahme, er wolle für fremde Interessen tätig werden, wird im Normalfall kaum zu begründen sein. Die Interessen sind gegenläufig: Der Gläubiger (Geschäftsführer) will sein Recht schnell und sicher verwirklichen; dem Interesse des Geschäftsherrn entspricht es, entweder überhaupt nicht oder allenfalls auf schonende Art und Weise in Anspruch genommen zu werden. Es ist daher letztlich nur eine Klarstellung der bestehenden Rechtslage, wenn HELM in seinem Reformvorschlag zum Recht der Geschäftsführung ohne Auftrag vorsieht, dem § 677 einen zweiten Absatz anzufügen: „Wer Rechte gegenüber einem anderen wahrnimmt, besorgt kein Geschäft für diesen" (HELM, in: Gutachten und Vorschläge zur Überarbeitung des Schuldrechts III 335, 407). – Ist daher auch ein Anspruch aus echter Geschäftsführung ohne Auftrag nicht zu begründen, so mögen im Einzelfall die Voraussetzungen des – systemwidrig im Bereich der §§ 677 ff mitgeregelten – privilegierten Rückgriffsanspruch der §§ **679 Alt 1, 683 S 2** vorliegen (s Rn 2). Allerdings wird bei privater Selbstvornahme selten ein öffentliches Interesse an der Erfüllung der dem Schuldner obliegenden Pflicht bestehen; allenfalls wenn der Betreiber eines Theaters ein die Feuerwehrzufahrt blockierendes Auto beseitigt, wird ein öffentliches Interesse an der Erfüllung (Beseitung des Autos) bestehen (§ 679 Rn 24).

β) Geschäftsführung „ohne Auftrag oder sonstige Berechtigung"

292 Bei der Selbstvornahme im **vertraglichen** Bereich kommt die Besonderheit hinzu, dass es regelmäßig am Merkmal der Geschäftsführung „ohne Auftrag oder sonstige Berechtigung" fehlt. Die Geschäftsführung ohne Auftrag ist das gesetzliche Schuldverhältnis der nicht durch Vertrag oder Gesetz abschließend oder abweichend geregelten Interessensubordination (Rn 28 ff, 187). Grundsätzlich ist davon auszugehen, dass das besondere vertragliche Gewährleistungsrecht etwa im Kauf-, Miet- oder Werkvertragsrecht und ansonsten das allgemeine Leistungsstörungsrecht, eine abschließende Regelung darstellen, die einen Rückgriff auf die §§ 677 ff (ebenso wie auf die §§ 812 ff) ausschließen (vgl BGH NJW 2005, 1448, 1449 ff, Urt v 23. 2. 2005, Az: VIII ZR 100/04: Kaufvertrag; BGHZ 92, 123, 125, Urt v 12. 7. 1984, Az: VII ZR 268/83: Werkvertrag; BGH NJW 1968, 43, Urt v 28. 9. 1967, Az: VII ZR 81/65; s Rn 188 ff). Daher kann weder der

Käufer, der ohne Nachfristsetzung den Mangel selbst beseitigt, noch der Vermieter, der ohne Nachfristsetzung die geschuldeten Schönheitsreparaturen selbst vornimmt, seinen Anspruch auf §§ 683, 684 oder § 812 stützen. Erst wenn er dem Schuldner erfolglos eine Nachfrist gem § 281 Abs 1 gesetzt hat, sofern diese nicht ausnahmsweise entbehrlich ist, kann er seine Selbstvornahmekosten als Schadensersatz statt der Leistung (§ 281) liquidieren.

dd) Kostenersatz bei negatorischen Ansprüchen und Selbsthilferechten

Mit dem Rückgriff auf die Regeln der Geschäftsführung ohne Auftrag oder die **293**
§§ 812 ff bei Selbstvornahme negatorischer Ansprüche (§§ 1004, 862) oder Selbsthilfe (zB §§ 859, 910; auch § 229) schließt die hM eine rechtstechnische Regelungslücke des Sachenrechts, das nur die primäre Verhaltenspflicht des Störers zur Unterlassung oder Störungsbeseitigung aufstellt, aber die Kostenfrage bei Selbsthilfe nicht regelt. Eine Kostenerstattung im Grundsatz zu versagen, würde das Selbsthilferecht des § 859 faktisch entwerten, aber auch sonst gegen die Lebenswirklichkeit verstoßen. Wenn Brände ausbrechen, Öltanks leer laufen oder Grundstückseinfahrten zugeparkt werden, ist das Interesse des Bedrohten an der sofortigen Gefahrenabwehr oder Beseitigung höher einzustufen, als das Interesse des Schuldners, solche Maßnahme selber und vielleicht kostengünstiger vorzunehmen. Wollschläger bejaht dementsprechend einen Anspruch auf Kostenerstattung bei unmittelbarer Gefahr, den er auf § 683 stützt (Wollschläger, Die Geschäftsführung ohne Auftrag 170 ff; **aA**: Gursky JZ 1992, 312, 315: unzureichende Würdigung der Interessenlage). Auch die Rechtsprechung hält trotz Kritik aus der Lehre daran fest, dem Gestörten Ersatz der notwendigen Kosten doch zumindest aus § 812 zuzusprechen. § 887 ZPO stehe dem nicht entgegen und schließlich folge schon aus § 267, dass grundsätzlich auch ein anderer für den Schuldner tätig werden könne (BGH NJW 2004, 603, 604, Urt v 28. 11. 2003, Az: V ZR 99/03). Doch erscheint ein solcher Rückgriff auf die §§ 677 ff oder die §§ 812 ff unnötig. Eine sachgerechte Lösung ergibt sich, wenn man deutlich zwischen den Selbsthilferechten (zB §§ 229, 859, 910) einerseits und den Unterlassungs- und Beseitigungsansprüchen (zB §§ 862, 1004) andererseits unterscheidet. Um ein Leerlaufen des Selbsthilferechts zu verhindern, ist ein Kostenerstattungsanspruch als ungeschriebener Annex der Selbsthilferechte zu begreifen. Der Anspruch auf Kostenerstattung folgt unmittelbar aus dem Selbsthilferecht. Liegen die Voraussetzungen der Selbsthilfe vor, kann der Berechtigte die ihm angefallenen und notwendigen Kosten liquidieren. Dieser Weg ist vorzugswürdig: Zum einen gewährleistet er eine Beschränkung der Abwälzung von Selbsthilfeaufwendungen auf den Störer auf Not- und Extremsituationen; zum anderen bietet er vom Anspruchsumfang her vollen Ersatz der dem Gestörten entstandenen Aufwendungen und ist nicht wie der Anspruch aus § 684 S 1 oder § 812 auf die Bereicherung des Störers beschränkt (vgl BGH NJW 2004, 603, 604, Urt v 28. 11. 2003, Az: V ZR 99/03; s auch: Schünemann, Selbsthilfe im Rechtssystem 130 ff).

ee) Sonderfall: Kosten der Abmahnung im Wettbewerbsrecht (§ 12 Abs 1 S 2 UWG); Abwehr unberechtigter Ansprüche

Das Abmahnverfahren ist eine im Wettbewerbsrecht und im Recht der gewerblichen **294**
Schutzrechte entstandene spezifische Form der außerprozessualen Durchsetzung von Unterlassungsansprüchen (dazu: Emmerich, Unlauterer Wettbewerb[9] § 25). Die Abmahnung ist die Mitteilung des unmittelbar Verletzten oder eines sonst gem § 8 Abs 3 UWG Klagebefugten an den Störer, sich wettbewerbswidrig verhalten zu

haben, verbunden mit der Aufforderung, dieses Verhalten in Zukunft zu unterlassen und eine entsprechende strafbewehrte Unterlassungserklärung abzugeben (vgl § 12 Abs 1 S 1 UWG). Die Abmahnung zeigt – wie der BGH formuliert – „dem Störer den Weg, wie er den Gläubiger klaglos stellen kann, ohne die Kosten eines Gerichtsstreits tragen zu müssen" (BGH NJW 2010, 1208 Rn 8, Urt v 21. 2. 2010, Az: I ZR 47/09 – Kräutertee). Der Gläubiger ist vor Durchführung eines Rechtsstreits zwar nicht verpflichtet, den Störer abzumahnen, eine Abmahnung liegt aber als Obliegenheit in seinem wohlverstandenen Interesse. Denn nur die wirksame Abmahnung stellt sicher, dass der Abmahnende nach Klageerhebung im Falle eines sofortigen Anerkenntnisses nicht gem § 93 ZPO die Kosten tragen muss. Dahinter steht der Grundsatz, dass der Schuldner eines wettbewerbsrechtlichen Unterlassungsanspruchs, der vor Einleitung des Verfahrens nicht abgemahnt wurde, so behandelt wird, als habe er keine Veranlassung zur Klage gegeben (BGH NJW-RR 2010, 1130 Rn 17, Urt v 7. 10. 2009, Az: I ZR 216/07 – Schubladenverfügung). Der Abmahnung kann auch materiellrechtliche Bedeutung zukommen. In manchen Fällen begründet erst eine unterlassene Unterwerfungserklärung die Wiederholungsgefahr für einen nachfolgenden Unterlassungsanspruch gem § 8 Abs 1 UWG. Die geschäftsführungsrechtliche Dimension wird bei Beantwortung der Frage berührt, ob der Abgemahnte die Kosten der Abmahnung zu tragen hat. Manche Probleme haben sich durch die Regelung der Abmahnung in § 12 Abs 1 UWG (§ 97a Abs 1 UrhG) erledigt. In § 12 Abs 1 S 2 UWG ist nunmehr ausdrücklich die Kostentragungspflicht des Störers bei berechtigter Abmahnung niedergelegt (dazu: Emmerich, Unlauterer Wettbewerb[9] § 25 Rn 13 ff). Ihre Bedeutung hat die tradierte Rechtsprechung zur Tragung der Abmahnkosten aber nicht verloren: Zur Konkretisierung der Norm soll auf die entwickelten Grundsätze zurückgegriffen werden können (vgl Begründung zum RegE: BT-Drucks 15/1487, 25). Außerhalb des unmittelbaren Anwendungsbereichs des § 12 Abs 1 S 2 UWG – insbesondere bei der Verletzung sonstiger gewerblicher Schutzrechte wie etwa von Markenrechten (zB BGH GRUR 2012, 759 Rn 9, Urt v 10. 5. 2012, Az: I ZR 70/11 – Kosten des Patentanwalts IV; BGH GRUR 2011, 754, Urt v 24. 2. 2011, Az: I ZR 181/09 – Kosten des Patentanwalts II; BGH GRUR 2012, 304 Rn 19 ff, Urt v 9. 11. 2011, Az: I ZR 150/09 – Baseler Haar-Kosmetik) – kommt sie weiterhin unmittelbar zur Anwendung.

295 Gefühlsmäßig tendiert man dahin, die Kosten der (berechtigten) Abmahnung auf den Störer zu übertragen. Dogmatisch war und ist dies nicht einfach. Scheinbar problemlos scheint noch der Fall der **erfolglosen Abmahnung** zu sein. Kommt es zu einem anschließenden Gerichtsverfahren, so wollen viele ihre Kosten als Prozessvorbereitungskosten unter die §§ 91 ff ZPO subsumieren (so: OLG Düsseldorf WM 1982, 914, Urt v 4. 5. 1982, Az: 10 W 3/82; Schulz WRP 1990, 658; s auch: LG Frankfurt NJW-RR 2003, 547, Urt v 24. 5. 2002, Az: 3/12 O 31/02). Mir erscheint das zweifelhaft. Denn die vorprozessual, zur außergerichtlichen Rechtsdurchsetzung aufgewandten Kosten dienen doch eher der Prozessvermeidung (Bergmann AcP 211 [2011] 803, 832). Schwierig ist schon im Ausgangspunkt die Situation, dass die Abmahnung **Erfolg** hat, der Gläubiger des Unterlassungsanspruchs also außergerichtlich klaglos gestellt wird. Hier können mehrere Konstellationen auftreten. Mahnt der Verletzte und hat der andere Teil schuldhaft gehandelt, so folgt die Kostentragungspflicht bereits aus § 249, da die Abmahnkosten Teil des zu ersetzenden Schadens sind (OLG Karlsruhe NJW-RR 1996, 748, Urt v 8. 11. 1995, Az: 6 U 57/95). Dieser Weg lässt sich nicht mehr beschreiten, wenn den anderen Teil überhaupt keine Schadensersatzpflicht trifft, entweder weil er gar nicht schuldhaft gehandelt hat oder weil die Abmahnung nicht vom allein ersatzberechtigten unmittelbaren Verletzten, sondern von einem anderen Mitbewerber, einem Verband, einer qualifizierten Einrichtung oder einer Kammer iSd § 8 Abs 3 UWG ausgeht. An dieser Stelle setzte die von § 12 Abs 1 S 2 UWG rezipierte geschäftsführungsrechtliche Lösung des BGH ein. Nach den in der **Fotowettbewerb-Entscheidung** entwickelten Grundsätzen hat ein Unternehmen, das einen Wettbewerbsverstoß begangen hat, dem klagebefugten Abmahner die vorprozessualen Abmahnkosten nach **§ 683** zu erstatten (BGHZ 52, 393, 399 f – Fotowettbewerb, Urt v 15. 10. 1969, Az: I ZR 3/68 für die Klage eines Vereins zur Förderung gewerblicher Interessen iSd § 8 Abs 3 Nr 2 UWG; BGH NJW 2010, 1208 Rn 9, Urt v 21. 2. 2010, Az: I ZR 47/09 – Kräutertee; BGH NJW 2004, 2448, Urt v 6. 5. 2004, Az: I ZR 2/03 – Selbstauftrag; BGHZ 149, 371, 374 f, Urt v 17. 1. 2002, Az: I ZR 241/99 – Missbräuchliche Mehrfachabmahnung; BGH LM UWG § 1 Nr 403, Urt v 22. 9. 1983, Az: I ZR 166/81 – Shop in the shop I; BGH ZIP 1991, 55, 57 f, Urt v 4. 10. 1990, Az: I ZR 39/89 – Zaunlasur; BGHZ 115, 210, 212, Urt v 26. 9. 1991, Az: I ZR 149/89 – Abmahnkostenverjährung; BGH NJW 1973, 901, 903, Urt v 2. 3. 1973, Az: I ZR 5/72). Der Begründungsansatz fügte sich weitgehend der höchstrichterlichen Dogmatik im Recht der allgemeinen Selbstvornahme an (s Rn 287 ff): Der Abmahner nimmt die vom Störer geschuldete Beseitigung der wettbewerbswidrigen Handlung (§ 8 UWG) selbst vor. § 683 S 1 bereitet der Rechtsprechung kein Problem: Die Abmahnung liege im Interesse des Störers, der dadurch Gelegenheit erhalte, einen kostspieligen Rechtsstreit zu vermeiden (BGH NJW 2010, 1208 Rn 9 f, Urt v 21. 2. 2010, Az: I ZR 47/09 – Kräutertee). Die Rechtsprechung des BGH ist im Schrifttum auf weitgehende Kritik gestoßen (zB Bärenfänger GRUR 2012, 461, 462 f; Gaede/Meister WRP 1984, 246; Kurbjuhn NJW 1970, 604; Oppermann AcP 193 [1993] 497; Prelinger NJW 1982, 211; Helm, in: Gutachten und Vorschläge zur Überarbeitung des Schuldrechts III 335, 396; Medicus/Petersen, Bürgerliches Recht[24] Rn 412; MünchKomm/Seiler[6] § 677 Rn 35; Soergel/Beuthien[13] § 683 Rn 16). Dies war insoweit berechtigt, als auch nach der hier vertretenen subordinationsrechtlichen Lösung – wie auch in den sonstigen Fällen der Selbstvornahme – eine echte Geschäftsführung ohne Auftrag nicht vorliegt (s Rn 291; vgl Martinek/Theobald JuS 1997, 805, 811). Und dennoch ist die Rechtsprechung im Ergebnis zutreffend: Liegt auch eine echte Geschäftsführung nicht vor, so kann der Abmahnende seine Kosten doch im Rahmen des – systemwidrig im Zusammenhang der Geschäftsführung ohne Auftrag geregelten – privilegierten Rückgriffsanspruchs der **§§ 679 Alt 1, 683 S 2** liquidieren (Rn 2): Die Beseitigung von Wettbewerbsverstößen liegt – was zwanglos aus § 8 Abs 3 Nr 2 UWG folgt – im besonderen öffentlichen Interesse (OLGReport München 2007, 489, Urt v 12. 10. 2006, Az: 6 U 1676/06; LG Düsseldorf NJW 1982, 239, 240, Urt v 4. 9. 1981, Az: 22 S 107/81; vgl auch: BGHZ 52, 393, 396 – Fotowettbewerb, Urt v 15. 10. 1969, Az: I ZR 3/68). Allerdings lässt sich dieser Gedanke kaum auf die anderen gewerblichen Schutzrechte wie etwa die Verletzung von Kennzeichenrechten übertragen (Bärenfänger GRUR 2012, 461, 463): Ein besonderes öffentliches Interesse an der Beseitigung einer Markenrechtsverletzung lässt sich kaum begründen. Nicht zu Unrecht hat der Gesetzgeber daher die Rechtsprechung in § 12 Abs 1 S 2 UWG adaptiert. Zu beachten bleibt dann: Das geschäftsführungsrechtliche Prinzip der Interessenwahrung modifiziert sich im Bereich des privilegierten Rückgriffsanspruchs der §§ 679, 683 S 2 in ein **Prinzip der Verhältnismäßigkeit** (s § 679 Rn 4; ausdrücklich zu § 12 Abs 1 S 2 UWG: Begründung zum RegE: BT-Drucks 15/1487, 25). Eine Belastung des Störers mit Kosten, die zur Erreichung des Ziels einer Streitbeilegung ohne Inanspruchnahme der Gerichte nicht erforderlich sind, kommt nicht in Betracht (vgl BGH GRUR 2012, 759 Rn 10, Urt v 10. 5. 2012, Az: I ZR 70/11 – Kosten des Patentanwalts IV; BGH GRUR 2011, 754 Rn 15, Urt v 24. 2. 2011, Az: I ZR 181/09 – Kosten des Patentanwalts II; BGH NJW 2010, 1208 Rn 9, Urt v 21. 2.

2010, Az: I ZR 47/09 – Kräutertee). So lässt sich schon auf Tatbestandsebene die Gefahr einer missbräuchlichen Geltendmachung des Kostenerstattungsanspruchs entgegenwirken (vgl § 8 Abs 4 UWG). Eine Kostenerstattung kommt daher grundsätzlich nur hinsichtlich einer ersten Abmahnung in Betracht: Auch wenn der Störer hierauf nicht reagiert, sind die Kosten einer zweiten Abmahnung nicht zu erstatten (BGH NJW 2010, 1208 Rn 9 f, Urt v 21. 2. 2010, Az: I ZR 47/09 – Kräutertee). Auch die Kosten für eine erst nach Erwirkung einer einstweiligen Verfügung (sog „Schubladenverfügung") ausgesprochene Abmahnung sind grundsätzlich nicht erstattungsfähig: Denn für den Störer ist es günstiger, wenn ihm die im einseitigen Beschlussverfahren ergangene Verbotsverfügung zugestellt wird und er gegen diese Verfügung Kosteneinspruch einlegt oder die Unterwerfungserklärung abgibt. Denn der auf die Kosten beschränkte Widerspruch hat zur Folge, dass die entstandenen Kosten gem § 93 ZPO vom Gläubiger zu tragen sind. Gibt der Störer die Unterwerfungserklärung ab, hat sich der Rechtstreit erledigt. Über die Kosten wird das Gericht dann nach beiderseitiger Erledigungserklärung (§ 91a ZPO) entsprechend dem Rechtsgedanken des § 93 ZPO ebenfalls zugunsten des Störers entscheiden (BGH NJW-RR 2010, 1131 Rn 17, Urt v 7. 10. 2009, Az: I ZR 216/07 – Schubladenverfügung). Überhaupt ist der Abmahnende gehalten, seine Aufwendungen möglichst niedrig zu halten. Die Kosten für die Hinzuziehung eines Rechtsanwalts sind daher nur erstattungsfähig, wenn sie zur zweckentsprechenden Rechtsverfolgung notwendig waren, was bei typischen und durchschnittlich schwer zu verfolgenden Wettbewerbsverstößen nicht der Fall sein wird (BGH NJW 2010, 1208 Rn 9, Urt v 21. 2. 2010, Az: I ZR 47/09 – Kräutertee; BGH NJW 2004, 2448, Urt v 6. 5. 2004, Az: I ZR 2/03 – Selbstauftrag; BGH NJW 1984, 2525, Urt v 12. 4. 1984, Az: I ZR 45/82). Der auf §§ 679, 683 S 2 gestützte Erstattungsanspruch verjährt in der kurzen Verjährung des § 21 UWG (BGHZ 115, 210, 212, Urt v 26. 9. 1991, Az: I ZR 149/89 – Abmahnkostenverjährung). – Ist die **Abmahnung unberechtigt**, dh der Abmahner kann keine Unterlassung verlangen, etwa weil das beanstandete Verhalten überhaupt nicht wettbewerbswidrig ist, ist ein Erstattungsanspruch gem §§ 679, 683 S 2 selbstverständlich nicht gegeben (vgl BGH LM BGB § 276 [Fa] Nr 140, Urt v 1. 12. 1994, Az: I ZR 139/92 – Kosten bei unbegründeter Abmahnung; zur Kostenerstattung einer **Gegenabmahnung**: BGH GRUR 2004, 790, Urt v 29. 4. 2004, Az: I ZR 233/01 – Gegenabmahnung; Chudziak GRUR 2012, 133, 134 f). Noch nicht abschließend geklärt ist die Frage, ob der zu Unrecht Abgemahnte seinerseits Ersatz die Kosten eines Abwehrschreibens fordern kann (Bergmann AcP 211 [2011] 803, 825). Teilweise wird in der obergerichtlichen Rechtsprechung ein Anspruch aus **§ 678** erwogen (OLG München GRUR-RR 2008, 461, Beschl v 8. 1. 2008, Az: 29 W 2738/07; OLG Hamburg NJW-RR 2003, 857, 858, Urt v 19. 9. 2002, Az: 3 U 54/99: Anwaltskosten des zu Unrecht Abgemahnten; Chudziak GRUR 2012, 133, 134; Vossler MDR 2009, 300, 301; Erman/Dornis[14] § 683 Rn 21; MünchKomm/Seiler[6] § 678 Rn 9). Ich habe Zweifel, ob sich die Anwendung des § 678 begründen lässt (s § 679 Rn 11).

296 Inwieweit der BGH bereit ist, seine Rechtsprechung zur wettbewerbsrechtlichen Abmahnung auf die Erstattung von Abmahnkosten außerhalb des Wettbewerbsrechts zu übertragen, ist unklar (BGH NJW-RR 2007, 856 Rn 20, Urt v 12. 12. 2006 – VI ZR 175/05; OLG Hamburg MMR 2009, 479, Urt v 4. 2. 2009, Az: 5 U 167/07 – Mettenden). Außerhalb des gewerblichen Rechtsschutzes gibt man sich überwiegend zugeknöpft. Auf die **Abwehr unbegründeter Ansprüche** will der BGH die Grundsätze zur wettbewerbsrechtlichen Abmahnung nicht übertragen (BGH NJW 2007, 1458 Rn 16, Urt v 12. 12. 2006, Az: VI ZR 224/05; OLG Köln FamRZ 2006, 1050, Urt v 2. 3. 2006, Az: 14 UF 182/05; OLGReport München 2007, 489, Urt v 12. 10. 2006, Az: 6 U 1676/06; Vossler MDR 2009, 300, 301; Münch-

Komm/Seiler[6] § 677 Rn 35a; **aA**: OLG Düsseldorf NJW-RR 2003, 566, 568, Urt v 1. 2. 2002, Az: 17 U 1/01; Hösl, Kostenerstattung bei außerprozessualer Verteidigung gegen unberechtigte Rechtsverfolgung 140 ff; Erman/Dornis[14] § 683 Rn 21. Eingehend zur Kostenerstattung bei außergerichtlicher Rechtsdurchsetzung: Bergmann AcP 211 [2011] 803). Dem ist im Ergebnis zuzustimmen. Denn wer um das Bestehen oder Nichtbestehen eines Anspruchs streitet, wird ausschließlich für seine eigene Rechtsposition tätig. Eine echte Geschäftsführung für einen anderen liegt hier gerade nicht vor. Da aber – anders als im Wettbewerbsrecht – die Durchsetzung oder Abwehr von privatrechtlichen Ansprüchen nicht im (besonderen) öffentlichen Interesse liegt, kommt auch der privilegierte Rückgriffsanspruch gem §§ 679, 683 S 2 nicht in Betracht (OLGReport München 2007, 489, Urt v 12. 10. 2006, Az: 6 U 1676/06; Bergmann AcP 211 [2011] 803, 825 f). Dies bedeutet meiner Meinung nach im Ergebnis aber nicht, dass derjenige, der außergerichtlich eigene Ansprüche durchsetzt oder sich gegen unberechtigte Rechte wehrt, keine Erstattung seiner erforderlichen Kosten verlangen kann. Vielmehr ist in Fällen der außergerichtlichen Rechtsdurchsetzung in Analogie zu § 91 ZPO ein (allgemeiner) materiellrechtlicher Kostenerstattungsanspruch anzuerkennen (Bergmann AcP 211 [2011] 803, 831 ff).

2. Die Förderung fremden Nutzens

a) Grundannahmen

297 Die Geschäftsführung ohne Auftrag ist die nicht durch Vertrag oder Gesetz abweichend oder abschließend geregelte fremdnützige Wahrnehmung von Interessen für einen anderen (Subordination). Tragendes Element der Geschäftsführung ist die normativ zu bestimmende Absicht, ein Geschäft für einen anderen zu führen. Damit ist der Tatbestand der Geschäftsführung ohne Auftrag abschließend umschrieben. Eine selbstlose Motivation gehört nicht zum Tatbestand; selbst eigennützige Motive schließen eine Geschäftsführung ohne Auftrag für einen anderen nicht aus. In der Fallgruppe der Förderung fremden Nutzens liegen die Rechtsanwendungsprobleme darin zu bestimmen, wie sich im Einzelfall geschäftsführungsrechtlich auswirkt, wenn Dritte – oder auch der Geschäftsführer – mittelbar von der Geschäftsführung profitieren. Letztlich geht es darum, die rechtlich relevante Interessenwahrnehmung für einen anderen abzugrenzen von geschäftsführungsrechtlich irrelevanten mittelbaren Reflexvorteilen, die allenfalls Motivation des Geschäftsführers zur Geschäftsführung sind. Das Grundlegende wurde bereits oben entwickelt: Insoweit sei auf diese Ausführungen verwiesen (s Rn 28 ff, 172 ff). Hier geht es nur noch darum, die Anwendung der allgemeinen Lehre auf den Einzelfall zu zeigen. Ein weiteres Problem ist die Feststellung eines *utiliter gestum* iSd § 683 S 1. Die Rechtsprechung zeigt sich hier zurückhaltend (s Rn 303, § 683 Rn 38). – Die tradierte Lehre muss sich mit ganz ähnlichen Problemen befassen. Nur ist bei ihr nicht die Geschäftsführungsabsicht, sondern der Begriff des fremden Geschäfts Prüfungsmaßstab (s Rn 128 ff; Wollschläger, Die Geschäftsführung ohne Auftrag 176 ff). Diese Fixierung der tradierten Lehre auf den Begriff des fremden Geschäfts hat allerdings zur Folge, dass letztlich dem Geschäftsführungsrecht (Idee der Subordination) fremde Erwägungen der Zuweisung von Nutzen und Lasten an den Letztzuständigen in das Gestionsrecht hineintransportiert werden (s Rn 116 ff, 129 ff, 170).

b) Aufwendungen, insbesondere Verwendungen auf fremde Sachen

298 In der Praxis stellen die Verwendungen auf fremde Sachen die wesentlichen Fälle

der Förderung fremden Nutzens dar. Andere Gegenstände oder rein ideelle nicht vermögensrechtliche Positionen sind selten Objekt der Geschäftsführung (WOLLSCHLÄGER, Die Geschäftsführung ohne Auftrag 226 f). Fälle, in denen es um Verwendungen auf unkörperliche Gegenstände oder überhaupt um eine Vermögenssorge geht, kommen in der Praxis vor allem in zwei Fallgruppen vor: einmal bei Tätigkeit aufgrund eines unwirksamen Vertrages mit dem Geschäftsherrn (s Rn 329 ff); zum anderen in der Fortsetzung einer fremdnützigen Tätigkeit aufgrund eines **beendeten Amtes**. Hierzu gehört zB der Fall, dass ein Vormund nach Beendigung seines Amtes die Wahrnehmung der Angelegenheiten des Mündels fortsetzt. Hier sind die §§ 677 ff ohne Weiteres anzuwenden (s Rn 198, 189). Daran ändert sich auch nichts dadurch, dass der Vormund uU zu Unrecht davon ausgeht, sein Amt dauere noch fort; denn dies betrifft nicht die Geschäftsführungsabsicht, sondern die Motivation (s auch WITTMANN, Begriff und Funktion der Geschäftsführung ohne Auftrag 118; s Rn 177, 179). – In die Untergruppe der **Verwendung auf fremde Sachen** gehören insbesondere Maßnahmen zur Erhaltung und Verbesserung von Sachen, wie Reparaturen oder Bauten, Lagerung, Transport sowie Versicherung gegen Beschädigung und Verlust. Schon den Römern war die *negotiorum gestio* durch Verwendung auf fremde Sachen, zB das Abstützen eines fremden Mietshauses, bekannt (PEDIUS bei ULPIAN Dig 3, 5, 5, 13). Allerdings ist der unmittelbare Anwendungsbereich der allgemeinen Geschäftsführung ohne Auftrag in diesem Bereich begrenzt. Häufig greifen vorrangige gesetzliche oder vertragliche Regeln ein (zB §§ 2124 ff für die Vorerbschaft), die allerdings teilweise – so etwa für die Verwendungen des Pfandgläubigers (§ 1216), des vorläufigen Erben (§ 1959) oder des Mieters (§ 539) – mehr oder weniger umfassend auf das Recht der Geschäftsführung ohne Auftrag zurückverweisen; man bewegt sich sodann im Bereich der sog angewandten Geschäftsführung ohne Auftrag (s Rn 252). Diesbezügliche Ausführungen finden sich in den speziellen Kommentierungen zu den jeweiligen Vorschriften (s auch WITTMANN, Begriff und Funktion der Geschäftsführung ohne Auftrag 91 ff). Unmittelbar auf die §§ 677 ff kann nur zurückgegriffen werden, wenn und soweit ein besonderes vorrangiges Rechtsverhältnis nicht besteht (s Rn 187 ff). Ist der Geschäftsführer im Besitz der Sache, so schließen die §§ 677 ff die Vorschriften der §§ 987 ff aus (Rn 241). – Geschäftsführer ist, wer nach dem sozialen Sinn seines Tuns uneigennützig tätig wird. Ausgehend von der Person des Geschäftsführers ist die Person des Geschäftsherrn zu bestimmen. Die Person des **Geschäftsherrn** folgt aus der normativen Zielrichtung der Interessenwahrnehmung des Geschäftsführers: Geschäftsherr ist, ansetzend am Geschäftsführer, diejenige Person, deren Interessen das Tun seinem sozialen Sinn nach dient (Rn 180). Dies wird regelmäßig der sachenrechtliche Eigentümer einer Sache sein, dem der wirtschaftliche Genuss der Sache unmittelbar zugute kommt. Allerdings gibt es eine Reihe von Zweifelssituationen.

aa) Übergang der Preisgefahr

299 Macht der Geschäftsführer auf eine verkaufte Sache Aufwendungen, so ist zu differenzieren: Vor Gefahrübergang liegt eine Geschäftsführung für den Eigentümer und Verkäufer der Sache vor. Die Beurteilung ändert sich mit Übergang der Preisgefahr (§§ 446 S 1 S 3, 447, 474 Abs 2). Von nun an gebühren die Nutzungen und Lasten der Sache dem Käufer, so dass Verwendungen zugunsten der Sache nunmehr eine Geschäftsführung zugunsten des Käufers als des wirtschaftlichen Eigentümers darstellen (vgl WOLLSCHLÄGER, Die Geschäftsführung ohne Auftrag 179 ff).

bb) Verwendungen auf Sicherungsgut

300 Verwendungen auf Sicherungsgut (Pfand, Sicherungseigentum, Vorbehaltseigentum, Insolvenzmasse) zur Sicherung von Forderungen, kommen außer dem Eigentümer mittelbar auch dem Sicherungsnehmer (Gläubiger) zugute, der sich für den Fall, dass der gesicherte Kredit notleidend wird, aus dem Sicherungsgut befriedigen will. Die tradierte Lehre setzt ausgehend vom Begriff des fremden Geschäfts an der internen Kostentragungspflicht des Sicherungsgebers (Eigentümers) gegenüber dem Sicherungsnehmer an (vgl §§ 1216 BGB, 10 Abs 1 Nr 1, 155 Abs 3 ZVG) und zieht daraus den Schluss, dass der Eigentümer auch im Verhältnis zu Dritten letztlich für Verwendungen aufzukommen habe: Verwendungen auf die Sache seien daher stets sein Geschäft; das Verwertungsrecht des Gläubigers hebe seine Eigentümerstellung nicht auf. Auch die hier vertretene Theorie der realgeschäftlichen Geschäftsbesorgung wird eine Geschäftsführung für den Eigentümer annehmen müssen, da die Sache dem Sicherungsnehmer nur ein Verwertungsrecht im Krisenfall gibt, dessen Eintritt aber noch unsicher ist. Diese Beurteilung ändert sich aber mit **Eintritt des Sicherungsfalles** (Wollschläger, Die Geschäftsführung ohne Auftrag 181 ff; MünchKomm/Seiler[6] § 677 Rn 37). Entscheidend ist der Umfang des Verwertungsrechts: Gibt dieses nur das Recht zur Verwertung durch Veräußerung (Regelfall) oder weist dieses dem Sicherungsnehmer auch andere Verwertungsarten wie zB Nutzungsziehung (Ausnahme) zu (BGH ZIP 2006, 2307 Rn 17 ff, Urt v 26. 9. 2006, Az: XI ZR 156/05; vOlshausen ZIP 2007, 1145 f). Bleibt das Nutzungsrecht bis zur Veräußerung durch den Sicherungsnehmer zunächst beim Eigentümer, so wird der Verwender bei normativer Betrachtung nach Eintritt des Sicherungsfalls sowohl für den Sicherungsnehmer als auch den Eigentümer tätig. Steht dem Sicherungsnehmer nach der zugrundeliegenden Vereinbarung aber auch das ausschließliche Nutzungsrecht zu, so wird Verwender ausschließlich für den Sicherungsnehmer tätig. Entsprechendes gilt für den Verkauf unter **Eigentumsvorbehalt**. Wegen des wirtschaftlichen Eigentums des Käufers (§ 446) liegt vor Eintritt des Sicherungsfalls ausschließlich eine Geschäftsbesorgung für den Vorbehaltskäufer vor; mit Eintritt des Sicherungsfalls liegt je nach Verwertungsabrede eine Geschäftsbesorgung für beide Vorbehaltskäufer und -verkäufer oder ausschließlich für den Vorbehaltsverkäufer vor (offen BGH ZIP 1983, 839 f, Urt v 25. 5. 1983, Az: IVa ZR 199/81).

cc) Verwendungen auf eine versicherte Sache (Schadensversicherung)

301 Zu Verwendungen eines Dritten zugunsten einer versicherten Sache oder Person s Rn 304 ff.

dd) Fremde Verwendungspflicht

302 Ist ein Dritter dem Eigentümer gegenüber lediglich zur Vornahme bestimmter Verwendungen vertraglich oder gesetzlich verpflichtet, so führt der Geschäftsführer mit seinen Verwendungen ausschließlich ein Geschäft für den Eigentümer. Dem Dritten kommt die Tätigkeit des Geschäftsführers allenfalls als mittelbarer Reflexvorteil zugute (anders Wollschläger, Die Geschäftsführung ohne Auftrag 187 f; s auch vgl OLG Stettin OLGRspr 8, 77 Urt v 30. 6. 1903).

ee) Utiliter gestum (§ 683 S 1)

303 Liegt auch eine Geschäftsführung für den Geschäftsherrn vor, so kann der Geschäftsführer doch nur dann gem § 683 S 1 Ersatz seiner Aufwendungen gleich einem Beauftragten verlangen, wenn die Übernahme dem wirklichen oder dem

mutmaßlichen Willen des Geschäftsherrn entspricht. Mangels anderweitiger Anhaltspunkte kommt dem Interesse eine besondere Indizfunktion zu. Allerdings ist man bei Annahme einer Interessengemäßheit der Übernahme der Geschäftsführung bei der Verwendung auf fremde Sachen sehr zurückhaltend. Dahinter steht das Bemühen, den Eigentümer vor aufgedrängter Bereicherung zu schützen: S im Einzelnen § 683 Rn 38.

c) Versicherungsfälle

aa) Aufwendungen eines Dritten zugunsten einer versicherten Sache oder Person

304 Macht ein Dritter Aufwendungen zugunsten einer versicherten Sache oder Person, stellt sich die Frage, ob der Aufwendende von der Versicherung Ersatz seiner Aufwendungen gem § 683 verlangen kann (Wandt, Gesetzliche Schuldverhältnisse[6] § 8 Rn 31 ff; Wollschläger, Die Geschäftsführung ohne Auftrag 184 ff; vgl zum französischen Recht: Jost, Geschäftsführung ohne Auftrag 65 f). Die überwiegende Auffassung differenziert: Die Versicherung ist dann nicht Geschäftsherr, wenn sie kraft Versicherungsvertrages oder kraft Gesetzes nur zur Schadensregulierung, aber nicht zur Schadensvorsorge verpflichtet ist. Sie ist dann selbst nicht zur Vornahme von erhaltenden, wiederherstellenden oder schadensmindernden Maßnahmen verpflichtet, sondern ihr obliegt nur eine Pflicht zur Kostentragung; diese mittelbare Kostentragungspflicht begründet aber keine Geschäftsherreneigenschaft (BGHZ 72, 151, 153 ff, Urt v 4. 7. 1978, Az: VI ZR 95/77; BGHZ 54, 157, 160 f, Urt v 22. 5. 1970, Az: IV ZR 1008/68; BGH NJW-RR 2012, 163 Rn 6, Urt v 28. 9. 2011, Az: IV ZR 294/10; MünchKomm/Seiler[6] § 677 Rn 22; **aA**: Wollschläger, Die Geschäftsführung ohne Auftrag 186; s auch Enneccerus/Lehmann, Schuldrecht[15] § 165 III 2 a S 699). Anders soll es dagegen sein, wenn die Versicherung – wie etwa die gesetzlichen Krankenversicherungen aufgrund des Sachleistungsprinzips des § 2 SGB V – nicht lediglich eine Kostentragungspflicht, sondern eine Pflicht zur tatsächlichen Schadensvorsorge trifft (BGHZ 33, 251, 254 f, Urt v 7. 11. 1960, Az: VII ZR 82/59; BGHZ 54, 157, 161, Urt v 22. 5. 1970, Az: IV ZR 1008/68; s Rn 134 ff, 176). Freilich handelt es sich bei der Geschäftsführung für eine gesetzliche Krankenkasse um eine sozialrechtliche Streitigkeit, für die manche vertragsärztliche Besonderheiten besteht (Brennecke, Ärztliche Geschäftsführung ohne Auftrag 215 ff). In einem Fall, in dem eine Krankenkasse die einer anderen Krankenkasse obliegende gesetzliche Leistung (Familienhilfe) erbracht hat, hat das BSG der leistenden Krankenkasse einen Anspruch auf Erstattung ihrer Aufwendungen nach den Grundsätzen der öffentlich-rechtlichen Geschäftsführung ohne Auftrag zuerkannt (BSG NJW 1958, 886, Urt v 20. 12. 1957, Az: 3 RK 69/55). Nach der hier vertretenen Lehre ist diese Differenzierung verfehlt (Rn 28 ff). Nach dem sozialen Sinn seines Tuns wird der Dritte für den Geschädigten (Versicherten) tätig (Rn 171 ff). Dessen Interesse bildet den Maßstab der Geschäftsführung. Der Versicherung kommt – unabhängig ob Sachleistungsprinzip oder nur Kostentragungspflicht – die Geschäftsführung allenfalls mittelbar zugute. – Fallen Versicherungsnehmer und Versicherter auseinander (Rn 305), liegt in den Aufwendungen eines Dritten ausschließlich eine Geschäftsführung für den Versicherten, nicht aber für den Versicherungsnehmer.

bb) Versicherung für fremde Rechnung (§§ 43 ff VVG)

305 Eine besondere Konstellation ist die sog Versicherung für fremde Rechnung. Gemeint ist damit der Fall, dass der Versicherungsnehmer (Geschäftsführer) einen Versicherungsvertrag zugunsten eines anderen – des Versicherten (Geschäftsherr) –

abschließt (vgl § 43 VVG). Für den Fall des Eintritts des Versicherungsfalls stellt sich die Frage, ob der Versicherte vom Versicherungsnehmer nicht nur Auskehrung der erlangten Versicherungssumme, sondern überhaupt verlangen kann, dass der Versicherungsnehmer den Anspruch gegen den Versicherer geltend macht. In frühen Entscheidungen nahm der BGH genau dies gestützt auf das Rechtsinstitut der Geschäftsführung ohne Auftrag an (BGHZ 32, 44, 51 ff, Urt v 8. 2. 1960, Az: II ZR 136/58; BGH NJW 1973, 1368, Urt v 4. 4. 1973, Az: IV ZR 130/71). Zutreffend war diese Rechtsprechung nicht; sie wurde daher zu Recht kritisiert (Wollschläger, Die Geschäftsführung ohne Auftrag 226 f, 245 f; vgl Wittmann, Begriff und Funktion der Geschäftsführung ohne Auftrag 120 f). Die Nichtanwendbarkeit der §§ 677 ff liegt aber nicht daran, dass der Versicherungsnehmer ein eigenes Geschäft wahrgenommen hat (tradierte Lehre) bzw nicht für einen anderen, sondern für sich selbst gehandelt hat. Denn bei normativer Bestimmung der Geschäftsführungsabsicht lässt sich kaum in Frage stellen, dass der Abschluss einer Versicherung für fremde Rechnung eine fremdnützige Tätigkeit für den Versicherten ist (**aA**: Wittmann, Begriff und Funktion der Geschäftsführung ohne Auftrag 121 f). Dass es dem Versicherungsnehmer etwa im Bereich der Kfz-Insassenversicherung lediglich darum geht, über die vorgeschriebene Haftpflichtversicherung hinaus zusätzlichen Versicherungsschutz zu erlangen, betrifft nur die Motivation zur Geschäftsführung. Der wahre Grund des Ausschlusses der §§ 677 ff folgt aus der Subsidiarität der Geschäftsführung ohne Auftrag. Sie ist das gesetzliche Schuldverhältnis der nicht durch Gesetz (oder Vertrag) abschließend oder abweichend geregelten fremdnützigen Interessensubordination (Rn 187 ff). Aber eine solche vorrangige Regelung sieht das VVG mit seiner eigentümlichen Regelung der Versicherung für fremde Rechnung vor (§§ 43 ff VVG). § 45 Abs 1 VVG legt es nämlich gerade und bewusst in die Hand des Versicherungsnehmers, ob er die Rechte des Versicherten aus dem Versicherungsvertrag (§ 44 Abs 1 VVG) geltend machen will. Der Versicherungsnehmer kann durchaus ein legitimes Interesse – etwa die Vermeidung höherer Prämien – daran haben, die Rechte des Versicherten gegen den Versicherer nicht geltend zu machen. Zutreffend hat der BGH daher im Ergebnis unter ausdrücklicher Aufgabe seiner früheren Rechtsprechung (BGHZ 64, 260, 262, Urt v 7. 5. 1975, Az: IV ZR 209/73; BGHZ 80, 8, 10 f, Urt v 13. 1. 1981, Az: VI ZR 180/79) erkannt, dass der Versicherungsnehmer bei Abschluss der Versicherung nicht als Geschäftsführer ohne Auftrag für die noch nicht feststehenden jeweiligen Fahrzeuginsassen tätig wird, und dementsprechend einen geschäftsführungsrechtlich begründeten Anspruch des Versicherten auf Geltendmachung der Rechte gegen den Versicherer abgelehnt.

cc) Eigene Aufwendungen des Versicherungsnehmers

Macht der Versicherungsnehmer selbst schadensabwehrende oder schadensmindernde Aufwendungen zugunsten einer versicherten Sache, scheitert ein Rückgriff auf die §§ 677 ff schon an der Subsidiarität der Geschäftsführung ohne Auftrag (Rn 187 ff). Die Ersatzansprüche des Versicherungsnehmers gegen die Versicherung sind in den §§ 82, 83 VVG spezialgesetzlich geregelt (MünchKomm/Seiler[6] § 677 Rn 37). **306**

Liegt in den sacherhaltenden Aufwendungen eines Dritten eine Geschäftsführung für den Versicherungsnehmer – was anzunehmen ist, wenn die Person des Versicherungsnehmers mit der des Versicherten übereinstimmt (Rn 304) –, so kann der Dritte vom Versicherungsnehmer gem §§ 683, 684 Ersatz für seine Aufwendungen verlan- **307** gen. Der Versicherungsnehmer seinerseits kann nunmehr aufgrund des Versicherungsvertrags beim Versicherer Rückgriff nehmen (§ 83 VVG). Seine ersatzfähigen Aufwendungen bestehen insoweit in der Erfüllung der gegen ihn gerichteten Geschäftsführungsansprüche des Dritten (Soergel/Beuthien[13] § 677 Rn 19).

d) Der Empfang von Unterhaltsleistungen

308 Die Gewährung von Unterhalt ist stets eine Geschäftsführung für den Empfänger und geradezu der idealtypische Fall einer Interessenwahrnehmung, bildet doch das Interesse des Empfängers (Geschäftsherrn) den Maßstab der Geschäftsführung. Der Regelung des BGB liegt explizit die Auffassung zugrunde, dass die Gewährung von Unterhalt eine echte Geschäftsführung für den Empfänger sein kann, wie § 685 Abs 2 zeigt. Nach einer im 19. Jahrhundert verbreiteten bis in das 20. Jahrhundert hineinreichenden gerichtlichen Übung waren Personen, die Unterhalt empfangen hatten, dem Geber zur Erstattung der diesem entstandenen Kosten aus *negotiorum gestio* verpflichtet (zB OAG Cassel SeuffA 2 [1848] Nr 43; Wollschläger, Die Geschäftsführung ohne Auftrag 219 ff mwNw). Noch heute begegnet bei einzelnen zum Unterhalt gehörenden Leistungen ein unmittelbarer geschäftsführungsrechtlicher Ausgleich zwischen Leistendem und Empfänger. So etwa bei der auftraglosen Behandlung eines bewusstlosen Patienten (vgl LG Hamburg MDR 1952, 356, Urt v 7. 2. 1952, Az: 9 S 355/51) oder auch im berühmten Flugreise-Fall, wo die Fluggesellschaft für die Rückbeförderung unmittelbaren geschäftsführungsrechtlichen Ausgleich beim blinden Passagier nehmen kann (BGH NJW 1971, 609, 612, Urt v 7. 1. 1971, Az: VII ZR 9/70 insoweit nicht in BGHZ 55, 128 abgedruckt). – Im Einzelfall kann dem Geschäftsführer der – systemwidrig im Rahmen der §§ 677 ff geregelte – privilegierte Rückgriff der §§ 679 Alt 2, 683 S 2 gegen den Unterhaltspflichtigen zustehen, wenn ohne die Unterhaltsgewährung an den Empfänger eine gesetzliche Unterhaltspflicht des Pflichtigen verletzt worden wäre (s Rn 2; § 679 Rn 2).

3. Der gegenüber einem Dritten vertraglich verpflichtete Geschäftsführer

a) Konstellationen

309 Beim sog pflichtengebundenen Geschäftsführer handelt es sich um die schwierigste und umstrittenste Fallgruppe der Geschäftsführung ohne Auftrag. Der Geschäftsführer besorgt für einen anderen (Geschäftsherrn) ein Geschäft, ist aber einem Dritten gegenüber zur Vornahme der Geschäftsführungsmaßnahmen verpflichtet (zu dieser Konstellation: Lent, Begriff der auftraglosen Geschäftsführung 150 ff; Gursky AcP 185 [1985] 13, 36 ff; Falk JuS 2003, 833, 836 f; Martinek/Theobald JuS 1997, 992, 994 f; Schubert AcP 178 [1978] 425, 440 ff; Larenz, Schuldrecht II/1[13] § 57 I a S 441; Medicus/Petersen, Bürgerliches Recht[24] Rn 414; Esser/Weyers, Schuldrecht II/2[8] § 46 II 2 d [2] S 14; Oertmann Vorbem 5 d vor §§ 677 ff; zum Schweizer Recht: Schmid, Geschäftsführung ohne Auftrag Rn 266 ff; zum österreichischen Recht: Meissel, Geschäftsführung ohne Auftrag 75; aus der Sicht der Rechtsökonomie: Köndgen, in: Zimmermann [Hrsg], Rechtsgeschichte und Privatrechtsdogmatik 371, 386). Der pflichtengebundene Geschäftsführer erscheint in zwei Konstellationen: einmal (a) als gebundener Geschäftsführer in Erfüllung fremder Pflichten, zum anderen (b) als gebundener Geschäftsführer zur Förderung fremden Nutzens.

310 In Fallgruppe (a) – **Erfüllung fremder Pflichten** (s auch Rn 258 ff) – erledigt der aufgrund seines Vertrages mit dem Dritten gebundene Geschäftsführer durch seine vertraglich geschuldete Tätigkeit zugleich eine Verpflichtung des Geschäftsherrn.

Prominentes Beispiel sind die **Arzt- oder Krankenhausbehandlungsfälle**, in denen der Leistende (Geschäftsführer) aufgrund eines Vertrages mit dem Unterhaltsberechtigten (Dritter) tätig wird und nunmehr aus Geschäftsführung ohne Auftrag Ersatz seiner Aufwendungen vom Unterhaltsverpflichteten (Geschäftsherr) verlangt, dessen Unterhaltspflicht er erfüllt hat (**bejahend**: zB LG Bielefeld MDR 1966, 234, Urt v 6. 10. 1965, Az: 1 S 219/65: der Arzt des einkommenslosen Mannes führt zugleich ein Geschäft der verdienenden Ehefrau; LG Stuttgart NJW 1961, 972, 973, Urt v 8. 2. 1961, Az: 5 S 341/60: der die Ehefrau behandelnde Zahnarzt führt zugleich ein Geschäft des Ehegatten; LG Bonn FamRZ 1970, 321, Urt v 28. 1. 1970, Az: 7 O 3312/69; Enneccerus/Lehmann, Schuldrecht[15] § 165 III 3 S 700; Fikentscher/Heinemann, Schuldrecht[10] Rn 1265; vGierke, Deutsches Privatrecht III § 216 II 2 S 980 Fn 11; Oertmann Vorbem 5 d δ vor §§ 677 ff; **ablehnend**: zB OLG Saarbrücken NJW 1998, 828, 829, Urt v 7. 5. 1997, Az: 1 U 771/96 – 127; OLG Koblenz NJW 1992, 2367 f, Urt v 20. 6. 1991, Az: 5 U 75/91; LG Landau NJW 2000, 1046, Urt v 26. 10. 1999, Az: 1 S 118/99; LG Köln NJW 1991, 2354, Urt v 11. 7. 1990, Az: 19 S 551/89; eingehend: Brennecke, Ärztliche Geschäftsführung ohne Auftrag 151 ff). In früher gängiger Praxis wurden insbesondere Ehemänner aus Geschäftsführung ohne Auftrag zur Bezahlung von Arzt- oder Krankenhauskosten getrennt lebender Ehefrauen verurteilt, die infolge des Wegfalls der Schlüsselgewalt nach § 1357 alleinige Vertragspartei waren. Aus der Zeit vor Inkrafttreten des BGB finden sich sogar Fälle, in denen der Vater für die Gasthausschulden seines studierenden Sohnes aus *negotiorum gestio* in Anspruch genommen wurde (vgl Wollschläger, Die Geschäftsführung ohne Auftrag 143 mwNw). Faktisch wurde so der Unterhaltspflichtige zum gesetzlichen Zweitschuldner des vertraglich bedungenen Entgelts gemacht. Hierher gehören auch die **Abschleppfälle**, in denen der von der Polizei oder dem Grundstückseigentümer beauftragte Abschleppunternehmer (Geschäftsführer) nunmehr unmittelbar gegen den zur Entfernung seines Pkw verpflichteten Fahrzeughalter (Geschäftsherr) aus Geschäftsführung ohne Auftrag vorgeht (**bejahend**: zB LG Stuttgart VersR 1973, 517, Urt v 7. 1. 1972, Az: 6 S 263/71: der von der Polizei beauftragte Abschleppunternehmer tätigt zugleich ein Geschäft für den [zunächst] unbekannten Eigentümer; LG Braunschweig NJW 1966, 1820, Urt v 9. 11. 1965, Az: 6 S 40/65; LG Limburg MDR 1965, 742, Urt v 14. 4. 1965, Az: 3 S 7/65; **ablehnend**: LG München I NJW 1978, 48, Urt v 28. 9. 1977, Az: 15 S 2733/77; dazu: Wollschläger, Die Geschäftsführung ohne Auftrag 160 f; Giesen Jura 1996, 225, 231; Schubert NJW 1978, 687, 688 f; vgl auch: Janssen NJW 1995, 624).

In Fallgruppe (b) – **Förderung fremden Nutzens** (s Rn 297 ff) – macht der in Vertrags- **311**
beziehungen zu einem Dritten stehende Geschäftsführer vertragsgemäße Verwendungen, die dem Eigentümer der Sache (Geschäftsherr) zugute kommen. Charakteristisch sind Fälle, in denen der mittlerweile mittellose Mieter (Dritter) einen Werkunternehmer (Geschäftsführer) mit einer Reparatur beauftragt und dieser sich nun aus Geschäftsführung ohne Auftrag unmittelbar an den Eigentümer (Geschäftsherrn) hält (zB AG Wiesbaden NJW-RR 1988, 531, Urt v 10. 6. 1987, Az: 96 C 193/87), oder der im eigenen Namen handelnde und nunmehr insolvente Verwalter (Dritter) ein Unternehmen (Geschäftsführer) mit Arbeiten betraut und sich dieses nun an den Eigentümer (Geschäftsherrn) hält, oder der von einem Generalunternehmer (Dritter) mit Bauleistungen betraute Unternehmer (Geschäftsführer) nach der Insolvenz des Generalunternehmers an dessen Auftraggeber (Geschäftsherrn) hält, dem die Bauleistungen zugute gekommen sind (BGH NZBau 2004, 34, Urt v 21. 10. 2003, Az: X ZR 66/01; BGH NJW-RR 2004, 956, Urt v 15. 4. 2004, Az: VII ZR 212/03; auch: OLG Oldenburg Rp 2000, 263, Urt v 5. 7. 2000, Az: 2 U 104/00; weitere Beispiele auch aus der Rechtsprechung vor 1900 bei Wollschläger, Die Geschäftsführung ohne Auftrag 202 ff).

312 Von der Tendenz her setzt sich zunehmend die Auffassung durch, dass die Bindung an den Vertragspartner nicht über die Krücke geschäftsführungsrechtlicher Ansprüche umgangen werden kann (ESSER/WEYERS, Schuldrecht II/2[8] § 46 II 2 d [2] S 14). – Entgegen teilweise in der Lehre angestellten Vermutungen hat § 241a keine unmittelbaren Auswirkungen auf die rechtliche Behandlung des pflichtengebundenen Geschäftsführers. Diese Vorschrift erfasst nur die (gescheiterte) Vertragsanbahnung (s Rn 206 f).

b) Die Normierung des pflichtengebundenen Geschäftsführers im E I; Reformvorschlag und Europäische Rechtsentwicklung

313 **§ 760 E I** enthielt eine ausdrückliche Normierung des Problems des pflichtengebundenen Geschäftsführers (§ 760 E I: „Wenn jemand ein fremdes Geschäft im Auftrag eines Dritten besorgt, so wird ihm der Geschäftsherr und er letzterem aus der Geschäftsbesorgung nicht verpflichtet, es sei denn, dass er zugleich in der Absicht gehandelt hat, als Geschäftsführer des Geschäftsherrn das Geschäft zu besorgen.“). Die Erste Kommission ging im Anschluss an WINDSCHEID (WINDSCHEID/KIPP, Lehrbuch der Pandekten II[9] § 431 Nr 2 S 925 f) davon aus, es sei möglich, dass der Geschäftsführer nicht nur in der Absicht handeln könne, den Vertrag mit dem Dritten zu erfüllen, sondern dass er zugleich zwischen sich und dem Geschäftsherrn das Rechtsverhältnis der Geschäftsführung ohne Auftrag zur Entstehung bringen könne. Als Regelfall wollte man dies allerdings nicht verstanden wissen. Es sei grundsätzlich zu vermuten, dass der beauftragte Geschäftsführer nur seine vertraglichen Pflichten erfüllen wolle, zwischen ihm und dem Geschäftsherrn das Rechtsverhältnis der *negotiorum gestio* mithin nicht zustande komme (MUGDAN II 486). Die Regelung des § 760 E I wurde in der Lehre teilweise kritisiert, weil sie die Möglichkeit einer *negotiorum gestio* zwischen Geschäftsführer und Geschäftsherr nur dann zulassen wollte, wenn der Handelnde in der Absicht handele, als Geschäftsführer für den Geschäftsherrn dessen Geschäft zu besorgen: Denn im Leben mache man sich darüber keine Gedanken (DERNBURG, Die Schuldverhältnisse nach dem Recht des Deutschen Reichs und Preußens[3] § 299 I 3 a S 431). Die Zweite Kommission schließlich strich § 760 E I. Die Frage wurde der Wissenschaft zur Klärung überlassen (MUGDAN II 1202). Das BGB enthält also an dieser Stelle eine **gewollte Regelungslücke**. Allein mit der Ablehnung der Versionsklage – wie es in der Lehre gerne geschieht – durch den Gesetzgeber wird man daher schwerlich argumentieren können; zumal die Anspruchssituation eine andere ist: Bei der **Versionsklage** will der Dritte, der mit dem Geschäftsführer einen Vertrag geschlossen hatte, unmittelbar gegen den Geschäftsherrn vorgehen (s Rn 222 f); hier will der Geschäftsführer sich unmittelbar an den Geschäftsherrn halten.

314 Wesentlich weiter als der E I ging **§ 235 Abs 2 des Vorentwurfs** vKÜBELS. Der Entwurf ließ als subjektives Element der Geschäftsführung ohne Auftrag das kognitive Element, also die Kenntnis der Fremdheit des Geschäfts, ausreichen. Ein Fremdgeschäftsführungswille ieS war keine Voraussetzung. Welche Absicht der Gestor bei seiner Tätigkeit gehabt hatte, war unerheblich. Daher ging der Vorentwurf davon aus, dass der Gestor auch dem wahren *dominus* gegenüber aus Geschäftsführung ohne Auftrag verpflichtet wurde: Das Vorliegen eines Vertragsverhältnisses zwischen Gestor und Drittem hindere nicht das Entstehen einer *negotiorum gestio;* der Vertrag sei lediglich ihr Veranlassungsgrund, ohne die Verpflichtung des Geschäftsführers dem Geschäftsherrn gegenüber zu alterieren (vKÜBEL, in: SCHUBERT [Hrsg], Die Vorlagen der Redaktoren, Schuldverhältnisse II 929, 958).

Die neuere Entwicklung *de lege ferenda* scheint den pflichtengebundenen Geschäftsführer aus dem Gestionsrecht verbannen zu wollen. Auf nationaler Ebene will der Reformvorschlag HELMS die Möglichkeit des unmittelbaren Durchgriffs gegen den Dritten (Geschäftsherrn), dem die Leistung zugute kommt, ausdrücklich ausschließen, sofern dem Geschäftsführer ein vertraglicher Vergütungsanspruch gegen eine andere Person (Auftraggeber) zusteht (HELM, in: Gutachten und Vorschläge zur Überarbeitung des Schuldrechts III 335, 394). Ebenso hält der Draft Common Frame of Reference (DCFR) die Vorschriften des Book V über die Benevolent intervention in another's affairs nicht für einschlägig, „where the intervener is under a duty to a third party to act" (Art V – 1:103 [c] DCFR). **315**

c) Die Behandlung im römischen Recht

In den Quellen begegnen wir wiederholt dem Fall, dass ein Auftrag erteilt wurde, die Geschäfte eines Dritten zu führen. Das bekannteste Fragment ist sicherlich ULPIAN/MARCELLUS Dig 3, 5, 3, 11: „Apud marcellum libro secundo digestorum quaeritur, si, cum proposuissem negotia titii gerere, tu mihi mandaveris ut geram, an utraque actione uti possim? et ego puto utramque locum habere." MARCELLUS warf darin die abstrakte Frage auf, ob der zur Geschäftsführung Beauftragte auch gegen den Dritten klagen könne. ULPIAN bejaht dies. Mit anderen Worten: Der Mandatar kann mittels der *actio mandati* gegen seinen Auftraggeber und mittels der *actio negotiorum gestorum* gegen den Dritten, seinen Geschäftsherrn *(dominus)* vorgehen (auch: ALEXANDER C 2, 18, 14). CHAMBON vervollständigt das Dreieck: Zwischen dem Auftraggeber und Dritten besteht seinerseits entweder selbst ein Mandat oder eine Geschäftsführung ohne Auftrag (CHAMBON, Die Negotiorum Gestio 118). Allerdings gibt es eine Reihe von weiteren Quellenzeugnissen, die als gegenläufig empfunden werden und denen man die Wertung entnimmt, dass der Beauftragte nur in einem Rechtsverhältnis zum Auftraggeber, nicht aber in einem Rechtsverhältnis zum Dritten steht (PAPINIAN Dig 17, 1, 53; ULPIAN Dig 16, 3, 1, 11; PAPINIAN Dig 17, 1, 8, 3; ULPIAN Dig 17, 1, 28; vgl SEILER, Der Tatbestand der negotiorum gestio im Römischen Recht 116 ff; MAYER-MALY SZRA 86 [1969] 416, 431). Die (Auf-)Lösung wurde von den älteren Juristen in einer Einzelfallbetrachtung der Richtung der Geschäftsführungsabsicht des Beauftragten gefunden. Als entscheidend wurde angesehen, ob der Beauftragte lediglich im Hinblick auf den erteilten Auftrag oder zugleich im Hinblick auf den Dritten tätig werden wollte. Sei er auch für den Dritten tätig geworden, so seien die Grundsätze über die Geschäftsführung ohne Auftrag in diesem Verhältnis anwendbar (CHAMBON, Die Negotiorum Gestio 119 f; WINDSCHEID/KIPP, Lehrbuch der Pandekten II[9] § 431 [2] S 925 f; vgl SEILER, Der Tatbestand der negotiorum gestio im Römischen Recht 115 f; MICHEL RIDA 1997, 293; SCHUBERT AcP 178 [1978] 425, 440 f). In der Tat lässt sich für diese Einzelfallbetrachtung das vielsagende Fragment ULPIAN/LABEO Dig 3, 5, 5, 6 anführen: „nam et si cui mandavero, ut meum negotium gerat, quod mihi tecum erat commune, dicendum esse Labeo ait, si et tuum gessit sciens, negotiorum gestorum eum tibi teneri." Damit war eine Lehre geboren, die später von § 760 E I aufgriffen wurde. Hiermit ist im Grundsatz das Ergebnis der Untersuchungen SEILERS vereinbar, denen zufolge die Zulassung von Geschäftsführungsansprüchen zwischen Beauftragten und Dritten im römischen Recht den Umständen des jeweiligen Einzelfalles, nicht aber einer allgemeinen Regel geschuldet war (SEILER, Der Tatbestand der negotiorum gestio im Römischen Recht 125 ff; zustimmend: MAYER-MALY SZRA 86 [1969] 416, 431 f). Wenn SEILER allerdings versucht, die Bedeutung der Geschäftsführungsabsicht zu negieren, indem er in die Quellen einen Grundsatz hineinliest, dass die Klassiker bei **316** der Geschäftsführung im fremden Auftrage *actiones negotiorum gestorum* zwischen dem Beauftragten und dem Dritten grundsätzlich nicht anerkannten, und nur aus objektiven Erwägungen im Einzelfall abgewichen wurde, so erliegt er vielleicht der Versuchung, in die Quellen die Erkenntnisse der heutigen geschäftsführungsrechtlichen Dogmatik hineinzulesen. Gleichzeitig aber ist sein Bemühen, sich von einem naturalistischen Verständnis der Geschäftsführungsabsicht zu lösen und normative Gesichtspunkte für maßgebend zu erklären, bemerkenswert.

d) Der Ansatz des BGH

317 Nach der Auffassung des BGH wird nicht allein dadurch, dass sich der Geschäftsführer zur Geschäftsbesorgung gegenüber seinem Vertragspartner verpflichtet hat, die Möglichkeit einer Geschäftsführung ohne Auftrag für einen anderen als den Vertragspartner ausgeschlossen (BGH NZBau 2004, 34, 35, Urt v 21. 10. 2003, Az: X ZR 66/01; BGHZ 61, 359, 363, Urt v 8. 11. 1973, Az: VII ZR 246/72; BGH LM BGB § 677 Nr 2, Urt v 24. 10. 1951, Az: II ZR 48/50; auch: BGHZ 143, 9, 13 f, Urt v 21. 10. 1999, Az: III ZR 319/98; Dernburg, Die Schuldverhältnisse nach dem Recht des Deutschen Reichs und Preußens[3] § 299 I 3 a S 431; vGierke, Deutsches Privatrecht III § 216 II 2 S 980; Palandt/Sprau[73] § 677 Rn 7, 11; Planck/Lobe[4] § 677 Anm 2b; krit: Soergel/Beuthien[13] § 677 Rn 9). Eine Geschäftsbesorgung für einen anderen könne auch dann vorliegen, wenn der Geschäftsbesorger zur Besorgung des Geschäfts einem Dritten gegenüber verpflichtet ist (BGHZ 143, 9, 13, Urt v 21. 10. 1999, Az: III ZR 319/98). Besorgt der pflichtengebundene Geschäftsführer ein objektiv zumindest auch fremdes Geschäft, so kommt auch ihm die Vermutungswirkung des fremden Geschäfts zugunsten des Fremdgeschäftsführungswillens zugute (BGHZ 143, 9, 14 f, Urt v 21. 10. 1999, Az: III ZR 319/98). Allerdings hat der BGH diesen Grundsatz mittlerweile weitgehend **zurückgenommen**. Eine Inanspruchnahme des Geschäftsherrn komme dann nicht in Betracht, wenn der Geschäftsführer in Erfüllung eines mit einem Dritten wirksam geschlossenen Vertrages handele, der Rechte und Pflichten des Geschäftsführers und insbesondere die **Entgeltfrage umfassend regelt** (BGH NVwZ-RR 2012, 707 Rn 16, Urt v 21. 6. 2012, Az: III ZR 275/11; BGH NJW-RR 2004, 956, Urt v 15. 4. 2004, Az: VII ZR 212/03; BGH NZBau 2004, 34, 35 f, Urt v 21. 10. 2003, Az: X ZR 66/01; dazu: Wendtlandt NJW 2004, 985; noch offen gelassen in BGHZ 140, 102, 109, Urt v 26. 11. 1998, Az: III ZR 223/97; vgl in diese Richtung bereits: Oertmann Vorbem vor §§ 677 ff, Anm 5d). Eine umfassende Regelung der Entgeltfrage innerhalb einer wirksamen Vertragsbeziehung sei hinsichtlich des Ausgleichs für die jeweils erbrachten Leistungen auch im Verhältnis zu Dritten grundsätzlich abschließend. Zur Begründung verweist der BGH auf den Gedanken der Privatautonomie: Vertraglichen Rechten gebühre der Vorrang gegenüber dem geschäftsführungsrechtlichen Ausgleich der aus der erbrachten Leistung resultierenden Vorteile Dritter, die außerhalb des Vertrags stehen. Selbst die spätere Insolvenz des Vertragspartners ändere hieran nichts; sie biete keine Grundlage, entgegen der Regel Aufwendungsersatzansprüche gegenüber Dritten zu begründen. Zweck des Instituts der Geschäftsführung ohne Auftrag sei es nicht, das Insolvenzrisiko der Parteien aufzufangen und auf Dritte zu verlagern. Eine hinreichend „umfassende" Regelung der Rechte und Pflichten des Geschäftsführers und der Entgeltfrage in dem zwischen dem Geschäftsführer und dem dritten Auftraggeber geschlossenen Vertrag erfordert nach Auffassung des BGH nicht, dass sämtliche Details der Entgeltfrage einschließlich der exakten Höhe des Entgelts eingehend geregelt sind. Es sei bereits ausreichend, dass in dem Vertrag, in dessen Rahmen die betreffende Leistung geschuldet wird, die Entgeltlichkeit

überhaupt im Sinne einer umfassenden Vergütungspflicht des Auftraggebers vereinbart wurde (BGH NVwZ-RR 2012, 707 Rn 20, Urt v 21. 6. 2012, Az: III ZR 275/11).

e) Ansätze in der Lehre und der Instanzgerichtsbarkeit

Hat in der Rechtsprechung des BGH auch eine bedeutende Kehrtwende stattgefunden, so hält er doch am Grundsatz fest, dass allein die vertragliche Verpflichtung zur Geschäftsbesorgung gegenüber einem Dritten die Möglichkeit einer Geschäftsführung für den Geschäftsherrn nicht ausschließt. Schon dieser Ausgangspunkt stößt in der Lehre und bei einer doch erheblichen Anzahl von Instanzgerichten auf Ablehnung. Die Argumente, die gegen einen Rückgriff auf das Geschäftsführungsrecht angeführt werden, sind mannigfaltig. Überwiegend wird (a) darauf hingewiesen, dass der Geschäftsführer ausschließlich seinen Vertragspflichten nachkommen wolle, es von daher also schon an der Fremdheit des Geschäfts oder an der **Geschäftsführungsabsicht** fehle (OLG Saarbrücken NJW 1998, 828, 829, Urt v 7. 5. 1997, Az: 1 U 771/96 – 127; LG Landau NJW 2000, 1046, Urt v 26. 10. 1999, Az: 1 S 118/99; AG Wiesbaden NJW-RR 1988, 531, Urt v 10. 6. 1987, Az: 96 C 193/87; vgl auch OLG Hamburg SeuffA 69 [1914] Nr 227, Urt v 5. 6. 1914, Az: Bf V 158/14 für den Zwangsverwalter; vgl auch: OLG Oldenburg MDR 2000, 1373, Urt v 5. 7. 2000, 2 U 104/00; Weishaupt NJW 2000, 1002 f; vgl zu den verschiedenen Begründungsansätzen: Wollschläger, Die Geschäftsführung ohne Auftrag 202 f; s auch: Gursky AcP 185 [1985] 13, 38 f); zumindest könne der Fremdgeschäftsführungswille bei einem Handeln aufgrund eines Vertrages mit einem Dritten nicht ohne Weiteres vermutet werden, sondern müsse ggf anhand nach außen erkennbarer Anhaltspunkte besonders bewiesen werden (OLG Stuttgart Rp 2002, 26, 27, Urt v 9. 5. 2001, Az: 3 U 22/01; OLG Koblenz NJW 1992, 2367, 2368, Urt v 20. 6. 1991, Az: 5 U 75/91; LG München I NJW 1978, 48 f, Urt v 28. 9. 1977, Az: 15 S 2733/77; Palandt/Sprau[73] § 677 Rn 7). (b) Es wird deshalb eine **institutionelle Beschränkung** des Geschäftsführungsrechts anhand der aus der Behandlung bereicherungsrechtlicher Dreiecksverhältnisse bekannten Wertungen verlangt. In der Fallgruppe des pflichtengebundenen Geschäftsführers gehe es wie bei der Behandlung der **bereicherungsrechtlichen Dreiecksverhältnisse** darum, dem Grundsatz Geltung zu verschaffen, dass jede Partei ausschließlich das Insolvenzrisiko ihres aufgrund eigener Risikoeinschätzung gewählten Vertragspartners zu tragen hat und dieses nicht auf einen Dritten (Geschäftsherr) verlagern kann. Habe der Geschäftsführer die Geschäftsbesorgung als Leistung an seinen Vertragspartner erbracht, könne er sich auch nur an diesen halten. Jede Partei habe grundsätzlich das Insolvenzrisiko ihres Vertragspartners, das sie freiwillig übernommen habe, zu tragen. Derjenige, der die Möglichkeit habe, sich einen Vertragspartner auszusuchen, müsse dort auch die Sicherheit gegenüber Risiken suchen, die das Korrelat seiner Wahlfreiheit seien. Dieses Prinzip der Vertragsrechtsordnung dürfe nicht anhand der Vorschriften über die Geschäftsführung ohne Auftrag umgangen werden. Auch im Recht der Geschäftsführung ohne Auftrag komme damit der Grundsatz der Ausschließlichkeit der Leistungsbeziehungen zum Zuge (Martinek/Theobald JuS 1997, 992, 994; Weishaupt NJW 2000, 1002 f; Wendtlandt NJW 2004, 985, 986; Esser/Weyers, Schuldrecht II/2[8] § 46 II 2 d [2] S 14; Medicus/Petersen, Bürgerliches Recht[24] Rn 414; Soergel/Beuthien[13] § 677 Rn 9 ff; vgl auch: Wollschläger, Die Geschäftsführung ohne Auftrag 204 f; OLG Hamm NJW 1974, 951, 952 f, Urt v 9. 1. 1974, Az: 11 U 198/73; vgl nunmehr auch für Verträge, die die Entgeltfrage umfassend klären: BGH NJW-RR 2004, 956, Urt v 15. 4. 2004, Az: VII ZR 212/03; BGH NZBau 2004, 34, 35 f, Urt v 21. 10. 2003, Az: X ZR 66/01). Von diesem Grundsatz werden **Ausnahmen** diskutiert. Sei das tragende Prinzip der Vertragsrechtsordnung seinerseits gestört, so werde es schwer, an der dargestellten Beschränkung geschäftsführungsrechtlicher Durch- 318 griffsansprüche festzuhalten. Dies zeigten besonders deutlich die **Arzt- und Krankenhausfälle**. Der Arzt habe selten die Gelegenheit, sich seinen Patienten auszusuchen (vgl Wollschläger, Die Geschäftsführung ohne Auftrag 148 ff; ebenso: MünchKomm/Seiler[6] § 677 Rn 32; **aA** zB Schubert AcP 178 [1978] 425, 443 f, der auch insoweit keine Ausnahme anerkennen will). Von daher sei es gerechtfertigt, bei Mittellosigkeit des Patienten (Vertragspartner) auf das Vermögen des Unterhaltspflichtigen (Geschäftsherr) zuzugreifen. Soweit § 1357 eingreift, ist ein Rückgriff auf geschäftsführungsrechtliche Ausgleichsansprüche entbehrlich (s Rn 196). (c) Schließlich wird darauf hingewiesen, dass die Rechtsfolgen, die eine Anwendung der §§ 677 ff auf den pflichtengebundenen Geschäftsführer nach sich ziehen würde, weitestgehend unpassend und unangemessen seien. Der vertraglich an den Dritten gebundene (und ggf weisungsabhängige) Geschäftsführer wäre grundsätzlich gem § 681 S 1 gehalten, dem Geschäftsherrn die Übernahme der Geschäftsführung anzuzeigen und dessen Entschließung abzuwarten. Er wäre diesem auskunfts- und rechenschaftspflichtig (§§ 681 S 2, 666) und würde ihm bei Pflichtverletzung (§§ 280, 677, 678) auf Schadensersatz haften (so in der Tat für eine Haftung aus §§ 280, 681: LG Stuttgart VersR 1973, 517, Urt v 7. 1. 1972, Az: 6 S 263/71; Martinek/Theobald JuS 1997, 992, 994 weisen auf die Situation bei mangelhafter Werkleistung hin: Der Vertragspartner kann verschuldensunabhängig mindern, während der Geschäftsherr nur im Falle des Verschuldens geltend machen kann, dass der Geschäftsführer im Rahmen des § 683 die Aufwendungen nicht für erforderlich halten durfte bzw gem §§ 677, 280 Schadensersatz verlangen kann). Außerdem sei er verpflichtet, das aus der Geschäftsführung Erlangte herauszugeben, wozu insbesondere die Vertragsvergütung des Dritten gerechnet wird (Soergel/Beuthien[13] § 677 Rn 9). Noch ein weiteres Problem kann sich stellen: Dem Geschäftsherrn kann eine doppelte Inanspruchnahme drohen, sowohl durch den Geschäftsführer (§ 683) als auch durch den Dritten, der seinerseits uU beim Geschäftsherrn seine Vertragskosten liquidieren kann, etwa aus Unterhalt oder einer bestehenden Beauftragung durch den Geschäftsherrn (§ 670), ohne dass eine Gesamtgläubigerschaft (§ 428) vorläge.

319 Allerdings findet sich bei einigen Autoren auch der Hinweis darauf, dass die vertragliche Verpflichtung des Geschäftsführers dem Dritten gegenüber zur Geschäftsbesorgung eine Geschäftsführung ohne Auftrag im Verhältnis zum Geschäftsherrn nicht per se ausschließt. Sei die Vertragspflicht gerade darauf gerichtet, als Geschäftsführer ohne Auftrag für einen anderen tätig zu werden, so komme trotz der vertraglichen Bindung des Geschäftsherrn ein Geschäftsführungsverhältnis mit dem Geschäftsherrn zustande (Wittmann, Begriff und Funktion der Geschäftsführung ohne Auftrag 31, 43, 77 f; vgl auch Gursky AcP 185 [1985] 13, 38 ff; Oertmann Vorbem vor §§ 677 ff, Anm 5d; **aA**: Wollschläger, Die Geschäftsführung ohne Auftrag 103 f). Gursky nennt als Beispiel den Fall, dass eine Schifffahrtsgesellschaft einen Schiffsarzt bestellt, der im eigenen Namen mit den Passagieren Behandlungsverträge schließen und ggf bei Bewusstlosigkeit des Passagiers als Geschäftsführer ohne Auftrag tätig werden soll (Gursky AcP 185 [1985] 13, 41 f). Ebenfalls soll nach Gursky trotz Vertragsbindung eine Geschäftsführung ohne Auftrag zustande kommen, wenn die Geschäftsbesorgung unmittelbar zwei Geschäftsherren zugute kommen würde, aber nur mit einem ein Vertrag geschlossen wurde, zugleich jedoch auch für den anderen gehandelt werden soll (zB ohne dafür verantwortlich zu sein, bietet sich der Geschäftsführer an, eine Gefahr, die zwei Grundstücke bedroht, zu beseitigen; da nur ein Eigentümer erreichbar ist, wird insoweit ein Auftrag geschlossen, für den anderen soll er als *negotiorum gestor* handeln).

f) Stellungnahme

Der sog pflichtengebundene Geschäftsführer bedarf differenzierter Behandlung. **320**
Die Geschäftsführung ohne Auftrag ist das gesetzliche Schuldverhältnis der fremdnützigen Interessenwahrnehmung (Subordination). Tatbestandlicher Ausdruck der Interessensubordination ist die Geschäftsführungsabsicht. Hierbei handelt es sich um ein normatives, kein empirisches Tatbestandsmerkmal (Rn 28 ff, 171 ff). Der Geschäftsführer handelt in Geschäftsführungsabsicht, wenn er nach dem sozialen Sinn und der objektiven Zweckrichtung seines Handelns dem Interesse des Geschäftsherrn dienen will. Entgegen Schubert schließt das Bestehen einer vertraglichen Pflicht zur Geschäftsbesorgung eine Geschäftsführung ohne Auftrag zugunsten des Geschäftsherrn dann nicht aus, wenn die vertraglich begründete Pflicht gerade die Geschäftsführung zugunsten des Geschäftsherrn zum Gegenstand hat; in diesem Fall wird die Subordination unter die Interessen des Geschäftsherrn lediglich zur Rechtspflicht verstärkt (Rn 179; **aA**: Schubert AcP 178 [1978] 425, 441 f; Martinek/Theobald JuS 1997, 992, 994). Eindeutig ist dies bei gesetzlichen Pflichten, die zugunsten eines anderen bestehen – zB der Beschützergarant iSd § 13 StGB, der seinen Schützling rettet –, ist aber bei vertraglich begründeten Pflichten im Grundsatz nicht anders. Im Weiteren muss nach den Unterfallgruppen des pflichtengebundenen Geschäftsführers differenziert werden.

aa) Förderung fremden Nutzens

Erhebliche Schwierigkeiten bereitet der Unterfall der Förderung fremden Nutzens: **321**
Der Geschäftsführer tätigt aufgrund vertraglicher Verpflichtung mit einem Dritten Aufwendungen zugunsten des Geschäftsherrn. Problematisch sind zwei Tatbestandsmerkmale der Gestion: (a) Geschäftsführungsabsicht und (b) Handeln ohne Auftrag; zudem (c) ist die Utilität häufig zweifelhaft.

α) Die Geschäftsführungsabsicht

Obwohl der unmittelbar Handelnde fremdnützig für den Geschäftsherrn tätig wird, **322**
bereitet schon die Frage, ob er dabei überhaupt in Geschäftsführungsabsicht für den Geschäftsherrn handelt, erhebliche Schwierigkeiten. Es bestimmt sich nach dem sozialen Sinn der Gesamtumstände, ob der unmittelbar Handelnde als selbständiger Geschäftsführer auftritt oder lediglich **(Geschäftsführungs-)Gehilfe** eines Dritten (vgl § 278) ist (Rn 181 f). Ist er Gehilfe des Dritten, der seinerseits dem Geschäftsherrn – sei es aufgrund eines Vertrages oder eines gesetzlichen Schuldverhältnisses (zB Geschäftsführung ohne Auftrag) – zur Geschäftsbesorgung verpflichtet ist, so werden geschäftsführungsrechtliche Beziehungen zwischen ihm und dem Geschäftsherrn per se nicht begründet (zB löscht die Feuerwehr einen Brand, so ist die Gemeinde als Träger der Feuerwehr und nicht der einzelne Feuerwehrmann Geschäftsführer; vgl BGH NJW 2004, 513, 515, Urt v 13. 11. 2003, Az: III ZR 70/03; vgl Lent, Begriff der auftraglosen Geschäftsführung 155 ff). Der unmittelbar Handelnde steht als Gehilfe des Dritten zuordnungsrechtlich im Lager des Dritten, der für das Verschulden seines Erfüllungs- oder Geschäftsführungsgehilfen gem § 278 einzustehen hat.

Der Erfüllungs- oder Geschäftsführungsgehilfe, der ohne Geschäftsführungsabsicht **323**
handelt, ist vom selbständigen Geschäftsführer abzugrenzen, der vom Dritten gleich einem selbständigen Substituten (vgl § 664 Abs 1) eingeschaltet wird (Rn 181 f). Ist der Dritte dem Geschäftsherrn im Valutaverhältnis vertraglich zur Geschäftsbesorgung verpflichtet, so bestimmt es sich nach den zu § 664 Abs 1 entwickelten Grund-

sätzen, ob eine Substitution möglich und zulässig, sowie ob der unmittelbar Handelnde als Erfüllungsgehilfe oder Substitut einzuordnen ist. So wird der angestellte Krankenhausarzt als Erfüllungsgehilfe des Krankenhauses und nicht als selbständiger Geschäftsführer tätig. Anders aber in dem Beispielsfall von GURSKY (Rn 319). Bestellt die Schiffslinie einen Arzt, der im eigenen Namen und auf eigene Rechnung kranke Passagiere behandeln und auch sonst weisungsfrei agieren soll, so wird hierin eine zulässige Substitution der Schiffslinie liegen. Behandelt der Arzt an Bord einen bewusstlosen Passagier, so wird er nicht als Erfüllungsgehilfe der Schiffslinie, sondern als selbständiger Geschäftsführer tätig. Weitgehend entsprechend läuft die Abgrenzung, wenn sich das Valutaverhältnis zwischen Drittem und Geschäftsherrn als Geschäftsführung ohne Auftrag darstellt (zB der Passant ruft einen Arzt zur Hilfe). Ob hier der unmittelbar Handelnde selbständiger Gestor oder lediglich Geschäftsführungsgehilfe ist, bestimmt sich nach der Weisungsgebundenheit des Geschäftsführers und den Einwirkungsmöglichkeiten des Dritten (Rn 181 f). Ruft ein Passant einen Arzt herbei und schließt im eigenen Namen einen Behandlungsvertrag, so ist der Arzt nicht der Geschäftsführungsgehilfe des Passanten, sondern gleich einem Substituten selbständiger Gestor.

β) Ohne Auftrag oder sonstige Berechtigung

324 Nur für den selbständigen – mit Geschäftsführungsabsicht handelnden – Geschäftsführer, nicht für den Erfüllungs- oder Geschäftsführungsgehilfen stellt sich die Frage, wie sich das Vorliegen einer vertraglichen Bindung an den Dritten auswirkt. Im Ergebnis hat der BGH in vielen Fällen Recht: Dem Gestor (A) steht im Regelfall gegen den Geschäftsherrn (B) kein gestionsrechtlicher Aufwendungsersatzanspruch zu, wenn im Vertragsverhältnis mit dem Dritten (C) ein Entgelt vereinbart ist (BGH NVwZ-RR 2012, 707 Rn 16, Urt v 21. 6. 2012, Az: III ZR 275/11; BGH NJW-RR 2004, 956, Urt v 15. 4. 2004, Az: VII ZR 212/03; BGH NZBau 2004, 34, 35 f, Urt v 21. 10. 2003, Az: X ZR 66/01; noch offen gelassen in BGHZ 140, 102, 109, Urt v 26. 11. 1998, Az: III ZR 223/97; vgl in diese Richtung bereits: OERTMANN Vorbem 5 d vor §§ 677 ff). Hierzu bedarf es keinesfalls einer aus bereicherungsrechtlichen Grundsätzen abgeleiteten institutionellen Beschränkung der Geschäftsführung ohne Auftrag (s Rn 318). Dieser Weg ist schon im Ansatz zweifelhaft, folgt doch das Bereicherungsrecht nicht unbedingt den gleichen Grundsätzen wie das subordinationsrechtlich geprägte Geschäftsführungsrecht. Vielmehr ist das Ergebnis unmittelbar aus dem Geschäftsführungsrecht zu gewinnen (BERGMANN, Die Geschäftsführung ohne Auftrag 397 ff). Zunächst aber gilt: Das Gestionsverhältnis zwischen Geschäftsführer (A) und Geschäftsherrn (B) bleibt zunächst durch die Drittbeauftragung unberührt (vgl WITTMANN, Begriff und Funktion der Geschäftsführung ohne Auftrag 31, 43); insbesondere werden die in den §§ 677 bis 682 niedergelegten Rechte des Geschäftsherrn *(actio directa)* nicht tangiert. Auch der Geschäftsführer hat die Übernahme der Geschäftsführung anzuzeigen, Auskunft zu erteilen, den Weisungen des Geschäftsherrn zu gehorchen (§ 681) und überhaupt die Art und Weise der Durchführung der Geschäftsführung dem Willen des Geschäftsherrn entsprechend auszuführen. Die Unabhängigkeit der Gestion vom Drittauftrag gilt im ersten Zugriff auch für die Rechte des Geschäftsführers *(actio contraria)*, insbesondere dem Anspruch auf Aufwendungsersatz bzw Vergütung (§ 683 Rn 54 ff). Und doch bleibt die Vereinbarung eines Entgelts mit dem Dritten nicht ohne Folgen, wenn der Zweck dieser Vereinbarung gerade darin liegt, den Geschäftsherrn (B) von seiner Verpflichtung zum Aufwendungsersatz bzw zur Vergütung freizustellen, was insbesondere dann anzunehmen ist, wenn der Dritte (C) seinerseits in einem Ver-

tragsverhältnis zum Geschäftsherrn (B) steht. Die Verknüpfung folgt über den Ausschluss der *actio contraria* (§§ 683, 684) für den Fall, dass der Geschäftsführer (A) mit *animus donandi* handelt (**§ 685 Abs 1**): Ist Inhalt der vertraglichen Abrede zwischen Geschäftsführer (A) und dem Dritten (C), dass der Geschäftsführer ausschließlich vom Dritten entlohnt werden soll, dann ist gem § 685 Abs 1 der Aufwendungs- bzw Vergütungsanspruch des Geschäftsherrn ausgeschlossen. So können wir auch den oben mitgeteilten Beispielsfall von Gursky entscheiden (Rn 319), in dem ein Dritter zum Schiffsarzt bestellt wird. Unproblematisch stehen den Patienten alle Rechte aus den §§ 677 bis 682 BGB *(actio directa)* zu. Aber auch der Arzt kann gem § 683 S 1 Aufwendungsersatz und Vergütung fordern *(actio contraria)*. Dem steht nicht entgegen, dass der Arzt einen ersten Lohn dafür erhält, dass er die Seereise überhaupt antritt. Denn damit wird nicht die einzelne Geschäftsführung vergütet, sondern allein die Tatsache, dass sich der Arzt überhaupt bereithält. Hier erweist sich, dass der *animus donandi* nicht anders als die Geschäftsführungsabsicht ein ausschließlich normatives, kein empirisches Merkmal ist (§ 685 Rn 6). Damit ist dieses Tatbestandsmerkmal offen für (gesetzliche) Wertungen, die sich gerade auch außerhalb des eigentlichen Gestionsrechts finden.

Entsprechend dieser Grundsätze löst sich auch der zweite Beispielsfall von Gursky **325** (AcP 185 [1985] 13, 41, vgl Rn 319). Wollten die Parteien in dem Vertrag eine abschließende Regelung treffen, scheidet ein geschäftsführungsrechtlicher Rückgriff gegen die anderen aus. Wollte der beauftragende Eigentümer dagegen den Geschäftsführer nur überhaupt zur Geschäftsführung verpflichten, gleichzeitig aber nur eine seinem ideellen Anteil entsprechende (Teil-)Vergütungspflicht begründen, so kann dem Geschäftsführer, da der Vertrag insoweit nicht abschließend ist, ein geschäftsführungsrechtlicher Aufwendungsersatzanspruch gegen die anderen Eigentümer zustehen. Freilich bedeutet dies noch nicht automatisch, dass dem Geschäftsführer dieser Aufwendungsersatzanspruch (Vergütungsanspruch) auch tatsächlich zusteht: Denn entsprechend den in § 683 Rn 60 f entwickelten Grundsätzen kann der Geschäftsführer keine Vergütung fordern, wenn er die bestehende Möglichkeit eines Vertragsschlusses mit dem Geschäftsherrn nicht nutzt.

γ) Utilität der Geschäftsführung (§ 683)

Soweit nach den genannten Grundsätzen eine Geschäftsführung ohne Auftrag vor- **326** liegt, kann aber weiterhin die Utilität der Geschäftsführung (§ 683 S 1) zweifelhaft sein: Steht der Geschäftsherr in einem Vertragsverhältnis zu dem Dritten, aufgrund dessen er die Leistung von diesem fordern kann, wird er in der Regel kein Interesse daran haben, dass der Gestor als selbständiger Geschäftsführer für ihn tätig wird (vgl OLG Oldenburg MDR 2000, 1373, Urt v 5. 7. 2000, 2 U 104/00; vgl auch Gursky AcP 185 [1985] 13, 39; vgl auch: Köndgen, in: Zimmermann [Hrsg], Rechtsgeschichte und Privatrechtsdogmatik 371, 386); anders kann der Fall sein, wenn eine Substitution seitens des Dritten (§ 664 Abs 1) zulässig ist (vgl § 677 Rn 37). Fehlt es an der Utilität der Geschäftsführung, steht dem Geschäftsführer nur der auf eine vorhandene Bereicherung beschränkte Aufwendungsersatzanspruch des § 684 S 1 zu (überhaupt anders: OLG Hamm NJW 1974, 951, Urt v 9. 1. 1974, Az: 11 U 198/73; Martinek/Theobald JuS 1997, 992, 995 ff).

δ) Unwirksamkeit der Beauftragung des Geschäftsführers durch den Dritten (fehlerhaftes Deckungsverhältnis)

An diesen Grundsätzen ändert sich nichts, wenn das Vertragsverhältnis zwischen **327**

Drittem und Geschäftsführer unwirksam ist (überhaupt anders: Lent, Begriff der auftraglosen Geschäftsführung 157 f; Wollschläger, Die Geschäftsführung ohne Auftrag 204 f: kein Gestionsverhältnis zwischen Geschäftsherr und Geschäftsführer, auch wenn der Vertrag mit dem Dritten unwirksam ist). Einzig das Rechtsverhältnis zwischen Geschäftsführer und Drittem bestimmt sich nicht mehr nach Vertragsrecht, sondern nach dem Recht der Geschäftsführung ohne Auftrag (zur Anwendung der §§ 677 ff auf nichtige Verträge: Rn 329 ff). Ob der Gestor (a) im Verhältnis zum Geschäftsherrn als selbständiger Geschäftsführer oder als (Geschäftführungs-)Gehilfe (§ 278) des Dritten auftritt – auch ein Geschäftsführer ohne Auftrag kann Erfüllungsgehilfe sein (Staudinger/Löwisch [2004] § 278 Rn 24) – bestimmt sich weiterhin danach, ob er vom Dritten als Gehilfe eingesetzt wird oder ob er mit Geschäftsführungsabsicht handelt (Rn 322 f). Ob (b) das Gestionsverhältnis zwischen Drittem und Geschäftsführer das Gestionsverhältnis zwischen Geschäftsführer und Geschäftsherrn als vorrangige und abweichende Regelung verdrängt (Rn 324), ist nach dem Inhalt des nichtigen Vertrags zu bestimmen.

bb) Erfüllung fremder Pflichten

328 In dieser Untergruppe erledigt der aufgrund seines Vertrages mit dem Dritten gebundene Geschäftsführer durch seine vertraglich geschuldete Tätigkeit zugleich eine Verpflichtung des Geschäftsherrn. In diesen Fällen wird es grundsätzlich schon an einer Interessensubordination und damit an einer Geschäftsführung *für* den Verpflichteten fehlen (s Rn 260 f). Der Abschleppunternehmer, der das falsch parkende Auto entfernt, will nach dem sozialen Sinn der Geschäftsführung ausschließlich den Interessen seines Auftraggebers nachkommen. Ihm geht es nicht darum, im – vielleicht gegenläufigen – Interesse des Halters zu handeln. Dass er mit der Beseitigung des Autos zugleich ein fremdes Geschäft erledigt, ist geschäftsführungsrechtlich ohne Bedeutung. Die Fremdheit des Geschäfts ist kein Begriff des Gestionsrechts (Rn 28 ff, 58 ff, 116 ff, 170, 171 ff). Eine Durchbrechung dieses Grundsatzes (Interessensubordination) beinhaltet der – systemwidrig im Rahmen der §§ 677 ff geregelte – privilegierte Rückgriffsanspruch der §§ 683 S 2, 679 (s Rn 2, § 679 Rn 2). Erledigt der Geschäftsführer zugleich eine Pflicht des Geschäftsherrn, die im öffentlichen Interesse liegt, kommt er insbesondere einer gesetzlichen Unterhaltspflicht des Geschäftsherrn nach, gestattet ihm das Gesetz den unmittelbaren Durchgriff gegen den Verpflichteten (Geschäftsherrn). Hierher gehören insbesondere die Arzt- und Krankenhausfälle. In der Heilbehandlung liegt zugleich die Erledigung einer den Unterhaltspflichtigen treffenden Pflicht. Von daher ist aufgrund der Ausnahmevorschrift der §§ 683 S 2, 679 im Grundsatz der Durchgriff gegen den Unterhaltspflichtigen statthaft. Wegen des besonderen Ausnahmecharakters des § 679 und des dahinter stehenden öffentlichen Interesses an der Vornahme der Handlung ist es gerechtfertigt (§ 679 Rn 5 ff), auch bei vertraglicher Bindung des Geschäftsführers an den Dritten, dem Geschäftsführer den unmittelbaren Durchgriff gegen den Letztverpflichteten (Geschäftsherrn) zu gestatten. Die Interessen des Unterhaltspflichtigen stehen einer direkten Inanspruchnahme nicht entgegen, da er letztlich sowieso die Kosten zu tragen hat. Der Gefahr doppelter Inanspruchnahme ist er nicht ausgeliefert, weil er durch Leistung an den Unterhaltsberechtigten gegenüber jedermann befreit wird. Die Privilegierung des Geschäftsführers – die sich insbesondere in der Insolvenz des Dritten realisiert – rechtfertigt sich aus dem besonderen öffentlichen Interesse an der Vornahme der Handlung; insoweit handelt es sich um eine materiellrechtliche Privilegierung des Geschäftsführers, vergleichbar dem Absonderungsrecht des § 51 InsO. – Bei Unwirksamkeit der vertraglichen Bindung zwischen Drittem und Geschäftsführer ändert sich die rechtliche Beurteilung nicht (vgl Rn 327).

4. Anwendung der §§ 677 ff auf nichtige Subordinationsverträge

a) Stand von Rechtsprechung und Lehre

aa) Die Anwendung der §§ 677 ff durch den BGH

Nach ständiger Rechtsprechung des BGH kann bei einer Geschäftsführung auf- 329 grund eines nichtigen oder unwirksamen Vertrages uneingeschränkt auf die §§ 677 ff zurückgegriffen werden (BGHZ 101, 393, 399, Urt v 24. 9. 1987, Az: VII ZR 306/86; BGH NJW 2012, 3366, Rn 27, Urt v 21. 6. 2012, Az: III ZR 291/11; BGH NZM 2005, 356, 358, Urt v 26. 1. 2005, Az: VIII ZR 66/04; BGH ZIP 2004, 2324, 2326, Urt v 4. 11. 2004, Az: III ZR 172/02; BGH ZIP 1996, 2113, 2114, Urt v 10. 10. 1996, Az: III ZR 205/95; BGH LM DDR-ZGB § 68 Nr 8, Urt v 11. 7. 1996, Az: III ZR 7/95; BGH NJW 1993, 3196, Urt v 30. 9. 1993, Az: VII ZR 178/91; BGH NJW-RR 1993, 200, Urt v 28. 10. 1992, Az: VIII ZR 210/91; BGH LM BGB § 677 Nr 40, Urt v 23. 9. 1999, Az: III ZR 322/98; BGH NJW 1984, 1161 f, Urt v 5. 12. 1983, Az: II ZR 56/82; OLG Stuttgart NJW 1996, 665, 666, Urt v 15. 2. 1995, Az: 4 U 227/94; aus der Lehre: Benöhr NJW 1975, 1970, 1971; Berg JuS 1972, 193, 195; vGierke, Deutsches Privatrecht III § 216 II 2 S 980 Fn 13; Loyal, Die „entgeltliche" Geschäftsführung ohne Auftrag 287 ff; differenzierend: Palandt/Sprau[73] § 677 Rn 11: Zumindest seien die §§ 677 ff anwendbar, wenn der Geschäftsführer seine fehlende Berechtigung kenne; vgl allerdings auch BGH NJW 1995, 727, Urt v 6. 12. 1994, Az: XI ZR 19/94: Stattgabe der Klage aus Bereicherungsrecht, ohne Geschäftsführung ohne Auftrag zu erwähnen; eine (kritische) Übersicht über die Behandlung gescheiterter (Geschäftsbesorgungs-)Verträge gibt Hader, Die Geschäftsführung ohne Auftrag als Anspruchsgrundlage bei gescheiterten Verträgen 73 ff). Dahinter steht der Gedanke, dass die Anwendung der §§ 677 ff auf nichtige Geschäftsbesorgungsverträge und Aufträge eine angemessene Risikoverteilung erlaubt (BGH ZIP 2004, 2324, 2326, Urt v 4. 11. 2004, Az: III ZR 172/02). Die abweichende Position, die für eine Geschäftsführung ohne Auftrag keinen Raum sieht, wenn sich der Geschäftsführer zur Leistung für verpflichtet hält, wurde vom BGH ausdrücklich verworfen (BGHZ 37, 258, 262 f, Urt v 25. 6. 1962, Az: VII ZR 120/61; BGH NZM 2005, 536, 538, Urt v 26. 2. 2005, Az: VIII ZR 66/04; BGH WM 2004, 182, 184, Urt v 4. 12. 2003, Az: III ZR 30/02; BGH WM 2000, 973, Urt v 17. 2. 2000, Az: IX ZR 344/98; BGH NJW-RR 1989, 970, Urt v 7. 3. 1989, Az: XI ZR 25/88): Eine solche Einschränkung fände weder im Wortlaut noch im Sinn des Gesetzes eine Stütze; insbesondere entfalle der Fremdgeschäftsführungswille nicht deswegen, weil sich der Geschäftsführer dem Geschäftsherrn gegenüber zur Leistung verpflichtet glaube (BGH WM 2004, 182, 184, Urt v 4. 12. 2003, Az: III ZR 30/02; BGHZ 143, 9, 15 f, Urt v 21. 10. 1999, Az: III ZR 319/98; s Rn 179). Bei der Anwendung der §§ 677 ff auf nichtige Geschäftsbesorgungsverträge bleibt es im Grundsatz selbst dann, wenn die Nichtigkeit des Vertrages auf einem **Verstoß gegen ein gesetzliches Verbot** oder auf einem **Verstoß gegen die guten Sitten** (BGH NJW 2012, 3366 Rn 27, Urt v 21. 6. 2012, Az: III ZR 291/11; BGH ZIP 2004, 2324, 2326, Urt v 4. 11. 2004, Az: III ZR 172/02; BGH WM 2004, 182, 184, Urt v 4. 12. 2003, Az: III ZR 30/02; BGH NJW-RR 1993, 200, Urt v 28. 10. 1992, Az: VIII ZR 210/91) oder auf einem **Formmangel** beruht (BGH ZIP 2004, 2324, 2326, Urt v 4. 11. 2004, Az: III ZR 172/02); ebenso, wenn das Rechtsgeschäft infolge einer fehlenden behördlichen Genehmigung zunächst schwebend und nach **Versagung der Genehmigung** endgültig unwirksam ist (BGH WM 2004, 182, 184, Urt v 4. 12. 2003, Az: III ZR 30/02 zur Haftung einer Gemeinde nach den §§ 677 ff, wenn sie ein Rechtsgeschäft abschließt, das mangels der erforderlichen kommunalaufsichtlichen Genehmigung [schwebend] unwirksam ist). Eine Einschränkung macht die Rechtsprechung aber gerade beim Aufwendungsersatzanspruch aus §§ 683, 670, wenn der zugrunde liegende Vertrag wegen Verstoßes gegen ein Verbotsgesetz gem § 134 nichtig ist. Besteht die Handlung des Geschäftsführers gerade in einer vom Gesetz verbotenen Tätigkeit, so durfte er diese nicht „nach den Umständen für erforderlich halten“ (BGHZ 37, 258, 263 f, Urt v 25. 6. 1962, Az: VII ZR 120/61; BGH NJW-RR 1997, 564 f Urt v 19. 12. 1996, Az: III ZR 9/95; OLG Stuttgart, NJW 2008, 3071, 3072, Beschl v 26. 8. 2008, Az: 6 W 55/08; **aA**: OLGReport Saarbrücken 2009, 453, Urt v 24. 3. 2009, Az: 4 U 103/08 für den Fall, dass der Gesetzesverstoß nicht offen zu Tage liegt; s § 683 Rn 48). So versagt der BGH, wenn mit der Ausführung des Geschäfts ein Verstoß gegen das Verbotsgesetz des § 1 Abs 2 **SchwarzArbG** vorliegt, dem Werkunternehmer einen Aufwendungsersatzanspruch (BGH NJW 2014, 1805 Rn 14, Urt v 10. 4. 2014, Az: VII ZR 241/13; OLGReport Oldenburg 2007, 436, Beschl v 30. 3. 2007, Az: 2 U 1/07: Formbedürftigkeit einer zusätzlichen Honorarabrede). Anders kann es natürlich wieder sein, wenn sich das gesetzliche Verbot nicht gegen die Tätigkeit als solche richtet (BGH ZIP 2007, 1056 Rn 20, Urt v 2. 4. 2007, Az: II ZR 325/05 und BGH ZIP 2009, 1161 Rn 4, Beschl v 27. 4. 2009, Az: II ZR 160/08 für die §§ 113, 114 AktG).

bb) Römisches Recht und Gesetzesgeschichte

330 Die Rechtsprechung des BGH steht in historischer Tradition. Im Römischen Recht war es für die Entstehung des Schuldverhältnisses der *negotiorum gestio* ohne Bedeutung, dass der Geschäftsführer irrigerweise annahm, vom Geschäftsherrn zur Interessenwahrnehmung beauftragt oder diesem sonst dazu verpflichtet zu sein (Ulpian Dig 3, 5, 5, pr); die Geschäftsführung wurde nicht dadurch ausgeschlossen, dass der Gestor unter dem Rechtszwang irgendeiner Rechtspflicht oder im Glauben an eine solche handelte (Ulpian Dig 3, 5, 3, 10). Im Anschluss daran sah noch **§ 235 Abs 1** des **Vorentwurfs** vKübels ausdrücklich vor, dass die irrige Auffassung, zur Geschäftsführung verpflichtet zu sein, die Geschäftsführung ohne Auftrag nicht ausschließt. Dies wurde zutreffend begründet: Die Voraussetzungen der *negotiorum gestio* liegen vor; die irrige Annahme einer Rechtspflicht betrifft allenfalls das Motiv (vKübel, in: Schubert [Hrsg], Die Vorlagen der Redaktoren, Schuldverhältnisse II 929, 957, aber auch 967). Die Erste Kommission stimmte dem im Grundsatz zu, sah aber dann doch von einer ausdrücklichen Normierung dieses Grundsatzes ab, um die weitere Beurteilung der Rechtswissenschaft überlassen zu können (Mugdan II 484; eingehend zu den Gesetzgebungsmaterialien: Hader, Die Geschäftsführung ohne Auftrag als Anspruchsgrundlage bei gescheiterten Verträgen 116 ff).

cc) Abweichende Positionen in Lehre und Instanzgerichtsbarkeit; Reformvorschläge, Rechtsvergleichende Hinweise

331 Die herrschende Lehre ist der Rechtsprechung des BGH nicht gefolgt. Sie wendet die §§ 677 ff beim Handeln aufgrund eines nichtigen Vertrages überhaupt nicht an (Canaris NJW 1985, 2404, 2405; Einsele JuS 1998, 401, 403 f; Giesen Jura 1996, 225, 230 f; Gursky AcP 185 [1985] 13, 31 ff; Lorenz NJW 1996, 883; Schubert AcP 178 [1978] 425, 451 ff; Thole NJW 2010, 1243, 1246 f, 1248; Wendtlandt NJW 2004, 985, 987; Fikentscher/Heinemann, Schuldrecht[10] Rn 1265; Larenz, Schuldrecht II/1[13] § 57 I a S 441; Erman/Dornis[14] § 677 Rn 43; Soergel/Beuthien[13] § 677 Rn 16 aE; vgl dazu: Melullis, Das Verhältnis von Geschäftsführung ohne Auftrag und ungerechtfertigter Bereicherung 143 ff, 167 ff; Sippel, Geschäftsführung ohne Auftrag und die Abwicklung fehlgeschlagener Vertragsbeziehungen mit Geschäftsbesorgungscharakter; insbesondere zur Rückabwicklung gescheiterter Titelkäufe: Falk JuS 2003, 833; Hospach NJW 1996, 643; Weiler NJW 1997, 1053). Ebenso einige Instanzgerichte (insbesondere OLG

Koblenz NJW 1999, 2904, 2905, Urt v 16. 12. 1998, Az: 7 U 124/98: Titelkauf; OLG Köln NJW-RR 1994, 1540). Zur Begründung wird zunächst darauf verwiesen, dass (a) schon der Tatbestand der Geschäftsführung ohne Auftrag gar nicht vorliege: Bei der tatsächlichen Durchführung nichtiger Verträge fehle es regelmäßig am Fremdgeschäftsführungswillen; der Geschäftsführer wolle seinen eigenen vermeintlichen Pflichten nachkommen, nicht aber ein fremdes Geschäft erledigen (Einsele JuS 1998, 401, 403 f; Falk JuS 2003, 833, 834; Giesen Jura 1996, 225, 230 f; Lorenz NJW 1996, 883, 885; Martinek/Theobald JuS 1997, 992; Soergel/Beuthien[13] § 677 Rn 23; **aA**: Hader, Die Geschäftsführung ohne Auftrag als Anspruchsgrundlage bei gescheiterten Verträgen 141 ff, insb 170 ff: „Als Zwischenergebnis bleibt somit festzuhalten, daß bei gescheiterten Verträgen mit Geschäftsbesorgungscharakter der Tatbestand des § 677 erfüllt ist", der allerdings seinerseits in einem nachfolgenden Schritt den Tatbestand der Geschäftsführung ohne Auftrag teleologisch reduzieren will). Darüber hinaus stellten (b) die §§ 812 ff für die Rückabwicklung rechtsgrundloser Leistungen die spezielleren Vorschriften dar, die einen Rückgriff auf die §§ 677 ff ausschlössen (Lorenz NJW 1996, 883, 884; Martinek/Theobald JuS 1997, 992 f; Schubert AcP 178 [1978] 425, 452; Esser/Weyers, Schuldrecht II/2[8] § 46 II 1 a S 7; Soergel/Beuthien[13] § 677 Rn 23): Es ginge nicht an, durch die Anwendung der §§ 677 ff wesentliche Regeln (§§ 814, 817 S 2, 818 f) für die Abwicklung rechtsgrundloser Verträge einfach auszuhebeln (Hader, Die Geschäftsführung ohne Auftrag als Anspruchsgrundlage bei gescheiterten Verträgen 205 ff; Canaris NJW 1985, 2404, 2405; Soergel/Beuthien[13] § 677 Rn 23; auch: OLG Koblenz NJW 1999, 2904, 2905, Urt v 16. 12. 1998, Az: 7 U 124/98: Titelkauf); auch dürfe dem Geschäftsführer vermittels des Aufwendungsersatzanspruchs des § 683 nicht das Risiko der Nutzlosigkeit seiner Aufwendungen und des Wegfalls einer Bereicherung des Geschäftsherrn abgenommen werden (Hader, Die Geschäftsführung ohne Auftrag als Anspruchsgrundlage bei gescheiterten Verträgen 218 ff; Canaris NJW 1985, 2404, 2405; Soergel/Beuthien[13] § 677 Rn 23). Schließlich wird (c) auf Wertungswidersprüche zum Vertragsrecht bei mangelhafter Leistung (zB mangelhafte Renovierungsarbeit) hingewiesen: Wäre bei bereicherungsrechtlicher Lösung der Geschäftsherr nur zur Herausgabe des wahren „geminderten" Wertes verpflichtet (§ 818 Abs 2), käme es im Rahmen des § 683 und der §§ 677, 280 darauf an, was der Geschäftsführer für erforderlich halten durfte, so dass bei unverschuldeter mangelhafter Leistung die volle Vergütung zu zahlen wäre und damit der Geschäftsherr schlechter stünde als bei wirksamem Vertrag (Martinek/Theobald JuS 1997, 992, 993).

In der Lehre finden sich auch vermittelnde Positionen. So lehnt zwar Seiler im **332**
Grundsatz eine Anwendung der Geschäftsführung ohne Auftrag auf nichtige Geschäftsbesorgungsverträge ab; außerhalb des eigentlichen bereicherungsrechtlichen Bereichs der Rückabwicklung erbrachter Leistungen will er aber auf die §§ 677 ff zurückgreifen (MünchKomm/Seiler[6] § 677 Rn 48; OLG Köln Rp 2000, 81, Urt v 1. 10. 1999, Az: 19 U 219/98; vgl auch Wollschläger, Die Geschäftsführung ohne Auftrag 207 ff). Von daher schulde etwa der Geschäftsführer gem §§ 681 S 2, 666 Auskunft und Rechnungslegung und hafte bei Ausführungsverschulden gem §§ 280, 677. Wittmann differenziert danach, ob der Geschäftsführer sich aufgrund eines entgeltlichen Geschäftsbesorgungsvertrages oder aufgrund eines unentgeltlichen Auftrags (§ 662) zur Tätigkeit verpflichtet wähnt. Nur im Falle der Geschäftsbesorgung aufgrund eines nichtigen unentgeltlichen Auftrags sollen sich die Rechtsfolgen nach den §§ 677 ff bestimmen (Wittmann, Begriff und Funktion der Geschäftsführung ohne Auftrag 25 f, 118 ff; Melullis, Das Verhältnis von Geschäftsführung ohne Auftrag und ungerechtfertigter Bereicherung 170 f; OLG Köln NJW 1993, 793, 794, Urt v 12. 6. 1992, Az: 19 U 154/91; **aA**: Gursky AcP 185 [1985]

13, 33). Dagegen gehöre die Abwicklung entgeltlicher Geschäftsbesorgungsverträge in das Bereicherungsrecht. – Der BGH hat sich bisher von der Kritik aus der Lehre unbeeindruckt gezeigt. Deswegen hat HELM in seinem **Gutachten und Vorschlag zur Überarbeitung des Rechts der Geschäftsführung ohne Auftrag** dafür plädiert, geschäftsführungsrechtliche Vergütungsansprüche (§ 683) des Gestors im Gesetz ausdrücklich auszuschließen und insoweit auf das Bereicherungsrecht zu verweisen (HELM, in: Gutachten und Vorschläge zur Überarbeitung des Schuldrechts III 335, 393, 408: § 683 Abs 2 S 2 des Reformvorschlags).

333 In der **Schweiz** verlaufen die Fronten im Streit um die Anwendung der Geschäftsführung ohne Auftrag auf nichtige Verträge genau anders als in Deutschland. Nach der bundesgerichtlichen Praxis muss das Fehlen eines Auftrags dem Geschäftsführer bewusst sein. Wird der Geschäftsführer in der irrtümlichen Meinung tätig, hierzu aufgrund eines Vertrages (oder eines anderen Rechtsverhältnisses) verpflichtet zu sein, wendet das Bundesgericht die Vorschriften über die Geschäftsführung ohne Auftrag nicht an. Dagegen wird das Erfordernis des Bewusstseins von der Auftragslosigkeit in der schweizerischen Lehre fast einhellig abgelehnt (SCHMID, Geschäftsführung ohne Auftrag Rn 250 ff). Auch in der **österreichischen Judikatur** werden Ansprüche aus Geschäftsführung ohne Auftrag regelmäßig verneint, wenn der Geschäftsführer irrtümlich glaubt, vertraglich zum Handeln verpflichtet zu sein (MEISSEL, Geschäftsführung ohne Auftrag 82 f).

b) Die §§ 677 ff als das gesetzliche Schuldverhältnis unwirksam begründeter Interessenwahrnehmungsverhältnisse

334 Der Rechtsprechung des BGH ist im Grundsatz zuzustimmen. Die Geschäftsführung ohne Auftrag ist das gesetzliche Schuldverhältnis der nicht durch Vertrag oder Gesetz abschließend oder abweichend geregelten Interessenwahrnehmung für einen anderen. Auf die Regelung der §§ 677 ff ist auch dann zurückzugreifen, wenn die vertragliche Ordnung der Geschäftsbesorgung fehlgeschlagen ist, weil der Vertrag nichtig oder unwirksam ist. Der Vorrang des Geschäftsführungsrechts der §§ 677 ff schließt einen Rückgriff auf das Bereicherungsrecht aus (BGH NJW 1993, 3196, Urt v 30. 9. 1993, Az: VII ZR 178/91; OLGReport Saarbrücken 2009, 453, Urt v 24. 3. 2009, Az: 4 U 103/08). Die geschäftsführungsrechtliche Behandlung nichtiger Geschäftsbesorgungsverträge ist nicht das Ergebnis undurchsichtiger Billigkeitserwägungen (vgl aber LORENZ NJW 1996, 883, 885; ders NJW 2009, 2576), sondern der vom Austauschvertrag (Koordinationsvertrag) verschiedenen Struktur von Interessenswahrnehmungsverträgen (Subordinationsverträge) geschuldet (BGH ZIP 2004, 2324, 2326, Urt v 4. 11. 2004, Az: III ZR 172/02; SCHMID, Geschäftsführung ohne Auftrag Rn 1175: Anwendung der Geschäftsführungsregeln für den gutgläubigen Geschäftsführer durchaus sachgerecht; s Rn 28 ff; **aA**: HADER, Die Geschäftsführung ohne Auftrag als Anspruchsgrundlage bei gescheiterten Verträgen 223 ff). Die §§ 812 ff enthalten zusammen mit der Saldotheorie bzw der Theorie der Gegenleistungskondiktion das gesetzliche Programm zur Rückabwicklung gescheiterter Koordinationsverhältnisse. Nicht wirksam geregelte Subordinationsverhältnisse sind aber Sache der §§ 677 ff. Das Geschäftsführungsrecht knüpft nicht an der vermögensrechtlichen Abschöpfung eines dem anderen nicht zustehenden Vorteils, sondern an der besonderen Interessenstruktur der Subordinationsverhältnisse an (Rn 28 ff). So hat etwa der Geschäftsführer die im unwirksamen Geschäftsbesorgungsvertrag angelegten Schutzpflichten gegenüber dem Geschäftsherrn zu erfüllen. Entsprechend dem Gedanken der Subordination und der Fixierung auf den Willen des Geschäftsherrn hat der Geschäftsführer die in dem unwirksamen Geschäftsbesorgungsvertrag vorgesehenen Hinweis-, Aufklärungs- und Warnpflichten wahrzunehmen (BGH ZIP 2005, 1599, 1601, Urt v 28. 7. 2005, Az: III ZR 290/04). Auch der vermögensrechtliche Ausgleich folgt den Grundsätzen der Subordination. Der Geschäftsführer nimmt am Gewinn und Verlust seines Geschäftsherrn nicht teil. Ein Gewinn ist nicht sein Gewinn, ein Verlust nicht sein Verlust. Überlassene Geldmittel sind wirtschaftlich stets dem Geschäftsherrn zugewiesen, der bei ordentlicher und nützlicher Geschäftsführung (§§ 677, 683) das Verwendungsrisiko trägt. Das Geschäftsführungsrecht vermag ohne Weiteres zu begründen, dass der Geschäftsführer für eine bereits erfolgte bestimmungsgemäße Verwendung von überlassenen Geldmitteln nicht auf Ersatz in Anspruch genommen werden kann (BGH NJW 2012, 3366, Rn 27, Urt v 21. 6. 2012, Az: III ZR 291/11; OLGReport Saarbrücken 2009, 453, Urt v 24. 3. 2009, Az: 4 U 103/08), er überlassene (noch vorhandene) Geldmittel herauszugeben hat (§§ 681 S 2, 667 Alt 2) und im Falle der bestimmungswidrigen Verwendung überlassener Mittel haftet (§§ 677, 280 oder §§ 681 S 2, 667 Alt 1, 280, 283); dabei beurteilt sich die Frage, ob eine zweckentsprechende Verwendung der Gelder vorlag, nach Gegenstand der Geschäftsführung, der sich aus dem nichtigen Vertrag ergibt (BGH NJW 2012, 3366, Rn 27, Urt v 21. 6. 2012, Az: III ZR 291/11). Der der Entscheidung BGH WM 2004, 182, Urt v 4. 12. 2003, Az: III ZR 30/02 zugrunde liegende Sachverhalt lässt sich so angemessen lösen: Eine Gemeinde hat sich gegenüber dem Bauherren verpflichtet, Zahlungen des Bauherren entgegenzunehmen und entsprechend dem Baufortschritt an das Erschließungsunternehmen weiterzuleiten; der Vertrag war wegen Verweigerung der notwendigen kommunalaufsichtlichen Genehmigung endgültig unwirksam. Die Gemeinde führte ihr treuhänderisch überlassene Geldmittel (Orderschecks), ohne dass es der Baufortschritt gerechtfertigt hätte, an das später insolvente Erschließungsunternehmen ab. Der BGH bejahte zu Recht eine Haftung der Gemeinde aus Geschäftsführung ohne Auftrag. Zur Begründung verwies er auf die Unmöglichkeit der Herausgabe der ihr überlassenen Schecks; die Haftung hätte er besser auf §§ 677, 280 gestützt, da in der vorzeitigen Weitergabe der Geldmittel ein Ausführungsverschulden iSd § 677 lag (vgl ebenso BGH ZIP 1996, 2113, Urt v 10. 10. 1996 zur Verwendung von zur Ausführung überlassener Gelder bei nichtigem Geschäftsbesorgungsvertrag zur **Beschaffung eines Adelstitels**). Soweit in der Lehre geltend gemacht wird, dass dem Geschäftsführer bei Tätigkeit aufgrund eines unwirksamen Vertrages die Geschäftsführungsabsicht fehlt (zB Lorenz NJW 1996, 883, 885), so liegt dies neben der Sache. Die Fremdnützigkeit der Geschäftsführung für einen anderen wird nicht dadurch tangiert, dass sich der Geschäftsführer zur Interessenwahrnehmung für den anderen verpflichtet glaubt oder im Hinblick auf eine Entlohnung tätig wird (Rn 176 ff). Auch der Hinweis darauf, dass durch die Anwendung der §§ 677 ff durch die Hintertür das unwirksame Vertragsverhältnis quasi doch zum Leben erweckt wird (zB Falk JuS 2003, 833, 836), trifft nicht zu. Die §§ 677 ff begründen weder Anspruch auf Durchführung der Geschäftsführung noch gerät der Prinzipal in Annahmeverzug (§ 293), wenn er die Leistung nicht annimmt. Die §§ 677 ff erfassen erst die tatsächlich begonnene Geschäftsführung (Rn 54 ff). Dass die Rechtsfolgen des §§ 677 ff dem Auftragsrecht ähnlich sind, ist nicht Folge der quasivertraglichen Natur des Rechtsverhältnisses, sondern der gleichen Interessenlage. – Was hier zum unwirksamen Vertrag gesagt wurde, gilt natürlich auch für den **nicht wirksam zustande gekommenen** Vertrag, soweit der Geschäftsführer im Glauben an das Bestehen einer Vertragspflicht für den Geschäftsherrn tätig wird (insoweit auch: Ha-

DER, Die Geschäftsführung ohne Auftrag als Anspruchsgrundlage bei gescheiterten Verträgen 234 ff, allerdings auch 250 ff). Zur gescheiterten Vertragsanbahnung s Rn 205 ff.

335 Eine Anwendung der §§ 677 ff kommt nur auf Subordinationsverhältnisse in Betracht. Hierbei kann es sich um unwirksame oder nichtige Aufträge (§ 662) oder entgeltliche Geschäftsbesorgungsverträge ieS (§ 675), unter Umständen aber auch um unwirksame oder nichtige Dienst- oder Werkverträge handeln, sofern diese ein hinreichendes subordinationsrechtliches Element aufweisen (vgl BGH NJW 1993, 3196, Urt v 30. 9. 1993, Az: VII ZR 178/91 und OLG Brandenburg NJW-RR 2009, 235, 237, Urt v 30. 10. 2008, Az: 12 U 101/08: Bauvertrag; BGH NJW-RR 2005, 1426, 1428, Urt v 27. 4. 2005, Az: VIII ZR 140/04 und BGH NZM 2005, 356, Urt v 26. 1. 2005, Az: VIII ZR 66/04: Energielieferungsvertrag). Bei der Vornahme aufgrund unwirksamer Vertragsklauseln vorgenommener, aber **nicht geschuldeter Schönheitsreparaturen** hat der BGH jüngst einen Rückgriff auf § 683 S 1 abgelehnt. Es fehle an der Führung eines Geschäfts *des* Vermieters: Denn mit der Vornahme der Schönheitsreparaturen wolle der Mieter eine Leistung erbringen, die rechtlich und wirtschaftlich Teil des von ihm für die Gebrauchsüberlassung geschuldeten Entgelts sei (BGHZ 181, 188, Rn 20 f, Urt v 27. 5. 2009, Az: III ZR 302/07). Mit anderen Worten: Der Mieter erbringe keine (subordinationsrechtlich vielleicht) bedeutsame Werkleistung, sondern ein Entgelt (LORENZ NJW 2009, 2576; THOLE NJW 2010, 1243, 1246: „von schlagender Plausibilität“). Immerhin: Da der Vermieter rechtsgrundlos ein Entgelt erlangt habe, könne der Mieter gem §§ 812, 818 Abs 2 Wertersatz verlangen. Die Höhe des Wertersatzes bestimme sich allerdings nicht ohne Weiteres nach der üblichen Vergütung: Habe der Mieter die Leistung selbst oder im Zusammenwirken mit Freunden oder Verwandten erbracht, so könne er nur verlangen, was er „billigerweise neben einem Einsatz an freier Zeit als Kosten für das notwendige Material sowie als Vergütung für die Arbeitsleistung seiner Helfer aus dem Verwandten- und Bekanntenkreis aufgewendet hat oder hätte aufwenden müssen“ (BGHZ 181, 188, Rn 25, Urt v 27. 5. 2009, Az: III ZR 302/07; **aA**: LORENZ NJW 2009, 2576, 2577: übliche Vergütung). Zutreffend ist die Entscheidung nur im Ergebnis, aber nicht in der Begründung. (a) Für die tradierte Lehre vom fremden Geschäft: Selbst wenn ich aufgrund einer (vermeintlichen) vertraglichen Pflicht Aufwendungen auf fremdes Eigentum mache, und mögen sie auch das Entgelt für eine empfangene Gegenleistung sein, so ändert dies nichts daran, dass ich damit auch ein fremdes Geschäft führe. (b) Recht eindeutig stellt sich die Sache nach der hier vertretenen subordinationsrechtlichen Lehre dar: Mein Glaube, aufgrund einer vertraglichen Verpflichtung für einen anderen (Aufwendungen auf fremdes Eigentum) tätig werden zu müssen, ändert nichts daran, dass ich fremdnützig für einen anderen tätig werde (**aA**: LANGE ZGS 2009, 442, 446 f): Denn die Zielrichtung meiner vermeintlichen Verpflichtung und meines Tuns ist und bleibt die Förderung fremder Interessen. Der fremdnützige Charakter meiner Leistung ändert sich auch nicht dadurch, dass sie das Entgelt für eine empfangene Gegenleistung ist. Der Entgelt- oder Tauschcharakter ist ausschließlich das Motiv für mein fremdnütziges Tun. (c) Zutreffend ist dagegen die „Rechtsfolgenseite“ der Entscheidung. Grundsätzlich kann der Mieter nur Ersatz seiner tatsächlich gemachten Aufwendungen verlangen (§§ 683 S 1, 670). Die übliche Vergütung kann er entsprechend den allgemeinen Grundsätzen zur *actio contraria* nur fordern, wenn die Vornahme der Schönheitsreparaturen Gegenstand einer vom Geschäftsführer ausgeübten gewerblichen oder beruflichen Tätigkeit ist (vgl BGHZ 181, 188, Rn 25, Urt v 27. 5. 2009, Az: III ZR 302/07). Entsprechend ihrem Zweck, nach Beendigung eines Mietverhältnisses alsbald Klarheit über bestehende Ansprüche im Zusammenhang mit dem Zustand der Mietsache zu erreichen, verjähren Ansprüche wegen Schönheitsreparaturen, auch wenn sie aufgrund einer unwirksamen Renovierungsklausel vorgenommen wurden – in der **kurzen Frist des § 548 Abs 2** (BGH NJW 2011, 1866 Rn 9 ff, Urt v 4. 5. 2011, Az: VIII ZR 195/10; BGH WuM 2011, 418, Beschl v 4. 5. 2011, Az: VIII ZR 265/10; BGH NJW 2012, 3031, Rn 12 ff, Urt v 20. 6. 2012, Az: VIII ZR 12/12).

c) Das Verhältnis der §§ 677 ff zu § 179: der vom falsus procurator abgeschlossene, nicht genehmigte Vertrag; Missbrauch der Vertretungsmacht

Schließt der Vertreter ohne Vertretungsmacht im Namen des Geschäftsherrn mit 336
dem Geschäftsführer einen Geschäftsbesorgungsvertrag, verweigert der Geschäftsherr aber anschließend die Genehmigung, scheiden wegen § 177 vertragliche Ansprüche zwischen Geschäftsführer und Geschäftsherrn aus. Kommt es zur tatsächlichen Durchführung der Geschäftsführung, bestimmen sich die Verhältnisse zwischen Geschäftsführer und Geschäftsherrn nach den §§ 677 ff. Insbesondere kann dem Geschäftsführer ein Anspruch gem § 683 S 1 zustehen. Dem Aufwendungsersatzanspruch steht nicht entgegen, dass der vollmachtlose Vertreter seinerseits gem § 179 haftet. Ansprüche aus Geschäftsführung ohne Auftrag und § 179 können nebeneinander bestehen (BGH NZBau 2004, 34, 36, Urt v 21. 10. 2003, Az: X ZR 66/01; BGH NJW-RR 1989, 970, Urt v 7. 3. 1989, Az: XI ZR 25/88; insoweit gilt nichts anderes als für die Konkurrenz zwischen Ansprüchen aus § 179 und ungerechtfertigter Bereicherung: Auch hier schließen Ansprüche aus § 179 gegen den falsus procurator Ansprüche gegen den Vertretenen aus ungerechtfertigter Bereicherung nicht aus, vgl mwNw: BGHZ 36, 30, 35, Urt v 5. 10. 1961, Az: VII ZR 207/60; **aA**: Hader, Die Geschäftsführung ohne Auftrag als Anspruchsgrundlage bei gescheiterten Verträgen 252 ff). So wurden ähnliche Konfliktlagen schon vor Inkrafttreten des BGB entschieden (vgl Wollschläger, Die Geschäftsführung ohne Auftrag 237 mwNw, der selber allerdings für einen Rückgriff auf die Leistungskondiktion plädiert).

Der **Missbrauch** einer bestehenden **Vertretungsmacht** durch den Vertreter ist grund- 337
sätzlich unbeachtlich. Das Geschäft ist wirksam. Wird der Geschäftsführer für den Geschäftsherrn aufgrund des Vertrages tätig, bestimmt sich das Rechtsverhältnis alleine nach den getroffenen rechtsgeschäftlichen Abreden. Erkennt aber der Geschäftsführer den Missbrauch der Vertretungsmacht oder drängt sich ihm der Missbrauch der Vertretungsmacht auf, so ist das Rechtsgeschäft entsprechend § 177 (schwebend) unwirksam (Jauernig BGB[14] § 166 Rn 8). Wird der Geschäftsführer nichtsdestotrotz in Geschäftsführungsabsicht *für* den Geschäftsherrn tätig, so bestimmt sich das Rechtsverhältnis nach den § 677 ff. Insbesondere kommt eine Haftung gem § 678 in Betracht (OLG Stuttgart DB 2009, 445, Urt v 16. 12. 2008, Az: 12 U 172/08).

d) Schuldverhältnisse aus sozialtypischem Verhalten als Geschäftsführung ohne Auftrag

Bestimmte Leistungen der Daseinsvorsorge, insbesondere Beförderungs- und Ver- 338
sorgungsleistungen, stehen zu festen Bedingungen jedermann zur Verfügung. Keine Schwierigkeiten bereiten diejenigen Fälle, in denen die Inanspruchnahme dieser Leistungen auf eindeutiger rechtsgeschäftlicher Grundlage stehen. Man denke nur an den Kauf einer Fahrkarte beim Busfahrer oder den ausdrücklichen Abschluss eines Energieversorgungsvertrages mit dem Lieferanten. Schwierigkeiten bereiten

aber die Fälle, in denen es zum Abschluss eines solchen Vertrages nicht kommt. Nach der **Lehre vom sozialtypischen Verhalten** kann ein vertragsähnliches Verhältnis ohne weiteres rechtsgeschäftliches Moment auch alleine durch die Inanspruchnahme der angebotenen Leistung begründet werden. Diese Lehre wird heute fast allgemein abgelehnt. Sie finde im Gesetz keine Grundlage. Stattdessen versucht man es mit dogmatisch sicherlich möglichen, aber in der Sache doch eher fiktiven Vertragskonstruktionen: In dem Bereitstellen der Leistung liege eine (Real-)Offerte, die der „Schwarzfahrer" durch seine Nutzung konkludent annehme. Der Zugang der Annahmeerklärung sei gem § 151 entbehrlich, ein entgegenstehender Wille als *protestatio facto contraria* unbeachtlich (zB Wolf/Neuner, Allgemeiner Teil des Bürgerlichen Rechts[10] § 37 Rn 47). Kein Wunder, dass sich die hM den Vorwurf einer „Denaturierung der Begriffs der Willenserklärung" gefallen lassen muss! Allerdings ist diese Überdehnung des Vertragsrechts nicht ohne historisches Vorbild, wenn man sich tradierte Begründungsversuche der *negotiorum gestio* vor Augen führt. Und die Erkenntnis dieser Verwandtschaft führt über zur Lösung der problematischen Fälle. Es bedarf keiner Erfindung einer *neuen* Lehre vom sozialtypischen Verhalten. Denn es gibt bereits eine *alte* Lehre vom sozialtypischen Verhalten, mit denen sich diese Fälle allesamt, sofern sie sich nicht tatsächlich auf vertragliche oder sonstige gesetzliche Grundlage stellen lassen, lösen lassen: die Geschäftsführung ohne Auftrag (Dorn, Die Übernahme der Geschäftsführung ohne Auftrag 81 ff). Denn die Erbringung von Versorgungsleistungen ist ohne Weiteres nach ihrem sozialen Sinn eine Geschäftsführung für denjenigen, dem sie unmittelbar zugute kommt. Die Geschäftsführungsabsicht ist ein ausschließlich normatives Element. Das Fehlen des empirisch nachweisbaren Bewusstseins, für einen anderen tätig zu werden, schließt die Geschäftsführung ohne Auftrag nicht aus. Auch eine bestehende gesetzliche Verpflichtung eines öffentlichen Versorgungsträgers zur Daseinsvorsorge oder ein hinter der Leistung stehendes Gewinnstreben stehen der fremdnützigen Geschäftsführung für einen anderen nicht entgegen (s Rn 177). Ein einziger Unterschied mag zum Normfall der Geschäftsführung ohne Auftrag bestehen: Der letzte Schritt, die Inanspruchnahme der Leistung, erfolgt durch den Nutzer. Doch steht das einer Geschäftsführung ohne Auftrag nicht entgegen. Kaum einer wird eine *negotiorum gestio* verneinen wollen, weil der über dem Abgrund hängende Bergsteiger die hingestreckte Hand seines Retters ergreift und nicht dieser ihn packt. Vielmehr haben wir hier einen der Fälle, in denen tatsächlich einmal der wirkliche Wille des Geschäftsherrn über die Utilität der Geschäftsführung entscheidet. Daher greift der BGH in Fällen der Versorgung eines Abnehmers mit Energie durch den Netzbetreiber in Fällen eines fehlenden Vertragsverhältnisses zutreffend auf die §§ 677 ff zurück (BGH NJW 2014, 1951 Rn 23, Urt v 22. 1. 2014, Az: VIII ZR 391/12; BGH NJW-RR 2005, 639, Urt v 26. 1. 2005, Az: VIII ZR 66/04; BGH NJW-RR 2005, 1426, Urt v 27. 4. 2005, Az: VIII ZR 140/04).

§ 677
Pflichten des Geschäftsführers

Wer ein Geschäft für einen anderen besorgt, ohne von ihm beauftragt oder ihm gegenüber sonst dazu berechtigt zu sein, hat das Geschäft so zu führen, wie das Interesse des Geschäftsherrn mit Rücksicht auf dessen wirklichen oder mutmaßlichen Willen es erfordert.

Materialien: E I § 749 Abs 1; II § 608; III § 664; Mot II 854–857; Prot II 725–727.

Systematische Übersicht

Alphabetische Übersicht

I. Inhalt; rechtsvergleichende Hinweise

1. Inhalt

1 Der Geschäftsführer hat das übernommene Geschäft ordentlich durchzuführen. Den Maßstab der Geschäftsführung normiert § 677. Das Geschäft ist so zu führen, wie das Interesse des Geschäftsherrn mit Rücksicht auf dessen wirklichen oder vermuteten Willen es erfordert. Verletzt der Gestor die Pflicht zur ordentlichen Geschäftsführung, haftet er dem Geschäftsführer gegenüber – sofern er nicht darlegen kann, dass er seine Pflichtverletzung nicht zu vertreten hat – gem **§ 280 Abs 1** auf Schadensersatz (*actio directa;* zum actionenrechtlichen Aufbau der §§ 677 ff s Vorbem 90 ff zu §§ 677 ff). Diese tradiert als **Ausführungsverschulden** bezeichnete Haftung steht neben der deliktischen Haftung der §§ 823 ff, der gegenüber sie deutliche Vorteile aufweist: (a) Die Haftung ist nicht auf die Verletzung bestimmter Rechtsgüter beschränkt, sondern erfasst auch primäre Vermögensschäden; (b) das Verschulden des Geschäftsführers wird vermutet (§ 280 Abs 1 S 2); (c) das Verschulden seiner Geschäftsführungsgehilfen muss sich der Geschäftsführer gem § 278 unmittelbar ohne Exkulpationsmöglichkeit zurechnen lassen (Rn 37).

2 Die Pflicht zur ordentlichen Geschäftsführung folgt aus dem **Subordinationscharakter** der Geschäftsführung ohne Auftrag (s Vorbem 28 ff zu §§ 677 ff). Der Treuhandgedanke bestimmt – wie schon im römischen Recht – auch den Verschuldensmaßstab (zum gegenläufigen Utilitätsprinzip: Rn 4): Grundsätzlich hat der Geschäftsführer für jedes Verschulden einzustehen (§ 276 Abs 1 S 1; s Rn 32 f; anders der Begründungsansatz der Sorgfaltspflicht durch die objektive Theorie [Vorbem 23 ff zu §§ 677 ff]: Nach ihr ist der Grund der Obligation die Einmischung in fremde Angelegenheiten, also der Führung eines objektiv fremden Geschäfts; wer sich aber ungerufen in fremde Angelegenheiten einmischt, muss dies sorgfältig tun; zB Wollschläger, Die Geschäftsführung ohne Auftrag 262 f). Eine Herabsetzung der Diligenzpflicht anerkennt das Gesetz nur in § 680 bei der Geschäftsführung zur Gefahrenabwehr (s aber auch die Lehre von der Menschenhilfe: Vorbem 17 ff zu §§ 677 ff).

Die tradierte Bezeichnung einer Haftung gem §§ 280, 677 als Ausführungsverschulden kann man sicherlich als **terminologisch** missverständlich empfinden. Denn die Dogmatik des BGB (§ 280 Abs 1) unterscheidet streng zwischen der Pflichtverletzung und der Frage des Verschuldens. Haftungsgrund der §§ 280 Abs 1 S 1, 677 ist die Pflichtverletzung, die in der unsachgemäßen Durchführung der Geschäftsführung liegt. Das Gesetz räumt nur dem Geschäftsführer die Möglichkeit ein, sich zu exkulpieren, also geltend zu machen, dass er die Pflichtverletzung nicht zu vertreten hat (§§ 280 Abs 1 S 2, 276). Und doch kommt die tradierte Bezeichnung dem Kern der Sache recht nahe. Denn tatsächlich kommt es bei den *verhaltensbezogenen Pflichten* zu einer weitgehenden Verquickung der Ebenen von objektiver Pflichtverletzung und Verschuldensvorwurf. Denn die aus dem Schuldverhältnis folgende konkrete Verhaltenspflicht korrespondiert mit dem nach denselben normativen Kriterien bestimmten konkreten Sorgfaltsmaßstab im Rahmen des Fahrlässigkeitstatbestandes (§ 276 Abs 2). Ein pflichtwidriges Verhalten ist (nahezu) immer zugleich objektiv sorgfaltswidrig und damit fahrlässig. 3

2. Rechtsvergleichende Hinweise

a) Römisches Recht; Utilitätsprinzip

Schon im römischen Recht wurde der bis heute geltende Grundsatz herausgebildet: Der Gestor hat für *dolus* und *culpa (levis)* einzustehen (Bergmann, Die Geschäftsführung ohne Auftrag 216 ff; Zimmermann, The Law of Obligations 445 ff; Seiler, in: Medicus/Seiler [Hrsg], Studien im römischen Recht 195). Das mag irritieren. Nach dem **Utilitätsprinzip** haftet die an einem Schuldverhältnis nicht interessierte Partei nur für *dolus*, die interessierte auch für *culpa* (Kaser, Das Römische Privatrecht I² § 119 III 4 b S 587; Zimmermann, The Law of Obligations 198 f). Der Gerechtigkeitsgehalt dieser Regel leuchtet ein: Nutzen und Interesse prägen den Haftungsmaßstab mit. Es schiene auf dieser Linie zu liegen, wenn man auch den Geschäftsführer einer milderen Haftung unterwerfen würde. Der Treuhandcharakter (Subordination) überlagert das Utilitätsprinzip: Die selbständige Interessenwahrnehmung für und an Stelle eines anderen – gleichgültig ob sie im Rahmen eines rechtsgeschäftlichen *mandatum* oder einer *negotiorum gestio* erfolgt – erlaubt keine Herabsetzung der Diligenzpflicht. Als Maßgebend betrachte ich dabei den typischen „Vertretungscharakter" der Geschäftsführung mit und ohne Auftrag. Das wird deutlich, wenn man der strengen Haftung die ebenfalls im römischen Recht verwurzelte Haftungserleichterung der Gesellschafter untereinander (§ 708) gegenüberstellt. Die Gesellschafter werden nach dem normierten Leitbild (§ 709) gemeinsam und gemeinschaftlich tätig. Da ein Gesellschafter neben dem anderen steht, kann er ihn in den Arm fallen und so Schaden von der Gesellschaft abwenden. Das ist bei der Interessenwahrnehmung für einen anderen anders. Selbst wenn der Geschäftsherr bis ins Einzelne gehende Weisungen erteilt hat, steht der Geschäftsführer oder Beauftragte alleine an seiner Stelle und handelt für ihn. 4

Der Grundsatz der regelmäßigen Haftung für *dolus* und *culpa* fand zwei Durchbrechungen, die verallgemeinert den Weg in die modernen Gesetzbücher gefunden haben: Proculus/Pomponius Dig 3, 5, 10 und Labeo/Ulpian Dig 3, 5, 3, 9. In dem einen Fall hatte der Geschäftsführer ungewöhnliche Geschäfte vorgenommen, die der abwesende Geschäftsherr nicht zu tätigen pflegte. In diesem Fall sollte der Gestor nicht nur für Vorsatz und Fahrlässigkeit, sondern auch für Zufall haften. 5

In dem anderen Fall wurde der wohlmeinende Geschäftsführer zur Abwendung der Gesamtvollstreckung in das Vermögen des abwesenden Freundes tätig. Bei solchen Umständen sollte der Gestor ausnahmsweise nur für Arglist einstehen müssen. Der Gerechtigkeitsgehalt beider Stellen ist offensichtlich: Die Haftung wird gemildert bei Hilfeleistung in Notsituationen, dagegen verschärft bei Vermögensdispositionen, die den Rahmen des beim Geschäftsherrn Üblichen überschreiten. **§ 680** generalisiert den rationalen Kern von Dig 3, 5, 3, 9, wenn er kodifiziert, dass für den Fall, dass die Geschäftsführung der Abwehr einer dem Geschäftsherrn drohenden dringenden Gefahr dient, der Geschäftsführer nur für Vorsatz und grobe Fahrlässigkeit haftet. **§ 678** ist eine moderne Version von Dig 3, 5, 10, wenn nach dieser Vorschrift der Geschäftsführer auch für Zufall haftet, wenn die Übernahme der Geschäftsführung dem wirklichen oder mutmaßlichen Willen des Geschäftsherrn widerspricht und der Geschäftsführer dies erkennen konnte. Die Versubjektivierung von Dig 3, 5, 10 („novum negotium, quod non sit solitus absens facere") liegt auf einer Linie mit der vergleichbaren Betonung des subjektiven Elements in § 683 S 1, das aus dem Erfordernis des *utiliter gestum* bei der *actio negotiorum gestorum contraria* hervorgegangen ist.

b) Verwandte Rechtsordnungen

6 Die Korrespondenzvorschrift des **Schweizer Rechts** findet sich in Art 419 OR. Im **österreichischen Recht** haftet der Geschäftsführer ohne Auftrag im Notfall grundsätzlich nach den allgemeinen Regeln der §§ 1323 ff öABGB für jedes Verschulden; einer Haftungsbeschränkung auf Vorsatz und grobe Fahrlässigkeit steht der klare Wortlaut des ABGB entgegen. Allerdings enthält § 1299 öABGB eine Haftungsbegünstigung für das Einlassungsverschulden des Notgeschäftsführers. Zudem kann bei Festlegung der Sorgfaltspflichten die Besonderheit der Gefahrensituation berücksichtigt werden, so dass eine sachgerechte Lösung möglich ist, ohne die Haftung für leichte Fahrlässigkeit a priori zu verneinen (Meissel, Geschäftsführung ohne Auftrag 139 f). Dagegen reicht außerhalb des Bereichs der notwendigen Geschäftsführung bereits die schuldhafte Einmischung in fremde Angelegenheiten aus, um die Ersatzpflicht des Geschäftsführers zu begründen; auf ein besonderes Verschulden bei der unmittelbaren Schädigung kommt es dann nicht mehr an (Meissel, Geschäftsführung ohne Auftrag 140 ff, 145 f). In **Frankreich** schuldet der Geschäftsführer die *tous les soins d'un bon père de famille* (Malaurie/Aynès/Stoffel-Munck, Les Obligations[2] n° 1031). Zugleich gestattet Art 1374 Abs 2 CC dem Richter bei der Bemessung des Schadensersatzes alle Umstände des Einzelfalles zu berücksichtigen. Dieses bewegliche System lässt sich bis zu Domat zurückverfolgen (Domat, Les lois civiles dans leur ordre naturel Part I Liv II Tit IV Sect I §§ 2, 12) und wird auch von Art 1328-2 des *Avant-projet de reìforme du droit des obligations* adaptiert.

c) Benevolent intervention in another's affairs (Book V DCFR)

7 Der Handlungs- und Sorgfaltsmaßstab des Art V – 2:101 (1)(a) DCFR wurde mit der Wendung *reasonable care* bewusst offen formuliert, um auch den herabgesetzten Sorgfaltsanforderungen bei Geschäftsführungen in Notsituationen gerecht zu werden. Überdies erlaubt Art V – 2:102 (2) DCFR in erkennbarer Anlehnung an das französische Recht (Rn 6) eine dem Einzelfall angepasste umfängliche Reduzierung der Haftung.

II. Stellung des § 677 im System des Geschäftsführungsrechts

1. System der §§ 677 ff

Zum actionenrechtlichen System der §§ 677 ff siehe Vorbem 90 ff zu §§ 677 ff. 8

2. Verhältnis zu § 678

Nach tradierter Sprachregelung regelt § 678 das sog **Übernahmeverschulden**, § 677 9
(iVm § 280) das sog Durchführungsverschulden. Von einem Übernahmeverschulden wird gesprochen, wenn dic Übernahme der Geschäftsführung dem präsumtiven Willen des Geschäftsherrn widerspricht und der Geschäftsführer dies erkennen musste. Von einem Ausführungsverschulden wird gesprochen, wenn der Geschäftsführer im Stadium der Durchführung der Geschäftsführung seine Pflicht zur ordentlichen Geschäftsführung verletzt (s Rn 28).

3. Verhältnis zu § 681

§ 677 regelt die Hauptpflicht des Geschäftsführers. Dieser ist zur ordentlichen Aus- 10
führung der Geschäftsführung verpflichtet. § 681 S 1 und §§ 681 S 2, 666 regeln bestimmte Nebenpflichten (Hinweis- und Auskunftspflichten; Gehorsamspflicht).

4. Verhältnis zu § 683 S 1

Entsprach die Übernahme der Geschäftsführung dem präsumtiven Willen des Ge- 11
schäftsherrn *(utiliter gestum)*, so kann der Geschäftsführer gem §§ 683, 670 wie ein Beauftragter Ersatz seiner Aufwendungen verlangen. Die Utilität der Geschäftsführung, die sich nach dem Zeitpunkt der Übernahme beurteilt, bleibt von einer iSd § 677 unsachgemäßen Durchführung der Geschäftsführung unberührt. Doch kann eine unsachgemäße Ausführung der Geschäftsbesorgung Anlass zur genauen Prüfung geben, ob überhaupt die Übernahme der Geschäftsführung gerade durch diesen Geschäftsführer dem präsumtiven Willen des Geschäftsherrn entsprochen hat. Daran wird es regelmäßig fehlen, wenn mit der unsachgemäßen Ausführung zu rechnen war.

5. Verhältnis zu § 687 Abs 2

Vgl zur Verweisung des § 687 Abs 2 auf § 677 § 687 Rn 45. 12

III. Voraussetzungen

Übernimmt der Geschäftsführer die Besorgung eines Geschäfts für einen anderen, 13
ist er gem § 677 zur ordentlichen Geschäftsführung verpflichtet. Entgegen der tradierten Lehre von der berechtigten Geschäftsführung ohne Auftrag ist das Vorliegen einer sog berechtigten Geschäftsführung, nach der die Übernahme der Geschäftsführung dem präsumtiven Willen des Geschäftsherrn entsprechen muss (vgl § 683 S 1), keine Tatbestandsvoraussetzung der Geschäftsführung ohne Auftrag (s Vorbem 90 ff zu §§ 677 ff). Das gesetzliche Schuldverhältnis der Geschäftsführung ohne Auftrag entsteht allein aufgrund einer vertraglich oder gesetzlich nicht abweichend oder

abschließend geregelten Geschäftsbesorgung für einen anderen. Die Frage, ob die Geschäftsführung dem präsumtiven Willen des Geschäftsherrn entspricht *(utiliter gestum* oder nützliche Geschäftsführung), ist nur im Blick auf den Aufwendungsersatzanspruch des Geschäftsführers *(actio contraria)* von Bedeutung. Der Geschäftsführer ist selbst dann, wenn die Übernahme dem präsumtiven Willen des Geschäftsherrn widerspricht, gem § 677 zur ordentlichen Geschäftsführung verpflichtet. Der Reformvorschlag von Helm enthält diesbezüglich eine ausdrückliche Klarstellung (Helm, in: Gutachten und Vorschläge zur Überarbeitung des Schuldrechts III 335, 403, 406; s Vorbem 88 zu §§ 677 ff).

14 Widerspricht die Übernahme der Geschäftsführung dem Willen des Geschäftsherrn und musste der Geschäftsführer dies erkennen (sog Übernahmeverschulden), so enthält § 678 die ausdrückliche Klarstellung, dass der Geschäftsführer zum Ersatz des aus der Geschäftsführung entstehenden Schadens verpflichtet ist, auch wenn ihm ein sonstiges Ausführungsverschulden (Rn 9) nicht zur Last fällt. Allerdings kann hier die Frage nach einem Ausführungsverschulden (§§ 677, 280) wieder relevant werden, wenn der Geschäftsführer den der Übernahme der Geschäftsführung entgegenstehenden Willen nicht erkennen konnte.

IV. Die Ausführung der Geschäftsführung ohne Auftrag

15 Hat der Geschäftsführer die Besorgung eines Geschäfts für einen anderen übernommen, so ist er zur ordentlichen Ausführung der Geschäftsführung verpflichtet. Den Maßstab der Durchführung der Geschäftsführung legt § 677 nieder. Danach hat der Geschäftsführer das Geschäft so zu führen, wie das Interesse des Geschäftsherrn mit Rücksicht auf dessen wirklichen oder mutmaßlichen Willen es erfordert.

1. Interesse und Wille des Geschäftsherrn als Maßstab der Geschäftsführung

a) Das Verhältnis von Wille und Interesse

aa) Diskussionsstand

16 § 677 bestimmt durch eine – missverständliche – Kombination von subjektiven und objektiven Merkmalen den Maßstab der Geschäftsführung: Der Geschäftsführer hat das Geschäft so zu führen, wie das Interesse des Geschäftsherrn (objektives Merkmal) mit Rücksicht auf dessen präsumtiven Willen (subjektives Element) es erfordert. Dieses Zusammentreffen von objektiven und subjektiven Maßstäben und die textlich von § 683 abweichende Fassung der Vorschrift hat zu vielen Missverständnissen und großem Streit über das Verhältnis von Interesse und Wille Anlass gegeben (Wandt, Gesetzliche Schuldverhältnisse[6] § 5 Rn 61; MünchKomm/Seiler[6] § 677 Rn 52). Während in § 683 Interesse und Wille gleichberechtigt nebeneinander stehen, ist nach dem Wortlaut des § 677 vorrangig das Interesse zu berücksichtigen. Diesem Unterschied misst eine Literaturmeinung keine weitere Bedeutung zu und legt § 677 entsprechend dem überwiegenden Verständnis des § 683 aus: Vorrangig komme es auf den Willen an, selbst wenn das Interesse entgegenstehe (Esser/Weyers, Schuldrecht II/2[8] § 46 II 4 b S 21; Soergel/Beuthien[13] § 677 Rn 26). Anders wohl die hM, die bei einem Widerspruch von Willen und Interesse dem Interesse den Vorrang einräumt (Enneccerus/Lehmann, Schuldrecht[15] § 166 I 1 S 702; vGierke, Deutsches Privatrecht III § 216 IV 1 S 986 Fn 34; Giesen Jura 1996, 288, 291; Palandt/Sprau[73] § 677 Rn 13; vgl auch Fikentscher/Heinemann, Schuldrecht[10] Rn 1274; siehe aber auch: Oertmann § 677 Anm 1b β).

bb) Die funktionsgerechte Auslegung des § 677

17 Die Frage nach dem Verhältnis von Willen und Interesse ist falsch gestellt. Das richtige Verständnis des § 677 ergibt sich aus seinem funktionellen Zusammenhang mit dem in § 683 S 1 – auch wenn dies im (ebenfalls) verunglückten Wortlaut dieser Vorschrift nicht deutlich zum Ausdruck kommt – verwirklichten strengen subjektiven Prinzip (s § 683 Rn 3 ff). § 677 enthält mit Blick auf die Durchführung der Geschäftsführung eine pragmatische Lockerung der strengen Anbindung des Geschäftsführers an den präsumtiven Willen des Geschäftsherrn. **§ 753 E I** unterschied noch nicht zwischen der Übernahme und der Durchführung der Geschäftsführung. Der Geschäftsführer konnte nur dann Ersatz seiner Aufwendungen verlangen, wenn sowohl die Übernahme als auch die Ausführung der Geschäftsführung dem präsumtiven Willen des Geschäftsherrn entsprochen hatte. In der Zweiten Kommission wurde die Frage kontrovers behandelt. Die eingebrachten Änderungsvorschläge reichten von einer Beibehaltung des im E I verwirklichten strengen subjektiven Prinzips bis hin zu einer weitgehenden Objektivierung, die den Horizont des Geschäftsführers in den Mittelpunkt rückte. Es setzte sich ein vermittelnder Vorschlag durch: Der Geschäftsführer sollte schon dann Aufwendungsersatz verlangen dürfen, wenn die Übernahme der Geschäftsführung dem Willen des Geschäftsherrn entsprach; ansonsten sollte es genügen, wenn der Geschäftsführer bei der Durchführung des Geschäfts mit pflichtgemäßer Sorgfalt handele. Entspreche nämlich die Übernahme der Geschäftsführung dem präsumtiven Willen des Geschäftsherrn, so sei die Lage mit dem Fall identisch, dass der Geschäftsherr einen allgemeinen Auftrag erteilt habe, ohne aber nähere Weisungen zu geben: Die fehlenden Weisungen seien dann durch das pflichtgemäße Ermessen des Geschäftsführers zu ersetzen (Protokolle, bei Mugdan II 1195 ff; BGH NJW-RR 2008, 759 Rn 10, Urt v 6. 3. 2008, Az: III ZR 219/07; Erman/Dornis[14] § 677 Rn 47). Durch die Formulierung des § 677, dass der Geschäftsführer das Geschäft so zu führen hat, wie das Interesse des Geschäftsherrn mit Rücksicht auf seinen wirklichen oder mutmaßlichen Willen es erfordert, will das Gesetz dem Geschäftsführer lediglich das zur Ausführung der Geschäftsführung notwendige Maß an Freiheit lassen. Entspricht die Übernahme der Geschäftsführung als solche dem präsumtiven Willen des Geschäftsherrn, so verletzt der Geschäftsführer seine Pflicht zur ordentlichen Geschäftsführung nicht allein dadurch, dass er zwar ein geeignetes Mittel zu ihrer Durchführung ergreift, aber gerade dieses Mittel dem Geschäftsherrn vielleicht nicht recht ist (Protokolle, bei Mugdan II 1197; Wandt, Gesetzliche Schuldverhältnisse[6] § 5 Rn 61). Allerdings führt diese dem Pragmatismus geschuldete Aufweichung des subjektiven Prinzips nicht zu einer Auflockerung der Gehorsamspflicht und Weisungsgebundenheit des Geschäftsführers, die ihrerseits aus dem Subordinationscharakter der Geschäftsführung ohne Auftrag herrühren. Weisungen des Geschäftsherrn schuldet der Geschäftsführer unbedingten Gehorsam; und vor allem: Der Geschäftsführer hat sich – soweit damit keine Gefahr verbunden ist – um Weisungen des Geschäftsherrn zu bemühen (vgl § 681 S 1). Demnach ist festzuhalten: Maßstab der Geschäftsführung ist der präsumtive Wille des Geschäftsherrn, nur hat der Geschäftsführer – gleich einem Beauftragten, dem keine konkrete Weisung erteilt wurde – einen Ermessensspielraum zur konkreten Ausführung. Um konkrete Weisungen hat sich der Geschäftsführer zu bemühen und diese dann zu befolgen.

b) Rechtsvergleichender Hinweis

Im Grundsatz kann der Maßstab der Geschäftsführung auf zwei Arten bestimmt 18 werden (Bergmann, Die Geschäftsführung ohne Auftrag 222 ff). Wie gesehen orientiert sich das BGB am **subjektiven** Prinzip. Handlungsleitfaden ist der konkrete (präsumtive) Wille des Geschäftsherrn. Persönliche Vorlieben und Schrulligkeiten sind voll einzustellen. Das Haftungsrisiko des Geschäftsführers ist angesichts der Gefahr, den wahren Willen des Geschäftsherrn (schuldhaft) zu verkennen, tendenziell erhöht (Rn 31 f). Auch das Schweizer Recht geht diesen Weg (Art 419 OR). Kontradiktorisches Gegenteil hierzu bildet das **objektive Prinzip**. Als Maßstab der Geschäftsführung dient alleine das objektive Interesse. Diesen Weg wird eine Rechtsordnung beschreiten, wenn sie den Gedanken der Solidargemeinschaft in den Vordergrund rückt. Denn Hilfsbereitschaft wird unter dem Gesichtspunkt des Ausführungsverschuldens ein Stück risikoloser, wenn der Gestor ein Stück weit von der Gefahr befreit wird, individuelle Eigenheiten des Gestors zu verkennen. Nähe zu dieser objektiven Lehre weist die geschäftsführungsrechtliche Regelung (Book V) des DCFR auf, wenn in Art V–2:101 (1)(a) bestimmt wird, dass der Geschäftsführer „must act with reasonable care".

2. Unmaßgeblichkeit des Willens

19 In bestimmten Fällen ordnet das Gesetz eine Pflicht zur Geschäftsführung für einen anderen an. Das Gesetz kann in diesen Fällen auch den Maßstab der Geschäftsführung definieren. Geschieht dies, so hat der Geschäftsführer die Geschäftsführung nicht mehr am präsumtiven Willen des Geschäftsherrn auszurichten, sondern ist allein auf das gesetzlich fixierte Interesse festgelegt. So hat etwa der gem § 323c StGB oder § 13 StGB verpflichtete Geschäftsführer sein Handeln am gesetzlichen Normbefehl zur Lebenserhaltung auszurichten, selbst dann, wenn der Geschäftsherr den Tod ernstlich wünscht. Dieser Fall der gesetzlichen Pflicht zur Geschäftsführung im Interesse des Geschäftsherrn ist zu unterscheiden vom Fall des § 679 (s § 683 Rn 15 ff, auch § 679 Rn 32; zum privilegierten Rückgriffsanspruch der §§ 683 S 2, 679: s Kommentierung zu § 679).

3. Inhalt der ordentlichen Geschäftsführung

20 Der Geschäftsführer ist ausschließlich zur ordentlichen Durchführung der Geschäftsführung verpflichtet. Nachteile aufgrund sachgerechter, aber erfolgloser Geschäftsführung werden nach §§ 677, 280 nicht ersetzt (Bsp: Trotz sachgerechter Löscharbeit brennt das Haus des Geschäftsherrn ab); für einen bestimmten Erfolg der Geschäftsführung hat der Geschäftsführer nicht einzustehen (Planck/Lobe[4] § 677 Anm 3a). Ungenau ist es, wenn der BGH unter Verweis auf §§ 744 Abs 2, 2038 Abs 1 S 2 HS 2 ausspricht, dass im Rahmen der Geschäftsführung im Regelfall nur eine bewahrende Geschäftsführung geschuldet ist (BGH NJW-RR 2008, 759 Rn 10, Urt v 6. 3. 2008, Az: III ZR 219/07). Solange der Geschäftsführer für einen anderen tätig wird, hat er zu handeln, wie man es auch von einem rechtsgeschäftlich beauftragten Interessenwalter erwarten darf. So kann bei der längerfristigen Verwaltung eines vermieteten Grundstücks durchaus die Durchsetzung einer Mieterhöhung geboten sein. Denn die Geschäftsführung ohne Auftrag ist keinesfalls auf Situationen der Notgeschäftsführung beschränkt.

a) Pflicht zur Übernahme der Geschäftsführung

21 Aus dem Recht der §§ 677 ff folgt keine Verpflichtung des Geschäftsführers zur

Übernahme der Geschäftsführung für einen anderen; und zwar selbst dann nicht, wenn die Voraussetzungen des § 683 S 1 vorliegen, die Übernahme der Geschäftsführung durch den Geschäftsherrn also dem Willen des Geschäftsherrn entsprechen würde (BGB-RGRK/Steffen[12] § 677 Rn 2; Oertmann § 677 Anm 1a; s Rn 22 aE). Allerdings kann eine Pflicht zur Übernahme der Geschäftsführung für einen anderen aus sonstigen bürgerlichrechtlichen wie auch öffentlichrechtlichen Vorschriften herrühren. Allerdings ist in diesen Fällen zu prüfen, inwieweit auf die Vorschriften der §§ 677 ff überhaupt noch zurückgegriffen werden kann (s Vorbem 196 ff zu §§ 677 ff).

b) Verpflichtung zur Fortsetzung des begonnenen Geschäfts

In Verallgemeinerung einiger Quellenfragmente (Paulus Dig 3, 5, 20, 2; Papinian/Ulpian, Dig 3, 5, 30, 2; vgl Seiler, Der Tatbestand der negotiorum gestio im Römischen Recht 14 ff) wurde im *ius commune* die Lehre entwickelt, dass der Geschäftsführer grundsätzlich nicht berechtigt ist, die einmal übernommene Geschäftsführung wieder aufzugeben (Lauterbach, Collegium pandectarum theoretico-practicum L III Tit V § XI). Dem Geschäftsführer stehe es frei, die Geschäftsführung zu übernehmen, wenn er sie aber einmal übernommen habe, müsse er sie auch zu Ende führen. Diese insbesondere von Domat (Domat, Les lois civiles dans leur ordre naturel Part I Liv II Tit IV Set I § 1) vertretene Lehre wurde vom französischen Recht adaptiert (art 1372 al 1 CC, dazu: Malaurie/Aynès/Stoffel-Munck, Les Obligations[2] n°1031; auch: § 1039 öABGB, dazu: Meissel, Geschäftsführung ohne Auftrag 153 ff; im Schweizerischen Recht ist die Lage umstritten: dazu: Schmid, Geschäftsführung ohne Auftrag Rn 437 ff; früher: PrALR I 13 § 257). Auch Art V – 2:101 (2) DCFR will dem Geschäftsführer nicht gestatten, ohne guten Grund von der Geschäftsführung abzulassen. Und der Wegfall der „Lust" ist kein guter Grund. Der deutsche Gesetzgeber hat sich anders entschieden. Der Geschäftsführer ist **nicht** per se zur Fortführung des einmal begonnen Geschäfts verpflichtet (RGZ 63, 280, Urt v 10. 5. 1908, Az: VI 344/05; Wittmann, Begriff und Funktion der Geschäftsführung ohne Auftrag 131 f; Enneccerus/Lehmann, Schuldrecht[15] § 166 I 4 S 702; Planck/Lobe Zu § 677 Anm IV und § 677 Anm 3a; BGB-RGRK/Steffen[12] § 677 Rn 3 f; Palandt/Sprau[73] § 677 Rn 16; Soergel/Beuthien[13] § 677 Rn 28; Oertmann § 677 Anm 1a; **aA**: Isay, Die Geschäftsführung nach dem Bürgerlichen Gesetzbuch für das Deutsche Reich 123 ff; vGierke, Deutsches Privatrecht III § 216 IV 1 S 986 Fn 35 unter Hinweis auf die fehlende Entsprechung zu § 671). Das BGB hat von einer hierauf zielenden Vorschrift bewusst abgesehen (vgl Motive, bei Mugdan II 480). Es kommt auf den **Einzelfall** an. Eine Pflicht zur Fortsetzung der einmal begonnenen Geschäftsführung kann sich aus der allgemeinen Pflicht des § 677 zur ordentlichen Ausführung der Geschäftsführung ergeben: Droht aus dem Abstandnehmen von der weiteren Durchführung der Geschäftsführung ein Schaden, der ohne das Einmischen des Geschäftsführers nicht entstanden wäre, so ist der Geschäftsführer zur Fortsetzung der Geschäftsführung verpflichtet; im Übrigen ist eine besondere Verpflichtung zur Fortsetzung der Geschäftsbesorgung nicht anzuerkennen (RGZ 63, 280, 283 f, Urt v 10. 5. 1908, Az: 344/05; RG WarnRspr 15 [1922] Nr 12, Urt v 21. 11. 1921, Az: VI 279/21: Für die weitere Aufbewahrung eines einmal in Verwahrung genommenen, vom Geschäftsherrn aus Versehen zurückgelassenen Pelzmantels ist zu sorgen; OLGReport Hamm 2009, 65, Urt v 30. 10. 2008, Az: 21 U 56/08; Erman/Dornis[14] § 677 Rn 49; Soergel/Beuthien[13] § 677 Rn 28; Fikentscher/Heinemann, Schuldrecht[10] Rn 1275: Der Geschäftsführer darf die Geschäftsbesorgung nicht zur Unzeit abbrechen, § 671 Abs 2 analog). Die Fortsetzungspflicht ist, soweit sie einmal anzuerkennen ist, nicht unbedingt auf die **Vollendung der Geschäftsführung** gerichtet. Sie findet dann ihr Ende, wenn der Geschäftsherr in der Lage ist, selbst für die Vollendung der Geschäftsführung zu sorgen. Eng verbunden mit der Fortsetzungs- 22 pflicht ist die genaue Bestimmung der **gegenständlichen Reichweite** des übernommenen Geschäfts (Vorbem 225 zu §§ 677 ff.). Denn auch wenn im Einzelfall eine Fortsetzungspflicht besteht, ist der Geschäftsführer nur verpflichtet, das übernommene Geschäft zu Ende zu führen (s Rn 34), keinesfalls aber dazu, weitere Geschäfte zu übernehmen (s aber auch Art 1374 al 1 Code civil). Auch dann nicht, wenn ein dringendes Interesse des Geschäftsherrn hierfür streitet und ihm die Erledigung keine besondere Mühe bereitet. Deut 22,1 f („Wenn du deines Bruders Ochsen oder Schaf siehst irregehen, so sollst du dich nicht entziehen von ihnen, sondern sollst sie wieder zu deinem Bruder führen. Wenn aber dein Bruder dir nicht nahe ist und du kennst ihn nicht, so sollst du sie in dein Haus nehmen, daß sie bei dir seien, bis sie dein Bruder suche, und sollst sie ihm dann wiedergeben") ist im heutigen Recht nur ein frommer Appell (s Rn 18). Etwas anderes gilt nur, wenn den Geschäftsführer – wie etwa in den Fällen der §§ 13, 323c StGB – eine Rechtspflicht zum Tätigwerden trifft (Rn 21).

23 Selbst wenn eine Pflicht zur Fortsetzung der Geschäftsführung nicht besteht, kann sich für den Geschäftsführer aus § 242 (vgl auch §§ 681 S 2, 666) die Verpflichtung ergeben, den Geschäftsherrn über die Beendigung und den Stand der Geschäftsführung zu **informieren**. Durch die schuldhafte Nichterfüllung dieser Pflichten macht sich der Geschäftsführer schadensersatzpflichtig (RGZ 63, 280, 284 f, Urt v 10. 5. 1908, Az: 344/05; § 681 Rn 5).

24 Auch wenn der Geschäftsführer im Einzelfall zur Fortsetzung der Geschäftsführung verpflichtet ist, so handelt es sich hierbei um **keine gerichtlich durchsetzbare Leistungspflicht**. Die Verletzung der Rechtspflicht begründet nur eine Schadensersatzpflicht des Geschäftsführers gem § 280 Abs 1 (Soergel/Beuthien[13] § 677 Rn 28). Man wird daher sagen können, dass die Situation im Recht der Geschäftsführung ohne Auftrag an dieser Stelle weitgehend § 671 Abs 2 entspricht (vgl Erman/Dornis[14] § 677 Rn 49). Auch hier ist die Kündigung zur Unzeit wirksam, verpflichtet aber den Beauftragten zum Schadensersatz.

c) Ordentliche Geschäftsführung und nichtiger Geschäftsbesorgungsvertrag

25 Finden auf einen **nichtigen Vertrag** die §§ 677 ff Anwendung (s Kommentierung Vorbem 329 ff zu §§ 677 ff), so kommt bei Schlechtleistung (mangelhafte Leistung oder Verletzung leistungsbezogener Nebenpflichten) oder der Verletzung von Schutzpflichten eine Haftung wegen Ausführungsverschuldens gem § 677 in Betracht (BGH ZIP 2005, 1599, 1601, Urt v 28. 7. 2005, Az: III ZR 290/04; BGH NJW 1993, 3196, Urt v 30. 9. 1993, Az: VII ZR 178/91; OLGReport Hamm 2009, 65, Urt v 30. 10. 2008, Az: 21 U 56/08). Im Grundsatz gilt dabei, dass die § 677 folgenden Pflichten nicht weiter gehen als diejenigen, die bei Wirksamkeit des Vertrages bestünden (BGH ZIP 2005, 1599, 1603, Urt v 28. 7. 2005, Az: III ZR 290/04).

d) Unterlassenspflicht

26 Aus dem Subordinationscharakter der Geschäftsführung ohne Auftrag folgt die Gehorsamspflicht des Geschäftsführers. Verbietet der Geschäftsherr dem Geschäftsführer die weitere Fortsetzung der Geschäftsführung ohne Auftrag, so ist dieser zur Einstellung der Geschäftsführung verpflichtet. Deutlich wird dies im systematischen Zusammenhang mit § 681 S 1 und der dort normierten Anzeigepflicht und der Pflicht, die Entschließung des Geschäftsherrn abzuwarten (vGierke, Deutsches Privatrecht III, § 216 IV 1 = 986 Fn 34; Larenz, Schuldrecht II/1[13] § 57 I b S 447; Erman/Dornis[14] § 677

Rn 50; **aA**: PLANCK/LOBE[4] zu § 677 Anm IV; zu den Folgen einer weisungswidrigen Fortsetzung der Geschäftsführung: Vorbem 228 zu §§ 677 ff). Dies gilt selbst dann, wenn die Übernahme der Geschäftsführung zunächst dem präsumtiven Willen des Geschäftsherrn entsprochen hat. Unabhängig von einer ausdrücklichen Weisung hat der Geschäftsführer die Geschäftsführung einzustellen, wenn es der Vorteil des Geschäftsherrn erfordert, zB weil das Ziel der Geschäftsführung nicht mehr erreichbar ist. Erst recht ist die Geschäftsführung zu beenden, wenn dem Geschäftsführer nachträglich die Unvereinbarkeit der Geschäftsführung mit dem Willen des Geschäftsherrn bewusst wird.

Ist der Geschäftsführer zur Geschäftsführung zugunsten des Geschäftsherrn **gesetzlich verpflichtet**, so kann unter Umständen auch eine Fortsetzung gegen den Willen des Geschäftsherrn notwendig sein. So hat der Geschäftsführer, der einen Selbstmörder rettet, die Geschäftsführung auch dann fortzusetzen, wenn ihm der Geschäftsherr die Fortsetzung ausdrücklich verbietet. Maßstab der Geschäftsführung ist in diesem Fall allein das gesetzlich definierte Interesse des Geschäftsherrn (Leben) und nicht dessen subjektiver Wille. 27

e) Unerwünschte Geschäftsführung

Die Pflicht des § 677 trifft den Geschäftsführer auch dann, wenn die Übernahme der Geschäftsführung nicht dem präsumtiven Willen entsprochen hat (§ 683 S 1). Zwar ist der Geschäftsführer in erster Linie zum Unterlassen der weiteren Geschäftsführung verpflichtet; führt er aber das Geschäft – etwa weil er (schuldlos) von einer Übereinstimmung mit dem Willen des Geschäftsherrn ausgeht –, so hat er das Geschäft doch zumindest sachgemäß zu führen. Diese Pflicht kann – trotz § 678 (Rn 9) – durchaus praktische Relevanz erlangen (anders WANDT, Gesetzliche Schuldverhältnisse[6] § 5 Rn 62 unter Hinweis auf § 678). War der Geschäftsführer in einem schuldlosen Irrtum über den Willen des Geschäftsherrn oder lassen sich die Voraussetzungen des § 678 vom beweispflichtigen Geschäftsherrn nicht beweisen, so kann bei unsachgemäßer Geschäftsführung immer noch eine Haftung gem §§ 280 Abs 1, 677 in Betracht kommen. Diese Haftung hat gegenüber einer deliktischen Haftung mehrere Vorteile: (a) Die §§ 677, 280 kennen eine Haftung wegen primärer Vermögensschäden, (b) der Geschäftsherr muss nicht das Verschulden des Geschäftsführers beweisen (§ 280 Abs 1 S 2), (c) der Geschäftsführer haftet für seine Geschäftsführungsgehilfen (§ 278). 28

f) Sonstige Einzelfälle

Nimmt der Geschäftsführer eine vom Geschäftsherrn aus Versehen zurückgelassene Sache für diesen in Besitz, so hat er für die **sichere Verwahrung** der Sache zu sorgen (RG WarnRspr 15 [1922] Nr 12, Urt v 21. 11. 1921, Az: VI 279/21: Pelzmantel). Der Geschäftsführer verletzt seine Pflicht zur ordentlichen Geschäftsführung, wenn er **betrunken ein Kraftfahrzeug führt** (vgl BGH JZ 1972, 163, 163 f, Urt v 30. 11. 1971, Az: VI ZR 100/70). Ebenso verletzt ein Bergungsunternehmen seine Pflicht aus § 677, wenn aufgrund **mangelhafter Durchführung der Bergung** eines umgestürzten Tanklastwagens 10 000 Liter Heizöl auslaufen (BGHZ 63, 167, Urt v 24. 10. 1974, Az: VII ZR 223/72). 29

V. Ausführungsverschulden

Verletzt der Geschäftsführer seine Pflicht zur ordentlichen Geschäftsführung, so 30 haftet er gem § 280 Abs 1 auf Schadensersatz, soweit er nicht darlegen und ggf beweisen kann, dass er die Pflichtverletzung nicht zu vertreten hat (BGH ZIP 2005, 1599, 1604, Urt v 28. 7. 2005, Az: III ZR 290/04).

1. Pflichtverletzung

31 Die Pflicht zur ordentlichen Geschäftsführung ist im jeweiligen Einzelfall anhand der gesetzlichen Kriterien zu konkretisieren (Rn 20 ff). Das Ausbleiben des mit der Geschäftsführung angestrebten Erfolges rechtfertigt für sich allein keinen zwingenden Schluss auf eine sachwidrige und damit pflichtwidrige Geschäftsführung (BGB-RGRK/Steffen[12] § 677 Rn 11; Soergel/Beuthien[13] § 677 Rn 27; s Rn 20). Eine Pflichtverletzung ist in zwei Richtungen möglich: (a) Der Geschäftsführer handelt – trotz bestehenden Ermessenspielraums – entgegen dem maßgebenden Willen des Geschäftsherrn; (b) der Geschäftsführer hält sich zwar im Rahmen des Ermessens, führt aber das Geschäft schlecht aus.

2. Verschulden

32 Der **Verschuldensmaßstab** bestimmt sich grundsätzlich nach § 276. Der Geschäftsherr haftet damit für jedes Verschulden (krit gegen den Haftungsmaßstab der §§ 677 ff aus dem Gesichtspunkt der Rechtsökonomie: Köndgen, in: Zimmermann [Hrsg], Rechtsgeschichte und Privatrechtsdogmatik 371, 392 f). Das ergibt sich aus dem Schweigen des Gesetzes und dem Umkehrschluss zu § 680. Schon im römischen Recht hatte der Gestor die Sorgfalt eines guten Hausvaters anzuwenden (s Rn 4 f). Die in der Pandektenwissenschaft vertretene Auffassung, der Geschäftsführer habe nur diejenige Sorgfalt anzuwenden, die der Geschäftsherr vermutlich angewandt hätte, wurde während der Vorarbeiten zum BGB – zu Recht (Rn 2, 4) – verworfen (vgl vKübel, in: Schubert [Hrsg], Die Vorlagen der Redaktoren, Schuldverhältnisse II 929, 946). Erfolgt die Geschäftsführung zur Gefahrenabwehr, so kann gem § 680 eine Beschränkung der Diligenzpflicht eintreten.

33 Die Exkulpation bestimmt sich nach der Pflichtverletzung (Rn 31). Bei (a) Handeln gegen den Willen des Geschäftsherrn muss der Geschäftsführer geltend machen, den Willen des Geschäftsherrn schuldlos falsch gedeutet zu haben (Geschäftsführer erkennt bestimmte Umstände nicht). Für ein Verschulden wird sprechen, wenn der Geschäftsführer entgegen § 681 S 1 nicht versucht hat, nach Anzeige der Geschäftsführung eine Entschließung des Geschäftsherrn herbeizuführen. Bei (b) sonst schlechter Durchführung der Geschäftsführung muss der Geschäftsführer geltend machen, die im Verkehr erforderliche Sorgfalt gewahrt zu haben.

3. Der Umfang der Schadensersatzpflicht; Vorteilsausgleichung

34 Der Umfang der Schadensersatzpflicht bestimmt sich grundsätzlich nach den §§ 249 ff. Der Geschäftsherr ist so zu stellen, wie er bei sachgemäßer Geschäftsführung stehen würde. Da der Geschäftsführer grundsätzlich nicht zur Fortsetzung der Geschäftsführung verpflichtet ist, wird der Geschäftsherr sein Interesse an der vollständigen Erfüllung der Geschäftsführung in aller Regel nicht geltend machen können. Nur im Einzelfall trifft den Geschäftsführer eine Fortsetzungspflicht (Rn 22 ff). Aber selbst hier ist zu beachten, dass eine solche Pflicht nicht ohne Weiteres auf

Vollendung der Geschäftsführung gerichtet ist; es kann ausreichen, dass der Geschäftsführer so lange fortfährt, bis der Geschäftsherr das Geschäft selbst übernehmen kann (vgl § 671 Abs 2 S 1). Die **Haftung der öffentlichen Hand** aus fehlerhafter Geschäftsführung ohne Auftrag gem §§ 677, 280 unterliegt nicht den Einschränkungen des § 839 Abs 1 S 2 (BGHZ 63, 167, 173 ff, Urt v 24. 10. 1974, Az: VII ZR 223/72). Das ist die Kehrseite davon, dass der öffentlichen Hand ihrerseits Ansprüche gem § 683 auf Aufwendungsersatz zustehen (s Vorbem 281 ff zu §§ 677 ff). Grundsätzlich findet eine **Vorteilsausgleichung** statt: Bei der Geschäftsführung erwirtschaftete Gewinne sind mit den aufgelaufenen Verlusten zu verrechnen. Das war im Grundsatz schon bei den römischen Juristen anerkannt (Pomponius Dig 3, 5, 10). Dies steht in einem gewissen Gegensatz zum Standpunkt der römischen Juristen zur gesellschaftsrechtlichen (Parallel-)Problematik. Hier dominierte die Auffassung, dass die von einem Gesellschafter *sonst* erwirtschafteten Gewinne mit dem im *konkreten* Fall verursachten Schaden nicht verrechnet werden dürften (Paulus Dig 17, 2, 25; Ulpian 17, 2, 26). Die (scheinbar) fehlende Kongruenz dieser Textstellen führte im *ius commune* zu der lebhaft geführten Diskussion, ob nicht der Gedanke von Pomponius Dig 3, 5, 10 auch auf das Gesellschaftsrecht übertragen werden sollte (Matthaeus, Disputationes de obligationibus disp XXIII § 14 mwNw). Doch fehlt es bei genauer Betrachtung an einem Widerspruch der Fragmente. Pomponius geht es um die Vorteilsausgleichung innerhalb *eines* ausgeführten einheitlichen Geschäfts (Verkauf mehrerer Sklaven), Paulus und Ulpian Aussagen bezieht sich auf die Gesamtheit aller unterschiedlicher Geschäfte, die ein Gesellschafter überhaupt für die Gesellschaft geführt hat. Vereinigt man die Aussagen, kommt eine – auch für das Gestionsrecht – handhabbare Regelung heraus. Innerhalb eines übernommenen Geschäfts findet eine Vorteilsausgleichung statt. Verkaufe ich in der Urlaubsabwesenheit meines Nachbarn dessen Briefmarkensammlung zur DDR, so findet eine Verrechnung statt, wenn ich einige Marken besonders gut, andere besonders schlecht losschlage. Verliere ich aber später den anschließend wegen eines Wasserrohrbruchs an mich genommenen Rubens, so kann ich mich insoweit nicht darauf berufen, dass ich die Briefmarkensammlung insgesamt über Wert verkauft habe.

4. Konkurrenz zu anderen Ansprüchen

Ansprüche aus unerlaubter Handlung bleiben unberührt (Vorbem 243 ff zu §§ 677 ff). **35**

VI. Darlegungs- und Beweislast

Der Geschäftsherr hat neben dem Grundtatbestand der Geschäftsführung ohne **36** Auftrag die Unsachgemäßheit der Geschäftsführung darzulegen und ggf zu beweisen (§§ 280 Abs 1 S 1, 677). Dagegen obliegt dem Geschäftsführer gem § 280 Abs 1 S 2 der Beweis, dass er die Pflichtverletzung nicht zu vertreten hat (zur Rechtslage vor Modernisierung des Schuldrechts: BGB-RGRK/Steffen[12] § 677 Rn 12).

VII. Einsatz von Hilfspersonen

Zum Einsatz von Geschäftsführungsgehilfen und zur Möglichkeit einer Substitution: **37** Vorbem 181 f zu §§ 677 ff. Für das Verschulden von Geschäftsführungsgehilfen haftet der Geschäftsführer gem § 278. Eine Substitution ist grundsätzlich zulässig, weil im Allgemeinen keine Pflicht zur Übernahme der Geschäftsführung besteht (Lent,

Der Begriff der auftragslosen Geschäftsführung 147 f); sofern im Einzelfall eine gesetzliche Pflicht besteht, beurteilt sich hiernach, ob eine Substitution zulässig ist. Für ein Auswahlverschulden hat der Geschäftsführer stets – nicht nur im Falle der Fortsetzungspflicht – einzustehen: Wenn der Geschäftsführer die weitere Durchführung der Geschäftsführung einem Dritten überträgt, so hat er diesen ordentlich auszuwählen (§ 677).

VIII. Die Ausnahmevorschrift des § 679

38 Zum Verhältnis des § 677 zu § 679 s § 679 Rn 2 ff.

§ 678
Geschäftsführung gegen den Willen des Geschäftsherrn

Steht die Übernahme der Geschäftsführung mit dem wirklichen oder dem mutmaßlichen Willen des Geschäftsherrn in Widerspruch und musste der Geschäftsführer dies erkennen, so ist er dem Geschäftsherrn zum Ersatz des aus der Geschäftsführung entstehenden Schadens auch dann verpflichtet, wenn ihm ein sonstiges Verschulden nicht zur Last fällt.

Materialien: E I § 748 Abs 2; II § 609; III § 663; Mot II 857, 858; Prot II 727.

Systematische Übersicht

Alphabetische Übersicht

I. Inhalt und Entwicklung

1. Inhalt und Haftungsgrund

Nach §§ 280 Abs 1, 677 haftet der Geschäftsführer dem Geschäftsherrn wegen sog Ausführungsverschuldens, wenn er das Geschäft schuldhaft nicht so führt, wie das Interesse des Geschäftsherrn mit Rücksicht auf dessen wirklichen oder mutmaßlichen Willen es erfordert (s § 677 Rn 1). Anknüpfungspunkt der Pflichtverletzung ist die unsachgemäße Durchführung der Geschäftsführung. § 678 regelt das sog **Übernahmeverschulden**. Steht bereits die Übernahme der Geschäftsführung im Widerspruch zum wirklichen oder mutmaßlichen Willen und musste der Geschäftsführer dies erkennen, so ist er dem Geschäftsherrn zum Ersatz des aus der Geschäftsführung entstehenden Schadens selbst dann verpflichtet, wenn ihm bei der Ausführung der Geschäftsführung ein weiteres Verschulden nicht zur Last fällt. Die den Tatbestand des Übernahmeverschuldens konstituierende Pflichtverletzung liegt in der Übernahme der Geschäftsführung entgegen dem präsumtiven Willen des Geschäftsherrn. 1

Der besondere **Haftungsgrund** des § 678 folgt aus dem Subordinations- und Treuhandcharakter der Geschäftsführung ohne Auftrag einerseits (s Vorbem 28 ff zu §§ 677 ff, § 677 Rn 2) und dem streng subjektiven Prinzip des deutschen Gestionsrechts andererseits (Vorbem 30 zu §§ 677 ff; § 683 Rn 3 ff). Die Geschäftsführung ohne Auftrag ist das gesetzliche Schuldverhältnis der fremdnützigen Interessenwahrung für einen anderen. Maßstab der Geschäftsführung ist nicht das objektiv zu ermittelnde, vernünftige Interesse des Geschäftsherrn, sondern – subjektiv – dessen wirklicher oder mutmaßlicher Wille. Jede Übernahme der Geschäftsführung gegen den Willen des 2

Geschäftsherrn ist eine Verletzung dieser Grundsätze (anders die Akzentuierung der hM, zB Erman/Dornis[14] § 678 Rn 1, die den Haftungsgrund in dem schuldhaften Einbruch in einen fremden Rechtskreis sieht; vgl zur objektiven Lehre: Vorbem 23 ff zu §§ 677 ff). Steht die Übernahme der Geschäftsführung mit dem Willen des Geschäftsherrn in Widerspruch, so haftet der Geschäftsführer wegen unerwünschter Übernahme der Geschäftsführung selbst dann, wenn die Geschäftsführung im objektiv verstandenen, vernünftigen Interesse des Geschäftsherrn gelegen hat (RGZ 101, 18, 19, Urt v 28. 11. 1920, Az: III 239/20; BGB-RGRK/Steffen[12] § 678 Rn 9). Entsprach die Übernahme dagegen dem Willen des Geschäftsherrn, so ist der Tatbestand des § 678 selbst dann nicht eröffnet, wenn die Geschäftsführung noch so sehr dem Interesse des Geschäftsherrn zuwiderläuft. In diesem Fall kommt eine Haftung gem § 678 selbst dann nicht mehr in Betracht, wenn die Durchführung der Geschäftsführung im höchsten Maße unsachgemäß ist; der Geschäftsführer kann dem Geschäftsherrn aber natürlich im Einzelfall wegen Ausführungsverschuldens nach §§ 677, 280 verantwortlich sein. Zum Verhältnis zu § 681 S 2 (nachträgliche Genehmigung der Übernahme der Geschäftsführung) Rn 11. – Der Geschäftsführer haftet nicht nur dann, wenn er sich wissentlich über den Willen des Geschäftsherrn hinwegsetzt, sondern schon dann, wenn er fahrlässig den wahren Willen des Geschäftsherrn nicht erkennt. Dieser strenge **Verschuldensmaßstab** (§ 276 Abs 1 S 1) entspricht dem Subordinations- und Treuhandcharakter der Geschäftsführung ohne Auftrag (s § 677 Rn 2, 4).

3 Entgegen verbreiteter Auffassung ist § 678 keine selbständige Anspruchsgrundlage (so etwa: Soergel/Beuthien[13] § 678 Rn 1). § 678 kommt nur **klarstellender Charakter** zu. Der Inhalt der Vorschrift lässt sich bereits unmittelbar aus § 677 iVm § 280 Abs 1 herleiten (MünchKomm/Seiler[6] § 678 Rn 1; Planck/Lobe[4] § 678 Anm 1; vgl schon Protokolle, bei Mugdan II 1193). Nach dem den §§ 677 ff zugrundeliegenden subjektiven Prinzip ist alleiniger Maßstab der Geschäftsführung der Wille des Geschäftsherrn. Überschreitet der Geschäftsführer seine Geschäftsführungsbefugnisse, haftet er gem §§ 677, 280 auf Schadensersatz. Das gilt erst recht, wenn schon die Übernahme der Geschäftsführung dem Willen des Geschäftsherrn widerspricht. Überschreitet der Geschäftsführer aber den Rahmen seiner Geschäftsführungsbefugnisse, so haftet er – wie jeder Geschäftsbesorger, der den Rahmen seiner Befugnisse überschreitet – schon nach den allgemeinen Grundsätzen auf Schadensersatz, ohne dass es noch auf ein weiteres Ausführungsverschulden ankäme: *versari in re illicitia.* Von daher kann man sagen, dass das Übernahmeverschulden ein besonderer Anwendungsfall des Ausführungsverschuldens ist.

2. Rückwirkung der neueren Zivilrechtsdogmatik auf den Haftungstatbestand

4 Die tradierte Bezeichnung des Haftungstatbestandes des § 678 als Übernahmeverschulden ist **terminologisch** missverständlich. Angesichts des gegenwärtigen Standes der Dogmatik (vgl § 280 Abs 1) ist zwischen der Pflichtverletzung und der Frage des Verschuldens zu unterscheiden. Allgemeiner Haftungsgrund ist die Pflichtverletzung, die insbesondere in der unerwünschten Übernahme der Geschäftsführung liegt. Die Verschuldensfrage ist hiervon zu trennen. Die Schuldrechtsreform und die Schaffung des § 280 Abs 1 als zentrale Haftungsnorm hat überhaupt Rückwirkung auf die Handhabung des § 678. Der positive Tatbestand verlangt nur noch das Vorliegen einer Pflichtverletzung (§ 280 Abs 1 S 1). Es ist Sache des Schuldners (Geschäftsführers), sich im Einzelfall zu exkulpieren und geltend zu machen, dass

er die Pflichtverletzung nicht zu vertreten hat (§§ 280 Abs 1 S 2, 276). Dieser Paradigmenwechsel beeinflusst auch die Handhabung des Haftungstatbestandes des § 678 (anders noch Motive, bei Mugdan II 479: negative Beweislastregel nicht gerechtfertigt). Zum Tatbestand des § 678 gehört damit ausschließlich, dass die Übernahme der Geschäftsführung im Widerspruch zum präsumtiven Willen des Geschäftsherrn steht. Es ist Sache des Geschäftsführers darzulegen und zu beweisen, dass er den Widerspruch zum Willen des Geschäftsherrn nicht erkennen konnte und damit die Pflichtverletzung nicht zu vertreten hat (Erman/Dornis[14] § 678 Rn 7; MünchKomm/Seiler[6] § 678 Rn 10; **aA**: [wohl] Palandt/Sprau[73] § 678 Rn 4).

3. Rechtsgeschichte und rechtsvergleichende Hinweise

Nicht nur für *levis culpa* sondern auch für *casus* haftete der Gestor im römischen 5
Recht, wenn er sich entgegen einem Verbot des *dominus* in dessen Angelegenheiten einmischte oder auch nur ungewöhnliche Geschäfte tätigte (Procolus/Pomponius Dig 3, 5, 10; Seiler, Der Tatbestand der negotiorum gestio im Römischen Recht 86 ff; s § 677 Rn 4 ff). Schon in vielen älteren Gesetzen und Gesetzentwürfen lassen sich ähnliche Regelungen nachweisen; zB enthielten die PrALR I 13 §§ 249 ff für verbotswidrige Einmischungen in die Geschäfte des Geschäftsherrn eine Zufallshaftung. § 678 knüpft an diese Vorbilder an, ist aber insoweit strenger, als er auf den Fall ausgeweitet wird, dass der Geschäftsführer gegen den bei ordentlicher Sorgfalt erkennbaren Willen des Geschäftsherrn gehandelt hat (vgl Motive, bei Mugdan II 479). Vergleichbare Vorschriften finden sich in Art 420 Abs 3 OR für das **Schweizer** (Schmid, Geschäftsführung ohne Auftrag Rn 320 ff) und in § 1040 ABGB für das **österreichische** Recht (Meissel, Geschäftsführung ohne Auftrag 46 ff). Keine § 678 entsprechende Vorschrift halten die Regelungen über die Benevolent intervention in another's affairs der **DCFR (Book V)** vor. Der DCFR folgt der Lehre von der berechtigten Geschäftsführung ohne Auftrag. Ohne die *utilitas gestionis* gelangt das gesetzliche Schuldverhältnis der Geschäftsführung ohne Auftrag gar nicht erst zur Entstehung. Für ein Pendant zu § 678 ist damit kein Raum.

II. Anspruchsvoraussetzungen

1. Grundtatbestand

Der Tatbestand des § 678 setzt zunächst voraus, dass überhaupt eine Geschäftsführung 6
ohne Auftrag vorliegt, der Geschäftsführer also in **fremdnütziger** Geschäftsführungsabsicht tätig wird (AG Meldorf NJW 2011, 2890, 2891, Urt v 29. 3. 2011, Az: 81 C 1601/10; OLG Stuttgart DB 2009, 335, Urt v 16. 12. 2008, Az: 12 U 172/98; Vorbem 28 ff, 171 ff zu §§ 677 ff). Fehlt es daran, weil der Geschäftsführer in eigennütziger Weise für sich handelt, findet § 678 keine Anwendung (zur Abgrenzung zu unbeachtlichen Motiven: Rn 14). Dies stellt § 687 Abs 1 für den Fall der **irrtümlichen Eigengeschäftsführung** klar. Führt der Geschäftsführer aber ein fremdes Geschäft als eigenes, obwohl er weiß, dass er dazu nicht berechtigt ist (Geschäftsanmaßung), so verweist die Rechtsfolgenverweisung des § 687 Abs 2 auf § 678 (s § 687 Rn 44). Manche Gerichte lassen daher dahinstehen, ob eine echte Geschäftsführung gegen den Willen des Geschäftsherrn oder eine Geschäftsanmaßung vorgelegen hat (OLG Celle FamRZ 2007, 826, Urt v 6. 9. 2006, Az: 15 U 1/06).

2. Übernahme der Geschäftsführung

7 Die Übernahme der Geschäftsführung, also der Gegenstand der Geschäftsführung und seine (zu erwartende) Durchführung gerade durch diesen Geschäftsführer müssen im Widerspruch zum Willen des Geschäftsherrn stehen (s § 683 Rn 20 ff). Dass die spätere tatsächliche Durchführung der Geschäftsführung dem Willen des Geschäftsherrn widerspricht, kann allein die Haftung nach § 678 wegen Übernahmeverschuldens nicht begründen. Allerdings kann eine unsachgemäße Durchführung ein Indiz dafür sein, dass die Übernahme der Geschäftsführung gerade durch diesen Geschäftsführer dem Willen des Geschäftsherrn widersprochen hat. Ob die Übernahme der Geschäftsführung im Widerspruch zum Willen des Geschäftsherrn steht, beurteilt sich zum Zeitpunkt des Beginns der **ersten Ausführungshandlung** (MünchKomm/Seiler[6] § 678 Rn 3); nicht maßgebend ist der Zeitpunkt des – wenn vielleicht auch äußerlich erkennbar gewordenen – Entschlusses des Geschäftsführers, die Geschäftsführung übernehmen zu wollen (s Vorbem 226 zu §§ 677 ff, § 683 Rn 21 f; **aA** Soergel/Beuthien[13] § 678 Rn 2).

3. Widerspruch zum wirklichen oder mutmaßlichen Willen

a) Widerspruch zum wirklichen oder mutmaßlichen Willen

8 Die Übernahme der Geschäftsführung muss im Widerspruch zum wirklichen oder mutmaßlichen Willen des Geschäftsherrn stehen. Auf eine – alternative oder zusätzliche – Diskrepanz zum objektiv verstandenen Interesse des Geschäftsherrn kommt es nicht an; Bedeutung erlangt das objektive Interesse des Geschäftsherrn nur mittelbar, als es herangezogen werden kann, um den mutmaßlichen Willen des Geschäftsherrn zu ermitteln (s § 683 Rn 30 f). Aus welchem Grund die Übernahme der Geschäftsführung dem Willen des Geschäftsherrn widerspricht, ist unerheblich; selbst sachwidrige Erwägungen schaden nicht (BGB-RGRK/Steffen[12] § 678 Rn 5). Der Widerspruch kann sich etwa auf den Gegenstand der Geschäftsbesorgung, deren voraussichtlichen Umfang, die Art und Weise der Durchführung, den Zeitpunkt oder auf die Person des Geschäftsführers beziehen (MünchKomm/Seiler[6] § 678 Rn 4; Palandt/Sprau[73] § 678 Rn 2; Soergel/Beuthien[13] § 678 Rn 3; s im Einzelnen: § 683 Rn 20). Zur Bestimmung des wirklichen oder mutmaßlichen Willens im Einzelnen vgl § 683 Rn 23 ff.

9 Der entgegenstehende Wille löst allerdings dann keine Haftung nach § 678 aus, wenn er ausnahmsweise **unbeachtlich** ist (Erman/Dornis[14] § 678 Rn 2; dazu: § 683 Rn 15 ff). Die Unbeachtlichkeit des wirklichen Willens kann sich insbesondere aus einer sinngemäßen Anwendung der §§ 104, 105 ergeben (Palandt/Sprau[73] § 678 Rn 2; Soergel/Beuthien[13] § 678 Rn 3). Unbeachtlich ist zB der tatsächliche Wille eines hoffnungslos Betrunkenen, der zu einer vernünftigen Willensäußerung nicht mehr in der Lage ist (§ 105 Abs 2 analog); maßgebend ist dann der mutmaßliche Wille (BGH JZ 1972, 163, 164, Urt v 30. 11. 1971, Az: VI ZR 100/70). Unbeachtlich ist ein entgegenstehender Wille auch dann, wenn bereits die Rechtsordnung die Entscheidung hinsichtlich des „Ob" der Geschäftsführung getroffen hat. Ist etwa der **Lebensretter** aufgrund der gesetzlichen Vorschriften der §§ 323c, 13 StGB zum Eingreifen verpflichtet, so haftet er grundsätzlich auch dann gem § 678 nicht, wenn der lebensmüde Geschäftsherr keine Hilfe wünscht. Allerdings folgt dies nicht aus einer entsprechenden Anwendung der §§ 134, 138 (dazu: § 679 Rn 32, § 683 Rn 15 ff), sondern aus dem Gedanken der

Subsidiarität: Die Regeln der Geschäftsführung ohne Auftrag greifen nur insoweit ein, als Gesetz oder Vertrag die fremdnützige Geschäftsbesorgung nicht abschließend oder abweichend regeln. Trifft das Gesetz aus objektiven Nützlichkeitserwägungen heraus die Entscheidung für eine Geschäftsbesorgung, so kommen die §§ 677 ff nur noch zur Ausfüllung des gesetzlich gesteckten Rahmens zur Anwendung (Vorbem 28 ff, 187 ff zu §§ 677 ff).

b) Unbeachtlichkeit des objektiven Interesses

§ 678 folgt dem subjektiven Prinzip. Das objektive Interesse ist für den Tatbestand 10
des § 678 **ohne unmittelbare Bedeutung**. Das gilt im Positiven wie im Negativen: Entspricht die Übernahme der Geschäftsführung dem Willen des Geschäftsherrn, so greift § 678 selbst dann nicht, wenn die Übernahme evident dem wohl verstandenen Interesse des Geschäftsherrn widerstreitet (BGB-RGRK/Steffen[12] § 678 Rn 9; MünchKomm/Seiler[6] § 678 Rn 5; Oertmann § 678 Anm 5). Umgekehrt haftet der Geschäftsführer selbst dann wegen Übernahmeverschuldens gem § 678, wenn zwar die Übernahme dem Interesse des Geschäftsherrn entspricht, sie aber seinem Willen zuwiderläuft (RGZ 101, 18, Urt v 28. 11. 1920, Az: III 239/20: Versteigerung verderblicher Ware trotz Widerspruchs des Geschäftsherrn; Batsch AcP 171 [1971] 218, 229; Erman/Dornis[14] § 678 Rn 2; Planck/Lobe[4] § 678 Anm 2; BGB-RGRK/Steffen[12] § 678 Rn 9).

4. Haftungsausschluss bei nachträglicher Genehmigung (§ 684 S 2)

Zu Recht geht die überwiegende Auffassung davon aus, dass die Haftung nach § 678 11
entfällt, wenn der Geschäftsherr die **Übernahme der Geschäftsführung** nachträglich gem § 684 S 2 **genehmigt** (BGHZ 128, 210, 213, Urt v 16. 12. 1994, Az: V ZR 177/93; OLG München WM 1999, 1878, Urt v 19. 5. 1998, Az: 5 U 6051/97; Erman/Dornis[14] § 678 Rn 2; Palandt/Sprau[73] § 678 Rn 2; Soergel/Beuthien[13] § 678 Rn 3; Planck/Lobe[4] § 678 Anm 2; vgl Oertmann § 678 Anm 2c; **aA**: Wandt, Gesetzliche Schuldverhältnisse[6] § 5 Rn 80). Dies kam in **§ 758 E I** noch deutlich zum Ausdruck. Wenn eine Gegenauffassung geltend macht, dass eine Genehmigung nach § 684 S 2 die Haftung für ein Übernahme- und ein Ausführungsverschulden nicht generell entfallen lasse, so steckt ihr berechtigter Kern darin, dass in jedem Einzelfall genau zu untersuchen ist, ob sich eine Genehmigung nur auf ein Ausführungsverschulden (§§ 677, 280) oder auf die Übernahme der Geschäftsführung (§ 678) als solche bezieht. Nicht in jeder Genehmigung steckt per se eine Genehmigung der Übernahme der Geschäftsführung. Schon die Erste Kommission sah die Reichweite einer Genehmigung im Hinblick auf die Befreiung des Geschäftsführers von einer Schadensersatzhaftung als Tatfrage an; sie könne sich auf ein Einschreiten (also die Übernahme), aber auch auf die Art und Weise der Ausführung oder beides beziehen. Die Zweite Kommission hat daher den Wortlaut der Vorschrift geändert und damit zum Ausdruck bringen wollen, dass die Genehmigung den Geschäftsherrn nicht per se von Schadensersatzansprüchen (wegen Übernahme- oder Ausführungsverschulden) befreit. Es sei vielmehr eine Auslegungsfrage des jeweiligen Einzelfalles, ob und inwieweit der Geschäftsführer hinsichtlich eines Übernahme- oder Ausführungsverschuldens freigestellt werden soll. Ausführlich: § 684 Rn 19 ff. Schadensersatz aus § 678 kann der Geschäftsherr nur fordern, wenn er die Geschäftsführung **ablehnt**. Anders aber, wenn er sie sich als für seine Rechnung erfolgt aneignet, also einen eventuellen Gewinn aus der Geschäftsführung gem §§ 681 S 2, 667 vereinnahmt (vgl vGierke, Deutsches Privatrecht III § 216 VII

S 990 Fn 51). In der Gewinnvereinnahmung liegt eine Genehmigung der Übernahme der Geschäftsführung gem § 684 S 2 (§ 684 Rn 23).

5. Restriktionsversuche

12 Von einigen wenigen Vertretern der tradierten Lehre von der berechtigten Geschäftsführung ohne Auftrag wird versucht, § 678 wegen seiner angeblich deliktischen Prägung nur auf solche Geschäftsbesorgungen anzuwenden, deren Gegenstand ein **absolutes Recht** des Geschäftsherrn **iSd § 823 Abs 1** oder eine geschützte Rechtsposition iSd § 823 Abs 2 darstellt (Batsch AcP 171 [1971] 218, 230; Gursky AcP 185 [1985] 13, 22 Fn 42; **aA**: OLG München GRUR-RR 2008, 461, Beschl v 8. 1. 2008, Az: 29 W 2738/07). Dem ist schon im Ansatz nicht zu folgen. Es handelt sich hierbei um eine Übersteigerung der Lehre von der berechtigten Geschäftsführung, die dem gesetzlichen Regelungsmodell der §§ 677 ff gerade nicht zugrunde liegt (Vorbem 90 ff, 95 ff zu §§ 677 ff). Hinter dieser Auffassung steht der Gedanke, dass die Ersatzfähigkeit primärer Vermögensschäden, den § 678 ohne Weiteres gewährt (Rn 17 f), das Bestehen eines Schuldverhältnisses voraussetzt. Aber daran fehlt es auch im Falle des Übernahmeverschuldens nicht; denn das gesetzliche Schuldverhältnis der Geschäftsführung ohne Auftrag kommt auch dann zustande, wenn die Übernahme der Geschäftsführung nicht dem Willen des Geschäftsherrn entspricht (Vorbem 90 ff zu §§ 677 ff).

6. Exkulpation und Verschuldensmaßstab; Motivation des Geschäftsführers

13 Selbst wenn die Übernahme der Geschäftsführung mit dem präsumtiven Willen des Geschäftsherrn im Widerspruch steht, so kann sich der Geschäftsführer von der Haftung nach § 678 befreien, wenn er sich exkulpieren kann. Entgegen dem Wortlaut des § 678 handelt es sich beim Verschulden des Geschäftsführers um keine positive, vom Geschäftsherrn darzulegende und ggf zu beweisende Anspruchsvoraussetzung. Der Tatbestand des § 678 bedarf insoweit der korrigierenden Auslegung (Rn 4). Eine Haftung gem § 678 scheidet aus, wenn der Geschäftsführer darlegen und ggf beweisen kann, dass er weder wusste noch infolge von **Fahrlässigkeit** nicht erkannt hat („erkennen musste", vgl § 122 Abs 2), dass die Übernahme mit dem Willen des Geschäftsherrn im Widerspruch steht (obwohl im Gesetz nicht ausdrücklich erwähnt, erfüllt erst recht ein vorsätzliches Zuwiderhandeln den Tatbestand, vgl Motive, bei Mugdan II 479; MünchKomm/Seiler[6] § 678 Rn 6; Soergel/Beuthien[13] § 678 Rn 4). Der Verschuldensmaßstab folgt der Regel des § 276. Der Geschäftsführer hat grundsätzlich auch für einfache Fahrlässigkeit einzustehen. Etwas anderes gilt nur im Ausnahmefall der **Geschäftsführung zur Gefahrenabwehr**: Die Herabsetzung der Diligenzpflicht gem § 680 kommt dem Geschäftsführer auch im Rahmen des § 678 zugute (BGH JZ 1972, 163 f, Urt v 30. 11. 1971, Az: VI ZR 100/70). Liegen die Voraussetzungen der Haftungsmilderung nach § 680 vor, so haftet der Geschäftsführer nur bei positiver Kenntnis oder grob fahrlässiger Unkenntnis des entgegenstehenden Willens (BGHZ 43, 188, 193, Urt v 16. 3. 1965, Az: VI ZR 210/64; Larenz, Schuldrecht II/1[13] § 57 II a S 452; Erman/Dornis[14] § 678 Rn 3).

14 Gegenstand des Verschuldensvorwurfs ist die Pflichtverletzung, die in der Übernahme der Geschäftsführung im Widerspruch zum wirklichen oder mutmaßlichen Willen des Geschäftsherrn liegt. Aus welcher **Motivation** heraus **der Geschäftsführer** gehandelt hat, ist unbeachtlich (BGB-RGRK/Steffen[12] § 678 Rn 6). Keinesfalls also

kann der Geschäftsführer sich darauf berufen, dass er in karitativer Gesinnung doch nur habe helfen wollen, wie umgekehrt selbst eigensüchtige Motive den Tatbestand des § 678 nicht auslösen, wenn die Übernahme der Geschäftsführung nur dem Willen des Geschäftsherrn entsprach (zur Motivation des Geschäftsführers: Vorbem 39, 177 zu §§ 677 ff).

7. Tatbestandsausschluss

Der Tatbestandsausschluss des § 682 gilt auch im Rahmen des § 678 (Larenz, Schuldrecht II/1[13] § 57 II a S 452). 15

8. Analoge Anwendung des § 678

§ 678 ist entsprechend anzuwenden, wenn der Geschäftsführer trotz ausdrücklicher Weisung des Geschäftsherrn oder nach Erkennen eines der Fortsetzung der Geschäftsführung entgegenstehenden Willens des Geschäftsherrn die Geschäftsführung fortführt (s Vorbem 228 zu §§ 677 ff). 16

III. Ersatz des aus der Geschäftsführung entstandenen Schadens

Der Geschäftsführer ist dem Geschäftsherrn zum Ersatz des aus der Geschäftsführung entstandenen Schadens verpflichtet. Erfasst sind alle Schäden, die adäquat kausal und zurechenbar durch die Geschäftsführung verursacht werden (Batsch AcP 171 [1971] 218, 231; Palandt/Sprau[73] § 678 Rn 4; BGB-RGRK/Steffen[12] § 678 Rn 7; s auch Oertmann § 678 Anm 2a: Der Geschäftsführer haftet nicht für einen Schaden, der dem Geschäftsherrn nicht gerade durch das Eingreifen, sondern nur gelegentlich desselben entstanden ist; **aA**: Schwarz, Gesetzliche Schuldverhältnisse[1] § 5 Rn 78: Adäquanz ist nicht erforderlich. Beispiel: Das OLG Hamburg NJW-RR 2003, 857, 858, Urt v 19. 9. 2002, Az: 3 U 54/99 hat dem zu Unrecht Abgemahnten einen Schadensersatzanspruch aus § 678 auf Ersatz seiner Rechtsanwaltskosten zugestanden; zur Abmahnung im Wettbewerbsrecht: Vorbem 294 ff zu §§ 677 ff). Für den Schaden, der auch ohne sein Eingreifen entstanden wäre, haftet der Geschäftsführer nicht; PrALR I 13 § 249 sah dies noch ausdrücklich vor (ebenso § 233 Abs 2 des Vorentwurfs zum BGB). Der Geschäftsführer ist zum Ersatz auch dann verpflichtet, wenn ihm ein über das Übernahmeverschulden hinausgehendes weiteres Ausführungsverschulden nicht zur Last fällt. § 678 aE stellt dieses schon aus den allgemeinen Grundsätzen folgende Ergebnis ausdrücklich fest (vgl Rn 3). Der Geschäftsführer haftet daher selbst für Schäden, die trotz sorgfältiger und sachgemäßer Ausführung der Geschäftsführung zufällig entstanden sind, aber eben nicht eingetreten wären, wenn sich der Geschäftsführer der Geschäftsführung enthalten hätte (BGH JZ 1972, 163 f, Urt v 30. 11. 1971, Az: VI ZR 100/70; RGZ 158, 302, 313, Urt v 22. 10. 1938, Az: II 58/38; BGB-RGRK/Steffen[12] § 678 Rn 8; Soergel/Beuthien[13] § 678 Rn 5). 17

Die nähere Ausgestaltung des Schadensersatzes bestimmt sich nach den §§ **249 ff**. Die aufgedrängte Geschäftsführung ist rückgängig zu machen, dh in erster Linie ist der frühere Zustand wieder herzustellen (§ 249); im Übrigen ist Geldersatz geschuldet (§ 251) (BGB-RGRK/Steffen[12] § 678 Rn 10; MünchKomm/Seiler[6] § 678 Rn 7). Vorteile, die der Geschäftsherr aus der Geschäftsführung zieht, sind nach den **Grundsätzen der Vorteilsanrechnung** zu berücksichtigen (BGH NJW 2013, 1958, Rn 26 f, Urt v 15. 1. 2013, Az: II ZR 90/11; Soergel/Beuthien[13] § 678 Rn 5). Der Geschäftsherr kann nicht den 18 gelungenen Teil von dem misslungenen Teil der Geschäftsführung trennen und sich die Vorteile des einen zu eigen machen, während er den anderen zurückweist (Oertmann § 678 Anm 2d, der dies allerdings nicht auf den Gedanken der Vorteilsausgleichung stützt.). Beansprucht der Geschäftsherr einen aus der Geschäftsbesorgung gezogenen Gewinn für sich, so liegt darin eine Genehmigung der Übernahme der Geschäftsführung (vgl Planck/Lobe[4] § 678 Anm 3; s Rn 11). Eine Haftung aus § 678 scheidet dann aus; möglich bleibt aber weiterhin eine Haftung wegen Ausführungsverschuldens. – Ist dem Geschäftsherrn durch die Geschäftsführung kein Schaden entstanden, so kann er nicht gestützt auf § 678 **Wiederherstellung des früheren Zustandes** verlangen (vgl Oertmann § 678 Anm 2e).

IV. Konkurrenzen

1. Ausführungsverschulden (§§ 280, 677)

19 Neben dem Anspruch aus Übernahmeverschulden gem § 678 kann ebenfalls eine Haftung wegen Ausführungsverschuldens gem §§ 677, 280 eingreifen, da § 677 auch im Falle der unnützen Geschäftsführung gilt. Dies kann von Bedeutung sein, wenn mangels Erkennbarkeit des der Übernahme der Geschäftsführung entgegenstehenden Willens eine Haftung wegen Übernahmeverschuldens nicht in Betracht kommt, wohl aber ein Anspruch wegen Ausführungsverschuldens (§ 677 Rn 28; auch Vorbem 90 ff, 95 ff zu §§ 677 ff).

2. Deliktische Ansprüche (§§ 823 ff)

20 Der Anspruch aus § 678 steht grundsätzlich neben den Ansprüchen aus den §§ 823 ff (vgl Vorbem 243 ff zu §§ 677 ff). Der Anspruch aus § 678 weist gegenüber dem allgemeinen deliktischen Anspruch aber einige Vorteile auf: (a) § 678 erfasst primäre Vermögensschäden, (b) der Geschäftsführer kann sich darauf beschränken, die Pflichtverletzung darzulegen und muss kein Verschulden beweisen (Rn 4, 13), (c) bei dem Einsatz von Erfüllungsgehilfen findet über § 278 eine echte Zurechnung von Fremdverschulden statt (§ 677 Rn 37; Vorbem 181 f zu §§ 677 ff). Zu den Bestrebungen, § 678 in seinen Voraussetzungen an § 823 anzupassen, s Rn 12.

3. Eigentümer-Besitzer-Verhältnis

21 Ein Konkurrenzverhältnis zu den §§ 987 ff scheidet schon im Grundsatz aus, da im Falle der fremdnützigen Geschäftsführung, selbst wenn die Übernahme der Geschäftsführung nicht dem Willen des Geschäftsherrn entspricht, ein Rückgriff auf die §§ 987 ff nicht in Betracht kommt (s Vorbem 241 zu §§ 677 ff).

4. Überschreitung vertraglicher Befugnisse

22 Bei einer Überschreitung vertraglicher Befugnisse kann nicht auf die §§ 677 ff und insbesondere auch nicht auf § 678 zurückgegriffen werden (Batsch AcP 171 [1971] 218, 233; **aA**: BGB-RGRK/Steffen[12] § 678 Rn 3). Die Überschreitung vertraglicher Befugnisse ist als Pflichtverletzung – eben der Pflicht, sich ausschließlich im Rahmen seiner vertraglichen Befugnisse zu bewegen – abschließend in § 280 geregelt. Für Ansprüche aus § 678 oder §§ 677, 280 ist kein Raum (s Vorbem 190 ff zu §§ 677 ff).

V. Verjährung

23 Die Verjährung folgt den allgemeinen Vorschriften.

VI. Darlegungs- und Beweislast

24 Der Geschäftsherr hat den Grundtatbestand der Geschäftsführung ohne Auftrag zu beweisen. Ebenfalls hat er zu beweisen, dass die Übernahme der Geschäftsführung seinem Willen nicht entspricht, sowie den Umfang des zu ersetzenden Schadens (BGH NJW 1984, 1461, 1462, Urt v 5. 12. 1983, Az: II ZR 56/82; OLG Naumburg OLG-NL 1998, 246, Urt v 19. 5. 1998, Az: 9 U 249/97–46; Palandt/Sprau § 678 Rn 4). Dem Geschäftsführer obliegt es darzulegen und ggf zu beweisen, dass er weder wusste noch wissen musste, dass die Übernahme der Geschäftsführung mit dem Willen des Geschäftsherrn im Widerspruch steht (s Rn 4).

§ 679
Unbeachtlichkeit des entgegenstehenden Willens des Geschäftsherrn

Ein der Geschäftsführung entgegenstehender Wille des Geschäftsherrn kommt nicht in Betracht, wenn ohne die Geschäftsführung eine Pflicht des Geschäftsherrn, deren Erfüllung im öffentlichen Interesse liegt, oder eine gesetzliche Unterhaltspflicht des Geschäftsherrn nicht rechtzeitig erfüllt werden würde.

Materialien: E I §§ 749 Abs 2, 755; II § 610; III § 666; Mot II 858, 864, 865; Prot II 727, 735–738.

Systematische Übersicht

Alphabetische Übersicht

I. Der privilegierte Rückgriffsanspruch (§§ 683 S 2, 679)

1. Hintergrund

1 Die systematische Stellung des § 679 im Zusammenhang der §§ 677 bis 686 ist zumindest missverständlich (Rn 2). Sie erklärt sich in erster Linie historisch. Der heutige § 679 speist sich aus ganz verschiedenen Wurzeln (Luig, in: FS-Wiegand 1015). In der Sache handelt es sich um eine Abstrahierung aus der *actio funeraria* (Brinz, Lehrbuch der Pandekten II 2² § 321a S 655 ff; Dietzel, De actione funeraria [1853]; Funke, Die actio funeraria [1890]; Koch, Unaufgeforderte Hilfeleistung in Notsituationen 64 ff) und dem Fragment Papinian Dig 43, 10, 1, 3. Die *actio funeraria* gab demjenigen, der für die Leichenbestattung sorgte, einen Anspruch gegen den zur Leichenbestattung Verpflichteten, regelmäßig – mangels anderweitiger Zuweisung durch den Erblasser – gegen den Erben. Subsidiär wurde im gemeinen Recht mit Hilfe des *argumentum ab alimentis ad expensas funeris* (Stryk, Usus modernus pandectarum Lib XI Tit VII § XLII) die Begräbnispflicht auf die Unterhaltspflichtigen ausgedehnt (Funke, Die actio funeraria 35 ff). Abweichend von den allgemeinen Grundsätzen der *negotiorum gestio* (s § 684 Rn 2; Iustinian C 2, 18, 24) stand dem Aufwendungsersatzanspruch nicht entgegen, dass der Geschäftsführer gegen das ausdrückliche Verbot des Geschäftsherrn handelte (Ulpian/Labeo Dig 11, 7, 14; Ulpian/Marcus Dig 11, 7, 15). Begründet wurde diese Durchbrechung der Regel *invito negotia non geruntur* mit dem besonderen öffentlichen Interesse *(propter publicam utilitatem),* dass Leichen nicht unbeerdigt bleiben (Papinian Dig 11, 7, 43). Die Glosse verallgemeinerte diesen Satz: „Protestatio iniqua, & iniuria nihil iuvat protestantem: neque, eo minus tenetur si quid a quoquam adversus huiusmodi protestationem factum esse dicitur" (gl marg ex causa competere ad Dig 11, 7, 14, 13). Schließlich wurde hieraus im Zusammenspiel mit Papinian Dig 43, 10, 1, 3 der Satz, dass auch demjenigen Aufwendungsersatz zusteht, der die einem anderen obliegende Verbindlichkeit gegen dessen Willen erfüllt, sofern an der Erfüllung ein besonderes öffentliches Interesse herrscht (OAppG Jena SeuffA 3 [1851] Nr 51 und SeuffA 14 [1861], Erk v 1. 4. 1847; OLG Stuttgart SeuffA 36 [1881] Nr 34, Erk v 1. 6. 1880; RGZ 27, 331 f, Urt v 18. 11. 1890 – II 191/90); hierher wurden auch die Alimentierungspflichten gegenüber nahen Verwandten und Ehegatten gezählt (Gerichtshof Etzlingen Auserlesene Civil-Rechtssprüche der höheren Gerichtsstellen in Württemberg 5 [1863] 227, 228 f). Über einzelne Kodifikationen (§ 1355 sächsBGB) und Entwürfe (Art 765 Dresdner Entwurf) fanden diese Grundsätze Eingang in das BGB (Motive, in Mugdan II 483; BGHZ 191, 325, Rn 18, Urt v 17. 11. 2011, Az: III ZR 53/11). Vgl auch Art 429 Abs 3 schwOR. In der Sache handelt es sich bei dem Anspruch aus §§ 683 S 2, 679 um **keinen Anspruch aus echter**

Geschäftsführung ohne Auftrag (Bergmann, Die Geschäftsführung ohne Auftrag 1 ff, 415 ff; Gursky AcP 185 [1985] 13, 23 ff). Anknüpfungspunkt des geschäftsführungsrechtlichen Regelungsstandorts ist das Fragment Ulpian/Iulian Dig 3, 5, 5, 2 und die darauf von den Glossatoren gegründete Fallgruppe des *negotium alienum cura & sollicitudine* (gl ipso gestu ad Dig 3, 5, 6, 11 [3, 5, 5, 13]): Ohne vom Vormund entsprechend beauftragt zu sein, werde ich *für* den Mündel tätig. Sicherlich kann ich den Mündel aus echter Geschäftsführung in Anspruch nehmen. Doch damit ist nicht Schluss. Iulian gibt mir auch eine *actio negotiorum gestio* gegen den Vormund, dem ja in erster Linie die Sorge für den Mündel oblag. Geschäftsführungsrechtlich lässt sich das kaum begründen: Denn ich werde ausschließlich zugunsten des Mündels tätig, dessen Interessen ich wahrnehme. Die gegenläufigen Interessen des Vormunds lenken mein Handeln nicht. *Für* den Vormund werde ich, wenn ich seine im Interesse eines anderen statuierten Pflichten erfülle, gerade nicht tätig (Rn 2). Vielmehr gewährt mir das Recht einen eigenständigen (privilegierten) Rückgriffsanspruch gegen den primär verpflichteten Schuldner. § 679 positiviert das *negotium alienum cura & sollicitudine.* Erledigt der Geschäftsführer eine Pflicht des Geschäftsherrn, so kann er gem § 683 S 2 Aufwendungsersatz fordern.

2. Echte Geschäftsführung ohne Auftrag und privilegierter Rückgriff

2 Bei dem Anspruch aus §§ 683 S 2, 679 handelt es sich um **keinen Anspruch aus echter Geschäftsführung** ohne Auftrag. Das gesetzliche Schuldverhältnis der Geschäftsführung ohne Auftrag setzt entsprechend seinem Charakter als Tatbestand der Interessensubordination voraus, dass der Geschäftsführer bei normativer Betrachtung nach dem sozialen Sinn seiner Handlung im Interesse eines anderen fremdnützig tätig wird (s Vorbem 28 ff, 116 ff, 171 ff zu §§ 677 ff). Die Finalität der normativ zu bestimmenden Geschäftsführungsabsicht des Geschäftsführers bestimmt die Person des Geschäftsherrn, dessen subjektives Interesse und Wille den Maßstab der Geschäftsführung bilden (§§ 677, 683 S 1). Entgegen der tradierten Lehre spielt es für den Tatbestand der Geschäftsführung ohne Auftrag keine Rolle, ob der Geschäftsführer zugleich ein fremdes Geschäft besorgt. Der Gesetzgeber hat bewusst darauf verzichtet, das Vorliegen eines fremden Geschäfts zur Anspruchsvoraussetzung der Geschäftsführung ohne Auftrag zu machen und daher den Tatbestand der Geschäftsführung ohne Auftrag mit den Worten umschrieben: „Wer ein Geschäft *für* einen anderen besorgt", und eben nicht formuliert: „Wer das Geschäft *eines* anderen besorgt". Erfüllt der Geschäftsführer nun eine einem anderen obliegende Pflicht, so handelt er nach dem sozialen Sinn seines Tuns fremdnützig. Aber Geschäftsherr ist regelmäßig, und dann ausschließlich, der durch die Pflicht Begünstigte oder die Allgemeinheit (Vorbem 179 zu §§ 677 ff). Deutlich wird dies am Fall der Unterhaltsleistung (§ 679 Alt 2). Maßstab der Geschäftsführung sind allein das Interesse und der Wille des Begünstigten (Unterhaltsempfängers), und nicht das vielleicht gegenläufige Interesse des Verpflichteten; wegen der fehlenden Identität des Interesses wird der Geschäftsführer auch nicht zugleich für den Verpflichteten tätig (ausführlich zur Interessenlage bei Zahlung auf fremde Schuld: Vorbem 260 f zu §§ 677 ff). Von daher ist seit jeher – was auch in § 685 Abs 2 zum Ausdruck kommt – die Unterhaltsleistung eine echte Geschäftsführung ohne Auftrag für den Unterhaltsempfänger (s Vorbem 308 zu §§ 677 ff). Löscht die Feuerwehr einen Brand, so erfüllt sie sicherlich eine Handlungspflicht des Brandstifters, fremdnützig tätig wird sie aber nur für den Eigentümer: Maßstab ist das Interesse des Eigentümers an der Rettung seines Hauses; dem

Brandstifter kommt die Rettung insoweit allenfalls als geschäftsführungsrechtlicher Reflexvorteil zugute. Das gesetzliche Schuldverhältnis der echten Geschäftsführung ohne Auftrag kommt daher nur zwischen Geschäftsführer und Begünstigtem (Unterhaltsempfänger, Eigentümer) zustande. Echte geschäftsführungsrechtliche Ausgleichsansprüche gegen den Verpflichteten stünden dem Geschäftsführer hiernach eigentlich nicht zu, auch wenn es letztlich sicherlich an diesem ist, die Kosten zu schultern. Regress nehmen könnte daher der Geschäftsführer – sofern andere Anspruchsgrundlagen nicht in Betracht kommen – allenfalls über § 812: Doch wäre der bereicherungsrechtliche Ausgleich mit einem Makel behaftet. Sein Umfang würde sich nämlich nicht nach dem Aufwand bestimmen, den der Geschäftsführer für erforderlich halten durfte, sondern nach der Bereicherung des Verpflichteten. Es ist deshalb auf den ersten Blick verständlich, aber rechtsdogmatisch problematisch, dass der Gesetzgeber trotz typischen Fehlens einer fremdnützigen Geschäftsführung *für* den Verpflichteten, dem Geschäftsführer einen geschäftsführungsrechtlichen Anspruch auf Ersatz seiner Aufwendungen gem §§ 683 S 2, 677 einräumt. Auf diesen Befund der Interessenlage kann man auf zwei Arten reagieren. Man befindet sich in einem Dilemma: Einmal kann man die systematische Stellung des § 679 ernst nehmen und auch für die Anwendung des Anspruchs aus §§ 683, 679 ein Handeln in Geschäftsführungsabsicht für den Verpflichteten verlangen (so Wittmann, Begriff und Funktion der Geschäftsführung ohne Auftrag 114); die Folge wäre, dass der Anspruch aus §§ 679 Alt 2, 683 S 2 faktisch keinen Anwendungsbereich mehr hätte, weil der Geschäftsführer entsprechend der Typik der Fallgestaltung regelmäßig ausschließlich für den Begünstigten und gerade nicht für den Verpflichteten handelt. Im Sinne des Gesetzes ist dies kaum, will doch § 679 erreichen, dass im öffentlichen Interesse liegende Pflichten, und sei es notfalls durch einen Dritten, erfüllt werden; dem gesetzlichen Anliegen wäre es nicht förderlich, bliebe der Geschäftsführer auf seinen Aufwendungen – und sei es nur zum Teil – sitzen (vgl vKübel, in: Schubert [Hrsg], Die Vorlagen der Redaktoren, Schuldverhältnisse II 929, 949). Es verbleibt daher letztlich nur die zweite schon von Gursky aufgezeigte Möglichkeit, dass es sich bei § 679 um eine Sondervorschrift handelt (Gursky AcP 185 [1985] 13, 24 f). §§ 683 S 2, 679 eröffnen dem Geschäftsführer, der die Pflicht eines anderen – vom Gesetz in Fortsetzung der geschäftsführungsrechtlichen Terminologie Geschäftsherr genannt – erfüllt, einen privilegierten Rückgriffsanspruch nach Geschäftsführungsgrundsätzen unter der weiteren Voraussetzung, dass die Erfüllung der Pflicht im öffentlichen Interesse liegt, was insbesondere bei gesetzlichen Unterhaltspflichten anzunehmen ist. Anspruchsvoraussetzung ist ausschließlich die Erfüllung der fremden, im öffentlichen Interesse liegenden Pflicht; ein besonderes **volitives Element** – worin sollte dies auch bestehen? – ist nicht erforderlich. Auch wenn nicht ausdrücklich im Gesetz angesprochen, so ist weiterhin im Anschluss an die Lehre Wollschlägers zu verlangen, dass Geschäftsherr im Verhältnis zum Geschäftsführer derjenige ist, der nach materiellen Gesichtspunkten letztlich die Kosten zu tragen hat (s Vorbem 141 zu §§ 677 ff). – Dieser Zusammenhang von echter Geschäftsführung zugunsten des Begünstigten und der gesetzlichen Zuerkennung eines privilegierten Rückgriffsanspruchs kommt deutlich in der Regelung der *benevolent intervention in another's affairs* des Book V des DCFR zum Ausdruck. Tatbestandlich getrennt von der intervention to benefit another (Art V – 1:101) normiert Art V – 1:102: „Where an intervener acts to perform another person's duty, the performance of which is due and urgently required as a matter of overriding public interest, and the intervener acts with the predominant intention of benefiting the recipient of the performance, the person whose duty the intervener acts to perform is a principal to whom this Book applies."

3 Angebracht erscheint folgende sprachliche Klarstellung: Wenn im Folgenden vom Geschäftsherrn die Rede ist, dann wird damit, entsprechend der **Terminologie** des Gesetzes, ausschließlich der Verpflichtete bezeichnet, dessen Verbindlichkeit der Geschäftsführer erfüllt.

3. Ersetzung des Interesses durch das Verhältnismäßigkeitsprinzip

4 Die tatbestandlichen Voraussetzungen und weiteren Rechtsfolgen des privilegierten Rückgriffsanspruchs sind gesetzestechnisch weitgehend mit den §§ 677 ff verzahnt. Die in diesem Zusammenhang noch allgemein anzutreffende Behauptung, die tatbestandliche Modifikation des § 679 sei ausschließlich darauf beschränkt, dass ein entgegenstehender Wille des Geschäftsherrn außer Betracht bleibe, während die Übernahme und Durchführung der Geschäftsführung aber sehr wohl weiterhin dem Interesse des Geschäftsherrn dienen müsse (so etwa RG HRR 1937 Nr 9, Urt v 8. 10. 1936, Az: IV 130/36; Motive, bei Mugdan II 483; Oertmann § 679 Anm 1; BGB-RGRK/Steffen[12] § 679 Rn 1; Soergel/Beuthien[13] § 679 Rn 2), ist allerdings unzutreffend. Denn dies ist gerade – wie unter Rn 2 gezeigt wurde – nicht der Fall. Maßstab der Geschäftsführung ist ausschließlich das Interesse des von der Verpflichtung des Geschäftsherrn Begünstigten. Leistet der Geschäftsführer Unterhalt, so ist das **Interesse des Berechtigten** und nicht das gegenläufige Interesse des Geschäftsherrn maßgebend: Der Geschäftsführer handelt nicht nur im Interesse des Begünstigten, sondern er handelt geradezu gegen das Interesse des Geschäftsherrn (s BGH LM BGB § 683 Nr 17, Urt v 20. 6. 1963, Az: VII ZR 85/62: Der BGH hat im Rahmen der §§ 683 S 2, 679 ausdrücklich dahingestellt, ob entsprechend dem Gedanken des § 679 ein der Übernahme entgegenstehendes Interesse unbeachtlich ist). Die Ursache dafür, dass der Gesetzgeber, aber auch die allgemeine Lehre und Wissenschaft, diesen Zusammenhang übersehen hat, lässt sich letztlich auf das römische Recht zurückführen. Das römische Recht stand allgemein auf dem Standpunkt, dass die **Erfüllung einer fremden Forderung** stets im Interesse des Schuldners (Geschäftsherrn) liege. Dass dies unzutreffend ist, wurde bereits in Vorbem 259 zu §§ 677 ff dargelegt. Die Erfüllung einer Verpflichtung ist bestenfalls für den Schuldner neutral; durch die Zahlung erlangt er regelmäßig keinen (unmittelbaren) Vorteil, da er nunmehr einer zumindest gleichhohen – wenn der Geschäftsführer weitere Aufwendungen für erforderlich halten durfte: sogar höheren – Forderung des Geschäftsführers ausgesetzt ist. Allerdings scheint sich in der Wissenschaft langsam die zutreffende Auffassung durchzusetzen, dass § 679 auch von der **Beachtung des Interesses dispensiert**. Zutreffend hat daher Helm in seinem Gutachten und Vorschlag zur Überarbeitung der Geschäftsführung ohne Auftrag die Tatbestandsfassung des § 679 dahin modifiziert, dass nunmehr ausdrücklich auch das entgegenstehende Interesse des Geschäftsherrn für unbeachtlich erklärt wird (Helm, in: Gutachten und Vorschläge zur Überarbeitung des Schuldrechts III 335, 399 f). An die Stelle des objektiven Interesses des Geschäftsherrn (Verpflichteter) tritt ein anderes Prinzip: die **Verhältnismäßigkeit**. Der Geschäftsherr kann nur dann Ersatz seiner Aufwendungen gem §§ 683 S 2, 679 verlangen, wenn die Übernahme der Geschäftsführung im Sinne einer „Privatvollstreckung" im öffentlichen Interesse lag und verhältnismäßig war; bei der Durch-

führung der Geschäftsführung hat der Geschäftsführer das Prinzip der Verhältnismäßigkeit zu wahren (Beispiele: § 683 Rn 40).

4. Rechtfertigung des privilegierten Rückgriffsanspruchs

Der privilegierte Rückgriffsanspruch wird von zwei Erwägungen getragen: einmal vom Gedanken der materiellen Kostenzuweisung; zum anderen vom Gedanken der vollstreckungsähnlichen Ersatzvornahme durch eine Privatperson. 5

a) Die materielle Kostenzuweisung

Der privilegierte Rückgriff gem §§ 683 S 2, 679 ist ein besonderes gesetzliches Mittel der **Zuweisung von Kosten und Risiken**. Mittels dieses Rechtsinstituts sind Kosten als vermögensmindernde Handlungsfolgen auf denjenigen überzuwälzen, der dafür endgültig zuständig ist. Die Zuständigkeit zur Kostentragung – über die aufgrund materieller, außerhalb des Geschäftsführungsrechts stehender Normen zu entscheiden ist – bestimmt sich relativ im Verhältnis zwischen Geschäftsführer und Geschäftsherr, dh dem Rückgriff aus §§ 683 S 2, 679 steht es nicht entgegen, dass der Geschäftsführer seinerseits verpflichtet ist, die Handlung vorzunehmen; ein Sachverhalt, der tradiert als Auch-Gestion bezeichnet wird: Letztlich hat derjenige die Aufwendungen zu tragen, der im Verhältnis Geschäftsführer– Geschäftsherr nach materiellen Kriterien die Kosten zu schultern hat. Der privilegierte Rückgriff des Geschäftsführers gegen den Letztverantwortlichen ist der legitime Anwendungsbereich der Lehre Wollschlägers vom relativen Begriff des fremden Geschäfts (s Vorbem 141, 268 zu §§ 677 ff). Der Begriff des fremden Geschäfts, für den im Bereich der echten Geschäftsführung kein Raum ist, findet einen letzten Anwendungsbereich im Recht des privilegierten Rückgriffs. Mit dieser Anknüpfung am fremden Geschäft steht das Rechtsinstitut des privilegierten Rückgriffs in einer unmittelbaren Nähe zum Bereicherungsrecht (s Vorbem 58 ff zu §§ 677 ff). Allerdings besteht im Ansatz ein Unterschied zum klassischen Bereicherungsrecht: Maßstab des Ausgleichs ist nicht die Bereicherung des Geschäftsherrn, sondern der Aufwand des Geschäftsführers. Diese Besserstellung zum Bereicherungsrecht – die allerdings mehr theoretisch als praktisch ist (Vorbem 58 zu §§ 677 ff) – bedarf der Rechtfertigung und Begrenzung. Diese liefert das Gesetz in den beiden Alternativen des § 679: Der privilegierte Rückgriff ist nur dann zulässig, wenn an der Erfüllung der primär einen Dritten treffenden Verbindlichkeit ein besonderes öffentliches Interesse besteht. 6

b) Die vollstreckungsähnliche Ersatzvornahme

Die Durchsetzung von Ansprüchen im Wege der Zwangsvollstreckung ist in erster Linie Sache der hoheitlichen Gewalt und in einem besonderen dafür vorgesehenen Verfahren, dem Vollstreckungsverfahren, geregelt. Von den Voraussetzungen – insbesondere dem rechtskräftigen Titel – und der förmlichen Durchführung macht § 679 nun für bestimmte Fälle eine Ausnahme und ermöglicht so eine **private Durchsetzung** eines Anspruchs, sei es durch den Berechtigten selbst, sei es durch einen hilfsbereiten Dritten. Der Gedanke der Ersatzvornahme rechtfertigt einmal den Aufwendungsersatz; zum anderen begründet er aber auch eine **Duldungspflicht** des Geschäftsherrn, der die „Vollstreckungshandlung" als ihm gegenüber rechtmäßig hinzunehmen hat. Diese vollstreckungsähnlichen Wirkungen bedürfen der Rechtfertigung und Begrenzung, die § 679 liefert: Die private Vollstreckung ist nur dann 7 zulässig, wenn an der Erfüllung der Verbindlichkeit ein besonderes öffentliches Interesse besteht.

5. Gesetzliches Schuldverhältnis; Inhalt und Systematik

a) Grundtatbestand des privilegierten Rückgriffsanspruchs

8 Der Grundtatbestand des privilegierten Rückgriffsanspruchs ergibt sich aus § 679. Gegenstand der Geschäftsführung muss die Erfüllung einer Verpflichtung des Geschäftsherrn (fremdes Geschäft) sein, deren Erfüllung im öffentlichen Interesse liegt. Hinzu tritt ein besonderes normatives Tatbestandsmerkmal: Entsprechend dem Zuweisungsgedanken ist zu verlangen, dass aufgrund materieller Erwägungen der Geschäftsherr im Verhältnis zum Geschäftsführer letztlich die Kosten zu tragen hat. Ein besonderes, empirisch festzustellendes, subjektives Element ist nicht zu verlangen (vgl Rn 2, Vorbem 130, 141 zu §§ 677 ff).

b) Gesetzliches Schuldverhältnis

9 Durch die Übernahme der Geschäftsführung durch den Geschäftsführer entsteht ein besonderes gesetzliches Schuldverhältnis mit gegenseitigen Rechten und Pflichten. Systematik und Inhalt der gegenseitigen Ansprüche sind an die Regelung der echten Geschäftsführung der §§ 677 ff angelehnt, so dass im Wesentlichen auf die Kommentierungen der jeweiligen Vorschriften verwiesen werden kann, allerdings mit der Besonderheit, dass es sich bei dem im Rahmen des privilegierten Rückgriffsanspruchs entstehenden gesetzlichen Schuldverhältnis um **kein Subordinationsverhältnis** (echte Geschäftsführung ohne Auftrag) handelt; Maßstab der „Geschäftsführung" sind nicht mehr Wille oder Interesse des Geschäftsherrn, sondern die Erfüllung der dem Geschäftsherrn obliegenden Pflicht unter Beachtung des Prinzips der Verhältnismäßigkeit (Rn 2, 4). Damit kommt der Tatbestand des § 679 einer Durchsetzung von Forderungen im Wege der Ersatzvornahme durch private Vollstreckungsorgane sehr nahe. Eine Haftung gem §§ 280, 677 kann im Einzelfall Bedeutung erlangen, wenn der Geschäftsführer bei Durchführung der Geschäftsführung einen primären Vermögensschaden (kein § 823) seitens des Geschäftsherrn verursacht (Rn 11).

c) Der privilegierte Rückgriffsanspruch ieS (§§ 683 S 2, 679)

10 Der privilegierte Rückgriffsanspruch ieS ist in §§ 683 S 2, 679 geregelt. Er ist begründet, wenn der Geschäftsführer eine Pflicht des Geschäftsherrn, deren Erfüllung im öffentlichen Interesse liegt, oder eine gesetzliche Unterhaltspflicht erfüllt (s Rn 14 ff) und die Übernahme durch den konkreten Geschäftsführer insgesamt verhältnismäßig – dh insbesondere geeignet und erforderlich – ist. An der Verhältnismäßigkeit fehlt es vor allem, wenn die Person des Geschäftsführers keine erfolgreiche Geschäftsführung verspricht (fehlende Eignung der Geschäftsführung: Ein nicht ausgebildeter Arzt übernimmt eine schwierige Heilbehandlung) oder wenn die durch den konkreten Geschäftsführer zu erwartende Durchführung der Geschäftsführung mit übermäßigen Kosten verbunden zu sein scheint. Die fehlende Leistungsfähigkeit des Geschäftsherrn steht der Übernahme jedenfalls dann nicht entgegen, wenn er seinerseits von einem Dritten Freistellung verlangen kann (BGHZ 191, 325 Rn 20 ff, Urt v 17. 11. 2011, Az: III ZR 53/11; zur Darlegungs- und Beweislast hinsichtlich der Leistungsfähigkeit: AG Büdingen NJW 2014, 3168, 3169, Beschl v 15. 5. 2014, Az: 53 F 65/14 RI). Keine Voraussetzung des Anspruchs aus §§ 683 S 2, 769 ist, dass die Übernahme

dem Interesse des Geschäftsherrn entspricht (s Rn 4; auch BGH LM BGB § 683 Nr 17, Urt v 20. 6. 1963, Az: VII ZR 85/62: Der BGH hat offen gelassen, ob entsprechend dem Gedanken des § 679 ein der Übernahme entgegenstehendes Interesse unbeachtlich ist). Fehlt es an der Verhältnismäßigkeit, so kann der Geschäftsführer nur gem § 684 S 1 nach Bereicherungsgrundsätzen Ersatz seiner Aufwendungen verlangen. Als Korrelat zu seinem Aufwendungsersatzanspruch ist der Geschäftsführer verpflichtet, bei Durchführung der Geschäftsführung das Prinzip der Verhältnismäßigkeit zu wahren. Ersatz seiner **Aufwendungen** darf der Geschäftsführer nur insoweit verlangen, als er sie für erforderlich halten durfte, wobei ihn die Obliegenheit trifft, die Kosten niedrig zu halten. So ist etwa der Abmahnende im Wettbewerbsrecht gehalten, seine Aufwendungen möglichst niedrig zu halten. Die Kosten für die Hinzuziehung eines Rechtsanwalts sind daher nur erstattungsfähig, wenn sie zur zweckentsprechenden Rechtsverfolgung notwendig sind, was bei typischen und durchschnittlich schwer zu verfolgenden Wettbewerbsverstößen nicht angenommen wird (BGH NJW 1984, 2525, Urt v 12. 4. 1984, Az: I ZR 45/82, vgl Vorbem 294 ff zu §§ 677 ff). Erfüllt jemand die einem mittellosen Bestattungspflichtigen obliegende Pflicht zur Durchführung der Beerdigung, so beschränken sich die erforderlichen Kosten auf die Ausgaben, deren endgültige Übernahme durch den zuständigen Träger der Sozialhilfe (§ 74 SGB XII) der Bestattungspflichtige erreichen kann (BGHZ 191, 325 Rn 22, 25, Urt v 17. 11. 2011, Az: III ZR 53/11; Gutzeit/Vrban NJW 2012, 1630, 1632).

d) Übernahme und Durchführung der Geschäftsführung, insbesondere bei fehlendem besonderen öffentlichen Interesse oder mangelnder Verhältnismäßigkeit

Liegen die Voraussetzungen des § 679 nicht vor, weil die Übernahme der Geschäfts- **11**
führung sich als unverhältnismäßig darstellt oder die Erfüllung der Pflicht nicht im besonderen öffentlichen Interesse steht, steht der Anspruch aus §§ 683 S 2, 679 dem Geschäftsherrn nicht zu. Der Geschäftsführer kann für diesen Fall gem § 684 S 1 nur nach Bereicherungsgrundsätzen Aufwendungsersatz verlangen (Rn 10). War die *Übernahme* der Geschäftsführung als solche unverhältnismäßig, schuldet der Geschäftsführer, wenn er sich nicht exkulpieren kann, gem § 678 wegen **„Übernahmeverschuldens"** Schadensersatz; war dagegen die Übernahme der Geschäftsführung als solche nicht zu beanstanden, schleicht sich der Fehler erst bei der *Durchführung* der Geschäftsführung ein, weil die Interessen des Geschäftsherrn unverhältnismäßig beeinträchtigt werden, haftet der Geschäftsführer gem §§ 280, 677 wegen **„Durchführungsverschulden"** (Erman/Dornis[14] § 679 Rn 8). Die Fixierung auf die Verhältnismäßigkeit folgt daraus, dass bei der Leistung auf fremde Schuld das subjektive Prinzip der echten Geschäftsführung ohne Auftrag (vgl §§ 678, 683) durch das Prinzip der Verhältnismäßigkeit ersetzt wird (Rn 4). Eine Haftung wegen Übernahme- und Durchführungsverschulden kommt natürlich auch in Betracht, wenn die Erfüllung der übernommenen Pflicht gar nicht erst im öffentlichen Interesse lag: Haftet der Geschäftsführer wegen unverhältnismäßiger Übernahme oder Durchführung der Geschäftsführung, wenn die Erfüllung der Pflicht im besonderen öffentlichen Interesse lag, dann tut er dies erst recht, wenn die Erfüllung der Pflicht nicht im besonderen öffentlichen Interesse lag. Entspricht die Übernahme der Geschäftsführung aber den Voraussetzungen des § 679 und ist sie wie die konkrete Durchführung der Geschäftsführung insgesamt verhältnismäßig, so haftet der Geschäftsherr überhaupt nicht, vielmehr muss der Geschäftsherr die Privatvollstreckung durch den Geschäftsführer dulden (vgl RGZ 149, 205, 207, Urt v 13. 11. 1935, Az: V 99/35; RGZ 106, 350,

354, Urt v 6. 3. 1923, Az: III 308/22; BGB-RGRK/Steffen[12] § 679 Rn 1). Überhaupt kein Raum für die Anwendung der §§ 677 ff ist, wenn der Geschäftsführer keine Pflicht des Geschäftsherrn erfüllt. Hier entsteht das gesetzliche Schuldverhältnis entsprechend § 686 zum wahren Schuldner.

e) Rücksichtnahme- und Duldungspflichten

12 Die Übernahme der Geschäftsführung durch den Geschäftsführer kommt einer Privatvollstreckung gleich, daher treffen den Geschäftsführer neben der Pflicht zur verhältnismäßigen Durchführung die in § 681 angelegten besonderen Rücksichtnahmepflichten. Sofern tunlich, hat der Geschäftsführer dem Geschäftsherrn die (beabsichtigte) Übernahme anzuzeigen und ihm **Gelegenheit zur Selbstvornahme** zu geben (§ 681 Rn 6). Entsprechend hat der Geschäftsführer den Prinzipal über den Fortgang in Kenntnis zu setzen und ihm jederzeit den Einstieg in eine Selbstvornahme zu ermöglichen. Umgekehrt folgt aus dem Charakter der Privatvollstreckung, dass der Geschäftsherr die Maßnahme insgesamt zu **dulden** hat und dass sie ihm gegenüber – sofern die Anforderungen des § 677 an die verhältnismäßige Durchführung gewahrt bleiben – als rechtmäßig gilt (Oertmann § 679 Anm 5). Der Geschäftsherr kann daher keinesfalls deliktische Ansprüche oder Ansprüche aus den §§ 985 ff geltend machen oder Notwehr üben (**aA**: Planck/Lobe[4] § 679 Anm 4).

f) Beschränkung auf das Innenverhältnis

13 Die Wirkungen des im Gefolge des § 679 entstehenden gesetzlichen Schuldverhältnisses beschränken sich auf das Innenverhältnis zwischen Geschäftsführer und Geschäftsherr (Oertmann § 679 Anm 5). Auch im Falle des § 679 hat der Geschäftsführer keine besondere gesetzliche Vertretungs- und Verfügungsmacht (s Vorbem 217 ff zu §§ 677 ff). Ein unmittelbarer Anspruch eines Vertragspartners des Geschäftsführers gegen den Geschäftsherrn kommt nicht in Betracht. Schließt der Geschäftsführer im Namen des Geschäftsherrn ein Geschäft ab, so kann er vom Geschäftsherrn gem §§ 683, 679 iVm § 257 Freistellung von den ihn aus § 179 treffenden Verpflichtungen beanspruchen; ein Anspruch gegen den Geschäftsherrn auf Genehmigung des gem § 177 schwebend unwirksamen Vertrages ist dagegen nicht anzuerkennen (RGZ 106, 350, 354, Urt v 6. 3. 1923, Az: III 308/22; Wittmann, Begriff und Funktion der Geschäftsführung ohne Auftrag 147 f, 149; Berg NJW 1972, 1117; anders obiter dicta BGH NJW 1951, 398, Urt v 9. 2. 1951, Az: V ZR 1/59).

II. Anwendungsbereich

14 Das Gesetz anerkennt den privilegierten Rückgriffsanspruch in zwei Fällen: Einmal (1) für den Fall, dass eine Pflicht des Geschäftsherrn besteht, deren Erfüllung im öffentlichen Interesse liegt; zum anderen (2) für den Fall, dass eine gesetzliche Unterhaltspflicht besteht. Auf beide Alternativen bezieht sich das Erfordernis, dass ohne die Geschäftsführung eine der vorgenannten Pflichten nicht rechtzeitig erfüllt werden würde. Dabei wird das Selbstbestimmungsrecht des Geschäftsherrn dem öffentlichen oder – sofern es um Unterhaltsleistungen geht – einem unumgänglichen privaten Interesse untergeordnet. Über den Bereich des § 679 hinaus sind keine Fälle des privilegierten Rückgriffsanspruchs anzuerkennen; insgesamt ist der Tatbestand auch **eng auszulegen** (s Rn 32 f).

1. Pflicht, deren Erfüllung im öffentlichen Interesse liegt (§ 679 Alt 1)

Der privilegierte Rückgriffsanspruch kommt einmal nach § 679 Alt 1 dann in Betracht, wenn der Geschäftsführer eine Pflicht des Geschäftsherrn erfüllt, deren Erfüllung im öffentlichen Interesse liegt. Damit nennt das Gesetz zwei Erfordernisse, die kumulativ vorliegen müssen: Einmal das Vorliegen einer Pflicht; zum anderen, dass die Erfüllung dieser Pflicht im öffentlichen Interesse liegt. Beide Voraussetzungen müssen gleichzeitig vorliegen (Lent, Wille und Interesse bei der Geschäftsbesorgung 28 f). § 679 Alt 1 ist daher nicht erfüllt, wenn der Geschäftsführer zwar eine Pflicht des Geschäftsherrn erfüllt, deren Erfüllung aber nicht im öffentlichen Interesse liegt. 15

a) Pflicht des Geschäftsherrn
aa) Rechtspflicht des Geschäftsherrn

Pflicht iSd § 679 ist grundsätzlich jede öffentlich-rechtliche oder privatrechtliche, durch Gesetz, Hoheitsakt oder Vertrag begründete Rechtspflicht des Geschäftsherrn (RGZ 92, 197, 201, Urt v 11. 2. 1918, Az: VI 429/17; Larenz, Schuldrecht II/1[13] § 57 I a S 445; Erman/Dornis[14] § 679 Rn 2; Oertmann § 679 Anm 2a; Palandt/Sprau[73] § 679 Rn 2; BGB-RGRK/Steffen[12] § 679 Rn 2, 4; Soergel/Beuthien[13] § 679 Rn 4; **aA**: Beschränkung auf privatrechtliche Verpflichtungen: Esser/Weyers, Schuldrecht II/2[8] § 46 II 3 b S 19 f); doch wird an der Erfüllung **privatrechtlicher Pflichten** regelmäßig kein besonderes öffentliches Interesse bestehen (Lent, Wille und Interesse bei der Geschäftsbesorgung 29); lediglich **sittlich-moralische Pflichten** scheiden von vorneherein aus dem Anwendungsbereich des § 679 Alt 1 aus, da andernfalls rechtlich nicht erzwingbare sittliche Pflichten über die Vorschriften der Geschäftsführung ohne Auftrag doch durchsetzbar und damit den Rechtspflichten gleichgesetzt würden (Lent, Wille und Interesse bei der Geschäftsbesorgung 34 ff; **aA**: RGZ 27, 331, 332, Urt v 18. 11. 1990, Az: II 191/90; OLG Stuttgart SeuffA 36 [1881] Nr 33, Erk v 1. 6. 1880; s Rn 32 f). § 679 dient nicht der Förderung eines moralisch oder politisch korrekten Verhaltens (RGZ 92, 197, 201, Urt v 11. 2. 1918, Az: VI 429/17; OLG Düsseldorf NJW 1961, 608, Urt v 25. 10. 1960, Az: 4 U 114/60; Enneccerus/Lehmann, Schuldrecht[15] § 166 II 1 S 703; Esser/Weyers, Schuldrecht II/2[8] § 46 II 3 b S 20; BGB-RGRK/Steffen[12] § 679 Rn 3; offen gelassen: BGHZ 4, 153, 161, Urt v 10. 12. 1951, Az: GSZ 3/51; **aA**: Zitelmann AcP 99 [1906] 1, 116; Oertmann § 679 Anm 2c mit Blick auf die Rettung des Selbstmörders). Ebenso wenig können reine **Zweckmäßigkeitserwägungen** das Bestehen einer Rechtspflicht ersetzen (Delbrück LM PrPVG § 20 Nr 3). Fehlt es an einer Rechtspflicht, so ist § 679 Alt 1 unanwendbar, selbst wenn die Geschäftsbesorgung noch so sehr – etwa weil sie karitativ oder gemeinnützig ist – im öffentlichen Interesse liegt (Lent, Wille und Interesse bei der Geschäftsbesorgung 28). So können etwa illegale Hausbesetzer keinen Ersatz ihrer Instandsetzungsaufwendungen gem §§ 683 S 2, 679 verlangen, weil den Eigentümer, der sein baufälliges Haus verfallen lässt, grundsätzlich keine Rechtspflicht trifft, die Bewohnbarkeit wiederherzustellen (Schröder JuS 1981, 635, 636 f; Soergel/Beuthien[13] § 679 Rn 10); etwas anderes kann freilich gelten, wenn ein gesetzliches Zweckentfremdungsverbot besteht, dass den Eigentümer zur Wiederherstellung eines für Wohnzwecke geeigneten Zustands verpflichtet (zB § 6 Berliner ZwVbG v 29. 11. 2013, GVBl 626). Auch der Eigentümer von an Straßen und Bahnanlagen grenzenden Weidegrundstücken, der einen Zaun errichtet, um sein Vieh vom Betreten des Straßen- oder Bahnkörpers abzuhalten, kann vom Wegeunterhaltspflichtigen keinen Ersatz seiner Aufwendungen verlangen, weil diesen keine 16

Rechtspflicht trifft, Straßen und Bahnanlagen durch Zäune einzufrieden, um Weidetiere fernzuhalten (BGH MDR 1963, 922, Urt v 20. 6. 1963, Az: VII ZR 85/62).

bb) Durchsetzbarkeit und Fälligkeit

17 Es muss sich um eine erfüllbare (vgl § 275), im Zeitpunkt des Eingreifens durch den Geschäftsführer fällige und durchsetzbare Rechtspflicht handeln (BGHZ 16, 12, 15 f, Urt v 15. 12. 1954, Az: II ZR 277/53; OLGReport Köln 2008, 1, Urt v 12. 6. 207, Az: 24 U 4/06; BGB-RGRK/Steffen[12] § 679 Rn 2).

b) Öffentliches Interesse an der Erfüllung

aa) Gegenstand des öffentlichen Interesses

α) Erfüllung der Rechtspflicht

18 Für die Anwendung des § 679 Alt 1 kommt es nicht darauf an, dass die Pflicht als solche im öffentlichen Interesse liegt. Die Erfüllung der Pflicht muss im öffentlichen Interesse liegen (Protokolle, bei Mugdan II 1198 f: Ein entgegenstehender Antrag, der den Schwerpunkt auf die Pflicht legte, wurde von der Kommissionsmehrheit verworfen). Bezweckt ist damit eine Eingrenzung des Anwendungsbereichs des § 679: Da öffentlich-rechtliche Pflichten grundsätzlich im öffentlichen Interesse liegen, soll durch diese Fassung des Gesetzes gerade verhindert werden, dass bereits das Vorliegen einer öffentlich-rechtlichen Pflicht genügt, um die Rechtsfolgen des privilegierten Rückgriffsanspruch des § 679 herbeizuführen. Letztlich ist § 679 als Mittel der privaten Vollstreckung mitsamt der korrespondierenden Duldungspflicht ein Eingriff in die Willensfreiheit des Geschäftsherrn, der aber dadurch abgemildert werden soll, dass nicht jede öffentlich-rechtliche Pflicht, sondern erst ein besonderes öffentliches Interesse an der Erfüllung den subjektiven Willen des Geschäftsherrn beiseite drängt.

β) Die Person des Geschäftsführers; Pflichten einer Behörde

19 Nicht nur die Erfüllung der fremden Rechtspflicht, sondern auch die Erfüllung der Pflicht **durch eine andere Person** als den Geschäftsherrn – sprich: die Geschäftsführung als solche – muss im öffentlichen Interesse liegen (BGH NJW 1978, 1258, 1259, Urt v 15. 12. 1977, Az: III ZR 159/75; Lent, Wille und Interesse bei der Geschäftsbesorgung 31 ff; Enneccerus/Lehmann, Schuldrecht[15] § 166 II 1 S 703; Larenz, Schuldrecht II/1[13] § 57 I a S 445). Die objektive Wirkung der Erfüllung – gleich durch wen – muss vom Standpunkt des öffentlichen Interesses wichtiger sein als die subjektive Erfüllung durch den Verpflichteten selbst. Hierbei wird es sich allerdings, insbesondere soweit die Pflicht auf die **Herbeiführung eines bestimmten Erfolges** gerichtet ist, um den Regelfall handeln (BGB-RGRK/Steffen[12] § 679 Rn 7; Soergel/Beuthien[13] § 679 Rn 5; restriktiver Lent, Wille und Interesse bei der Geschäftsbesorgung 31 ff); insoweit spielt es auch keine Rolle, ob eine Person des Privatrechts oder des öffentlichen Rechts tätig wird. Umgekehrt ist die Anwendung des § 679 in Ausnahmefällen ausgeschlossen, wenn ein öffentliches Interesse eigens daran besteht, dass der Geschäftsherr seine Verpflichtung gerade in Person erfüllt. In den Fällen **höchstpersönlicher Pflichten**, wozu insbesondere die Wehrpflicht oder die Zahlung einer Geldstrafe gehört, ist per se eine Erfüllung durch einen anderen als den Geschäftsherrn nicht möglich. Eigentlicher Kernpunkt der Problematik ist die Erfüllung öffentlich-rechtlicher Pflichten einer **Behörde**, sei es durch eine andere Behörde, sei es durch eine Privatperson. Ein Rückgriff auf § 679 wird hier schon deshalb regelmäßig nicht in Betracht kommen, weil die Frage des „Ob“ und des „Wie“ behördlichen Handelns ausschließlich im Ermessen der

zuständigen Behörde liegt (Art 20 GG); die Ermessensentscheidung darf nicht in der Hand eines Dritten (Privatperson oder andere Behörde) gegeben werden, der dazu nach der staatlichen Kompetenzordnung nicht zuständig ist (BGHZ 138, 281, 288, Urt v 2. 4. 1998, Az: III ZR 251/96; BGH NJW 1978, 1258, 1259, Urt v 15. 12. 1977, Az: III ZR 159/75; BVerwG NJW 1989, 922, 923, Urt v 6. 9. 1988, Az: 4 C 5/86; BSG NJW-RR 2001, 1282, 1284, Urt v 2. 3. 2000, Az: B 7 AL 36/99; OLG Naumburg OLG-NL 1998, 246, Urt v 19. 5. 1998, Az: 9 U 249/ 97 – 46; vgl auch: RGZ 92, 197, 200, Urt v 11. 2. 1918, Az: VI 429/17). Eine Ausnahme ist nur dann möglich, wenn im Falle der **Ermessensreduzierung auf Null** einzig eine Maßnahme in Betracht kommt.

γ) Rechtzeitige Erfüllung

20 Das öffentliche Interesse muss sich ferner darauf erstrecken, dass die Rechtspflicht rechtzeitig, dh nicht zu spät erfüllt wird (Soergel/Beuthien[13] § 679 Rn 5).

bb) Das gesteigerte öffentliche Interesse

21 Zur Begründung des öffentlichen Interesses genügt nicht das allgemeine Interesse der Rechtsgemeinschaft an der Erfüllung bestehender Rechtspflichten. Erforderlich ist vielmehr **ein gesteigertes Interesse** der Rechtsgemeinschaft an der Erfüllung gerade der in Frage stehenden Verpflichtung (OLGReport Köln 2008, 1, Urt v 12. 6. 207, Az: 24 U 4/06; Zitelmann AcP 99 [1906] 114 f; MünchKomm/Seiler[6] § 679 Rn 5; Palandt/Sprau[73] § 679 Rn 3; Soergel/Beuthien[13] § 679 Rn 5). Die Erfüllung öffentlich-rechtlicher Pflichten liegt nicht etwa alleine wegen ihres öffentlich-rechtlichen Charakters im öffentlichen Interesse (Lent, Wille und Interesse bei der Geschäftsbesorgung 29; Enneccerus/Lehmann, Schuldrecht[15] § 166 II 1 S 703; **aA**: Isay, Die Geschäftsführung nach dem Bürgerlichen Gesetzbuche 138: Erfüllung öffentlich-rechtlicher Pflichten liege stets im öffentlichen Interesse). Das besondere öffentliche Interesse ist vielmehr in jedem **Einzelfall besonders zu begründen**. Dabei ist ein objektiv-normativer Maßstab anzulegen; nicht entscheidend sind die subjektiven Wertvorstellungen des konkreten Geschäftsführers (Oertmann § 679 Anm 2a). Allerdings dürfen die Anforderungen an § 679 nicht überspannt werden. § 679 spricht von einem öffentlichen Interesse und nicht von einem dringenden öffentlichen Interesse (BSG NJW 1991, 2373, 2374, Urt v 27. 6. 1990, Az: 3 RJ 39/89). Mit Steffen wird man das gesteigerte öffentliche Interesse dahin substantiieren können, dass ein öffentliches Interesse an der Erfüllung vorliegt, wenn durch die Nichterfüllung Belange der Allgemeinheit beeinträchtigt werden können oder die Gefahr einer solchen Beeinträchtigung droht (BGB-RGRK/Steffen[12] § 679 Rn 5; Erman/Dornis[14] § 679 Rn 4; vgl OLGReport Köln 2008, 1, Urt v 12. 6. 207, Az: 24 U 4/06). Eine weitere Konkretisierung des Begriffs des öffentlichen Interesses ist nicht möglich. Es handelt sich hierbei um einen unbestimmten Rechtsbegriff, der mit Wertungen auszufüllen ist, die außerhalb des Geschäftsführungsrechts liegen, wobei aber immer eine abschließende Abwägung dahin zu erfolgen hat, ob der Eingriff in die Willensfreiheit letztlich zu rechtfertigen ist. Insoweit geht die Prüfung des öffentlichen Interesses bereits in die besondere Verhältnismäßigkeitsprüfung mit über: Ist der zu erwartende Eingriff mitsamt den auch drohenden Kostennachteilen letztlich angesichts der zu erfüllenden Rechtspflicht angemessen (Rn 4, 10 f)? In der Rechtsprechung haben sich zudem bestimmte Fallgruppen herausgebildet, die den Begriff des objektiven Interesses weiter fassbar machen (Rn 22 ff).

cc) Einzelfälle

α) Gefahrenabwehr

22 Das Ergreifen von Maßnahmen zur Gefahrenabwehr anstelle des Polizeipflichtigen oder die Wahrnehmung fremder Verkehrssicherungspflichten liegt regelmäßig im öffentlichen Interesse (SOERGEL/BEUTHIEN[13] § 679 Rn 7; zum Ausgleich unter Polizeipflichtigen: s Vorbem 286 zu §§ 677 ff). Ein öffentliches Interesse wurde insbesondere in folgenden Fällen angenommen: Beseitigung einer einsturzgefährdeten, den öffentlichen Verkehrsraum bedrohenden Giebelmauer (BGHZ 16, 12, 13 ff, Urt v 15. 12. 1954, Az: II ZR 277/53; BGHZ 40, 18, Urt v 19. 6. 1963, Az: V ZR 226/62: Verfüllen eines den öffentlichen Verkehr gefährdenden, einsturzgefährdeten Luftschutzstollens); Abwendung von Gefahren aus einem drohenden Gebäudeeinsturz, § 908 (RGZ 149, 205, 208, Urt v 13. 11. 1935, Az: V 99/35); Beseitigung der von einem Steinbruch ausgehenden Gefahren für ein anderes Grundstück (RGZ 167, 55, 59, Urt v 29. 4. 1941, Az: VI 129/40; RGZ 149, 205, 207 ff, Urt v 13. 11. 1935, Az: V 99/35); Bergung eines verkehrsgefährdenden Wracks (RGZ 75, 188, 189, 190, Urt v 22. 12. 1910, Az: VI 614/09; BGH NJW 1964, 1365, Urt v 12. 3. 1964, Az: II ZR 243/62); Beseitigung einer verkehrsgefährdenden Straßenverschmutzung (BGHZ 65, 354, 356, Urt v 4. 12. 1975, Az: VII ZR 218/73) oder von Trümmern aus einem Wasserlauf (BGHZ 1, 57, 62, Urt v 12. 1. 1951, Az: V ZR 14/50); Abschleppen eines die Straße versperrenden Unfallfahrzeugs (LG Limburg MDR 1965, 742, Urt v 14. 4. 1965, Az: 3 S 7/65); Beseitigung verdorbenen Milchpulvers (BGHZ 110, 313, 318, Urt v 8. 3. 1990, Az: III ZR 81/88); Beseitigung infolge Hochwassers angeschwemmter Abfälle von einer Viehweide (OVG Münster NuR 1996, 314, Urt v 21. 12. 1995, Az: 20 A 5004/94); Kennzeichnung einer Gefahrenstelle (BGHZ 43, 188, 193, Urt v 16. 3. 1965, Az: VI ZR 210/64; auch § 23 Abs 1 StVO); Beteiligung an Löscharbeiten (RGZ 98, 195, 199 f, Urt v 26. 2. 1920, Az: VI 9/20).

β) Kranken- und Sozialfürsorge; Rentenzahlung

23 Maßnahmen der Kranken- und Sozialfürsorge stehen regelmäßig im öffentlichen Interesse. Ein öffentliches Interesse wurde in folgenden Fällen angenommen: Erfüllung der Pflicht einer gesetzlichen Krankenkasse zur Gewährung ärztlicher Behandlung (BGHZ 33, 251, 256, Urt v 7. 11. 1960, Az: VII ZR 82/59); Fortschaffen Verunglückter und Hilfsbedürftiger von öffentlichen Straßen und Plätzen anstelle der zuständigen Behörde (RGZ 75, 276, 283, Urt v 30. 1. 1911, Az: VI 591/09); die Entgiftungsbehandlung Drogenabhängiger anstelle des zuständigen sozialrechtlichen Leistungsträgers (BSG NJW 1991, 2373, 2374, Urt v 27. 6. 1990, Az: 3 RJ 39/89); die Zahlung des Ruhegehalts an Lehrkräfte (RGZ 113, 178, 181, Urt v 29. 3. 1926, Az: IV 301/25). Die Frage, ob für den Fall, dass der Geschäftsführer anstelle des deliktischen Schädigers (Geschäftsherr) an den Ersatzberechtigten zahlt (die deliktische Schadensersatzpflicht ist kein gesetzlicher Unterhaltsanspruch iSd § 679 Alt 2: Rn 26), § 679 Alt 1 greift, ist differenzierend zu beantworten: Soweit der Ersatzberechtigte ohne die Leistung des Geschäftsherrn der öffentlichen Fürsorge zur Last fällt, wird ein öffentliches Interesse an der Geschäftsführung des Dritten regelmäßig zu bejahen sein. Soweit der Geschädigte dagegen über sonstige Einkünfte, auch aus Leistungen eines öffentlichen Versicherungsträgers verfügt, wird dagegen ein öffentliches Interesse nicht ohne Weiteres anzunehmen sein (BGHZ 4, 153, 161, Beschluss v 10. 12. 1951, Az: GSZ 3/51).

γ) Sonstige Fälle (alphabetisch geordnet)

24 Die Erfüllung der öffentlich-rechtlichen Pflicht zur **Abfallentsorgung** liegt im öffentlichen Interesse (OLGReport Köln 2008, 1, Urt v 12. 6. 207, Az: 24 U 4/06). Umstritten ist der Fall, dass eine Privatperson ein die Garagenausfahrt oder einen privaten Stellplatz

zuparkendes Kfz **abschleppen** lässt. Während ein Teil davon ausgeht, die Entfernung des Kfz liege wegen der mit dem „Falschparken“ verbundenen negativen Vorbildwirkung grundsätzlich im besonderen öffentlichen Interesse (LG München I NJW 1976, 898, Urt v 4. 4. 1974, Az: 34 S 113/73; Koch NZV 2010, 336, 340), nimmt die Gegenmeinung zutreffend ein besonderes, über das abstrakte Interesse der Gemeinschaft an der Einhaltung bestehender Vorschriften hinausgehendes, öffentliches Interesse (Rn 21) an der baldigen Erfüllung der Pflicht erst an, wenn besondere Umstände hinzutreten; zB wenn eine besondere Not- oder Gefahrensituation vorliegt (LAG Düsseldorf MDR 1989, 1026, 1027, Urt v 25. 1. 1989, Az: 12 Sa 1433/88: Abschleppen von einem privaten Behindertenparkplatz nur, wenn ein Behinderter den reservierten Parkplatz benötigt oder damit zumindest zu rechnen ist; AG Schöneberg NJW 1984, 2954, Urt v 9. 7. 1984, Az: 7 C 340/84; vgl Vorbem 287 ff zu §§ 677 ff). Zur vorprozessualen **Abmahnung** s Vorbem 294 ff zu §§ 677 ff. § 679 gewährt keine Ermächtigung zu **ärztlichen Heileingriffen** gegen den Willen des Patienten: Es besteht keine Verpflichtung des Patienten, sich behandeln zu lassen (BGHZ 29, 46, 49 f, Urt v 9. 12. 1958, Az: VI ZR 203/57; Soergel/Beuthien[13] § 679 Rn 10; RGZ 151, 349, Urt v 19. 6. 1936, Az: III 298/35; ausführlich: Staudinger/Hager [1999] § 823 Rn I 76), wie auch keine Pflicht des Selbstmörders besteht, weiter zu leben. Allerdings folgt in den Fällen, in denen der Geschäftsführer bereits gem §§ 323c oder 13 StGB zur Hilfeleistung verpflichtet ist, der Anspruch auf Aufwendungsersatz unmittelbar aus § 683 S 1 (s Vorbem 199 zu §§ 677 ff; § 683 Rn 15 ff). Das Bergen einer Leiche und die Durchführung der **Bestattung** soll seit jeher in den Anwendungsbereich des § 679 fallen (BGHZ 191, 325 Rn 18, Urt v 17. 11. 2011, Az: III ZR 53/11; s Rn 1; vKübel, in: Schubert [Hrsg], Die Vorlagen der Redaktoren, Schuldverhältnisse II 929, 949; Labeo bei Ulpian Dig 3, 7, 14, 13; Palandt/Sprau[73] § 679 Rn 3; Soergel/Beuthien[13] § 679 Rn 9). Der **Rücktransport** mittelloser **Pauschalurlauber** aus dem Ausland anstelle der nicht leistungswilligen Fluggesellschaft liegt im öffentlichen Interesse (LG Frankfurt NJW 1983, 52, 53, Urt v 1. 9. 1982, Az: 2/22 O 155/82). Ebenso liegt die Schaffung der durch ein Bauvorhaben nach Bauordnungsrecht (zB § 51 BauO NRW) veranlassten Stellplätze im öffentlichen Interesse (BGH NJW-RR 2008, 683 Rn 22, Urt v 16. 11. 2007, Az: V ZR 208/06). Im Rahmen der **öffentlichen Straßenplanung** liegt die Pflicht zur Errichtung von Schutzvorrichtungen, um Nachteile abzuwenden, die sich aus der Straßenanlage und ihrer Benutzung für anliegende Grundstücke ergeben, im öffentlichen Interesse; allerdings kann fraglich sein, ob die Geschäftsführung gerade durch den Geschäftsführer anstelle der zuständigen Behörde dem öffentlichen Interesse entspricht, da die Gefahr einer Verkürzung des Ermessensspielraums der gesetzlich zuständigen Behörde besteht (BGH NJW 1978, 1258, 1259, Urt v 15. 12. 1977, Az: III ZR 159/75; s Rn 19). Die **Rettung eines Selbstmörders** fällt – soweit das Verhältnis Retter/Suizident betroffen ist – per se nicht in den Anwendungsbereich des § 679: Hier liegt eine echte Geschäftsführung für den Suizidenten vor; dass der Wille zum Freitod unbeachtlich ist, folgt unmittelbar aus §§ 13, 323c StGB (s Vorbem 199 zu §§ 677 ff; § 683 Rn 15 ff). Anders ist es im Verhältnis zur Polizei, die ebenfalls im Rahmen der Schutzgüter der öffentlichen Sicherheit zur Rettung eines Lebensmüden verpflichtet ist (**aA**: Wittmann, Begriff und Funktion der Geschäftsführung ohne Auftrag 130). Rechtsstreitigkeiten wegen der Zahlung auf fremde Steuerschulden durchziehen die Rechtsprechung seit dem Jahr 1830 bis zur Gegenwart (Wollschläger, Die Geschäftsführung ohne Auftrag 152 f). Die **Tilgung fremder Steuerschulden** soll nach wohl überwiegender Meinung grundsätzlich im öffentlichen Interesse liegen (BGHZ 7, 346, 355 f, Urt v 24. 10. 1952, Az: V ZR 119/51; OLG München WM 1991, 1415, Urt v 26. 3. 1991, Az: 18 U 6302/90; vgl auch: BGHZ 41, 31, 33, Urt v 22. 1. 1964, Az: V ZR 25/62; RGZ 82, 390, 395, Urt v 13. 6. 1913, Az: VII 80/13; Isay,

Die Geschäftsführung nach dem Bürgerlichen Gesetzbuche 138; Erman/Dornis[14] § 679 Rn 5; Soergel/Beuthien[13] § 679 Rn 9; **aA**: Palandt/Sprau[73] § 679 Rn 3), weil das Allgemeinwohl durch die Vielzahl der Fälle, in denen Einzelne ihre Steuern nicht rechtzeitig zahlen, nicht nur unwesentlich, sondern erheblich beeinträchtigt werde. Die Zweite Kommission sah die Zahlung fremder Steuerschulden nicht im Anwendungsbereich des § 679 (Mugdan II 1199). Der Streit ist letztlich ohne praktische Bedeutung, da die Rückgriffskondiktion gem § 812 stets gegeben ist. Die **Wiederherstellung eines beschädigten Gotteshauses** ist eine im öffentlichen Interesse liegende Pflicht des Schädigers (RG JW 1915, 325, 326, Urt v 4. 1. 1915, Az: VI 376/14); ebenso erfüllt eine im öffentlichen Interesse liegende Pflicht des Kirchenbaulastträgers, wer bauliche Erneuerungen an einer Kirche vornimmt (RGZ 102, 9, 10, Urt v 14. 3. 1921, Az: VI 484/20). In früheren Tagen konnte die **Züchtigung eines Kindes**, eigentlich Pflicht der Erziehungsberechtigten, im besonderen öffentlichen Interesse liegen, wenn die Umstände des Einzelfalles nach einer sofortigen Bestrafung verlangten (Lent, Wille und Interesse bei der Geschäftsbesorgung 49 f; **aA**: Hamacher, Geschäftsführung ohne Auftrag als Ausschlußgrund der Rechtswidrigkeit 61: keine Pflicht des Erziehungsberechtigten zur Züchtigung). Angesichts des § 1631 Abs 2 lässt sich § 679 heute zur Rechtfertigung der körperlichen Züchtigung durch Dritte nicht mehr heranziehen (Staudinger/Salgo [2007] § 1631 Rn 92; s Vorbem 160 zu §§ 677 ff).

c) Besonderheiten bei Tätigkeit zur Erfüllung öffentlich-rechtlicher Verpflichtungen

25 Zu den Besonderheiten der Erfüllung öffentlich-rechtlicher Verpflichtungen einer Privatperson s Vorbem 285 f zu §§ 677 ff; zu den Besonderheiten der Geschäftsführung für eine Behörde s Rn 19.

2. Gesetzliche Unterhaltspflicht (§ 679 Alt 2)

a) Gesetzliche Unterhaltspflicht

26 § 679 Alt 2 erfasst nur gesetzliche Unterhaltspflichten, also ausschließlich solche, die unmittelbar auf Gesetz beruhen. In Betracht kommen primär Unterhaltspflichten aufgrund familienrechtlicher oder erbrechtlicher Vorschriften (§§ 1360 ff [Ehegatten], 1371 [Ausbildungsunterhalt für Stiefkinder], 1569 ff [Geschiedene], 1601 ff [Verwandte in gerader Linie], 1615a ff [Kind und seine nicht miteinander verheirateten Eltern], 1963 [werdende Mutter eines Erben], 1969 [Dreißigster]). Gesetzliche Unterhaltspflichten verlieren ihren Charakter nicht dadurch, dass sie **vertraglich anerkannt** oder näher ausgestaltet werden (RGZ 164, 65, Urt v 18. 5. 1940, Az: IV 707/39; MünchKomm/Seiler[6] § 679 Rn 10; Palandt/Sprau[73] § 679 Rn 4; Soergel/Beuthien[13] § 679 Rn 11). Vertraglich übernommene oder durch unerlaubte Handlung begründete Pflichten (zB § 844) stellen aber keine gesetzlichen Unterhaltspflichten dar (BGHZ 4, 153, 161, Beschluss v 10. 12. 1951, Az: GSZ 3/51; BGB-RGRK/Steffen[12] § 679 Rn 10; Oertmann § 679 Anm 2b; Planck/Lobe[4] § 679 Anm 2b; Soergel/Beuthien[13] § 679 Rn 11), doch bleibt in diesen Fällen zu prüfen, ob nicht die Voraussetzungen des § 679 Alt 1 vorliegen. Der Geschäftsführer kann sich auf § 679 Alt 2 berufen, soweit die gesetzliche Unterhaltspflicht reicht; bei zusätzlichen freiwilligen Unterhaltsleistungen kommt ihm § 679 Alt 2 nicht mehr zugute (BGB-RGRK/Steffen[12] § 679 Rn 11). Nicht von Bedeutung für den Rückgriff gem §§ 683 S 2, 679 ist es, ob dem Unterhaltspflichtigen das Personensorgerecht zusteht, also die Befugnis, über die reale Verwendung des Unterhalts (zB Auswahl des Arztes oder Kleidung) zu entscheiden. Es ist allein Sache

des Unterhaltsschuldners, den Lebensbedarf zu bezahlen, nicht aber darüber zu entscheiden (WOLLSCHLÄGER, Die Geschäftsführung ohne Auftrag 131 f). Zur gesetzlichen Unterhaltspflicht gehören alle Leistungen, die der Geschäftsherr kraft Gesetzes zu erbringen hat. Hierher gehören insbesondere die Kosten für eine Heilbehandlung (LG Stuttgart NJW 1961, 972, 973, Urt v 8. 2. 1961, Az: 5 S 341/60).

b) Öffentliches Interesse

27 Das Vorliegen eines besonderen öffentlichen Interesses an der Erfüllung der gesetzlichen Unterhaltspflicht ist nicht zu prüfen: Das öffentliche Interesse wird aufgrund legitimer gesetzlicher Typisierung unwiderlegbar vermutet (PALANDT/SPRAU[73] § 679 Rn 4; PLANCK/LOBE[4] § 679 Anm 2b).

3. Gefahr der nicht rechtzeitigen Erfüllung

a) Verzögerung und Nichtleistung

28 Beide Alternativen des § 679 stehen unter der weiteren Voraussetzung, dass ohne das Eingreifen des Geschäftsführers die Gefahr besteht, dass die Pflicht des Geschäftsherrn nicht rechtzeitig – oder gar nicht – erfüllt wird (ZITELMANN AcP 99 [1906] 115; BGB-RGRK/STEFFEN[12] § 679 Rn 14). Die Gefahr einer Schlechtleistung kann dem nicht ohne Weiteres gleichgestellt werden. In den Beratungen der Zweiten Kommission wurde bewusst die Formulierung „nicht ordnungsgemäß" (§ 755 E I) durch die Worte „Nicht oder nicht rechtzeitig" ersetzt. Dahinter standen Praktikabilitätsüberlegungen: Die Frage, ob das Geschäft ohne Eingreifen des Geschäftsführers nicht ordnungsgemäß besorgt worden wäre, gebe nur Anlass zu unnötigen Streitigkeiten (MUGDAN II 1198).

b) Rechtzeitige Erfüllung

29 Bezugspunkt der rechtzeitigen Leistung ist die Fälligkeit der Schuld (BGH NJW 1978, 1258, 1259, Urt v 15. 12. 1977, Az: III ZR 159/75; BGB-RGRK/STEFFEN[12] § 679 Rn 15; SOERGEL/BEUTHIEN[13] § 679 Rn 13). Eine besondere Dringlichkeit der Erfüllung wird ebenso wenig für notwendig gehalten (BSG NJW 1991, 2373, 2374, Urt v 27. 6. 1990, Az: 3 RJ 39/89; **aA**: LENT, Wille und Interesse bei der Geschäftsbesorgung 29; OERTMANN § 679 Anm 3) wie ein Verzug (§ 286) des Geschäftsherrn mit seiner Leistung. Soweit tunlich und sofern mit dem Aufschub keine Gefahr verbunden ist, hat allerdings der Geschäftsführer dem Geschäftsherrn die Übernahme der Geschäftsführung anzuzeigen, um diesem die Möglichkeit zu eröffnen, selbst für die Erfüllung seiner Pflicht zu sorgen (s Rn 12).

c) Beurteilungsmaßstab

30 Die Beurteilung, ob eine Gefahr vorgelegen hat, bestimmt sich nach einem objektiven Maßstab zum Zeitpunkt des Eingreifens des Geschäftsführers. Die irrige Vorstellung des Geschäftsführers – und mag sie noch so entschuldbar sein – reicht nicht (RGZ 149, 205, 207, Urt v 13. 11. 1935; Az: V 99/35; PLANCK/LOBE[4] § 679 Anm 3; BGB-RGRK/STEFFEN[12] § 679 Rn 16). Hat der Geschäftsherr etwa bereits Vorsorge getroffen und ist er zur Pflichterfüllung bereit und in der Lage, scheidet eine Anwendung des § 679 aus, auch wenn der Geschäftsführer nichts davon weiß und auch nichts davon wissen kann. Allerdings schließt der schuldlose Irrtum über das Vorliegen der Voraussetzung des § 679 eine Haftung des Geschäftsführers gem § 678 aus (OERTMANN § 679 Anm 4).

III. Beweislast

31 Darlegungs- und beweispflichtig für die Voraussetzungen des privilegierten Rückgriffsanspruchs der §§ 683 S 2, 679 ist der sich auf diese Vorschrift berufende Geschäftsführer (BGB-RGRK/Steffen[12] § 679 Rn 23; MünchKomm/Seiler[6] § 679 Rn 15; Soergel/Beuthien[13] § 679 Rn 16).

IV. Weitere Fälle der Unbeachtlichkeit des entgegenstehenden Willens

32 Nach allgemeiner Auffassung ist die Regelung des § 679 nicht abschließend (Wittmann, Begriff und Funktion der Geschäftsführung ohne Auftrag 129; Martinek/Theobald JuS 1998, 27, 31). Der entgegenstehende Wille des Geschäftsherrn sei auch dann unbeachtlich, wenn er sittenwidrig (§ 138) sei oder gegen ein gesetzliches Verbot (§ 134) verstoße (Enneccerus/Lehmann, Schuldrecht[15] § 166 II 1 S 703 f; Fikentscher/Heinemann, Schuldrecht[10] Rn 1272; vGierke, Deutsches Privatrecht III § 216 III 1 S 983; BGB-RGRK/Steffen[12] Vor § 677 Rn 71; Soergel/Beuthien[13] § 679 Rn 15). Auch die entsprechende Anwendung der §§ 104 ff wird im Zusammenhang mit § 679 genannt (zB BGB-RGRK/Steffen[12] Vor § 677 Rn 71). Allerdings leidet die wissenschaftliche Auseinandersetzung darunter, dass nicht weiter unterschieden wird, ob die diskutierten Konstellationen in den Bereich der echten Geschäftsführung ohne Auftrag gehören, oder ob man sich im Bereich des privilegierten Rückgriffsanspruchs der §§ 683 S 2, 679 befindet (s Rn 2; zur Unbeachtlichkeit des Willens bei der echten Geschäftsführung ohne Auftrag: s § 683 Rn 15 ff). Zudem wird die Zuordnung einzelner Fälle dadurch erschwert, dass weitgehend übersehen wird, dass im Bereich des privilegierten Rückgriffsanspruchs nicht nur der Wille, sondern – entgegen der missverständlichen Fassung des Gesetzes – auch das objektive Interesse des Geschäftsherrn unbeachtlich ist (s Rn 4): Der Geschäftsführer wird originär im Interesse eines Dritten – und nicht im vielleicht gegenläufigen Interesse des Geschäftsherrn – tätig. Damit ist von vorneherein klar, dass die entsprechende Anwendung der §§ 104 ff – bei der es lediglich darum geht, den subjektiven Willen des geschäftsunfähigen Geschäftsherrn durch den Willen seines gesetzlichen Vertreters bzw sein objektives Interesse zu ersetzen, aber das Interesse des Geschäftsherrn doch der Maßstab der Geschäftsführung bleibt – nicht in den Anwendungsbereich des privilegierten Rückgriffsanspruchs gehört (s § 683 Rn 15 ff). Deshalb gehört auch die Problematik der Rettung eines **Selbstmörders**, soweit das Rechtsverhältnis Retter – Suizident betroffen ist, nicht hierher: Hierbei handelt es sich um einen Anwendungsfall der echten Geschäftsführung. Denn der Geschäftsführer wird fremdnützig für den Lebensmüden tätig (dazu: § 683 Rn 15 ff); schon die Zweite Kommission hat darauf hingewiesen, dass es hier letztlich nicht – wie es § 679 voraussetzt – um die Erfüllung einer Pflicht des Geschäftsherrn, sondern um die Pflicht des Geschäftsführers geht, einen anderen zu retten (Mugdan II 1199).

33 Für den Bereich des privilegierten Rückgriffsanspruchs ist daher das Problem neu zu formulieren. Sind über den engen Bereich des § 679 hinaus Fälle anzuerkennen, in denen der Geschäftsführer bei einer Tätigkeit im Interesse eines Dritten wegen Erfüllung einer korrespondierenden Pflicht des Geschäftsherrn bei diesem nach Geschäftsführungsgrundsätzen Rückgriff nehmen kann? Diese Erweiterung des Anwendungsbereichs des privilegierten Rückgriffsanspruchs ist in zwei Beziehungen denkbar: Einmal wird (a) der Anwendungsbereich des § 679 Alt 1 über den Bereich

der Rechtspflichten hinaus auf sittliche und moralische Pflichten erweitert, zum anderen (b) könnte das Kriterium des öffentlichen Interesses an der Erfüllung aufgeweicht werden. Sicherlich nicht in Betracht kommt eine Ausdehnung des § 679 auf **sittliche Pflichten**. Dies wäre mit dem vollstreckungsrechtlichen Ansatz des privilegierten Rückgriffsanspruchs nicht zu vereinbaren: Denn nur echte Rechtspflichten sind durchsetzbar; moralischen Pflichten dagegen wird von der Rechtsordnung bewusst die Durchsetzbarkeit versagt. Vollkommen zu Recht wurde daher in den Beratungen der Zweiten Kommission ein Antrag verworfen, § 679 dahin zu erweitern, dass ein Verbot des Geschäftsherrn auch dann unbeachtlich sein soll, wenn es gegen die guten Sitten verstoße. Zur Begründung wurde treffend darauf hingewiesen, dass es nicht angehe, durch die Aufnahme eines solchen Verbotes alle sittlichen Pflichten mittelbar erzwingbar zu machen (Mugdan II 1198, 1199 [Antrag 1]). Aber auch eine Aufweichung des Merkmals des **öffentlichen Erfüllungsinteresses** ist nicht anzuerkennen, liegt doch gerade im gesteigerten öffentlichen Interesse an der Erfüllung die Rechtfertigung des Rechtsinstituts des privilegierten Rückgriffsanspruchs.

§ 680
Geschäftsführung zur Gefahrenabwehr

Bezweckt die Geschäftsführung die Abwendung einer dem Geschäftsherrn drohenden dringenden Gefahr, so hat der Geschäftsführer nur Vorsatz und grobe Fahrlässigkeit zu vertreten.

Materialien: E I § 750; II § 611; III § 667; Mot II 858; Prot II 727, 728.

Systematische Übersicht

Alphabetische Übersicht

I. Inhalt und Entwicklung

1. Inhalt; Sinn und Zweck

1 Die Diligenzpflicht des Geschäftsführers bemisst sich im Grundsatz nach § 276. Der Geschäftsführer hat für Vorsatz und jede, also auch leichte Fahrlässigkeit einzustehen. Für den Fall der Notgeschäftsführung sieht § 680 nun eine **Herabsetzung der Diligenzpflicht** vor: Bezweckt die Geschäftsführung die Abwehr einer dem Geschäftsherrn drohenden dringenden Gefahr, so hat der Geschäftsführer nur Vorsatz und grobe Fahrlässigkeit zu vertreten. Die hM sieht hinter der Vorschrift den Gedanken, dass in Augenblicken dringender Gefahr die Hilfe Dritter als im allgemeinen Interesse liegend erwünscht ist, aber auch ein Fehlverhalten des Helfers wegen der besonderen Gefahrensituation, in der nicht genügend Zeit zum ruhigen Über-

legen bleiben kann, nur zu leicht vorkommt (BGHZ 63, 167, 174, Urt v 24. 10. 1974, Az: VII ZR 223/72; BGHZ 43, 188, 194, Urt v 16. 3. 1965, Az: VI ZR 210/64; BGH LM BGB § 677 Nr 14, Urt v 17. 2. 1972, Az: II ZR 46/70; BGH JZ 1972, 163, 164 f, Urt v 30. 11. 1971, Az: VI ZR 100/70; WITTMANN, Begriff und Funktion der Geschäftsführung ohne Auftrag 134; BGB-RGRK/STEFFEN[12] § 680 Rn 2; ERMAN/DORNIS[14] § 680 Rn 1; SOERGEL/BEUTHIEN[13] § 680 Rn 1; vgl auch vKÜBEL, in: SCHUBERT [Hrsg], Die Vorlagen der Redaktoren, Schuldverhältnisse II 929, 947, wo auf den Gedanken der moralischen Pflicht zur Hilfeleistung abgestellt wird).

Nach seiner systematischen Stellung gilt § 680 zunächst für Ansprüche des Geschäftsherrn gegen den Geschäftsführer aus **Ausführungs-** oder **Übernahmeverschulden** (s § 677 Rn 1 und § 678 Rn 1). Doch über diesen engen Bereich hinaus wurde der Anwendungsbereich der Vorschrift allmählich auf **Ansprüche des Geschäftsführers** gegen den Geschäftsherrn ausgeweitet (Rn 19 ff). Dies wird damit begründet, dass § 680 den Geschäftsführer nicht nur bis zur Grenze der groben Fahrlässigkeit vor Ersatzforderungen des Geschäftsherrn schützen, sondern dem Geschäftsführer auch teilweise das Risiko abnehmen will, seine spontane und daher nicht immer mit der erforderlichen Sorgfalt abgewogene Hilfeleistung mit eigenen Verlusten zu bezahlen (BGH LM BGB § 677 Nr 14, Urt v 17. 2. 1972, Az: II ZR 46/70; Rn 18). 2

Ist mit den Besonderheiten der Gefahrenlage auch der Grund bezeichnet, warum das Gesetz im Anschluss an die römischen Quellen (Rn 4) den Notgeschäftsführer privilegiert, so ist doch nicht geklärt, was diese Besserstellung rechtfertigt. Tragfähig ist der von WOLLSCHLÄGER herausgearbeitete Gedanke der **überholenden Kausalität** (WOLLSCHLÄGER, Die Geschäftsführung ohne Auftrag 278 ff; **aA**: WITTMANN, Begriff und Funktion der Geschäftsführung ohne Auftrag 134 f): In gesetzlicher Typisierung gestatte es § 680 dem Geschäftsführer, sich bis zur Grenze der groben Fahrlässigkeit darauf zu berufen, dass ohne sein Eingreifen ein noch größerer Schaden entstanden wäre. – § 680 strahlt auf das **Vertragsrecht** aus: Bei der rechtsgeschäftlichen Vereinbarung eines Auftrags (§ 662) zur Abwehr einer dringenden Gefahr sei eine entsprechende Haftungsprivilegierung im Regelfall stillschweigend vereinbart (OLG München NJW 2006, 1883, 1885, Urt v 6. 4. 2006, Az: 1 U 4142/05). Dennoch ist § 680 **rechtspolitisch nicht** unumstritten. EHMANN hielt es rechtspolitisch für vorzugswürdiger, entsprechend den Grundsätzen der beschränkten Arbeitnehmerhaftung die Haftung nur bei leichter Fahrlässigkeit voll auszuschließen, bei mittlerer Fahrlässigkeit entsprechend § 254 zu quoteln und bei grober Fahrlässigkeit volle Haftung des Geschäftsführers anzunehmen (ERMAN/EHMANN[11] § 680 Rn 2). Von daher muss es nicht verwundern, dass die einzelnen nationalen Rechtsordnungen auf das Phänomen der Geschäftsführung zur Gefahrenabwehr unterschiedlich reagieren (Rn 5). 3

2. Rechtsgeschichte, Rechtsvergleichung

a) Rechtsgeschichte

Die Wurzeln des § 680 liegen im **römischen Recht**. LABEO ließ einen Geschäftsführer, der zur Abwendung der Zwangsvollstreckung in das Vermögen des Geschäftsherrn tätig wurde, nur für *dolus* einstehen (LABEO/ULPIAN Dig 3, 5, 3, 9; vgl OLG Hamburg SeuffA 47 [1892] Nr 269, Urt v 6. 10. 1891; s ausführlich § 677 Rn 5; s auch die Regelung der PrALR I 13 §§ 234–237). 4

b) Rechtsvergleichung und europäische Rechtsvereinheitlichung

5 Die Korrespondenzvorschrift im **Schweizer** Recht findet sich in Art 420 Abs 2 OR. Im **österreichischen** Recht ist die Geschäftsführung im Notfall (§ 1036 ABGB) der einzige Fall der erlaubten und auftragsähnlich ausgestalteten Geschäftsführung; die (einfache) nützliche Geschäftsführung ohne Auftrag ist unerwünscht und lediglich am Bereicherungsgedanken ausgestaltet (Apathy, in: Praxiskommentar zum ABGB[2] § 1035 Rn 2; s Vorbem 76 zu §§ 677 ff). Das **französische** Recht kennt die Vorschrift des Art 1374 Abs 2 CC, die dem Richter weite Möglichkeiten bei der Bemessung des zu leistenden Schadensersatzes ermöglicht. Dieses bewegliche System lässt sich bis zu Domat zurückverfolgen (Domat, Les lois civiles dans leur ordre naturel Part I Liv II Tit IV Sect I §§ 2, 12) und wird auch von Art 1328-2 des *Avant-projet de reïforme du droit des obligations* adaptiert. Art V – 2:102 **DCFR** hält eine dem französischen Recht vergleichbare Vorschrift bereit.

II. Tatbestandsvoraussetzungen der Herabsetzung der Diligenzpflicht

1. Geschäftsführung ohne Auftrag

6 Die Vorschrift des § 680 greift nur dann ein, wenn der Geschäftsführer überhaupt in **fremdnütziger Geschäftsführungsabsicht** für einen anderen ohne Auftrag oder sonstige Berechtigung tätig wird. Der Grundtatbestand der Geschäftsführung ohne Auftrag muss also vorliegen (Vorbem 106 ff zu §§ 677 ff). Nach allgemeiner Auffassung steht § 680 nicht unter der weiteren Voraussetzung, dass die Übernahme der Geschäftsführung dem wirklichen oder dem mutmaßlichen Willen des Geschäftsherrn entsprochen haben muss (BGHZ 43, 188, 193 ff, Urt v 16. 3. 1965, Az: VI ZR 210/64; BGB-RGRK/Steffen[12] § 680 Rn 1; Soergel/Beuthien[13] § 680 Rn 10). Selbst die tradierte Lehre von der berechtigten Geschäftsführung greift auf § 680 unabhängig davon zurück, ob die zusätzlichen Voraussetzungen des § 683 S 1 vorliegen (zur Lehre von der berechtigten Geschäftsführung ohne Auftrag: Vorbem 95 ff zu §§ 677 ff).

2. Qualifizierte Geschäftsführungsabsicht

7 Die Privilegierung des § 680 setzt eine Geschäftsführung in qualifizierter Geschäftsführungsabsicht voraus: Neben der fremdnützigen Tätigkeit für einen anderen muss hinzukommen, dass die Geschäftsführung im Sinne einer Finalität *bezweckt,* eine dem Geschäftsherrn drohende dringende Gefahr abzuwenden (zur Frage des qualifizierten Geschäftsführungswillens im österreichischen Recht: Meissel, Geschäftsführung ohne Auftrag 32 ff). Eine nur bei Gelegenheit einer fremdnützigen Geschäftsbesorgung für den Geschäftsherrn erfolgende Gefahrenabwehr genügt nicht (Soergel/Beuthien[13] § 680 Rn 7); fehlt überhaupt die Absicht für einen anderen zu handeln, liegt schon der Grundtatbestand der Geschäftsführung nicht vor (Rn 6; Vorbem 161 ff zu §§ 677 ff). Auf § 680 kann in diesen Fällen nicht zurückgegriffen werden, und zwar selbst dann nicht, wenn die Gefahr letztlich erfolgreich gebannt wurde. Wie beim Merkmal der Geschäftsführungsabsicht überhaupt handelt es sich auch bei der qualifizierten Geschäftsführungsabsicht um kein naturalistisch-empirisches, sondern um ein **normatives Merkmal**. Entscheidend ist, dass die Geschäftsführung ihrem sozialen Sinn nach auf die Abwendung einer dem Geschäftsherrn drohenden Gefahr abzielt (s Vorbem 171 ff zu §§ 677 ff). Regelmäßig wird die Feststellung des qualifizierten Geschäftsführungswillens keine Schwierigkeiten bereiten. Seiner materiellen Zielrichtung nach

wird ein Handeln in Gefahrensituationen grundsätzlich die Abwehr der Gefahr bezwecken. Handelt der Geschäftsführer in qualifizierter Geschäftsführungsabsicht, so kommt es für die Anwendbarkeit des § 680 nicht darauf weiter an, ob der Geschäftsführer den bezweckten Erfolg tatsächlich erreicht (BGHZ 43, 188, 192, Urt v 16. 3. 1965, Az: VI ZR 210/64; BGH VersR 1970, 620, Urt v 7. 4. 1970, Az: VI ZR 217/68; PALANDT/SPRAU[73] § 680 Rn 2). Es steht der Anwendung des § 680 nicht einmal entgegen, dass sich die (bestehende) Gefahrensituation gerade durch das Eingreifen des Geschäftsführers verwirklicht (BGHZ 43, 188, 192, Urt v 16. 3. 1965, Az: VI ZR 210/64: Anhalten eines Fahrzeugs, um auf fehlende Beleuchtung hinzuweisen, mit der Folge, dass in der Dunkelheit ein anderes Fahrzeug auffährt; BGB-RGRK/STEFFEN[12] § 680 Rn 8).

3. Eine dem Geschäftsherrn drohende dringende Gefahr

a) Drohende dringende Gefahr

Die Geschäftsführung muss der Abwendung einer dem Geschäftsherrn drohenden dringenden Gefahr dienen. Eine dringende Gefahr liegt vor, wenn der Eintritt eines Schadens mit großer Wahrscheinlichkeit unmittelbar bevorsteht und die Hilfeleistung keinen weiteren Aufschub duldet (BGB-RGRK/STEFFEN[12] § 680 Rn 3; ERMAN/DORNIS[14] § 680 Rn 3; SOERGEL/BEUTHIEN[13] § 680 Rn 6). Angesichts des subsidiären Charakters der Gestion als Ersatzordnung bei fehlender vertraglicher oder gesetzlicher Primärregelung und der partiellen Schutzlosstellung des Geschäftsherrn durch Herabsetzung der Diligenzpflicht wird man davon frühestens erst dann ausgehen können, wenn es dem Geschäftsführer nicht möglich ist, rechtzeitig die Zustimmung des Geschäftsherrn einzuholen (zur restriktiven Handhabung der Notgeschäftsführung in Österreich MEISSEL, Geschäftsführung ohne Auftrag 30 f). Zum Fall, dass der Geschäftsführer irrtümlich vom Vorliegen einer Gefahr ausgeht, s Rn 12 f. 8

b) Vermögen und Person des Geschäftsherrn

Die Gefahr muss der Person des Geschäftsherrn, ihm zuzuordnenden Gegenständen oder seinem Vermögen drohen (PLANCK/LOBE[4] § 680; BGB-RGRK/STEFFEN[12] § 680 Rn 6; SOERGEL/BEUTHIEN[13] § 680 Rn 6). Der Normbereich des § 680 erfasst daher nicht wie § 823 Abs 1 nur bestimmte enumerativ aufgezählte Rechtsgüter, sondern auch das Vermögen des Geschäftsherrn als solches. So kann sich ein Geschäftsführer im Verhältnis zum Geschäftsherrn auf § 680 berufen, der es unternimmt, das Vermögen des Geschäftsherrn vor einer Belastung durch **Schadensersatzansprüche Dritter** zu schützen (BGH VersR 1970, 620, Urt v 7. 4. 1970, Az: VI ZR 217/86: Anhalten auf der Autobahn zu dem Zweck, ein von einem vorausfahrenden Fahrzeug verlorenes Reserverad von der Fahrbahn zu räumen, als Geschäftsführung zugunsten des Vorausfahrenden zur Abwehr einer dringenden Gefahr, die seinem Vermögen durch Schadensersatzansprüche etwaiger nachfolgender Verkehrsteilnehmer droht). 9

Die hM wendet § 680 auch an, wenn die Gefahr nicht dem Geschäftsherrn selbst, sondern ihm **nahestehenden Personen** droht, also solchen Personen, zu denen der Geschäftsherr in einer besonders engen, wenn auch nicht notwendigerweise verwandtschaftlichen oder persönlichen Beziehung steht; ein Dienst- oder Arbeitsverhältnis soll ausreichen (DERNBURG, Die Schuldverhältnisse nach dem Recht des Deutsches Reichs und Preußens[3] § 301 III 2 S 436; GIESEN Jura 1996, 288, 291; PLANCK/LOBE[4] § 680). Allgemein werden sich zu diesem Kreis wohl solche Personen zählen lassen, denen gegenüber der Geschäftsherr rechtlich zur Gefahrenabwehr verpflichtet ist oder 10 denen er nach vernünftiger Anschauung tatsächlich Hilfe gewähren würde (Palandt/Sprau[73] § 680 Rn 2; BGB-RGRK/Steffen[12] § 680 Rn 4). Immerhin lässt die hM aber doch Bemühungen erkennen, den Kreis der nahe stehenden Personen nicht zu weit zu ziehen (BGB-RGRK/Steffen[12] § 680 Rn 5). Über die Bemühungen einer **personellen Grenzziehung** hinaus ist umstritten, ob die Erstreckung der Anwendung des § 680 auch dann gerechtfertigt ist, wenn die Gefahr nur dem Vermögen der nahestehenden Person droht (bejahend: Planck/Lobe[4] § 680). – Zu folgen ist der hM nicht. Die Ausdehnung des § 680 auf nahestehende Personen entspricht weder dem Willen des Gesetzgebers noch kommt sie der Sache nach überhaupt in Betracht (Protokolle, bei Mugdan II 1194; Soergel/Beuthien[13] § 680 Rn 6). Kommt die Geschäftsführung unmittelbar dem Gefährdeten zugute, so ist ausschließlich dieser selbst Geschäftsherr der Hilfeleistung; den an seiner Rettung Interessierten kommt die Geschäftsführung allenfalls als Reflexvorteil zugute, wodurch ein gesetzliches Schuldverhältnis aber gerade nicht begründet wird (s Vorbem 179, 180 zu §§ 677 ff). Rettet der Geschäftsführer eine verheiratete Frau vor dem Ertrinken, so ist Geschäftsherr ausschließlich die Frau, keinesfalls aber der Ehemann (zur Bestimmung des Geschäftsherrn: Vorbem 180 zu §§ 677 ff; **aA**: MünchKomm/Seiler[6] § 680 Rn 3; Erman/Dornis[14] § 680 Rn 3). Dementsprechend bemerkte die Zweite Kommission hinsichtlich eines Antrages, in dem es darum ging, auch Angehörige in den Schutzbereich der Vorschrift zu ziehen, dass „es aber auch nicht wohl angehen werde, auch solche Gefahren, die den Geschäftsherrn nur mittelbar beträfen, in den Bereich der Vorschrift zu ziehen" (Protokolle, bei Mugdan II 1194; krit: Oertmann § 680 Anm 1).

c) Verhältnismäßigkeitsprüfung

11 Das Eingreifen des § 680 ist an eine objektive **Kosten-Nutzen-Analyse** gebunden. Die Risiken und der Aufwand der Notgeschäftsführung haben in einem angemessenen Verhältnis zu dem drohenden Schaden zu stehen. § 680 privilegiert keine mit einem unverhältnismäßig hohen Aufwand verbundene oder mit Schadensrisiko behaftete Rettungsaktion zugunsten einer geringwertigen Sache (BGB-RGRK/Steffen[12] § 680 Rn 6; Erman/Dornis[14] § 680 Rn 4; Soergel/Beuthien[13] § 680 Rn 10). Anders ist der Bezugpunkt der Angemessenheitsprüfung im österreichischen Recht. Hier ist das Ausmaß des drohenden Schadens abzuwägen gegen den Eingriff in die fremde Rechtssphäre des Geschäftsherrn. Dies erklärt sich daraus, dass das österreichische Recht der Geschäftsführung ohne Auftrag als Eingriff in eine fremde Rechtssphäre grundsätzlich ablehnend gegenüber steht (Meissel, Geschäftsführung ohne Auftrag 32).

d) Irrtümliche Annahme einer Gefahrenlage

12 Lebhaft umstritten ist die Frage, ob die Herabsetzung der Diligenzpflicht durch § 680 auch dann zum Zuge kommt, wenn der Geschäftsführer irrtümlich zur Annahme einer tatsächlich nicht gegebenen Gefahrenlage gelangt (vgl dazu mit differenzierender Lösung, je nachdem, ob berechtigte oder unberechtigte Geschäftsführung vorliegt: Martinek/Theobald JuS 1997, 612, 618; vgl zum österreichischen Recht [§ 1036 öABGB] Meissel, Geschäftsführung ohne Auftrag 101 ff: Der Aufwandsersatzanspruch nach § 1036 ABGB steht nach österreichischer Lehre dem Geschäftsführer zu, wenn aus der Sicht eines objektiven Beobachters dem Geschäftsherrn ein Schaden droht; einschränkend will Meissel dem vermeintlichen Nothelfer nur dann einen Anspruch zuerkennen, wenn die Anscheinsgefahr auf einem zurechenbaren verkehrswidrigen Verhalten des Anscheinsopfers beruht; im Schweizer Recht wird die Vorschrift des § 420 Abs 2 OR so ausgelegt, dass das Vorliegen einer objektiven Gefahrenlage nicht erforderlich ist, vgl dazu: Schmid, Geschäftsführung ohne Auftrag Rn 468 ff). Der Wortlaut des § 680 wird als

mehrdeutig empfunden (MARTINEK/THEOBALD JuS 1997, 612, 618; SOERGEL/BEUTHIEN[13] § 680 Rn 8). Eine höchstrichterliche Klärung der Frage durch den **BGH** steht noch aus. BGHZ 43, 188 konnte offen lassen, ob § 680 das Vorliegen einer tatsächlich bestehenden Gefahr verlangt (BGHZ 43, 188, 191, Urt v 16. 3. 1965, Az: VI ZR 210/64). Das Meinungsbild ist breit gefächert. Eine weit verbreitete Lehre will § 680 auch bei **irrtümlicher Annahme** einer Gefahrensituation anwenden, wobei allerdings im Einzelnen keine Einigkeit darüber besteht, ob § 680 nur dann eingreift, wenn der Geschäftsführer die tatsächliche Lage unverschuldet verkennt, also bereits eine leicht fahrlässige Fehlbeurteilung der Situation die Anwendung des § 680 ausschließt (BAG NJW 1976, 1229, 1230, Urt v 11. 9. 1975, Az: 3 AZR 561/74; ISAY, Die Geschäftsführung nach dem Bürgerlichen Gesetzbuche 112; CROME, System des Deutschen Bürgerlichen Rechts II § 255 III 1 c S 637 Fn 41; ENNECCERUS/LEHMANN, Schuldrecht[15] § 166 II 2 S 704; FIKENTSCHER/HEINEMANN, Schuldrecht[10] Rn 1276; OERTMANN § 680 Anm 1; PLANCK/LOBE[4] § 680; DIETRICH JZ 1974, 535, 539), oder ob dem Geschäftsherrn erst grobe Fahrlässigkeit schadet, er sich also selbst bei leichtfahrlässiger Verkennung der Lage noch auf § 680 berufen darf (OLG München WM 1999, 1878, Urt v 19. 5. 1998, Az: 5 U 6051/97; WITTMANN, Begriff und Funktion der Geschäftsführung ohne Auftrag 134; GIESEN Jura 1996, 288, 291; PALANDT/SPRAU[73] § 680 Rn 2, BGB-RGRK/STEFFEN[12] § 680 Rn 7). Zur Begründung verweist man auf den Zweck des § 680, rasche, aber eben auch fehlergeneigte, mitmenschliche Hilfe zu mobilisieren; dem liefe es zuwider, wenn man dem Hilfswilligen das volle, durch § 678 sogar noch verschärfte, Irrtumsrisiko aufbürde; zumal es nicht nur um das Erkennen der Gefahr, sondern auch um die oft unsichere Beurteilung der Dringlichkeit der Gefahr gehe (WITTMANN, Begriff und Funktion der Geschäftsführung ohne Auftrag 134; FRICKE MDR 1977, 315; BGB-RGRK/STEFFEN[12] § 680 Rn 7; SOERGEL/BEUTHIEN[13] § 680 Rn 8). EHMANN wollte jedenfalls dann § 680 anwenden, wenn der Geschäftsherr den Schein einer Gefahr schuldhaft veranlasst hat (ERMAN/EHMANN[11] § 680 Rn 5: In dem Fall der schuldhaften Veranlassung der Scheingefahr nahm er auch das Vorliegen einer nützlichen Geschäftsführung iSd § 683 an; vgl auch MEISSEL, Geschäftsführung ohne Auftrag 101 ff). Die Gegenauffassung will § 680 nur anwenden, wenn die Gefahrenlage auch **tatsächlich** besteht (vgl OLG Frankfurt MDR 1976, 1021, Urt v 6. 4. 1976, Az: 8 U 195/75; KOCH, Unaufgeforderte Hilfeleistung in Notsituationen 348 ff; WOLLSCHLÄGER, Die Geschäftsführung ohne Auftrag 278 ff, 282; ERMAN/DORNIS[14] § 680 Rn 4; MünchKomm/SEILER[6] § 680 Rn 5): Aus der von § 680 vorausgesetzten Finalität der Hilfeleistung folge nichts anderes; damit solle nur klargestellt werden, dass die Haftungsbeschränkung auch bei erfolgloser Geschäftsführung zum Zuge komme. Mehr gebe der Wortlaut des § 680 nicht her.

Die besseren Argumente sprechen für die letztgenannte Ansicht. Schon die Bera- 13
tungen der **Ersten Kommission** deuten dahin, dass die Gefahr tatsächlich vorgelegen haben muss. So heißt es mit Blick auf Bedenken gegen die Begrenzung der Diligenzpflicht, dass ein dem Geschäftsherrn drohender Nachteil nicht genüge, „sondern dass vielmehr eine dringende Gefahr vorgelegen haben müsse“ (JAKOBS/SCHUBERT, Die Beratung des Bürgerlichen Gesetzbuchs, Schuldverhältnisse III 118; vgl auch MUGDAN II 479). Auch der Hinweis auf den Zweck des § 680 trägt nicht. Denn hinter der gesetzgeberischen Absicht, zur fremdnützigen Geschäftsführung im Notfall zu ermutigen, steht letztlich der Gedanken der überholenden Kausalität: Dem Geschäftsführer wird gestattet, sich bis zur Grenze der groben Fahrlässigkeit darauf zu berufen, dass ohne sein Eingreifen ein noch größerer Schaden entstanden wäre (Rn 3). Dieser Ansatz trägt aber nur, wenn die Gefahrenlage wirklich vorhanden ist (WOLLSCHLÄGER, Die Geschäftsführung ohne Auftrag 278 ff, 282). Schließlich ist auch nicht zu vergessen, dass

der Privilegierung des Geschäftsführers eine **weitgehende Schutzlosstellung des Geschäftsherrn** korrespondiert. Diese ist aber nicht mehr zu rechtfertigen, wenn die Gefahrenlage nicht besteht. Dies gilt im Grundsatz auch dann, wenn der Geschäftsherr den Anschein der Gefahrenlage selbst zurechenbar gesetzt hat. Auch der von Ehmann herangezogene Veranlassungsgedanke trägt nicht, da so letztlich eine über die *culpa in contrahendo* (§§ 280, 241 Abs 2, 311 Abs 2) hinausgehende Einstandspflicht des Geschäftsherrn konstruiert wird, obwohl vor der Übernahme der Geschäftsführung durch den Geschäftsführer eine Sonderverbindung iSd § 311 Abs 2 gar nicht besteht (s Vorbem 215 zu §§ 677 ff). Zu ungerechten Ergebnissen führt dies nicht: Der Ersatzanspruch des Geschäftsherrn gem §§ 280, 677 oder § 678 ist gem § 254 um die Mitverschuldensquote zu kürzen; seinerseits haftet der Geschäftsherr dem Geschäftsführer nach § 823 Abs 1 jeweils unter dem Gesichtspunkt der **psychisch vermittelten Kausalität** (Koch, Unaufgeforderte Hilfeleistung in Notsituationen 171 ff). Zudem greifen zugunsten des Helfers die Vorschriften der gesetzlichen Unfallversicherung der §§ 2 Abs 1 Nr 13 lit a, 13 SGB VII, da ein Unglücksfall im Sinne dieser Vorschriften auch dann angenommen wird, wenn der Geschäftsführer aufgrund der Umstände des Einzelfalles von einer entsprechenden Notfalllage ausgehen durfte (Kater/Leube SGB VII § 2 Rn 304; Schmidt SGB VII[2] § 2 Rn 87). Ganz auf dieser Linie liegt der Reformvorschlag von Helm im Rahmen der Gutachten und Vorschläge zur Reform des Schuldrechts, wenn er die Ausdehnung der Haftungsmilderung auf den Fall einer vermeintlich dringenden Gefahr als nicht gerechtfertigt verwirft (Helm, in: Gutachten und Vorschläge zur Überarbeitung des Schuldrechts III 335, 403).

4. Öffentliches Interesse an der Geschäftsführung

14 Für die Anwendung des § 680 spielt es keine Rolle, ob die Geschäftsführung im öffentlichen Interesse liegt (Palandt/Sprau[73] § 680 Rn 2). Daher begründet allein die Tatsache, dass die Geschäftsführung im öffentlichen Interesse liegt, noch keine Herabsetzung der Diligenzpflicht (BGB-RGRK/Steffen[12] § 680 Rn 14).

5. Tatbestandsausschluss bei beruflichen Nothelfern

15 Unanwendbar ist § 680 auf Personen, die sich beruflich der Gefahrenabwehr widmen; das Gleiche gilt für Gefahrenabwehrbehörden (OLG München NJW 2006, 1883, 1885, Urt v 6. 4. 2006, Az: 1 U 4142/05, das zwischen Notfallmedizinern und sonstigen zufällig am Unfallort anwesenden Ärzten differenziert; Brennecke, Ärztliche Geschäftsführung ohne Auftrag 131 f; Roth NJW 2006, 2814, 2816; Wollschläger, Die Geschäftsführung ohne Auftrag 283 f; Soergel/Beuthien[13] § 680 Rn 5; Erman/Dornis[14] § 680 Rn 2; Köndgen, in: Zimmermann [Hrsg], Rechtsgeschichte und Privatrechtsdogmatik 371, 393; **aA**: Loyal, Die „entgeltliche" Geschäftsführung ohne Auftrag 254 ff; MünchKomm/Seiler[6] § 680 Rn 6, die über eine abstufende Fahrlässigkeitsprüfung nach Berufs- und Tätigkeitsfeldern zu angemessenen Ergebnissen kommen wollen). Es wird zu Recht als widersprüchlich angesehen, dem beruflichen Nothelfer – wie einem Vertragsgläubiger – vergütungsgleich vollen Aufwendungsersatz für seine Arbeitsleistung zu gewähren (s § 683 Rn 54 ff), ohne ihn im Gegenzug der strengen Vertragshaftung des § 276 zu unterwerfen. Hinzu kommt als ökonomisches Argument, dass der berufliche Helfer durch eine Berufshaftpflichtversicherung abgesichert ist, deren Kosten er über das Entgelt auf den Vertragspartner bzw Geschäftsherrn abwälzt. Entsprechend sieht der Reformvorschlag von Helm eine

Ausklammerung kommerzieller Helfer aus dem Bereich der Haftungsmilderung vor (Helm, in: Gutachten und Vorschläge zur Überarbeitung des Schuldrechts III 335, 403).

III. Rechtsfolgen des § 680

1. Herabsetzung der Diligenzpflicht

Liegen die Voraussetzungen des § 680 vor, so hat der Geschäftsführer dem Geschäftsherrn gegenüber nur Vorsatz und grobe Fahrlässigkeit zu vertreten. Anders als die Haftungsmilderungen der §§ 708, 1359 gilt § 680 auch bei **Schädigungen im Straßenverkehr** (Gursky JuS 1972, 637, 639; BGB-RGRK/Steffen[12] § 680 Rn 9; in BGH JZ 1972, 163, 164 f, Urt v 30. 11. 1971, Az: VI ZR 100/70 hat der BGH – anders als bei Thematisierung der §§ 708, 1359 – die Möglichkeit einer teleologischen Reduktion des § 680 bei Schadenszufügungen im Straßenverkehr gar nicht erörtert). Die Rechtsprechung hat die Herabsetzung der Diligenzpflicht auf die *diligentia quam in suis* durch §§ 708, 1359 im Wege der teleologischen Reduktion insoweit für unanwendbar erklärt, als es sich um Schadenszufügungen im Straßenverkehr handelt. Angesichts der Verobjektivierung des Straßenverkehrsrechts sei hier für persönliche Eigenheiten kein Raum (zB BGHZ 46, 313, Urt v 20. 12. 1966, Az: VI ZR 53/65). Die Normsituation bei § 680 ist eine andere. § 680 will gerade der Tatsache Rechnung tragen, dass in der Eile von Notsituationen ein Fehlverhalten nur zu leicht möglich ist. Dies gilt aber auch im Straßenverkehr. 16

§ 680 bewirkt nur eine Herabsetzung der Diligenzpflicht **solange und soweit** die Geschäftsführung die Abwehr einer dringenden Gefahr bezweckt. Ist die Gefahr abgewandt oder nicht mehr dringend, setzt aber der Geschäftsführer die Geschäftsführung fort, haftet er für jedes Verschulden. Grundsätzlich erfasst die Privilegierung auch nur die Beseitigung der konkreten Gefahrenlage, nicht jedoch die dauerhafte Beseitigung der Gefahrenursache (vgl BGH NJW-RR 2011, 1093 Rn 27, Urt v 18. 2. 2011, Az: V ZR 197/10). Insbesondere auf die Durchführung der **Abwicklungspflichten** der §§ 681 S 2, 667 (Herausgabe des Erlangten) findet § 680 keine Anwendung (s § 681 Rn 14). – Überhaupt beschränken sich die Wirkungen des § 680 auf das Innenverhältnis zum Geschäftsherrn. Ersatzansprüche Dritter gegen den Nothelfer werden von der Herabsetzung der Diligenzpflicht nicht erfasst (s Rn 24). Auch im Falle der Notgeschäftsführung steht dem Geschäftsführer **keine gesetzliche Vertretungsmacht** zu (hM; **aA**: Erman/Ehmann[11] § 680 Rn 1; grundlegend: Bertzel NJW 1962, 2280; s Vorbem 217 ff zu §§ 677 ff). 17

2. Die Rechtswirkungen des § 680 zwischen den Beteiligten

a) Ansprüche des Geschäftsherrn gegen den Geschäftsführer (actio directa)

Gegenüber den geschäftsführungsrechtlichen Ansprüchen des Geschäftsherrn wegen **Übernahmeverschuldens** (§ 678) oder **Ausführungsverschuldens** (§§ 280, 677) kann sich der Geschäftsführer auf die Haftungsmilderung des § 680 berufen (BGH JZ 1972, 163 f, Urt v 30. 11. 1971, Az: VI ZR 100/70; Soergel/Beuthien[13] § 680 Rn 2; zum Ausführungsverschulden: § 677 Rn 1; zum Übernahmeverschulden: § 678 Rn 1). Der Geschäftsführer kann also geltend machen, dass er schuldlos oder doch nur leicht fahrlässig verkannt hat, dass die Übernahme der Geschäftsführung mit dem Willen des Geschäftsherrn im Widerspruch stand bzw dass er schuldlos oder allenfalls leicht fahrlässig das Geschäft nicht so geführt hat, wie es dem Interesse des Geschäftsherrn mit 18

Rücksicht auf dessen Willen entsprach (BGHZ 43, 188, 193, Urt v 16. 3. 1965, Az: VI ZR 210/64). Damit die Haftungsprivilegierung des § 680 nicht leer läuft, wird sie nicht nur auf die Haftung des Geschäftsführers aus §§ 280, 677 und § 678, sondern auch auf korrespondierende Ansprüche des Geschäftsherrn aus unerlaubter Handlung (§§ 823 ff) angewandt (BGH JZ 1972, 163, Urt v 30. 11. 1971, Az: VI ZR 100/70; Gursky JuS 1972, 637, 641; Soergel/Beuthien[13] § 680 Rn 2).

b) Ansprüche des Geschäftsführers gegen den Geschäftsherrn (actio contraria)

19 Seiner systematischen Stellung entsprechend bezieht sich § 680 unmittelbar nur auf die *actio directa* des Geschäftsherrn gegen den Geschäftsführer, also auf den Fall, dass durch die Maßnahmen des Geschäftsführers dem Geschäftsherrn ein Schaden entsteht (zum actionenrechtlichen Aufbau: Vorbem 90 ff zu §§ 677 ff). Der Gedanke des § 680 bestimmt aber darüber hinausgehend das gesamte Rechtsverhältnis von Geschäftsherrn und Geschäftsführer zueinander. Auch auf Ansprüche des Geschäftsführers gegen den Geschäftsherrn gem § 683 *(actio contraria)* findet die Vorschrift sinngemäße Anwendung. Denn § 680 will dem Geschäftsführer im gewissen Umfange auch das Risiko abnehmen, die meist schadensgeneigte Nothilfe mit eigenen Verlusten bezahlen zu müssen (vgl zB BGH LM BGB § 677 Nr 14, Urt v 17. 2. 1972, Az: II ZR 46/70; BGHZ 43, 188, 194 f, Urt v 16. 3. 1965, Az: VI ZR 210/64; BGB-RGRK/Steffen[12] § 680 Rn 15; Soergel/Beuthien[13] § 680 Rn 3; Erman/Dornis[14] § 680 Rn 6; s Rn 2). Allerdings darf nicht außer Acht gelassen werden, dass § 680 nicht die Voraussetzungen des § 683 S 1 ersetzen kann. Widerspricht die Übernahme der Geschäftsführung dem Willen des Geschäftsherrn, so kommt ein Aufwendungsersatzanspruch nach den Grundsätzen des § 683 selbst dann nicht in Betracht, wenn die Geschäftsführung die Abwendung einer dem Geschäftsherrn drohenden Gefahr bezweckte (Mugdan II 482; Batsch AcP 171 [1971] 218, 226; s Rn 22).

aa) Herabsetzung der Diligenzpflicht des Geschäftsführers im Rahmen der Anspruchsbegründung und Mitverschulden

α) Erforderliche Aufwendungen

20 Entspricht die Übernahme der Geschäftsführung dem Willen des Geschäftsherrn, so kann der Geschäftsführer wie ein Beauftragter Ersatz seiner Aufwendungen verlangen, §§ 683, 670. Ersetzt bekommt der Geschäftsführer aber nur Aufwendungen, die er für erforderlich halten darf. Aufwendungen, die Folge einer im Sinne des § 677 nicht sorgfältigen Geschäftsführung (Ausführungsverschulden) sind, darf der Geschäftsführer grundsätzlich nicht für erforderlich halten; sie fallen damit aus dem durch § 670 gesteckten Rahmen heraus. Das gilt jedoch nicht, wenn dank der Haftungserleichterung des § 680 ein schuldhafter Verstoß gegen die Verpflichtung zur sorgfältigen Geschäftsführung zu verneinen ist (Wittmann, Begriff und Funktion der Geschäftsführung ohne Auftrag 135). Der Geschäftsführer kann also im Anwendungsbereich des § 680 Ersatz seiner Aufwendungen verlangen, die er bis zur Grenze der groben Fahrlässigkeit für erforderlich halten durfte.

β) Risikotypische Begleitschäden und Mitverschulden

21 Liegen die Voraussetzungen des § 683 vor, so kann der Geschäftsführer Ersatz sog risikotypischer Begleitschäden verlangen. Darunter versteht man Zufallsschäden, also weder vom Geschäftsherrn noch vom Geschäftsführer zu vertretende Schäden, die aus einer mit der konkreten Geschäftsbesorgung verbundenen typischen Gefahr entstanden sind (s § 683 Rn 62 ff). Liegen zudem die Voraussetzungen des § 680 vor, so

kann der Geschäftsführer auch Ersatz solcher Schäden verlangen, die er sich im Rahmen seiner der Gefahrenabwehr dienenden Tätigkeit selbst leicht fahrlässig zugefügt hat (BGH LM BGB § 677 Nr 14, Urt v 17. 2. 1972, Az: II ZR 46/70: Schiffsschaden infolge leicht fahrlässigen Ablegemanövers). Auch eine Anspruchskürzung **wegen Mitverschuldens** gem § 254 kommt bis zur Grenze der groben Fahrlässigkeit nicht in Betracht. Auf den Mitverschuldenseinwand ist § 680 unabhängig davon anwendbar, ob der Geschäftsführer seinen Ersatzanspruch gegen den Geschäftsherrn auf §§ 683, 670 oder – insbesondere wenn die Voraussetzungen des § 683 nicht vorliegen – auf (quasi-)**deliktische Anspruchsgrundlagen** wie § 7 StVG oder § 823 BGB stützt (BGHZ 43, 188, 193 ff, Urt v 16. 3. 1965, Az: VI ZR 210/64; BGB-RGRK/Steffen[12] § 680 Rn 15). Bei der Berücksichtigung der Haftungsmilderung des § 680 im Rahmen der Mitverschuldensprüfung spielt es keine Rolle, ob die Voraussetzungen des § 683 S 1 vorgelegen haben oder nicht (BGHZ 43, 188, 193 ff, Urt v 16. 3. 1965, Az: VI ZR 210/64; s Rn 6).

bb) Kein Dispens von den Voraussetzungen des § 683

Anders als § 679 gibt § 680 dem Geschäftsführer keinen Dispens von den strengen Voraussetzungen des § 683 (Mugdan II 482; Batsch AcP 171 [1971] 218, 226; **aA**: Oertmann § 680 Anm 2). Während es in § 679 um den Schutz öffentlicher Interessen geht, hinter denen der Wille des Geschäftsherrn zurückzustehen hat, geht es bei § 680 allein um den Schutz des Individualinteresses des betroffenen Geschäftsherrn. Daher ist eine Auslegung des § 683 nicht möglich in dem Sinne, dass in Gefahrensituationen der Wille des Geschäftsherrn unbeachtlich ist (RGZ 101, 18, 19, Urt v 23. 11. 1920, Az: III 239/20; BGB-RGRK/Steffen[12] § 680 Rn 14; MünchKomm/Seiler[6] § 680 Rn 10; Soergel/Beuthien[13] § 680 Rn 11). Widerspricht die Geschäftsführung dem Willen des Geschäftsherrn, so kann der Geschäftsführer nicht gem § 683 Ersatz seiner Aufwendungen verlangen gestützt auf die Behauptung, dass er zur Abwehr einer dringenden Gefahr tätig geworden ist. Weiß daher der Geschäftsführer, dass seine Rettungshandlung dem Willen des Geschäftsherrn widerspricht, oder ist er grob fahrlässig (§ 680) in Unkenntnis, haftet er sogar gem § 678 (RGZ 101, 18, 19, Urt v 23. 11. 1920, Az: III 239/20). Unangefochten ist diese der Systematik des Gesetzes zugrunde liegende Lehre indes nicht. Insbesondere von Dietrich wird vertreten, demjenigen, der in der Absicht handelt, einen anderen aus einer dringenden Gefahrenlage zu retten, aufgrund des in § 680 enthaltenen allgemeinen Rechtsgedankens grundsätzlich – und unabhängig von den weiteren Voraussetzungen des § 683 – einen Anspruch auf Aufwendungsersatz einzuräumen, und zwar selbst dann, wenn die Gefahrenlage nicht bestand, er aber ohne Verschulden von deren Vorliegen ausgehen durfte (Dietrich JZ 1974, 535, 537 ff). In die gleiche Richtung tendierte Ehmann, allerdings mit der zusätzlichen Einschränkung, dass die Gefahrensituation dem Geschäftsherrn zuzurechen sein muss (Erman/Ehmann[11] § 680 Rn 5 f, § 683, Rn 2; ebenso: OLG Karlsruhe VersR 1981, 774, Urt v 3. 7. 1980, Az: 12 U 121/78). Zu folgen ist alledem nicht. Das Gesetz positiviert in § 683 nicht ohne Grund das strenge subjektive Prinzip (§ 683 Rn 3 ff). Der Geschäftsherr soll die vollen Kosten der Geschäftsführung nur tragen, wenn die Übernahme der Geschäftsführung seinem Willen entspricht. An diesem Grundsatz ändert sich nichts dadurch, dass die Geschäftsführung zur Gefahrenabwehr erfolgt. Auch der Veranlassungsgedanke trägt nicht, da so letztlich eine über die *culpa in contrahendo* (§§ 280, 241 Abs 2, 311 Abs 2) hinausgehende Einstandspflicht des Geschäftsherrn konstruiert wird, obwohl vor der Übernahme der Geschäftsführung durch den Geschäftsführer eine Sonderverbindung iSd § 311 Abs 2 gar nicht besteht. Eine unberechtigte Benachteiligung des Geschäftsführers liegt darin nicht (s Rn 13). 22

cc) Keine Modifikation des haftungsbegründenden Verschuldensmaßstabs des Geschäftsherrn

23 Soweit es bei Ansprüchen des Geschäftsführers gegen den Geschäftsherrn auf ein Verschulden des letzteren ankommt, was insbesondere bei deliktischen Ansprüchen der Fall sein kann (Bsp: Der Geschäftsherr verletzt den Geschäftsführer schuldhaft bei Durchführung der Geschäftsführung), bewirkt § 680 keine Herabsetzung des Haftungsmaßstabs für den Geschäftsherrn (BGB-RGRK/Steffen[12] § 680 Rn 15).

c) Ansprüche geschädigter Dritter gegen den Geschäftsführer

24 Die Haftungserleichterung des § 680 gilt nur im Verhältnis des Geschäftsführers zum Geschäftsherrn, nicht dagegen im Verhältnis zu Dritten (BGHZ 63, 167, 176, Urt v 24. 10. 1974, Az: VII ZR 223/72; BGH JZ 1972, 163, 164, Urt v 30. 11. 1971, Az: VI ZR 100/70). Allerdings kann der Geschäftsführer auch in diesen Fällen mittelbaren Schutz erlangen. Er hat gem §§ 683, 670, 257 gegen den Geschäftsherrn einen Anspruch auf Freistellung von einer Schadensersatzverbindlichkeit gegenüber Dritten, wenn im Verhältnis zum Geschäftsherrn die Voraussetzungen des § 680 – und des § 683 S 1 – vorgelegen haben (Soergel/Beuthien[13] § 680 Rn 4). – Zur Frage, ob der Geschäftsführer im Anwendungsbereich des § 680 mit Vertretungsmacht mit Wirkung unmittelbar für und gegen den Geschäftsherrn handeln kann, s Rn 17.

3. Bestimmung der groben Fahrlässigkeit

25 Die Abgrenzung zwischen leichter und grober Fahrlässigkeit folgt im Grundsatz den allgemeinen Regeln. Nach der Auffassung des BGH ist aber bei der Beurteilung, ob sich das Verhalten des Geschäftsführers noch als einfache Fahrlässigkeit darstellt oder schon als grob fahrlässig einzustufen ist, die **Gefahrenlage nicht** ein weiteres Mal zu Gunsten des Geschäftsführers zu **berücksichtigen**, da sie bereits die ihm günstige Herabsetzung der Diligenzpflicht nach § 680 begründet (BGH JZ 1972, 163, 164 f, Urt v 30. 11. 1971, Az: VI ZR 100/70; Palandt/Sprau[73] § 680 Rn 3; **aA**: Wollschläger, Die Geschäftsführung ohne Auftrag 282; Larenz, Schuldrecht II/1[13] § 57 I b S 447; MünchKomm/Seiler[6] § 680 Rn 9). Die besondere Situation überstürzten Handelns in Momenten dringender Gefahr sei in der Haftungsmilderung des § 680 abschließend erfasst und müsse deshalb bei Beantwortung der Frage, ob das Handeln des Geschäftsführers grob fahrlässig war, außer Betracht bleiben. Das Verhalten des Geschäftsführers könne also nicht schon deswegen als nicht grob fahrlässig bewertet werden, weil er in einer Situation dringender Gefahr gehandelt habe. Allerdings ist abweichend von diesem Grundsatz nach Auffassung des BGH die Gefahrenlage dann wieder zugunsten des Geschäftsführers heranzuziehen, wenn ein Sachverhalt gegeben ist, der über den Fall, den das Gesetz in § 680 vor Augen hat, hinausgeht (BGH JZ 1972, 163, 165, Urt v 30. 11. 1971, Az: VI ZR 100/70). Dies kann zB aus **einer besonderen Dringlichkeit** der Gefahr, der Bedeutung der bedrohten Rechtsgüter und auch dem Verhalten des Geschäftsherrn folgen. Der BGH verneinte grobe Fahrlässigkeit in einem Fall, in dem ein mit 1,5 Promille betrunkener Geschäftsführer – mangels anderer Möglichkeit und fehlender Zeit zum ruhigen Überlegen – den mit 2,24 Promille betrunkenen Geschäftsherrn vom Fahrersitz auf den Beifahrersitz drängte und nach Hause fuhr, um zu verhindern, dass dieser selbst fuhr und sich und andere dadurch gefährdete (BGH JZ 1972, 163, 165, Urt v 30. 11. 1971, Az: VI ZR 100/70; grundsätzlich handelt grob fahrlässig, wer sich nach Alkoholgenuss in fahruntüchtigem Zustand an das Steuer eines Kfz setzt; vgl auch OLG Bamberg VersR 1976, 997, Urt v 28. 10. 1975, Az: 5 U 98/73). Teile der Lehre sind dem

BGH in seiner grundsätzlichen Auffassung nicht gefolgt. § 680 enthalte keinerlei Hinweis darauf, dass abweichend von der Regel bei Prüfung der Fahrlässigkeit im Rahmen des § 276 bei Notfällen nicht auf die konkrete Situation abgestellt werden solle. Vielmehr gelte auch hier, dass die Gefahrenlage im Rahmen der Fahrlässigkeitsprüfung zu berücksichtigen sei (Gursky JuS 1972, 637, 640; Dietrich JZ 1974, 535, 536 f; MünchKomm/Seiler[6] § 680 Rn 9; Soergel/Beuthien[13] § 680 Rn 9).

4. Vorteilsausgleichung

Verursacht der Nothelfer im Zuge der Rettungshandlung grob fahrlässig Schäden des Geschäftsherrn, so sind diese mit dem Wert der geretteten Gegenstände oder mit sonstigen wirtschaftlichen Vorteilen zu verrechnen (Erman/Dornis[14] § 680 Rn 8). Die Gegenansicht, nach der die Rettung keinen anrechenbaren Vermögenszuwachs herbeiführt, sondern nur den bisherigen Vermögenszustand sichert (BGB-RGRK/Steffen[12] § 680 Rn 13: Bei der Berechnung des Schadens ist der Wert der geretteten Sache nicht zu berücksichtigen. Rettung der Sache bedeute nur Erhaltung des vorhandenen Vermögens, nicht aber einen Vermögenszuwachs, der dem Schaden im Wege der Vorteilsausgleichung gegenübergestellt werden könnte), berücksichtigt nicht, dass der mit hoher Wahrscheinlichkeit drohende Schaden bereits als Vermögensminderung zu bewerten ist (Soergel/Beuthien[13] § 680 Rn 12). 26

IV. Darlegungs- und Beweislast

Soweit der Geschäftsführer sich auf die Vorschrift des § 680 beruft, hat er die Voraussetzungen der Haftungsmilderung darzulegen und ggf zu beweisen (BGB-RGRK/Steffen[12] § 680 Rn 16; Erman/Dornis[14] § 680 Rn 9; Soergel/Beuthien[13] § 680 Rn 13). 27

§ 681
Nebenpflichten des Geschäftsführers

Der Geschäftsführer hat die Übernahme der Geschäftsführung, sobald es tunlich ist, dem Geschäftsherrn anzuzeigen und, wenn nicht mit dem Aufschub Gefahr verbunden ist, dessen Entschließung abzuwarten. Im Übrigen finden auf die Verpflichtungen des Geschäftsführers die für einen Beauftragten geltenden Vorschriften der §§ 666 bis 668 entsprechende Anwendung.

Materialien: E I § 751; II § 612; III § 668; Mot II 859; Prot II 728.

Systematische Übersicht

Alphabetische Übersicht

I. Inhalt und Bedeutung

1 Die Verpflichtung des Geschäftsführers erschöpft sich nicht alleine darin, die Geschäfte so zu besorgen, wie es dem präsumtiven Willen des Geschäftsherrn entspricht. Seit jeher werden dem Geschäftsführer im Anschluss an das römische Recht weitere (Abwicklungs-)Pflichten auferlegt (Bergmann, Die Geschäftsführung ohne Auftrag 262 ff): Nach Abschluss des Geschäfts hat der Geschäftsführer Rechnung zu legen, alles aus der Geschäftsführung Erlangte herauszugeben und vereinnahmte Gelder, soweit er sie für sich verwendet hat, zu verzinsen (Lauterbach, Collegium pandectarum theoretico-practicum L III Tit V §§ XI, XX). Hieran knüpft § 681 an und kodifiziert die dem Geschäftsführer aus dem gesetzlichen Schuldverhältnis erwachsenden Nebenpflichten (zu den geschäftsführungsrechtlichen Nebenpflichten im **Schweizer**

Recht, wo eine ausdrückliche Normierung fehlt: Schmid, Geschäftsführung ohne Auftrag Rn 444 ff; im **französischen Recht** verweist Art 1372 Abs 2 CC hinsichtlich der Pflichtenstellung des Geschäftsführers nicht anders als das deutsche Recht auf das Auftragsrecht: Malaurie/Aynès/Stoffel-Munck, Les Obligations[2] n°1031; in Book V des **DCFR** regelt Art V 2:103 die *obligations after intervention*). Wegen der zum Auftragsrecht identischen Interessenstruktur der Geschäftsführung ohne Auftrag als fremdnützige Interessenwahrnehmung (Subordination) entspricht das geschäftsführungsrechtliche Pflichtengefüge weitgehend dem Auftragsrecht (Vorbem 28 ff zu §§ 677 ff). Hinsichtlich der Auskunfts- und Rechenschaftspflichten (§ 666) sowie der Herausgabe- und Verzinsungspflichten (§§ 667, 668) kann das Gesetz daher in § 681 S 2 unmittelbar auf die auftragsrechtlichen Vorschriften verweisen. Die besonders normierte Anzeige- und Wartepflicht des Geschäftsführers (§ 681 S 1) entspricht der eines Beauftragten, dem keine konkreten Weisungen zur Durchführung des Mandats erteilt wurden (s § 665 S 2; Oertmann § 681 Anm 1; vgl Protokolle, bei Mugdan II 1194). Nicht ausdrücklich normiert ist die von § 681 S 1 vorausgesetzte Gehorsamspflicht, die ihrerseits aus dem am subjektiven Interesse des Geschäftsherrn ausgerichteten Subordinationscharakter der Geschäftsführung ohne Auftrag folgt (sog subjektives Prinzip, s § 683 Rn 3 ff). Auch sonst ist die Normierung von Nebenpflichten durch § 681 nicht abschließend. Weitere Verpflichtungen können sich für den Geschäftsführer aus Sondergesetzen oder den Besonderheiten der jeweiligen Geschäftsbesorgung ergeben. So ist ein nicht wirksam vertraglich gebundener Geschäftsführer (Arzt oder Rechtsanwalt) in gleicher Weise zur Verschwiegenheit verpflichtet, wie bei Bestehen einer vertraglichen Bindung (BGB-RGRK/Steffen[12] § 681 Rn 1; vgl Vorbem 329 ff zu §§ 677 ff).

II. Allgemeine Anwendungsvoraussetzungen

2 Mit der **Übernahme der Geschäftsführung** treffen den Geschäftsführer die in § 681 normierten geschäftsführungsrechtlichen Nebenpflichten, unabhängig von der Frage, ob die Übernahme der Geschäftsführung iSd § 683 S 1 dem Willen des Geschäftsherrn entspricht. Die abweichende tradierte Lehre von der **berechtigten Geschäftsführung** ohne Auftrag steht im Widerspruch zur gesetzlichen Ordnung der *negotiorum gestio* durch das BGB (Vorbem 95 ff zu §§ 677 ff). Weitere Voraussetzungen gibt es nicht. Zwar ist der Geschäftsführer im deutschen Recht nicht zur Fortsetzung der einmal übernommenen Geschäftsführung verpflichtet, den einmal begründeten Nebenpflichten kann er sich aber durch **Aufgabe der fremdnützigen Geschäftsführung** nicht entziehen.

III. Anzeige- und Wartepflicht (§ 681 S 1); Benachrichtigungspflicht (§§ 681 S 2, 666); Gehorsamspflicht

3 Die Verpflichtungen des Geschäftsführers, dem Geschäftsherrn (a) die Übernahme der Geschäftsführung anzuzeigen (§ 681 S 1 HS 1: Anzeigepflicht), (b) während der Durchführung der Geschäftsführung die erforderlichen Nachrichten zu geben (§§ 682 S 2, 666 Alt 1) und jeweils (c) dessen Entschließungen abzuwarten (§ 681 S 1 HS 2: Wartepflicht), folgen ebenso wie seine (d) vom Gesetz vorausgesetzte, aber nicht besonders normierte Gehorsamspflicht unmittelbar aus der Gesamtstruktur der Geschäftsführung ohne Auftrag; der Gesetzgeber positivierte sie aus Zweckmäßigkeitserwägungen (Protokolle, bei Mugdan II 1194). Die Geschäftsführung ohne Auftrag ist die fremdnützige Interessenwahrnehmung für einen anderen (Vor-

bem 28 ff zu §§ 677 ff); Maßstab der fremdnützigen Geschäftsführung ist das subjektive Interesse, dh der Wille des Geschäftsherrn (subjektives Prinzip, s § 683 Rn 3 ff). Nach der gesetzlichen Ordnung der §§ 677 ff ist der Geschäftsherr der weisungsberechtigte Herr der Geschäftsführung. Zur Ausübung seiner Herrschaftsrechte bedarf der Geschäftsherr der Information. Die **Informationsrechte** der §§ 681 S 1 S 2, 666 Alt 1 verfolgen primär den Zweck, den Geschäftsherrn von der Übernahme und Durchführung der Geschäftsführung in Kenntnis zu setzen. Auf dieser Wissensbasis entscheidet dann der Geschäftsherr nach freier Willkür, wie weiter zu verfahren ist: Er kann dem Geschäftsführer Weisungen hinsichtlich der Art und Weise der Durchführung geben (§ 677), er kann die weitere Durchführung der Geschäftsführung selbst übernehmen, aber auch dem Geschäftsführer befehlen, die Geschäftsführung einzustellen (Vorbem 228 zu §§ 677 ff). Gleichsam als Reflex dient die Vorschrift im Sinne einer **Haftungsvermeidung** dem Interesse des Geschäftsführers, weil § 681 S 1 ihn dazu anhält, sich Klarheit über den wirklichen Willen des Geschäftsherrn hinsichtlich der Übernahme und Durchführung der Geschäftsführung zu verschaffen, um so eine am Willen des Geschäftsherrn orientierte Geschäftsführung zu garantieren (§§ 677, 678). Von daher ist selbstverständlich, dass der Geschäftsführer, selbst dann, wenn die Voraussetzungen des § 683 vorliegen, die Übernahme der Geschäftsführung sobald wie möglich dem Geschäftsherrn anzuzeigen hat. Solange die Entscheidung des Geschäftsherrn bei ihm nicht eingegangen ist, darf er grundsätzlich keine, allenfalls unaufschiebbare Maßnahmen vornehmen (BGH ZIP 1983, 839, 840, Urt v 25. 5. 1983, Az: IVa ZR 199/81). Eine Einschränkung können diese Grundsätze, insbesondere die Gehorsamspflicht, erfahren, wenn der Geschäftsführer kraft gesetzlicher Anordnung **zur Geschäftsführung verpflichtet** ist und das Gesetz selbst die Durchführung der Geschäftsführung und den dabei zu beachtenden Interessenmaßstab bestimmt. So ist etwa der gem § 323c StGB kraft Gesetzes zur Hilfeleistung Angehaltene auch dann zur Lebensrettung verpflichtet, wenn ihn der Selbstmörder bestimmt anweist, ihn sterben zu lassen.

1. Anzeige- (§ 681 S 1 HS 1) und Benachrichtigungspflicht (§§ 681 S 2, 666)

4 Nach § 681 S 1 HS 1 hat der Geschäftsführer die Übernahme der Geschäftsführung, sobald es tunlich ist, dem Geschäftsführer anzuzeigen (BGH NJW-RR 2005, 1426, 1428, Urt v 27. 4. 2005, Az: VIII ZR 140/04; BGH NZM 2005, 536, 539, Urt v 26. 2. 2005, Az: VIII ZR 66/04: Übernimmt der Netzbetreiber die Notversorgung, weil ein Drittlieferant seiner Lieferpflicht nicht mehr nachkommen kann, so ist der Netzbetreiber, der vorher nur für die Durchleitung zuständig war, verpflichtet, die Aufnahme der Stromlieferung für eigene Rechnung anzuzeigen). Die Anzeigepflicht beginnt frühestens mit der erfolgten **Übernahme** der Geschäftsführung. Erst die Übernahme der Geschäftsführung begründet das gesetzliche Schuldverhältnis der Geschäftsführung ohne Auftrag und damit die Pflicht zur Anzeige (Vorbem 226 zu §§ 677 ff; Erman/Dornis[14] § 681 Rn 4). Den genauen Zeitpunkt umschreibt das Gesetz mit dem normativen Begriff der Tunlichkeit. **Tunlich** ist die Anzeige, wenn sie nach den Umständen des Einzelfalles unter Berücksichtigung der beiderseitigen Interessen, der Bedeutung der Sache und des Sinns und Zwecks der Anzeigepflicht, dem Geschäftsherrn die Entscheidung über das Ob und Wie der Geschäftsführung zu ermöglichen, geboten ist (BGH NJW-RR 2005, 1426, 1428, Urt v 27. 4. 2005, Az: VIII ZR 140/04: Tunlich ist die Anzeige, sobald es die Verhältnisse erlauben, die Anzeige im Interesse des Geschäftsherrn geboten und dem Geschäftsführer zumutbar ist; BGB-RGRK/Steffen[12] § 681 Rn 4). Allerdings ist der Geschäftsführer ohne Weiteres berechtigt,

dem Geschäftsherrn schon im Vorfeld die geplante Übernahme der Geschäftsführung anzuzeigen und die tatsächliche Aufnahme der Geschäftsführung von der Entschließung des Geschäftsherrn abhängig zu machen (BGB-RGRK/STEFFEN[12] § 681 Rn 3). Ein solches Vorgehen kann gerade mit Blick auf die Haftung gem § 678 bei Übernahmeverschulden und die Bindung der *actio contraria* (§§ 683, 684) an den Willen des Geschäftsherrn geboten sein. Eine gesetzliche Pflicht für den Geschäftsführer zur Übernahme und Durchführung der Geschäftsbesorgung folgt aus der Anzeige im Regelfall nicht (BGB-RGRK/STEFFEN[12] § 681 Rn 3; zur Fortsetzungspflicht: s § 677 Rn 22 ff). Doch bleibt stets genau zu prüfen, ob nur eine antizipierte Anzeige iSd § 681 S 1 vorliegt oder ein bindendes Angebot auf Abschluss eines Auftrags oder Geschäftsbesorgungsvertrages. In einem **Schweigen des Geschäftsherrn** auf eine Anzeige des Geschäftsführers gem § 681 S 1 wird regelmäßig keine Billigung oder gar Genehmigung der Geschäftsführung iSd § 684 S 2 liegen (BGH NJW-RR 2011, 1093 Rn 22, Urt v 18. 2. 2011, Az: V ZR 197/10; **aA**: CROME, System des Deutschen Bürgerlichen Rechts II § 255 III 1 b S 636 Fn 33). Da die geschäftsführungsrechtliche Sonderverbindung vom Geschäftsführer ausgeht, trifft den Geschäftsherrn weder eine Obliegenheit noch eine Rechtspflicht, auf die Anzeige zu reagieren.

Während der Durchführung der Geschäftsführung ist der Geschäftsführer gem 5
§§ 681 S 2, 666 Alt 1 verpflichtet, dem Geschäftsherrn die **erforderlichen Nachrichten** zu geben. Die Anzeige- und Benachrichtigungspflicht entfällt nicht rückwirkend dadurch, dass der Geschäftsführer von der weiteren fremdnützigen Geschäftsführung ablässt, etwa weil er das Geschäft eigennützig auf eigene Rechnung fortsetzt. Die einmal entstandenen Pflichten nach § 681 S 1 HS 1 und §§ 681 S 2, 666 hat er auch noch nach Beendigung seiner Tätigkeit zu erfüllen (RGZ 63, 280, 284, Urt v 10. 5. 1906, Az: VI 344/05; BGB-RGRK/STEFFEN[12] § 681 Rn 7).

In den Fällen des privilegierten Rückgriffsanspruchs der **§§ 683 S 2, 679** hat die 6
Anzeigepflicht eine veränderte Bedeutung. Im Sinne des Erforderlichkeits- oder Verhältnismäßigkeitsprinzips ist sie der letzte Versuch, den leistungsunwilligen Geschäftsherrn umzustimmen und ihn doch noch dazu zu veranlassen, das Geschäft selbst durchzuführen (BGHZ 65, 354, 356, Urt v 4. 12. 1975, Az: VII ZR 218/73; OLG Zweibrücken SeuffA 64 [1909] Nr 69, Urt v 7. 4. 1908; BGB-RGRK/STEFFEN[12] § 681 Rn 8; ERMAN/DORNIS[14] § 681 Rn 4; MünchKomm/SEILER[6] § 681 Rn 5; SOERGEL/BEUTHIEN[13] § 681 Rn 2; **aA**: ENNECCERUS/LEHMANN, Schuldrecht[15] § 166 I 2 S 702).

2. Wartepflicht (§ 681 S 1 HS 2); Gehorsamspflicht

Nach dem Wortlaut des § 681 S 1 bezieht sich die Wartepflicht des HS 2 auf die 7
Anzeigepflicht des HS 1: Der Geschäftsführer hat mit der (weiteren) Durchführung der Geschäftsführung hinzuwarten bis zur Entschließung des Geschäftsherrn; eine Ausnahme gilt nur dann, wenn mit dem Aufschub Gefahr verbunden ist (BGH ZIP 1983, 839, 840, Urt v 25. 5. 1983, Az: IVa ZR 199/81; BGB-RGRK/STEFFEN[12] § 681 Rn 6). Dient im Rahmen der Durchführung der Geschäftsführung die Benachrichtigung der §§ 681 S 2, 666 der Herbeiführung von Weisungen, ist der Geschäftsführer gleich § 661 S 1 HS 2 grundsätzlich gehalten, diese abzuwarten, sofern nicht Gefahr im Verzuge ist. Die Wartepflicht dient damit unmittelbar der Umsetzung der Gehorsamspflicht. Der Geschäftsführer hat Entschließungen des Geschäftsherrn herbeizuführen, diese abzuwarten und ihnen bedingungslos zu gehorchen, und zwar selbst dann, wenn der

Wille des Geschäftsherrn an objektiven Maßstäben gemessen nur schwer nachvollziehbar ist.

3. Pflichtverletzung

8 Eine Verletzung der Anzeige- oder Benachrichtigungspflicht gem § 681 verpflichtet den Geschäftsführer zum Ersatz des daraus resultierenden Schadens, **§ 280** (BGH NJW-RR 2008, 759 Rn 13, Urt v 6. 3. 2008, Az: III ZR 219/07; BGH NJW-RR 2005, 1426, 1428, Urt v 27. 4. 2005, Az: VIII ZR 140/04; BGH NZM 2005, 536 Lt 3, Urt v 26. 2. 2005, Az: VIII ZR 66/04). Der zu ersetzende Schaden ist nicht auf das negative Interesse des Geschäftsherrn beschränkt. Es gelten vielmehr die allgemeinen Grundsätze der **§§ 249 ff**. Der Geschäftsherr ist so zustellen, wie er stehen würde, wenn er nicht oder nicht zu spät von der Übernahme der Geschäftsführung erfahren hätte (Palandt/Sprau[73] § 681 Rn 4). Nach § 252 erfasst der zu ersetzende Schaden auch den entgangenen Gewinn (RGZ 63, 280, 287, Urt v 10. 5. 1906, Az: VI 344/05). So haftet der Geschäftsführer zB auf Ersatz des Gewinns, der dem Geschäftsherrn dadurch entgangen ist, dass der Geschäftsführer dem Geschäftsherrn von einem ihm von Seiten eines Dritten zugekommenen Vertragsangebot keine Nachricht gibt (RGZ 63, 280, 287 f, Urt v 10. 5. 1906, Az: VI 344/05; BGHZ 65, 354, 357, Urt v 4. 12. 1975, Az: VII ZR 218/73; OLG Naumburg OLG-NL 1998, 246, Urt v 19. 5. 1998, Az: 9 U 249/97-46; LAG Düsseldorf MDR 1989, 1027, 1028, Urt v 25. 1. 1989, Az: 12 Sa 1433/88; LG Stuttgart VersR 1973, 517, Urt v 7. 1. 1972, Az: 6 S 263/71: Schleppt ein Abschleppunternehmen einen von Dieben abgestellten Wagen ab und verwahrt es diesen über ein Jahr auf seinem Betriebshof im Freien, ohne sich um die Ermittlung des Eigentümers zu kümmern und kommt es dadurch zu einem Wertverlust des Kfz, so haftet der Unternehmer für den infolge der Pflichtverletzung entstandenen Schaden gem §§ 280, 681 S 1). Alleine die Nichterforschung oder Nichtbeachtung des Geschäftsherrnwillens begründet aber keinen Schaden (BGB-RGRK/Steffen[12] § 681 Rn 11). Die Unterlassung der Anzeige- und Benachrichtigungspflicht schließt, sofern die Übernahme dem Willen des Geschäftsherrn entsprochen hat, für sich den Aufwendungsersatz gem § 683 nicht aus (BGHZ 65, 354, 357, Urt v 4. 12. 1975, Az: VII ZR 218/73; OLG Naumburg OLG-NL 1998, 246, Urt v 19. 5. 1998, Az: 9 U 249/97-46; OLG Koblenz NJW-RR 1995, 15, Urt v 4. 11. 1993, Az: 5 U 1714/92); macht der Geschäftsführer allerdings überflüssige Aufwendungen, so wird er diese im Rahmen der §§ 683 S 1, 670 nicht für erforderlich halten dürfen.

IV. Auskunfts- und Rechenschaftspflicht (§§ 681 S 2, 666)

9 Der Geschäftsführer hat Auskunft über den Stand des Geschäfts zu geben und Rechenschaft abzulegen, §§ 681 S 2, 666 (vgl schon im römischen Recht: Gaius Dig 3, 5, 2; im französischen Recht: Art 1372 Abs 2, 1993 CC). Zweck dieser Vorschrift ist es, dem Geschäftsherrn die Feststellung der Tatsachen zu ermöglichen, die erforderlich sind, um weitere Ansprüche gegen den Geschäftsführer durchzusetzen. Allein im Rechenschaftsverlangen liegt **keine Genehmigung** der Geschäftsführung nach § 684 S 2. Denn häufig wird der Geschäftsherr erst nach Rechenschaftsabgabe entscheiden können, ob er die Geschäftsführung genehmigt (Protokolle, bei Mugdan II 1194).

V. Herausgabepflicht (§§ 681 S 2, 667)

1. Umfang und Natur des Herausgabeanspruchs

10 Nach §§ 681 S 2, 667 Alt 2 hat der Geschäftsführer alles, was er aus der Geschäftsführung erlangt, herauszugeben (OLG Saarbrücken NJW-RR 2008, 696, 698 f, Urt v 6. 6. 2007, Az: 5 U 482/06: Herausgabe einer empfangenen Leistung an den Inhaber der Forderung; vgl schon im römischen Recht: Gaius Dig 3, 5, 2; im französischen Recht: Art 1372 Abs 2, 1993 CC). Bei dem geschäftsführungsrechtlichen Herausgabeanspruch handelt es sich um keinen bereicherungsrechtlichen Anspruch. Der Herausgabeanspruch folgt wie der Aufwendungsersatzanspruch der §§ 683 S 1, 684 S 1 aus dem Subordinationscharakter der fremdnützigen Geschäftsbesorgung (Vorbem 28 ff, 58 ff zu §§ 677 ff). Der Geschäftsführer ist am wirtschaftlichen Ergebnis der Geschäftsführung nicht beteiligt. Ein etwaiger Gewinn ist nicht sein Gewinn, sondern der Gewinn des Geschäftsherrn (§§ 681, 667); die Kosten treffen nicht ihn, sondern letztlich den Geschäftsherrn (§ 683). Der Geschäftsführer haftet daher gem §§ 681, 667 nicht nur auf Herausgabe einer auf Kosten des Geschäftsherrn erlangten Bereicherung, sondern schlechthin auf alles aus der Geschäftsführung Erlangte, inklusive eines auf eigenem Einsatz beruhenden Gewinns. Erst recht kann sich der Geschäftsführer nicht auf den Entreicherungseinwand des § 818 Abs 3 berufen (Wittmann, Begriff und Funktion der Geschäftsführung ohne Auftrag 133). Erfüllt der Geschäftsführer seine Pflicht zur Herausgabe nicht, haftet er nach den §§ 280 ff. Zur Sicherung seiner Gegenansprüche auf Aufwendungsersatz steht dem Geschäftsführer ein **Zurückbehaltungsrecht** gem § 273 am Erlangten zu (Oertmann § 683 Anm 3d).

11 Nach §§ 681 S 2, 667 Alt 1 kann der Geschäftsherr die dem Geschäftsführer zur Erfüllung eines nichtigen Vertrages **überlassenen Gelder** herausverlangen, sofern diese (noch) vorhanden sind oder nicht zweckentsprechend verwandt worden sind. Dabei beurteilt sich die Frage, ob die Gelder zweckentsprechend verwandt wurden, nach dem – wenn auch nichtigen – Vertrag (BGH ZIP 1996, 2113, 2114, Urt v 10. 10. 1996, Az: III ZR 205/95; BGH WM 2004, 182, 184, Urt v 4. 12. 2003, Az: III ZR 30/02). Allerdings kann die zu schnelle, wenn auch zweckgerichtete Verwendung des Geldes ohne sorgfältige Prüfung, ob das erstrebte Ziel überhaupt erreichbar ist oder finanzielle Risiken bestehen, eine Pflichtverletzung darstellen, die einen Anspruch aus § 280 begründet (OLG Stuttgart NJW 1996, 665, 666, Urt v 15. 2. 1995, Az: 4 U 227/94).

2. Herausgabe und Genehmigung (§ 684 S 2)

12 In der Geltendmachung des Herausgabeanspruchs kann eine Genehmigung der Geschäftsführung liegen. Verlangt der Geschäftsherr einen vom Geschäftsführer erzielten **Gewinn** heraus, so liegt darin eine **Genehmigung** der Übernahme der Geschäftsführung gem § 684 S 2 (Protokolle, bei Mugdan II 1194; Bergmann, Die Geschäftsführung ohne Auftrag 265 ff; Loyal AcP 212 [2012] 364, 401; s § 684 Rn 23). Anders dagegen, wenn der Geschäftsherr nur herausverlangt, was ihm bereits aufgrund der materiellen Güterordnung zugewiesen ist (vgl BayObLG Recht 1914 Nr 761 Urt v 10. 11./1. 12. 1913, Az: I 109/13): Zieht der Geschäftsführer eine Forderung des Geschäftsherrn ein oder verkauft er eine Sache des Geschäftsherrn, so liegt in dem Herausgabeverlangen des Nennwertes der Forderung oder des objektiven Sachwerts keine Genehmigung der Übernahme der Geschäftsführung. – Zwar hat der Gesetzgeber

darauf verzichtet, in das BGB ausdrücklich den Satz aufzunehmen, dass der Geschäftsherr einen aus Geschäftsführung gewonnenen, rechtsgeschäftlichen Gewinn nur herausverlangen kann, wenn er die erforderliche Genehmigung des Rechtsgeschäfts erteilt (Mugdan II 480; vgl den Antrag Nr 256 von Planck für folgenden Zusatz: „Den durch ein Rechtsgeschäft gemachten Erwerb ist der Geschäftsführer dem Geschäftsherrn nur dann herauszugeben verpflichtet, wenn dieser das Rechtsgeschäft genehmigt" und den vergleichbaren Antrag Nr 262 vWebers, in: Jakobs/Schubert, Die Beratung des Bürgerlichen Gesetzbuchs, Schuldverhältnisse III 116, 119, 121), doch war dies für die Erste Kommission im Anschluss an Windscheid wohl selbstverständlich (vgl Windscheid/Kipp, Lehrbuch der Pandekten II^9 § 430 [1] S 916).

VI. Verzinsungspflicht (§§ 681 S 2, 668)

13 Herauszugebendes Geld ist, wenn der Geschäftsführer es für sich verwendet, zu verzinsen, §§ 681 S 2, 668 (vgl dazu: vKübel, in: Schubert [Hrsg], Die Vorlagen der Redaktoren, Schuldverhältnisse II 929 ff, 955; im französischen Recht: Art 1372 Abs 2, 1996 CC, str). Die Verzinsungspflicht besteht also nur bei Verwendung im eigenen Interesse. Die weitergehende gemeinrechtliche Anschauung einer allgemeinen Verzinsungspflicht, wonach der Geschäftsführer im Grundsatz eingenommenes Geld schlechthin zu verzinsen hat (dazu Windscheid/Kipp, Lehrbuch der Pandekten II^9 § 430 Fn 8 S 916; vgl auch noch § 234 Abs 1 S 2 des Vorentwurfs), ist in dieser Allgemeinheit und Schärfe vom BGB nicht übernommen worden (Oertmann § 681 Anm 2).

VII. Pflichtverletzungen

14 Verletzte der Geschäftsführer seine Pflichten aus § 681, haftet er nach den allgemeinen Vorschriften der §§ 280 ff (vgl Rn 8, 10). Bei fehlender Geschäftsfähigkeit des Geschäftsführers greift § 682. Für eine Herabsetzung der Diligenzpflicht durch § 680 im Falle der Geschäftsführung zur Gefahrenabwehr ist grundsätzlich kein Raum (Bergmann, Die Geschäftsführung ohne Auftrag 264 f; Erman/Dornis[14] § 681 Rn 6; **aA** Soergel/Beuthien[13] § 681 Rn 4; Art V – 2:103 (3) DCFR). Im Rahmen der Abwicklungspflichten der §§ 681 S 2, 666 ff spielt die Gefahr keine Rolle mehr, im Rahmen der Informations- und Wartepflichten des § 681 S 1 wird die Gefahrenlage bereits auf Tatbestandsebene berücksichtigt. Entsprach die Übernahme der Geschäftsführung dem Willen des Geschäftsherrn (§ 683), so wird die Geschäftsführung durch Verletzung von Pflichten aus § 681 nicht nachträglich zu einer unerwünschten Geschäftsführung. Der Geschäftsführer behält seinen Aufwendungsersatzanspruch aus § 683 (BGHZ 65, 354, 357, Urt v 4. 12. 1975, Az: VII ZR 218/73; Erman/Dornis[14] § 681 Rn 6; s Rn 8). Allerdings kann der Geschäftsherr eventuell Gegenrechte geltend machen, dh insbesondere Zurückbehaltungsrechte oder Aufrechnung mit Schadensersatzansprüchen (vgl LAG Düsseldorf MDR 1989, 1027, 1028, Urt v 25. 1. 1989, Az: 12 Sa 1433/88; LG Stuttgart VersR 1973, 517, Urt v 7. 1. 1972, Az: 6 S 263/71).

VIII. Rechtsnachfolge

15 Bereits entstandene, aber noch nicht erfüllte Verpflichtungen aus § 681 gehen auf den Rechtsnachfolger des Geschäftsführers über. Eigenständige Rechte und Pflichten können für ihn nur entstehen, wenn er die Geschäftsführung fortsetzt oder der

Rechtsgedanke des § 673 S 2 greift (s Vorbem 229 zu §§ 677 ff; BGB-RGRK/STEFFEN[12] § 681 Rn 10).

IX. Verzichtbarkeit

16 Die Rechte aus § 681 sind verzichtbar. Die Beteiligten können auch abweichende Vereinbarungen treffen (BGH VersR 1968, 138, Urt v 16. 11. 1967, Az: II ZR 259/64; BGB-RGRK/STEFFEN[12] § 681 Rn 12).

X. Darlegungs- und Beweislast

17 Es gelten die allgemeinen Grundsätze. Der Geschäftsherr hat das Vorliegen einer fremdnützigen Geschäftsführung und die Pflichtverletzung darzulegen und ggf zu beweisen, der Geschäftsführer hat sich zu exkulpieren (§ 280). Bei Verletzung der Anzeigepflicht aus § 681 S 1 HS 1 muss der Geschäftsherr beweisen, dass die Anzeige unterblieben, aber tunlich war; bei Verletzung der Wartepflicht obliegt dem Geschäftsführer der Beweis einer bei Aufschub drohenden Gefahr (BGB-RGRK/STEFFEN[12] § 681 Rn 13; SOERGEL/BEUTHIEN[13] § 681 Rn 5).

§ 682
Fehlende Geschäftsfähigkeit des Geschäftsführers

Ist der Geschäftsführer geschäftsunfähig oder in der Geschäftsfähigkeit beschränkt, so ist er nur nach den Vorschriften über den Schadensersatz wegen unerlaubter Handlungen und über die Herausgabe einer ungerechtfertigten Bereicherung verantwortlich.

Materialien: E I § 752; II § 613; III § 669; Mot II 860; Prot II 729.

Systematische Übersicht

Alphabetische Übersicht

I. Sinn und Zweck, Rechtsgeschichte

1. Sinn und Zweck

1 Das gesetzliche Schuldverhältnis der Geschäftsführung ohne Auftrag entsteht unabhängig davon, ob der Geschäftsführer geschäftsunfähig oder in seiner Geschäftsfähigkeit beschränkt ist (s Vorbem 47 ff zu §§ 677 ff). Und doch hält das Gesetz gewisse Modifikationen für notwendig, wenn § 682 zugunsten des nicht voll geschäftsfähigen Geschäftsführers gewisse Haftungserleichterungen vorsieht (anders noch § 237 Vorentwurf). Anknüpfungspunkt ist die *actio directa* des Geschäftsherrn (Vorbem 90 ff zu §§ 677 ff). Mit Blick auf die scharfen geschäftsführungsrechtlichen Ansprüche des Geschäftsherrn gegen den Geschäftsführer auf Schadensersatz wegen unerwünschter (§ 678) oder unsachgemäßer (§§ 280, 677) Geschäftsführung und auf Herausgabe von allem, was der Geschäftsführer aus der Geschäftsbesorgung erlangt (§§ 681 S 2, 667), bestimmt § 682, dass der geschäftsunfähige oder in seiner Geschäftsfähigkeit beschränkte Geschäftsführer nur nach den Vorschriften über den Schadensersatz wegen unerlaubter Handlungen und über die Herausgabe einer ungerechtfertigten Bereicherung verantwortlich ist.

2. Rechtsgeschichte; rechtsvergleichende Hinweise

2 Die Situation im *ius commune* war mehr als verfahren. Nach dem tradierten Verständnis eines kaiserlichen Reskripts von Antonius Pius, von dem Ulpian Dig 3, 5, 3, 4 berichtet, konnte ein Mündel, das für einen anderen Geschäfte geführt hatte, nur auf das verklagt werden, um das es bereichert war. Allerdings wurde diese Deutung im Anschluss an die Textkritik von Cujas in Frage gestellt (Cujas, Observationes et Emendationes Liber XIII Cap VII; dazu: Bergmann, Die Geschäftsführung ohne Auftrag 269 ff) und die Lehre aufgestellt, dass die beschränkte oder fehlende Geschäftsfähigkeit ohne Einfluss auf die Haftpflicht des Geschäftsführers sein solle. Diese (strenge) Vorstellung lag noch dem Vorentwurf vKübels zugrunde (§ 237 Vorentwurf; dazu: vKübel, in: Schubert [Hrsg], Die Vorlagen der Redaktoren, Schuldverhältnisse II 929, 961 f). Die Erste Kommission kehrte vor dem Hintergrund einer heute überholten rechtsdogmatischen Einordnung der Geschäftsführung ohne Auftrag zur Haftungserleichterung für den Geschäftsführer zurück (s Vorbem 42 ff zu §§ 677 ff). Eine dem deutschen Recht weitgehend entsprechende Vorschrift finden sich für das **Schweizer Recht** (Art 421 OR; dazu Schmid, Die Geschäftsführung ohne Auftrag Rn 286 ff) und in Book V des **DCFR** (Artt V – 2:102 (3), 2:103).

II. Inhalt und Reichweite der Haftungsbeschränkung

1. Actio directa

§ 682 knüpft an der *actio directa* des Geschäftsherrn an (s Vorbem 90 ff zu §§ 677 ff). 3
Unterliegt der voll geschäftsfähige Geschäftsführer der scharfen geschäftsführungsrechtlichen Haftung wegen **Übernahme-** (§ 678) **oder Ausführungsverschuldens** (§§ 280, 670) oder Verletzung von Nebenpflichten (§§ 280, 681), so ist der geschäftsunfähige oder in seiner Geschäftsfähigkeit beschränkte Geschäftsführer nur nach den Vorschriften über den Schadensersatz wegen unerlaubter Handlungen verantwortlich; ebenso ist der nicht voll geschäftsfähige Gestor nur nach den Vorschriften über die Herausgabe einer ungerechtfertigten Bereicherung verantwortlich, während der voll geschäftsfähige Geschäftsführer unabhängig von einer noch vorhandenen Bereicherung bei Unmöglichkeit der Herausgabe des aus der Geschäftsführung Erlangten zum Schadensersatz verpflichtet ist (§§ 280, 283 iVm §§ 681 S 2, 667). In der Lehre wird die Frage aufgeworfen, ob § 682 eine **Rechtsgrund- oder Rechtsfolgenverweisung** darstellt (Rechtsfolgenverweisung: SCHULIEN NJW 1963, 1878, 1879; obiter dicta: RGZ 81, 204, 205 f, Urt v 16. 1. 1913, Az: IV 504/12; Rechtsgrundverweisung: HASSOLD JR 1989, 358; PALANDT/SPRAU[73] 682 Rn 2; SOERGEL/BEUTHIEN[13] 682 Rn 1; differenzierend, je nachdem, ob eine berechtigte oder unberechtigte Geschäftsführung vorliegt: WITTMANN, Begriff und Funktion der Geschäftsführung ohne Auftrag 70). Die Frage verdunkelt mehr die Verhältnisse als sie weiterhilft. Der Ansatzpunkt zum richtigen Verständnis der Vorschrift liegt in der heute gesicherten Erkenntnis, dass das gesetzliche Schuldverhältnis der Geschäftsführung ohne Auftrag auch dann zustande kommt, wenn der Geschäftsführer nicht voll geschäftsfähig ist (Vorbem 47 ff zu §§ 677 ff), selbst dann, wenn die Übernahme der Geschäftsführung nicht dem Willen des Geschäftsherrn entspricht (Vorbem 90 ff zu §§ 677 ff). Entsprechend der Interessenstruktur der Geschäftsführung ohne Auftrag (Vorbem 28 ff zu §§ 677 ff) ist dann aber auch der nicht voll geschäftsfähige Geschäftsführer zur fremdnützigen Geschäftsführung für den Geschäftsherrn verpflichtet, dh er hat bei entgegenstehendem Willen des Geschäftsherrn von der Übernahme der Geschäftsführung abzulassen (§ 678), ansonsten unter Berücksichtigung aller Nebenpflichten (§ 681) das Geschäft so zu führen, wie das Interesse des Geschäftsherrn mit Rücksicht auf dessen Willen es erfordert (§ 677), und letztlich alles aus der Geschäftsführung Erlangte herauszugeben. Von diesen Pflichten wird auch der geschäftsunfähige oder in seiner Geschäftsfähigkeit beschränkte Geschäftsführer nicht dispensiert. Nur seine **Haftung bei Pflichtverletzung** (§ 280) wird angesichts der typischen Schutzwürdigkeit des nicht voll Geschäftsfähigen modifiziert. Daher ist zB die Klage des Geschäftsherrn auf Auskunftserteilung (§§ 681 S 2, 666) selbst dann begründet, wenn der Geschäftsführer nicht voll geschäftsfähig ist. Wenn § 682, soweit eine Haftung wegen Übernahme- oder Ausführungsverschulden bzw wegen einer Verletzung von Nebenpflichten in Rede steht, auf die Vorschriften über die unerlaubte Handlung verweist, so heißt dies, dass der Geschäftsführer nur dann haftet, wenn seine geschäftsführungsrechtlich als pflichtwidrig einzustufende Handlung zugleich rechtswidrig und schuldhaft einen Haftungstatbestand der §§ 823 ff erfüllt. Im Ergebnis führt das dazu, dass der Geschäftsführer nicht wegen primärer Vermögensschäden haftet. Wenn man so will, handelt es sich insoweit um eine Rechtsgrundverweisung. Wenn § 682 mit Blick auf den Herausgabeanspruch auf die Vorschriften über die ungerechtfertigte Bereicherung verweist, so ändert dies nichts daran, dass der Geschäftsführer alles Erlangte inklusive eines von ihm erziel-

ten Gewinns herausgeben muss. § 682 besagt nur, dass der Geschäftsführer sich gegenüber dem Herausgabeverlangen auf Entreicherung gem § 818 Abs 3 berufen kann und bei Unmöglichkeit der Herausgabe nicht gem §§ 280, 283 haftet. Wenn man so will, kann man hier von einer Rechtsfolgenverweisung sprechen (RGZ 81, 204, 205 f, Urt v 16. 1. 1913, Az: IV 504/12). § 682 schließt nicht aus, dass sich der Geschäftsführer im Falle einer **Notgeschäftsführung** zudem auf die von § 680 angeordnete Herabsetzung der Diligenzpflicht berufen kann (BGB-RGRK/Steffen[12] 682 Rn 9).

2. Actio contraria

4 § 682 bezieht sich ausschließlich auf die *actio directa.* Zu der Frage der *actio contraria,* also des **Aufwendungsersatzanspruches** des Geschäftsführers (§§ 683, 684), verhält sich § 682 nicht (Erman/Dornis[14] § 682 Rn 4). Weder lässt sich der Vorschrift entnehmen, dass der nicht voll geschäftsfähige Geschäftsführer stets vollen Aufwendungsersatz beanspruchen kann, noch dass ihm ein solcher stets zu versagen ist. Allerdings kann die Minderjährigkeit Bedeutung haben, wenn im Rahmen des § 683 S 1 zu prüfen ist, ob die Übernahme der Geschäftsführung gerade durch einen in der Geschäftsfähigkeit beschränkten Geschäftsführer dem Willen des Geschäftsherrn entspricht (s Vorbem 51 zu § 677 ff). Im römischen Recht kam es zu einer **Verrechnungslösung**: Machte das Mündel seinen Aufwendungsersatzanspruch geltend, so wurden die volle Gegenforderung des Geschäftsherrn angerechnet (Ulpian Dig 3, 5, 3, 4; Bergmann, Die Geschäftsführung ohne Auftrag 270 f.).

3. Drittwirkung

5 § 682 gilt ausschließlich im Verhältnis zwischen Geschäftsführer und Geschäftsherr, nicht dagegen im Verhältnis des Geschäftsführers zu irgendwelchen Dritten (Soergel/Beuthien[13] 682 Rn 1).

III. Ausschluss des § 682

6 Geschieht die Übernahme der Geschäftsführung mit **Einwilligung oder Genehmigung des gesetzlichen Vertreters**, so wird in der Lehre vertreten, dass § 682 nicht eingreift (Schulien NJW 1963, 1878, 1879; Crome, System des Deutschen Bürgerlichen Rechts II § 255 III 1 c S 637 Fn 45; Dernburg, Die Schuldverhältnisse nach dem Recht des Deutsches Reichs und Preußens[3] § 301 IV S 436 Fn 3; Enneccerus/Lehmann, Schuldrecht[15] § 166 II 3 S 704; Esser/Weyers, Schuldrecht II/2[8], § 46 II 1 b S 7; BGB-RGRK/Steffen[12] 682 Rn 3; vgl auch: MünchKomm/Seiler[6] 682 Rn 5). Diese Lehre ist abzulehnen. Bei der Geschäftsführung ohne Auftrag handelt es sich weder um ein Rechtsgeschäft noch eine geschäftsähnliche Handlung. Das gesetzliche Schuldverhältnis entsteht allein aufgrund der realen, nach dem sozialen Sinn der Handlung zu beurteilenden, fremdnützigen Geschäftsbesorgung (Vorbem 28 ff, 42 ff zu §§ 677 ff). Für eine entsprechende Anwendung der §§ 107 ff ist von daher kein Raum. Ermutigt der gesetzliche Vertreter den nicht voll Geschäftsfähigen zur Vornahme von helfenden Handlungen, kann sich im Einzelfall die Frage stellen, ob nicht der gesetzliche Vertreter Geschäftsführer und der unmittelbar Handelnde nur Geschäftsführungsgehilfe ist (Vorbem 181 f zu §§ 677 ff).

IV. Entsprechende Anwendung

§ 682 beschränkt auch die Verantwortlichkeit bei **Geschäftsanmaßung** nach § 687 Abs 2 (§ 687 Rn 42; BGB-RGRK/Steffen[12] 682 Rn 9). **7**

§ 683
Ersatz von Aufwendungen

Entspricht die Übernahme der Geschäftsführung dem Interesse und dem wirklichen oder dem mutmaßlichen Willen des Geschäftsherrn, so kann der Geschäftsführer wie ein Beauftragter Ersatz seiner Aufwendungen verlangen. In den Fällen des § 679 steht dieser Anspruch dem Geschäftsführer zu, auch wenn die Übernahme der Geschäftsführung mit dem Willen des Geschäftsherrn in Widerspruch steht.

Materialien: E I §§ 753, 755; II § 614; III § 670; Mot II 860–863; Prot II 729–734.

Systematische Übersicht

Alphabetische Übersicht

I. Inhalt und rechtsvergleichende Hinweise

1. Aufwendungsersatz und das subjektive Prinzip

§ 683 S 1 regelt den Aufwendungsersatzanspruch *(actio contraria)* des Geschäfts- 1
führers. Entspricht die Übernahme der Geschäftsführung dem wirklichen oder mutmaßlichen Willen des Geschäftsherrn, liegt also aus der Warte des Geschäftsherrn eine ihm nützliche Geschäftsführung *(negotium utiliter gestum)* vor, so kann der Geschäftsführer wie ein Beauftragter Ersatz seiner Aufwendungen verlangen. Indem § 683 S 1 – trotz seiner verunglückten Formulierung (Rn 3 ff, 30) – die *actio contraria* ausschließlich an den präsumtiven Willen des Geschäftsherrn bindet, entscheidet das deutsche BGB die in der gemeinrechtlichen Wissenschaft umstrittene Frage, wann ein *utiliter gestum* vorliegt, zugunsten eines **strengen subjektiven Prinzips**. Nicht die Vorstellungen von dem, was der Geschäftsführer als gut für den Geschäftsherrn ansieht, oder dessen objektiv verstandenes Interesse, sondern allein

der wirkliche oder mutmaßliche Wille des Geschäftsherrn, also sein subjektives Interesse, entscheidet; unabhängig davon, ob der Geschäftsführer diesen Willen erkennen konnte oder nicht. Hierbei handelt es sich trotz allem um ein gewisses Entgegenkommen an den Geschäftsführer, als der wirkliche oder der präsumtive Wille des Geschäftsherrn zum Zeitpunkt der Übernahme der Geschäftsführung entscheidet und der Aufwendungsersatz nicht an die nachträgliche Genehmigung der Geschäftsführung durch den Geschäftsherrn gebunden wird (so: Reinhardt, Ergänzungen zu Glück's Erläuterung der Pandecten II 1, 1835 S 28 ff, der allerdings wohl schon in der Geltendmachung der *actio directa* eine *ratihabitio* der Geschäftsführung sieht; **aA**: Wächter AcP 20 [1837] 337, 338 ff). Das streng subjektive Prinzip verspricht dem Geschäftsherrn größtmöglichen Schutz vor nicht willkommenen Hilfeleistungen. Dem korrespondiert die weitgehende Belastung des Geschäftsführers mit dem Risiko, trotz Anspannung höchstmöglicher Sorgfalt den Willen des Geschäftsherrn zu verkennen und seiner Aufwendungen ersatzlos verlustig zu gehen. Allerdings zieht das BGB das strenge subjektive Prinzip nicht gänzlich durch. Gegenstand der Überprüfung der Willensentsprechung bei § 683 ist die **Übernahme** der Geschäftsführung. Bei der **Durchführung** der Geschäftsführung wird der Geschäftsführer freier gestellt, da seine Bindung an den Willen des Geschäftsherrn leicht gelockert, wenn auch niemals aufgegeben wird (s § 677). Das Recht der Geschäftsführung ohne Auftrag ist das Recht der fremdnützigen Interessenwahrnehmung für einen anderen. Das subjektive Prinzip bestimmt den Maßstab der Interessenwahrnehmung (Vorbem 30 zu §§ 677 ff).

2. Rechtsvergleichende Hinweise

2 Die Schweizer Korrespondenzregelung findet sich in Art 422 OR, die des französischen Rechts in Art 1375 CC. Die *Principles of European Law on Benevolent Intervention in Another's Affairs* der *Study Group on a European Civil Code* halten in den Art 3:101 bis 3:103 vergleichbare Vorschriften bereit, die dem Recht der §§ 683, 670, so wie es durch Rechtsprechung und Wissenschaft ausgebildet wurde, sehr nahe kommen.

II. Das strenge subjektive Prinzip des § 683 S 1

1. Utiliter gestum im römischen und gemeinen Recht; Rechtsvergleichung

3 Das römische Recht kannte einen Aufwendungsersatzanspruch ursprünglich wohl nur bei genehmigter Geschäftsführung (Reinhardt, Ergänzungen zu Glück's Erläuterung der Pandecten II 1, 1835 S 28 ff; **aA** Wächter AcP 20 [1837], 337, 338 ff). Gegenstand der Genehmigung war die Gesamtgeschäftsführung für einen Abwesenden durch einen Freigelassenen oder einen Dritten. Erst allmählich hat sich die Auffassung durchgesetzt, dass eine dem Geschäftsherrn nützliche Geschäftsführung – ein sog *negotium utiliter gestum* – der genehmigten Geschäftsführung gleichsteht (vgl Wittmann, Begriff und Funktion der Geschäftsführung ohne Auftrag 126 f). Ein klares Bild, wann ein *utiliter gestum* angenommen wurde, geben die Quellen nicht. Neben einer Tendenz, nur **notwendige Geschäftsführung** als *utiliter* anzuerkennen, steht das Bestreben, auch (erfolgreiche) **nützliche Geschäftsführung** einzubeziehen („eigentümlich zwiespältiges Bild"; Seiler, Der Tatbestand der negotiorum gestio im Römischen Recht 51 ff; Mayer-Maly SZRA 86 [1969] 416, 429 ff); dagegen scheint der Wille des Geschäftsherrn für die klassischen römischen Juristen kein wesentliches Kriterium bei der Bewertung

der *utilitas* gewesen zu sein (SEILER, Der Tatbestand der negotiorum gestio im Römischen Recht 59 ff; vgl auch IUSTINIAN C 2, 18, 24). Sehr umstritten war die Frage noch im gemeinen Recht (vgl nur WINDSCHEID/KIPP, Lehrbuch der Pandekten II[9] § 430 Fn 17 S 919 f; vKÜBEL, in: SCHUBERT [Hrsg], Die Vorlagen der Redaktoren, Schuldverhältnisse II 929, 968 ff; s auch: MEISSEL, Geschäftsführung ohne Auftrag 4 ff). Mit grobem Raster kann man eine Zweiteilung des Meinungsspektrums ausmachen. Während die einen die *utilitas* mehr nach **objektiven Kriterien** bestimmten, stellten die anderen den **präsumtiven Willen** des Geschäftsherrn in den Vordergrund. Anknüpfend am Willen des Geschäftsherrn wurde die Geschäftsführung ohne Auftrag sogar teils als fingiertes Mandat oder fingierte Genehmigung gedeutet. Nahm man die Geschäftsführungsabsicht seitens des Geschäftsführers noch als zweites subjektives Element hinzu, wollten einige in der Geschäftsführung ohne Auftrag das materielle Substrat eines Vertrages, OGONOWSKI sogar einen *wirklichen* Vertrag, erkennen (s Vorbem 20 zu §§ 677 ff). In den Gesetzen und Gesetzentwürfen des 19. Jahrhunderts zeigte sich kein einheitliches Bild (vKÜBEL, in: SCHUBERT [Hrsg], Die Vorlagen der Redaktoren, Schuldverhältnisse II 929, 971 ff). Auf der einen Seite stehen die Gesetze, die den Begriff des *utiliter gestum* im Wesentlichen objektiv gestalten und auf Fälle der Notgeschäftsführung beschränken, während andere die Utilität mehr nach subjektiven Kriterien bestimmen. Klassisches Beispiel für die erste Gruppe sind die Naturrechtskodifikationen. Grundlegend war die Regelung des PrALR (I 13 §§ 234 ff, 238 ff). Diente die Geschäftsführung der Gefahrenabwehr, bekam der Geschäftsführer vollen Aufwendungsersatz; der Wille des Geschäftsherrn spielte keine Rolle. War die Geschäftsführung lediglich vorteilhaft, so hing der Aufwendungsersatz von der Genehmigung des Geschäftsherrn ab (FÖRSTER/ECCIUS, Preußisches Privatrecht II[7] § 149 S 473). Dem entspricht teilweise die Regelung des österreichischen öABGB (§§ 1036, 1037 öABGB; vgl MEISSEL, Geschäftsführung ohne Auftrag 29 ff, 101 ff). Anders die Regelung der dritten Naturrechtskodifikation, des französischen CC (Art 1375). Für die *action contraire* des *gérant* ist erforderlich, dass die Gestion *utile* ist. Eine weitere Differenzierung nach notwendiger und lediglich vorteilhafter Geschäftsführung macht das Gesetz nicht. Die Vorstellung des *gérant* allein, das Geschäft sei nützlich, reicht zur Anspruchsbegründung nicht aus. Je nach Kenntnisstand des *gérant* wird ein mehr objektiver oder subjektiver Maßstab anzulegen sein: Kannte der *gérant* die Vorstellungen und den Willen des *maître* nicht, wird die Nützlichkeit danach zu bestimmen sein, ob der Geschäftsherr als *bon père de famille* so gehandelt hätte. Kannte der *gérant* dagegen die Absichten des Geschäftsherrn, dann ist die Nützlichkeit danach zu bewerten, welche Absichten der *maître* verfolgte (vgl JOST, Geschäftsführung ohne Auftrag und Erfüllung einer Nichtschuld als Quasikontrakte im französischen Zivilrecht 99 ff).

2. Das strenge subjektive Prinzip des E I

Für das subjektive Prinzip ist der präsumtive Wille des Geschäftsherrn das ent- 4
scheidende und einzige Beurteilungskriterium bei Beantwortung der Frage, ob ein *utiliter gestum* vorliegt. Tragender Gedanke des subjektiven Prinzips ist die Maximierung der **Willensfreiheit** des Geschäftsherrn. Objektive Momente kommen nur mittelbar als Beweisgrund in Betracht, und zwar insofern, als mangels besonderer Umstände davon ausgegangen werden kann, dass das objektiv Nützliche auch dem subjektiven Interesse des Geschäftsherrn entspricht. Das subjektive Prinzip, das noch heute das deutsche Recht der Geschäftsführung ohne Auftrag bestimmt, war in § 238 des Vorentwurfs vKÜBELS (vKÜBEL, in: SCHUBERT [Hrsg], Die Vorlagen der Redak-

toren, Schuldverhältnisse II 929, 974 f) und **§ 753 E I** ohne Abstriche umgesetzt (§ 753 E I Abs 1: „Wenn und soweit der Geschäftsführer dergestalt gehandelt hat, daß anzunehmen ist, es würde sein Verhalten von dem Geschäftsherrn bei Kenntnis der wirklichen Sachlage gebilligt worden sein, so hat der Geschäftsführer wie ein Beauftragter des Geschäftsherrn gegen diesen einen Anspruch auf Ersatz seiner Aufwendungen und auf Befreiung von eingegangenen Verbindlichkeiten, auch wenn der durch die Geschäftsführung beabsichtigte Erfolg nicht eingetreten ist."; Abs 2: „Es wird vermuthet, daß der Geschäftsführer gebilligt haben würde, was ein ordentlicher Hausvater hätte für angemessen halten müssen."): Die *actio contraria* stand dem Geschäftsführer nur zu, wenn sowohl die **Übernahme** der Geschäftsführung als auch die Art und Weise ihrer **Durchführung** dem wirklichen und nicht bloß dem bei Anwendung der gebührenden Sorgfalt erkennbaren Willen des Geschäftsherrn entsprochen hat (MUGDAN II 480 ff; der E I unterschied nicht zwischen der Übernahme der Geschäftsführung und der Art und Weise ihrer Durchführung).

3. Lockerung des subjektiven Prinzips bei der Durchführung der Geschäftsführung

5 Ein Systemwechsel hin zu einer irgendwie gearteten Objektivierung wurde von der **Zweiten Kommission**, die sich mit der Kritik am E I auseinandersetzte, ausdrücklich verworfen. Ein auf der Theorie der Menschenhilfe (Vorbem 13 ff zu §§ 677 ff) fußender Antrag, die Utilität der Geschäftsführung aus der Perspektive des Geschäftsführers zu beurteilen, konnte sich in den Beratungen nicht durchsetzen (Protokolle, bei MUGDAN II 1195 ff [Antrag 1]; der Antrag wurde damit begründet, dass die Geschäftsführung als Menschenhilfe nur dann praktikabel sei, wenn sie durch Objektivierung erleichtert, und nicht von subjektiven Unwägbarkeiten auf Seiten des Geschäftsherrn erschwert würde). Dennoch kam es zu einer **Lockerung des subjektiven Prinzips**. Im Anschluss an das alte Schweizer Obligationenrecht differenziert die gesetzliche Regelung zwischen der für die Beurteilung der Utilität der Geschäftsführung maßgebenden **Übernahme** der Geschäftsführung, die entsprechend dem streng subjektiven Prinzip weiterhin dem wirklichen oder mutmaßlichen Willen des Geschäftsführers entsprechen muss (§ 683 S 1), und der **Durchführung** der Geschäftsführung, bei der die streng subjektive Bindung aufgelockert wurde (s § 677 Rn 17; vgl auch WITTMANN, Begriff und Funktion der Geschäftsführung ohne Auftrag 126 f).

4. Die Fassung des § 683 S 1

6 Die endgültige Fassung des § 683 S 1 lässt diese Zusammenhänge nicht mehr klar erkennen. Es ist aber nicht anzunehmen, dass von den Beschlüssen der Zweiten Kommission (Rn 5) abgewichen werden sollte. So findet sich in der vorläufigen Zusammenstellung der Beschlüsse der Zweiten Kommission noch alternierend folgende Eingangsformel: „Ist anzunehmen, daß der Geschäftsherr bei Kenntnis der Sachlage die Uebernahme der Geschäftsführung gebilligt haben würde, so kann …" (JAKOBS/SCHUBERT, Die Beratungen des Bürgerlichen Gesetzbuchs, Recht der Schuldverhältnisse III 147 f). Erst die Redaktionskommission formulierte, dass die Übernahme „dem Interesse und dem wirklichen oder dem muthmaßlichen Willen" entsprechen müsse. Letztlich handelt es sich hierbei wohl um den verunglückten Versuch einer Zusammenfassung der Absätze des § 753 E I (Rn 4) unter Beachtung der Beschlussfassung der Zweiten Kommission.

5. § 683 S 1 aus rechtsökonomischer Sicht

Die gesetzgeberische Entscheidung für das strenge subjektive Prinzip wird durch die ersten Erkenntnisse der ökonomischen Analyse des Rechts gestützt. Aus rechtsökonomischer Sicht kommt es für die Abgrenzung zwischen erwünschter und unerwünschter Geschäftsführung ohne Auftrag auf das Kosten-Nutzen-Kalkül an. Die Führung des Geschäfts für einen anderen ist nur dann erwünscht, wenn der Nutzen, den dieses abzuwerfen verspricht, höher ist als die dadurch verursachten Kosten. Zur Ermittlung der optimalen Lösung wird von der Rechtsökonomie empfohlen, überall dort, wo Vertragsverhandlungen wegen der hohen Transaktionskosten nicht zustande kommen, Regeln desjenigen Inhalts aufzustellen, wie sie von den Parteien im Falle gedachter Verhandlung vereinbart worden wären. In den Mittelpunkt des Interesses rückt der „hypothetische Vertrag", in den der Geschäftsherr nur dann eingewilligt und sich zum Aufwandsersatz verpflichtet hätte, wenn der Nutzen, den ihm die Geschäftsführung verspricht, höher liegt als ihre voraussichtlichen, von ihm zu erstattenden Kosten. Entscheidende Instanz ist der **hypothetische Wille** des Geschäftsherrn (Kötz, in: FS Großfeld 583, 585 f; vgl auch Köndgen, in: Zimmermann [Hrsg], Rechtsgeschichte und Privatrechtsdogmatik 371, 382 ff: Geschäftsführung ohne Auftrag als hypothetischer Vertrag zur Korrektur von Marktversagen in Not- und Hilfesituationen). 7

III. Übernahme und Durchführung der Geschäftsführung

Aufwendungsersatz kann der Geschäftsführer gem §§ 683 S 1, 670 unter zwei Voraussetzungen erlangen: (1) Die Übernahme der Geschäftsführung muss dem wirklichen oder dem mutmaßlichen Willen des Geschäftsherrn entsprechen (§ 683). Ist dies der Fall, so kann der Geschäftsführer alle zur Durchführung der Geschäftsführung getätigten Aufwendungen ersetzt verlangen, sofern er sie (2) nach den Umständen für erforderlich halten durfte (§ 670). Bei der Prüfung, ob diese Voraussetzungen vorliegen, ist auf der ersten Stufe die Sicht des Geschäftsherrn, auf der zweiten Stufe die Sicht des Geschäftsführers entscheidend. Die Übernahme der Geschäftsführung durch den Geschäftsführer muss dem Interesse und dem Willen des Geschäftsherrn tatsächlich entsprochen haben. Ist das nicht der Fall, so hat der Geschäftsführer selbst dann keinen Anspruch auf Erstattung seiner Aufwendungen, wenn er schuldlos Willen und Interesse des Geschäftsherrn falsch beurteilt hat (s Rn 12 ff). Das Risiko liegt insoweit beim Geschäftsführer. Ist diese Hürde aber genommen, so ist der Geschäftsführer – auch wenn Maßstab der Geschäftsführung allein der Wille des Geschäftsherrn bleibt – nicht nur gem § 677 in der Durchführung der Geschäftsführung und der Wahl der Mittel freier gestellt (§ 677 Rn 17), sondern auch der maßgebliche Blickwinkel der Beurteilung ändert sich, weil es nun auf die Sichtweise des Geschäftsführers ankommt. Gem § 670 kann er Ersatz aller Aufwendungen verlangen, die er für erforderlich halten durfte, unabhängig von der Frage ihres Erfolges (s Rn 10 f; BGH LM BGB § 683 Nr 3, Urt v 12. 1. 1955, Az: VI ZR 273/55; RGZ 149, 205, 206 f, Urt v 13. 11. 1935, Az: V 99/35; vgl auch BGH ZIP 2012, 1445 Rn 27 ff, Urt v 8. 5. 2012, Az: XI ZR 437/11; BGH LM BGB § 683 Nr 17, Urt v 20. 6. 1963, Az: VII ZR 85/62). Persönliches Ermessen gibt das Gesetz dem Geschäftsführer also nur bei der Beurteilung der Notwendigkeit von Aufwendungen zur Durchführung des Geschäfts, wobei allerdings der Geschäftsführer zur sorgfältigen Prüfung verpflichtet bleibt. Übernimmt es der Geschäftsführer, ein defektes Dach zu reparieren, so beurteilt sich die Frage, ob der Gegenstand der Geschäftsführung (Reparatur) dem Willen 8 des Geschäftsherrn entsprach, nach der Sicht des Geschäftsherrn. Erst bei der Durchführung der Geschäftsführung (kostengünstige oder teurere aber qualitativ höherwertige Reparatur) kommt es auf das Ermessen und den Horizont des Geschäftsführers an. Die im Einzelfall entscheidende Unterscheidung zwischen dem Gegenstand des Geschäfts und den einzelnen Aufwendungen zu seiner Durchführung wird nicht immer leicht sein (RGZ 149, 205, 207 f, Urt v 13. 11. 1935, Az: V 99/35).

9 Das Gericht kann gem § 304 ZPO durch **Zwischenurteil über den Grund** feststellen, dass die Übernahme der Geschäftsführung als solche den Voraussetzungen des § 683 entsprochen hat. Die Frage, inwieweit der Geschäftsführer einzelne Maßnahmen iSd § 670 für erforderlich halten durfte, kann dem Betragsverfahren vorbehalten bleiben (RGZ 167, 55, 60, Urt v 29. 4. 1941, Az: VI 129/40). Für die Entscheidungen über den Grund des Anspruchs genügt es, dass überhaupt Maßnahmen erforderlich waren und der Geschäftsführer solche ergriffen hat (s auch Rn 50; auch Vorbem 224 zu §§ 677 ff).

IV. Risikoverteilung

1. Erfolgsunabhängigkeit des Aufwendungsersatzanspruchs gem § 683

10 Entspricht die Übernahme der Geschäftsführung dem wirklichen oder mutmaßlichen Willen des Geschäftsherrn, so geht – sofern der Geschäftsherr keine abweichende Weisung erteilt hat (§ 681) – das Risiko einer ohne Verschulden des Geschäftsführers fehlgeschlagenen Geschäftsführung zu Lasten des Geschäftsherrn (schon PrALR I 13 § 236). Dies folgt aus dem Subordinationscharakter der Geschäftsführung ohne Auftrag. Wie ein Gewinn der Geschäftsführung nicht der Gewinn des Geschäftsführers, sondern der Gewinn des Geschäftsherrn ist, so ist auch ein eventueller Verlust nicht der Verlust des Geschäftsführers, sondern der Verlust des Geschäftsherrn (Vorbem 30 zu §§ 677 ff; vgl auch vKübel, in: Schubert [Hrsg], Die Vorlagen der Redaktoren, Schuldverhältnisse II 929, 935, 979: Wäre die Risikoverteilung anders, würde also der Geschäftsführer das Risiko tragen, würde sich kaum noch jemand in fremden Angelegenheiten engagieren; Lent, Wille und Interesse bei der Geschäftsbesorgung 13; Batsch AcP 171 [1971] 218, 219 f; für Wittmann, Begriff und Funktion der Geschäftsführung ohne Auftrag 128 folgt dies aus der Schadloshaltungsfunktion der berechtigten Geschäftsführung ohne Auftrag). Keinesfalls muss im Rahmen des Aufwendungsersatzanspruchs des § 683 ein bereicherungsrechtlicher Vorteil im Vermögen des Geschäftsherrn verblieben sein (s Vorbem 58 ff zu §§ 677 ff). Andere Rechtsordnungen normieren diese Risikoverteilung ausdrücklich (Schweiz: Art 422 Abs 2 OR, dazu: Schmid, Geschäftsführung ohne Auftrag Rn 543 ff; Österreich § 1036 ABGB). Auch § 753 E I bestimmte noch ausdrücklich, dass es für den Aufwendungsersatzanspruch auf das Ausbleiben des mit der Geschäftsführung bezweckten Erfolges nicht ankommt. Diese Risikoverteilung entspricht dem klassischen römischen Recht. Schon Ulpian gewährte dem Geschäftsführer die *actio contraria* nicht nur, wenn das übernommene Geschäft Erfolg hatte, sondern auch dann, wenn das Geschäft zweckmäßig geführt wurde. So stand dem Geschäftsführer die Geschäftsführungsklage für die Pflege eines kranken Sklaven auch dann zu, wenn der Sklave später verstorben war (Ulpian Dig 3, 5, 9, 1). Widerspricht die Übernahme der Geschäftsführung dagegen dem wirklichen oder dem mutmaßlichen Willen des Geschäftsherrn, ist der Aufwendungsersatzanspruch des Geschäftsführers gem § 684 S 1 auf die noch vorhandene Bereicherung des Geschäftsherrn begrenzt (§ 818 Abs 3). Das Risiko eines Fehlschlagens der Geschäfts-

führung geht damit zu Lasten des Geschäftsführers (Wittmann, Begriff und Funktion der Geschäftsführung ohne Auftrag 130; s aber auch Vorbem 58 zu §§ 677 ff). Ein darüber hinausgehender Rückgriff auf Bereicherungsrecht ist durch den Vorrang der §§ 677 ff bei Geschäftsbesorgungsverhältnissen ausgeschlossen (s Vorbem 242 zu §§ 677 ff; **aA** etwa: Helm, in: Gutachten und Vorschläge zur Überarbeitung des Schuldrechts III S 335, 368).

2. No cure – no pay (Seerecht)

Im **(internationalen) Seerecht** findet sich übrigens der entgegengesetzte Grundsatz; 11
hier gilt: „no cure, no pay". Im Anschluss an Art 2 IÜS hieß es in § 741 Abs 1 HGB aF: „Sind die geleisteten Dienste ohne Erfolg geblieben, so kann ein Berge- oder Hilfslohn nicht beansprucht werden" (Bergmann, Die Geschäftsführung ohne Auftrag 296 ff). Auch der Ersatz getätigter Aufwendungen kann dann grundsätzlich nicht verlangt werden. Die Wurzeln dieser Lehre liegen im Strandrecht. In alter Zeit fiel an den Strand gespültes Eigentum dem Strandherren zu; gleichgültig wer vormalig Eigentümer war. Mit der Zunahme des Warenverkehrs wurden diese alten Rechtsgrundsätze zurückgedrängt. Der schiffbrüchige Eigentümer konnte nunmehr sein angeschwemmtes oder gerettetes Gut zurückfordern, musste aber für die Bergung und Rettung einen Lohn entrichten. In seinen Ursprüngen war der Bergelohn keine persönliche Schuld, sondern aus dem geretteten oder geborgenen Gut zu bezahlen: Wo aber nichts gerettet wurde, entstand auch keine (reale) Verbindlichkeit. Zwischenzeitlich ist es auch im Bereich des Seerechts im Rahmen des Internationalen Übereinkommens von 1989 über Bergung (IÜB) und der dadurch indizierten Neufassung der §§ 740 ff HGB (= §§ 574 ff HGB nF) zu einer partiellen Aufweichung des Grundsatzes des „no cure – no pay" gekommen. Zwar ist man beim Grundsatz des „no cure – no pay" geblieben (Art 12 IÜB, § 576 HGB nF), doch durch zahlreiche Tankerunfälle sensibilisiert werden nun aus ökologischen Motiven heraus Ausnahmen zugelassen: Trotz Misslingens der Bergung kann eine Sondervergütung gefordert werden, wenn von dem havarierten Schiff oder seiner Ladung eine Gefahr für die Umwelt ausging (Art 14 IÜB, § 578 HGB nF). Man will dem Berger so einen finanziellen Anreiz schaffen, auch die riskante Bergung eines havarierten Öltankers zu übernehmen und so einen verstärkten Anreiz für die Eindämmung von Umweltschäden zu erreichen (Begründung zum RegE eines Gesetzes zur Neuregelung des Bergungsrechts in der See- und Binnenschifffahrt [Drittes Seerechtsänderungsgesetz], BT-Drucks 14/4672, 11, 18; Denkschrift zum Internationalen Übereinkommen von 1989 über Bergung, BT-Drucks 14/4673, 19). So wird auch im Seerecht ein zentrales Argument aus der tradierten gestionsrechtlichen Diskussion um die Ersatzfähigkeit erfolgloser Aufwendungen übernommen (zB vKübel, in: Schubert [Hrsg], Die Vorlagen der Redaktoren, Schuldverhältnisse II 929, 935, 979: Wäre die Risikoverteilung anders, würde also der Geschäftsführer das Risiko tragen, würde sich kaum noch jemand in fremden Angelegenheiten engagieren).

3. Der schuldlose Irrtum über die Nützlichkeit

Entspricht die Übernahme der Geschäftsführung nicht dem wirklichen oder dem 12
mutmaßlichen Willen des Geschäftsherrn, wird der Aufwendungsersatzanspruch des Geschäftsführers gem § 684 S 1 zum Nachteil des Geschäftsführers nach Bereicherungsgrundsätzen begrenzt: Erfolglose Aufwendungen werden nicht ersetzt; auch sonst kann sich der Geschäftsherr auf Entreicherung berufen. Teilweise wird die Frage aufgeworfen, ob die Schlechterstellung des Geschäftsführers auch dann be-

rechtigt ist, wenn er die Geschäftsführung in einem unverschuldeten Irrtum über den Willen des Geschäftsherrn übernommen hat (dazu Wittmann, Begriff und Funktion der Geschäftsführung ohne Auftrag 136 f).

13 Die ganz hM geht zu Recht davon aus, dass der **gute Glaube** des Geschäftsführers, dass die Übernahme der Geschäftsführung dem Willen des Geschäftsherrn entspricht (sog gutgläubige nützliche Geschäftsführung) das tatsächliche Vorliegen der Voraussetzungen des § 683 S 1 nicht ersetzen kann. Der Geschäftsführer trägt das Risiko der Fehleinschätzung. Es gibt keine gutgläubige *actio contraria* (Lent, Wille und Interesse bei der Geschäftsbesorgung 15 [de lege lata; anders de lege ferenda: 17 ff, 195]; Batsch AcP 171 [1971] 218, 225 f; Martinek/Theobald JuS 1997, 612, 614; dies JuS 1998, 27, 32; Enneccerus/Lehmann, Schuldrecht[15] § 167 1 a S 705; Esser/Weyers, Schuldrecht II/2[8], § 46 II 3 a S 18 f; Larenz, Schuldrecht II/1[13] § 57 I a S 444; MünchKomm/Seiler[6] § 683 Rn 12; Palandt/Sprau[73] § 683 Rn 3; Planck/Lobe[4] § 683 Anm 2a; allerdings finden sich im älteren Schrifttum auch abweichende Lösungen: zB Crome, System des Deutschen Bürgerlichen Rechts II § 255 I S 633). Dem entspricht (wohl) die römische Quellenlage. Dem Geschäftsführer half die irrige Annahme der Nützlichkeit seines Tuns nicht weiter (Ulpian Dig 3, 5, 9, 1; dazu: Windscheid/Kipp, Lehrbuch der Pandekten II[9], § 430 Fn 21 S 922 mit Nachw auch zur gemeinrechtlichen Gegenmeinung). Entsprechend versagte auch schon der Vorentwurf vKübels die *actio contraria* bei (schuldlos) irrtümlicher Geschäftsführung (vKübel, in: Schubert [Hrsg], Die Vorlagen der Redaktoren, Schuldverhältnisse II 929, 976). Diese Auffassung wurde von der **Ersten Kommission** übernommen (Mugdan II 480 f, 481). Zur Rechtfertigung wurde darauf verwiesen, dass der Geschäftsführer sich aus freien Stücken und nicht provoziert vom Geschäftsherrn in dessen Angelegenheiten einmische. Selbst bei der Geschäftsführung zur **Abwehr einer dringenden Gefahr** gilt nichts anderes (Mugdan II 482). § 680 reduziert den Haftungsmaßstab für das Übernahme- (§ 678) oder das Ausführungsverschulden (§§ 280, 677), ersetzt aber nicht die fehlende Nützlichkeit der Geschäftsführung (Batsch AcP 171 [1971] 218, 226; Wandt, Gesetzliche Schuldverhältnisse[6] § 5 Rn 20). In der **Zweiten Kommission** schließlich wurde ein Antrag verworfen, wonach es genügen sollte, dass der Geschäftsführer nach den Umständen erwarten durfte, der Geschäftsherr werde sein Verhalten billigen, auch wenn die Geschäftsführung in Wirklichkeit nicht seinem Willen entsprochen hat (Protokolle, bei Mugdan II 1195 ff [Antrag Nr 1]). Auch die Rechtsprechung geht im Grundsatz davon aus, dass ein Irrtum des Geschäftsführers über die Nützlichkeit der Geschäftsführung zu seinen Lasten geht (OLG Karlsruhe VersR 1977, 936, Urt v 23. 3. 1977, Az: 7 U 269/75). Eine unangemessene Benachteiligung des Geschäftsführers liegt darin nicht (s § 680 Rn 13, 22). Ist sein Irrtum schuldlos, haftet er seinerseits dem Geschäftsherrn nicht aus Übernahmeverschulden (§ 678) oder Ausführungsverschulden (§§ 280, 677; Enneccerus/Lehmann, Schuldrecht[15] § 167 1 a S 705; Oertmann § 683 Anm 1d). Erfolgt die Geschäftsführung zur Gefahrenabwehr, kommt dem Geschäftsherrn überdies die Senkung des Verschuldensmaßstabs des § 680 zugute. Die ökonomische Analyse des Rechts bestätigt dieses Ergebnis. Die gutgläubige, aber letztlich nutzlose Geschäftsführung ist eine Verschwendung von Ressourcen (Kötz, in: FS Großfeld 583, 592). Letztlich verfolgt das Gesetz mit der strengen Handhabe, dass die Übernahme der Geschäftsführung tatsächlich dem Willen des Geschäftsherrn entsprochen hat, ein **individualistisches Schutzkonzept** zugunsten des Geschäftsherrn. Das läuft den kollektivistischen Tendenzen gerade der weit verbreiteten Theorie der Menschenhilfe entgegen (Vorbem 13 zu §§ 677 ff). Daher wurde zur Zeit der nationalsozialistischen „Rechtserneuerung“ auf Grundlage einer völkischen Gesinnung *de*

lege ferenda von Lent der Vorschlag gemacht, im Falle des schuldlosen Irrtums des Geschäftsführers zur Vermeidung unbilliger Härten den Schaden und (wohl auch) die getätigten Aufwendungen des Geschäftsführers zwischen Geschäftsherrn und Geschäftsführer zu teilen (Lent, Wille und Interesse bei der Geschäftsbesorgung 17 ff, insb 20 ff, 105).

14 Allerdings wird auch ein **abweichender Ansatz** vertreten (für das Schweizer Recht: Schmid, Geschäftsführung ohne Auftrag Rn 394 ff; für den Fall der Notgeschäftsführung: Dietrich JZ 1974, 535, 537 ff; Erman/Ehmann[11] § 683 Rn 2; ebenso: OLG Karlsruhe VersR 1981, 774, Urt v 3. 7. 1980, Az: 12 U 121/78). Ein Ausschluss der *actio contraria* komme dann nicht in Betracht, wenn der Geschäftsherr in zurechenbarer Weise den Eindruck erweckt hat, dass die Geschäftsführung seinem Willen entspricht. In einem solchen Falle bestehe kein anzuerkennender Grund, die Interessen des Geschäftsherrn vor dem altruistischen Tun des Geschäftsführers zu schützen. Zu folgen ist diesem Ansatz nicht. Denn diese Auffassung legt dem Geschäftsherrn letztlich Sorgfaltspflichten (§ 241 Abs 2) auf, deren Entstehung aber eine Sonderbeziehung (§ 311 Abs 2) zwischen den Beteiligten voraussetzt (verräterisch daher: BGB-RGRK/Steffen[12] § 684 Rn 3). Vor der Übernahme der Geschäftsführung besteht aber eine solche Sonderbeziehung nicht. Vielmehr ist der Geschäftsführer auf die allgemeinen Vorschriften verwiesen. Kommt er bei der Geschäftsführung zu Schaden und ist dies entsprechend den Grundsätzen der psychisch vermittelten Kausalität (Verfolgerfälle) dem Geschäftsherrn zurechenbar, kann er gem § 823 Ersatz vom Geschäftsherrn fordern (vgl *Wagner v International Railway Co* 232 NY 176 = 133 NE 437; Koch, Unaufgeforderte Hilfeleistung in Notsituationen 171 ff; § 680 Rn 13). Seine sonstigen Aufwendungen kann er nur in den Grenzen des § 684 S 1 liquidieren.

V. Durchbrechung des subjektiven Prinzips: Unbeachtlichkeit des Willens

15 Das Recht der echten Geschäftsführung ohne Auftrag folgt in den §§ 677, 683 S 1 dem strengen subjektiven Prinzip. Alleiniger Maßstab der Geschäftsführung ist der wirkliche oder der mutmaßliche Wille des Geschäftsherrn. Allerdings kann es in Einzelfällen aufgrund gesetzlicher Anordnung zu – **echten wie unechten – Durchbrechungen** des subjektiven Prinzips kommen. Verpflichtet etwa ein Gesetz (zB § 323c StGB) den Geschäftsführer zur Geschäftsführung für einen anderen, so legt es häufig auch den Maßstab der Geschäftsführung fest (Vorbem 199 zu §§ 677 ff): An die Stelle des individuellen Willens des Geschäftsherrn tritt dann kraft Normbefehls ein objektives, gesetzlich näher ausgestaltetes Interesse des Geschäftsherrn. Der Geschäftsherr kann sich dann nicht mehr gegenüber dem Geschäftsführer darauf berufen, dass die Übernahme oder die Durchführung der Geschäftsführung seinem Willen nicht entsprochen hat (Rn 18). All diese Konstellationen bewegen sich aber im **Bereich der echten Geschäftsführung ohne Auftrag** (Vorbem 1 zu §§ 677 ff); denn Maßstab der Geschäftsführung bleibt das – wenn auch gesetzlich definierte – Interesse des Geschäftsherrn. Diese letzte Feststellung ist bedeutsam. Denn nicht zu verwechseln mit der Durchbrechung des subjektiven Prinzips im Rahmen der echten Geschäftsführung ohne Auftrag ist der – systemwidrig im Rahmen der §§ 677 ff geregelte – **privilegierte Rückgriffsanspruch** (§§ 683 S 2, 679) bei im öffentlichen Interesse liegender Erfüllung fremder Pflichten (s Vorbem 2 zu §§ 677 ff; s § 679 Rn 2, 32 f). Im Rahmen dieses privilegierten Rückgriffsanspruchs der §§ 683 S 2, 679 wird nämlich nicht nur das subjektive Prinzip des § 683 S 1 durchbrochen in dem Sinne,

dass an die Stelle des Willens des Geschäftsherrn zwar sein objektives Interesse tritt, aber das Interesse des Geschäftsherrn doch Maßstab einer echten Geschäftsführung ohne Auftrag zu seinen Gunsten bleibt, sondern das Interesse des Geschäftsherrn (Schuldners) wird als Maßstab der „Geschäftsführung" ganz über Bord geworfen, weil die Zweckrichtung der gesamten Geschäftsführung (Erfüllung einer Verbindlichkeit des Geschäftsherrn *zugunsten* eines Dritten bzw der Allgemeinheit) regelmäßig überhaupt nicht mehr am Interesse des Geschäftsherrn, sehr wohl aber am Interesse des von der Pflicht des Geschäftsherrn begünstigten Dritten (Allgemeinheit) ausgerichtet ist (§ 679 Rn 2).

1. Unechte Durchbrechung

16 Keine echte Durchbrechung des subjektiven Prinzips liegt vor, wenn im Rahmen der **echten** Geschäftsführung ohne Auftrag aufgrund der gesetzlichen Wertung der §§ 104 ff der wirkliche wie auch der mutmaßliche Wille des geschäftsunfähigen oder des in seiner **Geschäftsfähigkeit** beschränkten Geschäftsherrn im Regelfall unbeachtlich ist (BGH JZ 1972, 163, 164, Urt v 30. 11. 1971, Az: VI ZR 100/70; BGB-RGRK/Steffen[12] Vor § 677 Rn 72); an seine Stelle tritt grundsätzlich der Wille des gesetzlichen Vertreters. Allerdings gilt hier das Prinzip, dem Willen des Geschäftsherrn soweit wie möglich zum Durchbruch zu verhelfen: Ist die Bewusstseinsstörung des Geschäftsherrn entsprechend § 105 Abs 2 nur vorübergehend, so tritt an die Stelle des wirklichen Willens des Geschäftsherrn sein mutmaßlicher Wille. Sind überhaupt **höchstpersönliche Geschäfte** des nicht voll Geschäftsfähigen betroffen, kann die persönliche Einsichtsfähigkeit den Ausschlag geben (s Vorbem 52 zu §§ 677 ff).

2. Echte Durchbrechung

17 Um eine echte Durchbrechung des subjektiven Prinzips geht es, wenn für bestimmte Fallkonstellationen versucht wird, in entsprechender Anwendung der **§§ 134, 138** den Willen des Geschäftsherrn beiseite zu schieben und auf sein objektives Interesse abzustellen (Enneccerus/Lehmann, Schuldrecht § 166 II 1 S 703 f; vGierke, Deutsches Privatrecht III § 216 III 1 S 983; Fikentscher/Heinemann, Schuldrecht[10] Rn 1272; BGB-RGRK/Steffen[12] Vor § 677 Rn 71; differenzierend Soergel/Beuthien[13] § 679 Rn 15). Allerdings leidet der wissenschaftliche Diskurs darunter, dass nicht weiter danach differenziert wird, ob durch eine entsprechende Anwendung der §§ 138, 134 der Anwendungsbereich des – systemwidrig im Rahmen der §§ 677 ff geregelten – privilegierten Rückgriffsanspruchs gegen den Geschäftsherrn gem §§ 683 S 2, 679 erweitert werden soll oder ob im Bereich der echten Geschäftsführung zugunsten des Geschäftsherrn in bestimmten Fällen ein als **unvernünftig** angesehener Wille des Geschäftsherrn beiseite geschoben werden kann (s Rn 15; § 679 Rn 32 f). Im Bereich der **echten Geschäftsführung** erlangt die Frage Bedeutung, wenn der Geschäftsführer versucht, den Geschäftsherrn vor Schaden zu bewahren und trotz entgegenstehenden Willens des Geschäftsherrn ein Aufwendungsersatzanspruch des Geschäftsführers gem § 683 angemessen erscheint. Im Grundsatz gilt auch hier das strenge subjektive Prinzip: Der einer Schadensverhütung entgegenstehende Wille des Geschäftsherrn ist unbedingt zu beachten; selbst im Fall des § 680 kann sich der Geschäftsführer nicht über den Willen des Geschäftsherrn hinwegsetzen (RGZ 101, 18, 19, Urt v 23. 11. 1920, Az: III 239/20; s Rn 3 ff; s § 680 Rn 22). Etwas anderes soll aber nach weit verbreiteter Auffassung gelten, wenn der Geschäftsführer einer sittlichen Pflicht folgt. Praktische Re-

levanz erlangte das Problem bisher im Fall des **Selbstmörders**, der den rettenden Hilfseingriff des wohlmeinenden Geschäftsführers ablehnt. Einig ist man sich weitgehend, und insoweit auch vollkommen zu Recht, den Willen des Selbstmörders als unbeachtlich zur Seite zu schieben (BayObLGZ 1968, 200, Urt v 29. 7. 1968, Az: RReg 1a Z 229/67; in Frankreich: JOST, Geschäftsführung ohne Auftrag 97 f; **aA**: WOLLSCHLÄGER, Die Geschäftsführung ohne Auftrag 311, ESSER/WEYERS, Schuldrecht II/2[8] § 46 II 3 S 20; LARENZ, Schuldrecht II/1[13] § 57 I a S 445). Nur der Weg dorthin ist wenig klar. Sofern man den Willen des Selbstmörders nicht einfach entsprechend §§ 104, 105 für unbeachtlich erklärt (MünchKomm/SEILER[6] § 679 Rn 13; SOERGEL/BEUTHIEN[13] § 679 Rn 15) oder zu wenig tragfähigen Analogien zu § 679 greift (ZITELMANN AcP 99 [1906] 1, 116), versucht man sich in mehr oder weniger gewagte Konstruktionen entsprechend § 138 über den Willen des Suizidenten hinwegzusetzen (vgl WITTMANN, Begriff und Funktion der Geschäftsführung ohne Auftrag 129 f; MARTINEK/THEOBALD JuS 1998, 27, 31; **aA**: Protokolle, bei MUGDAN II 1199, 1198).

Zutreffend sind diese Begründungsversuche allesamt nicht. Der richtige Weg zur **18**
Ersatzpflicht des Suizidenten ergibt sich aus Wesen und Natur der Geschäftsführung ohne Auftrag. Die Geschäftsführung ohne Auftrag ist das subsidiäre gesetzliche Schuldverhältnis der nicht durch Gesetz oder Vertrag abschließend oder abweichend geregelten Interessenwahrnehmung für einen anderen (s Vorbem 187 zu §§ 677 ff). Das Gesetz kann sowohl eine Pflicht zur Geschäftsführung statuieren wie es auch das Interesse des Geschäftsherrn als Maßstab der Geschäftsführung objektiv umschreiben kann (Rn 15; Vorbem 199 zu §§ 677 ff). Tut es dies, so tritt an die Stelle des individuellen Willens des Geschäftsherrn kraft Normbefehls ein objektives, gesetzlich näher ausgestaltetes Interesse des Geschäftsherrn. Der Geschäftsherr kann sich dann nicht gegenüber dem Geschäftsführer darauf berufen, die Übernahme oder die Durchführung der Geschäftsführung habe seinem Willen nicht entsprochen. Dies ist in § 323c StGB geschehen: Die Strafnorm begründet eine Pflicht für jedermann zur Geschäftsführung (Lebensrettung) und umschreibt gleichzeitig den Maßstab der Geschäftsführung, wenn es den Geschäftsführer auf das objektive Interesse des Suizidenten am Erhalt seines Lebens verpflichtet und einen entgegenstehenden Willen für unbeachtlich erklärt. Soweit das Gesetz selbst den Maßstab der Geschäftsführung bestimmt, ist der Rückgriff auf das subjektive Prinzip der §§ 683, 677 ausgeschlossen. Mit einer entsprechenden Anwendung der §§ 134, 138 hat dies nichts zu tun. Die Zweite Kommission stand noch auf dem Standpunkt, dass eine Rettung des Selbstmörders auf dessen Kosten nicht angängig sei, da es hier doch letztlich um die Umsetzung einer moralischen Pflicht des Geschäftsherrn gehe (MUGDAN II 1199, 1198): Diese Auffassung ist überholt, da aus §§ 13, 323c StGB nunmehr eine Rechtspflicht zur Rettung folgt. Zutreffend ist aber nach wie vor der Ausgangspunkt der Zweiten Kommission: Eine lediglich **sittliche Pflicht** des Geschäftsführers zum Eingreifen kann das subjektive Prinzip und damit die Willensherrschaft des Geschäftsherrn nicht durchbrechen (MUGDAN II 1199; vgl SOERGEL/BEUTHIEN[13] § 679 Rn 4).

VI. Tatbestand des Aufwendungsersatzes bei nützlicher Geschäftsführung

Die *actio contraria* (§ 683) setzt über das Vorliegen einer echten Geschäftsführung **19**
für einen anderen ohne Auftrag oder sonstige Berechtigung (Vorbem 106 ff zu §§ 677 ff) voraus, dass die Übernahme dem wirklichen oder dem mutmaßlichen Willen des

Geschäftsherrn entsprochen hat *(utiliter gestum)*. § 683 S 1 folgt dem strengen subjektiven Prinzip (s Rn 3 ff). Auf das objektive Interesse des Geschäftsherrn kommt es nicht an. Aus dem objektiven Interesse lassen sich nur bei fehlenden Anhaltspunkten Rückschlüsse auf den mutmaßlichen Willen ziehen (Rn 30 f). Selbst die Geschäftsführung zur Abwehr eines Nachteiles oder einer dringenden Gefahr dispensiert nicht von den Voraussetzungen des § 683 (Motive, bei Mugdan II 482; s Rn 13, s § 680 Rn 22).

1. Übernahme der Geschäftsführung

a) Gegenstand der Willensentsprechung

20 Der Geschäftsführer kann nur dann gleich einem Beauftragten Ersatz seiner Aufwendungen verlangen, wenn die Übernahme der Geschäftsführung, dh der Gegenstand der Geschäftsführung und seine Übernahme gerade durch diesen Geschäftsführer und die von diesem zu erwartende Durchführung der Geschäftsführung dem wirklichen oder dem mutmaßlichen Willen des Geschäftsherrn entspricht (BGH VersR 1981, 233, Urt v 20. 11. 1980, Az: III ZR 31/78; OLG Naumburg OLG-NL 1998, 246, Urt v 19. 5. 1998, Az: 9 U 249/97 – 46; Lent, Wille und Interesse bei der Geschäftsbesorgung 20 f; Gursky AcP 185 [1985] 13, 43 ff; Martinek/Theobald JuS 1998, 27 28; Wandt, Gesetzliche Schuldverhältnisse[6] § 5 Rn 12; BGB-RGRK/Steffen[12] Vor § 677 Rn 74; auch vKübel, in: Schubert [Hrsg], Die Vorlagen der Redaktoren, Schuldverhältnisse II 929, 975: In der Regel wird die Person des Geschäftsführers indifferent sein). Ist der Geschäftsherr mit einem bestimmten Geschäftsführer nicht einverstanden, liegen die Voraussetzungen des § 683 nicht vor. Die Geschäftsführung ohne Auftrag als solche muss dem Willen des Geschäftsherrn entsprechen. Nicht ausreichend ist, dass dem Geschäftsherrn lediglich die Besorgung des Geschäfts durch einen anderen willkommen ist und er den zu erlangenden eigenen Vorteil begrüßt; der Wille des Geschäftsherrn muss vielmehr darauf gerichtet sein, dass der andere als Geschäftsführer gerade für ihn als Geschäftsherrn tätig wird (BGH LM BGB § 683 Nr 3, Urt v 12. 1. 1955, Az: VI ZR 273/55; vgl auch BGHZ 82, 323, 331, Urt v 25. 11. 1981, Az: VIII ZR 299/80; BGH LM BGB § 683 Nr 17, Urt v 20. 6. 1963, Az: VII ZR 85/62; Gursky AcP 185 [1985] 13, 45; BGB-RGRK/Steffen[12] Vor § 677 Rn 74; MünchKomm/Seiler[6] § 683 Rn 9; Palandt/Sprau[73] § 683 Rn 5). Ob die spätere tatsächliche Durchführung oder tatsächlich ergriffene einzelne Maßnahmen der Geschäftsführung noch dem Willen des Geschäftsherrn genügen, ist für die Prüfung, ob die Übernahme der Geschäftsführung dem Willen des Geschäftsherrn entsprochen hat, unmittelbar unbeachtlich (BGHZ 65, 354, 357, Urt v 4. 12. 1975, Az: VII ZR 218/73; BGH MDR 1963, 922, Urt v 20. 6. 1963; Az: VII ZR 85/62), erlangt aber an anderer Stelle Bedeutung: So kann der Geschäftsführer – selbst wenn die Übernahme der Geschäftsführung dem Willen des Geschäftsherrn entsprach – keinen Ersatz für solche Aufwendungen erlangen, die er aus seiner Warte nicht für erforderlich halten durfte; zudem kann der Geschäftsführer bei unsachgemäßer Geschäftsführung gem §§ 280, 677 auf Schadensersatz haften. Auch gibt eine unsachgemäße Durchführung der Geschäftsführung stets Anlass, genau zu überprüfen, ob eine solche von vorneherein zu erwarten war, ob also überhaupt die Übernahme der Geschäftsführung dem Willen des Geschäftsherrn entsprach. Im Einzelfall kann die Unterscheidung zwischen dem Gegenstand der Geschäftsführung als solchem und einzelnen Aufwendungen zu seiner Durchführung erhebliche Schwierigkeiten bereiten (RGZ 149, 205, 207 f, Urt v 13. 11. 1935, Az: V 99/35).

b) Beurteilungszeitpunkt

Der Gesetzgeber hat sich dagegen entschieden, den Aufwendungsersatzanspruch des Geschäftsführers von einer (nachfolgenden) Genehmigung der Geschäftsführung durch den Geschäftsherrn abhängig zu machen (vgl Wächter AcP 20 [1837] 337 passim). Entscheidend ist, dass die Übernahme der Geschäftsführung dem wirklichen oder dem präsumtiven Willen des Geschäftsherrn entspricht. Maßgeblicher Beurteilungszeitpunkt hierfür ist der Beginn der **ersten Ausführungshandlung** (OLG Frankfurt NJW-RR 1996, 1337, Urt v 10. 1. 1995, Az: 22 U 198/93; Martinek/Theobald JuS 1997, 612, 613; Larenz, Schuldrecht II/1[13] § 57 I a S 443; Soergel/Beuthien[13] § 677 Rn 25). Der Unterschied beider Ansätze ist immens. Während nach der Lebenserfahrung ein Geschäftsherr eine ungünstig verlaufende Geschäftsführung im Nachhinein nicht genehmigen wird, kann sich ein Geschäftsführer bei einer zum Zeitpunkt ihrer Übernahme vielversprechenden und damit zu diesen Zeitpunkt von seinem (mutmaßlichen) Willen getragenen Geschäftsführung nicht mehr darauf berufen, dass er die Geschäftsführung aufgrund einer unerwarteten Wendung der Dinge nicht mehr will. Eine weitere Vorverlegung des Beurteilungszeitpunkts kommt nicht in Betracht. Auf einen im Vorfeld liegenden, wenn vielleicht auch äußerlich erkennbar gewordenen Entschluss des Geschäftsführers, die Geschäftsführung übernehmen zu wollen, kann nicht abgestellt werden (so aber BGB-RGRK/Steffen[12] vor § 677 Rn 35; Soergel/Beuthien[13] § 678 Rn 2; s Vorbem 226 zu §§ 677 ff mwNw). Zum Beginn der Ausführungshandlung: Vorbem 226 zu §§ 677 ff. 21

Der Tatbestand des § 683 S 1 *(negotium utiliter gestum)* entfällt weder ex-nunc noch ex-tunc aufgrund der Tatsache, dass sich zu einem späteren Zeitpunkt der Wille des Geschäftsherrn ändert und die Geschäftsführung nunmehr im Widerspruch dazu steht. Allerdings verpflichtet die Willensänderung den Geschäftsführer, von einer Fortsetzung der Geschäftsführung abzusehen (BGB-RGRK/Steffen[12] Vor § 677 Rn 69; Erman/Dornis[14] § 683 Rn 3). Tut er dies nicht, so haftet er gem §§ 677, 280 oder entsprechend § 678, wenn er nicht darlegen kann, dass er die Willensänderung des Geschäftsherrn nicht erkennen konnte (vgl Vorbem 228 zu §§ 677 ff). Soweit die Willensänderung für ihn nicht erkennbar ist, kann er weiterhin Ersatz der Aufwendungen verlangen, die er für erforderlich halten darf. Hat der Geschäftsführer dem Geschäftsherrn die Geschäftsführung angezeigt, alle notwendigen Mitteilungen gegeben und dessen Entschließungen abgewartet, so braucht er nicht ständig zu forschen, ob die Übernahme und Durchführung des Geschäfts noch dem Willen des Geschäftsherrn entspricht (BGB-RGRK/Steffen[12] Vor § 677 Rn 69). Billigt der Geschäftsführer erst nachträglich eine zunächst seinem Willen widersprechende Geschäftsführung, so kann darin eine nachträgliche Genehmigung iSd § 684 S 2 liegen. 22

2. Der Wille des Geschäftsherrn

Der Geschäftsführer kann nur dann gleich einem Beauftragten Ersatz seiner Aufwendungen verlangen, wenn die Übernahme der Geschäftsführung mit dem wirklichen oder dem mutmaßlichen Willen des Geschäftsherrn übereinstimmt. Es reicht nicht, dass die Geschäftsführung vielleicht dem objektiven Interesse des Geschäftsherrn entspricht (RGZ 101, 18, 19, Urt v 23. 11. 1920, Az: III 239/20; BGH LM BGB § 683 Nr 3, Urt v 12. 1. 1955, Az: VI ZR 273/55; BGB-RGRK/Steffen[12] Vor § 677 Rn 50); entgegen der missverständlichen Formulierung des § 683 S 1 kommt es auf das objektive Interesse 23 des Geschäftsherrn nicht an (Rn 3 ff, **aA**: Oertmann § 683 Anm 1). Allerdings kann in Ausnahmefällen kraft gesetzlicher Anordnung an die Stelle des Willens das objektive Interesse des Geschäftsherrn treten (s Rn 15 ff).

a) Verhältnis von wirklichem und mutmaßlichem Willen

24 Maßgeblich ist grundsätzlich der wirkliche Wille, den der Geschäftsherr zum Zeitpunkt der Übernahme der Geschäftsführung hat. Nur wenn ein wirklicher Wille nicht vorliegt, mangels erkennbarer äußerer Umstände im Prozess nicht feststellbar oder ausnahmsweise, etwa in Anwendung der §§ 104 ff, unbeachtlich ist und im letzten Falle nicht durch den Willen des gesetzlichen Vertreters ersetzt wird (s Rn 16), ist der mutmaßliche Wille zu ermitteln (Lent, Wille und Interesse bei der Geschäftsbesorgung 14; BGH NJW-RR 2005, 1426, 1428, Urt v 27. 4. 2005, Az: VIII ZR 140/04). Es besteht keinesfalls ein Alternativverhältnis zwischen mutmaßlichem und wirklichem Willen. Der mutmaßliche Wille ist notwendig subsidiär (Martinek/Theobald JuS 1997, 612, 614; BGB-RGRK/Steffen[12] Vor § 677 Rn 67; Oertmann § 683 Anm 1c; Soergel/Beuthien[13] § 683 Rn 4; **aA**: Isay, Die Geschäftsführung nach dem Bürgerlichen Gesetzbuche 136): „Das Wirkliche schließt das Mutmaßliche aus."

b) Der wirkliche Wille des Geschäftsherrn

25 Der wirkliche Wille ist der beim Geschäftsherrn **tatsächlich vorhandene subjektive Wille** im Zeitpunkt der Übernahme der Geschäftsführung. Ein solcher Wille setzt voraus, dass sich der Geschäftsherr überhaupt über die Geschäftsführung Gedanken gemacht hat. Das wird nur dann der Fall sein, wenn er von der Geschäftsführung Kenntnis hat oder sich zumindest im Vorfeld hypothetisch mit der Geschäftsführungssituation auseinander gesetzt hat. Die geläufige Feststellung, dass sich der wirkliche Wille nach außen in irgendeiner Weise manifestiert haben muss (so OLG Koblenz NJW-RR 1995, 15, Urt v 4. 11. 1993, Az: 5 U 1714/92; OLG München NJW-RR 1988, 1013, 1015, Urt v 10. 12. 1987, Az: 19 U 6312/86), ist missverständlich. Materiellrechtlich ist lediglich der wirkliche Wille von Bedeutung. Nur wenn im Prozess Streit über das Vorliegen oder den Inhalt des wirklichen Willens besteht, ist zu seiner Feststellung erforderlich, dass er in irgendeiner Weise für einen objektiven Beobachter erkennbar war (vgl Larenz, Schuldrecht II/1[13] § 57 I a S 444; Giesen Jura 1996, 288, 289; Martinek/Theobald JuS 1998, 27, 29). Der wirkliche Wille des Geschäftsherrn kann etwa einer der Geschäftsführung vorausgegangenen Korrespondenz zu entnehmen sein (BGHZ 138, 281, 287, Urt v 24. 1998, Az: III ZR 251/96; OLG Düsseldorf NJW-RR 2008, 331, 333, Urt v 19. 6. 2007, Az: 21 U 164/06) oder sich aus einem (form)nichtigen oder sonst unwirksamen Vertragsschluss ergeben (BGH NJW-RR 1993, 200, 201, Urt v 28. 10. 1992, Az: VIII ZR 210/91: Liegt nach dem nichtigen Vertrag das Risiko des Verkaufs von Eigentumswohnungen und damit von zuvor getätigten Aufwendungen beim Geschäftsführer, so entspricht eine auftragslose Geschäftsführung auf Kosten des Geschäftsherrn nicht dessen Willen). Der tatsächliche Wille muss aber nicht gegenüber dem Geschäftsführer geäußert sein; unerheblich ist überhaupt, ob der Geschäftsführer den Willen kannte oder kennen konnte. Daher steht dem Bankkunden, der versucht einen Bankräuber zu überwältigen, kein Anspruch aus § 683 S 1 zu, wenn die Bank ihre Angestellten intern angewiesen hat, einen drohenden Geldverlust nicht durch Einsatz von Leib oder Leben zu verhindern (OLG Karlsruhe VersR 1977, 936, Urt v 23. 3. 1977, Az: 7 U 269/75; zustimmend Martinek/Theobald JuS 1998, 27, 29; aus rechtsökonomischer Sicht Kötz, in: FS Großfeld 583, 590; s Rn 12 ff). Der festgestellte wirkliche Wille ist unbedingt zu beachten. Schrulligkeiten sind ebenso hinzunehmen wie greifbare Unvernunft oder intellektuelle Defizite (BGHZ 138, 281, 287, Urt v 2. 4.

1998, Az: III ZR 251/96; OLG Düsseldorf NZM 2007, 741, Urt v 28. 6. 2007, Az: 10 U 16/07). Eine Kontrolle an allgemeinen Maßstäben findet nicht statt. Der Wille hat daher auch dann Vorrang, wenn er dem objektiven Interesse widerspricht. Daher ist auch der Wille des Eigentümers einer auf Grund gelaufenen Yacht maßgebend, der Leuchtraketen abschießt, obwohl schon jetzt absehbar ist, dass das Schiff auch ohne fremde Hilfe durch den Seegang wieder flott wird (OLG Karlsruhe VersR 1981, 774, Urt v 37. 1980, Az: 12 U 121/78). Soweit es auf den Willen des geschäftsunfähigen oder beschränkt geschäftsfähigen Geschäftsherrn ankommt, ist der wirkliche oder mutmaßliche Wille des gesetzlichen Vertreters maßgebend. Ist die Bewusstseinsstörung nur vorübergehender Natur, so entscheidet der mutmaßliche Wille (s Rn 16; Vorbem 52 zu §§ 677 ff). Bei **juristischen Personen** oder sonstigen rechtsfähigen Personenvereinigungen des öffentlichen und privaten Rechts ist auf den Willen des zuständigen Vertretungsorgans abzustellen (BGH LM DDR-ZGB § 68 Nr 8, Urt v 11. 7. 1996, Az: III ZR 7/95). Bei mehreren Geschäftsherrn bestimmt jeweils ihr persönlicher Wille das Verhältnis zum Geschäftsführer (BGB-RGRK/Steffen[12] Vor § 677 Rn 68; s Vorbem 233 ff zu §§ 677 ff).

Einzelfälle: Sicherlich liegen die Voraussetzungen des § 683 S 1 nicht vor, wenn der Geschäftsführer entgegen dem erklärten Willen des Geschäftsherrn dessen Schulden tilgt (OLG Frankfurt VersR 1976, 172, Urt v 28. 11. 1974, Az: 9 U 65/74) oder wenn ein Wohnungseigentümer Geschäftsführungsmaßnahmen ergreift, die einem bestandskräftigen (mit Mehrheit gefassten) Eigentümerbeschluss zuwiderlaufen (BayObLG NZM 2002, 1033, Beschluss v 1. 10. 2002, Az: 2 Z BR 132/01). Andererseits muss der tatsächliche geäußerte Wille der Übernahme einer Geschäftsführung selbst dann nicht entgegenstehen, wenn der Geschäftsherr unter Hinweis auf seine vertraglichen Beziehungen zu einem Dritten einen Vertragsschluss mit dem Geschäftsführer ablehnt, da allein daraus noch nicht folgt, dass der Geschäftsherr auch mit einer Notversorgung durch den Geschäftsführer nicht einverstanden ist, wenn der Dritte nicht mehr liefert (BGH NZM 2005, 536, 538 f, Urt v 26. 2. 2005, Az: VIII ZR 66/04: Notversorgung eines Altenheims mit Strom; OLG Naumburg OLG-NL 1998, 246, Urt v 19. 5. 1998, Az: 9 U 249/97 – 46). 26

Schwierigkeiten kann der Fall bereiten, wenn **geäußerter Wille** und tatsächlicher Wille des Geschäftsherrn auseinander fallen. Fallen beide zeitlich auseinander, so ist der Wille maßgebend, den der Geschäftsherr zum Zeitpunkt der Übernahme hat. Der Geschäftsführer trägt das Risiko, dass der Geschäftsherr eine Geschäftsführung, die er früher einmal – vielleicht sogar ausdrücklich gegenüber dem Geschäftsführer – gut geheißen hat, zum Zeitpunkt ihrer tatsächlichen Übernahme aufgrund eines Meinungswandels ablehnt. Mangels einer Sonderverbindung trifft den Geschäftsherrn keine Pflicht, den Geschäftsführer auf seinen Meinungsumschwung hinzuweisen (Vorbem 215 zu §§ 677 ff). Recht speziell ist die Konstellation, dass zum Zeitpunkt der Übernahme tatsächlicher Wille und gleichzeitig geäußerter Wille auseinander fallen (Lehrbuchbeispiel: Der gelangweilte aber ungefährdete Badegast schreit aus Boshaftigkeit um Hilfe). In der Lehre wird für diesen Fall von einem Vorrang des gegenüber dem Geschäftsführer geäußerten Willens ausgegangen, wobei man sich auf die Wertung des § 116 beruft (Wandt, Gesetzliche Schuldverhältnisse[6] § 5 Rn 13; Giesen Jura 1996, 288, 289 f). 27

c) Der mutmaßliche Wille des Geschäftsherrn

Zwischen dem wirklichen und dem mutmaßlichen Willen besteht ein Subsidiaritäts- 28 verhältnis. Nur wenn ein wirklicher Wille nicht vorliegt oder ausnahmsweise entsprechend §§ 104 ff unbeachtlich ist (Rn 16), kommt es auf den mutmaßlichen Willen an. Der mutmaßliche Wille des Geschäftsherrn ist nicht gleichbedeutend mit seinem objektiven Interesse. Persönliche Eigenheiten, Neigungen und Liebhabereien können dem mutmaßlichen Willen eine andere Richtung geben als es sein wohlverstandenes individuelles Interesse verlangen würde (Oertmann § 677 Anm 1b β; anders Isay, Die Geschäftsführung nach dem Bürgerlichen Gesetzbuche 136; auch: Kötz, in: FS Großfeld 583, 589 f). Der ermittelte mutmaßliche Wille geht dem objektiven Interesse auch dann vor, wenn er das Ergebnis von Schrulligkeiten oder charakterlichen wie intellektuellen Defiziten des Geschäftsherrn ist; er muss sich ebenso wenig wie der wirkliche Wille auf nachvollziehbare, sachliche Erwägungen gründen. Nur dann, wenn weitere Anhaltspunkte fehlen, ist davon auszugehen, dass der mutmaßliche Wille dem Interesse des Geschäftsherrn entspricht (BGHZ 47, 370, 374, Urt v 20. 4. 1967, Az: VII ZR 326/64; BGH NJW-RR 1989, 970, Urt v 7. 3. 1989, Az: XI ZR 25/88; BGH LM UWG § 1 Nr 403, Urt v 22. 9. 1983, Az: I ZR 166/81; OLG München NJW-RR 1988, 1013, 1015, Urt v 10. 12. 1987, Az: 19 U 6312/86; Enneccerus/Lehmann, Schuldrecht[15] § 167 1b S 705 f; BGB-RGRK/Steffen[12] Vor § 677 Rn 75; Oertmann § 683 Anm 1c; Soergel/Beuthien[13] § 683 Rn 4). Allerdings trägt der Geschäftsherr die Darlegungs- und ggf Beweislast dafür, dass sein Wille mit dem objektiven Interesse nicht übereinstimmte (RGZ 82, 206, 216, Urt v 26. 4. 1913, Az: VI 572/12). Der mutmaßliche Wille ist danach zu bestimmen, ob der Geschäftsherr bei intellektueller Berücksichtigung aller Umstände der Übernahme der Geschäftsführung durch den Geschäftsführer zugestimmt hätte (BGH JZ 1972, 163, 164, Urt v 30. 11. 1971, Az: VI ZR 100/70; OLG München NJW-RR 1988, 1013, 1015, Urt v 10. 12. 1987, Az: 19 U 6312/86; OLG Frankfurt VersR 1976, 172, Urt v 28. 11. 1974, Az: 9 U 65/74; Lent, Wille und Interesse bei der Geschäftsbesorgung 14; objektivierend: Martinek/Theobald JuS 1997, 612, 614). Maßstab ist damit die wahrscheinliche, dh die subjektive Entscheidung des Geschäftsherrn, bezogen auf den Zeitpunkt der Übernahme der Geschäftsführung (Larenz, Schuldrecht II/1[13] § 57 I a S 444; BGB-RGRK/Steffen[12] Vor § 677 Rn 73; Soergel/Beuthien[13] § 683 Rn 4). Der mutmaßliche Wille ist mit der Frage zu ermitteln: „Würde der Geschäftsherr bei Kenntnis der Sachlage die Geschäftsführung gewollt haben?" (Oertmann § 683 Anm 1b; OLG Stuttgart NJW 1947/48, 227, 228, Urt v 26. 11. 1947, Az: Ra Nr 73/47; vgl auch Kötz, in: FS Großfeld 583, 589). Die Entscheidung, ob die Übernahme der Geschäftsführung dem mutmaßlichen Willen entspricht, erfolgt ausschließlich aus der Perspektive des Geschäftsherrn heraus. Keinesfalls kommt es – wie es früher teilweise vertreten wurde – für die Bestimmung des mutmaßlichen Willens darauf an, was der Geschäftsführer aus seiner Warte heraus als den mutmaßlichen Willen des Geschäftsherrn erachtet hat und nach den Umständen vielleicht erachten durfte (OLG München NJW-RR 1988, 1013, 1015, Urt v 10. 12. 1987, Az: 19 U 6312/86; Lent, Wille und Interesse bei der Geschäftsbesorgung 14; Enneccerus/Lehmann, Schuldrecht[15] § 167 1 b S 705; Oertmann § 683 Anm 1b mwNw).

29 **Einzelfälle**: Das Führen eines Kfz durch einen schwer Betrunkenen entspricht ebenso wenig dem mutmaßlichen Willen des noch stärker betrunkenen Beifahrers (BGH JZ 1972, 163, 164, Urt v 30. 11. 1971, Az: VI ZR 100/70), wie die Durchführung von Krankentransporten durch private Krankentransportunternehmen dem mutmaßlichen Willen der gesetzlichen Krankenversicherungsträger (OLG München NJW-RR 1988, 1013, 1015, Urt v 10. 12. 1987, Az: 19 U 6312/86). Andererseits kann selbst bei ausdrücklicher Ablehnung eines Vertragsschlusses mit dem Geschäftsführer unter Hinweis auf eine vertragliche Beziehung zu einem Dritten der mutmaßliche Wille des Geschäftsherrn

darauf gerichtet sein, dass der Geschäftsführer die Notversorgung übernimmt, wenn der Dritte nicht mehr liefert (BGH NJW-RR 2005, 1426, 1428, Urt v 27. 4. 2005, Az: VIII ZR 140/04; BGH NZM 2005, 536, 538 f, Urt v 26. 2. 2005, Az: VIII ZR 66/04). Trifft ein Wohnungseigentümer eine Maßnahme, die nicht von der Notgeschäftsführungsbefugnis des § 21 Abs 2 WEG gedeckt ist, so nehmen die Gerichte eine tatsächliche Vermutung dahin an, dass die übrigen Wohnungseigentümer selbst von ihrer Entscheidungsbefugnis Gebrauch machen wollen; ist daher die von einem einzelnen Wohnungseigentümer getroffene Maßnahme nicht die einzig in Betracht kommende, so soll sie im Zweifel nicht dem mutmaßlichen Willen der anderen Wohnungseigentümer entsprechen (OLG Celle Rp 2002, 94, Beschluss v 20. 12. 2001, Az: 4 W 286/01; BayObLG NZM 2000, 299, Beschluss v 4. 11. 1999, Az: 2 Z BR 106/99).

d) Verhältnis von Interesse und Wille

§ 683 S 1 ist missverständlich gefasst. Seinem Wortlaut nach scheint die Vorschrift 30
vorauszusetzen, dass die Übernahme der Geschäftsführung kumulativ Willen *und* Interesse des Geschäftsherrn entsprechen muss. So wird die Vorschrift in der Tat auch von einigen wenigen Literaturstimmen verstanden (Lent, Wille und Interesse bei der Geschäftsbesorgung 13 f; Dorn, Die Übernahme der Geschäftsführung ohne Auftrag 36 ff; Batsch AcP 171 [1971] 218, 225; Larenz, Schuldrecht II/1[13] § 57 I a S 444; Oertmann § 683 Anm 1; auch MünchKomm/Seiler[6] § 683 Rn 13). Aber zu Unrecht. Hinter § 683 S 1 steht das strenge subjektive Prinzip (s Rn 3 ff). Maßstab der Geschäftsführung ist ausschließlich der wirkliche oder der mutmaßliche Wille des Geschäftsherrn (Wittmann, Begriff und Funktion der Geschäftsführung ohne Auftrag 127; Fikentscher/Heinemann, Schuldrecht[10] Rn 1267; Giesen Jura 1996, 288, 289; Erman/Dornis[14] § 683 Rn 6; Soergel/Beuthien[13] § 683 Rn 5). Das objektive Interesse begründet lediglich eine widerlegbare Vermutung dahin, dass das objektiv nützliche auch dem Willen des Geschäftsherrn entspricht. Dieser Zusammenhang kam noch in § 753 E I deutlich zum Ausdruck und ging erst aufgrund einer Fehlleistung der Redaktionskommission verloren (s Rn 6). Daher können die Voraussetzungen des § 683 S 1 auch in den Fällen der sog unvernünftigen Geschäftsführung erfüllt sein, wenn also die Übernahme der Geschäftsführung zwar dem Willen des Geschäftsherrn entspricht, sie aber seinen Interessen zuwiderläuft (OLG Karlsruhe VersR 1981, 774, Urt v 3. 7. 1980, Az: 12 U 121/78).

Geht der wirkliche Wille dem mutmaßlichen Willen des Geschäftsherrn auch grund- 31
sätzlich vor, so kommt doch dem objektiven, wenn auch natürlich auf die individuelle Person des Geschäftsherrn bezogenen Interesse eine besondere Bedeutung zu. Es besteht eine **widerlegbare Vermutung** dahin, dass der wirkliche oder der mutmaßliche Wille des Geschäftsherrn seinem objektiven Interesse entspricht (vgl § 753 E I; BGHZ 47, 370, 374, Urt v 20. 4. 1967, Az: VII ZR 326/64; BGH NJW-RR 1989, 970, Urt v 7. 3. 1989, Az: XI ZR 25/88; BGH LM UWG § 1 Nr 403, Urt v 22. 9. 1983, Az: I ZR 166/81; OLG München NJW-RR 1988, 1013, 1015, Urt v 10. 12. 1987, Az: 19 U 6312/86; Enneccerus/Lehmann, Schuldrecht § 167 1b S 705 f; BGB-RGRK/Steffen[12] Vor § 677 Rn 75; Oertmann § 683 Anm 1c; Soergel/Beuthien[13] § 683 Rn 4). Wer also geltend macht, dass im Einzelfall der Wille vom Interesse abweicht, hat dies darzulegen und ggf zu beweisen (RGZ 82, 206, 216, Urt v 26. 4. 1913, Az: VI 572/12; BGB-RGRK/Steffen[12] Vor § 677 Rn 91).

3. Das objektive Interesse

a) Bedeutung

32 Entgegen der verunglückten Formulierung des § 683 S 1 kann der Geschäftsführer nur dann gleich einem Beauftragten Ersatz seiner Aufwendungen verlangen, wenn die Übernahme der Geschäftsführung dem wirklichen oder dem mutmaßlichen Willen des Geschäftsherrn entsprochen hat. Dem objektiven Interesse kommt nur eine mittelbare Bedeutung zu, weil eine widerlegbare Vermutung dahin besteht, dass der (mutmaßliche) Wille des Geschäftsherrn seinem objektiven Interesse entspricht (s Rn 31).

b) Übernahme der Geschäftsführung

aa) Gegenstand der Interessensentsprechung

33 Die Übernahme der Geschäftsführung, dh der Gegenstand der Geschäftsführung und seine Übernahme gerade durch diesen Geschäftsführer und die von diesem zu erwartende Durchführung der Geschäftsführung muss vom objektiven Interesse des Geschäftsherrn gedeckt sein (BGH VersR 1981, 233, Urt v 20. 11. 1980, Az: II ZR 31/78; Gursky AcP 185 [1985] 13, 44; Martinek/Theobald JuS 1998, 27, 28; BGB-RGRK/Steffen[12] Vor § 677 Rn 61). Dabei muss das Interesse nicht nur darauf gerichtet sein, dass der andere Teil das Geschäft überhaupt besorgt, sondern dass er es gerade *für* den Geschäftsherrn besorgt; es genügt also nicht, dass lediglich der zu erlangende Vorteil dem Geschäftsherrn objektiv von Nutzen ist (BGH LM BGB § 683 Nr 3, Urt v 12. 1. 1955, Az: VI ZR 273/55; vgl auch BGHZ 82, 323, 331, Urt v 25. 11. 1981, Az: VIII ZR 299/80; BGH LM BGB § 683 Nr 17, Urt v 20. 6. 1963, Az: VII ZR 85/62; Gursky AcP 185 [1985] 13, 45; Palandt/Sprau[73] § 683 Rn 5). Ob die spätere tatsächliche Durchführung oder tatsächlich ergriffene einzelne Maßnahme der Geschäftsführung noch dem Interesse des Geschäftsherrn genügen, ist an dieser Stelle der Anspruchsprüfung unbeachtlich (BGH MDR 1963, 922, Urt v 20. 6. 1963; Az: VII ZR 85/62; s ausführlich Rn 20).

bb) Beurteilungszeitpunkt

34 Maßgebender Zeitpunkt für die Beurteilung der Frage, ob die Geschäftsführung dem objektiven Interesse des Geschäftsherrn entspricht, ist der Zeitpunkt der Übernahme der Geschäftsführung (BGH LM UWG § 1 Nr 403, Urt v 22. 9. 1983, Az: I ZR 166/81; RGZ 149, 205, 207, Urt v 13. 11. 1935, Az: V 99/35; OLG Frankfurt NJW-RR 1996, 1337, Urt v 10. 1. 1995, Az: 22 U 198/93; BGB-RGRK/Steffen[12] Vor § 677 Rn 62; Oertmann § 683 Anm 1a; Soergel/Beuthien[13] § 683 Rn 3). Daher genügt es, dass die Geschäftsführung bei Übernahme dem Interesse des Geschäftsherrn entsprochen hat; eine nachfolgende unsachgemäße Durchführung ändert daran nichts (s Rn 21 f).

c) Bestimmung der Interessenlage

35 Maßstab der Prüfung der Interessensentsprechung ist die objektive Interessenlage (BGH LM UWG § 1 Nr 403, Urt v 22. 9. 1983, Az: I ZR 166/81; RGZ 149, 205, 207, Urt v 13. 11. 1935, Az: V 99/35). Maßgebend sind allein die objektiven Umstände; es kommt nicht darauf an, ob der Geschäftsführer die maßgebenden Umstände überhaupt erkennen konnte und wie er die Interessenlage des Geschäftsherrn deuten durfte. Der Geschäftsführer trägt damit das Risiko, das Interesse des Geschäftsherrn falsch zu beurteilen. Ein **Irrtum** – auch wenn er noch so unverschuldet sein mag – geht ausschließlich zu Lasten des Geschäftsführers (Enneccerus/Lehmann, Schuldrecht § 167 1 a S 705; s Rn 12 ff). Ist das Interesse des Geschäftsherrn auch objektiv zu bestimmen,

so hat doch die Interessenprüfung einen personalen Einschlag, weil ihr die konkreten Verhältnisse des jeweiligen Geschäftsherrn zugrunde zu legen sind (Larenz, Schuldrecht II/1[13] § 57 I a S 443 f; Erman/Dornis[14] § 683 Rn 5; MünchKomm/Seiler[6] § 683 Rn 4; Planck/Lobe[4] § 683 Anm 2a; vgl zum weitergehenden subjektiven Interessenbegriff: Oertmann § 683 Anm 1a mwNw). Bei mehreren Geschäftsherren ist jeweils das Interesse des einzelnen Geschäftsherrn maßgeblich (s Vorbem 233 ff zu §§ 677 ff; BGB-RGRK/Steffen[12] Vor § 677 Rn 61). Dass der Geschäftsführer seinerseits an der Geschäftsführung ein Interesse hat, schadet nicht (Vorbem 177 zu §§ 677 ff).

Die Rückbesinnung auf die Natur der Geschäftsführung ohne Auftrag als besonderes gesetzliches Schuldverhältnis der Interessensubordination verlangt gleichzeitig eine **restriktivere Handhabung des Interessenbegriffs**. In der Literatur wird zutreffend darauf hingewiesen, dass dem Interessenbegriff kaum mehr Bedeutung zukommt, wenn fast jede Maßnahme, die auch nur im Entferntesten von Vorteil für den Geschäftsherrn sein kann, als seinem Interesse entsprechend betrachtet wird (Helm, in: Gutachten und Vorschläge zur Überarbeitung des Schuldrechts III 335, 371 ff, 399 ff; Gursky AcP 185 [1985] 13, 43). Der Grund für die Aufweichung des Interessenbegriffs ist die Tatsache, dass die §§ 677, 683 unter der Meinungsführerschaft der tradierten Lehre, die unzutreffend den Begriff des objektiv fremden Geschäfts in den Mittelpunkt des Geschäftsführungsrechts stellt, als Regressnorm eingesetzt wurde (s Vorbem 129 ff zu §§ 677 ff). Die notwendige Korrektur ist dadurch zu erreichen, dass man den Interessenbegriff entsprechend dem subjektiven Prinzip, das den §§ 677 ff zugrunde liegt, bewusst auf den präsumtiven Willen des Geschäftsherrn bezieht. Ein objektives Interesse ist daher nicht schon dann anzunehmen, wenn die Geschäftsführung einen irgendwie gearteten, vielleicht weit entfernten, vielleicht nur bei abstrakter Betrachtung erkennbaren Vorteil zu erbringen vermag. Maßgebend ist, ob die Geschäftsführung für den konkreten Geschäftsherrn in seiner konkreten Situation vorteilhaft ist. Letztlich ist eine materielle, auf den Geschäftsherrn bezogene, die Vor- und Nachteile der konkreten Geschäftsführung einstellende Gesamtbetrachtung vorzunehmen. Man wird sich bei der Bestimmung der Interessenlage auch an den Erkenntnissen der **ökonomischen Analyse des Rechts** orientieren können. Danach ist die Übernahme der Geschäftsführung als interessengemäß anzusehen, wenn der voraussichtliche Nutzen, den die Geschäftsführung dem Geschäftsherrn verspricht, höher liegt, als ihre voraussichtlichen mittel- und unmittelbaren Nachteile und Kosten (vgl dazu: Kötz, in: FS Großfeld 583, 584 ff, 588 ff). Die Kosten der Geschäftsführung sind daher stets in die Bilanz einzustellen (OLG Hamm MDR 1990, 152, 153, Urt v 11. 8. 1989, Az: 26 U 54/89). Allerdings ist nicht ausschließlich eine wirtschaftliche Betrachtung anzustellen; auch nichtvermögensrechtliche Vorteile sind zu berücksichtigen (BGH NJW 1961, 359, 360, Urt v 7. 11. 1960, Az: VII ZR 82/59, insoweit in BGHZ 33, 251 nicht abgedruckt; Palandt/Sprau[73] § 683 Rn 4; Soergel/Beuthien[13] § 683 Rn 4). – Die Entscheidung, ob eine Maßnahme dem objektiven Interesse des Geschäftsherrn entspricht, ist daher letztlich das Ergebnis eines komplizierten Abwägungsvorgangs. Sicher auszuscheiden sind jedenfalls unsachgemäße oder überflüssige Maßnahmen (OLG Stuttgart VersR 2003, 341, Urt v 20. 11. 2001, Az: 12 U 86/01; Soergel/Beuthien[13] § 683 Rn 4) oder Maßnahmen, bei denen eine Verhältnismäßigkeitsprüfung von Anfang an ergibt, dass sie außer Verhältnis zum angestrebten Erfolg stehen. So ist etwa die Übernahme einer Geschäftsführung, die den Einsatz von Leib und Leben für ein weniger bedeutendes Rechtsgut verlangt, niemals interessengerecht (OLG Stuttgart VersR 2003, 341, Urt v 20. 11. 2001, Az: 12 U 86/01; OLG Düsseldorf VersR 1973, 826, Az: 12 U 226/ **36**

71: lebensgefährlicher Einsatz zur Bergung eines Modellflugzeugs aus einer Baumkrone; Kötz FS-Großfeld 583, 590 f).

d) Einzelfälle

aa) Erfüllung fremder Verbindlichkeiten

37 Die Entscheidung, ob die Übernahme der Geschäftsführung dem objektiven Interesse des Geschäftsherrn entspricht, ist ein diffiziler auf den Einzelfall bezogener Abwägungsvorgang (Rn 36). Die Rechtspraxis wird diesen Anforderungen weitgehend nicht gerecht. Gerade im Bereich der **Erfüllung von Verbindlichkeiten** soll diese für den Geschäftsherrn schon deswegen von Interesse sein, weil sie – trotz sicherem nachfolgenden Rückgriff des Geschäftsführers – einer (faktischen) Stundung gleichkommt (BGHZ 47, 370; 373, Urt v 20. 4. 1967, Az: VII ZR 326/64; BGH BB 1969, 194, Urt v 20. 6. 1968, Az: VII ZR 170/66; vgl auch BGH ZIP 1999, 1389; 1390, Urt v 8. 7. 1999, Az: III ZR 162/98; OLG Frankfurt VersR 1976, 172, Urt v 28. 11. 1974, Az: 9 U 65/74; Enneccerus/Lehmann, Schuldrecht[15] § 167 1 a S 705; ausführlich: Wollschläger, Die Geschäftsführung ohne Auftrag 77 ff). Im Grundsatz wird die Interessensübereinstimmung damit bereits dann bejaht, wenn eine durchsetzbare Pflicht besteht, getreu dem Motto „in seinem Interesse liegt, was das Gesetz von ihm verlangt". Eine Entwicklung, die übrigens bereits im römischen Recht zu beobachten war. Schon hier bestand der Grundsatz, dass die Tilgung einer fremden Schuld grundsätzlich eine nützliche Geschäftsführung war (Labeo Dig 3, 5, 42). Aus ökonomischer Sicht überzeugt das nur bedingt, kann doch gerade die Verzögerung der Zahlung dem Interesse des Geschäftsherrn entsprechen; zumal wenn man in die Abwägung miteinstellt, dass wegen des sicheren Rückgriffs des Geschäftsführers letztlich nur ein Gläubigerwechsel herbeigeführt wird (Wittmann, Begriff und Funktion der Geschäftsführung ohne Auftrag 128; ausführlich zur vielschichtigen Interessenlage der Zahlung auf fremde Schuld: Vorbem 260 f zu §§ 677 ff). Im Einzelfall kann eine Kosten-Nutzen-Analyse sicherlich ergeben, dass die Zahlung der Verbindlichkeit im Interesse des Geschäftsherrn stand. So etwa, wenn der Geschäftsherr eigene Ansprüche gegen den zahlenden Geschäftsführer hat und nunmehr gegen den Regressanspruch des Geschäftsführers mit seinen eigenen Gegenforderungen aufrechnen kann (BGHZ 47, 370, 374, Urt v 20. 4. 1967, Az: VII ZR 326/64); nachvollziehbar erscheint auch, dass ein Kreditinstitut, das im Vorgriff auf einen noch abzuschließenden Finanzierungskreditvertrag eine bestehende Kaufpreisschuld tilgt, im Interesse des Käufers handelt (OLG Zweibrücken Rp 2002, 409, Urt v 27. 5. 2002, Az: 7 U 176/01). Wird dagegen eine nicht mehr bestehende, eine verjährte oder alsbald verjährende Verbindlichkeit getilgt, so kommt auch die hM nicht mehr daran vorbei, das Interesse des Geschäftsherrn an der Geschäftsführung zu verneinen (OLG Köln Rp 1995, 278, Urt v 30. 11. 1994, Az: 13 U 110/94; BGB-RGRK/Steffen[12] Vor § 677 Rn 65; Oertmann § 683 Anm 1). Gleiches gilt, wenn sich der Geschäftsherr durch Aufrechung gegenüber dem Gläubiger von seiner Schuld hätte befreien können, eine Zahlung mit barem Geld also hätte vermeiden können (Motive, bei Mugdan II 481; RG SeuffA 37 [1882] Nr 112, Urt v 14. 10. 1881). – Im Übrigen sei auf die §§ 679, 683 S 2 hingewiesen. Hinter diesen Vorschriften verbirgt sich der – systemwidrig im Bereich der echten Geschäftsführung mitgeregelte – privilegierte Rückgriffsanspruch des Geschäftsführers bei im öffentlichen Interesse liegender Erfüllung fremder Verbindlichkeiten (s § 679 Rn 2). Hier hat es sich gerade erwiesen, dass der Begriff des Interesses des Geschäftsherrn ausgetauscht werden muss gegen ein Übermaßverbot: Die Erfüllung von Pflichten steht nicht unbedingt im objektiven Interesse des Schuldners; allerdings hat die Rechtsordnung im Ausnahmefall ein Interesse an ihrer Durchsetzung im Wege einer

Privatvollstreckung. Grenze der Privatvollstreckung ist die Erforderlichkeit: Der Geschäftsführer darf nicht mehr als Aufwendungsersatz verlangen, als er für erforderlich halten durfte (§ 679 Rn 2, 4 ff).

bb) Verwendungen auf fremde Sachen

Bei Verwendungen auf fremde Sachen muss das Interesse des Geschäftsherrn zweierlei umfassen: Einmal den Verwendungserfolg zu erhalten und zum anderen dafür auch zu bezahlen (zum Ganzen: WOLLSCHLÄGER, Die Geschäftsführung ohne Auftrag 210 ff). Aus dem Bereich des § 683 auszuscheiden sind daher unsachgemäße wie überflüssige Maßnahmen und aufgedrängte Verbesserungen, die der Zweckbestimmung der Sache durch den Eigentümer widersprechen. Beim Einheitspreisvertrag (Begriff: STAUDINGER/PETERS/JACOBY [2014] § 632 Rn 4) wird eine erhebliche Überschreitung der Vordersätze – soweit man die Grundsätze der Geschäftsführung ohne Auftrag angesichts der vorrangigen vertraglichen Regelung überhaupt für einschlägig hält – nicht mehr vom Interesse des Geschäftsherrn gedeckt sein (OLG Celle NJW 2013, 1312, 1313, Urt v 9. 8. 2012, Az: 16 U 197/11 mit sehr krit Anm ZEPP; zur Preiskorrektur bei Mengenfehleinschätzungen: STAUDINGER/PETERS/JACOBY [2014] § 632 Rn 65 ff). Verwendungen des Mieters sind etwa – sofern sie nicht allein in den Nutzungsbereich des Mieters gehören und damit ohnehin keine Geschäftsführung für einen anderen darstellen (§ 539 Abs 1) – überwiegend als interessenwidrig zu beurteilen, weil sie den Gebrauchsnutzen ohne Erhöhung des Mietzinses vergrößern und dadurch das vertraglich vereinbarte Äquivalenzverhältnis stören (MünchKomm/SEILER[6] § 683 Rn 8). Bei angespannter Finanzlage des Geschäftsherrn kann eine an sich willkommene Geschäftsführungsmaßnahme interessenwidrig sein. Maßnahmen, deren Kosten außer Verhältnis zum Nutzen der Maßnahme stehen, sind stets interessenwidrig. Überhaupt kann festgehalten werden, dass nur evident nützliche Leistungen als interessengemäß anzusehen sind, wobei ein individueller, auf den Geschäftsherrn bezogener Maßstab anzulegen ist. Letztlich geht es darum, den Geschäftsherrn vor aufgedrängter Bereicherung zu schützen (WOLLSCHLÄGER, Die Geschäftsführung ohne Auftrag 213 f). 38

cc) Sonstiges

Im Regelfall entscheidet eine **Kosten-Nutzen-Analyse** über die Beantwortung der Frage, ob eine Maßnahme dem objektiven Interesse des Geschäftsherrn entspricht. So entspricht etwa eine **Heimunterbringung** nicht dem objektiven Interesse, wenn eine Pflegefamilie billiger gewesen wäre (OLG Hamm MDR 1990, 152, 153, Urt v 11. 8. 1989, Az: 26 U 54/89). Der in Lebensgefahr schwebende Geschäftsherr hat ein objektives Interesse an einem **Rettungsflug**, selbst wenn dieser erhebliche Kosten verursacht. Für eine Abwägung zwischen den Erfolgschancen der konkreten Rettungsaktion und den damit verbundenen Kosten ist wegen der Ungleichheit der bestehenden Rechtsgüter kein Raum. Ein Interesse an der Rettungsaktion kann nur dann ausgeschlossen werden, wenn von vorneherein definitiv feststeht, dass für den Geschäftsherrn keine Rettungschance mehr bestanden hat (OLG Frankfurt NJW-RR 1996, 1337, Urt v 10. 1. 1995, Az: 22 U 198/93). Allein schon aufgrund der gesetzlichen Wertung des § 323c StGB entspricht die Rettung des **Selbstmörders** dessen objektivem Interesse (WITTMANN, Begriff und Funktion der Geschäftsführung ohne Auftrag 130; s Rn 17 f). Dagegen entspricht die **Rettung aus Bergnot** durch ein 11jähriges, dieser Aufgabe nicht gewachsenes Kind, nicht dem objektiven Interesse des Geschäftsherrn (BGH VersR 1981, 233, Urt v 20. 11. 1980, Az: II ZR 31/78). Auch soll die 39

Entrichtung der Einfuhrumsatzsteuer durch den Grenzspediteur nicht dem objektiven Interesse des Empfängers entsprechen (BGHZ 114, 248, 252 ff, Urt v 25. 4. 1991, Az: III ZR 74/90). Ein **Selbsthilfeverkauf** des Verkäufers für den sich im Annahmeverzug befindlichen Käufer kann auch dann eine im Interesse des Käufers liegende Geschäftsführung sein, wenn die Bestimmungen über den Selbsthilfeverkauf (§ 373 HGB) nicht beachtet werden (BGH MDR 1945, 93, Urt v 18. 6. 1957, Az: VIII ZR 218/56). Spiegelbildlich kann der **Notverkauf** durch den rücktrittsberechtigten Käufer eine nützliche Geschäftsführung ohne Auftrag für den Verkäufer darstellen, selbst wenn die Vorschriften über den Notverkauf (§ 379 HGB) nicht eingehalten wurden (RGZ 66, 186, 197 f, Urt v 7. 6. 1907, Az: II 39/07). Selbstverständlich scheidet eine nützliche Geschäftsführung aus, wenn der Geschäftsherr **widerspricht** (RGZ 101, 18, 19, Urt v 23. 11. 1920, Az: III 239/20).

40 Schließlich ist auf folgende Sachverhalte hinzuweisen, die allerdings eher in den Bereich des privilegierten Rückforderungsanspruchs der §§ 683 S 2, 679 als in den Bereich der echten Geschäftsführung ohne Auftrag gehören. Letztlich gibt hier nicht das objektive Interesse des Geschäftsherrn den Ausschlag, sondern die Wahrung der Verhältnismäßigkeit bei Vornahme der einem anderen obliegenden Verbindlichkeit (s § 679 Rn 4). Die **wettbewerbsrechtliche Abmahnung** durch einen Wettbewerber oder einen Verein iSd § 13 UWG sollte – als der Sachverhalt noch vor Einführung des § 12 Abs 1 S 2 UWG nF geschäftsführungsrechtlich zu behandeln war (s Vorbem 294 ff zu §§ 677 ff) – nach höchst- und oberrichterlicher Rechtsprechung im Interesse des Störers liegen, weil dieser auf diese Art und Weise Gelegenheit erhalte, einen kostspieligen Prozess zu vermeiden (BGHZ 52, 393, 399 f – Fotowettbewerb, Urt v 15. 10. 1969, Az: I ZR 3/68 für die Klage eines Vereins zur Förderung gewerblicher Interessen iSd § 13 Abs 1 UWG; BGHZ 149, 371, 374 f, Urt v 17. 1. 2002, Az: I ZR 241/99 – Missbräuchliche Mehrfachabmahnung; OLG Düsseldorf NJW-RR 2003, 566, 568, Urt v 1. 2. 2002, Az: 17 U 1/01). Eine unbegründete Abmahnung entsprach dagegen nicht dem Interesse des Geschäftsherrn (BGH LM BGB § 276 [Fa] Nr 140, Urt v 1. 12. 1994, Az: I ZR 139/92). Der BGH ist nicht bereit, die Rechtsprechung zur wettbewerbsrechtlichen Abmahnung auf die **Abwehr unbegründeter Ansprüche** zu übertragen (BGH NJW 2007, 1458, Rn 16, Urt v 12. 12. 2006, Az: VI ZR 224/05; **aA**: OLG Düsseldorf NJW-RR 2003, 566, 568, Urt v 1. 2. 2002, Az: 17 U 1/01. Eingehend zur Kostenerstattung bei außergerichtlicher Rechtsdurchsetzung: BERGMANN AcP 211 [2011] 803). Hier heißt es: Die Abwehr von Ansprüchen sei keine dem Interesse und mutmaßlichen Willen des Anspruchsstellers entsprechende Maßnahme. Das objektive Interesse des Eigentümers einer den Straßenverkehr gefährdenden Giebelmauer am Abbruch seiner Mauer wurde sowohl aus der (abstrakten) **polizeirechtlichen Zustandshaftung** als auch aus der **zivilrechtlichen Haftung** des Grundstücksbesitzers nach § 836 abgeleitet (BGHZ 16, 12, 15 f, Urt v 15. 12. 1954, Az: II ZR 277/53; vgl auch: RGZ 149, 205, 208, Urt v 13. 11. 1935, Az: V 99/35). Die **Leistung des Unterhaltspflichtigen** an den Geschädigten soll im Interesse des primär verpflichteten Schädigers liegen (RGZ 82, 206, 214, 216, Urt v 26. 4. 1913, Az: VI 572/12).

dd) Besonderheiten bei Geschäftsführung zugunsten eines Trägers der öffentlichen Verwaltung

41 Die Prüfung der Interessenübereinstimmung bei Geschäftsführung zugunsten von Trägern der öffentlichen Verwaltung wird durch öffentlich-rechtliche Besonderheiten bestimmt. Eine Geschäftsführung kann überhaupt nur dann im Interesse der öffentlichen Verwaltung liegen, wenn es sich um eine gebundene Entscheidung oder

einen Fall der Ermessensreduzierung auf Null handelt (s § 679 Rn 19, BGH NJW 1978, 1258, 1259, Urt v 15. 12. 1977, Az: III ZR 159/75; BVerwGE 80, 170 = NJW 1989, 922, 923, Urt v 6. 9. 1988, Az: 4 C 5/86; ERICHSEN, in: ERICHSEN/EHLERS, AllgVwR[12] § 29 Rn 18). Anders dagegen im Normalfall, wenn die Behörde einen Ermessensspielraum hat. Das behördliche Ermessen kann nicht durch einen Privatmann ausgeübt werden, Art 20 GG (vgl LENT, Wille und Interesse bei der Geschäftsbesorgung 31).

4. Besondere Dringlichkeit

Eine besondere Dringlichkeit, die es geboten erscheinen lässt, vom normalen Weg 42
der Selbsterledigung durch den Geschäftsherrn abzugehen, ist **nicht allgemein zu fordern** (GURSKY AcP 185 [1985] 13, 44; ERMAN/DORNIS[14] § 683 Rn 8; so aber: WITTMANN, Begriff und Funktion der Geschäftsführung ohne Auftrag 128). Hatte der BGH in frühen Entscheidungen auch ein derartiges Erfordernis aufgeführt (BGH LM BGB § 683 Nr 17, Urt v 20. 6. 1963, Az: VII ZR 85/62; auch: BGH LM BGB § 683 Nr 3, Urt v 12. 1. 1955, Az: VI ZR 273/53;), so hat er doch in späteren Entscheidungen diese Einschränkung relativiert (BGHZ 47, 370, 372, Urt v 20. 4. 1967, Az: VII ZR 326/64). Ob eine Geschäftsführung dringend geboten war, ist im Rahmen der Gesamtabwägung zur Ermittlung des objektiven Interesses des Geschäftsherrn zu berücksichtigen (s Rn 36). Allerdings kommt der besonderen Dringlichkeit der Geschäftsführung auf Rechtsfolgenseite Bedeutung zu. Wie die **ökonomische Analyse des Rechts** lehrt, ist die Kompensation des gewerblichen Geschäftsführers auf reinen Kostenersatz zu beschränken, wenn für ihn vorher die Möglichkeit bestand, mit dem Geschäftsherrn einen entgeltlichen Vertrag zu schließen. Nur dort, wo eine solche Möglichkeit nicht bestand, soll es gerechtfertigt sein, dem Geschäftsführer die typische **Vergütung** zu gewähren (Rn 60). Diese Beschränkung des Anspruchsumfangs des § 683 S 1 wird heilsame Sorge dafür tragen, dass der Geschäftsführer im eigenen Interesse versuchen wird, mit dem Geschäftsherrn einen entgeltlichen Vertrag abzuschließen (KÖNDGEN, in: ZIMMERMANN [Hrsg], Rechtsgeschichte und Privatrechtsdogmatik 371, 385 f; vgl ERMAN/DORNIS[14] § 683 Rn 8, 12). Damit wird die wirtschaftliche Funktion der Geschäftsführung ohne Auftrag als subsidiäre Ersatzvertragsordnung gestärkt. – Von der Frage, ob die Übernahme der Geschäftsführung dem wirklichen oder mutmaßlichen Willen des Geschäftsherrn entspricht, ist die Ebene ihrer Durchführung zu unterscheiden. Hier gilt Folgendes: Auch wenn die Voraussetzungen des § 683 S 1 vorliegen, hat der Geschäftsführer die Übernahme der Geschäftsführung, sobald dies tunlich ist, dem Geschäftsherrn anzuzeigen und, sofern nicht mit dem Aufschub Gefahr verbunden ist, dessen Entschließung abzuwarten (§ 681). Er darf also, solange die Entscheidung des Geschäftsherrn bei ihm nicht eingegangen ist, zu dessen Lasten grundsätzlich nur unaufschiebbare Maßnahmen vornehmen (BGH ZIP 1983, 839, 840, Urt v 25. 5. 1983, Az: Iva ZR 199/81; s § 681 Rn 3).

5. Ausschluss der actio contraria

Ausgeschlossen ist die *actio contraria* im Fall des **§ 685.** **§ 241a** bringt in seinem 43
berechtigten Anwendungsbereich eine Selbstverständlichkeit zum Ausdruck (Vorbem 206 f zu §§ 677 ff). **§ 817 S 2** findet keine Anwendung (BGHZ 39, 87, 91, Urt v 31. 1. 1963, Az: VII ZR 284/61; BGB-RGRK/STEFFEN[12] § 683 Rn 3; ERMAN/DORNIS[14] § 683 Rn 9); allerdings kommt es zu einer mittelbaren Berücksichtigung auf Rechtsfolgenseite (s Rn 48). Eine mangelhafte Durchführung der Geschäftsführung (§ 677) oder eine Verletzung

geschäftsführungsrechtlicher Nebenpflichten (§ 681) verpflichten den Geschäftsführer zum Schadensersatz (§ 280) und können zu Kürzungen des Aufwendungsersatzes führen (§ 670), schließen den Aufwendungsersatzanspruch aber im Grundsatz nicht aus (BGHZ 65, 354, 357, Urt v 4. 12. 1975, Az: VII ZR 218/73; s Rn 8 f; 47 ff).

6. Genehmigung der Geschäftsführung (§ 684 S 2)

44 Der Geschäftsführer kann selbst dann, wenn die Übernahme der Geschäftsführung nicht dem wirklichen oder dem mutmaßlichen Willen des Geschäftsherrn entsprach, gleich einem Beauftragten Ersatz seiner Aufwendungen verlangen, wenn der Geschäftsherr die Übernahme der Geschäftsführung gem § 684 S 2 genehmigt.

VII. Rechtsfolgen

1. Aufwendungsersatz

a) Wesen; Gefahrtragung

45 Sind die Voraussetzung des § 683 S 1 erfüllt, so kann der Geschäftsführer wie ein Beauftragter Ersatz seiner Verwendungen verlangen. Der Geschäftsherr ist also verpflichtet, dem Geschäftsführer die Aufwendungen zu ersetzen, die dieser den Umständen nach zur Durchführung der Geschäftsführung – inklusive Vorbereitungsmaßnahmen – für erforderlich halten durfte (§ 670). In der Verweisung auf § 670 ist die wesentliche Gefahrtragungsregel enthalten: Auch erfolglose Aufwendungen sind zu ersetzen, solange der Geschäftsführer sie für erforderlich halten durfte (s Rn 10 f). Die Verpflichtung zum Aufwendungsersatz folgt allein aus der Tatsache, dass die Übernahme der Geschäftsführung dem Willen des Geschäftsherrn entspricht. Eine **Genehmigung** einzelner Aufwendungen ist nicht erforderlich; nicht erforderliche Aufwendungen können aber vom Geschäftsherrn genehmigt werden. Dass dem Geschäftsführer Aufwendungsersatz zu leisten ist, folgt aus dem **Subordinationscharakter** der echten Geschäftsführung ohne Auftrag: Wie ein etwaiger Gewinn nicht der Gewinn des Geschäftsführers ist, sondern dem Geschäftsherrn zusteht (§§ 681 S 2, 667), so ist auch ein Verlust nicht der Verlust des Geschäftsführers, sondern fällt letztlich dem Geschäftsherrn zur Last. Dementsprechend kann der Geschäftsführer im Gegensatz zum Finder (§ 971) grundsätzlich keinen Lohn für seine Tätigkeit verlangen (s aber auch Rn 54 ff), sondern nur den Ausgleich seiner im Interesse des Geschäftsherrn getätigten Vermögensopfer (Wittmann, Begriff und Funktion der Geschäftsführung ohne Auftrag 136). Dabei ist heute für das Recht des Auftrags und der Geschäftsführung ohne Auftrag geklärt, dass der Beauftragte oder Geschäftsführer über den engen Wortlaut der §§ 683 S 1, 670 hinaus nicht nur Ersatz seiner freiwilligen Vermögensopfer, sondern auch für Schäden fordern kann, die aus einer mit der Geschäftsführung verbundenen Gefahr entstanden sind (s Rn 62 ff). Können bei der vermögensrechtlichen Abwicklung der Geschäftsführung ohne Auftrag Geschäftsführer und Geschäftsherr voneinander Aufwendungsersatz bzw Herausgabe des durch die Geschäftsführung Erlangten fordern, handelt es sich also um ein zweiseitiges Schuldverhältnis, so stehen die Ansprüche doch nicht in einem gesetzlichen Synallagma iSd § 320. Allerdings können beide gegeneinander jeweils das **Zurückbehaltungsrecht des § 273** geltend machen.

b) Begriff

46 Der Aufwendungsbegriff des § 683 S 1 entspricht grundsätzlich demjenigen des § 670. Für Einzelheiten ist auf die Kommentierung zu § 670 zu verweisen. Aufwendungen sind *freiwillige* Vermögensopfer, die der Geschäftsführer zum Zwecke der Ausführung auf sich nimmt oder die sich als notwendige Folge der Geschäftsführung ergeben (BGHZ 65, 384, 389, Urt v 15. 12. 1975, Az: II ZR 54/74; Esser/Weyers, Schuldrecht II/2[8] § 46 II 4 c S 22; Wandt, Gesetzliche Schuldverhältnisse[6] § 5 Rn 32). Ersetzt werden nicht nur Aufwendungen, die zur eigentlichen Ausführung der Geschäftsführung erforderlich sind, sondern auch solche, die zur Übernahme der Geschäftsbesorgung notwendig waren (BGB-RGRK/Steffen[12] § 683 Rn 8). Fahre ich mit dem Taxi zum Haus meines Freundes, um das vom Sturm abgedeckte Dach zu reparieren, so kann ich auch Ersatz der Fahrtkosten verlangen. Allerdings steht der Anspruch unter der weiteren Voraussetzung, dass der Geschäftsführer die Aufwendungen für erforderlich halten durfte. Per se keine ersatzfähigen Aufwendungen sind Vermögensopfer, die zu anderen, insbesondere **eigennützigen Zwecken** gemacht werden, bei deren Erbringung der Geschäftsführer aber nicht im Interesse des Geschäftsherrn handelt (BGH ZIP 2012, 1445 Rn 41, Urt v 8. 5. 2012, Az: XI ZR 437/11).

c) Umfang und Inhalt

47 Der Geschäftsführer kann gleich einem Beauftragten Ersatz seiner Aufwendungen verlangen. Damit verweist das Gesetz auf § 670. Erstattet werden nicht alle zum Zwecke der Durchführung getätigten Aufwendungen des Geschäftsführers, sondern nur solche, die der Geschäftsführer für erforderlich halten durfte, ohne dass es dann allerdings einer weiteren Genehmigung seitens des Geschäftsherrn bedürfte (vgl Lent, Der Begriff der auftragslosen Geschäftsführung 29 f). Damit kommt das Gesetz dem Geschäftsführer weit entgegen. Nicht der Erfolg seiner Aufwendungen entscheidet über die Ersatzfähigkeit seiner Aufwendungen, sondern eine vernünftige Beurteilung *ex ante* aus der Sicht eines sorgfältigen Geschäftsführers in gleicher Lage; die Gefahr vom Geschäftsführer nicht zu vertretender Fehleinschätzungen trägt insoweit der Geschäftsherr (Esser/Weyers, Schuldrecht II/2[8] § 46 II 4 c S 22; Wandt, Gesetzliche Schuldverhältnisse[6] § 5 Rn 34; s Rn 10 f). Der Geschäftsführer ist gehalten, sorgfältig zu prüfen, ob der von ihm betriebene Aufwand erforderlich und angemessen ist, den mit der Geschäftsführung beabsichtigten Erfolg herbeizuführen (BGH NJW 1989, 1284, 1285, Urt v 10. 11. 1988, Az: III ZR 215/87; OLG Frankfurt VersR 1976, 172, Urt v 28. 11. 1974, Az: 9 U 65/74). Das pflichtgemäße Ermessen des Geschäftsführers wird durch § 677 **konkretisiert**: Er hat das Geschäft so zu führen, seine Aufwendungen so zu tätigen, wie das Interesse des Geschäftsherrn mit Rücksicht auf dessen Willen es erfordert (BGB-RGRK/Steffen[12] § 683 Rn 8). In den Fällen, in denen die Geschäftsführung die Abwehr einer dem Geschäftsherrn drohenden dringenden Gefahr bezweckt, ist bei der Beurteilung, ob der Geschäftsführer seine Aufwendungen für erforderlich halten durfte, § 680 entsprechend anzuwenden (BGH LM BGB § 677 Nr 14, Urt v 12. 2. 1972, Az: II ZR 46/70; Wittmann, Begriff und Funktion der Geschäftsführung ohne Auftrag 135; s § 680 Rn 20).

48 Nicht für erforderlich halten darf der Geschäftsführer ersichtlich **nutzlose und sachwidrige**, unangemessene, erkennbar interessenwidrige (§ 677) und überhaupt weisungswidrige (§ 681) Aufwendungen. So ist etwa der Einsatz von Leib und Leben zur Rettung eines Modellflugzeugs ebenso evident unangemessen (OLG Düsseldorf VersR 1973, 826, Az: 12 U 226/71; Kötz, in: FS Großfeld 583, 590 f), wie die mehrmonatige kosten-

pflichtige Aufbewahrung eines schrottreifen Pkw offensichtlich dem Interesse des Geschäftsherrn zuwiderläuft (LG Braunschweig NJW 1966, 1820, Urt v 9. 11. 1965, Az: 6 S 40/65). Überhaupt ist der Geschäftsführer verpflichtet, die Kosten niedrig zu halten (BGH NJW 1984, 2525, Urt v 12. 4. 1984, Az: I ZR 45/82). Auch normative Erwägungen bestimmen die Erforderlichkeit. So darf der Geschäftsführer keinesfalls ein iSd **§ 134** gesetzeswidriges oder ein iSd **§ 138** sittenwidriges Tun für erforderlich halten. Bedeutung kann dies gewinnen, wenn ein der Geschäftsführung zugrunde liegender **Vertrag** gem §§ 134, 138 nichtig ist. Ist etwa ein Vertrag wegen Verstoßes gegen Art 1 § 1 RBerG nichtig, so darf der unbefugt rechtsberatende Geschäftsführer seine Tätigkeit nicht für erforderlich halten (BGHZ 37, 258, 263 f, Urt v 25. 6. 1962, Az: VII ZR 120/61; BGHZ 118, 142, 150, Urt v 30. 4. 1992, Az: III ZR 151/91; BGH NJW-RR 1997, 564 f Urt v 19. 12. 1996, Az: III ZR 9/95; **aA**: OLGReport Saarbrücken 2009, 453, Urt v 24. 3. 2009, Az: 4 U 103/08 für den Fall, dass der Gesetzesverstoß nicht offen zu Tage liegt). Gleiches gilt, wenn ein Werkunternehmer mit der Ausführung des Geschäfts gegen das Verbotsgesetz des § 1 Abs 2 **SchwarzArbG** verstößt (BGH NJW 2014, 1805 Rn 14, Urt v 10. 4. 2014, Az: VII ZR 241/13; OLGReport Oldenburg 2007, 436, Beschl v 30. 3. 2007, Az: 2 U 1/07: Formbedürftigkeit einer zusätzlichen Honorarabrede). Richtet sich das gesetzliche Verbot dagegen nicht gegen die Tätigkeit als solche, so steht es einem Aufwendungsersatz nicht zwingend entgegen (BGH ZIP 2007, 1056 Rn 20, Urt v 2. 4. 2007, Az: II ZR 325/05 und BGH ZIP 2009, 1161, Rn 4, Beschl v 27. 4. 2009, Az: II ZR 160/08 für die §§ 113, 114 AktG). Andererseits wird die Erforderlichkeit von Aufwendungen nicht dadurch ausgeschlossen, dass der Geschäftsführer von Aufwendungen selbst mittelbar profitiert und aus eigensüchtiger Motivation heraus handelt (Vorbem 177 zu §§ 677 ff).

49 Inhaltliche Konkretisierungen des Aufwendungsersatzes enthalten die §§ 256, 257. § 256 verpflichtet den Geschäftsführer zur **Verzinsung** getätigter Aufwendungen. Bestehen die Aufwendungen des Geschäftsführers in der Eingehung von Verbindlichkeiten im eigenen Namen, so steht ihm gem § 257 ein Anspruch gegen den Geschäftsführer auf **Befreiung von der Verbindlichkeit** zu. Der Aufwendungsersatz erfasst ggf auch die Befreiung von einer im Rahmen der Geschäftsführung entstandenen Schadensersatzverbindlichkeit nach § 904 S 2 (BayObLGZ 2002, 35, Urt v 25. 2. 2002, Az: 1 Z RR 331/99). Schließt der Geschäftsführer im Namen des Geschäftsherrn ein Geschäft ab, so kann er Freistellung von den ihn aus § 179 treffenden Verpflichtungen beanspruchen; ein Anspruch gegen den Geschäftsherrn auf Genehmigung des gem § 177 schwebend unwirksamen Vertrages besteht dagegen nicht (BGH LM BGB § 683 Nr 2, Urt v 8. 7. 1953, Az: VI ZR 241/52; BGH NJW 1951, 398, Urt v 9. 2. 1951, Az: V ZR 1/59; Enneccerus/Lehmann, Schuldrecht[15] § 167 1 S 705; vgl Vorbem 217 ff zu §§ 677 ff). Eine Ausnahme ist auch für den Fall des § 679 nicht anzuerkennen (RGZ 106, 350, 354, Urt v 6. 3. 1923, Az: III 308/22; Wittmann, Begriff und Funktion der Geschäftsführung ohne Auftrag 147 f, 149; Berg NJW 1972, 1117; anders obiter dicta BGH NJW 1951, 398, Urt v 9. 2. 1951, Az: V ZR 1/59).

d) Prozessuale Geltendmachung angefallener und künftiger Aufwendungen

50 Liegen die Voraussetzungen des § 683 S 1 vor, so kann der Geschäftsführer Ersatz seiner bisher tatsächlich angefallenen Aufwendungen fordern. Dagegen kann der Geschäftsführer nicht erfolgreich auf Feststellung klagen, dass ihm der Geschäftsherr zum Ersatz künftiger, wenn auch vielleicht notwendiger Aufwendungen verpflichtet ist (RGZ 84, 390 f, Urt v 20. 4. 1914, Az: VI 42/14). Dies folgt daraus, dass das Rechtsverhältnis der auftraglosen Geschäftsführung mit Aufgabe der Geschäftsführungsabsicht wegfällt, also noch nicht sicher abgesehen werden kann, ob sich weiterhin eine Geschäftsführung vollziehen wird (s Vorbem 224, 227 zu §§ 677 ff). Auch lässt sich nicht für die Zukunft beurteilen, ob der Geschäftsführer überhaupt weitere Aufwendungen für notwendig erachten darf, da er gehalten ist, die Geschäfte mit Rücksicht auf den noch nicht absehbaren Willen des Geschäftsherrn zu führen (s Rn 47). Werden nur in der Vergangenheit liegende Aufwendungen geltend gemacht, ist auch der Erlass eines Grundurteils (§ 304 ZPO) zulässig (Rn 9). Für die Entscheidung über den Grund genügt es, dass die Übernahme der Geschäftsführung dem Willen des Geschäftsherrn entsprochen und der Geschäftsführer überhaupt zweckmäßige Maßnahmen ergriffen hat. Dem Betragsverfahren kann dann die Prüfung überlassen bleiben, inwieweit der Geschäftsführer seine Aufwendungen für erforderlich halten durfte (RGZ 167, 55, 60, Urt v 29. 4. 1941, Az: VI 129/40).

e) Umfang des Aufwendungsersatzes bei Auch-Gestion und gemeinschaftlichem Geschäft (hM) bzw bei Interessengleichlauf (Theorie der realgeschäftlichen Geschäftsbesorgung)

Für die tradierte Lehre, die am Begriff des fremden Geschäfts ansetzt, kommt es 51
grundsätzlich in den Fällen des sog auch-fremden Geschäfts **(Auch-Gestion)**, obwohl dies der verunglückte Begriff nahe legt, nicht zu einer Kostenteilung zwischen Geschäftsführer und Geschäftsherrn. Die Kosten der Geschäftsführung hat ausschließlich der Geschäftsherr zu tragen. Dies liegt daran, dass nach einer anhand von materiellen Kriterien zu bestimmenden Kosten- und Lastenzuständigkeit in diesen Fällen der Geschäftsherr im Verhältnis zum Geschäftsführer die Kosten zu tragen hat (s Vorbem 141 f zu §§ 677 ff). In manchen Fällen können die Dinge aber so liegen, dass nach dem materiellen Stufen- und Rangverhältnis keine Partei die Verbindlichkeit endgültig zu tragen hat, sondern dass eine gleichrangige – und nur quotenmäßig geteilte – Güter- und Lastenzuständigkeit besteht. In dieser in Abgrenzung zur Auch-Gestion **gemeinschaftliches Geschäft** genannten Konstellation ist der Geschäftsführer nicht berechtigt, Ersatz seines gesamten Aufwands gem § 683 vom Geschäftsherrn zu verlangen. Es erfolgt vielmehr eine quotenmäßige Kostenteilung. Trifft etwa die Miteigentümer einer einsturzgefährdeten Giebelmauer die gleichrangige (ordnungsrechtliche) Pflicht, diese Mauer zu beseitigen, und beseitigt sie einer der Miteigentümer, so führt er ein die Miteigentümer gemeinschaftlich treffendes Geschäft. Es erfolgt eine Kostenteilung entsprechend den Miteigentumsanteilen. Der Geschäftsführer kann nur insoweit Aufwendungsersatz verlangen, als seine Aufwendungen dem Miteigentumsanteil des anderen zugute kommen (BGHZ 16, 12, 16 f, Urt v 15. 12. 1954, Az: II ZR 277/53; RGZ 149, 205, 209, Urt v 13. 11. 1935, Az: V 99/35; Wollschläger, Die Geschäftsführung ohne Auftrag 190). Sind die aufgrund einer Ordnungsverfügung vom Geschäftsführer beseitigten Brandfolgen dem Geschäftsführer und dem Geschäftsherrn in der Weise zuzurechnen, dass keiner von beiden als Letztzuständiger die Kosten allein zu tragen hat, so nimmt der Geschäftsführer ein gemeinschaftliches Geschäft wahr, dessen Kosten nach Verantwortungsteilen aufgeteilt werden (BGHZ 110, 313, 317, Urt v 8. 3. 1990, Az: III ZR 81/88: Milchpulver-Fall). Sind zwei Unternehmen dem Bauherrn gegenüber gleichrangig zur Nachbesserung verpflichtet, so führt das die Mangelbeseitigung ausführende Unternehmen ein gemeinschaftliches Geschäft (OLG Hamm NJW-RR 1992, 849, Urt v 10. 1. 1992, Az: 26 U 82/91; OLG Hamm NJW-RR 1991, 730, Urt v 9. 11. 1990, Az: 26 U 23/90). Beseitigt der Geschäftsführer durch eine Maßnahme zwei verschiedene Gefahren, deren Beseitigung einmal seine, einmal Angelegenheit des Geschäftsherrn ist, nimmt er sowohl ein

eigenes, als auch ein fremdes Geschäft wahr. In einem solchen Fall sind die Kosten nach dem Verhältnis beider Gefahren zu verteilen (RGZ 149, 205, 209, Urt v 13. 11. 1935, Az: V 99/35).

52 Nach der hier vertretenen **Theorie der realgeschäftlichen Geschäftsbesorgung** spielt der Begriff des fremden Geschäfts für das Geschäftsführungsrecht keine Rolle (Vorbem 28 ff, 116 ff zu §§ 677 ff). Entscheidend ist die im normativ zu verstehenden Merkmal der Geschäftsführungsabsicht zum Ausdruck kommende fremdnützige Interessenwahrnehmung für einen anderen. Zu einer Kostenteilung im Rahmen des § 683 S 1 kann es in dem seltenen Fall kommen, dass der Geschäftsführer sowohl eigennützig als auch fremdnützig tätig wird, dass er also nach dem sozialen Sinn seines Tuns gemeinschaftlich für sich und einen anderen tätig wird (s Vorbem 28 ff, 143, 172 ff zu §§ 677 ff). Dies kann etwa dann geschehen, wenn der Geschäftsführer Verwendungen tätigt auf einen Gegenstand, der ihm in Gemeinschaft mit einem anderen gehört. Ist das der Fall, kann er gem § 683 S 1 nur in Höhe des auf den anderen entfallenden Anteils Aufwendungsersatz fordern.

f) Gesetzlicher Ausschluss des Aufwendungsersatzanspruchs

53 Die Geschäftsführung ohne Auftrag ist das gesetzliche Schuldverhältnis der nicht durch Vertrag oder Gesetz abweichend oder abschließend geregelten Interessensubordination. Von daher ist der Aufwendungsersatzanspruch ausgeschlossen, wenn der Geschäftsführer aufgrund besonderen Gesetzes zur „unentgeltlichen" Tätigkeit verpflichtet ist. Sind diese Voraussetzungen gegeben, so entfällt ein Anspruch auf Ersatz der Aufwendungen gem § 683, weil sie der Geschäftsführer kraft seiner besonderen Verpflichtung selbst tragen soll (BGH NZBau 2004, 34, 35, Urt v 21. 10. 2003, Az: X ZR 66/01; BGHZ 140, 102, 109 f, Urt v 26. 11. 1998, Az: III ZR 223/97; BGHZ 98, 235, 242 f, Urt v 18. 9. 1986, Az: III ZR 227/84; BGHZ 40, 28, 32, Urt v 20. 6. 1963, Az: VII ZR 263/61). Ob solche Vorschriften bestehen, ist Frage des Einzelfalls (s Vorbem 187 zu §§ 677 ff).

2. Vergütung

a) Vergütung; Finder-, Berge- und Hilfslohn; Verdienstausfall

54 Die §§ 683 S 1, 670 nehmen zu der Frage, ob der Geschäftsführer für seine Mühen eine Vergütung verlangen kann, nicht ausdrücklich Stellung (Loyal, Die „entgeltliche" Geschäftsführung ohne Auftrag 74 ff). Der Verweis des § 683 S 1 auf § 670 scheint eher das Gegenteil nahe zu legen: Ist der Beauftragte zur unentgeltlichen Tätigkeit verpflichtet, so könnte dies auch für den Geschäftsführer ohne Auftrag gelten. An anderer Stelle wird fremdnützige Tätigkeit honoriert: § 971 kennt für den Finder den **Finderlohn**, die §§ 574 ff HGB regeln für das Recht der Bergung und Hilfeleistung in Seenot den Anspruch auf Berge- und Hilfslohn (Loyal, Die „entgeltliche" Geschäftsführung ohne Auftrag 173 ff), wobei namentlich das Seerecht mit seiner – freilich zwischenzeitlich gelockerten – Fixierung auf das Prinzip des „no cure – no pay" deutliche Unterschiede zu den allgemeinen gestionsrechtlichen Grundsätzen aufweist (s Rn 11; vgl Köndgen, in: Zimmermann [Hrsg], Rechtsgeschichte und Privatrechtsdogmatik 371, 388 ff).

55 Ob und inwieweit der Geschäftsführer eine Vergütung für geleistete Dienste verlangen kann, ist sehr umstritten (Wollschläger, Die Geschäftsführung ohne Auftrag 311 ff; Dorn JZ 1964, 93; Köhler JZ 1985, 350, 361 ff; Köndgen, in: Zimmermann [Hrsg], Rechtsgeschichte und Privatrechtsdogmatik 371, 388 ff; Loyal, Die „entgeltliche" Geschäftsführung ohne

Auftrag). Die Natur der Geschäftsführung ohne Auftrag präjudiziert die Frage nicht. Sicherlich ist im subordinationsrechtlichen Grundgedanken des § 683, dass ein Verlust (Aufwendung) letztlich dem Geschäftsführer zur Last fällt (wie ja auch umgekehrt der Gewinn dem Geschäftsherrn gebührt, §§ 681 S 2, 667), ein Entgeltanspruch des Geschäftsführers nicht (zwingend) angelegt (Vorbem 29 f zu §§ 677 ff), gleichzeitig schließt der subordinationsrechtliche Charakter der Geschäftsführung einen Entgeltanspruch aber auch nicht aus. Unstreitig – und nicht zu verwechseln mit der Frage, ob der Geschäftsführer Entlohnung für seine Mühen verlangen kann – ist lediglich, dass der Geschäftsführer seinen **Verdienstausfall** geltend machen kann, wenn er zur Durchführung der Geschäftsführung (freiwillig) anderen Erwerb aufgeopfert hat. So etwa, wenn der Arzt seine Sprechstunde ausfallen lässt, um einem bewusstlosen Passanten zu helfen. In dem entgangenen Gewinn liegt sein freiwilliges Vermögensopfer (vgl BGHZ 33, 251, 257, Urt v 7. 11. 1960, Az: VII ZR 82/59; LENT, Wille und Interesse bei der Geschäftsbesorgung 101; LOYAL, Die „entgeltliche" Geschäftsführung ohne Auftrag 114 ff; ESSER/WEYERS, Schuldrecht II/2[8] § 46 II 4 c S 22; dazu: DORN JZ 1964, 93; vgl für das österreichische Recht: MEISSEL, Geschäftsführung ohne Auftrag 196). Dabei ist es gleichgültig, ob die geschäftsführende Tätigkeit selbst der unterbrochenen beruflichen Tätigkeit gleichartig ist oder nicht. Die Ersatzfähigkeit des Verdienstausfalls beantwortet aber nicht die Frage, ob der Geschäftsführer auch dann Vergütung verlangen kann, wenn eine andere Verdienstmöglichkeit nicht aufgeopfert wird. So etwa, um beim Beispiel zu bleiben, wenn der Arzt nach Feierabend auf dem Weg nach Hause anhält und einen bewusstlosen Passanten behandelt.

b) Historische Entwicklung; Gesetzgebungsgeschichte

Die Entwicklung der Vergütungsfrage ist zwischen zwei Extrempositionen eingekeilt 56
(BERGMANN, Die Geschäftsführung ohne Auftrag 301 ff; eingehend zur Geschichte des Vergütungsanspruchs: LOYAL, Die „entgeltliche" Geschäftsführung ohne Auftrag 51 ff). Dogmengeschichtlicher Ausgangspunkt ist die **patrizische Honorität**. Im römischen Recht war die Geschäftsbesorgung – gleich ob sie auf *mandatum* oder *negotiorum gestio* beruhte – unentgeltlich. Die *actio contraria* des Geschäftsführers war danach auf den Ausgleich seiner Vermögenseinbußen beschränkt (GAIUS Dig 3, 5, 2; ders Dig 3, 5, 21; CHIUSI, in: FS Ress 1425). Er konnte für seine Aufwendungen Ersatz verlangen, nicht aber aus seiner Tätigkeit Erwerb erzielen. Entsprechend den Grundsätzen des römischen Rechts wurde auch im gemeinen Recht ein Vergütungsanspruch des Geschäftsführers für seine Bemühungen nicht anerkannt. Im Laufe der Rechtsentwicklung trat aber immer mehr die Erkenntnis zu Tage, dass niemand etwas umsonst tut. Dieser **Gedanke der Reziprozität** wurde Grundlage der gerade auch im Naturrecht rezipierten verbreiteten Lehre, dass alleine durch Leistung von Diensten – auch ohne vertragliche Grundlage – ein Entgeltanspruch begründet werde (PFEIFFER, Praktische Ausführungen aus allen Theilen der Rechtswissenschaft VII 151 ff, insb 163; WOLFF, Institutiones juris naturae et gentium § 627). Mit ihrer ganzen Radikalität konnte sich die Lehre nicht etablieren: Zur Begründung von Entgeltspflichten bedürfe es grundsätzlich eines Vertrages. Und doch machte man eine wesentliche Ausnahme für den Fall, dass die Tätigkeit in den ausgeübten Beruf des Leistenden hineinfalle (vLANGENN/KORI, Erörterungen praktischer Rechtsfragen I[2] 1 ff, 11 f). Kodifikatorischer Ausdruck dieser Lehre ist der heutige **§ 354 HGB**. Zwischen diesen beiden Polen ist die frühere Gesetzgebung einzuordnen. Während das vernunftrechtlich beeinflusste PrALR einen Vergütungsanspruch anerkannte (PrALR I 13 § 232; DERNBURG, Lehrbuch des Preußischen Privatrechts II[4] § 286 [1] S 884), hielt das Bayerische Landrecht am römisch-rechtlichen Dogma der

Unentgeltlichkeit fest (CMBC IV 13 § 2 Nr 4). § 238 des Vorentwurf vKübels folgt dem Reziprozitätsprinzip und gewährte dem Geschäftsführer einen Vergütungsanspruch zu „für Handlungen, wofür er sonst bezahlt zu werden pflegt“ (vKübel, in: Schubert [Hrsg], Die Vorlagen der Redaktoren, Schuldverhältnisse II 929, 978 f). Der Geschäftsführer handle vielleicht aus humaner Gesinnung, er wolle aber keine Freigiebigkeit üben. Dagegen wurde in § 753 E I die Vergütungsproblematik nicht mehr ausdrücklich angesprochen; der Entwurf verwies vielmehr auf das Auftragsrecht („... so hat der Geschäftsführer wie ein Beauftragter des Geschäftsherrn gegen diesen einen Anspruch auf Ersatz seiner Aufwendungen“). Allerdings war der Auftrag im E I noch als entgeltliches Rechtsverhältnis ausgestaltet und in den Motiven zu § 753 E I findet sich eigens der Hinweis, dass unter Ersatz der Aufwendungen „geeignetenfalls auch Vergütung für Dienstleistungen, welche in oder bei der neg. gestio erfolgten, zu verstehen“ sei (Mugdan II 482). Doch die Intention des Vorentwurfs und des E I ging verloren, als im Verlaufe der Zweiten Kommission die Entgeltlichkeit des Auftrags beseitigt wurde. Zwar wurde das Auftragsrecht durch Einfügung des heutigen § 675 angepasst, doch die Verweisung des § 683 auf das nunmehr unentgeltliche Auftragsrecht wurde scheinbar übersehen. Wollschläger spricht insoweit von einem ziemlich groben **Redaktionsversehen** bei Abfassung des BGB (Wollschläger, Die Geschäftsführung ohne Auftrag 314 f; krit Loyal, Die „entgeltliche“ Geschäftsführung ohne Auftrag 65 ff: These des Redaktionsversehens sei „zweifelhaft und spekulativ“).

c) Rechtsvergleichung; europäische Rechtsvereinheitlichung

57 Book V des **DCFR** (Benevolent intervention in another's affairs) hat das Reziprozitätsprinzip (Rn 56) in Art V 3:102 adaptiert. Gleich dem BGB gewährt das Schweizer Recht dem Geschäftsführer nicht ausdrücklich einen Vergütungsanspruch (vgl Art 422 Abs 1 OR). Und doch plädiert ein Großteil der Lehre für eine weite Auslegung des Begriffs „Verwendung“ und will dem Geschäftsführer überhaupt eine Vergütung zubilligen, wenn eine solche für die geleistete Tätigkeit üblich ist (vgl Schmid, Geschäftsführung ohne Auftrag Rn 531 ff). Auf den ersten Blick nimmt das zeitgenössische **französische** Recht die Gegenposition ein. Im Anschluss an mehrere Entscheidung der Cour de cassation (Cass com, 15. 12. 1992, Bull civ IV n° 415; auch: Cass civ 1re, 18. 4. 2000, Bull civ I n° 113) will man dem Geschäftsführer selbst dann keine Vergütung zugestehen, wenn die übernommene Tätigkeit in den Bereich seiner selbständigen Tätigkeit fällt: „Le gérant n'a jamais droit à une rémunération, même s'il a agi dans le cadre de sa profession“ (Terré/Simler/Lequette, Les Obligations[10] n° 1045). Allerdings ist mir nicht klar, ob sich die vielzitierten Leitentscheidung Cass com, 15. 12. 1992, Bull civ IV n° 415 wirklich verallgemeinern lässt: Nach der Kündigung eines Vertrages erbrachte der Gestor weiterhin Leistungen. Auch bei grundsätzlicher Anerkennung eines Vergütungsanspruchs wäre dem Geschäftsführer kein Entgelt zuzusprechen. Denn für eine Vergütung ist nach den allgemeinen Grundsätzen nur dann Raum, wenn für den Geschäftsführer keine Möglichkeit bestand, seine Leistung auf vertraglicher Grundlage zu erbringen und sich einen Lohnanspruch auszubedingen (Rn 60). Auch sonst ist die Linie der französischen Rechtsprechung nicht einheitlich. Denn dem gewerblichen Erbensucher wird gestützt auf die *gestion d'affaires* durchaus ein Vergütungsanspruch zugesprochen (Cass civ 1re, 31. 1. 1995, Bull civ I n° 59); die deutsche Rechtsprechung entscheidet sich an dieser Stelle anders (Vorbem 13, 205 zu §§ 677 ff). Nichtsdestotrotz hat das *Avant-projet de réforme du droit des obligations* die restriktive Tendenz von Cass com, 15. 12. 1992, Bull civ IV n° 415 aufgegriffen. Nach dem vorgeschlagenen Art 1328-3 steht dem

Geschäftsführer nur noch ein Aufwendungsersatz unter „l'exclusion de toute rémunération" zu.

d) Der Meinungsstand

Die überwiegende Lehre geht dahin, dem Geschäftsführer über den Fall des Verdienstausfalles hinaus grundsätzlich keinen Aufwendungsersatz oder Vergütungsanspruch für aufgeopferte Zeit und Arbeitskraft zuzugestehen. Für die Theorie der Menschenhilfe folgt die Unentgeltlichkeit der Geschäftsführung schon aus dem uneigennützigen, geradezu karitativen Charakter der Geschäftsführung (Wittmann, Begriff und Funktion der Geschäftsführung ohne Auftrag 136, 28 f; **aA**: Lent, Wille und Interesse bei der Geschäftsbesorgung 102: „Daher entfällt die Notwendigkeit aus systematischen Gründen die Unentgeltlichkeit anzunehmen"). Und überhaupt: Es könne nicht Sinn der Geschäftsführung ohne Auftrag sein könne, dem Geschäftsführer eine vertragsgleiche Gewinnchance zu eröffnen (Soergel/Beuthien[13] § 683 Rn 11). Für eine heute nur noch selten vertretene Auffassung hat es hierbei sein Bewenden. Sie versagt dem Geschäftsführer immer und stets einen Vergütungsanspruch und beschränkt seinen Aufwendungsersatzanspruch auf den Ersatz von Vermögenseinbußen (Melullis, Das Verhältnis von Geschäftsführung ohne Auftrag und ungerechtfertigter Bereicherung 10 ff; Oertmann § 683 Anm 3b). Anders die hM: Stehe dem Geschäftsführer auch im Grundsatz kein Vergütungsanspruch für seine Tätigkeit zu, so sei ihm doch die tarifmäßige oder sonst übliche Vergütung zuzubilligen, wenn die Geschäftsbesorgung in seine **berufliche oder gewerbliche Tätigkeit** fällt (BGHZ 191, 325, Rn 25, Urt v 17. 11. 2011, Az: III ZR 53/11; BGH NJW-RR 2005, 1426, 1428, Urt v 27. 4. 2005, Az: VIII ZR 140/04; BGH NZM 2005, 536, 539, Urt v 26. 2. 2005, Az: VIII ZR 66/04; BGHZ 143, 9, 16, Urt v 21. 10. 1999, Az: III ZR 319/98; BGHZ 65, 384, 390, Urt v 15. 12. 1975, Az: II ZR 54/74; BGH NJW-RR 1989, 970, 970 f, Urt v 7. 3. 1989, Az: XI ZR 25/88; OLG Naumburg OLG-NL 1998, 246, Urt v 19. 5. 1998, Az: 9 U 249/97 – 46; vgl auch: BGHZ 92, 34, 36, Urt v 29. 4. 1977, Az: V ZR 236/74; Isay, Die Geschäftsführung nach dem Bürgerlichen Gesetzbuche 148; ebenso Wittmann, Begriff und Funktion der Geschäftsführung ohne Auftrag 136, 28 f; BGB-RGRK/Steffen[12] § 683 Rn 7; Palandt/Sprau[73] § 683 Rn 8; Soergel/Beuthien[13] § 683 Rn 11). Die Rechtfertigungsansätze zur Privilegierung beruflicher und gewerblicher Tätigkeiten sind mannigfaltig (vgl die Nachweise bei Köhler JZ 1985, 359, 361 f; Wollschläger, Die Geschäftsführung ohne Auftrag 311 f): Teils wird die Vergütung als pauschalisierter Ausgleich von Verdienstausfall gekennzeichnet (Wittmann, Begriff und Funktion der Geschäftsführung ohne Auftrag 136, 28 f), ein anderes Mal sind die Mühen des Geschäftsführers „mittelbare Vermögensaufwendung", da die erbrachten Tätigkeiten normalerweise nicht ohne Vergütung vorgenommen würden (Esser/Weyers, Schuldrecht II/2[8] § 46 II 4 c S 22; Larenz, Schuldrecht II/1[13] § 57 I b S 448 f; Soergel/Beuthien[13] § 683 Rn 11), wobei zusätzlich auf die Wertung der §§ 612, 632 verwiesen wird (Giesen Jura 1996, 288, 291; BGB-RGRK/Steffen[12] § 683 Rn 7; **aA**: Loyal, Die „entgeltliche" Geschäftsführung ohne Auftrag 146 ff). Manche bemühen (zusätzlich) eine **Analogie zu § 1835 Abs 3** (OLG Kiel OLGRspr 18 [1909] 22, 23; Urt v 9. 10. 1907; Wittmann, Begriff und Funktion der Geschäftsführung ohne Auftrag 136, 28 f; Brückmann, Die Rechte des Geschäftsführers ohne Auftrag 184; Crome, System des Deutschen Bürgerlichen Rechts II § 255 III 2 a S 638 f; Hey JuS 2009, 400, 401; Soergel/Beuthien[13] § 683 Rn 11; s RGZ 149, 121, 124, Urt v 25. 10. 1935, Az: III 37/35; **aA**: Loyal, Die „entgeltliche" Geschäftsführung ohne Auftrag 132 ff; Esser/Weyers, Schuldrecht II/2[8] § 46 II 4 c S 22). Loyal hat zuletzt versucht, sich der Vergütungsproblematik bereicherungsrechtlich anzunähern: Der Geschäftsherr erlange durch die Geschäftsführung einen (geldwerten) Vorteil, dessen Wert er dem Geschäftsführer nach §§ 812 (Abs 1 S 2 Alt 2), 818 Abs 2 herauszugeben habe (Loy- 58

AL, Die „entgeltliche" Geschäftsführung ohne Auftrag 202 ff). Der Reformvorschlag HELMS im Rahmen der Gutachten und Vorschläge zur Überarbeitung des Schuldrechts adaptiert die hM. Freilich mit einer wichtigen Besonderheit. Entgegen der Gerichtspraxis in Deutschland (Vorbem 329 ff zu §§ 677 ff) will er von der Vergütungspflicht Leistungen ausschließen, die aufgrund eines unwirksamen Vertrages erbracht werden (HELM, in: Gutachten und Vorschläge zur Überarbeitung des Schuldrechts III 335, 393 f). Eine noch weiterreichende Auffassung will die Begrenzung des Vergütungsanspruchs auf berufs- und gewerbeeinschlägige Tätigkeiten nicht gelten lassen. Vielmehr soll dem Geschäftsführer stets dann eine angemessene Vergütung zustehen, wenn die Übernahme der Geschäftsführung nach den Umständen nur gegen eine Vergütung zu erwarten war: Und dies könne im Einzelfall auch bei berufsfremden Leistungen der Fall sein (WOLLSCHLÄGER, Die Geschäftsführung ohne Auftrag 315 f; KOCH, Unaufgeforderte Hilfeleistung in Notsituationen 319 ff; LOYAL, Die „entgeltliche" Geschäftsführung ohne Auftrag 235 ff; FIKENTSCHER/HEINEMANN, Schuldrecht[10] Rn 1273; ESSER/WEYERS, Schuldrecht II/2[8] § 46 II 4 c S 22; vgl dazu: KÖHLER JZ 1985, 359, 362 ff). Zur Begründung wird auf die an dieser Stelle wenig glückliche Arbeit der Zweiten Kommission und ein angeblich damit einhergehendes Redaktionsversehen bei der Fassung des § 683 verwiesen, die es im Wege der korrigierenden Gesetzesauslegung zu beseitigen gelte (s Rn 56); auch sei die Beschränkung auf berufsmäßige Arbeiten nicht gerechtfertigt: Die Arbeitskraft sei Vermögensbestandteil eines jeden Bürgers, ihr Einsatz stets freiwilliges Vermögensopfer, dessen Wert sich nach der marktüblichen Verwertung für den erwiesenen Dienst richte. Gar keine Präjudizierung in der Frage des Vergütungsanspruchs des Geschäftsführers anerkennt KÖHLER (KÖHLER JZ 1985, 359, 361 ff; LENT, Wille und Interesse bei der Geschäftsbesorgung 103 f); ob und in welchem Umfang der Geschäftsführer für seine Tätigkeit Vergütung verlangen könne, bestimmt er – unter bewusstem Rekurs auf die tradierte quasivertragliche Deutung der Geschäftsführung (s Vorbem 18 ff zu §§ 677 ff) – anhand des mutmaßlichen Parteiwillens: Es sei jeweils zu fragen, mit welchem Inhalt Geschäftsherr und Geschäftsführer einen Vertrag geschlossen haben würden. Dabei kommt er zu dem Ergebnis, dass bei professionellen und bei vermögenswirksamen Geschäftsführungen grundsätzlich von einer Entgeltlichkeit auszugehen sei.

e) Die (übersehene) Kodifikation des Vergütungsanspruchs

59 Die mit erheblichem dogmatischen Aufwand geführte Diskussion ist bestenfalls als unglücklich zu bezeichnen. Denn es wird geflissentlich übersehen, dass in Adaption des Reziprozitätsprinzips (Rn 56) der Vergütungsanspruch des Gestors für die wichtigsten Bereiche ausdrücklich in **§ 354 HGB** kodifiziert ist (**aA**: LOYAL, Die „entgeltliche" Geschäftsführung ohne Auftrag 163 ff). Nach dieser Vorschrift kann derjenige Kaufmann, der in Ausübung seines Handelsgewerbes einem anderen Geschäfte besorgt oder Dienste leistet, auch ohne Verabredung seinen Lohn fordern. Das Recht auf die Vergütung folgt alleine aus dem gewerbsmäßigen Betrieb: „Der Kaufmann tut nichts umsonst". Der Blick in die Gesetzesmaterialien zu Art 290 ADHGB, der Vorläuferbestimmung, zeigt, dass es für den Gesetzgeber selbstverständlich war, dass die Vorschrift gerade auch auf den Geschäftsführer ohne Auftrag Anwendung findet (Protokolle der Commission zur Berathung eines allgemeinen deutschen Handelsgesetz-Buches [XLVI-XCVIII] 426 f; zwar stand der Verzinsungsanspruch [§ 354 Abs 2 HGB] im Mittelpunkt der Diskussion, doch war seit jeher klar, dass der Zinsanspruch das *Entgelt* für die Überlassung des Kapitals und nicht etwa Verzugs- oder Fälligkeitszins ist [zB vHAHN, ADHGB Art 290 Anm 3]). Und schon das Reichsgericht begründete mit Hinweis auf Art 290 ADHGB den

Entgeltanspruch des kaufmännischen Geschäftsführers ohne Auftrag (RGZ 32, 4, 16, Urt v 6. 7. 1892, Az: I 91/92). Keinesfalls setzt die Anwendung des § 354 HGB – wie teilweise behauptet – zwingend einen vorausgegangenen Vertragsschluss voraus (so aber LOYAL, Die „entgeltliche" Geschäftsführung ohne Auftrag 170 f); freilich wird der Hauptanwendungsfall des geschäftsführungsrechtlichen Vergütungsanspruch die Erfüllung eines unwirksamen Vertrages sein (Rn 61; Vorbem 205 ff zu §§ 677 ff). Damit fehlt eine ausdrückliche Regelung nur für den nicht kaufmännischen, selbständigen Bereich. Und damit stellt sich die Frage neu: Ist § 354 HGB über seinen Wortlaut hinaus auf die unbestellte Geschäftsbesorgung durch Freiberufler anzuwenden? Das ist eindeutig zu bejahen. Im Kern war die Anwendung des Reziprozitätsprinzips (Rn 56) auf Freiberufler, namentlich auf die beiden wichtigsten Berufsgruppen der Ärzte und Advokaten – immer unstreitig (LEYSER, Meditationes ad Pandectas sp DXIX § XV).

e) Ökonomische Korrekturen

Entsprechend den hergebrachten Grundsätzen (Rn 56) steht dem Gestor der Ver- 60
gütungsanspruch nur zu, wenn der Gegenstand der Geschäftsbesorgung in den Bereich seiner **beruflichen oder gewerblichen Tätigkeit** hineinfällt. Die Beschränkung auf selbständig oder gewerblich Tätige ist ein Gebot ökonomischer Vernunft (**aA**: LOYAL, Die „entgeltliche" Geschäftsführung ohne Auftrag 235 ff, insb 244 f). Die Gewährung des Vergütungsanspruchs kann nicht für sich alleine betrachtet werden: Denn mit der Gewährung des Vergütungsanspruchs für professionelle Geschäftsführer geht einher, dass diesen einmal die Haftungsprivilegierung des § 680 für Geschäftsführungen zur Gefahrenabwehr nicht zugute kommt (§ 680 Rn 15) und ihnen zum anderen die nicht-professionellen Geschäftsführern offenstehende Möglichkeit zu versagen ist, einen eventuellen Zufallsschaden im Rahmen des Aufwendungsersatz zu liquidieren, wenn sich das professionell übernommene, der Geschäftsführung eigene Risiko verwirklicht (s Rn 66; LOYAL, Die „entgeltliche" Geschäftsführung ohne Auftrag 263 ff). Mit dem Entgelt ist die Übernahme geschäftsführungsspezifischer Gefahren abgegolten. – Eine besondere Gefahr ist mit der Vergütungspflicht für den Geschäftsherrn nicht verbunden. Die Vergütungspflicht des Geschäftsherrn ist bei der Beurteilung der Frage zu berücksichtigen, ob die Übernahme der Geschäftsführung dem wirklichen oder dem mutmaßlichen Willen des Geschäftsherrn entsprochen hat (BRÜCKMANN, Die Rechte des Geschäftsführers ohne Auftrag 185 f).

Allerdings ist aus ökonomischer Sicht eine weitere Einschränkung zu machen. Die 61
Geschäftsführung ohne Auftrag als das **subsidiäre** gesetzliche Schuldverhältnis der nicht durch Vertrag oder abschließend oder abweichend geregelten fremdnützigen Interessensubordination hat eine – in seiner Subsidiarität angelegte – Korrekturfunktion in Fällen von **Marktversagen**, wie es typischerweise in Not- und Hilfesituationen vorliegt (KÖNDGEN, in: ZIMMERMANN [Hrsg], Rechtsgeschichte und Privatrechtsdogmatik 371 382 ff; s Rn 42). Ist auch eine Beschränkung des gesetzlichen Schuldverhältnisses auf Fälle des Marktversagens nicht möglich, denn auch in anderen Fällen bedarf es einer rechtlichen Erfassung der fremdnützigen Tätigkeit, so ist doch eine Beschränkung des Vergütungsanspruchs auf diese Fälle berechtigt. Dem Geschäftsführer ist daher nur dann ein Vergütungsanspruch zuzubilligen, wenn aufgrund der Fallgestaltung der konkreten Geschäftsführung die Möglichkeit eines Vertragsschlusses über eine entgeltliche Geschäftsbesorgung nicht bestand (vgl ERMAN/DORNIS[14] § 683 Rn 8, 12). Eine solche, der ökonomischen Analyse des Rechts geschuldete Restriktion des Vergütungsanspruchs steht in sinnvoller Komplementärfunktion zur Rechtspre-

chung in den Fällen der gescheiterten Vertragsanbahnung und zu § 241a (s Vorbem 205 ff zu §§ 677 ff). Ist allerdings ein geschlossener Geschäftsführungsvertrag unwirksam, verbleibt es mit der Rechtsprechung bei der Anwendung der §§ 677 ff, und der Geschäftsführer kann gem §§ 683 S 1, 670 die übliche Vergütung verlangen, wenn der Vertragspreis nicht niedriger ist (BGH NJW 1993, 3196, Urt v 30. 9. 1993, Az: VII ZR 178/91; BGH NZM 2005, 536, 539, Urt v 26. 2. 2005, Az: VIII ZR 66/04: Der nach § 10 EnWG zur Versorgung von Letztverbrauchern verpflichtete Netzbetreiber hat bei unwirksamem Vertrag gegen diesen einen Anspruch auf Vergütung des entnommenen Stroms nach dem allgemeinen Tarif; OLG Naumburg OLG-NL 1998, 246, Urt v 19. 5. 1998, Az: 9 U 249/97 – 46).

3. Unfreiwillige Vermögenseinbußen (Schäden)

a) Ersatz risikotypischer Begleitschäden

62 Der Gestor kann im Zusammenhang mit der Durchführung der Geschäftsführung zu Schaden kommen. Beliebtes Lehrbuchbeispiel ist der Helfer, der sich beim Löschen des Hauses schwer verletzt. In jüngster Zeit wurde vermehrt den Ansprüchen des geschädigten Retters bei der Bergung eines in Not geratenen Bergsteigers Beachtung geschenkt (Eimer, Rechtsfragen der Bergrettung [2010]; Koziol/G Koziol RabelsZ 76 [2012] 540). Im Regelfall wird dem Geschäftsführer gegen den Geschäftsherrn kaum jemals ein (echter) Schadensersatzanspruch gem § 280 Abs 1 wegen Pflichtverletzung zustehen: Denn dem Geschäftsherrn obliegen – anders als dem rechtsgeschäftlichen Auftraggeber – vor und nach Übernahme der Geschäftsführung gegenüber dem Geschäftsführer grundsätzlich keinerlei Schutz- und Informationspflichten (vgl Lent, Wille und Interesse bei der Geschäftsbesorgung 72; Vorbem 215 zu §§ 677 ff). Allenfalls nach den allgemeinen deliktischen Grundsätzen (§ 823) kommt eine Haftung in Betracht, wenn der Geschäftsherr durch sorgfaltswidriges Verhalten eine Lage geschaffen hat, in der sich der Geschäftsführer zum Tätigwerden herausgefordert fühlen durfte: So etwa, wenn sich ein Bergsteiger aufgrund unzureichender Bergerfahrung und Ausrüstung in eine Notlage gebracht hat (Koch, Unaufgeforderte Hilfeleistung in Notsituationen 171 ff). Allerdings hilft auch dieser Ansatz nicht weiter, wenn sich die übernommenen Risiken im sozial-adäquaten Bereich halten, wenn also der erfahrene und trittsichere Bergsteiger stürzt (Koziol/G Koziol RabelsZ 76 [2012] 540, 553 f). Es besteht daher ein Bedürfnis nach einer geschäftsführungsrechtlichen (subordinationsrechtlichen) Lösung. Auch wenn sich Schäden als unfreiwillige Vermögenseinbußen nicht unmittelbar unter den Begriff der Aufwendungen (freiwillige Vermögensopfer Rn 46; vgl Lent, Wille und Interesse bei der Geschäftsbesorgung 63 ff) subsumieren lassen, ist doch mittlerweile allgemein anerkannt, dass der Geschäftsführer gleich dem Beauftragten entsprechend §§ 683 S 1, 670 Ersatz risikotypischer Begleitschäden verlangen kann (BGHZ 38, 270, 277, Urt v 27. 11. 1962, Az: VI ZR 217/61; BGHZ 38, 302, 304, Urt v 6. 12. 1962, Az: VII ZR 164/61; BGHZ 33, 251, 257, Urt v 7. 11. 1960, Az: VII ZR 82/59; BGH LM BGB § 677 Nr 14, Urt v 12. 2. 1972, Az: II ZR 46/70; RGZ 167, 85, 89, Urt v 7. 5. 1941, Az: VI 72/40; RGZ 98, 195, 199 f, Urt v 26. 2. 1920, Az: VI 9/20; RG DR 1944, 287, 288, Urt v 12. 11. 1943, Az: V 65/43; anders noch RG SeuffA 65 [1910] Nr 7, Urt v 5. 4. 1909, Az: VI 195/08; vgl auch RGZ 75, 208, 212, Urt v 1. 2. 1911, Az: V 122/10). Auf ein irgendwie geartetes Verschulden des Geschäftsherrn kommt es nicht an. Allerdings sollte man deswegen nicht, wie es bisweilen geschieht (Lent, Wille und Interesse bei der Geschäftsbesorgung 91, auch 82 ff), von einer Art Gefährdungshaftung des Geschäftsherrn sprechen (zum Wesen der Gefährdungshaftung: Bergmann AcP 211 [2011] 803, 836 f). Für die weiteren Einzelheiten ist an dieser Stelle auf die Kommentierung zu § 670 zu verweisen (aus gestionsrechtlicher Sicht:

Koch, Unaufgeforderte Hilfeleistung in Notsituationen 241 ff; Wittmann, Begriff und Funktion der Geschäftsführung ohne Auftrag 82 ff; Wollschläger, Die Geschäftsführung ohne Auftrag 284 ff; für vertragliche wie gesetzliche Geschäftsführungsverhältnisse: Lent, Wille und Interesse bei der Geschäftsbesorgung 59 ff; vgl auch Gehrlein VersR 1998, 1330). Im Grundsatz ist die Risikohaftung des Auftraggebers bzw Geschäftsherrn ein Kind des Subordinationsgedankens: Wie ein Gewinn des Beauftragten/Geschäftsführers dem Auftraggeber/Geschäftsherrn zusteht, ist umgekehrt auch der (unfreiwillige) Verlust des Beauftragten/Geschäftsführers der Verlust des Auftraggebers/Geschäftsherrn (Koziol/G Koziol RabelsZ 76 [2012] 540, 547 f); wobei natürlich ein erheblicher Unterschied zwischen der Haftung des Auftraggebers und des Geschäftsherrn augenfällig ist: Die Risikohaftung des Auftraggebers fußt auf der willentlichen (vertraglichen) Übertragung des Geschäfts auf einen anderen (vgl Koziol/G Koziol RabelsZ 76 [2012] 540, 544 f). Gerade dieser Gesichtspunkt hat die österreichische Rechtsprechung dahin bestimmt, dem Nothelfer eben nicht in entsprechender Anwendung der „auftragsrechtlichen" Norm des § 1014 öABGB einen Schadensersatzanspruch zuzusprechen, sondern in Anlehnung an die §§ 1306a, 1310 öABGB eine Billigkeitshaftung zu konstituieren, die dem Gestor einen Anspruch auf angemessene Entschädigung sichert (östOGH SZ 68/142, Beschl v 24. 8. 1995, Az: 2 Ob 46/95; weitergehend: Koziol/G Koziol RabelsZ 76 [2012] 540, 545 f, die auf die zurechenbare Verursachung der Gefahrenlage abstellen). Trotz aller Unterschiede im Einzelnen wird die Frage, ob der Gestor Ersatz seiner unfreiwilligen Vermögenseinbußen verlangen kann, in den europäischen Rechtsordnungen im Ergebnis weitgehend gleichförmig behandelt (vgl Ranieri, Europäisches Obligationenrecht[2] 637 ff). So gilt im französischen Recht der *gérant* als berechtigt, in entsprechender Anwendung des Art 2000 CC Ersatz für Schäden zu verlangen, die unmittelbare Folge der Geschäftsführung sind (Terré/Simler/Lequette, Les Obligations[10] n° 1047). Das Schweizer Recht hat in Art 422 Abs 1 schwOR sogar eine ausdrückliche Normierung des verschuldensunabhängigen Schadensersatzanspruchs des Geschäftsführers getroffen. Im Ansatz vergleichbar mit der Handhabung in Deutschland geht der Anspruch nicht auf Totalreparation, sondern sein Umfang bestimmt sich nach richterlichem Ermessen (Schmid, Geschäftsführung ohne Auftrag Rn 510 ff). Auch der **DCFR** anerkennt in Art V – 3:103 einen Ersatzanspruch; ebenfalls unter Billigkeitsvorbehalt (Art V – 3:104 (2) DCFR). Von daher ist es nahezu eine Selbstverständlichkeit, dass auf nationaler Ebene Helm *de lege ferenda* eine ausdrückliche gesetzliche Anerkennung des Ersatzes von Rettungsschäden gefordert hat (Helm, in: Gutachten und Vorschläge zur Überarbeitung des Schuldrechts III 335, 390 ff).

Mag man auch gefühlsmäßig schnell dabei sein, die Ausweitung des Aufwendungsersatzanspruchs des Geschäftsführers auf Zufallsschäden zu begrüßen, so ist doch zu bedenken, dass die Konstellation, die man typischerweise vor Augen hat – der Geschäftsführer hat bei Rettung des Geschäftsherrn schweren Schaden erlitten und bangt nun um die Kompensation seiner Schäden –, nur die halbe Wahrheit beschreibt. Denn gerade in den Nothilfefällen sind die Körper- und Sachschäden sowie die Aufwendungen des Retters von der gesetzlichen Sozialversicherung gedeckt (§§ 2 Abs 1 Nr 13 lit a, 13 SGB VII; Loyal VersR 2013, 966, 969 f). Was sich zunächst als moralisches Problem darstellt – muss der Gerettete seinem Retter Ersatz für dessen Verletzungen leisten? – ist primär ein Regressproblem des Sozialversicherungsrechts. Allerdings wurde dieses Problem durch die neuere Rechtsprechung zur Anrechnung von Leistungen des Sozialversicherungsträgers entschärft 63 (s Rn 72). Um einen wirklichen Ausgleich zwischen Retter und Gerettetem geht es nur noch bei den nicht von der Sozialversicherung gedeckten Schadensspitzen.

b) Konstellationen

64 Schuldner des Ersatzanspruchs ist ausschließlich der Geschäftsherr (vgl Helm, in: Gutachten und Vorschläge zur Überarbeitung des Schuldrechts III 335, 346). Die Person des Geschäftsherrn bestimmt sich nach den allgemeinen Regeln. Geschäftsherr ist danach derjenige, für den der Geschäftsführer bei normativer Betrachtung nach dem sozialen Sinn seines Tuns in Geschäftsführungsabsicht fremdnützig tätig wird; ob der Geschäftsführer ein fremdes Geschäft besorgt, spielt für die Begründung der Geschäftsherreneigenschaft keine Rolle. Der Gesetzgeber hat bewusst vom Begriff des fremden Geschäfts abgesehen (s Vorbem 116 ff, 171 ff, 180 zu §§ 677 ff). Geschäftsherr ist damit ausschließlich derjenige, dem etwa die Rettung unmittelbar zugute kommt. In der berühmten Grundsatzentscheidung RGZ 167, 85, in der ein Helfer eine Frau vor dem Ertrinken bewahrte, ist daher entgegen der Auffassung des Reichsgerichts Geschäftsherr ausschließlich die in höchster Not schwebende Frau und nicht ihr Ehemann. Entsprechendes gilt, wenn jemand bei Arbeitsunfällen Hilfe leistet oder einem gesetzlich Krankenversicherten zu Hilfe kommt. Hier liegt ausschließlich eine echte Geschäftsführung zugunsten des verunglückten Arbeitnehmers oder des Krankenversicherten, nicht aber zugunsten des Arbeitnehmers oder der Krankenversicherung vor (**aA**: RG DR 1944, 287, 288, Urt v 12. 11. 1943, Az: V 65/43; BGHZ 55, 207, 210, Urt 21. 1. 1971, Az: VII ZR 97/69; BGHZ 33, 251, 254 f, Urt v 7. 11. 1960, Az: VII ZR 82/59: dazu: Wollschläger, Die Geschäftsführung ohne Auftrag 299 ff). Zutreffend hat daher der BGH in einem anderen Fall erkannt, dass bei einer Selbstaufopferung im Straßenverkehr, bei der ein Kfz-Führer seinen Wagen gegen einen Baum lenkt, um das Leben eines 16-jährigen Mopedfahrers zu bewahren, ausschließlich der Jugendliche Geschäftsherr ist (BGH VersR 1958, 168, 169, Urt v 17. 12. 1957, Az: VI ZR 288/56; dazu: Wollschläger, Die Geschäftsführung ohne Auftrag 300 f).

65 Allerdings muss dies nicht bedeuten, dass der Geschäftsführer gegen den Dritten keinen Ersatzanspruch hat. Es ist in jedem Fall zu prüfen, ob gegen den Dritten nicht der – systemwidrig im Bereich der §§ 677 ff mitgeregelte – privilegierte Rückgriffsanspruch der §§ 679, 683 S 2 tatbestandlich vorliegt (dazu § 679 Rn 2). Nach dieser Vorschrift steht dem Geschäftsführer ein Rückgriffsanspruch im Umfang des geschäftsführungsrechtlichen Aufwendungsersatzes zu, wenn der Geschäftsführer eine im öffentlichen Interesse liegende Pflicht, insbesondere eine gesetzliche Unterhaltspflicht des Geschäftsführers erledigt. Es ist daher stets zu prüfen, ob der Dritte – etwa der Ehemann, der Arbeitgeber oder die Krankenkasse – nicht dem Geretteten gegenüber verpflichtet war und – alleine die Pflicht reicht nicht aus! – diese Pflicht im öffentlichen Interesse lag. Insoweit durchaus zutreffend sieht daher der Reformvorschlag Helms vor, dem Geschäftsführer einen Ersatzanspruch gegen den Gefährdeten und den zu seinem Unterhalt Verpflichteten zuzubilligen (Helm, in: Gutachten und Vorschläge zur Überarbeitung des Schuldrechts III 335, 391 f).

c) Von der Haftung erfasste Schäden

66 Zwischen der Geschäftsführung und dem Schaden muss ein besonderer **Zurechnungszusammenhang** bestehen. Ein einfacher Kausalzusammenhang zwischen Geschäftsbesorgung und Schaden reicht nicht (Wandt, Gesetzliche Schuldverhältnisse[6] § 5 Rn 38; eingehende Überlegungen bei: Lent, Wille und Interesse bei der Geschäftsbesorgung 82 ff).

Im Schaden muss sich vielmehr eine mit der Geschäftsbesorgung verbundene typische Gefahr verwirklichen (BGH LM BGB § 677 Nr 14, Urt v 12. 2. 1972, Az: II ZR 46/70). Es muss sich um einen sog risikotypischen Begleitschaden handeln. Für die Einzelheiten ist auf die Kommentierung zu § 670 zu verweisen. Art V – 3:103 (a) DCFR versucht diesen Zusammenhang mit der Umschreibung einzufangen, dass der Geschäftsführer nur dann Ersatz verlangen kann, wenn „the intervention created or significantly increased the risk of such injury or damage". Das Reichsgericht sprach seinerzeit von Schäden, „deren Gefahr mit der Ausführung des Auftrags von selbst verbunden war" (RGZ 98, 195, 200, Urt v 26. 2. 1920, Az: VI 9/20; RGZ 167, 85, 89, Urt v 7. 5. 1941, Az: VI 72/40; BGH NJW 1993, 2234, 2235, Urt v 4. 5. 1993, Az: VI ZR 283/92; vgl auch: BGHZ 33, 251, 257, Urt v 7. 11. 1960, Az: VII ZR 82/59; BGHZ 38, 270, 277, Urt v 27. 11. 1962, Az: VI ZR 217/61); wobei der BGH nunmehr erläuternd hinzufügt, dass es sich – in Parallele zu den Herausforderungsfällen – um eine tätigkeitsspezifisch gesteigerte Gefahr handeln muss (BGH NJW 1993, 2234, 2235, Urt v 4. 5. 1993, Az: VI ZR 283/92; WANDT, Gesetzliche Schuldverhältnisse[6] § 5 Rn 38). Letztlich ist es stets eine – Wertungen offene – Frage des Einzelfalles, ob sich im konkreten Schaden ein erhöhtes, der fremdnützigen Geschäftsbesorgung immanentes Risiko oder lediglich das allgemeine Lebensrisiko verwirklicht (WITTMANN, Begriff und Funktion der Geschäftsführung ohne Auftrag 88). Verstaucht sich der Geschäftsführer nach Abschluss der Brandbekämpfung beim Zusammenräumen des Löschgerätes den Fuß, kann er seinen Schaden nicht mehr gem §§ 683, 670 geltend machen: Das gesteigerte Verletzungsrisiko ist mit Löschen des Brandes abgeklungen (BGH NJW 1993, 2234, Urt v 4. 5. 1993, Az: VI ZR 283/92); zieht er sich dagegen beim Einsatz eine Rauchvergiftung zu, kann er die Behandlungskosten geltend machen (OLG Hamm NJW 2012, 1088, Urt v 20. 10. 2011, Az: 6 U 116/11: Einsatz von Polizeibeamten zur Absicherung eines Gefahrenortes). Auf der anderen Seite kann selbst einem normalerweise gefahrlosen Manöver – wie etwa das Ablegen eines Bootes – ein besonderes Risiko innewohnen, wenn es im Rahmen einer Geschäftsführung zur Gefahrenabwehr (§ 680) in höchster Eile ausgeführt werden muss (BGH LM BGB § 677 Nr 14, Urt v 12. 2. 1972, Az: II ZR 46/70). Nicht zu folgen sind den in Art V 3:103 DCFR eingeflossenen Ideen, **primäre Vermögensschäden** aus dem Anwendungsbereich des Ersatzanspruchs auszuklammern (so: PEL/vBAR, Ben Int, Art 3:103 Comments B, 6). Der Anspruch des Gestors ist kein Billigkeitsanspruch, sondern Folge des begründeten Subordinationsverhältnisses: Ein Verlust ist eben nicht sein Verlust, sondern der Verlust des Geschäftsherrn. Für die Verlustzuweisung spielt es nun keine Rolle, ob der Geschäftsführer eine Rechtsgutverletzung oder einen primären Vermögensschaden erleiden musste. Sicherlich mag dadurch das Einstandsrisiko des Geschäftsherrn steigen, zumal primäre Vermögensschäden keine deliktische Haftung auslösen (§ 823). Aber das geschäftsführungsspezifische Risiko wirkt auf den Tatbestand des § 683 S 1 zurück. Es ist für jeden Fall besonders zu prüfen, ob die Übernahme einer mit besonderen Risiken behafteten Geschäftsführung dem wirklichen oder dem mutmaßlichen Willen des Geschäftsherrn entspricht. Die Übernahme der Geschäftsführung durch einen Geschäftsführer, der den besonderen Risiken der Geschäftsführung nicht gewachsen ist, entspricht jedenfalls kaum dem mutmaßlichen Willen des Geschäftsherrn (WITTMANN, Begriff und Funktion der Geschäftsführung ohne Auftrag 88 f; BGH VersR 1981, 233, Urt v 20. 11. 1980, Az: III ZR 31/78). Ausgeschlossen sein kann die Möglichkeit, einen risikotypischen Begleitschaden zu liquidieren, in den Fällen, in denen der Geschäftsführer ausnahmsweise eine Vergütung verlangen darf, weil die Geschäftsführung in den Bereich seiner gewerblichen oder selbständigen Tätigkeit hineinfällt (Loyal, Die „entgeltliche" Geschäftsführung ohne Auftrag 263 ff; s Rn 59).

d) Umfang des zu ersetzenden Schadens

aa) Durchbrechung des Grundsatzes der Totalreparation

67 Nicht abschließend geklärt ist der Umfang des zu ersetzenden Schadens. Das Reichsgericht und auch heute noch ein Teil der Lehre gehen vom Grundsatz der **Totalreparation aus** (RGZ 167, 85, 89, 91, Urt v 7. 5. 1941, Az: VI 72/40; Wandt, Gesetzliche Schuldverhältnisse[6] § 5 Rn 39). Heute ist man – allen voran der BGH – zurückhaltender. Soweit Schäden im Rahmen der §§ 683, 670 liquidiert würden, sei zu bedenken, dass es sich hierbei nicht um einen echten Schadensersatzanspruch handele, sondern dass dem Geschäftsführer nur eine **angemessene Entschädigung** zu gewähren sei, bei deren Bemessung die verschiedenartigen Umstände des Einzelfalles zu berücksichtigen sind (grundlegend zur Verteilung des Schadens: Lent, Wille und Interesse bei der Geschäftsbesorgung 93 ff). Dem Richter soll damit eine gewisse Freiheit bei der Bestimmung des zu ersetzenden Schadens eingeräumt werden, um zu verhindern, dass die Anwendung des sonst das Schadensrecht beherrschenden Prinzips der Totalreparation im Einzelfall zu unbilligen Ergebnissen führt (BGHZ 92, 270, 271, Urt v 10. 10. 1984, Az: IVa ZR 167/82; BGHZ 38, 270, 279, Urt v 27. 11. 1962, Az: VI ZR 217/61; BGH LM BGB § 677 Nr 14, Urt v 12. 2. 1972, Az: II ZR 46/70; OLG Hamm VersR 2002, 1254, Urt v 25. 9. 2000, Az: 13 U 45/00; OLG Celle NJW 1965, 2348, 2350, Urt v 7. 7. 1965, Az: 9 U 106/63; Erman/Dornis[14] § 683 Rn 14; Palandt/Sprau[73] § 683 Rn 9; Wollschläger, Die Geschäftsführung ohne Auftrag 297 f; iE ähnlich Wittmann, Begriff und Funktion der Geschäftsführung ohne Auftrag 89 f; vgl für das österreichische Recht: ÖstOGH SZ 68/124, Urt v 24. 8. 1995, Az: 2 Ob 46/95; ÖstOGH SZ 70/113, Urt v 18. 6. 1997, Az: 3 Ob 507/96). Bei der Abwägung sei insbesondere zu berücksichtigen, ob die Gefahrenlage – wenn auch schuldlos – vom Geschäftsführer mit verursacht wurde und ob die Geschäftsführung Erfolg hatte oder nicht (BGHZ 38, 270, 278 f, Urt v 27. 11. 1962, Az: VI ZR 217/61). Art V – 3:104 (2) DCFR oder der Schweizer Art 422 Abs 1 OR normieren ausdrücklich, dass der Umfang des zu ersetzenden Schadens im Ermessen des Richters steht. Rechtstechnisch geht man in zwei Schritten vor. In einem ersten Schritt werden zunächst ausgehend vom Grundsatz der Totalreparation die einzelnen Schadenspositionen ermittelt. So kann der Geschäftsführer etwa einen Verdienstausfall als Folge erlittener Gesundheitsschäden geltend machen (BGHZ 33, 251, 257, Urt v 7. 11. 1960, Az: VII ZR 82/59). Auf einer zweiten Stufe ist der Anspruch – überhaupt oder nur bzgl einzelner Schadenspositionen – anhand der dargestellten Kriterien zu kürzen. Zu § 254 s Rn 70. Zutreffend ist die einschränkende Linie freilich nicht (Bergmann, Die Geschäftsführung ohne Auftrag 315 f). Dem Gedanken der Subordination korrespondiert die Totalreparation. Der Verlust des Gestors ist letztlich der Verlust des Geschäftsherrn. Und in der Tat handelt es sich bei der heute herrschenden Lehre um die unzulässige Verallgemeinerung von „Sonderfällen". So wirkt in den sog Selbstaufopferungsfällen, in denen sich ein Verkehrsteilnehmer zum Besten eines anderen aufopfert, der Gedanke der **Gefahrengemeinschaft** hinein (BGHZ 38, 270, 278, Urt v 27. 11. 1962, Az: VI ZR 217/61). Dieser Gedanke, der auf die *lex Rhodia de iactu* (Dig 14, 2) zurückgeht, hat in Deutschland in den Vorschriften der §§ 588 ff HGB über die große Haverei seine positivrechtliche Anerkennung gefunden. In Österreich ist er in § 1043 öABGB festgeschrieben. Hinter der *lex Rhodia de iactu* steht der Gedanke, dass wenn zur Rettung von Schiff oder Ladung etwas aufgeopfert wurde, der dadurch entstandene Schaden und Aufwand von den Eigentümern der geretteten Sachen verhältnismäßig zu tragen ist (dazu Wesener, in: FS Bär-

mann 31). In Verallgemeinerung dieses Gedankens heißt es in § 1043 öABGB: „Hat jemand in einem Notfall, um einen größeren Schaden von sich und anderen abzuwenden, sein Eigentum aufgeopfert; so müssen ihn alle, welche einen Vorteil zogen, verhältnismäßig entschädigen …“ (auch MEISSEL, Geschäftsführung ohne Auftrag 35 mwNw; RANIERI, Europäisches Obligationenrecht[2] 650 ff). Die zweite Störung, die der gestionsrechtliche Gedanke der Totalreparation erfährt, kommt aus dem **Sozialversicherungsrecht**. Dem Geschäftsführer können aufgrund seiner Hilfeleistung Ersatzansprüche gegen den Träger der gesetzlichen Unfallversicherung zustehen (§ 2 Abs 1 Nr 13 SGB VII). Das Gesetz kann nun vorsehen, dass die Leistungen der gesetzlichen Unfallversicherungen nicht auf den gestionsrechtlichen Ersatzanspruch des Geschäftsführers gegen den Geschäftsherrn angerechnet werden, dieser vielmehr in voller Höhe auf den Träger der Sozialversicherung übergeht (§§ 13 S 4 SGB VII, 116 SGB X). Eine richterliche Anspruchskürzung mag hier in der Tat ein legitimes Mittel sein, einen Teil der Gefahrenabwehrkosten auf die Allgemeinheit zu verlagern. Zur sozialversicherungsrechtlichen Anrechnungsproblematik s Rn 72.

Über diese strukturellen, aus dem Gedanken der Gefahrengemeinschaft wie sozialversicherungsrechtlichen Eigenheiten bedingten Schranken des Ersatzanspruchs hinaus will WOLLSCHLÄGER in Anlehnung an § 829 im Sinne eines **Billigkeitsausgleichs** die Einkommens- und Vermögensverhältnisse des Geschäftsherrn bei der Bestimmung der zu zahlenden Entschädigung berücksichtigen (WOLLSCHLÄGER, Die Geschäftsführung ohne Auftrag 298 f mwNw). Der Reformvorschlag HELMS greift diesen Gedanken auf (HELM, in: Gutachten und Vorschläge zur Überarbeitung des Schuldrechts III 335, 391). WITTMANN hält diesen Ansatz zu Recht für verfehlt (WITTMANN, Begriff und Funktion der Geschäftsführung ohne Auftrag 89 f). Trotz aller immanenten Beschränkungen geht es um einen vor dem Gedanken der fremdnützigen Interessenwahrnehmung gebotenen Ersatz von Vermögensopfern und nicht um einen reinen Billigkeitsausgleich (s Rn 45). Nur in Extremsituationen kann etwas anderes gelten. Auch der BGH sieht die Gefahr, dass Ansprüche aus § 683 eine **existenzbedrohende Höhe** erreichen können (BGHZ 92, 270, 272, Urt v 10. 10. 1984, Az: IVa ZR 167/82). Der BGH hat es bisher offen gelassen, ob es für die Ersatzpflicht von Schäden nach §§ 683, 670 der Höhe nach eine Grenze gibt, über die hinaus einen Aufopferungsschaden zu ersetzen dem Ersatzpflichtigen nicht zugemutet werden kann (BGH LM BGB § 677 Nr 14, Urt v 12. 2. 1972, Az: II ZR 46/70). 68

bb) Immaterieller Schaden

Noch ungeklärt ist, ob nach der Neufassung des § 253 der Geschäftsführer im Rahmen seines Anspruchs aus § 683 Ersatz auch seines immateriellen Schadens verlangen kann (im schweizerischen Recht wird ein „Genugtuungsanspruch“ [Art 47 schwOR] für möglich gehalten: SCHMID, Geschäftsführung ohne Auftrag Rn 529). Dies wird nunmehr von BENKDENDORFF angenommen (BENKENDORFF, Schmerzensgeld außerhalb des Schadensersatzrechts 9 ff; KOZIOL/G KOZIOL RabelsZ 76 [2012] 540, 546 [für Österreich]; WANDT, Gesetzliche Schuldverhältnisse[6] § 5 Rn 39; SOERGEL/BEUTHIEN[13] § 683 Rn 10), während SEILER weiter davon ausgeht, dass ein Ersatz immateriellen Schadens nicht möglich ist (MünchKomm/SEILER[6] § 683 Rn 19). Die letztgenannte Auffassung stützt sich auf das begriffliche Element, dass § 683 – obwohl er dem Geschäftsführer die Option eröffne, auch seine Schäden zu liquidieren – kein Schadensersatzanspruch sei, wie ihn § 253 Abs 2 aber voraussetze. Nach der früheren Rechtslage (§ 847 aF) war dem Geschäftsführer ein Schmerzensgeldanspruch zu versagen. Dies wurde neben dem 69 systematischen Hinweis, dass eine Anwendung des § 847 aF auf andere Tatbestände als die der unerlaubten Handlung nicht angängig sei, materiell darauf gestützt, dass der Ersatzanspruch aus § 683 kein Verschulden voraussetzt, eine Schmerzensgeldgewährung daher der Genugtuungsfunktion des § 847 aF widerspräche (BGHZ 52, 115, 117, Urt v 19. 5. 1969, Az: VII ZR 9/67; WITTMANN, Begriff und Funktion der Geschäftsführung ohne Auftrag 89; SOERGEL[12]/BEUTHIEN § 683 Rn 10). Mit der Ausweitung der Ersatzfähigkeit immaterieller Schäden auf die Fälle der Gefährdungshaftung (§§ 253 Abs 2 BGB, 11 S 2 StVG) durch das Zweite Gesetz zur Änderung schadensersatzrechtlicher Vorschriften v 19. 7. 2002 (BGBl I 2674) hat diese Argumentation an Überzeugungskraft verloren: Verschulden und Genugtuung sind nicht mehr zwingende Voraussetzung des „Schmerzensgeldes". BENKENDORFF hat zuletzt nachgewiesen, dass die Eigenheiten der Geschäftsherrenhaftung einer Berücksichtigung immaterieller Schäden grundsätzlich nicht entgegensteht; vielmehr erfordere gerade die Ähnlichkeit des Ersatzanspruchs entsprechend §§ 683, 670 mit den Tatbeständen der verschuldensunabhängigen Gefährdungshaftung (vgl schon LENT, Wille und Interesse bei der Geschäftsbesorgung 91 f) eine entsprechende Anwendung des § 253 Abs 2 (BENKENDORFF, Schmerzensgeld außerhalb des Schadensersatzrechts 9 ff; 27 ff). Allerdings kann der Umstand nicht außer Betracht bleiben, dass – anders als typischerweise in den Fällen der Gefährdungshaftung – dem Geschäftsherrn die Herausforderungslage, aufgrund derer es zu Schädigung des Geschäftsherrn kommt, unter Umständen nicht zurechenbar ist. Ich habe bisher vorgeschlagen, den Ausgleich der immateriellen Schäden entsprechend § 253 von einer solchen Zurechnung überhaupt abhängig zu machen (vgl aber: BENKENDORFF, Schmerzensgeld außerhalb des Schadensersatzrechts 37 ff), wobei es bei der Frage nach der Zurechenbarkeit selbstverständlich nicht auf Kategorien wie Rechtswidrigkeit oder Verschulden ankommen kann. Differenzierter auf Rechtsfolgenseite geht BENKENDORFF vor: Die mangelnde Vorhersehbarkeit einer Gefahrenlage sei entschädigungsmindern zu berücksichtigen (BENKENDORFF, Schmerzensgeld außerhalb des Schadensersatzrechts 70 f).

cc) Entsprechende Anwendung des § 254

70 Neben den immanenten Beschränkungen des Ersatzanspruchs (s Rn 67) kann es im Einzelfall zu einer weiteren Kürzung des Ersatzanspruchs entsprechend dem Rechtsgedanken des § 254 kommen. Das ist etwa der Fall, wenn der Geschäftsführer im Sinne eines Verschuldens gegen sich selbst – zB im Sinne einer übermäßigen Selbstgefährdung – an der Entstehung des Schadens mitbeteiligt war (WANDT, Gesetzliche Schuldverhältnisse[6] § 5 Rn 46 f; vgl RG DR 1944, 287, 288, Urt v 12. 11. 1943, Az: V 65/43).

e) Der Aufwendungsersatzanspruch des Hinterbliebenen (entsprechende Anwendung der §§ 844, 845)

71 Probleme bereiteten der Rechtsprechung Fälle, in denen der Geschäftsführer nicht mehr selbst dazu in der Lage war, erlittene Schäden als Aufwendungen iSd §§ 683, 670 zu liquidieren, weil die „Aufwendungen" im Einsatz seines Lebens bestanden hatten. Zunächst hatte es das Reichsgericht abgelehnt, aus den §§ 670, 683 einen Anspruch der Hinterbliebenen des Geschäftsführers herzuleiten (RGZ 122, 298, 305, Urt v 19. 11. 1928, Az: VI 216/28). Diese Rechtsprechung wurde später vom Reichsgericht aufgegeben und durch eine entsprechende Anwendung der §§ 844, 845 zugunsten der Hinterbliebenen ersetzt (RGZ 167, 85, 89 f, Urt v 7. 5. 1941, Az: VI 72/40; LENT, Wille und Interesse bei der Geschäftsbesorgung 97 f; WITTMANN, Begriff und Funktion der Geschäftsführung ohne Auftrag 89). Die Erweiterung des Anwendungsbereichs der §§ 683, 670 stützt das

Reichsgericht auf einen Erst-Recht-Schluss: Hätte der Geschäftsführer nicht sein Leben, sondern nur seine Gesundheit eingebüßt, wäre er gem §§ 683 S 1, 670 im vollen Umfange zu entschädigen gewesen; dann sei es aber sinnwidrig, den Geschäftsherrn beim noch größeren Opfer des eigenen Lebens freizustellen. In diesem Fall steht der Ersatzanspruch jemandem zu, der zwar nicht selbst Geschäftsführer ist, aber doch von dessen Opfer unmittelbar betroffen ist. Der Kreis dieser Personen wird in den §§ 844, 845 sachgerecht begrenzt.

f) Anrechnung von Leistungen des Sozialversicherungsträgers

Geschäftsführer, die in Fällen gemeiner Gefahr oder Not Hilfe leisten oder einen 72
anderen aus erheblicher Gefahr für seine Gesundheit retten (§ 2 Abs 1 Nr 13 lit a SGB VII) oder die bei der Verfolgung oder Festnahme einer Person, die einer Straftat verdächtig ist oder zum Schutz eines widerrechtlich Angegriffenen persönlich einschreiten (§ 2 Abs 1 Nr 13 lit c SGB VII; Koch, Unaufgeforderte Hilfeleistung in Notsituationen 259 ff; Loyal VersR 2013, 966, 969 f), genießen bzgl ihrer Körper- und Sachschäden sowie der Aufwendungen, die sie nach den Umständen für erforderlich halten durften, kraft Gesetzes Unfallversicherungsschutz (§§ 13, 26 ff SGB VII). Die Rechtsprechung ging zunächst davon aus, dass Leistungen des Sozialversicherungsträgers zur Behebung der Unfallfolgen nicht auf den Ersatzanspruch des Geschäftsführers nach § 683 anzurechnen waren (BGHZ 38, 270, 281, Urt v 27. 11. 1962, Az: VI ZR 217/61; RGZ 167, 85, 90 ff, Urt v 7. 5. 1941, Az: VI 72/40). Der geschäftsführungsrechtliche Anspruch des Geschäftsführers aus § 683 gegen den Geschäftsherrn ging, soweit er Leistungen der Unfallversicherung beanspruchen konnte, auf den Versicherungsträger nach § 1542 RVO aF über (BGHZ 38, 270, 281, Urt v 27. 11. 1962, Az: VI ZR 217/61; BGHZ 33, 251, 258, Urt v 7. 11. 1960, Az: VII ZR 82/59; RGZ 167, 85, 90 f, Urt v 7. 5. 1941, Az: VI 72/40; dazu Helm, in: Gutachten und Vorschläge zur Überarbeitung des Schuldrechts III 335, 392). Später gab der BGH seine Rechtsprechung zum gesetzlichen Forderungsübergang gem § 1542 RVO (= § 116 SGB X) auf, soweit § 683 Ersatz für Personenschäden gewährt (BGHZ 92, 270, Urt v 10. 10. 1984, Az: IVa ZR 167/82). Eine Inanspruchnahme des Unfallopfers durch den Sozialversicherungsträger aus übergegangenem Recht aus § 683 sei mit dem Zweck des Gesetzes nicht vereinbar; die Aufbringung der für den Schutz des Unfallhelfers erforderlichen Mittel sei Sache der Allgemeinheit (BGHZ 92, 270, 272 f, Urt v 10. 10. 1984, Az: IVa ZR 167/82; **aA**: Loyal VersR 2013, 966, 970 ff). Für den Geschäftsführer bedeutet dies nunmehr, dass er sich im Wege der Vorteilsausgleichung die Versicherungsleistungen (§§ 2 Abs 1 Nr 13, 13, 26 ff SGB VII) auf seinen Ersatzanspruch aus § 683 anrechnen lassen muss. Er kann also insoweit nur noch Ersatz bestimmter Schadensspitzen, die nicht durch Versicherungsleistungen gedeckt sind, vom Geschäftsherrn verlangen (Gitter JZ 1985, 392). Der Ausschluss des gesetzlichen Übergangs des Anspruchs aus § 683 gilt aber nur für **Personenschäden**. Im Falle des Ersatzes von **Aufwendungen** und **Sachschäden** bleibt es beim Forderungsübergang auf den Sozialversicherungsträger im Wege der *cessio legis;* insoweit scheidet eine Anrechnung auf den Ersatzanspruch aus (BGHZ 92, 270, 273 f, Urt v 10. 10. 1984, Az: IVa ZR 167/82). Dies folgt unmittelbar aus § 13 S 4 SGB VII, der § 116 SGB X für den Fall des Sachschadens- und Aufwendungsersatzes ausdrücklich für entsprechend anwendbar erklärt (krit: Koch, Unaufgeforderte Hilfeleistung in Notsituationen 269 f; Loyal VersR 2013, 966, 972 f).

VIII. Beweislast

73 Die Beweislast für die Voraussetzungen des § 683 S 1 trägt nach den allgemeinen Regeln der Geschäftsführer. Aufgrund der noch in § 753 Abs 2 E I unmittelbar enthaltenen, auch in § 683 S 1 noch zum Ausdruck kommenden **Vermutung**, dass der mutmaßliche Wille dem Interesse des Geschäftsherrn entspricht, ist es ausreichend, dass der Geschäftsführer darlegt und ggf beweist, dass seine Geschäftsführung dem Interesse des Geschäftsherrn entspricht. Es ist dann am Geschäftsherrn darzulegen (zu beweisen), dass sein wirklicher oder mutmaßlicher Wille von seinem Interesse abweicht. Was den **Nachweis des Interesses** angeht, so ist es am Geschäftsführer darzutun, dass die Geschäftsführung im Interesse eines objektiven Geschäftsherrn liegt, während es wiederum am Geschäftsherrn ist, darzulegen, dass die an sich objektiv nützliche Geschäftsführung für ihn aus besonderen Gründen – zB finanziell angespannte Lage, besondere Nutzung eines Gegenstandes – nicht von Interesse war (Motive, in Mugdan II 482; OTrib Berlin SeuffA 35 [1880] Nr 75, Erk v 25. 2. 1879; AppG Celle SeuffA 27 [1873] Nr 27, Erk v 28. 11. 1871; Crome, System des Deutschen Bürgerlichen Rechts II § 255 I 1 a S 634 Fn 10; Oertmann § 683 Anm 5).

IX. Aufwendungsersatz im Rahmen des privilegierten Rückgriffsanspruchs (§§ 683 S 2, 679)

74 Zum privilegierten Rückgriffsanspruch ieS gem §§ 683 S 2, 679 s § 679 Rn 10.

§ 684
Herausgabe der Bereicherung

Liegen die Voraussetzungen des § 683 nicht vor, so ist der Geschäftsherr verpflichtet, dem Geschäftsführer alles, was er durch die Geschäftsführung erlangt, nach den Vorschriften über die Herausgabe einer ungerechtfertigten Bereicherung herauszugeben. Genehmigt der Geschäftsherr die Geschäftsführung, so steht dem Geschäftsführer der im § 683 bestimmte Anspruch zu.

Materialien: E I § 758; II § 615; III § 671; Mot II 866–868; Prot II 739–741.

Systematische Übersicht

Alphabetische Übersicht

I. Regelungsgegenstand

1 § 684 enthält zwei Bestimmungen für den Fall, dass die Übernahme der Geschäftsführung mit dem wirklichen oder dem mutmaßlichen Willen des Geschäftsherrn im

Widerspruch steht. § 684 S 2 knüpft an der Option des Geschäftsherrn an, die Übernahme der Geschäftsführung zu genehmigen (Rn 18 ff). Tut er dies, so kann der Geschäftsführer – gleich dem Fall, dass die Übernahme von Anfang an dem Willen des Geschäftsherrn entsprach – wie ein Beauftragter Ersatz seiner Aufwendungen verlangen. Erfolgt keine Genehmigung durch den Geschäftsherrn, so kann der Geschäftsführer zwar ebenfalls Ersatz seiner Aufwendungen verlangen, aber nur insoweit der Geschäftsherr durch seine Aufwendungen bereichert ist (Rn 2 ff).

II. Der „kleine" Aufwendungsersatzanspruch (§ 684 S 1)

1. Inhalt und Rechtsnatur; Rechtsgeschichte

2 Entspricht die Übernahme der Geschäftsführung nicht dem wirklichen oder mutmaßlichen Willen des Geschäftsherrn und hat der Geschäftsherr die Übernahme der Gestion auch nicht genehmigt (§ 684 S 2, s Rn 18 ff), so ist der Geschäftsherr verpflichtet, dem Geschäftsführer alles, was er durch die Geschäftsführung erlangt hat, nach den Vorschriften über die Herausgabe einer ungerechtfertigten Bereicherung herauszugeben. Das Recht der *inutilis gestio* hat sich im *ius commune* aus zwei Fragmenten heraus entwickelt (Bergmann, Die Geschäftsführung ohne Auftrag 319 ff). Im Anschluss an Ulpian/Celsus/Proculus, Dig 3, 5, 9, 1 wurde dem Geschäftsführer jeder Anspruch *(actio contraria)* versagt, wenn die Geschäftsführung für den Geschäftsherrn ohne Nutzen war. Beispiel waren die sacherhaltenden Aufwendungen auf ein vom Eigentümer aufgegebenes Gebäude. Ersatz konnte der Geschäftsführer allenfalls fordern, wenn der Geschäftsführer die Geschäftsführung oder einzelne Aufwendungen genehmigte (Lauterbach, Collegium pandectarum theoretico-practicum L III Tit V § XXI; Voet, Commentarius ad Pandectas Lib III Tit V § 10). Dem römischen Recht war die heutige Unterscheidung zwischen der Übernahme der Geschäftsführung als solcher und den einzelnen Durchführungsmaßnahmen fremd. Der in § 684 S 1 umschriebene Fall, dass die Übernahme der Geschäftsführung als solcher *inutiliter* erfolgte, der Geschäftsherr aber dennoch durch Geschäftsführungsmaßnahmen profitierte, wurde als solcher nicht wahrgenommen. So würde man den von Labeo, Dig 3, 5, 42 geschilderten Fall heute anders entscheiden: Der Geschäftsführer hatte auf eine (bestehende) fremde Schuld gezahlt. Der Schuldner hatte freilich ein Interesse daran, dass gerade nicht gezahlt wird. Labeo versagte dem Geschäftsführer die Geschäftsführungsklage. Auf der Grundlage der §§ 683, 684 S 1 fällt die Entscheidung anders aus. Zwar ist der Anwendungsbereich des § 683 S 1 nicht eröffnet, da die Zahlung dem Interesse des Geschäftsherrn widerstreitet. Aber soweit der Geschäftsherr durch die Befreiung von seiner Schuld tatsächlich bereichert ist, kann der Geschäftsführer Ersatz seiner Auslagen fordern. Das zweite zentrale Fragment ist das Reskript Iustinians, C 2, 18, 24. Im Rahmen der Geschäftsführung kam es zwar zu nützlichen Aufwendungen, der Geschäftsführer handelte aber gegen das ausdrückliche Verbot des Geschäftsherrn (Luig, in: FS Wiegand 1015). Die klassischen Juristen beurteilten kontrovers, ob dem Geschäftsführer ein Ersatzanspruch zustand. Iustinian entschied im Grundsatz gegen den Gestor. Der Ausspruch Iustinians wurde breit rezipiert. Allerdings gab es auch immer Gegenstimmen, die dem Geschäftsführer unter Hinweis auf das Bereicherungsverbot einen Erstattungsanspruch hinsichtlich der erfolgreichen Aufwendungen zugestehen wollten (Voet, Commentarius ad Pandectas Lib III Tit V § 11; Luig, in: FS-Wiegand 1015, 1020 ff). Damit kam es zu einer ersten Vorwegnahme des heutigen § 684 S 1. Der Pandektismus griff diese Wertung

(teilweise) auf: War die Geschäftsführung nicht *utiliter gestum* und lag auch keine *ratihabitio* vor, so hatte der Geschäftsherr dem Geschäftsführer wenigstens dasjenige herausgeben, was durch die Geschäftsführung tatsächlich in sein Vermögen gelangt war und sich noch darin befand. Nur bei der Geschäftsführung gegen den ausdrücklichen Willen hielt man an Iustinians Lehre fest: Der Gestor war mit Ansprüchen endgültig ausgeschlossen (Windscheid/Kipp, Lehrbuch der Pandekten II 9 § 430 [2] b S 921, 923 mit Fn 19, 23). Aber auch diese letzte Reminiszenz ging mit § 684 S 1 verloren: Denn nach der Regelung des BGB kann der Gestor seinen auf die noch vorhandene Bereicherung des Geschäftsherrn gerichteten (begrenzten) Aufwendungsersatzanspruch auch dann machen, wenn er wissentlich und willentlich gegen den Willen des Geschäftsherrn gehandelt hat. Die in § 684 S 1 positivierte Grundlehre des Pandektismus wurde zuletzt durch Art 1329-1 des französischen Avant-projet de réforme du droit des obligations adaptiert.

Entgegen weitläufiger Meinung handelt es sich bei § 684 S 1 um **keinen Bereicherungsanspruch** (so aber zB Loyal JZ 2012, 1102 ff, insb 1108 f; Martinek/Theobald JuS 1997, 612, 616). Bei dieser verfehlten Einordnung handelt es sich um eine unglückselige Konsequenz der tradierten Lehre von der berechtigten Geschäftsführung, der zufolge das gesetzliche Schuldverhältnis der *negotiorum gestio* nur im Falle des *utiliter gestum* entstehen soll (s Vorbem 95 ff zu §§ 677 ff). Die Vorschrift des § 684 S 1 bleibt für diese Lehre ein Fremdkörper im Geschäftsführungsrecht und kann nur bereicherungsrechtlich erklärt werden. Doch verbaut man sich damit – *contra legem* – das umfassende Systemverständnis. Denn die Lehre von der berechtigten Geschäftsführung ohne Auftrag liegt dem streng am römischrechtlichen Actionensystem orientierten Geschäftsführungsrecht des BGB in den §§ 677 ff gerade nicht zugrunde (Vorbem 90 ff zu §§ 677 ff). Das gesetzliche Schuldverhältnis der echten Geschäftsführung ohne Auftrag entsteht allein aufgrund der fremdnützigen Interessenwahrnehmung für einen anderen, unabhängig von der Frage, ob die Übernahme der Geschäftsführung dem Willen des Geschäftsherrn entspricht. Ebenso wie bei § 683 S 1 handelt es sich bei § 684 S 1 im Kern um einen **echten Aufwendungsersatzanspruch**. Dies folgt zwingend aus der Subordinationsnatur der echten Geschäftsführung ohne Auftrag (s Vorbem 28 ff zu §§ 677 ff; **aA**: Loyal JZ 2012, 1108 f). Dem Subordinationscharakter entspricht es, dass der Geschäftsführer am wirtschaftlichen Erfolg seiner Handlungen nicht beteiligt ist. Ein etwaiger Gewinn ist nicht sein Gewinn, sondern der Gewinn des Geschäftsherrn (§§ 681 S 2, 667); ein Verlust ist nicht sein Verlust, sondern fällt grundsätzlich dem Geschäftsherrn zur Last: In Umsetzung dieser Vorgabe ordnet § 683 S 1 an, dass der Geschäftsführer Ersatz seiner Aufwendungen, sofern er sie für erforderlich halten durfte, verlangen kann. Allerdings ist der vollständige Ersatz der Aufwendungen des Geschäftsführers nur insoweit gerechtfertigt, als die Übernahme der Geschäftsführung dem Willen des Geschäftsherrn entsprochen hat. Fehlt diese Willensentsprechung, so kann der Geschäftsführer nur insoweit Ersatz seiner Aufwendungen verlangen, als sie tatsächlich in das Vermögen des Geschäftsherrn gelangt sind und der Geschäftsherr noch um sie bereichert ist. Der aus dem **Subordinationsverhältnis** folgende Aufwendungsersatz wird quasi bereicherungsrechtlich gedeckelt (vgl RGZ 81, 204, 206, Urt 16. 1. 1913, Az: IV 504/12; OLG Karlsruhe MDR 1992, 588, 589, Urt v 10. 12. 1991, Az 18a U 230/90). Man kann insoweit von einem limitierten oder dem kleinen Aufwendungsersatzanspruch sprechen. Hieraus – dh aus dem Subordinationscharakter der Geschäftsführung ohne Auftrag – folgt im Gegenzug, dass der Umfang der nach § 683 S 1 zu ersetzenden Aufwendungen die 3

Obergrenze des Anspruchs aus § 684 S 1 markiert. Der Geschäftsführer kann also keinesfalls in dem seltenen Fall, dass die Bereicherung des Geschäftsherrn höher ist als seine eigenen aufgewendeten Kosten, die vollständige Bereicherung herausverlangen. § 684 S 1 ist eben kein Bereicherungsanspruch (s Rn 10; WITTMANN, Begriff und Funktion der Geschäftsführung ohne Auftrag 94; WOLF JZ 1966, 467, 470; **aA**: MARTINEK/THEOBALD JuS 1997, 612, 616; ERMAN/DORNIS[14] § 684 Rn 4; MünchKomm/SEILER[6] § 684 Rn 9; SOERGEL/BEUTHIEN[13] § 684 Rn 2; s auch WANDT, Gesetzliche Schuldverhältnisse[6] § 5 Rn 55).

4 Die Rechtsfolge des § 684 S 1 greift auch im Falle des – systemwidrig in den §§ 677 ff mitgeregelten – **privilegierten Rückgriffsanspruchs** des Geschäftsführers bei Erfüllung fremder, im öffentlichen Interesse liegender Verbindlichkeiten ein (§ 679), wenn die Übernahme der Geschäftsführung den Grundsatz der Erforderlichkeit und Verhältnismäßigkeit verletzt (s § 679 Rn 2, 4, 10).

2. Tatbestand

a) Rechtsfolgenverweisung; § 853

5 Aus dem der echten Geschäftsführung ohne Auftrag zugrunde liegenden Prinzip der Interessensubordination erwächst dem Geschäftsführer ein **echter Aufwendungsersatzanspruch**; trotz der missverständlichen Formulierung des Gesetzes handelt es sich um keinen Bereicherungsanspruch (s Rn 3). Die Verweisung des § 684 S 1 auf die Vorschriften über die Herausgabe einer ungerechtfertigten Bereicherung bezweckt lediglich im Sinne einer Schutzvorschrift zugunsten des Geschäftsherrn, den Aufwendungsersatzanspruch des Geschäftsführers auf eine noch vorhandene Bereicherung (§ 818 Abs 3) zu begrenzen (RGZ 81, 204, 205 f, Urt 16. 1. 1913, Az: IV 504/12). Der Tatbestand des Aufwendungsersatzanspruchs ist abschließend in den §§ 677, 684 S 1 umschrieben; die weiteren Voraussetzungen der §§ 812 ff sind nicht zu prüfen. In diesem Sinne kann man mit der ganz hM § 684 S 1 als **Rechtsfolgenverweisung** ansehen (RGZ 81, 204, 205 f, Urt 16. 1. 1913, Az: IV 504/12; BGH WM 1976, 1056, 1060; OLG Karlsruhe MDR 1992, 588, 589, Urt v 10. 12. 1991, Az 18a U 230/90; OLG Hamm NJW-RR 1991, 1303, 1304, Urt v 28. 5. 1991, Az: 26 U 162/90; OLG Hamm NJW 1974, 951, 952, Urt v 9. 1. 1974, Az: 11 U 198/73; MARTINEK/THEOBALD JuS 1997, 612, 616; BGB-RGRK/STEFFEN[12] § 684 Rn 8; PALANDT/SPRAU[73] § 684 Rn 1; SOERGEL/BEUTHIEN[13] § 684 Rn 4; **aA**: BATSCH AcP 171 [1971] 218, 227; GURSKY AcP 185 [1985] 13, 40; LOYAL JZ 2012, 1102 ff; vgl auch Motive, bei MUGDAN II 484). Auch eine entsprechende Anwendung der **Kondiktionssperren** der §§ 814, 815, 817 S 2 kommt nicht in Betracht (so aber: MARTINEK/THEOBALD JuS 1997, 612, 616; s aber auch: WANDT, Gesetzliche Schuldverhältnisse[6] § 5 Rn 55; MünchKomm/SEILER[6] § 684 Rn 7). Sehr wohl kann aber im Einzelfall **§ 853** eingreifen (RG WarnRspr 3 [1910] Nr 286, Urt v 23. 5. 1910, Az: VI 284/09; BGB-RGRK/STEFFEN[12] § 684 Rn 10): Dem Geschäftsführer kann entgegengehalten werden, dass seine Aufwendungen nur Mittel zur Begehung einer unerlaubten Handlung waren (s Rn 9).

b) Echte Geschäftsführung ohne Auftrag (§ 677)

6 Der Aufwendungsersatzanspruch des Geschäftsführers setzt auch dann, wenn die Übernahme der Geschäftsführung im Widerspruch mit dem Willen des Geschäftsherrn stand, voraus, dass der Grundtatbestand der echten Geschäftsführung ohne Auftrag erfüllt ist, der Geschäftsführer also in fremdnütziger Geschäftsführungsabsicht für einen anderen tätig geworden ist (Vorbem 106 ff zu §§ 677 ff). Fehlt es an den Voraussetzungen der Geschäftsführung, weil der Geschäftsführer eigennützig für

sich selbst handelt, kommt ein unmittelbarer Rückgriff auf § 684 S 1 nicht in Betracht; es bleibt bei der Anwendung der allgemeinen Vorschriften der §§ 812 ff, 994 ff (WITTMANN, Begriff und Funktion der Geschäftsführung ohne Auftrag 130). – Nur wenn sich der Handelnde, um seine Nichtberechtigung wissend, ein fremdes Geschäft anmaßt, kann er sich auf § 684 S 1 berufen, wenn der Geschäftsherr seinerseits seine Rechte aus **Geschäftsanmaßung** gem § 687 Abs 2 S 1 geltend macht (§ 687 Rn 40 ff).

c) Fehlen der Voraussetzung des § 683 S 1; keine Genehmigung

Kann der Geschäftsführer nicht darlegen und ggf beweisen, dass die Voraussetzun- 7
gen des **§ 683 S 1** vorliegen, also die Übernahme der Geschäftsführung dem wirklichen oder dem mutmaßlichen Willen des Geschäftsherrn entsprochen hat, oder dass der Geschäftsherr die Übernahme der Geschäftsführung **genehmigt** hat (§ 684 S 2), so steht ihm ein Ersatz seiner Aufwendungen nur insoweit zu, als der Geschäftsherr dadurch bereichert ist; andererseits hat er diesen Anspruch aber selbst für den Fall, dass er gegen den **ausdrücklichen Widerspruch** des Geschäftsherrn gehandelt hat (WITTMANN, Begriff und Funktion der Geschäftsführung ohne Auftrag 130; BGB-RGRK/STEFFEN[12] § 684 Rn 10; PLANCK/LOBE[4] § 684 Anm 1). Rigider ist das österreichische Recht. Handelt der Gestor gegen den gültig erklärten Willen des Geschäftsherrn, so verliert er gem § 1040 öABGB „den gemachten Aufwand …, insofern er nicht in Natur zurückgenommen werden kann" (dazu: MEISSEL, Geschäftsführung ohne Auftrag 180 ff).

d) Keine Schenkungsabsicht

Selbst der kleine Aufwendungsersatzanspruch des § 684 S 1 steht dem Geschäfts- 8
führer nicht zu, wenn der Geschäftsherr darlegen und beweisen kann, dass dem Geschäftsführer die Absicht fehlte, vom Geschäftsführer Ersatz zu verlangen. Der Ausschlussgrund des § 685 bezieht sich nicht nur auf § 683, sondern auch auf den Anspruch aus § 684 (BGH NJW 1985, 313, 314, Urt v 10. 10. 1984, Az: VIII ZR 152/83; BGB-RGRK/STEFFEN[12] § 684 Rn 9).

e) Privilegierter Rückgriffsanspruch (§ 679)

Auch im Rahmen des – systemwidrig im Zusammenhang der §§ 677 ff mitgeregel- 9
ten – privilegierten Rückgriffsanspruchs bei Erfüllung fremder, im öffentlichen Interesse liegender Pflichten kann dem Geschäftsführer unter Umständen lediglich der auf die Bereicherung des Geschäftsherrn beschränkte Aufwendungsersatzanspruch des § 684 S 1 zustehen. Das ist der Fall, wenn die Übernahme der Geschäftsführung den Grundsatz der **Verhältnismäßigkeit** verletzt (s § 679 Rn 2, 4, 10). In Ausnahmefällen kann der Anspruch sogar gem § 853 ganz ausgeschlossen sein (RG WarnRspr 3 [1910] Nr 286, Urt v 23. 5. 1910, Az: VI 284/09; BGB-RGRK/STEFFEN[12] § 684 Rn 10; s Rn 5). So hat etwa der Geschäftsführer keinen Anspruch gem § 684 (iVm § 679 Alt 2) auf Ersatz von **Unterhaltskosten** für ein Kind, das er der elterlichen Gewalt entzogen hat.

3. Rechtsfolge

a) Begrenzung des Aufwendungsersatzanspruchs

Liegen die tatbestandlichen Voraussetzungen des § 684 S 1 vor, so kann der Ge- 10
schäftsführer weiterhin Ersatz seiner Aufwendungen verlangen; allerdings nur soweit der Geschäftsherr durch seine Aufwendungen nach bereicherungsrechtlichen

Grundsätzen bereichert ist (RGZ 81, 204, 205 f, Urt 16. 1. 1913, Az: IV 504/12). Letztlich fixiert § 684 S 1 eine **Kappungsgrenze**, bis zu deren Höhe der Geschäftsführer Ersatz seiner Aufwendungen fordern kann (s Rn 3). Liegt in Ausnahmefällen der Umfang der vorgenommenen Aufwendungen unter der bereicherungsrechtlich zu bestimmenden Kappungsgrenze, weil die **Bereicherung des Geschäftsherrn höher** ist **als die Vermögensopfer des Geschäftsführers**, so kann der Geschäftsführer keinesfalls die vollständige Bereicherung herausverlangen. Entsprechend dem Subordinationscharakter der echten Geschäftsführung ohne Auftrag verliert der Erstattungsanspruch des Geschäftsführers niemals seine Rechtsnatur als Aufwendungsersatzanspruch (s Rn 3). Der Umfang der Aufwendungen markiert die absolute Obergrenze des Anspruchs aus § 684 S 1 (WITTMANN, Begriff und Funktion der Geschäftsführung ohne Auftrag 94; WOLF JZ 1966, 467, 470; **aA**: MARTINEK/THEOBALD JuS 1997, 612, 616; ERMAN/DORNIS[14] § 684 Rn 4; MünchKomm/SEILER[6] § 684 Rn 9; SOERGEL/BEUTHIEN[13] § 684 Rn 3; s auch WANDT, Gesetzliche Schuldverhältnisse[6] § 5 Rn 55).

b) Risikoverteilung und aufgedrängte Bereicherung

11 Die Begrenzung des Aufwendungsersatzanspruchs auf die Bereicherung des Geschäftsherrn bedeutet eine einschneidende Modifikation der Gefahrtragungs- und Bewertungsgrundsätze im Vergleich zu § 683 S 1 (WITTMANN, Begriff und Funktion der Geschäftsführung ohne Auftrag 94, 130; s § 683 Rn 10 f). Im Rahmen des § 683 S 1 kann der Geschäftsführer Ersatz aller Aufwendungen verlangen, die er aus seiner subjektiven Warte für erforderlich halten durfte, gleichgültig ob sie letztlich erfolgreich waren (s § 683 Rn 10 f). § 684 S 1 gestaltet die Verhältnisse grundlegend um. Überhaupt kann der Geschäftsführer Ersatz seiner Aufwendungen nur noch insoweit verlangen, als sie dem Geschäftsherrn auch tatsächlich zugute kommen. Der Geschäftsführer trägt also auf einer ersten Ebene das Risiko des objektiven Fehlschlagens oder der Nutzlosigkeit seiner Aufwendungen. Damit nicht genug. Auf einer zweiten Ebene greifen zusätzlich die Grundsätze der aufgedrängten Bereicherung (dazu zB MEDICUS/PETERSEN, Bürgerliches Recht[24] Rn 899): Der Wert der Bereicherung bestimmt sich nicht nach objektiven Maßstäben, sondern subjektiv aus der Perspektive des Geschäftsherrn (WITTMANN, Begriff und Funktion der Geschäftsführung ohne Auftrag 130; ERMAN/DORNIS[14] § 684 Rn 4; SOERGEL/BEUTHIEN[13] § 684 Rn 2 f).

c) Umfang der Bereicherung

12 Der Umfang der Bereicherung, bis zu dessen Grenze der Geschäftsherr dem Geschäftsführer Ersatz dessen Aufwendungen leisten muss, bestimmt sich nach den allgemeinen bereicherungsrechtlichen Grundsätzen der **Aufwendungs**-, in Einzelfällen auch der **Rückgriffskondiktion**, unter Berücksichtigung der Grundsätze der **aufgedrängten Bereicherung**. Im Einzelnen kann die Bereicherung des Geschäftsherrn in einer gegenständlichen Vermögensmehrung, einem abgewendeten Vermögensschaden, einer werterhaltenden Aufwendung, einer empfangenen Dienstleistung oder einer Schuldbefreiung bestehen (SOERGEL/BEUTHIEN[13] § 684 Rn 2 f; OLG Düsseldorf NJW-RR 1996, 913, 914, Beschluss v 20. 11. 1995, Az: 3 Wx 447/93). Erfolglose Aufwendungen bleiben von vorneherein ohne Berücksichtigung (s Rn 11). Überhaupt kann sich der Geschäftsherr auf § 818 Abs 3 berufen; wobei aber im Einzelfall zu prüfen ist, ob der Geschäftsherr nicht **eigene Aufwendungen erspart** hat. Für die Einzelheiten ist auf die Kommentierungen zum Bereicherungsrecht zu verweisen.

aa) Erfüllung fremder Pflichten

13 Besteht die Geschäftsführung in der Erfüllung fremder Pflichten (insbesondere in der Zahlung fremder Schulden), so ist wegen der doch sehr diffizilen Interessenlage im Einzelfall genau zu prüfen, ob und inwieweit der Geschäftsherr bereichert ist (s Vorbem 260 f zu §§ 677 ff). Es ist aber am Geschäftsherrn darzulegen und ggf zu beweisen, dass er abweichend von der Regel nicht bereichert ist (vgl MünchKomm/Seiler[6] § 684 Rn 10).

bb) Verwendung auf fremde Sachen

α) Erfolgreiche notwendige Verwendungen

14 Erfolgreiche notwendige Verwendungen bereichern den Geschäftsherrn meistens insoweit, als er Aufwendungen erspart hat, die er selbst später mit Sicherheit zur Erhaltung seiner Sache gehabt hätte (Wollschläger, Die Geschäftsführung ohne Auftrag 215; MünchKomm/Seiler[6] § 684 Rn 10). Es ist am Geschäftsherrn darzulegen, dass der Erhalt der Sache nicht in seinem subjektiven Interesse liegt und deswegen eine **aufgedrängte Bereicherung** vorliegt.

β) Erfolgreiche nützliche Verwendungen

15 Auch erfolgreiche nützliche Verwendungen können den Geschäftsherrn bereichern. Insoweit greifen die Grundsätze der **aufgedrängten Bereicherung** ein. Allerdings ist es am Geschäftsherrn darzulegen, dass die objektiv nützliche Aufwendung ihm subjektiv nichts nützt.

γ) Erfolglose Verwendungen

16 Erfolglose Verwendungen sind **grundsätzlich nicht zu ersetzen.** Als Ausnahme kann aber der Fall genommen werden, dass sie auch beim Geschäftsherrn angefallen wären.

d) Wegnahmerecht und Wiederherstellungsanspruch

17 Der Geschäftsführer kann eine mit einem Gegenstand des Geschäftsherrn verbundene Sache wegnehmen (Motive, bei Mugdan II 484; BGB-RGRK/Steffen[12] § 684 Rn 12). Wegen des Verweises auf das Bereicherungsrecht hielt der Gesetzgeber eine ausdrückliche Bestimmung über das *ius tollendi* für entbehrlich (Protokolle, bei Mugdan II 1201 f). Umgekehrt kann der Geschäftsherr, sofern ihm ein Schaden entstanden ist, bei Verschulden gem § 678 bzw §§ 677, 280 Wiederherstellung des früheren Zustandes verlangen (§ 678 Rn 18).

III. Die Genehmigung im Recht der Geschäftsführung (ratihabitio)

1. Gegenstand der Genehmigung

18 Bereits im klassischen römischen Recht hatte die *ratihabitio* mehrere Funktionen: In einigen Fällen hatte die Erklärung zur Folge, dass eine vom Geschäftsführer getroffene Verfügung über einen Gegenstand des Geschäftsherrn geheilt wurde, daneben konnte sie auch die Haftung des Geschäftsherrn beschränken (Seiler, Der Tatbestand der negotiorum gestio im Römischen Recht 61 ff). Auch im heutigen Recht der Geschäftsführung ohne Auftrag können sich an eine „Genehmigung der Geschäftsführung" ganz unterschiedliche Rechtsfolgen knüpfen. Es ist streng zu differenzieren nach dem Gegenstand der Genehmigung. Einmal kann sich die Genehmigung (1) un-

mittelbar auf die **Übernahme** der Geschäftsführung beziehen. Dieser Fall hat in § 684 S 2 seinen Niederschlag gefunden. Die Genehmigung ersetzt die Voraussetzungen des § 683 S 1 *(utiliter gestum)* mit der Folge, dass der Geschäftsführer gem § 683 S 1 – ohne Beschränkung auf eine noch vorhandene Bereicherung des Geschäftsherrn (§ 684 S 1) – Ersatz aller Aufwendungen verlangen darf, die er für erforderlich halten durfte. Des Weiteren kann (2) – unabhängig von der Frage, ob die Übernahme dem Willen des Geschäftsherrn entspricht oder damit im Widerspruch steht – die unsachgemäße Art und Weise der konkreten **Durchführung** der Geschäftsführung (§ 677) genehmigt werden. Die Folge: Eine Haftung wegen Ausführungsverschuldens gem §§ 280 Abs 1, 677 entfällt. Schließlich kann (3) – und insoweit ist das **Außenverhältnis** der Geschäftsführung ohne Auftrag betroffen (s Vorbem 217 ff zu §§ 677 ff) – ein rechtsgeschäftliches Handeln des Geschäftsführers im Namen des Geschäftsherrn (a) gem § 177 oder (b) gem § 185 nachträglich genehmigt werden. Im Fall (a) bringt die Genehmigung unmittelbar einen Vertrag zwischen dem Geschäftsherrn und dem anderen Teil zustande mit der Folge, dass die Haftung des Geschäftsführers als *falsus procurator* gem § 179 entfällt; im Fall (b) wird eine Verfügung wirksam, die der Geschäftsführer als Nichtberechtigter getroffen hat. Die verschiedenen Genehmigungsgegenstände sind auseinander zu halten. Die Genehmigung des einen bedeutet nicht zugleich eine Genehmigung des anderen. So kann der Geschäftsherr der Übernahme der Geschäftsführung überhaupt seine nachträgliche Zustimmung erteilen, Durchführungsmängeln aber seine Genehmigung verweigern. „Genehmigt" der Geschäftsherr die Geschäftsführung, so ist durch Auslegung die Reichweite der Genehmigung zu ermitteln.

2. Die Genehmigung der Übernahme der Geschäftsführung (§ 684 S 2)

a) Inhalt und Rechtsnatur; rechtsvergleichende Hinweise

19 § 684 S 2 betrifft unmittelbar den Fall, dass sich der Geschäftsherr nachträglich mit der **Übernahme** der Geschäftsführung durch den Geschäftsführer einverstanden erklärt. Mit der Genehmigung der Übernahme der Geschäftsführung ersetzt der Geschäftsherr die Voraussetzungen des § 683 S 1; der Geschäftsführer kann nunmehr Ersatz aller Aufwendungen, die er für erforderlich halten durfte, ebenso verlangen *(actio contraria),* als wenn die Übernahme der Geschäftsführung von Anfang an dem wirklichen oder dem mutmaßlichen Willen des Geschäftsherrn entsprochen hätte (BGHZ 128, 210, 213, Urt v 16. 12. 1994, Az: V ZR 177/93). Keinesfalls hat die Genehmigung zur Folge, dass sich die Geschäftsführung nachträglich in ein vertragliches Auftragsverhältnis verwandelt (Erman/Dornis[14] § 684 Rn 10; Planck-Lobe[4] § 684 Anm 2). Der weitergehenden, im gemeinen Recht wegen der unklaren Quellenlage sehr umstrittenen Auffassung, dass durch die Genehmigung die *negotiorum gestio* sich in ein *mandatum* verwandle, ist das BGB zu Recht nicht gefolgt (zum gemeinrechtlichen Streitstand: v Cocceji, Jus civile controversum Lib III Tit V Qu VI; zum klassischen römischen Recht: Seiler, Der Tatbestand der negotiorum gestio im Römischen Recht 69 ff; s Vorbem 54 zu §§ 677 ff). Die Genehmigung macht entsprechend § 184 die unwillkommene Geschäftsführung rückwirkend zu einer nützlichen Geschäftsführung, begründet aber kein Vertragsverhältnis zwischen den Parteien (so schon vKübel, in: Schubert [Hrsg], Die Vorlagen der Redaktoren, Schuldverhältnisse II 929, 983 f). Natürlich ist es aber möglich, dass mit der Genehmigung der Geschäftsführung ein Auftrag für den noch ausstehenden Teil der Geschäftsbesorgung verbunden werden kann. Dies ist eine *quaestio facti;* in der Genehmigung als solche liegt eine Auftragserteilung nicht.

Andere Rechtsordnungen haben die gemeinrechtliche Kontroverse anders entschieden. So bestimmt im Schweizer Recht Art 424 OR ausdrücklich, dass nach erfolgter Genehmigung die Vorschriften über den Auftrag Anwendung finden. Heute geht man allerdings in der Schweizer Lehre davon aus, dass die Anwendung auftragsrechtlicher Vorschriften auf Gesetz und nicht auf übereinstimmenden Willenserklärungen der Parteien fußt (Schmid, Geschäftsführung ohne Auftrag Rn 703). Auch in der französischen Rechtswissenschaft wird die Nähe der genehmigten Geschäftsführung zum Mandat hervorgehoben (Malaurie/Aynès/Stoffel-Munck, Les Obligations[5] n°1022, 1026: „la ratification de le gestion par le maître équivaut á une mandat"). Der Draft Common Frame of Reference hat mit Art V – 1:101 (1)(b) DCFR im Kern den Ansatz des BGB adaptiert.

§ 684 S 2 bezieht sich unmittelbar nur auf die *actio contraria* des Geschäftsführers. 20
Das **gesetzliche Schuldverhältnis der Geschäftsführung ohne Auftrag** entsteht entgegen der tradierten Lehre von der berechtigten Geschäftsführung ohne Auftrag unabhängig von der Frage, ob die Übernahme der Geschäftsführung dem Willen und dem Interesse des Geschäftsherrn entspricht oder ob der Geschäftsherr eine zunächst unwillkommene Geschäftsführung nachträglich genehmigt (s Vorbem 90 ff zu §§ 677 ff). Dh der Geschäftsherr kann seine in den §§ 677 bis 682 normierten geschäftsführungsrechtlichen Rechte und Ansprüche auch dann geltend machen *(actio directa),* wenn er die Übernahme der Geschäftsführung, die mit seinem Willen im Widerspruch steht, nicht genehmigt (s Vorbem 91 f zu §§ 677 ff; Planck/Lobe[4] § 684 Anm 2). Allerdings liegt für den Fall, dass er einen aus der Geschäftsführung gezogenen Gewinn beansprucht, eine Genehmigung der Geschäftsführung vor.

b) Der Tatbestand

aa) Echte Geschäftsführung ohne Auftrag

Die Genehmigung der Übernahme der Geschäftsführung setzt voraus, dass über- 21
haupt eine echte fremdnützige Geschäftsführung für einen anderen vorgelegen hat (BGHR BGB § 677 Erbensucher 1, Beschluss v 26. 4. 1990, Az: III ZR 294/88; Wittmann, Begriff und Funktion der Geschäftsführung ohne Auftrag 130). Fehlt es hieran, weil der Geschäftsführer, statt in Geschäftsführungsabsicht für einen anderen lediglich in eigennütziger Weise für sich selbst tätig geworden ist, so ist eine Genehmigung iSd § 684 S 2 nicht möglich. Insbesondere kann durch die Genehmigung eigennützigen Verhaltens nicht nachträglich eine echte Geschäftsführung ohne Auftrag begründet werden (RGZ 105, 84, 92, Urt v 26. 6. 1922, Az: VI 788/21; MünchKomm/Seiler[6] § 684 Rn 14; Palandt/Sprau[73] § 684 Rn 2; Planck/Lobe, 4. Aufl § 684 Anm 2; BGB-RGRK/Steffen[12] § 684 Rn 13; Soergel/Beuthien[13] § 684 Rn 1). Die weiteren Rechtsfolgen bestimmen sich vielmehr nach den allgemeinen Vorschriften (§§ 987 ff, 812 ff, 823 ff), ggf nach dem Recht der Geschäftsanmaßung. Inwieweit die Genehmigung des eigennützigen Verhaltens hier Rechtsfolgen zeitigt, bestimmt sich nach den dort geltenden Grundsätzen (zB § 687 Rn 48 ff).

bb) Die Genehmigung gem § 684 S 2

Auf die Genehmigung als die nachträgliche Zustimmung zur Geschäftsführung fin- 22
den die §§ 182 ff entsprechende Anwendung (BGH LM BGB § 684 Nr 5, Urt v 14. 2. 1989, Az: XI ZR 141/88; MünchKomm/Seiler[6] § 684 Rn 13; Oertmann § 684 Anm 2; Soergel/Beuthien[13] § 684 Rn 7). Eine unmittelbare Anwendung scheidet aus, weil es sich bei der Geschäftsführung ohne Auftrag weder um einen Vertrag noch um ein einseitiges

Rechtsgeschäft handelt. Die Genehmigung als empfangsbedürftige Willenserklärung (Enneccerus/Lehmann, Schuldrecht[15] § 167 2 S 706) muss gegenüber dem Geschäftsführer erfolgen. Sie ist auch dann entsprechend § 182 Abs 2 formlos, wenn ein entsprechender Auftrag formgebunden wäre, vgl § 182 Abs 2 (RGZ 102, 17, Urt v 18. 3. 1921, Az: II 320/20; BGB-RGRK/Steffen[12] § 684 Rn 14). Die Genehmigung wie ihre Verweigerung sind unwiderruflich (BGH LM BGB § 684 Nr 5, Urt v 14. 2. 1989. Az: XI ZR 141/88; MünchKomm/Seiler[6] § 684 Rn 13). Zu genehmigen ist die Übernahme der Geschäftsführung. Der Geschäftsherr muss daher zu erkennen geben, dass er nachträglich mit der Übernahme der Geschäftsführung durch den Geschäftsführer einverstanden ist. Eine Pflicht zur Genehmigung besteht nicht; etwas anderes gilt auch nicht im Fall des § 680 (Palandt/Sprau[73] § 684 Rn 2). Die Genehmigung der Geschäftsführung muss innerhalb einer **angemessenen Frist** erfolgen. Die Frist beginnt zu laufen, wenn der Geschäftsherr von der Geschäftsführung erfährt. Erklärt sich der Geschäftsherr nicht innerhalb dieses Zeitraums, gilt seine Genehmigung (endgültig) als verweigert. Dies spielt eine Rolle gerade in den Fällen, in denen der Geschäftsführer im eigenen Namen, aber für den Geschäftsherrn Geschäfte tätigt (mittelbare Stellvertretung). Berühmt ist der Lehrbuchfall, dass ich für einen Bekannten im eigenen Namen die von diesem schon lange gesuchte wertvolle Briefmarke erwerbe. Erteilt er innerhalb der Frist keine Genehmigung, kann ich die Briefmarke gefahrlos weiterveräußern, ohne später Gefahr zu laufen, bei einem Sinneswandel von ihm gem §§ 280, 283 wegen Unmöglichkeit der Herausgabe in Anspruch genommen zu werden. Da in dem Herausgabeverlangen der Briefmarke eine Genehmigung der Geschäftsführung liegen würde (Rn 23), kann der Geschäftsherr die Herausgabe nicht mehr fordern, wenn er die Genehmigung endgültig verweigert hat (Bergmann, Die Geschäftsführung ohne Auftrag 332).

23 Die Genehmigung kann ausdrücklich oder auch **konkludent** erfolgen (Motive, bei Mugdan II 485; anders noch PrALR I 13 § 239, wo eine ausdrückliche Genehmigung verlangt wurde). Hiervon ist die Frage zu trennen, ob im **Schweigen** eine Genehmigung gesehen werden kann. Dies ist nur dann anzunehmen, wenn sich im Einzelfall eine Obliegenheit des Geschäftsherrn begründen lässt, den Geschäftsführer von seiner Ablehnung der Geschäftsführung in Kenntnis zu setzen. Für den Regelfall besteht eine solche Obliegenheit nicht, wie den Geschäftsherrn auch grundsätzlich keine Sorgfalts- oder sonstige Rechtspflicht trifft, den Geschäftsführer von einer unerwünschten Geschäftsführung abzuhalten (s Vorbem 215 zu §§ 677 ff; BGH NJW 1959, 2163 f, Urt v 13. 10. 1959, Az: VIII ZR 193/58; BGB-RGRK/Steffen[12] § 684 Rn 16). Entgegen einer schon in den Motiven vertretenen Auffassung (Motive, bei Mugdan II 485; Soergel/Beuthien[13] § 684 Rn 6) ist selbst ein anwesender Geschäftsherr nicht gehalten, sein Nichtgefallen der Geschäftsführung auszusprechen, sofern er nicht vorher abweichende Signale gesetzt hat. Ebenso wenig kann eine Genehmigung schon darin gesehen werden, dass der Geschäftsherr auf eine Anzeige des Geschäftsführers gem § 681 schweigt (BGH NJW-RR 2011, 1093 Rn 22, Urt v 18. 2. 2011, Az: V ZR 197/10; so aber: Crome, System des Deutschen Bürgerlichen Rechts II § 255 III 1 b S 636 Fn 33; OLG München WM 1999, 1878, Urt v 19. 5. 1998, Az: 5 U 6051/97). Umgekehrt kann Obliegenheit zum Widerspruch ausnahmsweise aus einem besonderen Rechtsverhältnis zwischen Geschäftsführer und Geschäftsherrn folgen. Daher hat das OLG München wohl zutreffend eine Genehmigung gem § 684 S 2 angenommen in einem Fall, in dem eine Bank in der Urlaubsabwesenheit ihres Kunden dessen Optionsscheine wegen eines Kurssturzes im Wege der Geschäftsführung ohne Auftrag verkauft hatte, um einen

Totalverlust zu vermeiden und der Kunde bei einem Telefonanruf nach seinem Urlaub nicht deutlich und unmissverständlich zu verstehen gab, dass er mit dem Verkauf nicht einverstanden war (OLG München WM 1999, 1878, Urt v 19. 5. 1998, Az: 5 U 6051/97). Ist auch die Genehmigung der unwillkommenen Geschäftsführung nach der hier vertretenen actionenrechtlichen Lehre, die dem gesetzlichen Regelungsmodell der §§ 677 ff zugrunde liegt, keine Voraussetzung der Geltendmachung geschäftsführungsrechtlicher Ansprüche, so kann doch umgekehrt in der Erhebung geschäftsführungsrechtlicher Ansprüche eine Genehmigung der Geschäftsführung liegen. Im Verlangen nach Erteilung von **Auskunft oder Rechenschaft (§§ 681 S 2, 666)** wird regelmäßig noch keine Genehmigung der Geschäftsführung liegen. Diese Ansprüche helfen dem Geschäftsherrn erst, aufgrund einer gesicherten Tatsachenbasis eine Entscheidung über die Genehmigung der Geschäftsführung zu fällen (RG WarnRspr 19 [1927] Nr 57, Urt v 31. 1. 1927, Az: IV 567/26; Protokolle, bei Mugdan II 1194; Erman/Dornis[14] § 684 Rn 9; BGB-RGRK/Steffen[12] § 684 Rn 16; Soergel/Beuthien[13] § 684 Rn 8). Auch die Geltendmachung eines Schadensersatzanspruchs wegen fehlerhafter Durchführung der Geschäftsführung gem §§ **280, 677** (mag relevant werden, wenn sich der Geschäftsführer hinsichtlich eines Übernahmeverschuldens [§ 678] exkulpieren kann) stellt für sich keine Genehmigung dar (Wächter AcP 20 [1837] 337, 340). Macht der Geschäftsherr **den Herausgabeanspruch gem §§ 681 S 2, 667** geltend, ist zu differenzieren (Bergmann, Die Geschäftsführung ohne Auftrag 265 ff). Verlangt der Geschäftsherr nur, was ihm aufgrund der materiellen Güterordnung zugewiesen ist, so liegt darin noch keine Genehmigung der Geschäftsführung (vgl BayObLG Recht 1914 Nr 761 Urteil vom 10. 11./1. 12. 1913, Az: I 109/13): Zieht der Geschäftsführer eine Forderung des Geschäftsherrn ein oder verkauft er eine Sache des Geschäftsherrn, so liegt in dem Herausgabeverlangen des Nennwertes der Forderung oder des objektiven Sachwerts keine Genehmigung der Übernahme der Geschäftsführung. Die Situation ist im weitesten Sinne mit dem Fall des § 667 Alt 1 zu vergleichen, der anordnet, dass der Geschäftsführer alles, was er zur Durchführung der Geschäftsführung erhalten hat, herauszugeben hat. Erst dann, wenn der Geschäftsherr herausverlangt, was ihm nicht schon nach der materiellen Güterordnung zusteht, genehmigt er die Übernahme der Geschäftsführung: So etwa, wenn der Geschäftsherr die Herausgabe und Übereignung von Grundstücken verlangt, die der Geschäftsführer in mittelbarer Stellvertretung – also im eigenen Namen, aber in fremdnütziger Geschäftsführungsabsicht – erworben hat (s § 681 Rn 12; vgl RG WarnRspr 19 [1927] Nr 57, Urt v 31. 1. 1927, Az: IV 567/26; Giesen Jura 1996, 288, 290; Protokolle, bei Mugdan II 1194; MünchKomm/Seiler[6] § 684 Rn 17; BGB-RGRK/Steffen[12] § 684 Rn 16). Denn der Geschäftsherr kann nicht gleichzeitig den Gewinn aus der Geschäftsführung beanspruchen, aber die Übernahme der Geschäftsführung als seinem Willen widersprechend ablehnen. Allerdings gilt auch hier: Eine Genehmigung der Übernahme der Geschäftsführung schließt zwar den Ersatzanspruch des § 678 wegen Übernahmeverschuldens aus, bedeutet aber nicht ohne Weiteres, dass der Geschäftsherr eine eventuell darüber hinausgehende unsachgemäße Geschäftsführung billigt: Etwaige Schäden kann er weiterhin gem §§ 677, 280 geltend machen; überflüssige Aufwendungen, die der Geschäftsführer bei sorgfältiger Geschäftsführung nicht für erforderlich hätte halten dürfen, muss er nicht gem §§ 683, 670 ersetzen. So etwa, wenn der Geschäftsführer im Beispielsfall die Grundstücke, an denen dem Geschäftsherrn gelegen ist, zu einem sachlich nicht mehr zu rechtfertigenden Preis gekauft hat.

c) Rechtsfolgen und Reichweite der Genehmigung

aa) Actio contraria

24 Unmittelbar bezieht sich § 684 S 2 auf die *actio contraria* des Geschäftsführers. Genehmigt der Geschäftsherr die Übernahme der Geschäftsführung, so kann der Geschäftsführer – auch wenn die Voraussetzungen des § 683 S 1 nicht vorgelegen haben – gleich einem Beauftragten Ersatz seiner Aufwendungen verlangen (§§ 683 S 1, 670; s § 683 Rn 45 ff). Allerdings steht es den Parteien natürlich frei, durch Vereinbarung die Rechtsfolgen der Genehmigung ausschließlich auf die *actio directa* zu beziehen und den auftragsgleichen Aufwendungsersatzanspruch des § 683 S 1 auszuschließen (BGB-RGRK/Steffen[12] § 684 Rn 18).

bb) Actio directa

α) Übernahmeverschulden (§ 678)

25 Die Genehmigung der Übernahme der Geschäftsführung hat Rückwirkungen auf die Ansprüche des Geschäftsherrn *(actio directa)*. Mit der Genehmigung gem § 684 S 2 entfällt der Anspruch aus § 678 wegen Übernahmeverschuldens. Die – wenn auch nachträgliche – Zustimmung beseitigt den Widerspruch der Geschäftsführung zum Willen des Geschäftsherrn (BGHZ 128, 210, 213, Urt v 16. 12. 1994, Az: V ZR 177/93; OLG München WM 1999, 1878, Urt v 19. 5. 1998, Az: 5 U 6051/97; BGB-RGRK/Steffen[12] § 684 Rn 17; Oertmann § 684 Anm 2; Palandt/Sprau[73] § 684 Rn 2; Soergel/Beuthien[13] § 684 Rn 8; vgl schon: vKübel, in: Schubert [Hrsg], Die Vorlagen der Redaktoren, Schuldverhältnisse II 929, 983; krit: MünchKomm/Seiler[6] § 684 Rn 15). Es wäre auch widersprüchlich, dem Geschäftsherrn zu gestatten, einen aus der Geschäftsführung resultierenden Gewinn zu fordern und gleichwohl geltend machen zu können, dass die Übernahme der Geschäftsführung dennoch seinem Willen widerspreche (s Rn 23). Schon aus den Grundsätzen der Interessensubordination folgt: Anerkennt der Geschäftsherr, dass der wirtschaftliche Erfolg des Geschäftsführers sein Erfolg ist, so muss er auch anerkennen, dass ein damit zusammenhängender wirtschaftlicher Verlust sein Verlust ist (Vorbem 28 ff zu §§ 677 ff).

β) Ausführungsverschulden (§§ 280, 677)

26 Die Genehmigung der Übernahme der Geschäftsführung durch den Geschäftsherrn gem § 684 S 2 ist als solche ohne Einfluss auf eine Haftung des Geschäftsführers nach §§ 677, 280 wegen Ausführungsverschuldens (Oertmann § 684 Anm 2). Sie hat nicht zur Folge, dass der Anspruch wegen Ausführungsverschuldens wegfällt. Selbstverständlich hat der Geschäftsherr es auch in der Hand, nicht nur die Übernahme, sondern auch die Durchführung der Geschäftsbesorgung zu genehmigen. Ob er das will, ist eine *quaestio facti* (Protokolle, bei Mugdan II 1202; Motive, bei Mugdan II 484 f; schon: vKübel, in: Schubert [Hrsg], Die Vorlagen der Redaktoren, Schuldverhältnisse II 929, 983). Keinesfalls lässt sich eine Regel aufstellen, dass der Geschäftsherr selbst bei einschränkungslos erteilter Genehmigung auch eine unsachgemäße Durchführung billigen will (**aA**: Erman/Ehmann[11] § 684 Rn 4: Im Zweifel beziehe sich die Genehmigung der Übernahme auch auf die Genehmigung der Durchführung). Selbst wenn der Geschäftsherr den Gewinn herausverlangt – und damit notwendig die Übernahme der Geschäftsführung genehmigt (s Rn 23) –, genehmigt er damit nicht notwendig auch die Durchführung der Geschäftsführung. Steht dagegen die Übernahme der Geschäftsführung deswegen mit dem Willen des Geschäftsherrn im Widerspruch, weil gerade die Person des Geschäftsführers keine sachgemäße Durchführung erwarten ließ, so wird in der Übernahme der Geschäftsführung auch ihre zu erwartende Ausführung genehmigt.

cc) Handlungen im Außenverhältnis

Der Regelungsgehalt des § 684 S 2 beschränkt sich auf die Genehmigung der Geschäftsführung. Eine Genehmigung der Übernahme, ja selbst der Durchführung der Geschäftsführung bedeutet nicht ohne Weiteres die Genehmigung eines vom Geschäftsführer mit einem Dritten im Namen des Geschäftsherrn geschlossenen Vertrages iSd § 177 oder einer im eigenen Namen getätigten Verfügung gem § 185 (vgl RG HRR 1935 Nr 103, Urt v 17. 9. 34, Az: VI 3/34; Palandt/Sprau[73] § 684 Rn 2; BGB-RGRK/Steffen[12] § 684 Rn 19; Soergel/Beuthien[13] § 684 Rn 7). Ob Entsprechendes gewollt ist, ist Frage des Einzelfalls. Verlangt etwa der Geschäftsherr einen vom Geschäftsführer durch die Veräußerung einer Sache des Geschäftsherrn erzielten Gewinn heraus, so liegt darin zugleich die Genehmigung der nichtberechtigten Verfügung des Geschäftsführers gem § 185 (vgl § 687 Rn 50). Zwar hat der Gesetzgeber darauf verzichtet, in das BGB ausdrücklich den Satz aufzunehmen, dass der Geschäftsherr einen aus Geschäftsführung gewonnenen, rechtsgeschäftlichen Gewinn nur herausverlangen kann, wenn er die erforderliche Genehmigung des Rechtsgeschäfts erteilt (Mugdan II 480; vgl den Antrag Nr 256 von Planck für folgenden Zusatz: „Den durch ein Rechtsgeschäft gemachten Erwerb ist der Geschäftsführer dem Geschäftsherrn nur dann herauszugeben verpflichtet, wenn dieser das Rechtsgeschäft genehmigt“ und den vergleichbaren Antrag Nr 262 vWebers, in: Jakobs/Schubert, Die Beratung des Bürgerlichen Gesetzbuchs, Schuldverhältnisse III 116, 119, 121), doch war dies für die Erste Kommission im Anschluss an Windscheid wohl selbstverständlich (vgl Windscheid/Kipp, Lehrbuch der Pandekten II[9] § 430 [1] S 916). 27

IV. Darlegungs- und Beweislast

1. Actio contraria

Will der Geschäftsführer gleich einem Beauftragten Ersatz seiner Aufwendungen verlangen, so muss er neben den Voraussetzungen des Grundtatbestandes der Geschäftsführung ohne Auftrag (§ 677, s Vorbem 106 ff zu §§ 677 ff) entweder darlegen und ggf beweisen, dass die Übernahme der Geschäftsführung dem wirklichen oder dem mutmaßlichen Willen des Geschäftsherrn entsprach (§ 683 S 1) oder aber, dass der Geschäftsherr die Übernahme der Geschäftsführung genehmigt hat (§ 684 S 2). Kann der Geschäftsführer die zusätzlichen Voraussetzungen des § 683 S 1 oder des § 684 S 2 nicht beweisen, kann er nur den kleinen „Aufwendungsersatzanspruch“ des § 684 S 1 geltend machen. Hier hat der Geschäftsführer seine Aufwendungen und eine Bereicherung des Geschäftsherrn zu beweisen, der Geschäftsherr kann sich demgegenüber auf Entreicherung berufen. 28

2. Actio directa

Macht der Geschäftsherr einen Anspruch aus Übernahmeverschulden (§ 678) oder Ausführungsverschulden geltend, so hat er die anspruchsbegründenden Tatsachen darzulegen und ggf zu beweisen. Am Geschäftsführer ist es, geltend zu machen, dass der Geschäftsherr die Übernahme (§ 684 S 2) oder die Durchführung der Geschäftsführung genehmigt hat. 29

§ 685
Schenkungsabsicht

(1) Dem Geschäftsführer steht ein Anspruch nicht zu, wenn er nicht die Absicht hatte, von dem Geschäftsherrn Ersatz zu verlangen.

(2) Gewähren Eltern oder Voreltern ihren Abkömmlingen oder diese jenen Unterhalt, so ist im Zweifel anzunehmen, dass die Absicht fehlt, von dem Empfänger Ersatz zu verlangen.

Materialien: E I § 754; II § 616; III § 672; Mot II 863, 864; Prot II 734, 735.

Systematische Übersicht

Alphabetische Übersicht

I. Inhalt und Stellung im Anspruchsaufbau; Rechtsgeschichte und europäische Rechtsvereinheitlichung

1 Gem § 685 Abs 1 steht dem Geschäftsführer ein Anspruch (§§ 683, 684) nicht zu, wenn er nicht die Absicht hatte, vom Geschäftsführer Ersatz zu verlangen. Die Norm ist missverständlich formuliert. Der Aufwendungsersatzanspruch des Geschäftsführers gem §§ 683, 684 *(actio contraria)* folgt aus dem Subordinationscharakter der Geschäftsführung ohne Auftrag. Wie ein Gewinn nicht sein Gewinn ist, sondern dem Geschäftsherrn zusteht (§§ 681 S 2, 667), hat dieser umgekehrt die korrespondierenden Kosten zu tragen. Der fremdnützige Charakter der Geschäftsführung ohne Auftrag bedingt den Aufwendungsersatzanspruch und steht ihm nicht entgegen (s Vorbem 28 ff zu §§ 677 ff; auch Wittmann, Begriff und Funktion der Geschäftsführung ohne Auftrag 29). Um es mit den Worten von Kohler auszudrücken: Altruistisches Handeln muss kein karitatives Handeln sein (Kohler JherJb 25 [1887] 1, 115 Fn 2). Von daher ist es eine Selbstverständlichkeit, dass – wie schon im römischen und gemeinen Recht (Ulpian Dig 3, 5, 4: „et verum est negotiorum gestorum eum agere posse, nisi donandi animo fideiussit") – die Absicht vom Geschäftsherrn Ersatz zu verlangen *(animus recipiendi)* keine positive Anspruchsvoraussetzung der *actio contraria* des Gestors ist. Es ist genau umgekehrt: Der *animus donandi* ist ein negatives, die *actio contraria* des Geschäftsführers ausschließendes Tatbestandsmerkmal (Motive, bei Mugdan II 482; BGH NJW 1985, 313, 314, Urt v 10. 10. 1984, Az: VIII ZR 152/83; BGHZ 38, 302, 304 f, Urt v 6. 12. 1962, Az: VII ZR 164/61; RGZ 88, 21, 29, Urt v 12. 1. 1916, Az: V 262/15; Wacke AcP 191 [1991] 1; Enneccerus/Lehmann, Schuldrecht[15] § 167 3 S 706; Erman/Dornis[14] § 685 Rn 1; Planck/Lobe[4] § 685 Anm 1). § 685 Abs 1 ist daher wie folgt zu lesen: Der Anspruch des Geschäftsführers auf Ersatz seiner Aufwendungen ist ausgeschlossen, wenn er die Absicht hatte, keinen Ersatz zu verlangen (vgl Art V – 3:104 [1] DCFR). Bedeutung hat der *animus donandi* unmittelbar nur für die Rechte des Geschäftsführers. Seine geschäftsführungsrechtlichen Pflichten (§§ 677 bis 682) bleiben davon unberührt (Oertmann § 685 Anm 1); allenfalls kommt eine Herabsetzung der Diligenzpflicht in Betracht (s Rn 12). Das Vorliegen der Schenkungsabsicht hat also nicht etwa zur Folge, dass der Grundtatbestand der Geschäftsführung ohne Auftrag entfällt (für den tradierten Geschäftsführungsbegriff – Vorbem 116 ff zu §§ 677 ff – heißt das, dass der fehlende *animus recipiendi* die Geschäftsführung nicht zu einem „eigenen Geschäft" des Geschäftsführers macht; anders noch: vKübel, in: Schubert [Hrsg], Die Vorlagen der Redaktoren, Schuldverhältnisse II 929, 935, 965).

2 § 685 Abs 2 enthält in Anschluss an PrALR I 11 § 1042 eine Vermutungsregel für das Vorliegen einer Schenkungsabsicht für den Fall, dass Eltern oder Voreltern ihren Abkömmlingen oder diese jenen Unterhalt gewähren. Schon im römischen Recht

konnte in bestimmten Fällen die *amicitia paterna,* die *affectio* oder *pietas* die *actio negotiorum gestorum contraria* auf Ersatz von Aufwendungen ausschließen (zB Paulus Dig 3, 5, 33; Severus/Antoninus C 2, 18, 1). Diese Fälle wurden im *ius commune* zu der (widerlegbaren) Vermutung verallgemeinert, dass Aufwendungen unter nahen Verwandten und Ehegatten mit Schenkungsabsicht vorgenommen werden (Leyser, Meditationes ad Pandectas sp LV §§ IX seq [Heckenberg]).

II. Schenkungsabsicht (Abs 1)

3 Das allgemeine Verständnis der Schenkungsabsicht des § 685 Abs 1 ist von ähnlichen Missverständnissen belastet, wie sie uns auch im Bereich der Geschäftsführungsabsicht begegnen (s Vorbem 170, 171 ff zu §§ 677 ff). Der Kern des Irrtums liegt darin, dass die Schenkungsabsicht von der tradierten Lehre als **empirisches** – und teilweise sogar als rechtsgeschäftliches – Tatbestandsmerkmal verstanden wird. Dem wird hier ein **normatives** Verständnis entgegengestellt.

1. Begriff und empirisches Verständnis der tradierten Lehre

4 In ihrer tradierten Konstruktion setzt sich die Schenkungsabsicht zusammen aus einem **kognitiven** und einem **volitiven** Element: einmal das Wissen des Geschäftsführers um seine möglichen Ansprüche, zum anderen sein Wille (Schenkungsabsicht ieS), diese Ansprüche nicht geltend zu machen (BGB-RGRK/Steffen[12] § 685 Rn 3). Hat sich der Geschäftsführer auf der kognitiven Ebene überhaupt keine Gedanken gemacht, etwa bei Übernahme einer Geschäftsführung bestimmte Gefahren nicht bedacht, so kommt nach hM eine Anwendung des § 685 insoweit überhaupt nicht in Betracht (vgl BGB-RGRK/Steffen[12] § 685 Rn 3).

5 Die eigentliche Schenkungsabsicht ieS wird schließlich, wenn auch nicht als Willenserklärung, so doch als rechtsgeschäftliche Willensbetätigung begriffen (MünchKomm/Seiler[6] § 685 Rn 5; **aA**: Oertmann § 685 Anm 1: kein Willensgeschäft, sondern tatsächlicher Vorgang). Der dahinter stehende Gedanke ist klar. Man will zum Schutze des nicht voll geschäftsfähigen Geschäftsführers zu einer Anwendung der §§ 104 ff – insbesondere von § 111 – kommen. Bei einem nicht voll geschäftsfähigen Geschäftsführer tritt damit an die Stelle seiner Schenkungsabsicht die seines gesetzlichen Vertreters und zwar auch dann, wenn für die Geschäftsbesorgung selbst die Willensentschließung des nicht voll Geschäftsfähigen maßgebend ist (BGB-RGRK/Steffen[12] § 685 Rn 6). Entsprechend der Einordnung der Schenkungsabsicht als Willensbetätigung fordert die hM zudem, dass der Geschäftsführer seine Geschäftsführungsabsicht auf irgendeine Weise nach außen zum Ausdruck gebracht hat (Erman/Dornis[14] § 685 Rn 4; MünchKomm/Seiler[6] § 685 Rn 4; Planck/Lobe[4] § 685 Anm 1; BGB-RGRK/Steffen[12] § 685 Rn 4). Selbst ein bedingter Verzichtswille wird für möglich gehalten (BGB-RGRK/Steffen[12] § 685 Rn 4).

2. Das normative Verständnis der Schenkungsabsicht

6 Zutreffend ist die tradierte Lehre (Rn 4 f) nicht. Die Schenkungsabsicht bestimmt sich nicht nach einem empirisch festzustellenden, natürlich realen Willen des Geschäftsführers. Es handelt sich hierbei – ebenso wie bei der Geschäftsführungsabsicht – um ein normatives Tatbestandsmerkmal (dazu Vorbem 31 f, 171 ff zu §§ 677 ff).

Entscheidend ist, ob nach dem sozialen Sinn der Handlung unter umfassender Berücksichtigung materiellrechtlicher, außerhalb des Geschäftsführungsrechts stehender Wertungen ein Verzicht des Geschäftsführers auf Liquidierung seiner Aufwendungen anzunehmen ist (in den Einzelheiten gilt für die normative Natur der Schenkungsabsicht nichts anderes als für die normative Natur der Geschäftsführungsabsicht, so dass insoweit verwiesen werden kann auf Vorbem 31 f, 171 ff zu §§ 677 ff). Die normative Natur der Schenkungsabsicht wird in § 685 Abs 2 deutlich, wenn dort festgeschrieben wird, dass enge familienrechtliche Bindungen grundsätzlich – wenn auch nicht immer – die Schenkungsabsicht begründen. Unverkennbar ist der normative Charakter in Art 3:104 Abs 2 der *Principles of European Law on Benevolent Intervention in Another's Affairs,* wonach die Rechte des Geschäftsführers ausgeschlossen sind „in so far as this is fair and reasonable". Es ist eine Wertungsfrage des Einzelfalls, ob und inwieweit dem Geschäftsführer ausnahmsweise die *actio contraria* verwehrt ist. Nicht verkannt werden darf aber das **Regel-Ausnahme-Verhältnis**: Der Aufwendungsersatz ist die im Subordinationscharakter der Geschäftsführung ohne Auftrag angelegte Regel; der vollständige oder auch nur teilweise Ausschluss der *actio contraria* ist die im Einzelfall besonders zu begründende Ausnahme.

3. Wertungskriterien

Ob und ggf inwieweit aufgrund Schenkungsabsicht die *actio contraria* ausgeschlossen ist, ist nicht nach dem empirisch festzustellenden Willen des Geschäftsführers, sondern normativ nach dem sozialen Sinn der Geschäftsführung zu entscheiden (Rn 6). Den Ausschlag geben materiellrechtliche, außerhalb des Geschäftsführungsrechts stehende Wertungen, wobei aber immer das Regel-Ausnahme-Verhältnis zu beachten ist. Der Ausschluss des Aufwendungsersatzanspruchs (§§ 683, 684) ist stets – Ausnahme: § 685 Abs 2 – besonders zu begründen: *donatio non praesumitur.* Eine Umkehrung des Regel-Ausnahme-Verhältnisses besteht allerdings gem § 685 Abs 2 für Unterhaltsleistungen in gerader Linie verwandter naher Angehöriger. 7

a) Angehörige; nichteheliche Lebenspartnerschaften

Naheliegend ist eine Schenkungsabsicht vor allem bei Geschäftsführungen zugunsten naher **Angehöriger**, insbesondere im Eltern-Kind-Verhältnis (vgl BGHZ 38, 302, 305, Urt v 6. 12. 1962, Az: VII ZR 164/61; aber auch RGZ 74, 139, 140 f, Urt v 30. 6. 1910, Az: VI 400/09). Der besondere Charakter dieses Verhältnisses hat etwa in den Vorschriften der §§ 685 Abs 2, 1620 für Einzelfälle einen besonderen positivrechtlichen Ausdruck erfahren. Vollkommen zu Recht hat daher der BGH einen *animus donandi* angenommen in einem Fall, in dem ein Sohn seinen Vater vor einem tätlichen Angriff geschützt hat und dabei geringfügig verletzt wurde (BGHZ 38, 302, 305 f, Urt v 6. 12. 1962, Az: VII ZR 164/61). Entscheidend sind aber, wie auch der BGH zu Recht betont, die Umstände des Einzelfalles: Erleidet der Sohn schwere Verletzungen, liegt eine Schenkungsabsicht eher fern. Die Wertung des § 685 wird auch gerne herangezogen bei der Abwicklung gescheiterter **nichtehelicher Lebensgemeinschaften**. So findet sich in den *Illustrations* zu Art V – 3:104 (1) DCFR das Beispiel, dass ein Partner einer nichtehelichen Lebensgemeinschaft Aufwendungen zur Verschönerung der Wohnung macht. Ihm sollen nach Auffassung der Entwurfsverfasser keine Ersatzansprüche zustehen, weil er in Schenkungsabsicht gehandelt habe (Art V – 3:104 Comm 1 [Illustration 1]; OLG Hamm FamRZ 2002, 159, Urt v 16. 1. 2002, Az: 29 U 54/00). Es ist zu differenzieren. Freilich fehlt es in den Fällen gemeinschaftsbezogener Zuwen- 8 dungen häufig bereits am Grundtatbestand der Geschäftsführung ohne Auftrag (Bergmann, Die Geschäftsführung ohne Auftrag 338 f; iE: OLG Saarbrücken DAR 2002, 70, Urt v 27. 6. 2001, Az: 9 U 886/00; Erman/Dornis[14] § 677 Rn 25; MünchKomm/Seiler[6] § 677 Rn 41). Denn der Geschäftsführer wird nicht für den anderen (Partner), sondern zugunsten der Gemeinschaft tätig. Denn nach seinem sozialen Sinn herrscht zwischen den Partnern einer Lebensgemeinschaft ein Kooperations- und gerade kein Subordinationsverhältnis (vgl BGHZ 177, 193, Rn 42 f, Urt v 9. 7. 2008, Az: XII ZR 179/05; s Vorbem 28 ff, 171 ff zu §§ 677 ff): Der Partner handelt daher ohne Geschäftsführungsabsicht. Zu Recht favorisiert die Rechtsprechung daher bei der Auseinandersetzung nicht ehelicher Lebensgemeinschaften Lösungen aus dem Gesellschaftsrecht, dem Bereicherungsrecht und dem Recht der Störung der Geschäftsgrundlage (BGHZ 177, 193, Urt v 9. 7. 2008, Az: XII ZR 179/05). Ein Rückgriff auf die §§ 677 ff kommt also nur dann in Betracht, sofern keine gemeinschaftsbezogenen Zuwendungen im Raum stehen und die Geschäftsführung auch den Bereich der außerhalb des Rechts stehenden Gefälligkeiten verlässt (Vorbem 110 ff zu §§ 677 ff). Ist diese Hürde genommen, ist freilich stets genau zu prüfen, ob dem Geschäftsführer mit Berufung auf § 685 ein Aufwendungsersatzanspruch versagt werden darf. Dies wird aber umso weniger anzunehmen sein, je höher die geleistete Aufwendung ist.

b) Sonstige Fälle

9 Ansonsten wird man sich auch im Rahmen des § 685 Abs 1 an der Formel des Art 3:104 Abs 2 der *Principles of European Law on Benevolent Intervention in Another's Affairs* orientieren dürfen, und einen vollständigen oder teilweisen Ausschluss der *actio contraria* annehmen können „in so far as this is fair and reasonable“, wobei man sich insbesondere an den dort genannten Hilfskriterien orientieren kann, also „whether the intervener acted to protect the principal in a situation of joint danger, whether the liability of the principal would be excessive and whether the intervener could reasonably be expected to obtain appropriate redress from another“. Maßgebend werden also Umstände sein wie das Vorhandensein und die Reichweite eines (gesetzlichen) Versicherungsschutzes des Geschäftsführers (§§ 2 Abs 1 Nr 13, 13 SGB VII), die damit zusammenhängende Frage, ob ggf ein Übergang der geschäftsführungsrechtlichen Ausgleichsforderung des Geschäftsführers (§§ 683, 684) auf den Versicherungsträger in Betracht kommt (s Rn § 683 Rn 72), wie sich die Vermögensverhältnisse von Geschäftsherr und Geschäftsführer darstellen und letztlich auch die Schwere einer eventuell zu erwartenden Gefährdung des Geschäftsführers. Umgekehrt wird allein die Tatsache, dass der Geschäftsführer zur Übernahme der Geschäftsführung aufgrund gesetzlicher (öffentlich-rechtlicher) Vorschriften verpflichtet ist, eine Schenkungsabsicht nicht begründen können (RGZ 75, 276, 283, Urt v 30. 1. 1911, Az: VI 591/09; Planck/Lobe[4] § 685 Anm 1).

4. Beurteilungszeitpunkt; Anfechtung; Rückforderung und Widerruf

10 Der maßgebende Beurteilungszeitpunkt ist die Übernahme der Geschäftsführung (s Vorbem 226 zu §§ 677 ff). Eine spätere Änderung der Umstände hat damit grundsätzlich außer Betracht zu bleiben. Nicht angängig ist auch die in der Kommentarliteratur vertretene Auffassung (Erman/Dornis[14] § 685 Rn 4; BGB-RGRK/Steffen[12] § 685 Rn 5) einer entsprechenden Anwendung der Grundsätze über die Rückforderung einer Schenkung wegen **Verarmung des Schenkers** (§§ 528 f) oder des Widerrufs einer Schenkung wegen **groben Undanks** (§§ 530 ff). Schon die Interessenlage ist

nicht vergleichbar. Die normative Begründung des Vorliegens einer Schenkungsabsicht im konkreten Fall beruht auf einer an materiellen Gesichtspunkten (fair and reasonable, s Rn 6, 7) orientierten, auf den Zeitpunkt der Übernahme der Geschäftsführung bezogenen Wertung. Von daher ähnelt die Normsituation des § 685 den Fällen der Pflicht- und Anstandsschenkung, für die § 534 die Rückforderung und den Widerruf aber gerade ausschließt. Schon die Zweite Kommission hat mit Mehrheit einen Antrag abgelehnt, in § 685 durch einen Abs 3 ein Widerrufsrecht wegen groben Undanks zu verankern (MUGDAN II 1199 f). Auch eine nachträgliche Beseitigung des *animus donandi* im Wege der Anfechtung wegen Irrtums über eine verkehrswesentliche Eigenschaft (§ 119 Abs 2) kommt nicht in Betracht (so aber BGB-RGRK/STEFFEN[12] § 685 Rn 4). Denn es handelt sich entgegen der tradierten Lehre (Rn 5) bei der Schenkungsabsicht nicht um die Betätigung eines rechtsgeschäftlichen Willens; die Schenkungsabsicht ist ein durch und durch normatives Merkmal. Natürlich steht es den Parteien aber frei, durch zweiseitiges Rechtsgeschäft einen Aufwendungsersatzanspruch zu begründen, zu beseitigen oder die vielleicht unklare Rechtslage klarzustellen (§§ 397, 780 f).

III. Rechtsfolge des animus donandi

1. Actio contraria

§ 685 bezieht sich unmittelbar auf die *actio contraria* des Geschäftsführers. Bei der Schenkungsabsicht handelt es sich um eine rechtshindernde Einwendung des Geschäftsherrn. Ist ein entsprechender Sachverhalt vorgetragen, ist der Anspruch des Geschäftsführers auf Ersatz seiner Aufwendungen ausgeschlossen, gleichgültig ob er sie auf § 683 oder § 684 stützt *(actio contraria)*. Der Ausschluss kann alle Arten von Aufwendungen erfassen; auch aus der Geschäftsführung resultierende Körper- und Sachschäden können von der Schenkungsabsicht umfasst sein (BGHZ 38, 302, 304 f, Urt v 6. 12. 1962, Az: VII ZR 164/61; BGB-RGRK/STEFFEN[12] § 685 Rn 1; vgl zum französischen Recht: JOST, Geschäftsführung ohne Auftrag 121 f). Wie weit der *animus donandi* reicht, dh ob auf den Ersatz aller Aufwendungen und geschäftsführungsrechtlicher Schäden verzichtet wird oder nur auf einen Teil, ist eine normativ anhand materieller Kriterien zu beantwortende Frage des Einzelfalls. Grundsätzlich nicht ausgeschlossen durch § 685 wird der Anspruch auf Rückgabe zum Zwecke der Geschäftsführung gebrauchter Gegenstände (ISAY, Die Geschäftsführung nach dem Bürgerlichen Gesetzbuche 159 f). Nicht erfasst von der Einwendung des § 685 werden Ansprüche, die dem Geschäftsführer nur gelegentlich der Geschäftsführung entstanden sind (BGB-RGRK/STEFFEN[12] § 685 Rn 1). 11

2. Actio directa

Die Ansprüche des Geschäftsherrn gegen den Geschäftsführer – insbesondere §§ 677, 280, § 678 oder § 681 *(actio directa)* – bleiben von der Schenkungsabsicht des Geschäftsführers unberührt (Motive, bei MUGDAN II 483; OERTMANN § 685 Anm 2; PLANCK/LOBE[4] § 685 Anm 4; BGB-RGRK/STEFFEN[12] § 685 Rn 13). Allerdings wird nach dem Vorbild des § 521 eine Herabsetzung des für den Geschäftsführer geltenden **Haftungsmaßstabs auf Vorsatz und grobe Fahrlässigkeit** für möglich gehalten (BGHZ 32, 44, 52, Urt v 8. 2. 1960, Az: II ZR 136/58; BGHZ 64, 260, 264, Urt v 7. 5. 1975, Az: IV ZR 209/73). Hier muss aber differenziert werden: Geht es um das dem Geschäftsherrn zum Zeitpunkt der Übernahme bereits zustehende Vermögen oder um die Herausgabe von Ver- 12 mögenswerten, die dem Geschäftsherrn nach den Grundsätzen der Güterzuordnung zugewiesen sind, so ist für eine Herabsetzung der Diligenzpflicht kein Raum. Der Geschäftsführer, der meinen Gartenzaun neu streicht und dabei leicht fahrlässig mein Auto verschmiert, darf sich nicht damit herausreden, dass er für die Farbe keinen Ersatz haben wollte. Die Haftungsmilderung kommt nur dort in Betracht, wo es um Vorteile geht, die dem Geschäftsherrn nicht schon aufgrund der Güterzuordnung zustehen. So kann etwa der Geschäftsherr nicht geltend machen, dass es der Geschäftsführer leicht fahrlässig unterlassen habe, einen höheren rechtsgeschäftlichen Gewinn zu erzielen.

IV. Das Verhältnis von § 685 Abs 1 zum Schenkungsrecht und zum Erlass

13 Erhebliche Schwierigkeiten bereitet der tradierten Lehre das Verhältnis des § 685 Abs 1 zum Schenkungsrecht der §§ 516 ff (Planck/Lobe[4] § 685 Anm 3; Oertmann § 685 Anm 2). Die rechtsgeschäftlich verstandene Absicht des Geschäftsführers, keinen Ersatz zu verlangen, scheint eine Schenkung iSd § 516 zu begründen (RG WarnRspr 1912 Nr 382, Urt v 27. 6. 1912, Az: IV 53/12; Protokolle, bei Mugdan II 1200). Hier liegt das erste Problem: Die Annahme einer Schenkung hängt am Einverständnis des Beschenkten. Das macht keine Schwierigkeiten, solange der beschenkte Geschäftsherr mit der Schenkung einverstanden ist. Schwierig wird es, wenn der Geschäftsherr dies nicht ist; grundsätzlich muss sich niemand etwas unentgeltlich aufdrängen lassen. Überdies können Dienstleistungen, weil sie nicht aus dem Vermögen des Zuwendenden stammen, nach einhelliger Ansicht nicht Gegenstand einer Schenkung sein; als Schenkungsgegenstand bliebe allenfalls der Erlass des Aufwendungsersatzanspruchs. Hier liegt das zweite Problem: Auch der Erlass (§ 397) verlangt ein zweiseitiges Rechtsgeschäft. § 685 scheint also in einem doppelten Widerspruch sowohl zum Schenkungsrecht als auch zum Erlass zu stehen. Diese Unstimmigkeiten im System sind Folge des unzutreffenden tradierten Verständnisses des *animus donandi.* Bei der Schenkungsabsicht handelt es sich um keinen rechtsgeschäftlichen, auf dem Willen des Geschäftsführers beruhenden Verzicht, sondern um ein an materiellen Wertungen (fair and reasonable) anknüpfendes normatives Tatbestandsmerkmal (Rn 6 f), das den Anspruch auf Aufwendungsersatz gar nicht erst entstehen lässt (in diese Richtung Crome, System des Deutschen Bürgerlichen Rechts II § 255 III 2 S 638; Dernburg, Die Schuldverhältnisse nach dem Recht des Deutschen Reichs und Preußens[3] § 302 IV S 437). Eine verfügungsähnliche Handlung (Erlass), die zudem des rechtfertigenden Rechtsgrundes (Schenkung) bedürfte, besteht überhaupt nicht. Die Rechtsfolge des § 685 gilt aufgrund gesetzlichen Normbefehls, seine Rechtfertigung folgt aus den materiellen Umständen des Einzelfalles.

V. Rechtsvermutung des § 685 Abs 2

1. Umkehrung des Regel-Ausnahme-Verhältnisses

14 Es gilt der Grundsatz, dass das Bestehen des Aufwendungsersatzanspruchs die Regel, der *animus donandi* die besonders und sorgfältig zu begründende Ausnahme ist: *donatio non praesumitur.* § 685 Abs 2 enthält für die Unterhaltsgewährung unter nahen Verwandten – ein typischer Fall der echten Geschäftsführung ohne Auftrag (Vorbem 308 zu §§ 677 ff) – eine Umkehrung der Vermutung. Grundsätzlich ist vom Vorliegen einer Schenkungsabsicht auszugehen, sofern nicht besondere Gesichts-

punkte vorgetragen werden, die den Schluss zulassen, dass ausnahmsweise der Ausschluss der *actio contraria* doch nicht „fair and reasonable" ist (Art V – 3:104 [2] DCFR). Auch hier gilt: Der *animus donandi* ist ein ausschließlich normatives Merkmal; der reale oder rechtsgeschäftliche Wille des Geschäftsführers spielt entgegen der tradierten Lehre keine Rolle (s Rn 4 f). Dem Geschäftsführer ist also nicht geholfen, wenn er unter Beweisantritt vorträgt, er habe bei der Unterhaltsleistung an einen nahen Verwandten keinesfalls auf die Rückforderung verzichten wollen. Er muss vielmehr besondere Umstände vortragen, die es bei wertender Betrachtung als unangemessen erscheinen lassen, ihm einen Aufwendungsersatz zu versagen (zur Widerlegung der Vermutung s OLG Hamburg OLGRspr 26 [1913] 240, Urt v 3. 2. 1912: Unterhaltsgewährung aufgrund gerichtlichen Zwangs).

2. Rechtsnatur und Rechtfertigung

Einordnen lässt sich § 685 Abs 2 als **Rechtsvermutung** (BGHZ 38, 302, 305, Urt v 6. 12. **15**
1962, Az: VII ZR 164/61; BGH LM BGB § 685 Nr 2, Urt v 5. 11. 1997, Az: XII ZR 20/96; zum Begriff der Rechtsvermutung: Rosenberg/Schwab/Gottwald, Zivilprozessrecht[16] § 111 Rn 36; **aA**: Erman/Dornis[14] § 685 Rn 5; MünchKomm/Seiler[6] § 685 Rn 3; Soergel/Beuthien[13] § 685 Rn 3: gesetzliche Tatsachenvermutung; BGB-RGRK/Steffen[12] § 685 Rn 9: Auslegungsregel in Form einer Rechtsvermutung). Die Rechtsvermutung fußt auf dem Erfahrungssatz, dass bei dem von § 685 Abs 2 erfassten Sachverhalt der Unterhaltsgewährung zwischen Eltern, Voreltern und ihren Abkömmlingen bei normativer Betrachtung in aller Regel ein Ausgleichanspruch nicht angemessen ist. Hieraus folgt zugleich, dass die Rechtsvermutung des § 685 Abs 2 nur im Verhältnis zum Unterhaltsempfänger (Geschäftsherr) gilt. Ein Ausgleichsanspruch des den Unterhalt leistenden Verwandten gegenüber dem primär Verpflichteten wird durch § 685 Abs 2 nicht ausgeschlossen (Motive, bei Mugdan II 483; OLG Düsseldorf NJW 1981, 1379, Urt v 6. 8. 1980, Az: 5 UF 83/80; OLG Braunschweig OLGRspr 20 [1910] 224: § 685 Abs 2; Wollschläger, Die Geschäftsführung ohne Auftrag 133 f; Enneccerus/Lehmann, Schuldrecht § 167 3 S 706; vGierke, Deutsches Privatrecht III § 216 IV 2 S 988 Fn 45; Erman/Dornis[14] § 685 Rn 5; MünchKomm/Seiler[6] § 685 Rn 9; Oertmann § 685 Anm 3c; Planck/Lobe[4] § 685 Anm 2; Soergel/Beuthien[13] § 685 Rn 3; vgl noch für das gemeine Recht: RGZ 10, 117, 118 f, Urt v 13. 5. 1882, Az: I 238/82: Schenkungsvermutung auch beim Regress des Großvaters gegen seinen Sohn wegen Unterhaltsgewähr an dessen Frau und Kinder). Ob und inwieweit der Geschäftsführer gegen den Primärpflichtigen vorgehen kann, bestimmt sich nach den allgemeinen Vorschriften. Ein Anspruch aus echter Geschäftsführung ohne Auftrag gegenüber dem Primärpflichtigen wird nicht in Betracht kommen; denn nach dem sozialen Sinn seines Handelns wird der Geschäftsführer *für* den Unterhaltsempfänger und gerade nicht für den Unterhaltspflichtigen tätig. Allerdings kann der – systemwidrig innerhalb der §§ 677 ff geregelte – privilegierte Rückgriffsanspruch gem §§ 679 Alt 2, 683 S 2 oder ein Anspruch aus § 812 in Betracht kommen (§ 679 Rn 2).

3. Tatbestand

Die Rechtsvermutung für das Vorliegen eines *animus donandi* greift nur dann ein, **16**
wenn die Eltern oder Voreltern ihren Abkömmlingen oder diese jenen Unterhalt gewähren. Insgesamt ist § 685 Abs 2 als Ausnahmetatbestand **eng auszulegen** (RGZ 74, 139, 140 f, Urt v 30. 6. 1910, Az: VI 400/09; Erman/Dornis[14] § 685 Rn 6; Soergel/Beuthien[13] § 685 Rn 3). Eine über diesen personellen und sachlichen Rahmen hinausgehende

Vermutung eines *animus donandi* kommt nicht in Betracht. Liegen die Voraussetzungen des § 685 Abs 2 nicht vor, bleibt es bei dem Grundsatz: Das Bestehen des Aufwendungsersatzanspruchs ist die Regel, das Vorliegen der Schenkungsabsicht die nach Maßgabe des § 685 Abs 1 besonders zu begründende Ausnahme. Keinesfalls schließt § 685 Abs 2 im Sinne eines Umkehrschlusses aus, bei engen verwandtschaftlichen oder schwägerschaftlichen Bindungen mit entsprechenden einzelfallbezogenen Erwägungen auch für außerhalb des tatbestandlichen Anwendungsbereichs des § 685 Abs 2 liegende Sachverhalte das Vorliegen einer Schenkungsabsicht zu begründen; sogar eine vorsichtige, aber jeweils besonders zu begründende Typisierung solcher Sachverhalte wird möglich sein (vgl BGHZ 38, 302, 304 ff, Urt v 6. 12. 1962, Az: VII ZR 164/61; BGB-RGRK/Steffen[12] § 685 Rn 11, 13; anders Soergel/Beuthien[13] § 685 Rn 3).

a) Personenkreis

17 Die Rechtsvermutung des § 685 Abs 2 greift nur bei Unterhaltsleistungen zwischen Personen, die in **gerader Linie miteinander verwandt** sind. Hierher gehört der Unterhalt an die leiblichen Kinder und umgekehrt, nicht dagegen Leistungen an Stiefkinder oder die Schwiegermutter (RG WarnRspr 5 [1912] Nr 104, Urt v 14. 12. 1911, Az: VI 227/11). Da nicht in gerader Linie verwandt, fallen auch Leistungen unter Geschwistern nicht unter den Tatbestand des § 685 Abs 2 (Motive, bei Mugdan II 483; vgl RGZ 74, 139, 140 f, Urt v 30. 6. 1910, Az: VI 400/09; anders noch PrALR I 11§ 1042). Auf die Länge der Generationenkette soll es nach überwiegender Ansicht nicht ankommen. Unter den Begriff der Voreltern seien alle Aszendenten zu subsumieren, nicht nur die Großeltern; danach würde auch die Unterhaltsleistung von Urgroßeltern an ihre Urenkel unter den Tatbestand des § 685 Abs 2 fallen (MünchKomm/Seiler[6] § 685 Rn 7; Oertmann § 685 Anm 3a). Jedenfalls keine Rolle spielt es für den Vermutungstatbestand, ob neben dem Leistenden noch ein anderer unterhaltspflichtig ist; selbst dann, wenn diese Person mit dem Unterhaltsempfänger ebenfalls geradlinig verwandt ist (OLG Jena DJZ 5 [1906] 324, Beschluss v 15. 1. 1906, Az: 1 Y 3/06; Oertmann § 685 Anm 3a).

b) Unterhaltsleistung

18 Mit dem Begriff der Unterhaltsleistung sind Aufwendungen für den allgemeinen Lebensbedarf gemeint. Die Vermutungsregel des § 685 Abs 2 gilt aber nur für über das gesetzliche Maß hinausgehende Unterhaltsleistungen. Gesetzlich geschuldete Unterhaltsleistungen fallen etwa den Eltern gem **§ 1648** ohne Möglichkeit der Rückholung endgültig zur Last (BGH LM BGB § 685 Nr 2, Urt v 5. 11. 1997, Az: XII ZR 20/96; MünchKomm/Seiler[6] § 685 Rn 8; BGB-RGRK/Steffen[12] § 685 Rn 12).

VI. Beweislast

1. § 685 Abs 1

19 Bei der Schenkungsabsicht handelt es sich um eine rechtshindernde Einwendung. Der Geschäftsherr hat Tatsachen vorzutragen und ggf zu beweisen, aus denen der Ausschluss der *actio contraria* folgt.

2. § 685 Abs 2

20 § 685 Abs 2 enthält eine Rechtsvermutung für das Vorliegen einer die *actio contraria* ausschließenden Schenkungsabsicht. Der Geschäftsherr hat lediglich die tatsäch-

lichen Voraussetzungen der Vermutung darzulegen und ggf zu beweisen. Es ist am Geschäftsführer, durch den Vortrag und Beweis geeigneter Tatsachen die Vermutung zu widerlegen.

§ 686
Irrtum über die Person des Geschäftsherrn

Ist der Geschäftsführer über die Person des Geschäftsherrn im Irrtum, so wird der wirkliche Geschäftsherr aus der Geschäftsführung berechtigt und verpflichtet.

Materialien: E I § 757; II § 617; III § 673; Mot II 865, 866; Prot II 739.

Systematische Übersicht

Alphabetische Übersicht

I. Der absolute Vorrang der normativ verstandenen Geschäftsführungsabsicht

1 Die Geschäftsführungsabsicht ist ein normatives Tatbestandsmerkmal. Die Person des Geschäftsherrn bestimmt sich nach der normativen Finalität des Handelns des Geschäftsführers; auf den natürlichen Willen des Geschäftsführers kommt es nicht an, sondern allein auf den sozialen Sinn der Handlung in normativer Betrachtung (s Vorbem 180 zu §§ 677 ff). Diesen Zusammenhang aufgreifend und klarstellend, ordnet § 686 den Vorrang der normativ ermittelten Geschäftsführungsabsicht vor dem empirisch vorgefundenen natürlichen Willen des Geschäftsführers an: Ist der Geschäftsführer über die wirkliche Person des – normativ zu ermittelnden – Geschäftsherrn im Irrtum, so wird der wirkliche, dh der normativ ermittelte Geschäftsherr aus der Geschäftsführung berechtigt und verpflichtet (Bergmann, Die Geschäftsführung ohne Auftrag 163 f). Dass der natürliche Wille mit der normativen Geschäftsführungsabsicht nicht übereinstimmt, ist unbeachtlich. Entwicklungsgeschichtlich ist § 686 eine Abstraktion des Fragments Dig 3, 5, 5, 13: In dem zugrunde liegenden Sachverhalt hatte der Geschäftsführer für einen Dritten, den er unzutreffend für den Erben hielt (Scheinerbe), ein Mietshaus abgestützt. Ulpian berichtet nun, dass Pedius dem Geschäftsführer eine Klage gegen den Scheinerben verwehrte: Durch das Handeln des Geschäftsführers sei ein anderer bereichert und daher eben das Geschäft dieses anderen geführt worden. Das Ergebnis überzeugt; problematisch ist angesichts des heutigen Kenntnisstandes aber die Begründung. Tragendes Element des Geschäftsführungsrechts ist, wie wir heute wissen, die fremdnützige Interessenwahrnehmung (Subordination). Das gesetzliche Schuldverhältnis der Geschäftsführung ohne Auftrag entsteht zwischen den Parteien nicht deswegen, weil der Geschäftsführer ein fremdes Geschäft besorgt, sondern weil er fremdnützig für einen anderen tätig wird (Vorbem 28 ff zu §§ 677 ff). Sinnfälligen Ausdruck findet dieser Zusammenhang im Tatbestandsmerkmal der Geschäftsführungsabsicht. Die Frage, ob der Geschäftsführer ein fremdes Geschäft führt, spielt geschäftsführungsrechtlich keine Rolle; der Begriff des fremden Geschäfts ist ein bereicherungsrechtlicher Begriff (s Vorbem 58 ff, 116 ff zu §§ 677 ff). Vollkommen zu Recht wollte daher der Gesetzgeber den Begriff des fremden Geschäfts aus dem Grundtatbestand der Geschäftsführung ohne Auftrag ausscheiden und hat deswegen in § 677 formuliert: „Wer ein Geschäft *für* einen anderen besorgt, …“ und gerade nicht: „Wer das Geschäft *eines* anderen besorgt, …“ Die Begründung muss daher heute heißen: Nach dem sozialen Sinn seines Tuns wurde der Geschäftsführer *für* den wahren Eigentümer tätig. Die normativ verstandene Geschäftsführungsabsicht geht dem natürlichen Willen des Geschäftsführers vor. Entsprechend der Abwendung des deutschen Gesetzgebers vom Begriff des fremden Geschäfts, gelingt es ihm in § 686 BGB, diesen Zusammenhang ohne Rückgriff auf den Begriff des fremden Geschäfts zu beschreiben.

2 Der Vorrang der normativen Finalrichtung der Geschäftsführungsabsicht vor dem empirisch ermittelten Willen ist **absolut**. Frühere Juristen versuchten dagegen die überholte Kategorie des *negotium ratihabitatione aliena,* dem Vorläufer des heutigen subjekt-fremden Geschäfts (Vorbem 138 zu §§ 677 ff), nutzbar zu machen: Der empirisch falsch individualisierte Geschäftsführer habe die Möglichkeit, das Geschäft zu genehmigen und sich so auch zum (echten) Geschäftsherrn aufzuschwingen (Voet, Commentarius ad pandectas Lib III Tit V § 12). Mit anderen Worten: Die Geschäftsführung für den irrtümlich vorgestellten Geschäftsführer sei eben ein auf diesen bezogenes subjektiv fremdes Geschäft, das dieser zumindest durch Genehmigung an sich zie-

hen könne. Zutreffend ist diese Lehre freilich nicht (Bergmann, Die Geschäftsführung ohne Auftrag 165). Die Begründung fällt der hier vertretenen subordinationsrechtlichen Betrachtungsweise recht einfach: Aus dem Prinzip der Subordination folgt, dass der Geschäftsführer nur für einen Geschäftsherrn tätig werden kann. Er kann nicht gleichzeitig zwei Geschäftsherrn mit unterschiedlichen Interessen dienen (Vorbem 28 ff zu §§ 677 ff). Wird der Gestor tatsächlich für den einen tätig, so ist eine echte Geschäftsführung für den anderen ausgeschlossen. Insbesondere kann der vermeintliche Geschäftsherr die Geschäftsführung nicht durch eine Genehmigung nachträglich umwidmen.

Nicht in allen kontinentaleuropäischen Kodifikationen findet sich eine § 686 entsprechende Vorschrift. Das positivierte Schweizer Recht etwa kennt keine solche Bestimmung. Dennoch gilt der von Pedius entwickelte Gedanke auch hier (Schmid, Geschäftsführung ohne Auftrag Rn 595 ff). Auch der Regelungsapparat des *Benevolent intervention in another's affairs* des DCFR hat von einer entsprechenden Vorschrift abgesehen. 3

II. Der wirkliche Geschäftsherr

Die Person des wirklichen Geschäftsherrn bestimmt sich nicht nach dem natürlichen, empirisch festzustellenden Willen des Geschäftsführers, sondern nach der normativen Finalität des Handelns des Geschäftsführers. Wirklicher Geschäftsherr ist, für wen der Geschäftsführer nach der normativen Zweckrichtung seines Tuns fremdnützig tätig wird (vgl RGZ 97, 61, 65 f, Urt v 29. 10. 1919, Az: I 125/19; OGHZ 1, 87, 104, Urt v 1. 7. 1948, Az: ZS 9/48; Erman/Dornis[14] § 686 Rn 1; Oertmann § 686 Anm 1; Soergel/Beuthien[13] § 686 Rn 1). Entscheidend ist der soziale Sinn der Geschäftsführung, wobei auf materiellrechtliche Wertungen außerhalb des Geschäftsführungsrechts zurückzugreifen ist. Der natürliche Wille des Geschäftsherrn spielt für sich keine Rolle (Vorbem 31 f, 172 ff zu §§ 677 ff). Das gesetzliche Schuldverhältnis kommt dann mit dem wirklichen Geschäftsführer zustande. Macht der Geschäftsführer Verwendungen auf eine fremde Sache, so ist wirklicher Geschäftsherr der wahre Eigentümer, da diesem die Geschäftsführung unmittelbar zugute kommt (Pedius/Ulpian Dig 3, 5, 5, 13). Greift der Geschäftsführer fremdnützig in eine fremde Rechtsposition ein, so wird er für den wahren Träger des Rechts tätig. Verkauft etwa der Geschäftsführer eine Schiffsladung, um den Befrachter vor einer drohenden Beschlagnahme zu schützen, so ist Geschäftsherr nicht mehr der Befrachter, sondern der neue Eigentümer, wenn der Befrachter das Frachtgut bereits veräußert hatte (RGZ 92, 128, 132, Urt v 1. 2. 1918, Az: II 414/17). Eine Geschäftsführung für zur Zeit der Geschäftsführung noch **nicht existente Personen** ist nicht möglich. Etwas anderes gilt nur aufgrund – und nur im Rahmen – der gesetzlichen Fiktion der §§ 1923 Abs 2, 844 Abs 2 S 2 für den *nasciturus.* Beim Handeln für in Gründung befindliche Kapitalgesellschaften, Genossenschaften oder Vereine ist das Problem des Handelns für eine nicht existente Person weitgehend entschärft: Mit der Gründung entsteht eine Vorgesellschaft die mit der später einzutragenden Gesellschaft identisch ist, so dass ein Rechtsträger und damit ein potenzieller Geschäftsherr vorhanden ist; die tradierte Rechtsprechung ist überholt (vgl RG WarnRspr 23 [1931] Nr 122, Urt v 27. 4. 1931, Az: IV 427/30; RG LZ 1913, 853, Urt v 19. 6. 1913, Az: IV 105/13; dazu Wollschläger, Die Geschäftsführung ohne Auftrag 238). Allein problematisch erscheint nur noch der Fall, dass für eine noch nicht gegründete Gesellschaft gehandelt werden soll: Doch liegt in diesem Fall eine 4

Geschäftsführung für die nunmehr als rechtsfähig anerkannte Vorgründungsgesellschaft (je nachdem BGB-Gesellschaft [§§ 705 ff], nicht eingetragener oder konzessionierter Verein [§ 54 S 1], oHG [105 ff HGB]; besteht zwischen den potenziellen Gründern noch keine rechtsfähige Gesellschaft, liegt eine Geschäftsführung für jeden einzelnen vor) vor, deren Zweck gerade auf die Gründung der Kapitalgesellschaft, der Genossenschaft oder des Vereins gerichtet ist (zum Rechtsträgerproblem bei Gründung: K Schmidt, Gesellschaftsrecht[4] § 11 IV 2 S 298 ff). Überhaupt nicht anzuerkennen ist die Möglichkeit, dass jemand aufgrund eines nachfolgenden Ereignisses Geschäftsherr wird (vgl aber BGH LM BGB § 677 Nr 10, Urt v 22. 3. 1966, V ZR 126/33); insbesondere ist die Möglichkeit einer **bedingten Geschäftsführung** nicht anzuerkennen (s Vorbem 185 zu §§ 677 ff). Die Person des Geschäftsherrn bestimmt sich nach der normativen Zweckrichtung zum Zeitpunkt der Handlung; die Beurteilung erfolgt ex post. Werden also erst nachträglich die tatsächlichen Umstände aufgeklärt und damit der Blick auf den wirklichen Geschäftsherrn klar, so stand doch die Person des Geschäftsherrn von Anfang an fest; dass der Geschäftsführer nicht weiß, wer Geschäftsherr ist, spielt insoweit keine Rolle (sog **Geschäftsführung für den, den es angeht**: BGHZ 43, 188, 191 f, Urt v 16. 3. 1965, Az: VI ZR 210/64: Warnung vor Gefahren bei Unkenntnis über die Person der Gefährdeten; BGHZ 1, 57, 62, Urt v 12. 1. 1951, Az: V ZR 14/50: Beseitigung von Trümmern bei unklarer Kostenzuständigkeit; Erman/Dornis[14] § 686 Rn 1; BGB-RGRK/Steffen[12] § 686 Rn 1; vgl schon Motive, bei Mugdan II 478; krit Wittmann, Begriff und Funktion der Geschäftsführung ohne Auftrag 73). Baut dagegen mein Nachbar einen schönen Fußweg im Niemandsland und ich erwerbe später Grund und Boden, so werde ich nicht aufgrund des nachträglichen Ereignisses zum Geschäftsherrn einer auftraglosen Geschäftsführung. Mir kommt der Vorteil unentgeltlich zugute; ich kann aber auch nicht umgekehrt gem § 678 Beseitigung des Weges verlangen. Unglücklich ist daher die Entscheidung BGH, LM BGB § 677 Nr 10, Urt v 22. 3. 1966, Az: V ZR 126/33. Der BGH entschied, dass eine auftraglose Geschäftsführung für einen unbekannten Störer zur Abwehr einer unmittelbar drohenden rechtswidrigen Einwirkung auf fremdes Eigentum auch dann vorliegen kann, wenn der Geschäftsherr erst in einem späteren Zeitpunkt aufgrund Kenntnis der Störursache Störer iSd § 1004 wird. Er gestand daher dem Geschäftsführer einen Anspruch aus § 683 S 1 zu. Mag das Ergebnis auch richtig sein, so ist es doch nicht die Begründung. Es fehlte bereits am Grundtatbestand der echten Geschäftsführung ohne Auftrag: Der Eigentümer, der die Störung abwehrt, wird ausschließlich im eigenen Interesse, nicht aber *für* den Störer tätig. Sein Interesse an der Störungsbeseitigung ist der Maßstab seines Handelns und nicht das – vielleicht sogar gegenläufige – Interesse des Störers (s § 679 Rn 2). Da mangels Bestehens einer Verbindlichkeit zum Zeitpunkt der Vornahme der Handlung auch nicht auf den – systemwidrig im Rahmen der §§ 677 ff geregelten – privilegierten Rückgriffsanspruch der §§ 679 Alt 1, 683 S 2 bei Erfüllung fremder, im öffentlichen Interesse liegender Verbindlichkeiten zurückgegriffen werden konnte, hätte der Anspruch doch auf § 812 gestützt werden können.

5 In Ausnahmefällen, so etwa bei Verwendungen auf eine im **Miteigentum** stehende Sache, sind mehrere Personen nebeneinander wirklicher Geschäftsherr. Voraussetzung ist aber die Identität der Interessenlage. Rettet jemand das Leben einer Frau, so liegt darin nicht zugleich eine echte Geschäftsführung zugunsten des Ehemannes (so aber RGZ 167, 85, 88, Urt v 7. 5. 1941, Az: VI 72/40; s Vorbem 180 zu §§ 677 ff). Geschäftsherr ist ausschließlich die Ehefrau. Dem Mann kommt die Rettung seiner Gattin nur mittelbar zugute.

III. Auswirkung des Vorrangs der normativen Geschäftsführungsabsicht

6 Die Person des Geschäftsherrn bestimmt sich nach der normativen Geschäftsführungsabsicht. Zwischen normativ ermitteltem Geschäftsherrn und Geschäftsführer kommt das gesetzliche Schuldverhältnis der Geschäftsführung ohne Auftrag zustande. Gegenstand und Maßstab der Geschäftsführung ist daher die Geschäftsführung für den wirklichen Geschäftsherrn. Worauf die abweichende subjektive Anschauung (Irrtum) des Geschäftsführers beruht, ist nur insoweit von Bedeutung, als ein entschuldbarer Irrtum die Haftung wegen Übernahme- (§ 678) und Ausführungsverschuldens (§§ 280, 677) sowie im Rahmen der §§ 681, 280 ausschließen kann (BGB-RGRK/Steffen[12] § 686 Rn 6).

1. Actio directa (§§ 677–682)

7 Die Übernahme und die Ausführung der Geschäftsführung müssen dem Willen bzw dem Interesse des wirklichen Geschäftsherrn entsprechen (Erman/Dornis[14] § 686 Rn 3; BGB-RGRK/Steffen[12] § 686 Rn 4; Soergel/Beuthien[13] § 686 Rn 1). Ist das nicht der Fall, haftet der Geschäftsführer gem § 678 wegen **Übernahmeverschuldens** oder gem §§ 280, 677 wegen **Ausführungsverschulden**, soweit er nicht darlegen und ggf beweisen kann, dass er seinen Irrtum über die Person des Geschäftsführers nicht zu vertreten hat oder der wahre Geschäftsführer die Übernahme bzw die Durchführung der Geschäftsführung genehmigt hat (s § 684 Rn 18). Seinen Informations- und Gehorsamspflichten (s § 681 Rn 3 ff) kommt der Geschäftsführer nur dann nach, wenn er den richtigen Geschäftsherrn informiert und dessen Weisungen abwartet und befolgt; von seiner Herausgabepflicht gem §§ 681 S 2, 667 wird der Geschäftsführer nur frei, wenn er dem wirklichen Geschäftsherrn gegenüber das aus der Geschäftsführung Erlangte herausgibt. Die Herabsetzung der Diligenzpflicht gem § 680 kommt dem Geschäftsführer nur zugute, wenn dem wirklichen Geschäftsherrn eine dringende Gefahr droht (BGB-RGRK/Steffen[12] § 686 Rn 5).

2. Actio contraria (§§ 683–685)

8 Gleich einem Beauftragten kann der Geschäftsführer nur dann Ersatz seiner Aufwendungen verlangen, wenn die Übernahme der Geschäftsführung dem Willen des wirklichen Geschäftsherrn entspricht oder der wirkliche Geschäftsherr die Übernahme der Geschäftsführung genehmigt. Bzgl § 685 gibt es keine Besonderheiten. Der *animus donandi* ist ein normativer Tatbestand, der sich nach dem sozialen Sinn der Geschäftsführung und nicht nach dem natürlichen Willen des Geschäftsführers beurteilt. Die für die normative Beurteilung des *animus donandi* wesentlichen Tatsachen werden aus der ex-post-Sicht des Richters beurteilt (anders die tradierte naturalistische Auffassung: Palandt/Sprau[73] § 685 Rn 2; BGB-RGRK/Steffen[12] § 686 Rn 5; Soergel/Beuthien[13] § 686 Rn 1).

IV. Eigennützige Geschäftsführung

9 Handelt der Geschäftsführer ohne Geschäftsführungsabsicht, weil er bei normativer Beurteilung des sozialen Sinns seines Tuns eigennützig für sich und nicht für einen anderen tätig wird, ist weder § 686 noch sind überhaupt die §§ 677 bis 686 anwendbar. Die Rechtsfolgen bestimmen sich vielmehr nach den allgemeinen Vorschriften

der §§ 812 ff, 823 ff, 987 ff. Dies gilt selbst dann, wenn der Geschäftsführer ein fremdes Geschäft in eigennütziger Weise besorgt (§ 687 Abs 1). Nur dann, wenn der Geschäftsherr darlegen und beweisen kann, dass der Geschäftsführer wusste, dass er sich unberechtigt ein fremdes Geschäft anmaßt, greift § 687 Abs 2.

§ 687
Unechte Geschäftsführung

(1) Die Vorschriften der §§ 677 bis 686 finden keine Anwendung, wenn jemand ein fremdes Geschäft in der Meinung besorgt, dass es sein eigenes sei.

(2) Behandelt jemand ein fremdes Geschäft als sein eigenes, obwohl er weiß, dass er nicht dazu berechtigt ist, so kann der Geschäftsherr die sich aus den §§ 677, 678, 681, 682 ergebenden Ansprüche geltend machen. Macht er sie geltend, so ist er dem Geschäftsführer nach § 684 Satz 1 verpflichtet.

Materialien: E I § 761; II § 618; III § 674; Mot II 869, 871; Prot II 741–743.

Systematische Übersicht

Alphabetische Übersicht

I. Die unechte Geschäftsführung ohne Auftrag

1 Die **echte Geschäftsführung** ohne Auftrag der §§ 677 bis 686 ist das gesetzliche Schuldverhältnis der nicht durch Gesetz oder Vertrag abschließend oder abweichend geregelten Interessenwahrnehmung für einen anderen (Interessensubordination). Tragendes Tatbestandsmerkmal der echten Geschäftsführung ohne Auftrag ist die **fremdnützige** Geschäftsführungsabsicht; keine Rolle spielt es für die echte Geschäftsführung, ob das besorgte Geschäft ein fremdes ist. Diesen Zusammenhang hat der Gesetzgeber in der Formulierung des § 677 zum Ausdruck gebracht; hier heißt es: „wer ein Geschäft *für* einen anderen", und nicht: „wer das Geschäft *eines* anderen", besorgt (Vorbem 116 ff zu §§ 677 ff).

2 Handelt der Geschäftsführer dagegen **in eigennütziger Absicht**, also *für* sich, so bleibt der Tatbestand der echten Geschäftsführung ohne Auftrag verschlossen. Und zwar auch dann, wenn er ein fremdes Geschäft führt (Bergmann, Die Geschäftsführung ohne Auftrag 431 f). Es gelten die allgemeinen Vorschriften der §§ 812 ff, 823 ff, 987 ff. Dies

folgt unmittelbar bereits aus § 677. Das BGB stellt aber in **§ 687 Abs 1** ausdrücklich noch einmal klar, dass die eigennützige Führung eines **fremden Geschäfts** in der irrigen Auffassung, es sei das eigene, den Anwendungsbereich der §§ 677 bis 686 nicht eröffnet (sog **irrtümliche Eigengeschäftsführung**).

Eine – auch im Rechtsvergleich – Sonderrolle nimmt die in § 687 Abs 2 geregelte **Geschäftsanmaßung** ein (Stoljar, Negotiorum Gestio n°291 ff). Auch hier handelt der Geschäftsführer – richtig: Geschäftsanmaßer – in eigennütziger Weise für sich und nicht in fremdnütziger Geschäftsführungsabsicht für einen anderen, so dass der Tatbestand der echten Geschäftsführung ohne Auftrag nicht vorliegt. Aus Billigkeitserwägungen heraus eröffnet das Gesetz in § 687 Abs 2 dennoch dem Geschäftsherrn die Option, den Geschäftsanmaßer wie einen Geschäftsführer zu behandeln: Wer um seine Nichtberechtigung wissend in eigennütziger Absicht ein fremdes Geschäft führt, muss sich vom Geschäftsherrn so behandeln lassen, als habe er als echter Geschäftsführer für diesen gehandelt (vgl Endemann, Lehrbuch des Bürgerlichen Rechts I[9] § 178 1 b S 1121 Fn 12). 3

Für den in § 687 Abs 1 geregelten Fall der irrtümlichen Eigengeschäftsführung und für das in § 687 Abs 2 positivierte Rechtsinstitut der Geschäftsanmaßung hat sich der Oberbegriff der **unechten Geschäftsführung** eingebürgert, der nunmehr auch Eingang in die amtliche Überschrift des § 687 gefunden hat. In der Lehre wird diese Terminologie kritisiert (Planck/Lobe[4] § 687 Anm 1; **aA**: Bergmann, Die Geschäftsführung ohne Auftrag 439, 444); in der Tat mag man sich fragen, ob sie glücklich ist, da der unechten Geschäftsführung das die (echte) Geschäftsführung konstituierende Merkmal der Fremdnützigkeit (Interessensubordination) abgeht. Allerdings ist das Begriffspaar echte und unechte Geschäftsführung historisch gewachsen. Es geht wohl zurück auf die berühmte Schrift von Ernst Zimmermann, Aechte und unächte negotiorum gestio (1872). 4

II. Die irrtümliche Eigengeschäftsführung

1. Inhalt und Geschichte

Handelt der Geschäftsführer in eigennütziger Absicht, ist der Anwendungsbereich der echten Geschäftsführung ohne Auftrag der §§ 677 bis 686 nicht eröffnet. Dies folgt unmittelbar aus § 677, weil es an der fremdnützigen Geschäftsführung (Geschäftsführungsabsicht) für einen anderen fehlt. § 687 Abs 1 greift diesen Zusammenhang nur auf und stellt klar, dass im Falle der eigennützigen Tätigkeit – § 687 Abs 1 spricht etwas umständlich von der Besorgung eines Geschäfts als eigenes – die geschäftsführungsrechtlichen Vorschriften selbst dann keine Anwendung finden, wenn das geführte Geschäft ein fremdes ist. Aus heutiger Sicht ist § 687 Abs 1 daher ein Tatbestand ohne eigenständigen Aussagegehalt. Doch steht dahinter eine bedeutende Weichenstellung des BGB. Mit § 687 Abs 1 hat sich der deutsche Gesetzgeber bewusst gegen die in der gemeinrechtlichen Wissenschaft und Praxis verbreitete **objektive Theorie** entschieden (ausführlich Vorbem 23 ff zu §§ 677 ff). Die objektive Theorie stand im Anschluss an das berühmte Fragment des African Dig 3, 5, 48 auf dem Standpunkt, dass allein die Führung eines fremden Geschäfts – auch wenn sie eigennützig betrieben wurde – geschäftsführungsrechtliche Rechtsfolgen auslöst, und zwar unabhängig davon, ob der Geschäftsführer die Fremdheit des Geschäfts 5 kennt oder auch nur kennen kann. Das BGB hingegen schloss sich letztlich der im gemeinen Recht dominierenden Auffassung an (RGZ 13, 172, 184 f, Urt v 6. 2. 1885, AZ: III 248/84), die im Fall der irrtümlichen Anmaßung eines fremden Geschäfts – unbeschadet einer deliktischen Haftung des Geschäftsführers – bei der Anwendung bereicherungsrechtlicher Regeln beließ (s noch Rn 10 und Vorbem 24 zu §§ 677; vgl § 236 des Vorentwurfs; noch weitergehend war § 761 E I: Hier war selbst im Falle der vorsätzlichen Anmaßung eines fremden Geschäfts ein Rückgriff auf die Geschäftsführungsvorschriften ausgeschlossen).

6 Inhaltlich ist die Entscheidung des Gesetzes gegen die objektive Theorie zutreffend. Systemtragendes Strukturelement des Geschäftsführungsrechts ist die im Tatbestandsmerkmal der Geschäftsführungsabsicht zum Ausdruck kommende Interessenwahrnehmung für einen anderen (Fremdnützigkeit). Erst der Gedanke der Interessensubordination begründet und rechtfertigt die besonderen Rechtsfolgen der §§ 677 ff (s Vorbem 28 ff zu §§ 677 ff). Handelt der Geschäftsführer ohne Geschäftsführungsabsicht, so kann alleine die Tatsache, dass der Geschäftsführer ein fremdes Geschäft führt, eine Anwendung der Geschäftsführungsregeln nicht legitimieren (vgl vGierke, Deutsches Privatrecht III § 216 VII S 989; Dernburg, Die Schuldverhältnisse nach dem Recht des Deutschen Reichs und Preußens[3] § 303 II S 438; Motive, bei Mugdan II 486).

2. Eigennützige Absicht

7 Die Anwendung des Geschäftsführungsrechts ist ausgeschlossen, wenn der Geschäftsführer nicht in fremdnütziger Geschäftsführungsabsicht für einen anderen, sondern umgekehrt in eigennütziger Absicht für sich handelt. Wie die Geschäftsführungsabsicht, so ist auch die eigennützige Absicht, für sich selbst zu handeln, normativ zu bestimmen. Zu den Einzelheiten Rn 31. Das Fehlen der Geschäftsführungsabsicht kann auch nicht durch eine Genehmigung des Geschäftsherrn ersetzt werden (RGZ 105, 84, 92, Urt v 26. 6. 1922, Az: VI 788/21; MünchKomm/Seiler[6] § 687 Rn 6; Planck/Lobe[4] § 687 Anm 1; s § 684 Rn 21).

3. Fehlvorstellung

8 § 687 Abs 1 stellt die irrige Meinung des Geschäftsführers, ein eigenes Geschäft zu besorgen, besonders heraus. Dies ist insoweit missverständlich, als die Nichtanwendung der §§ 677 bis 686 bereits aus der Tatsache der eigennützigen Geschäftsführung und der damit fehlenden fremdnützigen Geschäftsführung für einen anderen folgt. Das Merkmal der irrigen Vorstellung des § 687 Abs 1 ist systematisch in Abgrenzung zur Regelung der Geschäftsanmaßung in § 687 Abs 2 zu sehen: kannte der Geschäftsführer die Fremdheit des Geschäfts, so eröffnet § 687 Abs 2 S 1 dem Geschäftsherrn die Option, den Geschäftsanmaßer wie einen echten Geschäftsführer zu behandeln.

4. Rechtsfolgen

9 Handelt der Geschäftsführer in eigennütziger Absicht für sich selbst, so sind die §§ 677 bis 686 nicht anwendbar. Die Rechtsfolgen bestimmen sich nach den allgemeinen Vorschriften der **§§ 812 ff, 823 ff**, soweit die **§§ 987 ff** nicht vorgehen (OLG Hamburg Rp 2002, 467, Beschluss v 21. 3. 2002, Az: 2 Wx 103/99; Melullis, Das Verhältnis von

Geschäftsführung ohne Auftrag und ungerechtfertigter Bereicherung 141 f; ESSER/WEYERS, Schuldrecht II/2[8] § 46 IV 1 S 24; BGB-RGRK/STEFFEN[12] § 687 Rn 15; SOERGEL/BEUTHIEN[13] § 687 Rn 1). Der Geschäftsherr kann eine Anwendung der §§ 677 ff auch nicht dadurch begründen, dass er nachträglich das Handeln des Geschäftsführers genehmigt (RGZ 105, 84, 92, Urt v 26. 6. 1922, Az: VI 788/21; Motive, bei MUGDAN II 486; SOERGEL/BEUTHIEN[13] § 687 Rn 1). Hat sich der Geschäftsführer allerdings vorsätzlich ein fremdes Geschäft angemaßt, kann ihn der Geschäftsherr gem § 687 Abs 2 wie einen echten Geschäftsführer ohne Auftrag behandeln.

III. Die Theorie der angemaßten Eigengeschäftsführung

1. Inhalt und tradierte Einordnungsversuche

Führt jemand ein fremdes Geschäft in eigennütziger Absicht für sich, obwohl er positiv von seiner Nichtberechtigung weiß, kann der Geschäftsherr – er muss freilich nicht! – den Geschäftsanmaßer gleich einem fremdnützigen Geschäftsführer ohne Auftrag behandeln: Der Geschäftsherr kann daher die *actio directa* (§§ 677 bis 682) gegen den Geschäftsanmaßer geltend machen, schuldet dann aber seinerseits dem Geschäftsanmaßer – bis zur Grenze seiner Bereicherung – Ersatz für dessen Aufwendungen (§ 684 S 1). Trotz des klaren Befehls der Rechtsordnung, den Geschäftsanmaßer gleich einem (ungetreuen) Geschäftsführer zu behandeln, besteht über die metadogmatischen Anfangsgründe der Haftung des Geschäftsanmaßers bisher wenig Klarheit (BERGMANN, Die Geschäftsführung ohne Auftrag 435 ff). Kaum weiterführend ist die Feststellung, dass es sich bei § 687 Abs 2 rechtstechnisch um eine **Rechtsfolgenverweisung** auf das Recht der echten Geschäftsführung ohne Auftrag (§§ 677 bis 686) handelt (WITTMANN, Begriff und Funktion der Geschäftsführung ohne Auftrag 151). Dieser Satz bringt lediglich die Selbstverständlichkeit zum Ausdruck, dass mangels Handelns in fremdnütziger Geschäftsführungsabsicht für einen anderen der Tatbestand der echten Geschäftsführung ohne Auftrag nicht erfüllt ist. Immerhin lässt sich ihm gleichzeitig entnehmen, dass es sich bei der Geschäftsanmaßung um eine Ausdehnung der *actiones negotiorum gestorum* über ihren ursprünglichen und natürlichen Anwendungsbereich hinaus handelt (ZIMMERMANN, Aechte und unächte negotiom gestio 27). Zahlreiche materiellrechtliche Deutungen der Geschäftsanmaßung werden angeboten: WITTMANN versteht § 687 Abs 2 als eine Norm des Deliktsrechts (WITTMANN, Begriff und Funktion der Geschäftsführung ohne Auftrag 151; WENCKSTERN AcP 200 [2000] 240). REICHARD deutet die Norm bereicherungsrechtlich und sieht in § 687 Abs 2 eine Wiederholung des § 819 am falschen Ort (REICHARD AcP 193 [1993] 567, 581 ff). NIPPERDEY schließlich versucht beiden Ansätzen gerecht zu werden und erkennt in § 687 Abs 2 eine eigenständige Ergänzung des deliktischen und bereicherungsrechtlichen Vermögensschutz (NIPPERDEY, in: FS Böhm 163, 165). In der Tat hat die letztgenannte Beobachtung bei formaljuristischer Sicht ihre Berechtigung. Es lässt sich nämlich unschwer folgende „Eskalationsstufenleiter" bilden: Erfolgt (a) ein unverschuldeter Eingriff in den Zuweisungsgehalt einer Rechtsposition, die einer anderen Person zusteht, so ist der Eingreifende ausschließlich den **Bereicherungsansprüchen** des Verletzten ausgesetzt (§§ 812 Abs 1 S 1 Alt 2, 816); abzuschöpfen ist lediglich der unmittelbar aufgrund des Eingriffs im Vermögen des Eingreifenden entstandene Vermögensvorteil. Bei (b) schuldhaften Übergriffen in fremde Rechtspositionen greift das Recht der **unerlaubten Handlung**; Vermögensschäden inklusive eines entgangenen Gewinns seitens des Verletzten sind zu kompensieren. Ein vom Eingreifer 10 erzielter Gewinn gehört allenfalls dann hierher, wenn auch der Verletzte ihn erzielt hätte (§§ 249, 252). Der deliktische Schutz nutzt dem Verletzten wenig, wenn er einen entsprechenden Gewinn – zB wegen Kapitalmangels – nicht hätte erzielen können. Erfolgt aber (c) die vorsätzliche Anmaßung eines fremden Geschäfts, so eröffnet **§ 687 Abs 2** kraft seiner Verweisung auf die geschäftsführungsrechtlichen Herausgabevorschriften (§§ 681 S 2, 667) dem Geschäftsherrn die Möglichkeit, auch auf den vom Geschäftsanmaßer gezogenen Gewinn **(Verletzergewinn)** zuzugreifen (RGZ 100, 142, 145 f, Urt v 18. 10. 1920, Az: VI 172/20; WITTMANN Begriff und Funktion der Geschäftsführung ohne Auftrag 151; BEUTHIEN/WASMANN GRUR 1997, 255; ESSER/WEYERS, Schuldrecht II/2[8] § 46 IV 2 a S 25; SOERGEL/BEUTHIEN[13] § 687 Rn 4; vgl auch ISELE, in: FS Cohn 75; krit REICHARD AcP 193 [1993] 567, 581).

2. Die fiktive Treuhand

11 So nützlich diese Selbstversicherung über das formelle System des Vermögensschutzes des BGB auch sein mag, so erklärt sie doch noch nicht den Geltungsgrund der scharfen Haftung des Geschäftsanmaßers. Auch dem deutschen Gesetzgeber war die Vorschrift nie ganz geheuer. Dem ersten Entwurf war in Ablehnung der objektiven Theorie (Rn 5; ausführlich Vorbem 23 ff zu §§ 677 ff) eine dem heutigen § 687 Abs 2 entsprechende Vorschrift noch unbekannt. **§ 761 E I** beschränkte den Geschäftsherrn auf Ansprüche aus unerlaubter Handlung: Für eine *entsprechende* Anwendung der Geschäftsführungsregeln sah die Erste Kommission keinen Grund (MUGDAN II 486 f; anders noch §§ 235, 233, 234 des Vorentwurfs; dazu: vKÜBEL, in: SCHUBERT [Hrsg], Die Vorlagen der Redaktoren, Schuldverhältnisse II 929, 957). Erst im Rahmen der Verhandlungen der Zweiten Kommission setzte sich die Erkenntnis durch, dass dadurch die Interessen des Geschäftsherrn nicht hinreichend gewahrt seien (MUGDAN II 1202 f; PLANCK/LOBE[4] § 687 Anm 2). Damit folgt das BGB letztendlich – aus reinen Zweckmäßigkeitserwägungen und nicht etwa in Adaption der objektiven Theorie (WITTMANN, Begriff und Funktion der Geschäftsführung ohne Auftrag 150), die ja gerade durch § 687 Abs 1 verworfen wird (Rn 5) – einer langen historischen Tradition. War auch die objektive Theorie, nach der auch die unbewusste Führung eines fremden Geschäfts den Tatbestand der Geschäftsführung ohne Auftrag erfüllen kann, stets umstritten, so war umgekehrt die Ansicht weit verbreitet, dass derjenige, der *bewusst* ein fremdes Geschäft in gewinnsüchtiger Absicht für sich führt – vorbehaltlich einer Ersatzpflicht aus unerlaubter Handlung –, dem Geschäftsherrn aus der *negotiorum gestio* haftete, während ihm der Geschäftsherr seinerseits meist nur aus ungerechtfertigter Bereicherung verantwortlich war (zur Entwicklungsgeschichte der unechten Geschäftsführung ohne Auftrag: REICHARD AcP 193 [1993] 567, 581 ff). Die Wurzeln dieser Lehre liegen im römischen Recht. Im (singulären) Fragment ULPIAN/LABEO Dig 3, 5, 5, 5 vertritt LABEO die Ansicht, dass der bösgläubige Geschäftsführer (Geschäftsanmaßer), der ein fremdes Geschäft als sein eigenes behandelt, aus *negotiorum gestio* heraus in Anspruch genommen werden kann (EBERT, Die Geschäftsanmaßung 27 ff; REICHARD AcP 193 [1993] 567, 581 ff; SCHRAGE, in: FS Krampe 309, 313 ff). Seine Entscheidung beruht auf einem „erst-recht"-Schluss: Zwar führe der Geschäftsanmaßer mehr sein eigenes als mein Geschäft (als er eben *für sich,* und *nicht für mich* tätig wird), aber nichtsdestoweniger, sondern um so mehr hafte er mir mittels der *actio negotiorum gestio* (zum insoweit bestehenden Interpolationsverdacht: SCHRAGE, in: FS Krampe 309, 314). Zutreffend ist dieses *argumentum a fortiori* freilich nicht, denn zwischen eigennütziger Geschäftsanmaßung und fremdnütziger Geschäftsführung besteht keine komparative,

translative Relation. Und dennoch hat LABEO im Ergebnis Recht. Nur muss man normativ argumentieren: Treu und Glauben verlangen, dass sich ein vorsätzlicher Geschäftsanmaßer so behandeln lassen muss, als sei er fremdnützig für den Geschäftsherrn tätig geworden. Anders gewendet: Wer sich vorsätzlich und rechtswidrig ein fremdes Geschäft anmaßt, darf sich gegenüber dem Geschäftsherrn nicht darauf berufen, dass er (rechtswidrig) für sich, und nicht für den Geschäftsherrn tätig geworden ist. Die normative Ableitung der Geschäftsanmaßung aus der (echten) Geschäftsführung ohne Auftrag (**aA** HELMS, Gewinnherausgabe als haftungsrechtliches Problem 127 ff) transportiert auch einen subordinationsrechtlichen Grundduktus (Treuhand). Es geht dem Recht der Geschäftsanmaßung weniger um einen Eingriff in (absolut) geschützte Rechtspositionen, als um den **besonderen Treuebruch**: Anstatt *für mich* tätig zu werden, führt der Geschäftsanmaßer meine Geschäfte nicht zu meinem, sondern zu seinem Vorteil. Es ist dieser Gedanke der fiktiven Treuhand, der manche Eigentümlichkeiten der Geschäftsanmaßung erklären kann (eingehend: BERGMANN, Die Geschäftsführung ohne Auftrag 435 ff). Der Geschäftsanmaßer schuldet nämlich – gleich dem Geschäftsführer – nicht nur die Herausgabe eines tatsächlich gezogenen Gewinns (§ 687 Abs 2 S 1 iVm §§ 681 S 2, 667), sondern gem § 687 Abs 2 S 1 iVm §§ 677, 280 auch den Gewinn, den er schuldhaft nicht gezogen hat (vgl § 987 Abs 2; **aA** HELMS, Gewinnherausgabe als haftungsrechtliches Problem 129). Ja es bedarf nicht einmal des Eingriffs in eine absolute Rechtsposition. Habe ich Eigentum an einer Sache, deren Herausgabe ich einem anderem schulde, und verwende ich die Sache in Kenntnis meiner Herausgabepflicht eigennützig für mich, so muss ich mich gem § 687 Abs 2 wie ein treuwidrig handelnder Geschäftsführer behandeln lassen. Denn einzig die fremdnützige Verwaltung (§§ 677 ff) steht mir zu (ISELE, in: FS Cohn 75, 77; **aA**: BGHZ 75, 203, 205, Urt v 11. 10. 1979, Az: VII ZR 285/78). Nicht zu Unrecht wird daher im rechtsvergleichenden Schrifttum, dem die Geschäftsanmaßung immer fremd geblieben ist, auf die Parallele zum angloamerikanischen Rechtsinstitut des *constructive trust* verwiesen (STOLJAR, Negotiorum Gestio, n°295 ff).

Letztlich lässt sich das Rechtsinstitut der Geschäftsanmaßung als fiktive Treuhand **12**
begreifen. Sie begründet (quasi-)vertragliche Rechtsfolgen für einen (quasi-)deliktischen Sachverhalt. Konstitutiv für die Geschäftsanmaßung ist das kumulative Vorliegen zweier Tatbestandsmerkmale: (a) die Führung eines fremden Geschäfts und (b) die Anmaßung im Wissen um die eigene Nichtberechtigung. Entgegen Versuchen in der Lehre lässt sich die Geschäftsanmaßung nicht mit dem tradierten Instrumentarium von **Zuweisungslehre** (fremdes Geschäft) und **Rechtswidrigkeitstheorie** (unberechtigte Anmaßung) einfangen (EBERT, Die Geschäftsanmaßung 41 ff, insb 108 ff, **aA**: PEUKERT, Güterzuordnung als Rechtsprinzip 509 ff; SCHMID, Geschäftsführung ohne Auftrag Rn 745 ff; allgemein zu den im Recht der Eingriffskondiktion ausführlich diskutierten Zuweisungs- und Rechtswidrigkeitstheorien: REUTER/MARTINEK, Ungerechtfertigte Bereicherung § 7 I, II S 234 ff). Die Zuweisungslehre ist einmal zu weit. Denn nicht jeder Eingriff in den Zuweisungsgehalt einer fremden Rechtsposition kann als *eigennützige Führung eines fremden Geschäfts* den Tatbestand der Geschäftsanmaßung begründen. Zur Abgrenzung des einfachen, geschäftsanmaßungsrechtlich irrelevanten Eingriffs in den Zuweisungsgehalt einer fremden Rechtsposition von der relevanten Anmaßung eines fremden Geschäfts iSd § 687 Abs 2 kann man sich an der von HELMS entwickelten **Gewinnerzielungsbefugnis** orientieren (HELMS, Gewinnherausgabe als haftungsrechtliches Problem 156 ff). Der Inhalt der Gewinnerzielungsabsicht lässt sich am besten am Beispiel der unerlaubten Untervermietung erläutern. Die Untervermietung ist primär

dem Mieter zugewiesen. Freilich ist die Zuweisung an den Mieter keine ausschließliche. Das Zustimmungserfordernis (§ 540) vermittelt auch dem Vermieter eine eigene Rechtsposition. Da der Vermieter die Zustimmung nur gegen ein Entgelt erteilen wird, ist diese Rechtsposition auch geldwert. Verletzt der Mieter diese Rechtsposition, schuldet er dem Vermieter gem § 812 ein angemessenes Entgelt (Lizenzgebühr). Ein Anspruch aus § 687 Abs 2 steht dem Vermieter aber nicht zu. Denn der Position des Vermieters wohnt keine Gewinnerzielungsbefugnis inne. Diese liegt ausschließlich beim Mieter, der den Untermieter sucht und mit ihm den Untermietvertrag aushandelt. Dem Vermieter kommt ausschließlich eine Lizenzgebühr für seine Zustimmung zur Untervermietung zugute. Abstrakt ausgedrückt: Die ein „Geschäft" iSd § 687 Abs 2 konstituierende Gewinnerzielungsbefugnis – positiv gewendet als die Möglichkeit zur gewinnorientierten Geschäftsführung – fehlt bei Rechtspositionen, deren Zuweisungsgehalt sich auf eine Lizenzgebühr beschränkt. Zum anderen ist die tradierte Zuweisungslehre zu eng. Denn der Gedanke der fiktiven Treuhand setzt keinen Eingriff in eine formal fremde Rechtsposition voraus. Es kann ausreichen, dass eine Rechtsposition trotz formaljuristischer Zuordnung zur Person des Geschäftsanmaßers materiell dem Geschäftsherrn zugewiesen bleibt. Wird mir ein Gegenstand irrtümlich übereignet, so dass ich dem Leistenden gem § 812 Herausgabe schulde, veräußere ich den Gegenstand aber in Kenntnis meiner Herausgabepflicht, so bin ich als vorsätzlicher Geschäftsanmaßer gem § 687 Abs 2 wie ein fremdnütziger Geschäftsführer haftbar. Denn mir steht alleine fremdnützige Verwahrung der Sache gem § 677 zu (Isele, in: FS Cohn 75, 77; **aA**: BGHZ 75, 203, 205, Urt v 11. 10. 1979, Az: VII ZR 285/78). Auch die Rechtswidrigkeitslehre greift zu kurz. Nicht jedes vorsätzliche rechtswidrige Tun eröffnet den Tatbestand der Geschäftsanmaßung. Es gilt kein unbedingtes „Tort must not pay". Notwendig ist der rechtswidrige und qualifiziert schuldhafte Übergriff in eine fremde Gewinnerzielungsbefugnis. Die sinnlose Zerstörung einer fremden Sache aus Vandalismus heraus ist eine Sachbeschädigung, aber keine Geschäftsanmaßung (Oertmann[2] [1929] § 687 Anm 3 d β; Ebert, Die Geschäftsanmaßung 99 f). Und doch vermittelt auch die Rechtwidrigkeitstheorie eine wertvolle Erkenntnis: Sie erklärt die Unabhängigkeit des § 687 Abs 2 von der Erfolgsbezogenheit der Eingriffskondiktion. Dies zeigt sich einmal auf Rechtsfolgenseite. Der Geschäftsanmaßer schuldet eben nicht nur den tatsächlich gezogenen Gewinn, sondern er haftet auch für den schuldhaft nicht gezogenen Gewinn. Zum anderen zeigt sich dies in der Person des Verpflichteten. Baut ein Dieb gestohlenes Baumaterial in ein fremdes Grundstück ein, so richtet sich die Eingriffskondiktion gegen den nicht rechtswidrig handelnden Grundstückseigentümer (vgl Larenz/Canaris, Schuldrecht II/2[13] § 69 I 3 S 177 ff; s Rn 41); der Anspruch aus § 687 Abs 2 trifft dagegen den vorsätzlich und rechtswidrig handelnden Dieb.

3. Ausstrahlung auf das Anspruchssystem

13 Ein Großteil der Lehre will nun in Anschluss an v Caemmerer § 687 Abs 2 einen allgemeinen, systemkonstituierenden Charakter beilegen: Eine Herausgabe des Verletzergewinns als **ultima ratio des Haftungsrechts** komme nur bei *vorsätzlichen* Eingriffen in fremde Rechtspositionen in Betracht (v Caemmerer, in: FS Rabel I 333; Bollenberger ZEuP 2000, 893, 900 f; Wagner, DJT 66 [2006] I, A 1, 83 ff; zum Diskussionsstand: Ebert, Die Geschäftsanmaßung 68 ff). Zutreffend ist das freilich nicht. Gewinnabschöpfung ist – wie schon der Blick auf die §§ 61, 112 f HGB, 88 AktG zeigt – die natürliche Rechtsfolge von Treuepflichtverletzungen (Helms, Gewinnherausgabe als haf-

tungsrechtliches Problem 369 ff, 472 ff). Die Geschäftsanmaßung ist eine fiktive Treuhand: Der Geschäftsanmaßer muss sich so behandeln lassen, als ob er fremdnützig für den Geschäftsherrn gehandelt hat (§§ 677 ff, insb §§ 681 S 2, 667). Die normative Begründung dazu steht und fällt mit dem Vorsatzerfordernis: Nur demjenigen, der sich bewusst in eigennütziger Weise ein fremdes Geschäft rechtswidrig anmaßt, kann (nach Treu und Glauben) die Berufung darauf versagt werden, dass er für sich und nicht für den Geschäftsherrn gehandelt hat (Rn 11). In diesem Sinne ist die Geschäftsanmaßung ein eigenständiges Rechtsinstitut. Die Frage aber, ob sich eine Gewinnherausgabe uU bereicherungsrechtlich (der Gewinn als Indikator der erlangten Bereicherung), schadensrechtlich (der Verletzergewinn als Indiz für den Schaden), deliktsrechtlich mit Blick auf die besondere Verletzlichkeit des betroffenen Rechtsgut oder allgemein aus dem Präventionsgedanken heraus auch unabhängig vom Vorsatz des Handelnden begründen lässt, steht auf einem anderen Blatt. Dazu verhält sich § 687 Abs 2 nicht (Bergmann, Die Geschäftsführung ohne Auftrag 446 ff). Man muss daher schadensrechtlichen oder bereicherungsrechtlichen Adaptionen des § 687 Abs 2, wie sie Wagner in seinem Gutachten für den 66. Deutsche Juristentag oder König in seinem Gutachten zur ungerechtfertigten Bereicherung im Rahmen der „Gutachten und Vorschläge zur Überarbeitung des Schuldrechts" vorschlagen, kritisch gegenüberstehen (Wagner, DJT 66 [2006] I, A 1, 95, 97; König, in: BMJ [Hrsg], Gutachten und Vorschläge zur Überarbeitung des Schuldrechts II 1515, 1523 f, 1554 ff, 1563 f; s Rn 10 ff). Denn so wird das Vorsatzerfordernis des § 687 Abs 2 im Ansatz unzutreffend verallgemeinert und vorschnell auf andere Tatbestände übertragen. Bedenklicher Höhepunkt dieser Bemühungen ist lege lata der Versuch, § 285 BGB – soweit es um seine Funktion der Gewinnabschöpfung geht – auf Fälle des Vorsatzes zu beschränken (Bollenberger ZEuP 2000, 893, 900 f; Wagner, DJT 66 [2006] I, A 1, 92 f; Soergel/Beuthien[13] § 687 Rn 5). Zur Verletzung fremder Immaterialgüterrechte: Rn 65 f.

IV. Der Tatbestand der Geschäftsanmaßung

1. Das fremde Geschäft

a) Der tradierte Zugang

Die ganz überwiegende Lehre geht davon aus, dass der Tatbestand des § 687 Abs 2 **14**
die Anmaßung eines **objektiv fremden Geschäft** voraussetzt; subjektive Fremdheit oder die Anmaßung eines neutralen Geschäfts genügen nicht (BGHZ 75, 203, 205, Urt v 11. 10. 1979, Az: VII ZR 285/78; Wittmann, Begriff und Funktion der Geschäftsführung ohne Auftrag 151; BGB-RGRK/Steffen[12] § 687 Rn 3; Erman/Dornis[14] § 687 Rn 4; Soergel/Beuthien[13] § 687 Rn 6; **aA**: Enneccerus/Lehmann, Schuldrecht[15] § 168 I 1 b S 708; Oertmann § 687 Anm 3d α; ausführlich: Reichard AcP 193 [1993] 567, 576 ff). Auch muss es sich um ein ausschließlich fremdes Geschäft handeln; auch-fremde Geschäfte sollen daher nicht unter § 687 Abs 2 subsumiert werden können (BGH LM BGB § 677 Nr 40, Urt v 23. 9. 1999, Az: III ZR 322/98; Palandt/Sprau[73] § 687 Rn 2a; **aA**: BGB-RGRK/Steffen[12] § 687 Rn 3; Erman/Dornis[14] § 687 Rn 4). Zur Ausfüllung des Begriffs des fremden Geschäfts greift man auf die tradierte, auch im Rahmen des § 677 benutzte Formel zurück (Vorbem 116 ff, 129 ff zu §§ 677 ff): Objektiv fremd ist ein Geschäft, das als solches nicht zum Rechtskreis des Geschäftsführers, sondern ausschließlich zum Rechtskreis des Geschäftsherrn gehört (RGZ 138, 45, 48, Urt v 11. 10. 1932, Az: II 58/32; Isele, in: FS Cohn 75, 76 f; Planck/Lobe[4] § 687 Anm 3).

b) Autonomes Verständnis

15 Dieses tradierte Begriffsverständnis, das einen **allgemeinen Begriff des fremden Geschäfts** in das Recht der §§ 677 ff hineinliest, ist bereits im Ausgangspunkt missverständlich. Denn selbst, wenn man der tradierten Lehre folgt und das Vorliegen eines fremden Geschäfts auch für den Tatbestand der echten Geschäftsführung ohne Auftrag verlangt (Vorbem 116 ff zu §§ 677 ff), so hat doch der Begriff des objektiven fremden Geschäfts im Rahmen des § 677 einen wesentlich anderen (weiteren) Inhalt und Anwendungsbereich als der Begriff des fremden Geschäfts in § 687 Abs 2 (Bergmann, Die Geschäftsführung ohne Auftrag 454 ff; Ebert, Die Geschäftsanmaßung 41 ff; Gursky AcP 185 [1985] 13, 18 f; Peukert, Güterzuordnung als Rechtsprinzip 512 ff). Der Begriff des fremden Geschäfts in § 677 dient der tradierten Lehre zum Zweck der richtigen **Verteilung von Gütern, Lasten und Risiken** im Sinne einer Folgenzurechnung an den Träger der höherrangigen Zuständigkeit (Vorbem 129 ff zu §§ 677 ff; Wollschläger, Die Geschäftsführung ohne Auftrag 52 ff). Ganz überwiegend im Vordergrund stehen Fälle der Zuweisung von Kosten und Lasten (Regress) an den Letztverantwortlichen, die ihr bereicherungsrechtliches Pendant in der Rückgriffs- und Aufwendungskondiktion finden. Der Transfer eines Vermögenszuwachses aus dem (fremdnützigen) Eingriff in eine Rechtsposition, die dem Geschäftsherrn und nicht dem Geschäftsführer zusteht, spielt hier kaum eine Rolle. Vollkommen andere Erwägungen gelten für den Begriff des fremden Geschäfts im Geschäftsanmaßungsrecht. Ein fremdes Geschäft iSd § 687 Abs 2 maße ich mir an, wenn ich in eine Rechtsposition eingreife, die einem anderen zur Gewinnerzielung zugewiesen ist. Ein Beispiel: Erfülle ich eine fremde Verbindlichkeit oder bewahre eine fremde Sache vor dem Untergang, so erledige ich in der Terminologie der tradierten Lehre ein fremdes Geschäft iSd § 677; denn die Kosten und Lasten meiner Geschäftsführung hat letztlich der Schuldner oder Eigentümer zu tragen. Mit § 687 Abs 2 hat dies freilich nichts zu schaffen. Für die hier vertretende subordinationsrechtliche Lehre (Vorbem 28 ff, 116 ff zu §§ 677 ff) ist es einfacher, diese Kluft zwischen echter Geschäftsführung ohne Auftrag und Geschäftsanmaßung aufzuzeigen. Nach ihr ist die echte Geschäftsführung das gesetzliche Schuldverhältnis der nicht durch Vertrag oder Gesetz abschließend oder abweichend geregelten Interessenwahrnehmung (Subordination) für einen anderen. Tragendes Tatbestandsmerkmal der echten Geschäftsführung ohne Auftrag ist das normativ zu verstehende Merkmal der Geschäftsführungsabsicht; dagegen kennt das echte Geschäftsführungsrecht keinen Begriff des fremden Geschäfts. Von ihrer tragenden Interessenstruktur sind echte fremdnützige Geschäftsführung und vorsätzliche (eigennützige) Anmaßung fremder Rechtspositionen Antipoden (Vorbem 1 zu §§ 677 ff). Von daher ist die **autonome Auslegung** des fremden Geschäfts als Tatbestandsmerkmal der Geschäftsanmaßung eine reine Selbstverständlichkeit.

16 Zutreffend wird daher von der hM das „auch-fremde" Geschäft aus dem Anwendungsbereich der Geschäftsanmaßung verwiesen (Rn 14). Denn für Sachverhalte der Auch-Gestion ist unabhängig von ihrer Bewältigung mit dem Instrumentarium der §§ 677 ff im Rahmen der Geschäftsführung ohne Auftrag von vorneherein kein Raum (Rn 15). Zu weit geht aber die Behauptung, dass eine Geschäftsanmaßung nur für „ausschließlich-fremde" Geschäfte möglich ist. Denn auch die Anmaßung eines **gemeinschaftlichen Geschäfts** kann unter den Tatbestand des § 687 Abs 2 fallen. Verwerte ich einen Gegenstand, der mir und einem anderen gemeinschaftlich zusteht, führe ich ein mir und dem anderen gemeinschaftlich zustehendes Geschäft (vgl § 747 S 2). Der Mitberechtigte kann gegen mich aus Geschäftsanmaßung vorgehen.

Freilich tut sich an dieser Stelle eine andere Frage auf: Gilt das Geschäft nunmehr auf gemeinschaftliche Rechnung vorgenommen mit der Folge der quotenmäßigen Teilung des erlangten Gewinns oder muss ich mich stellen lassen, als wäre ich (auch mit meinem Anteil) ausschließlich zugunsten des anderen tätig geworden (HELMS, Gewinnherausgabe als haftungsrechtliches Problem 202 ff). Ein Beispiel. Ich veräußere eine im hälftigen Miteigentum stehende Sache mit dem Wert 50 für 100. Bei quotenmäßiger Teilung muss ich gem §§ 687 Abs 2, 681 S 2, 667 nur 50 € an den Miteigentümer herausgeben. Gilt das Geschäft ganz für Rechnung des anderen, muss ich 100 € herausgeben, darf aber gleichzeitig im Wege des Aufwendungsersatzes (§§ 687 Abs 2 S 2, 684 S 1) den objektiven Wert meines eingesetzten Anteils in Höhe von 25 geltend machen. Der Lehre von der fiktiven Treuhand entspricht die quotenmäßige Teilung. Denn der Geschäftsherr soll so gestellt werden, wie er bei fremdnütziger Geschäftsführung stehen würde. Wegen der gleichen Interessenrichtung von Teilhabern ist es möglich, dass ich gleichzeitig für mich wie für den anderen tätig werden kann (vgl Vorbem 142 zu §§ 677 ff).

c) Der Begriff des fremden Geschäfts

17 Ob das Geschäft, dessen Führung sich jemand als eigenes anmaßt, ein fremdes Geschäft (iSd § 687 Abs 2) ist, bestimmt sich danach, ob einem anderen die Gewinnerzielungsbefugnis zugewiesen ist (Rn 12). Die tradierte Zuweisungslehre ist mit dem Satz nicht identisch. Sie ist teilweise weiter, weil nicht jeder Eingriff in eine fremde Rechtsposition auch die Anmaßung eines fremden Geschäfts darstellt. Der Mieter, der unberechtigt untervermietet, greift zwar in eine Rechtsposition des Vermieters ein (§§ 540, 553), aber er führt eben doch kein fremdes Geschäft, da die Gewinnerzielungsbefugnis dem Mieter zugewiesen ist. Gleichzeitig ist die Zuweisungslehre zu eng, denn die Anmaßung eines fremden Geschäfts setzt nicht den Eingriff in eine formaljuristisch fremde Rechtsposition voraus. Auch der Eingriff in den materiellen Zuweisungsgehalt kann ausreichen (Rn 12). Freilich wird sich der Rechtsanwender in vielen Fällen an den Ergebnissen der **Zuweisungslehre** orientieren dürfen (krit EBERT, Die Geschäftsanmaßung 112 ff; NIPPERDEY, in: FS Böhm 163, 165 ff); soweit er nicht aus den Augen verliert, dass deren Ergebnisse zuweilen nicht eins zu eins auf das Recht der Geschäftsanmaßung übertragen werden können. Diese Lehre hat durch die Rechtsprechung zahlreiche Konkretisierungen erfahren, hält also für viele Fälle bereits Antworten parat. Der Zuweisung einer Rechtsposition wird häufig auch die Gewinnerzielungsbefugnis korrespondieren. Fremd ist nach der allgemeinen Formel der Zuweisungslehre eine Rechtsposition, die nach dem Willen der Rechtsordnung einer anderen Person zur ausschließlichen Nutzung und Verwertung zugewiesen ist (BGHZ 107, 117, 120, Urt v 9. 3. 1989, Az: I ZR 189/86; LARENZ/CANARIS, Schuldrecht II/2[13], § 69 I 1 b S 169 f). Aber man darf sich durch die griffige Formel nicht täuschen lassen. Die Zuweisungslehre steht vor der schwierigen Aufgabe, im Einzelfall zu bestimmen, welchen Positionen der erforderliche Zuweisungsgehalt zukommt und wie weit dieser reicht. Von einer abschließenden Klärung ist man weit entfernt (REUTER/MARTINEK, Ungerechtfertigte Bereicherung § 7 III S 248 ff; PEUKERT, Güterzuordnung als Rechtsprinzip 429 ff, 437 ff). Im Großen und Ganzen verdienen LARENZ/CANARIS (Schuldrecht II/2[13] § 69 I 1 c S 170 f) Zustimmung, die den Zuweisungsgehalt einer Rechtsposition im Kern durch ihren Deliktsschutz bestimmt sehen, aber eine – gerade aus dem Blick des Geschäftsanmaßungsrechts – wichtige und richtige Ausnahme machen: Rechtspositionen ohne Entgeltsfähigkeit kommt kein Zuweisungsgehalt zu (LARENZ/CANARIS, Schuldrecht II/2[13], § 69 I 1 d S 171 f mit auf den bereicherungsrechtlichen Abschöpfungsgedan-

ken bezogener Begründung). Die Entgeltsfähigkeit fehlt Rechtspositionen, die per se dem Rechtsverkehr entzogen sind. So ist etwa der Kernbereich der Menschenwürde deliktisch geschützt, es fehlt ihr aber, da sie unverzichtbar ist, die Entgeltsfähigkeit. Mit besonderem Blick auf das Geschäftsanmaßungsrecht muss man noch einen Schritt weiter gehen, und die Entgeltsfähigkeit um den ökonomischen Gedanken der Marktgängigkeit ergänzen (vgl dazu Reuter/Martinek, Ungerechtfertigte Bereicherung § 7 III 2 c S 256 f).

18 Ein Geschäft ist für den Geschäftsanmaßer dann fremd, wenn die Gewinnerzielungsbefugnis (Geschäftsführungsbefugnis) einem anderen zugewiesen ist. Alleine der Übergriff in eine deliktsrechtlich oder sonst irgendwie geschützte Position genügt nicht. Alleine mit dem Hinweis auf die Rechtswidrigkeit der Handlung und das gesteigerte Verschulden *(tort must not pay)* lässt sich der Tatbestand des § 687 Abs 2 nicht begründen. § 687 Abs 2 verlangt eben nicht nur vorsätzliches rechtswidriges Handeln, sondern eben immer auch die Anmaßung eines fremden Geschäfts. Die Anmaßung eines fremden Geschäfts ist das tragende Tatbestandsmerkmal der Geschäftsanmaßung als fiktiver Treuhand (Rn 11 ff). Auch mit Blick auf die Rechtsfolgen ist ein solcher Verzicht nicht empfehlenswert. So würde etwa im Wettbewerbsrecht der Verzicht auf den Zuweisungsgedanken jede vorsätzliche Verletzung der einen anderen Wettbewerber schützenden Verhaltensnormen (Behinderungswettbewerb) einen Anspruch aus Geschäftsanmaßung auslösen. Erst die Nutzbarmachung des Zuweisungsgedankens ermöglicht überzeugende Ergebnisse (vgl Nipperdey, in: FS Böhm 163, 171 ff).

19 Ob ein Geschäft fremd ist, bestimmt sich ausschließlich nach dem Zuweisungsgehalt des Geschäfts zum Zeitpunkt der Geschäftsanmaßung. Keine Rolle spielt es, ob der Geschäftsherr das Geschäft in der gleichen Weise hätte vornehmen können und den gleichen Gewinn erzielt hätte (vgl RGZ 135, 94, 103, Urt v 27. 1. 1932, Az: V 97/31; RGZ 70, 249, 251, Urt v 3. 2. 1909, Az: I 99/08; Planck/Lobe[4] § 687 Anm 2). Ein fremdes Geschäft wird auch nicht dadurch zu einem eigenen, dass es der Handelnde im eigenen Namen abschließt (RGZ 138, 45, 49, Urt v 11. 10. 1932, Az: II 58/32); umgekehrt macht auch die Tatsache, dass jemand ein eigenes Geschäft im fremden Namen vornimmt, dieses nicht zu einem fremden Geschäft. Wer durch anfechtbares Rechtsgeschäft ein Recht erwirbt, hat ein fremdes Geschäft geführt, wenn die Anfechtung erfolgt; umgekehrt kann die Fremdheit nachträglich entfallen, wenn der Mangel eines Rechtserwerbs mit Rückwirkung geheilt wird (BGB-RGRK/Steffen[12] § 687 Rn 7). Nicht erforderlich ist, dass die **Fremdheit** des Geschäfts **nach außen in Erscheinung** tritt (Nipperdey, in: FS Böhm 163, 170 f; Gass NJW 1960, 2339, 2340; Oertmann § 687 Anm 3a; Erman/Dornis[14] § 687 Rn 4; Soergel/Beuthien[13] § 687 Rn 6); sofern in der Rechtsprechung teilweise anderes geäußert wird, bezieht sich dies auf den Sonderfall des Eingriffs in einen lediglich rechtsgeschäftlich geschützten Interessenbereich (BGH NJW-RR 1989, 1255, 1257, Urt v 12. 6. 1989, Az: II ZR 334/87; OLG Saarbrücken NJW 1960, 2339, Urt v 15. 6. 1960, Az: 1 U 130/59; s Rn 27 ff).

d) Einzelfälle

aa) Absolute Rechte

20 Die klassischen Fälle der Anmaßung eines fremden Geschäfts sind die Ein- und Übergriffe in fremdes (Sach-)**Eigentum** und die sonstigen absoluten **dinglichen Rechte**, die Eingriffe in fremde **Immaterialgüterrechte** wie Urheber-, Patent-, Gebrauchs-

marken- und Warenzeichenrechte (s Rn 65 ff) und schließlich, soweit der vermögensrechtliche Zuweisungsgehalt betroffen ist, die Eingriffe in das **allgemeine Persönlichkeitsrecht** eines anderen (s Rn 69; Ebert, Die Geschäftsanmaßung, 364 ff, 376 ff, 383 ff). Wer etwa vorsätzlich und in eigennütziger Weise eine fremde Sache veräußert, kann vom Eigentümer gem § 687 Abs 2 in Anspruch genommen werden (RGZ 138, 45, 48 f, Urt v 11. 10. 1932, Az: II 58/32). Die Anmaßung muss nicht in einer rechtsgeschäftlichen Verfügung über das fremde Recht liegen. Auch tatsächliche **Nutzungs-, Gebrauchs- oder Verwertungshandlungen** können das Führen eines fremden Geschäfts sein. Wer etwa ein fremdes Grundstück zur Aufstellung einer Baubude benutzt, obwohl der Eigentümer auf Anfrage ausdrücklich die Genehmigung verweigert, maßt sich vorsätzlich ein fremdes Geschäft an (BGHZ 39, 186, 188, Urt v 25. 3. 1963, Az: VII ZR 270/61). Ebenso führt ein fremdes Geschäft, wer in fremden Flözen abbaut (RGZ 135, 94, 103, Urt v 27. 1. 1932, Az: V 97/31) oder die einem anderen zustehende Erfindung anmeldet (RGZ 84, 49, 53, Urt v 14. 1. 1914, Az: I 181/13). Muss die Handlung auch nicht unbedingt ein Rechtsgeschäft sein, so muss sie doch einen geschäftlichen Charakter haben. Dies folgt aus dem Charakter der Geschäftsanmaßung als fiktiver Treuhand. Die sinnlose Zerstörung fremden Eigentums ist Vandalismus und deliktische Sachbeschädigung, aber eben keine Geschäftsanmaßung (Oertmann § 687 Anm 3d β Ebert, Die Geschäftsanmaßung 99 f; s Rn 12, 35). Auch der Akt des Diebstahls ist keine Geschäftsanmaßung. Erst die weitere Verwendung der gestohlenen Sache (Weiterveräußerung) durch den Dieb erfüllt den Tatbestand des § 687 Abs 2. Freilich begründet auch nicht jedes auf fremde Rechte bezogene Rechtsgeschäft eine Geschäftsanmaßung. Alleine der Abschluss eines Kaufvertrages mit einem Dritten über eine fremde Sache ist noch keine Anmaßung eines fremden Geschäfts. Es steht mir frei, über Sachen, die ich künftig zu erwerben gedenke, bereits im Vorfeld einen Kaufvertrag abzuschließen (vgl Lent, Der Begriff der auftragslosen Geschäftsführung 10 ff). Für die Folgen einer Nichterfüllung muss ich uU gem §§ 280, 281, 283 bzw § 311a Abs 2 BGB meinem Vertragspartner gegenüber einstehen. Keinesfalls kann der wahre Eigentümer das vielleicht lukrative Geschäft vermittels der §§ 687 Abs 2 S 1, 681 S 2, 667 an sich ziehen. Schwierig ist der Fall zu entscheiden, dass der Veräußerer über eine Sache verfügt, an der er **formal Eigentum** erworben hat, deren Herausgabe er aber einem anderen – etwa gem § 812 – schuldet. Die Rechtsprechung lehnt für diesen Fall einen Anspruch aus § 687 Abs 2 ab: Der Veräußerer vereitele lediglich einen gegen ihn gerichteten schuldrechtlichen Anspruch (BGHZ 75, 203, 205, Urt v 11. 10. 1979, Az: VII ZR 285/78); allenfalls über den recht komplizierten (Um-)weg über §§ 812, 818 Abs 4, 819 Abs 1, 285 kann die hM einen Anspruch auf Herausgabe des Verkaufserlöses konstruieren. Zutreffend ist das freilich nicht. Denn einen Gegenstand, den ich einem anderen herausgeben muss, darf ich nur für diesen verwalten (§ 677). Verstoße ich vorsätzlich gegen diese Pflicht, muss ich mich wie ein fremdnütziger Geschäftsführer behandeln lassen (Rn 12). Verfügt ein vertraglicher **Treuhänder** in eigennütziger Weise über in seinem Eigentum stehendes Treugut, so bedarf es eines Rückgriffs auf § 687 Abs 2 regelmäßig nicht. Der Treugeber kann sich unmittelbar gem § 667 an den treulosen Treuhänder halten (**aA**: Isele, in: FS Cohn 75, 77). Die tatsächliche **Gebrauchsüberlassung** von fremden Sachen an einen Dritten ist ein Geschäft des Eigentümers (RGZ 105, 408, 409 f, Urt v 1. 12. 1922, Az: VII 64/22). Allerdings ist auch hier wieder zu beachten, dass alleine der Abschluss des schuldrechtlichen Verpflichtungsgeschäfts (Miete, Pacht), in dem ich mich dem Dritten gegenüber zur Gebrauchsüberlassung verpflichte, noch keine Anmaßung eines fremden Geschäfts darstellt. Wie bei der (Weiter-)Veräußerung steht es mir frei, über fremde Sachen, die ich vielleicht zu erwerben gedenke, schon jetzt Gebrauchsüberlassungsverträge zu schließen. Erst wenn ich in Vollziehung des schuldrechtlichen Vertrages dem Dritten die (immer noch) fremde Sache überlasse, steht dem Eigentümer der Weg zu § 687 Abs 2 offen (BGB-RGRK/Steffen[12] § 687 Rn 11; Soergel/Beuthien[13] § 687 Rn 12). Beim **Sicherungseigentum** ist nach Eintritt der Verwertungsreife nach der Reichweite des vereinbarten Verwertungsrechts danach zu differenzieren, ob das Sicherungseigentum nur ein Recht zur Verwertung durch Veräußerung gibt (Regel), oder ob dem Sicherungsnehmer nunmehr auch das Nutzziehungsrecht zusteht (Ausnahme). Steht das Nutzziehungsrecht bis zur endgültigen Veräußerung dem Sicherungsgeber zu, so führen er oder ein Dritter kein Geschäft des Sicherungsnehmers (Eigentümers), wenn sie die Sache einem anderen vermieten (BGH ZIP 2006, 2307, Rn 17 ff, 22, Urt v 26. 9. 2006, Az: XI ZR 156/05; vOlshausen ZIP 2007, 1145, 1146; krit: Lutz/Schapiro ZIP 2008, 1212). Sehr umstritten ist, ob bei der **unberechtigten Untervermietung** der Vermieter vom Mieter gem §§ 687 Abs 2 S 1, 681 S 2, 667 Herausgabe des gezogenen Untermietzinses verlangen kann. Dies wird von der hM abgelehnt, da die Untervermietung kein Geschäft des Vermieters ist. Die Untervermietung sei auch dann, wenn sie unberechtigt erfolgt, ausschließlich dem Mieter zugewiesen (BGHZ 131, 297, 306 f, Urt v 13. 12. 1995, Az: XII ZR 194/93; BGH NJW 2002, 60, 61, Urt v 21. 9. 2001, Az: V ZR 228/00; BGH NJW 1964, 1853, Urt v 20. 5. 1964, Az: VIII ZR 235/63; BGH LM BGB § 535 Nr 42, Urt v 8. 1. 1969, Az: VIII ZR 184/66; Wittmann, Begriff und Funktion der Geschäftsführung ohne Auftrag 153 f; Söllner JuS 1967, 449; Erman/Dornis[14] § 687 Rn 14; **aA**: Larenz/Canaris, Schuldrecht II/2[13] § 69 I 2 a S 173; Theuffl JuS 1997, 886; Herschel JuS 1968, 562; Berg JuS 1975, 681, 688 f; Schmid, Geschäftsführung ohne Auftrag Rn 1247). Im Ergebnis hat die hM Recht, soweit es den Anspruch aus Geschäftsanmaßung betrifft. Denn die Gewinnerzielungsbefugnis aus der Untervermietung ist ausschließlich dem Vermieter zugewiesen (Helms, Gewinnherausgabe als haftungsrechtliches Problem 163 ff; Rn 12). Der Mieter sucht den Untermieter und handelt mit ihm den Untermietzins aus. Auf einem anderen Blatt steht, ob dem Vermieter ein Anspruch aus § 812 aus Eingriffskondiktion zusteht. Das ist entgegen der hM zu bejahen, denn § 540 Abs 1 S 1 weist dem Vermieter, wie § 553 Abs 2 ausdrücklich anerkennt, einen Lizenzanspruch zu: Der Vermieter wird nur gegen ein angemessenes Entgelt die Untervermietung gestatten; ohne Gestattung kann der Vermieter vom Untermieter jederzeit Herausgabe der Mietsache (an den Mieter verlangen) verlangen (§§ 985, 986 Abs 1 S 2). Es liegt kein Widerspruch darin, dem Vermieter einen Anspruch aus Geschäftsanmaßung auf den gezogenen Untermietzins (als Gewinn der Untermietung) zu versagen: Denn der Anspruch auf ein Entgelt für die Gestattung der Untervermietung vermittelt ihm keinen Anspruch auf den Untermietzins. Dass sich die Höhe der Lizenz im Einzelfall nach der erzielten Untermietzins bestimmt, ist für sich ein unbeachtlicher Rechtsreflex. Ähnlich stellen sich die Zusammenhänge im Fall der **Doppelvermietungs-Entscheidung** BGHZ 167, 312 dar. Ein Vermieter hatte dem Mieter A ein Grundstück zur ausschließlichen Nutzung x überlassen. Später überließ er einen Teil des Grundstücks dem Mieter B zur (von x nicht erfassten) Nutzung y. Im Ergebnis zutreffend verneinte der BGH einen Anspruch aus § 687 Abs 2, da der Vermieter mit der Weitervermietung zur Nutzung y kein Geschäft des Mieters A geführt habe, da dieser das Grundstück zur Nutzung y gar nicht habe vermieten können (BGHZ 167, 312, Rn 35, Urt v 10. 5. 2006, Az: XII ZR 124/02; Helms ZEuP 2008, 150, 156 f, 163 f). Das ist sicherlich zutreffend. Die Gewinnerzielungsbefugnis mit Blick auf die weitere Nutzung y ist ausschließlich dem Vermieter zugewiesen. Auf einem anderen Blatt steht, ob dem Mieter nicht wiederum aus Eingriffskondiktion ein Anspruch auf angemessenes Entgelt für die Gestattung der Weitervermietung zusteht. Denn der Erstmieter A hat die Möglichkeit, den Zweitmieter B jederzeit gem § 861 aus dem (Teil-)Besitz der Mietsache wieder herauszudrängen. Eine entsprechende Rechtsposition ist ihm mithin zugewiesen. Vor vergleichbaren Problemen standen schon die römischen Juristen. Spektakulär ist der Sachverhalt des Fragments ULPIAN/LABEO Dig 19, 5, 20 pr. Einem Käufer wurden Pferde zur Probe gegeben. Er konnte die Pferde innerhalb von drei Tagen zurückgeben, wenn sie ihm nicht zusagten. In der Probezeit nahm der Käufer mit den Pferden erfolgreich an einem Wettbewerb teil. Die Pferde wollte er schlussendlich aber nicht kaufen. ULPIAN gewährte dem Verkäufer eine *actio praescriptis verbis* auf Herausgabe des Gewinns. Das Argument: Es war vereinbart, dass der Käufer die Pferde unentgeltlich teste, nicht aber, dass er damit einen Wettkampf bestreitet. Das leuchtet ein. Dem Käufer war die Prüfung der Pferde gestattet, aber keinesfalls deren Nutzungen zugewiesen. Ähnlich POMPONIUS Dig 13, 6, 13, 1: Einem Kaufinteressenten wurden Lasttiere zur Probe übergeben. Der Interessent vermietete die Lasttiere weiter. POMPONIUS hielt auch hier den Interessierten für verpflichtet, den Gewinn herauszugeben. Entscheidend war für ihn die Gefahrtragung: „neque enim ante eam rem quaestui cuique esse oportet, priusquam periculo eius sit". Mit anderen Worten: Solange der Kaufvertrag nicht perfekt war, die Gefahr also nicht auf den Käufer übergegangen ist, sei auch der Gewinn kein Gewinn des Käufers (NOODT, De foenere et usuris libri tres, Lib I Cap VIII).

bb) Gesetzliche Monopolrechte

Der vorsätzliche Verstoß gegen fremde **gesetzliche Monopolrechte** fällt unter § 687 Abs 2 (RGZ 100, 142, 145, Urt v 18. 10. 1920, Az: VI 172/20: alleiniges gesetzliches Recht zur Einfuhr, Inverkehrbringen und Verwertung von Fleisch und Fleischwaren; RGZ 103, 409, Urt v 21. 1. 1922, Az: V 228/21: Abdeckereiprivileg). Zur Verletzung lediglich vertraglich begründeter Rechtspositionen (Alleinvertriebsrechte, Wettbewerbsverbote) s Rn 27 ff. 21

cc) Besitz

Auch der vorsätzliche Eingriff in den unmittelbaren oder mittelbaren **Besitz** eines Dritten kann eine Geschäftsanmaßung gegenüber dem Besitzer sein, wenn dem Besitzer die Sache zur Nutzung vom Berechtigten überlassen wurde und ihm Abwehrbefugnisse zustehen. Das ist der Fall beim rechtmäßigen Besitz (LARENZ/CANARIS, Schuldrecht II/2[13] § 69 I 2 d, § 76 II 4 f S 174, 396 f), aber auch beim entgeltlichen redlichen Besitzer vor Rechtshängigkeit (MEDICUS/PETERSEN, Bürgerliches Recht[24] Rn 607). Hat etwa jemand ein Gebäude mitsamt zugehöriger Außenwand gemietet und nutzt ein Dritter diese zu Werbezwecken, so maßt er sich ein Geschäft des Mieters an. 22

dd) Forderungen

Auch **Forderungen** können Gegenstand einer Geschäftsanmaßung sein, nämlich dann, wenn in die Forderungszuständigkeit eingegriffen wird; das meint Fälle, in denen jemand mit Wirkung gegenüber dem Gläubiger eine Forderung **einzieht** oder in sonstiger Weise über sie verfügt, was Vorschriften wie §§ 407 f ermöglichen (WITTMANN, Begriff und Funktion der Geschäftsführung ohne Auftrag 152; LARENZ/CANARIS, Schuldrecht II/2[13] § 69 I 2 d, 76 II 4 g S 174 f, 397 f). Ein Zugriff auf den Leistungsgegenstand fällt dagegen nicht in den Anwendungsbereich des § 687 Abs 2. Es liegt daher keine Geschäftsanmaßung vor, wenn der Geschäftsanmaßer vom Schuldner eine Sache erwirbt, die dieser bereits dem Geschäftsherrn versprochen hat. Anders mag dies vielleicht ausnahmsweise sein, wenn die Verleitung zum Vertragsbruch sittenwidrig 23 ist und den Tatbestand des § 826 erfüllt (Larenz/Canaris, Schuldrecht II/2[13] § 69 I 2 g S 177): Eine solche Forderung auf Übereignung der Kaufsache wäre nicht mehr nur relativ im Verhältnis zum Vertragspartner geschützt, sondern im Rahmen des § 826 auch gegenüber dem sittenwidrig handelnden Dritten.

ee) Das Recht am eingerichteten und ausgeübten Gewerbebetrieb; unwirksamer Erwerb eines Handelsgeschäfts

24 Der vorsätzliche Eingriff in das Recht am **eingerichteten und ausgeübten Gewerbebetrieb** kann den Tatbestand der Geschäftsanmaßung nicht begründen (**aA**: Münch-Komm/Seiler[6] § 687 Rn 20). Denn das Recht am eingerichteten und ausgeübten Gewerbebetrieb gewährt einen bloßen Freiheitsschutz, hat aber keinen Zuweisungsgehalt (BGHZ 71, 86, 98, Urt v 14. 2. 1978, Az: X ZR 19/76 – Fahrradgepäckträger II; Reuter/Martinek, Ungerechtfertigte Bereicherung § 7 IV 2 b S 268 ff). – Ist der **Erwerb eines Unternehmens** unwirksam, so kann der aus einem Unternehmen gezogene Gewinn gem § 687 Abs 2 herausverlangt werden (**aA**: BGHZ 7, 208, 218, Urt v 25. 9. 1952, Az: IV ZR 22/52; BGB-RGRK/Steffen[12] § 687 Rn 7). Denn der Erwerber, der die Rückübertragung schuldet, ist nur zur fremdnützigen Verwaltung des Betriebs im Interesse des Veräußerers berechtigt (§ 677). Verhält er sich vorsätzlich anders, muss er sich wie ein fremdnütziger Geschäftsführer behandeln lassen.

ff) Gesetzliche Schutzvorschriften iSd § 823 Abs 2; unlauterer Wettbewerb

25 Die Anmaßung eines fremden Geschäfts kann auch in dem Verstoß gegen Schutzgesetze iSd § 823 Abs 2 liegen (Erman/Dornis[14] § 687 Rn 14). Veröffentlicht etwa eine Zeitung ein Geschichte, deren Kenntnis sie sich unter Verstoß gegen § 201 Abs 2 StGB verschafft hat, oder verwertet ein Patentanwalt unter Verletzung der §§ 203 f StGB ein Geheimnis, das ihm der Mandant anvertraut hat, so löst dies bei vorsätzlichem Handeln den Tatbestand des § 687 Abs 2 aus (Larenz/Canaris, Schuldrecht II/2[13] § 69 I 2 g S 177). Baut jemand seinen Supermarkt entgegen **nachbarschützenden baurechtlichen Vorschriften** zu nahe an die Grenze, so liegt auch darin die Anmaßung eines fremden Geschäfts (vgl Larenz/Canaris, Schuldrecht II/2[13] § 69 I 2 g S 177): Der Zuweisungsgehalt des Eigentums wird durch die betreffenden Normen entsprechend erweitert. Aber auch hier ist wieder zu bedenken, dass nicht allein der deliktische Schutz einer Rechtsposition für das Vorliegen eines fremden Geschäfts konstitutiv ist, sondern weiterhin muss eine von der Rechts- und Wirtschaftsordnung anerkannte Verwertungsbefugnis (Entgeltfähigkeit) hinzukommen (Rn 17 f). Erkennt man etwa das Rechtsdienstleistungsgesetz als Schutzgesetz zugunsten der Anwaltschaft an, so handelt es sich bei der dadurch vermittelten Rechtsposition doch um keine wirtschaftlich verwertbare Rechtsposition des einzelnen Anwalts (Larenz/Canaris, Schuldrecht II/2[13] § 69 I 2 g S 177).

26 Hinsichtlich der Vorschriften gegen **unlauteren Wettbewerb** ist zu differenzieren (eingehend: Ebert, Die Geschäftsanmaßung 396 ff; zum bereicherungsrechtlichen Schutz von UWG-Positionen: Larenz/Canaris, Schuldrecht II/2[13] § 69 I 2 f S 175 f; Reuter/Martinek, Ungerechtfertigte Bereicherung § 7 IV 2 f S 279 ff). Zwar sind die Vorschriften des UWG dogmatisch Teil des Deliktsrechts und seine Vorschriften teilweise Schutzgesetze iSd § 823 Abs 2. Die dadurch vermittelten Rechtspositionen sind aber im Grundsatz entsprechend der Idee des Wettbewerbs (vgl § 1 GWB) der Disposition des geschützten Wettbewerbers entzogen (Larenz/Canaris, Schuldrecht II/2[13] § 69 I 2 f S 176). Etwas anderes gilt nur, wenn eine Wettbewerbsposition eine den Immaterialgüter-

rechten vergleichbare Grundlage hat und damit dem Berechtigten eine kommerzielle und entgeltsfähige Verwertungsmöglichkeit gewährt. Jeder Fall bedarf daher besonderer Betrachtung (Ebert, Die Geschäftsanmaßung 415 ff): So fehlt es den wettbewerbsrechtlich geschützten Rechtspositionen beim **Behinderungswettbewerb** am erforderlichen Zuweisungsgehalt; in den Fällen des Anschwärzens, der persönlichen Werbung, des Abwerbens von Mitarbeitern und Kunden, der Diskriminierung und des Boykotts mag der Verletzer zwar rechtswidrig handeln, aber er maßt sich doch kein Geschäft des Verletzten an iSd § 687 Abs 2 (Helms, Gewinnherausgabe als haftungsrechtliches Problem 54 ff; **aA**: Ebert, Die Geschäftsanmaßung 419 ff; differenzierend: Erman/Dornis[14] § 687 Rn 18). Beutet dagegen der Verletzter fremde **Geschäfts- und Betriebsgeheimnisse** (§§ 4 Nr 9 lit c, 17, 18 UWG; vgl BGH NJW 1977, 1062, Urt v 18. 2. 1977, Az: I ZR 112/75 – Prozeßrechner) aus, oder bietet er Waren und Dienstleistungen an, die eine **Nachahmung** von Leistungen des Verletzten sind, so maßt er sich – sofern alternativ die weiteren Voraussetzungen des § 4 Nr 9 lit a bis c UWG vorliegen – ein fremdes Geschäft an (Erman/Dornis[14] § 687 Rn 18; **aA**: Helms, Gewinnherausgabe als haftungsrechtliches Problem 53; s auch Siehe auch Ebert, Die Geschäftsanmaßung 475 f).

gg) Relativ geschützte Interessenbereiche
α) Meinungsstand

Sehr umstritten und noch nicht abschließend geklärt ist die Frage, ob neben der Verletzung absolut geschützter Rechtspositionen auch der Übergriff in einen dem Geschäftsherrn nur **vertraglich vorbehaltenen Interessenbereich** die Anmaßung eines fremden Geschäfts sein kann (so: OLG Saarbrücken NJW 1960, 2339, Urt v 15. 6. 1960, Az: 1 U 130/59; Mueser, Die praktische Bedeutung des § 687 Abs 2 BGB 18 ff; Schmid, Geschäftsführung ohne Auftrag Rn 1235 ff; Bollenberger ZEuP 2000, 893, 904; Gass NJW 1960, 2339; Isele, in: FS Cohn 75, 77; Nipperdey, in: FS Böhm 163; Schwark JuS 1989, 707, 708, 709 f; Larenz, Schuldrecht II/1[13] § 57 II b S 452; **aA**: RG HRR 1933 Nr 1640, Urt v 24. 3. 1933, Az: II 366/32; OLG Hamburg OLGRspr 22 [1911] 328, 329, Urt v 14. 7. 1910; Rosenkranz, Gewinnherausgabeanspruch aus § 687 Abs 2 BGB bei Verletzung vertraglicher Unterlassungspflichten? 76 ff; Wittmann, Begriff und Funktion der Geschäftsführung ohne Auftrag 152 f; eingehende Darstellungen: Ebert, Die Geschäftsanmaßung 429 ff; Helms, Gewinnherausgabe als haftungsrechtliches Problem 179 ff; s auch Rn 39). Hinter dieser abstrakten Problemstellung steht die Frage, ob der Geschäftsherr bei Verletzung vertraglich begründeter **Alleinvertriebsrechte** oder ihn begünstigender **Wettbewerbsverbote** gegen seinen ungetreuen Vertragspartner – und nur um diesen geht es im Grundsatz, da ja auch nur ihm gegenüber der Interessenbereich geschützt ist (vgl Fleck ZIP 1991, 1269, 1273; Schwark JuS 1989, 707, 710; MünchKomm/Seiler[6] § 687 Rn 24; s aber Rn 23 für § 823) – aus §§ 687 Abs 2, 681 S 2, 667 vorgehen kann. Zwar liegt in diesen Fällen eine vorsätzliche Vertragsverletzung vor, die den Vertragspartner gem § 280 zum Schadensersatz verpflichtet; doch ist damit dem Berechtigten nicht unter allen Umständen gedient, wenn er den vom Vertragsbrüchigen vereinnahmten Gewinn herausverlangen will (Rn 12). 27

In der Lehre sind es vor allem Nipperdey und Mueser und neuerdings auch Helms, die die Fremdheit einer Rechtsposition nicht absolut, sondern relativ im Verhältnis zum jeweiligen Schädiger bestimmen wollen. So sei die Benutzung eines fremden Patents nicht etwa deshalb ein fremdes Geschäft, weil der Patentinhaber ein gegenüber jedermann geschütztes Recht habe, sondern weil er im konkreten Verhältnis zum unbefugten Nutzer allein berechtigt sei (Helms, Gewinnherausgabe als haftungsrechtliches Problem 179 ff; Mueser, Die praktische Bedeutung des § 687 Abs 2 BGB 20; Nipperdey, in: 28

FS Böhm 163, 165 ff, 170; Schwark JuS 1989, 707, 709 f; vgl BAGE 11, 208, Urt v 14. 7. 1961, Az: 1 AZR 288/60). Auch ein durch Vertrag geschaffener Rechts- und Interessenbereich sei gegenüber Eingriffen des Vertragspartners relativ geschützt. Die überwiegende Lehre steht dem ablehnend gegenüber. Das Recht der Geschäftsanmaßung habe eine, die deliktische und die bereicherungsrechtliche Haftung ergänzende und verschärfende Funktion. Hieraus folge die Beschränkung auf absolut geschützte Rechtsgüter (Wittmann, Begriff und Funktion der Geschäftsführung ohne Auftrag 152 f). Zutreffend ist das freilich nicht. Die Geschäftsanmaßung als fiktive Treuhand ist ein Rechtsinstitut *sui generis,* das mit (quasi-)vertraglichen Rechtsfolgen auf (quasi-)deliktische Sachverhalt reagiert. Auch die treuwidrige Verwendung (formal) eigener Rechtspositionen kann den Tatbestand des § 687 Abs 2 begründen (Rn 11 f). Gewichtiger ist daher schon der Hinweis, dass das Vertragsrecht hinreichende Lösungsmöglichkeiten anbiete – man verweist etwa auf eine entsprechende Anwendung des § 285 – und es von daher eines Rückgriffs auf § 687 gar nicht bedürfe (Ebert, Die Geschäftsanmaßung 454 ff; Rosenkranz, Gewinnherausgabeanspruch aus § 687 Abs 2 BGB bei Verletzung vertraglicher Unterlassungspflichten? 76 ff; MünchKomm/Seiler[6] § 687 Rn 24).

β) Relativ geschützte Interessenbereiche in der Rechtsprechung

29 In der Rechtsprechung fehlt eine klare Linie. Nachdem das **RG** zunächst offen ließ, ob bei Eingriffen in vertraglich geschützte Interessenbereiche § 687 Abs 2 zur Anwendung kommen kann (RGZ 92, 201, 203, Urt v 12. 2. 1918, Az: III 254/17; RGZ 89, 99, 103, Urt v 17. 11. 1916, Az: II 395/16), ging es später davon aus, dass für die Anwendung der Geschäftsanmaßungsregeln kein Raum sei, wenn der ungetreue Vertragspartner seinen vertraglichen Handlungs- und Unterlassungspflichten zuwider handele (RG HRR 1933 Nr 1640, Urt v 24. 3. 1933, Az: II 366/32). Das **BAG** sah dagegen einen Anspruch aus § 687 Abs 2 gegen einen Betriebsberater als begründet an, der als Angestellter eine ihm übertragene Beratung im Einvernehmen mit dem Kunden als eigenes Geschäft durchgeführt und dafür Honorare vereinnahmt hatte (BAG DB 1967, 558, Urt v 22. 8. 1966, Az: 3 AZR 157/66); auch die Pflicht zur Herausgabe von Schmiergeldern wird vom BAG und den Strafsenaten des BGH aus § 687 Abs 2 hergeleitet (BAGE 11, 208, Urt v 14. 7. 1961, Az: 1 AZR 288/60; BGH NStZ 2014, 397, Beschl v 20. 3. 2014, Az: 3 StR 28/14; vgl auch Isele, in: FS Cohn 75, 78 f). Eine eindeutige Stellungnahme des **BGH** steht noch aus (BGH NJW 1988, 3018, Urt v 23. 3. 1988, Az: Iva ZR 41/87; vgl BGH NJW-RR 1989, 1255, 1257, Urt v 12. 6. 1989, AZ: II ZR 334/87). In einer Entscheidung aus dem Jahre 1984 hatte es der 1. Zivilsenat unter Hinweis auf den Vorrang der vertraglichen Regelung (§ 280) abgelehnt, im Fall eines Verstoßes gegen eine Alleinvertriebsabrede auf § 687 Abs 2 zurückzugreifen (BGH NJW 1984, 2411, Urt v 9. 2. 1984, Az: I ZR 226/81; vgl Rosenkranz, Gewinnherausgabeanspruch aus § 687 Abs 2 BGB bei Verletzung vertraglicher Unterlassungspflichten? 76 ff). In einer früheren Entscheidung hatte es der 2. Zivilsenat noch für möglich gehalten, dass einer GmbH auf der Grundlage fortbestehender nachvertraglicher Treuepflichten gegen den ausgeschiedenen Geschäftsführer ein Anspruch aus § 687 Abs 2 zustehen könne, ohne sich allerdings mit der Problematik näher zu befassen (BGH LM BGB § 687 Nr 12, Urt v 11. 10. 1976, Az: II ZR 104/75). Mittlerweile hat der 2. Zivilsenat allerdings die dogmatische Begründung seiner Rechtsprechung für den tätigen Geschäftsführer dahin umgestellt, dass der Geschäftsführer, der seinen Geschäftsführungspflichten zum eigenen Vorteil zuwiderhandelt, wegen Verletzung seiner Geschäftsführerpflichten und nicht wegen Geschäftsanmaßung nach § 687 Abs 2 hafte (BGH NJW-RR 1989, 1255, 1256 f, Urt v 12. 6. 1989, Az: II ZR 334/87). Der 4. Senat scheint sich in einer Entscheidung aus dem Jahre 1988, auch

wenn er sich einer abschließenden Stellungnahme enthalten konnte, für einen Mittelweg entschieden zu haben (BGH NJW 1988, 3018, Urt v 23. 3. 1988, Az: IVa ZR 41/87; dazu: SCHWARK JuS 1989, 707). Allein das vertragliche Wettbewerbsverbot oder die vertragliche Alleinvertriebsabrede, mit der sich der Berechtigte gegenüber dem Verpflichteten einen bestimmten Interessenbereich sichere, sei nicht ausreichend, dem Berechtigten auch die in diesen Bereich hineinfallenden Geschäfte als seine Geschäfte iSd § 687 Abs 2 zuzuordnen; solange nicht vertragliche Beziehungen zwischen dem Berechtigten und den Kunden zustande gekommen seien, blieben Geschäfte mit diesen eine bloße Chance, die das Wettbewerbsverbot oder die Alleinvertriebsabrede lediglich verstärke (vgl OLG Saarbrücken NJW 1960, 2339, Urt v 15. 6. 1960, Az: 1 U 130/59; weitergehend: FLECK ZIP 1991, 1269, 1273 f: begründete Aussicht auf Vertragsschluss reicht aus). Schließe der Verpflichtete in solchen Fällen unter Verstoß gegen das übernommene Wettbewerbsverbot ein Geschäft ab, verletze er zwar seine vertragliche Verhaltenspflicht und beeinträchtige dadurch die dem Berechtigten vorbehaltenen Erwerbsaussichten. Es fehle aber an einem Eingriff in ein vom Berechtigten bereits erlangtes, ihm im Verhältnis zum Verpflichteten ausschließlich zugeordnetes Gut. Diese Gedanken wurden vom 2. Zivilsenat aufgegriffen; *obiter dicta* hat er ausgesprochen, dass die Vornahme eines Rechtsgeschäfts, das vertraglich abgesicherte Interessenbereiche verletzt, nur dann als Führung eines fremden Geschäfts iSd § 687 Abs 2 angesehen werden könne, wenn das Geschäft als fremdes äußerlich in Erscheinung trete. Diese Voraussetzung sei regelmäßig erst dann erfüllt, wenn in eine zwischen dem vertraglich Berechtigten und einem Dritten bestehende schuldrechtliche Vereinbarung eingegriffen werde (BGH NJW-RR 1989, 1255, 1257, Urt v 12. 6. 1989, Az: II ZR 334/87). In einer aktuellen Entscheidung des BAG begründete ein Arbeitnehmer während einer vereinbarten Freistellung ein Arbeitsverhältnis zu einem Konkurrenzunternehmen und verstieß damit gegen das fortwirkende vertragliche Wettbewerbsverbot (§ 60 HGB [analog]). Einen Anspruch auf Herausgabe der Vergütung konnte der Arbeitgeber weder auf § 61 Abs 1 HS 2 HGB noch auf § 285 BGB stützen. Auch einen Anspruch auf Herausgabe gem §§ 687 Abs 2 S 1, 681 S 2, 667 wurde vom BAG verworfen: Der Abschluss des Arbeitsvertrages mit dem Konkurrenzunternehmen sei für den Arbeitnehmer kein fremdes, sondern ein eigenes Geschäft (BAG NZA 2013, 207, Rn 27, Urt v 17. 10. 2012 – AZR 809/11). Der Arbeitgeber ist damit letztlich auf einen Schadensersatzanspruch gem § 61 Abs 1 HS 1 HGB beschränkt.

γ) Stellungnahme

Sicher sind zwei Punkte: Eine Beschränkung des § 687 Abs 2 auf absolute Rechte 30
lässt sich nicht begründen (Rn 28). Zum anderen: Einer Heranziehung des § 687 Abs 2 bedarf es aber auch nicht. Eine Anspruch auf Herausgabe eines gezogenen Gewinns lässt sich unmittelbar aus dem Vertragsrecht entwickeln. Dabei steht nicht einmal die schwierige Vorschrift des § 285 im Mittelpunkt des Interesses. Für die sich aus einem gesteigerten Subordinationscharakter eines Vertrages ergebenden **Wettbewerbsverbote** halten die §§ 61, 1112, 113 HGB, 88 AktG einen allgemeinen Rechtsgedanken bereit: Der Geschäftsherr kann verlangen, dass eigenmächtig getätigte Geschäfte als auf seine Rechnung eingegangen gelten (krit HELMS, Gewinnherausgabe als haftungsrechtliches Problem 185 f). Für den in **Alleinvertriebsrechten** zum Ausdruck kommenden Gedanken der Exklusivität findet sich in § 87 Abs 2 HGB eine verallgemeinerbare Regelung: Ist dem Berechtigten ein bestimmter (lokaler) Markt zugewiesen, so kann er auch Provision für ohne seine Mitwirkung geschlossene

Geschäfte von seinem Vertragspartner fordern. Es ist damit letztlich mehr eine Frage des Geschmacks, als eine aus dem Wesen der Geschäftsanmaßung zwingend zu begründende Folgerung, ob § 687 Abs 2 in diesen Fällen ebenfalls zur Anwendung kommen kann (Rn 39).

2. Die Anmaßung eines fremden Geschäfts

a) Eigennützige Absicht

31 Der Geschäftsanmaßer muss das Geschäft als eigenes geführt haben. Das ist der Fall, wenn er das Geschäft nicht in fremdnütziger Absicht *für* den Geschäftsherrn (§ 677), sondern gerade umgekehrt in eigennütziger Weise für sich geführt hat. Wie die Geschäftsführungsabsicht, so ist auch die eigennützige Absicht, für sich selbst zu handeln, ein **normativ** zu bestimmendes, materieller Wertungen bedürftiges und zugängliches Tatbestandsmerkmal. Entscheidend ist, ob der Handelnde nach dem sozialen Sinn seines Tuns als Geschäftsführer im Sinne einer Interessenwahrnehmung fremdnützig für einen anderen tätig wird oder ob er als Geschäftsanmaßer eigennützig im eigenen Interesse handelt (vgl Lent, Begriff der auftraglosen Geschäftsführung 123 f). Entscheidend ist die normativ zu bestimmende Zweckrichtung der Geschäftsführung. Dagegen kommt es bei der Bestimmung, ob der Handelnde für einen anderen oder für sich handelt, auf einen empirisch zu bestimmenden, natürlichen Willen des Geschäftsherrn nicht an (so aber BGB-RGRK/Steffen[12] § 687 Rn 8; s Vorbem 31 f, 171 ff zu §§ 677 ff).

b) Handeln im eigenen Namen

32 Ob der Geschäftsanmaßer ein fremdes Geschäft als eigenes behandelt, bestimmt sich normativ anhand materieller Kriterien (Rn 31). Keine Rolle spielt insoweit, ob der Geschäftsanmaßer im eigenen oder fremden Namen handelt (RGZ 138, 45, 49, Urt v 11. 10. 1932, Az: II 58/32; Lent, Begriff der auftraglosen Geschäftsführung 119 f; Planck/Lobe[4] § 687 Anm 3). Handelt der Geschäftsanmaßer im fremden Namen – aber auf eigene Rechnung – so kann der Geschäftsherr gem § 177 das Geschäft genehmigen, den Geschäftsanmaßer aber weiterhin gem § 687 Abs 2 S 1 in Anspruch nehmen (Rn 48 ff; Oertmann § 687 Anm 3d α).

c) Eigennützige Motive

33 Der Tatbestand der Geschäftsanmaßung ist nur dann eröffnet, wenn der Handelnde das Geschäft für sich führt (Rn 31). Dagegen spielt die Motivationslage keine Rolle (vgl Schmid, Geschäftsführung ohne Auftrag Rn 763). Eigensüchtige Motive machen aus einer **fremdnützigen Interessenwahrnehmung** für einen anderen keine Geschäftsanmaßung (Vorbem 177 zu §§ 677 ff). Rette ich das Haus meines Vaters vor einem Brand, so handle ich auch dann fremdnützig, wenn ich allein aus der Erwägung heraus handle, das Haus einmal zu erben.

d) Zeitpunkt

34 Maßgebender Zeitpunkt für die Beurteilung, ob der Geschäftsanmaßer in eigennütziger Absicht handelt, ist der Zeitpunkt der **Vornahme der Handlung**. Das Auftreten späterer Umstände macht die Geschäftsanmaßung nicht rückwirkend zu einer fremdnützigen Geschäftsführung, wie auch umgekehrt eine fremdnützige Geschäftsführung nicht durch späteren Eigennutz zur Geschäftsanmaßung wird (BGB-RGRK/

Steffen[12] § 687 Rn 8). Der Absichtswechsel wirkt erst mit dem Zeitpunkt seines Eintritts.

e) Art der Anmaßungshandlung

35 Die Anmaßung des fremden Geschäfts kann in einem tatsächlichen (durch Nutzung oder Benutzung) oder einem rechtsgeschäftlichen (Verfügung) Handeln liegen (Wittmann, Begriff und Funktion der Geschäftsführung ohne Auftrag 153). Allein der Abschluss eines rechtsgeschäftlichen Vertrages, der den Handelnden verpflichtet, eine fremde Sache zu übereignen oder dem Vertragspartner den Gebrauch der Sache zu überlassen, stellt noch keine Anmaßung dar (BGB-RGRK/Steffen[12] § 687 Rn 11; Soergel/Beuthien[13] § 687 Rn 12). Erst mit dem sachbezogenen Vollzug, also der Verfügung über die Sache oder der tatsächlichen Besitzüberlassung beginnt die Anmaßung. – Teilweise wird die Geschäftanmaßung definiert als vorsätzliche Rechtsverletzung (MünchKomm/Seiler[6] § 687 Rn 8). Dies geht zu weit. Oertmann weist zu Recht darauf hin, dass der Eingriff in den fremden Rechtskreis einen – im weitesten Sinne zu verstehenden – **„geschäftlichen" Charakter** haben muss (Oertmann § 687 Anm 3d β). Eine sinnlose Zerstörung einer fremden Sache aus purem Übermut ist eine deliktische Sachbeschädigung, aber keine Geschäftsanmaßung.

3. Ohne Berechtigung

36 Der Geschäftsanmaßer muss das fremde Geschäft ohne Berechtigung, dh rechtswidrig als eigenes führen. An der Rechtswidrigkeit fehlt es nur, wenn der Geschäftsanmaßer ein vom Geschäftsherrn abgeleitetes Recht (zB Einwilligung) zum eigennützigen Führen des fremden Geschäfts hat. Die Geschäftsanmaßung ist mithin nicht rechtswidrig, wenn sie vom Willen des Geschäftsherrn umfasst ist; umgekehrt handelt der Geschäftsanmaßer unberechtigt, wenn er ohne oder sogar gegen den Willen des Geschäftsherrn handelt (BGHZ 119, 257, 259, Urt v 28. 9. 1992, Az: II ZR 299/91; Erman/Dornis[14] § 687 Rn 5). Der Eingriff in eine fremde Rechtsposition **indiziert** ihre Rechtswidrigkeit. Der Geschäftsanmaßer trägt die Darlegungs- und Beweislast für ihr Fehlen. Nach Auffassung der Rechtsprechung fehlt es am Tatbestand des § 687 Abs 2, wenn der (wirtschaftliche) **Alleingesellschafter** einer GmbH in ein Recht der Gesellschaft eingreift: Aufgrund der Stellung des Geschäftsanmaßers sei sein Wille mit dem Willen der Gesellschaft identisch (BGHZ 119, 257, 259 f, Urt v 28. 9. 1992, Az: II ZR 299/91 mit Anm Roth LM BGB § 687 Nr 16; KG NZG 2000, 1032, Urt v 23. 5. 2000, Az: 14 U 6481/98).

4. Wissen

37 § 687 Abs 2 setzt voraus, dass der Geschäftsanmaßer weiß, dass er zur eigennützigen Führung des fremden Geschäfts nicht berechtigt ist. Seine Kenntnis muss sich sowohl (a) auf die Fremdheit des besorgten Geschäfts als auch (b) auf die fehlende Berechtigung beziehen. Er muss zunächst einmal positiv wissen, dass es sich um ein **fremdes Geschäft** handelt; Eventualvorsatz genügt. Notwendig ist damit nicht nur die Kenntnis der die Fremdheit des Geschäfts begründenden Tatsachen, sondern auch der daraus folgende Schluss. Bei einfachen Sachverhalten kann aber ohne Weiteres von der Kenntnis der die Fremdheit begründenden Umstände auf das Wissen um die Fremdheit geschlossen werden (BGB-RGRK/Steffen[12] § 687 Rn 18 f). Neben die Kenntnis der Fremdheit des angemaßten Geschäfts muss das Bewusstsein der **fehlenden**

Berechtigung der Geschäftsanmaßung treten. Für das Bewusstsein der fehlenden Berechtigung reicht grundsätzlich die Kenntnis, dass es sich um ein fremdes Geschäft handelt, es sei denn, der Geschäftsanmaßer glaubt ausnahmsweise – was er dann darzulegen und zu beweisen hat – er dürfe das fremde Geschäft als eigenes führen (BGB-RGRK/Steffen[12] § 687 Rn 18 f). Entscheidend ist die Kenntnis von Fremdheit und fehlender Berechtigung zum Zeitpunkt der Geschäftsbesorgung. Nachträgliche Kenntniserlangung kann den Tatbestand der Geschäftsanmaßung nicht rückwirkend begründen (BGB-RGRK/Steffen[12] § 687 Rn 20); gem § 142 Abs 2 steht allerdings die **Kenntnis der Anfechtbarkeit** der Kenntnis der Nichtberechtigung gleich (RGZ 138, 45, 49, Urt v 11. 10. 1932, Az: II 58/32: Anfechtbarkeit des Eigentumserwerbs). Erfährt der Geschäftsanmaßer, der zunächst gutgläubig tätig geworden ist, zu einem späteren Zeitpunkt von seiner fehlenden Berechtigung und setzt er die Geschäftsanmaßung fort, kann er von diesem Zeitpunkt an gem § 687 Abs 2 in Anspruch genommen werden. **Fahrlässige Unkenntnis**, selbst grob fahrlässige Unkenntnis steht dem positiven Wissen nicht gleich und kann den Tatbestand der Geschäftsanmaßung nicht begründen (Dernburg, Die Schuldverhältnisse nach dem Recht des Deutschen Reichs und Preußens[3] § 303 III S 438; vGierke, Deutsches Privatrecht III § 216 VII S 990 Fn 50; Erman/Dornis[14] § 687 Rn 6; Soergel/Beuthien[13] § 687 Rn 6; **aA** für den Fall grober Fahrlässigkeit: Isay, Die Geschäftsführung nach den Bürgerlichen Gesetzbuche 104); für diesen Fall bestimmen sich die Rechtsfolgen gem § 687 Abs 1 nach den allgemeinen Vorschriften der §§ 987 ff, 812 ff, 823 ff. Eine Ausnahme vom Grundsatz, dass nur der vorsätzliche Eingriff den Anspruch auf Gewinnherausgabe (§§ 687 Abs 2, 681 S 2, 667) begründet, wird für den Bereich der Immaterialgüterrechte anerkannt (s Rn 65 ff). Insoweit hat sich ein Stück weit im gewerblichen Rechtsschutz aufgrund der dort existierenden Sachzwänge die objektive Theorie durchgesetzt (s Rn 5, 65 ff).

38 In der deutschen Lehre wird die Vorschrift des § 687 Abs 2 häufig zu einem **allgemeinen Rechtsprinzip** dahin verallgemeinert, dass der **Verletzergewinn** nur in Fällen des vorsätzlichen Eingriffs in fremde Rechtspositionen herauszugeben ist. Ob eine solche Verallgemeinerung zulässig ist, erscheint zweifelhaft. Bereits der Blick auf die besonderen Fälle des Vertrags- und Gesellschaftsrechts zeigt, dass es in zahlreichen Fällen auf Vorsatz, teilweise sogar überhaupt auf ein Verschulden nicht ankommt (§§ 285 BGB, 61, 112 f HGB, 88 AktG). Im Bereich der Verletzung von Immaterialgüterrechten wurde die Verschuldensgrenze teils durch die Rechtsprechung, teils durch die Gesetzgebung korrigiert (Rn 37, 65 ff). Auch ein Blick in das europäische Ausland zeigt, dass die Kopplung der Gewinnherausgabe an den Vorsatz keinesfalls „Naturrecht" ist. So zB Art 423 Abs 1 schwOR. Der Wortlaut dieser Vorschrift macht die Gewinnherausgabe von keinem Verschulden abhängig (Schmid, Geschäftsführung ohne Auftrag Rn 771 ff, auch zu abweichenden Stimmen in der Schweizer Rechtswissenschaft). Freilich scheint das Schweizer Bundesgericht eine Gewinnherausgabe wohl nur noch im Falle einer Bösgläubigkeit zulassen zu wollen (BG, sic! 2006, 774, Urt v 12. 4. 2006 [I. Zivilabteilung]; BGE 129 III 422, 424 f, Urt v 7. 7. 2003 [I. Zivilabteilung]).

5. Fehlen einer rechtsgeschäftlichen oder gesellschaftsrechtlichen Ausgleichsordnung

39 In Rechtsprechung und Lehre ist die Auffassung weit verbreitet, dass ein Rückgriff auf § 687 Abs 2 grundsätzlich ausscheidet, wenn der Geschäftsanmaßer durch die Anmaßung des fremden Geschäfts zugleich gegen seine gegenüber dem Geschäfts-

herrn bestehenden vertraglichen oder organschaftlichen Pflichten verstößt: Der eigennützig agierende Geschäftsanmaßer hafte wegen Vertragsverletzung (§ 280) bzw wegen Verletzung seiner organschaftlichen Befugnisse (zB § 43 GmbHG), nicht aber aus Geschäftsanmaßung (BGH NJW-RR 1989, 1255, 1257, Urt v 12. 6. 1989, Az: II ZR 334/87; BGH NJW 1984, 2411, Urt v 9. 2. 1984, Az: I ZR 226/81; RG HRR 1933 Nr 1640, Urt v 24. 3. 1933, Az: II 366/32; vgl Rosenkranz, Gewinnherausgabeanspruch aus § 687 Abs 2 BGB bei Verletzung vertraglicher Unterlassungspflichten? 76 ff). Diese Lehre versucht die **Parallele** zur Behandlung der fremdnützigen Überschreitung organschaftlicher oder vertraglicher Befugnisse im Bereich der echten Geschäftsführung ohne Auftrag; hier hat sich nach langer Diskussion die sog **Lehre vom Vertragsverstoß** durchgesetzt (Vorbem 190 ff zu §§ 677 ff). In deren Sinne begründet der BGH den Ausschluss des § 687 Abs 2 mit dem Hinweis darauf, dass ein Rückgriff auf die Geschäftsanmaßungsregeln nur bei Fehlen einer vorrangigen vertraglichen Regelung möglich sei (BGH NJW-RR 1989, 1255, 1257, Urt v 12. 6. 1989, Az: II ZR 334/87). Die Übertragbarkeit der Lehre vom Vertragsverstoß auf das Recht der Geschäftsanmaßung rechtfertigt der BGH mit der Ähnlichkeit von Geschäftsanmaßung (§ 687 Abs 2) und der echten Geschäftsführung ohne Auftrag (§ 677): Beide Rechtsinstitute unterschieden sich nur durch die bei der Geschäftsanmaßung fehlende fremdnützige Geschäftsführungsabsicht, setzten aber im Übrigen das Fehlen eines Auftrags oder einer anderen vorrangigen Ausgleichsordnung voraus. Dies ist evident unrichtig; von daher verwundert es nicht, dass die Rechtsprechung auf deutliche Kritik gestoßen ist (Fleck ZIP 1991, 1269, 1272 f; Soergel/Beuthien[13] § 687 Rn 14). Die Geschäftsanmaßung als die vorsätzliche und rechtswidrige Aneignung einer fremden Gewinnerzielungsbefugnis (Rn 11 f) hat mit Recht der echten Geschäftsführung ohne Auftrag als dem gesetzlichen Schuldverhältnis der nicht durch Vertrag oder Gesetz abschließend oder abweichend geregelten fremdnützigen Interessenwahrnehmung für einen anderen nichts zu tun (s Rn 10; Vorbem 1 zu §§ 677 ff). Eine vollkommen andere Frage ist dagegen, ob in der Tat der Vorrang der vertraglichen Regelung den Rückgriff auf ein allgemeines Rechtsinstitut ausschließen kann. Die bisherige restriktive Haltung der Rechtsprechung erklärt sich vor allem daraus, dass der BGH bemüht ist, eine unvorsichtige und unbedachte Ausweitung der Anwendung des § 687 Abs 2 auf relativ (vertraglich) geschützte Interessenbereiche zu vermeiden. Nach der hier vertretenen Auffassung handelt es sich bei Eingriffen des Vertragspartners in relativ geschützte Interessenbereiche primär um ein vertragsrechtliches Problem (s Rn 30). Dies ermöglicht es, sich unbefangen der Frage zu nähern, ob vertragliche Regeln der Anwendung des § 687 Abs 2 entgegenstehen. Große praktische Bedeutung hat sie allerdings nicht, wenn man dem Geschäftsherrn bereits vertragliche bzw gesellschaftsrechtliche Ansprüche auf den Verletzergewinn einräumt. Dies lässt sich weitgehend mit einer entsprechenden Anwendung der §§ 112 f HGB, 88 AktG, 285 BGB bewerkstelligen; häufig wird sogar – wie die Schmiergeldproblematik beweist (s Rn 29) – die Vorschrift des § 667 genügen, um etwaige Sondervorteile des Geschäftsanmaßers, die dieser in Verbindung mit Geschäften des Geschäftsherrn gezogen hat, abzuschöpfen (BGHZ 39, 1, 2 f, Urt v 7. 1. 1963, Az: VIII ZR 149/61; Wittmann, Begriff und Funktion der Geschäftsführung ohne Auftrag 152 Fn 9a vgl auch Isele, in: FS Cohn 75, 78 f). Auch wenn § 687 Abs 2 – verstanden als Tatbestand eines fiktiven Treuebruchs – eine Vorschrift *sui generis* ist, die sich nicht ohne Weiteres als bereicherungs- oder deliktsrechtlich einordnen lässt (Rn 11 f), spricht angesichts der kaum zu verleugnenden (quasi-)deliktischen Schlagseite der Geschäftsanmaßung wenig dagegen, das Recht der Geschäftsanmaßung neben den Vorschriften des Vertrags- und Gesellschaftsrechts anzuwenden (Fleck ZIP 1991, 1269, 1272; Soergel/Beuthien[13] § 687 Rn 14); dies letztlich aus der einfachen Erwägung heraus, dass auch sonst grundsätzlich vertragliche und deliktische Ansprüche nebeneinander stehen (Mueser, Die praktische Bedeutung des § 687 Abs 2 BGB 21). Im Einzelfall mag etwas anderes gelten; doch muss die Nichtanwendung des § 687 Abs 2 dann besonders begründet werden. – Ohne Probleme kann auf § 687 Abs 2 zurückgegriffen werden, wenn der zugrunde liegende **Auftrag unwirksam** ist und der untreue Verwahrer eingestellte Waren für sich verwendet (RGZ 96, 282, 283, Urt v 30. 9. 1919, Az: III 106/19). Für eine Anwendung der §§ 677 ff ist kein Raum: Zwar finden auf unwirksame Geschäftsbesorgungsverträge die Geschäftsführungsregeln der §§ 677 bis 686 Anwendung; dies gilt aber nur, wenn der Geschäftsführer tatsächlich in fremdnütziger Geschäftsführungsabsicht für den Geschäftsherrn tätig wird (Vorbem 329 ff zu §§ 677 ff). Mit Aufgabe der fremdnützigen Absicht und Beginn der eigennützigen Anmaßung des Geschäfts endet die echte Geschäftsführung ohne Auftrag (Vorbem 227 zu §§ 677 ff; vgl auch § 687 Rn 34). Nur wenn im Ausnahmefall eine Fortsetzungspflicht des Geschäftsanmaßers bestand, kann neben die Haftung aus § 687 eine Haftung gem §§ 280, 677 treten (s § 677 Rn 22 ff).

V. Die Rechtsfolgen der angemaßten Eigengeschäftsführung

1. Das Wahlrecht des Geschäftsherrn

40 Liegen die tatbestandlichen Voraussetzungen der Geschäftsanmaßung vor, so gibt das Gesetz dem Geschäftsherrn in § 687 Abs 2 S 1 eine Wahlmöglichkeit. Der Geschäftsherr kann sich auf Ansprüche aus den allgemeinen Vorschriften der §§ 987 ff, 812 ff, 823 ff beschränken, er kann gegen den Geschäftsanmaßer aber auch die geschäftsführungsrechtlichen Ansprüche der §§ 677, 678, 681, 682 geltend machen, ist dann allerdings im Gegenzug dem Geschäftsanmaßer gem §§ 687 Abs 2 S 2, 684 S 1 zum Aufwendungsersatz verpflichtet (Lent, Begriff der auftraglosen Geschäftsführung 117; Endemann, Lehrbuch des Bürgerlichen Rechts I[9] § 178 1 b S 1121). Der Anspruch des Geschäftsanmaßers bestimmt sich nach der Wahl des Geschäftsherrn (s Rn 53, 55).

41 Interessant sind Ansprüche aus Geschäftsführung für den Geschäftsherrn einmal (a) dann, wenn der Geschäftsherr den Ersatz primärer Vermögensschäden (§§ 687 Abs 2, 678) begehrt, mangels Rechtsgutverletzung aber § 823 Abs 1 und mangels Sittenwidrigkeit der Schädigung auch § 826 nicht eingreifen und zudem kein Schutzgesetz iVm § 823 Abs 2 Hilfe verspricht; zum anderen (b) wird der Geschäftsherr an § 687 Abs 2 denken müssen, wenn er den Verletzergewinn fordert. An diesen wird er zwar regelmäßig auch über §§ 812, 819 Abs 1, 818 Abs 4, 285 gelangen; das muss aber nicht so sein, wenn in den Fällen der sog **Dritteingriffskondiktion** Bereicherungsschuldner und Geschäftsanmaßer auseinanderfallen (zur Dritteingriffskondiktion: Larenz/Canaris, Schuldrecht II/2[13] § 69 I 3 S 177 ff; deutlich gegen die Annahme einer Dritteingriffskondiktion: Reuter, in: FS Georgiades 321, 338). Schließlich (c) ist §§ 687 Abs 2, 677, 280 interessant, wenn der Geschäftsherr nicht nur den gezogenen, sondern auch den schuldhaft nicht gezogenen Gewinn herausverlangen will (Rn 11).

2. Ansprüche aus der Geschäftsanmaßung

a) Rechtsfolgenverweisung

42 Bei § 687 Abs 2 handelt es sich um eine Rechtsfolgenverweisung auf das Recht der

Geschäftsführung ohne Auftrag (WITTMANN, Begriff und Funktion der Geschäftsführung ohne Auftrag 151; NIPPERDEY, in: FS Böhm 163, 165; BGB-RGRK/STEFFEN[12] § 687 Rn 22). Beide Seiten werden so gestellt, als ob eine echte Geschäftsführung ohne Auftrag vorliegt; freilich mit der Besonderheit, dass der Geschäftsanmaßer in Reaktion auf sein vorsätzlich rechtswidriges Verhalten so gestellt wird, als ob die Übernahme der Geschäftsführung im Widerspruch zum wirklichen oder mutmaßlichen Willen des Geschäftsherrn steht. Dies entspricht dem römischen Recht, das den Aufwendungsersatzanspruch des Geschäftsanmaßers auf die Bereicherung des Geschäftsherrn beschränkte (ULPIAN/LABEO Dig 3, 5, 5, 5). Der Geschäftsherr kann daher die *actio directa* (Vorbem 90 ff zu §§ 677 ff) geltend machen, dh er kann vom Geschäftsanmaßer Rechenschaft (§§ 687 Abs 2 S 1, 681 S 2, 666), Schadensersatz (§§ 687 Abs 2 S 1, 678) oder das aus der Geschäftsführung Erlangte mitsamt einem eventuell gezogenen Verletzergewinn (§§ 687 Abs 2 S 1, 681 S 2, 667) fordern (RGZ 138, 45, 49, Urt v 11. 10. 1932, Az: II 58/32); zugunsten des nicht voll geschäftsfähigen Geschäftsanmaßers greift kraft der Verweisung des § 687 Abs 2 S 1 auch die Haftungsbeschränkung des § 682. Im Gegenzug schuldet der Geschäftsherr dem Geschäftsanmaßer Aufwendungsersatz *(actio contraria)*; allerdings nur insoweit, als er durch die Aufwendungen des Geschäftsanmaßers bereichert ist (§§ 687 Abs 2 S 2, 684 S 1). Da im Bereich der Geschäftsanmaßung evident unpassend und ohne Anwendungsbereich, hat der Gesetzgeber folgerichtig auf eine Bezugnahme auf § 679 und § 680 verzichtet.

b) Rechte des Geschäftsherrn (actio directa)

aa) Auskunft und Rechnungslegung

Der Geschäftsherr kann vom Geschäftsanmaßer Auskunft und Rechnungslegung 43
verlangen (§§ 687 Abs 2 S 1, 681 S 2, 666). Es handelt sich hierbei um einen vorbereitenden Anspruch, auf Grundlage dessen der Geschäftsherr sein weiteres Vorgehen gegen den Geschäftsführer bestimmen kann. Allein die Geltendmachung des Auskunftsanspruchs löst entgegen der missverständlichen Fassung des § 687 Abs 2 S 2 noch nicht den Aufwendungsersatzanspruch des Geschäftsanmaßers aus.

bb) Schadensersatz

α) §§ 687 Abs 2 S 1, 678

Gem §§ 687 Abs 2 S 1, 678 kann der Geschäftsherr vom Geschäftsanmaßer – quasi 44
unter dem Gesichtspunkt des in der vorsätzlichen Geschäftsanmaßung liegenden Übernahmeverschuldens – Ersatz aller Schäden verlangen, die ihm aufgrund der Geschäftsanmaßung in seinem Vermögen entstanden sind. Auf ein weiteres Verschulden während der Durchführung des angemaßten Geschäfts kommt es nicht an; § 678 erfasst auch **primäre Vermögensschäden**. Kein zusätzlich zu prüfendes Tatbestandsmerkmal ist, ob die Geschäftsanmaßung dem Willen (oder dem Interesse) des Geschäftsherrn widerspricht. – Dem unmittelbaren Anwendungsbereich der §§ 687 Abs 2, 678 ist der Fall gleichzustellen, dass der Geschäftsanmaßer zunächst unwissend für sich ein fremdes Geschäft führt, aber zu einem späteren Zeitpunkt positive Kenntnis von der fremden Rechtszuordnung und seiner mangelnden Berechtigung erlangt, das Geschäft aber dennoch in eigennütziger Weise fortsetzt (vgl Rn 34).

β) §§ 687 Abs 2 S 1, 677 iVm § 280

Die Verweisung des § 687 Abs 2 S 1 auf § 677 wird in der neueren Lehre über- 45
wiegend als sinnwidrig bezeichnet: Der bösgläubige Eigengeschäftsführer habe das angemaßte Geschäft zu unterlassen und nicht dem wirklichen oder dem mutmaß-

lichen Willen gemäß zu führen (Wittmann, Begriff und Funktion der Geschäftsführung ohne Auftrag 150; BGB-RGRK/Steffen[12] § 687 Rn 24; Soergel/Beuthien[13] § 687 Rn 7). Zutreffend ist diese Auffassung freilich nicht (Crome, System des Deutschen Bürgerlichen Rechts II, § 256 2 a S 641; Dernburg, Die Schuldverhältnisse nach dem Recht des Deutschen Reichs und Preußens[3] § 303 III S 438 f; Erman/Dornis[14] § 687 Rn 11). Das wird deutlich, wenn man das Verhältnis des in §§ 687 Abs 2 S 1, 681 S 2, 667 enthaltenen Anspruchs auf Gewinnherausgabe zum Anspruch auf Schadensersatz gem §§ 687 Abs 2 S 1, 678 in den Blick nimmt: Macht der Geschäftsherr den Anspruch des § 678 wegen des in der vorsätzlichen Geschäftsanmaßung liegenden Übernahmeverschuldens geltend, ist ihm der Anspruch auf Herausgabe des Verletzergewinns verwehrt: Der Geschäftsherr kann nicht wegen der Geschäftsanmaßung als solcher Schadensersatz verlangen und gleichzeitig den daraus resultierenden Gewinn beanspruchen. Das Verlangen auf Herausgabe des Gewinns wirkt quasi als Genehmigung der eigennützigen Übernahme der Geschäftsführung. Nicht ausgeschlossen durch die Quasigenehmigung wird aber die Möglichkeit, wegen eines **weiteren „Ausführungsverschuldens"** gem §§ 687 Abs 2 S 1, 677, 280 Schadensersatz zu verlangen (Erman/Dornis[14] § 687 Rn 10). Verlangt der Geschäftsherr den Verletzergewinn gem §§ 687, 681, 667 heraus, so kann er zwar nicht mehr geltend machen, durch die Geschäftsführung als solche in seinen Rechten verletzt zu sein, er ist aber nicht gehindert, etwa geltend zu machen, dass der Geschäftsanmaßer einen wesentlich höheren Gewinn hätte erzielen können (**aA** Helms, Gewinnherausgabe als haftungsrechtliches Problem 129) oder dass ein zur Führung des Geschäfts verwandter körperlicher Gegenstand übermäßig abgenutzt wurde. Wie der Geschäftsherr einem echten Geschäftsführer entgegenhalten kann, das Geschäft unsachgemäß geführt zu haben, so kann er dies auch dem Geschäftsanmaßer gegenüber. Als Haftungsmaßstab gem §§ 687 Abs 2 S 1, 677, 280 lässt sich die Regel aufstellen: Maßt sich der Geschäftsanmaßer schon ein fremdes Geschäft an, so hat er dies doch wenigstens sachgemäß durchzuführen. Der Verschuldensmaßstab bestimmt sich für das „Ausführungsverschulden" nach § 276.

cc) Herausgabe des Erlangten

46 Gem §§ 687 Abs 2 S 1, 681 S 2, 667, 668 ist der Geschäftsanmaßer verpflichtet, dem Geschäftsherrn das durch die Geschäftsführung Erlangte herauszugeben. Neben gezogenen Nutzungen, Zinsen und Ersatzwerten aus Folgegeschäften (im Einzelnen vgl Kommentierungen zu §§ 667, 668) gehört hierher vor allem ein besonderer vom Geschäftsanmaßer erzielter Gewinn. Den **Verletzergewinn** kann der Geschäftsherr auch dann verlangen, wenn er ihn selber – zB mangels Kapitals für aufwendige Werbemaßnahmen oder Instandsetzungsarbeiten – gar nicht hätte erzielen können (BGHZ 145, 366, 375, Urt v 2. 11. 2000, Az: I ZR 246/98 – Gemeinkosten; RGZ 138, 45, 49, Urt v 11. 10. 1932, Az: II 58/32; s Isele, in: FS Cohn 75, 79 ff). Die §§ 249, 252 setzen dem Herausgabeverlangen keine Grenzen. Denn bei §§ 687, 681, 667 handelt es sich um keinen Schadensersatzanspruch; der Geschäftsanmaßer muss sich vielmehr so behandeln lassen, als wenn er im Rahmen einer Interessenwahrnehmung für den Geschäftsherrn tätig geworden wäre: Dann aber ist sein Gewinn der Gewinn des Geschäftsherrn (s Vorbem 30 zu §§ 677 ff). Wie der echte Geschäftsführer, so kann sich auch der Geschäftsanmaßer nicht auf einen Wegfall der Bereicherung berufen (BGH NJW 1962, 1507, 1508, Urt v 29. 5. 1962, Az: I ZR 132/60; Däubler JuS 1969, 49, 54; Soergel/Beuthien[13] § 687 Rn 7). Zum Verhältnis von Gewinnherausgabe und dem Anspruch auf Schadensersatz s Rn 45. Verlangt der Geschäftsherr nur heraus, was ihm nach der materiellen Güterzuordnung auch so zusteht, hindert ihn dies nicht, weiterhin den Anspruch aus

§§ 687, 678 geltend zu machen. Allerdings darf keine Position doppelt geltend gemacht werden. Bisher nicht gelungen ist der Versuch, die Reichweite des Gewinnherausgabeanspruchs vernünftig zu begrenzen. Die Problematik kann mit einem berühmten Beispiel vMonroys gekennzeichnet werden: Muss der Waffendieb das mit einem fremden Gewehr zur Strecke gebrachte Reh herausgeben (vMonroy, Die vollmachtslose Ausübung fremder Vermögensrechte 159 f)? Oder weiter auf die Spitze getrieben: Muss der Verbrecher, der mit geraubten Geld ein Lotterielos kauft, den Lotteriegewinn herausgeben? vMonroy knüpft die Herausgabe des Gewinns an einen „unmittelbaren" Kausalzusammenhang; alleine die Tatsache einer conditio-sine-qua-non-Verknüpfung reiche nicht. Der notwendige Zusammenhang fehle etwa im ersten Fall, weil beim Erlegen des Wildes die Geschicklichkeit des Schützen im Vordergrund stehe. Helms operiert mit dem Gedanken der Gewinnerzielungsmöglichkeit (Rn 12). Weder Wilderer noch Lottospieler müssten ihre Beute bzw Gewinn herausgeben, weil sich in beiden Fällen keine in der gestohlenen Sache verkörperten Gewinnerzielungsmöglichkeit verwirklicht habe (Helms, Gewinnherausgabe als haftungsrechtliches Problem 169).

dd) Auskunfts- und Anzeigepflichten

47 Die Verweisung des § 687 Abs 2 S 1 erfasst nach ihrem Wortlaut auch die Auskunfts- und Anzeigepflichten des § 681 und der §§ 681 S 1, 666 Alt 1. Diese Verweisung wird heute allgemein – ebenso wie die Verweisung auf § 677 – als unpassend empfunden (Wittmann, Begriff und Funktion der Geschäftsführung ohne Auftrag 150; BGB-RGRK/Steffen[12] § 687 Rn 25; Soergel/Beuthien[13] § 687 Rn 7; **aA**: Enneccerus/Lehmann[15], Schuldrecht § 168 I 1 c γ S 708; Erman/Dornis[14] § 687 Rn 11). Aber auch hier scheint die hM nicht zutreffend. Zwar sind Konstellationen, in denen der Geschäftsherr einen Ersatzanspruch gegen den Geschäftsanmaßer auf eine fehlende Unterrichtung und Auskunft über die Geschäftsführung stützt, schwer vorstellbar. Sie sind aber nicht per se ausgeschlossen. So kann der Geschäftsherr zB geltend machen, er hätte aufgrund besonderer Geschäftserfahrung einen Gegenstand, über den der Geschäftsanmaßer verfügt hat, zu einem höheren Preis veräußern können; dies mag Bedeutung haben, wenn der Geschäftsherr etwa mangels Verkaufsabsichten einen entgangenen Gewinn nicht geltend machen kann, der ungünstige Verkauf des Geschäftsanmaßers mangels Erkennbarkeit aber auch keine Haftung gem §§ 687, 677, 280 auslöst (vgl Rn 45).

ee) Genehmigungswirkung

α) Rechtswidrigkeit

48 Die ohne Berechtigung erfolgende Anmaßung eines fremden Geschäfts ist rechtswidrig. Daran ändert sich nichts dadurch, dass der Geschäftsherr von der Option des § 687 Abs 2 S 1 Gebrauch macht und gem §§ 687 Abs 2 S 1, 681 S 2, 667 den **Verletzergewinn** fordert (vgl BGH GRUR 1993, 899, Urt v 24. 6. 1993, Az: I ZR 148/91 – Dia-Duplikate).

β) § 684 S 2

49 In der Geltendmachung des Verletzergewinns liegt im Verhältnis zwischen Geschäftsherrn und Geschäftsanmaßer auch keine Genehmigung der Geschäftsanmaßung gem § 684 S 2 mit der Folge, dass der Geschäftsanmaßer nunmehr nach § 683 S 1 Ersatz seiner Aufwendungen verlangen könnte (Erman/Dornis[14] § 687 Rn 9). Dies folgt schon aus gesetzessystematischen Gründen daraus, dass § 687 Abs 2 S 2 nicht auf §§ 684 S 2, 683 verweist. Freilich kann der Geschäftsherr, wenn er Gewinnheraus-

gabe fordert, keinen Schadensersatzanspruch gem § 678 mehr geltend machen; freilich kann er bei einem Ausführungsverschulden – etwa übermäßige Abnutzung – einen Schaden gem §§ 687 Abs 2 S 1, 677, 280 liquidieren (Rn 45).

γ) Außenverhältnis

50 Hat die Geltendmachung der Ansprüche des § 687 Abs 2 S 1 auch im Innenverhältnis zwischen Geschäftsherrn und Geschäftsanmaßer keine Genehmigungswirkung, so ist die Situation im Außenverhältnis eine andere. Verlangt der Geschäftsherr gem §§ 687 Abs 2 S 1, 681 S 2, 667 den Verletzergewinn heraus, so liegt darin – sofern der Dritte nicht bereits aufgrund von Gutglaubensvorschriften (§§ 932 ff) erworben hat – eine Genehmigung der Verfügung des Geschäftsanmaßers gem § 185 Abs 2. Der Anspruch auf Gewinnherausgabe setzt die Wirksamkeit der Verfügung voraus: Solange der Geschäftsanmaßer dem Erwerber gegenüber noch der Rechtsmängelgewährleistung (§§ 435, 437) ausgesetzt ist, hat er den Erlös letztlich noch nicht iSd § 667 erlangt (Wittmann, Begriff und Funktion der Geschäftsführung ohne Auftrag 156 ff;§ 684 Rn 27). Einen scheinbar abweichenden Standpunkt nimmt der BGH in der **Unikatrahmen-Entscheidung** ein. Hier hat der BGH entschieden, dass die Herausgabe des Verletzergewinns nicht um Ersatzleistungen zu kürzen ist, die der Verletzer deshalb an seine Abnehmer leisten musste, weil diese am Weitervertrieb der rechtsverletzenden Gegenstände gehindert sind (BGHZ 150, 32, 44, Urt v 7. 2. 2002, Az: I ZR 304/99 – Unikatrahmen). Doch diese Entscheidung kann nicht auf das Geschäftsanmaßungsrecht übertragen werden. Sie bezieht sich auf einen immaterialgüterrechtlichen Schadensersatzanspruch, der – entsprechen des Grundsatzes der dreifachen Schadensberechnung – auch auf Herausgabe des Verletzergewinns – gerichtet sein kann. Dieser Schadensersatzanspruch – auch in seiner Alternative der Gewinnherausgabe – ist vom Recht der Geschäftsanmaßung scharf zu scheiden (s Rn 65 ff). Er wird vom schadensrechtlichen Kompensationsgedanken getragen: Es wird (unwiderleglich) vermutet, dass der Rechtsinhaber ohne die Verletzung seines Schutzrechts den gleichen Gewinn erzielt hätte; dieser Gewinn wäre jedoch nicht durch Schadensersatzansprüche der Abnehmer geschmälert worden (Bergmann GRUR 2010, 874, 876 f).

c) Rechte des Geschäftsanmaßers (§ 687 Abs 2 S 2)

aa) Die Verweisung auf § 684 S 1

51 Macht der Geschäftsherr die geschäftsführungsrechtlichen Ansprüche der §§ 677 ff geltend, so ist er dem Geschäftsanmaßer wie einem echten Geschäftsführer gegenüber zum Aufwendungsersatz verpflichtet, allerdings nur insoweit, als er durch die Aufwendungen des Geschäftsanmaßers (noch) bereichert ist (RGZ 138, 45, 50, Urt v 11. 10. 1932, Az: II 58/32; Dernburg, Die Schuldverhältnisse nach dem Recht des Deutschen Reichs und Preußens[3] § 303 III S 439 Fn 5; Esser/Weyers, Schuldrecht II/2[8] § 46 IV 2 b S 26); er hat den Geschäftsanmaßer so zu stellen, wie ein echter Geschäftsführer für den Fall stünde, dass die Übernahme der Geschäftsführung nicht dem Willen des Geschäftsherrn entspricht (§ 684 S 1). Dies will § 687 Abs 2 mit seiner Verweisung auf § 684 S 1 ausdrücken. Keinesfalls geht die Verweisung dahin, dass der Geschäftsherr das durch die Geschäftsführung Erlangte, dass er nach § 687 Abs 1 S 1 iVm §§ 681 S 2, 667 fordern kann, sofort wieder herauszugeben hätte (Wittmann, Begriff und Funktion der Geschäftsführung ohne Auftrag 150; vGierke, Deutsches Privatrecht III § 216 VII Fn 52 S 990). Dies entspricht im Ergebnis dem Rechtszustand des römischen Rechts (Ulpian/Labeo Dig 3, 5, 5, 5). Zugestanden wird dem Geschäftsanmaßer damit lediglich der auf die Bereicherung des Geschäftsherrn begrenzte Geschäftsführungsanspruch aus § 684

S 1. Damit verbleibt – anders als bei § 683 – das Aufwandserfolgsrisiko beim Geschäftsanmaßer. Nicht zu ersetzen hat der Geschäftsherr daher solche Aufwendungen, die sich als erfolglos erweisen oder den Gewinn übersteigen (§ 684 Rn 11, § 683 Rn 10 f). Macht der Geschäftsherr Ansprüche aus § 687 S 1 geltend, so ist der Geschäftsanmaßer nicht vorleistungspflichtig. Er kann mit seinem limitierten Aufwendungsersatzanspruch die **Aufrechnung** erklären oder das **Zurückbehaltungsrecht aus § 273** geltend machen (BGB-RGRK/Steffen[12] § 687 Rn 32).

Nicht einfach zu beantworten ist die Frage, inwieweit **Gemeinkosten** oder eine **besondere Tüchtigkeit** des Geschäftsanmaßers, die erst den besonders hohen Gewinn ermöglicht hat, als ersatzfähige Aufwendungen in Abzug gebracht werden können. 52
Im Anschluss an die Gemeinkosten-Entscheidung des BGH geht man heute davon aus, dass nur die **Einzelkosten**, die unmittelbar dem angemaßten Geschäft zugeordnet werden können, im Wege des Aufwendungsersatzes geltend gemacht werden können, Gemeinkosten, also alle im Betrieb anfallenden Kosten, die dem Kostenträger nicht unmittelbar zuzuordnen sind, dagegen nicht (BGHZ 145, 366, Urt v 2. 11. 2000, Az: I ZR 246/98 – Gemeinkostenanteil; Helms, Gewinnherausgabe als haftungsrechtliches Problem 199 ff): Den Gemeinkosten stehe eben keine Bereicherung des Geschäftsherrn (§§ 687 Abs 2 S 2, 684 S 2) gegenüber. Hinter dieser – primär auf das Immaterialgüterrecht und die Gewinnherausgabe im Wege der dreifachen Schadensberechnung abzielenden – Auffassung steht das Präventionsprinzip: Dem Geschäftsanmaßer soll es nicht gelingen, seinen Gewinn klein zu rechnen (Wagner AcP 206 [2006] 352, 376; vgl Grabinski GRUR 2009, 260, 262; Kur, in: FS Kolle/Stauer 365, 371 f). Die Argumentation ist wegen der inhärenten Unbestimmtheit des Präventionsgedanken nicht unproblematisch. Das Ergebnis stimmt dennoch, lässt sich freilich auch mit den einfachen Mitteln des Geschäftsanmaßungsrechts erreichen. Der Geschäftsanmaßer muss sich behandeln lassen wie ein echter Geschäftsführer ohne Auftrag (fiktive Treuhand). Einem echten Geschäftsführer steht eine Vergütung für seine Mühewaltung, die auch seine Gemeinkosten abdeckt, nur zu, wenn (a) die Tätigkeit in seine Profession fällt *und* er (b) keine Gelegenheit hatte, im Vorfeld mit dem Geschäftsherrn über die Geschäftsführung einen entgeltlichen Vertrag zu schließen (s § 683 Rn 60 f).

bb) Geltendmachung

Zum Aufwendungsersatz ist der Geschäftsherr gem § 687 Abs 2 S 2 erst dann verpflichtet, wenn er die ihm durch § 687 Abs 2 S 1 eröffnete Option wählt und geschäftsführungsrechtliche Ansprüche geltend macht. Dabei wird der Begriff der Geltendmachung restriktiv dahin verstanden, dass erst das Geltendmachen **von Schadensersatz** (§§ 678, 677, 280) oder das **Herausgabeverlangen** (§§ 681 S 2, 667) den Aufwendungsersatzanspruch des Geschäftsanmaßers auslöst. Das Verlangen nach Auskunft und Rechungslegung (§§ 681 S 2, 666) reicht nicht (MünchKomm/Seiler[6] § 687 Rn 17; BGB-RGRK/Steffen[12] § 687 Rn 32; Soergel/Beuthien[13] § 687 Rn 9). Letztlich zu Recht, denn der Anspruch auf Rechnungslegung und Rechenschaft bereitet den eigentlichen Anspruch erst vor. 53

3. Vorgehen nach den allgemeinen Vorschriften

a) Rechte des Geschäftsherrn

Nimmt der Geschäftsherr die ihm durch § 687 Abs 2 S 1 eingeräumte Option nicht 54 wahr, bestimmen sich seine Rechte nach den allgemeinen Vorschriften der §§ 987 ff, 812 ff, 823 ff.

b) Rechte des Geschäftsanmaßers

55 Macht der Geschäftsherr seine Rechte aus § 687 Abs 2 S 1 nicht geltend, sondern beschränkt sich auf seine allgemeinen Rechte (§§ 987 ff, 812 ff, 823 ff), steht dem Geschäftsanmaßer der Anspruch aus §§ 687 Abs 2 S 2, 684 S 1 nicht zu (BGHZ 39, 186, 188, Urt v 25. 3. 1963, Az: VII ZR 270/61). Die hM sieht den Regelungsgehalt des § 687 Abs 2 an dieser Stelle aber als noch nicht erschöpft an. Ähnlich wie bei § 996 wird der Vorschrift eine **Ausschlusswirkung** zugewiesen: Ist dem Geschäftsführer der Weg des § 687 Abs 2 S 2 verschlossen, so kann er auch nicht aus § 812 Ersatz seiner Aufwendungen fordern (BGHZ 39, 186, 188, Urt v 25. 3. 1963, Az: VII ZR 270/61; BGHR BGB § 687 Abs 2 Bereicherung 1, Beschluss v 26. 4. 1990, Az: III ZR 294/88; MARTINEK/THEOBALD JuS 1997, 612, 616; LARENZ, Schuldrecht II/1[13] § 57 II b S 453; **aA**: OERTMANN § 687 Anm 3c). Der Geschäftsanmaßer kann daher dem auf die allgemeinen Vorschriften gestützten Bereicherungsbegehren des Geschäftsherrn nicht seine eigenen Aufwendungen entgegenhalten; eine Ausnahme besteht insoweit allein für den Spezialfall des § 994 Abs 2, der auch dem bösgläubigen Besitzer immerhin einen Verwendungsersatzanspruch einräumt. Zur Begründung dieser rigiden Auffassung verweist man auf den vorsätzlichen und rechtswidrigen Übergriff in einen fremden Rechtskreis. Doch kann man sich fragen, ob diese Sanktion nicht von übertriebener Härte ist. Im römischen und gemeinen Recht wurde dem Geschäftsanmaßer immerhin ein Bereicherungsanspruch zugestanden (ULPIAN Dig 3, 5, 5, 5; WINDSCHEID/KIPP, Lehrbuch der Pandekten II[9] § 431 [4] c S 929 f). Hat auch der Gestor wissentlich fremde Angelegenheiten als eigene behandelt, so ist zwar ein Grund, ihm gegenüber besondere Nachsicht walten zu lassen, nicht vorhanden. Ebenso wenig gibt aber seine unredliche Handlungsweise einen Grund, dem *dominus* die Aufwendungen des Gestors kostenlos zu belassen.

VI. Teilnahme und angemaßte Drittgeschäftsführung

1. Angemaßte Drittgeschäftsführung

56 Eine Geschäftsanmaßung iSd § 687 Abs 2 liegt nicht nur vor, wenn der Geschäftsanmaßer (Rn 57) im Wissen um seine Nichtberechtigung ein fremdes Geschäft als eigenes behandelt, sondern auch dann, wenn er ein fremdes Geschäft für einen Dritten führt, obwohl er dessen Nichtberechtigung kennt (BGB-RGRK/STEFFEN[12] § 687 Rn 35; für das schweizerische Recht: SCHMID, Geschäftsführung ohne Auftrag Rn 765; **aA**: BÖNSCHEN, Geschäftsführung ohne Auftrag und Geschäftsanmaßung im Mehrpersonenverhältnis 106). Von dem Rechtsverhältnis zwischen Geschäftsanmaßer und Geschäftsherr ist das Rechtsverhältnis des Geschäftsanmaßers zum Dritten zu trennen. Letzteres bestimmt sich, wenn vorrangige Regeln fehlen, nach den Grundsätzen der echten Geschäftsführung ohne Auftrag. Wird der Geschäftsanmaßer vom Geschäftsherrn in Anspruch genommen, so kann er keinesfalls gem §§ 683, 684 beim Dritten Ersatz seiner Aufwendungen verlangen; einen vorsätzlichen und rechtswidrigen Eingriff darf der Geschäftsanmaßer keinesfalls im Rahmen des § 670 für erforderlich halten (§ 683 Rn 48).

2. Beteiligung

57 Aus dem Recht der echten Geschäftsführung ohne Auftrag ist die Figur des sog Geschäftsführungsgehilfen bekannt (Vorbem 181 zu §§ 677 ff): Das gesetzliche Schuldverhältnis der echten Geschäftsführung ohne Auftrag kommt nur zwischen dem Geschäftsherrn und dem Geschäftsführer zustande; das Handeln des Geschäftsführungsgehilfen, der ausschließlich in einem Rechtsverhältnis zum Geschäftsführer steht, wird entsprechend § 278 dem Geschäftsführer zugerechnet. Als Beispiel sei der Reeder genannt, dessen Mannschaft Schiffbrüchigen aus Seenot hilft. Die Mannschaftsangehörigen sind lediglich Geschäftsführungsgehilfen des Reeders; das gesetzliche Schuldverhältnis der echten Geschäftsführung ohne Auftrag besteht nur zwischen den Geretteten und dem Reeder. Diese Gedanken werden teilweise auf das Recht der Geschäftsanmaßung übertragen. Veranlasst der Geschäftsanmaßer die Handlungen seines **„Gehilfen"**, so sei nur der Geschäftsanmaßer, nicht aber der unmittelbar Handelnde aus § 687 Abs 2 verhaftet (Bönschen, Geschäftsführung ohne Auftrag und Geschäftsanmaßung im Mehrpersonenverhältnis 94 ff; Planck/Lobe[4] § 687 Anm 2; BGB-RGRK/Steffen[12] § 687 Rn 35; **aA**: Erman/Dornis[14] § 687 Rn 12). Für eine nicht veranlasste Geschäftsanmaßung eines „Gehilfen" will Bönschen den „Dienstherren" entsprechend § 831 der Haftung des § 687 Abs 2 unterwerfen. Er haftet dann neben dem „Gehilfen" als Gesamtschuldner (Bönschen, Geschäftsführung ohne Auftrag und Geschäftsanmaßung im Mehrpersonenverhältnis 108 ff, insb 136 ff, 158 ff). Andere verweisen dagegen auf den (quasi-)deliktischen Charakter der Geschäftsanmaßung (Rn 10 ff) und plädieren für eine (entsprechende) Anwendung des **§ 830**: Beteilige sich jemand vorsätzlich an der Geschäftsanmaßung eines Dritten oder begehen mehrere gemeinschaftlich eine Geschäftsanmaßung, so hafte jeder Teilnehmer aus § 687 Abs 2; die Teilnehmer zusammen hafteten als Gesamtschuldner (vgl Lent, Begriff der auftraglosen Geschäftsführung 159 f). **Rechtsprechung** ist rar (Vorbem 235 zu §§ 677 ff). In einer unveröffentlichten Entscheidung knüpfte der BGH die gesamtschuldnerische Haftung zweier Geschäftsanmaßer an die Voraussetzung, dass „die beiderseitige Geschäftsführung so eng gestaltet" und der aus dem gemeinsamen Verkauf der Waren erzielte Erlös von ihnen zusammen derart eingenommen worden sei, dass die Herausgabepflicht eine unteilbare Leistung iSd § 431 zum Gegenstand habe (BGH, Urt v 13. 7. 1955, Az: IV ZR 39/55 – nicht veröffentlicht). Erwähnung muss auch die Gasparone-Entscheidung des BGH finden. Gegenstand war ein Schadensersatzanspruch wegen Urheberrechtsverletzung (§ 97 UrhG), gerichtet auf Herausgabe des Verletzergewinns (s Rn 65 ff). Einzelheiten sind hier nicht von Interesse. Der BGH nahm die Verletzer gesamtschuldnerisch in die Pflicht. Zur Begründung verwies er auf § 840. Doch schreckte der BGH zurück, die Vorschrift unmittelbar auf § 687 Abs 2 anzuwenden. Es beruhigte sich damit, dass keine unmittelbare Anwendung der Grundsätze der Geschäftsanmaßung in Rede stand, sondern eine im Wege der Analogie zu § 687 Abs 2 gewonnene besondere Art der Schadensermittlung (BGH GRUR 1959, 379, 383 Urt v 30. 1. 1959, Az: I ZR 82/57 – Gasparone). Mich überzeugen die Versuche, das Recht der Geschäftsanmaßung unter das deliktsrechtliche Regime der §§ 830, 840 zu bringen, nicht. Die Geschäftsanmaßung ist ein Rechtsinstitut *sui generis*, das mit (quasi-)vertraglichen Rechtsfolgen auf (quasi-)vertragliche Rechtsfolgen reagiert. Die an der Geschäftsanmaßung Beteiligten müssen sich so behandeln lassen, als wären sie für den Geschäftsherrn fremdnützig tätig geworden. Ihnen wird die Berufung darauf, dass sie (rechtswidrig) für sich, und nicht fremdnützig für den Berechtigten tätig geworden sind, genommen. Nicht weniger! Aber auch nicht mehr!

Es gelten damit die Grundsätze, die für die echte Geschäftsführung ohne Auftrag, an der mehrere Geschäftsführer beteiligt wurden, entwickelt wurden (Vorbem 235 f zu §§ 677 ff): Jeder Geschäftsanmaßer kann und muss nur **herausgeben** (§§ 687 Abs 2 S 1, 681 S 2, 667), was er auch tatsächlich erlangt hat. Eine Zurechnung aus der Sphäre des jeweils anderen Geschäftsführers kommt per se nicht in Betracht. Gleiches gilt im Grundsatz für **Ansprüche auf Schadensersatz** wegen Übernahme- (§§ 687 Abs 2 S , 678) oder Durchführungsverschulden (§§ 687 Abs 2 S 1, 280, 677). Weder muss sich ein Geschäftsführer das Verschulden des anderen zurechnen lassen, noch haftet er gesamtschuldnerisch für dessen Verschulden.

VII. Konkurrenzen

58 Es besteht ein zweistufiges Konkurrenzproblem. Auf der ersten Stufe (a) ist danach zu fragen, ob dem Geschäftsherrn überhaupt die Wahl zusteht, die Rechte aus § 687 Abs 2 S 1 geltend zu machen (Rn 40 f). Ist das der Fall und ergreift der Geschäftsherr diese Option, ist auf der zweiten Stufe (b) zu untersuchen, wie sich die Geltendmachung der Rechte aus § 687 Abs 2 S 1 auf konkurrierende Ansprüche auswirkt (Bergmann, Die Geschäftsführung ohne Auftrag 485 ff). Die Diskussion leidet mitunter daran, dass die unterschiedlichen Ebenen nicht auseinander gehalten werden.

1. Eigentümer-Besitzer-Verhältnis

59 Ein höchstrichterliche Klärung des Verhältnisses des Geschäftsanmaßungsrechts (§ 687 Abs 2) zu den §§ 987 ff steht noch aus. Der BGH konnte die Frage bisher offen lassen (BGHZ 39, 186, 188, Urt v 25. 3. 1963, Az: VII ZR 270/61). Die Diskussion in der Lehre leidet darunter, dass die verschiedenen Ebenen der Konkurrenzproblematik nicht auseinandergehalten werden. Nach Auffassung der hL ist § 687 Abs 2 neben den §§ 987 ff anwendbar (Esser/Weyers, Schuldrecht II/2[8] § 46 V S 26; Palandt/Sprau[73] Einf 12 v § 677; Soergel/Beuthien[13] Vor § 677 Rn 12, § 687 Rn 22; **aA**: Oertmann § 687 Anm 6; Wollschläger, Die Geschäftsführung ohne Auftrag 206). Andere meinen dagegen: Macht der Geschäftsherr seine Ansprüche aus § 687 Abs 2 geltend, so enthält diese Vorschrift mit ihrem Verweis auf die Regeln der echten Geschäftsführung ohne Auftrag eine abschließende Regelung; ein Rückgriff auf die §§ 987 ff, 994 ff kommt dann nicht mehr in Betracht (MünchKomm/Seiler[6] Vor § 677 Rn 18). Beide Lehren sind jeweils für sich richtig und der (scheinbare) Widerspruch lässt sich auflösen, wenn man beide Auffassungen auf die verschiedenen Stufen projiziert. Die hL hat Recht, wenn sie feststellt, dass dem Geschäftsherrn neben den Rückgriff auf die §§ 987 ff auch die Option des § 687 Abs 2 zusteht. Der Geschäftsherr kann entscheiden, ob er sich auf die Rechte der §§ 987 ff beschränkt, umgekehrt dem Geschäftsanmaßer aber nur Ersatz notwendiger Verwendungen (§ 994 Abs 2) schuldet, oder ob er die weitergehenden Ansprüche der §§ 677 ff geltend machen will um den Preis, dass er im Rahmen einer noch vorhandenen Bereicherung gem §§ 687 Abs 2 S 2, 684 S 1 auch nützliche Aufwendungen ersetzen muss (Rn 41). Aber auch die (scheinbar) abweichende Auffassung hat Recht, wenn sie feststellt: Macht der Geschäftsherr von der Option des § 687 Abs 2 Gebrauch, ist ein Rückgriff auf die §§ 987 ff ausgeschlossen. Dies folgt aus der Rechtsnatur der Geschäftsanmaßung als fiktive Treuhand. Behandelt der Geschäftsherr den Geschäftsanmaßer wie einen echten (fremdnützigen) Geschäftsführer, so muss er sich auch umgekehrt so behandeln lassen wollen, als ob der Ge-

schäftsanmaßer tatsächlich (fremdnützig) für ihn tätig werden wollte. In ihrem Anwendungsbereich aber verdrängen die §§ 677 ff. die §§ 987 ff (Vorbem 241 zu §§ 677 ff).

2. Bereicherungsrecht

Entsprechende Grundsätze (Rn 59) gelten für das Verhältnis zum Bereicherungsrecht: Der Geschäftsherr kann wählen, ob er sich auf bereicherungsrechtliche Ansprüche beschränkt, oder die weitergehenden Ansprüche aus § 687 Abs 2 geltend macht (Soergel/Beuthien[13] § 687 Rn 22). Macht der Geschäftsherr aber Ansprüche aus § 687 Abs 2 geltend, kommt ein Rückgriff auf die §§ 812 ff nicht mehr in Betracht. 60

3. Unerlaubte Handlung (§§ 823 ff)

Abweichendes gilt für das Deliktsrecht: Auch wenn der Geschäftsherr die Option des § 687 Abs 2 wählt, kann er Ansprüche aus den §§ 823 ff geltend machen (Wandt, Gesetzliche Schuldverhältnisse[6] § 7 Rn 12). Dies folgt letztlich aus der Tatsache, dass auch die §§ 677 ff einen Rückgriff auf §§ 823 ff nicht ausschließen (Vorbem 243 ff zu §§ 677 ff). 61

4. Irrtümliche Eigengeschäftsführung (§ 687 Abs 1)

Für den Fall der irrtümlichen Eigengeschäftsführung stellt sich ein Konkurrenzproblem nicht. Der Tatbestand der vorsätzlichen Geschäftsanmaßung ist nicht erfüllt. 62

VIII. Darlegungs- und Beweislast

1. Actio directa (§ 687 Abs 2 S 1)

Der Geschäftsherr muss den Eingriff des Geschäftsanmaßers in seine Rechtsposition und die Kenntnis des Geschäftsanmaßers von der Fremdheit des geführten Geschäfts beweisen. Auf die im Übrigen normativ zu beurteilende Frage, ob der Eingriff fremdnützig (dann §§ 677 bis 686) oder eigennützig (dann § 687 Abs 2 S 1) erfolgte, wird es häufig wegen des weitgehenden Gleichlaufs der Rechtsfolgen nicht ankommen (vgl Protokolle, bei Mugdan II 1203; wohl anders: Soergel/Beuthien[13] § 687 Rn 21); der Anspruch kann dann alternativ auf echte Geschäftsführung ohne Auftrag oder Geschäftsanmaßung gestützt werden. Der Geschäftsherr wird also regelmäßig, wenn er den vorsätzlichen Übergriff in seine Rechtsposition beweisen kann, keine Tatsachen beibringen müssen, aus denen sich die Eigennützigkeit des Tuns des Geschäftsanmaßers ergibt. 63

2. Actio contraria (§ 687 Abs 2 S 2)

Will der Geschäftsanmaßer seinen Anspruch aus §§ 687 Abs 2 S 2, 684 S 2 geltend machen, muss er beweisen, dass er Aufwendungen gemacht hat, die den Geschäftsherrn bereichern, und dass der Geschäftsherr Ansprüche aus § 687 Abs 2 S 1 geltend gemacht hat (Soergel/Beuthien[13] § 687 Rn 21). 64

IX. Sonderkonstellationen

1. Die Verletzung fremder Immaterialgüterrechte

a) Rechtsprechung

65 Bei der Verletzung fremder Ausschließlichkeitsrechte bestehen Besonderheiten. Seit dem 19. Jahrhundert haben die Gerichte dem Rechtsinhaber bei schuldhafter Verletzung von Patent- und Urheberrechten, später auch bei Verletzung von Gebrauchs- und Geschmacksmustern, einen „Schadensersatzanspruch" mit **dreifacher Möglichkeit der Schadensberechnung** eingeräumt (Helms, Gewinnherausgabe als haftungsrechtliches Problem 213 ff., 275 ff; Wagner AcP 206 [2006] 352, 463 ff; zum Eingriff in Immaterialgüterrechte im Schweizer Recht: Schmid, Geschäftsführung ohne Auftrag Rn 948 ff): Anstelle des (a) konkret berechneten Schadens (einschließlich eines entgangenen Gewinns), kann der Verletzte (b) die Zahlung einer angemessenen Lizenzgebühr oder (c) die Herausgabe des vom Verletzer erzielten Gewinns verlangen. Letzteres selbst dann, wenn der Gewinn auf der besonderen Tüchtigkeit des Verletzers beruht (BGHZ 145, 366, 375, Urt v 2. 11. 2000, Az: I ZR 246/98 – Gemeinkostenanteil; BGHZ 60, 168, 173, Urt v 19. 1. 1973, Az: I ZR 39/71 – Modeneuheit; BGH, NJW 2007, 1524, Rn 40, Urt v 21. 9. 2006, Az: I ZR 6/04 – Steckverbindungsgehäuse; Rehbinder, Urheberrecht[15] Rn 923; aus der älteren Rechtsprechung: RGZ 35, 63, Urt v 8. 6. 1895, Az: I 13/95 für das Urheberrecht; RGZ 43, 56, Urt v 31. 12. 1898, Az: I 360/98 für das Patentrecht; RGZ 50, 111; Urt v 11. 1. 1902, Az: I 303/01 für Gebrauchsmuster). Da die Herausgabe des Verletzergewinns in Konflikt mit den schadensrechtlichen Grundprinzipien der Kompensation und des Bereicherungsverbots tritt, ist die Gewinnherausgabe als solche in ihrer dogmatischen Herleitung nicht unumstritten: Es gehe der Rechtsprechung um Vorteilsabschöpfung und Prävention, aber nicht um Schadensausgleich (Beuthien/Wasmann GRUR 1997, 255, 256; Meier-Beck GRUR 2005, 617, 618; Melullis GRUR Int 2008, 679, 680 f; Tilmann, GRUR 2003, 647, 648; Ulmer, Urheber- und Verlagsrecht[3] 559). Nichtsdestotrotz betont der BGH in steter Regelmäßigkeit, dass der Anspruch auf den **Verletzergewinn** nur eine besondere Art der Schadensberechnung und keine eigenständige Anspruchsgrundlage sei (BGHZ 57, 116, 118, 119, Urt v 8. 10. 1971, Az: I ZR 12/70 – Wandsteckdose II; vgl Runkel WRP 2005, 968, 974; Allerdings hat der BGH in älteren Entscheidungen die Einordnung als Schadensersatzanspruch selbst in Zweifel gezogen: BGH GRUR 1962, 509, 511 f, Urt v 29. 5. 1962, Az: I ZR 132/60 – Dia-Rähmchen II). Gleichzeitig rückt er den Anspruch aber immer wieder in die **Nähe zur Geschäftsanmaßung** des § 687 Abs 2. Der Rekurs auf § 687 Abs 2 wird von einigen Schriftstellern gnädiger aufgenommen (Tilmann GRUR 2003, 647, 649; Ulmer, Urheber- und Verlagsrecht[3] 559). Doch schon auf den ersten Blick ist zu erkennen, dass die Hinwendung zum Geschäftsanmaßungsrecht mehr Steine gibt als Brot. Rechtstechnisch will § 687 Abs 2 nicht so recht auf die meist fahrlässige Verletzung fremder Immaterialgüterrechte passen, setzte die Norm doch Vorsatz voraus (Beuthien/Wasmann GRUR 1997, 255, 256; Melullis GRUR Int 2008, 679, 680; Helms, Gewinnherausgabe als haftungsrechtliches Problem 270 ff). Es kommt allenfalls eine Analogie in Betracht (krit Melullis GRUR Int 2008, 679, 680, 683 f). Daher wird in der Lehre wieder zunehmend gefordert, die Anknüpfung an § 687 Abs 2 ernster zu nehmen, und eine Verpflichtung zur Gewinnherausgabe nur bei Vorsatz anzunehmen (von der Osten GRUR 1998, 284, 286 f; Pfeifer WRP 2008, 48, 50 im Anschluss an Jenny, Die Eingriffskondiktion bei Immaterialgüterrechtsverletzungen [2005]). Man solle auch im Immaterialgüterrecht zur haftungsrechtlichen Eskalationsleiter zurückkehren (Rn 10): Herausgabe des Erlangten (ohne das *lucrum ex negotiatione)* unabhängig von einem Verschulden nach

Bereicherungsrecht, Ersatz des konkreten Schadens inklusive eines entgangenen Gewinns bei Verschulden, Herausgabe des Gewinns nach § 687 Abs 2 bei Vorsatz (Rn 10). Durchsetzen konnte sich dieser Ansatz nicht.

b) Abkehr von § 687 Abs 2

Hier ist nicht der Ort, die Berechtigung der Rechtsprechung zur dreifachen Schadensberechnung im Grundsätzlichen zu überprüfen, zumal der Gesetzgeber sie zunehmend positiviert (Rn 68). Vermeiden sollte man aber die Bezugnahme auf die kaum zu verallgemeinernde Vorschrift des § 687 Abs 2. Letztlich beruht die Verknüpfung des immaterialgüterrechtlichen, auf Gewinnherausgabe gerichteten Schadensersatzanspruchs mit dem Recht der Geschäftsanmaßung auf einer historische Zufälligkeit, wenn nicht sogar auf einem **„Rezeptionsfehler"** (historischer Abriss der Entwicklung bei Helms, Die Gewinnherausgabe als haftungsrechtliches Problem 213 ff). Um dies zu verstehen, muss man zurückgehen bis zur Richard's-Wanderleben-Entscheidung des Reichsoberhandelsgerichts (ROHG 22, 338, 341 f, Urt v 13. 9. 1877, Az: III 788/77 – Richard's Wanderleben). Der Beklagte haftete dem Urheber nach § 55 UrhG 1870 wegen unbefugter öffentlicher Aufführung des Lustspiels „Richard's Wanderleben" auf Ausschüttung sämtlicher Einnahmen. Ungewiss war, ob der Kläger auch Rechnungslegung verlangen konnte. Das Reichsoberhandelsgericht bejahte dies unter Rückgriff auf die gemeinrechtliche *negotiorum gestio* (Geschäftsführung ohne Auftrag). Das Reichsoberhandelsgericht subsumierte den Eingriff in das fremde Urheberrecht unter das Fragment African Dig 3, 5, 48 und eben nicht unter Ulpian/Labeo Dig 3, 5, 5, 5. Nach African Dig 3, 5, 48 und der sich früher daran anschließenden **objektiven Theorie** löste allein die (auch irrtümliche) Führung eines fremden Geschäfts geschäftsführungsrechtliche Ansprüche aus; auf die Geschäftsführungsabsicht kam es nicht an: African selbst nennt zB den gutgläubigen Verkauf einer fremden Sache (Vorbem 23 ff zu §§ 677 ff). Das heutige Geschäftsanmaßungsrecht freilich gründet sich auf Ulpian/Labeo Dig 3, 5, 5, 5. In diesem Fragment begründet Labeo die Lehre, dass sich ein bösgläubiger Geschäftsführer, der ein fremdes Geschäft wie ein eigenes führe (Geschäftsanmaßer), wie ein echter Geschäftsführer behandeln lassen muss (Rn 11). Auch das Reichsgericht stützte in seiner frühen Leitentscheidung zur Gewinnherausgabe die Ausdehnung des verschuldensunabhängigen Schadensersatzanspruch gem § 18 Abs 6 UrhG 1870 auf die Herausgabe des Verletzergewinns auf African Dig 3, 5, 48 (RGZ 35, 63, 70 ff, 72, Urt v 8. 6. 1895, Az: I 13/95 – Ariston). Auch hier findet also wieder ein Rückgriff auf die *negotiorum gestio* statt; aber nicht auf das Bösgläubigkeit voraussetzende Recht der Geschäftsanmaßung, sondern auf die objektive Lesart des römischen Geschäftsführungsrecht. Mit Inkrafttreten des BGB änderten sich die Voraussetzungen grundlegend: Denn der deutsche Gesetzgeber hat wegen der nicht unerheblichen Härten und Verwerfungen im Gesamtsystem des Rechtsgüterschutzes die bereits im gemeinen Recht heftig umstrittene objektive Theorie verworfen (Rn 5 f; Vorbem 24 f, 123 ff zu §§ 677). Die Wertentscheidung des § 687 Abs 1 ist eindeutig. Mit Aufgabe der objektiven Theorie tauschte auch die Rechtsprechung ihren Anknüpfungspunkt aus: Diesen fand sie nunmehr in Ulpian/Labeo Dig 3, 5, 5, 5 bzw in der Adaption des § 687 Abs 2 (RGZ 46, 14, 18, Urt v 7. 3. 1900, Az: I 459/99 – Harzsäureester [Rechnungslegung]; RGZ 70, 249, 250 f, Urt v 3. 2. 1909, Az: I 99/08 [Rechnungslegung]; Kohler, Das Autorrecht [1880] 309 f). Damit war (ist) eine unmittelbare Anwendung der einschlägigen Gesetzesstellen nicht mehr möglich. Der Rückgriff kann nur noch im Wege der Analogie begründet werden (RGZ 70, 249, 251 ff, Urt v 3. 2. 1909–I 99/08). Doch für § 687 Abs 2 als Tatbestand der

66 (margin: beside first line of paragraph "Hier ist nicht der Ort …")

fiktiven Treuhand ist die **vorsätzliche Anmaßung** eines fremden Geschäfts **konstitutiv**. Nur der vorsätzlich handelnde Geschäftsanmaßer muss sich so behandeln lassen, als ob er fremdnützig für den Geschäftsherrn gehandelt hätte (Rn 11 f). Die fahrlässige Anmaßung reicht – wie § 687 Abs 1 eindeutig positiviert – nicht (Bergmann, Die Geschäftsführung ohne Auftrag 450 ff).

c) Alternative Begründung

67 Auch wenn sich die dreifache Schadensberechnung des Immaterialgüterrechts nicht auf § 687 Abs 2 stützen lässt, bedeutet das nicht zwangsläufig, dass die Rechtsprechung als solche verfehlt ist. Die Erstreckung des Schadensersatzanspruchs auf den Gewinn, den der (fahrlässige) Verletzer aus der Verwendung des fremden Rechts gezogen hat, kann auch auf andere Art und Weise begründet werden. Das **Immaterialgüterrecht** weist **Besonderheiten** auf, die seine Verletzungstatbestände aus dem Bereich des allgemeinen Haftungs- und Schadensrechts herausheben. Diese Besonderheiten bestehen in zwei Richtungen: einmal auf Tatbestandsebene. Den Immaterialgüterrechten ist eine besondere Verletzlichkeit wesensmäßig; ein Befund der noch dadurch potenziert wird, dass Verletzungen des Schutzrechts im Vorfeld durch geeignete Vorkehrungen kaum abzuwehren und überdies auch nur schwer festzustellen sind. Diese prekäre Situation des Verletzten verliert ihrerseits weiter dadurch, dass – zum zweiten: auf Rechtsfolgenseite – der schadensrechtliche Ausgleichsgedanke, wenn man an den gewöhnlichen Substantiierungserfordernissen der §§ 254 BGB, 287 ZPO festhält, nicht passt. Denn in vielen Fällen wird auf Seiten des Verletzten eine konkrete Vermögenseinbuße gar nicht eingetreten sein; jedenfalls wird der Verletzte eine Vermögensminderung im Sinne etwa eines Diskreditierungsschadens und eines entgangenen Gewinns auch ansatzweise nicht hinreichend konkretisieren können. Um diese Nachteile auf der Ebene der Schadenskonkretisierung abzufangen (Ausgleichsgedanke) und gleichzeitig, um den Schädiger nicht mit dem aus der Verletzung gezogenen Gewinn ungeschoren davonkommen zu lassen (tort must not pay), erscheint es gerechtfertigt, dem Verletzten die dreifache Methode der Schadensberechnung zuzubilligen (BGHZ 145, 366, 371, Urt v 2. 11. 2000, Az: I ZR 246/98 – Gemeinkostenanteil; BGHZ 57, 116, 118, Urt v 8. 10. 1971, Az: I ZR 12/70 – Wandsteckdose II; BGH NJW 2007, 1524, Rn 21, Urt v 21. 9. 2006, Az: I ZR 6/04 – Steckverbindungsgehäuse). Von diesem Standpunkt aus hat die Herleitung des Anspruchs auf Herausgabe des Verletzergewinns mit § 687 Abs 2 nicht mehr viel gemein (**aA**: Wittmann, Begriff und Funktion der Geschäftsführung ohne Auftrag 159 f). Letztlich lässt sich sogar die Brücke zum schadensrechtlichen Kompensationsgedanken ziehen: Der gezogene Verletzergewinn ist normativer Anhaltspunkt bei der Bestimmung des konkreten Schadens. Die Rechtsordnung arbeitet mit der Präsumtion, dass der Verletzer ohne die Rechtsverletzung den Verletzergewinn selbst hätte realisieren können (Bergmann GRUR 2010, 874, 876).

d) Gesetzgebung

68 Die Gewinnhaftung des Immaterialgüterrechts hatte lange in der Gesamtrechtsordnung eine exponierte Position inne, fehlte ihr doch mit Inkrafttreten des BGB und der Abkehr von der objektiven Theorie der *negotiorum gestio* jede positivrechtliche Anknüpfung (Rn 66 f). Allerdings wurde der deutsche Gesetzgeber zunehmend aktiv und setzte für einige der spezialgesetzlich geregelten Immaterialgüterrechte Regelungen zur Schadensbemessung, die dem Verletzten auch Ansprüche auf die Auskehrung des Verletzergewinns und Rechnungslegung eröffneten (§ 97 Abs 1 S 2

UrhG aF, § 42 Abs 2 S 2 GeschmMG aF). Der große Durchbruch gelang mit dem **Durchsetzungsgesetz** vom 7. 7. 2008 (Gesetz zur Verbesserung der Durchsetzung von Rechten des geistigen Eigentums, BGBl I 1191). Die Regelung der Unterlassungs- und Schadensersatzansprüche der einzelnen immaterialgüterrechtlichen Gesetze wurden weitgehend vereinheitlicht (§ 24 GebrMG, § 42 GeschmMG, §§ 14, 15, 128, 125 MarkenG, § 139 PatG, § 97 UrhG). Das Durchsetzungsgesetz diente der Umsetzung der Durchsetzungsrichtlinie (Richtlinie 2004/84/EG des Europäischen Parlaments und des Rates v. 29. 4. 2004 zur Durchsetzung der Rechte des geistigen Eigentums, ABl EG L 157/45 v 30. 4. 2004). Nach der Richtlinie ist bei der Bemessung des Schadensersatzes auch der zu Unrecht erzielte Gewinn des Verletzers zu berücksichtigen (Art 13). Der deutsche Gesetzgeber betrachtet insoweit die Richtlinie und die dadurch indizierte Neuregelung als Adaption der deutschen Rechtsprechung zur dreifachen Schadensberechnung (BT-Drucks 16/5048, 37).

2. Gewinnherausgabe bei Persönlichkeitsverletzungen

Der deliktische Schutz, den das (allgemeine) Persönlichkeitsrecht über die §§ 823, 69
253 Abs 2 erfährt, wird allgemein als unzureichend empfunden. Medienunternehmen lassen sich von der deliktsrechtlichen Sanktion (Schmerzensgeld) kaum beeindrucken. Auch die Vorschriften über die ungerechtfertigte Bereicherung (§§ 812 ff) erweisen sich als wenig effektiv, sofern sie lediglich auf Herausgabe der angemessenen Lizenzgebühr gerichtet sind: Die nachträgliche Vergütungspflicht ist längst einkalkuliert und häufig mühelos aus den eingestrichenen Gewinnen zu bezahlen. Solange die Ersatzansprüche niedriger sind als die materiellen Vorteile des Geschäftsanmaßers, hat dieser wenig Anreiz, die Persönlichkeitsrechte der Betroffenen zu achten. Daher hat sich weitgehend die Erkenntnis durchgesetzt, dass das einzig wirksame Mittel gegen die Zwangskommerzialisierung der Persönlichkeit durch Presse und Werbung die Verpflichtung zur Herausgabe des Gewinns ist. Als möglicher Anknüpfungspunkt ist § 687 Abs 2 S 1 in den Mittelpunkt des Interesses gerückt (Beuthien NJW 2003, 1220, 1221 f; vGerlach VersR 2002, 917; Schlechtriem JZ 1995, 362, 364; Wagner ZEuP 2000, 200, 220 ff; auch Hoppe ZEuP 2000, 29; **aA**: Mestmäcker JZ 1958, 521, 525). In der Tat kann das Recht der Geschäftsanmaßung bei Persönlichkeitsverletzungen gute Dienste leisten (vgl BGHZ 143, 214, 231 f, Urt v 1. 12. 1999, Az: I ZR 49/97 – Marlene Dietrich; BGH, NJW 2000, 2201, 2202, Urt v 1. 12. 1999, Az: I ZR 226/97 – Der Blaue Engel); allerdings darf die Leistungsfähigkeit des § 687 Abs 2 in dieser Hinsicht nicht überschätzt werden. Der Tatbestand der Geschäftsanmaßung setzt voraus, dass sich jemand rechtswidrig ein fremdes Geschäft anmaßt. Von einem fremden Geschäft kann aber nur dann gesprochen werden, wenn eine Rechtsposition des Geschäftsherrn betroffen ist, die dem Geschäftsherrn eine Gewinnerzielungsoption vermittelt. Dies setzt voraus, dass für die Rechtsposition eine anerkannte marktfähige Verwertungsmöglichkeit besteht (s Rn 12, 17 f). Gerade die letztere Voraussetzung der wirtschaftlichen Verwertungsmöglichkeit und rechtlichen Verwertungsfähigkeit kann zu der – aus Perspektive des Rechtsgüterschutzes – ärgerlichen Konsequenz führen, dass besonders einschneidende Persönlichkeitsverletzungen mangels rechtlicher oder ökonomischer Verwertungsmöglichkeiten aus dem Bereich der Geschäftsanmaßung ausscheiden. Zur Erläuterung kann auf die Paul-Dahlke- und die Herrenreiter-Entscheidung des BGH hingewiesen werden. Grundsätzlich verpflichtet der Eingriff in das Persönlichkeitsrecht (Recht am eigenen Bild) unter bereicherungsrechtlichen Gesichtspunkten zur Zahlung einer angemessenen Lizenz-

gebühr (BGHZ 20, 345, 353 f, Urt v 8. 5. 1956, Az: I ZR 62/54 – Paul Dahlke); allerdings scheidet ein Anspruch auf die Lizenzgebühr aus, „wenn eine Zustimmung des Verletzten zur Verwertung von vorneherein wegen der Schwere der Persönlichkeitsverletzung überhaupt nicht in Betracht kommt" (BGHZ 26, 349, 352 f, Urt v 14. 2. 1958, Az: I ZR 151/56 – Herrenreiter; BGHZ 60, 206, 211, Urt v 16. 2. 1973, Az: I ZR 74/71; dazu: Wagner ZEuP 2000, 200, 210 ff). So groß die Versuchung auch sein mag, sich aus dieser Schwierigkeit dadurch zu befreien, dass überhaupt jedes vorsätzliche, rechtswidrige Handeln unter § 687 Abs 2 subsumiert wird nach dem Motto „tort must not pay", so ist dieser Weg doch angesichts der Fassung des § 687 Abs 2 nicht gangbar. Das deutsche Geschäftsanmaßungsrecht knüpft eben nicht allein an der Rechtswidrigkeit eines Verhaltens an, sondern verlangt auch, dass ein fremdes Geschäft geführt wird (Rn 18). Diese Regelungssituation mag unbefriedigend sein, ist aber *de lege lata* mit den Mitteln des Geschäftsführungsrechts nicht zu überwinden. Schon jetzt ist auf die Möglichkeit der **indirekten Gewinnabschöpfung** hinzuweisen. In der Caroline-von-Monaco-Entscheidung hat der BGH unter Hervorhebung des Genugtuungs- und Präventionsgedankens ausgesprochen, dass bei Bemessung des Entschädigungsanspruchs (§§ 823, 253) wegen Zwangskommerzialisierung der Persönlichkeit zur Auflagensteigerung der eingefahrene Gewinn zu berücksichtigen ist (BGHZ 128, 1, 15 f, Urt v 15. 11. 1994, Az: VI ZR 56/94 – Caroline von Monaco; krit vGerlach VersR 2002, 917; vgl Rn 13).

Titel 14
Verwahrung

Vorbemerkungen zu §§ 688 ff

Schrifttum

ADRIAN, Zur Frage der Haftung des Gerichtsvollziehers nach einem Einbruch in sein Geschäftszimmer mit Diebstahl von Dienstgeldern und verwahrten Pfandgegenständen, DGVZ 1969, 177; DGVZ 1970, 1; DGVZ 1970, 17

vARNSWALDT, Der Anspruch aus öffentlicher Verwahrung und staatshoheitsrechtliche Haftung, Gruchot 73 (1933) 459

ASCHENBERG, Anmerkung zum Urteil des OLG Köln vom 28. 2. 1964 (9 U 184/63), VersR 1964, 1031

BREHM, Die Beschränkung der Amtshaftung durch gemeindliche Satzungen?, DÖV 1974, 415

BRUNS, Anmerkung zum Urteil des OLG Braunschweig, 1. Zivilsenat vom 14. 10. 1947, 1 U 43/47, MDR 1948, 114

BÜLOW, Zur neuen Reichs-Hinterlegungsordnung, ZAkDR 1937, 234

BRYCHCY, Der Kraftfahrzeugabschleppvertrag (Diss München 1973)

ders, Zur Haftung des Parkbetriebunternehmers, DAR 1975, 29

DAUMANN, Der Abschleppdienst und seine kostenmäßige Abwicklung, DAR 1969, 317

DEGEN, Verwahrungsartige Verhältnisse, SächsArch 1929, 81

DELIUS, Haftung für Diebstahl fremder Sachen in Geschäfts- und Diensträumen, Recht 1920, 33

DRISCHLER, Hinterlegungsordnung (1951)

ELSTER, Einige Rechtsfragen vom Manuskript, JR 1935, 66

EMMERICH, Beschränkte Vertragshaftung und konkurrierende Ansprüche aus unerlaubter Handlung im Frachtrecht – BGHZ 46, 140, JuS 1967, 345

FÉAUX DE LA CROIX, Zum Inhalt der Reichshinterlegungsordnung, JW 1937, 1369

K FISCHER, Das polizeiliche Abschleppen von Kraftfahrzeugen, JuS 2002, 446

M FISCHER, Die Unentgeltlichkeit im Zivilrecht (2002)

GENIUS, Risikohaftung des Geschäftsherrn, AcP Bd 173 (1973) 481

GERHARDT, Der Haftungsmaßstab im gesetzlichen Schuldverhältnis (Positive Vertragsverletzung, culpa in contrahendo), JuS 1970, 597

GOUJET, Haftung des Arbeitgebers für motorisierte Verkehrsmittel der Arbeitnehmer, Vers Prax 1966, 141

GÜLLEMANN, Haftung und Versicherungsschutz für Schäden in Parkhäusern, NJW 1972, 889

HÄUBLEIN, Der Pferdeeinstellungsvertrag zwischen Miet- und Verwahrungsrecht – Rechtliche Grundlagen und formularvertragliche Ausgestaltung eines typischen Typenkombinationsvertrags, NJW 2009, 2981

HERRMANN, Von einem verschwiegenen Landstrich, einem Schlüsselbegriff und Typenproblemen, in: FS Reuter (2010) 525

HOFFMANN/KNIERIM, Rückgabe von in Strafverfahren sichergestellten oder beschlagnahmten Gegenständen, NStZ 2000, 461

JANSSEN, Haftungsausschluss bei gewerbsmäßiger Bewachung abgestellter Kraftfahrzeuge, NJW 1969, 1096

KEMPER, Rückgabe beschlagnahmer Gegenstände – Bringschuld oder Holschuld, NJW 2005, 3679

KOCH, Öffentlichrechtliche Verwahrung (1953)

KRAMPE, Wohin mit dem „Leidenden Menschen“ (76, 50 × 12m)?, NJW 1992, 1264

KUHLENBECK, Der Verwahrungsvertrag, JW 1909, 649

ders, Der unregelmäßige Verwahrungsvertrag

unter besonderer Berücksichtigung des Bankdepotgesetzes, JW 1910, 641

Leonhard, Vorenthalten einer Quittungskarte dem Karteninhaber gegenüber, JW 1907, 824

Mäding, Die Haftung des Fahrzeugbewachungsunternehmens, DAR 1951, 17

Maurer, Schadensersatzansprüche des Lehrers gegen den Schulträger – OLG Köln, NVwZ 1994, 618, JuS 1994, 1015

Medicus, Zur Haftung für untergestellte Kraftfahrzeuge, in: 25 Jahre Karlsruher Forum (1983) 171

Monjau, Die Sorgepflicht des Arbeitgebers für das Eigentum des Arbeitnehmers, DB 1972, 1435

Hellmuth Müller, Öffentlichrechtliche Verwahrung durch den Bürger, JuS 1977, 232

Neumann-Duesberg, Zur Haftung des Parkplatzunternehmers – Rechtsnatur des Parkplatzbewachungsvertrags und Beweislast im Haftungsprozeß, VersR 1968, 313

Papier, Die Forderungsverletzung im öffentlichen Recht (1970)

Peters, Die Verwahrung und Verwaltung von Effekten, JuS 1976, 424

Pikart, Die Rechtsprechung des BGH zum Verwahrungsvertrag, WM 1962, 862

Quaritsch, Die öffentlichrechtliche Verwahrung, in: Lüder (Hrsg), Staat und Verwaltung. 50 Jahre Hochschule für Verwaltungswissenschaften Speyer (1997) 169 ff

Raape, Anmerkung zum Urteil des Reichsgerichts vom 7. 10. 1924, 678/23 VII. – Berlin, JW 1925, 472

Rüfner, Haftungsbeschränkungen in verwaltungsrechtlichen Schuldverhältnissen, DÖV 1973, 808

ders, Antwort zu: Brehm, Die Beschränkung der Amtshaftung durch gemeindliche Satzungen?, DÖV 1974, 417

Ruhkopf, Über die Haftung der Parkhäuser, VersR 1967, 10

Salje, Die Haftung des Arbeitgebers für die Beschädigung von Arbeitnehmer – PKW durch Einwirkung industrieller Immissionen, DAR 1988, 151

Schack, Die Haftung bei öffentlich-rechtlicher Verwahrung, RVBl 1935, 189

Schöpe, Zur Haftung bei Benutzung eines bewachten Parkplatzes, DAR 1963, 348

Schünemann, Vertragstypen im Sicherheitsgewerbe, NJW 2003, 1689

Schütz, Die Rechtsnatur von Bank- und Sparkassenguthaben, JZ 1964, 91

Stich, Die öffentlich-rechtlichen Zuständigkeiten der Zivilgerichte, in: Staatsbürger und Staatsgewalt II, Jubiläumsschrift zum hundertjährigen Bestehen der deutschen Verwaltungsgerichtsbarkeit und zum zehnjährigen Bestehen des Bundesverwaltungsgerichts (1963) 387

Thiele, Leistungsstörung und Schutzpflichtverletzung, JZ 1967, 649

Weber, Haftung für Verlust von Handelsware auf bewachtem Parkplatz, NJW 1969, 137

Weigert, Öffentlichrechtliche Verwahrungsverhältnisse, Gruchot 69 (1928) 303

Weimar, Verträge kraft Rechtsscheins, MDR 1959, 905

ders, Zur Haftung bei Benutzung eines bewachten Parkplatzes, NJW 1963, 629

Werner, Besitz- und Eigentumsübertragung am Inhalt eines Schrankfaches – OLG Oldenburg, NJW 1977, 1780, JuS 1980, 175

Wintergerst, Zur Haftung bei Benutzung eines bewachten Parkplatzes, NJW 1963, 141.

Systematische Übersicht

I. Begriff und rechtliche Natur

Durch den Verwahrungsvertrag verpflichtet sich „der Verwahrer“, eine **bewegliche Sache** aufzubewahren, die ihm der „Hinterleger“ übergeben hat (§ 688). Entgegen der in den drei Entwürfen geplanten Bezeichnung (Hinterlegungsvertrag) hat die Reichstagskommission **„Verwahrung“** gewählt; das Gemeine Recht sprach vom **depositum** (vereinzelte Nachweise zu den anderen Rechten vgl Mot II 569, 571). 1

Im Gemeinen Recht wurde das depositum und nach dem Inkrafttreten des BGB wurde analog die Verwahrung den sog **Realverträgen** zugeordnet. Diese Auffassung sah in der Einigung über die Verwahrungspflicht des Verwahrers lediglich ein vom Verwahrungsvertrag verschiedenes pactum de deponendo, während der eigentliche Verwahrungsvertrag nur mit der Hingabe der Sache entstehen sollte (vgl Enneccerus/Lehmann § 169, 1; der wohl absichtslosen Formulierung nach auch BGH NJW 1987, 2812, 2813). Sie ist **mit der Anerkennung der schuldrechtlichen Inhaltsfreiheit (§§ 311 Abs 1, 241 Abs 1)** überholt; wo das Recht die Verbindlichkeit jeder mit Rechtsbindungswillen getroffenen Abrede anerkennt, bedarf es keines zusätzlichen „realen“ Momentes, um eben diese Verbindlichkeit zu begründen (Larenz II 1 §§ 50, 58; Esser/Weyers II § 38 I 1; für Lagervertrag auch BGHZ 46, 43, 48). Wenn demgegenüber auf das auch sonst erkennbare Bestreben des Gesetzgebers verwiesen wird, die Verpflichtung zu unentgeltlichen Leistungen an eine besondere, zu sorgfältigem Nachdenken veranlassende Form zu binden (11. Aufl § 688 Rn 5), so verträgt sich dies nicht mit der von den Anhängern der Realvertragstheorie gebilligten Möglichkeit eines ohne Vollzugsmoment wirksamen **Verwahrungsvorvertrages** (pactum de deponendo). Wer durch das Vollzugsmoment den unentgeltlichen Verwahrer vor leichtfertiger rechtlicher Bindung schützen will, muss konsequenterweise die Wirksamkeit von Vorverträgen ohne das Vollzugsmoment verneinen, ganz abgesehen davon, dass die Begründung für die Qualifikation auch der entgeltlichen Verwahrung als Realvertrag schon im Ansatz nicht passt. 2

3 Der Verwahrungsvertrag kann entgeltliche oder unentgeltliche Verwahrung vorsehen; welche Variante vorliegt, ist Auslegungsfrage (Auslegungsregel in § 689; LG Braunschweig MDR 1948, 112; ESSER/WEYERS II § 38 I 2 b). Der **unentgeltliche** Verwahrungsvertrag ist ein unvollkommen zweiseitiger Vertrag, dh er begründet zwar Pflichten für beide Parteien (für Hinterleger §§ 693, 694), doch stehen diese Pflichten zueinander nicht in einem Verhältnis der Gegenseitigkeit iS der §§ 320 ff. Die Unentgeltlichkeit wird nicht schon dadurch in Frage gestellt, dass der Verwahrungsvertrag die Erstattung von Aufwendungen oder auch eine „Anerkennungsgebühr" vorsieht. Der Verwahrungsvertrag wird vielmehr erst dann zu einem **entgeltlichen** Vertrag, wenn die Vertragsparteien die etwaige Leistung des Hinterlegers als Gegenleistung für die Verwahrung gewertet wissen wollen. Es gelten alsdann die §§ 320 ff (OERTMANN, Entgeltliche Geschäfte [1912] 66; PALANDT/SPRAU § 688 Rn 1). Nicht zu folgen ist der Ansicht, es sei auch dann eine entgeltliche Verwahrung anzunehmen, wenn der Verwahrer zwar kein Entgelt vereinbare, jedoch einen außerhalb des Vertrags liegenden Vorteil anstrebe, so wenn der Vermieter Hausrat des Mieters bei sich unterbringe, um das Wohnhaus vorzeitig abreißen zu können (MünchKomm/HENSSLER § 690 Rn 4 im Anschluss an OLG Düsseldorf MDR 1976, 842; dagegen M FISCHER 96 f). Davon zu unterscheiden ist die Frage, ob in einem solchen Fall die Haftungsmilderung nach § 690 gilt. Sie ist zu verneinen, weil in einem solchen Fall der Zweck der Vorschrift – Begünstigung ausschließlich fremdnützigen Handelns – nicht einschlägig ist (§ 690 Rn 2).

4 Der **Verwahrungsvertrag** begründet ein **Dauerschuldverhältnis**, das dementsprechend regulär entweder durch Ablauf der vereinbarten Verwahrungsdauer oder durch Kündigung endet. Die Rückforderung des Hinterlegers nach § 695 und das Rücknahmeverlangen des Verwahrers nach § 696 sind ihrer Rechtsnatur nach Kündigungen (str, vgl § 695 Rn 3, § 696 Rn 1). Sowohl der Hinterleger als auch der Verwahrer haben ein unabdingbares fristloses **Kündigungsrecht** nach § 314, wenn und soweit ihnen die Fortsetzung des Verwahrungsverhältnisses nicht zumutbar ist. Bei entgeltlicher Verwahrung tritt das Kündigungsrecht an die Stelle des bei gegenseitigen Verträgen ohne Dauerschuldcharakter vorgesehenen Rücktrittsrechts (MünchKomm/HENSSLER § 688 Rn 3, dessen Beispiel freilich nicht gelungen ist: Da die Rückgabepflicht erst mit dem Ende des Verwahrungsverhältnisses entsteht, kann ihre Verletzung weder ein Kündigungs- noch ein Rücktrittsrecht auslösen).

II. Allgemeines

1. Gegenstand der Verwahrung

5 Der Verwahrungsvertrag ist dadurch gekennzeichnet, dass der Verwahrer sich zur Gewährung von **Raum** für und die Übernahme der **Obhut** über die hinterlegte Sache verpflichtet (BGHZ 3, 200). Die Pflicht zur Obhut über eine **unbewegliche Sache** ist nicht Gegenstand eines Verwahrungsvertrages, sondern je nach Entgeltlichkeit oder Unentgeltlichkeit Gegenstand eines Dienstvertrages (§§ 611 ff) oder eines Auftrags (§§ 662 ff). Ebenso besteht kein Verwahrungsvertrag, wenn Raum zum Abstellen auf eigene Gefahr (Fehlen der Obhutspflicht) des Benutzers zur Verfügung gestellt wird oder wenn die Obhutspflicht lediglich Nebenpflicht ist (zur Abgrenzung im Einzelnen vgl unten Rn 27 ff).

2. Form des Verwahrungsvertrages

6 Der Verwahrungsvertrag kann grundsätzlich **formlos** abgeschlossen werden. Besondere Formvorschriften bestehen jedoch im Geltungsbereich des DepotG (vgl dazu unten Rn 24 und § 700 Rn 18).

3. Nachgiebiges und zwingendes Recht

7 Die §§ 688–700 sind **prinzipiell dispositiven Rechts**. Eine Ausnahme gilt nach hM (Palandt/Sprau § 695 Rn 1; BGB-RGRK/Denecke[11] § 695 Rn 1; **aM** Voraufl § 695 Rn 17) einmal für **§ 695**, wobei allerdings die Rechtsfolge einer Abweichung umstritten ist: Während Denecke die widerstreitende Abrede für nichtig hält, soll sie nach Sprau lediglich dem Vertrag den Charakter eines Verwahrungsvertrages nehmen. Die Gegenansicht beruft sich für die Dispositivität auch des § 695 auf das Fehlen gegenteiliger Anhaltspunkte in Wortlaut und Entstehungsgeschichte. Deshalb soll sich überhaupt nur die Frage stellen können, ob der Ausschluss des jederzeitigen Rückforderungsrechts des Hinterlegers den Vertrag zu einem Vertrag eigener Art mit Verwahrungselementen (Palandt/Sprau § 695 Rn 1) oder zu einem atypisch ausgestalteten Verwahrungsvertrag macht. Diese Frage soll im Sinne der zweiten Alternative zu beantworten sein (MünchKomm/Henssler § 695 Rn 2; im Ergebnis ebenso Planck/Lobe § 695 Anm 2; BGB-RGRK/Krohn § 695 Rn 2; Soergel/Teichmann § 695 Rn 1; Erman/E Herrmann § 695 Rn 3). ME muss man unterscheiden: Im Fall der **unentgeltlichen** Verwahrung ist § 695 die zwingende Konsequenz der rein altruistischen Natur des Rechtsverhältnisses. Der Verwahrer ist nichts anderes als der Inhaber eines „Amtes", dessen Dauer von der Beschaffenheit des (wandelbaren) Interesses abhängt, das wahrzunehmen ist. Die Fortdauer der unentgeltlichen Verwahrung gegen den Willen des Hinterlegers könnte nur damit begründet werden, dass der Verwahrer das Interesse des (mündigen) Hinterlegers besser versteht und verfolgt, als dieser selbst. Eine solche Begründung ist nach geltendem Recht ausgeschlossen. Insoweit ist also Denecke zu folgen. Die Gegenansicht übersieht, dass die Privatautonomie nicht die Möglichkeit umfasst, sich des Rechts zur Selbsterledigung der eigenen Angelegenheiten zu begeben (Müller-Freienfels, Die Vertretung beim Rechtsgeschäft [1955] 127). Diese allgemeine Schranke der Privatautonomie bedarf keiner Stütze durch Wortlaut und Entstehungsgeschichte (vgl zur Parallelvorschrift § 671 BGH WM 1971, 956). Anders sieht es aus, wenn sich mit der Abrede über den Ausschluss der jederzeitigen Rückforderung ein eigenes Interesse des „Verwahrers" verbindet. Das ist schlechthin der Fall bei der **entgeltlichen Verwahrung**, es sei denn, die Dauer der Verwahrung spiele entgegen § 699 für die Höhe des Entgelts keine Rolle (vgl auch § 675, der von der Verweisung auf das Auftragsrecht das Widerrufsrecht nach § 671 ausnimmt). Aber auch bei unentgeltlicher Verwahrung können besondere Umstände (zB die Zusage des Hinterlegers, im Anschluss an das Verwahrungsverhältnis für den „Verwahrer" ein Pfandrecht zu bestellen, vgl 11. Aufl § 695 Rn 17) ein eigenes Interesse des Verwahrers am Ausschluss der Rückforderung begründen. Freilich spricht dann viel dafür, mit Sprau (§ 695 Rn 1) gar keinen Verwahrungsvertrag, sondern einen (gemischttypischen) Vertrag sui generis anzunehmen.

4. Besitzverhältnisse

8 Durch die Übergabe der Sache an den Verwahrer auf der Grundlage eines (wirk-

samen oder unwirksamen) Verwahrungsvertrags entsteht ein **Besitzmittlungsverhältnis** im Sinne des § 868. Der Verwahrer ist unmittelbarer Fremdbesitzer, der Hinterleger mittelbarer (Eigen- oder Fremd-) Besitzer. Soweit der Verwahrer beim Abschluss des Verwahrungsvertrags bereits Besitzer ist, entsteht das Besitzmittlungsverhältnis mit dem Vertragsschluss, da der Verwahrer dadurch seinen Willen bekundet, zukünftig als Fremdbesitzer für den Hinterleger zu besitzen. Diese Variante spielt in der Praxis deshalb eine wesentliche Rolle, weil die Rechtsprechung über eine lange Zeit die ganz hL, nach der zur Sicherungsübereignung gemäß § 930 die Sicherungsabrede als Grundlage des Besitzmittlungsverhältnisses ausreicht (Palandt/Bassenge § 930 Rn 9; Soergel/Henssler § 930 Rn 11), nicht bestätigt hat. Erst BGH NJW-RR 2005, 280 hat sich der hL angeschlossen. Allerdings bedurfte es auch nach der bisherigen Rechtsprechung für die Wirksamkeit der Sicherungsübereignung mangels detaillierter Vereinbarung der wechselseitigen Rechte und Pflichten keines ausdrücklichen Verwahrungs- oder Leihvertrags zwischen Sicherungsgeber und Sicherungsnehmer. Vielmehr sollte in der Sicherungsabrede je nach den Umständen des Falls entweder (im Fall des Gebrauchsrechts des Sicherungsgebers) ein Leihvertrag oder (im Fall des fehlenden Gebrauchsrechts des Sicherungsgebers) ein Verwahrungsvertrag enthalten sein (BGH NJW 1979, 2308; ZIP 1998, 2160).

III. Haftungsverhältnisse

1. Grundsätzliches

9 Die Haftung des Verwahrers gestaltet sich verschieden, je nachdem ob es sich um eine entgeltliche oder eine unentgeltliche Verwahrung handelt. Im ersten Fall gelten als Verschuldensmaßstäbe die §§ 276, 278, im zweiten die §§ 690, 277 (zur unbefugten Zuziehung von Gehilfen vgl § 691 Rn 12).

2. Grenzen abweichender Vereinbarung

10 Die Haftung kann durch **Vereinbarung** beschränkt werden. Eine allgemeine absolute Grenze kennt nur der Ausschluss der Haftung für vorsätzliches Handeln, der nach §§ 276 Abs 3, 278 S 2 nur für den Erfüllungsgehilfen, nicht auch für den Schuldner selbst zugelassen ist. Spezielle Grenzen zulässiger Haftungsfreizeichnung finden sich in § 449 HGB für das Frachtgeschäft, in § 466 HGB für das Speditionsgeschäft, in § 475 h für das Lagergeschäft und in § 36 EVO, dagegen nicht mehr in der VO über das Bewachungsgewerbe (BGBl I 2003, 1378), deren § 7 – anders als der frühere § 3 – eine von den allgemeinen Grundsätzen abweichende Haftungsbeschränkung ausdrücklich ausschließt.

11 **Weitergehende Grenzen sind zu beachten, soweit die Haftungsfreizeichnung sich durch Allgemeine Geschäftsbedingungen** vollzieht. Zu fragen ist dann einmal, ob die Haftungsfreizeichnung überhaupt Bestandteil des (entgeltlichen) Verwahrungsvertrags geworden ist. § 305 Abs 2 verlangt insoweit, dass der Aufsteller der allgemeinen Geschäftsbedingungen seinen Vertragspartner bei Vertragsschluss ausdrücklich oder – bei unverhältnismäßigen Schwierigkeiten für den ausdrücklichen Hinweis – durch deutlich sichtbaren Aushang am Ort des Vertragsschlusses auf die Allgemeinen Geschäftsbedingungen hinweist und ihm die zumutbare Möglichkeit der Kenntnisnahme verschafft. Primär ist also der **ausdrückliche Hinweis** erforderlich, so dass

entgegen der früheren Rechtsprechung (RGZ 103, 84; 109, 261; BGH NJW 1968, 1718; LG Köln NJW 1970, 1750) der Aushang nicht schon dann ausreicht, wenn eine Verkehrssitte der Verwendung von Allgemeinen Geschäftsbedingungen besteht. Insbesondere gilt dies, falls der ausdrückliche Hinweis auf einem Park- oder sonstigen Verwahrungsschein angebracht werden kann. Anderes ist erst bei „automatisierten" Vertragsabschlüssen und ähnlich „typisierten, massenweise vorkommenden Geschäften des täglichen Lebens" anzunehmen (MünchKomm/Basedow § 305 Rn 64; vgl auch BGH NJW 2005, 422, 424; DB 1978, 1587 f). Auf jeden Fall muss der Aushang unübersehbar und deutlich lesbar sein; der Vertragspartner braucht nicht danach zu suchen (MünchKomm/Basedow § 305 Rn 65).

Ist die Haftungsfreizeichnung nach diesen Grundsätzen Vertragsbestandteil geworden, so ist über ihre **Wirksamkeit** zu entscheiden. Maßgebend ist dafür zunächst § 309 Nr 7 Buchst b. Daran scheitert über die §§ 276 Abs 3, 278 S 2 hinaus der Haftungs**ausschluss** für eigene grobe Fahrlässigkeit des Verwahrers selbst sowie für Vorsatz und grobe Fahrlässigkeit von Erfüllungsgehilfen, gleichgültig, ob es sich um selbständige oder unselbständige Erfüllungsgehilfen handelt. Die Rechtsprechung vor dem Inkrafttreten des AGBG, die die Haftungsfreizeichnung für grobe Fahrlässigkeit nichtleitender Angestellter zuließ (BGHZ 33, 216; kritisch schon Weber NJW 1969, 174; Güllemann NJW 1972, 891), ist dadurch überholt. Das Klauselverbot erstreckt sich nicht auf den Ausschluss der Eigenhaftung von Erfüllungsgehilfen im Wege der Vereinbarung zugunsten Dritter. Der Verwahrer kann also zugunsten seines Wachpersonals durch Allgemeine Geschäftsbedingungen vorsehen, dass dieses selbst im Falle von vorsätzlicher oder grob fahrlässiger Beschädigung der verwahrten Sachen (oder sonstiger Verletzung des Eigentums daran) **nicht** (aus § 823) in Anspruch genommen werden kann. Weder Wortlaut noch Zweck des § 309 Nr 7 Buchst b verlangen, dass neben der Haftung des AGB-Verwenders selbst auch die seiner Erfüllungsgehilfen bestehen bleibt (MünchKomm/Wurmnest § 309 Nr 7 Rn 10; **aA** – Wirksamkeit des Ausschlusses nur, soweit der Erfüllungsgehilfe ihn selbst vereinbaren könnte – OLG Karlsruhe NJW-RR 1989, 1333, 1335; Ulmer/Brandner/Hensen § 309 Nr 7 Rn 16; offen BGH ZIP 1985, 687, 689). Ob die Erfüllungsgehilfen sozial abhängig sind, spielt entgegen Wurmnest aaO keine Rolle. Das Klauselverbot richtet sich auch gegen Haftungs**beschränkungen** zB durch Ausschluss mittelbarer Schäden (OLG Stuttgart NJW-RR 1988, 1082, 1083), Verkürzung der Verjährungsfristen (BGH NJW-RR 1987, 1252, 1253), Anordnung von Ausschlussfristen oder Subsidiarität (BGH NJW-RR 1991, 1120, 1123) und Fixierung von Höchstbeträgen (MünchKomm/Wurmnest § 309 Nr 7 Rn 23). Unzulässig ist auch die Verweisung des Geschädigten auf die Haftpflichtversicherung des AGB-Verwenders. Lediglich im Rahmen der Generalklausel des § 307, die die Haftungsfreizeichnung durch AGB gegenüber Kaufleuten begrenzt (§ 310 Abs 1), bleibt (bis zur Grenze des § 276 Abs 3) Raum für einen Grundsatz „Versicherung statt Haftung" (vgl dazu Güllemann NJW 1972, 889, 892 f). 12

Auch die in Allgemeinen Geschäftsbedingungen enthaltene Haftungsfreizeichnung für einfache Fahrlässigkeit scheitert, soweit sie sich auf die Verletzung einer **Kardinalpflicht** des Verwahrers bezieht. Wesentliche Pflichten, die sich aus der Natur des Vertrages ergeben, dürfen nicht so eingeschränkt werden, dass der Vertragszweck gefährdet wird (BGH NJW 1978, 1430; 1988, 1785; 1990, 761, 764). Die Kardinalpflicht des Verwahrers aufgrund des Verwahrungsvertrags ist seine **Obhutspflicht** (§ 688 Rn 6 ff). Gegen die Annahme, durch die Freizeichnung für fahrlässige Verletzungen der 13

Obhutspflicht werde der Zweck des Verwahrungsvertrages gefährdet, spricht zwar auf den ersten Blick, dass dadurch lediglich für die entgeltliche Verwahrung die Haftung eingeführt wird, die für die unentgeltliche Verwahrung von Gesetzes wegen besteht. Doch ist jedenfalls im haftungsrechtlichen Kontext der Vertragszweck der entgeltlichen Verwahrung nicht mit dem der unentgeltlichen Verwahrung identisch. Wer eine Sache in entgeltliche Verwahrung gibt, verknüpft damit die Erwartung einer Sicherheit, die sich nicht uU darin erschöpft, dass der Verwahrer bei der Obhut nicht außer Acht lässt, was jedem einleuchtet (so die Definition der groben Fahrlässigkeit in der Rechtsprechung des BGH, zB NJW 1991, 1417). Vielmehr macht die Verwahrung in aller Regel für ihn nur Sinn, wenn er zumindest mit verkehrsüblicher Obhut rechnen kann. BGH NJW 1990, 761, 764 hat demgemäß die Haftungsfreizeichnung eines Krankenhauses für die einfach fahrlässige Verletzung der Obhutspflicht gegenüber den eingebrachten Sachen von Patienten nicht per se für zulässig gehalten, sondern darauf abgehoben, dass der Zweck des Krankenhausvertrags nicht der eines Verwahrungsvertrags ist. Der Begründung entspricht es anzunehmen, dass der Vorbehalt gegenüber der Freizeichnung wegen fahrlässiger Verletzung von Kardinalpflichten unabhängig davon durchgreift, ob der Adressat ein Nichtkaufmann oder ein Kaufmann ist. Denn eine Freizeichnung, die den Vertragszweck gefährdet, ist nach § 307 Abs 2 Nr 2 auch im Verhältnis zu Kaufleuten unzulässig (vgl auch BGH NJW 1985, 2016, 2018; NJW-RR 1988, 559, 561). Zuzulassen ist aber, und zwar sowohl gegenüber Kaufleuten wie vorbehaltlich des § 309 Nr 7 gegenüber Nichtkaufleuten, eine Freizeichnung, die zum Ausgleich mit ausreichendem Versicherungsschutz verbunden ist (OLG Düsseldorf VersR 1980, 1073).

3. Schadensersatz und Drittbeziehungen

14 Wird eine Sache durch schuldhafte Vertragsverletzung des Verwahrers beschädigt oder zerstört, die nicht dem Hinterleger gehört, so kann der Hinterleger den Schaden des Eigentümers nach den Grundsätzen über die **Schadensliquidation im Drittinteresse** geltend machen. Es handelt sich insoweit um die typische Interessenlage der Drittschadensliquidation, nämlich darum, dass aufgrund der zufälligen Gestaltung des Rechtsverhältnisses zwischen Hinterleger und Eigentümer der Schaden nicht in der Person des Hinterlegers, sondern in der des „dritten" Hintermannes eintritt (RGZ 93, 41; 170, 250; BGHZ 51, 93; Berg JuS 1977, 365). Nicht in Betracht kommt dagegen eine Haftung des Verwahrers unmittelbar gegenüber dem Eigentümer nach den Grundsätzen über die Haftung aus Vertrag mit Schutzwirkung zugunsten Dritter. Zwar verlangt die Rechtsprechung dafür seit einiger Zeit nicht mehr unbedingt, dass der Vertragspartner im Sinne einer personenrechtlichen Beziehung für das „Wohl und Wehe des Dritten verantwortlich" ist, was sich insbesondere darin äußert, dass außer Personenschäden auch Sach- und Vermögensschäden über die Haftung aus Vertrag mit Schutzwirkung zugunsten Dritter berücksichtigt worden sind (BGHZ 49, 350, 354; BGH NJW 1977, 2073 f). Doch ist auf jeden Fall daran festzuhalten, dass die Schadensverlagerung ausschließlich nach den Grundsätzen über die Drittschadensliquidation beurteilt werden kann. Erst die Erweiterung des nach dem normalen Pflichtenprogramm anfallenden Haftungsumfangs führt zum **Vertrag mit Schutzwirkung zugunsten Dritter** (Medicus/Petersen, BR Rn 839, 844 ff).

15 Nicht nachvollziehbar ist die Ansicht, es sei auch dann auf die Grundsätze über die Drittschadensliquidation zurückzugreifen, **wenn ein Dritter die Sache** des Hinterle-

gers beim Verwahrer schuldhaft **zerstört oder beschädigt**, ohne dass der Verwahrer deswegen gegenüber dem Hinterleger schadensersatzpflichtig wird (MünchKomm/Henssler § 688 Rn 23). Denn entweder ist der Schädiger mit Willen des Verwahrers mit der Sache in Berührung gekommen, dann ist er im Hinblick auf die Pflicht des Verwahrers gegenüber dem Hinterleger auf Unterlassen von Schädigungen Erfüllungsgehilfe (= Bewahrungsgehilfe), für dessen Fehlverhalten der Verwahrer nach § 278 einzustehen hat (zum Fall der Substitution vgl § 691 Rn 6); Anspruch und Schaden fallen insoweit gar nicht, wie die Lehre von der Drittschadensliquidation voraussetzt, auseinander. Das gilt auch für den Fall, dass ein Mieter des Verwahrers die hinterlegte Sache beschädigt hat, und zwar auch dann, wenn der Mieter von der Existenz des Verwahrungsverhältnisses nichts weiß. Erfüllungsgehilfen brauchen sich ihrer Eigenschaft nicht bewusst zu sein (aA MünchKomm/Henssler § 688 Rn 23). Oder der Schädiger ist **ohne Willen des Verwahrers mit der Sache in Berührung gekommen**; dann ist nicht erkennbar, unter welchem Gesichtspunkt der Verwahrer mehr als einen Anspruch aus Delikt (Verletzung des berechtigten Besitzes) geltend machen könnte; dass der Schädiger durch die Beschädigung Pflichten aus Vertrag oder vorvertraglichem Schuldverhältnis mit dem Verwahrer verletzt, aber gleichwohl die Gelegenheit zur Einwirkung auf die Sache ohne dessen Willen erhalten haben könnte, ist nicht konstruierbar. Über einen deliktsrechtlichen Anspruch gegen den Schädiger verfügt indessen auch der Hinterleger (Verletzung des Eigentums oder des berechtigten mittelbaren Besitzes). Im Übrigen ist auch vom Ergebnis her nicht einzusehen, dass der Hinterleger mehr Rechte haben soll, als das Deliktsrecht ihm zugesteht. Soweit der Verwahrer die Schädigung nicht pflichtwidrig erleichtert hat (und daher ohnehin schadensersatzpflichtig ist), ist es willkürlich, den Hinterleger deshalb besser zu stellen, weil die Sache nicht bei ihm selbst, sondern beim Verwahrer zerstört oder beschädigt worden ist.

4. Darlegungs- und Beweislast

Soweit der Hinterleger Schadensersatz wegen Zerstörung oder Beschädigung der **16**
Sache verlangt, bestimmt sich die Darlegungs- und Beweislast nach **§ 280 Abs 1 S 2**. Der Verwahrer hat danach darzulegen, dass die Unmöglichkeit der unversehrten Rückgabe (= die Pflichtverletzung) auf einem Umstand beruht, den er nicht nach den §§ 276, 278 zu vertreten hat. Die Umkehr der Darlegungs- und Beweislast hinsichtlich der Ursache der Beschädigung erstreckt sich auf Ansprüche wegen **Folgeschäden** (Beispiel: Das verwahrte Tier ist während der Verwahrung erkrankt und steckt nach Rückgabe andere Tiere des Hinterlegers an). Soweit der Hinterleger den Ersatz von **Begleitschäden** (Beispiel: Hinterleger verletzt sich bei der Abholung der verwahrten Sache, weil der Verwahrer bei Glatteis vor seiner Haustür nicht gestreut hat) verlangt, ist zu differenzieren, je nachdem, ob die Schadensursache im Bereich des Schuldners liegt oder nicht. Nur in der ersten Alternative hat der Schuldner (= Verwahrer) die Darlegungs- und Beweislast, und zwar sowohl für die Pflichtverletzung als auch für das Verschulden (BGH NJW 2009, 142; MünchKomm/Ernst § 280 Rn 147 f; speziell zur Darlegungs- und Beweislast im Fall der Beschädigung und des Abhandenkommens abgestellter Fahrzeuge vgl Rn 34 ff).

IV. Besondere Arten der Verwahrung

1. Hinterlegungsdarlehen

17 Als Hinterlegungsdarlehen (unregelmäßige Verwahrung) regelt das BGB in § 700 eine besondere Art von Verwahrungsvertrag, die von der Interessenlage her zwischen Darlehen und Verwahrung steht. Der Hinterleger verliert einerseits sein Eigentum und kann gleichartige Sachen zurückfordern (Darlehenskomponente), der Vertrag bezweckt aber andererseits vor allem die vorübergehende Aufbewahrung und gerade nicht die Gebrauchsüberlassung (Verwahrungskomponente; zu den Einzelheiten vgl § 700 und die Erl dazu; zu den Voraussetzungen einer unregelmäßigen Verwahrung von Wertpapieren [§ 700 Abs 2] und einer Tauschverwahrung nach §§ 10, 11 DepotG vgl § 700 Rn 18, 20 f).

2. Freiwillige Sequestration

18 Die freiwillige Sequestration (Gemeinschaftsverwahrung) ist die Hinterlegung einer Sache durch mehrere mit der Vereinbarung, dass sie an alle, einen einzelnen oder einen Empfangsbevollmächtigten herauszugeben ist. Diese besondere Form der Verwahrung wird vom BGB nicht besonders erwähnt (Mot II 580). Im Falle von beweglichen Sachen liegt rechtlich ein Verwahrungsvertrag oder ein Vertrag mit Verwahrungspflichten als Nebenpflichten vor, bei Grundstücken regelmäßig Auftrag oder Dienstvertrag (OLG Frankfurt NJW 1953, 1270). Es gelten die §§ 428–430 (mit von § 428 abweichender Regelung der Empfangszuständigkeit).

Verwandte Vorschriften enthalten die §§ 432 Abs 1 S 2, 1217 Abs 1, 1231, 1281 S 2, 2039 S 2, in denen die Ablieferung einer Sache an einen gerichtlich zu bestellenden Verwahrer vorgeschrieben wird. Nach § 410 Nr 3 FamFG ist zur Bestellung eines solchen Verwahrers das Amtsgericht zuständig, in dessen Bezirk sich die Sache befindet. Auch über eine vom Verwahrer beanspruchte Vergütung sowie die Erstattung seiner Aufwendungen entscheidet nach §§ 410 Nr 3, 411 Abs 3 FamFG das Amtsgericht (zur Ablieferung der nicht im Alleinbesitz des Pfandgläubigers befindlichen Pfandsachen an einen gemeinschaftlichen Verwahrer s § 1231; zur Sequestration im Rahmen der Zwangsvollstreckung und einstweiligen Verfügung vgl §§ 848, 855, 938 Abs 2 ZPO; zur Abgrenzung von Amtshaftung und persönlicher Vertragshaftung für Pflichtverletzungen eines Gerichtsvollziehers bei einer Sequestration BGH WM 2001, 153).

3. Lagergeschäft

19 Das Lagergeschäft nach den §§ 467–475h HGB ist die handelsrechtliche Form der Verwahrung. Anders als nach den §§ 416–425 HGB aF ist ein auf das Lagergeschäft gerichteter Gewerbebetrieb nicht erforderlich. Es reicht aus, dass die Lagerung und Aufbewahrung überhaupt zum Betrieb eines gewerblichen Unternehmens gehört. Unter dieser Voraussetzung gelten die §§ 467 ff HGB auch für den Gelegenheitslagerhalter. Das Gewerbe muss kein Handelsgewerbe iS des § 1 Abs 2 HGB sein. § 467 Abs 3 HGB ordnet an, dass unabhängig davon nicht nur die §§ 467 ff HGB, sondern auch die §§ 343 ff HGB anwendbar sind. Lediglich die Anwendung der §§ 348–350 HGB setzt ein Handelsgewerbe voraus. Möglicher Gegenstand des Lagergeschäfts sind nur lagerfähige bewegliche Sachen. Dazu gehören nicht Geld und

Wertpapiere, nach hM auch nicht Tiere außerhalb geschlossener Behältnisse (Baumbach/Hopt/Merkt § 467 Rn 4; K Schmidt, Handelsrecht [6. Aufl 2014] § 34 I 2 Rn 6; **aA** GK/Koller § 416 Rn 11). Die §§ 688 ff sind anzuwenden, soweit die Spezialbestimmungen der §§ 467 ff HGB nicht eingreifen. Im Übrigen ist die Existenz unternehmensübergreifender Allgemeiner Geschäftsbedingungen zu beachten (zB Allgemeine Deutsche Spediteurbedingungen, Allgemeine Lagerbedingungen des Deutschen Möbeltransports), die allerdings – wie sonstige Allgemeine Geschäftsbedingungen auch – nur über die Vereinbarung nach § 305 Abs 2 wirksam werden können.

Sind **vertretbare Sachen** Gegenstand des Lagervertrags, so kann statt der normalen Einzellagerung (§ 467 HGB) die Sammellagerung der Sachen mehrerer Hinterleger vereinbart werden; die Einlagerung führt dann für die Hinterleger zu Miteigentum nach Quoten (§ 469 Abs 2 HGB), jedem Hinterleger kann ohne Beteiligung der anderen die seinem Bruchteil entsprechende Menge herausgegeben werden (§ 469 Abs 3 HGB). Vom Geltungsanspruch der §§ 467 ff HGB ausgenommen ist die Summenlagerung, die der unregelmäßigen Verwahrung nach § 700 entspricht (Baumbach/Hopt/Merkt § 467 Rn 1). **20**

An **Besonderheiten der Rechtslage** beim Lagerhaltervertrag im Verhältnis zu derjenigen beim bürgerlichrechtlichen Verwahrungsvertrag sind hervorzuheben: Statt § 696 gilt § 473 HGB. Soweit ein Orderlagerschein ausgestellt ist, verkörpert dieser das eingelagerte Gut, so dass durch Verfügung über ihn über das eingelagerte Gut verfügt werden kann (§ 475 HGB). Der Lagerhalter hat wegen seiner Ansprüche aus dem Lagervertrag ein gesetzliches Besitzpfandrecht an dem eingelagerten Gut (§ 475b Abs 1 HGB) einschließlich der Forderung aus einer Versicherung und der Begleitpapiere (BGH BB 1966, 179), das nach § 366 Abs 3 HGB auch gutgläubig erworben werden kann. Keine Besonderheit bietet die Regelung der Darlegungs- und Beweislast nach § 475 HGB; das gleiche folgt für die bürgerlichrechtliche Verwahrung aus § 280 Abs 1 S 2 (vgl Rn 16). Auch die Haftung des Lagerhalters für Erfüllungsgehilfen entspricht derjenigen des Verwahrers nach bürgerlichem Recht; entgegen verbreiteter Auffassung (zB K Schmidt, Handelsrecht § 34 IV 1 b Rn 19 f) weicht RGZ 101, 348 (Haftung des Lagerhalters für Diebstähle des Lagermeisters) nicht ab (vgl MünchKomm/Grundmann § 278 Rn 47). **21**

4. Gepäckverwahrung im Bahnverkehr

Die Eisenbahn haftet für die Verwahrung von Hand- und Reisegepäck auf Bahnhöfen gem § 36 EVO. Sie kann die Haftung nur auf einen Höchstbetrag beschränken, soweit sie nicht vorsätzlich oder grob fahrlässig handelt. Diese Regelung ist an die Stelle der früheren Bestimmung getreten, dass die Eisenbahn ex lege nur bis zu einem bestimmten Höchstbetrag haftet. Frühere Streitfragen, wie insbesondere die Konkurrenz der Haftung nach EVO zur deliktischen Haftung, haben sich dadurch erledigt (zum früheren Recht RGZ 98, 33). Die Haftung „als Verwahrer" verweist auf die Haftung nach BGB. Das gilt auch für das Verhältnis der Haftung nach § 36 EVO zur deliktischen Haftung. Die Wertung des § 434 Abs 1 HGB ist auf die deliktische Haftung zu erstrecken; die abweichende frühere Rechtsprechung zur Haftung der Bahn (BGHZ 24, 188; BGH NJW 1973, 511) ist durch diese gesetzliche Wertung überholt (MünchKomm/Henssler § 688 Rn 33) **22**

23 Ebenfalls entfallen ist die Sondervorschrift für den „Fund“ in der Eisenbahn. Es gelten nunmehr die allgemeinen Grundsätze. Danach hat die Eisenbahnverwaltung bezüglich der vergessenen Sachen eine Verwahrungspflicht, die sich nach §§ 688 ff BGB richtet. Der Haftungsmaßstab bestimmt sich nach allgemeinen Regeln (§§ 276, 278), da § 690 auf diese Nebenverpflichtung des **entgeltlichen** Beförderungsvertrages der Eisenbahn mit dem vergesslichen Fahrgast nicht anzuwenden ist.

5. Wertpapierverwahrung

24 Sonderregelungen über spezielle Arten der Verwahrung enthält das Gesetz über die Verwahrung und Anschaffung von Wertpapieren (DepotG von 1937; RGBl I 17 in der Neufassung vom 11. 1. 1995, BGBl I, 34, zuletzt geändert durch Art 5 des Gesetzes zur Neuregelung der Rechtsverhältnisse bei Schuldverschreibungen aus Gesamtemissionen und zur verbesserten Durchsetzbarkeit von Ansprüchen von Anlegern aus Falschberatung vom 31. 7. 2009, BGBl I, 2512). Das Gesetz gilt für Kaufleute – auch für öffentlichrechtliche Banken und für Sparkassen, selbst wenn sie keine Kaufmannseigenschaft haben –, denen im Betrieb ihres Handelsgewerbes Wertpapiere unverschlossen zur Verwahrung anvertraut werden. Wertpapiere iS des Gesetzes sind Aktien, auch Kuxe, Zwischenscheine, Reichsbankanteilsscheine, Zins-, Gewinnanteils- und Erneuerungsscheine, auf den Inhaber lautende oder durch Indossament übertragbare Schuldverschreibungen, andere vertretbare Wertpapiere, aber nicht Banknoten oder Papiergeld (§ 1 DepotG; vgl im Übrigen § 700 Rn 16 ff).

6. Sonstige Fälle

25 Zur Verwahrungspflicht des Treuhänders bei den Hypothekenbanken vgl § 31 des HypBkG, bei den Schiffspfandbriefbanken vgl § 29 des SchiffsBkG. Zur Pflicht von Wertpapierdienstleistungsunternehmen zur getrennten Verwahrung von Kundengeldern BVerwG WM 2002, 1919.

26 Zur Haftung des Gastwirts in Beherbergungsbetrieben bei Einbringung von Sachen vgl §§ 701 ff. Davon unberührt bleibt die Haftung des Gastwirts nach allgemeinen Vertrags- oder Deliktsregeln, soweit Gegenstände nicht von § 701 erfasst werden – besonders Kfz oder darin zurückgelassene Sachen (§ 701 Abs 4); hier können im Einzelfall die §§ 688 ff (oder Mietrechtsgrundsätze) anzuwenden sein (BGH NJW 1969, 789 und NJW 1975, 645; ausführlicher Staudinger/Werner Vorbem 14 zu §§ 701 ff).

V. Abgrenzung zu anderen Verträgen

1. Leihe und Miete

27 Äußere Gestaltung und Besitzlage sind bei der Verwahrung ähnlich wie bei Leihe und Miete. Jedes Mal treffen den unmittelbaren Besitzer, der die fremde Sache in Gewahrsam hat, bestimmte **Obhutspflichten**. Abgrenzungskriterium ist die verschiedene Interessenlage: Bei Leihe und Miete wird die Sache vorwiegend im Interesse des unmittelbaren Besitzers übergeben, der sie gebrauchen will und der dafür im Falle der Miete ein Entgelt bezahlt. Die Obhutspflichten des unmittelbaren Besitzers sind dabei lediglich Nebenpflichten (dazu BGH LM Nr 2 zu § 535). Bei den Verwahrungsverträgen ist die **Obhut** dagegen **Hauptpflicht**. Im Zentrum steht das Inte-

resse des Hinterlegers an einer sicheren und pfleglichen Aufbewahrung der Sache durch den Verwahrer (BGHZ 3, 200). Im Falle des entgeltlichen Verwahrungsvertrages ist es hier auch der Hinterleger, also der mittelbare Besitzer, der ein Entgelt bezahlt.

Bei Einordnungsschwierigkeiten im Einzelfall ist dementsprechend auf die Interessenlage abzustellen. Bei bloßer Raumgewährung ohne Übernahme einer Obhutspflicht über die dort untergebrachten Sachen liegt Raummiete oder Raumleihe vor (BGHZ 3, 200). Der Vertrag über ein Stahlschrankfach ist ein Mietvertrag (RGZ 77, 336; 99, 74; 141, 99, 101; OLGR Hamburg 2001, 354; WERNER JuS 1980, 175, 176). Auch bei bloßer Duldung des Einstellens oder Unterstellens ist Verwahrung zu verneinen; in Betracht kommt stattdessen ein Gefälligkeitsvertrag sui generis. Soweit das Dulden nach der Verkehrsauffassung keinen Vermögenwert hat, kann auch überhaupt kein Rechtsverhältnis (Leihe), sondern nur ein Gefälligkeitsverhältnis gewollt sein (PALANDT/SPRAU § 688 Rn 2). Umgekehrt soll ein Pferdeeinstellungsvertrag im Zweifel nicht Mietvertrag, sondern Verwahrungsvertrag sein (LG Ulm NJW-RR 2004, 854; anders zum Pferdepensionseinstellungsvertrag KRÜGER AgrarR 1996, 145 ff; vgl dazu Rn 39 ff). Problematisch ist die Einordnung eines Vertrags über Einstellung bzw Parken von Kfz auf Parkplätzen (vgl dazu Rn 34 ff). 28

2. Pacht

Die Abgrenzung der Verwahrung zur Pacht ist vor allem im Zusammenhang mit dem sog **Viehgräsungsvertrag** (Weideviehvertrag) praktisch geworden, der dadurch gekennzeichnet ist, dass der eine Vertragsteil dem anderen gegen Entgelt erlaubt, auf seinen Ländereien Tiere weiden zu lassen. Die Gerichte schwanken bei der Einordnung zwischen Verwahrung (LG Bielefeld MDR 1968, 668; zustimmend 12. Aufl), pachtähnlichem Vertrag (OLG Düsseldorf VersR 1956, 226) und Vertrag sui generis (OLG Kiel SchlH Anz 1930, 222). Richtigerweise wird zu unterscheiden sein: Wird das Entgelt im Wesentlichen für das Gras als Tierfutter vereinbart, so handelt es sich um einen Kaufvertrag. Wenn der Inhaber der Weide es übernimmt, während der Gräsung auf die Tiere aufzupassen, wird der Kaufvertrag um eine Dienstleistung als anderstypische Nebenleistung ergänzt. An die Stelle der Dienstleistung tritt die Verwahrung, wenn die Weide umzäunt ist, so dass sich ein Bewachungsdienst erübrigt. In beiden Varianten gilt Kaufrecht; auf Dienstvertragsrecht bzw Verwahrungsvertragsrecht ist lediglich analog zurückzugreifen, soweit speziell und isolierbar der Dienstleistungs- bzw Verwahrungsaspekt betroffen ist. Nur soweit die Obhut für die Beteiligten so im Vordergrund steht, dass sich ihretwegen die Größenordnung des vereinbarten Entgelts verändert, kommt ein **Kombinationsvertrag (aus Kauf und Verwahrung) in Betracht** (**aA** MünchKomm/HENSSLER § 688 Rn 57: Kombinationsvertrag mit den Elementen Pacht und Verwahrung; aber für Pacht fehlt es an der Überlassung der Weide zur eigenverantwortlichen Bewirtschaftung durch den Tierhalter). Der Verlust von Weidetieren löst je nachdem, ob ein Kaufvertrag mit Verwahrungspflicht als anderstypische Nebenleistung oder ein Kombinationsvertrag mit den Elementen Kauf und Verwahrung vorliegt, Schadensersatzansprüche aus § 280 Abs 1 S 1 oder aus den §§ 695, 280, 281, 283 aus. In beiden Varianten kehrt sich die Beweislast zu Lasten des in Anspruch genommenen Weideinhabers um (§ 280 Abs 1 S 2). 29

3. Darlehen

30 Abgrenzungsschwierigkeiten zum Darlehen (im Interesse des Empfängers) treten insbesondere im Bereich des Hinterlegungsdarlehens, also eines unregelmäßigen Verwahrungsvertrags (im Interesse des Hinterlegers) iS des § 700 auf (vgl dazu § 700 Rn 3).

4. Dienst- und Werkvertrag, Geschäftsbesorgungsvertrag

31 Vom Dienst- und Werkvertrag unterscheidet sich die Verwahrung dadurch, dass sich die Pflicht des Verwahrers in der Aufbewahrungspflicht erschöpft, während der Gegenstand des Dienst- oder Werkvertrags eine weitergehende Tätigkeit im Interesse des Vertragspartners verlangt (Enneccerus/Lehmann § 169 3 a). Bei Werk- und Dienstverträgen sind Verwahrungspflichten häufig Nebenpflichten des Hauptvertrags, zB bei Kfz-Reparatur die verkehrsübliche Verwahrung ohne gesonderte Berechnung bis zum Abschluss der Reparatur durch den Unternehmer (BGH BB 1956, 222 und VersR 1962, 644; OLG Bremen VersR 1969, 524 mit zust Anm König VersR 1971, 210) oder beim Reisevertrag zB die Gepäckaufbewahrung (BGHZ 60, 16; OLG Köln NJW 1972, 1815; zu Verwahrungspflichten als Nebenpflichten vgl näher Rn 41 ff).

32 Entsprechendes gilt für Geschäftsbesorgungsverträge nach § 675. Soweit dabei eine Verwahrung Gegenstand dieses Vertrages ist, können sich Überschneidungen bzw Kombinationen ergeben; zB begründet der Verwahrungsvertrag mit einer Bank etwa über Wertpapierverwahrung auch Verwaltungs- (RG DJ 1936, 1475), Benachrichtigungs- (OLG Kiel OLGRspr 22, 329) oder Belehrungspflichten (OLG Braunschweig MDR 1948, 118) als Nebenpflichten (dazu noch § 688 Rn 9). Derartige Pflichten sind teilweise in den AGB der Banken genauer geregelt. Verwahrungsvertrag und Verwaltungsvertrag nach § 675 können förmlich miteinander verbunden sein. Ein Typenkombinationsvertrag aus Geschäftsbesorgungs- und Verwahrungselementen (und zusätzlich Kommissionselementen) ist auch der sog Galerievertrag, durch den sich der Betreiber einer Galerie einem Künstler zur Betreuung seiner Werke verpflichtet (OLG München CIPR 2012, 24). Ebenfalls ein Typenkombinationsvertrag (aus Werkvertrags- und Verwahrungsvertragselementen) ist anzunehmen, wenn eine Möbelreparaturwerkstatt nach einem Brandschaden mit dem Abtransport von Möbeln auf ihr Betriebsgelände mit dem Ziel beauftragt wird, sie soweit wie möglich aufzuarbeiten (LG Aachen GuT 2011, 285).

5. Pfandhaltervertrag

33 Ein spezieller Verwahrungsvertrag ist der **Pfandhaltervertrag** (§ 1206) zwischen dem Pfandhalter (Verwahrer) und dem Verpfänder, uU auch dem Pfandgläubiger, oder beiden als Hinterleger. Der Pfandhalter hat die Sache zu verwahren und darf sie nur an Verpfänder und Pfandgläubiger gemeinsam herausgeben (RGZ 87, 39; 118, 37; RG JW 1938, 867). In Ausnahmefällen kann auch ein unregelmäßiger Verwahrungsvertrag im Sinne des § 700 in Betracht kommen (zB bei OLG Hamm DB 1963, 1117). Das Gleiche gilt im Falle der Sicherungsübereignung, wenn der Gläubiger den unmittelbaren Besitz am Sicherungsgut erworben hat (BGH WM 1967, 343). Die Verwahrungsvorschriften sind nur zT analog anwendbar im Fall eines sog Sicherungsvertrages im

Interesse des Verwahrenden (RGZ 119, 57: Recht zur Befriedigung aus dem übergebenen Geld wegen Forderungen, die der Verwahrer gegen den Hinterleger hat).

6. Fahrzeugabstell- und Fahrzeugbewachungsvertrag

Umstritten ist die Abgrenzung beim Fahrzeugabstell- oder Fahrzeugbewachungs- **34** vertrag. Da es bei der Abgrenzung wesentlich auf die Interessenkonstellation, die Besitzlage sowie die Übernahme einer Obhutspflicht ankommt, ist zunächst zu differenzieren zwischen dem Parken auf einem entgeltpflichtigen Parkplatz, dem Abstellen eines Kfz in einer Sammelgarage (der Kunde lässt den Schlüssel im Wagen oder übergibt ihn dem Unternehmer) und in einem Parkhaus (der Kunde schließt dabei sein Kfz ab und nimmt den Schlüssel mit; vgl ausführlich dazu Medicus, 25 Jahre Karlsruher Forum [1983] 171 ff).

Das Abstellen eines Fahrzeugs auf einem **Parkplatz** gegen Entgelt ist Gegenstand **35** eines **Mietvertrags**, wenn (etwa nach Vertragsinhalt gewordenen AGB) keinerlei Obhutspflichten übernommen werden, sondern nur ein Abstellplatz zur Verfügung gestellt wird (AG Bad Dürkheim VersR 1982, 710: Hotelparkplatz gegen gesonderte Berechnung; BGH NJW 1975, 645: Hotelparkplatz ohne gesonderte Berechnung, wenn Gast ihn besonders zugewiesen erhält). Unentgeltliche Überlassung des Abstellplatzes ist ceteris paribus **Leihe** (LG Wiesbaden NJW 1970, 665: Kundenparkplatz eines Kaufhauses; LG Düsseldorf Schaden-Praxis 2009, 394: Hotelparkplatz). Wird dagegen nur Obhut vereinbart, aber kein Abstellplatz zur Verfügung gestellt (zB bei öffentlichem Straßengrund, wo aufgrund des Gemeingebrauchs ohnehin geparkt werden könnte), so ist ein **Dienstvertrag** anzunehmen. Wird der Parkplatz mit Bewachung geschuldet, so kann sowohl ein **Verwahrungsvertrag** (hM; LG Göttingen DAR 1952, 8; LG Köln VersR 1952, 214; LG Berlin VersR 1955, 524; LG München VersR 1956, 173; Mäding DAR 1951, 17; Zeitlmann VersN 1953, 71; Schöpe DAR 1963, 348; Aschenberg VersR 1964, 1031; Schünemann NJW 2003, 1689, 1691; Erman/E Herrmann § 688 Rn 9; Palandt/Sprau Einf 19 vor § 535) als auch – mangels Besitzübergabe des Kfz (gegen Relevanz der Besitzübergabe für Verwahrung MünchKomm/Henssler § 688 Rn 50) – ein **aus Miet- und Dienstvertragselementen gemischter Vertrag** in Betracht kommen (Wintergerst NJW 1963, 142; Neumann-Duesberg VersR 1968, 313; für gemischten Vertrag aus Miet-, Dienst- und Verwahrungsvertragselementen LG Köln VersR 1962, 1118; für gemischten Vertrag aus Miet- und Verwahrungselementen MünchKomm/Henssler § 688 Rn 54). Der BGH (NJW 1968, 1718) hat die Frage offengelassen. Das OLG Karlsruhe hat als Alternativen lediglich die Verwahrung und einen gemischten Vertrag aus Miet- und Verwahrungselementen in Erwägung gezogen (NJW-RR 2004, 1610). Für den Regelfall verdient die Ansicht den Vorzug, die einen gemischttypischen Miet- und Dienstvertrag annimmt, verliert doch der Kfz-Besitzer nach der insoweit maßgeblichen Verkehrsauffassung im Allgemeinen auf einem bewachten Parkplatz noch nicht die tatsächliche (Allein-) Sachherrschaft über das Fahrzeug. Das schließt zugleich Besitz des Parkplatzinhabers aus (**aA** MünchKomm/Henssler § 688 Rn 53). Verwahrung ist nur bei außergewöhnlicher Gestaltung anzunehmen, so zB, wenn das Fahrzeug in einem unzugänglichen Bereich abgestellt und selbst von einem Besitzer erst nach erfolgreichem Passieren einer Kontrolle zu erreichen ist (vgl auch Esser/Weyers II § 38 I 3 a; Ruhkopf VersR 1967, 10; Brychcy DAR 1975, 31). Die Ansicht, auf Besitz des Verwahrers komme es nicht an (MünchKomm/Henssler § 688 Rn 53 iVm 50 im Anschluss an Medicus, 25 Jahre Karlsruher Forum [1983] 172) hebt den Unterschied zwischen Verwahrung und dienstvertraglicher Bewachung auf. Sowohl die dienstvertragliche

Bewachungspflicht als auch die Verwahrungspflicht erstrecken sich auf den Inhalt des in Obhut gegebenen Kfz (BGH NJW 1968, 1718; MDR 1969, 455 mit zust Anm Berg NJW 1969, 1172).

36 Für das Abstellen in **Sammelgaragen** geht man ganz überwiegend davon aus, dass ein **Verwahrungsvertrag** vorliegt. Das ist wohl schon deswegen richtig, weil dabei üblicherweise dem Unternehmer die Kfz-Schlüssel überlassen werden (vgl AG Neuwied VersR 1992, 362). Dieser erlangt also die tatsächliche Verfügungsgewalt; den Parkkunden wird die Möglichkeit genommen, selbst für Diebstahlssicherung und gegen Beschädigung Vorsorge zu treffen (hM; OLG Hamburg RdK 1933, 128; OLG Düsseldorf MDR 1950, 758; OLG München VersR 1959, 74; OLG Hamburg VersR 1960, 330; OLG Köln VersR 1963, 642; vgl auch BGH VersR 1960, 321; Ruhkopf VersR 1967, 11; Erman/E Herrmann § 688 Rn 9; Palandt/Sprau Einf 19 vor § 535; offengelassen in BGH DB 1974, 426; **aM** KG VersR 1962, 530 und 1968, 440; AG Ulm NJW-RR 1987, 1340; Mietvertrag mit Obhut als Nebenpflicht; im Fall einer Übergabe der Schlüssel zu Verwahrungsvertrag tendierend BGH MDR 1969, 455). Henssler (MünchKomm/Henssler § 688 Rn 54) will einen Kombinationsvertrag aus Miete (des Garagenplatzes) und Verwahrung (des Kfz) annehmen. Dem widerspricht, dass der Inhaber des Kfz unter den Bedingungen der Sammelgarage keinen Besitz an dem Garagenplatz hat. Auch die Interessenlage rechtfertigt die Ansicht nicht. Der Garageninhaber schuldet sichere Unterbringung (mit dem Recht, das Kfz notfalls umzusetzen), nicht die Überlassung eines bestimmten Garagenplatzes, für dessen ursprüngliche Mangelfreiheit er garantiert (§ 536a). Zu den Pflichten des Garagenbetreibers aus Verwahrungsvertrag gehört es, organisatorische Vorkehrungen gegen den Missbrauch ihm übergebener Fahrzeugschlüssel durch sein Personal zu treffen. Hat er dies verabsäumt, so haftet er für dadurch verursachten Diebstahl des Fahrzeugs nicht nur aus Gehilfen-, sondern auch aus Eigenverschulden (BGH NJW 1974, 900 – wichtig bei Haftungsfreizeichnung).

37 Die Einstellung in **Parkhäuser** wird einerseits dem **Verwahrungsvertrag** (OLG Köln VersR 1964, 858 mit zust Anm Aschenberg VersR 1964, 1031; Esser/Weyers II § 38 II 3 a; Ruhkopf VersR 1967, 12; einschränkend im Anschluss an OLG Düsseldorf NJW-RR 2001, 1607 – nur bei Übernahme der Obhutspflicht Palandt/Sprau Einf 19 vor § 535), andererseits der **Raummiete** zugeordnet (LG Bremen NJW 1970, 2064; Güllemann NJW 1972, 889; Brychcy DAR 1975, 32; Erman/E Herrmann § 688 Rn 9). Medicus (25 Jahre Karlsruher Forum 174 [1983]) nimmt einen **Typenkombinationsvertrag** aus Miet- und Verwahrungselementen an. Der BGH geht davon aus, dass eine Obhutspflicht jedenfalls dann nicht besteht, wenn der Parkhausunternehmer für ausreichenden Sachversicherungsschutz sorgt (am Beispiel einer Tiefgarage BGH NJW 1972, 151; noch stärker einschränkend OLG Düsseldorf NJW-RR 2001, 1607). In der Tat entspricht es regelmäßig nicht der Interessenlage anzunehmen, die Beteiligten hätten den Abschluss eines Verwahrungsvertrages mit den ihm eigentümlichen Obhutspflichten im Range von Hauptpflichten beabsichtigt. „Die Benutzung von Parkhäusern erfolgt wegen des knappen Parkraums im Zentrum der Großstädte, ihrer günstigen Lage und ihres vergleichsweise niedrigen Preises infolge der (teilweisen) Anrechnung der Parkgebühren beim Einkauf in bestimmten Warenhäusern … Der Kunde (erwartet) nicht in erster Linie eine Bewachung seines Fahrzeugs, sondern die Überlassung eines günstig gelegenen und preiswerten Abstellplatzes" (Güllemann NJW 1972, 889; ebenso LG Bremen NJW 1970, 2064; Erman/E Herrmann § 688 Rn 9; Palandt/Sprau Einf 19 vor § 535). Irreführend ist es, in diesem Zusammenhang von einem Mietvertrag mit Obhutsnebenpflichten zu

sprechen (so MünchKomm/Hüffer[5] § 688 Rn 55; anders MünchKomm/Henssler § 688 Rn 55). Zwar kann der Mieter des Abstellplatzes im Parkhaus erwarten, dass der Vermieter zumutbare Sicherungsvorkehrungen gegen die parkhausspezifischen Gefahren trifft. Aber daraus erwachsen keine weitergehenden Pflichten als die, die jeder zu beachten hat, der eine mit Gefahren für die Rechtsgüter der Kunden verbundene Leistung anbietet. Es geht maW um die Pflicht des Vermieters aus §§ 241 Abs 2, 242, den Gebrauch des Abstellplatzes so zu gewähren, wie Treu und Glauben mit Rücksicht auf die Verkehrssitte es erfordern, dh um eine sog weitere Verhaltenspflicht (Gernhuber, Das Schuldverhältnis § 2 IV 2; vgl auch Rn 42). Die Rede von Obhutsnebenpflichten erweckt den unrichtigen Eindruck, es liege ein Mietvertrag mit untergeordneter Verwahrungspflicht vor, auf die die §§ 688 ff (analog) angewendet werden könnten (vgl Gernhuber, Das Schuldverhältnis § 7 V 5).

Die praktische Bedeutung der Qualifikation als Verwahrungsvertrag oder als gemischter Miet-Dienst-Vertrag zeigt sich bei der **Beweislastverteilung** im Prozess. Im Falle eines Verwahrungsvertrags hat der Hinterleger im Rechtsstreit um die Pflicht zum Ersatz von Schäden am Kfz nur zu beweisen, dass die Schäden entstanden sind. Denn der Verwahrer ist nach § 695 zur Rückgabe in unversehrtem Zustand verpflichtet, so dass die Rückgabe in beschädigtem Zustand als solche bereits eine nicht ordnungsgemäße Erfüllung (= Pflichtverletzung) ist. Der Verwahrer hat arg e § 280 Abs 1 S 2 zu beweisen, dass er diese Pflichtverletzung nicht zu vertreten hat. Nimmt man dagegen einen gemischten Miet-Dienst-Vertrag an, so gibt es (hinsichtlich des Kfz) keine Rückgabepflicht, die wegen der Beschädigung nicht ordnungsgemäß erfüllt ist. Vielmehr kommt nur die Verletzung einer verhaltensbezogenen (im Gegensatz zur erfolgsbezogenen) Pflicht in Betracht, die objektiv sorgfaltswidriges Handeln voraussetzt. Dafür gilt § 280 Abs 1 S 2 grundsätzlich nicht; sein Anwendungsbereich beschränkt sich insoweit auf die subjektive Seite des Fahrlässigkeitsvorwurfs (Staudinger/Schwarze [2014] § 280 Rn F 40 und 46). Damit stellt sich freilich das Problem, dass der Gläubiger im Hinblick auf die Beweislast schlechter dazustehen droht als vor der Schuldrechtsmodernisierung, obwohl die Vorgängervorschriften von § 280 Abs 1 S 2, die §§ 282, 285 aF, die Beweislastumkehr – enger – nicht für jede Pflichtverletzung, sondern nur für die Leistungsunmöglichkeit und den Leistungsverzug vorgesehen haben. Die §§ 282, 285 aF sind nämlich analog auf die sonstigen Pflichtverletzungen (positive Forderungsverletzung) angewendet worden, soweit dem Gläubiger ohnedem angesonnen worden wäre, Vorgänge aus dem für ihn nicht einsehbaren Herrschaftsbereich (Gefahrenkreis) des Schuldners darzulegen und zu beweisen, und zwar gleichgültig, ob diese Vorgänge die objektive Pflichtverletzung oder das Verschulden betrafen (RGZ 148, 149 f; BGHZ 3, 162, 174; BGH NJW 1993, 1704, 1706, st Rspr). Da der Gesetzgeber diese Rspr nicht hat ändern, sondern bestätigen wollen (BT-Drucks 14/6040, 136), greift die hM zu Recht weiterhin auf sie zurück (BGH NJW 2009, 142; MünchKomm/Ernst § 280 Rn 146 ff; im Ergebnis auch Staudinger/Schwarze [2014] § 280 Rn F 29, 36 ff). Letztlich wird man daher auch im Fall der Qualifikation des Fahrzeugabstellvertrags (nicht als Verwahrungs-, sondern) als gemischter Miet-Dienst-Vertrags annehmen müssen, dass nicht der Parkende die Pflichtverletzung des Parkunternehmers, sondern der Parkunternehmer das Fehlen seiner Pflichtverletzung darlegen und beweisen muss (ebenso BGB-RGRK/Krohn Vorbem 8 zu § 688; Duesberg VersR 1968, 317). Das entspricht dem Sinn des Vertrags, vereinbart der Parkende doch die Bewachung gerade deshalb, weil er selbst sich infolge Abwesenheit nicht um die Sicherheit des Fahrzeugs kümmern kann. 38

7. Pferdeeinstellvertrag

a) Abgrenzung

39 Der Pferdeeinstellvertrag ist nach wohl hM (Häublein NJW 2009, 2982, 2983) dadurch gekennzeichnet, dass der Schuldner der charakteristischen Hauptleistung sich nicht nur zur Gewährung einer Box verpflichtet, in der der Besitzer des Pferdes das Pferd unterstellen kann (Fall der Raummiete im Sinne des § 578 Abs 2, vgl BGH NJW-RR 1990, 1422), sondern auch zur Fütterung des Pferdes und funktionsgerechten Unterhaltung der Box (Ausmisten und Einstreuen). Dogmatisch soll es sich um einen Typenkombinationsvertrag handeln, der sich aus miet- und verwahrungsrechtlichen Elementen zusammensetzt (sogar für Absorption mit der Folge eines reinen Verwahrungsvertrags OLG Oldenburg MDR 2011, 473; OLG Brandenburg NJW-RR 2006, 1558). Unzweifelhaft ist diese Einordnung nicht. Da der Vermieter die Tauglichkeit der Mietsache zum vertraglich vereinbarten Gebrauch zu gewähren hat, dürfte die funktionsgerechte Unterhaltung der Box noch eine typische Vermieterpflicht sein. Erst die Pflicht zur Fütterung des Pferdes überschreitet den Rahmen des Mietrechts, dies allerdings nicht in den Geltungsbereich des Verwahrungsrechts, sondern in den des Geschäftsbesorgungsrechts (dienstvertraglichen Charakters) hinein. Dieses geschäftsbesorgungsrechtliche Element wird zum dominierenden, wenn nicht nur Fütterung, sondern auch Pflege und Beritt geschuldet werden (sog Vollpension). Zwar behält die Boxenmiete eine eigenständige Bedeutung. Denn die Geschäftsbesorgung lässt sich insgesamt auch erbringen, wenn das Pferd weiterhin im Stall des Eigentümers untergebracht ist, so dass zB im Hinblick auf Mängel der Box Raum für die Anwendung von Mietrecht bleibt. Aber die Dominanz der Geschäftsbesorgung wirkt sich doch dahin aus, dass hinsichtlich der nur einheitlich entscheidbaren Fragen wie zB der Kündigung oder hinsichtlich der Anerkennung eines gesetzlichen Pfandrechts am Pferd nicht Mietrecht, sondern Geschäftsbesorgungsrecht gilt. Für die Anwendung von Verwahrungsrecht ist in keiner Variante (Boxenmiete, Einstellvertrag, Vollpension) Raum (ebenso Bemmann AUR 2007, 321, 329).

b) Konsequenzen

40 Auf die Kündigung des Pferdeeinstellungsvertrags ist daher wie auf die Boxenmiete nicht Verwahrungsrecht (§§ 595, 596), sondern Mietrecht (§ 580a Abs 1 Nr 3) anzuwenden (im Ergebnis ebenso Häublein NJW 2009, 2982, 2984; **aA** LG Ulm NJW-RR 2004, 854). Die Kündigungsfrist des § 580a Abs 1 Nr 3 kann wegen atypisch verringerten Anpassungsbedarfs beider Parteien auch in Allgemeinen Geschäftsbedingungen verkürzt werden. Dabei bietet sich die Orientierung an § 473 Abs 1, 2 HGB an, der zwar mit dem Lagervertrag einen Spezialfall des Verwahrungsvertrags betrifft, jedoch in puncto erforderlicher Anpassungsfrist eine Interessenlage regelt, die der im Fall des Einstellvertrags – und der Boxenmiete – im Wesentlichen vergleichbar ist (Häublein NJW 2009, 2982, 2984). Für die Beschädigung des Pferdes haftet der Stallbetreiber auf Schadensersatz. Verletzte Pflicht ist je nachdem, ob die Beschädigung auf eine Verletzung der Pflicht zur Erhaltung der Gebrauchstauglichkeit der Box oder der Pflicht zur Fütterung und Pflege zurückgeht, eine mietvertragliche oder eine geschäftsbesorgungsvertragliche Pflicht. Eine „Fusion" der mietvertraglichen und geschäftsbesorgungsvertraglichen Pflichten zu verwahrungsvertraglichen Obhutspflichten kommt nicht in Betracht (**aA** Häublein NJW 2009, 2982, 2984 f, 2987). Anspruchsgrundlage für den Anspruch auf mietrechtlichen Schadensersatz wegen Beschädigung des Pferdes ist § 536a, der im Falle von Schäden infolge nachträglicher

Mängel der Box eine verschuldensabhängige und im Fall ursprünglicher Mängel sogar eine verschuldensunabhängige Haftung vorsieht. Die verschuldensunabhängige Haftung ist allerdings (sogar) durch Allgemeine Geschäftsbedingungen abdingbar (BGH NJW 2002, 3232). Dagegen ist die verschuldensabhängige Haftung AGB-fest (BGH NJW 2002, 673). Das Gleiche dürfte gelten, soweit die Beschädigung des Pferdes auf sorgfaltswidriger Geschäftsbesorgung beruht. Denn der tragende Gesichtspunkt der Ansicht des BGH – die fehlende Möglichkeit der Versicherung des Risikos schuldhafter Beschädigung des Pferdes durch den Stallbetreiber für den Einsteller (NJW 2002, 673, 675) – trifft auch insoweit zu. Der Stallbetreiber hat für seine Forderungen aus dem Mietverhältnis (nicht aus dem Geschäftsbesorgungsverhältnis!) ein gesetzliches Pfandrecht an dem Pferd, vorausgesetzt, der Einsteller ist Eigentümer oder doch wenigstens Inhaber eines Anwartschaftsrechts auf Eigentum (§ 562). Die abweichende Entscheidung des OLG Brandenburg (NJW-RR 2206, 1558) beruht auf der unrichtigen Qualifikation des Einstellvertrags als eines Verwahrungsvertrags (kritisch zu dem Urteil auch Häublein NJW 2009, 2982, 2986). Allerdings kann das gesetzliche Pfandrecht im Einzelfall daran scheitern, dass das Geschäftsbesorgungselement das Mietelement überwiegt.

VI. Verträge mit Verwahrungspflichten als Nebenpflichten

Verwahrungspflichten können auch in Rechtsverhältnissen entstehen, in denen die Verwahrung einer in fremden Gewahrsam übergebenen Sache nicht Hauptpflicht ist. Die Verpflichtung zur Verwahrung und Obhut kann sich dann **als Teil der Leistungspflicht** aus einem anderen Rechtsverhältnis (Larenz II 1 § 58 a; Palandt/Thomas § 662 Rn 9; Erman/E Herrmann § 688 Rn 7) oder als **selbständige Nebenpflicht** darstellen. Für solche Verwahrungspflichten gilt in erster Linie das Recht des zugrundeliegenden Rechtsverhältnisses; ihre Verletzung begründet Ansprüche aus einfacher Pflichtverletzung nach § 280 Abs 1 (vgl LG Hannover NJW 1983, 1381: keine Anwendung der §§ 280, 282 aF bei Verlust der im Behandlungszimmer eines Arztes abgelegten Zahnprothese). Eine **ergänzende** (dh lückenfüllende) **analoge Anwendung der §§ 688 ff** ist vorbehaltlich abweichender Vertragsauslegung möglich (so insbes Esser/Weyers II § 38 I 2; Palandt/Sprau § 688 Rn 6; Erman/E Herrmann § 688 Rn 7; zögernd Larenz II 1 § 58; einschränkend MünchKomm/Henssler § 688 Rn 45). Für entsprechende Anwendung der §§ 688 ff auf das Obhutsverhältnis des Insolvenzverwalters bezüglich der zur Insolvenzmasse gehörenden Sachen OLG Hamm NJW 1964, 2355 (vgl auch OLG Oldenburg MDR 1990, 820 zur Verwaltung massefremder Sachen). 41

Verwahrungspflichten als **Teil der Leistungspflicht** können im Rahmen der Vertragstypen des BGB bei Auftrag, Dienst- und Werkverträgen sowie bei Kaufverträgen entstehen, die uU eine Aufbewahrung erfordern. In allen diesen Fällen ist zumindest **§ 690 von einer analogen Anwendung ausgenommen**. Es gilt der Haftungsmaßstab des Hauptrechtsverhältnisses (Palandt/Sprau § 690 Rn 1). Allerdings können die Beteiligten die Aufbewahrung auch in selbständigen Verwahrungsverträgen regeln. Für einen selbständigen Verwahrungsvertrag spricht es, wenn die Verwahrung in einer besonderen Einrichtung gegen gesonderte Bezahlung oder zwar ohne gesonderte Bezahlung, aber durch eigens vom Vertragspartner damit betraute Personen erfolgt (RGZ 113, 425; KG LZ 1920, 62; vgl auch RG Recht 1920 Nr 383; RG WarnR 1920 Nr 77; OLG Karlsruhe OLGE 40, 324; Erman/E Herrmann § 688 Rn 10 aE). 42

43 Ist das Hauptrechtsverhältnis ein Arbeitsverhältnis, so will die hM zwischen unselbständiger und selbständiger Nebenpflicht zur Verwahrung unterscheiden (Beispiele: Verwaltung von Warenlagern, Transport von Waren, vgl BAG NZA 1997, 1279, 1280; 1999, 141, 142; 2000, 715, 716 f). In der ersten Alternative soll ein reines Arbeitsverhältnis, in der zweiten ein gemischtes Rechtsverhältnis aus arbeitsrechtlichen Pflichten und auftrags- bzw verwahrungsrechtlichen Nebenpflichten vorliegen. Selbständigkeit im Sinne der zweiten Alternative soll Alleinbesitz des Arbeitnehmers voraussetzen (BAG NZA 1997, 1279, 1280; 1999, 141, 142; 2000, 715, 716 f). Dagegen ist zu Recht eingewendet worden, dass ein Arbeitnehmer als abhängig Arbeitender definitionsgemäß hinsichtlich der ihm in dieser Eigenschaft anvertrauten Sachen nicht Besitzer, sondern Besitzdiener ist (§ 855, vgl E Herrmann, in: FS Reuter 525, 536). Allenfalls kann ein verwahrungsähnliches Verhältnis vorliegen. Aber dagegen spricht, dass die Abhängigkeit von den Weisungen des Arbeitgebers für den Umgang mit der Sache die verwahrungsrechtliche Obhutspflicht ausschließt, weil diese eine Erfüllung in eigenständiger Verantwortung voraussetzt. Was bleibt, ist eine arbeitsvertragliche Obhutspflicht, deren Verletzung folgerichtig den Grundsätzen über die gemilderte Arbeitnehmerhaftung unterliegt (BAG NJW 1998, 1011). Zum Ganzen ausführlich E Herrmann, in: FS Reuter 525, 530 ff.

44 Bei den verschiedenen **Handelsgeschäften** entstehen praktisch sehr relevante Nebenpflichten zur Verwahrung und Obhut, deren Verletzung zu einer meist gesetzlich normierten Haftung auf Schadensersatz führt (vgl § 390 Abs 1 HGB für die Haftung des Kommissionärs; §§ 425 ff HGB für die Haftung des Frachtführers; §§ 461 Abs 1 S 2, 426 ff HGB für die Haftung des Spediteurs). Bei einem Verlagsgeschäft ist der Verleger nach § 27 VerlG verpflichtet, das auf sein Verlangen eingesandte Manuskript zurückzugeben und bis zu diesem Zeitpunkt zu verwahren. Bei unverlangter Einsendung besteht lediglich eine Pflicht, das Manuskript zur Abholung bereitzuhalten (Elster JR 1935, 66). Der Verleger haftet analog § 300 Abs 1 nur für Vorsatz und grobe Fahrlässigkeit (so richtig BGB-RGRK/Krohn Vorbem 15 zu § 688).

45 Von besonderer praktischer Bedeutung sind Verwahrungspflichten als **selbständige Nebenpflichten**. Insoweit lautet die für die rechtliche Beurteilung zentrale Frage, ob der Verpflichtete nur Raum zur Abstellung und Niederlegung zur Verfügung gestellt hat, für dessen ordnungsgemäße verkehrsmäßige Beschaffenheit er zwar einstehen will (RGZ 104, 46; LG Berlin JW 1932, 1170), dessen sich aber der andere auf eigene Gefahr zu bedienen hat, oder ob eine Verwahrungs-(Obhuts-)Pflicht übernommen ist.

46 Ist der Vertrag von vornherein auf die **umfassende Fürsorge** für die Person eines anderen gerichtet (etwa der Vertrag mit dem Internat, der Erziehung, Beaufsichtigung und Fürsorge zum Inhalt hat, sowie der Vertrag eines Krankenhauses mit dem Patienten), so hat der Inhaber eine Obhutspflicht über die Sachen der Schutzbefohlenen (vgl Bergmann VersR 1996, 810, 815 f). Eine Verwahrungsnebenpflicht besteht ebenfalls, wenn die Aufbewahrung in besonderen Einrichtungen, wie etwa Garderoben usw, erfolgt (sofern nicht ein besonderer Verwahrungsvertrag vorliegt, vgl Rn 42). Eine Pflicht zur Obhut ist vor allem dann anzunehmen, wenn jemand den Vertragspartner infolge seiner Anforderungen praktisch zur Ablegung von Sachen zwingt, so dass dieser sie selbst nicht mehr beaufsichtigen kann. Werden Garderobemarken ausgegeben, so müssen sie so beschaffen sein, dass sie die unbefugte

Unterschiebung falscher Marken nach Möglichkeit verhindern (RGZ 105, 80; 113, 425; OLG Dresden SeuffA 77 Nr 25; KG JW 1926, 1472). Entsteht eine Obhutspflicht, so kommt sie zugunsten dessen, für den die Theaterkarte gekauft wurde, zustande (RG LZ 1923, 600). Bei Verpachtung der Garderobe kann das Publikum ohne besonderen Hinweis nicht wissen, in welchem Vertragsverhältnis der Garderobehalter zum Theater oder Inhaber der Vergnügungsstätte steht; daher muss es sich der Inhaber des Theaters, solange eine Verpachtung nicht ausdrücklich bekanntgemacht ist, gefallen lassen, als Vertragspartner auch hinsichtlich der Verwahrungspflicht behandelt zu werden (RGZ 97, 169; RG JW 1924, 95).

Der **Schank- und Speisewirt** übernimmt keine Obhutspflicht für die im Gastraum 47
aufgehängte Garderobe (RGZ 104, 45; 105, 202; 109, 262). Er ist auch nicht verpflichtet, seinen Gästen einen besonderen, beaufsichtigten Garderoberaum zur Benutzung bereitzustellen (RGZ 104, 45; tut er dies, so liegt darin nach RGZ 105, 202; 109, 261 noch kein Angebot zum Abschluss eines Verwahrungsvertrages). Etwas anderes gilt, wenn der Wirt seine Gäste nötigt, die Kleider in einem anderen Raum als dem Gastraum abzulegen, und dadurch eine eigene Beaufsichtigung durch den Gast im Wesentlichen unmöglich macht. Dann ist er zur Obhut verpflichtet und muss der Kleiderablage seine erhöhte Aufmerksamkeit schenken (so schon RGZ 105, 202; RG JW 1924, 1870; OLG Hamburg MDR 1970, 842; LG Hamburg NJW-RR 1986, 829; weitergehend LG Braunschweig MDR 1958, 161 für stillschweigenden Verwahrungsvertrag). Andererseits trifft den Wirt nicht schon deshalb eine Obhutspflicht, weil der Kellner den Mantel des Gastes an den im gleichen Raum befindlichen Garderobehaken gehängt hat, obwohl der Gast unter Hinweis auf den großen Wert des Mantels den Wunsch geäußert hat, diesen bei sich, dh auf einem freien Stuhl an seinem Tisch, behalten zu dürfen. Auch der Hinweis des Kellners, in dem Lokal sei noch nie etwas weggekommen, ändert daran nichts. Insbesondere ist in einer solchen Äußerung noch kein Angebot auf Abschluss eines speziellen Verwahrungsvertrags zu sehen (BGH NJW 1980, 1096). Anders ist es nach AG Dortmund NJW-RR 2005, 65, wenn der Kellner den Mantel mit der Bemerkung an sich genommen hat, er werde diesen „in Sicherheit" bringen. Bei einer geschlossenen Gesellschaft von Gästen, die sich im Gasthaus trifft, hat die Rechtsprechung eine Obhutspflicht angenommen (KG MDR 1984, 846 f). Der Wirt haftet, wenn versehentlich Garderobeteile an Nichtteilnehmer ausgehändigt werden (OLG Hamburg OLGRspr 43, 116), nicht allerdings, wenn ein Teilnehmer nach Ende der geschlossenen Veranstaltung noch in dem Lokal bleibt und in dieser Zeit der Mantel abhanden kommt (AG Seligenstadt MDR 1990, 439).

Eine Obhutspflicht als Nebenpflicht eines **Mitgliedschaftsverhältnisses** ist denkbar 48
für einen geselligen Verein hinsichtlich der von seinen Mitgliedern im Garderoberaum des Vereinsgebäudes abgelegten Sachen (RGZ 103, 265).

Banken, Firmen, Rechtsanwälte und Ärzte haften im Allgemeinen nicht für die von 49
Kunden (Klienten) abgelegte Garderobe, es sei denn, sie zwingen ihren Kundenkreis zur Ablegung der Sachen an Plätzen, wo sie sie nicht selbst beaufsichtigen können. Für den Arzt hat das RG eine Obhutspflicht dahingehend angenommen, dass er den abgelegten Kleidungsstücken den Schutz einer verschlossenen Wohnung zukommen lassen muss (RGZ 99, 35; **aA** OLG Köln NJWE-VHR 1998, 142). Auch den Träger eines Krankenhauses trifft gegenüber den Patienten eine Obhutspflicht hinsichtlich der mitgebrachten Sachen (BGH NJW 1990, 761, 763 f). In Bezug auf die Sachen eines

Privatpatienten im Krankenhaus besteht eine nebenvertragliche Verwahrungspflicht aus dem Dienstvertrag mit dem Krankenhausträger (OLG Karlsruhe DB 1974, 2298). Im Fall eines Badevertrags hat der Badeanstaltsbesitzer eine Pflicht zur sicheren Aufbewahrung von Kleidern und Wertsachen der Badegäste; wegen der Entgeltlichkeit des Badevertrags ist eine entsprechende Anwendung des § 690 nicht möglich (RG LZ 1923, 600; einschränkend OLG Hamm NJW-RR 2005, 1335: keine Obhutspflicht des Saunabetreibers im Hinblick auf Spinde in der Umkleidekabine). Keine Obhutspflicht besteht, wenn in Empfangsräumen und ähnlichen Geschäftsräumen von Angehörigen freier Berufe oder Gewerbetreibenden die Möglichkeit zur Ablage der Garderobe der Kunden geschaffen wird, jedoch keine Verpflichtung besteht, die Garderobestücke in diesen separaten, ihrer Beaufsichtigung entzogenen Räumen abzulegen (so für die Haftung eines Fahrschulinhabers LG Frankfurt VersR 1975, 457 und hinsichtlich eines Friseurs AG Mülheim MDR 1961, 937).

50 Die Fürsorgepflicht des **Arbeitgebers** umfasst die Verpflichtung, Vorkehrungen zum Schutz des in den Betrieb eingebrachten Arbeitnehmereigentums, zB zur Ablage der Straßenkleidung, zu treffen. Der Umfang dieser Pflicht richtet sich insbesondere danach, wie weit die betrieblichen Verhältnisse den Arbeitnehmer hindern, für derartigen Schutz selbst zu sorgen (BAGE 9, 31; 17, 229; BAG NJW 1966, 1534; dazu Goujet VersPrax 1966, 141). In Einzelfällen kann der Arbeitgeber sogar zur Sorge für Versicherungsschutz verpflichtet sein (LAG Bremen und Hannover AP Nr 2 und 3 zu § 618 mit Anm Dersch). Entsprechendes gilt für die zumutbaren Sicherungsmaßnahmen des Arbeitgebers bei der Einrichtung von Parkplätzen (BAG AP Nr 1 und 4 zu § 611 Parkplatz mit Anm Hueck; BAG AP Nr 11, 26 zu § 611 Fürsorgepflicht; weitere Nachweise bei Monjau DB 1972, 1435; Salje DAR 1988, 151; Hueck/Nipperdey, ArbR I § 48 Fn 58; zum Ganzen ausführlich mit umfangreichen Nachweisen Staudinger/Oetker [2011] § 618 Rn 132 ff).

51 Auch nach **Beendigung eines Vertragsverhältnisses**, aus dem der eine Teil verpflichtet war, Beschädigungen und Gefährdungen der Sachen des anderen zu unterlassen, kann eine Verpflichtung bestehen bleiben, liegengebliebene Gegenstände des Vertragspartners in Obhut zu nehmen, diese sorgfältig zu verwahren und zurückzugeben (RG WarnR 1921 Nr 144; RGZ 113, 452; 152, 140).

VII. Öffentlichrechtliche Verwahrungsverhältnisse

1. Anwendungsbereich

52 Das öffentlichrechtliche Verwahrungsverhältnis gehört zu dem Komplex von **Sonderbeziehungen zwischen Bürger und Staat**, für die sich im öffentlichen Recht der Sammelbegriff „verwaltungsrechtliche Schuldverhältnisse" eingebürgert hat (vgl Wolff/Bachof/Stober, Verwaltungsrecht II, § 55 III; Erichsen/Ehlers, Allgemeines Verwaltungsrecht § 35 Rn 4). Ein öffentlichrechtliches Verwahrungsverhältnis kann auf verschiedene Art und Weise begründet werden. Es besteht jedenfalls immer dann, **wenn eine Behörde bewegliche Sachen Privater kraft öffentlichen Rechts in Besitz genommen hat** (RGZ 115, 419; 166, 222; BGHZ 4, 192; 34, 354; mit Anm Kreft bei LM Nr 71 zu § 13 GVG; Menger/Erichsen VerwArch 1966, 73) und gerade dadurch die berechtigte **Privatperson daran gehindert ist, eigene Obhuts-, Fürsorge- oder Sicherungsmaßnahmen zu treffen** (hM; BGHZ 21, 219; BGH LM Nr 7 zu § 688; BGH WM 1973, 1416 = JuS 1974, 191; BGH VersR 1975, 282; OLG Köln NVwZ 1994, 618; Palandt/Sprau § 688 Rn 13; Soergel/Teich-

MANN § 688 Rn 35; ERMAN/E HERRMANN § 688 Rn 16; BGB-RGRK/KROHN Vorbem 26 zu § 688; QUARITSCH, Staat und Verwaltung 169, 170 f; kritisch MAURER JuS 1994, 1014, 1017). Im Einzelnen kommen als Begründungstatbestände die Einigung der Beteiligten in einem verwaltungsrechtlichen Vertrag (MENGER/ERICHSEN VerwArch 1966, 75; QUARITSCH, Staat und Verwaltung 169, 171; MAURER JuS 1994, 1014, 1017), der einseitige Zugriff durch Verwaltungsakt und Inbesitznahme (zB Beschlagnahme und Sicherstellung der Sache; vgl RGZ 166, 218, 221 f; BGH NJW 2005, 988; OLG Jena Urt v 31. 5. 2011 – 4 U 1012/10; vgl auch § 697 Rn 5) sowie die bloße Inbesitznahme der Sache durch eine Behörde (BGHZ 34, 349, 354; OLGR Saarbrücken 2003, 39; MAURER JuS 1994, 1014, 1018) in Betracht. Kein öffentlichrechtliches Verwahrungsverhältnis entsteht, wenn die öffentlichrechtliche Maßnahme nicht bewegliche Sachen betrifft oder nicht zum Besitz der Behörde führt wie im Fall der Beschlagnahme des gesamten Vermögens (BGH LM Nr 36 zu Art 34 GG; für Unerheblichkeit des Besitzübergangs auf die Behörde LG Frankfurt NJW 2008, 2273 betr Verlust einer wertvollen, bei der Flughafenkontrolle auf das Laufband gelegten Uhr; **dagegen** OLG Frankfurt TransportR 2012, 121) oder von Forderungen (zB Bankguthaben, vgl Fall des OLG Hamburg MDR 1961, 689), ferner dann nicht, wenn lediglich ein behördliches Verfügungsverbot ergeht, wenn gepfändete oder beschlagnahmte Sachen im unmittelbaren (Mit-)Besitz des Betroffenen bleiben (RGZ 138, 40; BGH WM 1973, 1476; insoweit auch – trotz der von der hM abweichenden Ablehnung der Notwendigkeit der Aufgabe des unmittelbaren Besitzes durch den Hinterleger beim privatrechtlichen Verwahrungsvertrag [§ 688 Rn 50] – MünchKomm/HENSSLER § 688 Rn 60), oder wenn ein ohne Genehmigung errichteter Neubau versiegelt wird (OLG Celle NJW 1960, 340). Ausschließlich nach Art 34 GG, § 839 BGB beurteilt sich auch die Haftung des zuständigen Hoheitsträgers, wenn die Behörde es pflichtwidrig versäumt, Sachen (zB zu den Gerichtsakten eingereichte Urkunden, RG JW 1934, 2842) in amtliche Verwahrung zu nehmen (RGZ 108, 2049).

Der **Gerichtsvollzieher** hat Verwahrungspflichten hinsichtlich der gepfändeten und **53** von ihm ins Pfandlokal geschafften Sachen. Gibt er sie zur Aufbewahrung an einen Dritten, insbesondere einen Lagerhalter, so schließt er den Verwahrungsvertrag nach bis vor kurzem hM im eigenen Namen (auch bei ausdrücklichem Einverständnis des Gläubigers, vgl OLG Stuttgart Justiz 1965, 238; für einen Sonderfall bereits einschränkend – Abschluss im Namen des Justizfiskus – BGHZ 89, 82, 84 f; allgemein zu den Obhutspflichten des Gerichtsvollziehers RGZ 137, 153; 145, 204; ADRIAN DGVZ 1969, 177 sowie 1970, 1 und 17). Seit BGH JZ 2000, 360 mit Anm BERGER nimmt die Rechtsprechung an, der Gerichtsvollzieher handele nach § 164 Abs 1 S 2 im Zweifel im Namen des Justizfiskus, hält dabei aber an der Prämisse fest, dass es sich nicht um einen öffentlichrechtlichen, sondern um einen privatrechtlichen Verwaltungsvertrag handelt. Häufig sind auch die Fälle einer Verwahrung nach der Sicherstellung von Sachen (zB nach Sicherungsmaßnahme gegen den Eigentümer, vgl BGHZ 1, 369; BGH LM Nr 4 zu § 688 mit Anm PAGENDARM, oder nach Sicherstellung durch die Polizei etwa bei Abschleppen von Kfz, vgl VGH Kassel NJW 1988, 3035; DAUMANN DAR 1969, 322), nach Einreichung von Sachen im Rahmen öffentlichrechtlicher Verfahren (zB Aufbewahrung von Urkunden, die zu den Gerichtsakten eingereicht worden sind, RG JW 1934, 2842) oder im Rahmen eines anstaltlichen Benutzungszwangs (zB Schlachtbullen auf dem städtischen Schlachthof, BGHZ 61, 7, nicht dagegen im Kühlhaus lagerndes Fleisch, OLG Hamm VersR 1987, 789).

An den Grundsätzen über die Begründung eines öffentlichrechtlichen Verwahrungs- **54** verhältnisses ändert sich dadurch, dass die Behörde zur Verwertung der verwahrten

Sache befugt ist, jedenfalls dann nichts, wenn die **Verwertung** nicht für eigene Rechnung des „verwahrenden" Hoheitsträgers, sondern für Rechnung des privaten Eigentümers vorgesehen ist (BGH NJW 1952, 658 mit Anm PAGENDARM in LM Nr 4 zu § 688; hinsichtlich der Dauer der Verwahrungspflichten und hinsichtlich einer unberechtigten Verwertung vgl BGH LM Nr 7 zu § 688). Inwieweit im Rahmen allgemeiner **Anstaltsbenutzung** Verwahrungspflichten der Anstalt bestehen, beurteilt sich nach ähnlichen Grundsätzen wie die Anerkennung von Verwahrungspflichten als selbständigen Nebenpflichten im Privatrecht (Rn 45 ff), allerdings mit dem Unterschied, dass statt des Vertrags die Art und Weise der Anstaltsorganisation über Existenz und Reichweite von Verwahrungspflichten entscheidet. Freilich kann der Verzicht auf Inobhutnahme Amtspflichtverletzung im Sinne von Art 34 GG, § 839 BGB sein. So hat die Schulverwaltung zwar mangels entsprechender Organisationsregelung keine Obhutspflicht hinsichtlich der Aufbewahrung von Kleidern der Schüler (OLG Rostock OLGRspr 41, 118). Sie muss jedoch wenigstens für die Sicherheit dieser Kleidungsstücke in geeigneter Weise sorgen (OLG Kiel OLGRspr 38, 99; OLG Hamburg Recht 1921 Nr 1137), widrigenfalls sie aus Amtshaftung auf Schadensersatz in Anspruch genommen werden kann (BGH NJW 1963, 1828; NJW 1964, 1670). Wegen der besonderen Verhältnisse der Universität (unkontrollierter Zugang) hat auch der Student kraft allgemeiner Amtspflicht einen Anspruch auf Schutz vor Verlust seines Mantels, wenn es im Hörsaal keine Möglichkeit zur Ablage gibt. Behörden, Gerichte etc haben im Allgemeinen hinsichtlich der Mäntel von Parteien, Zeugen, Sachverständigen usw keine Obhutspflicht, und zwar, ohne dass im Fehlen der Organisationsregelung eine Amtspflichtverletzung liegt. Das gilt auch gegenüber Anwälten, die im Anwaltszimmer des Gerichts ihre Kleidung abgelegt haben (OLG Celle MDR 1959, 840). Eine Obhutspflicht besteht jedoch hinsichtlich der in einem amtlichen Abstellraum (nicht nur in einem Fahrradständer, LG Dortmund MDR 1954, 293) eingebrachten Fahrräder (KG DJZ 1922, 178; RG Recht 1923 Nr 1192) sowie für eingebrachte Briefe, Pakete, Gepäck- und Frachtstücke, soweit der Anstaltszweck die Einbringung erfordert (BGH DÖV 1974, 70). Denn in diesen Fällen hat die Anstalt die Sachen in ihre Obhut genommen. Das Gleiche gilt für private Gegenstände, die Lehrkräfte zu Unterrichtszwecken einbringen und in dafür bestimmten Räumen und Schränken aufbewahren (VGH München NVwZ 1998, 421; **aA** OLG Köln NVwZ 1994, 618).

55 Zur öffentlichrechtlichen Verwahrung kann neben der Verwahrung von Privateigentum durch eine Behörde auch der umgekehrte Fall, die **Verwahrung von Staatseigentum durch einen Privaten**, gehören, vorausgesetzt, das Verwahrungsverhältnis ist nach öffentlichem Recht begründet worden (zB Aufbewahrung von Kleidungs- und Ausrüstungsstücken nach Beendigung des Wehrdienstes gem §§ 3 Abs 1 S 2, 24 Abs 6 Nr 4 WPflG, dazu VG Arnsberg MDR 1975, 255 = JuS 1975, 401; MÜLLER JuS 1977, 232; zu Unrecht öffentliche Verwahrung abgelehnt im – unveröffentlichten, mitgeteilt bei MÜLLER JuS 1977, 232 Fn 4 – Urteil des VG Stuttgart vom 3. 12. 1971 – VRS 159/71; Bedenken bei OVG Münster MDR 1978, 170 f; gegen diese Bedenken QUARITSCH, Staat und Verwaltung 169, 170). Zur prozessrechtlichen Problematik (Verwaltungsrechtsweg) vgl Rn 56. Vom Innenverhältnis zwischen Staat und privatem Verwahrer zu unterscheiden ist die Frage, wer haftet, wenn aus der vom Staat veranlassten Verwahrung Schäden für Dritte entstehen. BGH MDR 2000, 270 nimmt an, dass nach Art 34 GG, § 839 ausschließlich der Staat haftet, wenn der Sohn eines Polizeibeamten mit einer, vom Dienstherrn veranlasst, privat verwahrten Dienstwaffe einen Dritten verletzt.

2. Rechtswegfragen

56 Für die gerichtliche Klärung vermögensrechtlicher Ansprüche aus öffentlichrechtlichen Verwahrungsverhältnissen enthält **§ 40 Abs 2 VwGO** eine spezielle Zuständigkeit der Zivilgerichte (vgl auch RGZ 138, 40; BGHZ 1, 369, 3, 162; 9, 84). Umstritten ist, ob mit „vermögensrechtliche Ansprüche" iS des § 40 Abs 2 VwGO nur die Ansprüche auf Schadensersatz (so LG Köln NJW 1965, 1440), auf Schadensersatz, Aufwendungsersatz, Auskunftserteilung etc, aber nicht Rückgabe (Soergel/Mühl Vorbem 6 zu § 688) oder alle Ansprüche einschließlich derjenigen auf Rückgabe (so die hM; Klein, Untersuchungen zur sachlichen Zuständigkeit der Zivilgerichte im öffentlichen Bereich [1954] 71; Menger/Erichsen VerwArch 1966, 64, 73; Eyermann/Fröhler, Verwaltungsgerichtsordnung § 40 Rn 123, 126; Palandt/Sprau § 688 Rn 13) gemeint sind. Den Vorzug verdient die hM, und zwar schon deswegen, weil sie in prozessökonomisch wünschenswerter Weise die Verbindung sachlich zusammengehörender Klagen (zB auf Schadensersatz und Rückgabe) ermöglicht (MünchKomm/Henssler § 688 Rn 67).

57 Anerkannt ist, dass durch die Regelung des § 40 Abs 2 VwGO lediglich die **Ansprüche des Bürgers** gegen die öffentliche Hand den Zivilgerichten zugewiesen sind, nicht aber umgekehrt auch die Ansprüche des Staates gegen den Bürger (auf Lagergeld, Verwahrungsgebühr, Aufwendungsersatz ua); insoweit ist der Verwaltungsrechtsweg eröffnet (BVerwGE 37, 238; LG Köln NJW 1965, 1440; Wilke JuS 1966, 482; Schwerdtfeger JuS 1970, 121; sehr kritisch dazu freilich Quaritsch, Staat und Verwaltung 169, 178 f). Dafür spricht insbesondere, dass die für § 40 Abs 2 VwGO konstitutive Idee – Vermeidung unterschiedlicher Rechtswege für den Anspruch aus öffentlicher Verwahrung und dem oft daneben bestehenden Anspruch aus Art 34 GG, § 839 – nicht einschlägig ist (Soergel/Teichmann § 688 Rn 42). Entsprechend hat der Staat den Verwaltungsrechtsweg auch dann zu beschreiten, wenn im „umgekehrten" öffentlichrechtlichen Verwahrungsverhältnis (vgl Vorbem 48 aE) eine Behörde als Hinterleger den privaten Verwahrer in Anspruch nehmen will (VG Arnsberg MDR 1975, 355 = JuS 1975, 401; Müller JuS 1977, 233).

3. Anwendbarkeit der bürgerlichrechtlichen Vorschriften

58 Auf die öffentlichrechtliche Verwahrung sind die für den privatrechtlichen Verwahrungsvertrag geltenden Regeln der §§ 688 ff anzuwenden, soweit dies mit dem öffentlichen Interesse und dem Zweck der jeweiligen öffentlichrechtlichen Verwahrung vereinbar ist (vgl aus der Rechtsprechung RGZ 115, 419; 166, 218; BGHZ 21, 218; 54, 299, 303; 59, 303, 305; 61, 7, 11). Im Rahmen des öffentlichrechtlichen Verwahrungsverhältnisses sind als Ausdruck allgemeiner, nur historisch zufällig allein im Zivilrecht positivierter Rechtsgedanken (vgl Stürner JuS 1973, 790) die Regeln über Pflichtverletzungen auf die verwaltungsrechtlichen Schuldverhältnisse anzuwenden (ausführlich dazu BGHZ 59, 303; vgl auch BGH NJW 1974, 1816; 1990, 1230 f; Papier, Forderungsverletzung [1970] 40, 41), namentlich die **§§ 276, 278** (RGZ 176, 218; BGHZ 1, 283, 373; 21, 214; 54, 302; BVerwG DÖV 1965, 671), die **§§ 280 ff** (BGHZ 3, 174; 4, 195; BGH NJW 1990, 1230 f; Papier, Forderungsverletzung 42; vgl auch Koch, Öffentlichrechtliche Verwahrung [1953] 54), die Regeln über die **culpa in contrahendo**, § 311 Abs 2 (BGHZ 6, 332 und BGH BB 1960, 1181), über die **Pflichtverletzung**, §§ 241 Abs 2, 280 Abs 1 (BVerwGE 13, 22; Papier, Forderungsverletzung 17 f) oder auch über den **Wegfall der Geschäftsgrundlage**, § 313 (BVerwG DÖV 1962, 72 und DVBl 1967, 619). Praktisch besonders wichtig ist der Rechtsgedanke des

§ **280 Abs 1 S 2**, demzufolge die öffentliche Hand – anders als bei der Amtshaftung nach Art 34 GG, § 839 BGB – die Beweislast dafür trägt, dass der Verlust oder die Beschädigung der in Obhut genommenen Sache auch bei gebotener Sorgfalt nicht hätte vermieden werden können (RG JW 34, 2842; BGHZ 3, 174, 195; BGH NJW 1990, 1230 f; LM Nr 2, 4, 7 zu § 688; Fischer JuS 2002, 446, 449). Nicht anwendbar ist mit Rücksicht auf das mit der öffentlichrechtlichen Verwahrung verbundene öffentliche Interesse das Haftungsprivileg des § 690 (RGZ 84, 338; BGHZ 4, 192; **aA** VGH München NVwZ 1998, 421). Der Zweck der öffentlichrechtlichen Verwahrung schließt regelmäßig auch den Rückgriff auf § 695 aus (Papier, Forderungsverletzung 42; einschränkend Quaritsch, Staat und Verwaltung 169, 173).

59 Die Ansprüche aus öffentlichrechtlicher Verwahrung sind selbständige Ansprüche; sie bestehen **neben den Ansprüchen aus Amtshaftung** gem Art 34 GG, § 839 BGB (BGH NJW 1952, 931; BGH WM 1973, 1416 = JuS 1974, 191) und sind auch nicht anderweitige Ersatzmöglichkeiten iS des § 839 Abs 1 S 2 (BGH NJW 1962, 791; 1990, 1230, 1231). Anders als dem Schadensersatzanspruch des Ausländers nach Art 34 GG, § 839 BGB kann seinem Schadensersatzanspruch aus öffentlichrechtlicher Verwahrung nicht entgegengehalten werden, die Gegenseitigkeit sei nicht verbürgt (Quaritsch, Staat und Verwaltung 169, 175).

60 Die Frage, ob und ggf inwieweit die Behörde ihre **Haftung** aus öffentlichrechtlicher Verwahrung **beschränken** kann, ist unterschiedlich zu beantworten, je nachdem, auf welcher Grundlage das Verwahrungsverhältnis beruht. Soweit (was selten der Fall ist) für Bürger und Behörde annähernd gleiche Chancen der Einflussnahme auf den Inhalt des Verwahrungsverhältnisses bestehen, ist analog §§ 276, 278 der Haftungsausschluss bis zur Schranke des Organvorsatzes zulässig. Soweit die Haftungsbeschränkung in allgemeinen Regelungen (zB Anstaltssatzungen) enthalten ist, greift die Parallele zu den Freizeichnungsgrenzen in Allgemeinen Geschäftsbedingungen: Die Haftung für Vorsatz und grobe Fahrlässigkeit der mit der Obhut betrauten Beamten und Angestellten ist nicht ausschließbar (vgl Rn 10 f). Besonderheiten gelten, wenn das Verwahrungsverhältnis zwangsweise oder doch im Rahmen tatsächlich unvermeidbarer Inanspruchnahme von Verwaltungsleistungen begründet wird. Dann muss die – maximal bis zu Vorsatz und grober Fahrlässigkeit zulässige – Beschränkung der Haftung „durch sachliche Gründe gerechtfertigt sein und den Grundsätzen der Erforderlichkeit und der Verhältnismäßigkeit entsprechen. Sie darf nicht in Widerspruch stehen mit den allgemeinen fürsorgerischen Aufgaben der Verwaltung und die Verantwortung für Schäden nicht ausschließen, die auf offensichtliche Missstände … zurückzuführen sind" (BGHZ 61, 7, 13). Die Haftungsbeschränkung erstreckt sich nicht auf die Amtshaftung nach Art 34 GG, § 839 BGB, die nur durch Gesetz oder aufgrund besonderer gesetzlicher Ermächtigung eingeschränkt werden kann (BGH NJW 1973, 1741, 1743; zum Ganzen vgl Rüfner DÖV 1973, 808; 1974, 417; Brehm DÖV 1974, 415).

4. Sonderfälle

61 Die öffentlichrechtliche **Hinterlegung** ist die Möglichkeit, Geld, Wertpapiere und sonstige Urkunden sowie Kostbarkeiten in den im BGB und anderen Gesetzen bestimmten Fällen (vor allem §§ 372 ff, Hinterlegung bei Annahmeverzug und §§ 232 ff, Sicherheitsleistung durch Hinterlegung von Geld und Wertpapieren) beim

Amtsgericht zu hinterlegen. Das öffentlichrechtliche Hinterlegungsverhältnis ist seit dem 1. 12. 2010 nicht mehr in der bundesrechtlichen HintO von 1937, sondern in landesrechtlichen Hinterlegungsgesetzen geregelt. Zu den Einzelheiten vgl Vorbem zu §§ 372 ff Rn 11 ff.

Ebenso sind die **Notare** nach § 23 BNotO zuständig, Geld, Wertpapiere und Kostbarkeiten, die ihnen von den Beteiligten übergeben worden sind, zur Aufbewahrung oder zur Ablieferung an Dritte entgegenzunehmen. Dem liegt kein Verwahrungsvertrag, sondern eine öffentliche Amtstätigkeit zugrunde (mißverständlich OLG Jena Urt v 28. 4. 2010 – 8 U 478/09). Verletzt der Notar vorsätzlich oder fahrlässig die ihm einem anderen gegenüber obliegende Amtspflicht, so entstehen ausschließlich Ansprüche nach den Grundsätzen über die Amtshaftung (RGZ 156, 82; ebenso der BGH in einem unveröffentlichten Urteil vom 21. 12. 1959, mitgeteilt bei BGB-RGRK/Krohn § 688 Rn 37). § 839 Abs 1 S 2 (subsidiäre Haftung) gilt aber wegen § 19 Abs 1 S 2 BNotO nicht. Bei der Hinterlegung von Testamenten, Erbverträgen etc entsteht eine „besondere amtliche Verwahrung" (§ 25 BNotO; vgl dazu auch OLG Hamm FamRZ 1974, 391; ferner BGH DNotZ 1973, 379: kein Erlöschen der Pflicht zur Verwahrung von Erbverträgen durch Zeitablauf). Zu § 2300 Abs 2, eingeführt durch das OLG VertrÄndG vom 23. 7. 2002 (BGBl I, 2850) vgl vDickhuth-Harrach RNotZ 2002, 384 ff; Keim ZEV 2003, 55 ff. 62

Die öffentlichrechtliche Verwahrung der **Zollverwaltung** richtet sich nach den Art 50 ff des EG-Zollkodex (ABl EG Nr L 302 vom 19. 10. 1992) sowie den Art 185 ff der DurchführungsVO zum Zollkodex (ABl EG Nr L 253 vom 21. 12. 1993). Die Zollverwaltung haftet im Rahmen der Verwahrung nicht nach den Vorschriften des Bürgerlichen Rechts über die unentgeltliche Verwahrung (also nach § 690), sondern nach allgemeinen Grundsätzen, also §§ 276, 278. Die Zollstelle kann Zollgut einem anderen in Verwahrung geben; dann schließt sie einen Verwahrungsvertrag ab und haftet entsprechend § 691 S 2 nur für ein ihr bei dieser Hinterlegung zur Last fallendes Verschulden (zur „Gestellung" des Zollguts nach § 6 ZollG an die zuständige Zollstelle als Voraussetzung zur Begründung einer Obhutspflicht vgl eingehend BGH VersR 1975, 282). 63

§ 688
Vertragstypische Pflichten bei der Verwahrung

Durch den Verwahrungsvertrag wird der Verwahrer verpflichtet, eine ihm von dem Hinterleger übergebene bewegliche Sache aufzubewahren.

Materialien: E I § 614; II § 628; III § 675; Mot II 569 ff; Prot II 391 ff.

I. Abschluss des Verwahrungsvertrags

1 Verwahrung muss nicht einen Vertrag zur Grundlage haben. Ausreichend ist jedenfalls für die unentgeltliche Verwahrung eine sog **soziale Verständigung**, die statt des in den §§ 688 ff geregelten Schuldverhältnisses ein Gefälligkeitsverhältnis begründet

(GERNHUBER, Das Schuldverhältnis § 7 I 1). Die Abgrenzung ist theoretisch einfach: Im Fall des Schuldverhältnisses wollen die Beteiligten eine Rechtspflicht, im Fall des Gefälligkeitsverhältnisses wollen sie nur eine gesellschaftliche Pflicht zur Obhut über die anvertraute Sache begründen. Praktisch ist die Abgrenzung sehr schwierig, weil die Beteiligten ihren diesbezüglichen Willen selten mit hinreichender Deutlichkeit verlautbaren. Im Einzelfall bleibt regelmäßig nichts anderes übrig, als sich an typischen Verhaltensmustern zu orientieren. Die **Gefälligkeiten des täglichen Lebens** sind im Zweifel nicht Gegenstand eines Schuldverhältnisses, sondern eines Gefälligkeitsverhältnisses (vgl § 598 Rn 10). Im Zusammenhang mit der (unentgeltlichen) Verwahrung gehört dazu etwa die Übergabe von kleinen Tieren (Wellensittiche, Meerschweinchen) an Nachbarn für die Zeit einer urlaubsbedingten Abwesenheit. Tendenziell wird man sagen können, dass der Bereich der Gefälligkeiten des täglichen Lebens ohne vertragliche Grundlage schrumpft. Soweit die Leistungen des Gefälligen einen Vermögenswert haben, liegt zumindest eine rechtsgeschäftliche Rechtsgrundabrede vor, weil sonst entgegen dem Willen der Beteiligten Bereicherungsansprüche entstehen (vgl Vor § 598 Rn 9). Wenn ein Kraftfahrzeughändler einem anderen Kraftfahrzeughändler gestattet, unentgeltlich ein Fahrzeug zu Verkaufszwecken auf seinem Grundstück aufzustellen, so ist demnach unabhängig davon, ob ein eigenes wirtschaftliches Interesse des Gestattenden vorliegt, ein Vertragsverhältnis anzunehmen (**aA** OLG Köln OLGZ 1972, 213, 214 f) Allerdings dürfte dieses ein Leihverhältnis, nicht – wie OLG Köln VRS 92 (1997) 163 meint – ein Verwahrungsverhältnis (mit Obhutspflicht!) sein.

II. Voraussetzungen des Verwahrungsvertrages

1. Notwendiger Vertragsinhalt

2 Es muss eine grundsätzlich formfreie (Ausnahme: DepotG) **Einigung** zwischen den Parteien vorliegen, aufgrund deren es der Verwahrer übernimmt, die ihm schon übergebene oder noch zu übergebende Sache für den Hinterleger auf Zeit aufzubewahren (Vor § 688 Rn 5). Der Vertrag kann auch stillschweigend durch konkludente Handlungen zustandekommen (RG JW 1913, 265; BGH WM 1967, 343). Kein Verwahrungsvertrag (sondern Leihe oder Vertrag sui generis) liegt vor, wenn die Deponierung von Gegenständen bloß geduldet oder Räume zur Verwahrung auf eigene Gefahr bloß zur Verfügung gestellt werden (RGZ 77, 336; 99, 35, BGHZ 3, 200; zur Verwahrungsnebenpflicht ebenso RGZ 104, 46; vgl allgemein zur Abgrenzung des Verwahrungsvertrags von anderen Vertragsverhältnissen oben Vorbem 27 ff). Durch die Übergabe der Sache an den Verwahrer ändert sich nichts an der sog **Sachgefahr** (Gefahr des zufälligen Untergangs der verwahrten Sache); die Sachgefahr trägt nach wie vor der Hinterleger. Der Verwahrer haftet nur für Verschulden, das freilich im Falle der Zerstörung oder Beschädigung der Sache arg e § 280 Abs 1 S 2 vermutet wird (Vorbem 16 zu §§ 688 ff). Behauptet der Verwahrer wahrheitswidrig die Existenz einer Versicherung und hält er den Hinterleger dadurch vom Abschluss einer Versicherung für die verwahrte Sache ab, so haftet er unter dem Gesichtspunkt des Schadensersatzes aus §§ 280 Abs 1 S 1, 241 Abs 2, 311 Abs 2 culpa in contrahendo (bei Täuschung vor Vertragsschluss) bzw aus § 280 Abs 1 S 1, 241 Abs 2 (bei Täuschung nach Vertragsschluss) so, als wenn die Sache versichert gewesen wäre (OLG Düsseldorf VersR 1954, 121).

2. Gegenstand der Verwahrung

Als Gegenstand der Verwahrung kommen nur **bewegliche Sachen** in Betracht (Vorbem 5); dies sind regelmäßig einzelne, individuell bestimmte bewegliche Sachen, möglicherweise aber auch vertretbare Sachen iSd § 91, die als solche (in specie) zurückzugeben sind (anders jedoch bei der – unregelmäßigen – Sammelverwahrung, s dazu § 700 Rn 22 ff, sowie bei der sog Tauschverwahrung, zB nach §§ 10, 11 DepotG). Die Verwahrungspflicht bezieht sich im Zweifel auf die bewegliche Sache und ihren etwaigen Inhalt (also zB auf eine Tasche einschließlich des Inhalts oder auf ein Kfz mit Inhalt einschließlich des Kofferrauminhalts, BGH NJW 1968, 1718 und BGH NJW 1969, 289 mit Anm Berg NJW 1969, 1172). 3

3. Bedeutung der Eigentumsverhältnisse

Selbstverständlich ist, dass die Wirksamkeit des Verwahrungsvertrages nicht davon abhängt, dass der Verwahrer Eigentümer des Grundstücks ist, auf dem die hinterlegte Sache gelagert wird. Erst recht muss der Hinterleger nicht Eigentümer der hinterlegten Sache sein (LG Dessau-Rodlau, Urt v 18. 7. 2011 – 2 O 337/11). So liegt namentlich ein vom Gerichtsvollzieher im Namen des Justizfiskus geschlossener Verwahrungsvertrag vor, wenn der Gerichtsvollzieher verpfändete Sachen des Schuldners nicht selbst verwahrt, sondern bei einem Dritten in Verwahrung gibt (BGH JZ 2000, 360 mit Anm Berger; vgl auch Vorbem 53 zu §§ 688 ff). Dieser Vertrag ist regelmäßig kein Vertrag zugunsten des Schuldners (RGZ 145, 204). Allerdings kann es im Einzelfall schwierig sein festzustellen, ob der Besitzer den Verwahrungsvertrag im eigenen Namen oder im Namen des Eigentümers abgeschlossen hat (so im Fall des RG LZ 1933, 43; Auslegungsfrage). Ist der Hinterleger nicht Eigentümer, so kann der Verwahrer die fällige Rückgabe grundsätzlich nicht unter Hinweis auf das Eigentum eines Dritten verweigern (RG JW 1925, 472; zum Verhältnis der Ansprüche von Hinterleger und Eigentümer gegen den Verwahrer auf Herausgabe vgl § 695 Rn 6). An der Wirksamkeit des Verwahrungsvertrages ändert es im Prinzip auch nichts, wenn die hinterlegte Sache dem Verwahrer selbst gehört (zum Einfluss des Eigentums des Verwahrers auf die Rechte und Pflichten der Parteien des Verwahrungsvertrages vgl im Einzelnen § 695 Rn 7). 4

4. Wechsel des Hinterlegers

Besteht ein Verwahrungsvertrag, nach dem der Verwahrer für einen bestimmten Hinterleger verwahrt, so kann durch Übereinkommen zwischen allen Beteiligten (Verwahrer, Hinterleger und einem Dritten) ausgemacht werden, dass der Verwahrer künftig für den Dritten als Hinterleger verwahrt. Dogmatisch handelt es sich dabei um eine Vertragsübernahme (vgl dazu BGHZ 44, 231; Pieper, Vertragsübernahme und Vertragsbeitritt [1963]; Fabricius JZ 1967, 144; anders noch BGH NJW 1961, 455: Verbindung von Forderungsabtretungen und Schuldübernahme). 5

III. Obhutspflicht des Verwahrers

1. Umfang der Obhutspflicht

Die **Hauptpflicht** des Verwahrers besteht darin, die übergebene Sache aufzubewahren, dh einen **Raum** zur Verfügung zu stellen, in dem die Sache bis zur Rücknahme 6 verbleiben kann und sodann vor allem eine **Obhut** über die übergebene Sache zu übernehmen. Die Obhutspflicht kann nach Maßgabe des Einzelfalls auch die Pflicht umfassen, für die Erhaltung der Sache zu sorgen und die entsprechenden Schutzvorrichtungen zu treffen (zu Übernahme und Umfang der Obhutspflichten bei der Bewachung von abgestellten Kraftfahrzeugen vgl ausführlich Vorbem 34 ff zu §§ 688 ff). Aus der Pflicht zur Obhut kann sich im Einzelfall (zB wenn der Hinterleger verreist ist) gem §§ 157, 242 auch die Verpflichtung des Verwahrers ergeben, zwecks **Erhaltung** der hinterlegten Sache tätig zu werden, wie etwa Blumen zu gießen, Tiere zu füttern und zu pflegen usw. Die Opfergrenze wird einerseits durch das Gewicht der betroffenen Interessen des Hinterlegers, andererseits durch die Zumutbarkeit für den Verwahrer bestimmt. Die Zumutbarkeit wiederum hängt ua davon ab, ob die Verwahrung entgeltlich oder unentgeltlich erfolgt. Bei entgeltlicher Verwahrung spielt auch die relative Höhe des Entgelts eine Rolle. Generell gilt, dass dem gewerbsmäßigen Verwahrer (Lagerhalter) mehr zuzumuten ist als dem privaten. Im Rahmen des § 693 kann der Verwahrer für seine Aufwendungen Aufwendungsersatz beanspruchen. Auch eine Gebrauchspflicht ist als Ausfluss der Obhutspflicht denkbar, nämlich dann, wenn die Erhaltung der hinterlegten Sache den Gebrauch erfordert (zB Reiten von Reitpferden). Soweit der Wert der Erhaltungsleistungen dem der Aufbewahrung im engeren Sinne nicht wesentlich nachsteht, wird allerdings statt eines Verwahrungsvertrags ein kombiniertes Vertragsverhältnis anzunehmen sein, in dem neben Verwahrungs- oder Mietelementen Geschäftsbesorgungselemente zu berücksichtigen sind. In bestimmten Fällen hat der Verwahrer Anzeigepflichten; so zB wenn ein hinterlegtes Tier krank geworden ist und deshalb zum Tierarzt gebracht werden muss (arg e § 692), oder wenn ein Gläubiger des Hinterlegers die verwahrte Sache pfändet (zu Anzeigepflichten im Rahmen der Verwaltungsnebenpflicht beim Bankverwahrungsvertrag vgl unten Rn 8).

2. Umfang und Grenzen der Rettungspflicht

7 Aus der Übernahme der Obhut ergibt sich auch, dass der Verwahrer verpflichtet ist, bei akuter Gefahr die **Rettung** der verwahrten Sache zu versuchen. Dabei ist zu beachten, dass die Sachgefahr beim Verwahrungsvertrag nicht auf den Verwahrer übergeht, sondern beim Hinterleger bzw Eigentümer verbleibt (vgl Rn 2 aE). Diese Risikoverteilung verbietet es, an die Rettungspflicht zu strenge Maßstäbe anzulegen. Grundsätzlich genügt der Verwahrer seiner Rettungspflicht, wenn er sich im Falle der Not wie ein „verständiger Rechtsgenosse" (dazu Limbach, Der verständige Rechtsgenosse [1977] insbes 83 ff) verhält. Er darf also gleichsam von seiner Verwahrerrolle absehen und sich so verhalten, wie er sich vernünftigerweise verhalten würde, **wenn statt der Sachen des Hinterlegers eigene in Gefahr wären**. Verwahrt er Sachen mehrerer Hinterleger oder mehrere Sachen eines Hinterlegers, so handelt er danach pflichtgemäß, wenn er sich bei der Auswahl der zu rettenden Sachen nach den Kriterien Wert, Grad der Gefährdung und Erfolgschance von Rettungsmaßnahmen richtet (vTuhr II 2, 578). Bei folgerichtiger Umsetzung des Ansatzes muss das Gleiche gelten, wenn der Verwahrer eine **Auswahl zwischen seinen eigenen Sachen und einer hinterlegten Sache** zu treffen hat. Einen Unterschied gibt es nur insofern, als der Verwahrer nach § 693 für die Aufopferung seiner eigenen zugunsten der Rettung der fremden Sache Ersatz verlangen kann (vgl § 693 Rn 5). Zu differenzieren ist in den Fällen, in denen die eigene Sache des Verwahrers und die Sache des Hinterlegers in etwa gleich wertvoll, annähernd gleich gefährdet und in ähnlicher Weise zu retten sind: Hier muss der entgeltliche Verwahrer zunächst die verwahrte Sache retten,

während ein unentgeltlicher Verwahrer zuerst seine eigenen Sachen in Sicherheit bringen kann (vTuhr II 2, 606). Bringt der unentgeltliche Verwahrer gleichwohl zunächst die Sache des Hinterlegers unter Aufopferung seiner eigenen Sachen in Sicherheit, so kann er analog § 693 Aufwendungsersatz für die Aufopferung seiner eigenen Sache verlangen (OLG Braunschweig MDR 1948, 112). Zwar handelt der Verwahrer dann nicht mehr in Erfüllung seiner Pflichten, so dass eine direkte Anwendung des § 693 ausscheidet. Doch kann er nicht deswegen schlechter stehen, weil er das Interesse des Hinterlegers **überobligationsmäßig** wahrgenommen hat. Vielmehr muss er dann den Ausgleich nach § 693 **erst recht** erhalten. Dem Schutz des Hinterlegers vor Ausgleichspflichten, die den Wert der verwahrten Sache übertreffen, dient, dass die Ausgleichspflicht regelmäßig durch diesen Wert begrenzt ist (vgl § 693 Rn 6).

3. Sonstige Nebenpflichten des Verwahrers

Aus der Obhutspflicht des Verwahrers ergeben sich regelmäßig **keine Pflichten zur Verwaltung** der hinterlegten Sache; doch können solche Pflichten durch besonderen Vertrag übernommen werden, so zB beim Bankverwahrungsvertrag hinsichtlich der Erhaltung oder Mehrung des Vermögens (RGZ 109, 30; 111, 345). Die verwahrende Bank hat zB eine Hinweispflicht bei drohendem Wertverlust (RG DJ 1936, 1475), eine Benachrichtigungspflicht bei Neuausgabe hinterlegter Aktien (OLG Kiel OLGRspr 22, 329) oder eine Belehrungspflicht über besondere gesetzliche Formerfordernisse (OLG Braunschweig MDR 1948, 119). 8

Der Verwahrer ist in der Regel nicht dazu verpflichtet, eine **Versicherung** abzuschließen, es sei denn, eine Versicherung wäre verkehrsüblich oder vom Hinterleger ausdrücklich verlangt worden (OLG Hamm NJW-RR 1999, 777; **aA** für den Fall, dass der Verwahrer seine eigenen Sachen versichert AG Düsseldorf VersR 1987, 1122). Im Handelsrecht ist eine Versicherungspflicht auf Verlangen des Hinterlegers zT ausdrücklich vorgesehen: So muss beim Kommissionsgeschäft gem § 390 Abs 2 HGB und beim Lagergeschäft gem §§ 472 Abs 1 HGB auf Anweisung des Hinterlegers versichert werden. Beim Speditionsgeschäft besteht eine Versicherungspflicht immer dann, wenn die ADSp Vertragsinhalt geworden sind (vgl Ziff 29.1 ADSp). In einigen Sonderfällen besteht sogar eine gesetzliche Versicherungspflicht, die zT aber mit einer sehr weitgehenden Zulassung von Haftungsfreizeichnungen im selben Gesetz korrespondiert (so in § 6 VO über das Bewachungsgewerbe idF v 10. 7. 2003, BGBl I 1378). Üblich ist die Sachversicherung (BGH NJW 1972, 150). Besteht eine Versicherungspflicht, so muss die Versicherung das ganze Obhutsrisiko abdecken; im Falle einer größeren Geldentwertung läuft das auf die Pflicht des Verwahrers hinaus, die Versicherungssumme zu erhöhen (RG JW 1924, 1713; vgl auch BGH WM 1966, 1016). 9

IV. Rückgabepflicht des Verwahrers

Außer zur Raumgewährung und Obhut ist der Verwahrer zur Rückgabe der hinterlegten Sache nach Ablauf des Verwahrungsverhältnisses verpflichtet. Nach RGZ 119, 57 gehört die Rückgabepflicht zum „Wesen des Verwahrungsvertrags". Ihre ausdrückliche Normierung in § 614 E I wurde von der 2. Kommission als selbstverständlich gestrichen. Bei vollständiger oder teilweiser **Unmöglichkeit** der Rückgabe der Sache haftet der Verwahrer auf Schadensersatz statt der Leistung nach den 10

§§ 280 Abs 3, 283. Dass der Verwahrer die Unmöglichkeit zu vertreten hat, wird vermutet; er trägt arg e § 280 Abs 1 S 2 die Beweislast dafür, dass er die Unmöglichkeit der Rückgabe nicht zu vertreten habe (vgl auch BGHZ 3, 174; 4, 195; BGH NJW 1952, 1170 und BGH LM Nr 2 zu § 688 BGB; OLGR Schleswig 2000, 248). Unabhängig vom Verschulden hat der Verwahrer nach § 285 ein eventuelles Surrogat (Versicherungssumme, Schadensersatzanspruch gegen einen verantwortlichen Dritten [vgl Vorbem 14 zu §§ 688 ff] uä) herauszugeben. Gem § 254 Abs 1 kann der Schadensersatzanspruch wegen Unmöglichkeit der Rückgabe durch mitwirkendes Verschulden des Hinterlegers gemindert sein, so insbesondere wenn er besonders wertvolle Sachen zur Aufbewahrung gegeben hat, ohne den Verwahrer darüber aufzuklären. Der Verwahrer wird jedoch nur dann nach § 254 Abs 1 entlastet, wenn er mit dem tatsächlichen Wert der Sachen nicht zu rechnen brauchte und im Falle ordnungsgemäßer Unterrichtung weitergehende Sicherungsmaßnahmen getroffen haben würde (RGZ 84, 341). Wenn nichts anderes vereinbart wurde, hat der Verwahrer – anders als nach gemeinem Recht (RGZ 12, 89 f) – nach allgemeinen Grundsätzen ein Zurückbehaltungsrecht (§§ 273, 274, vgl Mot II 579). Geht der Verwahrer in Insolvenz, so hat der Hinterleger gem § 47 InsO ein Aussonderungsrecht (zu dem Ort, an dem die Rückgabe zu erfolgen hat, und der Rücknahmepflicht des Hinterlegers vgl § 697 Rn 1, 5).

§ 689
Vergütung

Eine Vergütung für die Aufbewahrung gilt als stillschweigend vereinbart, wenn die Aufbewahrung den Umständen nach nur gegen eine Vergütung zu erwarten ist.

Materialien: E I §§ 615 S 2, 629 S 2; III § 676;
Mot II 571; Prot II 393.

1. Entgeltlichkeit oder Unentgeltlichkeit der Verwahrung

1 Ob eine Vergütung für die Aufbewahrung zu entrichten ist, bestimmt sich nach dem Willen der Vertragsparteien, der notfalls im Wege der **Auslegung** (§ 157) zu ermitteln ist. Letzteres stellt § 689 noch einmal ausdrücklich klar; entgegen dem Wortlaut handelt es sich nicht etwa um eine Fiktion. Entscheidend sind die gesamten Umstände und Verhältnisse des Einzelfalls. Für Entgeltlichkeit spricht zB, dass der Verwahrer das Verwahrungsgeschäft gewerbsmäßig betreibt, dass die Verwahrung erhebliche Aufwendungen an Zeit erfordert uam. Diese Umstände hat der Verwahrer zu beweisen. Hat der Verwahrer solche Umstände nachgewiesen, so kann der Hinterleger mit der Begründung wegen Irrtums (§ 119 Abs 1 1. Alt) anfechten, er habe einen unentgeltlichen Verwahrungsvertrag abschließen wollen (sog error in negotio; **aA** Bamberger/Roth-Gehrlein § 689 Rn 1; BGB-RGRK/Krohn Rn 1 unter unzutreffender Berufung auf BGH NJW 1965, 387). Unerlässlich ist, dass überhaupt ein Verwahrungsvertrag abgeschlossen ist. § 689 gibt lediglich eine Auslegungsregel zur Abgrenzung des unentgeltlichen vom entgeltlichen Verwahrungsvertrag. So wird zB dadurch, dass ein Pkw von einem Unbekannten ohne Wissen des Halters in einem Parkhaus eingestellt und dann nicht abgeholt wird, kein Verwahrungsvertrag für den

Kfz-Halter mit dem Parkhausbesitzer abgeschlossen; auch § 689 kann dem Parkhausbesitzer hier nicht zu einem Vergütungsanspruch verhelfen (vgl den Fall des LG Karlsruhe Justiz 1970, 235).

2. Umfang und Grenzen der Vergütungspflicht

Hinsichtlich der **Höhe** der Vergütung fehlt in § 689 eine Vorschrift, wie sie etwa beim Dienstvertrag in § 612 Abs 2, beim Werkvertrag in § 632 Abs 2 oder beim Maklervertrag in § 653 Abs 2 enthalten ist. Man wird diese Vorschriften jedoch ohne Weiteres auf die Verwahrung analog anwenden können. Für die Höhe der Vergütung ergeben sich somit die folgenden Bestimmungsgründe: Primär gelten die Vereinbarungen der Parteien. Lässt sich daraus die Höhe der Vergütung nicht entnehmen, können etwaige Taxen zur Anwendung kommen, ehe beim Fehlen von Taxen auf die übliche Vergütung zurückgegriffen wird (nach LG Kleve JNF 2001, 255 zB für die Verwahrung eines Sparbuchs durch den Steuerberater 1 % des Guthabens). Lässt sich auch eine übliche Vergütung nicht feststellen, so ist nach den §§ 315, 316 die den Umständen des Einzelfalles nach angemessene Vergütung zu gewähren (hM, Palandt/Sprau Rn 2; BGB-RGRK/Krohn Rn 2; MünchKomm/Henssler Rn 5; Erman/E Herrmann Rn 3; im Ergebnis auch Soergel/Teichmann Rn 4; zur Fälligkeit der Vergütung und zur Höhe der Vergütung bei vorzeitiger Beendigung der Aufbewahrung vgl § 699 mit Rn 2 f). Eine Sonderregelung ergibt sich für die Vergütung des gerichtlich bestellten Sequesters gem § 410 Nr 3 FamFG (vgl Vorbem 17 zu §§ 688 ff). 2

Die Vergütungspflicht des Hinterlegers aus dem Verwahrungsvertrag **endet mit dem Ablauf des Verwahrungsverhältnisses**, der seinerseits mit dem vereinbarten Endtermin oder der Rückforderung (= Kündigung, str vgl § 695 Rn 3) eintritt. Sie entfällt grundsätzlich nicht dadurch, dass dem Verwahrer die **Rückgabe unmöglich** wird. Da Vergütung und Rückgabe nicht zueinander in einem Austauschverhältnis stehen, greift § 326 Abs 1 nicht ein. Eine Ausnahme soll nach zT vertretener Ansicht gerechtfertigt sein, wenn die verwahrten Sachen durch Kriegseinwirkung oder vergleichbare andere Sozialrisiken verloren gegangen sind. Der Gedanke, dass Risiken der Gemeinschaft sich der Zurechnung zur einen oder anderen Vertragspartei entziehen und stattdessen billigerweise zwischen den Betroffenen zu teilen sind (Rüthers, Die unbegrenzte Auslegung [1968] 38 ff), soll den Vergütungsanspruch nach § 242 ausschließen (so LG Berlin NJW 1948, 654). Dem wird zu Recht entgegenhalten, dass der Verlust der verwahrten Sache nicht nur zur Unmöglichkeit der Rückgabe, sondern auch zur Unmöglichkeit der Aufbewahrung führt, die ihrerseits die Gegenleistung für das Entgelt darstellt. Deshalb soll der Hinterleger nach § 326 Abs 1 für die Zukunft von der Vergütungspflicht frei werden (MünchKomm/Henssler Rn 7). Noch richtiger dürfte es sein anzunehmen, dass das Dauerschuldverhältnis Verwahrung analog § 726 mit der Unmöglichkeit der Aufbewahrung endet. Die Auswirkung auf die Vergütungspflicht ergibt sich dann im Ergebnis übereinstimmend aus § 699 Abs 2. 3

§ 690
Haftung bei unentgeltlicher Verwahrung

Wird die Aufbewahrung unentgeltlich übernommen, so hat der Verwahrer nur für diejenige Sorgfalt einzustehen, welche er in eigenen Angelegenheiten anzuwenden pflegt.

Materialien: E II § 630; III § 677; Mot II 571 ff; Prot II 393.

I. Haftungsmilderung

1 Aus Billigkeitserwägungen hat der Gesetzgeber die Haftung des Verwahrers für den Fall, dass die Verwahrung unentgeltlich übernommen wird, auf bloße Haftung für **culpa in concreto** ermäßigt. Nach § 277 bedeutet dies nicht, dass der Verwahrer von der Haftung für grobe Fahrlässigkeit befreit ist. Der Verwahrer trägt die Beweislast dafür, dass er in eigenen Angelegenheiten auch nicht sorgfältiger handelt, als es geschehen ist (arg e § 280 Abs 1 S 2, vgl Vorbem 16 zu §§ 688 ff). Sind außer der hinterlegten Sache auch eigene Sachen des Verwahrers zu Schaden gekommen, ist dieser Beweis geführt (OLG Zweibrücken NJW-RR 2002, 1456; LG Köln, Urt v 16. 3. 2010 – 5 O 257/09 betr Einsturz des Historischen Archivs der Stadt Köln).

II. Unentgeltlichkeit

1. Fremdnütziger Vertrag

2 Die unentgeltliche Verwahrung ist **Gefälligkeitsvertrag**. Als solcher ist sie abzugrenzen von den außerrechtsgeschäftlichen Gefälligkeitsverhältnissen (vgl § 688 Rn 1). Zwar ein Vertrag, jedoch keine Gefälligkeitszusage mit Haftungsmilderung nach § 690 liegt vor, wenn ein Unternehmer im Interesse eines Kunden eine Aufbewahrung übernimmt, die ihm den Kunden erhält und ihm dann bei späteren Geschäften zugutekommen kann. Sobald der Verwahrer mit der Verwahrung einen eigenen Vorteil bezweckt, ist § 690 seinem Sinn – Begünstigung fremdnützigen Handelns – nach nicht anwendbar, mag der angestrebte Vorteil auch außerhalb des Vertrags liegen (vgl OLG Düsseldorf MDR 1976, 842: Vermieter bewahrt Hausrat des Mieters auf, um vorzeitigen Abbruch des bisherigen Mietshauses zu ermöglichen).

2. Abgrenzung zur entgeltlichen Verwahrung

3 Kein unentgeltlicher Verwahrungsvertrag im Sinne des § 690 ist anzunehmen, wenn in Erfüllung eines anderen entgeltlichen Vertrags die Aufbewahrung einer beweglichen Sache **nur** als **Nebenpflicht** ohne besondere Vergütung übernommen wird (vgl im Übrigen die Fälle oben in Vorbem 45 ff zu §§ 688 ff). Hier gelten für den gesamten Vertrag die Vorschriften, die für den (entgeltlichen) Hauptvertrag maßgebend sind; die §§ 688 ff werden lediglich ergänzend herangezogen (Vorbem 41 zu §§ 688 ff). Man hat es insofern mit einer mittelbaren Entgeltlichkeit auch hinsichtlich der Verwahrungsnebenpflicht zu tun, so dass die Haftungsmilderung des § 690 ausscheidet. Eine

unentgeltliche Verwahrung iS des § 690 ist regelmäßig auch in den Fällen zu verneinen, in denen eine Obhutspflicht lediglich nach den Grundsätzen der culpa post contractum finitum, also als Nachwirkung eines entgeltlichen Vertrages besteht (zB wenn Gegenstände eines Kunden beim Werkunternehmer liegenbleiben uä). Ein klassischer Fall der Unanwendbarkeit des § 690 ist die Verwahrung als Besitzmittlungsverhältnis im Sinne des § 930 im Rahmen der Sicherungsübereignung (RG Recht 1922 Nr 1667; ERMAN/E HERRMANN Rn 3).

3. Öffentlichrechtliche Verwahrung

Aufgrund der verschiedenen Interessenlage zwischen unentgeltlichem Verwahrungsverhältnis und der Beziehung zwischen Bürger und Staat bei der öffentlichrechtlichen Verwahrung ist der Rechtsgedanke des § 690 auf öffentlichrechtliche Verwahrungsverhältnisse nicht übertragbar (BGHZ 4, 192; zur öffentlichrechtlichen Verwahrung vgl Vorbem 52 ff zu §§ 688 ff). 4

III. Reichweite des Haftungsprivilegs

Umstritten ist, welchen Pflichtenbereich das Haftungsprivileg nach **§ 690** umfasst. 5
Während die hM es auf sämtliche Haupt- und Nebenpflichten des unentgeltlichen Verwahrers bezieht, beschränkt eine neuere Ansicht es auf die „eigentliche Vertragsleistung", dh auf „den Umgang des Verwahrers mit der ihm anvertrauten Sache" (so LARENZ II 1 § 58 S 457; SCHLECHTRIEM, Vertragsordnung und außervertragliche Haftung [1972] 388 ff). Der neueren Ansicht ist entgegenzuhalten, dass sie den Rahmen der Privilegierung zu eng zieht. Der „Umgang des Verwahrers mit der ihm anvertrauten Sache" kann außer Schäden an der Sache selbst auch Schäden an anderen Rechtsgütern des Hinterlegers hervorrufen. Wird zB das in Verwahrung gegebene Tier beim Verwahrer infiziert und steckt es nach Rückgabe andere Tiere des Hinterlegers an, so muss sich die Entlastung von der normalen Sorgfaltspflicht auch auf die Verantwortlichkeit für den Schaden des Hinterlegers hinsichtlich der anderen Tiere erstrecken. Anderenfalls droht ein Wertungswiderspruch: Während sonst die Verantwortlichkeit mit der Entfernung des Schadens abnimmt, würde sie hier zunehmen. Auf der anderen Seite spricht gegen die hM, dass sie das Privileg auf Verhaltensweisen des Verwahrers ausdehnt, die mit der unentgeltlichen Verwahrung gar nichts zu tun haben. Hat der Verwahrer zB eine Bananenschale vor seiner Haustür nicht weggeräumt, so kann es für seine Verantwortlichkeit bei Unfällen sinnvollerweise keine Rolle spielen, ob es zufällig den Hinterleger, der die unentgeltlich verwahrte Sache abholen will, oder einen anderen, zB den Milchmann, trifft. Zu folgen ist deshalb einer dritten Ansicht, die das Haftungsprivileg anwendet, wenn und soweit der unentgeltliche Verwahrer aufgrund eines Verhaltens **in seiner spezifischen Eigenschaft als Verwahrer** in Anspruch genommen wird (vgl THIELE JZ 1967, 654; GERHARDT JuS 1970, 600; SCHWERDTNER NJW 1971, 1675). Entsprechend ist die Frage zu beantworten, ob das Haftungsprivileg auch die *deliktische* Verantwortlichkeit des unentgeltlichen Verwahrers betrifft: Sie ist zu bejahen, soweit der Verwahrer in der Verwahrerrolle gehandelt hat, dagegen zu verneinen, soweit dies nicht der Fall ist (im Ganzen folgend MünchKomm/HENSSLER Rn 9; ERMAN/E HERRMANN Rn 4; vgl auch § 599 Rn 2 f).

§ 691
Hinterlegung bei Dritten

Der Verwahrer ist im Zweifel nicht berechtigt, die hinterlegte Sache bei einem Dritten zu hinterlegen. Ist die Hinterlegung bei einem Dritten gestattet, so hat der Verwahrer nur ein ihm bei dieser Hinterlegung zur Last fallendes Verschulden zu vertreten. Für das Verschulden eines Gehilfen ist er nach § 278 verantwortlich.

Materialien: E I § 616; III § 631; III § 678;
Mot II 574 f; Prot II 394 f.

1. Inhalt der Drittverwahrung

1 Da der Verwahrungsvertrag regelmäßig auf dem persönlichen Vertrauen des Hinterlegers in die Zuverlässigkeit und Sorgfalt des Verwahrers gründet, ist der Verwahrer vorbehaltlich abweichender Vereinbarung nach § 691 S 1 nicht berechtigt, „die hinterlegte Sache bei einem Dritten zu hinterlegen". Nicht Dritter iS des § 691 ist – wie sich aus S 3 ergibt – der Gehilfe. Die Hinzuziehung eines Gehilfen ist dem Verwahrer im Zweifel gestattet (Erman/E Herrmann Rn 4; Larenz II 1 § 58 S 457). Die hM betrachtet als Dritten iS des § 691 S 1, 2 nur den echten Substituten. § 691 S 1, 2 verbietet danach **nicht** im Zweifel den Abschluss eines **Unterverwahrungsvertrags**, sondern lediglich, dass der Verwahrer das Verwahrungsverhältnis mit dem Hinterleger beendet (oder gar nicht erst beginnen lässt) und es im Wege unmittelbarer oder mittelbarer Stellvertretung durch ein anderes Verwahrungsverhältnis, nämlich ein solches entweder zwischen dem Hinterleger und dem Dritten oder zwischen dem als Strohmann-Hinterleger handelnden „Verwahrer" und dem Dritten ersetzt (MünchKomm/Henssler Rn 3 f; Soergel/Teichmann § 691 Rn 2; Erman/E Herrmann Rn 2; zur Parallelvorschrift § 664 auch RGZ 161, 68, 72). Nach **aA** betrifft die Hinterlegung bei einem Dritten nicht nur die Ersatzverwahrung, sondern **auch** und gerade die **Unterverwahrung**. § 691 macht danach in S 1 die Verwahrung des Dritten von spezieller Gestattung abhängig, beschränkt aber im Fall der Gestattung nach S 2 die Haftung des Hauptverwahrers (dispositiv) auf culpa in eligendo; § 691 S 3 stellt klar, dass es in den (sonstigen) Fällen der Hinzuziehung von Gehilfen (dispositiv) bei der Haftung nach § 278 bewendet (so wohl BGB-RGRK/Krohn Rn 1).

2 ME verdient die zweite Sicht eindeutig den Vorzug. Dass man sich als Vertragspartner ohne entsprechende Abrede nicht durch Gestellung eines Ersatzmanns von den eingegangenen Verpflichtungen lösen kann, ist eine bare Selbstverständlichkeit. Um das zu erkennen, braucht der Rechtsanwender keine Auslegungsregel nach Art des § 691 S 1. Der Sinn des § 691 unterstreicht das. Wie in § 664 knüpft der Gesetzgeber daran an, dass man die Ausübung von Vertrauenspositionen durch andere grundsätzlich kraft Natur der Sache nicht verantworten kann. Das aber ist ein Gedanke, der sich nicht nur gegen eine echte Substitution, sondern **auch gegen die Einschaltung Selbständiger als Erfüllungsgehilfen** richtet. Im Übrigen beachtet die hM nicht genügend, dass der in § 691 S 3 (wie in § 664 S 3) benutzte Begriff des Gehilfen keineswegs mit der Umschreibung des Erfüllungsgehilfen in § 278 übereinstimmt. Anders als die zivilrechtliche Dogmatik ist der Gesetzgeber insoweit

durchaus dem allgemeinen Sprachgebrauch verhaftet, der im Begriff des Gehilfen die Unselbständigkeit mitdenkt. Nur vor dem Hintergrund der Annahme, dass § 691 S 2 den Geltungsanspruch des § 278 für selbständige „Hilfspersonen" durchbricht, erklärt sich auch plausibel, weshalb § 691 S 3 in Bezug auf (unselbständige) **Gehilfen** § 278 ausdrücklich aufrechterhält. Der Blick auf die Sonderregelung des § 3 DepotG rundet die Argumentation ab. § 3 Abs 1 S 1 sieht in einem offenbar bewussten Gegensatz zu § 691 S 1 das Recht des Verwahrers vor, Wertpapiere einem anderen Verwahrer anzuvertrauen; § 3 Abs 2 S 1 DepotG ordnet für diesen Fall grundsätzlich die Haftung des Erstverwahrers nach § 278 an. Wäre das Verständnis des § 691 durch die hM richtig, so wäre nicht verständlich, weshalb der Gesetzgeber § 3 DepotG so gegen § 691 abgesetzt hat, würde sich doch dann aus der Vorschrift gar nichts anderes ergeben als aus § 691. Für die Abgrenzung des Dritten gegen den Gehilfen in § 691 folgt daraus, dass die Selbständigkeit bzw Unselbständigkeit der Obhut über die hinterlegte Sache zu entscheiden hat. Damit erweisen sich letztlich die **Besitzverhältnisse** als das maßgebliche Kriterium: Gibt der Verwahrer den unmittelbaren Besitz an der zu verwahrenden Sache an eine andere Person ab, so ist die Auslegungsregel des § 691 S 1 berührt. Gehilfe kann nur sein, wer nicht mehr als Besitzdiener gem § 855 ist, ist der Verwahrer doch allein unter dieser Voraussetzung in der Lage, trotz der Einschaltung einer anderen Person seiner „höchstpersönlichen" Obhutspflicht zu genügen (**aA** MünchKomm/Henssler Rn 3, 12; Soergel/Teichmann Rn 2: auch weisungsgebundener Besitzmittler).

2. Voraussetzungen befugter Drittverwahrung

Die Drittverwahrung (dazu Rn 1 f) muss dem Verwahrer vom Hinterleger ausdrücklich oder stillschweigend gestattet sein. Dies kann dadurch geschehen, dass der Hinterleger dem Verwahrer Vollmacht erteilt, **im Namen des Hinterlegers** einen Verwahrungsvertrag mit einem Dritten abzuschließen (vgl auch RGZ 78, 310). In diesem Fall findet unzweifelhaft eine echte Substitution statt; der Erstverwahrer scheidet als Verpflichteter aus, an seine Stelle tritt der Zweitverwahrer. Das Gleiche gilt, wenn der Hinterleger dem Verwahrer gestattet, als mittelbarer Stellvertreter zwar im eigenen Namen, aber auf fremde Rechnung mit einem Dritten einen Verwahrungsvertrag zu schließen, der an die Stelle des Verwahrungsvertrags zwischen Hinterleger und Verwahrer tritt (Soergel/Teichmann Rn 3). Dem Verwahrer kann jedoch vor dem Hintergrund der unter Rn 2 entwickelten Sicht auch gestattet sein, **im eigenen Namen** (und auf eigene Rechnung) mit dem Dritten einen Unterverwahrungsvertrag abzuschließen (vgl auch RGZ 78, 310; 161, 68, 73; RG Recht 1920 Nr 2371; BGH DB 1958, 133; sämtlich zu § 664). Eine stillschweigende Gestattung, im eigenen Namen mit einem Dritten einen Verwahrungsvertrag abzuschließen, kommt insbesondere bei der Verwahrung von Geld in Betracht. Namentlich wenn eine größere Summe zur Aufbewahrung gegeben wird, kann angenommen werden, dass die Befugnis des Verwahrers, den Betrag durch eine Bank verwahren zu lassen, stillschweigend vereinbart wurde (vgl RGZ 96, 149; **aM** OLG Dresden Recht 1903 Nr 1401). Auch aus der dem Verwahrer bekannten Kenntnis des Hinterlegers davon, dass der Verwahrer keine geeigneten Räumlichkeiten zur Verwahrung besitzt, kann auf eine stillschweigende Gestattung der Dritt- in Gestalt der Unterverwahrung geschlossen werden (**aA** OLG Hamburg OLGRspr 32, 173). Keine Drittverwahrung iS des § 691 liegt vor, falls eine öffentliche Körperschaft (der Staat) von ihr verwahrte Wertpapiere von der ursprünglichen Kasse an eine andere ihrer Kassen überträgt (RGZ 103, 171, 173). 3

3. Folgen befugter Drittverwahrung

4 Ist dem Verwahrer der Abschluss eines Verwahrungsvertrages mit dem Dritten im Namen und mit Vollmacht oder zwar im eigenen Namen, aber auf Rechnung des Hinterlegers zugestanden, so beschränkt sich seine Verantwortung, wenn er bei dem Dritten (im fremden oder eigenen Namen) hinterlegt, auf die **ordnungsgemäße Auswahl des Dritten**, die **sachgerechte Einweisung** und die **einwandfreie Übergabe**. Die Annahme, der Erstverwahrer hafte für das Verhalten des Dritten nach § 278, widerstreitet dann dem eindeutigen Sinn der „Gestattung": Wenn der Erstverwahrer dem Hinterleger unmittelbar oder mittelbar (§§ 667, 398) einen neuen Schuldner verschaffen kann und darf, kann er sich damit notwendig der eigenen Verantwortlichkeit entledigen. Denn die **Verschaffung eines neuen Schuldners** sprengt die Sinngrenzen einer bloßen Einschaltung von Gehilfen bei der Erfüllung der eigenen Schuld iS des § 278 (vgl auch RGZ 78, 310, 312).

5 Ist dem Verwahrer der Abschluss des Verwahrungsvertrages mit dem Dritten nur im eigenen Namen und auf eigene Rechnung gestattet, so haftet der Verwahrer nach § 691 S 2 grundsätzlich ebenfalls nur für Verschulden bei der Auswahl und Einweisung des Dritten sowie für Verschulden bei der Übergabe der Sache. Doch kann die Gestattung je nach Lage des Einzelfalls durchaus unter dem Vorbehalt der Fortdauer der Obhutspflicht des Erstverwahrers stehen mit der Folge, dass der Dritte Erfüllungsgehilfe des Erstverwahrers gem § 278 ist (vgl auch RGZ 161, 68, 74 f; BGB-RGRK/Krohn Rn 3; **aA** MünchKomm/Henssler Rn 10; Erman/E Herrmann § 691 Rn 2: unzulässige Vermischung von Substitut und Erfüllungsgehilfe. Es gibt aber auch den selbständigen Erfüllungsgehilfen). Denkbar ist auch, dass die Gestattung nur die Entlassung des Erstverwahrers aus der eigentlichen Obhutspflicht vorsieht, während die Pflicht zur Überwachung des Dritten und Anzeige eines etwaigen Fehlverhaltens erhalten bleibt (vgl auch RGZ 78, 310, 314).

6 Schließt der Verwahrer befugtermaßen mit dem Dritten im eigenen Namen einen Verwahrungsvertrag, kommen grundsätzlich keine unmittelbaren Rechtsbeziehungen zwischen dem Hinterleger und dem Dritten zustande, und zwar gleichgültig, ob er dies auf eigene Rechnung oder auf Rechnung des Hinterlegers (mittelbare Stellvertretung) tut. Im Einzelfall kommt jedoch ein Vertrag zugunsten Dritter in Betracht (vgl Esser/Weyers II § 38 II 1). Unabhängig davon kann dem Hinterleger gegen den Dritten analog §§ 546 Abs 2, 604 Abs 4 nach Maßgabe des § 695 ein unmittelbares Rückforderungsrecht zustehen (Erman/E Herrmann Rn 3; MünchKomm/Henssler Rn 7, 11; Soergel/Teichmann Rn 7). Die Analogie passt aber nur für die Unterverwahrung, nicht für die im Wege mittelbarer Stellvertretung begründete Drittverwahrung, die mit dem Anspruch auf Rückgabe gegen den Erstverwahrer den Anknüpfungspunkt für den gesetzlichen Schuldbeitritt beseitigt. Wer als Drittverwahrung im Sinne des § 691 ausschließlich die Begründung durch den Erstverwahrer als unmittelbarer oder mittelbarer Stellvertreter des Hinterlegers anerkennt, dürfte sie daher eigentlich nicht befürworten (inkonsequent MünchKomm/Henssler Rn 10 f).

7 Soweit der Erstverwahrer den Vertrag mit dem Drittverwahrer als mittelbarer Stellvertreter des Hinterlegers abgeschlossen hat, führt der Ausschluss seiner Haftung für die Zerstörung oder Beschädigung der verwahrten Sache infolge Fehlverhaltens des Drittverwahrers zur Anwendung der Grundsätze über die **Drittschadensliquidation**

(vgl RGZ 109, 288, 292 zu § 664). Der Erstverwahrer kann also aus § 280 Ersatz des Schadens verlangen, der dem Hinterleger entstanden ist. Nach § 667 analog ist der Erstverwahrer dem Hinterleger zur Abtretung des Schadensersatzanspruchs bzw zur Herausgabe des etwa schon kassierten Schadensbetrags verpflichtet (MünchKomm/Henssler Rn 11). Soweit der Erstverwahrer mit dem Drittverwahrer einen Unterverwahrungsvertrag geschlossen hat, bedarf es dagegen keines Rückgriffs auf die Grundsätze über die Drittschadensliquidation. Denn da der Hinterleger analog §§ 546 Abs 2, 604 Abs 4 unmittelbar vom Drittverwahrer die Rückgabe der verwahrten Sache verlangen kann (Rn 6), hat er im Falle der Unmöglichkeit der (unversehrten) Rückgabe einen eigenen vertraglichen Anspruch gegen den Drittverwahrer aus § 280.

Auch im Hinblick auf die Anwendbarkeit der gemilderten Haftung nach § 690 ist zu 8
unterscheiden. Soweit der Erstverwahrer aufgrund der Gestattung in unmittelbarer oder mittelbarer Stellvertretung einen Verwahrungsvertrag abschließt, handelt er gar nicht als Verwahrer, sondern als Geschäftsbesorger des Hinterlegers. Entsprechend kann nicht der **Haftungsmaßstab** der unentgeltlichen Verwahrung, sondern muss derjenige der unentgeltlichen Geschäftsbesorgung (§§ 662 ff) herangezogen werden. Auch der unentgeltliche Verwahrer haftet daher für Vorsatz und (jede) Fahrlässigkeit, wenn die Auswahl des Dritten, die Einweisung oder die Übergabe der Sache misslingen (**aA** wohl Erman/E Herrmann Rn 2; MünchKomm/Henssler Rn 10). Dagegen ist § 690 anwendbar, soweit der Erstverwahrer einen Unterverwahrungsvertrag abschließt und vollzieht. Denn insoweit besorgt er nicht ein Geschäft des Hinterlegers, sondern ändert nur (befugtermaßen) die Erfüllung des Verwahrungsvertrags. Eben auf die Erfüllung des Verwahrungsvertrags bezieht sich § 690.

Nach zT vertretener Meinung soll auf die Drittverwahrung **§ 692 S 2 entsprechend** 9
anwendbar sein (Soergel/Teichmann Rn 5). Das ist zumindest missverständlich. Ist die Drittverwahrung im Verwahrungsvertrag gestattet, so ist § 692 S 2 gegenstandslos: Die dort vorgesehene „Entschließung" des Hinterlegers hat dann nämlich schon stattgefunden. Sinnvoll ist nur eine Pflicht des Verwahrers zur Information des Hinterlegers, dass von der Möglichkeit zur Substitution bzw zur Unterverwahrung Gebrauch gemacht worden ist. Eine solche Pflicht ergibt sich aber schon als Nebenpflicht des Verwahrungsvertrags; mit § 692 S 2 hat sie nichts zu tun. Wohl aber enthält § 692 (in S 1 und 2!) die Voraussetzungen, unter denen eine im ursprünglichen Vertrag nicht gestattete Drittverwahrung **nachträglich** zu einer gestatteten Drittverwahrung werden kann. Denn die Drittverwahrung ist zumindest im weiteren Sinne eine „Art der Aufbewahrung" (vgl auch MünchKomm/Henssler Rn 6).

4. Folgen unbefugter Drittverwahrung

Ist die Drittverwahrung nicht gestattet, so haftet der Verwahrer im Falle der Hin- 10
terlegung bei einem Dritten nicht nur für jeden infolge der Drittverwahrung adäquat verursachten Schaden (so Soergel/Teichmann Rn 7), sondern **analog § 287 S 2** auch für „zufällige", dh generell unwahrscheinliche Schadensfolgen der unerlaubten Drittverwahrung. Der Rechtsgedanke des § 287 S 2 – Verlagerung der Gefahr des zufälligen Untergangs der Sache auf denjenigen, der eine vertragswidrige Besitzlage verschuldet hat – greift auch hier ein (ebenso MünchKomm/Henssler Rn 7; Erman/E Herrmann Rn 3).

11 Wie bei der befugten Drittverwahrung hat der Hinterleger bei der unbefugten gegenüber dem Dritten ein unmittelbares und jederzeitiges **Rückforderungsrecht** analog §§ 546 Abs 2, 604 Abs 4 (Erman/E Herrmann § 691 Rn 3; MünchKomm/Henssler Rn 7), und zwar – anders als im Fall der befugten Drittverwahrung (Rn 7) – unabhängig davon, ob die Drittverwahrung sich als Ersatzverwahrung oder als Unterverwahrung darstellt. Denn die unbefugte Ersatzverwahrung bewirkt genauso wenig eine Entlastung des Erstverwahrers von der Rückgabepflicht wie die Unterverwahrung. Entsprechend passt der gesetzliche **Schuldbeitritt des Drittverwahrers** analog §§ 546 Abs 2, 604 Abs 4 in beiden Fällen. Daraus folgt zugleich, dass der Hinterleger im Fall der unbefugten Drittverwahrung bei Unmöglichkeit der (unversehrten) Rückgabe infolge Fehlverhaltens des Drittverwahrers stets Schadensersatzansprüche aus § 280 gegen den Drittverwahrer hat (übersehen von MünchKomm/Henssler Rn 8). Diese Schuld bildet mit der des Erstverwahrers (Rn 10) eine Gesamtschuld, so dass sich die Verantwortlichkeit im Innenverhältnis zwischen Erst- und Drittverwahrer nach § 426 bestimmt (unrichtig MünchKomm/Henssler Rn 8).

5. Gehilfenzuziehung

12 Ergibt sich nichts anderes aus dem Verwahrungsvertrag, so ist Gehilfenzuziehung nach Maßgabe der Rn 1 f gestattet (arg e contrario § 691 S 1, 3). Bei unbefugter Gehilfenzuziehung haftet der Verwahrer für jeden dadurch adäquat verursachten Schaden (Erman/E Herrmann Rn 4; Soergel/Teichmann Rn 7). Darüber hinaus kann analog § 287 S 2 eine Haftung für Zufall (= äquivalent verursachten Schaden) begründet sein, nämlich dann, wenn durch die Hinzuziehung des Gehilfen ein Dauerzustand des Unrechts entstanden ist, der den Schadenseintritt begünstigt (vgl auch Rn 10).

13 Bei befugter Gehilfenzuziehung haftet der Verwahrer nach **§ 691 S 3** für Gehilfenverschulden (§ 278; RGZ 98, 31, 33; 101, 348). Haftet der Verwahrer nur nach Maßgabe des **§ 690**, so gilt dieser Sorgfaltsmaßstab auch für die Einstandspflicht bei Gehilfenverschulden nach **§ 278** (RGZ 65, 17, 20). Abzustellen ist dabei auf die Person des Verwahrers. Der Verwahrer hat mithin dafür einzustehen, dass der Gehilfe die Sorgfalt walten lässt, die er – der Verwahrer – in eigenen Angelegenheiten übt (BGB-RGRK/Krohn Rn 5).

14 Da der Gehilfe zur Erfüllung einer Obhutspflicht eingesetzt ist, ist dem Verwahrer der Einwand abgeschnitten, das Gehilfenverschulden habe sich lediglich bei Gelegenheit der Erfüllung ereignet (vgl dazu BGHZ 23, 319; krit Esser/Schmidt I 2 § 27 I 4). Den Gehilfen trifft die generelle Pflicht des Verwahrers, die Sache zu schützen. Deshalb steht jede negative Einwirkung des Gehilfen auf die Sache im sachlichen Zusammenhang mit den Verwahrerpflichten. Begeht zB ein Erfüllungsgehilfe (Bsp: Lagermeister) außerhalb seiner Arbeitszeit einen Diebstahl an einer verwahrten Sache, so haftet auch hier der Verwahrer nach § 278 (RGZ 101, 348; vgl auch Vorbem 15 zu §§ 688 ff).

6. Notfall

15 § 691 wird durch § 692 inhaltlich ergänzt (Kuhlenbeck JW 1909, 649). Der Verwahrer kann außer im Falle der Gestattung auch dann zur Ersatz- oder Unterverwahrung

befugt sein, wenn er selbst zur Verwahrung außerstande ist. Er muss dem Hinterleger jedoch vorher Anzeige machen und dessen Entschließung abwarten, es sei denn, dass mit dem Aufschub Gefahr verbunden ist. Bei Gefahr für die Sache kann der Verwahrer im Einzelfall sogar dazu verpflichtet sein, die Sache einem Dritten (zB der Polizei) zu übergeben (vgl LEONHARD JW 1907, 824, 825; SOERGEL/TEICHMANN § 692 Rn 2; vgl auch Rn 9).

7. Zeitliche Grenzen

§ 691 bezieht sich nur auf die Verpflichtung des Verwahrers für die Dauer des Verwahrungsvertrages. Nach Beendigung gelten die allgemeinen Regeln. Insbesondere kann der Verwahrer unter den Voraussetzungen des § 372 ohne Rücksicht auf § 691 hinterlegen (OLG Posen OLGRspr 38, 111). 16

8. Öffentlichrechtliche Verwahrung

§ 691 ist auch in Fällen öffentlichrechtlicher Verwahrung sinngemäß anzuwenden. Daher ist der Beamte, dem die amtliche Verwahrung beschlagnahmter Gegenstände dienstlich obliegt, im Zweifel nicht berechtigt, die Sache einem Dritten zur Aufbewahrung zu geben. Soweit der Verwahrung kein öffentlichrechtlicher Vertrag zugrunde liegt, hängt die Gestattung freilich nicht vom Willen der von der Verwahrung betroffenen Person, sondern von den Rechtssätzen ab, auf denen die Begründung und die Aufrechterhaltung des öffentlichrechtlichen Verwahrungsverhältnisses beruhen. 17

9. Wertpapierverwahrung

Für Kaufleute iS des HGB, denen im Betrieb ihres Handelsgewerbes Wertpapiere unverschlossen zur Verwahrung anvertraut werden, gelten nach dem Depotgesetz hinsichtlich der Drittverwahrung von § 691 abweichende Vorschriften (vgl §§ 3, 4 DepotG). 18

§ 692
Änderung der Aufbewahrung

Der Verwahrer ist berechtigt, die vereinbarte Art der Aufbewahrung zu ändern, wenn er den Umständen nach annehmen darf, dass der Hinterleger bei Kenntnis der Sachlage die Änderung billigen würde. Der Verwahrer hat vor der Änderung dem Hinterleger Anzeige zu machen und dessen Entschließung abzuwarten, wenn nicht mit dem Aufschub Gefahr verbunden ist.

Materialien: E 1 § 617; II § 632; III § 679; Mot II 575 f; Prot II 395.

1. Grundsätzliches

1 Die geschuldete Art der Aufbewahrung der hinterlegten Sache richtet sich zunächst nach der ausdrücklich oder stillschweigend getroffenen Vereinbarung der Parteien. Der Verwahrer ist jedoch im Zweifel zur persönlichen Aufbewahrung verpflichtet; Unter- und Ersatzverwahrung bedürfen besonderer Gestattung im Verwahrungsvertrag (vgl § 691 Rn 1 f).

2. Weisungen des Hinterlegers

2 Nachträgliche einseitige Weisungen des Hinterlegers hinsichtlich der Art der Aufbewahrung hat der Verwahrer (anders als der Beauftragte, vgl § 665) nicht ohne Weiteres zu beachten (Erman/E Herrmann Rn 1; Soergel/Teichmann Rn 1). Der Verwahrer muss nach § 242 jedoch solche Weisungen beachten, die vernünftig und billig erscheinen und ihn nicht unbillig belasten. Denn Maßstab für die Konkretisierung der Obhutspflicht ist das Interesse des Hinterlegers, das sich auch in seinen Weisungen äußert (**aA** MünchKomm/Henssler Rn 2).

3. Art der Verwahrung bei Offenheit des Vertrages

3 Ist über die Art der Aufbewahrung nichts vereinbart und ergibt sich auch aus den Umständen keine spezielle Aufbewahrungsart, so ist der Verwahrer jederzeit befugt, die Art der Aufbewahrung zu ändern, vorausgesetzt, dass er mit der geänderten Aufbewahrung nicht gegen seine Obhutspflicht verstößt. Nur gegen die Zulässigkeit der Drittverwahrung spricht nach § 691 eine Vermutung.

4. Art der Verwahrung bei vertraglicher Bestimmung

4 Ist die Art der Aufbewahrung fest vereinbart, so gilt für Änderungen durch den Verwahrer § 692 S 2. Der Verwahrer muss zB nach § 692 S 2 vorgehen, wenn er die Sache bei einem Dritten hinterlegen will und er noch keine Gestattungsvereinbarung mit dem Hinterleger getroffen hat (vgl OLG Hamburg HansGZ 1911 H 196; vgl auch § 691 Rn 9 aE).

5 Äußert sich der Hinterleger auf eine Anzeige nach § 692 S 2 nicht, so ist der Verwahrer unter der Voraussetzung des § 692 S 1 nach Ablauf einer angemessenen Frist (§ 147 Abs 2) zur eigenmächtigen Änderung der Aufbewahrungsart befugt (Erman/E Herrmann Rn 2; vgl auch die Kommentare zu § 665). Die Regel, dass Schweigen Ablehnung bedeutet, passt nicht, wenn die Umstände – wie § 692 S 1 dies voraussetzt – das Einverständnis nahelegen.

6 Macht der Verwahrer bei vereinbarter Aufbewahrungsart dem Hinterleger von einer Änderung der Aufbewahrung schuldhaft keine Anzeige, oder wartet er dessen Entschließung schuldhaft nicht lange genug ab, so ist die Veränderung unberechtigt. Der Verwahrer haftet dann analog § 287 S 2 für jeden (auch zufälligen) Schaden, der aus der Veränderung der Aufbewahrung folgt, es sei denn, dass der Schaden auch ohne die Änderung eingetreten wäre (vgl OLG Dresden OLGRspr 9, 24; MünchKomm/Henssler Rn 6; Erman/E Herrmann Rn 3; anders Soergel/Teichmann Rn 3: Haftung nur für adäquat verursachten Schaden; vgl auch § 691 Rn 10). Da die unbefugte Änderung der vereinbarten

Verwahrungsart nicht mehr in Erfüllung des Verwahrungsvertrags geschieht, sondern gerade in Abweichung von ihm, gelten auch bei unentgeltlicher Verwahrung nicht §§ 690, 277, sondern §§ 276, 278 (ebenso ERMAN/E HERRMANN Rn 3 aE). Bezweckt die Änderung die Abwehr einer dringenden Gefahr für die Sache, so macht der diesbezügliche Irrtum jedoch analog § 680 nur bei Vorsatz und grober Fahrlässigkeit schadensersatzpflichtig.

Grundsätzlich (Ausnahme Rn 5) ist der Verwahrer zur **eigenmächtigen Änderung** der Aufbewahrungsart nur befugt, wenn er 7

(a) den Umständen nach annehmen darf, dass der Hinterleger bei Kenntnis der Sachlage die Änderung billigen würde, und

(b) mit dem Aufschub Gefahr verbunden ist. Das Vorhandensein der beiden Voraussetzungen hat im Streitfalle der Verwahrer zu beweisen. Auch was die Art und Weise der Änderung betrifft, ist der Verwahrer im Rahmen des Zumutbaren an § 692 S 1 gebunden, dh: Unter den verschiedenen Möglichkeiten einer Änderung der Aufbewahrung hat der Verwahrer tunlichst diejenige zu wählen, die den Umständen nach am ehesten mit der Billigung des Hinterlegers rechnen kann. Soweit der Verwahrer die Änderung vornimmt, um eine dringende Gefahr von der Sache abzuwenden, ermäßigt sich seine Haftung analog § 680 auf Vorsatz und grobe Fahrlässigkeit. Das betrifft sowohl den Irrtum bei der Annahme der Gefahr als auch etwaiges Fehlverhalten bei den im Einzelnen gewählten Gegenmaßnahmen.

Bei Gefahr für die hinterlegte Sache kann für den Verwahrer aus seiner Verpflichtung zur Obhut über § 692 hinaus sogar eine **Pflicht** zur eigenmächtigen Änderung der Art der Aufbewahrung entstehen (vgl LARENZ II/1 § 58 S 457; LEONHARD JW 1907, 824 ff). Ändert der Verwahrer in dieser Situation schuldhaft die Aufbewahrung nicht, so haftet er für den daraus entstandenen Schaden. 8

§ 693
Ersatz von Aufwendungen

Macht der Verwahrer zum Zwecke der Aufbewahrung Aufwendungen, die er den Umständen nach für erforderlich halten darf, so ist der Hinterleger zum Ersatz verpflichtet.

Materialien: E 1 § 621; II § 633; III § 680; Mot II 581; Prot II 399 f.

1. Grundsätzliches

Der Verwahrer hat einen Anspruch auf Ersatz der zum Zwecke der Aufbewahrung gemachten Aufwendungen unabhängig davon, ob für die Verwahrung eine Vergütung vereinbart ist oder nicht. Doch können die Aufwendungen nach dem Willen der 1

Vertragsparteien ganz oder zT durch die Vergütung abgegolten sein (LARENZ II 1 § 58; SOERGEL/TEICHMANN Rn 1; MünchKomm/HENSSLER Rn 1).

2. Arbeitsleistungen als Aufwendungen

2 Arbeitsleistungen können bei der Verwahrung grundsätzlich keine ersatzfähigen Aufwendungen sein: Bei unentgeltlicher Verwahrung sind die „erforderlichen" Arbeitsleistungen wegen der Obhutspflicht des Verwahrers unentgeltlich zu erbringen, bei entgeltlicher Verwahrung werden sie durch die vereinbarte Vergütung abgegolten (vgl auch BGH NJW 1973, 46). Soweit sich das Bedürfnis nach Arbeitsleistungen ergibt, die den von den Parteien des Verwahrungsvertrages vorausgesetzten Rahmen überschreiten, ist der Verwahrungsvertrag nach den Grundsätzen über den Wegfall der Geschäftsgrundlage (§ 313 Abs 1) anzupassen, sei es, dass die unentgeltliche Verwahrung zur entgeltlichen Verwahrung, sei es, dass die Höhe des Entgelts nach oben verändert wird. Soweit erhebliche Arbeitsleistungen erforderlich sind (zB ständige Betreuung und Pflege eines wertvollen Reitpferdes), kommt auch ein Typenkombinationsvertrag (aus Verwahrung und Geschäftsbesorgung) in Betracht. Ist die Aufbewahrung im Verhältnis zu den Betreuungs- und Pflegeleistungen ganz untergeordnet, kann auch ein reiner Geschäftsbesorgungsvertrag vorliegen.

3. Erforderlichkeit der Aufwendungen

3 Der Verwahrer hat nur einen Anspruch auf Ersatz der (aus seiner Sicht) „erforderlichen" Aufwendungen. Die Erforderlichkeit bemisst sich – wie in § 670 – nach einem objektiv-subjektiven Maßstab. Entscheidend ist, ob der Verwahrer die Aufwendungen aufgrund der ihm erkennbaren objektiven Umstände für notwendig halten durfte oder nicht (vgl auch RGZ 149, 205, 207).

4. Aufwendungen zum Zwecke der Verwahrung

4 Es besteht ein Ersatzanspruch nur für Aufwendungen, die **zum Zwecke der Aufbewahrung** gemacht werden (OLG Braunschweig MDR 1948, 112). Aufwendungen, die nur **anlässlich** der Verwahrung gemacht wurden, scheiden aus; ebenso Aufwendungen nach Beendigung des Verwahrungsvertrages (vgl Rn 8). Nicht ersatzfähig sind schließlich Aufwendungen, die die Aufbewahrung erst ermöglichen, wie zB Raumbeschaffung (ERMAN/E HERRMANN Rn 1; LARENZ II 1 § 58). Insoweit erbringt der Verwahrer nur die von ihm geschuldete Hauptleistung, die nach dem Willen der Vertragsparteien entweder ohne Ausgleich bleiben oder durch das vereinbarte Entgelt ausgeglichen sein soll. Abweichende Vereinbarungen sind möglich; sie können sich auch aus den Umständen ergeben. Doch geht es zu weit anzunehmen, im Falle der unentgeltlichen Verwahrung seien die vertragstypischen Kosten der Aufbewahrung im Zweifel zu ersetzen (so MünchKomm/HENSSLER Rn 3). Die unentgeltliche Verwahrung darf nicht mit einer entgeltlichen Verwahrung zum Selbstkostenpreis identifiziert werden.

5. Umfang des Aufwendungsersatzes

5 Der Aufwendungsersatz umfasst nicht nur Verwendungen auf die Sache selbst, sondern **alles, was zum Zwecke der Verwahrung aufgewendet wird**. Eingeschlossen sind ua Kosten für Bewachung, Tierfütterung, Desinfektion, Steuer, Versicherung,

Rettungsaufwand bei Gefahr (Esser/Weyers II § 38 II 2; einschränkend oben Rn 2 aE). Die **Aufopferung eigener Sachen** kann ebenfalls Aufwendung sein (OLG Braunschweig MDR 1948, 112), im weiteren Sinne auch ein Schaden, den der Verwahrer im Gefolge der freiwilligen Übernahme einer Gefahr im Interesse der Sache erlitten hat (vgl dazu mit umfassenden Nachw Genius AcP Bd 173 [1973] 481 ff).

6 Der Aufwendungsersatz ist im Allgemeinen durch die **Höhe des Wertes der verwahrten Sache** begrenzt, darf doch eine weitergehende Aufwendung – weil wirtschaftlich sinnlos – nicht für erforderlich gehalten werden (vgl auch OLG Karlsruhe MDR 69, 219). Ausnahmen sind denkbar, soweit der Sache ein ideeller Wert zukommt, der nach der Verkehrsauffassung den wirtschaftlichen Wert übersteigende Erhaltungsaufwendungen rechtfertigt (MünchKomm/Henssler Rn 5).

7 Der Anspruch aus § 693 geht grundsätzlich auf Wertersatz in Geld (vgl Bruns MDR 1948, 114). Bei Aufwendung eigener Sachen und unter anomalen Währungsverhältnissen kann ausnahmsweise Ersatz durch Sachleistung in Betracht kommen (vgl OLG Braunschweig MDR 1948, 112). Der Geldanspruch ist nach § 256 vom Zeitpunkt der Aufwendung an zu verzinsen. Soweit der Verwahrer im Interesse der Sache Verbindlichkeiten eingegangen ist, kann er nach § 257 vom Hinterleger verlangen, dass dieser ihn davon befreit.

6. Zurückbehaltungsrecht des Verwahrers

8 Wegen seiner Aufwendungen steht dem Verwahrer ein Zurückbehaltungsrecht nach § 273 zu (Kuhlenbeck JW 1909, 649 f). Wenn der Verwahrer gegenüber der Rückforderung des Hinterlegers ein solches Zurückbehaltungsrecht geltend macht und dadurch weitere Aufwendungen erforderlich werden, gilt § 693 nicht. Der Hinterleger schuldet dann aber Aufwendungsersatz nach §§ 298, 304. Nicht zu folgen ist der Ansicht (OLG Celle NJW 1967, 1967; BGB-RGRK/Krohn § 695 Rn 3), es seien die §§ 994 ff anzuwenden. Das gilt auch dann, wenn man das Zurückbehaltungsrecht des Verwahrers aus § 273 nicht als ein die Geltung der §§ 987 ff ausschließendes Recht zum Besitz anerkennen will (vgl Staudinger/Gursky § 986 Rn 28 mit umfassenden Nachweisen). Zumindest handelt es sich nämlich hier um einen Fall, in dem neben der durch die allgemeinen Bereicherungs- und Deliktsnormen ergänzten vertraglichen Abwicklungsordnung kein Raum für die zusätzliche Anwendung der §§ 987 ff auf den nicht mehr berechtigten Besitzer bleibt (Staudinger/Gursky Vorbem 17 zu §§ 987–993). Die Regeln über den Gläubigerverzug sind insoweit in jeder Hinsicht (Haftung, Aufwendungsersatz) sachgerechter (vgl auch MünchKomm/Henssler § 689 Rn 6).

7. Analoge Anwendbarkeit

9 § 693 ist auf einen Bewachungsvertrag (Auftrag oder Dienstvertrag) analog anwendbar (vgl auch Esser/Weyers II § 38 I 3).

§ 694
Schadensersatzpflicht des Hinterlegers

Der Hinterleger hat den durch die Beschaffenheit der hinterlegten Sache dem Verwahrer entstehenden Schaden zu ersetzen, es sei denn, dass er die Gefahr drohende Beschaffenheit der Sache bei der Hinterlegung weder kennt noch kennen muss oder dass er sie dem Verwahrer angezeigt oder dieser sie ohne Anzeige gekannt hat.

Materialien: E I § 622; II § 634: III § 681; Mot II 581 f; Prot II 400.

I. Inhalt des Ersatzanspruchs

1 Der Gesetzgeber hat sich in § 694, vor die Wahl zwischen Verhaltens- und Garantiehaftung gestellt (vgl Mot II 582), für den Mittelweg, nämlich die **Verhaltenshaftung mit Umkehr der Beweislast** zu Lasten des Hinterlegers, entschieden. Der Hinterleger kann die Vermutung fehlerhaften Verhaltens auf die dreifache Weise widerlegen, die § 694 in dem einschränkenden („es sei denn") Satzteil aufführt. Diese Aufzählung der Entlastungsgründe ist abschließend. Die Sonderregelung gilt aber nur für den durch die Beschaffenheit der hinterlegten Sache entstandenen Schaden des Verwahrers. Auf andere Weise entstandene Schäden sind nach den allgemeinen Regeln des Rechts der Leistungsstörungen auszugleichen. Im Vergleich mit der Haftung nach den §§ 241 Abs 2, 280 Abs 1 hat § 694 insofern eigenständige Bedeutung, als den Hinterleger über § 280 Abs 1 S 2 hinaus nicht nur die Beweislast für fehlendes Verschulden, sondern auch für fehlende Pflichtverletzung (Nichtanzeige) und fehlende Kausalität zwischen Pflichtverletzung und Schadenseintritt (infolge Kenntnis des Verwahrers von der Gefährlichkeit) trifft (MünchKomm/Henssler § 694 Rn 2)

2 Im Einzelnen setzt § 694 die Hinterlegung einer gefährlichen Sache (zB explosive Stoffe, ansteckend kranke Tiere), einen dadurch adäquat kausal hervorgerufenen Schaden und (vermutetes) Fehlverhalten des Hinterlegers voraus. Der Umfang des Ersatzanspruchs bestimmt sich nach §§ 249 ff. Danach ist der Verwahrer so zu stellen, wie er bei ordnungsgemäßem Verhalten des Hinterlegers stehen würde. Soweit in der Literatur vom Ersatz des negativen Interesses die Rede ist (BGB-RGRK/Krohn Rn 1), ist nichts anderes gemeint.

II. Befreiung des Hinterlegers

3 Der Hinterleger kann sich durch den Nachweis **exkulpieren**,

1. dass ihm selbst die gefahrdrohende Beschaffenheit der Sache bei der Hinterlegung unbekannt war und diese seine **Unkenntnis** auch nicht auf Fahrlässigkeit beruhte (§ 122 Abs 2). Erfährt der Hinterleger nach der Hinterlegung von einer gefahrdrohenden Beschaffenheit der Sache, so muss er dies dem Verwahrer unverzüglich anzeigen. Anderenfalls kann er sich gegenüber der Ersatzforderung wegen sonst vermeidbar gewesener Schäden nicht auf seine unverschuldete Unkenntnis im Hinterlegungszeitpunkt berufen. Zwar ist er auch in diesem Fall von der vermuteten Haftung nach § 694 entlastet. Doch greift die Haftung aus § 280 Abs 1 ein, da die allgemeine Pflicht zum Schutz der Rechtsgüter des Partners (§ 241 Abs 2) im Rahmen der (Anbahnung und) Erfüllung des Vertrages von § 694 unberührt bleibt (vgl auch BGB-RGRK/Krohn Rn 3). Das Gleiche gilt, soweit der Hinterleger die gefahrdrohende Beschaffenheit der Sache nach der Hinterlegung nur fahrlässigerweise nicht erkannt hat. Allerdings trifft den Hinterleger dann keine Prüfungspflicht mehr, so dass sich die Haftung auf die Fälle beschränkt, in denen der Hinterleger zB Hinweisen auf die gefahrdrohende Beschaffenheit nicht nachgegangen ist. Auch wird die nachträgliche Kenntnis bzw fahrlässige Unkenntnis des Hinterlegers als Voraussetzung eines Anspruchs aus § 280 Abs 1 nicht zu Lasten des Hinterlegers vermutet, sondern ist vom Verwahrer plausibel dazulegen und notfalls zu beweisen. Der Hinweis auf die Umkehr der Beweislast nach § 280 Abs 1 S 2 (vgl MünchKomm/Henssler Rn 9) berücksichtigt nicht, dass die Pflichtverletzung darin liegt, dass der Hinterleger (dem Verdacht nicht nachgegangen ist und) den Verwahrer nicht von der Gefahr informiert hat. Nur das diesbezügliche Verschulden wird nach § 280 Abs 1 S 2 vermutet. Kenntnis bzw fahrlässige Unkenntnis der Gefahr sind Voraussetzungen dafür, dass die Pflicht zur Prüfung bzw Information des Verwahrers besteht.

2. dass er die gefahrdrohende Beschaffenheit der Sache dem Verwahrer angezeigt hat. Die **Anzeige** ist geschäftsähnliche Handlung. Sie unterliegt deshalb den Regeln über Willenserklärungen, soweit diese nicht – wie namentlich die Irrtumsanfechtung – den Willen zum Rechtserfolg voraussetzen (Flume, Das Rechtsgeschäft § 9). Insbesondere gilt § 130, so dass es auf die Kenntnisnahme des Verwahrers nicht ankommt (Prot II 400 f; MünchKomm/Henssler Rn 9). 4

3. dass **dem Verwahrer** die gefahrdrohende Beschaffenheit der Sache (auf andere Weise als durch Anzeige des Hinterlegers) **bekannt** geworden ist. Nicht ausreichend ist, dass der Verwahrer die gefahrdrohende Beschaffenheit der Sache hätte erkennen müssen. Die fahrlässige Unkenntnis ist hier der Kenntnis nicht gleichgestellt. Umstritten ist, ob die fahrlässige Unkenntnis des Verwahrers die Haftung des Hinterlegers wenigstens nach § 254 Abs 1 mildert. Nipperdey (Staudinger/Nipperdey[11] Rn 8) hat dies schlechthin abgelehnt; Krohn (BGB-RGRK/Krohn Rn 1) will nur für die unentgeltliche Verwahrung zustimmen, während bei der entgeltlichen zumindest grobe Fahrlässigkeit anspruchsmindernd wirken soll. Im Ansatz ist festzuhalten, dass der Ausschluss des Ersatzanspruchs bei Kenntnis nicht den Schluss zulässt, die fahrlässige Unkenntnis solle auch im Rahmen des § 254 Abs 1 ohne Folgen bleiben. Für die Interessenabwägung im Rahmen des § 254 Abs 1 ist Krohn zu folgen. Dass der unentgeltliche Verwahrer nicht schon im Falle einfacher Fahrlässigkeit mitverantwortlich sein kann, lässt sich schon § 690 entnehmen; insoweit kommt die Anwendung des § 254 Abs 1 nur bei Verletzung der eigenüblichen Sorgfalt in Betracht. Zu Lasten des entgeltlichen Verwahrers ist § 254 Abs 1 dagegen normal anwendbar (MünchKomm/Henssler Rn 10). Unstreitig ist § 254 anwendbar, wenn der Verwahrer es unterlassen hat, den Schaden abzuwenden oder zu mildern. 5

III. Analoge Anwendbarkeit

6 § 694 ist analog anwendbar, wenn außerhalb des Verwahrungsverhältnisses jemand durch die Beschaffenheit einer ihm anvertrauten (beweglichen oder unbeweglichen) Sache geschädigt wird (Prot II 401; aM Esser/Weyers II § 38 II 3).

§ 695
Rückforderungsrecht des Hinterlegers

Der Hinterleger kann die hinterlegte Sache jederzeit zurückfordern, auch wenn für die Aufbewahrung eine Zeit bestimmt ist. Die Verjährung des Anspruchs auf Rückgabe der Sache beginnt mit der Rückforderung.

Materialien: E I § 624; II § 635; III § 682; Mot II 582 f; Prot II 402.

I. Verbindlichkeit der Vorschrift

1 Zum Streit um die zwingende oder dispositive Natur des § 695 S 1 vgl Vorbem 6.

II. Interessenlage

2 § 695 findet seine Rechtfertigung darin, dass die Fortdauer der Verwahrung bis zum Ende der vereinbarten Zeit typischerweise ausschließlich im **Interesse des Hinterlegers** geschieht. Das gilt auch für die entgeltliche Verwahrung, es sei denn, das Entgelt wäre nach der Dauer der Verwahrung bemessen, so dass das vorzeitige Ende der Verwahrung für den Verwahrer wirtschaftliche Einbußen bringt. Doch ist selbst unter dieser Voraussetzung das Rückforderungsrecht als solches nicht beschränkt. Allenfalls kann sich im Wege der Vertragsauslegung ergeben, dass entgegen § 699 Abs 2 trotz der vorzeitigen Beendigung der Verwahrung das volle Entgelt geschuldet wird (vgl § 699 Rn 3). Nicht nur um das Interesse des Hinterlegers geht es bei der Art und Weise der Ausübung des Rückforderungsrechts. Deshalb ist diese wie die Ausübung anderer Rechte auch an „Treu und Glauben mit Rücksicht auf die Verkehrssitte" (§ 242) gebunden: Der Hinterleger darf die Rückgabe nicht zu einer unangemessenen Zeit fordern; er muss auch uU dem Verwahrer eine **angemessene Frist** zubilligen (Erman/E Herrmann § 695 Rn 6; BGB-RGRK/Krohn Rn 1). Soweit die Verwahrung ein Handelsgeschäft ist, gilt § 358 HGB (Rückforderung nur in der gewöhnlichen Geschäftszeit).

III. Rechtsnatur der Rückforderung

3 Nach früher hM soll entsprechend den Motiven zum BGB (Mot II 583) die Rückforderung nicht Kündigung des Verwahrungsverhältnisses bedeuten, sondern lediglich Bestandteil eines erst mit der Rückgabe der Sache abgeschlossenen Beendigungsvorgangs sein (Krampe NJW 1992, 1264, 1269; BGB-RGRK/Krohn Rn 4; 11. Aufl Rn 3). Rein gedanklich ist daran bereits zu beanstanden, dass die **Zulässigkeit der Rückgabe**

das Ende des Verwahrungsverhältnisses voraussetzt, kollidiert sie doch sonst mit der Verwahrungspflicht. Darüber hinaus sind die Konsequenzen der früher hM nicht zu billigen. Insbesondere ist zu beanstanden, dass sie bei der entgeltlichen Verwahrung den Fortbestand des Vergütungsanspruchs annehmen muss, wenn der Verwahrer die Sache trotz Rückforderung noch eine Weile behält. Die Anwendbarkeit der §§ 284 ff (Mot II 583) korrigiert zwar in den gröbsten Fällen, hilft aber nicht, falls es etwa mangels Verschuldens am Verzug des Verwahrers fehlt. Den Vorzug verdient unter diesen Umständen die Ansicht, die die Rückforderung als **konkludente Kündigung** qualifiziert (so Soergel/Teichmann Rn 2; MünchKomm/Henssler Rn 3; dagegen Krampe NJW 1992, 1264, 1269). S 2 steht dem nicht entgegen. Die Vorschrift reagiert auf § 199 aF, der angeordnet hat, die Verjährung eines Anspruchs, dessen Fälligkeit oder Entstehung eine Kündigung voraussetzt, beginne schon in dem Zeitpunkt, in dem die Kündigung zulässig, nicht erst in den Zeitpunkt, in dem sie wirksam wird. S 2 stellt klar, dass diese Regelung, was sich eigentlich schon aus der Aufhebung des § 199 aF ergibt, seit dem 1. 1. 2002 nicht mehr gilt (vgl Palandt/Ellenberger § 199 Rn 8). S 2 widerlegt die hier vertretene Auffassung also nicht, sondern bestätigt sie.

IV. Drittwirkung des Rückgabeanspruchs

4 Analog §§ 556 Abs 3, 604 Abs 4 kann der Hinterleger nach Kündigung gegenüber dem Verwahrer (vgl § 604 Rn 3) die Sache auch von einem Dritten zurückverlangen, bei dem der Verwahrer sie (befugt oder unbefugt) seinerseits hinterlegt hat (vgl § 591 Rn 6, 11). In der Insolvenz des Verwahrers oder des Dritten gibt der Rückgabeanspruch ein Aussonderungsrecht iS des § 47 InsO (MünchKomm/Henssler Rn 5).

V. Umfang des Rückgabeanspruchs

5 Dem Umfang nach erstreckt sich die Rückforderung auf die **Früchte** der verwahrten Sache (zB Junge des verwahrten Hundes); der Verwahrer kann gem § 102 Erstattung der Fruchtgewinnungskosten verlangen (BGB-RGRK/Krohn Rn 1). Dass § 695 auch die – **unerlaubt** (vgl Vorbem 27 ff zu §§ 688 ff) – erworbenen **Gebrauchsvorteile** (zB aus Nutzung des verwahrten Kfz) umfasst, versteht sich weniger von selbst, als die hM (BGB-RGRK/Krohn Rn 1; MünchKomm/Henssler Rn 6) annimmt. Denn diese Gebrauchsvorteile sind nicht vom Hinterleger gleichsam mit in Obhut gegeben worden, wie das für die natürlichen Früchte zutrifft, sondern durch rechtswidrigen Eingriff in den Zuweisungsgehalt eines fremden Rechts, nämlich des (nicht notwendig dem Hinterleger zustehenden!) Eigentums entstanden. Die unbefugt gezogenen Gebrauchsvorteile sind deshalb nach den §§ 687 Abs 2, 681, 667 bzw nach § 812 Abs 1 S 1, 2. Alt an den Eigentümer herauszugeben, nicht gemäß § 695 an den (davon womöglich personenverschiedenen) Hinterleger (wie hier Erman/E Herrmann Rn 4). Die Entstehungsgeschichte bestätigt die hM nicht. Namentlich geht § 619 S 1 Entwurf I entgegen Henssler aaO auf das Problem der *unbefugt* erzielten Gebrauchsvorteile ebenso wenig ein wie die Erläuterung dazu in Mot II 579. Das Gleiche gilt für § 793 I Entwurf I.

VI. Fehlendes Eigentum des Hinterlegers

6 Der Anspruch des Hinterlegers auf Rückgabe der verwahrten Sache kann Einwendungen oder Einreden des Verwahrers begegnen (zu § 273 vgl § 693 Rn 8). Zweifelhaft ist, ob sich der Verwahrer der Verpflichtung zur Rückgabe unter Berufung darauf

entziehen kann, dass der **Hinterleger nicht Eigentümer** und auch nicht dem Eigentümer gegenüber (aus absolutem oder relativem Recht) zum Besitz berechtigt ist. ZT wird angenommen, die Rückgabepflicht bleibe davon unberührt (RG JW 1925, 472; BGB-RGRK/KROHN Rn 3). ZT macht man die Rückgabepflicht davon abhängig, ob der Verwahrer dadurch der Gefahr von Regressforderungen ausgesetzt wird oder nicht (RAAPE JW 1925, 472; 11. Aufl Rn 10). Zwar wird man der hM darin beipflichten müssen, dass der Rückgabeanspruch des Hinterlegers und der Herausgabeanspruch des Eigentümers grundsätzlich nebeneinander bestehen. Der Verwahrer kann deshalb nicht etwa die Rückgabe unter Hinweis auf das Eigentum eines Dritten verweigern, ohne die Sache wenigstens an den Dritten herauszugeben. Wohl aber rechtfertigt grundsätzlich der Herausgabeanspruch des Eigentümers, dass der Verwahrer sich durch die Herausgabe an den Eigentümer die Rückgabe an den Hinterleger unmöglich macht. Es gilt § 34 S 1 StGB analog (zur Anwendbarkeit des § 34 StGB auf Rechtsgüterkollisionen im Zivilrecht PALANDT/ELLENBERGER § 228 Rn 2; MünchKomm/GROTHE § 227 Rn 1 aE), da einerseits das Interesse des Eigentümers am Besitz seiner Sache erheblich ins Gewicht fällt, während andererseits das Interesse des Hinterlegers angesichts des auch ihm gegenüber durchgreifenden Eigentumsherausgabeanspruchs kaum zählt. Demgemäß hat der Verwahrer infolge der Herausgabe an den Eigentümer gem § 275 Abs 2 ein Leistungsverweigerungsrecht; § 280 greift wegen des Ausfalls des stillschweigend mitgeschriebenen (ESSER/SCHMIDT I 2 § 25 IV 1) Erfordernisses der Rechtswidrigkeit der Pflichtverletzung nicht ein. Eine abweichende Beurteilung ist nur geboten, wenn der Hinterleger gegenüber dem Eigentumsherausgabeanspruch des Eigentümers ein Zurückbehaltungsrecht (zB wegen Verwendungen, § 1000) geltend machen könnte. Dann kehrt sich das Rangverhältnis zwischen Eigentümer- und Hinterlegerinteresse um, so dass die rechtfertigende Lösung des Pflichtenkonflikts die Erfüllung des Rückgabeanspruchs erfordert (vgl auch BGHZ 5, 337; BGH MDR 1955, 279; im Ergebnis ebenso, wenn auch in der Begründung abweichend [Analogie zu § 34 StGB sei systemwidrig; Ergebnis rechtfertige sich „schon" aus einer an § 242 orientierten Auslegung des Vertretenmüssens] MünchKomm/HENSSLER § 695 Rn 8; ohne dogmatische Begründung SOERGEL/TEICHMANN Rn 5; PALANDT/SPRAU Rn 1; zur prozessualen Seite vgl §§ 64, 76 ZPO).

7 Ist der **Verwahrer selbst** der (zum unmittelbaren Besitz berechtigte) **Eigentümer**, so ändert das zwar ebenso wenig etwas an der Wirksamkeit des Verwahrungsvertrages wie das Eigentum eines Dritten: Die Fähigkeit des Verwahrers, sich zur Verwahrung und späteren Rückgabe der Sache zu verpflichten, wird nicht dadurch beseitigt, dass er mit Rücksicht auf sein Eigentum derartige Verpflichtungen nicht einzugehen braucht. Doch scheitert die Berufung des Hinterlegers auf die verwahrungsvertraglichen Ansprüche daran, dass der Verwahrer das Verwahrungsverhältnis nach Erwerb der Kenntnis von der Eigentumslage aus wichtigem Grund kündigen (§ 696) und sich alsdann auf sein Eigentum berufen kann. Dem Rückgabebegehren begegnet also nach § 242 der Einwand des „dolo facit, qui petit, quod statim redditurus est" (vgl auch PALANDT/SPRAU Rn 1; BGB-RGRK/KROHN Rn 3; kritisch zur Begründung mit § 242 MünchKomm/HENSSLER Rn 7). Erwirbt der Verwahrer nach Abschluss des Verwahrungsvertrages das Eigentum vom Hinterleger, so steckt darin im Zweifel die konkludente Aufhebung des Verwahrungsvertrages (RGZ 15, 21; BGB-RGRK/KROHN Rn 3; MünchKomm/HENSSLER Rn 7).

VII. Verjährung

§ 695 S 2 ist, wenn man in der Rückforderung eine Kündigung sieht (Rn 3), eine (grundsätzlich überflüssige) Klarstellung (vgl PALANDT/ELLENBERGER § 199 Rn 8). Konstitutive Bedeutung hat sie nur für die Vertreter der Auffassung (Rn 3), der Rückgabeanspruch sei ein verhaltener (= zwar schon bestehender, aber erst nach Aufforderung des Gläubigers erfüllbarer) Anspruch, der nicht erst mit der Rückforderung, sondern bereits mit der Hingabe der Sache entsteht (vgl MünchKomm/GROTHE § 199 Rn 7). Vgl auch die Parallelvorschriften §§ 604 Abs 5, 696 S 3. Es bleibt noch die Besonderheit, dass die Verjährung sofort mit Wirksamwerden der Kündigung, also entgegen § 199 Abs 1 nicht erst am Schluss des Jahres beginnt. 8

§ 696
Rücknahmeanspruch des Verwahrers

Der Verwahrer kann, wenn eine Zeit für die Aufbewahrung nicht bestimmt ist, jederzeit die Rücknahme der hinterlegten Sache verlangen. Ist eine Zeit bestimmt, so kann er die vorzeitige Rücknahme nur verlangen, wenn ein wichtiger Grund vorliegt. Die Verjährung des Anspruchs beginnt mit dem Verlangen auf Rücknahme.

Materialien: E I § 625; III § 635; III § 683;
Mot II 583; Prot II 402.

1. Bedeutung des Rücknahmeverlangens

§ 696 unterscheidet zwischen der Verwahrung auf unbestimmte und auf bestimmte Zeit. In der ersten Alternative kann der Verwahrer nach Belieben jederzeit, in der zweiten nur aus wichtigem Grund „die Rücknahme der hinterlegten Sache verlangen". Nach früher hM bringt die Formulierung („Rücknahme verlangen" statt „kündigen" wie in der Parallelvorschrift des § 671) zum Ausdruck, dass das Verwahrungsverhältnis nicht schon mit dem Rücknahmeverlangen bzw mit dem Ablauf der darin gesetzten Frist, sondern erst dann endet, wenn die Sache tatsächlich zurückgenommen worden ist (BGB-RGRK/KROHN Rn 1; 11. Aufl Rn 3). Der Gesetzgeber soll bewusst statt des Gestaltungsrechts Kündigung den Anspruch auf Rücknahme als **Mittel zur Beendigung des Verwahrungsverhältnisses** gewählt haben, um zu verhindern, dass der Verwahrer schon vor Rückgabe der Sache keine Verwahrungspflicht und demgemäß auch im Fall der entgeltlichen Verwahrung keinen Vergütungsanspruch mehr hat (KRAMPE NJW 1992, 1264, 1269). Diese Vorstellung klingt zwar in der Tat in den Materialien an (Mot II 583). Doch ist sie schon dort mit in sich widersprüchlichen Konsequenzen verbunden. Der Hinterleger soll nämlich durch die Verweigerung der Rücknahme in Annahmeverzug geraten, was offenkundig nicht zutrifft: Wer einen Anspruch nicht erfüllt, gerät in Schuldnerverzug; Annahmeverzug des Hinterlegers kann nur dadurch eintreten, dass er nicht an der Erfüllung der Rückgabepflicht des Verwahrers mitwirkt, die ihrerseits das Ende des Verwahrungsverhältnisses voraussetzt. Die Materialien behelfen sich in dieser Situation mit einer ad-hoc-Hypothese: 1

Mit dem Eintritt des Annahmeverzugs des Hinterlegers soll auch das Verwahrungsverhältnis ein Ende finden. Aber erstens verlangt die dogmatische Stimmigkeit mehr. Die **Rückgabepflicht** des Verwahrers (und damit das Ende des Verwahrungsverhältnisses) ist **Voraussetzung des Annahmeverzugs**; sie zur Folge des Annahmeverzugs zu machen, genügt nicht. Zweitens geben die §§ 293 ff das Ende des Schuldverhältnisses als Konsequenz des Annahmeverzugs gar nicht her (richtig MünchKomm/Henssler Rn 5). Drittens (und vor allem) schließlich vereitelt die These von der Beendigung des Verwahrungsverhältnisses mit dem Eintritt des Annahmeverzugs das rechtspolitische Ziel, das mit der Konstruktion des Rücknahmeanspruchs an Stelle der Kündigung erreicht werden soll. Denn sie führt dazu, dass der entgeltliche Verwahrer seinen Vergütungsanspruch doch schon vor der Rückgabe an den Hinterleger verliert, nicht anders, als wenn man das Rücknahmeverlangen als Kündigung (mit der Folge des Annahmeverzugs des abholungspflichtigen Hinterlegers) nach § 296 S 2 qualifiziert (das verkennt Krampe NJW 1992, 1264, 1269). Was bleibt, ist das (vom historischen Gesetzgeber mit einem ungeeigneten dogmatischen Mittel verfolgte) Anliegen, dem entgeltlichen Verwahrer den **Vergütungsanspruch** bis zur Rückgabe (oder Hinterlegung, §§ 372 ff) der verwahrten Sache zu **sichern**. Diesem Anliegen lässt sich indessen durch die analoge Anwendung des § 557 Abs 1 S 1 HS 1 Rechnung tragen. Wenn der Mieter, der die Mietsache trotz Beendigung des Mietverhältnisses weiternutzt, als Mindestentschädigung den Mietzins weiterzahlen muss, dann ist es nach dem Gebot der Gleichbehandlung des Gleichartigen auch angezeigt, dass der Hinterleger, der trotz Beendigung des Verwahrungsverhältnisses durch Verweigerung der Rücknahme die tatsächliche Fortsetzung der Verwahrung erzwingt, zumindest weiterhin die bisherige Verwahrungsvergütung schuldet (wie hier für die Qualifikation des Rücknahmeverlangens als Kündigung Erman/E Herrmann Rn 2; MünchKomm/Henssler Rn 5; Soergel/Teichmann Rn 1).

2. Folgen der Weigerung des Hinterlegers

2 Kommt der Hinterleger dem Rücknahmeverlangen nicht nach, so gerät er wegen Nichtmitwirkung an der Erfüllung der Rückgabepflicht des Verwahrers nach § 296 S 2 in **Annahmeverzug** (MünchKomm/Henssler Rn 7; Palandt/Sprau Rn 1; zweifelnd Erman/E Herrmann Rn 4). Obwohl das Rücknahmeverlangen nach der hier vertretenen Ansicht (Rn 1) nicht Geltendmachung eines Anspruchs, sondern Kündigung ist, ist außerdem mit der hM (Erman/E Herrmann Rn 4; Palandt/Sprau Rn 1; MünchKomm/Henssler Rn 7) **Schuldnerverzug** (§§ 284 ff) des Hinterlegers anzunehmen. Denn das Interesse des Verwahrers an der Rückgabe der Sache erfordert hier ebenso wie zB das Interesse des Verkäufers an der Abnahme der Kaufsache (§ 433 Abs 2), dass die Annahme der angebotenen Sache nicht nur Obliegenheit, sondern Pflicht des anderen Teils ist. Der Hinterleger schuldet von der Erklärung des Rücknahmeverlangens an bzw nach Ablauf der darin gesetzten Frist für die weitere Verwahrung Aufwendungsersatz nach § 304, und zwar gleichgültig, ob es sich um eine entgeltliche oder unentgeltliche Verwahrung handelt. Das Versprechen der unentgeltlichen Verwahrung gilt nur bis zum Ende des Verwahrungsverhältnisses. Der Entgeltanspruch im Falle der entgeltlichen Verwahrung besteht dagegen mangels Fortdauer des Verwahrungsverhältnisses nicht mehr (**aM** folgerichtig die früher hM, vgl BGB-RGRK/Krohn Rn 5; Krampe NJW 1992, 1264, 1269); an seine Stelle tritt aber der inhaltlich übereinstimmende Mindestentschädigungsanspruch analog § 557 Abs 1 S 1 HS 1 (vgl Rn 1; ebenso schon Larenz II 1 § 58; **aA** MünchKomm/Henssler Rn 7). Nicht in Betracht kommt

ein Bereicherungsanspruch des Verwahrers gegen den Hinterleger nach § 812 Abs 1 S 1, da die Pflicht zur ordnungsgemäßen Rückgabe vorübergehende „Verwahrungspflichten" auch noch nach Beendigung des Verwahrungsverhältnisses einschließt und deshalb für die Inanspruchnahme des Verwahrers durch den Hinterleger einen Rechtsgrund liefert (**aM** OLG Karlsruhe MDR 1969, 219; wie hier ERMAN/E HERRMANN Rn 4; MünchKomm/HENSSLER Rn 7 aE).

3. Abdingbarkeit der Vorschrift

3 § 696 ist nur in Grenzen abdingbar. Das gilt schon nach hM (ERMAN/E HERRMANN Rn 3; BGB-RGRK/KROHN Rn 3; 11. Aufl Rn 7 f) für § 696 S 2. Das Recht, die vorzeitige Rücknahme aus wichtigem Grund zu verlangen, kann **nur erweitert**, nicht dagegen **ausgeschlossen** oder beschränkt werden. Denn das Recht zur außerordentlichen Lösung von Dauerschuldverhältnissen entspricht einem allgemeingültigen Grundsatz des Privatrechts (BGHZ 9, 157, 161 ff; 41, 104, 108; 50, 312, 314 f; LARENZ, AT § 2 VI aE). Aber auch für § 696 S 1 sind entgegen der hM (PALANDT/SPRAU Rn 1; MünchKomm/HENSSLER Rn 2; BGB-RGRK/KROHN Rn 3) Schranken der Dispositivität anzuerkennen. Abweichend regelbar ist nur das Merkmal „jederzeit". Die Parteien können Fristen, Formerschwernisse uä vereinbaren. Dagegen kann das Recht, die Rücknahme zu verlangen, bei Verwahrungsverhältnissen auf unbestimmte Zeit nicht schlechthin ausgeschlossen werden. Die Selbstbindung des einzelnen im Rahmen der Privatautonomie setzt die Fähigkeit voraus, die Konsequenzen einer Rechtsbindung wenigstens annähernd abzusehen. Daran fehlt es grundsätzlich, wenn die Bindung zeitlich unbegrenzt ist (vgl auch REUTER, Privatrechtliche Schranken der Perpetuierung von Unternehmen [1973] 70; OETKER, Das Dauerschuldverhältnis und seine Beendigung [1994] 254 ff mit Nachweisen; anders GERNHUBER, Das Schuldverhältnis [1989] § 16 I 5). Insbesondere kann man sich nicht dauerhaft, wie das bei Anerkennung eines ewigen Verwahrungsverhältnisses der Fall wäre, der Möglichkeit begeben, seine Interessen selbst wahrzunehmen. Auch ohne besondere Einschränkung des Merkmals „jederzeit" gelten die Schranken des § 242 (LG Berlin NJW 1992, 1327, 1328; vgl auch § 695 Rn 2).

4. Besonderheiten des Lagerhaltervertrags

4 Der Lagerhalter kann nach § 473 Abs 1 HGB grundsätzlich nicht verlangen, dass der Einlagerer das Gut vor dem Ablauf der ausbedungenen Lagerzeit zurücknimmt. Ist eine Lagerzeit nicht ausbedungen oder behält der Lagerhalter nach dem Ablauf der vereinbarten Lagerzeit das Gut auf dem Lager, so kann er die Rücknahme nur nach vorheriger Kündigung mit einer Kündigungsfrist von einem Monat verlangen. Der Lagerhalter ist aber berechtigt, die Rücknahme des Gutes vor dem Ablauf der Lagerzeit und ohne Einhaltung einer Kündigungsfrist zu verlangen, wenn ein wichtiger Grund vorliegt.

§ 697
Rückgabeort

Die Rückgabe der hinterlegten Sache hat an dem Ort zu erfolgen, an welchem die Sache aufzubewahren war; der Verwahrer ist nicht verpflichtet, die Sache dem Hinterleger zu bringen.

Materialien: E I § 620; II § 637 Abs 1; III § 684;
Mot II 579 ff; Prot II 399.

1. Bedeutung

1 Die Rückgabepflicht ist nach § 697 **Holschuld**. Das entspricht für die Rückgabe normaler verwahrter Sachen der allgemeinen Regelung des § 269 Abs 1, beinhaltet aber für die Rückgabe von Geld etwas Besonderes. Während sonst nach § 270 Abs 1 der Schuldner Geld im Zweifel auf seine Gefahr und Kosten dem Gläubiger an dessen Wohnsitz zu übermitteln hat, muss verwahrtes Geld vom Hinterleger auf seine Gefahr und seine Kosten abgeholt werden (vgl für das Bankdepositengeschäft RGZ 23, 95; für den internationalen Bankverkehr RGZ 109, 357 = JW 1925, 1621; auch OLG Hamburg BankArch 27, 351). Generell weicht § 697 von § 269 insofern ab, als er statt des Wohnsitzes des Schuldners den Ort der vertragsgemäßen Aufbewahrung als Erfüllungsort bestimmt. Ist die Sache befugterweise bei einem Dritten hinterlegt oder die vereinbarte Art der Aufbewahrung geändert worden (§§ 691, 692), so ist an dem Ort zurückzugeben, an dem die Sache zum Rückgabezeitpunkt berechtigterweise aufbewahrt wird.

2. Abdingbarkeit

2 § 697 ist in vollem Umfang **dispositives Recht**. Abweichende Regelungen des Verwahrungsvertrages gehen deshalb vor. Bei atypischer Interessenlage kann § 697 auch durch eine im Wege ergänzender Vertragsauslegung gewonnene Regel verdrängt werden. Auf diese Weise kann der Verwahrer ua verpflichtet sein, auf Verlangen des Hinterlegers auf dessen Kosten und Gefahr die Sache ihm oder einem Dritten zu übersenden (missverständlich Enneccerus/Lehmann § 170 I 3 c). Der Verwahrer hat wegen Rückgabeverzugs nach §§ 280 Abs 1, 2, 286 Abs 1, 249 S 1 die verwahrte Sache auf eigene Kosten und eigene Gefahr zum Hinterleger zurückzubringen, wenn er sie schuldhaft nicht an den zur Abholung angetretenen Hinterleger übergeben hat.

3. Sachlicher Anwendungsbereich

3 § 697 gilt auch für die Herausgabe von **Früchten** der hinterlegten Sache. Dagegen soll § 697 auf die Herausgabe von unbefugt erzielten **Gebrauchsvorteilen** nicht anwendbar sein (MünchKomm/Henssler Rn 2). Dem ist im Ergebnis, nicht aber in der Begründung zuzustimmen. Richtiger Ansicht nach umfasst nämlich schon § 695 die Herausgabe der unbefugt erzielten Gebrauchsvorteile nicht, so dass sich die Frage nach der Anwendbarkeit des § 697 gar nicht erst stellt (vgl § 695 Rn 5).

Aus § 697 folgt nicht, dass auch für die Verpflichtung des Hinterlegers zur Entrichtung der vereinbarten Vergütung der Ort Erfüllungsort ist, an dem die Sache aufzubewahren ist. Hierfür sind vielmehr die §§ 269, 270 maßgebend (vgl OLG Karlsruhe OLGRspr 3, 43; OLG Braunschweig OLGRspr 35, 164). 4

4. Analoge Anwendbarkeit

§ 697 betrifft in entsprechender Anwendung auch das **öffentlichrechtliche Verwahrungsverhältnis**. Die Beschlagnahmebehörde braucht daher beschlagnahmte Sachen nach Freigabe grundsätzlich nicht an den Wohnort des Betroffenen zurückzusenden (BGH NJW 2005, 988; OLG Hamburg SeuffA 72 Nr 4; LG Hamburg NStZ 2004, 512; **aA** Damrau NStZ 2003, 408; differenzierend Kemper NJW 2005, 3679; nur bei Verantwortlichkeit des Berechtigten für die Beschlagnahme Holschuld, sonst wegen des verfassungsrechtlichen Übermaßverbots Bringschuld). Ein derartiger Anspruch kann sich jedoch uU aus dem Gesichtspunkt der Folgenbeseitigung ergeben, falls die Beschlagnahme rechtswidrig gewesen ist (BGH NJW 2005, 988, 989; LG Hamburg NStZ 2004, 512, 513). § 697 ist ferner entsprechend anzuwenden auf die Rückgabe der vom Insolvenzverwalter nach Abwicklung des Insolvenzverfahrens freigegebenen Gegenstände (OLG Hamm NJW 1964, 2355) sowie auf sonstige Fälle, in denen Rechtsverhältnisse mit Verwahrungspflichten als Nebenpflichten ein Ende gefunden haben. 5

§ 698
Verzinsung des verwendeten Geldes

Verwendet der Verwahrer hinterlegtes Geld für sich, so ist er verpflichtet, es von der Zeit der Verwendung an zu verzinsen.

Materialien: E I § 619 S 2; II § 638; III § 685; Mot II 579; Prot II 399.

Dem Verwahrer steht der **Gebrauch** oder gar **Verbrauch** der hinterlegten Sache nicht zu; dies gilt auch bei der Verwahrung von Geld (Scheine, Münzen). Verwendet der Verwahrer gleichwohl das hinterlegte Geld für sich, so greift § 698 ein. Ist ihm hingegen der Verbrauch der Gelder gestattet, so findet § 700 Abs 1 Anwendung. Mit § 698 verwandte Bestimmungen enthalten für den Beauftragten § 668 und für den Vormund § 1834. 1

Auf **andere Gegenstände als Geld** ist § 698 nicht anzuwenden. Nimmt der Verwahrer solche Gegenstände vertragswidrig in Gebrauch, so ist er ausschließlich nach allgemeinen Grundsätzen (Pflichtverletzung, Delikt) zum Schadensersatz verpflichtet. 2

Die **Höhe des Zinssatzes** beträgt 4 % (§ 246), bei beiderseitigen Handelsgeschäften 5 % (§ 352 HGB). Das Recht des Hinterlegers, wegen eines durch die (schuldhafte) Verwendung des Geldes entstandenen **höheren Schadens** aus § 280 Abs 1, Delikt (§ 823 Abs 1; § 823 Abs 2 BGB iVm §§ 246, 266 StGB), angemaßter Eigengeschäfts- 3 führung (§§ 687 Abs 2, 678) Ersatz oder Herausgabe des Erlangten (§§ 687 Abs 2, 681, 667) bzw der Bereicherung (§ 816 Abs 1 S 1; **aA** MünchKomm/Henssler Rn 4: § 812 Abs 1 S 1, 2. Alt) zu verlangen, wird durch § 698 nicht berührt. Die Vorschrift schafft nur einen Mindestanspruch.

4 Die **Beweislast** für den Anspruch aus § 698 trägt der Hinterleger. Jedoch braucht er nicht zu beweisen, dass er aus dem Geld Nutzen gezogen hätte. Will er jedoch Ersatz eines höheren Schadens beanspruchen (vgl Rn 3), so hat er auch diesen nachzuweisen.

5 Für die Verzögerung der Rückgabe des hinterlegten Geldes (vgl § 695) haftet der Verwahrer nach den §§ 280 Abs 1, 2, 286. Die Höhe der Verzugszinsen bestimmt sich nach § 288 Abs 1, 2 (vgl OLG Frankfurt, Urt v 10. 6. 2010 – 7 U 17/08)

6 Auf die **öffentlichrechtliche Hinterlegung** (dazu allgemein Vorbem 57 zu §§ 688 ff) ist § 698 nicht anwendbar (OLG Dresden SeuffA 59 Nr 79). Auch auf die Kaution ist § 698 nicht (analog) anzuwenden. Denn erstens ist die Kautionsabrede, weil die Kaution dem Sicherungsinteresse des Kautionsnehmers dient, niemals Verwahrungsvertrag. Zweitens entspricht dem Sinn der Kautionsabrede mindestens das Recht des Kautionsnehmers zur (sicheren) verzinslichen Anlage des Kautionsbetrags, so dass es an der unerlaubten Verwendung als Anknüpfungspunkt des § 698 fehlt. Für den wichtigsten Fall, die Wohnraummiete, enthält § 551 eine Sonderregelung; im Übrigen sind die §§ 1213, 1214 analog anzuwenden (vgl BGHZ 84, 347 f).

§ 699
Fälligkeit der Vergütung

(1) Der Hinterleger hat die vereinbarte Vergütung bei der Beendigung der Aufbewahrung zu entrichten. Ist die Vergütung nach Zeitabschnitten bemessen, so ist sie nach dem Ablauf der einzelnen Zeitabschnitte zu entrichten.

(2) Endigt die Aufbewahrung vor dem Ablauf der für sie bestimmten Zeit, so kann der Verwahrer einen seinen bisherigen Leistungen entsprechenden Teil der Vergütung verlangen, sofern nicht aus der Vereinbarung über die Vergütung sich ein anderes ergibt.

Materialien: E I § 623; II § 639; III § 686; Mot II 582; Prot II 401 f.

1. Bedeutung des Abs 1

1 Die dispositive (vgl auch Vorbem 7 zu §§ 688 ff) Vorschrift regelt – in Abweichung von § 271 – die **Fälligkeit** des Anspruchs des Verwahrers auf die vereinbarte oder gemäß § 689 als stillschweigend vereinbart geltende Vergütung. Danach ist der Verwahrer vorleistungspflichtig. Da die Vergütung nach § 699 Abs 1 S 1 bei Beendigung der Aufbewahrung fällig wird, sind Rückgabeanspruch und Anspruch auf Vergütung

Zug um Zug (§§ 273, 274) zu erfüllen. § 699 Abs 1 entspricht § 614 beim Dienstvertrag und § 641 Abs 1 beim Werkvertrag.

2. Bedeutung des Abs 2

§ 699 Abs 2 trifft eine Regelung für den Fall **vorzeitiger Beendigung** der Aufbewahrung. Anwendungsmöglichkeiten bilden die §§ 695, 696, die Unmöglichkeit weiterer Verwahrung sowie die Aufhebung des Verwahrungsvertrages durch die Parteien. In all diesen Fällen kann der Verwahrer einen seinen bisherigen Leistungen entsprechenden **Teil der Vergütung** verlangen. Zwar ist nach § 699 Abs 2 das Verhältnis von Inhalt und Umfang der bereits erbrachten zur in Aussicht genommenen Gesamtleistung entscheidend; in der Regel wird dieses Verhältnis jedoch dem der zu bewertenden Zeitabschnitte entsprechen. Doch kann sich im Einzelfall auch ein anderes Resultat ergeben, namentlich wenn die Leistung des Verwahrers in den verschiedenen Zeitabschnitten verschieden schwierig, kostspielig oder gefahrvoll ist. 2

Eine **abweichende Parteivereinbarung** ist in zwei Richtungen denkbar: Einmal kann vereinbart sein, dass eine vorzeitige Beendigung der Aufbewahrung den Vergütungsanspruch des Verwahrers nicht schmälern soll. Zum anderen kann ein Anspruch des Verwahrers für den Fall, dass die Aufbewahrung durch sein Verschulden vorzeitig endet, überhaupt ausgeschlossen sein. Ohne eine solche Abmachung bleibt es aber bei der Regel des § 699 Abs 2; insbesondere schließt der Untergang des verwahrten Gegenstandes durch höhere Gewalt den Vergütungsanspruch nicht aus (für einen Ausnahmefall unter Berufung auf LG Berlin NJW 1948, 654 **aA** Soergel/Mühl[11] § 689 Rn 3; vgl dazu § 689 Rn 3). 3

Über den **Erfüllungsort** für die Zahlung der Vergütung siehe § 697 Rn 4. Über das **Zurückbehaltungsrecht** des Verwahrers siehe § 693 Rn 8; § 695 Rn 6. 4

§ 700
Unregelmäßiger Verwahrungsvertrag

(1) Werden vertretbare Sachen in der Art hinterlegt, dass das Eigentum auf den Verwahrer übergehen und dieser verpflichtet sein soll, Sachen von gleicher Art, Güte und Menge zurückzugewähren, so finden bei Geld die Vorschriften über den Darlehensvertrag, bei anderen Sachen die Vorschriften über den Sachdarlehensvertrag Anwendung. Gestattet der Hinterleger dem Verwahrer, hinterlegte vertretbare Sachen zu verbrauchen, so finden bei Geld die Vorschriften über den Darlehensvertrag, bei anderen Sachen die Vorschriften über den Sachdarlehensvertrag von dem Zeitpunkt an Anwendung, in welchem der Verwahrer sich die Sachen aneignet. In beiden Fällen bestimmen sich jedoch Zeit und Ort der Rückgabe im Zweifel nach den Vorschriften über den Verwahrungsvertrag.

(2) Bei der Hinterlegung von Wertpapieren ist eine Vereinbarung der im Absatz 1 bezeichneten Art nur gültig, wenn sie ausdrücklich getroffen wird.

Materialien: E I § 618; II § 640; III § 687; Mot II 576 ff; Prot II 395 ff.

Schrifttum

Heussner, Der Übergang der regelmäßigen Verwahrung in eine unregelmäßige Verwahrung oder ein Darlehen (1921)
Kuhlenbeck, Der unregelmäßige Verwahrungsvertrag unter besonderer Berücksichtigung des Bankdepotgesetzes, JW 1910, 641
Littmann, Das Bankguthaben (1931)
Niemeyer, Depositum irregulare (1889)
Peters, Die Verwahrung und Verwaltung von Effekten, JuS 1976, 424
vScheY, Die Obligationsverhältnisse I 55, 281
Schütz, Die Rechtsnatur von Bank- und Sparkassenguthaben, JZ 1964, 91
Serick, Zur Rechtsnatur des Orderlagerscheins, in: FS Walter Schmidt (1959) 315.

Systematische Übersicht

I. Grundsätzliche Regelung, rechtliche Natur und Sprachgebrauch

1. Entstehungsgeschichte

1 Während im Gemeinen Recht die Hinterlegung von vertretbaren Sachen mit der Maßgabe, dass nicht dieselben Sachen, sondern die gleiche Menge in Art und Qualität gleicher Sachen zurückerstattet werde, nicht als Darlehen, sondern als **depositum (irregulare)** betrachtet wurde, stellt § 700 ein solches Rechtsgeschäft im Wesentlichen dem (Geld- oder Sach-)**Darlehen** gleich. Die jetzige Fassung (zu den Entwurfsfassungen vgl E I § 618; II § 640; III § 687) des § 700 stellt klar, dass eine Einigung über den Eigentumsübergang erfolgen muss. Man kann daher die unregelmäßige Verwahrung als den „Tausch" des Eigentums an Sachen gegen einen schuldrechtlichen Anspruch bezeichnen (vgl Opitz, Depotgesetz §§ 10, 11 Anm 3, § 15 Anm 10).

2. Abgrenzung zu Verwahrung und Darlehen

2 Aus Rn 1 folgt, dass es sich bei § 700 **nicht** um einen **Verwahrungsvertrag** handelt.

Denn ein entscheidendes Merkmal der (regelmäßigen) Verwahrung ist, dass der Verwahrer nicht Eigentümer der hinterlegten Sache wird. Daher finden auf das depositum irregulare die Vorschriften über den Verwahrungsvertrag (§§ 688–699) grundsätzlich keine Anwendung (Ausnahme: § 700 Abs 1 S 3). Übereinstimmend bestimmen §§ 15 Abs 1, 13 Abs 2 DepotG, dass der Abschnitt des Depotgesetzes über die Verwahrung von Wertpapieren (§§ 2–17 DepotG) für die unregelmäßige Verwahrung nicht gilt (allgemein zur Verwahrung von Wertpapieren nach dem DepotG vgl Vorbem 24 zu §§ 688 ff).

Obwohl § 700 Abs 1 S 1 die entsprechende Anwendung der Darlehensvorschriften 3
anordnet, handelt es sich beim depositum irregulare auch **nicht** um ein **Darlehen**. Die Eigenart des Unterschieds beschreibt man überwiegend dahin, dass das Darlehen durch das Bedürfnis des Empfängers veranlasst sei, während das depositum irregulare dem Interesse des Hinterlegers an sicherer Aufbewahrung bei jederzeitiger Verfügbarkeit der Einlage diene (vgl schon RGZ 1, 204, 208; Erman/E Herrmann Rn 1; BGB-RGRK/Krohn Rn 1; Larenz II 1 § 58). Dagegen ist einzuwenden, dass beim praktisch wichtigsten Fall, den allgemein zu § 700 gerechneten Sicht- oder Kontokorrenteinlagen („Girokonto", vgl BGHZ 84, 371, 373; auch Anderkonto, vgl BGH NJW 1980, 1106, 1107), das Interesse der Bank an den zinslosen oder doch nur gering zu verzinsenden Einlagen sicherlich mindestens ebenso groß ist wie das Interesse des Hinterlegers (vgl auch Schütz JZ 1964, 91 ff). Überzeugender erscheint es deshalb darauf abzustellen, dass es dem Hinterleger beim depositum irregulare in erster Linie auf eine sichere Verwahrung bei höchster Liquidität, dh **jederzeitiger Verfügbarkeit** ankommt, während der Zins für ihn in den Hintergrund tritt. Der Verzicht auf den höheren Zins ist (neben der uU vorgesehenen Provision) dem Charakter der unregelmäßigen Verwahrung als Typenverschmelzungsvertrag (= gleichzeitig dem Verwahrungsinteresse des Kunden und dem Nutzungsinteresse der Bank dienenden Vertrag, Rn 5) entsprechend die Gegenleistung für die Verwahrung und das jederzeitige Zur-Verfügung-Halten. Dieses Unterscheidungskriterium liegt auch der gesetzlichen Regelung zugrunde, die in § 700 Abs 1 S 3 hinsichtlich des Rechtes des Einlegers zur Rückforderung nicht wie im Übrigen auf das Darlehensrecht, sondern auf das Verwahrungsrecht (§ 695) verweist. Daher ist bei „festem Geld" mit (monatlicher, vierteljährlicher) Kündigungsfrist und höherem Zinsfuß im Zweifel Darlehen anzunehmen (wichtigster praktischer Fall: Spareinlagen; **aM** OLG München WM 1983, 1295; LG Nürnberg-Fürth WM 2001, 1900; Schütz JZ 1964, 91 f; Schönle, Bank-und Börsenrecht § 7 I 1 b; wie hier MünchKomm/Henssler Rn 3, 17; Canaris, Bankvertragsrecht [2. Bearbeitung] Rn 1164).

3. Abgrenzung zur Depotverwahrung

Handelt es sich um die unregelmäßige Verwahrung von Wertpapieren im Sinne des 4
Depotgesetzes, so gelten außer den Vorschriften des § 700, insbes des § 700 Abs 2, noch die Vorschriften des § 15 oder § 13 des DepotG (siehe unten Rn 10, 14, 16 ff). Diese Vorschriften ordnen in ähnlicher Weise die Unanwendbarkeit der allgemeinen Bestimmungen des DepotG an, wie § 700 Abs 1 die Unanwendbarkeit der §§ 688 ff vorsieht (ausführlicher MünchKommHGB/Einsele, Depotgeschäft Rn 157 f).

4. Terminologie

5 Der Sprachgebrauch ist für § 700 nicht völlig einheitlich. Am verbreitetsten ist im Anschluss an depositum irregulare die Bezeichnung als „unregelmäßige Verwahrung“ (vgl zB Erman/E Herrmann Rn 1; Palandt/Sprau Rn 1; Soergel/Teichmann Rn 2; Larenz II 1 § 58 S 460; so auch die amtliche Überschrift in § 15 DepotG oder „uneigentliche Verwahrung“ (Palandt/Sprau Rn 1). Gebräuchlich ist ferner die Bezeichnung „Hinterlegungsdarlehen“ (Erman/E Herrmann Rn 1; BGB-RGRK/Krohn Rn 1; Esser/Weyers II § 38 III 1; Larenz II 1 § 58 S 460), ferner noch „Summenverwahrung“ (Erman/E Herrmann Rn 1). Die Bezeichnungen bringen allesamt den Mischcharakter aus (überwiegendem) Darlehens- und (ergänzendem) Verwahrungselement zum Ausdruck. Der Sache nach handelt es sich um einen gesetzlich geregelten Typenverschmelzungsvertrag (MünchKomm/Henssler Rn 2)

5. Systematik des § 700

6 § 700 enthält **zwei Fälle** der unregelmäßigen Verwahrung, § 700 Abs 1 S 1 und § 700 Abs 1 S 2 (Näheres unten Rn 7 ff). § 700 Abs 1 S 1 wird für Wertpapiere ergänzt durch § 15 DepotG, § 700 Abs 1 S 2 durch § 13 DepotG.

II. Voraussetzungen des unregelmäßigen Verwahrungsvertrages

1. Voraussetzungen des § 700 Abs 1 S 1

7 Es wird vereinbart, dass das Eigentum an der hinterlegten Sache auf den Verwahrer übergehen und dass der Verwahrer schuldrechtlich verpflichtet sein soll, Sachen von gleicher Art, Güte und Menge zurückzugewähren (§ 700 Abs 1 S 1). Die gesetzliche Formulierung bringt zum Ausdruck, dass der Hinterleger sich bei der unregelmäßigen Verwahrung – anders als der Darlehensgeber – **nicht zur Übereignung der „Verwahrungssachen“ verpflichtet** (**aM** Erman/E Herrmann Rn 2). Der „Verwahrer“ kann also vorbehaltlich abweichender Vereinbarung nicht mit Erfolg gegen den Einleger auf Übereignung klagen. Die Übereignung ist lediglich gesetzliches Tatbestandsmerkmal, das erfüllt sein muss, damit die Rechtsfolge – Anwendbarkeit der Darlehensvorschriften – eintritt. Scheitert die Übereignung zB mangels Eigentums des Einlegers, so entsteht die Pflicht zur Rückerstattung von Sachen gleicher Art, Güte und Menge (im Zweifel) nicht. Auch die Möglichkeit einer Umdeutung (§ 140) der fehlgeschlagenen unregelmäßigen in eine regelmäßige Verwahrung ist zu verneinen. Vielmehr hat der Einleger einen **Anspruch auf (Besitz-)Rückgewähr** aus § 812 Abs 1 S 2 2. Alt (condictio ob rem – Vorleistungsfall, vgl Reuter/Martinek, Ungerechtfertigte Bereicherung § 5 III 1 c aa), für den in der Konkurrenz mit dem (Besitz-) Herausgabeanspruch des Eigentümers aus § 985 die Ausführungen unter § 695 Rn 6 entsprechend gelten (**aA** MünchKomm/Henssler Rn 8 aE: Anspruch aus § 695 analog). Hingegen wird eine vorläufige regelmäßige Verwahrung als vereinbart gelten dürfen, wenn die Parteien die Übereignung bewusst noch hinausgeschoben oder vom Eintritt einer Bedingung abhängig gemacht haben, es sei denn, die Auslegung ergäbe den beiderseitigen Willen zur Vereinbarung einer unregelmäßigen Verwahrung nach § 700 Abs 1 S 2. Selbstverständlich ist, dass die Parteien eines regelmäßigen Verwahrungsvertrages diesen nachträglich in einen unregelmäßigen abändern können; die Übereignung kann sich dann nach § 929 S 2 vollziehen. Das gilt auch für den Fall, dass der

Verwahrer nur mittelbarer Besitzer ist, während der unmittelbare Besitz bei einem Unterverwahrer liegt (zur sachenrechtlichen Problematik BGHZ 56, 123, 128).

Aus §§ 311 Abs 1, 241 Abs 1 folgt die Möglichkeit, die unregelmäßige Verwahrung in der Form zu begründen, dass Geld oder sonstige vertretbare Sachen, die der Verwahrer dem Hinterleger aus einem anderen Grunde schuldet, als in unregelmäßiger Verwahrung hinterlegt gelten sollen (vgl RGZ 67, 262, 264; 119, 21, 24). **8**

Da § 700 eine Rückerstattungspflicht voraussetzt, liegt keine unregelmäßige Verwahrung vor, wenn die Sache **zur Sicherheit hinterlegt** wird (RGZ 119, 57, 58). Auch kann der Hinterleger dem Verwahrer, der aufgrund eines unregelmäßigen Verwahrungsvertrages Eigentum erworben hat, die Sache nicht im eigentlichen Sinne **zur Sicherheit** übereignen (so für § 54 BörsG RGZ 87, 18, 23; 153, 197, 198 f). Die Parteien sind vielmehr darauf verwiesen, die Rückgabeverpflichtung des § 700 in der Weise zu modifizieren, dass sie unter die Bedingung der Erfüllung der gesicherten Forderung gestellt wird (zur Abgrenzung der unregelmäßigen Verwahrung von der Geschäftsbesorgung vgl RGZ 126, 79, 81). **9**

§ 15 Abs 1 DepotG ergänzt § 700 Abs 1 S 1 für den Fall der Wertpapierverwahrung nach dem Depotgesetz. In Abweichung von § 700 Abs 1 S 1 erkennt die Vorschrift die unregelmäßige Verwahrung von Wertpapieren auch in der Form an, dass das Eigentum des Hinterlegers nicht auf den Verwahrer, sondern unmittelbar (dh ohne Zwischenerwerb) auf einen Dritten übertragen wird, zB so, dass der Verwahrer die Einigung im Namen und mit Vollmacht des Dritten erklärt und zugleich im Wege gestatteten Selbstkontrahierens ein Besitzmittlungsverhältnis zwischen sich und dem Dritten vereinbart (MünchKommHGB/Einsele Depotgeschäft Rn 157). Diese Möglichkeit der unregelmäßigen Verwahrung ist auch für das bürgerliche Recht anzuerkennen; es gilt dann § 700 Abs 1 S 1 entsprechend (ebenso Erman/E Herrmann Rn 2; MünchKomm/Henssler Rn 7). **10**

2. Voraussetzungen des § 700 Abs 1 S 2

Außer dem Weg des § 700 Abs 1 S 1 sieht der Gesetzgeber die Möglichkeit einer unregelmäßigen Verwahrung in der Weise vor, dass der Hinterleger dem Verwahrer den **Verbrauch** der hinterlegten Sache mit der Maßgabe der **Rückerstattung** von Sachen gleicher Art, Menge und Güte gestattet. Dann ist das Rechtsgeschäft von dem Zeitpunkt an, in dem sich der Verwahrer die Sache aneignet, unregelmäßige Verwahrung (§ 700 Abs 1 S 2). Da der Verwahrer auch im Fall des § 700 Abs 1 S 1 zum Verbrauch befugt ist, meint § 700 Abs 1 S 2 den Fall, dass zunächst (nämlich bis zur Aneignung) eine – auflösend bedingte – regelmäßige Verwahrung vereinbart ist. Konstruktiv handelt es sich bei der Gestattung in schuldrechtlicher Hinsicht um einen Vertragsantrag, der auf Umwandlung des regelmäßigen in einen unregelmäßigen Verwahrungsvertrag (vgl dazu oben Rn 7 aE) gerichtet ist, und in sachenrechtlicher Hinsicht um einen Antrag auf Übereignung nach § 929 S 2 (RGZ 52, 202, 205; Erman/E Herrmann Rn 3; Palandt/Sprau Rn 2; BGB-RGRK/Krohn Rn 2). Diese Offerten können vom Verwahrer nur durch Aneignung iS des § 700 Abs 1 S 2 angenommen werden; für die Aneignung gilt § 151 S 1 (hinsichtlich der schuldrechtlichen Seite **aM**: mit Eigentumsübergang Umwandlung kraft Gesetzes Erman/E Herrmann Rn 3; wie hier dagegen Heinsius/Horn/Than § 13 Rn 21; Opitz § 12 Anm 9; Palandt/Sprau Rn 2; vermittelnd MünchKomm/ **11**

Henssler Rn 11; Soergel/Teichmann Rn 11: Aneignung als vertraglich begründetes Gestaltungsrecht).

12 Der Ausdruck „Gestattung des Verbrauchs" ist nicht glücklich. Er passt nicht für Wertpapiere und andere nicht verbrauchbare Sachen. Wie der Begriff „aneignen" (§ 700 Abs 1 S 2 aE) zeigt, meint das Gesetz die **Gestattung der Aneignung**; § 700 Abs 1 S 2 gilt daher auch für nicht verbrauchbare Sachen. Als Aneignung ist hierbei jede Handlung anzusehen, durch die der Verwahrer seinen Willen, Eigentümer der hinterlegten Sache zu werden, ausdrücklich (zB durch Mitteilung an den Hinterleger) oder konkludent (zB durch Verbrauch, Vermischung, Verarbeitung, Veräußerung oder anderweitige Verfügung, durch Entfernen des auf den Namen des Hinterlegers lautenden Streifbandes bei der [Sonder-]Verwahrung von Wertpapieren, durch Eigenanzeige nach § 4 Abs 2 DepotG oder durch Widerruf einer Fremdanzeige) zum Ausdruck bringt; mit Rücksicht auf die Rechtswirkungen der Aneignung muss diese deutlich erkennbar nach außen in Erscheinung treten, so dass ein fester Zeitpunkt für den Eigentumsübergang zu ermitteln ist (vgl Heinsius/Horn/Than § 13 Rn 21; Opitz § 13 Anm 9). Nicht ausreichend ist die Verpfändung von Wertpapieren (RGZ 58, 286, 290 f).

13 Als Annahme des Umwandlungs- und Übereignungsangebots (Rn 11) ist die **Aneignungshandlung** eine arg e § 151 S 1 nicht empfangsbedürftige Willenserklärung, so dass die §§ 104 ff, 116 ff anwendbar sind. Die Gestattung der Aneignung kann bei oder nach der Hinterlegung erfolgen. Sie kann bis zum Zeitpunkt der Aneignung frei widerrufen werden (durch empfangsbedürftige Willenserklärung nach §§ 130 ff); das folgt aus der bis zur Vollendung des Eigentumsübergangs bestehenden zwingenden Widerruflichkeit der dinglichen Einigung bzw (bei der Ermächtigung zur Übereignung an einen Dritten vgl sogleich Rn 14) aus § 183 (vgl Canaris, Bankvertragsrecht [2. Bearbeitung] Rn 2144; Heinsius/Horn/Than § 13 Rn 17; Opitz § 13 Anm 7)

14 **§ 13 Abs 1 S 1 DepotG** erwähnt die Möglichkeit, dem Verwahrer zu gestatten, das Eigentum an der hinterlegten Sache auf einen Dritten zu übertragen (MünchKommHGB/Einsele Depotgeschäft Rn 159 f). Für diesen Fall ist im Bereich des bürgerlichen Rechts § 700 Abs 1 S 2 entsprechend anwendbar (Erman/E Herrmann § 700 Rn 4; vgl auch oben die Erl Rn 10 aE [zu §§ 700 Abs 1 S 1 BGB, 15 Abs 1 DepotG]). Die Regeln über die unregelmäßige Verwahrung gelten dann von dem Zeitpunkt der Eigentumsübertragung an den Dritten ab.

III. Die Form des unregelmäßigen Verwahrungsvertrags

1. Grundsatz

15 Die Vereinbarungen nach § 700 Abs 1 S 1 (Rn 7) und die Gestattung nach § 700 Abs 1 S 2 (Rn 11 ff) bedürfen, wenn es sich nicht um Wertpapiere handelt, **keiner Form**. Sie können ausdrücklich oder stillschweigend erfolgen.

2. Ausnahmen

16 Besondere Formvorschriften gelten aber bei der unregelmäßigen Verwahrung von **Wertpapieren**. § 700 Abs 2 bestimmt, dass für beide Arten (§ 700 Abs 1 S 1 und S 2)

der unregelmäßigen Verwahrung von Wertpapieren eine **ausdrückliche** Abrede getroffen werden muss. Die hM will dem nicht eine Formvorschrift, sondern lediglich eine Auslegungsregel entnehmen. Die Abrede soll sich auch aus den Umständen ergeben können, vorausgesetzt, sie genügt dem Erfordernis „gesteigerter Eindeutigkeit" (MünchKomm/Henssler Rn 5, 19; Erman/E Herrmann Rn 5; **aA** Soergel/Teichmann Rn 3). Diese Ansicht ist weder mit dem Wortlaut noch mit der Entstehungsgeschichte noch mit dem Zweck des § 700 Abs 2 vereinbar. Die vom Gesetzgeber beabsichtigte eindeutige Warnung der Hinterleger von Wertpapieren (Prot II 396) wird verfehlt, wenn Erklärungsmittel zugelassen werden, deren richtige Deutung bei den inländischen Adressaten etwas anderes als die Beherrschung der deutschen Sprache erfordert. Das gilt umso mehr, als Kriterien wie „gesteigerte Eindeutigkeit" in der Praxis gar nicht zu handhaben sind. Im Streitfall kommt es also darauf an, ob der Hinterleger **wörtlich** (= ausdrücklich) auf die vom Verwahrer angestrebte Möglichkeit der Verfügung über die Wertpapiere hingewiesen worden ist. Die Darlegungs- und Beweislast dafür hat der Verwahrer. Die Darlegung von Umständen, aus denen der Hinterleger als vernünftiger Teilnehmer am Rechtsverkehr auf den entsprechenden Willen des Verwahrers hätte schließen müssen, genügt nicht.

Nach dem Wortlaut soll die Form des § 700 Abs 2 für die Erklärungen beider Teile gelten. Indessen geht dieser Wortlaut („Vereinbarung") zu weit. Dem gesetzgeberischen Anliegen, Missbräuchen im Depotgeschäft der Banken dadurch entgegenzutreten, dass der verwahrenden Bank die Berufung auf eine stillschweigende Vereinbarung abgeschnitten wird (vgl Prot II 396), ist genügend Rechnung getragen, wenn man für die Erklärung des Hinterlegers Ausdrücklichkeit verlangt; **auf Seiten des Verwahrers reicht eine stillschweigende Erklärung** aus (so auch Heinsius/Horn/Than § 15 Rn 7; Opitz § 15 Anm 6; BGB-RGRK/Krohn Rn 3, Erman/E Herrmann Rn 5; **aM** Schlegelberger/Hefermehl, HGB Anh zu § 406 Rn 350). 17

Im **Depotrecht** sind die Formvorschriften für die beiden Formen der unregelmäßigen Verwahrung ebenfalls die gleichen (für § 700 Abs 1 S 1 vgl § 15 Abs 2 DepotG; für § 700 Abs 1 S 2 vgl § 13 Abs 1 DepotG). Diese Formvorschriften gelten schon nach dem eindeutigen Gesetzeswortlaut **nur für die Erklärung des Hinterlegers**; die Annahme durch den Verwahrer kann also insoweit formlos geschehen. Die VO zur Vereinfachung des Wertpapierverkehrs vom 22. 12. 1942 (RGBl I 1943, 1), wonach die Banken die im offenen Depot lagernden Wertpapiere auch ohne Ermächtigung der Reichsbank in Sammelverwahrung geben durften, sofern dies nicht ausdrücklich und schriftlich ausgeschlossen worden war, ist nicht mehr anwendbar (vgl zu der Streitfrage die Nachweise bei Heinsius/Horn/Than § 5 Rn 37; Opitz § 5 Anm 5; Schlegelberger/Hefermehl Anh zu § 406 Rn 279). Das Erfordernis der Ausdrücklichkeit wird durch § 15 Abs 2 S 2 und 3 DepotG bzw § 13 Abs 1 S 2 und 3 DepotG ergänzt und verschärft (zur Schriftlichkeit siehe § 126 BGB; zu weiteren Einzelheiten der Form nach §§ 15 Abs 2, 13 Abs 1 DepotG vgl Heinsius/Horn/Than § 15 Rn 7 ff, § 13 Rn 8 ff; MünchKommHGB/Einsele Depotgeschäft Rn 158, 160). Die gleichen Formvorschriften gelten – im Gegensatz zum nach §§ 607 ff formfreien bürgerlich-rechtlichen Wertpapierdarlehen – für das Wertpapierdarlehen nach dem Depotgesetz, vgl § 15 Abs 3 DepotG. Die Formvorschriften der §§ 13 Abs 1, 15 Abs 2 und 3 DepotG sind nicht anzuwenden, wenn der Hinterleger gewerbsmäßig Bank- oder Sparkassengeschäfte betreibt (§ 16 DepotG). Doch bleibt das Erfordernis der Ausdrücklichkeit (§ 700 Abs 2) auch für diesen Fall bestehen. 18

IV. Abgrenzung zu anderen Rechtsinstituten

19 Zur Abgrenzung der unregelmäßigen Verwahrung vom regelmäßigen Verwahrungsvertrag und vom Darlehen vgl oben Rn 2 ff. Die unregelmäßige Verwahrung ist darüber hinaus zu unterscheiden von den im Depotrecht ausgebildeten Rechtsinstituten der Tauschverwahrung und der Sammelverwahrung sowie von der Einkaufskommission nach §§ 18 ff DepotG.

20 Die **Tauschverwahrung** ist ein regelmäßiger Verwahrungsvertrag nach § 688, und zwar Sonderverwahrung (vgl dazu § 2 DepotG), bei der der Hinterleger den Verwahrer in Abweichung von §§ 688, 695 ermächtigt hat, an Stelle der ihm zur Verwahrung anvertrauten Sachen **Sachen derselben Art an Erfüllungs Statt** (§ 364) zurückzugewähren (vgl Canaris, Bankvertragsrecht [2. Bearb] Rn 2136; Opitz §§ 10, 11 Anm 3). Entscheidend ist dabei, dass der **Hinterleger** während der gesamten Dauer des Verwahrungsverhältnisses **stets Eigentümer bestimmter Sachen** bleibt (vgl auch § 11 S 2 DepotG). Bis zum Tausch ist er Eigentümer der von ihm hinterlegten Sachen; mit dem Tausch wird er unmittelbar Eigentümer der Ersatzstücke.

21 Die Einigung zum **Eigentumserwerb an den Ersatzstücken** ergibt sich aus der Tauschermächtigung des Hinterlegers und ihrer Ausübung durch den Verwahrer, der Besitzerwerb erfolgt durch Verschaffung des mittelbaren Besitzes (§§ 930, 868, 181; vgl Opitz §§ 10, 11 Anm 6; **aM** Schlegelberger/Hefermehl Anh zu § 406 Rn 340). Das **Eigentum an den ausgetauschten Stücken** geht gemäß § 929 S 2 auf den Verwahrer über. Der Hinterleger ist – im Gegensatz zur unregelmäßigen Verwahrung – also in keinem auch noch so kurzen Zeitraum auf einen schuldrechtlichen Anspruch beschränkt und hat daher in der Insolvenz des Verwahrers stets ein Aussonderungsrecht (vgl Canaris, Bankvertragsrecht [2. Bearb] Rn 2136; Heinsius/Horn/Than § 10 Rn 1; Opitz §§ 10, 11 Anm 3). Trotz des Austausches bleibt der Verwahrungsvertrag (Depotvertrag) der gleiche. Bei der Tauschverwahrung handelt es sich also um den „Tausch" des Eigentums an einer Sache gegen das Eigentum an einer anderen Sache, bei der unregelmäßigen Verwahrung um den „Tausch" des Eigentums an einer Sache gegen einen schuldrechtlichen Anspruch auf gleichartige Sachen (Opitz §§ 10, 11 Anm 3, § 15 Anm 10; vgl auch Rn 1). Im Falle der Tauschverwahrung von Wertpapieren nach dem DepotG (§§ 10, 11 DepotG) ist § 6 Abs 1 DepotG entsprechend anzuwenden mit der Folge, dass der Eigentümer der ursprünglich hinterlegten Wertpapiere stets kraft Gesetzes Eigentümer der Ersatzstücke wird, und zwar auch dann, wenn der Hinterleger nicht der Eigentümer ist (MünchKommHGB/Einsele, Depotgeschäft Rn 146).

22 Die **Sammelverwahrung** ist die Verwahrung vertretbarer Sachen derselben Art **in einem einheitlichen Bestand** ungetrennt sowohl von eigenen Beständen des Verwahrers als auch von Beständen dritter Hinterleger, die dem Verwahrer Sachen derselben Art in Verwahrung gegeben haben. Von der Sonderverwahrung (für Wertpapiere vgl § 2 DepotG) unterscheidet sich die Sammelverwahrung durch die Möglichkeit ungetrennter Aufbewahrung. Das Wesen der Sammelverwahrung besteht darin, dass der Hinterleger mit der Einlieferung in Sammelverwahrung sein Eigentum an den übergebenen Stücken verliert und stattdessen **Miteigentum nach Bruchteilen** (§§ 1008 ff, 947, 948) erwirbt. Im Gegensatz zur unregelmäßigen Verwahrung ist also der Hinterleger niemals auf einen schuldrechtlichen Anspruch

beschränkt, sondern er hat Eigentum als Miteigentümer. Soweit nicht die Vorschriften über das kaufmännische Lagergeschäft (§§ 467 ff HGB) sowie über die Sammelverwahrung von Wertpapieren nach dem DepotG (§§ 5–9a DepotG) besondere Vorschriften enthalten (vgl dazu MünchKommHGB/Einsele, Depotgeschäft Rn 71 ff), sind auf die Sammelverwahrung die Vorschriften über die regelmäßige Verwahrung (§§ 688 ff) anwendbar (BGB-RGRK/Krohn Rn 8; im Ergebnis auch Heinsius/Horn/Than § 5 Rn 63).

Von der unregelmäßigen Verwahrung zu unterscheiden ist schließlich die **Einkaufskommission** (§§ 18 ff DepotG). Sie gibt dem Kommittenten lediglich einen schuldrechtlichen Anspruch auf Lieferung der vom Kommissionär besorgten Wertpapiere. Von dieser Verpflichtung kann sich der Kommissionär dadurch befreien, dass er dem Kommittenten Miteigentum an den zum Sammelbestand einer Wertpapiersammelbank gehörenden Wertpapieren verschafft (§ 24 DepotG; zu den Einzelheiten vgl Heinsius/Horn/Than § 24 Rn 6 ff). Eine Umgestaltung des schuldrechtlichen Anspruchs aus der Einkaufskommission in eine unregelmäßige Verwahrung gemäß §§ 607 Abs 2, 700 (allgemein zur Anwendung des § 607 Abs 2 im Rahmen von § 700 oben Rn 8) kann nur erfolgen, wenn dem Kommittenten zuvor das Eigentum an den geschuldeten Wertpapieren übertragen wurde. Denn unregelmäßige Verwahrung setzt zunächst das Eigentum des Kommittenten voraus; im Übrigen läge mit der Umwandlung in eine unregelmäßige Verwahrung sonst auch eine Umgehung der gemäß § 28 DepotG unabdingbaren Pflicht des Kommissionärs zur Übersendung des Stückeverzeichnisses (§ 18 Abs 1 S 1 DepotG) vor (Heinsius/Horn/Than § 15 Rn 12; Opitz § 15 Anm 8; Canaris, Bankvertragsrecht [2. Bearb] Rn 2142). Soweit die Umgestaltung danach zulässig ist, ist sie an die Form des § 15 Abs 2 DepotG gebunden. 23

V. Die Rechtsfolgen der unregelmäßigen Verwahrung

Auf beide Varianten der unregelmäßigen Verwahrung finden nach § 700 Abs 1 S 1 und 2 grundsätzlich nicht die für den Verwahrungsvertrag, sondern die für das Darlehen **(§§ 488 ff, 607 ff)** geltenden Bestimmungen Anwendung, so zB §§ 607 Abs 2, 608 (vgl RGZ 67, 262, 264, 610). Entsprechendes ordnen §§ 15 Abs 1, 13 Abs 2 DepotG für die die unregelmäßige Verwahrung von Wertpapieren betreffenden Vorschriften des Depotgesetzes an. 24

Im Einzelnen gilt: 25

- Der Hinterleger haftet dem Verwahrer für den aus der Beschaffenheit der hinterlegten Sache entstehenden Schaden auch nicht aus § 694, sondern nur nach allgemeinen Grundsätzen (§§ 311 Abs 2, 241 Abs 2, 280 Abs 1; §§ 281 Abs 2, 280 Abs 1; §§ 823 ff; vgl auch MünchKomm/Henssler Rn 13).

- Der Verwahrer trägt von Anfang an (§ 700 Abs 1 S 1) oder vom Zeitpunkt der Aneignung an (§ 700 Abs 1 S 2) die **Gefahr** eines zufälligen Untergangs und einer zufälligen Verschlechterung der Sache; er wird nicht frei. Daher ist insbesondere bei Geld die Prüfung wichtig, ob nicht in Wahrheit ein regelmäßiger Verwahrungsvertrag vorliegt (vgl OLG Hamm MDR 1948, 247).

- Der Hinterleger hat immer nur einen schuldrechtlichen Anspruch auf Rückgewähr von Sachen gleicher Art, Güte und Menge. Er hat **keinen Anspruch aus Eigentum** (§ 985) und daher in der Einzelzwangsvollstreckung keine Drittwiderspruchsklage (§ 771 ZPO), in der Insolvenz des Verwahrers kein Aussonderungsrecht (§ 47 InsO).

26 Eine Ausnahme von der in § 700 Abs 1 S 1 und 2 niedergelegten grundsätzlichen Anwendung der Darlehensvorschriften bestimmt die Auslegungsregel des § 700 Abs 1 S 3. Danach richten sich **Zeit und Ort der Rückgabe** im Zweifel nicht nach den Bestimmungen der §§ 269, 270, 488, 608, sondern nach den §§ 695–697 über den Verwahrungsvertrag. Der Hinterleger hat somit ein **jederzeitiges Rückforderungsrecht**, auch wenn für die Aufbewahrung eine Zeit bestimmt ist (§ 695; zur Frage nach den Grenzen der Abdingbarkeit des § 695 vgl Vorbem 6 zu §§ 688 ff). Die Rückgabepflicht ist Holschuld (§ 697). Da das BGB den im Gemeinen Recht geltenden Ausschluss von Aufrechnungs- und Zurückbehaltungsrechten beseitigt hat, gelten in dieser Hinsicht die allgemeinen Grundsätze der §§ 273 f (vgl dazu §§ 693 Rn 8, 695 Rn 6), 387 ff (zur Geltung des § 607 Abs 2 siehe oben Rn 8).

27 Wird vereinbart, dass in regelmäßiger Verwahrung hinterlegte vertretbare Sachen als Darlehen geschuldet werden sollen, so ist deren Übereignung nach § 929 S 2 auf den Darlehensnehmer erforderlich. Die §§ 695–697 sind dann nicht anwendbar. Handelt es sich um ein Wertpapierdarlehen, so gelten die gleichen Formvorschriften wie bei der unregelmäßigen Verwahrung von Wertpapieren (vgl §§ 15 Abs 3, 16 DepotG und dazu oben Rn 1).

28 **VI.** Auf die **öffentlichrechtliche Hinterlegung** (Hinterlegung bei einer staatlichen Hinterlegungsstelle) ist § 700 nicht anzuwenden (vgl RGZ 112, 221, 224; BGH WM 1966, 1016, 1017 f; zur öffentlichrechtlichen Hinterlegung allgemein vgl Vorbem 61 zu §§ 688 ff).

Titel 15
Einbringung von Sachen bei Gastwirten

Vorbemerkungen zu §§ 701 ff

Schrifttum

ABLETSHAUSER, Die Haftung der Gastwirte für die eingebrachten Sachen ihrer Gäste in den europäischen Ländern (Diss Würzburg 1960)
BAUMGÄRTEL, Handbuch der Beweislast im Privatrecht (2. Aufl 1991)
BECHTLOFF, Der Schuldnerschutz bei Verwertung unpfändbarer Sachen aufgrund vertraglicher und gesetzlicher Sicherungsrechte, ZIP 1996, 994
BERENDES, Die Haftung des Gastwirts für eingebrachte Sachen (Diss Erlangen 1931)
BORCK, Die Haftung der Gastwirte für eingebrachte Sachen (Diss Greifswald 1902)
BRUCKNER, Die Miete von Wohnungen und anderen Räumen (2. Aufl 1902)
ders, Die rechtlichen Beziehungen zwischen den Gastwirten sowie Schank- und Speisewirten (Restaurateuren) und ihren Gästen, Recht 1907, 1106
BRUNNER, Die Freizeichnung des Gastwirts (Diss Heidelberg 1928)
BÜTTNER, Die Haftung der Gastwirte für eingebrachte Sachen (Diss Würzburg 1925)
BUJAN, Die Haftung der Gastwirte für die von den Gästen eingebrachten Sachen nach spanischem Recht, VersR 1975, 399
BURKHARDT, Die Haftung der Gastwirte für die von ihren Gästen eingebrachten Sachen, JurBüro 1966, 627
BUSE, Zur Neuregelung der Haftung von Beherbergungsbetrieben für eingebrachte Sachen ihrer Gäste, Information über Steuer und Wirtschaft 1966, 448
CANARIS, Rücktritt vom Gastaufnahmevertrag bei Servicemangel, JuS 1970, 219
CORSTEN, Die Rechtsbeziehungen zwischen Gastaufnahmebetrieben, Reisebüro und Kunden nach deutschem und französischem Recht (Diss Kiel 1969)
DETIG, Die Konvention des Europarates über die Gastwirtshaftung und die deutsche Novelle zu den §§ 701 ff BGB (Diss Saarbrücken 1969)
ESCHENBURG, Die Rechtsstellung der Wirte nach dem heutigen Privatrechte (Diss Göttingen 1899)
FUNCK, Zur Haftung des Gastwirts für Verlust oder Beschädigung dem Gast nicht gehöriger eingebrachter Sachen, NJW 1964, 389
GAISBAUER, Zur Haftung des Campingplatzunternehmers, GewArch 1975, 214
ders, Zur Haftung für Toilettenunfälle in Gastwirtschaften, VersR 1981, 109
GANSCHEZIAN/FINCKE, Rechtsverhältnis zwischen Gast und Gastwirt (1971)
GEIGEL, Der Haftpflichtprozess (26. Aufl 2011) 28. Kapitel Rn 262–302, Bearbeiter: BACHER
GLASER, Haftung des Gastwirts für eingebrachte Sachen des Gastes, VersN 1954, 90
GRAF, Einige strittige Fragen aus der Gastwirtshaftung (Diss Erlangen 1922)
HABERSTUMPF, Der Begriff „Gast" im Sinne der §§ 701–704 BGB, BayZ 1919, 273
ders, Nochmals der Begriff „Gast" im Sinne der §§ 701–704 BGB, BayZ 1921, 90
HANDSCHUHMACHER, Kritische Betrachtungen über die Gastwirtshaftung für eingebrachte Sachen nach dem BGB (Diss Heidelberg 1915)
HASSFURTHER, Die Haftung des Gastwirts für eingebrachte Sachen nach dem Deutschen Bürgerlichen Gesetzbuch (Diss Zirndorf 1929)
HAUB, Vorschläge zur Reform der Haftung des Gastwirts unter besonderer Berücksichtigung der Regelung in anderen Staaten (1929)
HERZOG, Die Haftung des Gastwirts für einge-

brachte Sachen des Gastes nach §§ 701–703 des Deutschen Bürgerlichen Gesetzbuches (1999)
HOHLOCH, Grundfälle zur Gastwirtshaftung, JuS 1984, 357
JACOBI, Die Gastaufnahme und die Haftpflicht des Gastwirts in rechtsvergleichender Darstellung (Diss Bonn 1928)
JOACHIM, Abschluß, Ausgestaltung und Stornierung des Hotelaufnahmevertrages, DB 1990, 1601
ders, Allgemeine Geschäftsbedingungen für den Hotelaufnahmevertrag, ZGS 2003, 177
JOSEF, Miete möblierter Zimmer mit Beköstigung und Bedienung oder Gastaufnahme?, JW 1922, 312
KANZLER, Haftung des Gastwirts (1919)
KAPPESSER, Rechtskartei für das Hotel- und Gaststättengewerbe (2. Aufl 1954)
KLATT, Fremdenverkehrsrechtliche Entscheidungen – Ein internationales Archiv 1965–1978
KOBAN, Die Haftung der Schlafwagenunternehmungen, ÖsterrZtf Eisenbahnrecht 1912, 113
KOCH, Zur Neuregelung der Gastwirtshaftung, VersR 1966, 705
KÖSTER, Die Rechtsnatur der Gastwirtshaftung für eingebrachte Sachen (Diss Köln 1937)
KÖTHNIG, Grenzfälle in der Gastwirtshaftung, VersR 1961, 772
KORBION, Neufassung der Vorschriften der Haftung des Hotelbesitzers gegenüber dem Gast, Bau- und Bauindustrie, Beigabe Baubetriebswirtschaft Baurecht 1966, 78
LANGEN, Die privatrechtliche Stellung der Wirte und der Gastaufnahmevertrag (1902)
LANGSDORFF, Die Haftung der Restaurateure, Schank- und Stallwirte für eingebrachte Sachen, DJZ 1903, 334
LENGLER, Die Haftung des Gastwirts (1919)
ders, Die Haftung des Gastwirts für eingebrachte Sachen seiner Gäste und das Pfandrecht des Gastwirts an den eingebrachten Sachen der Gäste nach dem deutschen Bürgerlichen Gesetzbuch mit 26 Entscheidungen der höchsten deutschen Gerichtshöfe (1929)
LEWANDOWSKI, Die rechtliche Natur der Haftung des Gastwirts für eingebrachte Sachen (Diss Marburg 1932)
LIEKE, Die Haftung bei Tagungen in Beherbergungsbetrieben, NJW 1982, 1800
LINDEMEYER, Die Haftung des Hotelwirts für die eingebrachten Sachen des Gastes, insbesondere Diebstähle, BB 1983, 1504
LOTZ, Die Neuregelung der Gastwirtshaftung in: „Die Deutsche Gaststätte“ vom 7. 5. 1960
MAC DONALD, Die Ansprüche des Gastes aus dem Rezeptum des BGB (Diss Greifswald 1899)
MEDICUS, Zur Haftung für untergestellte Kraftfahrzeuge, Karlsruher Forum 1983, 171
MEYER, Schadensersatz bei Verlust oder Beschädigung fremder Sachen, die ein Gast in ein Gasthaus eingebracht hat, SeuffBl 67, 367
MEYNS, Die rechtliche Grundlage der gemeinrechtlichen Haftung ex recepto und der Haftung des Gastwirts gegenüber dem Gaste in Beziehung auf Schaden an eingebrachten Sachen nach dem BGB (Diss Erlangen 1906)
MÜHSAM, Kommt die strenge Haftpflicht des § 701 BGB auch dauernden Bewohnern eines Hotelzimmers zugute?, JW 1921, 228
MÜNZEL, Zur Haftung des Gastwirts für Verlust oder Beschädigung dem Gast nicht gehöriger eingebrachter Sachen, NJW 1964, 390
NEFLIN, Das nicht eingenommene Frühstück, BB 1960, 1273
NIEMEYER, Der Hotelrevers, VerkRdsch 1925, 706
NIESSEN, Zur Reform der Haftung der Beherbergungsbetriebe, MDR 1966, 718
OERTMANN, Gastwirtshaftung und Zimmeranschläge, Gesetz und Recht 1920, 24
ders, Abgrenzung zwischen Verschuldens- und Erfolgshaftung im Schadensersatzrecht, DJZ 1933, 748
PETERMANN, Die Neuregelung der Gastwirtshaftung, Rpfleger 1966, 196
POLENSKE, Gastschaftsverträge (1915)
ders, Zum Begriff des Gastschaftsvertrages, AcP 114, 415
ders, Der Kartusche-Fall im Lichte des Gastschaftsvertrages, BayZ 1917, 33
REILAND, Die Haftung des Gastwirts mit Einschluß der Schlafwagengesellschaften (Diss München 1932)
ROESCH, Die Haftung des Hotelwirts gegenüber Gästen, ZfVers 1971, 802

RUGE, Schlafwagenrecht auf der Grundlage des Personenbeförderungsvertrages (1930)
SCHEYE, Die Milderung der Gastwirtshaftung in der Neuzeit (Diss Gießen 1914)
SCHIPMANN, Das receptum cauponum und die Haftpflicht der Gastwirte nach dem Recht des BGB (Diss Leipzig 1900/01)
SCHLEMMER, Interessengerechte Freizeichnung des Gastwirtes von der Haftung für eingebrachte Sachen (Diss Münster 1959)
SCHROETER, Die Haftung für Drittschäden, Jura 1997, 343
SCHWEIGHÄUSER, Die Haftung des Gastwirts für eingebrachte Sachen, VersN 1954, 13
SEIFERT, Die Gastwirtshaftung nach dem deutschen Bürgerlichen Gesetzbuch (Diss Erlangen 1934)
SEITTER, Rechtsbuch des Hoteliers und des Gastwirtes (4. Aufl 1994)
SENTPAUL, Die Haftpflicht des Gastwirts (Diss Leipzig 1910)
SIBER, Das gesetzliche Pfandrecht des Vermieters, des Verpächters und des Gastwirts nach dem BGB für das Deutsche Reich (1900)
SPIEGEL, Haftung des Gastwirts neu geregelt, BB 1966, 386
STANGL, Hotel-/Gaststättenrecht – Der Beherbergungsvertrag (2003)
STAUDINGER, Vorträge über das BGB für Verwaltungsbeamte (1900) 540 ff
STEIKE, Der Wasserbasin in der Diskothek, VersR 1994, 911
STIFFLER, Das receptum cauponum und die Haftpflicht der Gastwirte ex recepto in besonderer Berücksichtigung des schweizerischen Obligationenrechts und des BGB (Diss Leipzig 1903)
STURM, Die Einbringung von Sachen bei Gastwirten nach dem Recht des BGB (1900)
SÜNNER, Die Rechtsbeziehungen zwischen dem Gast, dem Speise- und Beherbergungsbetrieb und dem Reiseveranstalter bei Veranstaltung von Gesellschaftsreisen (Diss Hamburg 1968)
TEMPEL, Entwicklungen im Reisevertragsrecht, JuS 84, 81
WEBER, Reform der Gastwirtshaftung (Diss Freiburg 1964)
WEILER, Über die Haftung des Gastwirts für eigenes und fremdes Verschulden, VersuGeldw 28, 394
WEIMAR, Die Haftung des Hoteliers und Hotelgastes bei Ausbruch ansteckender Krankheiten, MDR 1963, 551
ders, Übernachtung mit Familienangehörigen im Hotel, VersN 1965, 73
ders, Zur Neuregelung der Hotelierhaftung, VersPrax 1966, 97
ders, Die Neuregelung der Gastwirtshaftung, NJW 1966, 1155
ders, Rechtsfragen bei der Erkrankung eines Hotelgastes, MDR 1972, 672
ders, Die Haftung des Hoteliers für Personen- und Sachschäden bei Hotelbränden, VersPrax 1974, 22
ders, Rechtsfragen zu Heimverträgen, ZMR 1979, 136
WEISS, Die rechtspolitischen Grundlagen der Gastwirtshaftung (Diss Würzburg 1936)
WERNER, Die Haftung des Herbergswirtes, JurA 1971, 539 = Beiträge zum Zivil- und Zivilverfahrensrecht – Ausgewählte Abhandlungen von 1969–1999, hrsgg v KARL-ERNST WEHNERT (2012) 45
ders, Das Erlöschen des Vermieterpfandrechts, JR 1972, 235
ZEITLMANN, Die Haftpflicht der Gastwirte und Hoteliers, Die öff-rechtl Versicher 1936, 1
ders, Haftpflicht der Gastwirte und Hoteliers, VVV 1950, 356; VersN 1951, 98, 110
ZIERMANN, Die gesetzliche Begrenzung der Haftung des Gastwirts bei Verlust oder Beschädigung eingebrachter Wertsachen nach § 702 BGB (Diss München 1953).

Systematische Übersicht

Alphabetische Übersicht

I. Allgemeines

1. Die seit dem 1. 4. 1966 geltende Fassung der §§ 701 ff beruht auf dem Gesetz zur Änderung der Vorschriften des BGB über die Einbringung von Sachen bei Gastwirten vom 24. 3. 1966 (BGBl I 181 mit amtlicher Begründung in BT-Drucks V/147). Diese Änderung war bedingt durch die in einer Konvention des Europarates vom 17. 12. 1962 festgelegten Mindesthaftungsvorschriften (BGBl 1966 II 269; BT Drucks V/146). Eine dem BGB im Wesentlichen gleichlautende Regelung besteht aus diesem Grunde in den Ländern Belgien, Frankreich, Griechenland, Irland, Italien, Luxemburg, Niederlande, Türkei, Vereinigtes Königreich von Großbritannien und Nordirland (Koch VersR 1966, 707; Niessen MDR 1966, 718). Zur Gastwirtshaftung in Spanien vgl Bujan VersR 1975, 399. 1

Durch das Gesetz vom 24. 3. 1966 wurden die §§ 701–703 ganz oder teilweise neu gefasst. Die zuvor geltende *unbeschränkte, aber abdingbare* Haftung wurde durch eine *beschränkte und unabdingbare* ersetzt. Ansonsten wurden die wesentlichen Voraussetzungen und Grundlagen der vor 1966 geltenden Regelung in die Neufassung übernommen, die zum Teil lediglich klarstellenden und redaktionellen Charakter hat. Für Schäden vor dem 1. 4. 1966 gelten die §§ 701 ff aF (Art 2 des Gesetzes vom 24. 3. 1966).

Die Umstellung von DM auf Euro in § 702 Abs 1 erfolgte durch Art 2 Abs 1 Nr 10 des Gesetzes über Fernabsatzverträge und andere Fragen des Verbraucherrechts sowie zur Umstellung von Vorschriften auf Euro vom 27. 6. 2000 (BGBl I 897 ber 1139).

2. Im **Beitrittsgebiet** gelten lt Einigungsvertrag Art 8 die §§ 701 ff BGB für alle Rechtsstreitigkeiten, die ab dem 3. Oktober 1990 entstanden sind. Für alle vor diesem Zeitpunkt entstandenen Schäden an eingebrachten Sachen gilt das frühere Recht der DDR (§§ 212, 215 ZGB), vgl dazu 11. Aufl Rn 2. 2

3. Eine der heutigen Zufallshaftung entsprechende besondere gesetzliche Haftung des Herbergswirtes für die von den Gästen eingebrachten Sachen kannte schon das **Römische Recht** (Dig IV 9 1 und 3; dazu Haub 7–12; Koch VersR 1966, 705 f). Ebenso hafteten nach **gemeinem Recht**, im Wesentlichen eine Rezeption der römischen Regelung (Haub 16–18), Schiffer, Gast- und Stallwirte für die unversehrte Rückgabe der von ihnen im Betrieb ihres Gewerbes aufgenommenen Gegenstände (zur geschichtlichen Entwicklung der Gastwirtshaftung in Deutschland vgl Haub 12–18; Koch VersR 1966, 706). Eine Ausnahme galt für Schäden, die durch höhere Gewalt oder durch eigene Schuld der Reisenden eingetreten waren (sog receptum nautarum, cauponum, stabulariorium: vgl Windscheid/Kipp Pand II 617; Meyns 5 ff). Ähnliche Bestimmungen enthielten spätere Gesetzgebungen, insbesondere das PrALR Teil II Tit 8 §§ 4– 3

454 und das BayLR Teil IV Kap 13 § 10 (vgl Hohloch JuS 1984, 357, 358 mwNw). Über andere Rechte s Mot II 584 Note 1.

4 **4.** Ursprünglich war die besondere gesetzliche Haftung der Gastwirte in dem Mangel an Vertrauen gegenüber diesem Berufsstand und in dessen schlechtem Ruf begründet (Haub 8–12, 19; Raape JW 1926, 798; Koch VersR 1966, 705, 706). Heute liegt ihr die Erwägung zugrunde, dass ohne eine solche Zufallshaftung der Gast bei Verlust oder Beschädigung der von ihm eingebrachten Sachen den Verschuldensnachweis für eine vertragliche oder deliktische Haftung führen müsste und in Beweisnot geraten würde (Mot II 584, 585; D 85; BT Drucks V/146; Haub 19–22). Der Gast kann sich in einer Herberge nicht wie im eigenen Heim vor Diebstahl und Beschädigung seiner Sachen schützen. Sicherheitsvorkehrungen kann und muss allein der Wirt treffen. Da ein Hotel zahlreichen Personen offensteht und ein häufiger Benutzerwechsel erfolgt, entstünde hinsichtlich des Schadenseintrittes und des Schädigers ein *Beweisnotstand des Gastes* (Baumgärtel, Handbuch § 701 Rn 1). Der Wirt trifft die Auswahl seiner Gäste und des Personals, das idR ungehinderten Zutritt zu den Gastzimmern und damit zu den Sachen der Gäste hat. Der Gastwirt zieht aus der Frequentierung seines Betriebes den Nutzen, er muss für die sich hieraus für den Gast ergebenden besonderen Gefahren und Nachteile einstehen (LG Köln MDR 1963, 499; Werner JurA 1971, 542). Ihre wesentliche Rechtfertigung findet eine spezielle Gastwirtshaftung heute in der übernationalen einheitlichen Regelung. Insbesondere in fremden Ländern befinden sich Reisende bei einem Schadensfall in erheblichen Schwierigkeiten hinsichtlich der Rechtslage und im Umgang mit Gerichten, Polizei usw. Dass sich ein Gast immer in erster Linie an den ihm bekannten Inhaber der Herberge halten kann, ohne in Beweisschwierigkeiten zu geraten, dient damit der Reiseerleichterung und letztlich auch dem Beherbergungsgewerbe (BT Drucks V/146).

II. Rechtsnatur der Haftung

5 Die Gastwirtshaftung der §§ 701 ff ist eine **Zufallshaftung** (Erfolgshaftung, Palandt/Sprau Rn 1; Erman/vWestphalen Rn 1) **aus gesetzlichem Schuldverhältnis** (Enneccerus/Lehmann § 172 II; Koch VersR 1966, 706; Werner JurA 1971, 541; Hohloch JuS 1984, 357, 359 mit näheren Ausführungen zur Entwicklung der wissenschaftlichen Diskussion). Allein erforderlich ist die Aufnahme als tatsächlicher Vorgang (§ 701 Rn 22), nicht ein Aufnahmevertrag. Die Haftung ist nicht von einem Verschulden des Wirtes bei Entstehung des Schadens abhängig. Die wesentliche Bedeutung der §§ 701 ff liegt daher in den Fällen, in denen ein Vertragsschluss oder ein Verschulden des Wirtes nicht besteht oder zweifelhaft ist. Die Haftung aus §§ 701 ff. setzt weder das Zustandekommen eines Vertrages noch ein Verschulden des Herbergswirtes voraus (OLG Brandenburg VRR 2008, 26).

Der Verzicht auf ein Verschulden des Wirtes beruht auf dem Beweisnotstand des Gastes, es handelt sich um eine der *Garantiepflicht angenäherte Risikoverteilung* (Fikentscher § 91 I 4); Esser/Weyers II 1 § 39 I; Koch VersR 1966, 709; Werner JurA 1971, 542; Larenz II 1 § 59: „Gesetzliche Einstandspflicht“; MünchKomm/Henssler § 701 Rn 4; Hohloch JuS 1984, 357, 359: Vertrauenshaftung aus sozialem Kontakt ähnlich der cic), nicht um eine Gefährdungshaftung (so jedoch BGHZ 32, 150, 151; Fikentscher § 91 I 4; BGB-RGRK/Seibert Vorbem 2 zu § 701; Weimar NJW 1966, 1155; wie hier auch Ernst Wolf, SchR II § 13 III i).

Nicht jede Zufallshaftung ist Gefährdungshaftung (Raape JW 1926, 798). Die von § 701 erfassten Schäden entstehen nicht durch den Betrieb des Beherbergungsgewerbes, sondern durch Handlungen anderer Gäste, des Personals außerhalb seiner Aufgaben (bei Gelegenheit) oder anderer Personen, die sich gegen den Willen des Wirts in der Herberge aufhalten.

III. Anderweitige Haftung

Die Ansprüche des Gastes gegen den Wirt beschränken sich nicht auf §§ 701 ff. 6
Daneben besteht Haftung nach den *allgemeinen Grundsätzen* (BGH LM Nr 3 zu § 701 = NJW 1965, 1709; OLG München VersR 1991, 315; OLG Brandenburg VRR 2008, 26; Ganschezian/Fincke 86). Der Gast kann bei Sach- und Körperschäden, wegen letzterer ausschließlich, vertragliche und deliktische Ansprüche geltend machen. §§ 701 ff schränken diese nicht ein. Da §§ 701 ff lediglich die Haftung des Gastwirts regeln, ergeben sich Ansprüche des Wirtes gegen den Gast allein aus den allgemeinen Vorschriften, insbesondere aus Vertrag (zur Anwendung von Allgemeinen Geschäftsbedingungen s Joachim ZGS 2003, 177 ff).

1. Beherbergungsvertrag

Der Beherbergungsvertrag verpflichtet den Wirt, dem Gast gegen Entgelt für die 7
vereinbarte Zeit einen oder mehrere bestimmte möblierte Räume zum vorübergehenden Aufenthalt zu überlassen, für Ordnung und Sauberkeit darin zu sorgen, Beleuchtung, Heizung und Wasser zu liefern, einen angemessenen Service zu bieten (Bedienung, Bewachung, Verwahrung, Auskunft uä) und, sofern vereinbart, die Beköstigung des Gastes zu übernehmen (Frühstück, Teil-, Vollpension). Der Herbergswirt ist verpflichtet, dem Gast einen ungehinderten und gefahrlosen Zutritt zum Hotelzimmer zu gewährleisten (OLG Hamm Beck RS 2012, 24375 bei Verletzung durch einen Mitarbeiter des Wirtes). Der Beherbergungsvertrag ist im BGB nicht als selbständiger Typus ausgeführt, denn §§ 701 ff führen als gesetzliches Schuldverhältnis keine neue Vertragsart ein. Der Beherbergungsvertrag ist ein *gemischter Vertrag,* der im wesentlichen Elemente des Miet- (§§ 535 ff), Kauf- (§§ 433 ff), Dienst- (§§ 611 ff), Werk- (§§ 631 ff), Werklieferungs- (§ 651), Verwahrungsvertrages (§§ 688 ff) und Auftrages (§§ 662 ff) enthält (RGZ 169, 88, 89; BGH NJW 1964, 718; OLG München SeuffA 61 Nr 174; OLG Hamm OLGE 40, 215; OLG Braunschweig NJW 1976, 571; VRR 2008, 26; AG Berlin-Mitte VersR 1994, 1246; AG Miesbach VersR 2003, 1400, 1401; Titze ZAkDR 1942, 317; Koch VersR 1966, 707; MünchKomm/Henssler Rn 6). Auch dem Aufenthalt in einem Kurhotel liegt ein Beherbergungsvertrag zugrunde (LG Wuppertal v 2. 8. 2012 – 9 S 221/11 juris). Der Beherbergungsvertrag beschränkt sich nicht wie die gesetzlichen Regeln der §§ 701–704 auf die gewerbliche Beherbergung (vgl § 701 Rn 10), sondern wird auch bei *gelegentlicher Gastaufnahme durch Privatpersonen* geschlossen.

a) Die Verbindung aller vom Wirt zu erbringenden Leistungen ist *wesensbestim-* 8
mend für den Beherbergungsvertrag, so dass nicht das mietvertragliche Element überwiegt, vielmehr *alle Pflichten gleichwertig sind.* Die einzelnen Rechte und Pflichten der Parteien bestimmen sich daher nicht allein oder vorwiegend aus §§ 535 ff (so aber LG Köln VersR 1994, 690), sondern nach den jeweiligen *gesetzlichen Vorschriften der sie erfassenden Vertragstypen* (Palandt/Sprau Einf v § 701 Rn 3; Canaris

JuS 1970, 219). Im Gegensatz dazu sind Heimverträge idR Mietverträge (Weimar ZMR 1979, 137).

Sach- und Körperschäden, die in einer mangelhaften Einrichtung (wozu auch Mängel eines zur Verfügung gestellten Parkplatzes gehören, BGHZ 63, 333) begründet sind, lösen eine Ersatzpflicht des Wirtes gemäß § 536a aus (RGZ 169, 84; BGH NJW 1963, 1449; BGHZ 63, 333 = NJW 1975, 645; OLG Brandenburg, VRR 2008, 26 = SchAZtg 2012, 75; Hohloch JuS 84, 357, 362 noch zum alten Recht; zum neuen Recht OLG Brandenburg VRR 2008, 26). So bejaht das OLG Brandenburg aaO einen Anspruch aus § 536a Abs 1 und § 280 Abs 1 iVm dem Beherbergungsvertrag selbst wenn kein gesondertes Entgelt für die Überlassung des Stellplatzes berechnet wird. Der Herbergswirt hat für ein gefährdungsfreies Abstellen des PKW seiner Gäste zu sorgen, etwa durch Kontrolle in regelmäßigen Abständen dahingehend, ob absturzgefährdete Äste eines Baumes die beparkten Autos gefährden können (OLG Brandenburg VRR 2008, 27). Minderung des Zahlungsanspruches des Wirtes bei Mängeln der Hoteleinrichtung erfolgt nach § 536, Kündigung gemäß § 543. Auf den Beherbergungsvertrag sind die mietrechtlichen Kündigungsvorschriften nicht anwendbar, denn die über die Vermieterpflichten hinausgehenden Pflichten aus dem Beherbergungsvertrag sind so umfangreich, dass eine unkündbare Verpflichtung des Wirtes nicht gerechtfertigt ist. Die Haftung des Gastwirts geht weiter als die des Vermieters. Dafür hat der Wirt ein weitergehendes Pfandrecht nach § 704 als der Vermieter nach § 562. Anspruch auf Rückgabe des Zimmerschlüssels besteht gem § 546 Abs 1; dazu LG Köln VersR 1994, 690. Entsteht der Schaden aufgrund unsachgemäßer Behandlung der Sache durch den Wirt oder dessen Personal (zB fehlerhafter Transport des Gepäckes), greifen die Regeln des Werk- bzw Dienstvertrages ein. Aus der Natur des Vertrages ergibt sich, dass der Wirt seine Leistungen nicht in Person zu erbringen hat (§ 613).

9 Der Beherbergungsvertrag ist von den Parteien als **einheitlicher Vertrag** gewollt. Wegfall von Teilleistungen wird daher in der Regel auch das Interesse des Gastes an der Durchführung des gesamten Vertrages aufheben. Zu den Rechtsfragen bei Krankheit oder Tod eines Gastes vgl Weimar MDR 1972, 672; Wurzer Gruchot 56, 174; speziell zum Ersatz der Desinfektionskosten OLG Celle LZ 1916, 1504.

10 **b) Abschluss und Bestand** des Beherbergungsvertrages bestimmen sich nach allgemeinen Regeln. Verzichtet der Gast bei Bestellung des Zimmers auf eine Bestätigung, liegt Annahme durch den Wirt zB in der Eintragung in das Hotelbuch oder in der Anweisung an das Personal, ein bestimmtes Zimmer für den Besteller zu reservieren oder herzurichten, § 151 (Werner, Fälle mit Lösungen für Anfänger im Bürgerlichen Recht [12. Aufl 2008] 26 ff).

11 Der **Grund für den Aufenthalt** des Gastes in dem Beherbergungsbetrieb ist, selbst wenn er dem Wirt bekannt ist, weder Bedingung (§ 158) noch Geschäftsgrundlage des Beherbergungsvertrages, sondern *Motiv* (OLG Braunschweig NJW 1976, 571). Der Wegfall des Besuchsgrundes ist grundsätzlich nicht stillschweigend als Rücktrittsgrund (§ 346) vereinbart. Ein Hotelier muss nach Treu und Glauben nicht das Risiko eingehen, Zimmer zunächst freizuhalten und bei Wegfall des allein vom Gast bestimmten Besuchsgrundes unbenutzt zu behalten (OLG Hamburg OLGE 22, 260; **aA** Menden NJW 1976, 970; eingehend zum Meinungsstand Joachim DB 1990, 1601 ff). Zum gleichen Ergebnis gelangt Emmerich JuS 1976, 535 unter Heranziehung des § 552 (vgl

OLG Köln NJW-RR 1992, 323 f). Ein Verzicht des Wirtes auf Zahlung der verabredeten Vergütung in Fällen, in denen ein reserviertes Zimmer abbestellt wird, erfolgt allein aus Kulanzgründen, nicht aufgrund einer allgemein verbindlichen Verkehrssitte (OLG Braunschweig NJW 1976, 571); dazu auch Werner, Fälle mit Lösungen für Anfänger im Bürgerlichen Recht [12. Aufl 2008] 26 ff); entspr zum Zimmerreservierungsvertrag vgl BGH NJW 1977, 385 ff. Zur Nichteinnahme eines im Preis enthaltenen Frühstücks vgl Neflin BB 1960, 1273.

2. Gastaufnahmevertrag

12 Der Gastaufnahmevertrag beinhaltet im Gegensatz zum Beherbergungsvertrag nicht die Beherbergung im Sinne einer Raumüberlassung (dazu § 701 Rn 3), sondern allein die Verabreichung der Speisen und Getränke in den Räumen des Gast- und Schankwirtes. Treffender wäre daher die Bezeichnung „*Bewirtungsvertrag*" (so auch Palandt/Sprau Einf v § 701 Rn 3). Wegen dieses Unterschiedes ist entgegen dem AG Garmisch-Partenkirchen (NJW 1969, 608, 609) der Beherbergungsvertrag auch nicht als Unterfall des Gastaufnahmevertrages anzusehen. Der Gastaufnahmevertrag (Bewirtungsvertrag) ist ebenso wie der Beherbergungsvertrag ein gemischter Vertrag mit Elementen des Kauf- und Dienstvertrages, weniger aber des Mietvertrages wie bei dem Beherbergungsvertrag (RGZ 65, 11, 13; AG Garmisch-Partenkirchen NJW 1969, 609; Canaris JuS 1970, 219). Nach Palandt/Sprau aaO können sich trotzdem Ansprüche des Gastes aus § 536a ergeben. Bei verzögerlicher Bedienung ist der Gast idR auf Kündigung entsprechend § 626 verwiesen; bei einer Gesellschaft von 50 Personen erfordert der Vertragszweck jedoch ein Minderungsrecht analog §§ 441, 634 (LG Karlsruhe NJW 1994, 947 f).

Hat der Herbergswirt des § 701 sich auch zur Beköstigung seines Gastes verpflichtet (Voll-, Teilpension, Frühstück), enthält der Beherbergungsvertrag ua auch die Elemente des Gastaufnahmevertrages, ohne damit zu einer solchen Vertragsart zu werden. Besteht gegenüber dem Gast außer den im Beherbergungsvertrag festgelegten Pflichten noch die Pflicht zur Versorgung mit Speisen oder Getränken, so existiert ein *von dem Beherbergungsvertrag unabhängiger Gastaufnahmevertrag,* nach dessen Regeln die Störungen bei Verabreichung der Speisen und Getränke zu beurteilen sind. Ist Gegenstand des Beherbergungsvertrages die Unterkunft, dh der Ersatz für Wohnraum für eine gewisse Zeit, begründet die bloße Einnahme einer Mahlzeit in einem Hotel noch keinen Beherbergungsvertrag iS von § 701 (AG Miesbach VersR 2003, 1400).

3. Reisevertrag und Hotelreservierungsvertrag

13 Der Reisevertrag wird zwischen dem Reisenden (Gast) und dem Reiseveranstalter, nicht dem Herbergswirt, geschlossen und kann somit keine Verpflichtungen zwischen diesem und dem Reisenden begründen. Für den Pauschalreisevertrag enthalten §§ 651c ff eine abschließende Regelung, eine analoge Anwendung der §§ 701 ff gegenüber dem Reiseveranstalter scheidet daher aus (LG Berlin NJW 1985, 144, 145; Palandt/Sprau § 701 Rn 2; Blaschczok JZ 1984, 136, 137 f; OLG Düsseldorf NJW-RR 2003, 776, 777; **aA** LG Frankfurt NJW 1983, 2263 und NJW-RR 1987, 565, 566; LG Berlin NJW 1985, 2425; AG Bamberg NJW-RR 1994, 1137; Erman/vWestphalen Vor § 701 Rn 12; Lindemeyer BB 1983, 1504, 1507; Tempel JuS 84, 81, 90, der allerdings einen engen Reisemangelbegriff vertritt, 85 f), denn die

Haftung des Reiseveranstalters ist verschuldensabhängig und muss daher wegen des abschließenden Charakters der verschuldensunabhängigen Haftung des § 701 entzogen bleiben (OLG Düsseldorf NJW-RR 2003, 776, 777). Möglich bleibt jedoch prinzipiell die Inanspruchnahme des Wirtes aus §§ 701 ff (LG Berlin aaO). Der Gast ist mangels eines Vertrages mit dem Herbergswirt auf die Ansprüche aus §§ 701 ff beschränkt.

Als **Hotelreservierungsvertrag** bezeichnet der BGH (NJW 1976, 385, 386) einen dem Beherbergungsvertrag vorausgehenden Vertrag (Vorvertrag) zwischen Wirt und Personen, die entweder selbst Gast werden wollen oder aber die Beherbergung für andere vorbereiten und sicherstellen wollen (auch Zimmerreservierungsvertrag), zB ein Reisebüro, ein Betrieb, ein Tagungsveranstalter lässt eine bestimmte Anzahl Zimmer für die Teilnehmer einer Gesellschaftsreise, für Betriebsangehörige oder Tagungsteilnehmer reservieren, der Beherbergungsvertrag wird erst bei der Anreise mit diesen abgeschlossen (AG Köln Beck RS 2012, 01602).

Zumeist erfolgt dies durch Betreiber eines elektronischen Hotel-Reservierungssystems für private Kunden auf Basis einer Datenbank im Internet (Bsp: AG Köln Beck RS 2012, 01602). Sofern der Anbieter keine zusammenhängende Reiseleistung sondern nur die Angebote der Kunden weiterleitet, beschränkt er sich eher auf eine Vermittlung mit dem Hotel im Sinne eines **Reisevermittlungsvertrages** in der Form des Geschäftsbesorgungsvertrages mit mietvertraglichem Charakter (AG Köln aaO mit Hinweis auf MünchKomm/Tonner § 651 a Rn 46).

4. Verwahrungsvertrag

14 Durch Verwahrungsvertrag kann der Gastwirt eine *über § 701 hinausgehende* Haftung, insbesondere für Schäden an Kraftfahrzeugen und deren Inhalt übernehmen (BGH NJW 1969, 789; Soergel/Bruss § 701 Rn 37). Für den Abschluss eines gesondert abgeschlossenen Verwahrungsvertrages müssen neben der Gastaufnahme besondere Anhaltspunkte vorliegen. Allein ein Zurverfügungstellen der Betriebsräume, Ablage- und Abstelleinrichtungen (zB Garderoben) genügt nicht, da dies in Erfüllung der Beherbergung erfolgt und damit kein Angebot zum Abschluss eines darüber hinausgehenden Vertrages bedeutet (RGZ 105, 202, 203; OLG Hamburg MDR 1970, 842; AG Bad Neuenahr-Ahrweiler VersR 1993, 58, 59; AG Berlin-Mitte VersR 1994, 1246, 1247; Werner JurA 1971, 551, 552). Ein Verwahrungsvertrag für Garderobe wurde angenommen, wenn ein Mitarbeiter die Sachen „in Sicherheit" bringen will (NJW-RR 2005, 65).

Wird ein Hotelparkplatz gegen Entgelt zur Verfügung gestellt, liegt hierin allein noch kein Abschluss eines Verwahrungsvertrages (AG Miesbach VersR 1983, 694), auch wenn es sich um einen ausschließlich für Hotelgäste reservierten Parkplatz handelt (OLG Düsseldorf Beck RS 2009, 88271; AG Langenfeld Beck RS 2009, 04596). Anders jedoch, wenn ausdrücklich auf eine Überwachung des Parkplatzes hingewiesen wird (AG Langenfeld aaO). Ein maßgebliches Indiz für eine Verwahrung stellt es dar, wenn der Hotelbetreiber erkennbar Maßnahmen ergriffen hat, um dem rechtswidrigen Zugriff Dritter entgegenzuwirken (OLG Hamburg VersR 1989, 1266; Haftung des Gastwirts bei Diebstahl aus in der Hotelgarage abgestelltem Pkw, LG Hamburg NJW-RR 1994, 1476). Bei unbeaufsichtigten, frei zugänglichen Parkflächen wird eine Auslegung gem §§ 133, 157 nicht auf den Willen des Wirtes zur Übernahme der Obhut über das Fahrzeug des Gastes schließen lassen, eine Verwahrung also idR nicht vorliegen (Medicus Karlsruher Forum 1983, 171, 172 f). Wird das Auto vom Portier auf Wunsch in einer nahegelegenen Tiefgarage geparkt, stellt dies einen Service im Rahmen des Beherbergungsvertrages dar, der dem Gast die Mühen der Parkplatzsuche abnimmt, ohne das idR selbständige Obhutspflichten begründet werden (AG Berlin-Mitte VersR 1994, 1246, 1247). Unmittelbarer Besitz des Gastwirts dürfte hingegen regelmäßig für das Vorliegen eines Verwahrungsvertrages sprechen (AG Neuwied VersR 1992, 362; AG Ulm NJW-RR 1987, 1340; zweifelnd allerdings MEDICUS 172 unter Hinweis auf die Möglichkeit atypischer Verwahrungsformen).

Bei unentgeltlicher Verwahrung haftet der Wirt dann gem § 690 für eigenübliche Sorgfalt, sonst regelmäßig für jede Fahrlässigkeit (MEDICUS, SR II Rn 947; SEITTER 104). Ein Haftungsausschluss durch Allgemeine Geschäftsbedingungen – etwa bei Parkgaragen (SEITTER 107) – ist in den Grenzen des § 309 Nr 7 grundsätzlich möglich (MEDICUS, SR II Rn 460). Ein auf dem Parkplatz angebrachtes Schild „Parken auf eigene Gefahr" schließt jedoch nicht die Haftung für den Zustand des Platzes aus, sondern erfasst nur typische Abstellrisiken wie Diebstahl, Einbruch oder Beschädigung des Fahrzeugs durch andere Parkplatznutzer (BGHZ 63, 333, 334). Zur Haftung des Gastwirts für Schneeräumschäden an Gästeautos LG Frankfurt aM NJW-RR 1996, 1425.

Die Übernahme von Obhutspflichten ändert nichts daran, dass daneben noch die Überlassung der Parkfläche Vertragsgegenstand sein kann, so dass dann noch Ansprüche aus Miete (§ 536a) bzw bei Unentgeltlichkeit Leihe (§ 600) hinzutreten.

Selbst wenn sich in Speiseräumen keine Garderobenablage befindet, bleiben die Sachen eingebracht, wenn sie in einem gesonderten Garderobenraum abgelegt werden (vgl § 701 Rn 30), so dass ein besonderer stillschweigend geschlossener Verwahrungsvertrag grundsätzlich allein mit den Personen zustande kommen kann, die nicht als Gäste in die Herberge aufgenommen worden sind (OLG Braunschweig MDR 1958, 161; OLG Hamburg MDR 1970, 842; LG Köln MDR 1963, 135).

Bei den in die Herberge eingebrachten Sachen (dazu § 701 Rn 28 ff) behält der Gast den **Besitz** (JAUERNIG/MANSEL § 701 Rn 7), so dass außer im Fall der Übergabe zwecks Unterstellung in den Räumen des Wirtes verbunden mit dessen unmittelbarem Besitzerwerb keine Verwahrung – auch nicht als Nebenpflicht – vorliegen kann. Das gilt auch für die Sachen, für die der Gastwirt nach § 701 Abs 3 nicht haftet. Eine Haftung nach § 280 Abs 1 wegen Pflichtverletzung des Beherbergungsvertrages ist jedoch möglich (vgl Rn 16).

5. Verschulden bei Vertragsschluss (cic)

Bei schuldhafter Verletzung gegenseitig obliegender Sorgfaltspflichten (Schutz- und 15
Aufklärungspflichten) anlässlich der Vertragsanbahnung oder bei den auf Abschluss des Beherbergungsvertrages gerichteten Verhandlungen haftet der Wirt bzw der Gast nach §§ 280 Abs 1, 311 Abs 2, 241 Abs 2 (cic). Die Haftung gilt auch bei einer sog vorläufigen Aufnahme, so dass insoweit Ansprüche aus cic und § 701 konkurrieren können (MünchKomm/HENSSLER § 701 Rn 8). So muss der Wirt den Gast bei Abschluss des Beherbergungsvertrages über alle Umstände aufklären, die für dessen Verhalten während des Aufenthaltes im Beherbergungsbetrieb erheblich sind. Diese

Aufklärungspflicht besteht zB hinsichtlich des Auftretens ansteckender Krankheiten im Hotel bzw in dem Gebiet, in dem das Hotel liegt (Weimar MDR 1963, 551). Bei Zusage eines Abstellplatzes für einen Pkw ist klarzustellen, dass eine hoteleigene Garage nicht zur Verfügung steht, sondern das Fahrzeug durch verkehrsreiche Straßen in eine fremde Garage zu fahren ist (BGH NJW 1965, 1709). Die falsche Angabe über die Lage eines Hotels führt zu Schadensersatzansprüchen, wenn der Gast sich aufgrund der Auskunft nicht für ein günstiger gelegenes Hotel entschieden hat und nunmehr Fahrtkosten entstehen.

6. Pflichtverletzung des Beherbergungsvertrages

16 Verschuldet der Wirt die Beschädigung oder den Verlust einer eingebrachten Sache oder die nicht ordnungsgemäße Durchführung des Beherbergungsvertrages, haftet er nach § 280 Abs 1 wegen Pflichtverletzung des Beherbergungsvertrages. Eine *mangelhafte Einzelleistung* enthält zugleich eine Verletzung der übrigen nach dem Beherbergungsvertrag zu erbringenden Leistungen, wenn der Gast infolgedessen kein Interesse an Erfüllung des gesamten Vertrages hat oder ihm dessen Fortführung nicht zugemutet werden kann (RGZ 67, 5, 7). Der Gast kann dann Schadensersatz wegen Nichterfüllung des gesamten Vertrages verlangen oder den gesamten Beherbergungsvertrag kündigen (Corsten 44). Als Pflichtverletzung sind anzusehen die unerlaubte Benutzung der dem Gast gehörenden Sachen durch den Wirt oder dessen Personal (zB Schwarzfahrt mit dem Pkw des Gastes, BGH NJW 1965, 1709 zur Haftung aus pFV nach altem Recht). § 701 gibt nur aufgenommenen Personen (vgl § 701 Rn 22) einen Anspruch. Der quasivertragliche Schadensersatzanspruch aus Grundsätzen des Vertrages mit Schutzwirkung für Dritte (dazu Weimar VersN 1965, 73 f) besteht zugunsten der Begleiter eines den Beherbergungsvertrag abschließenden Gastes. Das Vorliegen einer objektiven Pflichtverletzung muss der Gast beweisen (AG Frankfurt ZfS 1992, 188).

7. Unerlaubte Handlungen

17 Bei schuldhafter Beschädigung der eingebrachten Sachen oder bei schuldhafter Verletzung des Gastes und seiner Begleitpersonen durch den Wirt oder dessen Personal besteht eine Haftung aus unerlaubter Handlung der §§ 823 ff, insbesondere wenn Schäden aufgrund fehlerhafter Einrichtungen oder Vernachlässigung der Verkehrssicherungspflicht eintreten (OLG Brandenburg VRR 2008, 26, 27; dazu Gaisbauer, Verkehrssicherungspflicht in Gewerbebetrieben, VersR 1971, 10 ff; ders, Zur Haftung für Toilettenunfälle in Gastwirtschaften, VersR 1981, 109 f mwNw: zB unzureichende Beleuchtung der Herbergsräume; zur regelmäßigen Prüfung von Gebäudeteilen auf Stabilität, BGH MDR 1986, 44 f; zum Schutz des Eigentums vor Diebstahl § 702 Rn 16; Zur Überprüfung des Sicherheitsstandards OLG Celle MDR 2000, 644). Hinsichtlich der **Streupflicht** sind an den Gastwirt über die in der Ortssatzung festgelegte allgemeine Streupflicht hinaus verschärfte Anforderungen zu stellen (BGH NJW 1985, 482, 483; 1987, 2671, 2672). Allerdings muss nicht schlechthin jede Sturzgefahr ausgeschlossen sein. Maßstab ist das regelmäßige Verkehrsbedürfnis unter Berücksichtigung des Benutzungszwecks, ohne dass Verkehrsteilnehmer damit von jeglicher Obliegenheit zur Sorgfalt in eigenen Angelegenheiten frei wären (LG Kempten VersR 1992, 513, 514).

Beim Gastwirt, der einen Ausschank betreibt, sind zur Bemessung der Anforderungen an die Verkehrssicherheit typischerweise in Gaststätten vorkommende Situationen (BGH VersR 1988, 631; OLG Hamm VersR 1991, 1154), insbesondere verstärkter Besucherandrang (OLG Köln NJW-RR 1991, 350: erhöhte Rutschgefahr im Bereich der Nassräume) sowie alkoholbedingte Unvorsichtigkeiten und Neugier seiner Gäste (BGH NJW 1988, 1588; OLG Köln VersR 1993, 1498; Gaisbauer VersR 1981, 109, 110) in Rechnung zu stellen. Dagegen trifft ihn keine Verkehrssicherungspflicht bezüglich solcher Gefahren, auf die sich ein umsichtiger und in vernünftigen Grenzen sorgfältiger Benutzer einstellen kann (OLG Köln VersR 1993, 1497, 1498; Seitter 100). Bei Diskotheken sind diskothekentypische Gefahren (Scherben auf Fußboden, schlechte Beleuchtung, Lärm, Gedränge) in Grenzen tolerierbar (Steike VersR 1994, 911, 913). Keine Haftung auch bei Beschädigung eines auf hoteleigenem Parkplatz abgestellten Kfz durch herabfallende Kastanien (AG Wetzlar VersR 1991, 1266; OLG Brandenburg, VRR 2008, 26 = SchAZtg 2012, 75).

8. Die Haftung des Gastwirtes für **Schäden**, die dem Gast **durch Benutzung von** 18
Herbergseinrichtungen (Zu- und Ausgänge, Treppen, Toiletten, Aufzug, Kegelbahn, Schwimmbad usw) entstehen, bemisst sich nicht nach §§ 701 ff, sondern nach den allgemeinen Grundsätzen (RGZ 58, 333 ff; 65, 11 ff; RG RECHT 1907, 246; WarnR 1908 Nr 36; Brückner Recht 1905, 329 ff; 1907, 1110; Schmölder DJZ 1905, 829 ff; Fürst LZ 1910, 178 ff; Tuma BayZ 1910, 231 ff; Gruchot 60, 369 ff; Palandt/Sprau Einf v § 701 ff Rn 3). Zu Gaststättenbauverordnungen als Maßstab OLG Hamm VersR 1994, 1081.

Zur Verletzung eines Gastes durch einen Billardspieler vgl RGZ 87, 128 ff; Benutzung einer Damentoilette durch männlichen Gast s RGZ 85, 185 ff. Verätzungsschäden durch ein in der Toilette abgestelltes Rohrreinigungsmittel s OLG Köln NJW-RR 1987, 1111 f; Unfall auf der Kegelbahn vgl RG JW 1939, 559; Schädigung durch den Kellner RG Recht 1912, 315 ff; zu Wasserbassins in Diskotheken Steike VersR 1994, 911, 913; vgl ferner OLG Celle VersR 1953, 367; 1955, 252 und 282; OLG Nürnberg VersR 1953, 263; OLG Braunschweig ZMR 1953, 82; VersR 1965, 459; OLG Stuttgart VersR 1954, 232; OLG Koblenz VersR 1955, 300; OLG Hamm VersR 1991, 1154; AG Bad Kreuznach VersR 1991, 1155; AG München VersR 1992, 720; BGH VersR 1993, 198; AG Düsseldorf VersR 1994, 869.

IV. Für Streitigkeiten zwischen Gast und Gastwirt aus dem gesetzlichen Schuld- 19
verhältnis des § 701 oder aus allgemeinen Grundsätzen ist ohne Rücksicht auf den Streitwert in erster Instanz das **Amtsgericht zuständig** (§ 23 Nr 2b GVG). Der Gerichtsstand iSv § 29 Abs 1 ZPO richtet sich für Rechtsstreitigkeiten über die Geldschuld des Gastes nach dessen Wohnsitz, nicht nach dem Beherbergungsort. Es handelt sich gem §§ 269, 270 um eine Schickschuld (LG Bonn MDR 85, 588).

V. **Aushängende Hotelordnungen oder die Geschäftsbedingungen** des Hotelgewer- 20
bes enthalten wegen der grundsätzlichen Unabdingbarkeit der Gastwirtshaftung keine von den gesetzlichen Bestimmungen der §§ 701 ff abweichende Vorschriften (vgl § 702a).

§ 701
Haftung des Gastwirts

(1) Ein Gastwirt, der gewerbsmäßig Fremde zur Beherbergung aufnimmt, hat den Schaden zu ersetzen, der durch den Verlust, die Zerstörung oder die Beschädigung von Sachen entsteht, die ein im Betrieb dieses Gewerbes aufgenommener Gast eingebracht hat.

(2) Als eingebracht gelten

1. Sachen, welche in der Zeit, in der der Gast zur Beherbergung aufgenommen ist, in die Gastwirtschaft oder an einen von dem Gastwirt oder dessen Leuten angewiesenen oder von dem Gastwirt allgemein hierzu bestimmten Ort außerhalb der Gastwirtschaft gebracht oder sonst außerhalb der Gastwirtschaft von dem Gastwirt oder dessen Leuten in Obhut genommen sind,

2. Sachen, welche innerhalb einer angemessenen Frist vor oder nach der Zeit, in der der Gast zur Beherbergung aufgenommen war, von dem Gastwirt oder seinen Leuten in Obhut genommen sind.

Im Falle einer Anweisung oder einer Übernahme der Obhut durch Leute des Gastwirts gilt dies jedoch nur, wenn sie dazu bestellt oder nach den Umständen als dazu bestellt anzusehen waren.

(3) Die Ersatzpflicht tritt nicht ein, wenn der Verlust, die Zerstörung oder die Beschädigung von dem Gast, einem Begleiter des Gastes oder einer Person, die der Gast bei sich aufgenommen hat, oder durch die Beschaffenheit der Sachen oder durch höhere Gewalt verursacht wird.

(4) Die Ersatzpflicht erstreckt sich nicht auf Fahrzeuge, auf Sachen, die in einem Fahrzeug belassen worden sind, und auf lebende Tiere.

Materialien: E I § 626; II § 641; III § 688; Mot II 584; Prot II 402, 412; BT-Drucks V/146, 11/147, 3.

Systematische Übersicht

Alphabetische Übersicht

I. Neufassung des Gesetzes

1 Mit der Neufassung vom 24. 3. 1966 wurden inhaltlich Abs 2 S 1 Nr 2, Abs 2 S 2 und Abs 4 neu eingefügt. Der in der aF in Abs 3 ausgesprochene Haftungsausschluss durch Anschlag ist mit der Neuregelung des § 702a erfasst. Die sonstigen Regelungen, insbesondere die Grundsätze der allerdings jetzt beschränkten Haftung sind nicht geändert worden, so dass die hierzu vor 1966 veröffentlichte Rechtsprechung und Literatur berücksichtigt werden kann, jedoch mit der Besonderheit, dass sich die Anschauungen über das Herbergsgewerbe und damit über den Sinn der §§ 701 ff wesentlich zu Gunsten der Gastwirte geändert haben (vgl Vorbem 4 zu §§ 701 ff).

II. Verpflichtete Person (Gastwirt)

1. Gastwirt

2 Gastwirt und damit Haftender nach § 701 ist diejenige natürliche oder juristische Person, die gewerbsmäßig Fremde zur Beherbergung aufnimmt, dh einen Beherbergungsbetrieb führt (treffender daher die Bezeichnung: Herbergswirt). Hierzu gehört auch die Haftung des Reiseveranstalters für in das Hotel eingebrachte Sachen (AG Bamberg NJW-RR 1994, 1137). Auf das *Eigentum an den Betriebsräumen* und des Inventars kommt es nicht an. So haftet der die Herberge betreibende Pächter, nicht der Eigentümer. Durch die Übertragung eines Teiles des Betriebes auf eine andere Person wird die Verantwortlichkeit des Gastwirtes aus § 701 nicht aufgehoben (OLG Kiel SchlHAnz 22, 153). Unerheblich ist ebenfalls, ob die nach § 1

Abs 1 Nr 3 aufgehoben durch G v 21. 6. 2005, § 2 Abs 1 GaststG und den landesrechtlichen AusführungsVOen zum GaststG (abgedr bei SEITTER § 164 ff) zum Betrieb einer Gastwirtschaft und einer Herberge erforderliche behördliche Erlaubnis erteilt worden ist.

2. Beherbergung

Beherbergungsvertrag bedeutet Zurverfügungstellen von Räumen, Gewähren einer Unterkunft als *Ersatz für das eigene Heim* und die dort üblichen Bequemlichkeiten, wobei der Wirt für *Ordnung und Sauberkeit* in der Unterkunft und für die *Bedienung des Gastes sorgt* (RGZ 103, 10; LG Göttingen NdsRpfl 1948, 106; SOERGEL/BRUSS Rn 8; MünchKomm/HENSSLER Rn 11; WERNER JurA 1971, 543). 3

a) Zeitpunkt und Dauer des Aufenthaltes eines Gastes sind ohne Bedeutung (OLG Hamm OLGE 40, 306, 307; SOERGEL/BRUSS Rn 10). Eine *Übernachtung ist nicht erforderlich.* Es genügt, wenn dem Gast ein Zimmer zur Mittagsruhe zur Verfügung gestellt wird, das Zimmer nur tagsüber oder gar nur stundenweise benutzt werden soll (zB als Stundenhotel oder Benutzung eines Raumes lediglich zum Umziehen, Frischmachen oder für eine Besprechung; ROHG 17, 40; KG OLGE 18, 26; OLG Dresden OLGE 5, 145; OLG Kiel OLGE 27, 28; OLG Königsberg SeuffA 59 Nr 258; BGB-RGRK/SEIBERT Rn 1; LANGEN 25 ff; KUHLENBECK N 1). Auch **Dauergäste** fallen unter § 701, wenn sie die üblichen Dienste in Anspruch nehmen (RGZ 103, 9, 10; OLG Hamm OLGE 40, 306, 307; KLEIN JW 1921, 459; SOERGEL/BRUSS Rn 10; ERMAN/WESTERMANN Rn 1; **aA** MÜHSAM JW 1921, 228), nicht jedoch, wenn sie sich nur auf Miete eines Zimmers beschränken, wodurch dieses aus dem Beherbergungsbetrieb ausgesondert würde (SOERGEL/BRUSS Rn 11; ERMAN/vWESTPHALEN Rn 3). Eine Beherbergung kann jedoch ausscheiden, wenn ausschließlich Dauergäste aufgenommen werden, da dann die Gefahren aus Frequentierung eine verschärfte Haftung des Wirtes kaum noch rechtfertigen (ERMAN/vWESTPHALEN Rn 4; vgl auch Vorbem 4 zu §§ 701 ff). 4

Wie der Dauergast nimmt auch der Aufgenommene, der mangels eigener Wohnung in der Herberge wohnt, die Personen- und Sachsorge des Wirtes in Anspruch (OLG Hamm OLGE 40, 306; OLG Dresden OLGE 41, 126). Es ist somit nicht Voraussetzung des § 701, dass der Gast neben der vom Wirt gebotenen Unterkunft ein *anderweitiges eigenes Heim* hat (OLG Dresden SeuffA 75 Nr 154; WERNER JurA 1971, 543, 544). Unrichtig daher HABERSTUMPF (274, 275), wenn er das Wort „Gast" durch „Reisender" ersetzt. Er verkennt damit den Unterschied zur Miete, den er allein darin sieht, dass der Gast „unterwegs sei", der Mieter dagegen seine Reise beendet oder nicht angetreten habe. Allein die *über eine Miete hinaus gewährten Leistungen* des Wirtes unterscheiden ohne Rücksicht auf die Dauer der gewährten Unterkunft die Beherbergung von der Miete. Es kann daher nicht darauf abgestellt werden, ob der Gast zur Zeit seines Aufenthaltes noch „unterwegs" ist (so jedoch HABERSTUMPF aaO und die 11. Aufl Rn 2).

Nicht erforderlich ist, dass eine Verpflegung des Aufgenommenen erfolgt oder möglich ist (RGZ 169, 9, 10). Daher sind auch die Inhaber eines sogenannten *Hotel Garni* oder einer *Familienpension* Gastwirte iSd § 701. 5

b) Schank- und Speisewirte bewirten die Gäste nur zur Verabreichung von Getränken und Speisen in ihrem Haus und fallen nicht unter § 701 (Mot II 584; ZG VI 6

477 ff; BT-Drucks V/147; RGZ 104, 46; 105, 203; 109, 262; BGH NJW 80, 1096; OLG Hamburg MDR 1970, 842; AG Bad Neuenahr-Ahrweiler VersR 1993, 58, 59; vgl Vorbem 12 zu §§ 701 ff).

7 **c)** Kein Herbergswirt ist der **Inhaber eines Campingplatzes** (OLG Koblenz NJW 1966, 2017; Erman/vWestphalen Rn 4; Ganschezian/Fincke 11, 152; Jauernig/Mansel Rn 5; Palandt/Sprau Rn 2; Gaisbauer GewArch 1975, 215; Werner JurA 1971, 546), denn er stellt lediglich den Platz für Zelt oder Wohnwagen und gestattet die Benutzung gemeinschaftlicher Einrichtungen. Es gelten die Regeln des Mietvertrages und der unerlaubten Handlung (Gaisbauer GewArch 1975, 214, 215). Eine Haftung als Gastwirt kommt nur in Betracht, wenn ein ortsfestes Zelt oder ein Wohnwagen gestellt und die entsprechend einer Beherbergung erforderliche Sorge für Personen und Bequemlichkeit des Campingplatzbenutzers übernommen wird sowie für Ordnung und Sauberkeit in den Zelten bzw Wohnwagen gesorgt wird (Werner JurA 1971, 546).

8 **d)** **Ferienwohnungen** werden ohne die sonstigen die Beherbergung begründenden Leistungen des Wirtes lediglich vermietet, so dass allein §§ 535 ff, nicht aber § 701 Anwendung finden (Ganschezian/Fincke 15).

9 **e)** Der Besitzer einer **Badeanstalt** bietet keinen Ersatz für das eigene Heim, sondern lediglich Bade- und Umkleidemöglichkeit. Es besteht keine Haftung nach § 701, sondern nur nach allgemeinen Grundsätzen, zB bei mangelnder Sicherung der Badekabinen (RG WarnR 1911 Nr 324; OLG Hamburg OLGE 6, 443 ff; Soergel/Bruss Rn 10; Gierke § 204 Anm 66).

3. Gewerbsmäßigkeit

10 Die Aufnahme der Fremden muss **gewerbsmäßig**, dh in der Absicht geschehen, aus dieser Tätigkeit eine *ständige Erwerbsquelle* zu machen (Herzog 84) Inhaber von Fremdenheimen, Familienpensionen, Hotels und sonstigen Pensionen unterliegen ohne Zweifel der gesetzlichen Haftung der §§ 701 ff (RGZ 103, 10; Planck/Lobe Vorbem II 2; Oertmann Anm 1d). Die *gelegentliche Überlassung eines Zimmers* zB zu Messezeiten oder an einigen Tagen der Feriensaison, während der Festspiele oder bei Überfüllung der örtlichen Herbergen gegen Entgelt ist keine gewerbsmäßige Beherbergung (OLG München BayZ 1925, 137; Soergel/Bruss Rn 13). Auch ein Schankwirt, der aus besonderen Gründen (zB wegen Einbruch der Nacht, wegen drohenden Unwetters) ausnahmsweise einen Gast beherbergt, haftet mangels Gewerbsmäßigkeit nur nach den allgemeinen Regeln. Quartiert ein Hotelinhaber einen Gast wegen Überfüllung seines Betriebes in ein Privatquartier um, so bedient er sich der Privatperson als Erfüllungsgehilfe, seine Haftung nach § 701 bleibt bestehen (Langen 56 Anm 35).

11 **a)** Soweit **Privatpersonen** regelmäßig (auch zB jährlich in der Feriensaison) andere Personen in ihrer Wohnung „aufnehmen“, indem sie ihnen ein möbliertes Zimmer und Wäsche zur Verfügung stellen, für Ordnung und Sauberkeit sorgen und die Beköstigung der Aufgenommenen übernehmen, bieten sie Ersatz für das eigene Heim und nutzen die Räume als ständige Erwerbsquelle. Eine gewerbliche Tätigkeit braucht nicht die einzige oder primäre Erwerbsquelle zu sein, es genügt ein sogenanntes *Nebengewerbe* (Nebenerwerbsquelle). Da auch die Dauer der Beherbergung ohne Bedeutung ist, liegt in diesen Fällen eine Beherbergung vor, wenn der

Vermieter auch bezüglich dieser Räume sich das alleinige *Hausrecht* vorbehält. Hat er oder eine Hilfsperson berechtigten Zugang zu den Räumen und Sachen des Aufgenommenen, besteht für den Bewohner der gleiche Beweisnotstand bei Schadensfällen wie in Hotels, so dass vom Gesetzeszweck eine Anwendung des § 701 angebracht erscheint. Keine Haftung dagegen, wenn nur eine *Schlafstelle* oder ein *möbliertes Zimmer* vermietet wird, der Vermieter keine Sorge hinsichtlich Person und Sachen des Aufgenommenen übernimmt und letzterer das Hausrecht für diese Räume innehat (Josef JW 1922, 1312). Hierunter wird grundsätzlich die *private Zimmervermietung* fallen. Gleiches gilt bei Unterbringung außerhalb eines vom Vermieter betriebenen Beherbergungsbetriebs (Erman/vWestphalen Rn 3).

b) Jugendherbergen (Träger ist in Deutschland das Deutsche Jugendherbergswerk, DJH, Hauptverband für Jugendwandern eV) stehen ebenso wie die **Unterkunftshäuser alpiner oder sonstiger Vereine** Mitgliedern und Nichtvereinsangehörigen offen. Die einzelnen Jugendherbergen müssen sich wirtschaftlich selbst tragen (enger LG Koblenz NJW-RR 1988, 1056, das verlangt, dass darüber hinaus ein Gewinn als ständige Erwerbsquelle angestrebt wird). Die Unterkunftshäuser alpiner Vereine sind, sofern sie bewirtschaftet sind und Gewinn erzielen, verpachtet (Haftender ist der Pächter, vgl Rn 2). In beiden Fällen wird die Beherbergung gewerbsmäßig betrieben, § 701 ist anwendbar (für alpine Vereine ebenso: Enneccerus/Lehmann § 173 I 1; Soergel/Bruss Rn 13; Geigel/Bacher 28 Rn 272: der Pächter haftet nach § 701 ff; Brückner Recht 1907, 1107, für Jugendherbergen MünchKomm/Henssler Rn 14: Gastwirt ist der Trägerverein der Jugendherberge). Entgegen Ganschezian/Fincke (11) ist es unerheblich, dass sich die Gäste dieser Einrichtungen (Jugendherbergen) einer Hausordnung einfügen müssen und der Beherbergungsvertrag sich speziell gestaltet, denn für § 701 ist ein Vertragsverhältnis nicht erforderlich und damit ohne Bedeutung. Ebenso spricht die Hausordnung nicht gegen eine Herberge (OLG München OLGE 22, 334), denn der Herbergswirt behält im Gegensatz zum Vermieter das Hausrecht (RGZ 169, 84, 88). Hotelordnungen sind sogar typisch für größere Herbergsbetriebe (vgl Vorbem 20 zu §§ 701 ff). Nicht bewirtschaftete Alpenvereinshütten bieten dagegen nicht die für eine Beherbergung erforderlichen Dienste und unterliegen nicht der gesetzlichen Gastwirtshaftung (Planck/Lobe Vorbem II 4 c; Palandt/Sprau Rn 2; Gierke § 204 Anm 66; Brückner Recht 1907, 1107). Zu kirchlichen Freizeitheimen vgl LG Koblenz NJW-RR 1988, 1056. 12

4. Beherbergung als Hauptzweck

Die Haftung des § 701 trifft nur den Herbergswirt, dessen Gewerbe (Unternehmen) die **Beherbergung zum wesentlichen Gegenstand** und Hauptzweck hat (LG Koblenz NJW 80, 1096 [Sporthotel]; Ganschezian/Fincke 11). Diese vom RGZ 112, 58 ff aus dem Gesetzestext ausgeschlossene Voraussetzung ist heute unbestritten. Auch wenn Grund der Herbergshaftung nicht mehr die Unzuverlässigkeit des Berufsstandes, sondern die Gefährdung des Besitzes und die Beweisnot des Gastes ist (vgl Vorbem 4 zu §§ 701 ff), soll die verschärfte Haftung nur die Personen treffen, die aus dem Herbergsgewerbe ihren beruflichen Nutzen ziehen, nicht dagegen diejenigen, die ihr Gewerbe nur mit Hilfe einer Beherbergung ausüben können. 13

a) Bei **Heil- und Pflegeanstalten** (Kliniken, Beauty-Farmen, Privatirrenanstalten, Entziehungsheimen, Trinkerasylen, Sanatorien) dient die gewährte Unterkunft und Verpflegung der Heilbehandlung, diese ist Hauptzweck. Die Beherbergung ist not- 14 wendige Voraussetzung für die ärztliche Behandlung oder dient zumindest deren Erleichterung. §§ 701 ff sind auf die Besitzer dieser Einrichtungen, bei denen die Beherbergung eine Nebenerscheinung des Heilaufenthaltes ist, nicht anwendbar (RGZ 112, 58 ff; OLG München SeuffBl 75, 259 ff; LG Berlin VersR 1958, 731; AG St Blasien VersR 1982, 886; GEIGEL/BACHER 28 Rn 273; WERNER JurA 1971, 544 f; BAMBERGER/ROTH/GEHRLEIN Rn 5. Es gelten die allgemeinen Haftungsgrundsätze (RG JR 1926 Nr 1679, vgl Vorbem 6 ff zu §§ 701 ff). Anderes gilt bei nicht medizinisch indizierter Aufnahme von Angehörigen (ERMAN/vWESTPHALEN Rn 4; MünchKomm/HENSSLER Rn 15; **aA** SOERGEL/BRUSS Rn 14).

Hotels mit Kurmittelabteilungen (Bäder, Fitnesscenter) bieten diese als Service, sie sind dem Hauptzweck, Gewinn aus der Beherbergung zu ziehen, untergeordnet. § 701 findet Anwendung. Werden *Tagungen* oder *Kongresse* in Hotelbetrieben durchgeführt, gelten §§ 701 ff nur für diejenigen Personen, die gleichzeitig beherbergt werden (LIEKE NJW 1982, 1800 f; PALANDT/SPRAU Rn 2).

Heimverträge unterfallen als Mietverträge nicht den §§ 701 ff (WEIMAR ZMR 1979, 136, 137; vgl Vorbem 8 zu §§ 701 ff).

15 **b)** Es kommt somit im *Einzelfall* darauf an, ob die Beherbergung Hauptgegenstand der Aufnahme oder diese dem Heilverfahren untergeordnet ist. Nicht entscheidend ist, aus welchem Zweige (Heilbehandlung oder Beherbergung) mehr Gewinn erzielt wird (vgl RG VerkRdsch 1926, 810; RGZ 112, 58; ECKSTEIN, Rechtshandbuch für Heilanstalten 129). Werden Heilbehandlung und Beherbergung in getrennten Unternehmen durchgeführt, gilt für letztere immer § 701. Die *Frequentierung der Anstalt* oder die Aufenthaltsdauer ist kein brauchbares Abgrenzungskriterium (so jedoch RGZ 112, 58 ff; dagegen WERNER JurA 1971, 544, 545), denn Krankenhäuser werden grundsätzlich von mehr Personen frequentiert (Ärzte, Personal, Kranke und deren Besucher) als Hotels (vgl dagegen GANSCHEZIAN/FINCKE Anm 3). Die Aufenthaltsdauer eines Gastes wurde bereits als unerheblich für den Tatbestand des § 701 festgestellt (vgl Rn 4).

16 **c) Internate, Schülerheime und Schulen** (Lehrlingsheime usw), die mit einer Beherbergung verbunden sind, bezwecken allein die Ausbildung. Diese soll durch die Beherbergung lediglich ermöglicht werden. § 701 findet nach den zuvor aufgeführten Kriterien (Rn 15) keine Anwendung (OLG Stuttgart OLGE 43, 80; SOERGEL/BRUSS Rn 14; JOSEF Gruchot 49, 757; WERNER JurA 1971, 545). Anders, wenn *Schulungen, Lehrgänge* oder *Konferenzen in Herbergsbetrieben* abgehalten werden und der Wirt nicht die Konferenz durchführt, sondern nur Schulungsräume bereitstellt. Hier handelt es sich um einen der Beherbergung untergeordneten Service (WERNER JurA 1971, 545).

17 **d) Schlafwagengesellschaften** unterliegen nicht der gesetzlichen Haftung des § 701 (bestr wie hier PLANCK/LOBE Vorbem II 4 a; BGB-RGRK/SEIBERT Rn 1; PALANDT/SPRAU Rn 2; MünchKomm/HENSSLER Rn 15; ERMAN/vWESTPHALEN Rn 4; WINDSCHEID/KIPP Band 2, 623; GIERKE § 204 Anm 66; ENNECCERUS/LEHMANN § 173 I 1; LANGEN 6 ff; HOFFMANN, Die Bundesbahn [1952] 526; GANSCHEZIAN/FINCKE 11; WERNER JurA 1971, 545 f; BRÜCKNER Recht 1902, 305 ff; KUNZ VersR 1986, 7, 10 ff; LG Frankfurt RRa 2003, 185 ff; **aA** SOERGEL/BRUSS Rn 14; OERTMANN 1 b; WOLF, SchR II § 13 J III a; VOGGENBERGER ÖJBl 55 Heft 9/10). Ein Schlafwagen kann nicht als „rollendes Hotel“ angesehen werden (so jedoch SOERGEL/BRUSS Rn 14), denn

Zweck des Bahnbetriebes einschließlich des Schlafwagens ist die *Beförderung,* wobei als Service die Bequemlichkeit des Schlafwagens nur zur Erleichterung der Reise geboten wird. Die Beherbergung tritt als *unselbständige Nebenleistung* hinter der Beförderung als Hauptleistung zurück (vgl Rn 15; LG Frankfurt RRa 2003, 185 ff). Da die Haftung aus § 701 vom Vertragsschluss unabhängig ist, kommt es nicht darauf an, ob neben dem Beförderungsvertrag ein zusätzlicher Vertrag mit der Schlafwagengesellschaft geschlossen wird (WERNER JurA 1971, 545, 546). Zudem ändert der Beförderungsvertrag seine Natur nicht dadurch, dass dem Reisenden besondere Bequemlichkeiten geboten werden (so überzeugend: BRÜCKNER Recht 1902, 305; REINDL EisenbE 18, 367 ff; 19, 8 ff). Der Charakter der Beherbergung im Schlafwagen als Nebenleistung ändert sich nicht dadurch, dass der Eisenbahnunternehmer diese durch wirtschaftlich selbständige Schlafwagengesellschaften erbringen lässt. (Deswegen kann entgegen RUGE [10] nicht schon die Gewerbsmäßigkeit der Beherbergung verneint werden.)

Wegen des *Kontrahierungszwanges* aus § 3 EVO haben Schlafwagengesellschaften keinen Einfluss darauf, welche Reisende den Schlafwagen betreten. Wie bei Zwangseinweisungen (vgl Rn 26) kann damit Haftung des § 701 nicht eintreten (WERNER JurA 1971, 546).

18 Zur **Haftung der Eisenbahn** für Verlust und Beschädigung des zur Beförderung übergebenen Gutes vgl §§ 407 ff HGB und das Haftpflichtgesetz idF vom 4. Januar 1978 (BGBl I, 145), das das Gesetz über Haftpflicht der Eisenbahnen und Straßenbahnen für Sachschäden vom 16. Juli 1957 abgelöst hat.

19 **e)** Bei **Schiffsreisen** steht die Beförderung im Vordergrund, die Benutzung einer Kajüte ist lediglich Nebenleistung. Daher ist § 701 auf Schiffseigentümer nicht anwendbar (OLG Hamburg Recht 1905 Nr 1931; PLANCK/LOBE Vorbem II 4 b; ERMAN/vWESTPHALEN Rn 2; JAUERNIG/MANSEL Rn 5; GIERKE § 204 Anm 66; **aA** OERTMANN Anm 1c). Anders jedoch, wenn das Schiff während der Beherbergung vor Anker bleibt und lediglich als Hotel, nicht als Fortbewegungsmittel dient. Zur Haftung des Schiffers bei Verlust oder Beschädigung des von ihm übernommenen Reisegutes vgl §§ 664 ff HGB.

5. Mehrere Inhaber

20 Betreiben mehrere Personen **gemeinschaftlich** (OHG, Erbengemeinschaft uä) einen Herbergsbetrieb, so ist haftender Gastwirt die Gemeinschaft. Der interne Ausgleich richtet sich nach dem dieser Gemeinschaft zugrundeliegenden Rechtsverhältnis.

III. Anspruchsinhaber (Gast)

21 Der Anspruch aus § 701 steht nur dem im Herbergsbetrieb des Wirtes zum Zwecke der Beherbergung **aufgenommenen Gast** zu, der Person, der Ersatz für das eigene Heim gewährt werden soll (Beherbergung, vgl Rn 3 ff). Der **Abschluss eines Beherbergungsvertrages** ist nicht erforderlich. Gast ist somit *nicht* unbedingt die Person, die die Verhandlungen mit dem Wirt geführt hat und als Partei des Vertrages später die Rechnung bezahlen soll, sondern *jede Person, die der Wirt aufnimmt* (zur Aufnahme vgl Rn 22 ff), um sie zu beherbergen. Gäste sind damit neben dem Vertragspartner des Wirtes Begleitpersonen des ersteren, zB Familienmitglieder und Bedie-

nungspersonal, nicht aber Besucher, da diese die Herberge nicht als Ersatz für das eigene Heim benutzen. Letzteren gegenüber besteht gegebenenfalls – sofern sie dem engen Kreis der Drittbegünstigten unterfallen – Haftung aus den Grundsätzen des Vertrages mit Schutzwirkung für Dritte (vgl Vorbem 16 zu §§ 701 ff). Nicht erforderlich ist ein dauernder Aufenthalt des Aufgenommenen in der Herberge, *vorübergehende Abwesenheit* hebt die Gasteigenschaft nicht auf (RGZ 103, 10; vgl Rn 42).

IV. Voraussetzungen der Haftung

1. Die tatsächliche Aufnahme des Gastes

22 Die Gastwirtshaftung beruht allein auf sozialem Kontakt (BGHZ 63, 65, 71; Jauernig/Mansel Rn 6). Dies ergibt sich aus dem Wortlaut „aufnimmt" (Koch VersR 1966, 708). Sie tritt ein mit der tatsächlichen Aufnahme des Gastes in den Beherbergungsbetrieb durch den Wirt. Diese ist ein **tatsächlicher Akt**, bedingt keinen Vertragsschluss (BGHZ 63, 65, 71), sondern allein die Willensbekundung des Wirtes, eine Person zur Beherbergung aufzunehmen und eine solche des Gastes, den Herbergsbetrieb zu diesem Zweck aufzusuchen. Wegen dieser Willenselemente handelt es sich nicht um einen Realakt, sondern um eine **geschäftsähnliche Handlung**, auf die die für Willenserklärungen geltenden Vorschriften entsprechende Anwendung finden. Damit ist auf Seiten des Wirtes Geschäftsfähigkeit erforderlich, der Gast kann – da die Aufnahme für ihn lediglich rechtlich vorteilhaft ist – beschränkt geschäftsfähig sein, § 107 (**aA** bzgl Anwendbarkeit der §§ 104 ff Jauernig/Mansel Rn 6; Palandt/Sprau Rn 3: Geschäftsfähigkeit ist beiderseits entbehrlich, so auch Bamberger/Roth/Gehrlein Rn 5; MünchKomm/Henssler Rn 17).

Ob und **wann** die Aufnahme erfolgt, ist Frage des Einzelfalles. Sie ist zeitlich und örtlich nicht an das Hotel gebunden, nicht mit dem Betreten der Herberge identisch, sondern kann bereits vorher erfolgen. Ein Zwang zur Aufnahme von Gästen besteht grundsätzlich nicht (Privatautonomie). Zum Aufnahmezwang bei Monopolstellung speziell bei Herbergsbetrieben vgl Brückner Recht 1907, 1110; Kuhlenbeck N 4; Langen 28 Anm 1; Vervier BayGemVZ 21, 106; Hendinger BayZ 1927, 320. Ein Zwang zur Aufnahme kann sich auch aus öffentlichem Recht ergeben (vgl Rn 26).

23 **a) Aufnahme im Betrieb** des Gastwirtgewerbes bedeutet Einordnung des Gastes in den Betriebs- und Organisationsbereich des Wirtes. Dies ist unbedenklich der Fall bei Betreten der Herberge, Übergabe des Gepäcks an den Wirt oder dessen Personal, beim Einzug in das zugewiesene Zimmer. Schon vorher erfolgt eine Einordnung in den Gastwirtsbetrieb, wenn der Gast außerhalb der Betriebsräume (zB am Bahnhof, Flughafen) vom Wirt oder dessen Personal in Empfang genommen und der Transport des Gepäcks oder die Führung zum Hotelgebäude durch den Wirt erfolgt (MünchKomm/Henssler Rn 17; Bamberger/Roth/Gehrlein Rn 5; Geigel/Bacher 28 Rn 276). Hier beginnt die Haftung mit Einsteigen in den vom Hotel gestellten Wagen bzw mit der Übernahme der Gepäckstücke.

24 **b)** Aufnahme **zum Zwecke der Beherbergung**: Nicht jede Person, die in Kontakt zu einem Beherbergungsbetrieb tritt und in dessen Sphäre gelangt, ist durch § 701 geschützt, sondern nur die, deren Aufnahme von Seiten des Wirtes und des Gastes im Hinblick auf eine Beherbergung erfolgt. Ein Aufenthalt nur zur Einnahme einer

Mahlzeit oder Erfrischung, das vorläufige Unterstellen des Gepäcks, die Inanspruchnahme der Fahr- oder Hilfsdienste unter dem festen Entschluss, keine Beherbergung anzustreben, genügen nicht (RG JW 1908, 272; OLG Karlsruhe BadRspr 16, 164; KG OLGE 18, 27; OLG München OLGE 18, 26; LG Leipzig GuR 22, 58; LG Gießen HessRspr 12, 67; GANSCHEZIAN/FINCKE 87; AG Miesbach VersR 2003, 1400), ebenso wenig das Abstellen des Gepäcks in einem überfüllten Hotel, um sich anderweitig Unterkunft zu suchen (RG JW 1908, 272; GEIGEL/BACHER 28 Rn 276).

Die Aufnahme muss nicht zu einer Beherbergung führen, eine solche muss nur beabsichtigt (also auch nicht ungewiss) gewesen, dh sie braucht **keine endgültige** zu sein (LG Gießen HessRspr 12, 67; PLANCK/LOBE Anm 2a d). Da der Grund der Gastwirtshaftung nicht in dem Abschluss eines Beherbergungsvertrages, sondern in der Tatsache der Aufnahme und Einbringung liegt, kann bereits eine nur **vorläufige Aufnahme** die Haftung aus §§ 701 ff begründen (das übersehen GANSCHEZIAN/FINCKE [87], wenn sie die Aufnahme als „Finden der Unterkunft" definieren und eine Aufnahme des Gastes verneinen, der kein Zimmer bestellt und erhalten hat). Eine vorläufige Aufnahme liegt zB vor, wenn sich ein Gast die Zimmer zeigen lässt, dann jedoch von einer Benutzung absieht (PLANCK/LOBE Anm 2a d; LANGEN 44 ff; STURM 24; BAMBERGER/ROTH/GEHRLEIN Rn 5; ERMAN/vWESTPHALEN Rn 1; **aA** PALANDT/SPRAU Rn 3, der in diesem Fall nur zu einer Haftung des Gastwirts aus cic annimmt), wenn er sich an der Rezeption nach freien Zimmern erkundigt, aber aus einem Grund abgewiesen wird, der nicht der fehlende Wille des Wirtes zur Aufnahme ist (vgl Rn 22), wenn durch Hotelwagen oder Hausdiener am Bahnhof ankommende (unangemeldete) Reisende in das Hotel befördert werden, um sie zum Bleiben zu bewegen, sie aber das Hotel verlassen, weil ihnen die Räumlichkeiten nicht zusagen oder inzwischen kein Zimmer mehr frei ist (MünchKomm/HENSSLER Rn 18). Auch hier begibt sich der Gast bereits in den Dispositionsbereich und in die Herrschaftssphäre des Herbergsbetriebes mit den sich daraus ergebenden Risiken. 25

c) Die Aufnahme muss **im Betrieb des Beherbergungsgewerbes** erfolgen (OLG Dresden SeuffA 75 Nr 154), denn die weitgehende gesetzliche Haftung aus § 701 ist allein deswegen gerechtfertigt und begründet, weil der Wirt durch Auswahl seiner Gäste diese vor Schaden bewahren, zweifelhafte Besucher fernhalten kann. Eine zur Beherbergung führende Aufnahme im Rahmen des Beherbergungsbetriebes setzt daher für den Wirt die *Möglichkeit* voraus, *frei über die Aufnahme* eines Gastes *zu entscheiden* (Privatautonomie). Personen, die aufgrund öffentlich-rechtlicher Pflichten *eingewiesen* werden (Zwangseinquartierung, Zwangseinweisung von Flüchtlingen, Obdachlosen, Opfern einer Naturkatastrophe) sind nicht im Sinne des § 701 aufgenommen und genießen nicht den besonderen Schutz (RG JW 1924, 1388; LG Göttingen NJW 1947/48, 595; ENNECCERUS/LEHMANN § 173 I 3; WERNER JurA 1971, 543). Kann ein Wirt den Einzug nicht gewollter Gäste nicht verhindern, darf er auch gegenüber den anderen von ihm aufgenommenen Gästen nicht mehr nach § 701 haften, denn als Schädiger kommen auch die aufgezwungenen Gäste in Betracht. Seine Haftung aus § 701 ist nur gerechtfertigt, weil er durch Auswahl der Gäste eine Möglichkeit der Schadensabwehr hat, die ihm bei Zwangseinquartierung genommen ist, wodurch sich das Betriebsrisiko über das übliche von § 701 erfasste Maß hinaus erhöht (WERNER JurA 1971, 543). Das LG Erfurt (NJ 1953, 570) will diesen Grundsatz auch auf die Herbergen anwenden, die vertraglich gebunden sind, die von einem anderen 26 ausgesuchten Gäste aufzunehmen (zB Vertrag mit Krankenkassen, Betrieben usw).

2. Besucher des Wirtes

27 Freunde und Verwandte, die als **Besucher des Wirtes** in der Herberge wohnen, seine Angestellten, im Gasthaus beschäftigte Handwerker oder sonstige aus privaten Gründen aufgenommene Personen (Freunde und deren Kinder) sind nicht als Gäste des Beherbergungsbetriebes in die Organisation eingegliedert und nehmen die Unterkunft nicht wie Herbergsgäste. Allerdings setzt § 701 nicht eine entgeltliche Aufnahme voraus, sie kann auch *unentgeltlich* erfolgen. Während bei Entgeltlichkeit die *Vermutung für eine Aufnahme* im Betrieb des Gewerbes spricht, dürfte bei unentgeltlicher Aufnahme oft problematisch sein, ob eine gewerbliche oder private gegeben ist. Dies ist Frage des Einzelfalles. Die unentgeltliche Aufnahme des die anderen Gäste begleitenden Reiseleiters oder Busfahrers, der Vertreter eines Touristikunternehmens erfolgt im Hinblick auf den (eventuell noch zu erwartenden) Gewinn aus den von diesen Personen vermittelten zahlenden Gästen und damit allein aus gewerblichen Gesichtspunkten (BGH NJW 1958, 826; Planck/Lobe Anm 2a ß; Oertmann Vorbem 2 d; Schollmeyer 138 f; Ganschezian/Fincke 88; Soergel/Bruss Rn 15).

V. Geschützte Objekte

28 Die Haftung des Gastwirts erstreckt sich allein auf **die vom Gast eingebrachten Sachen**. Für nicht eingebrachte Sachen besteht Haftung nur nach den allgemeinen Grundsätzen (OLG Hamburg JW 1916, 1142 ff).

1. Eingebrachte Sachen

29 Eingebracht sind die Sachen des Gastes gem § 701 Abs 2, sobald sie in die *Obhut des Wirtes oder seiner Leute* gelangt sind. Die Einbringung ist ein *Realakt,* daher ist Geschäftsfähigkeit des Wirtes und des Gastes nicht erforderlich. Sie ist – wie sich aus § 701 Abs 2 ergibt – nicht notwendig ein zweiseitiger Akt (vgl Manigk, Das rechtswirksame Verhalten 39, 486). Unerheblich ist die *Kenntnis des Wirtes* von der Einbringung (Mot II 586). Auf den *Willen des Wirtes* kommt es nicht an, daher sind eingebracht auch die Sachen, die gegen den Willen des Wirtes unter seine Obhut gelangen (Langen 47 Anm 23; Bamberger/Roth/Gehrlein Rn 8).

30 **a)** *Sachen,* die der Gast bei seiner Aufnahme oder während der Beherbergung mit **in die Herberge** bringt (die Herberge erstreckt sich räumlich auf alle dem Betrieb zugeordneten Gebäude und Anlagen, einschließlich Garten, Schuppen, Garage, Gartenhäuser, Golfplatz, Schwimmbad usw, vgl Erman/vWestphalen Rn 7):

Erfasst sind damit auch die von Hotelgästen in die Tagungsräume mitgenommenen Sachen, unabhängig davon, ob für diese Räume ein zusätzliches Entgelt verrechnet wird (LG Koblenz NJW 1983, 760; Jauernig/Mansel Rn 7; Lindemeyer BB 1983, 1505, anders jedoch Lieke NJW 1982, 1800; vgl auch Rn 43). In die Herberge gelangt sind die Sachen mit dem Betreten durch den Gast, das gilt insbesondere für seine *Kleidung und deren Inhalt,* zB Geldbörse, Schmuck (OLG Koblenz VersR 1953, 484; Erman/vWestphalen Rn 5; Palandt/Sprau Rn 7; Enneccerus/Lehmann § 173 I 4 c; Langen 50; **aA** Soergel/Bruss Rn 25).

Ein in der II. Kommission gestellter Antrag, dies ausdrücklich im Gesetz festzustellen, wurde zurückgezogen, nachdem Einverständnis herrschte, dass das Einbringen in dem weiten Sinne des Antrages zu verstehen sei (Prot VI 193 ff). Einbringen erfolgt weiterhin mit *Abstellen des Gepäcks* in der Empfangshalle, auf dem zum Zimmer führenden Flur oder in dem zugewiesenen Zimmer (Ganschezian/Fincke 88), anders dagegen, solange die Sachen sich auf dem Bürgersteig bzw auf der Treppe vor der Herberge oder noch nicht im betriebseigenen Fahrzeug befinden. Hat ein Gast den Wirt oder dessen Personal angewiesen, das im Pkw oder vor dem Hoteleingang stehende Gepäck hereinzuholen, so entsteht Haftung erst mit der tatsächlichen Durchführung dieses Auftrages (vgl Rn 34 ff). Befinden sich innerhalb der Herberge besondere Ablagen für die Sachen (Räume für Koffer, besondere Kleiderablagen, Garderoben im Speisezimmer, Ablagen für Regenmäntel und Schirme usw), besteht der Schutz des § 701 auch hier (RGZ 105, 203; Enneccerus/Lehmann § 173 I 4 c). Zumeist wird aber die Einbringung schon vorher mit Betreten der Herberge erfolgt sein.

Nicht erforderlich ist, dass der Gast selbst oder der Wirt die Sachen in die Räume der Herberge bringt. Wird das Gepäck *von Dritten transportiert* oder auf Bestellung des Gastes in die Herberge gebracht, liegt Einbringen bei bereits erfolgter Aufnahme in dem Augenblick vor, wenn es in die Räume der Herberge gelangt, nicht erst mit Besitzergreifung durch den Gast (Langen 49; Ganschezian/Fincke 89). 31

b) Sachen, die an einen von dem Wirt oder dessen Leuten angewiesenen oder hierzu allgemein bestimmten **Ort außerhalb der Gastwirtschaft** gebracht worden sind: 32

Außerhalb der Herberge liegende Orte sind all die, die sich außerhalb des der Beherbergung dienenden Gebäudes befinden. Dienen mehrere Häuser der Beherbergung (Dependancen), fallen sie nicht unter § 701 Abs 2 Ziff 1 2. Fall. Unterbringungsorte außerhalb der Gastwirtschaft sind alle vom Wirt bezeichneten Stellen außerhalb der der Beherbergung dienenden Gebäude. Sie müssen nicht auf dem Hotelgelände liegen (Ganschezian/Fincke 90) und keine umschlossenen Räumlichkeiten sein (OLG Hamm VersR 1956, 179, 180). Diese Orte brauchen nicht mit dem Herbergsbetrieb in einem *räumlichen Zusammenhang* stehen (Soergel/Bruss Rn 25; **aA** BGH LM Nr 1 zu § 701; OLG Hamm VersR 1956, 179, 180), denn eine solche Forderung stellt das Gesetz nicht auf, vielmehr wird gerade auf Orte außerhalb des Herbergsbetriebes verwiesen. Unter § 701 Abs 2 Ziff 1 2. Fall sind zu rechnen Abstellräume, Garagen und Ställe (Baulichkeiten) oder Orte, die im Freien liegen, wie Abstellplätze, Zwinger usw. In der Regel wird es sich um Orte handeln, an denen Sachen abgestellt werden, die aus Raumgründen oder aus der Natur der Sache nicht in den Gastzimmern unterzubringen sind. Ein Grund für die Unterbringung außerhalb der Gastwirtschaft braucht nicht benannt oder erkennbar sein.

Die **Bestimmung anderweitiger Unterbringung** außerhalb der Herberge kann im Einzelfall oder generell erfolgen. Letzteres muss irgendwie zum Ausdruck kommen, zB durch Anschlag oder Hinweisschild. 33

c) Sachen, die außerhalb der Gastwirtschaft **dem Wirt** bzw dessen Leuten übergeben werden (OLG Düsseldorf JW 1931, 1977): 34

Dabei macht es keinen Unterschied, ob der Gast die Sachen selbst übergibt oder ob ein Dritter sie in dessen Auftrag ausliefert. Das gilt für die Fälle, in denen der Gast seine Sachen dem Personal am Bahnhof oder sonst außerhalb des Hotels (zB bei der Anfahrt auf der Straße vor der Herberge) übergibt (OLG Düsseldorf aaO; LG Augsburg LZ 1919, 212; Bamberger/Roth/Gehrlein Rn 9) oder durch den Wirt bzw dessen Personal bei Dritten abholen lässt (OLG Naumburg JW 1920, 61). Holt der Portier auf Bitten des Gastes dessen Sachen aus dem Auto, so sind nur die Teile eingebracht, die er herausnimmt, nicht die er dort vergisst.

Bondi (JW 1920, 61) und Ganschezian/Fincke (90) wollen die von den Leuten des Wirtes auf Bitten des Gastes außerhalb der Herberge abgeholten Sachen erst dann als eingebracht ansehen, wenn sie in das Hotel gelangt sind (§ 701 Abs 2 Ziff 1 1. Fall), da Hausdiener vom Wirt nicht dazu bestellt seien, derartige Besorgungen auszuführen. Dies gilt jedoch nicht generell, denn die Berechtigung zur Empfangnahme der Sachen ist eine *Frage des Einzelfalles* (vgl Rn 38). Zum üblichen Service einer Herberge gehört die Befriedigung persönlicher Bedürfnisse des Gastes durch das Personal (BGH NJW 1964, 718). Es wird zum Service einer jeden Herberge gehören, dass das Personal auch Besorgungen für die Gäste übernehmen darf. Lässt daher der Gast durch Angestellte oder den Wirt selbst Kleider von der Reinigung, Schuhe aus der Reparaturwerkstatt abholen, sich Zigarren oder sonstige Gegenstände besorgen, liegt die Einbringung in der Empfangnahme der Sache durch den Wirt bzw durch dessen Leute.

35 Übergibt der Gast dem Wirt bzw dessen Personal einen **Gepäckschein** mit der Weisung, das Gepäck am Bahnhof abzuholen, so ist der Gepäckschein spätestens mit Aushändigung eingebracht, der Wirt haftet für seinen Verlust nach § 701 (OLG Hamburg OLGE 40, 304; Ganschezian/Fincke 89). Das Gepäck selbst ist jedoch erst mit Aushändigung durch die Gepäckstelle an den Wirt eingebracht, § 701 Abs 2 Ziff 1 (OLG Düsseldorf JW 1931, 1977; OLG Hamburg Recht 1920 Nr 1202; OLGE 40, 304; 45, 164; OLG München OLGE 45, 166; Ganschezian/Fincke 89).

36 **d)** Die Anweisung zur anderweitigen Unterbringung der Sachen oder der Empfang außerhalb der Herberge kann von dem Wirt selbst oder von seinen hierzu bestellten Leuten erfolgen.

Leute des Gastwirts sind Personen, die von dem Wirt in die Organisation des Herbergsbetriebes eingegliedert sind und mit seinem Einverständnis dort Aufgaben erfüllen, in erster Linie die im Herbergsbetrieb (nicht im Haushalt des Wirtes) tätigen Angestellten, darüber hinaus aber auch ohne festen Anstellungsvertrag mit Einverständnis des Wirtes tätige Personen wie Verwandte, Freunde oder nur gelegentlich beschäftigte Aushilfskräfte (BT-Drucks V/147, 4; RGZ 7, 126 ff; Erman/vWestphalen Rn 8). Der Begriff „Leute" ist weiter zu verstehen als der von § 278 erfasste Erfüllungsgehilfe (Palandt/Sprau Rn 10), denn im Rahmen des § 701 kommt es nicht auf die Erfüllung eines Beherbergungsvertrages an. Zur Verkehrssicherungspflicht des Gastwirts s OLG München VersR 1998, 326; OLG Celle MDR 2000, 644.

37 Nach § 701 Abs 2 aE tritt eine Haftung nur ein, wenn die bei der Einbringung tätigen Leute von dem Wirt zur Erteilung einer Anweisung bzw zur Übernahme der Obhut **bestellt** oder nach den Umständen **als dazu bestellt anzusehen** sind. Eine solche Anweisungs- bzw Empfangsberechtigung muss jeweils im Einzelfall festgestellt werden.

Ein Gastwirt bestellt bestimmte Hilfskräfte durch *ausdrückliche oder konkludente Anweisung,* die Sachen seiner Gäste außerhalb der Herberge in Empfang zu nehmen oder deren anderweitige Unterbringung zu veranlassen. Neben der Art des Gepäckes ist die Größe des Herbergsbetriebes von Bedeutung (LINDEMEYER BB 1983, 1504). In kleinen Häusern wird jeder für alle anfallenden Arbeiten zuständig sein, während in Großhotels eine spezielle Arbeitszuweisung bestehen wird. Sendet ein Wirt sein Personal zu bestimmten Orten außerhalb der Gaststätte (zB zum Bahnhof), um ankommende Gäste in Empfang zu nehmen, so nehmen diese in der Regel sich auch des Gepäckes an und sind damit stillschweigend vom Wirt zum Empfang bestellt. Eine derartige zumindest stillschweigende Bestellung besteht generell für den Portier, Hotelburschen (BGH NJW 1965, 1710), nicht aber für Küchen- und Reinigungspersonal, das üblicherweise keine Aufgaben außerhalb des ihnen zugewiesenen Arbeitsbereiches hat. 38

Bei der **ausdrücklichen Bestellung** kommt es im Gegensatz zur offensichtlichen Bestellung (vgl Rn 38) nicht darauf an, ob der Gast den Angestellten des Wirtes als solchen erkennt. Bei ausdrücklicher oder stillschweigender Bestellung ist allein die Anweisung durch den Wirt von Bedeutung. Daher besteht Haftung auch, wenn der Gast seine Sachen an eine Person in Zivilkleidung übergibt und diese von dem Wirt ermächtigt war, die Sachen der Gäste in ihre Obhut zu nehmen (zB ein Bekannter des Wirtes holt in dessen Auftrag in seinem Privatwagen die Gäste ab). Wegen Berechtigung zur Verwahrung von Wertsachen vgl § 702. 39

Auch wenn der Wirt die für ihn **tätige Person nicht ermächtigt** hat, das Gepäck seiner Gäste außerhalb der Herberge in Empfang zu nehmen oder unterzubringen, besteht die Haftung aus § 701, wenn diese Person nach den Umständen *als dazu bestellt anzusehen* war.

Entscheidend ist nicht allein, dass der Gast an die Berechtigung des im Namen des Wirtes Tätigen glaubte, sondern dass er den gesamten Begleitumständen nach daran **glauben musste** (BGH NJW 1965, 1709, 1710). Ähnlich den von der Anscheinsvollmacht erfassten Fällen wird der Handelnde ohne entsprechende Ermächtigung im Namen eines anderen tätig (ebenso CANARIS, Die Vertrauenshaftung im dt Privatrecht § 7 IX). Dementsprechend haftet der Wirt für dieses Verhalten nur, wenn er es bei pflichtgemäßer Sorgfalt hätte kennen und verhindern können und der Gast nach den Umständen des Einzelfalles und den bei den Parteien herrschenden Verkehrsauffassungen auf eine „Bestellung" iS des § 701 Abs 2 schließen durfte (**aA** MünchKomm/HENSSLER § 701 Rn 23 aE). Die Haftung des Wirtes erstreckt sich jedoch nur auf Handelnde, die aus dem *Kreis seiner Leute* (vgl Rn 36) stammen. Hat sich der Anweisende oder Annehmende fälschlich für einen der Leute des Wirtes ausgegeben oder hält der Gast den Handelnden aus einem anderen Grund fälschlich für einen Angestellten des Wirtes, findet § 701 Abs 2 keine Anwendung (PLANCK/LOBE Anm 2b; OERTMANN Anm 3a ß; ENNECCERUS/LEHMANN § 173 I 4 a; GANSCHEZIAN/FINCKE 94).

Weisungs- und empfangsbefugt hinsichtlich der Sachen des Gastes können unter dem obigen Gesichtspunkt die Personen sein, die dem Gast erkennbar mit (potenziellem) Wissen des Wirtes sich im Beherbergungsbetrieb um das Gepäck kümmern und die sich zB durch die mit dem Hotelnamen versehene Kleidung (Mütze) als „Leute des Wirtes" zu erkennen geben und üblicherweise das Gepäck versorgen oder sich mit Kenntnis und Duldung des Wirtes hierzu bereit erklärt haben. Zumeist werden diese Personen jedoch bereits ausdrücklich oder stillschweigend vom Wirt hierzu bestellt sein (vgl Rn 38). Eine Haftung unter diesem Gesichtspunkt kommt daher nur bei Tätigkeit der Personen in Betracht, die zwar üblicherweise das Gepäck versorgen, aber vom Wirt von dieser Tätigkeit (zB durch Anschlag im Hotel, vgl RG JDR 1924, 206) ausgeschlossen worden sind oder über diesen Personenkreis hinaus solche Personen, die sich üblicherweise um andere Arbeiten zu kümmern haben, in dieser speziellen Herberge aber die Sachen des Gastes versorgen bzw insoweit Anweisungen geben. Letzteres ist zB der Fall, wenn ein mehrfach einkehrender Gast regelmäßig am Bahnhof von dem Koch in Empfang genommen wird oder ihm von der Reinigungsfrau ein Lagerplatz für sein Angelgerät in der Garage angewiesen wird.

e) Zeitraum der Haftung

40 Der Schutz für die Sachen des Gastes *beginnt mit dem Einbringen* und *endet mit dem Entfernen* aus der Obhut des Wirtes. Während der Dauer der Aufnahme kann sich die Haftung aus drei Gesichtspunkten ergeben (1.) Die Haftung erstreckt sich auf alle Sachen, die der Gast in die Gastwirtschaft eingebracht hat (2.) Sachen außerhalb der Gastwirtschaft sind in den Schutz einbezogen, wenn sie an einen von dem Wirt oder seinen Leuten angewiesenen oder (3.) allgemein bestimmten Ort verbracht worden sind (Geigel/Bacher 28 Rn 278–281). Besorgen Leute des Wirtes den Abtransport, besteht die Obhut entsprechend den unter Rn 34 aufgestellten Grundsätzen fort, bis sie die Sachen aus ihrer Obhut geben (RG JW 1925, 473). Gegenüber Reisegruppen endet die Gastwirtshaftung, wenn die Gruppe abreisebereit in der Hotelhalle versammelt ist und der Raum, in dem das Gepäck verwahrt wird, zur Gepäckentnahme durch die einzelnen Reiseteilnehmer geöffnet wird (LG Frankfurt NJW-RR 1987, 565, 566).

Sachen, die *vor und nach der Beherbergung* dem Gastwirt zur Obhut übergeben sind, unterliegen dem Schutz des § 701 gem Abs 2 Nr 2 nur innerhalb einer angemessenen Zeit vor und nach der Beherbergung. Die Angemessenheit bestimmt sich nach den gesamten Umständen des Einzelfalles oder nach den Bedürfnissen des Gastes, der Dauer des Aufenthaltes (AG Garmisch-Partenkirchen MDR 1969, 50) und den Aufbewahrungsmöglichkeiten der Herberge. Meist wird es sich um kurze Aufbewahrungszeiten handeln, da eine zu weite Ausdehnung der Haftung des Wirtes nicht erfolgen soll. Nach Koch (VersR 1966, 705) soll ein Tag, nach AG Garmisch-Partenkirchen (MDR 1969, 50) dagegen eine Zeit von zwei Wochen angemessen sein. Ein fester Zeitraum kann jedoch, da der Einzelfall entscheidet, nicht bestimmt werden. Eine über eine angemessene Zeit hinausgehende Haftung kann allein aus besonderer Vereinbarung (Verwahrungsvertrag) und nach den allgemeinen Grundsätzen bestehen.

41 Einmal eingebrachte **Sachen bleiben eingebracht**, dh sie genießen den Schutz bis zur Abreise des Gastes, auch wenn der Herbergsvertrag schon vor der Abreise beendet war (RG SeuffA 78, 76). Garderobe, die der Gast im Speisezimmer aufhängt, bleibt daher ebenso geschützt, wie ein Ring, den er auf der Toilette beim Händewaschen

ablegt oder Schuhe, die zum Säubern auf den Flur gestellt werden (GANSCHEZIAN/FINCKE 89).

Die Haftung besteht auch weiter, wenn der Gast unter Zurücklassung seiner Sachen die Herberge vorübergehend unter Beibehaltung seiner Räume verlässt, aber die Absicht hat, zurückzukehren (RGZ 103, 9; OLG München Recht 1922, 45). Kehrt er entgegen seiner Absicht nicht mehr zurück, liegt keine **vorübergehende Abwesenheit** mehr vor, die Dauer der Haftung richtet sich nach § 701 Abs 2 Nr 2 (vgl Rn 45). Hat der Gast nach Beendigung der Beherbergung sein Gepäck weggeschafft, so lebt die Haftung nach § 701 nicht wieder auf, wenn der Gast den Zug versäumt hat und seine Sachen mit Zustimmung des Wirtes vorübergehend bis zur Abfahrt des nächsten Zuges in der Herberge wieder abstellt (OLG Hamburg LZ 1920, 665 ff; SeuffA 75 Nr 226). Eine vorübergehende Abwesenheit des Gastes unterbricht den Schutz der eingebrachten Sachen nicht, wenn sie in der Obhut des Wirtes zurückbleiben (RGZ 103, 10; RG Recht 1922, Nr 145). 42

Werden die **Sachen vorübergehend** aus der Herberge **entfernt** (zB der Gast begibt sich mit einigen Sachen [Kleidung, Aktentasche usw] aus dem Haus, Kleidungsstücke werden zur Reinigung gegeben), ist die Obhut des Wirtes vorübergehend aufgehoben, die *Haftung wird unterbrochen,* denn dem Wirt kann eine Haftung nur für die Schäden auferlegt werden, die an Sachen unter seiner Obhut entstehen. Daher endet die Haftung selbst dann, wenn die Entfernung der Sachen gegen den Willen des Gastes erfolgt, auch bei Fortdauer der Beherbergung (zB Pfändung durch Gerichtsvollzieher). Dagegen kann der Wirt durch eigenmächtige Entfernung der Sachen sich nicht seiner Haftung entziehen (OLG Kiel OLGE 43, 81; PLANCK/LOBE Anm 6a; SCHOLLMEYER 139; GANSCHEZIAN/FINCKE 90, 91; BAMBERGER/ROTH/GEHRLEIN Rn 10). Begibt sich ein Gast in die auch dem *allgemeinen Verkehr zugänglichen Speiseräume* des Hotels, liegt eine vorübergehende Entfernung der vom Gast mitgeführten Sachen nicht vor, denn die Obhut des Wirtes bleibt erhalten, die Sachen bleiben in der Herberge. Der Wirt kann seiner Haftung nicht dadurch entgehen, dass er seine an sich die Haftung umschließenden Räume dem allgemeinen Verkehr eröffnet und damit letztlich sogar die Schadensgefahr erhöht. Die Benutzung der Speiseräume ist ein Teil der Beherbergung und wird oft erst die Beherbergung ermöglichen. Die Hausgäste genießen damit einen höheren Schutz als die Gäste, die sich nur zum Essen in das Hotel begeben (**aA** BRÜCKNER Recht 1907, 1106; GANSCHEZIAN/FINCKE 89). Die Obhut des Wirtes erstreckt sich auf den *gesamten Beherbergungsbetrieb,* zu dem neben den Gastzimmern alle Einrichtungen wie Toiletten, Speiseräume, Hotelgarten, Hotelschwimmbad, Terrassen, Hotelgolfplatz usw gehören (anders AG Augsburg VersR 1981, 565 [LS 1]; MünchKomm/HENSSLER Rn 25 bei völliger räumlicher Trennung der Einrichtungen vom Hotel). Dies gilt auch für die vom Wirt den Herbergsgästen kostenlos zur Verfügung gestellten Tagungsräume, da diese regelmäßig seinem Interesse dienen, mehr Zimmer zu belegen (LG Koblenz NJW 1983, 760; LINDEMEYER BB 1984, 1504; **aA** LIECKE NJW 1982, 1860, der nur Räume für freizeitliche Betätigung als vom Beherbergungsverhältnis erfasst ansieht; dazu auch Rn 30). 43

Eine **Haftung für vorausgesandtes Gepäck** besteht im Rahmen der von § 701 Abs 2 Nr 2 gesetzten Frist nur, wenn es später zu einer – wenn auch nur vorläufigen – Aufnahme kommt (vgl Rn 22 ff). Nicht erforderlich ist ein bereits abgeschlossener Beherbergungsvertrag. Auch Sachen eines erst angekündigten Gastes sind einge- 44 bracht, wenn dieser später das Hotel zwecks Beherbergung aufsucht (OLG Bamberg SeuffBl 71, 632; OLG München OLGE 45, 166 f; anders noch die 11. Aufl).

In der Zusendung und Übergabe des Gepäcks durch einen nicht vorangemeldeten Reisenden kommt die Absicht zum Ausdruck, ein Zimmer zu bestellen. Allerdings besteht die Möglichkeit, dass der Gast bei seinem späteren Eintreffen nach Besichtigung auf eine Beherbergung verzichtet. Dies wird jedoch zu einer vorläufigen Aufnahme und damit zur Haftung nach § 701 Abs 2 Nr 2 führen. Nimmt der Gastwirt das Gepäck eines Gastes an, der sich kein Zimmer hat reservieren oder zumindest zeigen lassen, ist darin idR noch nicht der Abschluss eines Beherbergungsvertrages zu sehen. Ein solcher ist jedoch für eine Aufnahme ohne Bedeutung. Erforderlich ist allerdings die Bereitschaft des Wirtes, die Sachen vor Ankunft des Gastes in Obhut zu nehmen (Ganschezian/Fincke 92). Es genügt also nicht das Abstellen des Gepäckes durch den Taxifahrer, wenn der Wirt sich nicht zur Annahme bereit erklärt hat.

45 Bei der Abreise **zurückgelassenes Gepäck** unterliegt entgegen der vor 1966 geltenden Fassung (dazu Staudinger/Nipperdey[11] Rn 28) für eine angemessene Zeit (vgl Rn 40) weiterhin dem § 701, wenn es von dem Wirt oder seinen Leuten in Obhut genommen wird. Dies setzt die Bereitschaft voraus, es auch nach der Abreise in vorläufige Verwahrung zu nehmen. Lässt der Gast einen Gegenstand im Hotel stehen, ohne dass der Wirt davon Kenntnis hat (vom Gast vergessene Sachen) oder erfolgt die Zurücklassung sogar gegen den erklärten Willen des Wirtes, haftet letzterer nicht nach § 701 (BGB-RGRK/Seibert Rn 2; Enneccerus/Lehmann § 173 I 5). Hier greifen die Vorschriften über Auftrag, GoA und Delikt ein.

Zur Gastwirtshaftung bei der Abreise von Reisegruppen LG Frankfurt NJW-RR 1987, 565, 566 und Rn 40.

46 Der **Tod des Gastes** führt wie die Abreise zur Beendigung der Beherbergung. Haftung für die mitgebrachten Sachen besteht unter den obigen Voraussetzungen für einen Zeitraum weiter, in dem die Erben ohne Verzögerung eine Regelung treffen konnten (Ganschezian/Fincke 91, 93).

2. Eigentumsverhältnisse

47 **Sachen des Gastes** (zum Sachbegriff vgl § 90) bedeutet nicht, dass sie in seinem Eigentum stehen müssen (OLG Köln OLGE 24, 400; LG Mosbach JW 1935, 1435), denn das Gesetz spricht nur von Sachen, die der Gast eingebracht hat, nicht aber von solchen, die in seinem Eigentum stehen. Begleiter eines Gastes sind ebenfalls Gäste (vgl Rn 21) und haben einen eigenen Anspruch aus § 701. Sachen der Personen, die den Gastbegriff nicht erfüllen (zB Besucher eines Gastes), unterliegen nicht dem Schutz des § 701. Schäden an deren Sachen können vom Geschädigten wie von dem Gast allein nach den allgemeinen Grundsätzen verlangt werden (vgl auch Rn 21). Geld ist ebenfalls eine Sache, es gilt abgesehen von § 702 Abs 3 keine Sonderregelung (KG OLGE 40, 305).

3. Haftungsausschluss

Nach § 701 Abs 4 ist die **Haftung für bestimmte Gegenstände**, für Fahrzeuge, deren Inhalt und lebende Tiere **ausgeschlossen**. Der Grund für diesen Haftungsausschluss beruht auf der *Beweglichkeit* dieser Sachen und einer erhöhten Diebstahlsgefahr. Zudem sollte der *Gefahr vorgebeugt* werden, Schäden an Kraftfahrzeugen, die bei anderer Gelegenheit entstanden sind, dem Gastwirt anzulasten (BT-Drucks V/147, 4). Aufgrund des allgemeinen Versicherungsschutzes sind insbesondere Fahrzeuge und deren Inhalt idR bereits versichert, so dass ein Schaden des Gastes nicht zu befürchten ist. § 701 Abs 4 ist mit der Neufassung 1966 eingeführt worden und hat die bis dahin bestehende Streitfrage entschieden, ob die in diesem Absatz aufgeführten Sachen dem Schutz der gesetzlichen Gastwirtshaftung unterliegen (vgl BGH NJW 1958, 825; 1969, 789). Für Schäden an Fahrzeugen, deren Inhalt und lebenden Tieren haftet ein Wirt somit nur noch nach den allgemeinen Regeln (BGHZ 63, 333, 337, 338). § 701 Abs 4 stellt den Herbergswirt nicht generell von seiner Verpflichtung frei, für die Beschädigung an den Fahrzeugen einzustehen (OLG Brandenburg VRR 2008, 26). 48

§ 701 Abs 4 kann nicht zu Lasten des Gastwirts abbedungen werden. § 701 stellt eine spezialgesetzliche Ausnahme zu der ansonsten im Gesetz begründeten Verschuldenshaftung dar (OLG Naumburg OLG-NL 2003, 97, 98).

a) Fahrzeuge sind Verkehrsmittel, die der Beförderung von Personen und Gütern dienen und durch menschliche, tierische oder motorische Triebkraft zu Lande, zu Wasser oder in der Luft fortbewegt werden (LG Bückeburg NJW 1970, 1853; Werner JurA 1971, 548). Wenn auch § 701 Abs 4 hauptsächlich im Hinblick auf Kraftfahrzeuge eingeführt wurde, da die Diebstahlsgefahr besonders groß und eine Haftung des Wirtes unzumutbar ist, zeigt der Gesetzeswortlaut eindeutig, dass sich der Haftungsausschluss *nicht auf Kraftfahrzeuge beschränkt* (Werner JurA 1971, 548). Erfasst werden ferner Hubschrauber, Motorboote (LG Bückeburg NJW 1970, 1853), Fahr-, Motorräder, Kutschen und Pferdefuhrwerke. Schlitten, Kinderwagen und Krankenfahrstühle dienen ebenso dem Transport und der Personenbeförderung und werden, sofern sie nicht lediglich als Spielzeug oder Sportgeräte dienen (zB Rodelschlitten, Bob) von dem Haftungsausschluss erfasst (wie hier LG Bückeburg NJW 1970, 1853; Koch VersR 1966, 711; Werner JurA 1971, 548; **aA** Palandt/Sprau Rn 12; Jauernig/Mansel Rn 10; Larenz II 1 § 59, 462 Fn 2; Weimar NJW 1966, 1156). 49

Die Fahrzeugeigenschaft fehlt nicht schon deswegen, weil das Fortbewegungsmittel nicht zur Anreise des Gastes oder nicht als solches benutzt, sondern *lediglich transportiert und untergestellt* wird (LG Bückeburg NJW 1970, 1853; Werner JurA 1971, 548). Daher fallen auch Sport- oder Wasserfahrzeuge (zB Segelflugzeuge, Rennwagen, Motor-, Segel-, Falt- Schlauchboote auf dem Hänger) unter § 701 Abs 4 (LG Bückeburg NJW 1970, 1853; Werner JurA 1971, 548). Eine Beschränkung auf Fahrzeuge, die nur außerhalb des Gastzimmers untergebracht werden, lässt sich dem Gesetzeswortlaut nicht entnehmen (so jedoch Ganschezian/Fincke 98, 99). 50

b) Im Fahrzeug belassen sind Sachen, die sich in oder auf dem Fahrzeug befinden (BT-Drucks V/147, 4; BGB-RGRK/Seibert Rn 6; Erman/vWestphalen Rn 14; Spiegel BB 1966, 387), zB mit speziellen Haltern auf dem Heck bzw Dach befestigte Skier, Gegenstände auf dem aufgeschraubten Kuli, Reservereifen usw. 51

52 **c)** Der Haftungsausschluss beschränkt sich ferner allein auf **lebende Tiere**. Tote Tiere (geschlachtete Tiere, Jagdbeute) werden nicht erfasst.

VI. Schaden an den eingebrachten Sachen

1. Schadensfälle

53 Voraussetzung des Anspruches aus § 701 ist *Verlust, Zerstörung* oder *Beschädigung* der Sachen des Gastes während der Einbringung und ein darauf beruhender Schaden. Das sind alle Nachteile, die auf Verlust, Zerstörung oder Beschädigung beruhen (OLG Frankfurt Recht 1906 Nr 3023).

54 **a) Beschädigung** bedeutet Verletzung der Sachsubstanz durch jede nachteilige Einwirkung, welche die Sache in ihrem ursprünglichen Zustand verändert und dadurch in ihrem Wert mindert (Langen 37 f).

55 **b) Verlust** bedeutet vollständiges Abhandenkommen der Sache oder, dass sie auf absehbare Zeit nicht zurückgewährt werden kann (Brückmann ArchBürgR 23, 322 ff, 33 ff). Auf welche (wenn auch ungeklärte) Weise der Verlust eingetreten ist, ist unerheblich.

56 **c) Zerstörung** ist eine so wesentliche Beschädigung der Sache, dass sie für den bestimmten Zweck völlig unbrauchbar geworden ist. Im Gegensatz zum Verlust ist die materielle Substanz noch vorhanden.

2. Umfang des Ersatzes

57 Der Umfang des dem Gast zu ersetzenden Schadens richtet sich nach §§ 249 ff (OLG Frankfurt Recht 1906 Nr 3023; OLG Köln OLGE 24, 402; OLG Kiel SeuffA 69 Nr 75). Der in der II. Kommission gestellte Antrag, der Schadensberechnung allein den Sachwert zugrunde zu legen, wurde abgelehnt (Prot II 413 ff). Die Schadenshöhe richtet sich nach dem Wert im Zeitpunkt des schädigenden Ereignisses (OLG Dresden OLGE 41, 126; Erman/vWestphalen Rn 13).

58 **a)** Ein **eigener Schaden** des Gastes liegt vor, wenn er an den Sachen Eigentum oder *an fremden Sachen Rechte* hatte (zB Pfandrecht). Erfasst werden auch *Nachteile,* die dem Gast aufgrund des Verlustes, der Beschädigung und Zerstörung fremder Sachen entstehen, so bei einer Haftung gegenüber dem Eigentümer und bei Schäden wegen fehlender Verbrauchs- bzw Gebrauchsmöglichkeit (entgangener Verkaufsgewinn, entgangene Provision, Leihgebühr für Ersatzsache, Nichtbenutzen einer Musterkollektion führt zum Verdienstausfall).

59 **b)** Wer Anspruchsinhaber bei Beschädigung, Verlust oder Zerstörung **dem Gast nicht gehörender Sachen** ist, lässt sich dem Wortlaut des § 701 nicht eindeutig entnehmen. Es wird angenommen, der Eigentümer der Sache, auch wenn er nicht Gast ist, habe den Anspruch (so Wolf, SchR II § 13 J III c). Demgegenüber kann nach überwiegender Ansicht allein der Gast das Interesse des Eigentümers, nicht letzterer selbst den Anspruch aus §§ 701 ff geltend machen (OLG Breslau Recht 1902 Nr 1769; OLG Köln OLGE 24, 400; Esser/Weyers II 1 § 39 III 1), es handelt sich um einen gesetzlich

geregelten Fall der *Drittschadensliquidation* (so RGZ 93, 40; Beuthien in StudK § 701 Anm 2; Erman/vWestphalen Rn 13; Soergel/Bruss Rn 37; MünchKomm/Henssler Rn 27; Esser/Weyers II 1 § 39 III 1; Fikentscher § 87 II 5; Larenz II 1 § 59; Müller DJZ 1906, 167; BGH NJW 1969, 1172; **aA** Hagen, Die Drittschadensliquidation im Wandel der Rechtsprechung [1971] 222 ff; Wolf, SchR II § 13 J Fn 80, der dieses Institut generell ablehnt [SchR I § 4 G I-I f 3 mm], dabei aber übersieht, dass es sich bei § 701 um eine gesetzliche Regelung, nicht um einen durch Richterrecht herausgearbeiteten Anspruch wie bei den sonstigen Fällen der Drittschadensliquidation handelt; näher dazu Schroeter Jura 1997, 343, 348). Letzterer Ansicht ist zuzustimmen, denn § 703 S 1 spricht von dem dem Gast zustehenden Anspruch. Sinn der §§ 701 ff ist es zudem, eine verschärfte Haftung des Wirtes gegenüber dem Gast zu begründen (vgl Vorbem 4 zu §§ 701 ff). Der Eigentümer kann sich an den ihm idR haftenden Gast halten. Will er aus eigenem Recht gegen den Wirt vorgehen, ist er auf §§ 823 ff und somit einen Verschuldensnachweis angewiesen. Die Abtretung des Anspruches aus § 701 von dem Gast an den Eigentümer ist zulässig (OLG Koblenz OLGE 24, 400; OLG Hamm VersR 1956, 179, 180). Der Annahme einer gesetzlich geregelten Drittschadensliquidation kann nicht entgegengehalten werden, nach heutiger Ansicht greife die Drittschadensliquidation nicht ein, wenn ein vertraglicher Anspruch aus einem Vertrag mit Schutzwirkung für Dritte bestehe (vgl BGHZ 49, 350 ff). Die Haftung aus § 701 besteht unabhängig von den vertraglichen Beziehungen. Das genannte Abgrenzungsproblem gilt zudem nur in den Fällen, in denen die Drittschadensliquidation als außergesetzliche Rechtsschöpfung ausfüllend herangezogen werden soll, nicht aber wenn das Gesetz diese Regelung für einen bestimmten Fall getroffen hat.

Die **Geltendmachung des Drittinteresses** ist nicht davon abhängig, dass der Eigentümer den Gast ersatzpflichtig macht (Enneccerus/Lehmann § 173 I 4; Funck NJW 1964, 389 f), denn der Gast macht *fremden, nicht eigenen Schaden* geltend. Der *Verzicht des Eigentümers auf Schadensersatz* gegenüber dem Gast berührt allein das Verhältnis zwischen diesen Personen, nicht aber das des Gastes zum Wirt. Nach den Grundsätzen der Drittschadensliquidation darf die Geltendmachung nicht zur Bereicherung des Liquidierenden führen. Dies schließt einen Anspruch jedoch nur aus, wenn der Geschädigte zur Entlastung des Schädigers auf Ersatz verzichtet. Damit ist der Anspruch des Gastes ausgeschlossen, wenn der Eigentümer mit seinem Verzicht auf Schadensersatz den Wirt begünstigen will. Hierfür müssen aber besondere Anhaltspunkte vorliegen, denn idR ist dem Eigentümer nur der Gast, nicht der Wirt bekannt und nur ersterem gegenüber soll damit der Verzicht Wirkungen zeitigen. 60

c) § 701 erfasst allein den Schaden, der durch Zerstörung, Beschädigung oder Verlust der eingebrachten Sachen entstanden ist, einschließlich der durch die Sachschäden bedingten Folgeschäden (MünchKomm/Henssler Rn 26; **aA** die englische und die französische Fassung der Konvention des Europarats, welche seit 1966 den Ausschluss für Folgeschäden fordern). Ansprüche für *Schäden an noch nicht oder nicht mehr eingebrachten Sachen* des Gastes sowie für *Körperverletzungen* regeln sich nach den allgemeinen Grundsätzen (RGZ 169, 84 ff; vgl auch Vorbem 8 zu §§ 701 ff). 61

3. Schadensverursachung

Schadensverursachung durch den Wirt oder seine Leute braucht *nicht nachgewiesen* zu werden. Die Haftung ist vom Verhalten des Wirtes oder seiner Leute bei Ent- 62 stehung des Schadens unabhängig. Nach § 701 Abs 3 ist lediglich bei einem auf höherer Gewalt, auf der Beschaffenheit der Sache oder auf alleiniger Verursachung durch den Gast, seine Begleiter oder Besucher beruhenden Schaden die *Haftung des Wirtes ausgeschlossen.* Diese Regelung entspricht § 701 Abs 1 2 aF. Im Rahmen der Haftung des Wirtes nach allgemeinen Regeln (vertragliche Zufallshaftung, §§ 823 ff und 848) gilt der Haftungsausschluss des § 701 Abs 3 nicht. Die Haftung entfällt ferner, wenn der Schaden durch die Beschaffenheit der Sache (zB fehlerhafte Verpackung) oder durch höhere Gewalt entstanden ist zB Blitzschlag. Der Begriff der höheren Gewalt entspricht dem in § 1 HaftPflG (Geigel/Bacher 28 Rn 289).

63 **a)** Die zum Haftungsausschluss führende **alleinige Schadensverursachung durch den Gast** selbst, einen *Begleiter* oder eine bei sich *aufgenommene Person* ist von einem Verschulden dieser Personen unabhängig (Mot II 586 ff; OLG Koblenz VersR 1965, 441; Erman/vWestphalen Rn 12).

64 **Begleiter** ist jede mit dem Gast zusammen aufgenommene Person, die zu ersterem gehört, sein Zimmer betreten darf oder Zugang zu seinen eingebrachten Sachen hat. Derartige Begleiter sind aufgrund der Aufnahme durch den Wirt selbst ebenfalls Gäste (vgl Rn 21). Hierzu gehören vornehmlich Familienangehörige, Dienstkräfte, Pflegepersonen, Gesellschafter, Freunde.

65 **Vom Gast** bei sich **aufgenommene Person** ist nur diejenige, die der Gast auf eigene Veranlassung ohne Zutun des Wirtes bei sich empfängt (zB eine vom Gast auf sein Zimmer mitgenommene Dirne, sonstige Besucher des Gastes, vgl Rn 21). Diese Personen sind im Gegensatz zu den Begleitern des Gastes nicht vom Wirt aufgenommen und damit nicht dessen Gäste. Ein vom Wirt aufgenommener Gast, der wegen Überfüllung des Hotels mit Zustimmung eines anderen Gastes mit in dessen Zimmer einquartiert wird, ist vom Wirt, nicht aber vom Gast iS des § 701 Abs 3 aufgenommen (vgl Langen 99 Anm 6).

66 **b)** Der Haftungsausschluss des § 701 Abs 3 besteht nur, wenn der Gast, dessen Begleiter oder ein von ihm Aufgenommener den Schaden **allein verursacht** haben (BGB-RGRK/Seibert Rn 5; Soergel/Bruss Rn 31; Erman/vWestphalen Rn 12). Haben diese Personen lediglich bei der Entstehung des Schadens *mitgewirkt,* so bleibt es bei der Haftung des Wirtes, jedoch findet § 254 Anwendung (Mot II 587; RGZ 75, 386, 393; 169, 84, 95 f Anm Tietze ZAkDR 1942, 317; RG WarnR 1920 Nr 159; 1922 Nr 68; BGHZ 32, 149, 150; KG OLGE 40, 305; OLG Koblenz VersR 1953, 484, 485; 1955, 439, 441; AG Lindau VersR 1955, 335, 336; LG Berlin VersR 1992, 323, 324; Soergel/Bruss Rn 31; Enneccerus/Lehmann § 173 I 6 a).

67 Bei der Frage, ob eine alleinige oder nur eine **Mitverursachung** des Schadens vorliegt, sehen Rspr und Lit eine Mitverursachung des Wirtes bereits als gegeben an, wenn der Gast durch sein Verhalten lediglich die Möglichkeit zur Entstehung eines typisch herbergsbedingten Schadens gegeben hat, dh die *Existenz des Beherbergungsbetriebes als solcher wird als eine den § 701 Abs 3 ausschließende Mitursächlichkeit angesehen* (so RGZ 75, 394; RG JW 1911, 445). So wurde alleinige Schadensverursachung verneint, wenn der Gast dem Dieb die Möglichkeit zur Wegnahme gegeben hat durch Nichtverschließen der Zimmertür oder des Fensters (RGZ 75, 386; OLG Koblenz VersR 1953, 484 mAnm Schmidt VersR 1955, 439; OLG Stettin OLGE 6, 442; AG Hamburg VersR 1958, 696), durch Ablage von Wertsachen (Schmuck, Geld, Pelze) in der Nähe des

Parterre gelegenen offenen Fensters oder der offenen Balkontüre (BGHZ 32, 149; OLG Koblenz VersR 1953, 484). Da es sich um die Frage der Mitverursachung durch den Wirt handelt, muss entgegen dieser allgemeinen Ansicht im *Einzelfall* geprüft werden, inwieweit die vom Gast eröffnete Möglichkeit der Schädigung auf der Besonderheit des Betriebes oder der Einrichtung beruht, auf die der Gast keinen Einfluss hat. Nur in diesen Fällen ist eine Mitverursachung des Wirtes anzunehmen. Ist der Schaden ohne Rücksicht auf die Besonderheiten eines Beherbergungsbetriebes eingetreten und nicht durch Einrichtungen, die allein der Wirt beeinflussen kann, ermöglicht worden, darf dem Wirt bzw dem Herbergsbetrieb kein Einfluss auf den Schadensfall angerechnet werden, denn allein die Existenz eines Herbergsbetriebes kann ebenso wenig wie die einer anderen Sache oder eines anderen Menschen als Verursachungsgrund angesehen werden (Werner JurA 1971, 551). Man wird daher das Nichtverschließen des Fensters und die Ablage von Wertsachen in der Nähe eines offenstehenden Fensters oder einer Balkontüre im Parterrezimmer allein dem Gast anrechnen müssen, wenn ein Dieb diese Gelegenheit ausnutzt. Die Herberge selbst hat in ihrer besonderen Anlage nicht zum Diebstahl geführt. Der Zugang zu unverschlossenen Zimmertüren ist in einer Herberge erleichtert, so dass hier keine alleinige Verursachung durch den Gast iS des § 701 Abs 3 vorliegt (RG DJZ 1922, 385; OLG Stettin OLGE 6, 442 ff; LG Frankfurt MDR 1961, 1013; AG Hamburg VersR 1958, 696), ebenso, wenn aufgrund eines durchgehenden Balkones der Zugang zu geöffneten Balkontüren erst ermöglicht wird. Lässt ein Gast seinen Ring auf dem Waschbecken im Flur oder auf der auch von anderen Gästen benutzbaren Toilette liegen, beruht der Verlust auf der Frequentierung des Hotels, so dass keine Alleinverursachung, sondern lediglich eine Mitverursachung des Gastes gegeben ist (**aA** AG Lindau VersR 1955, 335). Ist es in der Herberge üblich, die Zimmer unverschlossen und die Schlüssel im Schloss zu lassen, kann dem Gast nicht einmal eine Mitverursachung angerechnet werden (RG JW 1924, 1937; AG Türkheim VersR 1959, 173, 174; Seitter 106).

Alleinursächlichkeit ist nach diesen Grundsätzen gegeben, wenn der Gast seine **68**
Sache aus dem Fenster wirft, bei einer Schädigung (Diebstahl) durch einen Friseur des Gastes (Spiegel BB 1966, 387), wenn der Gast rauchend im Bett einschläft und einen Zimmerbrand verursacht. Ferner, wenn der Gast im Hotel anderen Personen (auch Personal der Herberge) die private Benutzung eingebrachter Sachen gestattet (zB Gast überlässt dem Zimmermädchen ein Radio) und dabei der Schaden entsteht, denn mit der Übergabe sind die Sachen aus der Betriebssphäre herausgenommen, der Einwirkungsmöglichkeit des Wirtes entzogen (OLG Köln MDR 1963, 499).

Mitverursachung, damit Ausschluss des § 701 Abs 3 und Anwendung des § 254 ist **69**
gegeben, wenn der Gast vorhandene Verschlussvorrichtungen nicht benutzt (OLG Rostock SeuffA 75, Nr 14; AG Türkheim VersR 1959, 173, 174; Lindemeyer BB 1983, 1504, 1509 mwNw), wenn er bei einem Hotelbrand die mögliche Rettung seiner Sachen unterlässt (RG LZ 1920, 647 = WarnR 1920 Nr 159). Darüber hinaus ist eine Anwendung des § 254 angebracht, wenn der Gast den Wirt nicht auf den besonders hohen Wert eingebrachter Sachen aufmerksam macht und der Wirt es deswegen verabsäumt, zusätzliche Sicherungen vorzunehmen (OLG Köln OLGE 24, 401 ff; RG WarnR 1920 Nr 159), wenn der Gast die Besorgung wertvoller Gepäckstücke vollständig dem Hausdiener überlässt (OLG Kiel SeuffA 69 Nr 75). Gleiches gilt, wenn er hochwertige Gegenstände nicht beim Hotelwirt zur Aufbewahrung (vgl § 702 Abs 3) abgibt (OLG München VersR 1991, 315; OLG Karlsruhe VersR 2006, 369; LG Berlin VersR 1992, 323 f; LG

Koblenz VersR 1988, 142; AG Bamberg NJW-RR 1994, 1137 f; LINDEMEYER BB 1983, 1504, 1508), insbesondere, wenn er sie in einem erkennbar unzureichend gesicherten Hotelzimmer zurückgelassen hat (OLG München VersR 1990, 1245). Dies gilt auch, wenn der Gastwirt mit den aufbewahrten Gegenständen sorglos verfährt, da er zum Ausgleich gem § 702 Abs 2 Nr 2 in voller Höhe haftet (LG München II VersR 1990, 315, 316). Von der Obliegenheit der Aufbewahrung befreit können etwa am Leibe getragene Wertsachen sein (OLG Hamm VersR 1982, 1981; LINDEMEYER aaO), sofern es sich nicht um außergewöhnlich wertvolle Stücke handelt. Allein die Mitnahme von Wertsachen auf Reisen rechtfertigt nicht die Anwendung von § 254 (AG Bamberg NJW-RR 1994, 1137).

70 Kein Vorwurf soll dagegen nach älterer Rspr dem Gast gemacht werden und damit weder Anwendung des § 701 Abs 3 noch des § 254, wenn er unter *Vertrauen auf die Ehrlichkeit des Personals* wertvolle Sachen im unverschlossenen Zimmer offen liegen lässt (RG JW 1923, 177; LZ 1922, 710 ff; LG Wiesbaden VersR 1957, 728), wenn er das Zimmer unverschlossen lässt und dies dem Personal, das kurz danach dort reinigen will, meldet, wenn er seine Kleidung in einer unbewachten Garderobe ablegt, weil im Frühstückszimmer eine Kleiderablage nicht vorhanden ist (OLG Düsseldorf JW 1925, 1019) oder sein Geld nicht dem Wirt zur Aufbewahrung übergibt (KG OLGE 40, 305). Ohne Bedeutung ist bei einem Diebstahl durch das Personal das Nichtverschließen des Zimmers durch den Gast, wenn das Personal selbst einen Schlüssel besitzt (KG OLGE 40, 306).

Es ist generell zu beachten, dass die Anforderungen, die an die im Verkehr erforderliche Sorgfalt des Gastes für die von ihm eingebrachten Sachen zu stellen sind, entsprechend den jeweiligen Zeit- und Ortsverhältnissen und den *Gepflogenheiten der jeweiligen Herberge* sehr verschieden sein können. Mehren sich zB in unsicheren Zeiten die Hoteldiebstähle oder ist der Durchgangsverkehr in der betreffenden Herberge besonders rege, sind die Anforderungen entsprechend höher zu stellen als in ruhigen Zeiten und Herbergen, vgl einerseits RGZ 75, 394; RG WarnR 1922 Nr 68; LG Köln JW 1918, 459; OERTMANN GuR 20, 24 – andererseits OLG München OLGE 20, 226; SeuffBl 75, 259: kein Verschulden des Gastes, der in einem erstklassigen Sanatorium das im dritten Stock gelegene Zimmer nicht verschließt und den Schlüssel stecken lässt; OLGE 22, 333: kein Verschulden des Gastes, der sich entsprechend der Auskunft auf die Vertrauenswürdigkeit des Personals und die bisherige Diebstahlsfreiheit verlässt und sich dementsprechend verhält. Ob Schuhe zum Putzen vor die Tür gestellt werden dürfen oder einem Angestellten übergeben werden müssen, richtet sich nach den Zeitverhältnissen und den Gepflogenheiten der einzelnen Herberge (LG Köln JW 1918, 459; OERTMANN GuR 20, 24).

71 **c)** Ein **Schaden**, der ausschließlich **auf der Beschaffenheit der vom Gast eingebrachten Sache** beruht, liegt vor, wenn er an der und durch die Sache entsteht oder aber an einer Sache durch eine andere des Gastes (Mot II 587). Wird der Schaden durch die Beschaffenheit der von einem anderen Gast eingebrachten Sache verursacht, wird die Haftung des Wirtes nicht ausgeschlossen. Haftungsausschluss nach § 701 Abs 3, wenn der Schaden auf schlechter Verpackung, Krankheit eines Tieres beruht, mitgebrachte verderbliche Ware nicht vorschriftsmäßig gelagert wird, mitgebrachte gefährliche Gegenstände (Sprengstoff, Säuren) den Schaden herbeiführen.

d) Haftungsausschluss, wenn der **Schaden durch höhere Gewalt** verursacht wird, dh durch ein *betriebsfremdes, nicht hotelbedingtes* (von außen auf den Herbergsbetrieb einwirkendes) *Ereignis,* das nicht *voraussehbar* und *abwendbar* war – also auch durch vernünftigerweise zu erwartende Vorsichtsmaßregeln nicht vermieden werden konnte (RG WarnR 1920 Nr 159; OLG Koblenz VersR 1955, 439; SOERGEL/BRUSS Rn 35; LANGEN 79 ff; WERNER JurA 1971, 549; allgemein zum Begriff der höheren Gewalt vgl Erl zu § 203 bei STAUDINGER/JACOBY [2014] und ADAMKIEWICZ Gruchot 59, 577 ff; 63, 411 ff). **72**

Keine höhere Gewalt ist demnach schuldhaftes Verhalten eines Herbergsbediensteten (GEIGEL/BACHER 28 Rn 289). Der Wirt haftet nicht für Schäden aus Raubüberfällen (OLG Kiel Recht 1921 Nr 830), Dammbruch, Krieg, Aufruhr, vorsätzliche Brandstiftung, Lawinen, Wirbelstürme, Hochwasser, Sprengstoffanschläge, Ausschreitungen bei Demonstrationen durch in die Zimmer geworfene Steine (OLG Hamm OLGE 45, 93) oder Farbbeutel (GANSCHEZIAN/FINCKE 96, 97). Selbst das bewaffnete Eindringen der Räuber in die Gastzimmer ist vom Wirt bei größerer Sorgfalt nicht abzuwenden und daher nicht betriebsbezogen (ERMAN/vWESTPHALEN Rn 16; **aA** GANSCHEZIAN/FINCKE 97). Fehlen dem Hotelgebäude die notwendigen Blitzableiter, haftet der Wirt dagegen bei Schäden aus Blitzeinschlag (WEIMAR VersPrax 1974, 24). Im Mangel der Anlage des Hotels liegt auch ein Kurzschluss (wie hier GANSCHEZIAN/FINCKE 97), ebenso wenn sich *wegen fehlender Schutzmaßnahmen* (dazu WEIMAR VersPrax 1974, 22 ff) ein Feuer (auch bei Brandstiftung) schnell ausbreiten kann und den Schaden herbeiführt (GANSCHEZIAN/FINCKE 97; LINDEMEYER BB 1983, 1505; zu weitgehend GEIGEL/BACHER 28 Rn 289, demzufolge Brandstiftung innerhalb des Hotels generell keine höhere Gewalt darstellt). **73**

Die Frage des Haftungsausschlusses durch höhere Gewalt wurde in Rspr und Lit fast ausschließlich im Zusammenhang mit nicht vom Wirt oder dessen Personal begangenen *Diebstählen* behandelt, wobei fast übereinstimmend Diebstähle als typisch für Herbergsbetriebe und damit betriebsbezogen angesehen werden, auf die § 701 Abs 3 keine Anwendung finde, denn dieser besonderen Gefahr solle mit der gesetzlichen Haftung des Wirtes begegnet werden (RG JW 1924, 1388; RGZ 75, 386, 390; OLG Hamm OLGE 40, 306, 307; OLG Koblenz VersR 1953, 484, 485; 1955, 439; OLG Bamberg OLGR 2002, 307; SOERGEL/BRUSS Rn 31; ERMAN/vWESTPHALEN Rn 16; GANSCHEZIAN/FINCKE 97; GEIGEL/BACHER 28 Rn 289; BURKHARDT JurBüro 1966, 633; **aA** WERNER JurA 1971, 549, 550). Dem kann nicht zugestimmt werden, denn die Behauptung, dass Herbergen ein Anziehungspunkt für Straftäter (Diebe, Fassadenkletterer) seien (OLG Koblenz VersR 1955, 439, 440) kann für die heutige Zeit keine Geltung mehr haben. Mit der gesetzlichen Haftung aus § 701 Abs 1 iVm Abs 3 soll der Gast vor den dem Herbergsgewerbe eigentümlichen Gefahren aus der Frequentierung des Gebäudes geschützt werden, das vor allem deswegen, weil allein der Wirt und nicht der Gast die Sicherungen in baulicher und organisatorischer Hinsicht vornehmen und überprüfen kann (OLG Koblenz VersR 1955, 439, 440; SCHMIDT VersR 1955, 440; WERNER JurA 1971, 550). Als dem Haftungsausschluss des § 701 Abs 3 nicht unterliegende betriebsbezogene Schäden können dann aber allein die Schadensfälle angesehen werden, die ihren Grund in dieser *dem Herbergsbetrieb eigentümlichen Gefahr* haben, dh auf der Frequentierung und fehlender Sicherung beruhen (WERNER JurA 1971, 550). Nur Schadensfälle, die nicht auf den Besonderheiten der Herberge beruhen, können als höhere Gewalt angesehen werden. Da der Gastwirt für die Schadensverursachung durch höhere Gewalt die *Beweislast* trägt (OLG Hamburg OLGE 40, 304, 305; vgl auch Rn 78), ist dem Beweisnotstand des Gastes, der zur Rechtfertigung der gesetzlichen Haftung des Herbergswirtes geführt hat (vgl Vorbem 4 **74** zu §§ 701 ff), voll Rechnung getragen. Diebstähle, die von Fassadenkletterern oder bei Einbrüchen aus ebenerdigen Zimmern herrühren, sind daher als höhere Gewalt anzusehen, wenn sie nicht durch spezielle Vorrichtungen oder durch eine leichte Zugänglichkeit der Herberge ermöglicht wurden und ausgeschlossen ist, dass sie von anderen Gästen oder dem Personal begangen worden sind (Werner JurA 1971, 550).

75 Auf höherer Gewalt beruhende Schadensfälle müssen nach der eingangs gegebenen Definition (Rn 72) auf Ereignissen beruhen, die selbst bei *äußerster Sorgfalt* durch den Wirt *nicht abgewendet werden* konnten (Enneccerus/Nipperdey § 219 II). Abwendbarkeit wird von der hM bei Diebstählen ungeprüft unterstellt. Derartige Delikte können aber möglicherweise (was der Wirt zu beweisen hätte) auf Umständen beruhen, die der Wirt nicht abstellen kann, er braucht nämlich seine Vorsichtsmaßregeln nur innerhalb vernünftiger, dh zumutbarer Grenzen zu treffen (Enneccerus/Nipperdey § 219 II). Allerdings beendet die Polizeistunde nicht die Sicherungspflicht des Wirtes (RGZ 103, 263; Planck/Lobe Anm 6d).

76 **4.** Zum **Ausschluss** bzw zur Beschränkung der Haftung **durch vertragliche Vereinbarung** vgl §§ 702, 702a. Über das Erlöschen des Ersatzanspruches durch Unterlassen der Anzeigenerstattung s § 703.

77 **5.** Die **Haftung** des Gastwirtes wird durch die **des Schädigers** nicht berührt. Wirt und Schadensstifter haften dem Gast als Gesamtschuldner, § 421 (Ganschezian/Fincke 86). Ist der Schädiger Angestellter des Wirtes, kann letzterer bei ihm aufgrund des Anstellungsvertrages und nach § 840 Regress nehmen, uU Einschränkung nach den Grundsätzen über die Haftung des Arbeitnehmers bei gefahrgeneigter Arbeit. Bei einem betriebsfremden Schädiger kann der Wirt nach erbrachter Ersatzleistung gem § 255 Abtretung der dem Gast gegen den Schädiger zustehenden Ersatzansprüche verlangen und diese geltend machen (Ganschezian/Fincke 86).

VII. Beweislast

78 Beweislast trägt der Gast für seine Aufnahme, für die Einbringung der Sachen und für den Verlust, die Beschädigung oder Zerstörung während der Dauer der Einbringung, ferner für die Höhe des Schadens als Folge der Beschädigung (Baumgärtel, Handbuch § 701 Rn 1; Erman/vWestphalen Rn 18; Geigel/Bacher 28 Rn 301). Eine Vermutung für die Schädigung im Hotel besteht nicht, insbesondere wenn der Gast die Sachen vorübergehend entfernt hat und nicht nachweisbar ist, dass nicht während der vorübergehenden Entfernung der Schaden eingetreten ist (KG OLGZ 72, 13 = VersR 1971, 571, 572; Baumgärtel, Handbuch § 701 Rn 2). Verschulden oder Verursachung durch den Wirt braucht nicht bewiesen zu werden (KG OLGZ 72, 13; BGB-RGRK/Seibert Rn 3). Die Pflichtverletzung und ein Verschulden muss der Gast nur dann beweisen, wenn er aus § 702 Abs 2 Nr 1 vorgeht (AG Frankfurt ZfS 1992, 188). Dem Wirt obliegt der Nachweis, dass ein die Haftung ausschließender Umstand des § 701 Abs 3 oder Mitverursachung des Gastes vorliegt (Mot II 586; OLG Dresden SächsArch 1912, 33; OLG Hamburg OLGE 40, 304, 305; Langen 75 Anm 8; Baumgärtel, Handbuch § 701 Rn 3).

Bei Schadensersatzansprüchen wegen Verletzung eines Beherbergungs- bzw Gastaufnahmevertrages ist der Gast für den Vertragsschluss, den objektiven Tatbestand einer Vertragsverletzung, die Kausalität zwischen Vertragsverletzung und Schaden sowie die Schadenshöhe beweispflichtig; ein Verschulden des Wirtes wird dann analog § 280 Abs 1 S 1 vermutet.

VIII. Verjährung

Der Anspruch verjährt aus § 701 gem §§ 195, 199 in drei Jahren (Erman/vWestphalen § 703 Rn 4). Ein in der II. Kommission gestellter Antrag, eine einwöchige Verjährungsfrist festzulegen, wurde nicht angenommen (Prot II 410 ff). 79

§ 702
Beschränkung der Haftung; Wertsachen

(1) Der Gastwirt haftet auf Grund des § 701 nur bis zu einem Betrag, der dem Hundertfachen des Beherbergungspreises für einen Tag entspricht, jedoch mindestens bis zu dem Betrag von 600 Euro und höchstens bis zu dem Betrag von 3500 Euro; für Geld, Wertpapiere und Kostbarkeiten tritt an die Stelle von 3500 Euro der Betrag von 800 Euro.

(2) Die Haftung des Gastwirtes ist unbeschränkt,

1. wenn der Verlust, die Zerstörung oder die Beschädigung von ihm oder seinen Leuten verschuldet ist;

2. wenn es sich um eingebrachte Sachen handelt, die er zur Aufbewahrung übernommen oder deren Übernahme zur Aufbewahrung er entgegen der Vorschrift des Absatzes 3 abgelehnt hat.

(3) Der Gastwirt ist verpflichtet, Geld, Wertpapiere, Kostbarkeiten und andere Wertsachen zur Aufbewahrung zu übernehmen, es sei denn, dass sie im Hinblick auf die Größe oder den Rang der Gastwirtschaft von übermäßigem Wert oder Umfang oder dass sie gefährlich sind. Er kann verlangen, dass sie in einem verschlossenen oder versiegelten Behältnis übergeben werden.

Materialien: E I § 627; II § 642; III § 689; Mot II 588; Prot II 404; BT-Drucks V/146, 11; V/147, 4.

Systematische Übersicht

Alphabetische Übersicht

I. Neufassung des Gesetzes

Mit der Neufassung vom 23. 3. 1966 ist die bis dahin allein für Geld, Wertpapiere und Kostbarkeiten bestehende Haftungsbeschränkung auf alle eingebrachten Sachen ausgedehnt worden. Legte § 702 aF lediglich einen Haftungshöchstbetrag von 1000 DM fest, richtet sich die heutige Haftungsgrenze nach dem Beherbergungspreis unter Festlegung einer absoluten Mindest- und Höchstsumme. Gleichzeitig wird in Abs 3 die Aufbewahrungspflicht des Wirtes genauer geregelt. 1

II. Die summenmäßig beschränkte Haftung

Die Schadensersatzpflicht des Wirtes aus § 701 wird bei allen eingebrachten Sachen auf das Hundertfache des Beherbergungspreises begrenzt. *Ohne Rücksicht auf den Beherbergungspreis* besteht eine Mindesthaftung in Höhe von 600 Euro, eine Höchsthaftung in Höhe von 3500 Euro, bei Geld, Wertpapieren, Kostbarkeiten von 800 Euro. Diese Begrenzung wurde in Anlehnung an die auch ansonsten bestehenden Haftungsgrenzen bei Zufallshaftung eingeführt (§§ 9 f HaftpflG, §§ 12 f StVG, § 37 LuftVG), um das Risiko des Wirtes kalkulierbar und versicherbar zu machen (Niessen MDR 1966, 720). 2

1. Berechnungsgrundlage für den gleitenden Höchstbetrag ist der Preis für die Beherbergung eines Tages, dh der Nettopreis ohne Zuschläge für Beköstigung, Service, Trinkgeld usw (BT-Drucks V/147, 4; Erman/vWestphalen Rn 1; Geigel/Bacher 28 Rn 293). Entscheidend ist der Wert des dem einzelnen Gast zur Verfügung gestellten Zimmers. Da Beherbergung mehr beinhaltet als Miete (vgl Vorbem 7 zu §§ 701 ff), sind die Kosten für Heizung und Bedienung einzubeziehen (Burkhardt JurBüro 1966, 632). Im Rahmen der §§ 701 ff kommt es nicht auf den Beherbergungsvertrag an. Ist *kein Zimmerpreis vereinbart,* muss die vom Wirt üblicherweise für die Unterkunft berechnete Summe herangezogen werden. Das Fehlen eines vertraglich vereinbarten Zimmerpreises schließt daher die Anwendung des § 702 nicht aus. 3

Haben *mehrere Personen* in einem Zimmer Aufnahme gefunden, ist allein der auf die den Schaden geltend machende Person entfallende Anteil zugrunde zu legen, nicht der Preis für das gesamte Zimmer (BGHZ 63, 65 = NJW 1974, 1818, 1820).

Insbesondere bei längerer Beherbergung werden dem Gast *Pauschalpreise* für alle Leistungen berechnet. Der Betrag für eine Eintagsbeherbergung kann dann nur durch Offenlegung der Kalkulation (reiner Zimmerpreis plus Gewinn) ermittelt werden. Hierzu ist der Wirt aufgrund der Preisauszeichnungsvorschriften verpflichtet. 4

2. Die **feste Höchstgrenze** von 3500 Euro gilt für Schäden an allen eingebrachten Sachen mit Ausnahme von Geld, Wertpapieren und Kostbarkeiten, für die der Gastwirt nur bis zu einer Höchstgrenze von 800 Euro haftet. Letztere niedrigere Begrenzung ist aus der besonderen Diebstahlsgefahr und der Möglichkeit begründet, einer Schädigung durch Hinterlegung bei dem Wirt gem Abs 3 zu begegnen. 5

a) Geld ist jedes **zugelassene Zahlungsmittel** geltender inländischer und ausländischer Währung (Ganschezian/Fincke 102). 6

7 **b) Wertpapiere** (zum Wertpapierbegriff s Staudinger/Marburger [2015] Vorbem 1 ff zu § 793) sind Papiere, die ein Recht für den Inhaber oder Berechtigten verbriefen. Erfasst werden nicht nur die Wertpapiere im engen Sinne, sondern auch Sparbücher, Reiseschecks, Gepäckaufbewahrungsscheine, Inhaberkarten usw (Ganschezian/Fincke 102; Langen 112; Weimar NJW 1966, 1155; abweichend für Papiere mit schlichter Legitimationsfunktion MünchKomm/Henssler Rn 8).

8 **c) Kostbarkeiten** sind wie in § 372 (der Begriff des Handels- und Frachtrechtes gilt nicht, dazu RGZ 116, 113) nicht nur Gegenstände, deren Stoff besonders wertvoll ist (zB Schmuck), sondern alle Gegenstände, die im Verhältnis zu ihrem Umfang, Gewicht und Gebrauchszweck als besonders wertvoll erscheinen, dh *besonders wertvolle Wertsachen* (RGZ 13, 38; OLG Nürnberg BayZ 1919, 62 ff; AG Frankfurt VersR 1986, 270; vgl auch Erl zu § 372 bei Staudinger/Olzen [2011]). Entscheidend ist die *Verkehrsauffassung* (RGZ 105, 203 ff; RG LZ 1922, 710; OLG Karlsruhe Recht 1921 Nr 1351). Kostbarkeiten sind danach Schmuck, Edelsteine, Edelmetalle, auch soweit sie zu Gebrauchsgegenständen verarbeitet worden sind (OLG Karlsruhe BadRspr 10, 113; AG Frankfurt aaO), Briefmarken, Sammlermünzen, Antiquitäten, wertvolle Bilder. Dagegen sind Kleidungsstücke auch von höherem Wert keine Kostbarkeiten (RGZ 75, 190; 105, 202; OLG München OLGE 45, 167; OLG Dresden SeuffA 76 Nr 51), auch nicht wertvolle Anzüge und Pelze, es sei denn, ihr Wert liegt erheblich über dem durchschnittlicher Ware (RGZ 105, 202; OLG Hamm OLGE 40, 306, 307; VersR 1982, 1081; Ganschezian/Fincke 103; Seitter 106). Eine Geldentwertung hat auf die Einordnung einer Sache als Kostbarkeit keinen Einfluss. Als Maßstab gilt auch für im Ausland erzeugte oder gekaufte Waren der Inlandswert. Wertsachen (vgl Rn 23) gehören nicht zu den Kostbarkeiten, so dass hier Haftung bis zu 3500 Euro besteht.

9 **3.** Im Rahmen der §§ 701 ff kommt es allein auf die Aufnahme, nicht auf den Beherbergungsvertrag an. Dementsprechend haftet der Gastwirt jeder aufgenommenen Person ohne Rücksicht darauf, wer Partei des Beherbergungsvertrages ist. Die **Haftungshöchstgrenze** gilt **für jeden aufgenommenen Gast** soweit er Ansprüche aus § 701 erhebt (BGHZ 63, 65 ff = NJW 1974, 1818; OLG Hamm NJW 1972, 2037; Erman/vWestphalen Rn 1; Planck/Lobe Anm 2; BGB-RGRK/Seibert Rn 3; Palandt/Sprau Rn 4; Langen 114 ff; Weimar VersN 1965, 74; Burkhardt JurBüro 1966, 632; Koch VersR 1966, 712; **aA** Sturm 29; Ganschezian/Fincke 100). Denn jeder Gast ist dem Betriebsrisiko gleichermaßen ausgesetzt (Erman/Westermann Rn 1). Zwar wurde in der II. Kommission eine gegenteilige Ansicht vertreten, ohne Widerspruch zu finden (Prot II 410). Eine solche einschränkende Auslegung findet aber keinen Anhaltspunkt im Wortlaut des Gesetzes (OLG Hamm NJW 1972, 2037), ebenso wenig die Ansicht, die auf die Selbständigkeit oder Unselbständigkeit der Aufnahme abstellt (so Siber 379; Kohler 503; Brückner Recht 1907, 1112; Weimar NJW 1966, 1156). Auch kann der den Beherbergungsvertrag für seine Begleiter abschließende Gast bei der Berechnung der Höchstgrenze nicht den für alle zu zahlenden Beherbergungspreis zugrunde legen, sondern allein den *auf ihn entfallenden Anteil,* wie jeder Begleiter, da er Gast iS des § 701 ist, seinen Anspruch bis zur Höchstgrenze des § 702 geltend machen kann. Schließt ein Familienvater für alle Familienmitglieder, der Vorstand für den gesamten Verein den Beherbergungsvertrag, können diese Personen trotz ihrer alleinigen Zahlungspflicht ebenso wie jedes Familien- bzw Vereinsmitglied den Schadensersatz allein für den aus dem Beherbergungspreis für eine Person zu berechnenden Höchstbetrag beanspruchen. Der Einzelpreis errechnet sich bei gleichwertiger Unterbringung

durch Dividierung des Gesamtpreises durch die Anzahl der Aufgenommenen, bei unterschiedlicher Unterbringung muss der für das einzelne Bett gerechnete Preis herangezogen werden.

Die Beschränkungen des § 702 beziehen sich auf **Schäden an sämtlichen eingebrachten Sachen** des Gastes **während der gesamten Beherbergungszeit**. Der Wirt haftet bis zum Höchstbetrag, auch wenn mehrere Sachen durch mehrere voneinander unabhängige Ereignisse beschädigt werden (MünchKomm/Henssler § 702 Rn 5; Erman/vWestphalen Rn 1; Langen 113 ff). Ganschezian/Fincke (99) wollen die Höchstgrenze auf jeden einzelnen Schadensfall anrechnen, da Dauergäste sonst schlechter als kurzzeitig Beherbergte stehen würden. Dies würde zu einer unzumutbaren Belastung des Wirtes führen. Schließlich können auch bei einem Kurzaufenthalt mehrere Schadensfälle eintreten. Darüber hinaus wird bei mehreren Schadensfällen ein Verschulden des Wirtes vorliegen und damit die unbegrenzte Haftung des Abs 2 Nr 1 eingreifen. Die Anknüpfung an den Beherbergungspreis eines Tages bei Berechnung der Höchsthaftungssumme spricht nicht für die Zusammenfassung der nur an einem Tage eintretenden Schadensfälle (so aber Ganschezian/Fincke 99; Niessen MDR 1966, 721; Buse, Information über Steuer und Wirtschaft [1966] 451), denn dann hätte dies klar im Gesetzestext zum Ausdruck gebracht werden können. Zudem steht die feste Höchst- und Mindesthaftungssumme in keinem Zusammenhang mit dem Tagespreis. Das Abstellen auf den Beherbergungspreis eines Tages und auf feste Mindest- und Höchstgrenzen zeigt, dass es *auf die Anzahl der Schadensfälle und die Dauer der Beherbergung nicht ankommt*. 10

Werden neben Geld, Wertsachen und Kostbarkeiten auch andere Gegenstände betroffen, gilt insgesamt die Höchstsumme von 3500 Euro. allerdings müssen die *Schäden getrennt berechnet* werden. Die Anrechnung des für Geld, Wertsachen und Kostbarkeiten gezahlten Betrages auf die Gesamthaftungssumme erfolgt bis zu der Höchstgrenze von 800 Euro. Ist diese erreicht, muss der Wirt für den restlichen Schaden noch bis zu 2700 Euro einstehen, denn die *Gesamthaftung darf 3500 Euro nicht überschreiten.* Werden zB bei einem Rohrbruch Briefmarken im Wert von 7000 Euro und andere Sachen im Wert von 200 Euro vernichtet, so besteht die Haftung des Wirtes in Höhe von 1000 Euro. Wurden andere Sachen im Wert von 2800 Euro vernichtet, liegt die Haftungsgrenze bei 800 Euro für die Briefmarken, bei 2700 Euro für die anderen Sachen, also Gesamthaftung in Höhe von 3500 Euro. Nicht von der Haftung umfasst sind Gegenstände, die im Zimmersafe aufbewahrt sind (LG Landshut VersR 1997, 1284). 11

Hat der Gast oder einer seiner Begleiter den **Schaden mitverursacht** (vgl § 701 Rn 67 ff), führt dies nicht zu einer entsprechenden Herabsetzung der Haftungshöchstgrenze, sondern zunächst ist die Schadenssumme gem § 254 nach dem Grad der Verursachung herabzusetzen und dann in den von § 702 gesetzten Grenzen zu begleichen (BGHZ 39, 149 = NJW 1960, 1199; BGHZ 63, 65, 73 = NJW 1974, 1818; Soergel/Bruss Rn 9; BGB-RGRK/Seibert Rn 3; Buse, Information für Steuer und Wirtschaft [1966] 451, 452). Siehe dazu LG Gießen NJW-RR 1997, 627; MDR 1997, 357. 12

III. Unbeschränkte Haftung

Ausnahmsweise haftet der Wirt in vollem Umfang nach Maßgabe des § 702 Abs 2: 13

14 **1.** Wenn der Wirt oder seine Leute den Schaden *schuldhaft* (Vorsatz oder jede Art von Fahrlässigkeit, OLG Karlsruhe VersR 2006, 368) verursacht haben. Mitverursachung genügt.

15 **a)** Der Wirt haftet auch für seine Leute, ohne Rücksicht darauf, ob ihn selbst bei der *Auswahl* oder *Beaufsichtigung* ein Verschulden trifft (Mot II 589; RG LZ 1922, 711). § 831 ist nicht anwendbar.

16 **b)** Eine **schuldhafte Schadensverursachung** kann in einer nicht ordnungsgemäßen oder fehlenden Einrichtung bzw Anlage der Herberge liegen, zB fehlende Sicherungen und Überprüfungen, wobei das Verschulden bereits darin liegt, dass der Wirt allgemeine Abnutzungserscheinungen nicht erwägt (unterlassene Überprüfung der Strom- und Wasseranlagen) oder trotz früherer Diebstähle die Sicherungsvorkehrungen (Türschlösser) nicht überprüft (RGZ 75, 392 ff) oder erweitert, ferner in der Aufnahme verdächtiger Personen, die den Schaden herbeiführen (Ganschezian/Fincke 100). Verschulden des Gastwirts liegt vor, wenn er entgegen seiner vertraglichen Fürsorgepflicht nicht auf vorangegangenen Diebstahl hinweist, obwohl er mit Wertsachen des Gastes rechnen muss (OLG München VersR 1990, 1245 gegen LG München II VersR 1990, 315, das dem Gastwirt eine Überlegungsfrist zubilligen will; **aA** OLG Karlsruhe VersR 2006, 368). Ebenso muss der Wirt darauf hinweisen, dass der Tresor lediglich in der Schrankwand verschraubt ist und daher leicht ausgebaut werden kann (OLG Karlsruhe VersR 2006, 368). Hat der Gast die Möglichkeit, besonders wertvolle Gegenstände im Hotelsafe statt im Zimmersafe bzw außerhalb eines solchen im Zimmer zu belassen, hat der Gast den Verlust der Wertsachen allein verschuldet, selbst wenn der Gastwirt den Gast nicht auf die Existenz eines Hotelsafes hinweist, denn es ist allgemein bekannt, dass nahezu jedes Hotel, insbesondere solche der Luxusklasse, über einen zusätzlichen Hotelsafe verfügt (LG Itzehoe VersR 2000, 894; dagegen verlangt OLG Karlsruhe VersR 2006, 369 wohl einen Hinweis auf den zentralen Hotelsafe). Da es allgemein bekannte Tatsache ebenfalls ist; dass es häufig im Bereich von Hotels zu Diebstählen kommt, ist auch bei den Gästen eine besondere Vorsicht bei der Verwahrung von Wertsachen geboten. Auf diese allgemeine Gefahr muss der Gastwirt selbst bei vorhandenen zurückliegenden Einbruchsdiebstählen nicht auf diesen Umstand hinweisen (LG Itzehoe VersR 2000, 894). Der Verlust bzw die Entwendung eines Generalschlüssels lässt dagegen allein noch nicht auf eine Sorgfaltspflichtverletzung schließen (AG Berlin-Charlottenburg VersR 1987, 792). Das gilt auch – sogar in Hotels gehobener Kategorie –, wenn Sachen aus einem unverschlossenen Hotelzimmer entwendet werden und der Gast vom Portier über das Fehlen des Schlüssels informiert war (LG Berlin VersR 1992, 323 f). Die Sicherung von Hotelzimmertüren gegen das Eindringen Unbefugter wird begrenzt durch das Bedürfnis, die Zutrittsmöglichkeit für Hotelbedienstete offenzuhalten. Ein Sicherheitsschloss reicht somit regelmäßig aus (AG Frankfurt VersR 1986, 270); auch ein einfaches Buntbartschloss kann aber genügen (LG München II VersR 1990, 316, 317). Es besteht keine Pflicht des Gastwirtes, die Türen statt mit einfachen Kasten- oder Buntbartschlössern ausschließlich mit Sicherheitsschlössern zu versehen (LG Itzehoe VersR 2000, 894). Insbesondere liegt kein Organisationsverschulden darin, dass zwei Hotelangestellte gleichzeitig über Schlüssel verfügen, die auf mehrere Zimmer passen (LG Baden-Baden r+s 1994, 301; so auch AG München VersR 1999, 584). Selbst wenn der Gast den Schließmechanismus der Zimmertür beanstandet hat, trifft den Gastwirt kein erhöhtes Diebstahlsrisiko, denn in diesem Falle ist der Gast selbst gehalten, in besonderem Maße für eine sichere

Verwahrung von Wertsachen zu sorgen, indem er den Hotelsafe nutzt und die Gegenstände nicht auf seinem Zimmer belässt (LG Itzehoe VersR 2000, 894).

Ein *schuldhaftes Verhalten des Personals* (Diebstahl, Beschädigung beim Service, nachlässige Behandlung der Sachen) steht dem Verhalten des Wirtes gleich. Nicht entscheidend ist, ob sich der Wirt des schuldhaft Handelnden zu einer bestimmten Verrichtung *gegenüber dem betroffenen Gast* bedient (Lindemeyer BB 1983, 1504, 1505 f).

Die *Anforderungen an die Sorgfaltspflicht* des Wirtes und seines Personals richten sich nach dem Rang der Herberge (LG Berlin VersR 1992, 323). So kann in einer Familienpension im Gegensatz zum Großhotel kein geschultes Personal erwartet werden. Entscheidend für die Strenge der Verkehrssicherungspflichten ist die Unfallerwartung im Einzelfall, wobei etwa die Frequentierung und die Zusammensetzung des Publikums eine Rolle spielen kann (BGH MDR 1986, 44, 45). Die schuldhafte Verletzung vertraglich übernommener Verpflichtungen lässt die Haftung in vollem Umfang eintreten (Mot II 589; abweichend Planck/Lobe Anm 3a).

Dem Gastwirt obliegt als **Verkehrssicherungspflicht** insbesondere, das Eigentum des Gastes vor Diebstählen zu schützen (LG Berlin aaO, eingehend Lindemeyer BB 1983, 1504, 1506 f mit vielen Beispielen). Als Betreiber einer Herberge muss der Wirt alle Gefahrenquellen, die eine Schädigung des Gastes herbeiführen können, im Rahmen des Zumutbaren ausschalten (OLG Karlsruhe VersR 2006, 369 mwNw). Die Frage, welche Anforderungen an entsprechende Schutzvorkehrungen zu stellen sind, korrespondiert mit dem Problem, ab wann Diebstähle als höhere Gewalt im Sinne von § 701 Abs 3 (s § 701 Rn 74) anzusehen sind (zu streng insoweit Lindemeyer aaO).

c) Ein **Mitverschulden des Gastes** bei der Entstehung des Schadens schließt die 17
Anwendung des § 702 Abs 2 Nr 1 nicht aus (OLG Karlsruhe VersR 2006, 368), der Wirt haftet unbeschränkt, allerdings ist nach § 254 ein Wegfall oder eine Minderung des Anspruches möglich (Soergel/Bruss Rn 9). Zu Recht bejaht das OLG Karlsruhe VersR 2006, 369 ein Mitverschulden, wenn der Gast Geld und Schmuck von erheblichem Wert nicht in dem zentralen Hotelsafe sondern im Zimmersafe deponiert.

2. Unbeschränkte Haftung des Wirtes besteht weiterhin, wenn der Schaden an 18
eingebrachten Sachen entsteht, die der Wirt **zur Aufbewahrung übernommen** hat, § 702 Abs 2 Nr 2 1. HS, gleichviel ob er einen geeigneten Aufbewahrungsort besitzt oder nicht (Mot II 589; Prot II 407 ff). Diese Haftung beschränkt sich nicht auf die Sachen, für die nach Abs 3 eine Aufbewahrungspflicht besteht, sondern erfasst alle, deren Aufbewahrung der Wirt übernommen hat und für die er nach § 701 haften würde, also nicht Fahrzeuge, deren Inhalt und lebende Tiere.

Ein Vergleich mit §§ 701 Abs 2 Ziff 1, 2 zeigt, dass *Aufbewahrung* mehr erfordert *als* 19
Übernahme der Obhut. Erforderlich ist eine Einigung iS eines Verwahrungsvertrages des § 688, wobei der Gast ohne Mitwirkung des Wirtes keinen Zugang zu seinen Sachen haben darf (Burkhardt JurBüro 1966, 632; Jauernig/Mansel Rn 3; **aA** MünchKomm/Henssler Rn 11: ausreichend Übernahme der tatsächlichen Sorge für Sachen durch den Gastwirt oder seine Leute und Ausschluss des Gastes vor dem Zugriff ohne deren Mitwirkung). Aufbewahrung liegt nicht vor, wenn in einem Vorraum des Gasthofes Schließfächer zur

Aufbewahrung von Gegenständen oder in den Gastzimmern besondere Verschlussmöglichkeiten (Wandtresor, gesichertes Schrankfach) zur Verfügung stehen (RGZ 77, 336; 141, 99).

20 **Übernahme durch die Leute** des Gastwirts ist letzterem nur dann zuzurechnen, wenn diese in entsprechender Anwendung des § 701 Ab 2 S 2 dazu bestellt oder nach den Umständen als dazu bestellt anzusehen sind (vgl § 701 Rn 37 ff). So ist ein Nachtportier für den Gast erkennbar keine Empfangsperson für Geld, Wertsachen oder Kostbarkeiten (RGZ 99, 70, 72; OLG Hamburg LZ 1920, 445).

21 **3.** Bei **Ablehnung der Aufbewahrung**, obwohl eine Verpflichtung hierzu gem Abs 3 vorlag, besteht *unbeschränkte Haftung* des Wirtes. Ein Wirt kann sich damit der unbeschränkten Haftung hinsichtlich Geld, Wertpapiere, Kostbarkeiten und anderer Wertsachen grundsätzlich nur durch Abweisung des Gastes, nicht durch Verweigerung der Aufbewahrung entziehen (Geigel/Bacher 28 Rn 296, Bamberger/Roth/Gehrlein Rn 6).

22 Die Ablehnung kann *ausdrücklich* durch besondere Erklärung gegenüber dem Gast *oder allgemein* (zB durch Anschlag) erfolgen. Es genügt jedwedes Verhalten, aus dem eindeutig die Weigerung zu entnehmen ist, die Sachen in Verwahrung zu nehmen. Bei solch allgemeinen Erklärungen ist der Gast nicht verpflichtet, den Wirt zur Aufbewahrung aufzufordern, um eine ausdrückliche Ablehnungserklärung herbeizuführen. Ebenso wenig braucht er den Wirt auf die Rechtsfolgen seines Verhaltens hinzuweisen.

IV. Die Aufbewahrungspflicht

23 Die Aufbewahrungspflicht (klagbarer Anspruch) aus § 702 Abs 3 bezieht sich nur auf Geld, Wertpapiere, Kostbarkeiten und andere Wertsachen, da es dem Gast aus Risikogründen nicht zugemutet werden kann, diese ungeschützt im Hotelzimmer zu lassen. Die Aufbewahrungspflicht ist das Äquivalent zur beschränkten Haftung (höchstens 800 Euro) für diese Gegenstände. Die Aufbewahrung anderer als der in Abs 3 genannten Sachen steht dem Wirt frei.

24 **1.** Der Gastwirt darf die **Aufbewahrung ablehnen**, soweit ihm diese nach Größe oder Rang des Betriebes, wegen der Beschaffenheit oder des übermäßigen Wertes der Sachen *unzumutbar* ist. Nicht entscheidend ist das Vorhandensein von Aufbewahrungsmöglichkeiten, sondern allein die Art des Betriebes und die Beschaffenheit der zu hinterlegenden Sache. Bei unberechtigter Ablehnung haftet der Wirt gem Abs 2 Nr 2 unbeschränkt.

25 **a)** Zum Begriff der **Wertpapiere, Kostbarkeiten** und des **Geldes** vgl Rn 6 ff. Bei der Aufbewahrung von Wertpapieren sind die Vorschriften des DepotG zu beachten. Andere Wertsachen sind solche, die einen besonderen Wert darstellen. Der Begriff geht über den der Kostbarkeiten insoweit hinaus, als nicht der Wert im Verhältnis zum Umfang und Gewicht, sondern ohne Rücksicht hierauf der Wert nach den Anschauungen der Verkehrsauffassung hoch erscheint. Als andere Wertsachen iS des § 702 Abs 3 gelten zB Pelze.

b) Den Wirt trifft die seinem *Hotel entsprechende* Aufbewahrungspflicht. Jeder Gast kann nur eine dem Rang und der Größe der Herberge entsprechende Aufbewahrungsmöglichkeit und eine dementsprechende Haftung des Wirtes erwarten. Rang und Größe eines Hotels begründen den Preis. Was dem einzelnen Wirt zumutbar ist, entscheidet wiederum die Verkehrsanschauung (OLG Bamberg OLGR 2002, 307 f). Ein Safe ist in Hotels mittlerer Klasse, nicht aber bei Privatpensionen zu erwarten, eine Stahlkammer dagegen nur in erstklassigen Großhotels. 26

c) Bei **Sachen von übermäßigem Wert** wäre das Haftungsrisiko des Wirtes zu hoch. Zudem kann von einem Wirt allein die sichere Aufbewahrung der Sachen erwartet werden, die von ihrer Größe her in die dem Hotel entsprechenden Aufbewahrungsräume passen. Ein Wirt braucht keine unverhältnismäßig hohen Kosten für gelegentliche Unterbringung sperriger Wertsachen aufzubringen. Ebenso darf er die Verwahrung solcher Gegenstände ablehnen, von denen eine Gefahr, nämlich die Möglichkeit der Schädigung an Leben und Besitz des Wirtes und seiner Gäste ausgeht. Die Entscheidung, ob der Wirt die Aufbewahrung wegen der Beschaffenheit der Sache ablehnen darf, ist im Einzelfall zu treffen. 27

2. Um sich die Überprüfung (Nachzählen des Geldes) der zur Aufbewahrung übergebenen Sachen zu ersparen, kann der Wirt gem Abs 3 S 2 die Übergabe im **verschlossenen oder versiegelten Behältnis** verlangen. Auf diese Weise vermag sich der Wirt gegen die Behauptung des Gastes zu schützen, die übergebenen Sachen seien nicht mehr vollständig oder unbeschädigt vorhanden (Ganschezian/Fincke 104). Kommt der Gast dem Verlangen nicht nach, ist der Wirt berechtigt, die Aufbewahrung abzulehnen. 28

3. *Lehnt* der Wirt die *Aufbewahrung zu Recht ab,* haftet er in den von Abs 1 gesetzten Höchstgrenzen, lehnt er sie unberechtigt ab, haftet er gem Abs 2 Nr 2 unbeschränkt (Erman/vWestphalen Rn 4). 29

V. Die Beweislast trägt der Wirt hinsichtlich Begrenzung der Haftung (Berechnungsgrundlagen) und hinsichtlich der Gründe für die Ablehnung der Aufbewahrung (Baumgärtel, Handbuch § 702 Rn 1, 3). Der Gast muss die Voraussetzungen des Abs 2, dh die Unbeschränkbarkeit der Haftung beweisen (OLG Bamberg OLGR 2002, 307; OLG Karlsruhe VersR 2006, 368; LG Berlin VersR 1987, 189; 95, 466; Erman/vWestphalen Rn 3; Niessen MDR 1966, 721). § 280 Abs 1 S 2 findet keine Anwendung (**aA** Hohloch JuS 84, 357, 361 f mit Fn 84 aufgrund seiner Einordnung der Gastwirtshaftung als einer cic-ähnlichen Haftung). Behauptet der Gast zB, dass der Gastwirt die Zimmerschlüssel nicht ausreichend unter Kontrolle hat, muss er beweisen, dass sich der Einbrecher eines solchen ordnungsgemäßen Schlüssels bedient hat. Der Verweis auf fehlende Einbruchsspuren an Fenstern und Türen reicht für einen prima facie-Beweis nicht aus, da die Tür etwa mit einem Dietrich oder einem Nachschlüssel geöffnet sein kann, den sich ein früherer Gast hat anfertigen lassen (OLG München VersR 1991, 315; AG Westerstede VersR 1994, 990 f; OLG Bamberg OLGR 2002, 307 f). 30

VI. Eine **entsprechende Anwendung** des § 702 auf nichteingebrachte Sachen des Gastes ist im Hinblick auf den Ausnahmecharakter der Vorschrift und wegen ihres Zusammenhanges mit § 701 unzulässig (OLG Hamburg JW 1916, 1142 ff). 31

§ 702a
Erlass der Haftung

(1) Die Haftung des Gastwirts kann im Voraus nur erlassen werden, soweit sie den nach § 702 Abs. 1 maßgeblichen Höchstbetrag übersteigt. Auch insoweit kann sie nicht erlassen werden für den Fall, dass der Verlust, die Zerstörung oder die Beschädigung von dem Gastwirt oder von Leuten des Gastwirts vorsätzlich oder grob fahrlässig verursacht wird oder dass es sich um Sachen handelt, deren Übernahme zur Aufbewahrung der Gastwirt entgegen der Vorschrift des § 702 Abs. 3 abgelehnt hat.

(2) Der Erlass ist nur wirksam, wenn die Erklärung des Gastes schriftlich erteilt ist und wenn sie keine anderen Bestimmungen enthält.

Materialien: BT-Drucks V/146, 12; V/147, 5.

1 **I.** § 702a ist eingefügt durch Gesetz vom 24. 3. 1966 (vgl Vorbem 1 zu §§ 701 ff). Damit ist die vordem bestehende Möglichkeit vertraglicher Abbedingung oder Beschränkung der Haftung durch ein *grundsätzliches Verbot im Voraus erklärter Haftungsbeschränkung oder Haftungsfreizeichnung* ersetzt worden. Die Gastwirtshaftung ist nunmehr *grundsätzlich unabdingbar* (Herzog 118).

2 Durch eine **vor dem Schadensfall getätigte Erklärung** des Gastes kann auf einen Schadensersatz innerhalb der von § 702 Abs 1 festgelegten Höchstgrenzen weder ganz noch teilweise verzichtet werden. Bezüglich der Berechnungsgrundlagen, aus denen sich ergibt, dass die Freizeichnung nur den über den Höchstbetrag hinausgehenden Bereich erfasst, ist der Wirt beweispflichtig (Baumgärtel, Handbuch § 702a Rn 1).

3 **1.** Möglich ist eine **Haftungsbeschränkung** auf die von § 702 Abs 1 gesetzten Grenzen durch Vereinbarung der Parteien nur für die Fälle, in denen der Gastwirt *gem § 702 Abs 2 unbeschränkt haftet* (Erman/vWestphalen Rn 1), so bei Sachschaden aufgrund lediglich leicht fahrlässigen Verhaltens (insoweit wird § 276 Abs 2 eingeschränkt) des Wirtes oder seiner Leute (§ 702 Abs 2 Nr 1) oder bei Aufbewahrung der Sachen durch den Wirt (§ 702 Abs 2 Nr 2). Für einen Schaden, den der Wirt oder seine Leute vorsätzlich oder grob fahrlässig herbeigeführt haben oder der an Sachen entstanden ist, deren Verwahrung der Wirt entgegen seiner Verpflichtung des § 702 Abs 3 abgelehnt hat, kann eine Haftungsbeschränkung dagegen nicht wirksam vereinbart werden. Das Vorliegen eines Falles des § 702a Abs 1 S 2 ist vom Gast zu beweisen (Baumgärtel, Handbuch § 702a Rn 1 aE). Ebenso wenig kann eine Abbedingung der Haftung durch Abänderung der vom Gesetz festgelegten Haftungstatbestände (Einbringung, Aufnahme, Sachen des Gastes) herbeigeführt werden (Ganschezian/Fincke 105).

4 **2.** Keinen Haftungsverzicht enthält der vom Gast anerkannte Hinweis, dass der Wirt für Schäden an Sachen, die dem Personal zur Aufbewahrung übergeben oder vom Gast an bestimmten Orten abgestellt wurden, nicht hafte. Mit dieser Erklärung – unabhängig von einer eventuellen Benennung als „Haftungsausschluss" – soll

lediglich die *Zuständigkeit für die Entgegennahme der Sachen* (vgl § 701 Rn 34 ff) festgelegt werden (RG JW 1925, 473 mAnm OERTMANN; LG Wiesbaden NJW 1955, 465; GANSCHEZIAN/FINCKE 104; MünchKomm/HENSSLER Rn 3).

3. Sittenwidrig wegen Ausnutzung einer Monopolstellung (§ 138) ist ein an sich zulässiger Erlassvertrag, der dadurch herbeigeführt worden ist, dass die einzige Herberge der Gegend nur Gäste aufnimmt, welche die Verzichtserklärung abgeben oder aber alle Hotels einer Gegend vereinbarungsgemäß Gäste nur unter dieser Bedingung aufnehmen (OLG Düsseldorf JW 1925, 1019; 1931, 1977; ENNECCERUS/LEHMANN § 173 II; SIBER 378 f; GANSCHEZIAN/FINCKE 105; vgl auch MünchKomm/HENSSLER Rn 5, der eine Analogie aus § 20 GWB iVm § 134 vorsieht). In diesen Fällen ist die Privatautonomie, in deren Rahmen der Gast die Erklärung abgibt, nicht mehr gewährleistet. Gerechtfertigt und zulässig wäre das Verhalten des Wirtes, wenn er den Gast durch den Abschluss einer Versicherung anderweitig schadlos hält (ENNECCERUS/LEHMANN § 173 II). 5

II. Zu seiner **Gültigkeit** bedarf der im Voraus vom Gast erklärte Erlass gem Abs 2 der *Schriftform* (vgl §§ 125, 126) und darf außer der Erlasserklärung *keine anderen Bestimmungen* enthalten. Dadurch soll garantiert werden, dass der Gast den Inhalt seiner Erklärung überblickt. Der Haftungsverzicht kann nicht, durch ansonsten unverfängliche Vertragsbedingungen versteckt, zu einer achtlosen Anerkennung durch den Gast führen (ERMAN/vWESTPHALEN Rn 2, 4; GANSCHEZIAN/FINCKE 104). Aus diesem Grund muss die Erklärung dem Gast verständlich und leicht lesbar abgefasst sein (ERMAN/vWESTPHALEN Rn 4). Für Ausländer muss er in einer diesen geläufigen Sprache geschrieben sein (BGB-RGRK/SEIBERT Rn 3). Mit dem Erfordernis einer schriftlichen Erklärung durch den Gast ist es dem Wirt (entsprechend § 701 Abs 3 aF) nicht möglich, seine Haftungsbeschränkung durch einen Anschlag oder Aushang im Hotel, über Anmeldeformulare oder seine Geschäftsbedingungen – unabhängig von den Voraussetzungen des § 305 – herbeizuführen. Damit hat auch der frühere Streit um die Gültigkeit des Hotelrevers seine Bedeutung verloren (vgl STAUDINGER/NIPPERDEY[11] § 701 Rn 39). 6

III. § 702a erfasst nur einen **im Voraus** von dem Gast erklärten Haftungsverzicht und lediglich soweit die Ansprüche des § 701 betroffen sein sollen, nicht einen nach Schadenseintritt in dessen Kenntnis erklärten *Verzicht.* Ebenso wenig findet § 702a auf Haftungserlass hinsichtlich der Ansprüche aus allgemeinen Grundsätzen Anwendung. Es gelten die diesbezüglichen Regeln (§ 276 Abs 3). Ob ein vom Gast erklärter Haftungsverzicht sich allein auf die Ansprüche aus der verschärften Haftung nach § 701 oder auch auf die allgemeine Verschuldenshaftung aus Vertrag und unerlaubter Handlung bezieht, ist der jeweiligen Erlasserklärung zu entnehmen (Auslegung). Für einen so weitgehenden Verzicht müssen klare und zweifelsfreie Anhaltspunkte gegeben sein (OLG Kiel OLGE 45, 166; OLG München OLGE 45, 168). 7

§ 703
Erlöschen des Schadensersatzanspruchs

Der dem Gast auf Grund der §§ 701, 702 zustehende Anspruch erlischt, wenn nicht der Gast unverzüglich, nachdem er von dem Verlust, der Zerstörung oder der Beschädigung Kenntnis erlangt hat, dem Gastwirt Anzeige macht. Dies gilt nicht, wenn die Sachen von dem Gastwirt zur Aufbewahrung übernommen waren oder wenn der Verlust, die Zerstörung oder die Beschädigung von ihm oder seinen Leuten verschuldet ist.

Materialien: E II § 643; III § 690; Prot II 410; BT-Drucks V/146, 12; V/147, 5.

1 **I.** Gegenüber der aF hat § 703 nF insoweit eine Änderung erfahren, als in S 2 nunmehr neben der Aufbewahrung auch eine vom Wirt oder seinen Leuten verschuldete Schädigung ein *Erlöschen des Anspruches* gem S 1 *verhindert.* § 703 aF, der von der II. Kommission eingefügt wurde, sollte den Wirt vor einer späteren Inanspruchnahme schützen, da es ihm dann kaum mehr möglich sei, Schadensvorgang und Schadenshöhe zu überprüfen, Gründe für seine Entlastung iS des § 701 Abs 3 darzulegen, gegen den wahren Schädiger vorzugehen (zB Feststellung des Diebes, Entlassung des Personals) oder gar Regressansprüche durchzusetzen (Prot II 410 ff; OLG Dresden SeuffA 75 Nr 184). Der Gast muss daher zur Erhaltung seiner Ansprüche aus §§ 701 ff **unverzüglich**, dh ohne schuldhaftes Zögern (vgl § 121), nach Kenntnis des Schadens dem Gastwirt Anzeige erstatten. Geschieht dies nicht, sind Ersatzansprüche ausgeschlossen (Geigel/Bacher 28 Rn 290). Diese *Anzeigepflicht* zur Erhaltung seiner Ansprüche ist das Korrelat für die aus Gründen der Beweisnot des Gastes eingeführte Zufallshaftung des Wirtes (BGB-RGRK/Seibert Rn 1). §§ 701 ff berücksichtigen damit die Beweisnot aller Beteiligten.

2 **1.** Die **Anzeige** ist eine formlose (Geigel/Bacher 28 Rn 291) einseitige empfangsbedürftige Mitteilung (geschäftsähnliche Handlung), deren Zugang unter Abwesenden nach § 130 zu beurteilen ist. Sie bedarf als lediglich rechtlich vorteilhaft weder der vollen Geschäftsfähigkeit des Gastes (§ 107) noch einer Form und muss den entstandenen Schaden und die geltend gemachte Schadenshöhe konkret angeben, wobei allerdings pauschale Angaben bei Sachgesamtheiten genügen, wie zB Verlust eines Koffers mit Inhalt. Nur unter diesen Voraussetzungen ist die Überprüfung des Vorganges und der Schadenshöhe möglich (Palandt/Sprau Rn 1; **aA** OLG Dresden SeuffA 75 Nr 154; Staudinger/Nipperdey[11] Rn 2).

3 Die **Anzeige gegenüber einer anderen Person** als dem Wirt selbst genügt nur, wenn es sich um den gesetzlichen oder bevollmächtigten Vertreter des Wirtes handelt oder die Mitteilung rechtzeitig an den Wirt weitergeleitet wird (OLG Stettin OLGE 4, 442 ff; Planck/Lobe Anm 1; Soergel/Bruss Rn 4; Langen 122 ff; Ganschezian/Fincke 105). Als bevollmächtigte Vertreter gelten zB Oberkellner (OLG Stettin OLGE 4, 442), Geschäftsführer, Personal in der Rezeption (Soergel/Bruss Rn 4; Ganschezian/Fincke 105), nicht dagegen der Portier (RG WarnR 1920 Nr 159; OLG Hamburg LZ 1920, 647; Brückner Recht 1907, 1107). Maßgebend für die Rechtzeitigkeit ist der Zeitpunkt,

zu dem der Gast den Schaden erkennt. Einer Überlegungsfrist bedarf es nicht (MünchKomm/Henssler § 703 Rn 4; **aA** Hohloch JuS 1984, 357, 361). Bei *nicht rechtzeitig* an den Wirt gelangter Mitteilung ist Anspruch aus § 701 verwirkt.

2. a) Ausnahmsweise bedarf es zur Erhaltung des Anspruches gem § 703 S 2 **keiner Anzeige**, wenn die Sachen, an denen der Schaden eingetreten ist, dem Wirt selbst oder seinem Vertreter zur Aufbewahrung übergeben worden sind (§ 702 Abs 2 Nr 2). Diese Personen sind dann auch nach geraumer Zeit in der Lage, die Angaben des Gastes auf ihre Richtigkeit hin zu überprüfen (Prot II 411). Eine Übergabe an die Leute des Wirtes (vgl § 701 Rn 36) erübrigt die Anzeige nicht (Brückner Recht 1907, 1113; **aA** Langen 121 Anm 26), denn auch die Überprüfung des Verhaltens des Personals soll durch die unverzügliche Anzeige ermöglicht werden (vgl Rn 1). Die Ablehnung einer Aufbewahrung steht hier im Gegensatz zu § 702 Abs 2 Nr 2 der Übernahme gleich. 4

b) Durch die Neuregelung von 1966 (vgl Vorbem 1 zu §§ 701 ff) bedarf es auch bei einem vom Wirt oder seinen Leuten **verschuldeten Schaden** (§ 702 Nr 1) keiner Anzeige. Ein entsprechender Beschluss war bereits in der II. Kommission gefasst, aber bei der Revision wieder gestrichen worden, da es der Billigkeit entspreche, die Anzeigepflicht auch in diesen Fällen aufzuerlegen (Prot VI 194). Ein Verzicht auf die Anzeige ist aber gerechtfertigt, weil der Gast das Verschulden des Wirtes bzw seiner Leute nachzuweisen hat (vgl Rn 6), die von § 703 berücksichtigte Beweisnot des Wirtes damit nicht besteht. Verschulden erfasst Vorsatz und jede Form der Fahrlässigkeit. Zudem erstreckt sich die Verwirkung des § 703 (auch in der aF) nicht auf die Ansprüche wegen Verschuldens des Wirtes selbst oder seiner Leute aus Vertrag bzw aus unerlaubter Handlung. Die Erweiterung des § 703 führt damit im Wesentlichen lediglich zu einer Gleichbehandlung der Ansprüche aus Zufalls- und Verschuldenshaftung (BT Drucks V/147, 5). 5

II. Der Wirt trägt die **Beweislast** hinsichtlich des Erlöschens des Anspruches, dh dass und wann der Gast Kenntnis von dem Schaden (Enneccerus/Lehmann § 173 IV; Baumgärtel, Handbuch § 703 Rn 1; Bamberger/Roth/Gehrlein Rn 2) erlangt hat und dass die Anzeige nicht oder nicht unverzüglich erstattet worden ist (Prot II 411), denn es handelt sich um einen Erlöschensgrund bei einem an sich bestehenden Anspruch (Soergel/Bruss Rn 9; MünchKomm/Henssler Rn 7; Baumgärtel, Handbuch § 703 Rn 1; BGB-RGRK/Seibert Rn 1; Langen 123; Burkhardt JurBüro 1966, 634). Der Gast muss beweisen, dass Anzeige wegen Übergabe der Sache an Wirt oder wegen dessen Verschulden bzw das seiner Leute nicht erforderlich war (Baumgärtel, Handbuch § 703 Rn 2). Nach Erman/vWestphalen (Rn 3) muss der Wirt den Zeitpunkt der Kenntnis des Gastes, der Gast die Unverzüglichkeit seiner Anzeige beweisen. 6

III. § 703 erfasst allein die Ansprüche des Gastes aus §§ 701 ff. Die *aus anderen Rechtsgründen* (Vertrag, §§ 823 ff) bestehenden Rechte werden durch Unterlassen der Anzeige nicht berührt (Erman/vWestphalen Rn 2). 7

IV. Über *Verjährung* der Ansprüche aus §§ 701 ff vgl § 701 Rn 79. 8

§ 704
Pfandrecht des Gastwirts

Der Gastwirt hat für seine Forderungen für Wohnung und andere dem Gast zur Befriedigung seiner Bedürfnisse gewährte Leistungen, mit Einschluss der Auslagen, ein Pfandrecht an den eingebrachten Sachen des Gastes. Die für das Pfandrecht des Vermieters geltenden Vorschriften des § 562 Abs. 1 Satz 2 und der §§ 562a bis 562d finden entsprechende Anwendung.

Materialien: E I § 628; II § 644; III § 691; Mot II 590; Prot II 411.

I. Pfandgläubiger

1 § 704 ist durch Gesetz vom 24. 3. 1966 nicht geändert worden (vgl Vorbem 1 zu §§ 701 ff). Zur Rechtslage vor Einführung des BGB vgl STAUDINGER/NIPPERDEY[11] Rn 1. Mit § 704 wird dem Wirt als Ausgleich für die verschärfte Haftung (abweichend MünchKomm/HENSSLER Rn 1) ein *über das Vermieterpfandrecht hinausgehendes Pfandrecht* an Sachen des Gastes gewährt.

2 Pfandgläubiger können allein Gastwirte iS des § 701 sein (vgl § 701 Rn 2), dh diejenigen, die gewerbsmäßig Fremde zur Beherbergung aufnehmen (SOERGEL/BRUSS Rn 2). Dies ergibt sich aus der Einordnung des § 704 in die Haftung des Herbergswirtes. Ein wirksamer Beherbergungsvertrag ist wie bei § 701 nicht erforderlich. *Ansprüche der Leute des Wirtes* gegen einen Gast sind nicht durch ein Pfandrecht gesichert. Neben dem gesetzlichen Pfandrecht aus § 704 steht dem Wirt aufgrund des Beherbergungsvertrages kein Vermieterpfandrecht aus § 562 zu (PALANDT/SPRAU Rn 1; ERMAN/vWESTPHALEN Rn 4; OERTMANN Anm 4; SIBER 12 ff; SCHWERDTNER Jura 1988, 251, 257), denn Beherbergung ist keine Miete iS der §§ 535 ff (vgl Vorbem 7 zu §§ 701 ff).

II. Gegenstand des Pfandrechtes

3 Gegenstand des Pfandrechtes sind die eingebrachten pfändbaren Sachen des Gastes. Entsprechend der gesetzlichen Formulierung unterliegen nicht alle eingebrachten Sachen dem Pfandrecht, sondern allein die im *Eigentum des Gastes* stehenden (RG Recht 1916 Nr 1707; SOERGEL/BRUSS Rn 4; ERMAN/vWESTPHALEN Rn 1; JAUERNIG/MANSEL Rn 1; OERTMANN Anm 2; PLANCK/LOBE Anm 2; LARENZ II 1 § 59; LANGEN 130 ff; STURM 31; ENNECCERUS/LEHMANN § 174; **aA** ohne hinlängliche Begründung SCHERER DJZ 1900, 203 N 1). Die Beweislast für das Eigentum des Gastes trägt der Wirt, wobei er sich zwar nicht auf § 1006 stützen kann, dafür aber ggf auf den ersten Anschein, wenn der Gast die Sache wie eine eigene benutzt (BAUMGÄRTEL, Handbuch § 704 Rn 1).

4 Die der **Begleitung des Gastes** gehörenden Sachen unterliegen dem Pfandrecht nur insoweit, als diese Personen ebenfalls Gäste iS des § 701 sind (vgl § 701 Rn 21) und der Wirt Forderungen gegen sie iS des § 704 hat (LANGEN 128 Anm 7; SCHWERDTNER Jura 1988, 251, 257 **aA** SEITTER 109 jedoch ohne Begründung; noch enger WEIMAR ZMR 1980, 68 f, demzufolge das Pfandrecht nur an Sachen der Vertragsschuldner besteht. Dem kann jedoch nicht gefolgt werden,

da § 701 eine vom Beherbergungsvertrag unabhängige Haftung begründet, vgl Vorbem 5 ff zu §§ 701).

Das **Anwartschaftsrecht** des Gastes auf Erwerb des Eigentums an von ihm eingebrachten Sachen ist wie das Eigentum selbst zu behandeln und unterliegt damit ebenfalls dem Pfandrecht (Erman/vWestphalen Rn 3; MünchKomm/Henssler Rn 4; so zu § 559 aF auch BGH NJW 1965, 1475). Mit Erwerb des Vollrechts erstarkt es zum Pfandrecht an der Sache selbst, das im Range zwischenzeitlich begründeten Pfändungspfandrechten vorgeht (Erman/vWestphalen Rn 3). 5

III. Gesicherte Forderung

Durch das Pfandrecht gesicherte Forderungen des Wirtes gegen den Gast sind zunächst die aus dem *Beherbergungsvertrag,* dh nicht allein die aus Überlassung der Räume (insoweit würde bereits § 562 als Schutznorm genügt haben), sondern ferner alle, die auf Leistungen beruhen, die dem Gast zur Befriedigung seiner Bedürfnisse gewährt worden sind (zB Verabreichung von Speisen und Getränken). 6

1. Bei *ungültigem Vertrag* sind die Ansprüche aus ungerechtfertigter Bereicherung gesichert (Palandt/Sprau Rn 1). Darüber hinaus besteht das Pfandrecht zu Gunsten der Ersatzansprüche des Wirtes für getätigte Auslagen (Telefongebühren, Fahrkosten usw). Dass die gewährten Leistungen ein wirkliches Bedürfnis des Gastes befriedigt haben, ist nicht erforderlich. Gesichert sind ebenfalls *Ersatzansprüche* des Wirtes wegen Beschädigung der dem Gast zur Verfügung gestellten Räume und Gegenstände. Soweit ein Gast für Forderungen des Wirtes gegen seine Begleitung einstehen muss (zB §§ 278, 831), haftet er dinglich mit seinen eingebrachten Sachen. Ein Pfandrecht an den Sachen des Begleiters, der nicht selbst Gast ist, entsteht dann ebenso wenig wie bei Ansprüchen aus ungerechtfertigter Bereicherung (Erman/vWestphalen Rn 4). 7

2. Nicht von § 704 erfasst ist – da keine Auslage – der *Rückzahlungsanspruch* des Wirtes wegen eines dem Gast gewährten Darlehens (Erman/vWestphalen Rn 1). 8

3. § 562 Abs 2 ist nicht entsprechend anwendbar (Langen 125 Anm 2; Siber 13 zu § 559 Satz 2 aF). 9

4. Bei *Abtretung der Forderung* geht das Pfandrecht aufgrund strenger Akzessorietät gem § 1250 mit auf den Erwerber über. 10

IV. Inhalt und Rechtsnatur des Pfandrechts

1. Das Pfandrecht des Herbergswirtes aus § 704 ist wie das des Vermieters nach § 562 ein besitzloses *gesetzliches Pfandrecht* (E II § 628; Mot II 590; ZG II 276, 342). Darauf finden gem § 1257 die allgemeinen Grundsätze über das durch Rechtsgeschäft bestellte Pfandrecht (§§ 1204 ff) entsprechende Anwendung. Unanwendbar sind jedoch die Vorschriften über die Entstehung des Vertragspfandrechtes (insbes nicht § 1207). Ein gutgläubiger Erwerb des Pfandrechtes an den dem Gast nicht gehörenden Sachen findet nicht statt. Der gutgläubige Erwerb knüpft an den unmittelbaren Besitzerwerb des Pfandgläubigers an, der Gastwirt muss aber keinen Besitz erlangen (Vieweg/A Werner § 10 Rn 32; vgl Rn 14). 11

12 **2.** Abweichend von den allgemeinen Grundsätzen finden aufgrund der Verweisung des § 704 S 2 die für das Pfandrecht des Vermieters geltenden Vorschriften der §§ 562 Abs 1 S 2, 562a–562d entsprechende Anwendung.

13 **a)** An den *der Pfändung nicht unterworfenen Sachen und Tieren* (§§ 811, 811c Abs 1 ZPO) kann das Pfandrecht nicht entstehen, vgl § 562 Abs 1 S 2 analog (Bechtloff ZIP 1996, 994).

14 **b)** Das **Pfandrecht** entsteht mit der *Einbringung der Sachen* in den räumlichen Herrschaftsbereich des Pfandgläubigers, sog Einbringungspfandrecht (Vieweg/A Werner § 10 Rn 31). Besitz des Pfandgläubigers wird nicht an den eingebrachten Sachen begründet. Das Pfandrecht erlischt entsprechend § 562a (Enneccerus/Lehmann § 174). Die Mitnahme des gesamten Gepäckes beim Auszug des Gastes kann damit nur bei entsprechender Kenntnis des Wirtes zum Erlöschen des Pfandrechtes führen (im Ergebnis auch Planck/Lobe Anm 4; Oertmann Anm 1). Der von dem Wirt gegen die Entfernung des gesamten Gepäckes erhobene Widerspruch ist wirksam, obwohl das Verlassen des Hotels den „gewöhnlichen Lebensverhältnissen" entspricht. Da Aufenthalte in Herbergen idR kurz befristet sind, würde das Pfandrecht völlig entwertet, wenn es immer bei Beendigung der Beherbergung zum Erlöschen gebracht werden könnte. Der Wirt darf somit einer nur vorübergehenden Entfernung entsprechend § 562a S 2 nicht widersprechen (so auch Oertmann Anm 1; Planck/Lobe Anm 4; Palandt/Sprau Rn 1; Erman/vWestphalen Rn 2; BGB-RGRK/Seibert Rn 2; Enneccerus/Lehmann § 174; Larenz II 1 § 59).

15 **c)** Soweit der Wirt der Entfernung der Sachen *widersprechen* darf, steht ihm entsprechend § 562b ein *Selbsthilferecht* zu. Ebenso kann er nach Auszug des Gastes Zurückschaffung des Gepäckes in die Herberge verlangen. Das Pfandrecht erlischt mit Ablauf eines Monats nach Kenntnis des Wirtes von der Entfernung, wenn vorher der Zurückschaffungsanspruch nicht gerichtlich geltend gemacht worden ist.

16 **d)** Der Gast kann die Geltendmachung des Pfandrechtes durch *Sicherheitsleistung* abwenden, bzw jede einzelne Sache durch Sicherheitsleistung in Höhe ihres Wertes von dem Pfandrecht befreien (§ 562c entsprechend).

17 **e)** Eine *Gläubigerkonkurrenz* regelt sich nach § 563 aF = § 562d nF entsprechend und dem Prioritätsprinzip, nicht nach § 559 aF = § 562 nF.

18 **3.** Nach §§ 50, 166 ff InsO hat der Wirt bei Insolvenz des Gastes das Vorrecht der abgesonderten Befriedigung (Kreft, Insolvenzverordnung [7. Aufl 2014] § 50 Rn 21).

19 **4.** Strafrechtlichen Schutz genießt das Pfandrecht durch §§ 288, 289 StGB (Werner JR 1972, 235).

20 **V.** Für die von ihm aufgrund seines Pfandrechtes zurückbehaltenen Sachen (Rn 15) *haftet* der Wirt nur wie ein *Pfandgläubiger* (§§ 1215, 276, 278), nicht nach den strengeren Normen der §§ 701 ff (Erman/vWestphalen Rn 2; Langen 61; vgl auch § 701 Rn 43).

Sachregister

Die fetten Zahlen beziehen sich auf die Paragrafen, die mageren Zahlen auf die Randnummern.

J. von Staudingers
Kommentar zum Bürgerlichen Gesetzbuch
mit Einführungsgesetz und Nebengesetzen

Übersicht vom 1. 5. 2015
Die Übersicht informiert über die Erscheinungsjahre der Kommentierungen in der 13. Bearbeitung und deren Neubearbeitungen (= Gesamtwerk STAUDINGER). *Kursiv* geschrieben sind die geplanten Erscheinungsjahre.

Die Übersicht ist für die 13. Bearbeitung und für deren Neubearbeitungen zugleich ein Vorschlag für das Aufstellen des „Gesamtwerk STAUDINGER" (insbesondere für solche Bände, die nur eine Sachbezeichnung haben). Es wird empfohlen, die Austauschbände chronologisch neben den überholten Bänden einzusortieren, um bei Querverweisungen auf diese schnell Zugriff zu haben. Bei Platzmangel sollten die ausgetauschten Bände an anderem Ort in gleicher Reihenfolge verwahrt werden.

Buch 1. Allgemeiner Teil

	Neubearbeitungen				
Einl BGB; §§ 1–14; VerschG	1995	2004	2013		
§§ 21–89; 90–103 (1995)	1995				
§§ 21–79		2005			
§§ 80–89		2011			
§§ 90–103 (2004); 104–133; BeurkG	2004	2004			
§§ 90–124; 130–133			2012		
§§ 90–124; 130–133			2012		
§§ 134–163	1996	2003			
§§ 134–138			2011		
§§ 139–163			2010		
§§ 164–240	2001	2004	2009	2014	

Buch 2. Recht der Schuldverhältnisse

§§ 241–243	1995	2005	2009	2014	
§§ 244–248	1997				
§§ 249–254	1998	2005			
§§ 255–292	1995				
§§ 293–327	1995				
§§ 255–314		2001			
§§ 255–304		2004	2009	2014	
AGBG	1998				
§§ 305–310; UKlaG		2006		2013	
§§ 311, 311a, 312, 312a–i			2005	2013	
§§ 311b, 311c			2006	2012	
§§ 313, 314	*2015*				
§§ 315–327		2001	2004	2009	
§§ 328–361b	1995	2001			
§§ 328–359			2004		
§§ 328–345				2009	
§§ 346–361				2012	
§§ 362–396	1995	2000	2006	2011	
§§ 397–432	1999	2005	2012		
§§ 433–534	1995				
§§ 433–487; Leasing		2004			
§§ 433–480			2013		
Wiener UN-Kaufrecht (CISG)	1994	1999	2005	2013	
§§ 488–490; 607–609		2011			
VerbrKrG; HWiG; § 13a UWG	1998				
VerbrKrG; HWiG; § 13a UWG; TzWrG	1998	2001			
§§ 491–512		2004	2012		
§§ 516–534		2005	2013		
§§ 535–563 (Mietrecht 1)	1995				
§§ 564–580a (Mietrecht 2)	1997				
2. WKSchG; MÜG (Mietrecht 3)	1997				
§§ 535–562d (Mietrecht 1)		2003	2006	2011	
§§ 563–580a (Mietrecht 2)		2003	2006	2011	
§§ 535–555f (Mietrecht 1)					2014
§§ 556–561; HeizkostenV; BetrKV (Mietrecht 2)					2014
§§ 562–580a; Anh zum Mietrecht: AGG (Mietrecht 3)					2014
Leasing			2014		
§§ 581–606	1996	2005	2013		
§§ 607–610 (siehe §§ 488–490; 607–609)	./.				
§§ 611–615	1999	2005			
§§ 611–613			2011		
§§ 613a–619a			2011		
§§ 616–619	1997				
§§ 616–630		2002			
§§ 620–630			2012		
§§ 631–651	2000	2003	2008	2013	
§§ 651a–651m	2001	2003	2011		
§§ 652–704	1995				
§§ 652–656		2003	2010		
§§ 657–704		2006			
§§ 675c–676c			2012		
§§ 677–704			2015		
§§ 705–740	2003				
§§ 741–764	1996	2002	2008		
§§ 765–778	1997	2013			
§§ 779–811	1997	2002	2009	2015	
§§ 812–822	1994	1999	2007		
§§ 823–825	1999				
§§ 823 E-I, 824, 825		2009			
§§ 826–829; ProdHaftG	1998	2003	2009	2013	
§§ 830–838	1997	2002	2008	2012	
§§ 839, 839a	2002	2007	2013		
§§ 840–853	2002	2007			

Buch 3. Sachenrecht

§§ 854–882	1995	2000	2007	2012

Neubearbeitungen

§§ 883–902	1996	2002	2008	2013	
§§ 903–924; UmweltHR	1996				
§§ 903–924		2002			
§§ 905–924			2009		
UmweltHR		2002	2010		
§§ 925–984; Anh §§ 929 ff	1995	2004	2011		
§§ 985–1011	1993	1999	2006	2013	
ErbbVO; §§ 1018–1112	1994	2002			
ErbbauRG; §§ 1018–1112			2009		
§§ 1113–1203	1996	2002	2009	2014	
§§ 1204–1296; §§ 1–84 SchiffsRG	1997	2002	2009		
§§ 1–64 WEG	2005				

Buch 4. Familienrecht

§§ 1297–1320; Anh §§ 1297 ff; §§ 1353–1362	2000	2007			
§§ 1297–1352			2012	2015	
LPartG		2010			
§§ 1353–1362			2012		
§§ 1363–1563	1994	2000	2007		
§§ 1564–1568; §§ 1–27 HausratsVO	1999	2004			
§§ 1564–1568; §§ 1568 a+b			2010		
§§ 1569–1586b	2014				
§§ 1587–1588; VAHRG	1998	2004			
§§ 1589–1600d	1997	2000	2004	2011	
§§ 1601–1615o	1997	2000			
§§ 1616–1625	2000	2007	2014		
§§ 1626–1633; §§ 1–11 RKEG	2002	2007	2015		
§§ 1638–1683	2000	2004	2009		
§§ 1684–1717	2000	2006	2013		
§§ 1741–1772	2001	2007			
§§ 1773–1895; Anh §§ 1773–1895 (KJHG)	1999	2004			
§§ 1773–1895			2013		
§§ 1896–1921	1999	2006	2013		

Buch 5. Erbrecht

§§ 1922–1966	1994	2000	2008		
§§ 1967–2086	1996				
§§ 1967–2063		2002	2010		
§§ 2064–2196		2003	2013		
§§ 2087–2196	1996				
§§ 2197–2264	1996	2003			
§§ 2197–2228			2012		
§§ 2229–2264			2012		
§§ 2265–2338a	1998				
§§ 2265–2338		2006			
§§ 2265–2302			2013		
§§ 2303–2345			2014		
§§ 2339–2385	1997	2004			
§§ 2346–2385			2010		

EGBGB

Einl EGBGB; Art 1, 2, 50–218	1998	2005	2013		
Art 219–222, 230–236	1996				
Art 219–245		2003			

EGBGB/Internationales Privatrecht

Einl IPR; Art 3–6	1996	2003			
Einl IPR			2012		
Art 3–6			2013		
Art 7, 9–12, 47, 48	2000	2007	2013		
IntGesR	1993	1998			
Art 13–18	1996				
Art 13–17b		2003	2011		
Art 18; Vorbem A + B zu Art 19		2003			
Vorbem C–H zu Art 19		2009			
IntVerfREhe	1997	2005			
IntVerfREhe 1			2014		
Kindschaftsrechtl Ü; Art 19	1994				
Art 19–24		2002	2008	2014	
Art 20–24	1996				
Art 25, 26	1995	2000	2007		
Art 27–37	2002				
Art 1–10 Rom I VO		2011			
Art 11–29 Rom I-VO, Art 46b, c		2011			
Art 38	1998				
Art 38–42		2001			
IntWirtschR	2000	2006	2010		
Art 43–46	1996	2014			

Eckpfeiler des Zivilrechts	2008	2011	2012	2014	

Demnächst erscheinen

§§ 249–254	1998	2005	2015		
§§ 315–327		2001	2004	2009	2015
§§ 741–764	1996	2002	2008	2015	

oHG Dr. Arthur L. Sellier & Co. KG – Walter de Gruyter GmbH, Berlin
Postfach 30 34 21, D-10728 Berlin, Telefon (030) 2 60 05-0, Fax (030) 2 60 05-222